# 古代日本の謎を解く

山本廣一

# はじめに

殺人事件の現場で被害者の横に出刃包丁があった。捜査にあたる刑事たちはどうするだろう。当然、彼らは事件と出刃包丁の関係を調べるであろう。なぜなら出刃包丁は誰もが確認可能な客観的な存在であり、事件との直接の関係を思わせるからである。

そこに、出刃包丁は事件のあと誰かが置いていったもので、殺人に用いられたものではないと主張する人物が現れた。しかし誰かが置いていったとする主張は、その人物の意見であり、事実かどうか確認されなければならない。それが確認されれば、出刃包丁は事件とは無関係として捜査の対象から外されるだろう。

古代史と古伝承も同じような関係に見える。

捜査対象は我が国の古代の歴史である。そして歴史解明の鍵となるかもしれない記紀の古伝承が存在する。研究者が最初にやることは、古代の歴史と記紀の古伝承との関係を調べることであろう。なぜなら記紀自体は客観的な存在であり、その内容は古代の歴史と直接関係することを思わせるからである。

そこに、記紀の古伝承は後世の作り話であるという人物が現れた。

しかし、記紀の古伝承が作り話であるとする主張はその人物の意見であり、事実かどうか確認されなければならない。それが確認できれば記紀の古伝承は古代の歴史解明とは無縁の存在になる。

殺人事件の捜査で、まず出刃包丁と事件の関わりを調べるように、古代史でも、客観的な情報である記紀などの古伝承と古代の歴史との関わりについてまず調べるべきであろう。

しかし多くの研究者は、古伝承は作り話だとして、このステップをパスしている。これは殺人事件の現場で、出刃包丁と事件の関係を問わないのと同じであり、大きな誤りである。彼らは謎解きの最初のボタンを掛け違えている。

しかも、記紀の古伝承が作り話ということは一つの意見であり、事実かどうか確認が必要であるにも関わらず、彼らは作り話ということの根拠を示さず、証明済みの事実のようにして議論を始める。

たとえば、神戸大学大学院人文学研究科教授の古市晃氏は、著書『倭国　古代国家への道』の中で次の様に述べる。

「記紀が記す天皇で実在が確実視されているのは、第十五代応神天皇、または第十六代仁徳天皇からであって、それ以前の天皇は後世の造作にすぎない。記紀などに記されている陵墓の所在地と、巨大前方後円墳の集中する地が一致することや、陵墓に比定される古墳の年代観と歴代天皇の治世が近似するという見解から、第十代崇神天皇以降の天皇が実在したとする主張もあるが、そうした主張は文献史学や考古学の固有の方法論を無視したもので、学術的には何の意味も有さない。」

「後世の造作にすぎない」と明確に断定しているのに、具体的な根拠が示されていない。「文献史学や考古学の固有の方法論を無視したもので、学術的には何の意味も有さない」と述べるが「文献史学や考古学の固有の方法論」の内容について説明がない。これでは納得できない。

また、橿原考古学研究所の企画学芸部長であった坂靖氏は『倭国の古代学』の中で、次の様に述べる。

「私が驚いたのは、近年の論考において、神武天皇、欠史八代の各天皇、崇神天皇、垂仁天皇などの系譜をそのまま記述し、その天皇、陵墓、宮などを実在したものとして、史跡や古墳などと安易に対照させようとする古代史研究者が存在していることである。これでは歴史学は、学問としての信頼を失墜してしまう。」

さらに「『日本書紀』の記述は、あくまで編纂時点での歴史解釈である。「日本国」の成立時点に天皇の宮や陵を新造したり、実在の遺跡や古墳に対して、これを天皇の遠い祖先のものであると強引に解釈したりしたものであり、史実との乖離があることはすでに実証されている。」「『日本書紀』の記述をそのまま史実として取り扱うことは、ありえないことなのである。」とも述べる。

『日本書紀』の記述は、歴史を伝えたものではなく、あくまで編纂時点での歴史解釈である。」「史実との乖離があることはすでに実証されている。」「史実として取り扱うことは、ありえない」などと断定的に述べるが、やはり根拠や実証のプロセスが示されていない。論証されていないのである。それにも関わらず異なる意見を封じ込めるような強く断定的な主張をされる。これこそ、「学問としての信頼を失墜してしまう」行為のように見えるのである。

さらに、纏向学研究センター所長の寺沢薫氏は『卑弥呼とヤマト王権』の中で次の様に述べる。

「考古学が明らかにした三世紀史の視点から、『魏志』倭人伝の記載との整合性や相違点を逐一論じると、なぜ最初に『記紀』との関係を論じないのかというお叱りを受けることがある。講演会では、こうした質問や批判が必ずといって良いほど発せられる。しかし、戦後の古代研究の成果によれば、もはや『記紀』の内容をそのまま経時的な歴史資料として対象化する研究者はほぼいないだろう。」

「戦後の古代研究の成果」によれば、と記述しているが研究の内容は示されていない。寺沢氏が講演会でたびたび同じ質問を受けるのは、質問に正面から答えていないからであり、「戦後の古代研究の成果」によっても、聴衆の素朴な疑問が解消されていないからである。つまり納得できる理由が示されないのに『記紀』の古伝承を無視しようとしていることに起因している。

『『記紀』の内容をそのまま経時的な歴史資料として対象化する研究者はほぼいないだろう」と述べているが、肝心の根拠が示されないので、証明ではなく数の多さで自分たちの立場の正しさを示そうとしているようだ。学問は多数決で決まるものではない。数の多さは、学問的正しさというよりはマスコミ操作や組織の圧力の結果かもしれないのである。

そして、明治大学名誉教授で歴史学者の吉村武彦氏は「歴史学から見た古墳時代」『前方後円墳』の中で次のように述べている。

「律令制国家を形成した天皇を核とする支配者集団は、国家による支配・統治の正当性と由来を示すにあたり、神代から続く天皇の歴史として描く方法を採用した。その結果が、『記・紀』と言う歴史書の編纂に結実した。すなわち、『記・紀』に基づく歴史は、時の王権が正当とみなす歴史記述であり、日本列島に起こった歴史を客観的に書こうとしたものではない。天孫降臨神話など、北方系神話の影響を受けた建国神話から始まる、支配の由来と正当性を述べたものである。これらは戦前の津田左右吉以来の古代史研究が明らかにした事実である。」

「記紀に基づく歴史は日本列島の歴史を客観的に記述したものではない」と断定しているが、やはりその理由について自らは述べていない。その代わりに、津田左右吉以来の研究成果を掲げて根拠としている。

津田左右吉は、記紀を資料批判の観点で研究したことで広く知られた学者で、応神天皇以前の天皇は後世の造作であり、資料価値はないと主張している。吉村武彦氏をはじめここに取り上げた研究者たちは、津田左右吉のこの学説を踏襲しているように見える。

しかし津田左右吉らの研究については、歴史学者で東京大学名誉教授の坂本太郎や井上光貞が「主観的合理主義」に過ぎないと批判したように、個々の具体的な主張は思い込みや主観的な判断が目立ち、多くの人が納得する論理になっていない。たとえば津田の『神代史の研究』のなかで「ヨミの国の物語」の冒頭に次のような記述がある。

「ヨミの国の物語は、イサナギ・イサナミ二神の、国土を生み神々を生み日の神・月の神を産んだ話の最初の形には、存在しなかったものであり、後人の挿入したものである。実際、この物語を神代史から全く抜き取ってみても、そこにさしたる欠陥が生じないので、日本書紀の本文もそうなっている。」

ヨミの国の物語を、根拠もなしにいきなり後人の挿入したものであると言い切ってしまうのは主観的と言われても仕方ない。抜き取っても影響がないことや、『日本書紀』本文に記述されていないことを根拠にしているようにも見えるが、これを理由にして挿入だと判断する論理はおかしくないか。

また、津田の『古事記及び日本書紀の研究』では、饒速日尊について次のように述べている。

「ニギハヤビの命の名は、神代史において血が石にたばしり(ほとばしり)ついて成り出でたとせられているミカハヤビ、ヒハヤビなどの神の名と同一に取り扱われるべきものであり、従って実在の人物の名でないことも明白である。なお、この命の子とせられているウマシマデの命は、物語の上において、何のはたらきをもしないものであり、ただ名が記されているのみであることを思うと、これはその子孫とせられている物部氏が、その家系をニギハヤビの命に結びつけるために案出したものであろう。」

神武天皇の東遷については次のように述べている。

「神武天皇の東遷の物語の意義は、こう見ることによっておのずから明白になる。それは天皇が日の神の御子であられると言う思想から形づくられた説話なのである。こう考えると、上に記した種々の疑問は、あるいは解釈し得られ、あるいは根本的に消滅し去ることになろう。約言すると、東遷は歴史的事実ではないので、ヤマトの朝廷は、初めからヤマトに存在したのである。」

いずれも客観的な根拠は示されずに、主観的な主張ばかりが並んでいる。津田の著作の中にはこの類《たぐい》の記述が随所に見られるのである。

いっぽう、津田左右吉の研究を「主観的だ」と批判した坂本太郎は、次のような見解を示している。

まず、日本書紀の材料として、帝紀、旧辞、諸氏が伝えた先祖の物語の記録、地方の諸国が伝えた物語の記録(風土記的地誌)、政府の記録、個人の手記、寺院の縁起、百済に関する記録などを挙げて、次のように述べる。

「『日本書紀』が歴史書として優れているところは、こうした豊富な文献をできるだけ忠実に引用し、叙述の公正、内容の充実に努めた点にある。これらの資料は、文註の形で「一書に云く」「別本に云く」などの書き出しで引用されているが「伊吉連博徳書」「難波吉士男人書」や「百済記」「百済新撰」「百済本記」などのように引用箇所でわざわざ書名を上げてかなり忠実に原文を引用している例も少なくない。」

「神話や伝承は、長い年月を経る間に、次第に新しい要素が加わり、また、語り手によって改変されていく性格のものだから、異なる複数の神話が存在するのは、むしろ当然である。『日本書紀』の編者が多くの異説を掲げているのは、古伝を尊重する、編者の公正な態度の表れである。」(坂本太郎『日本書紀』の材料について『坂本太郎著作集第二巻』)

坂本は、『日本書紀』は、豊富な文献をできるだけ忠実に引用し、叙述の公正、内容の充実に努めた優れた歴史書であると述べている。津田左右吉たちの、古伝承は作り話だとする主張とは正反対である。

『日本書紀』そのものにも坂本の主張を裏付けるような記述がある。

持統三年の条の、百官が神祇官に集合し、天神地祇《あまつかみくにつかみ》のことについて意見をのべ話し合ったという記述である。自分達の先祖の天神(天津神)や地祇(国津神)について、それぞれに伝わる伝承の異同についての議論を行ったのであろう。

また、持統天皇の五年には、一八の氏族から先祖の墓記を上申させたという記録がある。各氏族に伝わる古い伝承の食い違いを詳しく確認するため多くの氏族から先祖の史料を集めたのであろう。

『日本書紀』の内容は、多くの氏族から得た史料によるクロスチェックや、百官の議論を通じてかなり注意深く吟味されたように見える。その結果、疑わしい伝承は棄却され、伝承が複数あって判断が難しいものは異伝が併記され、確実な古い伝承が精選されて採録されたように思える。

このような経緯を見ると、記紀の古伝承は、のちの時代の作り話などではなく、古い時代から伝えられてきた伝承が記録された可能性が大きい。つまり記紀の古伝承は無価値なものではなく、古代史研究の史料として研究の対象になり得ると思うのである。

ギリシャ神話を手がかりにトロイの遺跡が発見されたり、『史記』の古伝承から、殷や夏の遺跡が発見されたりしていて、語り伝えられてきた古い伝承は古代の歴史を掘り起こす有力な手がかりであることは明らかである。

自国の古代の歴史を研究する国は数多《あまた》あると思うが、古伝承を史料として取り上げないのは我が国の研究者だけではないか。津田左右吉の主観的な主張を金科玉条として、古伝承を顧みない研究者は、古代史研究の最も重要な手がかりを放棄していることになる。古代史の解明に真面目に取り組んでいるとは思えないのである。

本書はこのような考察から、記紀、特に『日本書紀』には、語り伝えられた古伝承が記録されている」とする立場によって記述したものである。神話伝承も含めた古伝承を尊重しながら、先学の研究成果や科学的な情報などを検討し、考古学との関連も考慮して歴史の流れを追求した。すると多くの謎が解消し、これまで描かれてきた古代の情景とは異なる新たな流れがくっきりと見えてきたのである。

本書は、古伝承を作り話とする多くの研究者とは異なる立場で記述されているので、巷で説かれているような歴史とは異なる部分が多々あるが、ボタンを掛け違えたかもしれない専門家の言説を鵜呑みにせずに、自ら論証のプロセスや根拠を確認しながら考えてみて頂きたい。できれば『古事記』『日本書紀』などの文庫本を座右に置き、これまで無視されてきた古伝承を参照しながら謎解きを楽しんで頂きたい。

なお、本書は二〇一一年に上梓した『新説倭国史』を元に、その後の考察の成果を反映したものなので、前著と重複する部分が少なからずあることをご容赦下さい。

# 目次

# 一・倭人

## ■文献から見た倭人の移動

日本という国号がわが国で定められたのは七世紀の天武天皇の時代と言われる。それ以前の日本は倭国と呼ばれていた倭人の住む国であった。

日本の生い立ちを探るためには、倭国や倭人について知る必要がある。

中国の古い文献には倭や倭人について記したものがある。日本の古代史探究の第一歩として、これらの古文献の記述から倭人のルーツを探ってみることにしよう。

まず、『論衡《ろんこう》』という書物を取り上げよう。『論衡《ろんこう》』は、後漢の時代に王充が著した全三〇巻からなる大著で、実証主義の立場から自然、人間、歴史などさまざまな分野について説いた思想書である。

『論衡《ろんこう》』には、倭について次のような三つの記述がある。

「周の時、天下太平にして、倭人来たりて鬯草《ちょうそう》を献ず。」（周時天下太平　倭人來獻鬯草：異虚篇第一八）

「成王の時、越裳《えっしょう》は雉を献じ、倭人は鬯草《ちょうそう》を貢ず。」（成王時　越裳獻雉　倭人貢鬯：恢国篇第五八）

「周の時は天下太平、越裳《えっしょう》は白雉を献じ、倭人は鬯草《ちょうそう》を貢ず。白雉を食し鬯草《ちょうそう》を服用するも、凶を除くあたわず。」（周時天下太平　越裳獻白雉　倭人貢鬯草　食白雉服鬯草　不能除凶：儒増篇第二六）

二つ目の文に記された成王とは、周の第二代の王で紀元前十一世紀末ごろの人物とされている。

成王の時代から『論衡《ろんこう》』が成立する一世紀ごろまでにかなりの時間があるので、多くの研究者は『論衡《ろんこう》』に依拠して議論することに慎重である。しかし、これは倭人についてのたいへん貴重な情報であり、私はここから推理を始めてみたいと思う。

『論衡《ろんこう》』には、紀元前十一世紀に倭人が周の王朝に朝貢したことが記されているのだが、この時代に日本列島の倭人がはるばる周の都まで行ったのだろうか。

とてもそうは思えない。

その理由は、まず、『論衡《ろんこう》』には倭人について三つの文章が記されているが、そのすべてで、倭人が、鬯草《ちょうそう》（暢草）を献じたことが記されていることである。鬯草とは香草の一つで鬱金香《うっこんこう》のこととされる。

「鬯《ちょう》」と同意の「鬱《うつ》」について、最古の部首別漢字字典『説文解字』に次のように解説されている。

「一に曰く、鬱鬯は百艸の華、遠方鬱人の貢ぎする所の芳艸なり。これを合醸して、以って神を降ろす。鬱は今の鬱林《うつりん》郡なり。」

鬱林郡はベトナム国境に近い今の広西省桂平県に当たり、鬯草《ちょうそう》（鬱金香《うっこんこう》）の産地が中国南方にあったことが知られる。

つまり、『論衡《ろんこう》』の倭人は、南方産の薬草である鬯草《ちょうそう》を献じた南方の住民であったことを示しているのである。

魏の時代の日本列島の倭人について記述した『魏志倭人伝』には、倭の産物が列挙されているが、その中に鬯草《ちょうそう》が見当たらない。鬯草《ちょうそう》は日本列島の特産物ではなかったのである。

次の理由は、『論衡《ろんこう》』の三つの文章のうちの二つで倭は越裳《えっしょう》とセットになって登場していることである。

越裳《えっしょう》は、『後漢書』「南蛮西南夷列伝」に、交趾《ベトナム》の南にある国と記されていて、後漢の時代にはかなり南にあった国のようだが、周の時代にはもう少し北の中国東南部にあったと思われる。

というのは『呂氏春秋』や『漢書』顔師古注に、「交趾《ベトナム》から会稽（浙江省）に至る七、八千里のあいだに、百越が入り交じって住んでおり、それぞれに違う姓を持っている」と記されているので、多くの越人が住んでいたのは交趾《ベトナム》から会稽の間であり、後漢書の記述のように交趾《ベトナム》の南にまでは進出していなかったように見えるからである。

紀元前三三四年に越が楚に滅ばされた時に越族は各地に散逸した。この時ベトナムの南に移動した越族の一部に越裳《えっしょう》がいたのであろう。周のあった春秋時代には、越裳《えっしょう》は中国東南部の沿岸地域にいた越族の一派と推定される。

仮にこの頃の倭人が日本列島の住人だとすると、中国東南部あるいはベトナム近辺にいた越裳《えっしょう》と、はるか離れた日本列島の倭人が同じタイミングで朝貢したことが、三回の倭人記事のうち二度も記されているのはおかしいと思うのである。あらかじめ示し合わせることは不可能であるし、偶然にしても頻度が高すぎる。

したがって、ここに記された倭人とは、越裳《えっしょう》に近い関係の部族で、越裳の行動に追従して越裳と共に朝貢を行った人々であった可能性が高いとみる。

すなわち、『論衡《ろんこう》』の倭人は、日本列島の住人ではなく、百越の本拠地である中国東南部に居住していた百越の部族のひとつと推理するのである。

## ■『山海経《せんがいきょう》』の倭

呉越の戦いで有名な「越」は、いまの浙江省の紹興《しょうこう》を中心に勢力を持った国で、百越の一つの於越《うえつ》の人たちが紀元前七世紀のころに建国した。これに敵対した「呉」は、やはり百越の一つであった句呉《こうご》の人たちが建てた国で、現在の江蘇省の太湖の周辺で、南側の越と隣接していた。

さて、越王勾践《こうせん》は、紀元前四七三年に宿敵の呉を滅ぼしたのち、都を現在の山東省の琅邪《ろうや》に遷したとされる。この時の越の遷都が倭人の動向に関連していることを思わせる記述が、中国の最古の地理書と言われる『山海経《せんがいきょう》』のなかにある。

『山海経《せんがいきょう》』の「海内北経編《かいだいほくけい》」の、「蓋《がい》国は鉅燕《きょえん》の南、倭の北にあり、倭は燕に属す」（蓋國在鉅燕南　倭北　倭屬燕）という記述である。

ここで鉅燕《きょえん》とは、戦国時代前期に渤海湾沿岸から遼西あたりを本拠にしていた燕のことだが、蓋《がい》国についてはいくつかの説がある（下図）。

たとえば、現在の遼寧省蓋州市の前身の蓋《がい》県はその候補の一つである。しかし、ここは遼代（九一六～一一二五年）には辰州と呼ばれていたのを金代（一一一五～一二三四年）になって蓋《がい》州と改称されて初めて「蓋《がい》」の文字が用いられたもので金代以前にはこの地域に「蓋《がい》」と呼ばれる地域は存在しなかった。

蓋国の候補

また、蓋《がい》国を朝鮮半島北部の蓋馬《けま》高原地域にあてる説や、馬韓の中の一国とする説などがある。しかし、これらの説には確かな根拠は見出せず、倭が日本列島の住民であることを前提にして北方の燕と倭の間の朝鮮半島に「蓋《がい》」を想定したようである。

山東省南部にも候補地がある。

戦国時代に、山東省南部の沂水《ぎすい》県に蓋《がい》という都邑があった。漢の景帝の時にここに蓋《がい》県を設置したことから、『山海経《せんがいきょう》』に記された蓋《がい》国は燕の南の山東省にあった国とする説である。

これらの候補地の中で、山東省の蓋《がい》は戦国時代まで遡れる古い地名であり、『山海経《せんがいきょう》』に記された蓋《がい》国に最もふさわしい。そして、蓋《がい》国が山東省の南部とすると、倭は蓋《がい》国の南にいたことになるので、山東半島の南から淮河《わいが》下流地域のどこかに倭の領域があったことになる。

越の支配地であった江南地方にいたと思われる倭人が、山東半島の南に現れたのは、越が都を山東省の琅邪《ろうや》に移したとき、越に近い関係の倭人も越に従って山東半島付近に移動したからと考えられるのである。

琅邪《ろうや》に都を移した越は、紀元前三三四年に楚の威王によって滅ぼされてしまった。その後の越の動静については、あるものは海岸地域に留まって楚に臣として使えたとされ、一部の越王族が現在の福建省に逃れて新たな国を興したとする伝承がある。また、ベトナム（越南）は南下した越族の末裔であるとする説などもある。

越と行動を共にしていた倭は、越の滅亡を契機に中国大陸沿岸に沿って流浪していったものが多数いたと思われるし、また、越とともに海岸地域に留まったものもいたと思われる。

この時に山東半島の南部に残留していた倭が、のちに中国北部の強国である燕の支配を受け、『山海経《せんがいきょう》』に蓋《がい》国の南の倭として記されたのであろう。

また、山東半島から遼東半島に渡り、朝鮮半島方面に逃れていったものは、やがて、日本列島にまで到達し、日本列島の倭人として歴史の舞台に登場するのである。

## ■『漢書』の倭

つぎに、前漢の時代（紀元前二〇六年~後八年）の倭人の動向を探るために『漢書』地理志を見てみよう。『漢書』地理志燕地の条には「楽浪海中に倭人あり、分かれて百余国をなし、歳時をもって来たりて献見すと云う。」（樂浪海中有倭人　分爲百餘國　以歳時來獻見云）という記述がある。

この文が、伝聞表現「と云う」で結ばれているのは、これが漢の朝廷への直接の朝貢ではなく、倭人が楽浪郡へ朝貢していたのを伝え聞いて『漢書』へ記したことを示している。このころの倭人は国としてまとまっていたわけではなく、漢の朝廷まで朝貢する体制にはなかったのであろう。

従来、「楽浪海中の倭人」を北部九州の倭人とするのが通説であった。

しかし、平壌付近に置かれたとされる楽浪郡の「海中」を、はるか離れた九州地域とするのはかなり無理な解釈と言わざるを得ない。

なぜなら、平壌から九州までは八〇〇キロ以上の距離がある。平壌から半径八〇〇キロで円を描くと朝鮮半島はもとより山東半島や黄河の河口など、黄海や渤海に面する中国大陸沿岸部がほとんど含まれてしまう。通説のように「楽浪海中」を北部九州とするには、これらの地域の中で北部九州だけが「楽浪海中」に該当する理由がなくてはならない。しかし、そのような理由を聞いたことがない。

ところで「楽浪海中の倭人」についての記述は『漢書』地理史の燕地の条にある。そして地理史には燕地の範囲を示す次のような文章がある。

「燕地は（中略）東に漁陽、右北平、遼西、遼東があり、西には上谷、代郡、雁門があり、南では涿郡の易、容城、范陽、北新城、故安、涿県、良郷、新昌を含み、渤海の安次に及んでいる。これらが、みな燕地の範囲である。楽浪と玄兎もまた燕地に入れるのがよいであろう。」

楽浪海中の倭人

（東有漁陽右北平遼西遼東西有上谷代郡雁門南得郡之易容城范陽北新城故安涿縣良郷新昌及勃海之安次皆燕分也樂浪玄菟亦宜屬焉）

ここでは、ひと通り燕地の範囲を紹介した後、最後に付け足しのように楽浪と玄兎も燕地に加えられている。楽浪と玄兎は燕地の外れの境界上の地域のように扱われているのである（下図）。

従って、これより遠方は燕地の範囲外と判断され、はるか彼方の日本列島は燕地には含まれないとするのが妥当である。すなわち燕地の条に記された楽浪海中の倭人は日本列島の住人とは考えられないのである。

さて、『漢書』地理史には呉地の条もある。呉地の条には「会稽郡の海外に東鯷人《とうていじん》あり」という記述がある。『漢書』の編者は「海中」と「海外」を書き分けている。

「海中」と「海外」を比べると、「海中」は目前に広がる海域の中、「海外」は外洋に漕ぎ出した海の彼方というイメージであり、「海中」は「海外」よりも近いところを指していることは明らかである。

以上のことから楽浪海中の倭人とは、楽浪郡の沿岸地域に住み着いた倭人を指すと考えるのが妥当であろう。

また、倭人が百余国に分かれていたとする記述について、通説の解釈では、漢の時代に北部九州に百余国があり、北部九州の倭人社会の発展により、『魏志倭人伝』に記される卑弥呼の時代までに三〇国に集約されたとする。

たしかに、弥生時代の前期には、朝鮮半島西岸の遺物が日本列島で出土しているので、倭人は弥生時代の早い時期には、山東半島の蓋《がい》国の南から、遼東半島や朝鮮半島西岸、さらには日本列島にまで到達していた。

しかし、楽浪郡に朝貢したのが、楽浪郡沿岸の倭人とするならば、通説のように百余国の倭人の国々が、日本列島だけに存在したとするのはおかしい。日本列島の百余国の倭人のために、楽浪郡沿岸の倭人がわざわざ朝貢するのは不自然だからである。むしろ、百余国が朝鮮半島沿岸から北部九州にかけての広大な地域に展開していたと考えたほうが納得しやすい。

もともとは、国と呼ばれた地域は、稲作農耕や漁業をベースにして、河川の水系や島などを単位として、のちの郡程度の大きさで政治的なまとまりを持っていた社会と考えられ、生活基盤に基づいたこのような社会単位の大きさが時代によって大きく変化することは考えにくい。女王卑弥呼の国の三倍を超える百余国の国には、素直に考えれば女王国の三倍以上の河川や島があったと考えられるのである。

このようなことから、『漢書』に記された内容は、漢が楽浪郡を設けた紀元前一世紀ごろに、朝鮮半島沿岸地域から日本列島までの広い地域に展開し、百余国の国々を作っていた倭人のうち、朝鮮半島西岸にいた倭人の中心勢力が、倭人の代表として楽浪郡に朝貢していた、と理解すべきであろう。

通説は、倭人が日本列島だけにいたという先入観によって、判断が狂わされているように見える。

## ■『後漢書』の倭

つづいて、後漢の時代（二五年〜二二〇年）を見てみよう。『後漢書』の「東夷伝」には

「建武中元二年、倭の奴国、奉貢朝賀す。使人自ら大夫と称す。倭国の極南界なり。光武賜うに印綬を以てす。」

（建武中元二年　倭奴國奉貢朝賀　使人自稱大夫　倭國之極南界也　光武賜以印綬）

という記述がある。このとき光武帝から奴国王に賜った印綬が、江戸時代に福岡県の志賀島から出土した「漢の倭の奴の国王」の金印である。金印が志賀島から出土したことで、倭の奴国は九州の北岸地域に位置する国であったと判断できる。

注目すべきは、倭の奴国が「倭国の極南界」とされていることである。これは、まず後漢の時代にはすでに倭国という倭

人の国があったこと、次に奴国はそのなかの最も南の領域であることを示している。極南界の奴国から見れば、このときの倭国の中心は奴国よりも北にあることを意味している。

倭の奴国は九州北岸の国であるから、奴国より北にある倭国の本拠は、海の向こう側の朝鮮半島にあったと考えることができる。つまり「倭国」とは、もともとは、朝鮮半島にあった国の名前だったのである。

『後漢書』の「韓伝」には、これを裏付けるように朝鮮半島の倭に関連する次のような記述がある。

「韓には三種ある。馬韓、辰韓、弁辰である。馬韓は西にあって五四国。北は楽浪、南は倭に接している。辰韓は東にあって十二国。北は濊狛と接している。弁辰は辰韓の南にあって十二国。南は倭と接している。」

朝鮮半島には、西側には馬韓が、東側には辰韓と弁辰があって、その南に倭が接していたと記されているのである（下図）。

これは、朝鮮半島南岸一帯に、倭人が広く分布していたことを示すものであり、『後漢書』に記された倭国とは、この地域を指していると考えられるのである。

『後漢書』「韓伝」の記述から推測すると、馬韓が五四国もの国を作って半島の西側を占拠し勢力を強めたため、前漢の時代に「楽浪海中」や朝鮮半島の西岸にいた倭人は、南に移動せざるを得なくなった。そして、勢力の中心を南岸地域に置いて倭人の国・倭国を建国した。その倭国のテリトリーの最も南の領域が北部九州の奴国だったと考えられるのである。

**朝鮮半島南岸の倭**

井上秀雄『東アジア民族史Ⅰ』による

## ■『魏志倭人伝』の倭

さて、三国時代（二二〇年～二八〇年）になると、『魏志倭人伝』には、倭人は帯方郡の東南海中の北部九州にあって、その北岸・狗邪韓国が朝鮮半島南岸にあると描かれている。

倭人の本拠は朝鮮半島南岸から北部九州に移動し、その勢力の一部が半島南岸の狗邪韓国に残っているというように読めるのである。

『魏志倭人伝』については、のちに詳しく述べるつもりなのでここでは割愛するが、ここまでに見てきたように、古い中国の文献から時間的な経過を追って倭人の痕跡をたどると、倭人の分布の中心が、順次移動してきたことが読み取れる。

すなわち、中国の江南地方から山東半島、遼東半島地域をへて朝鮮半島西岸に至り、さらに南下を続けて朝鮮半島の南岸から北部九州に移動した大きな流れが見えてくるのである。(下図)

## ■倭人の移動ルートに関連する謎

倭人が中国大陸から日本列島まで到達するルートを前述のように推理したが、これによって次のようないくつかの謎が解ける可能性がある。

まず、『後漢書』の「烏桓鮮卑伝」の不思議な記述である。「烏桓鮮卑伝」には倭人に関する次のような記述がある。

「光和元年(一七八年)冬、鮮卑は酒泉を寇掠《こうりゃく》した。このころ、鮮卑の人口が急激に増え、農耕・牧畜・狩猟だけでは、食糧を十分に供給することができなくなったので、檀石槐《だんせきかい》は烏侯秦水にまでやって来て川魚を獲って食料にしようとしたが、まったく獲れなかった。そこで、倭人たちが魚獲りに巧みだと聞いたので、東の倭人国を撃って烏侯秦水のほとりに千余家を移住させ、魚獲りに従事させて食料難を解決したという。」

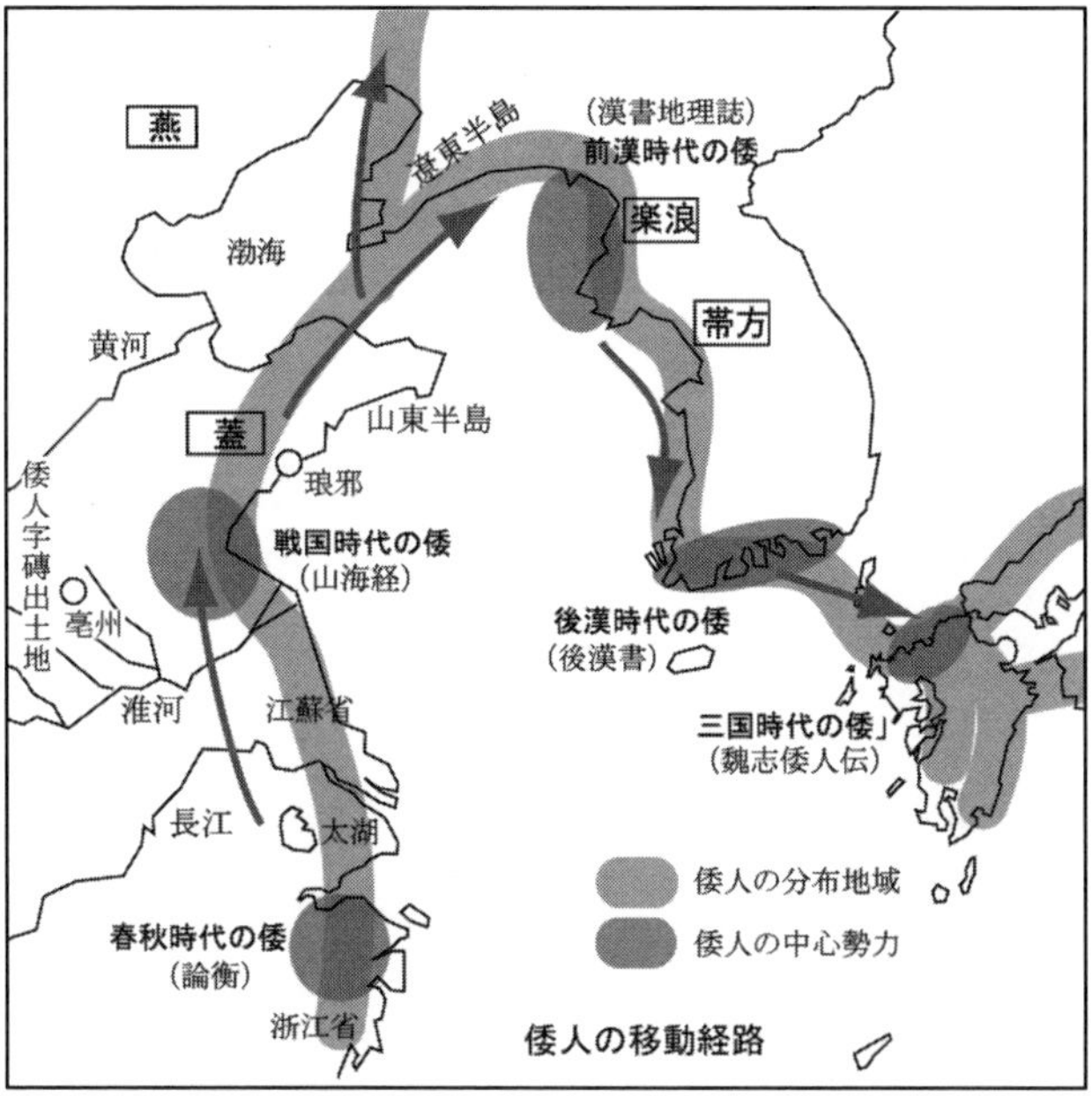

倭人の移動経路

（光和元年冬　又寇酒泉　緑邊莫不被毒　種衆日多　田畜射獵不足給食　檀石槐乃自徇行　見烏侯秦水廣従數百里　水停不流　其中有魚　不能得之　聞倭人善網捕　於是東擊倭人國　得千餘家　徙置秦水上　令捕魚以助糧食）

川魚を取るために鮮卑が東から倭人を拉致してきたことが記されている。

ここに記される倭人国とはどこなのか議論になっている。

越が滅んだ後、倭人が各地へ流浪していったことを前述した。この時、山東半島から遼東半島に渡った倭人が楽浪の沿岸地域に進出し、『漢書』地理志の「楽浪海中の倭人」になったと推理したが、遼東半島に渡った倭人の一部が遼東半島の北側に進出して遼河の河口の広大な遼河平原に住み着いて国を作っていたと仮定すると話が繋がるように見える。

『後漢書』に記された烏侯秦水とは、遼河上流のシラムレン川だとする説がある。とすると、この頃、鮮卑はシラムレン川付近まで進出していたとされるので、鮮卑がシラムレン川沿いに東方に侵攻して遼河平原の倭人の国を撃ち、倭人を捕えたと推理できそうである（上図）。

「烏桓鮮卑伝」の記述は、このような経緯を記したものと思われ、通説のように、倭人が日本列島だけの住民と考えてしまうと、この記述は理解しにくいだろう。

次に取り上げる謎は、「倭人」という文字が刻まれた「倭人字磚《じせん》」である（下図）。

字磚《じせん》とは文字の刻まれたレンガである。

中国安徽省の亳州《はくしゅう》市に「曹操宗族墓」と呼ばれる墳墓群がある。魏を建国した曹操の祖先の墓所であるとされる。一九七四年から現地の博物館が発掘を行ったところ、墳墓群の中の元宝坑一号墳から多数の字磚《じせん》が見つかった。その中の一枚に倭人という字を含む次のよう

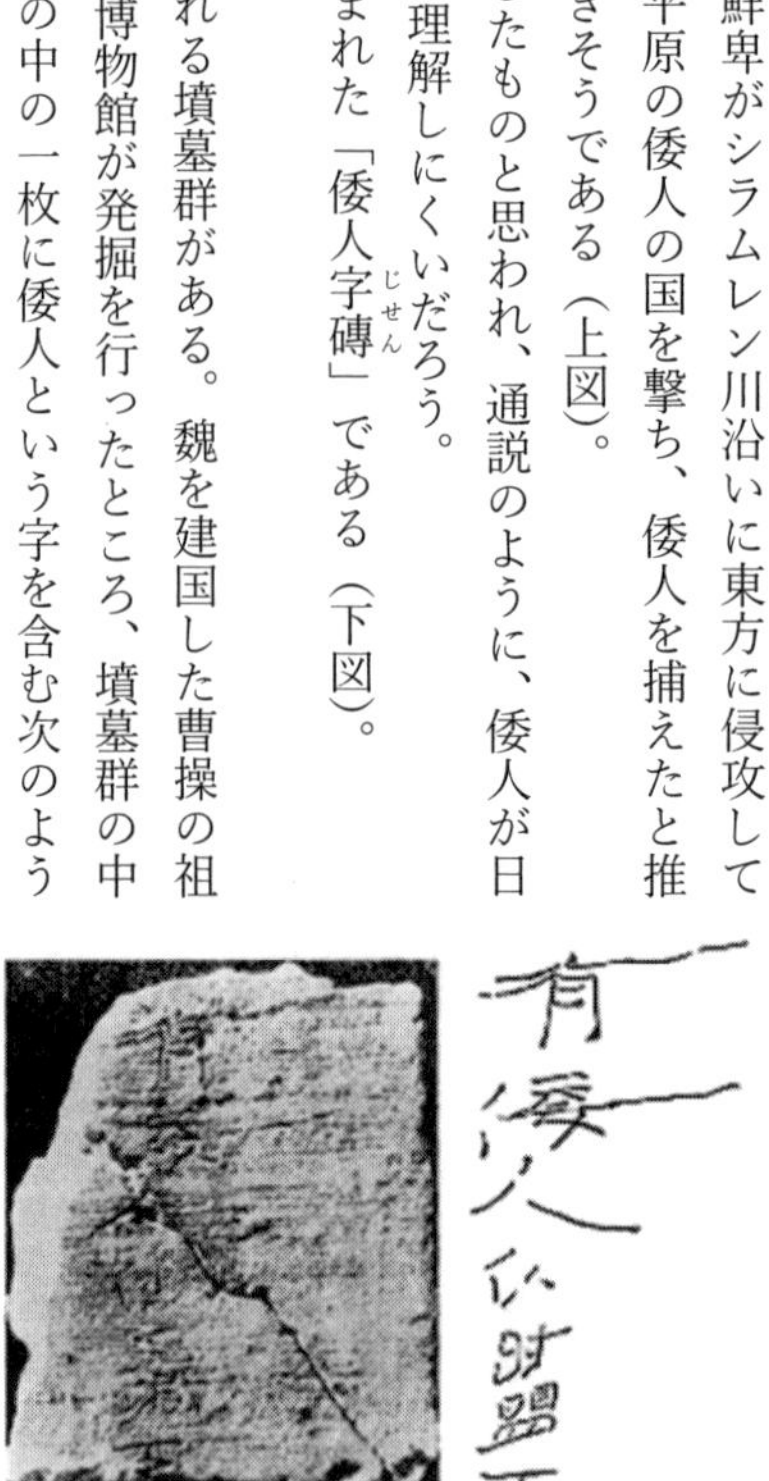

倭人字磚と文章

な文字列が発見されて注目されている。

有倭人以時盟不（倭人有り。時を以って盟することあるや否や）

「盟する」とは神前で誓約してよしみを結ぶことであり、曹氏の祖先の有力者が倭人との同盟について考えていたことを示している。

この倭人がどこの住民か議論があり、これを日本列島の倭人とする主張がある。しかし、同じ墓から「建寧三年四月」と刻まれた字磚《じせん》が出土したことから墓の築造年代は後漢の建寧年間（一六八～一七二年）であることが明確である。これは魏の建国前であり、曹氏はまだ地方の有力者レベルと想定される。

地方の一介の有力者が、海の向こうの、まだ弥生時代の最中《さなか》にある倭人と連携して、はたしてどんな意味があるのか、大きな疑問があると言わざるを得ない。

むしろ、地方豪族の曹氏が連携を欲したのは、近隣の部族であって、盟約を結ぶことによって自らの安全を確保したり、共通の敵に対処することを考えたのであろう。

「曹操宗族墓」のある亳州《はくしゅう》市は、淮河《わいが》の北側で海岸線から三〇〇キロほど内陸に入ったところに位置する（P9図）。ここは戦国時代に越が山東半島の瑯琊《ろうや》に遷都した時、越に従って倭人が進出した地域に近い。越の滅亡後にこの地域に残った倭人は、『山海経《せんがいきょう》』に記されたように「蓋《がい》国の南の倭人」と認識されていた。

とすると、彼らは曹一族に隣接する勢力であり盟約の対象となり得る。すなわち、倭人字磚《じせん》の内容は、山東半島の南側から淮河《わいが》下流域のどこかに残存していた倭人を対象として、曹氏が盟約の検討をしたことを示していると推理できる。

中国大陸から日本列島まで倭人が移動したルートを前述のように考えた時、『後漢書』の「烏桓鮮卑伝」や、「倭人字磚《じせん》」に記される「倭人」についての大きな疑問が無理なく解けるのである。

## ■考古学から見た倭人の移動

福岡県福津市の今川遺跡は、九州北東部の沿岸にある弥生時代前期の遺跡で、地域的にみて倭人が進出した可能性の強い遺跡である。

今川遺跡は、わが国最古の青銅器である青銅の鑿《のみ》を出土したことで知られている。この鑿《のみ》はもともと中国東北部の遼寧省一帯に分布している遼寧式銅剣と呼ばれるものの一部を再加工したものとされる。

遼寧式銅剣の出土地を追ってみると、今川遺跡の青銅の鑿《のみ》と同じように加工されたものが朝鮮半島西側の松菊里《しょうぎくり》遺跡の石棺墓から出土している。

また、朝鮮半島南岸、とくに全羅南道麗水《よす》の付近には、積良洞・平呂洞・鳳渓洞・五林洞など、遼寧式銅剣を出土した遺跡が集中する地域がある（下図）。

当時の人々にとっては、遼寧式銅剣は、数少ない金属製品であったろう。この貴重な青銅器は、倭人が山東半島や遼東半島の近くを移動していたころに入手し、彼らの有力者の所有物になったと推定される。遼寧式銅剣がまとまって出土する麗水《よす》の地域は、有力者が集まるところ、すなわち、倭人の本拠となった場所を示していると思われるのである。

麗水《よす》は朝鮮半島南岸の中央部から南に長く突き出した半島であり、その前面ある島が防波堤の役割を果たす天然の良港である。ここは百済の時代に鼓楽《こらく》山城や尺《チョク》山城が築かれたり、近代にも水軍節度使が設置されたこともある軍事的な要衝であり、沿岸をさかんに船で移動した倭人が拠点とするにふさわしい場所といえる。

つぎに、住居の跡について見てみよう。

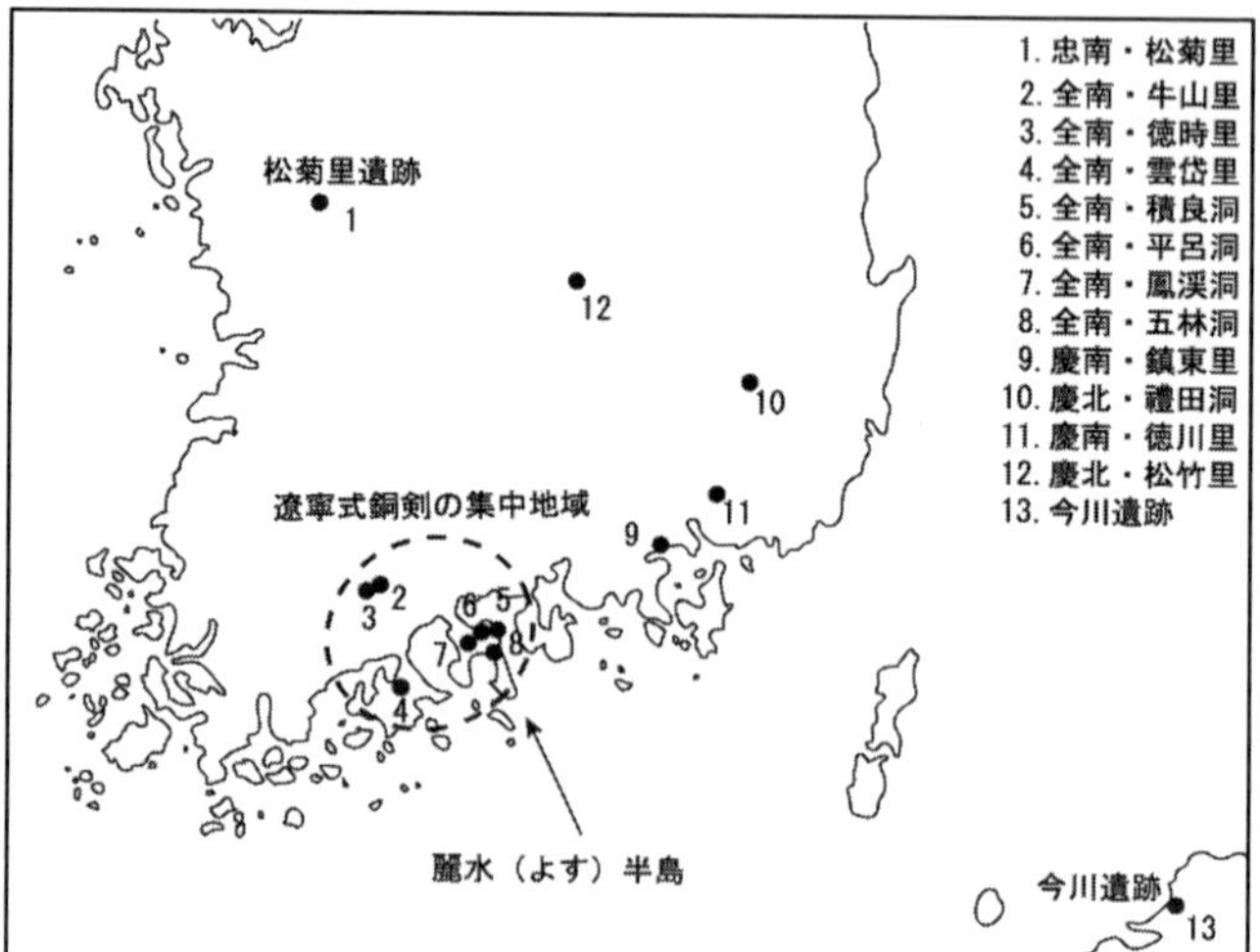


朝鮮半島南部における遼寧式銅剣の出土分布
（橋口達也『甕棺と弥生時代年代論』より作図）

板付で復元された松菊里型住居の内部

今川遺跡で発掘された住居跡は、中央の凹み（炉か？）の両側に柱をもつ松菊里《しょうぎくり》型と呼ばれる半島由来の丸型の住居形式であることが判明している。また、最初期の水田遺構の出土で知られる福岡空港近くの板付遺跡でも、松菊里《しょうぎくり》型住居跡が発見され、竪穴住居として復元されている（上図）。

土器についても興味深い情報がある。

遠賀川下流域で、弥生時代前期の特徴的な土器が多数出土することが知られている。遠賀川式土器と呼ばれるこの土器は、段を持つ壺、口縁部が外反する甕などからなり、壺の胴部に山形文や重弧文などの文様が描かれている。遠賀川式土器はさらに板付Ⅰ式と板付Ⅱ式に細分され、板付Ⅰ式土器はこの中で最も古い土器であり、弥生時代の最初の土器とされている。

弥生時代を弥生式土器が用いられた時代と定義するならば、弥生時代は、倭人が北部九州に進出し、板付Ⅰ式土器などの遠賀川式土器を製作したことによって始まったことになる。

立命館大学教授の家根祥多《やねよしまさ》氏の調査によって、板付遺跡から出土した弥生時代前期の板付Ⅰ式土器が、在来の夜臼式《ゆうすしき》土器の製作技法ではなく、半島西部の松菊里《しょうぎくり》遺跡からも出土した無紋土器と同じ土器製作技法で作られていることが判明している。

その特徴は、夜臼式土器では、粘土の紐を積み上げた時の境目の線が内側に傾く内傾接合であるのに対して、無紋土器や板付Ⅰ式土器では、通常、外側に向かって傾く外傾接合であることである（下図）。

また、夜臼式土器などの縄文土器では、粘土紐を巻き上げて作られるが、これに対して外傾接合で作られた土器は、巻き上げ技法のような細い粘土紐ではなく、帯状の粘土板による輪

粘土帯の積み方

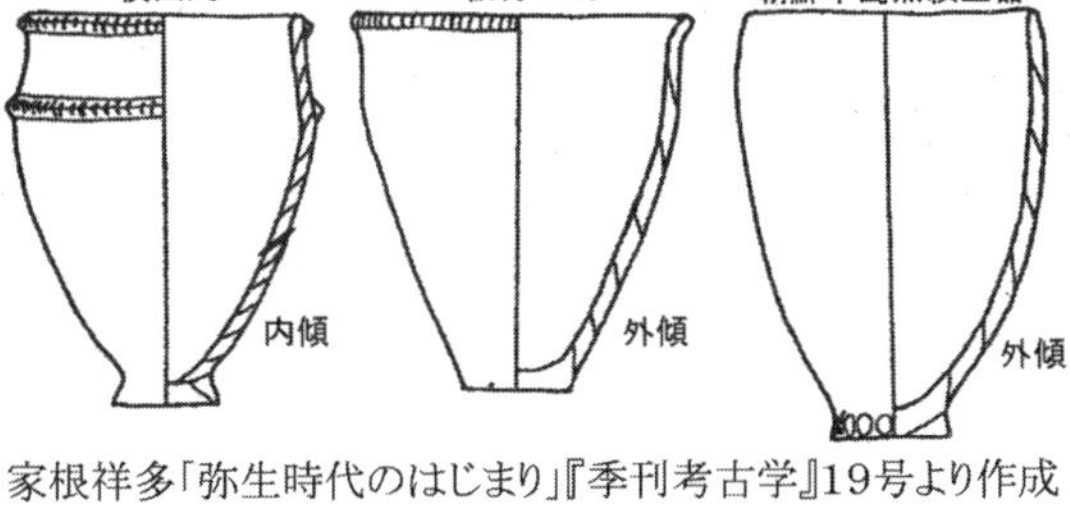


家根祥多「弥生時代のはじまり」『季刊考古学』19号より作成

積みで形成されている。そのため、巻き上げ技法で作られたものよりも、一段の積み幅が広くなっている。そして、土器の焼き方も朝鮮半島の影響を受けている。

縄文土器はたき火のような火の中で焼かれていたと考えられているが、弥生土器の焼き方は少し異なっている。弥生土器の表面には縄文土器にない大きな斑点がつくことがあり、これは、薪の上に土器を置き、その上に藁など燃えるものを置き、さらにその上に灰や土をかぶせて、なかば窯のようにして焼き上げる「覆い焼き」という方法によって焼き上げたときに発生する斑点である。このような焼き方は朝鮮半島から伝わったものとされている。

朝鮮半島との共通性を見せる遼寧式銅剣、松菊里《しょうぎくり》型住居、遠賀川式土器などの分布は、倭人が弥生時代の早い時期から松菊里《しょうぎくり》など朝鮮半島西岸地域を経由して遼東の文物をもたらし、遠賀川下流域から唐津平野まで北部九州沿岸全域に進出していたことを物語るものである。

これは、文献の分析から推理した倭人の移動ルートとも整合している。

中国大陸沿岸から朝鮮半島を経て九州までやってきた倭人の移動経路を見ると、彼らは沿岸航海技術に長《た》けた海洋民族であることがわかる。倭国としてまとまる以前の古い時代から、倭人は小さな部族単位で沿岸各地を活発に移動し、日本列島にも進出していたと思われる。小規模だが機動力豊かなこのような動きは、史書に記録されることはなかったが今川遺跡や板付遺跡のように考古学的な痕跡を残す場合があるのである。

このような倭人の特性を見ると、倭人とは、越人の中で沿岸地域や河川の流域に住んで農耕を行うとともに、漁労や航海に能力を発揮していた人々を指すように思える。

## ■日本列島内での倭人の拡散

北部九州に渡来し、今川遺跡や板付遺跡にその痕跡を残した倭人は、その後、日本列島内をどのように移動して行ったのだろうか。

松菊里《しょうぎくり》型住居跡や遠賀川式土器などが、その手がかりになる。

松菊里型住居は、朝鮮半島西岸を南下してきた倭人がもたらしたものと推理したので、松菊里型住居の日本列島内での分布を調べることにより倭人の移動の状態が把握できそうである。

松菊里型住居跡は、福岡県の今川遺跡、板付遺跡、江辻遺跡などに始まって、九州東岸の宮崎県高鍋町持田中尾遺跡や都城市肱穴遺跡で発見されている。また、本州でも、岡山県の南溝手遺跡、和歌山県の堅田遺跡、愛知県の朝日遺跡など西日本一帯から愛知県まで確認されている。

そして、板付I式土器を含む遠賀川式土器も半島から渡来した倭人の影響下に製作されたもので、その分布もまた倭人の行動範囲を示すものである。

遠賀川式土器は、まず九州北岸地域、日本海沿岸では山陰、北陸から東北まで、太平洋側では四国、東海を経て神奈川県の平沢同明遺跡など関東地方まで分布しており、奈良県の唐子鍵遺跡からも発見されている。

西日本一帯でみられる土器はほぼ似た特徴で、時間をかけて形態が変化したようすがないことや、青森県つがる市の砂沢遺跡では弥生時代前期の水稲耕作の証拠とともに見つかっていることから、日本列島各地に稲作と共に短期間で伝播していった土器と理解される。

遠賀川式土器と稲作を日本列島各地に短期間で展開したのは、中国大陸由来の稲作技術を持ち、沿岸航海技術に秀でた遠賀川下流域の倭人たちである。

考古学の専門家は土器が一型式変化するのに要する時間を三〇年ほどと見積もっている。西日本一帯の遠賀川式土器がほとんど同じ特長で型式変化を起こしていないとすると、この土器は三十年以内の非常に短期間で西日本一帯に伝播したと考えられる。倭人は北部九州から本州中央部までおよそ十年～三十年で移動したと考えて良いだろう。

倭人は紀元前三三四年に越が楚に滅ぼされたことを契機に各地に拡散していったと推理したが、山東半島の付け根の倭人のテリトリーから九州までの距離は九州から本州中央部までの約二倍と見て、この間の移動に要した時間も二倍とすれば、九州までの移動に要する時間は約二十年から六十年、すなわち紀元前三一〇年から二七〇年ごろには倭人が九州に到達していたと計算上は推理できる。

さらに、古い鋳造《ちゅうぞう》鉄器も倭人の移動と関係すると思われる。
弥生時代の前期に、熊本の斎藤山遺跡、丹後の扇谷遺跡など九州や日本海側の各地で鋳造《ちゅうぞう》の鉄器片が発見されている。この頃、高温により鉄鉱石などの原料を溶かして銑鉄を作り、鋳型によって鋳造《ちゅうぞう》鉄製品を作る技術を持っていたのは、燕などの中国北方の地域に限られていた。

従って、弥生前期の鋳造《ちゅうぞう》鉄器片は、倭人が、燕の支配下にあった渤海湾沿岸や遼東半島を移動していた時、燕の地域で製作された鋳造《ちゅうぞう》鉄器を入手し、それを日本列島に持ち込んできたと考えられるのである。

もう一つ倭人の移動と関係しそうな遺物がある。北部九州と日本海沿岸で出土する陶塤《とうけん》と呼ばれる小型の土笛である。陶塤《とうけん》は『周礼』という中国の古典に記されており、河姆渡《かぼと》文化晩期の遺跡など古い遺跡からも出現しているので、起源は中国である。朝鮮半島には「フン」と呼ばれる類似の土笛がある。

九州では宗像市の光岡長尾遺跡と北九州市の高槻遺跡の二カ所に例があるのみで、そのほかは、島根県松江市タテチョウ遺跡や京都府の扇谷遺跡など、宗像より東側の日本海沿岸地域に集中する特徴的な分布を示している（下図）。

**陶塤**（レプリカ）

宗像市や北九州市など九州北東部は倭の奴国の領域であり弥生時代の早い時期から倭人が多く渡来して来た地域である。

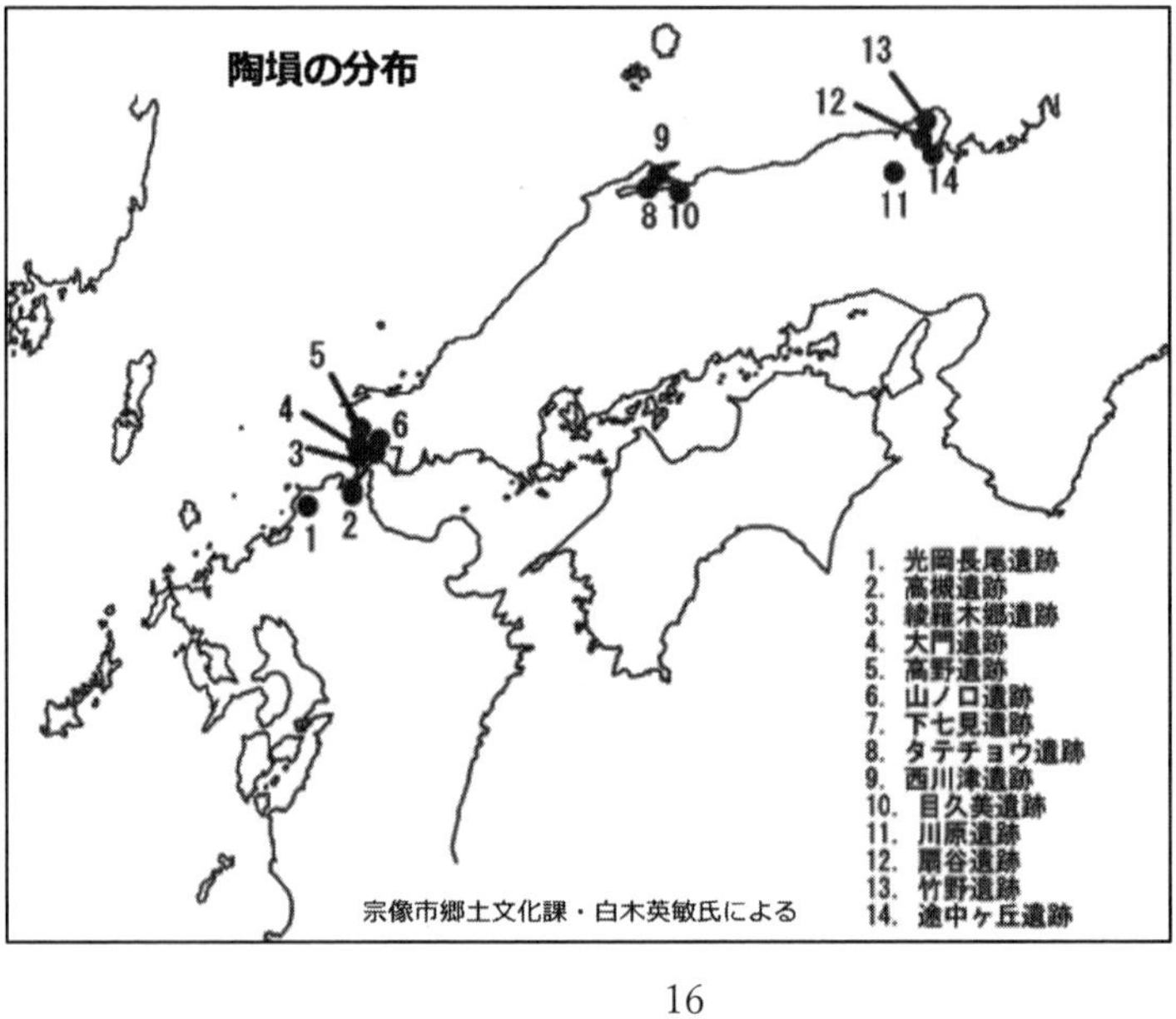

倭人が弥生時代前期には稲作を持って日本海沿岸を北上し東北地方にまで進出したことから考えると、陶埙《とうけん》を日本海沿岸地域に持ち込んだのは九州北東部に渡来した倭人と考えるのが素直な理解であろう。

松菊里《しょうぎくり》型住居、遠賀川式土器、古い鋳造《ちゅうぞう》鉄器、陶埙《とうけん》などの分布を調べると、倭人が日本列島各地に拡散していった様子が明らかとなる。九州では北部九州から始まって、筑紫平野、熊本平野、宮崎平野から都城盆地に進出したことが想定される。西日本一帯、四国の沿岸地域も倭人のテリトリーのようである。日本海側では出雲や丹後地域、青森県などにその痕跡が残るし、太平洋側では東海・関東地域まで影響を受けたと考えられるのである。

ところで、上越・越後などのように「越」という地域が、現在も日本海側に存在する。妄想かもしれないが、これは越の一部であった倭人が、日本海沿岸のこの地域にさかんに進出したことに由来するように見え、倭人の移動の痕跡が、現代まで地名として残ったものではないかと思うのである。

## ■倭人の墓制

倭人のことをもう少し詳しく理解するために、発掘によって考古学的な情報が得られる墓制について見てみよう。

倭人が進出した九州には、紀元前二世紀ごろから、玄界灘沿岸と筑紫平野を中心に成人用の大型甕棺を墓制とする部族が繁栄していた。いっぽう、倭人がたどってきた経路の、中国大陸沿岸、朝鮮半島西岸、南岸などには、この時期の大型甕棺が出土しない。

朝鮮半島西南部の栄山江流域では大型甕棺が出土するのだが、専門家の見解では、栄山江地域の大型甕棺は四～五世紀、早くても三世紀のものとされている。倭人が朝鮮半島西岸をさかんに南下した弥生時代前期から中期のころは、この地域に大型甕棺が存在しなかったことになる。すなわち、倭人の墓制は甕棺ではなかったといえる。

また、前述のように弥生時代の早い時期から、倭人は北部九州から日本列島の各地に進出していくが、九州以外には甕棺が普及した地域が存在しない。これも、各地に進出した倭人が甕棺墓制を持っていなかったことの証拠である。

## ■倭の奴国の位置

『後漢書』東夷伝、建武中元二年（五七年）の条に、倭の奴国が、後漢の光武帝に使者を送って金印を綬与されたことが記されている。また、『魏志倭人伝』にも奴国が登場する。

墓制の分布から奴国の位置について考えてみよう。

北部九州の甕棺の出土状況を詳しく見ると、北部九州の西半分には甕棺が稠密に分布しているが、福岡平野の北東部、宗像、遠賀川の下流域などには、ほとんど甕棺が出土しない地域が広がっている。甕棺墓制を持たない倭人がこの地域に進出していたことを示すものであり、早くからこの地域を確保していた倭人たちが、甕棺部族の侵入を阻止した結果と考えられるのである。

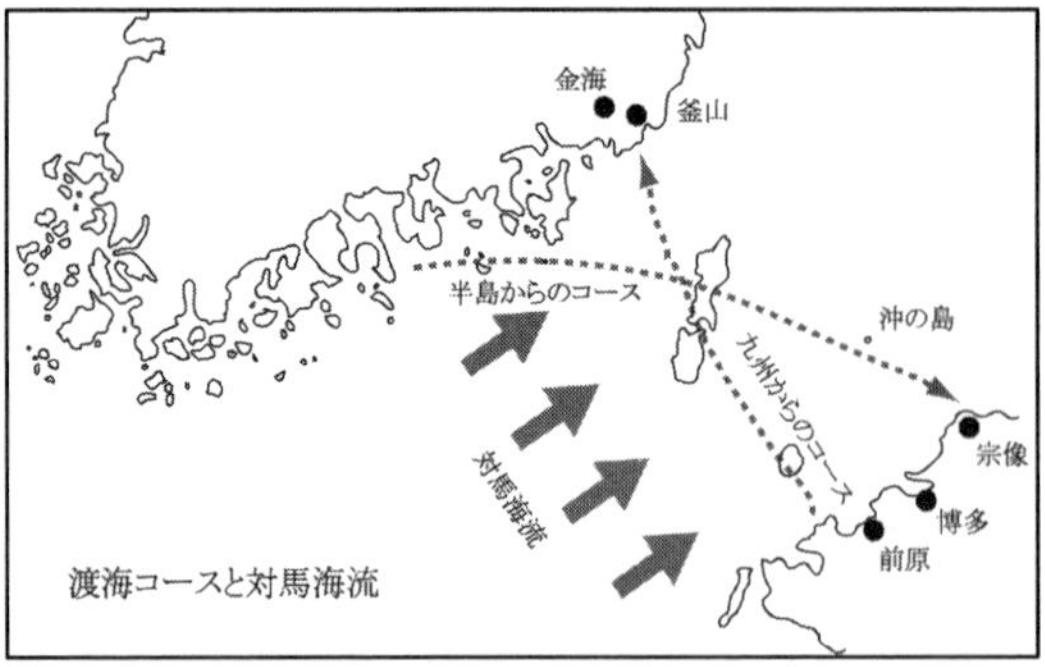

渡海コースと対馬海流

私は、この甕棺の空白地帯こそ、『後漢書』や『魏志倭人伝』に記された倭人の国・奴国と考えるのである。（下図）

弥生時代前期に、九州を始め日本列島各地へ進出していった倭人であるが、紀元前二世紀以降、甕棺墓制を持つ部族の台頭によって北部九州のかなりの部分を奪われてしまったように見える。

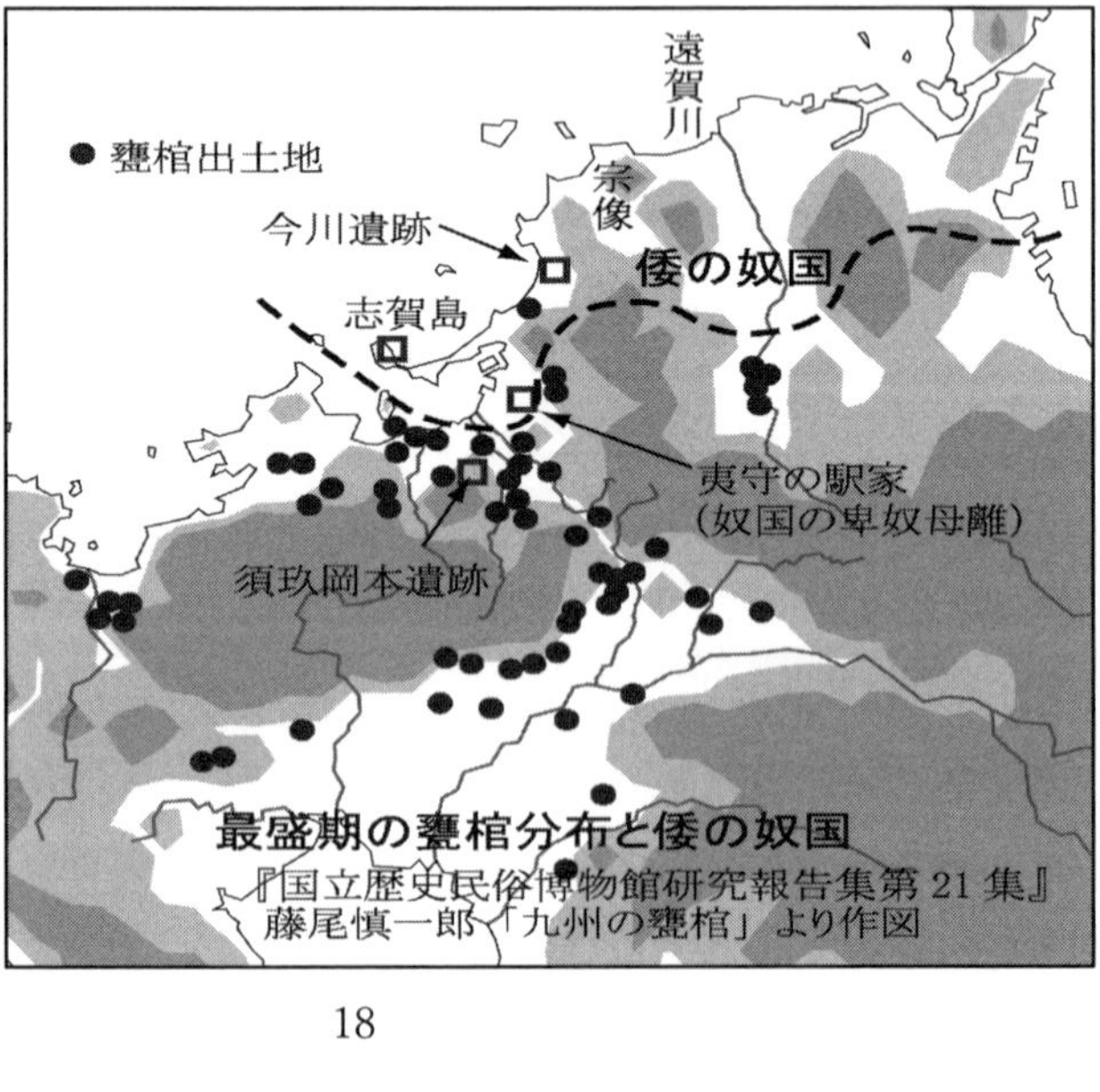

最盛期の甕棺分布と倭の奴国
『国立歴史民俗博物館研究報告集第 21 集』
藤尾慎一郎「九州の甕棺」より作図

倭人が北部九州の東半分を確保できたのは対馬海峡の海流の影響があったのかもしれない（上図）。倭人が渡来した頃の推力の小さな手漕ぎの船では、海流によって東に流されながら北部九州に到達するため、次々と到着する倭人たちが北部九州の東半分に集中したと思われるからである。

奴国の位置についてさらに手がかりを探してみよう。

まず、『魏志倭人伝』に、奴国に卑奴母離が置かれていたことが記されている。卑奴母離とは雛を守る、すなわち、辺境警備のことであるが、これに関連すると思われる情報がある。

福岡県粕屋町仲原に、奈良時代に夷守《ひなもり》の駅家《うまや》があったとされる。天平二年（七三〇年）に大伴家持が夷守《ひなもり》の駅家《うまや》で都からの使者と別れの宴を催した記録が残っている。

この夷守《ひなもり》の駅家《うまや》は、『魏志倭人伝』に記された奴国の卑奴母離が置かれていた場所と考えられる。すなわち、粕屋町はかつて奴国の一部であったといえる。

つぎに、那の津について考えてみる。博多は玄界灘沿岸で随一の良港であり昔は那の津と呼ばれていた。那の津と呼ばれた理由は、奴国の倭人たちがこの良港を含む一帯に住んでいて、ここから多くの倭人の船が出入りしていたことに由来すると思われる。奴国の港という意味で那の津と呼んでいたのであろう。

そうすると、少なくともある時期、博多や粕屋町を含む福岡平野のかなりの部分は奴国の範囲であったと言えそうである。

『魏志倭人伝』には、奴国は二万余戸を擁する大きな国として描かれている。遠賀川下流域から宗像を経て福岡平野に至る広大な地域は、二万戸を収めるのに十分な広さをもっている。奴国の領域としてまったく不都合はない。

福岡県春日市には、須玖岡本《すぐおかもと》遺跡をはじめ弥生時代の遺跡が集中し、多数の鏡を副葬した王墓クラスの甕棺があることから、通説ではここが奴国の中心であるとされてきた。

しかし、墓制から見たときに、須玖岡本遺跡などの甕棺の集中するこの地域は、倭人の国・奴国ではありえない。前二世紀以前の、甕棺部族が進出する前の時期ならば倭人のテリトリーであった可能性は濃厚であるが、『後漢書』や『魏志倭人伝』が描く時代のこの地域は奴国とは墓制の異なる別の部族の国ということになる。

『魏志倭人伝』を見ると、奴国はわずか二三文字で記述されている。伊都国の一一七文字はもちろん、投馬国の六四文字、壱岐国の五七字、邪馬台国の四五文字などに比べるとかなり少ない。

通説のように、奴国が須玖岡本遺跡や比恵・那珂遺跡を含む地域だとすると、そこには長大な道路遺構やおびただしい数の青銅器工房など飛び抜けた規模と内容を誇る遺跡があり、このあたりの核心部とも言える地域である。それにもかかわらず、これらに関する記述がなく、わずか二三文字で終わっているのは不可解である。これも、この地域が奴国に含まれていないことを示しているように見えるのである。

## 二、稲作

### ■縄文稲作

倭人の北部九州進出によって弥生時代がはじまった。福岡県の板付遺跡などの発掘によって、彼らは水田耕作を行っており、弥生時代が稲作農耕の行われた社会であることが明らかになった。そして、稲作農耕は弥生時代からはじまったとする考えが次第に浸透していった。

しかし、九州での稲作の起源を探る調査活動の中で、縄文時代最後の土器といわれる夜臼《ゆうす》式土器の段階で、すでに高度な水田耕作が行われていた証拠が発見されるようになってきた（下図）。

たとえば、一九七八年に板付遺跡の台地西側で、弥生時代の水田だけではなく縄文時代の水田が発見された。水田面にはともに多数の足跡が残されており、縄文時代のものは夜臼式単純層で確認されたものであった。用水路の取水・排水技術などをみると、縄文晩期の稲作開始の段階から、稲作は高度な水準にあることが明らかになっている。

また、一九八一年には佐賀県唐津市の菜畑遺跡で、縄文晩期終末の夜臼式土器の時代よりもさらに古い縄文晩期後半の山ノ寺式土器の時代の水田が発見された。ここでは、縄文的な石器とともに大陸系の磨製石器が発見されている。

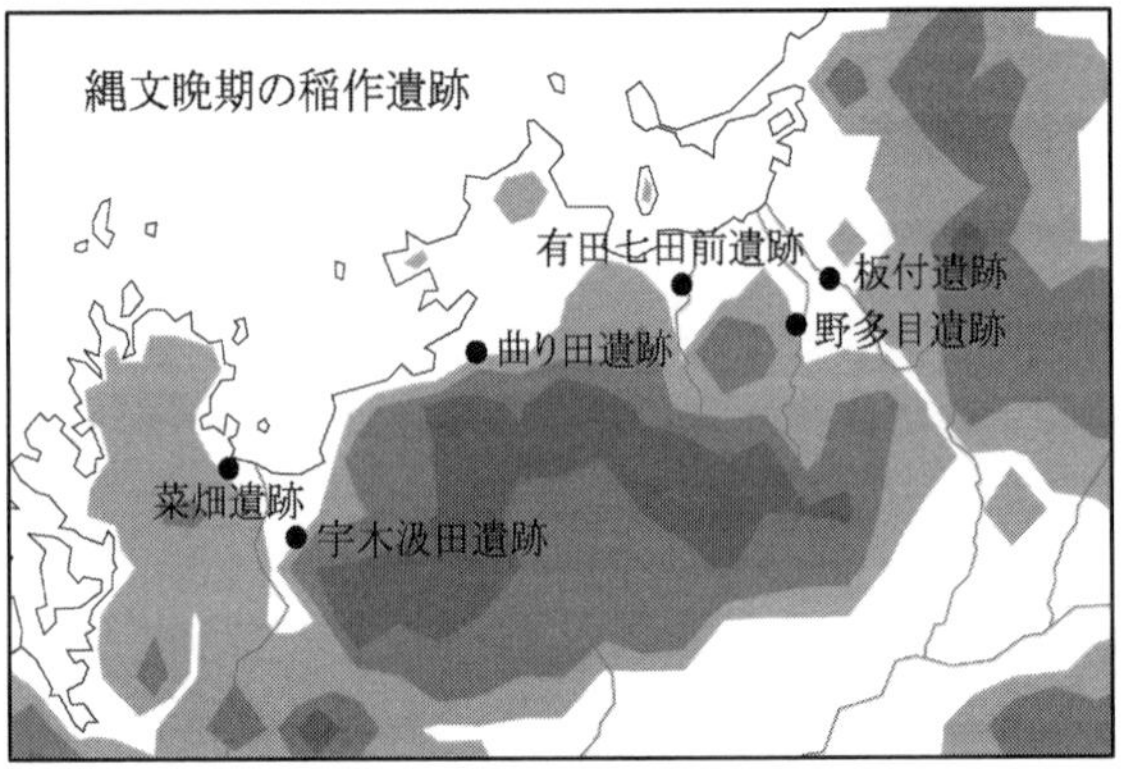

その他にも福岡市南区の野多目遺跡で縄文時代の水田跡が発見されたり、福岡市の有田七田前遺跡や福岡県二丈町の曲り田遺跡、佐賀県唐津市の宇木汲田《うきくんでん》遺跡、長崎県の島原半島にある原山支石墓群などで夜臼式土器の時代の炭化米や籾圧痕、石包丁などの発見が相次ぎ、北部九州の玄界灘沿岸や島原半島地域では、倭人が進出して稲作を行う前の縄文時代晩期に、すでに高度な技術で水稲耕作が行われていたのは確実になってきた。

弥生時代を、弥生土器ではなく、稲作農耕が行われた時代として定義しようとする研究者は、稲作農耕の行われた夜臼式土器の時代を弥生時代に含め、これを弥生早期とする提案がなされている。

しかし、私は、弥生時代は弥生式土器の行われた時代とするほうが混乱は少ないと思うので、それ以前の夜臼式土器の時代の水稲耕作を、とりあえずここでは、縄文稲作としておく。

## ■縄文稲作のルーツ

倭人の進出以前に、高度な水稲耕作を北部九州にもたらし、縄文稲作を行ったのはどのような人々だったのであろうか。縄文稲作の特徴や、縄文時代晩期終末の夜臼式土器の時代の特徴に注目しながら考えてみよう。

まず、夜臼式土器の時代のユニークな墓制である支石墓についてみてみよう。

支石墓とは、埋葬地を囲うように支石を数個並べ、その上に巨大な天井石を載せる形態の巨石墓で、西ヨーロッパ、中近東、東南アジア、東アジアなど世界各地にみられるものである。日本には縄文晩期に稲作とともに伝わったと考えられている。

日本列島で支石墓が分布するのは、北部九州の西半分の地域で、唐津平野や糸島平野などの玄界灘沿岸、佐賀平野、長崎県北部の北松浦半島周辺、南部の島原半島周辺の地域である。

九州の支石墓は、縄文時代の墓とはまったく異質なもので、渡来人によってもたらされたことは明らかである。圧倒的な数が分布する朝鮮半島南部の碁盤型支石墓と構造が共通であることから、通説では、日本の支石墓は朝鮮半島南部からもたらされたとされている。

さて、縄文稲作そのものの特徴は、最初からかなり高度の水稲耕作技術を備えていたことであり、在来の縄文人が徐々に技術を高めていったものではなく、やはり、渡来人によってもたらされた技術と考えられている。

このころの稲作では、稲の穂刈用の道具として石包丁が使われていた。朝鮮半島南部と唐津市の菜畑遺跡とで良く似た石包丁が発見されていることや、その他の石器についてもこの両地域で多くの共通点がみられることから、水稲耕作技術も支石墓や石包丁とともに朝鮮半島からもたらされたとする説が有力である。

しかし、私は、この説に疑問を抱いている。

その理由は、支石墓の分布状況に納得ができないからである。

たとえば、対馬、壱岐に支石墓が見つからない。朝鮮半島から北部九州に支石墓が伝わったのならば、経由地である対馬や壱岐にその痕跡が残ると思われるのだが、まったく見つかっていない。

また、対馬海峡の潮の流れを考えると、もっと東の方に流されて宗像や遠賀川下流域などに分布域が広がっても不思議はない。しかし、この地域に倭人が進出する前の時代にもかかわらず、この地域にも支石墓は存在しない。それなのに、対馬・壱岐経由では海流に逆らうように進まなくてはならない北松浦半島や島原半島周辺に色濃く分布するのは理解しがたいのである。

北松浦半島や島原半島は九州の西側に面しており、黒潮から分かれた対馬海流が直接岸を洗うところである。支石墓が半島から対馬・壱岐経由で伝わったとするよりは、対馬海流に乗って南の方から直接渡来したとする方がはるかに考えやすいのである。

もう一つ理由を挙げると、縄文稲作を行っていた人々が、稲作技術だけでなく、すでに鉄製品を保有していたことである。

たとえば、福岡県二丈町にある縄文時代晩期の曲り田遺跡から板状鉄斧の頭部が発見され、金属工学の専門家佐々木稔氏の分析によって鉄鉱石を原料とした不純物の少ない鍛造《たんぞう》品と判定されている。これは、日本の最古の金属器遺物であり、鉄器が稲作農耕の開始当初から縄文土器などとともに使用されていたことを示している。また、菜畑遺跡では、縄文晩期の水路用の木杭の削り跡に鉄斧を使用した痕跡がみられるという。

朝鮮半島の鉄は、戦国晩期の紀元前三世紀頃に燕の領域から北西朝鮮や北東朝鮮に伝播したといわれている。そして、朝鮮半島南部には紀元前一〇八年に楽浪郡が設置され、漢の文化が朝鮮半島に流れ込んできたことを契機として拡散していったと思われる。

縄文稲作が北九州で行われた縄文時代晩期は紀元前五~四世紀で、中国では春秋時代から戦国時代にかわるころである。この時代の朝鮮半島南部には、鉄はほとんどなかったと考えられるので、鉄器が朝鮮半島から九州に持ち込まれる可能性はないと思うのである。

東京大学の考古学者大貫静夫教授は「朝鮮半島南部で、弥生早期あるいは板付Ⅰ式に併行するのは、松菊里、先松菊里段階であり、この段階に鉄器が伴ったことはない。」と弥生早期（縄文稲作期）とその次の板付Ⅰ式(弥生前期)の時代の朝鮮半島には鉄がなかったことを述べている。

また、燕の領域で作られた鉄は炭素分が多い鋳造《ちゅうぞう》の鉄器が中心と言われ、鍛造《たんぞう》の製品である曲り田遺跡の鉄器とは製法が異なる。つまり曲り田遺跡の鍛造《たんぞう》の鉄は、燕の領域から半島経由で来たものではない可能性が大きい。

ただ、曲り田遺跡出土の鉄器については、のちの時代の混入とする意見や、橋口達也氏のように、これを鋳造品だと主張する研究者もいる。

橋口達也氏の主張について論文（日本考古学第16号2003）を参照してみてみると、まず、「この鉄器は床面近くからの出土であり上層に混入した後期後半の土器に伴う可能性は極めて少なく、ましてや縄文前期土器に伴うとは考えられない。従って曲り田遺跡十六号住居跡から出土した鉄器片は早期の曲り田（新）式に伴うものと考えてよい。」と述べ、鉄器がのちの時代の混入ではないかとする見解を否定している。

次に、「分析の結果は鉄鉱石原料の鍛造鉄器ということであるが（佐々木他1984、佐々木他1985）、近年の鉄器の出土状況等からすると鋳造鉄斧の破片を利用したものと考えられる。すなわち曲り田出土の鉄器は早期のもので、先述した筆者(橋口氏）の年代観によれば紀元前四世紀前半頃、中国では戦国時代中期の前半代に位置付けられる。従って筆者は曲り田出土の鉄器は中国戦国時代の鉄器がもたらされたものと考えている。」と述べ、橋口氏は、この鉄器片を中国戦国時代の鋳造品と見ていることを明らかにしている。

しかし、橋口氏はここでは、分析によって鋳造と判断しているのではなく「近年の鉄器の出土状況」という状況証拠から、間接的に判断をしているに過ぎない。中国の戦国時代の鉄器が日本にもたらされたという結論が先にあって、それに合うように、分析結果とは異なる結論を導き出しているように見える。近年、鋳造の鉄片が数多く発見されているのは事実としても、資料を直接分析して判定した佐々木氏たちの「鍛造」とする判断がある以上この判断は尊重されなければならない。

日本列島の鋳造《ちゅうぞう》の鉄は、前章で述べたように、燕を経由した倭人が渡来して弥生時代になって以降に初めて持ち込まれたものであろう。

私は、支石墓の分布についての疑問や、鍛造の鉄製品が出土している事実などから、縄文稲作は朝鮮半島から渡来したものではないと考える。

では、どのようなルートで縄文稲作が日本列島にやってきたのか。

私は、縄文稲作は、つぎに述べるように、鉄や支石墓とともに中国大陸の長江下流地域から対馬海流に乗って直接日本列島に漂着した人々によってもたらされたと考えるのである。

## ■長江下流地域と縄文稲作

それでは、縄文稲作とセットになった文化要素である高度な水田耕作技術、支石墓、鉄生産などが長江下流地域で確認できるか見てみよう。

稲作技術については多言を要しない。長江下流地域は稲作発祥の地であり、河姆渡《かぼと》遺跡など、数千年前の稲作遺跡が発見されている。

静岡大学の佐藤洋一郎氏は、日本で栽培されているジャポニカ種の稲の故郷が長江下流域であるとする「ジャポニカ長江起源説」を一九九一年に発表した。その後、炭化米から検出した遺伝子ＤＮＡの調査を積み重ねた結果、この説がかなり確実であることが判明してきていると述べる。

また、佐藤氏の研究で稲を遺伝子レベルで詳しく調べると、朝鮮半島にはない品種が日本に存在することが判明している。稲のDNAのうちSSRと呼ばれる領域のタイプがaからhの八種類あって、中国の稲にはこの八種類全てが存在する。ところが日本の稲には、aとbとcの三種類のみが存在し、朝鮮半島の稲にはb以外の七種類が存在する。日本で一般的なbタイプのSSR領域を持つ稲が、朝鮮半島に存在しないのである。このことから、この稲は朝鮮半島を経由せず中国大陸から直接日本に到達したと判断されるのである。

石包丁については、半月型外湾刃型といわれる型式のものが、北部九州の弥生前期の初めにあり、同系のものが朝鮮半島南部だけでなく長江下流域にも分布することが、考古学者の石毛直道氏によって指摘されている。これは、北部九州の初期稲作が、朝鮮半島だけでなく、長江下流域とも密接に関係することを意味している。

支石墓についても、近年になって長江下流地域の浙江省に多数存在することが確認されてきた（下図）。

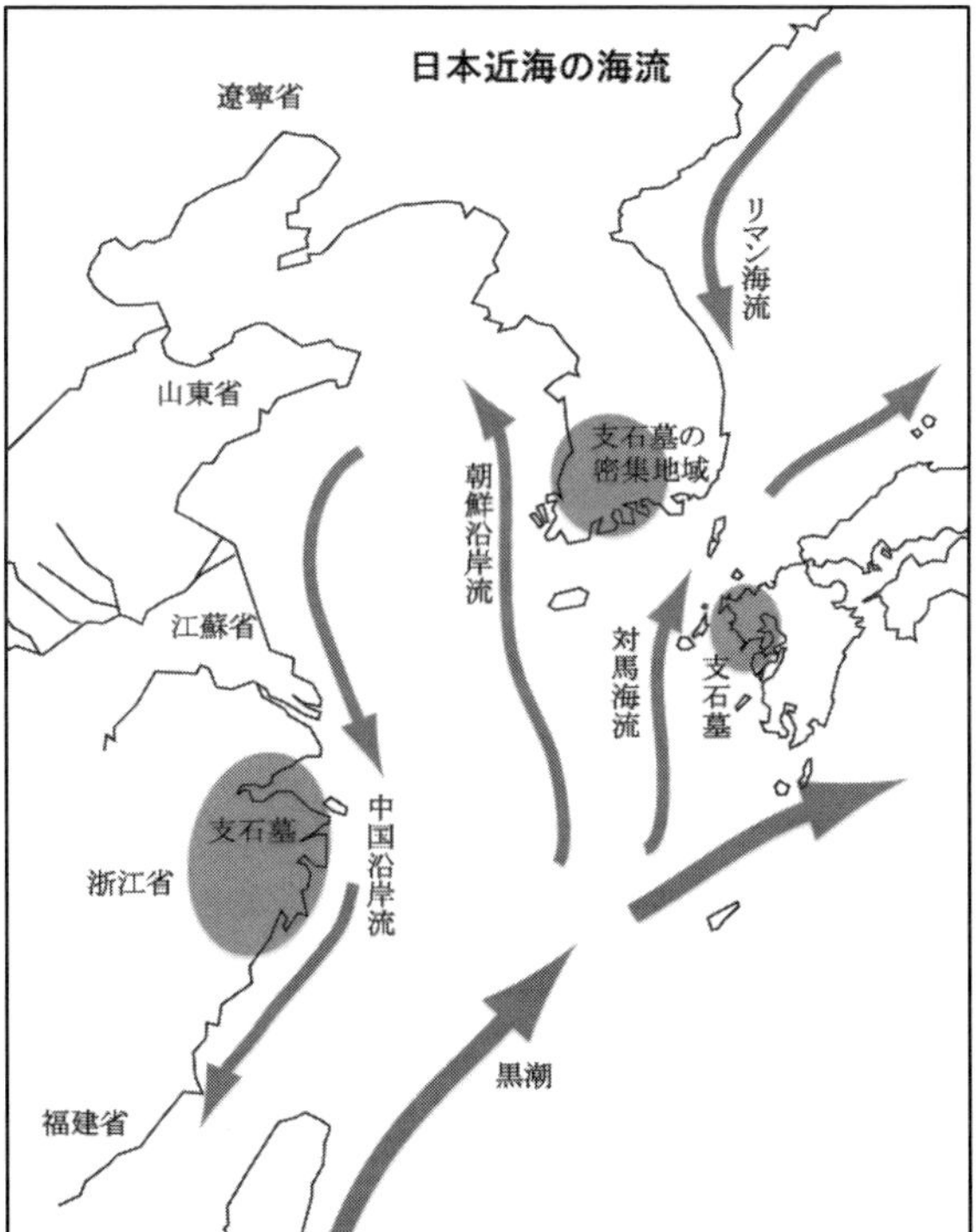


杭州大学歴史系教授の毛昭晰《もうしょうせき》氏によれば、東アジアの支石墓は、朝鮮半島全体に約二万基、南西部の全羅南道だけで一万千基もあり圧倒的な数である。次に多いのが北部九州の三百〜四百基、中国の遼東半島に約百基、吉林省西南部に七十基ほどが確認されている。

そして、毛昭晰《もうしょうせき》氏らの調査によって、浙江省では一九九七年までに、温州市や瑞安市などの南部の海岸地方や東部の島で約五〇基が発見されたという。浙江省の支石墓の近辺にはいずれも海か川があり、また、古代の集落遺跡がある。大部分の支石墓は密集した状態で緩やかな山の斜面か山頂に分布しており、このような特徴は、韓国南部の支石墓の分布状態とよく似ているという。

毛昭晰《もうしょうせき》氏は支石墓の構造についても、朝鮮半島南部の碁盤型支石墓との類似点を指摘し、さらに次のように述べる。

「(朝鮮半島の)南方式支石墓と浙江省温州地区の支石墓との形式上の相似に加え、さらに有段石斧、脊稜石斧および江南の稲作文化の伝播など各方面の要素も考え合わせて、私は上古の韓国と江南との間には海上による交流が存在していたと推測している。(「浙江省における支石墓の型式及び朝鮮半島の支石墓との比較」『考古学ジャーナル四二四』一九九七)」

上古の韓国と江南との間には海上による交流が存在していたとする毛昭晰氏の見解は、海流の方向を考えれば、朝鮮半島南部の碁盤型支石墓は、浙江省地域から黒潮や朝鮮沿岸流によって移動した人々によってもたらされた可能性が大きいことを意味する。

そして黒潮に乗った人々の一部が対馬海流によって九州北西部にも漂着し、稲作や支石墓などの長江下流域の文化を直接日本列島に伝えた可能性は十分考えられる。江南地方からの海流がその沿岸を洗う、朝鮮半島南西部の全羅南道と九州北西部に支石墓が色濃く分布しているのは、海流によって運ばれたと考えるのが最も理解しやすいと思うのである。

なお、朝鮮半島北部から中部には卓子型と言われる支石墓が分布するが、半島南部や九州の碁盤型とは別系統のものではないかと思われる(下図)。

埼玉大学の中村大介准教授によれば「卓子型支石墓は、火葬を伴い、納

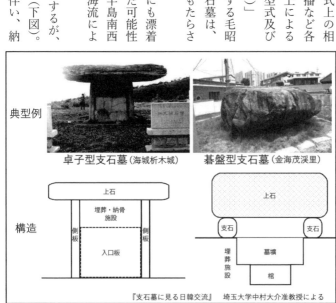

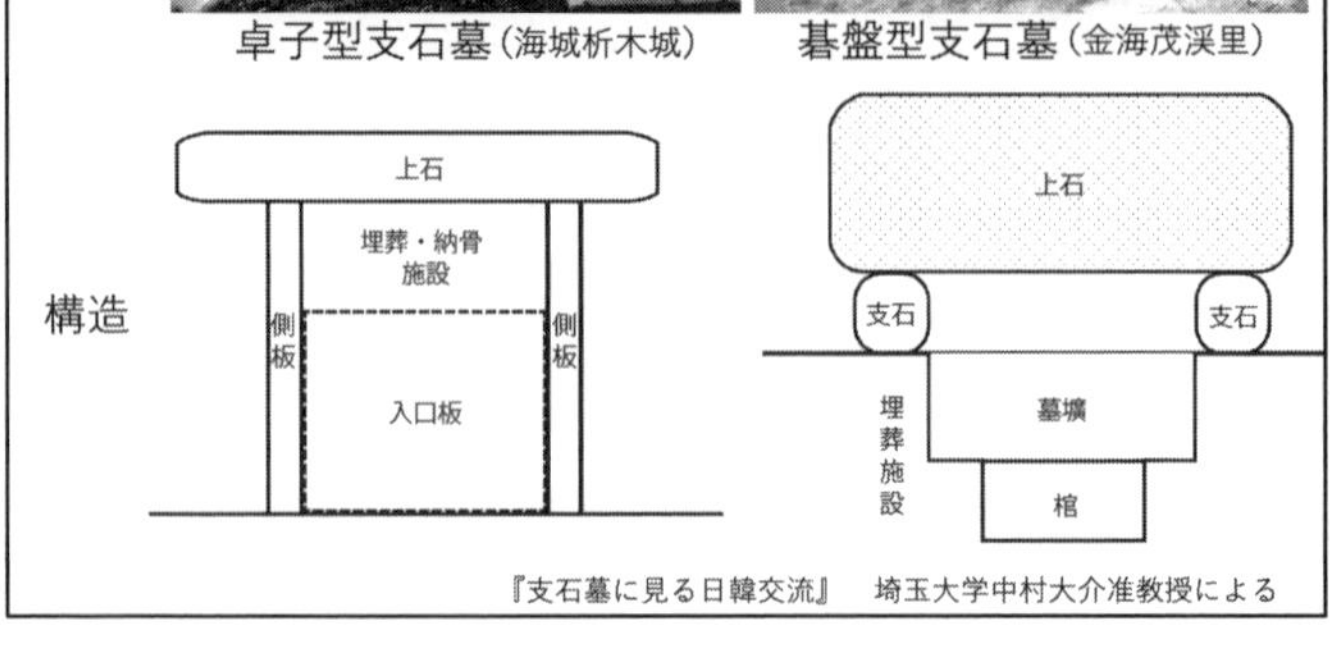


『支石墓に見る日韓交流』　埼玉大学中村大介准教授による

骨堂の様な機能を持っていた可能性があるのに対し、半島南部の碁盤型支石墓は一次葬で個人用の墓であった。同じ支石墓という用語が用いられているが、葬制としての意味が異なっている。」(『支石墓に見る日韓交流』埼玉大学：中村大介准教授)ということなので、これら二種類の支石墓は、構造も大きく異なるし、ルーツの異なる別の種類の墓ではないかと思うのである。

さて、稲作との関連でもうひとつ、鉄について調べてみる。

長江下流地域の浙江省や江蘇省は、春秋時代に「呉」や「越」の支配していた地域である。

『呉越春秋』や『越絶書』などの中国古文献によると、呉や越で鉄の剣を作っていた伝承が記されている。優れた剣を作る刀鍛冶として、越の欧冶子《おうやし》や、呉の干将《かんしょう》・莫耶《ばくや》夫婦などの個人名が残されているほど、この地域の刀剣製作は有名であった。なお、鉄の刀は通常鍛造《たんぞう》で制作する。溶かした鉄を鋳型に流し込んで作る鋳造《ちゅうぞう》の鉄はもろいので、細長い刀を鋳造《ちゅうぞう》で作ると折れやすくて実用にならない。

これらのことから、呉と越が覇を競っていた時代に、この地域では鉄を生産し、鍛造《たんぞう》によって刀剣を製作する技術がすでに存在していたことは明らかである。呉や越が中原《ちゅうげん》の列強各国を押さえて台頭してきたのも彼らが鉄によって強勢になったことが大きな要因と推測されるのである。

前述したように、福岡県二丈町の曲り田遺跡で発見された板状鉄斧は、鉄鉱石を原料とした鍛造《たんぞう》品と判定されている。この鉄は、刀などの鉄製品を鍛造《たんぞう》で製作していた長江下流の呉・越の地域からの渡来人が携えてきたものと考えられるのである。

以上のように、縄文稲作の背景にある水田耕作の技術や支石墓、鍛造《たんぞう》による鉄器生産などの文化要素が、セットになって長江下流地域に存在していたことはほぼ確実と思える。私は、これらのことから、縄文稲作は朝鮮半島からではなく、長江下流域からの渡来人によって、直接に北部九州にもたらされたと考えるのである。

呉や越のあった浙江省や江蘇省の海岸から流されると、潮や風によって二日ぐらいで日本に着いてしまうといわれ、近年になっても浙江省からの漂流民が日本近海で救助されることがあるという。

少々の食料と水さえあれば、これらの地域から海流に乗って朝鮮半島や日本列島に到達するのは、縄文時代でもそれほど難しいことではなかったのである。

## ■漂流民による稲の伝来

長江下流域からの渡来人によって稲作が北部九州にもたらされたとすると、その担い手はどのような人々だったのであろうか。稲作を日本列島にもたらした人々について考えてみよう。

炭化米の分析や籾の圧痕の分析、あるいは、プラントオパールの分析から、水稲耕作の行われる前の時代から日本列島には南方起源のイネが到達していたことが確認されている。

これは、文献に記録されるはるか以前に、中国大陸から海流に乗って朝鮮半島や九州に漂着する人々が存在したことを示している。これらの人々の大半は、意図して航海を企てたのではなく、事故や悪天によって流されてしまった漂流者であったと思うのである。

航海技術が未熟な時代には、人々は大陸沿岸から大きく離れては航海できなかったであろう。また、心ならずも潮に流されて漂流した人々も、岸に戻ろうと努力し、沿岸から大きくは離れなかったであろう。

その結果、彼らは、黒潮に乗っても沿岸に近いコースで漂流し、朝鮮沿岸流に運ばれて朝鮮半島南西部にたどり着いたと思われるのである。

朝鮮半島の支石墓の数が圧倒的に多いのは、中国大陸からのほとんどの漂流者が沿岸をあまり離れずに流され、朝鮮半島に到達してそこで繁栄した結果と考えられるのである。長期間にわたりかなりの数の人々が流れ着いたため、稲作や支石墓が早い時代から朝鮮半島に根付いたものと思われる。

いっぽう、さらに南方から流されてきた人々や、沖に漕ぎ出してしまった一部の漂流者は、やや沖の方の黒潮に乗り、対馬海流によって九州に漂着することになったと思われる。日本列島に南方起源と思われる熱帯ジャポニカのイネが漂着した痕跡があるは、このような南方からの漂流者によってもたらされたと理解できるのである。

## ■呉の滅亡と稲作の渡来

偶然の漂流ではなく、自らの意志で海に漕ぎ出して新天地を目指したことが、文献から推理できる最初は、紀元前六～五世紀の長江下流域の人々であろう。

長江下流の地域では、このころ、「呉越同舟」や「臥薪嘗胆」の語源となった呉と越の熾烈な争いが続いていた。紀元前五一五年、楚に遠征した呉王闔閭《こうりょ》の留守を狙って越王允常《いんじょう》は呉を攻め、呉の領内を荒らしまわった。紀元前四九六年に越王允常《いんじょう》が没して太子の勾践《こうせん》が即位した時、呉王闔閭《こうりょ》は越を攻めたが越の奇策に敗れてしまった。闔閭《こうりょ》はこの時に負った傷がもとで亡くなった。

闔閭《こうりょ》の後を継いだ夫差《ふさ》が父の恨みを晴らすため報復の準備を整えていた。これを知った勾践《こうせん》は、先手を打って呉に仕掛けたが逆に大敗し、越は滅亡寸前まで追い込まれてしまった。しかし、勾践《こうせん》が謝罪したために、越は滅亡を免れた。

越王勾践《こうせん》は呉へ復讐するために着々と実力を養いその機会を狙っていた。呉王夫差《ふさ》が中原《ちゅうげん》に諸侯を集め会盟を行なっている隙を突いて呉を攻撃し、紀元前四七三年についに呉を滅ぼしてしまった。

呉と越の間で再三にわたって戦乱が続いたこの期間、多くの人々が難を逃れて海に逃げ出したと思われる。『資治通鑑《しじつがん》』（一〇八四年成立）という中国の史書に、「周の元王三年（前四七三年）、越は呉を亡ぼし、その庶（親族）共に海に入りて倭となる」という記述がある。呉が滅亡した時に、長江下流域から王族を含む呉の一族が海に逃げ出したことが記されているのである。

呉の滅亡前の紀元前四八五年に、呉の大夫徐承《じょしょう》が水軍を率いて山東半島の斉を攻めたという記録がある。春秋戦国の昔に、呉には外洋を航海する技術があったのである。そのためかこの地域の人々は、戦乱の際に、「力の限り戦ってダメなら海に逃げればよい」と考えていたことが『史記』に記録されている。

越に敗れた呉の一族は、力尽きて海に漕ぎ出した。彼らは追っ手から逃れるために意識して海岸から離れていったと思われる。その結果、彼らはやや沖の方のコースで黒潮に乗って対馬海流経由で縄文時代晩期の九州北西部にたどり着いた。すなわち、九州北西部に長江下流域の最新の稲作技術や鉄の文化を本格的に持ち込み、大きな勢力となったのは、呉の末裔の彼らだったと考えられるのである。

彼らが未知の土地で一大勢力を築き上げたことから推測すると、彼らは、ばらばらの漂流民としてではなく、王族を筆頭にしたまとまった集団で海に乗り出し、一族の体制を維持したまま北部九州に上陸したと思われる。

縄文稲作を北部九州にもたらした彼らは、その後も日本列島で繁栄したことが文献でたどれる。

『魏略』の逸文や『晋書』には「其（女王国の人々）の旧語を聞くに、みずから（呉の）太伯の後と謂う。」という記述がある。女王卑弥呼の国の人々が呉の王族の後裔だというのである。

また、平安時代の『日本書紀』の講書の記録に、「この国が姫氏《きし》国と呼ばれるのはどうしてか」という質問のあったことが記されている。周や呉の王室の姓は「姫《き》」氏である。日本は姫氏《きし》の国であると中国から認識されていたのは、呉の王族の末裔が日本の王となっていたことを意味する。

縄文時代末期に長江下流域から北部九州に渡来し、縄文稲作をもたらした呉の人々の子孫が、邪馬台国の時代以降に日本列島の中枢で実権を握り、繁栄していたのである。

九州の人々と呉の関係は遺伝子の研究でも確認されている。

一九九九年三月に、東京国立博物館で「江南人骨日中共同調査団」によって次のような発表が行われた。

「江蘇省の墓から出土した六十体（二十八体が新石器時代、十七体が春秋戦国時代、十五体が前漢時代）の頭や太ももの骨、歯を調査。特に、歯からDNAを抽出して調査し、福岡、山口両県で出土した渡来系弥生人と縄文人の人骨と比較した。その結果、春秋戦国時代人と前漢時代人は弥生人と酷似。DNA分析では、江蘇省徐州近郊の梁王城遺跡（春秋時代末）の人骨の歯から抽出したミトコンドリアDNAの持つ塩基配列の一部が、福岡県の隈西小田遺跡の人骨のDNAと一致した。」

つまり現代の江蘇省（春秋時代の呉）で発掘された百越人の一部族である「呉」人の人骨が、筑紫野市南部の隈西小田遺跡で発掘された人骨と同じ遺伝子を含むことが証明されたのである。

的な状況からも説明できるようだ。

## ■言語とDNAと人の移動

少々話が飛躍するが、興味深いことに、倭人も稲作民も小規模なグループで漂流して日本列島に到着したことが、言語学的な状況からも説明できるようだ。

崎谷満氏の『新・日本列島史（DNA・考古・言語の学際研究が示す新・日本列島史）』によると、日本列島と朝鮮半島のY染色体DNAハプログループ（とりあえずDNAのタイプと理解）の分布を比較することで興味深い内容が見えてくる。

日本語と朝鮮語は隣国の言葉であるにもかかわらず、大きく異なっている。それだけではなく、日本語も朝鮮語も近隣の言葉と全く違っていて世界の中で孤立した言語のように見える。

Y染色体DNAハプログループの分布で見ると、朝鮮半島と日本列島のいずれにも、O2bとO3が大きな部分を占めている（下表）。しかし、朝鮮語と日本語に共通点がないことから考えると、O2bとO3のハプログループの人々は日本と朝鮮に言語的な影響を全く与えなかったといえる。彼らは自分たちの言語を喪失してしまったのである。

朝鮮語が、ハプログループO2bやO3に由来しないとすると、朝鮮語は、次に大きな部分を占めるC3の人々の言語である可能性が高い。彼らは後期旧石器時代晩期（約一万年前）に楔形細石刃核の細石刃文化をもたらしたグループと想定されている。

一方、日本列島は、後期旧石器時代前半（約三万六千年前）に石刃文化とともに渡来したと想定されるD2の人々が大きな部分を占めている。日本語の起源はこのグループの人々の言語であった公算が強いと考えられるのである。

そして、C3とD2のグループのおおもとのCグループとDグループの分岐年代は約六万五千年前の大昔と推定されているので、言語学的にこれらのグループの言

**Y染色体DNAハプログループの分布（%）**

| DNA ハプログループ | 韓国 N＝75 | 日本 Hammer他 N＝210 | 日本 Nakata他 |
|---|---|---|---|
| C1 | 0 | 5.7 | 2.3 |
| **C3** | **9.3** | 3.3 | 3.1 |
| **D2** | 4.0 | **29.5** | **38.9** |
| N | 2.6 | 4.8 | 0.8 |
| O2a | 0 | 2.4 | 0.8 |
| **O2b** | **37.3** | **31.9** | **33.2** |
| **O3** | **40.0** | **21.4** | **16.8** |

『新・日本列島史』（崎谷満）

語が全く関連性のないレベルまで乖離してしまったと考えられる。超古い時代に分離してしまった朝鮮半島と日本列島の人々は全く異なる言語を持つようになったのである。

朝鮮半島と日本列島の双方に含まれるＯ２ｂとＯ３についても考えてみよう。

Ｏ２ｂは江南地方から稲作などの弥生文化をもたらした人々と考えられている。現在もなおＯ２ｂは朝鮮半島と日本列島のそれぞれの地域で大きな部分を占めているので、大量の人々がやってきたと思われるが、彼らが朝鮮半島と日本列島の双方で自らの言語を失っていることを考えると、彼らは自分たちの言語を維持できるほどの大人数で渡来したのではなく、小規模なグループで何度も何度も渡ってきたと推定されるのである。すなわち、江南地域から半島経由で到達した倭人や、呉の海岸から流されてきた漂流民だった可能性が強いのである。

では、同じく言語を喪失したＯ３はどうであろうか。

Ｏ３のハプログループは、華北を経由して渡来した漢民族などのグループと考えられている。朝鮮半島では、頻繁に中国や北方の騎馬民族などの侵略や進出を受けており、彼らの持つＯ３のＤＮＡが半島全般に広がったのであろう。しかし、彼らが半島に進出してきたのは比較的新しい時代であり、すでに先着のＣ３グループによって朝鮮半島の言語が確立されていたため、言語的な大きな影響を与えなかったと考えられるのである。

日本列島でＯ３グループが進出してきたのは、徐福の一団の渡来や騎馬民族の伽耶の人々などと想定され、半島と同じく比較的新しい時代のことと考えられる。従って、Ｄ２グループの人々によってすでに縄文時代には確立していたと思われる日本列島語へのインパクトは最小だったのであろう。

## ■糸島平野の巨大支石墓

縄文時代末期から弥生時代前期にかけて、北部九州では多くの支石墓が営まれていたが、糸島平野中央部の井田や三雲の地域には、井田用会《いたようえ》・井田御子守《いたおこもり》・三雲加賀石《みくもかがいし》など、巨大な上石《うわいし》を持つ支石墓や副葬品を伴う支石墓が狭い範囲に集中して築かれており他の地域とは一線を画している。

井田用会《いたようえ》支石墓の上石は3.55m×3.02m、厚さ37cmの巨岩で、この時期の上石としては国内最大である（下図）。また、副葬品と考えられる碧玉製管玉二十二個が伝わっている。

井田御子守《いたおこもり》支石墓の上石は、2.4m×2.4mで厚さは約1mである。

さらに、三雲加賀石《みくもかがいし》支石墓については、上石は一部が割られているものの2m×1.5m以上、厚さ45cmほどである。柳葉型磨製石鏃六本が副葬品として出土している。

また、隣接する曽根丘陵東端の石ヶ崎の支石墓も3.2m×2.8mの巨大上石を持つ。

糸島市の志登《しと》支石墓群や新町遺跡、平戸市の里田原支石墓に見られるように、通常の九州の支石墓は1m×1mほどの小型の上石を持つ。この大きさから推測すると、遺体は縄文人の風習である屈葬の状態で埋葬されたと思われる。つまりこれらの小型支石墓に埋葬されたのは、支石墓という外来の文化を取り込んだ縄文人と推測されるのである。

新町遺跡の支石墓では縄文人が支石墓に埋葬された証拠が見つかっている。

新町遺跡から出土した十四体の遺骨を調査したところ、弥生前期初頭の熟年男性二体の頭蓋《がい》形態が判明したが、そこにはまったく渡来形質の特徴が認められなかった。また、ほぼ全員に施されている抜歯の様式も西日本縄文人の様式を踏襲していた。これらのことは支石墓に埋葬されたのはまさに縄文人だったことを示している。

これらの小型支石墓に比べると糸島平野の巨大支石墓は隔絶した大きさであり、王のような特別な人物のために営まれた墳墓であると理解できる。縄文時代末期から弥生時代前期のこの地域には、すでに他地域に優越する王権の萌芽が見られるのである。

そして、巨大支石墓の大きさから、遺体は手足を伸ばした伸展葬の状態で埋葬されたと考えられ、縄文人の屈葬の習慣にとらわれない人々、すなわち渡来人が埋葬されたと推理できる。

縄文時代末期という時期、支石墓の形態などを考慮すると、縄文末期に大陸を逃れて日本列島に最初の水稲耕作をもたらした呉の王族とその子孫こそ、これらの巨大支石墓に眠る人物ではないかと思うのである。

井田用会支石墓の上石

## ■夜臼式と板付Ⅰ式の対立

北部九州の遺跡からは、縄文稲作期の夜臼式土器や弥生時代初めの板付Ⅰ式土器が多数出土する。これらの遺跡を分析することによって水田稲作黎明期の北部九州の社会状況が推理できる。

まず、縄文稲作の水田跡が確認された福岡市の板付遺跡をみてみよう。

板付遺跡では、縄文稲作が行われた夜臼式の層の上に夜臼式・板付Ⅰ式の共伴層があり、さらにその上に板付Ⅰ式の層が確認されている。

そして、注目すべきは、板付遺跡では集落を取り巻く環濠が発見されており、これが夜臼式・板付Ⅰ式の共伴期に掘られたことが明らかにされていることである。

環濠は敵の攻撃に対して集落を防御するためのものである。夜臼式・板付Ⅰ式の共伴期の環濠は、縄文稲作の集落に倭人が侵入するのを防ぐために築かれたと考えられ、環濠が存在することは、このときの倭人の進入が平和的なものではなく武力による侵略であったと判断できるのである。

夜臼式・板付Ⅰ式の共伴期に環濠が作られ、土器が夜臼式から板付Ⅰ式にかわってしまうという現象は、福岡市早良区の有田遺跡でも確認されている。福岡市西部の早良平野でも福岡平野と同じように倭人の武力侵入を受けていたと推定できるのである（下図）。

玄界灘沿岸では、環濠こそ確認できないものの、土器が夜臼式から板付Ⅰ式へ変わった遺跡が多数確認されている。たとえば、佐賀県唐津市の菜畑遺跡、宇木汲田《うきくんでん》遺跡、福岡市早良区の田村遺跡、四箇遺跡、福岡市博多区の雀居遺跡、

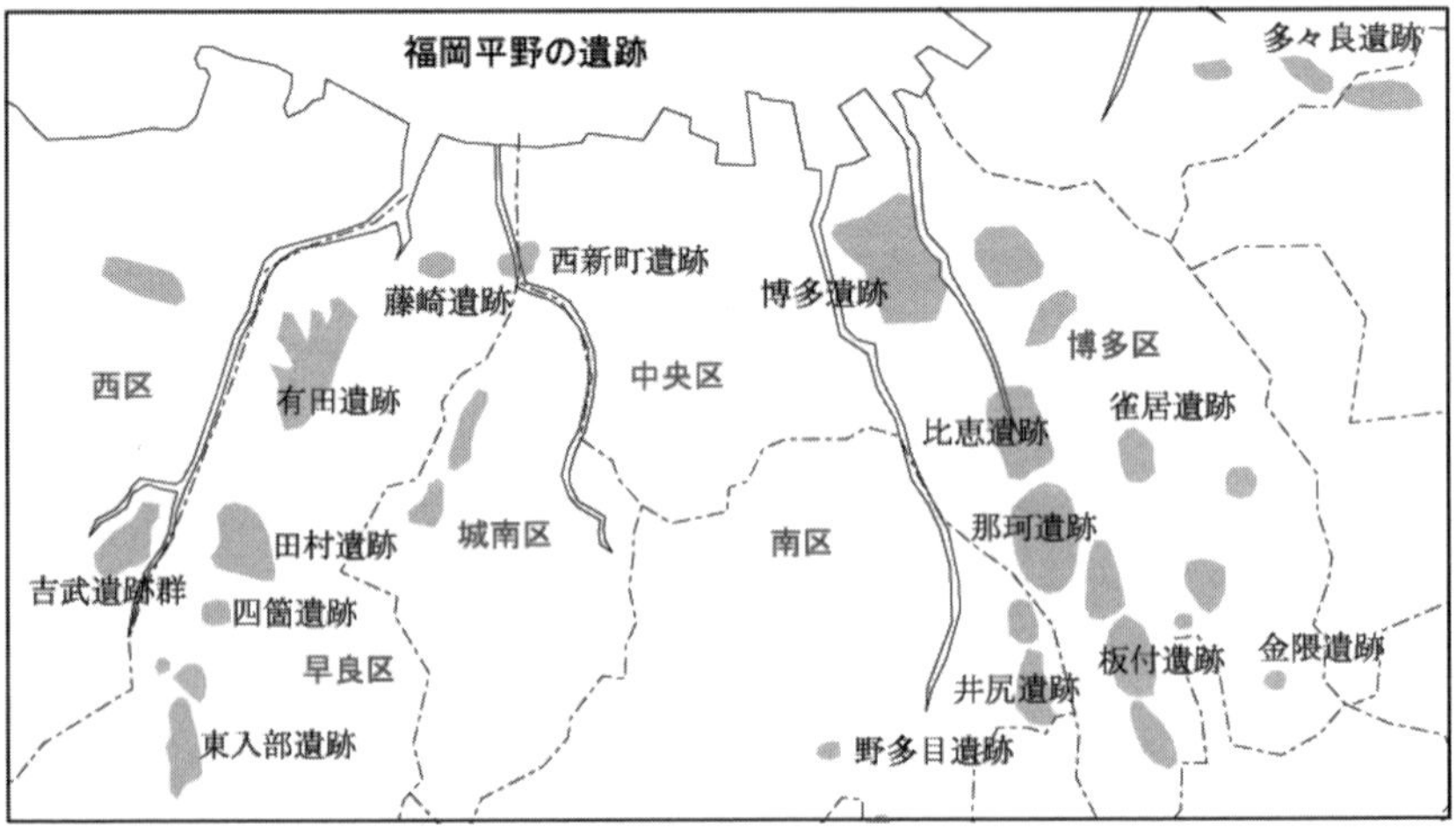

福岡県粕屋郡新宮町の夜臼遺跡などである。

糸島半島の新町遺跡の支石墓から出土した熟年男性の人骨には、左大腿骨上部に朝鮮半島系の柳葉式磨製石鏃を斜め後ろから打ち込まれていた。

これらのことから夜臼式土器が行われていた福岡平野から唐津平野にかけての玄界灘沿岸一帯に倭人が武力で侵入し、縄文稲作の集落をつぎつぎに制圧した状況が読み取れるのである。

板付遺跡を発掘した福岡市教育委員会の山崎純男氏は、板付遺跡での層位の確認と土器の形態・器種比率などの検討から、共伴する夜臼式土器と板付Ⅰ式土器とは系統が異なり、板付Ⅰ式土器は夜臼式の段階に「再度の外来文化の影響により」出現したと指摘している。

山崎純男氏のこの見解は、長江下流から直接渡来して縄文稲作を行っていた人々の地域に、朝鮮半島経由で移動してきた倭人が侵入してきたとする私の推理を裏づけるものである。

倭人が、玄界灘沿岸の先住の人々に武力攻撃を仕掛けたのは、稲作適地を確保するためと考えられるが、あるいは、彼らのなかに、かつての宿敵「呉」の姿を見たのかも知れない。

## ■縄文人と稲作民

さて、稲作民の地域に別の稲作民が侵入すると、土地を奪い合って戦いになるが、狩猟や採取で生活していた縄文人の土地に稲作民が侵入した場合はどうなるか。

次のようなことから考えると、縄文人は稲作民を平和的に受け入れたようである。

まず、九州北西部に広がる支石墓には、前述のように手足を折り曲げた屈葬の状態で埋葬されている例が数多く発見されている。屈葬は縄文人のあいだで広く行われた埋葬法である。

これは、縄文人の葬法と渡来人の葬法が混合したことによる現象であり、在来の縄文人が外来の墓制を受け入れたことを示している。

そして二つ目の理由は、北部九州以外では、縄文時代晩期までさかのぼる環濠集落がみられず、軍事的な争いの形跡が見えないことである。

北部九州以外の日本列島は、まだまだ水田稲作以前の縄文の世界であり、低湿地で稲作を行おうとする倭人と、野山で畑作や狩猟採取生活を行っていた縄文人とは生活圏が異なるので衝突しなかったのであろう。

倭人が進出してきた時、これに対立する勢力は、すでに北部九州で縄文稲作を行っていた呉の人々以外にはいなかったことを意味する。

すなわち、日本列島の縄文人は、水田稲作を持ち込んだ大陸からの渡来人の文化や技術を喜んで受け入れた可能性が強い。縄文人にとって、新しい文化や生産手段を持って進出してきた稲作民は決して敵対する相手ではなかったのである。

## ■倭人の武器

倭人の影響によって成立した板付Ⅰ式土器が玄界灘沿岸の広い範囲で出土することから、倭人は、環濠を掘って防御を固めていたこの地域の先住の縄文稲作集落を武力で圧倒し、玄界灘沿岸の地域を完全制覇したように見える。

このことから推測すると、倭人たちは、縄文稲作部族よりも強力な武器を持っていたと考えられるのである。このころの倭人の武器について考えてみようと思う。

弥生時代前期、中期の遺跡から細型銅剣という実用の青銅武器が出土する。

元慶尚大学招聘教授の新井宏氏の研究によると、細型銅剣や多鈕細文鏡など、このころの朝鮮半島系の青銅器に含まれる鉛同位体の調査によって、これらの青銅器の鉛が朝鮮半島の鉱山のものとは一致せず、殷墟《いんきょ》や三星堆《さんせいたい》遺跡など中国古代青銅器の鉛とよく一致することが判明した。さらに中国雲南省の鉱山の鉛によく一致したことから、原材料の産地が雲南省であると判断されたのである。

この材料は、中国では殷周期以前にしか見られない特殊なものであり、春秋時代以降の中国中央部ではまったく用いられていない。その後しばらく時間をおいて、突然この鉛が華北の燕国、朝鮮半島、日本で使われだした。しかし、短期間使われただけでまもなく消え失せてしまう。
新井氏はこのような現象について次のように推理している。
『史記』に、燕国の将軍楽毅《がっき》が前二八四年に斉を攻撃して宝物や祭器を根こそぎ奪ってきたことが記されている。この時に楽毅《がっき》が雲南の原料で作られた古い斉の青銅器を戦利品として燕国に持ち去り、これを溶かしてさまざまな青銅器が作られ、朝鮮半島や日本に持ち込まれた。そして、この材料は戦利品なので継続的な供給が出来ないため、短期間で枯渇してしまったとするのである。

朝鮮半島の細型銅剣の出土地分布を見ると、楽浪郡の置かれていた平壌付近から半島西岸、南岸に沿って濃密に分布している（下図）。これらの地域は、倭人が遼東半島を離れて日本列島に至る道筋であることから、私は、燕が確保した青銅材料から細型銅剣を作り、日本列島まで運んできたのは『山海経《せんがいきょう》』に「燕に属す」と記されていた倭人ではないかと考えるのである。

前二八四年に燕が青銅器を大量に確保した後、倭人たちは燕に属していたので、あまり時間を置かずにこの青銅材料を入手したと思われる。彼らはこの材料を用いて細型銅剣をはじめさまざまな青銅器を製作し、その一部を北部九州に持ち込んだと推理するのである。

倭人のテリトリーである博多湾の志賀島で、弥生時代中期前半頃の層から細型銅剣の鋳型が発見されている。これは、細型銅剣の製作者が倭人であり、倭人が雲南の鉛を含む青銅材料を確

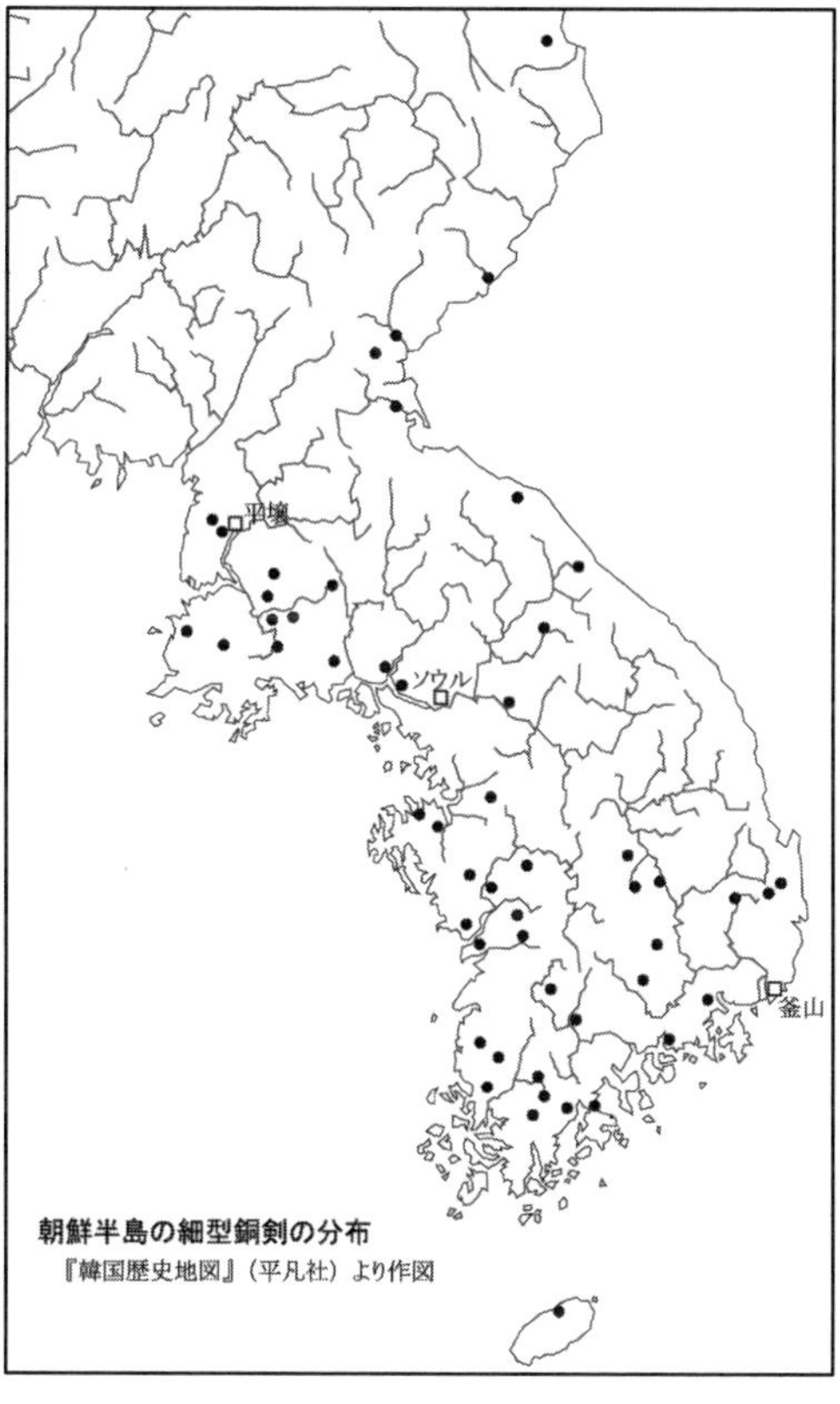

朝鮮半島の細型銅剣の分布
『韓国歴史地図』（平凡社）より作図

保していたことを示すものである。

前章で、倭人は前三〇〇年ごろには山東半島や遼東半島から朝鮮半島西岸を経由して九州東北部の宗像や遠賀川下流域に到達し、そこから稲作や遠賀川式土器を携えて縄文人の住む日本列島各地へ拡散していったことを述べた。

倭人は、九州以外では縄文人の大きな抵抗無しにテリトリーを広げていくことが出来たが、福岡平野、糸島平野、唐津平野の地域では、先住の縄文稲作部族と稲作適地を奪い合って激しい戦闘になったと思われる。

このときに効果を発揮したのが細型銅剣だと思うのである。楽毅《がっき》将軍が前二八四年に斉を攻撃してから程なくして、倭人は有力な武器を手にしたことを契機に、北部九州の先住稲作民族の支配地に攻撃を仕掛けたのではないか。倭人は、彼らに優越する武器を持って集落を襲い、彼らを撃破したと考えるのである。

## ■稲作の渡来と南方の文化

従来、日本列島への稲作の渡来した道筋については、半島ルート対江南ルートという対決の構図の議論が多かった。細型銅剣、多鈕細文鏡、無紋土器など、明らかに朝鮮半島からもたらされた遺物が北部九州で多数出土することや、大陸系磨製石器、石包丁、農耕関連の考古学的な遺物などを見ると、朝鮮半島と日本列島に強い類似性が認められることから、考古学者は遼寧省や山東半島を経由して、いわゆる北回りルートで朝鮮半島から日本列島に稲作が渡来したと考える人が多い。いっぽう、民俗学や植物学の専門家は江南ルートを主張するケースが多かった。

これは、稲作と共に日本列島に伝来したと考えられる高床式住居や、下駄、鵜飼といった南方系の文化要素が朝鮮半島に存在しないことが大きな理由である。また、稲は南方の植物なので、北回りルートでは稲が生育できない地域を通過することになるので無理があるとする。

これまで述べてきたように、私は、縄文稲作は南方から直接渡来し、弥生時代は朝鮮半島から渡来した倭人によって幕を開けたと考える。前記のような専門家のジレンマは次のように理解すれば解消すると思うのである。

朝鮮半島には有史以前から、南方の漂流民が到達し稲作を始めていた。稲が生育できない北回りのルートを経由しなくても、漂流民によって直接朝鮮半島西岸に稲が持ち込まれたと考えれば、半島の北部は難しいとしても半島の中部以南では稲作が可能であったろう。

倭人が通過したと推定される松菊里《しょうぎくり》遺跡から大量の炭化米が見つかっているし、その近くの麻田里遺跡では松菊里《しょうぎくり》型の住居跡とともに水田の跡が発見されている。歴博の藤尾慎一郎氏は、麻田里遺跡は「全体的に板付Ⅰ式～板付Ⅱb 式と併行すると考えられる。」と述べている。つまり弥生時代前期と同時代の水田が半島西部で営まれていたのである。

すると、稲が生育できない北廻りルート経由で倭人がこの地域に移動してきたとき、すでにここでは稲作が行なわれていたことになる。もともと長江下流域で稲作を行なっていた倭人はこの地域まで南下してきて再び稲作を行い、その稲を手に九州に到達したのだろう。倭人が稲と稲作の技術を保持していたからこそ、その後、倭人が進出した列島各地に稲作を普及させることができたと考えるのである。

では、南方から移動してきた倭人と南方起源の稲があるにも関わらず、朝鮮半島に稲作以外の南方系の文化要素が欠落しているのはなぜだろうか。その理由は、気候的な要因で存続できない要素が淘汰されてしまったためではないか。たとえば、日本列島よりも気温が低い朝鮮半島では、高温多湿の地域に適した通気性の良い高床式住居では、冬を越せなかったのではないか。朝鮮半島では、多くの家庭の床下にオンドルが設置されていた状況を見れば、高床式住居が普及しないのは理解できる。開放的な高床式住居よりも、地面を掘り下げた竪穴住居のほうが、冬は暖かく過ごしやすいので、こちらを選んだのであろう。また、裸足の生活を前提にした下駄なども、冬には実用に耐えないと思われるのである。

## ■縄文稲作の半島進出

倭人が九州に進出する前の縄文時代末期に、九州北西部に進出した呉の人々は縄文稲作を北部九州にもたらしたが、彼らがさらに朝鮮半島南東部に進出した可能性について述べてみよう。

半島東南部の蔚山《うるさん》市郊外の無去洞玉峴《むこどうぎょくけん》遺跡で水田の跡が発見されている。唐津市の菜畑遺跡よりも少し古いということで、朝鮮半島と日本で現在知られている最も古い水田稲作の遺跡と言われている。

蔚山市の稲作はどこからきたのであろう。

まず、中国大陸から海流に乗って稲作民が直接渡来してきた可能性が頭に浮かぶ。しかし、蔚山市は半島の東南というかむしろ東岸にあって、中国の江南地域から海流に乗って直接渡ってきたとするには不自然な位置にある（下図）。

対馬海流に乗って朝鮮半島への上陸を試みるとき、半島の南西部や南岸に漂着する可能性は高いと思われるが、半島のやや裏側に位置する蔚山付近には到達しにくいと考えられるからである。

では、倭人が持ち込んだ可能性はどうだろう。

残念ながら縄文時代の末期は半島南部にまだ倭人が進出する前の時代なので、倭人が稲作を持ち込んだ可能性もない。

とすると、北部九州に到達した呉の人々が壱岐、対馬を経由して半島の東南の地域に進出した可能性があるのではないか。

九州から海を渡ろうとすると海流の影響で東側に流されて半島の東南部に到達するのは理屈に合っている。蔚山市の無去洞玉峴《むこどうぎょくけん》遺跡は、縄文時代末期に稲作が行われた菜畑遺跡と時代が近いことも考慮すれば、九州に到達した彼らの一部がさらに新しい土地を求めて海を渡り、縄文稲作を半島東南部のこの地域にも持ち込んだ可能性が大きいと考えるのである。

そうすると、北部九州と半島東南部で初期の稲作を行なった人々は共に呉から渡ってきた同族ということになる。

後の章で詳しく述べようと思うが、北部九州と半島東南部に同族がいたとすると、これは新羅や伽耶と九州の関係など、これまで釈然としなかった様々な事象を解明する鍵となるもので、古代史の中で大変大きな意味を持っている。

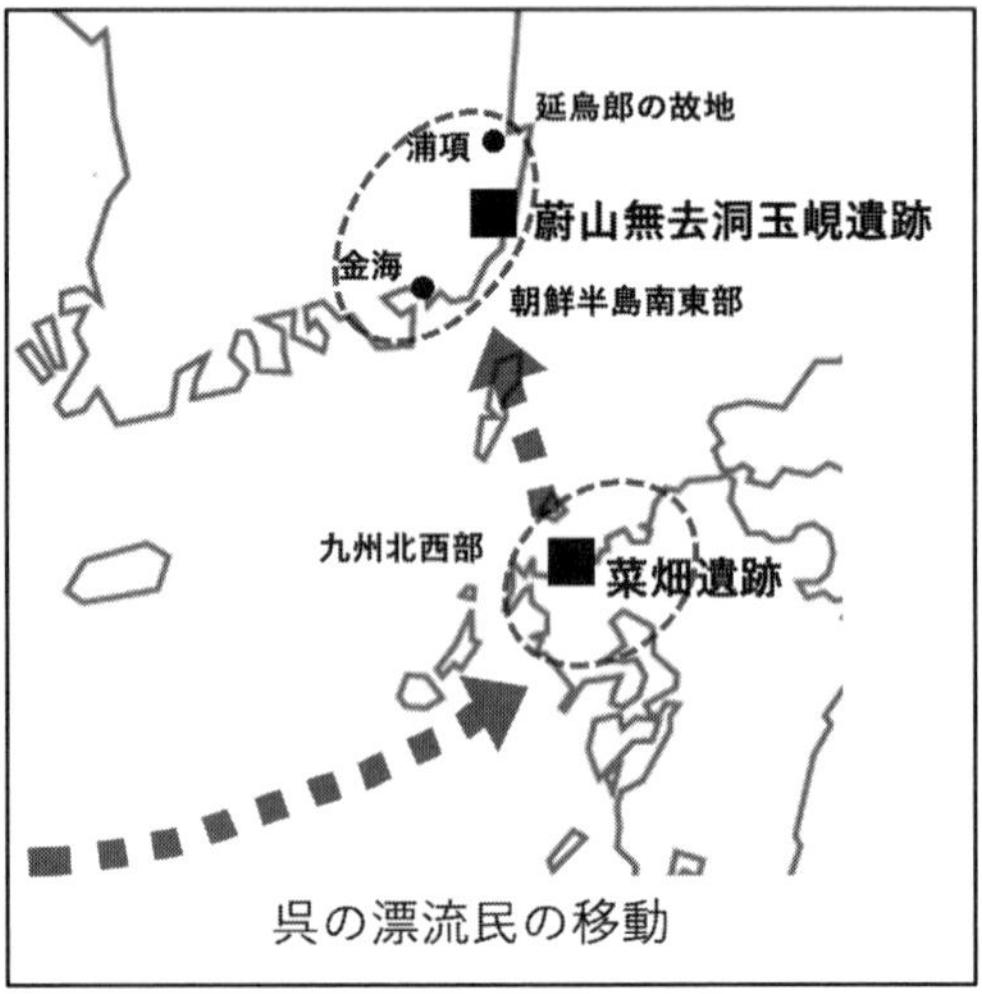

呉の漂流民の移動

## 三、甕棺と徐福

### ■甕棺

倭人は、弥生時代のはじめに、縄文稲作を行っていた人々を武力で圧倒し、玄界灘沿岸一帯を占拠した。

その後、弥生時代前期末ごろになると、北部九州では成人用の大型甕棺がさかんに用いられるようになる。成人用の甕棺の分布をみると、倭人の本拠地である宗像や遠賀川下流域には甕棺が進出していない。これは、前述のように倭人は甕棺墓制を採用しなかったことを裏づけている（次頁図）。

しかし、倭人が占拠していた唐津平野、糸島平野、早良平野など玄界灘沿岸の西半分をみると、この地域はすべて甕棺が濃密に分布する地域となり、甕棺を墓制とする部族が、この地域から倭人を追い出してしまったように見えるのである。

甕棺を墓制とした人々に着目して、甕棺が普及したころ、北部九州で何が起きたのか探ってみようと思う。

甕棺墓は、甕や壺などに遺体を納めて埋葬するもので、日用の土器を用いて乳幼児を埋葬するのが一般的であり、世界各地によく見られる埋葬法である。北部九州のように成人埋葬用の専用の大型甕棺を作る

**甕棺の型式分類**

| 藤尾慎一郎氏の分類 | | 橋口達也氏の分類 | 備考 |
|---|---|---|---|
| Ⅰ期 | 刻目突帯文 | | |
| | 板付Ⅰ | | |
| | 伯玄社 | KⅠa | |
| | | KⅠb | |
| Ⅱ期 | 金海 | KⅠc | |
| | 城ノ越 | KⅡa | 慶尚南道の金海式甕棺<br>BC100年 ± 数十年 |
| | 汲田 | KⅡb | |
| | | KⅡc | |
| Ⅲ期 | 須玖 | KⅢa | |
| | 立岩（古） | KⅢb | 三雲南小路王墓<br>須玖岡本王墓 |
| Ⅳ期 | 立岩（新） | KⅢc | 立岩10号墳<br>王莽の新より前の時代 |
| | 桜馬場 | KⅣa | 井原鑓溝<br>桜馬場 |
| | | KⅣb | この時期で福岡地方は<br>基本的に甕棺が終焉 |
| | 三津 | KⅣc | |
| Ⅴ期 | 日佐原 | KⅤa | |
| | | KⅤb | |
| | | KⅤc | |
| | | KⅤd | 御笠遺跡群　220年以降 |
| | | KⅤe | |
| | | KⅤf | |

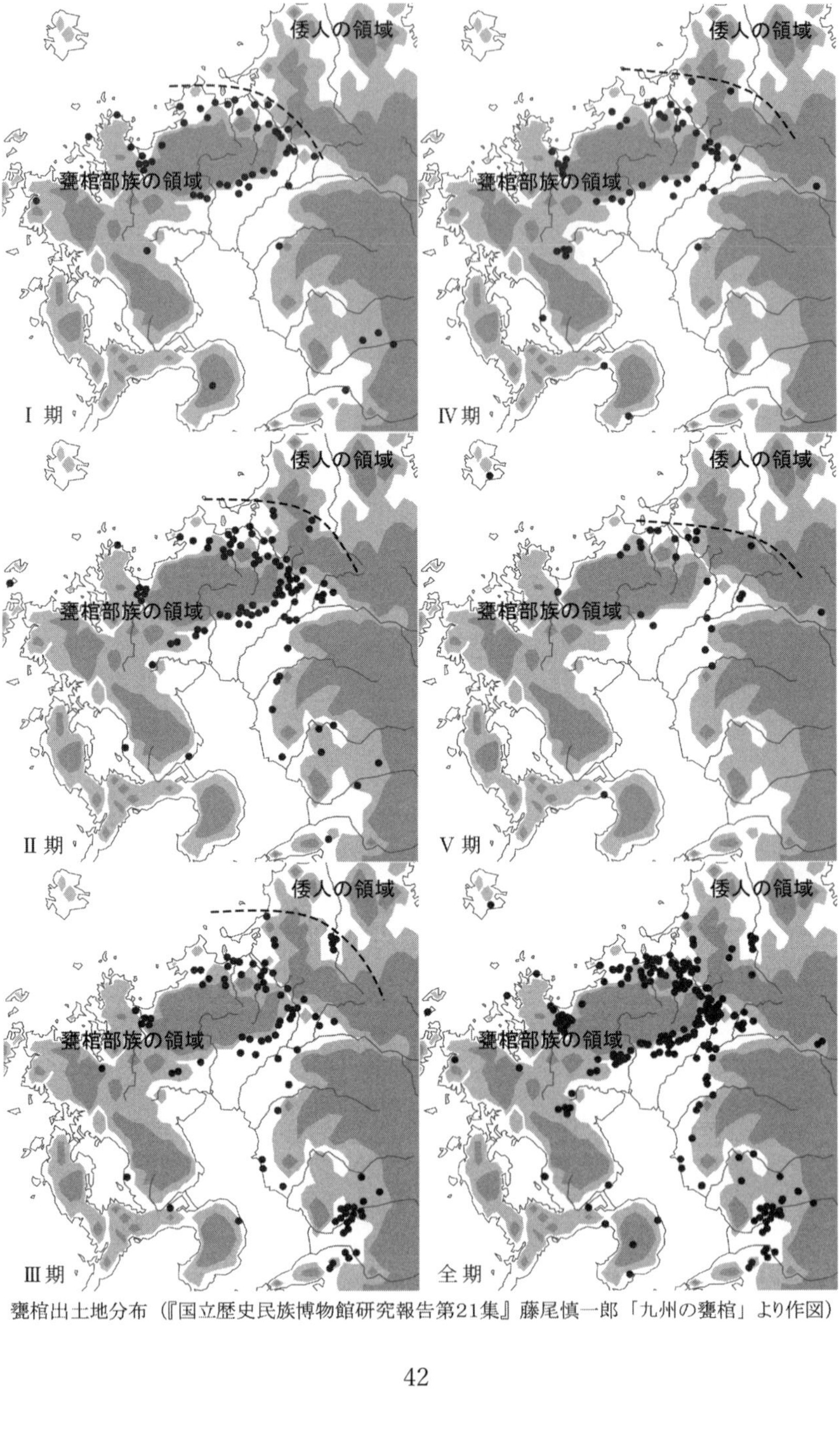


甕棺出土地分布（『国立歴史民族博物館研究報告第21集』藤尾慎一郎「九州の甕棺」より作図）

のはあまり例がない。甕棺は中国や東南アジアでも行われていたが、朝鮮半島西南部に成人のものがある以外は、ほとんどが乳幼児のものである。日本列島の甕棺も、初期のものはほとんどが乳幼児用の小型甕棺である。

初期の小型甕棺は、支石墓の埋葬主体であったり、支石墓の近くから発見されたりすることが多く、また、支石墓と同じ北部九州の西半分に分布することから、縄文時代晩期に支石墓とともに中国大陸から伝えられた埋葬法であると思われる。つまり、縄文稲作を行っていた人々が乳幼児の埋葬に用いた方法と考えられるのである。

アイヌでも、乳幼児を壺や甕に入れて家の入り口付近に埋葬する習慣があったそうである。その理由についてアイヌの伝承は次のような内容を伝えている。

「すべての人間は、祖先の霊が帰ってきたことにより新しい命を授かって誕生する。この世で楽しい日々を経験せずに幼くして亡くなった命を、すぐにあの世へ送り返してしまうのはかわいそうであるし、せっかく帰ってきたご先祖さまにも申し訳ない。それで子供の霊は大人のようにあの世へ送らず、もう一度母の胎内に帰って生まれなおして来い、という願いを込めて、家の入り口に逆さに甕に入れて埋められるのである」

乳幼児を甕や壺に入れて埋葬する方法が世界各地に見られることは、幼くして無くなった子供に対して、もう一度生まれ変わってきて欲しいというアイヌの人々と同じような祈りが、人間の普遍的な気持ちとして存在したことを意味するのかも知れない。

さて、その後の北部九州では、弥生時代前期末ごろから、支石墓が作られなくなり、入れ替わるように成人用の甕棺が用いられるようになる。そして、弥生時代中期には、甕棺は最盛期をむかえ、三雲南小路《みくもみなみしょうじ》遺跡や須玖岡本《すぐおかもと》遺跡のように多量の副葬品を伴う「王墓」といわれるような大型甕棺も出現する。

弥生時代の前期末に、支石墓が廃れ、成人用の甕棺が出現するのは、このころ、北部九州の人々の死生観・宗教観が大きく変化したことを意味する。彼らの死についての考え方が変わったのはどのような理由によるのだろうか。

大型甕棺が出現した弥生時代前期末から中期始めにかけて、北部九州の状況を見ながらその理由を考えてみよう。

■中国から直接渡来した文化

考古学的な遺物に注目すると、このころの北部九州にいくつかの変化が起きていることに気がつく。

変化とは、中国の先進文化が朝鮮半島を経由せずにダイレクトに北部九州の西岸から上陸してきたように見えることである。

たとえば、その一つは北部九州の絹である。吉野ヶ里遺跡から絹が出土している。古代絹の権威である布目順郎氏が行った絹の断面計測などの詳しい調査によると（下表）、吉野ヶ里で出土した絹のうち、弥生中期初頭と中期前半のものは太い繊維の中国華中系の四眠蚕であり、弥生中期後半と後期初頭のものは細めの繊維の朝鮮半島楽浪系の三眠蚕だという。

弥生時代中期初頭に、中国から絹が直接渡ってきた可能性があるのである。また、中期後半から後期初頭には、朝鮮半島と関わりのある人々によって、朝鮮半島の絹がようやく筑紫平野にもたらされたことになる。

布目氏は、吉野ヶ里以外にもつぎのような弥生時代中期前半以前の遺跡から中国系の絹が出土したことを示している。福岡市の有田遺跡（前期末）、比恵遺跡（中期前半）、吉武高木遺跡（中期前半）、朝倉市の栗山遺跡（中期前半）である。これらの遺跡は大型甕棺の分布地域と重なり合っており、甕棺の存在しない北東九州の倭人の地域には中国系の絹を出す遺跡がない（次頁図）。

つまり、中国系の絹は前期末あるいは中期初頭の頃に大型甕棺を行っていた人々がもたらした文化の可能性があり、大型甕棺墓制のルーツが絹と同じ中国大陸にあるように見えるのである。

つぎに、中国由来の先進文化として、青銅器の生産について見てみよう。

吉野ヶ里遺跡における甕棺出土の絹の比較（布目順郎『倭人の絹』より）

| 吉野ヶ里甕棺墓 | 織り密度（平均値）（対1cm織糸数） | 繊維断面計測値（平均値） | | 蚕の種類 | 時期 |
|---|---|---|---|---|---|
| | | 完全度（%） | 面積$^2$（μ　） | | |
| SJ1768 および SJ1777 | 38.9×18.9 (7) | 53.21 (9) | 98.41 (9) | 華中系四眠蚕 | 弥生中期前半および弥生中期初頭 |
| SJ1002 および SJ0135 | 33.3×25.3 (10) | 45.52 (14) | 31.11 (14) | 楽浪系三眠蚕 | 弥生中期後半および弥生後期初頭 |

備考　数値の後の（ ）内の数字は資料数。

福岡市立博物館のホームページにつぎのような情報が公開されていた。

「弥生時代の中期初めに佐賀平野で始まった青銅器の生産は、次第に生産規模を拡大しながら後期には、博多湾に面した奴国へと中心が移っていきました。その中核は、春日市北部の須玖遺跡群で約二五ヘクタールの範囲には、平地式建物の鋳造《ちゅうぞう》工房群が溝で区画されて建ち並び、まさに弥生時代の工業団地でした。奴国では、佐賀平野より遅れて中期後半に青銅器や鉄器の生産が始まります。」

春日市の須玖遺跡を奴国としての説明で、奴国の位置について私とは意見が異なるが、それはともかく、青銅器を生産する技術は、福岡平野よりも、吉野ヶ里などがある佐賀平野の方が早かったと述べている。しかも、その開始時期は弥生時代中期はじめで、絹とほぼ同じ時期であることに注目すべきである。

北部九州に本格的に流入し始めた青銅器は、弥生時代前期末ごろに朝鮮半島から渡ってきた細型銅剣などであった。当初、国産化はその百年ほどあとの中期中頃と推定されていた。

しかし、吉野ヶ里遺跡で細形銅戈などの七点の石製鋳型や高純度の錫片が見つかり、弥生時代前期末の環濠からふいごの羽口などが出土した。さらに佐賀県神埼市の姉貝塚や佐賀市の惣座遺跡、鍋島本村南遺跡、小城市の土生遺跡、二俣遺跡などで、弥生時代中期初頭から前半の細型銅矛・銅剣・ヤリガンナなどの鋳型が相次いで発見されたことから、青銅器の国産開始が、それまでの予想より早い弥生時代前期末から中期初頭の時期であることが明らかになった。朝鮮半島の青銅器を入手して、それを国産化したとするにはタイミングが早すぎるのである。

しかも、初期の青銅器の鋳型が発見されたこれらの遺跡が、朝鮮半島に近い玄界灘側ではなく、すべて佐賀平野側にあることや、吉野ヶ里以西に古いタイプが多いことから考えると、青銅器の生産技術も、絹と同じように中国から直接北部九州に上陸した文化であり、北部九州の中でも有明海沿岸に上陸し、佐賀平野に広がった可能性が高いと思えるのである。

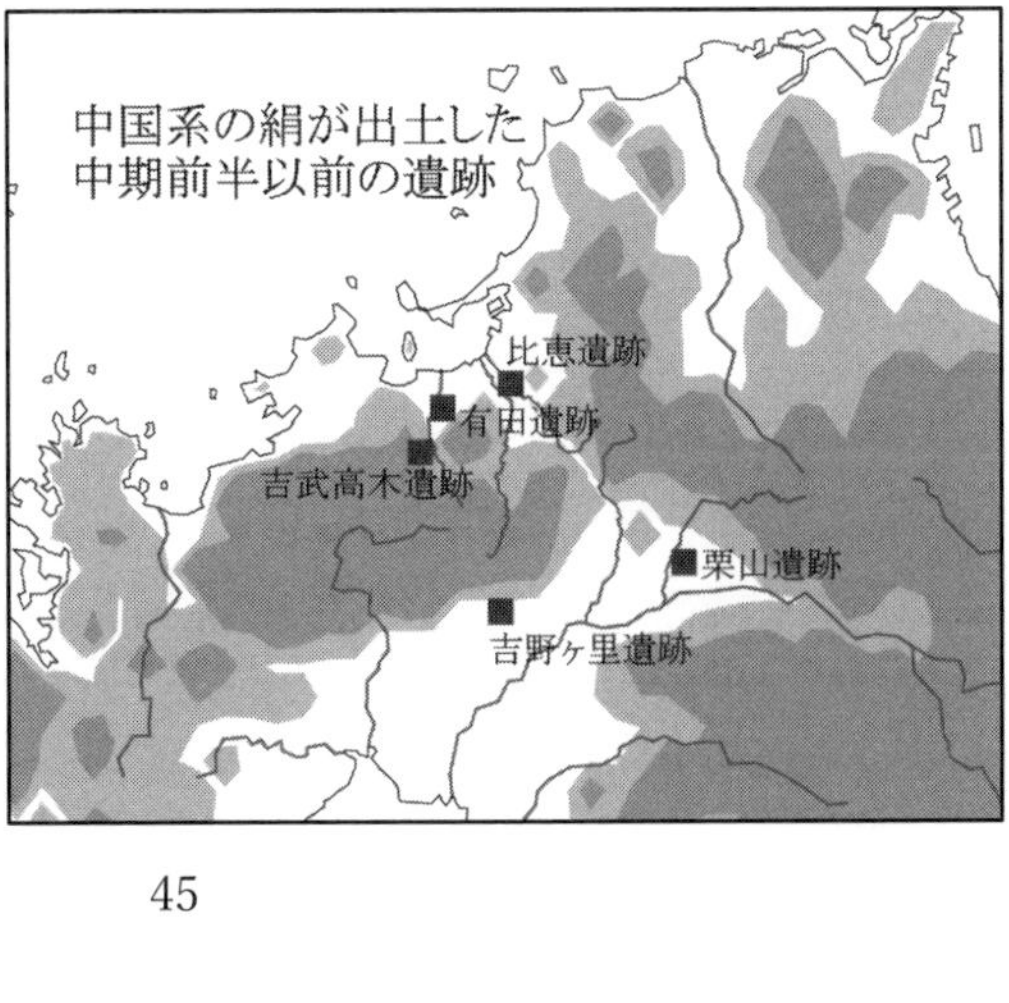

もう一つ、中国文化が佐賀平野に入った影響といわれるものに、吉野ヶ里遺跡の墳丘墓がある。

墳丘墓は、何度も土を突き固めた版築と呼ばれる中国由来の独特の工法で築造されている。ここには一四基の甕棺が埋葬されているが、甕棺はその形式からすべてが弥生中期前半から中ごろ一杯の期間のものとされる。つまり、中期前半に築造された墓地に中国由来の版築技術が用いられているのである。

有明海沿岸や佐賀平野を中心にした九州北西部に、弥生時代前期末から中期前半の中国文化の痕跡がこのように見られることは、朝鮮半島経由ではなく、直接、中国大陸から文化を持って人びとが渡来してきたことをはっきりと示していると思うのである。

## ■徐福伝承

弥生時代前期末から中期前半にかけて、中国大陸から直接北部九州へ渡来したのは誰だろうか。

戦国時代以来、中国の戦乱を避けて多くの人びとが海上に逃れ、あるものは沿岸に沿って南北に移動し、またあるものは、大海を越えて日本列島にたどり着いた。誰がいつと特定することは難しいが、このような人びとによって日本列島にさまざまな中国文化がもたらされたのである。

しかし、弥生時代前期末から中期前半にかけて日本列島に渡来した先進文化の明確な波は、中国大陸からの散発的な漂流民によって偶然に伝えられたとするよりは、もっとはっきりした理由を考えても良いと思うのである。

それは、徐福である。

私は、『史記』だけでなく『漢書』や『後漢書』『三国志』などの多くの古文献に登場する徐福が、北部九州の大きな変化に関係したと考えるのである。

紀元前二二〇年頃、秦の始皇帝の命令によって不老長寿の仙薬を求めて旅立った徐福が、日本列島に漂着したという伝承が各地に存在している（次頁図）。

なかでも、佐賀県の佐賀市や諸富町など佐賀平野には徐福にかかわる伝承が色濃く残っている。日本では、徐福は伝説上の人物とされているが、中国では、厳密で実証的な記述で知られる司馬遷が、『史記』のなかで一度ならず記していることや、徐福の生まれ故郷の村の実在が確認されたことで、徐福は歴史上の実在の人物と評価されている。

徐福は不老不死実現のための祭祀や仙薬の調合などを行う方士であった。『史記』によれば、彼は、始皇帝の許しを得て、不老長寿の仙薬を探すために、三千人の童男童女を引き連れ、五穀の種や百工を伴って旅立ったとされる。

私は、徐福が、九州北西部での甕棺墓制の成立や、絹あるいは青銅器の伝播に深く関係していると思うのである。

たとえば、成人用甕棺の成立には、徐福のもたらした不老不死の思想が大きなきっかけになったと思われる。そのプロセスを私は次のように考えている。

徐福のもたらした不老不死の思想が受け入れられたとすると、その思想のなかには、人間が老いもせず死にもしないと云うことだけではなく、いったんは死んでもなんらかの方法でふたたび生き返るという考えが含まれていたに違いない。なぜなら、現実の人間を見れば、例外なく老いて死んでいく。「老いず死なず」だけの不老不死では、誰も信用しないと思われるからである。

徐福の不老不死の思想によって、死後に再びよみがえるまで、遺体を良い状態で保存したいという願望が生まれた。乳幼児用の甕棺の経験から、甕棺の中に遺体を密封することで、遺体を良好に保存できること知っていた彼らは、成人の埋葬にも甕棺を使うようになったと考えられるのである。甕棺内部にしばしば防腐効果のある水銀朱が散布されている。遺体を良い状態で保存しようとする彼らの意図がここにも示されているのである。

佐賀平野の養蚕技術や青銅器の生産技術も、徐福が組織した旅団によって弥生時代中期初頭の北部九州西岸にもたらされたと考えることができる。このような大がかりで組織的な大遠征では、たどり着いた新しい土地で生活するために、「五穀の種や百工を伴って旅立った」と記されたとおりさまざまな技術や物資が用意されたに違いないからである。

当時随一の権力者である始皇帝の命令によって組織された徐福の大旅団は、たんに絹や青銅の生産技術などの文化要素を北部九州に伝えたということに留まらず、最先端の文化一式をセットで北部九州に持ち込み、社会全体に大きなインパクトを与えたと思われる。

倭人の進出によって始まった弥生時代は、徐福がもたらした新たな文化によって、新しい段階に突入した。すなわち、弥生時代中期は徐福の渡来によって始まった古代史上の画期と考えられるのである。その時期は、紀元前二二〇年頃に徐福が渡来した十数年後と考えて良いであろう。これを根拠として中期開始の絶対年代を前二〇〇年ごろとすることができるのである。

## ■徐福の九州進出

『史記』には、徐福が不老不死の仙薬を求めて二回航海したことが記されている。一度目は大鮫に阻まれて目的地に到達できなかったとされ、二度目の航海で、平原と沼のある島にたどり着き、そこにとどまって王となり、帰ってこなかったと記される。二度目の航海で到達したところが徐福伝承の残る有明海沿岸地域であったのだろう。

『史記』には、二度目の出発の時に大鮫を討つために弓の名手を連れて行ったと記される。彼らは、未知の土地を制圧するための武力として活用されたであろう。軍事的にも文化的にも先住民を凌駕していた徐福は、有明海から上陸して、筑紫平野の王となるまでに時間を要しなかったと思われる。

大型甕棺は、その最初期の伯玄社《はくげんしゃ》式の段階から倭人が侵入していた唐津平野や糸島平野、早良平野、福岡平野にも進出している（次頁図）。軍事大国の秦から持ち込んだ最新式の弓矢を操る徐福の軍団は、細型銅剣で抵抗する倭人たちを圧倒し、筑紫平野だけでなく玄界灘側にも進出して、一気に福岡平野以西をその支配地としたようである。『史記』に記された平原広沢の王とは、徐福がこのように北部九州の西半分を支配したことを描いたものと考えられるのである。筑後川流域の広大な平野と下流域の湿地帯は「平原広沢」と呼ぶにふさわしい。

徐福が上陸したと推定される有明海沿岸地域の中心に吉野ヶ里遺跡がある。弥生時代前期の吉野ヶ里は、丘陵のところどころに分散して集落がある時期で、朝鮮系無紋土器が出土していることから、朝鮮半島から渡来した倭人がこの地域まで進出していたと推定される。また、弥生時代前期には南のほうの集落に環壕が出現したとされる。弥生時代前期末に有明海に到着した徐福が、吉野ヶ里の南側から侵入を試みたことに対して、集落の倭人が反応して集落の南側に防御機構を設けたように見えるのである。

中期になると、吉野ヶ里に墳丘墓が築かれ、甕棺が埋葬されるようになる。この地域では卓越した規模の吉野ヶ里墳丘墓は、時代的にも地域的にも、この地域に君臨した徐福の一族の墓地である可能性が高い。墳丘墓に版築という中国由来の工法が用いられていることも中国文化をもたらした徐福に関連する可能性を示している。徐福たちは吉野ヶ里を倭人から奪い、この地域の拠点としたのであろう。

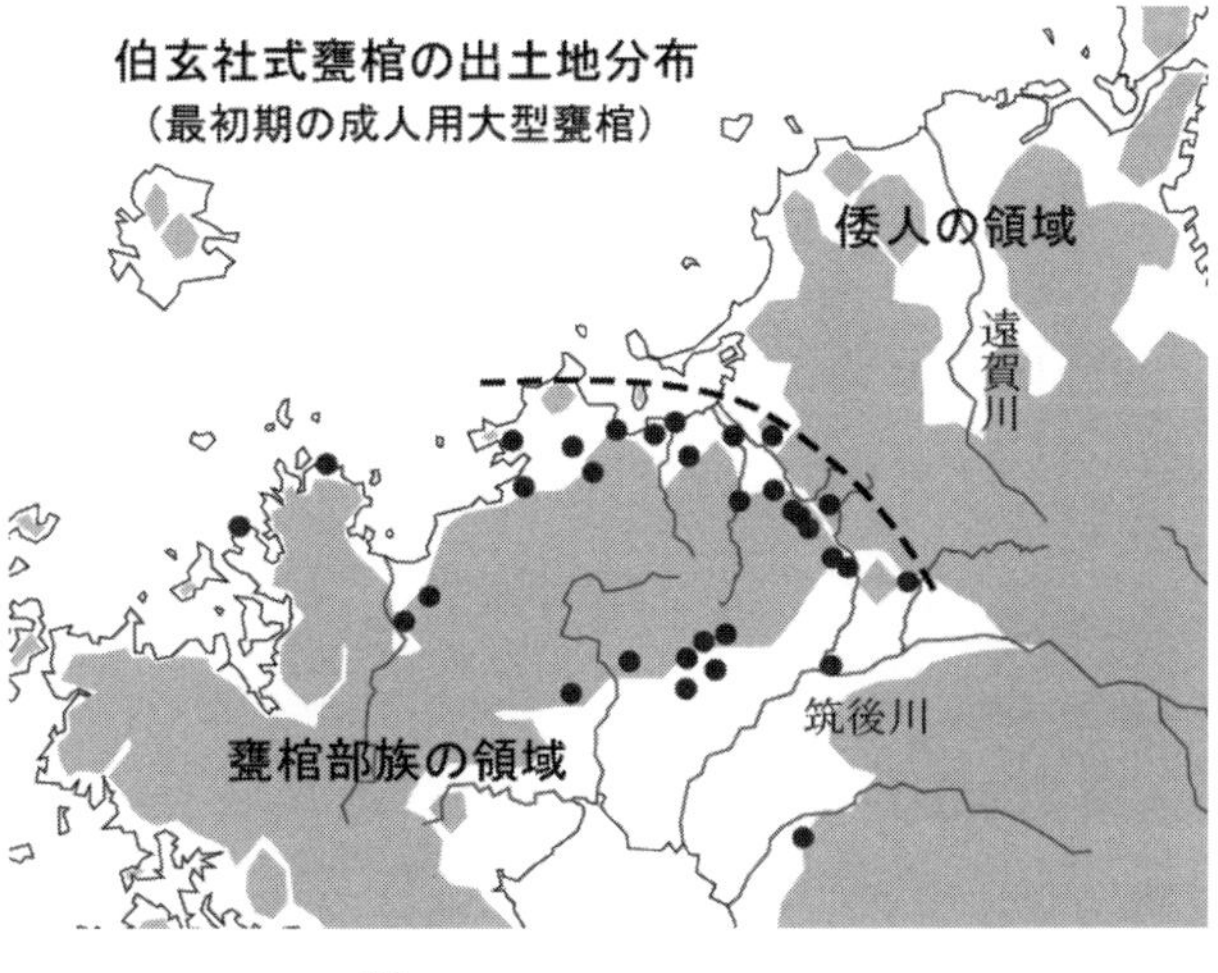


徐福が上陸したのは徐福伝承が濃密に分布する有明海沿岸と推定されるが、伯玄社《はくげんしゃ》式甕棺の出土地の分布をみると、有明海沿岸や筑紫平野よりも、玄界灘沿岸や福岡平野から大宰府地域の方が濃密にみえる。また、不思議なことに徐福がベースにした吉野ヶ里周辺では大きな広がりを見せていないのに福岡平野から大宰府地域の方が広範囲に分布している。

この理由は、徐福が引き連れてきた三千人の童男童女がこの地域に広がった可能性もあるが、短期間に広範囲に甕棺が広がったことを考えると、徐福の勢力だけでなく、倭人に圧迫されてこの地域に潜んでいた多数の呉の渡来人が、いっせいに甕棺墓制を採用したためではないかと私は推理するのである。

呉の人々は、徐福に帰順することによって、倭人が退去したあとの福岡平野や唐津平野、糸島平野で、徐福の庇護によってふたたび普通の生活を始めたと考えるのである。彼らは、徐福に従う証しとして甕棺墓制を取り入れたのであろう。

徐福にとっても、広域の支配のためには三千人の童男童女だけでは足りず、呉人の支援が必要だったのだろう。

かつて縄文人のもとに呉の人々が渡来して新しい文化をもたらした時、その恩恵を受けた縄文人が呉の人々の支石墓の墓制を取り入れたことを前述した。今度は倭人に押さえこまれていた呉人が、倭人を排除してくれた徐福たちの甕棺墓制を採用し、恩恵をもたらした彼らと同化したのではないだろうか。

## ■吉武遺跡群

早良平野の吉武遺跡群に、この頃の状況が反映されているように見える。吉武遺跡群は、吉武高木遺跡（P45図）とも呼ばれる高木地区のほかに、大石地区、樋渡地区などから遺物や遺構が発見されている。

まず高木地区を見てみると、弥生時代中期初めの木棺墓四基と甕棺墓三四基が確認されており、そのうち木棺墓四基と甕棺墓七基は銅剣などを副葬する厚葬の特定集団墓とされている。

注目するのは三号木棺墓から多鈕細文鏡が発見されていることである。この鏡は朝鮮半島起源のものであり、この鏡が副葬された木棺墓は、半島経由で渡ってきた倭人の有力者の墓であると判断できる。

第二章で、燕の楽毅《がっき》将軍が前二八四年に斉を攻撃したときに入手した銅で細型銅剣を作った倭人が、北部九州の先住稲作民族の支配地に攻撃を仕掛けたことを述べたが、おそらく呉人が広く展開していた北部九州西部に、前二五〇年ごろから青銅の武器を持った倭人が侵入し、呉人を制圧して、早良平野はじめ玄界灘沿岸地域が倭人の支配地になってしまったのであろう。高木地区の木棺墓にはこの地域を統治する倭人の有力者が葬られたとすると年代的にも整合する。

そして、木棺墓と同じ墓域の中に厚葬の甕棺墓があり、以降、周辺地域も含めて甕棺が盛行する様子は、倭人が甕棺墓制の部族に追い払われてしまったことを示すものではないか。すなわち中期初めに筑紫平野に展開した徐福の軍団が、玄界灘沿岸のこの地域にも侵出し制圧したことを意味しているのである。隣接する大石地区でも木棺墓は数基だけで、甕棺が二〇〇基以上埋設されているのは、甕棺部族がこの地域で繁栄したことを示している。

高木地区や大石地区の甕棺からは、細型銅剣をはじめ青銅製の武器が多数出土している。前述したように筑紫平野側の吉野ヶ里遺跡や惣座遺跡などから、これらの青銅製の武器の鋳型が出土しており、徐福の甕棺部族が自ら武器を製造し、玄界灘側の倭人に戦いを挑んだと理解できる。

また高木地区の一二五号甕棺と大石地区の一〇号甕棺から中期初頭の磨製石鏃が出土している。徐福の二度目の出発の時に弓の名手を連れて行ったと『史記』に記されていることから、ひょっとしたら徐福の軍勢が用いた石鏃かもしれない。

## ■二度の航海

少し余談になるが、後の歴史と深く関係する話をここで記しておこう。

それは、大鮫に阻まれて目的地に到達できなかったとされる徐福の最初の航海で、彼はどこまで行ったのかということである。

『魏志』辰韓伝に興味ある情報が記されている。「(辰韓は) 馬韓の東にある。そこの古老の伝承では、秦の役 (戦争、あるいは、万里の長城建設の苦役) を避けて韓国にやって来た昔の逃亡者で、馬韓が東界の地を彼らに割譲したものだと自称している。」という内容である。

また、『後漢書』「辰韓伝」にも同じような内容があるが、さらに「(辰韓の言葉は) 秦語に似ている故に、これを秦韓とも呼んでいる。」という記述がある。

秦の圧政から逃れたという状況と年代からして、徐福の第一回目の船団が馬韓に漂着し、辰韓の開拓民になったと考えても矛盾はない (下図)。

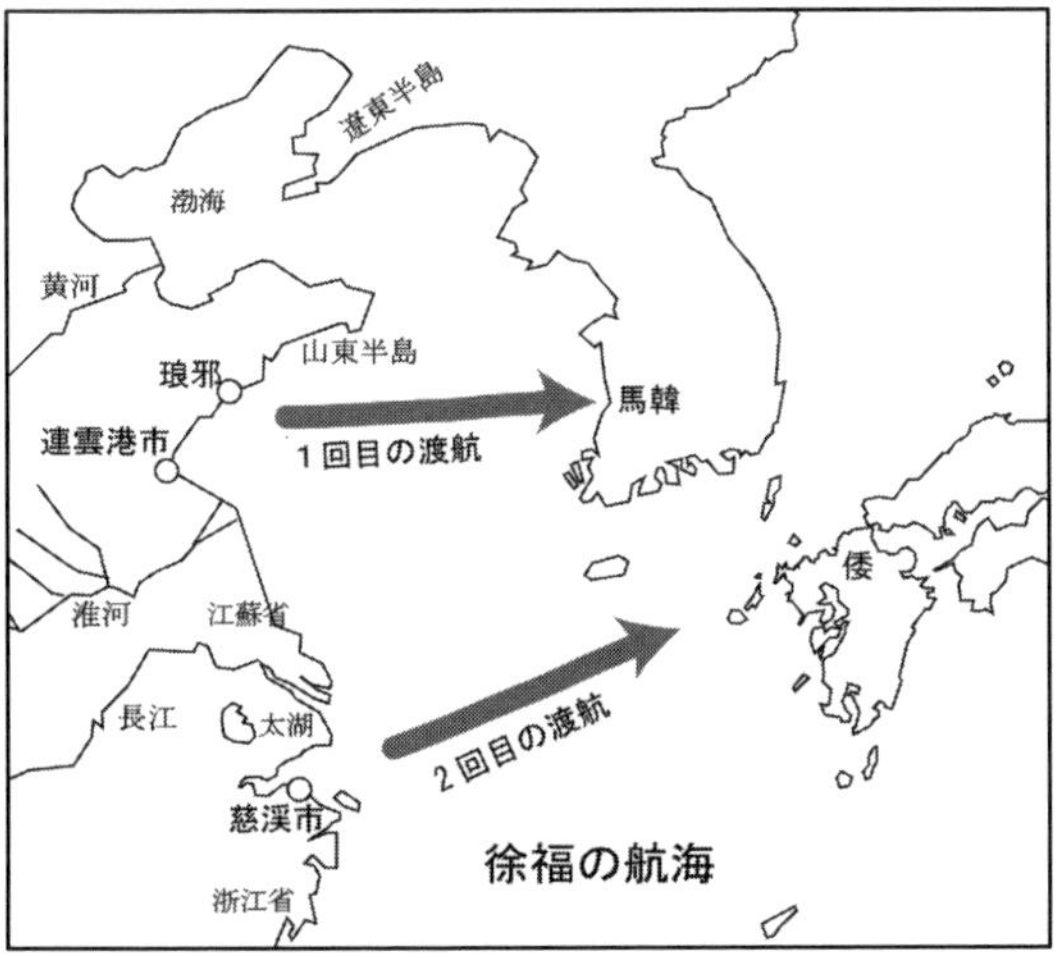

徐福は、出身地の琅邪《ろうや》から、あるいは近年徐福の故郷ではないかと言われている江蘇省連雲港市付近から東に向かって出航した。いずれも山東半島のすぐ南側で、東に進めば朝鮮半島につきあたる。そのため朝鮮半島の馬韓に到達したと思われるのである。

当時は、始皇帝の暴政から逃れるため、多くの流民が出たとされるが、馬韓から広大な土地を分け与えられたのは、単なる流浪の民の集合ではなく、リーダーに導かれたしっかりとした組織の集団であったからと推定できる。

徐福はもともと名門の家系であったとされるし、航海は始皇帝の命令で行ったものでそれなりの陣容と体制であったはずである。徐福の集団こそ、馬韓からこのような便宜を与えられるグループにふさわしい。

さて、上海市の南の慈渓市は、徐福が二度目に航海に出た時の出港地であったといわれている。一度目に比べるとかなり南側から出港して東の海に向かったことになる。やみくもに外洋に漕ぎ出すのではなくて、一回目の航海の経験を踏まえて出港地を南方に修正し、日本列島を狙って出港したので目的地に到達できたのだろう。

徐福は、はるか東の海に蓬萊・方丈・瀛洲《えいしゅう》という三神山があって仙人が住んでいるので、そこに不老不死の薬を求めに行きたいと始皇帝に申し出た。徐福は、おぼろげながら日本列島の存在や位置についての情報を事前に持っていたように見える。

## 四．吉野ヶ里と東鯷人《とうていじん》

### ■覇権争い

北部九州で覇権を確立した徐福たちであったが、その天下は長続きしなかったようである。

そう考える理由は、徐福一族の王墓と推理した吉野ヶ里の墳丘墓には、弥生時代中期はじめから中期中ごろまでの甕棺しか埋葬されていないことである。つまり、吉野ヶ里では、弥生時代中期後半以降、首長層の墓が途切れてしまったのである。

吉野ヶ里が中期後半以降も筑紫平野の王者であったなら、このくらいの規模の王墓が中期後半以降も継続しないのはおかしなことである。

そして、吉野ヶ里遺跡は周囲を大環濠が巡っていることで知られているが、この環濠は弥生時代の中期中ごろに掘削がかなり行われていたとされている。このころに、大規模な環濠によって防御を固めなければならない緊張状況があったのは明らかである。

さらに、墳丘墓の甕棺からは、鏃を無数に受けたり、首の無い人骨が発見されたりしている。これは、弥生時代の中期に吉野ヶ里をめぐって激しい戦闘が行われ、戦いで倒れた王族が墳丘墓に埋葬された姿と考えられるのである。

吉野ヶ里の王たちと戦い、これを打ち破ったのは誰なのであろうか。

そのヒントは絹である。

第三章でも述べたが、古代絹の権威である布目順郎氏の調査によると、吉野ヶ里で出土した絹のうち、弥生中期初頭と中期前半のものは中国系の四眠蚕であり、弥生中期後半と後期初頭のものは朝鮮半島楽浪系の三眠蚕だという。

これは、中期後半になると、朝鮮半島の文物が玄界灘沿岸地域から筑紫平野のほうへ入ってきたことを意味している。吉野ヶ里を中心とする筑紫平野の部族は、弥生時代中期中ごろの前一〇〇年から前五〇年ごろに玄界灘側の部族の侵入を受けたと考えられるのである。

もうひとつ重要なヒントがある。

吉野ヶ里について、明治大学名誉教授の大塚初重氏の講演で伺った話では、墳丘墓の甕棺の産地は地元佐賀であるが、中央に埋葬された黒色の甕棺だけは博多の方から持ってきた可能性があるとのことである。そして、最近、このように博多湾側の甕棺が筑紫平野側で見つかる事例がほかにもいくつか明らかになって、話題になっているそうである。

これは、博多方面から新たに支配者が来たことを意味している。

玄界灘側の三雲南小路《みくもみなみしょうじ》遺跡や須玖岡本《すぐおかもと》遺跡などでは、紀元前一世紀後半に豪華な副葬品を伴った大型甕棺が現れる。吉野ヶ里の王墓の終焉と入れ替わりに、これらの大型甕棺墓が現れるのは、玄界灘側の勢力が強勢となり吉野ヶ里を圧倒した証拠と思えるのである。

ここで疑問が湧くかも知れない。弥生中期のはじめは、玄界灘側よりも、徐福が進出した筑紫平野の方が文化的にも軍事的にもレベルが高かった。普通に考えれば、強勢で文化程度の高い筑紫平野側から玄界灘側に進出し、四眠蚕が福岡平野のほうに広がるはずである。

ところが、実際はその逆であった。中期中ごろに吉野ヶ里が玄界灘側の勢力に敗れ、福岡平野で作られていた朝鮮半島の絹が筑紫平野に入ってきた。中期中ごろに、玄界灘側の勢力が急速に力を付けたのである。これはなぜなのだろうか。つぎにこのあたりの事情に迫ってみようと思う。

## ■二人の王

須玖岡本《すぐおかもと》遺跡と三雲南小路《みくもみなみしょうじ》遺跡の大型甕棺から出土した前漢鏡などの豪華な副葬品を見ると、これらの甕棺が王の墓であり、須玖岡本《すぐおかもと》の王と三雲南小路《みくもみなみしょうじ》の王は、ほぼ同じような時期に大変強勢になっていたと推定されている。

ここでは、まず、この二人の王の関係について考えてみよう。彼らは、その豪華な副葬品から推測すると、いずれも、前漢王朝に朝貢し、東夷の王と認められた実力者である。しかし、その王墓の所在地の近さを考えると、この二人の王が同時期に王となっていたとは考えにくい。

なぜなら、もし二つの勢力が並立していたなら彼らは伊都の王と春日の王にしかすぎず、いずれも東夷のなかの一地域を治める首長でしかない。こんな小地域の王に対して、前漢は豪華な宝物を贈るほどの扱いはしなかったと思うからである（下図）。

漢から東夷の王と認められたからには、その領地は、北部九州のかなりの部分を占める規模であったと私は考える。

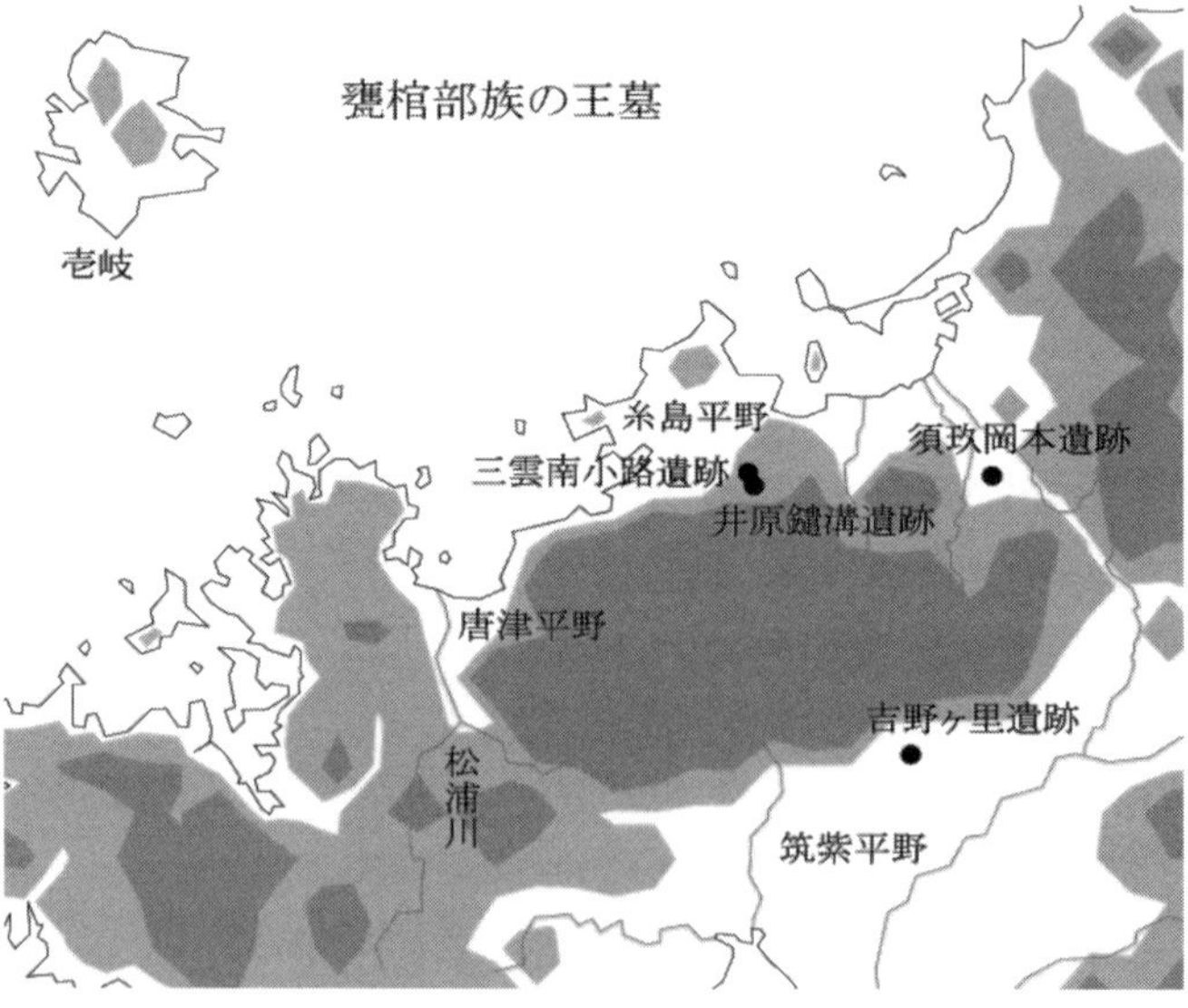

従って、彼らはほぼ同じような時期ではあるが同時ではなく、相前後して北部九州の覇者になったと推理されるのである。

ところで、三雲の王には後継者がいた。三雲南小路《みくもみなみしょうじ》の王墓のすぐ近くに、弥生後期とされる井原鑓溝《いはらやりみぞ》の甕棺王墓がある。糸島平野の部族は三雲の王以降も弥生時代後期までは繁栄を続けていたのである。

いっぽう、春日地域の須玖岡本《すぐおかもと》の付近にはこの王墓に匹敵するような王墓が見つかっていない。工房跡などの遺跡は継続するものの、王権は途絶えてしまったように見える。

そうすると、この地域で始めに覇権を握ったのは春日の王で、そのあと、春日の王を倒して伊都の王が隆盛となり、弥生後期の井原鑓溝《いはらやりみぞ》の王の時代までその王権が継続したと考えられるのである。

さて、それでは、徐福の子孫の吉野ヶ里王国を倒したのは、どちらの王だったのか。

私は、先に覇権を握った須玖岡本《すぐおかもと》遺跡のある春日地域の王が吉野ヶ里の王を倒したと考える。

前述したように、吉野ヶ里を含む筑紫平野には福岡平野の甕棺が持ち込まれている。吉野ヶ里の墳丘墓に福岡平野の甕棺が埋葬されていることは、福岡側の部族が吉野ヶ里を制圧した明確な証拠である。地形的にも、福岡平野から筑紫野を越えて吉野ヶ里方面へ攻め込むのは容易であり、福岡側の春日地域の王が吉野ヶ里を倒したと考えて矛盾はない。

## ■須玖の王の勃興

では、春日の須玖の王が吉野ヶ里王国を倒すほどに急速に力を付けたのは、どうしてなのか。

その理由は、次のような情報から推測して彼らが朝鮮半島の鉄を確保したためと考えられるのである。

まず、最初の情報は朝鮮半島東南部の慶尚南道の金海貝塚で発見された金海式甕棺である。成人用の甕棺は北部九州で生まれ発達したものであり、弥生中期には、朝鮮半島にはまだこのような甕棺が存在しなかった。ただいくつかの例外がある。そのひとつが、金海式甕棺である。

橋口達也氏によると、一般的な金海式甕棺は橋口氏の型式分類ではＫⅠｃ式であるが、慶尚南道の金海式甕棺は新しい要素が見られるのでＫⅡａ式の可能性があるとし、弥生時代中期前半、暦年代でおよそ紀元前百年±数十年ころのものとする

（下表）。このころから北部九州の甕棺に、朝鮮半島製の細型銅剣や多鈕細文鏡が副葬されるようになり、甕棺部族が朝鮮半島東南部と往来していたことを示している。

　そして、金海式甕棺が発見された金海貝塚からは鉄製品が多数出土しており、甕棺部族は、ここで鉄を手に入れた可能性があるのである。

　しかし、橋口分類で弥生中期前半とされるＫⅡａ式、ＫⅡｂ式、ＫⅡｃ式などの甕棺からは、鉄そのものが発見されていないので、本当にこの時期に北部九州に鉄が持ち込まれたかは確認できない。

　北部九州から朝鮮半島東南部に渡った甕棺部族が鉄を入手していた可能性を示す情報がもうひとつある。

　釜山市の莱城《ねそん》遺跡の鍛冶遺構から、弥生中期の北部九州の須玖式土器が多数出土していることである。

　愛媛大学の村上恭通氏はその著『倭人と鉄の考古学』で、「莱城《ねそん》遺跡の鍛冶遺構からは、鉄素材と思われる長さ6.3センチ、幅4.4センチ、厚み1.5センチの鉄塊が出土しており、また、鍛冶遺構と周辺の住居跡から出土する土器のほとんどが北部九州の弥生時代中期前半の土器である」と記す。

　そして、さらに、「莱城《ねそん》遺跡の鍛冶遺構は、北部九州の

**甕棺形式と主な副葬品**

| 藤尾分類 | 橋口分類 | 主な副葬品 | | | | | 備考 |
|---|---|---|---|---|---|---|---|
| | | 石製武器（磨製石鏃） | 青銅武器（細型銅剣など） | 鉄製武器（鉄剣など） | 鏡 | その他 | |
| 刻目突帯文 | | | | | | | |
| 板付Ｉ | | | | | | | |
| 伯玄社 | ＫⅠａ | | | | | | BC200年ごろ |
| | ＫⅠｂ | ○ | | | | | |
| 金海 | ＫⅠｃ | | ○ | | | | |
| 城ノ越 | ＫⅡａ | | ○ | | | | 慶尚南道の金海式甕棺<br>BC100年ごろ |
| 汲田 | ＫⅡｂ | | ○ | | | | |
| | ＫⅡｃ | | ○ | | | | |
| 須玖 | ＫⅢａ | | ○ | △（一部） | | | |
| 立岩（古） | ＫⅢｂ | | ○ | ○ | 前漢鏡 | | 三雲南小路王墓　BC50～<br>須玖岡本王墓　AD23年ごろ |
| 立岩（新） | ＫⅢｃ | | | ○ | 前漢鏡 | | 立岩10号墳<br>王莽の新より前の時代 |
| 桜馬場 | ＫⅣａ | | | ○ | 後漢鏡 | 巴形銅器 | 井原鑓溝<br>桜馬場 |
| | ＫⅣｂ | | | | 小型倣製鏡 | | 福岡平野はこの時期で甕棺が終焉 |

橋口達也『甕棺と弥生時代年代論』などから作図

工人が彼の地で鉄業に関与し、素材を倭に送る姿を物語っている」と述べる。
莱城《ねそん》遺跡で出土した弥生土器は、北部九州の甕棺墓制地域で多数出土する城ノ越式土器であり、同じ釜山市の朝島貝塚から須玖一式系とみられる甕棺が発見されていることから、甕棺部族がこの地域でさかんに活躍していたと判断できる。
須玖式土器は、泗川《サチョン》市勒島《ヌクト》遺跡からも発見されており、甕棺部族が朝鮮半島南岸の各地に進出していたのは確実である。

これらの遺跡の状況から、北部九州で城ノ越式や須玖式土器が用いられたころ、甕棺部族が朝鮮半島東南部に渡り、金海や釜山地域で製鉄に関与していたことは明らかである。

北部九州では、これと呼応するように、弥生中期後半のKⅢa式の甕棺の一部に鉄製品が副葬され始め、さらに、KⅢb式の甕棺になると、鉄剣などの鉄製品が副葬品の主体となってくる（前頁表）。
須玖岡本《すぐおかもと》や三雲南小路《みくもみなみしょうじ》の大型甕棺は、橋口氏の副葬品の分析からこの時期のKⅢb式の甕棺とされ、彼らが鉄を確保していたことは間違いない。

そして、二人の王のうち、半島東南部の鉄を先に確保したのは、春日地域の王であると私は考えた。その理由は、朝鮮半島東南部で鉄を作り始めたのは、春日の人々と同族の呉から渡来した人々ではないかと考えるからである。

かつて唐津や糸島など九州北西部に縄文稲作を伝えた呉の人々の一部が、新たな土地を求めて壱岐・対馬経由で朝鮮半島東南部に進出したと第二章で推理した。彼らは江南由来の製鉄技術を持っていた。そして、半島東南部には潤沢な鉄資源があった。彼らはここで、製鉄を開始したと思われるのである。
蔚山《うるさん》市の無去洞玉峴《むこどうぎょくけん》遺跡は呉からの渡来人が九州経由で半島に渡り、最初期の稲作を行なった遺跡と述べたが、同じ蔚山《うるさん》市には、製錬(製鉄)から精錬、鉄器作りまでの一連の作業が行われていた達川《タルチョン》遺跡がある。稲作遺跡と製鉄遺跡が同じ地域に存在することは、半島東南部の製鉄の技術が、呉の人々によって稲作とともにこの地域にもたらされたことを裏付けている。

徐福によって玄界灘一帯の倭人が追い払われた後に、福岡平野や玄界灘沿岸地域に潜んでいた呉系の人々は、半島東南部で製鉄を行なっていた同族と交流することにより、鉄製武器を大量に持ち帰り、急速に軍事力を強化したと考えるのである。

達川《タルチョン》遺跡の鉄鉱石採掘場から、九州の弥生土器である須玖二式の土器が出土しているのが交流の証拠になるだろう。

呉から九州に渡来してきた人々は、北部九州に最初に稲作文化を導入して国土開発を行った人々であり、この地域を自分たちが拓いた国と考えていたであろう。あとから進出してきた倭人や徐福の子孫の部族を倒して、自分たちの国を再興しようと考えたのではないか。

以上のような考察によって、弥生時代中期中ごろに吉野ヶ里王国が滅びたのは、朝鮮半島の鉄の武器を手にした福岡平野の呉系の人々が、自分たちの国土を取り戻すために筑紫平野に武力で進出したことが理由と考えるのである（下図）。

そして、筑紫平野を手中に収めてこの地域で覇権を握った呉系の人々の頂点に、須玖岡本《すぐおかもと》の王が君臨したのである。

吉野ヶ里を中心とした徐福の後裔の部族は、当初は軍事的に優勢であったが、彼らは、鉄資源の供給元を確保していなかったため、次第に劣勢になってしまったのである。

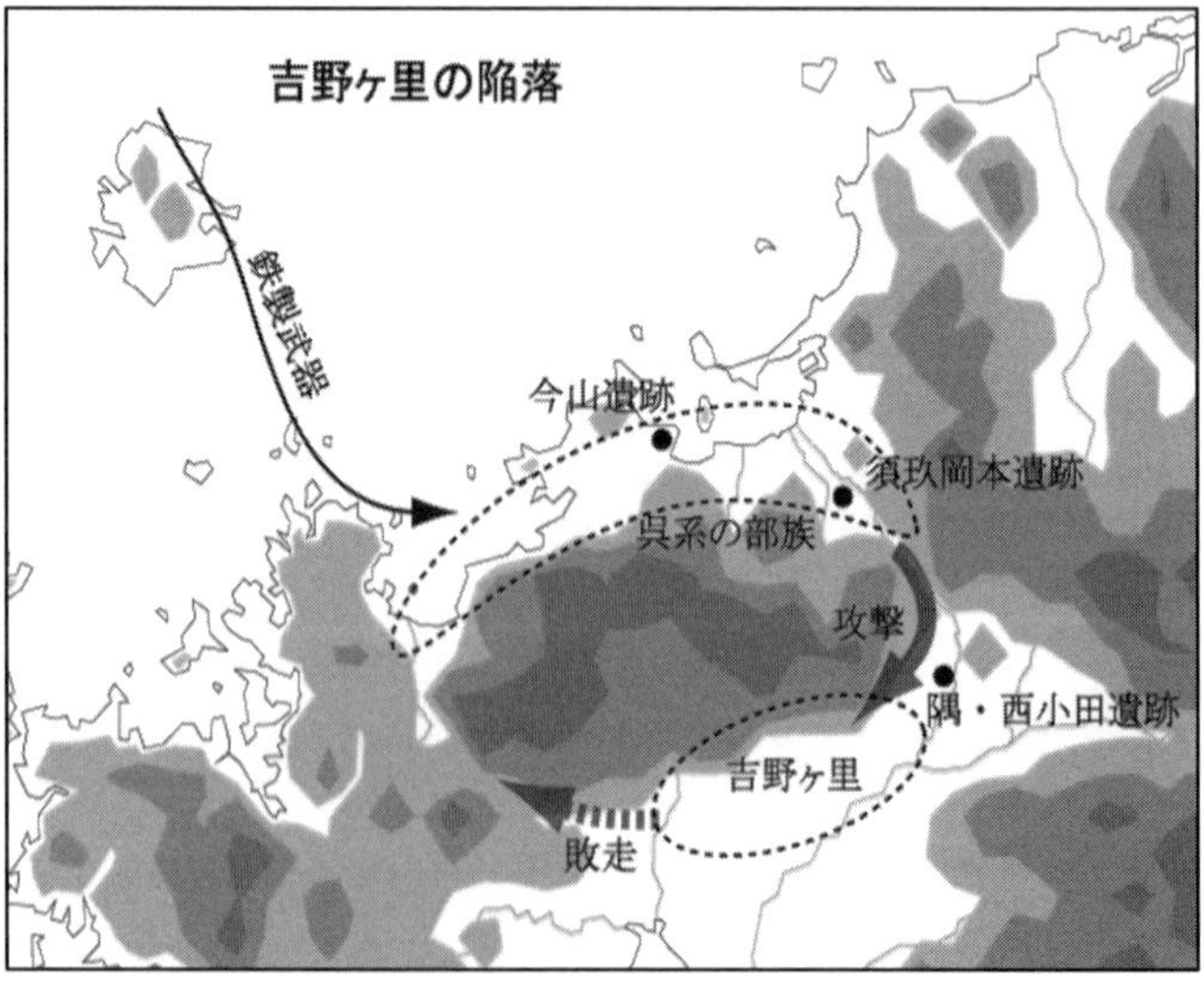


## ■三雲南小路《みくもみなみしょうじ》の王

吉野ヶ里の王墓は途絶えてしまった。徐福の王統は吉野ヶ里と共に消滅してしまったのだろうか。

これについては、少々大胆な推測だが、私は次のように考えてみた。

吉野ヶ里を追われた徐福の後裔は、唐津平野や糸島平野に進出し、春日の部族に対して反撃に転じたのではないか。

そう考えた理由は、まず、吉野ヶ里の王墓は途絶えてしまったが、集落そのものは弥生時代後期の邪馬台国の時代まで継続し、発展していたことである。つまり、吉野ヶ里の大集落は、吉野ヶ里以外の場所にいた王によって統治されていた可能性が大きいのである。

そして次の理由は、吉野ヶ里が東側から攻撃されたときに、吉野ヶ里の部族には十分な退路のあることである。

筑紫平野の地図を見れば、吉野ヶ里から西の方には筑紫平野が延々と続いているし、松浦川沿いに唐津平野へ逃げ込むことも可能である。吉野ヶ里の王族は吉野ヶ里を放棄しただけで壊滅したとは思えない。彼らはふたたびどこかに集結して復興した可能性があるのである。

この観点で北部九州を見わたすと、吉野ヶ里を退去した王族が筑紫平野のどこかでふたたび結集した様子は見られない。しかし、糸島平野では、弥生中期後半になって集落が飛躍的に拡大し、隔絶した巨大な墓が営まれようになり、大きな権力が出現したように見える。春日の須玖岡本《すぐおかもと》の王のすぐあとの時代に、三雲南小路《みくもみなみしょうじ》の勢力が勃興したことを思わせるのである。

このようなことから推理すると、糸島平野に登場した新たな勢力は、吉野ヶ里を退去した徐福の後裔部族である可能性が高いのではないか。彼らは吉野ヶ里から西方に逃げて、松浦川経由で唐津平野に入り、続いて糸島平野まで進出したと考えるのである。

彼らが唐津平野や糸島平野に進出したことにより、春日の勢力は島伝いで半島と往来するのが難しくなった。それまでのように潤沢に武器を入手することができなくなったのではないか。

一方、糸島平野の部族は半島との往復が可能になり鉄の武器を容易に入手できるようになったと思われる。三雲南小路《みくもみなみしょうじ》の

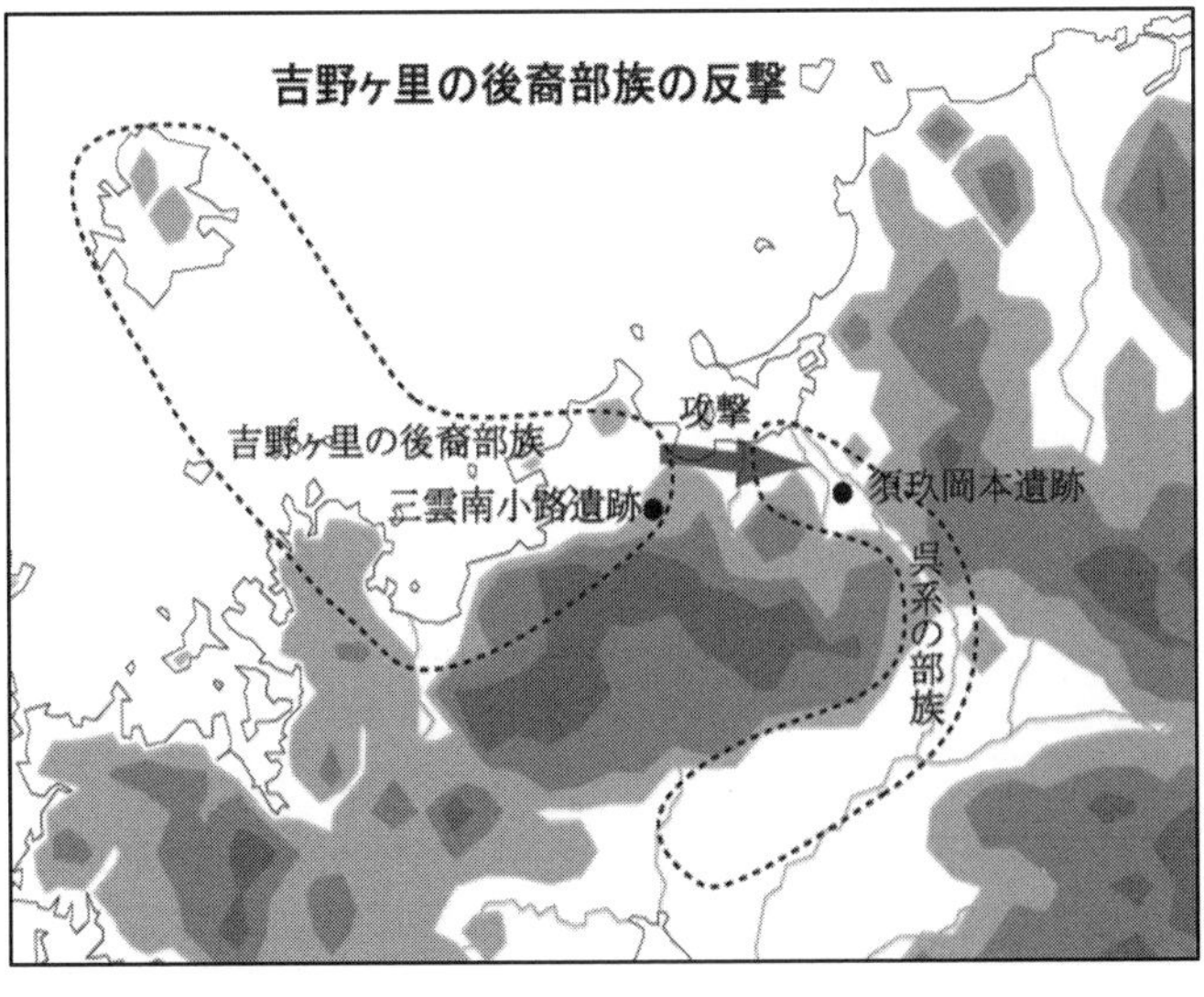

甕棺王墓に多くの鉄器が副葬されていたことがこれを裏付けている。

武器の入手が苦しくなった春日の勢力は次第に弱体になり、いっぽう、半島との交通路を確保した糸島の勢力は半島の鉄を手に入れて急速に強勢化した。ここで形勢が逆転したのである。

そしてついに糸島平野の部族は春日の王を打倒し、ふたたび筑紫平野を奪い返して玄界灘沿岸から筑紫平野にいたる広大な地域で覇権をにぎることになった。吉野ヶ里遺跡の状況は、このような権力の変遷を裏付けているように見える。吉野ヶ里遺跡の墳丘墓の中央に福岡平野から持ち込まれた甕棺があり、これが福岡平野の春日の勢力が吉野ヶ里を攻略した証拠ではないかと前述したが、福岡平野からの甕棺は一基のみで後継者に引き継がれた形跡が無い。吉野ヶ里を支配した春日側の王は一世代で滅びてしまったようである。

これは、新たに勃興した伊都国の勢力に、春日の勢力が短期間で敗れてしまったことを示すものである。

早良平野の吉武遺跡群樋渡地区の遺跡からもこの頃の状況を読み取ることができる。吉武樋渡遺跡ともいわれる樋渡地区の遺跡は古墳時代の前方後円墳の下に弥生時代中期後半とされる墳丘墓が確認され、ここから甕棺墓三〇基、木棺墓一基が発見されている。

注目するのは、複数の甕棺から鉄製武器が出土していて、彼らが半島からこの時期に鉄を入手していたことが確認できること。そして六二号甕棺から前漢鏡の星雲文銘帯鏡が出土しているので、ここに眠る被葬者が、漢に朝貢した二人の王のどちらかに関係する有力者であったと理解できることである。

## ■東鯷人《とうていじん》

三雲南小路《みくもみなみしょうじ》遺跡や、須玖岡本《すぐおかもと》遺跡の副葬品をみると、鏡や璧、あるいは、飾り金具など、王侯にふさわしい品々が出土している。これを見ると、彼らが前漢王朝と公式な外交を展開し、前漢王朝から甕棺部族の王としての扱いを受けたのは明らかである。筑紫平野を含む広大な地域を糾合した彼らは、前漢王朝にも認められて、名実とも北部九州の王となっていたのである。

東夷の王と認められた彼らの朝貢は、中国の正史に記録されていると見るべきであろう。

そこで、倭人以外の東夷の部族が前漢に朝貢した記録を探ってみると、『漢書』地理志の呉地条に次のような記述がある。

「会稽郡の海外に東鯷人《とうていじん》あり。分かれて二〇余国を為し、歳時を以て来たり献見す。」

私はこの東鯷人《とうていじん》が北部九州の甕棺部族のことではないかと推定している。

その理由は、まず、国の規模が北部九州の甕棺部族の国と整合することである。『魏志倭人伝』によれば、女王卑弥呼の時代の倭国は三〇国から構成されていた。卑弥呼の国の位置についてはさまざまな議論があるが、後に詳しく述べるように私は北部九州にあったと考えている。

卑弥呼の国を北部九州全体とすると、そこから倭人のテリトリーである宗像や遠賀川下流域を除いた甕棺部族の領域は、およそ二〇カ国程度と推定できる。これが、二〇余国から構成されるとする東鯷人《とうていじん》の国の規模と一致するのである。

もう一つの理由は、東鯷人《とうていじん》の国が会稽郡の海外にあると記されることである。

会稽郡の海外と表現されていることから、『漢書』の編者は、東鯷人《とうていじん》の国が会稽の沿岸近くではなく、外洋のかなり遠方にある国と考えていた（P6図参照）。そして、東鯷人《とうていじん》というネーミングからして、東鯷人《とうていじん》は中国の東のほうにいる東夷の一部族と認識していたと思われる。

これらのことから、『漢書』の編者は北部九州の甕棺部族のことを東鯷人《とうていじん》と呼んだと判断するのである。

なお、会稽郡の付近には台湾や南西諸島などがあるが、台湾は南の国であり東鯷人《とうていじん》という命名にはふさわしくないし、「海外」と表現できるほど海岸から離れているか微妙である。また、南西諸島については、対馬や壱岐が一つの国であったことを考えると沖縄本島が一つの国に相当する大きさであり、南西諸島の中で二十余国を想定するのは難しい。この時代に南西諸島を東鯷人《とうていじん》としてまとめるような体制が存在したとは思えないので、これらの地域に東鯷人《とうていじん》の国を求めるのは無理と思うのである。

さて、もう一つ中国史書の記述を見てみよう。『漢書』王莽《おうもう》伝の元始五年（西暦五年）の条に次のように記されている。

「東夷の王、大海を渡り国珍を奉ず。」

ここに記された「東夷の王」というのも、北部九州の甕棺部族を指していると推定できる。

その理由は、東夷の中で「大海を渡り」朝貢するのは日本列島の部族しかないと考えられることである。朝鮮半島からは陸路または沿岸航路が使えるので「大海を渡り」と言う表現にはならない。

また、漢書の編纂者は、倭人が楽浪海中にいて時々朝貢していたのを知っていた。したがって、倭人と書かずに東夷の王と表現したのは、朝貢してきたのが倭人とは別の部族であると編纂者が認識したことを示している。

このように見ると、日本列島の中にいる倭人以外の部族の王、すなわち、東鯷人《とうていじん》と呼ばれた甕棺墓制の王が、王莽の時代にも中国に朝貢したと判断できるのである。

## ■宝物

東鯷人《とうていじん》が二十余国を擁する北部九州の甕棺部族とすると、東鯷人《とうていじん》の王は、筑紫平野を含めた北部九州の覇者として前漢の冊封を受けるために、遠路はるばる前漢の都まで朝貢の使者を送ったのであろう。

三雲南小路《みくもみなみしょうじ》遺跡や須玖岡本《すぐおかもと》遺跡などの甕棺王墓に副葬された数多くの将来品は、東鯷人が歳時を以て前漢王朝に朝貢することで賜った品々である。

さて、彼らが前漢から持ち帰ったと思われる前漢鏡や璧などの宝物が北部九州各地で出土する。各地に分散したこれらの品々はどのような意味をもつのであろうか（下図）。

私は、これらの宝物は、甕棺部族の王が各地のリーダーに分与することによって、主従関係の確認のしるしとして利用されたものと考えている。

この時代は文字が普及していたとは考えられないので、広大な国土を持つ国が統治体制を構築するためには、地域の首長を識別するための目に見える証《しるし》

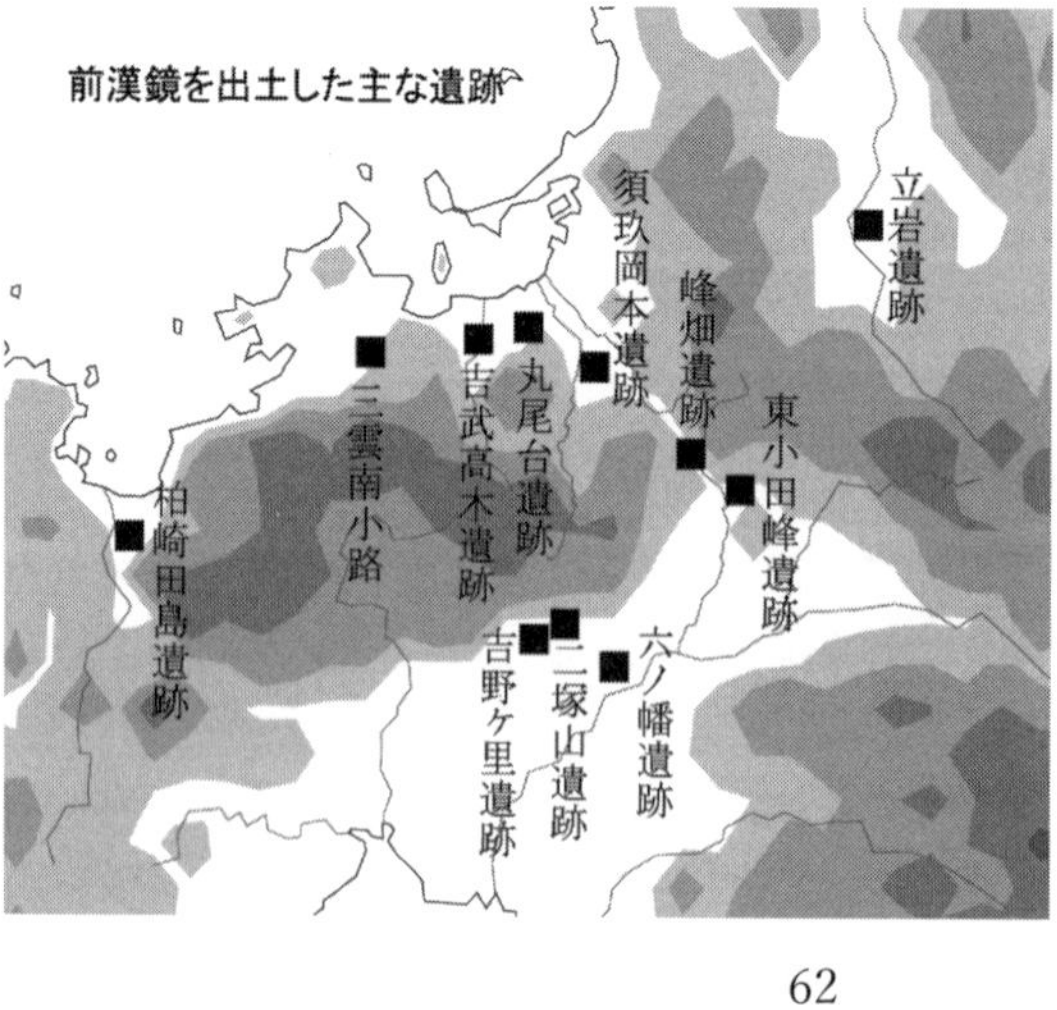

が必須である。中国渡来の宝物はこのような目的で使われたと考えるのである。

他では入手できない貴重な品々を分与することで、王は自分に従う首長を確認できるし、下賜された各地の首長は、権力の拠り所としてこれを部族内に誇示したものと推定するのである。

嘉穂盆地の立岩遺跡から六面の前漢鏡が発見されている。その中には、三雲南小路遺跡の鏡と同型鏡がある。これは、三雲の王が持ち帰ったものの一部を立岩遺跡の首長に贈ったことを示しているのであろう。

前漢鏡は、このほかにも吉野ヶ里遺跡近くの女性を葬った甕棺や、二塚山遺跡からも出土している。しかし、これらの遺跡から出土する鏡の数は一、二枚と少数であるし、鏡以外に前漢の遺物が発見されない。これは、これらの前漢鏡が、彼ら自身が前漢に赴いて入手したものではなく、三雲南小路や須玖岡本の王から下賜された物であることを示している。

また、東小田峰遺跡からは、前漢鏡に加えて璧を小円盤に加工したものが出土しているが、これは三雲南小路や須玖岡本の王が入手した渡来品の璧を、国内で二次加工して分与されたものと考えられる。

これらの前漢の宝物が筑紫平野や嘉穂盆地を含む領域に分布していることは、これらの地域が三雲南小路遺跡や須玖岡本遺跡の王たちのテリトリーだったことを意味し、玄界灘側の勢力が筑紫平野を統治したことを示す物証と考えるのである。

### ■今山遺跡の石斧

もうひとつ、玄界灘側の甕棺部族が筑紫平野側に進出したことと関連すると思われるデータを見てみたい。

糸島半島の東側にある今山遺跡は石斧の生産で知られている。今山の玄武岩を材料にした石斧は「太型蛤刃石斧《ふとがたはまぐりばせきふ》」と呼ばれ、重量が一・

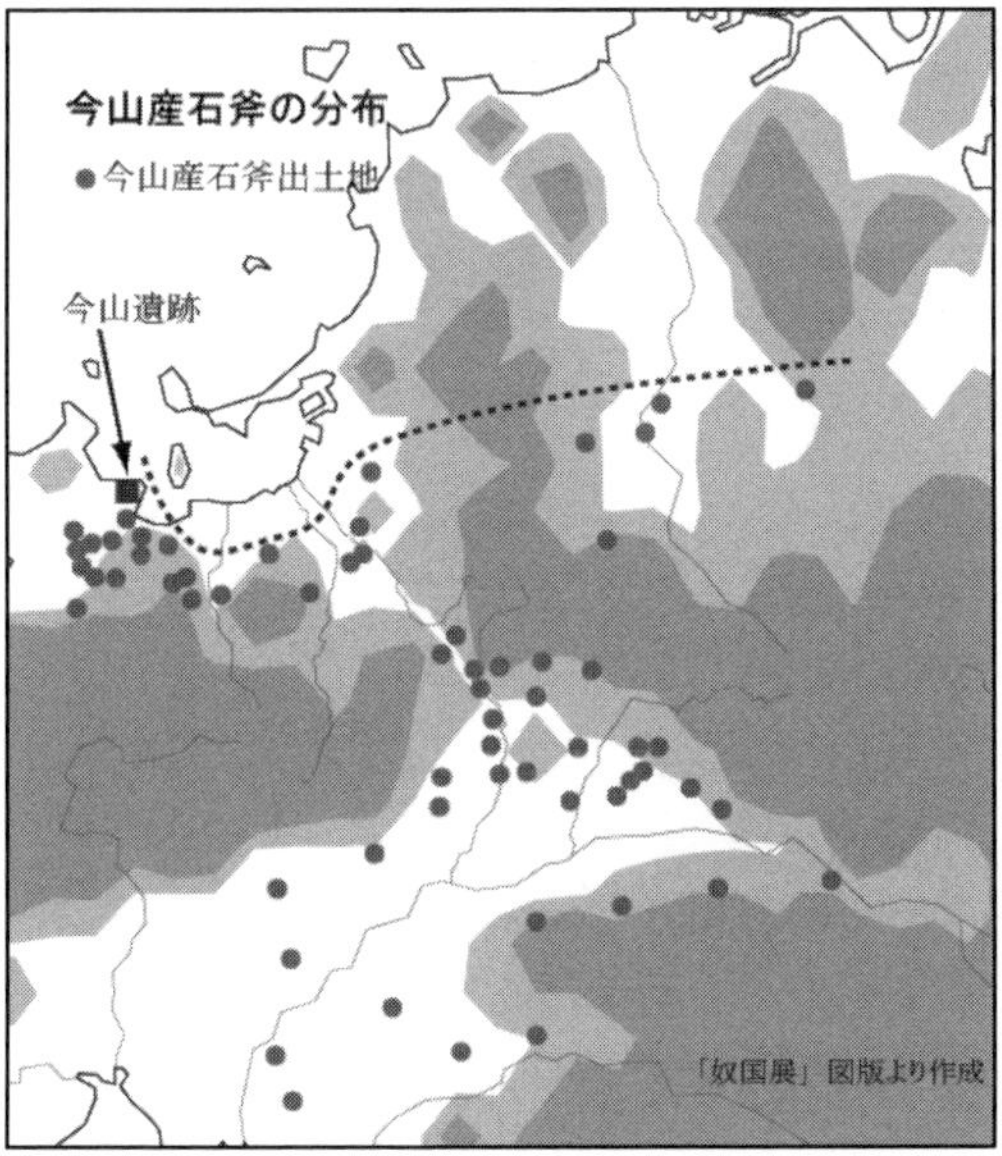

「奴国展」図版より作成

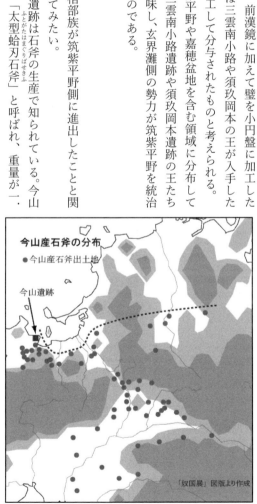

五〜二・〇キロもあって、木材の伐採などに用いられたとされる。

今山で作った石斧が北部九州各地で発見されている（前頁図）。

北部九州での分布を詳しく見ると、東側へは海岸部を除く福岡平野と、遠賀川の上流地域に分布している。この分布は、甕棺の分布（P42図）と酷似している。このことから、今山製の石斧は、甕棺部族が北部九州各地に広げたものと私は考えている。

通説では、今山製の石斧が交易品であったといわれる。

しかし、平坦な福岡平野のなかで、海岸寄りや北側に分布しないことや、苦労して峠を越えて遠賀川の上流に進出したにもかかわらず、河川を通じて容易に通行が可能な遠賀川中下流方面に浸透しなかったことを見ると、これを安易に交易品とするのは疑問である。

それよりも福岡平野と遠賀川流域で倭人と甕棺部族の対立があり、石斧は甕棺部族が占拠した地域には広がったけれども、倭人の支配地には進出できなかったと考えるべきではないか。そして、今山の石斧は、交易品ではなく、甕棺部族の軍事進出のときに運ばれた武器ではないかと推測するのである。

そう考えた理由は、まず、安本美典氏による甕棺出土の鉄製武器の分布図（下図）を見ると、福岡平野と遠賀川上流域で、ちょうど倭人と甕棺部族が接触していた地域で濃密に分布していることがわかる。これは、甕棺部族がこの地域に鉄

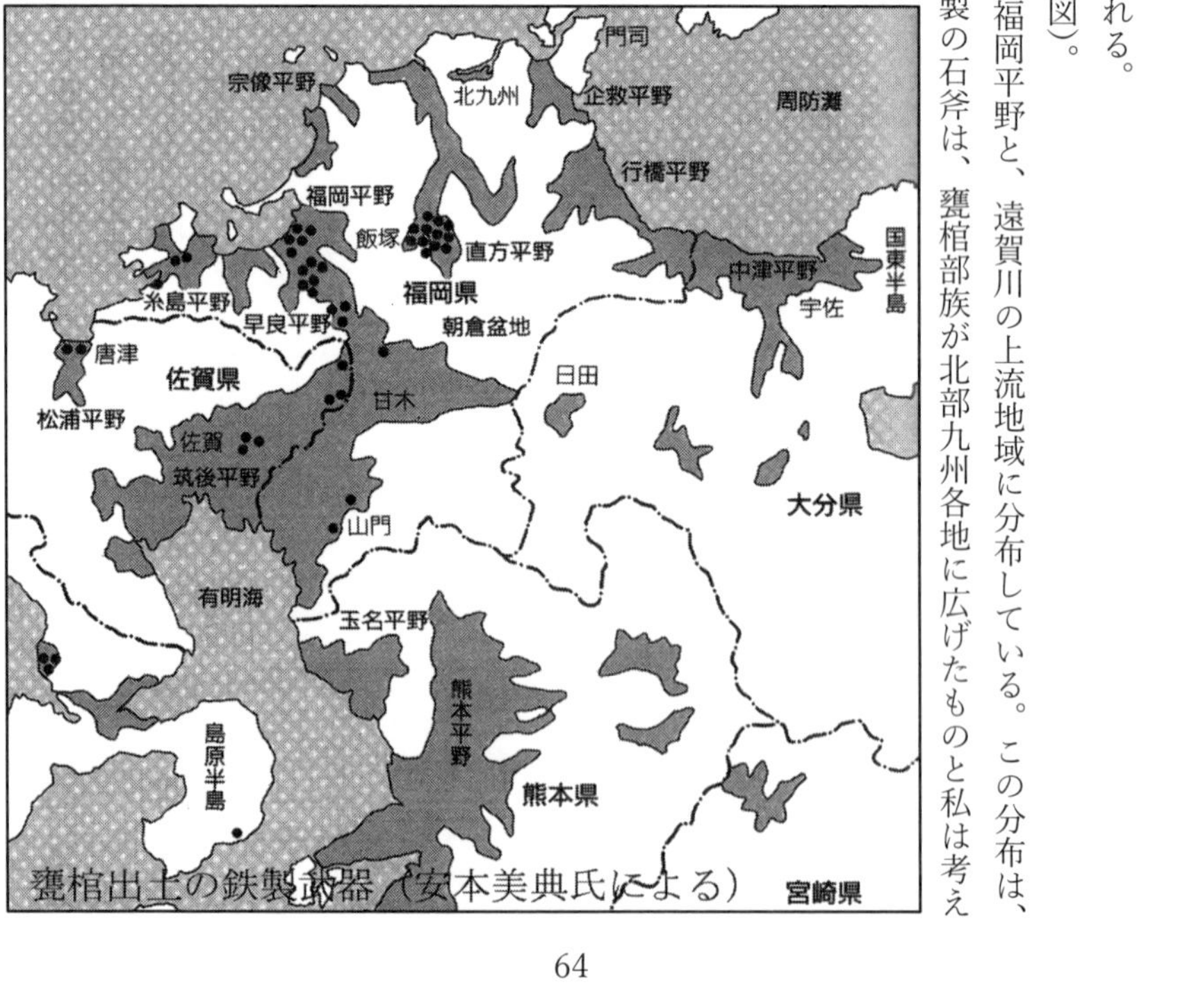

甕棺出土の鉄製武器（安本美典氏による）

製武器を集中させて倭人と対峙していたことを示すもので、この地域が軍事的な緊張状態にあったと推定されるからである。

また、このころの鉄製武器は渡来品であり、すべての兵士に潤沢に行き渡っていたとは思えないので、自分たちで調達できる武器として石斧が用いられた可能性が高いと考えるからである。

今山遺跡の石斧の加工場跡には砥石がほとんど見つかっていないことから、石斧は完成品ではなく半製品の状態で搬出され、使用する場所で仕上げの磨きが行われたとされる。今山の石斧が木材の伐採用ならば、刃をつけないと使い物にならない。石斧を交易品として考えると、刃をつけない状態の低い商品価値のまま流通させることになるので交易の対象としてはおかしな話である。

さらに、石斧の材料は今山の玄武岩でなくとも、適当な岩石は各地で調達が可能と思えるので、作りかけの今山製石斧だけが交易品として珍重される理由がない。

しかし、これを甕棺部族が敵を殴り倒すために用いた武器と考えると話が変わってくる。甕棺部族のテリトリーである今山の材料を使用するのは当然であるし、ある程度の形ができていれば武器として十分に機能を果たすので、仕上げを行わなかった、あるいは、戦いのさなかに短時間で大量に作り出さなければならないので、仕上げをする時間を十分に取れなかったと理解できるのである。

そして、私が注目するのは、今山製石斧が筑紫平野にも広く分布していることである。

これはすなわち、玄界灘側の甕棺部族が筑紫平野全域にも進出していたことを示している。石斧が武器として使用された可能性や、吉野ヶ里の防御施設の強化などを考えると、石斧の分布は、春日の王を盟主とした呉系の勢力が、吉野ヶ里勢力を攻撃するために筑紫平野に軍事的手段で進出したことを示す痕跡と推理されるのである。

寺沢薫氏の『王権誕生』にこれを裏づけるような記述がある。

「(弥生時代)中期中頃から末になると、北部九州内部での、地域ごとの犠牲者数に大きな変化が見え始める。それまで犠牲者の多かった、玄界灘沿岸部平野での犠牲者がほとんどみられなくなり、逆に筑紫平野や佐賀平野などの内陸部での数が急増するのだ。」

そして、戦場になったと思われる筑紫野市の隈《くま》・西小田遺跡（P58図）では、額を鈍器で激しく割られた成人男性の人骨が発見されている。これは、今山から持ってきた石斧による犠牲者ではないだろうか。

なお、通説では今山の石斧は弥生時代前期末から中期前半に盛んに使用されたといわれるが、鉄などの金属製品が潤沢に普及するのは邪馬台国の時代以降と考えられるので、中期半ばから後半の甕棺の時代にも、日常の道具あるいは武器として石斧が使用されていた可能性は高いと思われる。

小城市の土生《はぶ》遺跡では鉄器によって精巧に加工されたと思われる木製農具「踏み鋤」などが存在する一方で、石器も出土している。これは、鉄器が用いられるようになってもまだ石器を用いていた当時の様子を良く物語るものである。石斧と甕棺の分布の一致を考慮すれば、今山製石斧の時代は、通説よりもう少し新しい甕棺の時代としても良いと考える。

## 五．倭国王帥升

### ■倭の奴国の朝貢の意味

西暦元年ごろの北部九州では、弥生時代前期から北部九州に進出した倭人が、遠賀川下流域や宗像、福岡平野などで倭の奴国として勢力基盤を確立していた（P18図）。そのいっぽうで、紀元前一世紀に春日の勢力を倒し筑紫平野を併合していっそう強力になった糸島平野の甕棺部族はさらに東へと福岡平野の倭人の領域に向かって勢力範囲を広げてくる。

倭の奴国が西暦五七年に後漢に朝貢し金印を下賜されたころは、福岡平野の占拠をもくろむ甕棺部族の圧力に対して、奴国は大きな脅威を感じていたに違いない。倭の奴国の朝貢は単なる儀礼ではなく、このような切迫した状況の中で行われた戦略的な外交であった。

倭の奴国は後漢の支援を取り付けて国を守らなければならないせっぱ詰まった状況になっていたのである。倭国としてではなく、倭国のなかの極南界に位置する奴国がことさらはるばる後漢の都まで使者を送らなければならなかったことが、奴国の窮状を良く物語っている。

天明四年（一七八四年）金印は志賀島の田んぼの脇の岩の間から発見された。後漢から下賜された大切なものであるにもかかわらず、金印はにわか作りの石囲いの中に置かれていた。

金印出土の状況は、奴国の倭人が甕棺部族の攻撃に遭って博多湾の沿岸地域から追い出され、混乱の中で、大慌てで金印を岩陰に隠したことを物語る。金印を持った倭人のリーダーは、いったん宗像方面に退いて軍勢を立て直し、再び志賀島に戻って反撃することを考えていたのであろうか。

しかし、金印の隠し場所を知った倭人がふたたび志賀島に戻ってくることはなかった。

## ■甕棺部族の山陰進出

遠賀川式土器の分布が示すように、山陰地方には弥生時代前期から北部九州の奴国を経由して倭人がどんどん進出していった。斐伊川の河口地域に湿地が広がって、出雲平野が現在ほど広くなかったこのころは、米子の東に広がる淀江平野は九州に近く、広い農地を確保できる恵まれた地域であり、多くの倭人が集結した有力な拠点だったであろう。

鳥取県の大山の麓にある妻木晩田《むきばんだ》遺跡は淀江平野の背後の丘陵の上にある高地性の大集落遺跡である。吉野ヶ里遺跡よりも広い面積を占めるこの遺跡には、弥生時代中期末（西暦一世紀前半）ごろから人が住み始め、弥生時代後期初頭（一世紀中頃）になると、弓ヶ浜の海岸線を見下ろす洞ノ原西側丘陵に環壕が掘られる。鳥取県教育委員会の報告によると、この環濠は、弥生時代後期の西暦一〇〇年ごろには埋まっていたということである。

ここで注目すべきことは、環濠が作られた時期と、消滅した時期である。環濠が作られた一世紀中ごろは、北部九州で倭の奴国と甕棺部族の間で緊張が高まって、西暦五七年に奴国が後漢に助けを求めた時期である。淀江平野で耕作していた倭人たちは、北部九州の戦乱の状況を伝え聞いて、甕棺部族の山陰への侵出に備えるため、高台に集落を築き、防御を強化する必要を感じたのであろう。弓ヶ浜を見下ろす高台は、海上を監視する絶好のロケーションである。ここから九州勢の船の動きを注意深く監視していたに違いない。

そして、西暦一〇〇年ごろに環濠が埋まってしまったのは、防御施設が不要になったこと、すなわち、戦いに敗れたか、敵を撃退したかいずれかの状況になったことを示す。このころの甕棺部族の勢いを考えると、山陰の倭人は北部九州から来襲した甕棺部族に敗れたと推定されるのである。

甕棺部族は福岡平野を攻略したあと、まず遠賀川下流域を席巻し、その勢いで山陰地方にまで進出して倭人を制圧したのであろう。

妻木晩田の西隣の鳥取県にある青谷上寺地遺跡の最近の研究で興味深い情報がある。青谷上寺地遺跡は、弥生時代の多数の人骨が出土したことで知られているが、人骨よりも古い地層で縄文の土器が複数見つかっている。これは、かつては縄文人の集落であったのが、住民が弥生人に入れ替わったことを示している。そして、その時期が二世紀とされているのである。

妻木晩田遺跡の環濠が西暦一〇〇年ごろに埋まってしまったことと関連づけて考えると、このころ甕棺部族に破れた妻木晩田の倭人が、東に逃れて、青谷上寺地に新たな拠点を作ったと考えられるのではないか。

小野忠凞氏の『高地性集落論』によれば、弥生時代後期初頭のこの時期は、瀬戸内海沿岸や四国南部など西日本各地で高地性集落が多数築かれている。これは、甕棺部族による倭人攻撃が山陰だけでなく西日本全域で行われる懸念があり、各地の倭人たちがいっせいに防御のための施設を構築したことを示している。

## ■倭国王帥升《すいしょう》の半島進出

このころの状況を、『後漢書』の記述を手がかりにしてもう少し推理してみよう。

『後漢書』には、倭の奴国の朝貢を記した文のすぐあとに、西暦一〇七年に倭国王帥升《すいしょう》等が生口一六〇人を伴って朝貢した次のような記録がある。

「安帝永初元年　倭國王帥升《すいしょう》等獻生口百六十人　願請見」

（安帝の永初元年、倭國王帥升《すいしょう》等、生口百六十人を獻じ、願いて見《まみ》えんことを請う）

私は、倭国王帥升《すいしょう》は、福岡平野をはじめ、北部九州や山陰などの倭人を攻撃し、さらに、朝鮮半島南岸に渡って、全羅南道麗水《よす》地域と推定される倭国の本拠を打ち破った甕棺部族の王ではないかと考える。

その理由は、まず文献を見ると、帥升《すいしょう》が「倭国王」と記されていることである。甕棺部族が、北部九州にあった倭の奴国を打ち破ったとしても、所詮倭の最南端の領域を支配したにすぎず、倭国を破ったことにはならない。帥升《すいしょう》が「倭の奴国王」ではなく「倭国王」と名乗るからには、倭の奴国だけではなく朝鮮半島南岸の倭人の本拠を攻略し、倭国の王位を簒奪したと考えざるをえない。倭人の国であった倭国の王位が、甕棺部族に奪われたのである。そしてこれ以後は、倭国は必ずしも倭人の国とは云えなくなる。

『後漢書』に倭国王帥升《すいしょう》の個人名が記されていることも、帥升《すいしょう》の半島進出を裏付けているように見える。『後漢書』には、倭の奴国の朝貢のときは使者が来たと明記されているが、奴国の王の名前はない。使者は国王の個人名まで報告しなかったように見える。いっぽう、帥升《すいしょう》の朝貢では使者が来訪したという記載はない。しかし帥升《すいしょう》という王の名前が記されている。帥升《すいしょう》「本人」が直接後漢を訪れて謁見を申し入れた異例のケースのように見える。そのため帥升《すいしょう》の個人名が記録されたのではないか。

文末の「願請見」という記述は、通常の朝貢のように帥升《すいしょう》の「使者」が後漢を儀礼的に訪問し、文書や言葉を伝えたのではなく、「帥升自身」が訪問し謁見を求めた強い意志が感じられる。

また、七世紀に編まれた『翰苑《かんえん》』は『後漢書』を引用して次のように記述している。

「後漢書曰　安帝永初元年　有倭面上國王帥升《すいしょう》至」

ここで「倭面上國王」という表記については後述するが、この文で気になるのが、最後の「至」という文字である。『後漢書』の原文には見えないが、この文字が「行き着く」「いたる」の意味で用いられているなら、『翰苑《かんえん》』の編者は、帥升《すいしょう》が後漢の朝廷までやってきて直接朝貢したと理解したように見える。

帥升《すいしょう》は、改めて使者を出すよりも、すでに朝鮮半島に渡っている帥升《すいしょう》自身がそのまま後漢の都に行って話をしたほうが効率的と考えたのではないか。

さらに、一六〇人という多数の生口を献上したことも、帥升《すいしょう》の半島進出と関係するように思える。一六〇人もの生口は、半島で捕捉した倭人の捕虜を献上したからこそ輸送が可能な人数だったと思えるからである。

『魏志倭人伝』によれば、卑弥呼や台与の時代でも、海を越えて運んだのはせいぜい十人とか三十人の生口であった。それよりも百年以上も前の航海技術が未熟な時代に、このような大人数を九州から海を越えて運んだとは考えにくいのである。

### ■半島進出の根拠

さて、つぎに考古学的に、帥升《すいしょう》の半島進出を裏付けるものがないか見てみよう。

朝鮮半島の南海岸各地の高台に高地性集落とされる貝塚が点在する（崔鍾圭『三韓考古学研究』一九九四）。これは、この地域が外敵の攻撃に備え、高台に防御施設を構築していたことを示すものである。

日本列島では、甕棺部族に攻められた倭人が、西日本各地に多数の高地性集落を構築して敵の来襲に備えた。朝鮮半島南部でも、帥升《すいしょう》軍の攻撃に対処するため、倭人が、西日本で採用したのと同じ戦術によって防御を固めていたのではないか。

たとえば、慶尚南道の昌原《チャンウォン》にある南山《ナムサン》遺跡では、一部で三重になった環濠と、青銅器時代から三韓時代にかけての住居跡六〇基以上が見つかったほか、物見やぐらと見られる掘っ立て柱の建物跡などが出土している。

興味を引かれるのは、南山遺跡は環濠が厳重な割には、その囲む地域が狭く、吉野ヶ里遺跡の一％にも満たないということで、ここを見学した九州大学の西谷正教授は「南山は、外敵を見張った高地性集落だったのではないか」と述べている（『倭人伝を掘る』長崎新聞社）。

物見やぐらのような建物を備えた狭い地域を厳重な環濠で囲んだ高地性集落は、日本列島にも例がある。妻木晩田《むきばんだ》の洞ノ原西側丘陵の環濠がそうであり、松江市の南にある田和山遺跡も三重の環濠で小山の上の物見櫓のあるごく狭い地域を囲んでいる。兵庫県和田山町の大盛山遺跡（下図）も同様な遺跡であることが判ってきた。

南山遺跡や妻木晩田《むきばんだ》遺跡、田和山遺跡などの高地性集落に共通の特徴があるのは、同じ部族

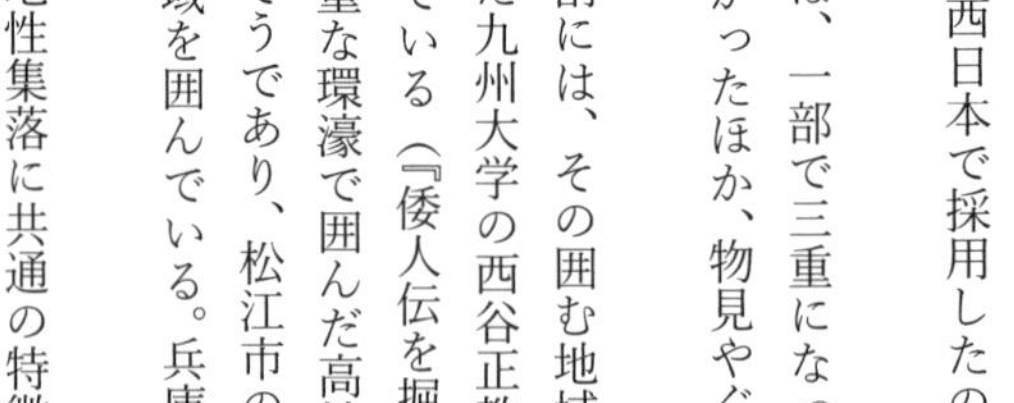

大盛山遺跡（『ふたかみ邪馬台国シンポジウム資料集』より）

が同じような動機で構築したものではないだろうか。つまり、朝鮮半島南岸でも日本列島でも、倭人たちが甕棺部族の攻撃に曝されるようになった時に構築した見張りの基地の可能性があると思うのである。

妻木晩田《むきばんだ》や田和山の環濠で石つぶてが発見されていることから推定すると、おそらくこのころの倭人は、甕棺部族にくらべると貧弱な武器しか保有しておらず、石つぶてを主要な武器として戦うしかなかったのだろう。砦に依拠して大人数で敵に対抗した形跡が見られないことから、見張りが敵を発見したら、周辺の住人は、ひたすら隠れるか逃げるという対応しかできなかったのではないか。

しかし、見張り要員は最後まで物見やぐらに残らなければならないので、彼らを守るために物見櫓の周囲に何重もの環濠を設けて防御を固めていたと考えられる。何日かあるいは何十日か持ちこたえて、敵があきらめてどこかへ行ってしまうまで寝泊まりする施設と、監視のための物見櫓だけが環濠の中に用意されたと推理するのである。

もう一つ、帥升が半島に進出したことに関係すると思われる考古学的な情報がある。

福岡県糸島市教委が「同市の三雲・井原遺跡で、弥生時代後期（一～二世紀）とみられる硯《すずり》の破片が出土した。」と発表したことである。弥生時代後期のこの時期はちょうど帥升が活躍していた時代であり、文字文化の象徴である硯が糸島平野で出土したことは、この時代の伊都国の人々や帥升が半島や中国と行き来した痕跡ではないかと思うのである。

## ■倭国王帥升《すいしょう》等の墓

北部九州では内行花文鏡や方格規矩鏡のような後漢の鏡が数多く出土する。

前漢に朝貢した三雲南小路や須玖岡本の王が多数の前漢鏡を持ち帰ったように、後漢に朝貢した帥升《すいしょう》たちも後漢鏡をたくさん持ち帰ったと考えて良いだろう。あとで述べるように、甕棺部族は鏡に特別な意味を持っていたからである。北部九州で、最も多く後漢鏡が副葬されている甕棺墓は、倭国王帥升《すいしょう》の墓である可能性が高い。

後漢鏡に注意して甕棺墓の遺跡を調べてみると、前原市の井原鑓溝《いはらやりみぞ》遺跡、唐津市の桜馬場《さくらのばば》遺跡、壱岐の原の辻《はるのつじ》遺跡などが注目される。

なかでも、井原鑓溝《いはらやりみぞ》遺跡は、後漢初期の鏡とされる方格規矩鏡二一枚をはじめ巴形銅器や刀剣類を副葬する厚葬墓である。後漢鏡の出土数では他の遺跡を圧倒しており、井原鑓溝《いはらやりみぞ》遺跡こそ後漢に朝貢した帥升《すいしょう》の墓にふさわしい。

江戸時代に発見された井原鑓溝《いはらやりみぞ》の王墓は、現在は位置が判らなくなっている。しかし、三雲南小路遺跡の南約100mのあたりに「大字井原字ヤリミゾ」という地名があるので、この地域の一角にあったことは間違いない。つまり、井原鑓溝《いはらやりみぞ》王墓は三雲南小路王墓の隣接地に営まれているのである。これは、井原鑓溝《いはらやりみぞ》王墓に眠る帥升《すいしょう》が、三雲の王の直系の王であることを意味している。

さて、『後漢書』は、倭国の朝貢使節を「倭国王帥升《すいしょう》等」と複数で記している。半島の倭人を攻略し、後漢の都まで赴いたのは帥升《すいしょう》だけでなく、有力者が同行したようである。

唐津市の桜馬場《さくらのばば》遺跡から、井原鑓溝《いはらやりみぞ》遺跡と同じような後漢鏡が二枚出土している。桜馬場《さくらのばば》遺跡のある唐津は、壱岐・対馬航路の出発点に当たる重要な地域である。また、壱岐の原の辻《はるのつじ》遺跡からも方格規矩鏡と甕棺が出土している。壱岐はもちろん朝鮮半島に向かう航路の重要な中継基地である。桜馬場《さくらのばば》遺跡や原の辻《はるのつじ》遺跡は帥升《すいしょう》に同行した有力者に関係する遺跡ではないだろうか。

考古学者の高島忠平氏は、桜馬場《さくらのばば》遺跡から出土した鏡の年代を、紀元一世紀後半から二世紀前半、それも第一四半期にあると述べられていた。一〇七年に後漢に朝貢した帥升《すいしょう》の年代と重なるのである。

伊都国王の帥升《すいしょう》は、桜馬場《さくらのばば》や原の辻《はるのつじ》などの戦略的に重要な拠点の首長を従えて朝鮮半島に向かった。朝鮮半島での戦いに勝利を収めたのち、彼らはそろって後漢の都を訪れ、後漢鏡を手に入れたのであろう。

ところで、井原鑓溝《いはらやりみぞ》遺跡の位置から考えると、帥升《すいしょう》はもともと伊都国の王であった。

『後漢書』には一〇七年に朝貢したのは「倭国王」帥升《すいしょう》等と記されているが、『北宋版通典』や『翰苑《かんえん》』には「倭面土国王」帥升《すいしょう》等と書かれている。ここに記された「倭面土」の読み方や解釈については、「倭のイト」あるいは「ヤマト」などさまざまな説があるが、帥升《すいしょう》の本来の地盤が伊都国であったことを考えると、これを倭の伊都国王と読む説が有力であると思う。

また、伊都国王から倭国王になったという帥升《すいしょう》の経歴を考えれば、文献によって「倭国王」とされたり「倭面土国王」と書かれたりする理由も理解できるのである。

## ■伊都国の都

『魏志倭人伝』には、「伊都国には世々王あり」と書かれている。確かに三雲南小路遺跡など何代かの王墓が糸島半島の地域にある。しかし、井原鑓溝《いはらやりみぞ》遺跡以後は甕棺王墓が途絶えてしまう。甕棺墓の出土状況からみると、伊都国の世々の王は糸島半島地域にはいなくなってしまったのである。

後漢の後ろ楯を得てますます勢い盛んな伊都国に王墓級の甕棺が無くなるのは不思議な現象である。伊都国は、都や王墓をどこかに移動してしまったように見える。

私はその理由を次のように推理する。

春日勢力を倒して強勢になった伊都国の勢力が、帥升のころに倭人をも制圧して、伊都国の統治する範囲が東側の福岡平野や、倭人の領域であった宗像、遠賀川下流域まで拡大した。

そのため、都や王墓も東側に開けた福岡平野側で営まれるようになったと思われる。倭国全体の盟主となった伊都国は、あらたな拠点を、高祖山の東側の早良平野の地域に置いたと推理するのである。

その理由は、まずこの地域に都を思わせる大型の建物群が確認されていることである。吉武高木遺跡の東方 50m に、出土土器から推定して弥生中期後半のものとされる大型掘立柱建物の跡がある。柱穴の列は内外二重になっており、外側の柱列は六×五間、内側の柱列は五間×四間である。

この建物については、四周に縁をめぐらせた五×四間の高床式建物とする説と、六間×五間の平地式建物とする説があり、六間×五間とした場合には床面積が 214.5 m$^2$となり、弥生後期の纒向遺跡の大型建物の 238.1 m$^2$に匹敵する大きさとなる。

さらに、この南側でも、一般的な建物よりも大きい掘立柱建物群が発見されていて、伊都国の都と呼ぶに相応しい景観を呈しているのである。

伊都国にとって早良平野はたいへん地の利の良いところに見える。あらたな支配地域の福岡平野を東に望むとともに、背後を背振山地の防塁に囲まれているので後から攻撃されることはないし、いざというときには発祥の土地である糸島平野に逃げ込めるので、軍事的にも大きなメリットがある。

また、早良は金海式などの古い時代の甕棺が多数出土する地域で、弥生時代中期前半の多鈕細文鏡や勾玉などを出土した吉武高木遺跡の発掘成果を見れば、かつてはこの地域に倭人や甕棺部族の有力な集団が存在したことを思わせる。伊都国は、東側で対立していた敵を平定して覇権を握ったことを契機に、糸島平野の片隅から由緒ある早良の土地に遷ってきたと考えられるのである。

『佐賀県史上巻』に次のような記述がある。

「背振という地名は、その北麓の早良郡の名とともに、韓語のソウルと関係があろう。ソウルは大きな集落、したがって都を意味することもある。」

佐賀県史のこの記述は、伊都国の中心が早良の地域に存在したとする推定と整合するもので、大変興味深い。

そして、邪馬台国の時代の伊都国も、古い時代から有力者が腰を据えて国土経営を行っていた伝統的な土地である早良平野を都とした可能性が強い。

『魏志倭人伝』によると、伊都国には、代々の王がいたと記され、また、伊都国で一大卒が女王国以北の国々を検察しているとあって、この時代も伊都国は倭国の統治の中心であった。広大な国土を治める王の居所としては、奥まった糸島平野よりも東に開けた早良平野の方が適地と考えられるのである。早良平野には、環濠に囲まれた野方遺跡など、弥生時代後期の大規模遺跡があり、邪馬台国の時代にも伊都国の中心がこの地域にあったと考えてまったく問題ないと思える。

そして、伊都国の都が糸島平野ではなく高祖山の東側の早良平野の地域だとすると、『魏志倭人伝』の次のような矛盾が解消する。

『魏志倭人伝』には、伊都国は末盧国の東南五百里のところにあり、さらに、同じ東南の方向に百里行くと奴国があると描かれている。方向の誤りは別途検討するとして、距離の比を考えると、末盧国〜伊都国間と伊都国〜奴国間は、五対一であるとする。

末盧国を唐津あるいは呼子付近として、従来の通説のように、伊都国を前原（現在は糸島）市付近、奴国を春日市あたりとすると、末盧国〜伊都国間の距離と、伊都国〜奴国間の距離がほぼ同じくらいになってしまい、途中で方向も変わってしまうので、『魏志倭人伝』の記述とまったく合わない（下図）。

前述のように、奴国を、宗像方面から粕屋町を含み博多地域まで海沿いに広がった地域と考え、伊都国の中心を福岡市西区や早良の地域とすれば、末盧国から伊都国まで五百里、伊都国から奴国の博多付近まで同じ方向へ百里という距離の比率はかなり正確な記述と見ることができる。

これは福岡平野の西端の早良の地域を伊都国の都とする推理の正しさを裏づけるものである。

ところで平安時代中期に作られた『和名類聚抄』に、早良の地に平群や曽我という郷名のあったことが記されている。のちに奈良盆地で栄えた豪族の平群氏や蘇我氏のルーツが早良にあったように見えるのである。

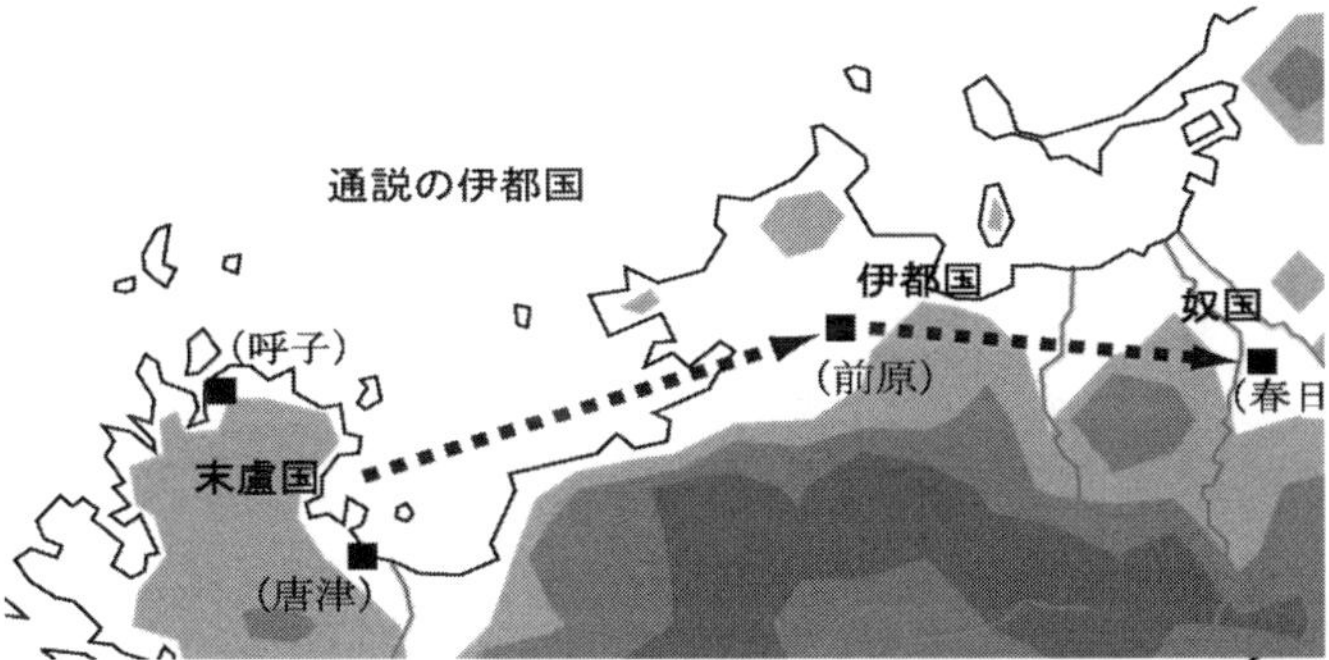


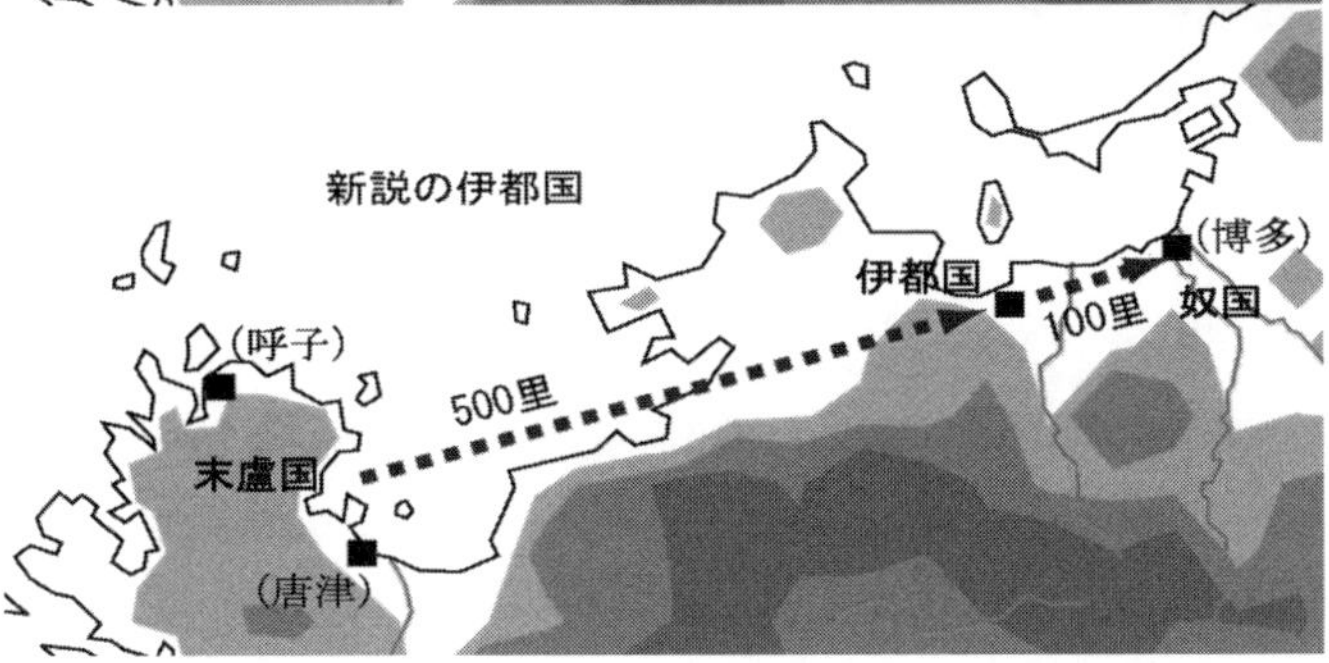


これは、早良平野に古い時代から有力者が集まっていたことを示すもので、この地域に伊都国の中心があったことの傍証ではないか。また、のちに詳しく触れるが、この地域の勢力が近畿に移動した証拠と言えるのかもしれない。

## ■甕棺部族の統治体制

北部九州の甕棺部族は、倭の奴国から福岡平野を奪い、奴国王の金印を志賀島に置き去りにさせるほどのダメージを与えた。そして、山陰をはじめ各地に進出し倭人を制圧した。しかし、彼らの墓制である甕棺の分布域はわずかに東進するものの、宗像や遠賀川下流域など倭人の地域に拡大する傾向がほとんど認められない。また、西日本各地にも甕棺は広がらなかった。

甕棺部族は倭人を領土から追い出し、そこを占拠して自分達の領土にするようなことはやらなかったようである。甕棺部族はいくつかの拠点だけを確保して、倭人の国を甕棺部族の属国として統治し、税を徴収したうえで倭人の自治をある程度認めていたのであろう。

最近、出雲での甕棺部族の拠点と思われる遺跡が発掘された。出雲市中野町にある中野清水遺跡で、九州からの搬入品と見られる下大隈式の土器や西新式併行の糸島地域の甕棺が出土したのである。下大隈式の土器の年代は弥生時代後期後半とされ、西新式は後期末とされている。倭人のまっただ中に九州の土器と甕棺が孤立して存在することは、甕棺部族が拠点を置いたところと解釈することができる。

奴国をはじめ、倭人の進出していた西日本一帯の地域の墓制に大きな変化がなかったことは、甕棺部族と倭人の二つのグループが、それぞれの集団としてのまとまりを維持しながら帥升王家の倭国王の支配を受けたことを示している。

墓制の大きな変化はなかったとは言え、西日本各地や朝鮮半島南岸への甕棺部族の侵攻は、この地域へ大きなインパクトを与えたであろう。帥升たちは、半島南部や中国から文化や物資を日本列島に持ち込み、西日本の倭人の住む地域には渡来文化や甕棺部族の文化、物資などが浸透していったと思われるからである。

帥升は、中国から後漢鏡を九州に持ってきた。そして、考古学的に見ると、北部九州の鏡が前漢鏡から後漢鏡へ変わったころに、弥生時代の中期は終わり、後期が始まったとされている。

弥生時代中期から後期への画期は、帥升の半島南岸への進出と、甕棺部族の西日本各地への侵攻によって引き起こされた社会変動であると考えられるのである。

このような考古学的な画期は、漫然と起こるものではなく、大規模な戦乱や部族の移動、新しい文化の流入などの大きな社会変動が契機となって生起するものであり、弥生時代のいくつかの画期についても、帥升たち甕棺部族の大躍進と同様に、その原因となる歴史上の大事件と関連づけて考える必要があろう。

このような観点でこれまで述べてきたことを整理すると縄文晩期から古墳時代までの画期を下図のように描くことができる。

まず、縄文稲作は呉の渡来人によって前四〇〇年ごろにもたらされ、日本列島で本格的な水稲耕作が開始された。

弥生時代は、前三〇〇年頃に朝鮮半島経由で北部九州に到達した倭人が新たな文化をもたらし弥生土器の製作を始めたことによって開始された。

弥生時代の前期と中期を区切る画期は、徐福が大量の人員と物資を持ち込み、大陸の新しい文化を九州に導入したことによる変化である。

中期の前半から後半への変化は、玄界灘沿岸や春日の地域の呉系の人々が半島の新しい文化を背景にして筑紫平野に進出し、吉野ヶ里を中心とした徐福の子孫を打ち破ったことによるものであろう。あるいは、伊都国の勃興によって、再度、徐福の子孫が覇権を握ったことと関係するかも知れない。

中期から後期への変化は、ここで述べた甕棺部族の大躍進によるものと考えられる。

さらに、弥生時代から古墳時代への変化は、のちの章で詳しく述べる予定だが、北部九州の勢力が近畿や中国地方など日本列島各地へ東征したことによる現象と考えるのである。

弥生時代の画期とその原因

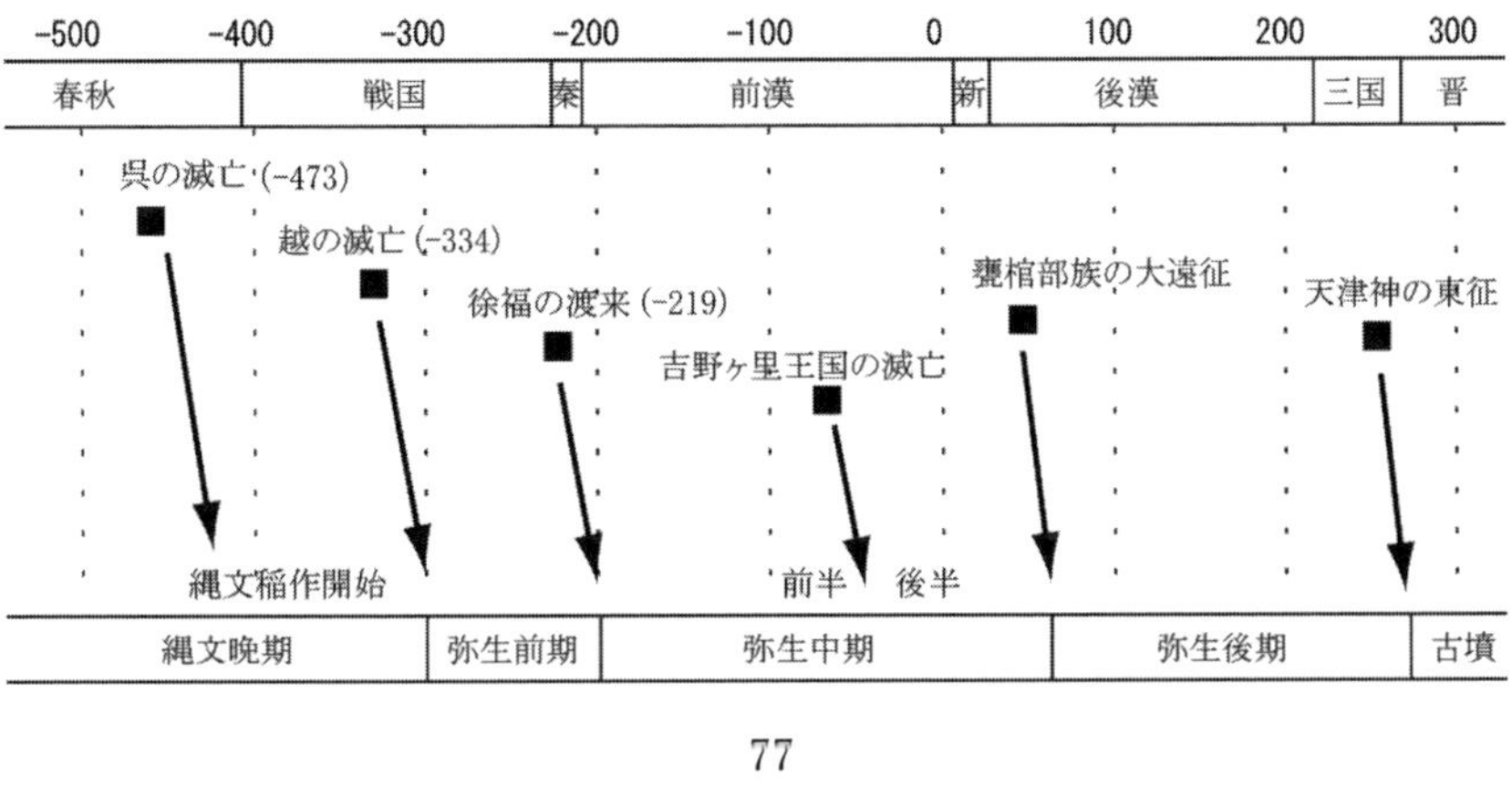

## ■日本の文献の帥升

中国の文献に記録された最も古い倭国の王は、帥升である。

中国の文献に登場する帥升の情報は、日本の古文献の中に描かれていないのだろうか。

ここからは、これまで作り話として無視されることが多かった古文献の内容も含めて分析してみる。

まず、日本の古文献の中で帥升の情報を探ってみよう。

『古事記』『日本書紀』の冒頭には、天地の始まりから伊邪那岐《いざなぎ》命・伊邪那美《いざなみ》命に至るまでの神々の系譜が記されている。

『日本書紀』では、いくつかの異伝はあるものの国常立尊《くにのとこたちのみこと》、あるいは可美葦牙彦舅尊《うましあしかびひこじのみこと》を、はじめに現れた神として、およそ七代のちに伊邪那岐《いざなぎ》命・伊邪那美《いざなみ》命が現れる。そして、『古事記』では、国常立尊《くにのとこたちのみこと》のまえに天御中主神《あめのみなかぬしのかみ》に始まる数代の神々を置く（下図）。

いずれも原初の神々から伊邪那岐《いざなぎ》命・伊邪那美《いざなみ》命に至るまでを、国土を生成したメインの系譜としており、伊邪那岐《いざなぎ》命・伊邪那美《いざなみ》命からは三貴神と言われる天照大御神、須佐之男《すさのお》命、月読尊《つくよみのみこと》が生まれている。

ここには古い神々が記されているのだが残念ながら帥升を探る手がかりは見つからない。

古事記の神々の系譜

| | | |
|---|---|---|
| 別天神 | 天之御中主神 | |
| | ↓ 高御産巣日神 | |
| | ↓ 神産巣日神 | |
| | ↓ 宇摩志阿斯訶備比古遅神 | |
| | ↓ 天之常立神 | |
| 神世七代 | ↓ 国之常立神 | |
| | ↓ 豊雲野神 | |
| | ↓ 宇比地邇神 | －須比智邇神 |
| | ↓ 角杙神 | －活杙神 |
| | ↓ 意富斗能地神 | －大斗乃弁神 |
| | ↓ 於母陀流神 | －阿夜訶志古泥神 |
| | ↓ 伊邪那岐神 | －伊邪那美神 |

日本書紀の神々の系譜

| | |
|---|---|
| （可美葦牙彦舅尊） | |
| ↓ 国常立尊 | |
| ↓ 国狭槌尊 | |
| ↓ 豊斟渟尊 | |
| ↓ 埿土煮尊 | －沙土煮尊 |
| ↓ 大戸之道尊 | －大苫辺尊 |
| ↓ 面足尊 | －惶根尊 |
| ↓ 伊弉諾尊 | －伊弉冉尊 |

## ■先代旧事本紀《せんだいくじほんぎ》

次に、『先代旧事本紀』に注目してみよう。

『先代旧事本紀《せんだいくじほんぎ》』は、序文についての疑問から偽書と疑われたこともあった。しかし、本文には物部氏の伝承や国造に関する詳しい情報など、他の文献には見られない独自の情報があることや、奈良時代より以前の非常に古い表現が用いられている部分があることから、『先代旧事本紀《せんだいくじほんぎ》』の本文には古い時代の伝承が含まれていることが明らかになってきた。『先代旧事本紀《せんだいくじほんぎ》』を見ると、『古事記』『日本書紀』よりもかなり詳しい神々の系図が記されている。この系図をじっくり見てみると、いくつか興味を引かれる内容がある（下図）。

まず気がつくのが、この系図には二系統の王統が記されていることである。可美葦牙彦舅尊《うましあしかびひこじのみこと》から伊邪那岐命《いざなぎ》・伊邪那美命《いざなみ》に至るメインの系統のほかに、天御中主尊《あめのみなかぬしのみこと》から高皇産霊尊《たかみむすびのみこと》などに至る「天」を冠する神々が別にいて、倭国には二つの王統が存在していたことが示されているのである。

ここには「天」と「国」の対比が明確な意識を持って表現されているように見える。とくに「天」を冠した神々のネーミングは徹底しており、自分たちが他の部族とは異なる特別な存在であることを主張しているように見える。この神々が記紀に「天津神」として登場する神たちと思われる。他方は、国常立尊《くにのとこたちのみこと》のように「国」を関する神がいるので「国

先代旧事本紀の神々の系譜

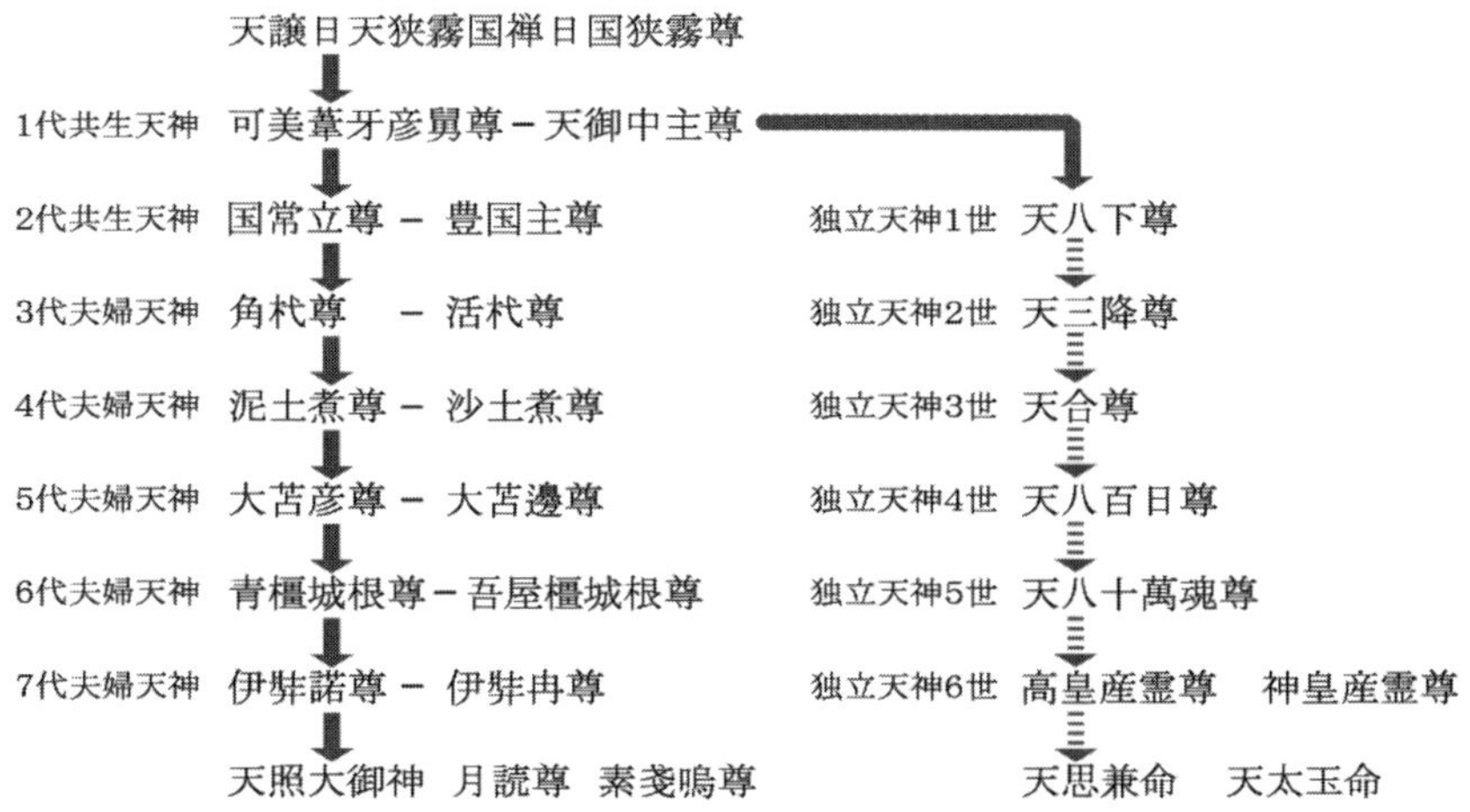

津神」と呼ばれた神々であろう。

なお、天津神の系譜の中に、「天」のつかない高御産巣日尊と神産巣日尊が記載されているのは不思議な感じがするが、これら二尊は全く別の時代の別の場面にも登場することから、本名とは別の称号のようなもので、その時々の有力者に与えられた尊称ではないかと思う。

倭国大乱のまえの北部九州には、甕棺墓制の伊都国と、甕棺を持たない倭人の奴国が併存していたことは前に述べた。そうすると『先代旧事本紀《せんだいくじほんぎ》』に描かれた二系統の系図は、伊都国の師升王家と奴国の王統を描いているのだろうか。

話はそう簡単ではないようだ。

というのは、『後漢書』の倭国大乱の記述に「暦年主無し」と記されていることから、師升の王統は、大乱の中で途絶えてしまったように見える。つまり、師升の王統は、高御産巣日尊や伊邪那岐命《いざなぎ》・伊邪那美《いざなみ》命の時代まで続かなかったとみられるので、これらの神々は師升の系譜の王たちではないことになる。

では誰なのか。

第三章で、かつて呉の渡来人たちが徐福に帰順した時に甕棺墓制を採用したことを述べた。吉野ヶ里を中心として筑後川流域に勢力を伸ばした徐福の一族に対して、唐津平野、糸島平野、福岡平野などの玄界灘沿岸から太宰府方面に分布していた呉の渡来人は、この地域で甕棺墓制を採用したと推理したのである（下図）。

伊都国で、徐福の血筋の師升が勃興し、倭人の領域まで進出した時、玄界灘沿岸は師升の支配地になってしまったが、呉の渡来人は引き続き福岡平野南部から太宰府方面を領有して、師升王家の支配のもとで

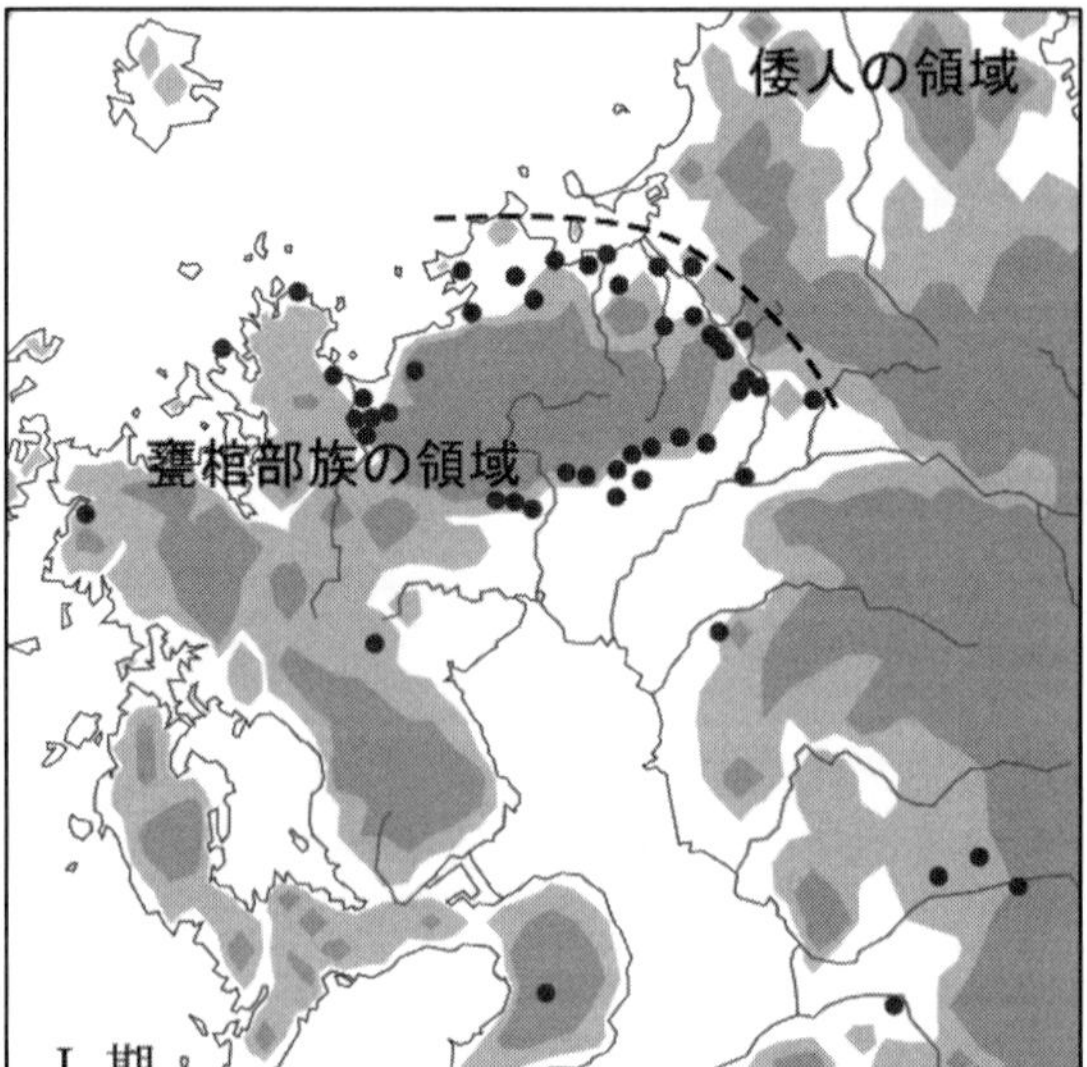

甕棺墓制を行いながら捲土重来を期していたのだろう。

帥升王家が滅びたあとの甕棺墓制の部族として残ったのは、この地域の呉の渡来人の子孫たちであった。『魏略』の逸文や『晋書』には、「卑弥呼の国の人々」は呉の太伯の子孫と記されている。つまり「卑弥呼の国の人々」というのは、帥升の王家が滅びた後の卑弥呼の時代までこの地域で存続していた呉の渡来人のことを指すのであろう。

倭国の王統が二系統存在したことは日本書紀にもそれらしい表現がある。日本書紀神代上の一書第四には次のような伝承が記録されているのである。

「天地が初めて分かれるときに、初めて一緒に生まれ出た神があった。国常立尊《くにのとこたちのみこと》という。次に国狭槌尊《くにのさづちのみこと》。また高天原においでになる神の名を天御中主尊《あめのみなかぬしのみこと》という。次に高皇産霊尊《たかみむすびのみこと》。次に神皇産霊尊《かみむすびのみこと》。」

(一書曰、天地初判、始有倶生之神、號國常立尊、次國狭槌尊。又曰、高天原所生神名、曰天御中主尊《あめのみなかぬしのみこと》、次高皇産靈尊、次神皇産靈尊。)

この文章は、国常立尊《くにのとこたちのみこと》や国狭槌尊《くにのさづちのみこと》などの倭国の原初の神々がいた場所とは別の場所に高天原があり、天御中主尊《あめのみなかぬしのみこと》や、高皇産霊尊《たかみむすびのみこと》、神皇産霊尊《かみむすびのみこと》などの神々がそこにいたと読めるのである。

ここには国常立尊《くにのとこたちのみこと》などの倭国の原初の神々がいた場所と、天御中主尊《あめのみなかぬしのみこと》などの天津神がいた高天原という二つの地域が記されている。呉の渡来人が領有していた福岡平野南部から太宰府や筑紫野の地域は、伊都国などの沿岸地域から見るとやや標高の高いところなので、天津神のいる標高が高い場所という意味でこの地域が「高天原」と呼ばれたのではないだろうか。

高天原については、ほとんどの人が神話の中の架空の世界と考えている。しかし、現実世界に存在した可能性があると思うのである。

## ■最古の神

そして『先代旧事本紀《せんだいくじほんぎ》』で次に注目するのは、ここには『古事記』『日本書紀』に記された最初の神よりも古い神が記録されていることである。

『古事記』『日本書紀』では、可美葦牙彦舅尊《うましあしかびひこじのみこと》や天御中主尊《あめのみなかぬしのみこと》を最初の神としているが、『先代旧事本紀』には彼らの前に天譲日天狭霧国禅日国狭霧尊《あめゆずるひあめさぎりくにゆずるひくにさぎりのみこと》を記している。

天譲日天狭霧国禅日国狭霧尊《あめゆずるひあめさぎりくにゆずるひくにさぎりのみこと》の名前には「天」と「国」の両方が対句のような表現で含まれている。ということは、天津神系の伊都国と、国津神系の奴国の両方を治めていた倭国王と見ることができそうである。

「天」と「国」の両方が対句のようにして含まれる名前は、ほかにも事例がある。たとえば、瓊瓊芸命《ににぎのみこと》は『古事記』では天邇岐志国邇岐志《あめにぎしくににぎし》天津日高日子番能邇邇芸命《あまつひこひこほのににぎのみこと》と記され「天邇岐志」の部分と「国邇岐志」の部分が対になっている。そして、『古事記』などによれば、瓊瓊芸命《ににぎのみこと》は、葦原中国にはびこる国津神を平定したのち倭国の王となったので、彼が天津神と国津神の両方を治める立場であったことは明らかである。

すなわち、瓊瓊芸命《ににぎのみこと》の例は、このような対句表現が天津神と国津神の両方を統治する王を示していることを裏づけている。

とすると、天津神と国津神の両方を統治した天譲日天狭霧国禅日国狭霧尊とは、倭の奴国を打ち破って伊都国王から倭国全体の王となった帥升である可能性が高いと推理できるのである。

では、天譲日天狭霧国禅日国狭霧尊《あめゆずるひあめさぎりくにゆずるひくにさぎりのみこと》の活躍した年代が、帥升の時代と整合するのか検討してみよう。

『先代旧事本紀』《せんだいくじほんぎ》の系譜によると、天譲日天狭霧国禅日国狭霧尊は天

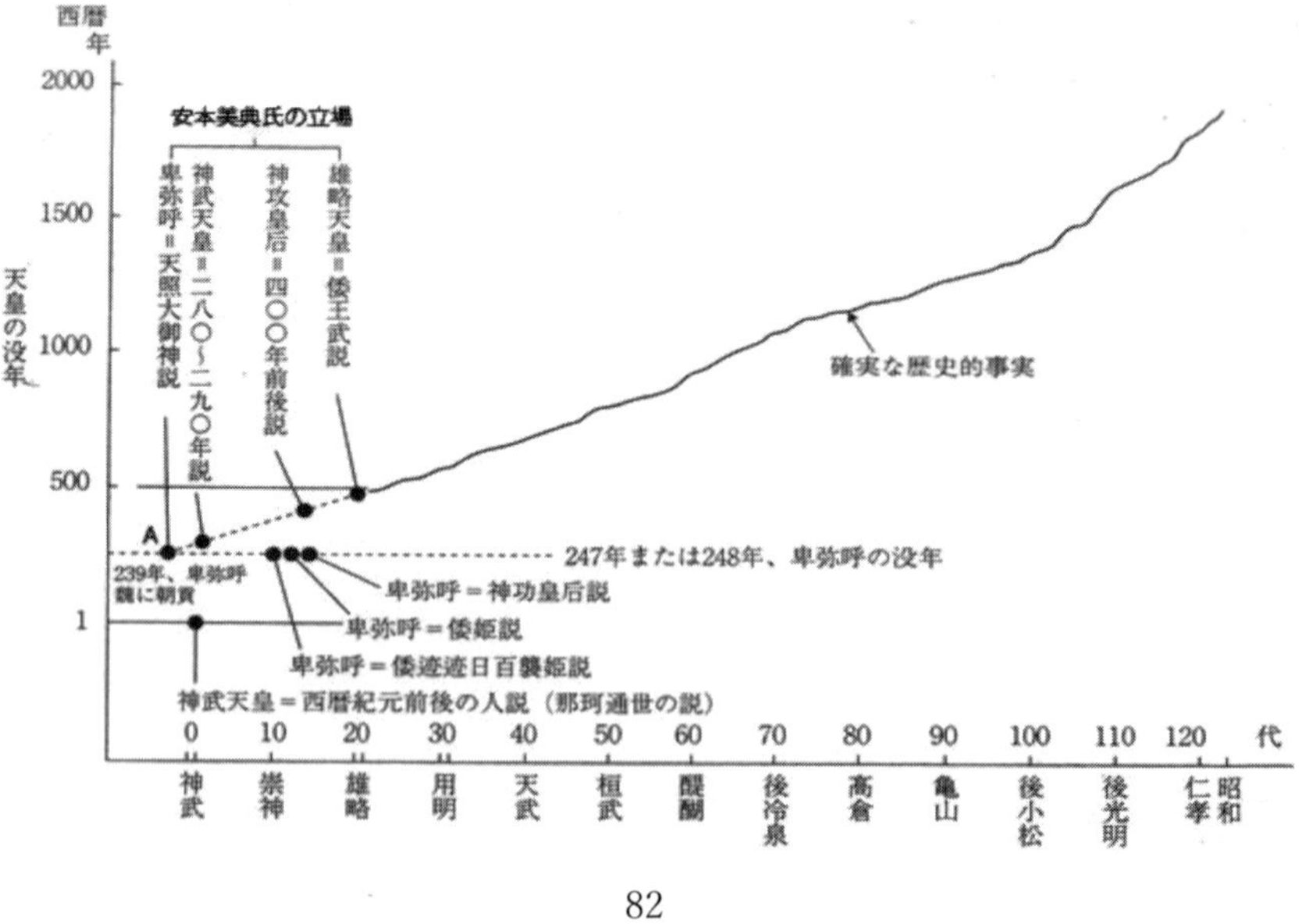

照大御神の八代前に当たる。神武天皇から数えると一三代前になる。

　安本美典氏は、『日本書紀』によって天皇の在位年数を調べ、古代になるほど天皇の在位期間が短くなる傾向があって、在位の確実な三十一代用明天皇から奈良時代の終わりの四十九代光仁天皇までの平均在位期間が 10.35 年であることを算出した。そして、用明天皇の活躍した五八六年を起点として、天皇一代の平均在位期間約 10.35 年で古代に向かって遡ることにより、神武天皇や天照大御神の活躍した年代を論理的に推定している（前頁図）。

　さらに安本氏は、用明天皇から光仁天皇までのデータを最小自乗法によって直線で近似する平山朝治氏の年代推定を、誤差の幅が少なくなる方法として紹介している（『邪馬台国への道』徳間文庫）。

　下図は平山氏の最小自乗法によるグラフをもとにして、天譲日天狭霧国禅日国狭霧尊の活躍していた古い時代まで直線を延長したもので、これによって天譲日天狭霧国禅日国狭霧尊の活躍した年代を推理できるかもしれない。

　このグラフによれば、神武天皇の一三代前、天照大御神の八代前の天譲日天狭霧国禅日国狭霧尊《あめゆずるひあめさぎりくにゆずるひくにさぎりのみこと》は、95%の信頼度で約一一〇年から一八〇年の間が在位期間と予測される。帥升が遣使した一〇七年はこの範囲の境界付近にある。帥升は、後漢に遣使した一〇七年以降も、何年かは倭国王として君臨したであ

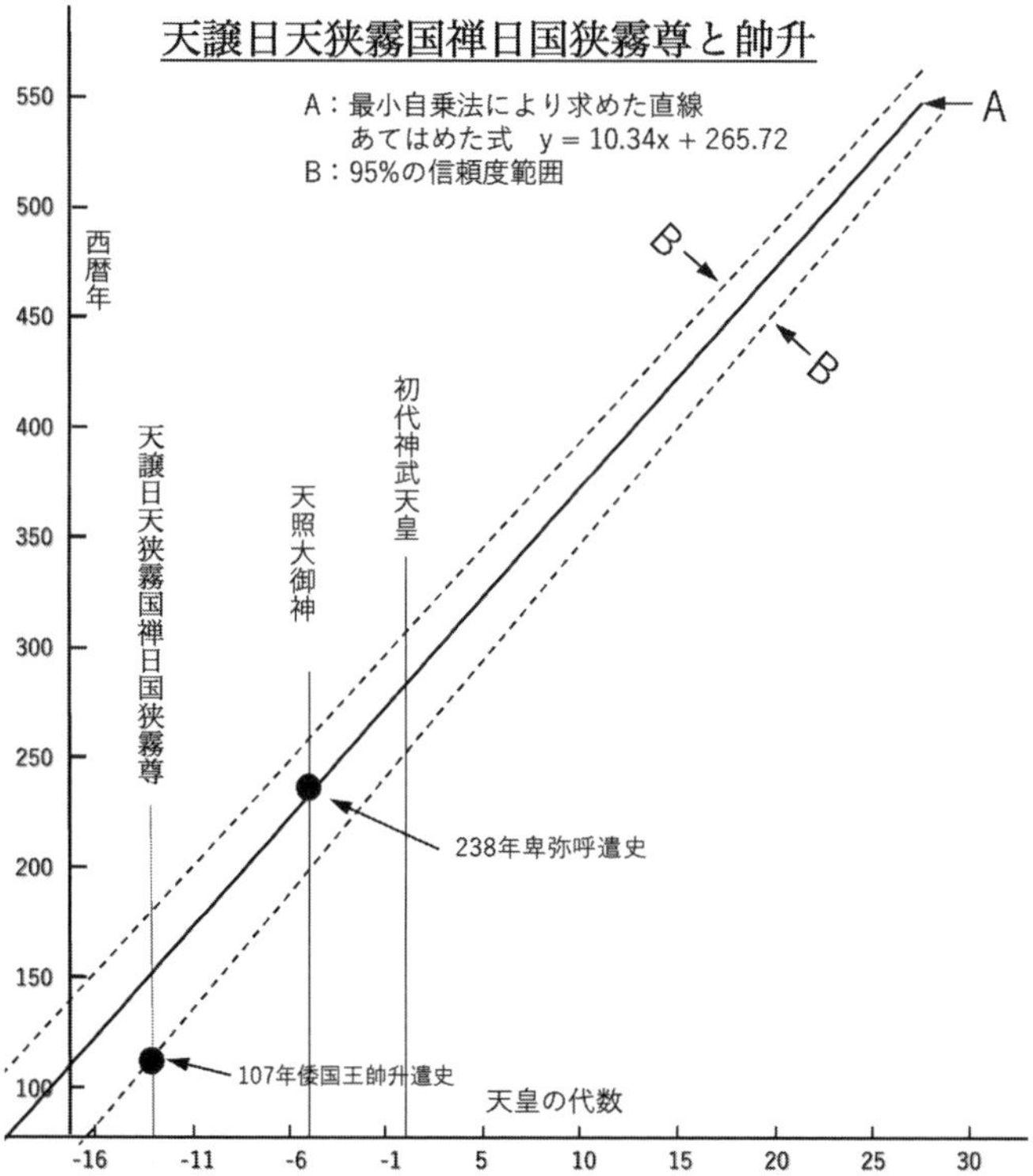

ろう。その活躍年代はこの95%の信頼度の範囲に入ると推測される。つまり天讓日天狭霧国禅日国狭霧尊の活躍した時代は帥升の時代とほぼ重なるのである。

事績の観点から見ても、天津神と国津神の両方を統治した天讓日天狭霧国禅日国狭霧尊《あめゆずるひあめさぎりくにゆずるひくにさぎりのみこと》と、甕棺部族の伊都国と倭人の奴国の両方を統治した倭国王帥升とは、一致していると見て良い。

年代と事績がほぼ一致することを考えると、『後漢書』に登場した倭国王帥升は、その功績を称えた天讓日天狭霧国禅日国狭霧尊という壮麗な名前で『先代旧事本紀《せんだいくじほんぎ》』に痕跡を残していた可能性は高いと思うのである。

## 六．倭国大乱

### ■中国文献の倭国大乱

中国の史書は二世紀後半に倭国で大きな戦乱が続いたことを記している。

たとえば、『後漢書』には次のような記述がある。

「恒霊の間、倭国大いに乱れ、更々相攻伐し、暦年主無し。一女子あり、名を卑弥呼という。年長じて嫁せず、鬼神の道に事《つか》え、能く妖を以て衆を惑わす。ここにおいて、共に立てて王となす。」

（桓霊間倭國大亂更相攻伐歴年無主　有一女子名曰卑彌呼　年長不嫁　事鬼神道能以妖惑衆　於是共立為王）

ここには「倭国大いに乱れ」とあり、倭国に内乱があったように描かれている。

ところが、『魏志倭人伝』には次のように記されている。

「その国、本また男子を以て王となし、住《とど》まること七八十年。倭国乱れ、相攻伐すること歴年、乃ち共に一女子を立てて王となす。名づけて卑弥呼という。鬼道に事《つか》え、能《よ》く衆を惑わす。」

（其國本亦以男子爲王、住七八十年、倭國亂、相攻伐歴年。乃共立一女子爲王、名曰卑彌呼　事鬼道能惑衆）

この文章を読むと『後漢書』とは少々ニュアンスが違い、違和感を感じるのである。

男子を王として七八十年続いた「その国」というのは倭国ではないのではないか。「その国」が倭国なら「倭国は本また男子を以て王となし云々」と始まるべきなのに、「その国」は倭国とは別の国であるように読めてしまうのである。

すなわち、倭国大乱は倭国の内乱ではなく、「その国」と「倭国」の二つの国の争いである可能性が見えるのである。

その時期について、『後漢書』は「恒霊の間」と記し、後漢の桓帝と霊帝の時代（一四七～一八九）のこととする。また、のちの時代の『梁書』『北史』には、もっと期間が絞られて「霊帝光和中（一七八～一八四）」と記されている。

『後漢書』には、「暦年主無し」とあるように、この戦いの最中に、帥升から続いていた王が空位になったことを記録しており、王権を揺るがすほどの深刻な事態に陥っていたことが示されている。

そして、戦乱の後に、卑弥呼という女性が倭国の王に共立されたことが記され、古代史上最大の争点になっている邪馬台国の時代を迎えるのである。

## ■日本の文献

多くの中国史書に記された大事件・倭国大乱は、日本の古文献の中に記録はないのであろうか。ここでは、日本の文献を手がかりにして倭国大乱の謎を探ってみようと思う。

日本の文献で倭国大乱を探る鍵は、大乱の後に共立された卑弥呼である。卑弥呼に相当する人物が日本の文献の中で特定できれば、その前後の時代で中国と日本の文献を照合し、日本の文献からも倭国大乱についての新たな情報を得られるはずである。

卑弥呼の正体については、古代史上の大きな謎のひとつであり、さまざまな説がある。たとえば、卑弥呼を神功皇后とする説や倭迹迹日百襲姫《やまとととひももそひめ》説、倭姫説、天照大御神説などである。

次頁の図は、前章で用いた平山朝治氏のグラフに、卑弥呼の候補のこれらの人物を書き込んだものである。天照大御神は神武天皇の五代前、倭迹々日百襲姫は第十代崇神天皇の時代、倭姫は十二代景行天皇の時代、神功皇后は十四代仲哀天皇の時代の人物とした。

卑弥呼が魏に使者を送った二三八年と重なるのは、図から明らかなように、天照大御神だけである。他の候補は、卑弥呼が活躍した時期とは全くかけ離れた時代の人々ということになる。

安本美典氏は、これを卑弥呼の神話的反映が天照大御神である根拠としている。

安本氏の「卑弥呼＝天照大御神」説は、客観的な統計データから導き出されたもので、諸説の中で最も説得力を持つものと考えるので、私はこれを出発点にして倭国大乱を考えてみようと思う。

まず、中国の文献では、倭国大乱は卑弥呼が共立される直前の戦乱として記されている。

いっぽう、『古事記』などの日本の文献には、天照大御神が擁立される直前の伝承として、伊邪那岐《いざなぎ》命・伊邪那美命による国生みの伝承と、伊邪那岐《いざなぎ》命が黄泉《よみ》の国を訪れて追い返される話が記されている。

卑弥呼＝天照大御神とすると、中国文献の倭国大乱は、日本文献に記された「国生み」や「黄泉《よみ》の国訪問」と関係するように見える。

しかし、伊邪那岐《いざなぎ》命・伊邪那美命が倭国大乱を戦ったとすると、年代的に少々無理が生じる。

天照大御神＝卑弥呼とすると、卑弥呼は二三八年に魏に使者を遣り、二四八年ごろ没したとされるので天照大御神が活躍したのもこの頃となる。

『古事記』には、伊邪那岐《いざなぎ》命が天照大御神に直接指示を出す場面があるので、伊邪那岐《いざなぎ》命は天照大御神が活躍していた二

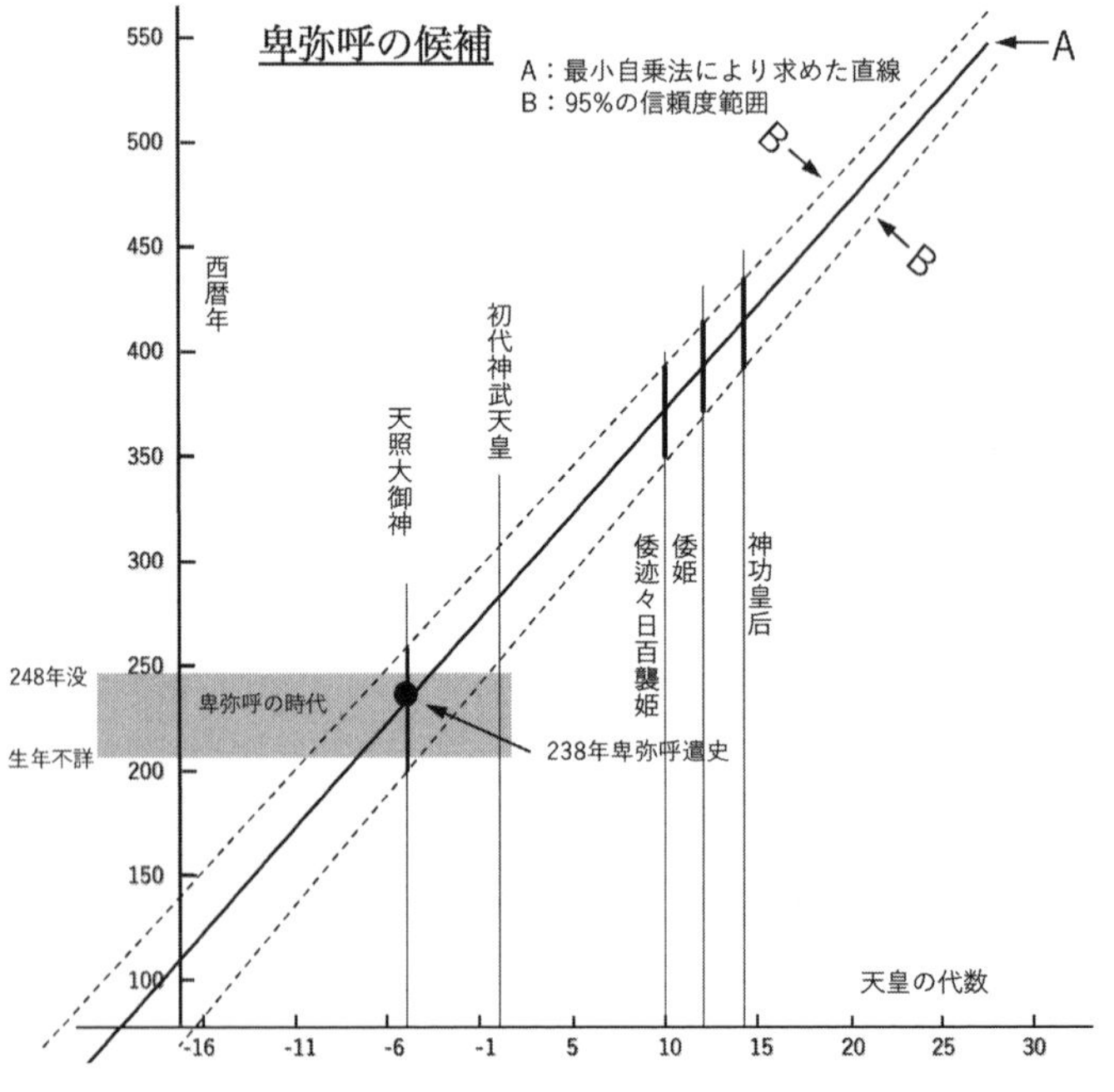

三〇～二四〇年代までは生きていたように見える。

福岡県の弥生時代の共同墓地・金隈遺跡の甕棺から一三六体の人骨が発見されているが、これらの人骨の調査によって、当時の成人の死亡年齢は四〇歳ほどであることが判明している。

成人の寿命を四〇歳として考えると、二三〇～二四〇年代に生きていた伊邪那岐《いざなぎ》命は、一九〇年～二〇〇年ごろ生まれたことになる。

そして中国文献は倭国大乱の期間を次のように記している。

『後漢書』　一四七年～一八九年、

『梁書』など　一七八年～一八四年。


つまり、倭国大乱は伊邪那岐《いざなぎ》命が生まれる前の出来事ということになる。

倭国大乱は、伊邪那岐《いざなぎ》命・伊邪那美《いざなみ》命の国生みよりも前の時代の王によって争われた戦争と判断できるのである。

## ■伊邪那岐《いざなぎ》命の父親

伊邪那岐《いざなぎ》命以前に倭国大乱を戦った王について情報はないだろうか。

『古事記』『日本書紀』『先代旧事本紀《せんだいくじほんぎ》』には、伊邪那岐《いざなぎ》命・伊邪那美《いざなみ》命以前の神々の系譜が記されている。伊邪那岐《いざなぎ》命の父親について、これらの系譜を調べると、少し気になることがある。

伊邪那岐《いざなぎ》命の父親の名前である。

伊邪那岐《いざなぎ》命の両親として『古事記』には於母陀流神《おもだるのかみ》と阿夜訶志古泥神《あやかしこねのかみ》が記されている(下表)。

『日本書紀』には、「一書第六」に面足尊《おもだるのみこと》と惶根尊《かしこねのみこと》が記され、「一書第一」には伊弉諾《いざなぎ》尊・伊弉冉尊《いざなみ》は青橿城根尊《あおかしきねのみこと》の子と記す。また、「一書第二」には、沫蕩尊《あわなぎのみこと》が伊弉諾尊を生んだと書かれている。

| | 古事記 | | 日本書紀一書第六 | | 先代旧事本紀 | |
|---|---|---|---|---|---|---|
| 四代前 | 宇比地邇神《ウヒジニ》 | 須比智邇神《スヒジニ》 | | | | |
| 三代前 | 角杙神《ツノグイ》 | 活杙神《イクグイ》 | 泥土煮尊《ウイジニ》 | 沙土煮尊《スイジニ》 | 泥土煮尊《ウイジニ》 | 沙土煮尊《スイジニ》 |
| 二代前 | 意富斗能地神《オオトノジ》 | 大斗乃弁神《オオトノベ》 | 大戸之道尊《オオトノジ》 | 大苫辺尊《オオトノベ》 | 大苫彦尊《オオトマヒコ》 | 大苫邊尊《オオトマベ》 |
| 一代前 | 於母陀流神《オモダル》 | 阿邪訶志古泥神《アヤカシコネ》 | 面足尊《オモダル》 | 惶根尊《カシコネ》 | 青橿城根尊《アオカシキネ》 | 吾屋橿城根尊《アヤカシキネ》 |
| | 伊邪那岐神《イザナギ》 | 伊邪那美神《イザナミ》 | 伊弉諾尊《イザナギ》 | 伊弉冉尊《イザナミ》 | 伊弉諾尊《イザナギ》 | 伊弉冉尊《イザナミ》 |

そして、『先代旧事本紀《せんだいくじほんぎ》』では、青橿城根尊《あおかしきねのみこと》と吾屋橿城根《あやかしきね》尊と記しており、さまざまな情報が交錯している。

記紀などで夫婦が対になって記される神々の名前は、伊邪那岐命《いざなぎ》・伊邪那美命《いざなみ》をはじめ、宇比地邇神《うひじにのかみ》と須比智邇神《すひじにのかみ》、角杙神《つのぐいのかみ》と活杙神《いくぐいのかみ》、意富斗能地神《おおとのぢのかみ》と大斗乃弁神《おおとのべ》のように、いかにもペアの神らしい類似の名前で表現されている。

『先代旧事本紀《せんだいくじほんぎ》』では、伊弉諾尊・伊弉冉尊の親は青橿城根尊《あおかしきねのみこと》と吾屋橿城根《あやかしきね》尊のようにルール通り類似の名前のペアになっているが、『古事記』『日本書紀』では、於母陀流神《おもだるのかみ》と阿夜訶志古泥神《あやかしこねのかみ》、面足尊《おもだるのみこと》と惶根尊《かしこねのみこと》のように、ここだけが例外的にペアがまったく毛色の違う名前になっている。『先代旧事本紀《せんだいくじほんぎ》』と比べて見ると面足尊《おもだるのみこと》が割り込んできて通常と異なる王位の継承が行われたように見えるのである。

記紀に記された於母陀流神《おもだるのかみ》あるいは面足尊《おもだるのみこと》は、外来の王の可能性があるのではないか。

### ■延烏郎《ヨンオラン》

これと関連しそうな興味深い情報が　朝鮮半島の古文献『三国遺事』に記されている。

『三国遺事』は、十三世紀末に高麗の高僧一然がまとめた私撰の史書で、『三国史記』に次ぐ朝鮮半島古代史の基本文献とされていて、『三国史記』が取り上げなかった故事や伝承などが多数記録されている。

ここに次のような伝承が記録されているのである。

「新羅の第八代阿達羅《アダツラ》王の即位四年（一五七年）丁酉。東海の浜辺に延烏郎《ヨンオラン》と細烏女《セオニョ》がおり、夫婦で暮らしていた。ある日、延烏が海中で海藻を採っていると、突然、岩（魚ともいう）が出現し、（延烏郎《ヨンオラン》を）乗せて日本に帰った。国人はこれを見て『これは並みの人ではない』と言い、王に擁立した。

（思うに、日本の帝記は、前後に新羅人で（日本の）王と為った者がいない。要するに、これは辺境の邑落の小王であり、本当の国王ではない）。

細烏は夫が帰って来ないのを不審に思い、夫を探し求めた。夫の脱いだ鞋《くつ》を見つけると、彼女もまた岩に上った。岩はまた前回のように（細烏を）乗せて（日本に）帰った。そこの国人は驚き怪訝に思った。謹んで王（延烏）に（細烏を）献上した。夫婦が再会し、（細烏は）貴妃に立てられた。
この時、新羅の日月は光を消してしまった。
日官が奏して言うには『日月の精は、降臨して我が国に在った。今、日本に去ったので、この不思議な現象に到った。』
王は使者を派遣して二人を求めた。延烏が『私はこの国に到ったのは、天が然るべくさせたものである。今どうして帰ることができようか。だが、朕の妃が織る薄絹が有るので、これを天に祭れば、可なり』と言った。
言葉の通り、その薄絹を賜う。使者が戻って来て奏上した。その言葉に基づいて薄絹を祭った。然る後、日月は元通りに復旧した。その薄絹を国王の御庫に収納して国宝にした。その庫を貴妃庫と名付け、天を祭った場所を迎日県、または都祁《つげ》野と名づけた。」という内容である。

ここにはいくつかの興味深い情報が記されている。

まず、一五七年ごろ、朝鮮半島から日本列島に渡った延烏郎《ヨンオラン》が日本の王になったという記述がある。一五七年は、『後漢書』の記録では一四七年から一八七年まで継続した倭国大乱の真っ最中であり、『梁書』などでは一七八年から始まる大乱の二十一年前の話である。延烏郎《ヨンオラン》は倭国大乱に関係した可能性があるのではないか。

また、ここには、延烏郎《ヨンオラン》や妻の細烏女《セオニョ》が「日本に帰った」という記述があり、彼らの出自が日本にあるように描かれている。そして、その日本で絹が作られたとする注目すべき記述がある。

弥生時代後期のこの頃の日本列島で絹が出土するのは北部九州だけなので、九州の地域が「日本」と呼ばれていたことになる。

つまり、延烏郎《ヨンオラン》は、倭国大乱の時期に半島から渡ってきて、九州にあった「日本」の王になった。それまで北部九州を統治していた帥升王家の倭国王と戦って勝利した当事者の可能性があるのである。

そして、この記述の中に「新羅の日月は光を消してしまった。」という描写がある。これは日食が起きたことを記したものとされている。

国立天文台の谷川清隆氏の研究によると、一五八年七月一三日に朝鮮半島の慶州地方から日本列島の中国、四国地域にかけて皆既日食が起きたことが確認できるそうである。延烏郎《ヨンオラン》が日本に帰ったとされる一五七年の翌年のことである。妻の細烏女《セオニョ》が渡ってきたころかもしれない。

これは、当時実際に起きた日食が伝承の形で反映されていることを示すもので、『三国遺事』のこの伝承は、ある程度事実に基づいたものであることを示している。

『古事記』『日本書紀』では伊邪那岐命《いざなぎ》の親の世代に外部から来たと思われる面足尊《おもだるのみこと》が王となっている。いっぽうで三国遺事には倭国大乱の時期に、半島から九州に渡ってきて日本の王になった延烏郎《ヨンオラン》の話がある。三国遺事の伝承と記紀の話は関連すると見るべきではないか。

では延烏郎《ヨンオラン》のことが、日本の古文献に伊邪那岐命《いざなぎ》の父親の面足尊《おもだるのみこと》あるいは於母陀流神《おもだるのかみ》として記されたのだろうか。

ちょっと納得できないところがある。

なぜなら、『日本書紀』「一書第二」に、沫蕩尊《あわなぎのみこと》が伊邪那岐命《いざなぎ》を産んだという記述があり、伊邪那岐命《いざなぎ》の両親は面足尊《おもだるのみこと》と沫蕩尊《あわなぎのみこと》である可能性がある。いっぽう、延烏郎《ヨンオラン》には半島から追いかけてきた細烏女《セオニョ》という妻がいた。とすると、延烏郎《ヨンオラン》と面足尊《おもだるのみこと》はそれぞれの妻がいる別人と想定されるからである。

前述のように当時の成人の寿命を四十年と想定すると、この二人を親子と考えると年代的に無理がない（下図）。

つまり、一五七年に日本に渡った延烏郎《ヨンオラン》を一四〇年〜一八〇年頃の人。息子の面足尊《おもだるのみこと》は一七〇年〜二一〇年、さらにその息子の伊邪那岐命《いざなぎ》は二〇〇年〜二四〇年ごろの人物と考えるのである。

古い伝承なのでかなり曖昧さはあるが、このような推理が最も合理的と思うのである。

**倭国大乱を戦った神々の系譜（推定）**

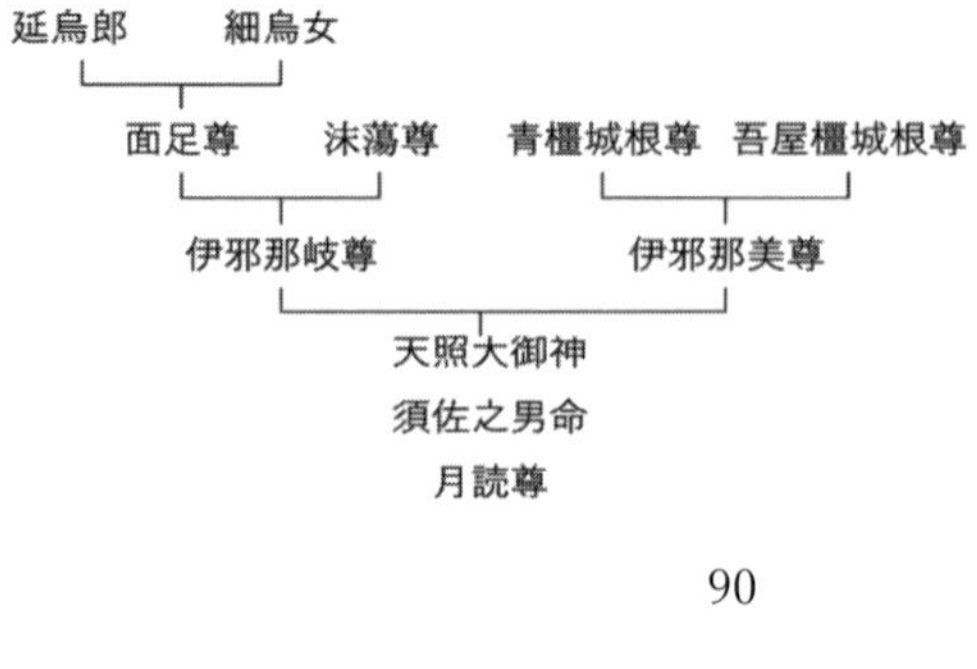

## ■日本の起源

延烏郎《ヨンオラン》の古い時代に、九州が「日本」と呼ばれていたことについて考えてみる。

「日本」という国号は七世紀の天武天皇の時代から用いられるようになったとするのが通説である。それよりはるか昔の二世紀の話として『三国遺事』に登場する「日本」については、後の時代の国名による記述だとか、『旧唐書』の日本伝の引用だとか言われ、また、『三国遺事』の内容そのものが信頼できないなどとして、ほとんどの研究者がまったく信用していない。

第二章で、前四七三年に、越に滅ぼされた呉の人々が北部九州に渡来し、稲作を伝えたことを述べたが、彼らの渡来と「日本」が深く関係していると私は考えている。

彼らはなぜ日本列島を目指し、なぜ北部九州に到達したのだろうか。私はその理由を次のように推理した。

呉の国のあった長江下流の江蘇省の地域から見ると、九州は東の方向になる。彼らは越との戦いに敗れて海に逃れたとき、日が昇る真東の方向を目指して漕ぎ出したのだろう。

というのは、中国には、太陽は東の果てにある扶桑の巨木の枝から昇ってくるという伝承があった。扶桑の木が生えているのだから、そこには必ず土地があるはずだと考えた彼らは、東の扶桑の木の根元の土地を目指したに違いない。

真東にむかって九州に近づくと対馬海流によって北に流されるが、それでも東に進もうとすれば九州北部に到着する（下図）。

たどり着いた北部九州のことを、日が昇る扶桑の木の根元にある土地という意味で「日本」、あるいは「日の本」と呼んだ。これが「日本」の語源ではないかと私は思うのである。

「本」という文字は「木」の幹《みき》の下の部分に横棒を引いて根元を示したものと言われる。

また、日本が扶桑と関係していたことは、中国で日本のことを扶桑国と呼んだり、日本

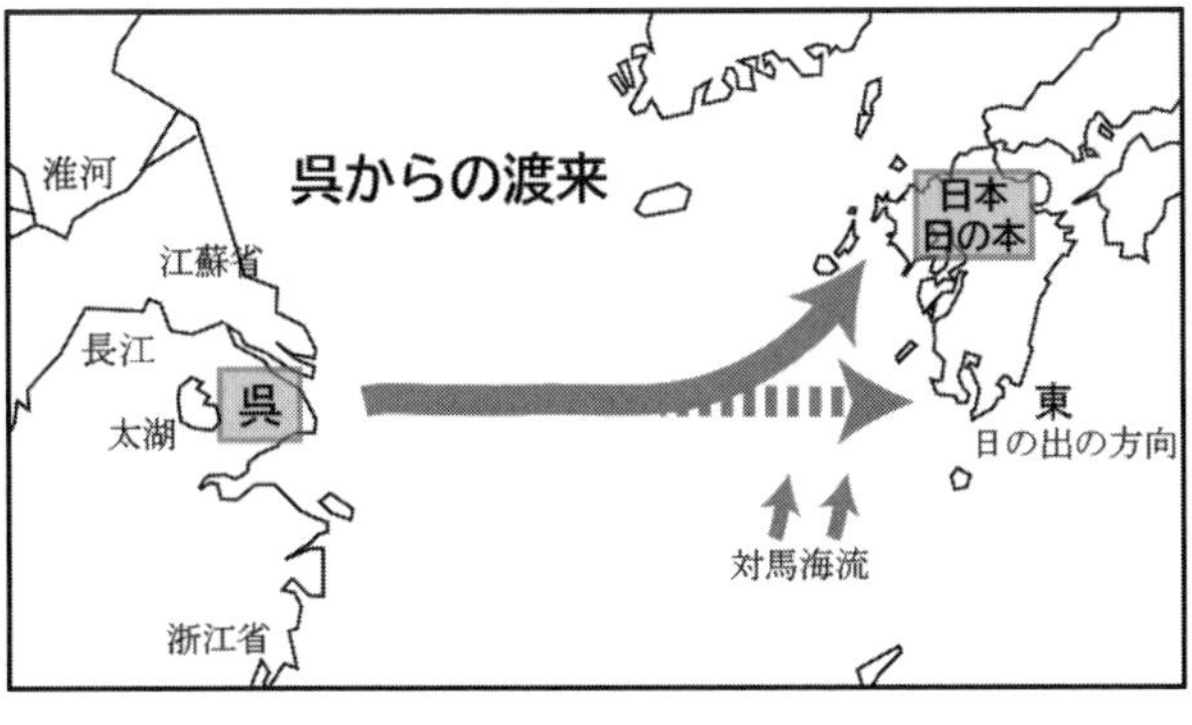

でも自国を扶桑国として『扶桑略記』という歴史書が編纂されたことからもわかる。

国号としての「日本」はかなりのちの時代に用いられたことは明らかだが、呉の渡来人の進出した北部九州地域の名称として、「日本」や「日の本」が弥生時代の古い時期から使用されていた可能性があるのである。

『三国遺事』の延烏郎《ヨンオラン》の話は、新羅の第八代の王である阿達羅《アダツラ》王四年（西暦一五七年）のこととされているが、神野志隆光氏の『日本・国号の由来と歴史』には、もう少し新しい時代の西晋の第二代の王である恵帝（二九〇－三〇六）の時に「日本」の号が見えるという次のような話が紹介されている。

『日本書紀』の講書が行われた際の質疑の中で、文章博士《もんじょうはかせ》の矢田部公望《やたべきんもち》が「日本の号、晋の恵帝の時に見えたりと雖も、義理明らかならず。」と述べていることである。

現在残っている晋書の中に「日本」は確認できないようだが、文章博士《もんじょうはかせ》の立場にあった矢田部公望が述べていることは無視できない。これも、古い時代に「日本」が用いられていたことを裏付ける情報ではないかと思うのである。

ところで、十四世紀に創られた中国の古い地図（広輿図）に、日本列島が「日本」と「倭奴」の二つの島のように描かれたものがある（下図）。

古い時代の不正確な地図ではあるが、興味深いのは、ここに南西から順に「琉球」「日本」「倭奴」が並んでいて、「沖縄」「九州」「近畿」に対応するように見えることである。地図の制作者には「日本」と「倭奴」とがこのような位置関係だとする知識があったのではないか。「日本」が九州にあった傍証と言えるのかもしれない。

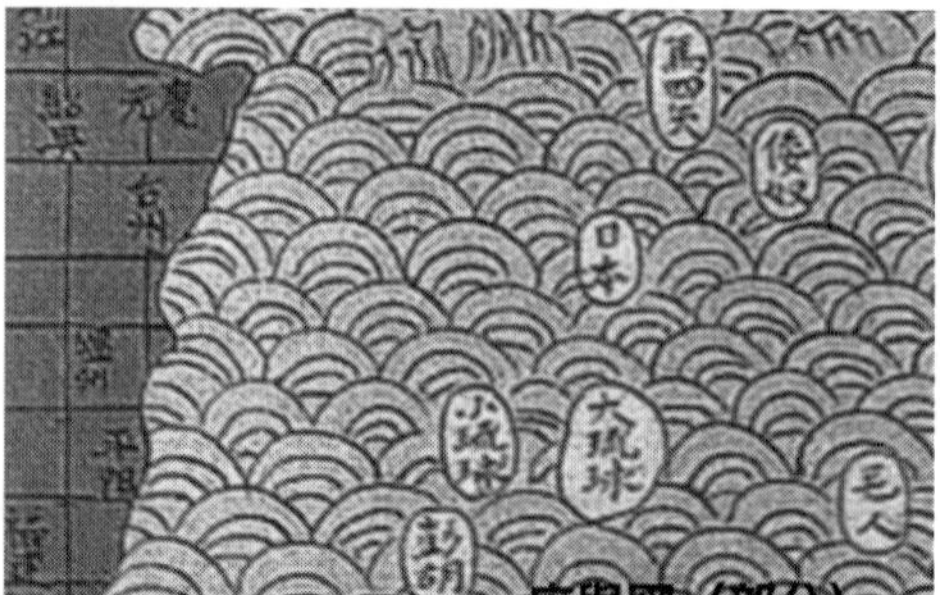

広輿図（部分）

## ■弁辰

さて、倭国大乱は王統の交代など、政治的に大きな変化をもたらしたが、考古学的にも大きな変化が起きているようだ。

倭国大乱が終わった一八〇年代以降、北部九州ではそれまでの甕棺に代わって箱式石棺が急速に普及したのである。

しかも、その中に鉄器が多数副葬されている。鉄製武器はこのころの最新鋭の武器である。殺傷力に優れた鉄の武器を数多く保有することは軍事力強化に直結する。

半島から渡来してきた延烏郎《ヨンオラン》あるいはその息子の面足尊が、帥升王家の倭国王に対して優位に戦いを進めることができたのは、彼らが、倭国王より多くの鉄製武器を保有していたことが大きな理由と考えられる。

なぜ彼らが大量の鉄を確保できたのか。その理由を、このころの鉄事情から探ってみよう。

『三国志』魏書弁辰伝に次のような記述がある。

「国、鉄を出す。韓や濊《わい》、倭などが、皆これを取っている。どの市場の売買でもみな鉄を用いていて、中国で銭を用いているのと同じである。そしてまた、鉄を楽浪帯方二郡にも供給している。」

(國出鐵、韓・濊《わい》・倭皆從取之。諸市買皆用鐵、如中國用錢、又以供給二郡。)

弁辰は朝鮮半島東南部を流れる洛東江流域の部族と考えられている。

弁辰伝の記述は、この地域の鉄を弁辰が掌握し、周辺の部族にも採掘させていたことを示している。

注目すべきは、弁辰が倭に鉄を採らせていたことと、韓・濊《わい》・倭以外の部族、たとえば北部九州の甕棺部族については特に記載がなく、鉄を採っていなかったように見えることである。

かつて、倭国王帥升の時代に東鯷人《とうていじん》と呼ばれた甕棺部族が、洛東江河口地域の金海や釜山で鉄を確保し、武力によって西日本各地や朝鮮半島南岸の倭人の地域を席巻した。

いったんは駆逐された倭人が弁辰の鉄を採っていたということは、弁辰と倭人がこの地域から帥升の子孫の甕棺部族を追い払ってしまったことを意味していると思うのである。甕棺部族が引き続きこの地域を占拠していたなら、敵である倭人に鉄を採掘させることは考えにくいからである。

古くから洛東江流域に進出していた弁辰人が、数の上では九州から海を渡ってきた甕棺部族を圧倒していたのであろう。

あるいは、蔚山《うるさん》の達川《タルチョン》鉱山遺跡のような甕棺部族の手の届かない奥まった地域で、大規模な鉄資源開発に成功した可能性もある。いずれにしても、このころに、弁辰が著しく勢力を強め、海岸地域を占拠していた甕棺部族を追い出してしまったのである。

帥升の子孫の王が治める甕棺部族の国は、その武力の源泉であった洛東江地域から撤退させられていた。これは、倭国大乱の勝敗に大きく関係する重要な出来事と言わなくてはならない。

また、鉄を手に入れた倭人は、次のように半島南岸でふたたび勢いを取り戻したように見える。

『三国史記』に、浦上《ほじょう》の八国という国々が記されている。

浦上《ほじょう》八国は伽耶の南西の朝鮮半島南岸の浦々に建国された倭人の小国家群とされている。

「新羅の奈解尼師今《なかいにしきん》十四年（二〇九年）に、浦上《ほじょう》の八国が連合して加羅を侵略しようとした。加羅の王子が新羅に救援を求めたので、新羅は太子の于老に六部の兵を率いて救援させた。彼らは、八国の軍隊を撃破し、将軍を殺し、六千人を捕虜として連れ帰った。」という内容である。

朝鮮半島南岸にいた倭人は弁辰で確保した鉄によって武力を強化し、ふたたび自らの国を建てて他国を侵略するほど強力になったように見えるのである。

そして、半島の倭人たちは、この鉄や鉄の製法を携えて日本列島に渡り、北部九州や出雲の倭人たちに伝えたのであろう。日本列島の倭人はこれによってはじめて自製の鉄の武器を持ち、格段に強力になったと思われる。

しかし、弁辰の鉄をもっとも大量に確保し、鉄の恩恵を受けたのは弁辰自身である。

弁辰伝には、鉄を通貨のように使ったことや、楽浪・帯方二郡にも供給したことが記されている。鉄の産出国である弁辰は、鉄によって強力な軍事力を持つようになっただけでなく、自国で生産した大量の鉄を通貨のように活用することで、楽浪・帯方二郡や周辺諸国からさまざまな物資を買い入れることが可能になって大変豊かで強力になったと考えられる。

このような時代背景を考えた時、鉄を大量に保有し、北部九州では最強の軍事力を発揮した延烏郎《ヨンオラン》たちの軍勢は、弁辰人ではないかと推理するのである。

倭人が弁辰の鉄を取ったという記述からすると、朝鮮半島では弁辰と倭人は友好的な関係にあったと理解できる。

半島で倭人と親しい間柄になった弁辰の部族は、倭人と行動を共にして九州に渡ったのであろう。記紀の系譜を見ると弁辰から渡来した延烏郎《ヨンオラン》の血筋の面足尊《おもだるのみこと》は、奴国の系譜のメインルートに組み込まれているし、『先代旧事本紀《せんだいくじほんぎ》』の神々の系譜では面足尊《おもだるのみこと》の子である伊邪那岐命《いざなぎ》が天津神の系列ではなく国津神側の神として記されている（P78,79図）。

ところで、『魏志倭人伝（三国志魏書倭人伝）』に、狗邪韓国という国が、女王国の一部のように記されている。狗邪韓国は朝鮮半島南岸の洛東江河口の金海地域にあった国とされている。

同じ『三国志』の魏書弁辰伝には、弁辰十二国と辰韓の十二国の名前が列記されている。そのなかには狗邪韓国は見あたらないが、弁辰狗邪国という国名がある。

狗邪韓国と弁辰狗邪国とは国名の「狗邪」の部分が共通であり、狗邪韓国も弁辰狗邪国も洛東江下流域の国々であることから、この二つの国は同じ国のことであるという説が有力である。すなわち、狗邪韓国は弁辰狗邪国とも呼ばれた弁辰の国である可能性があるのである。

弁辰の国である狗邪韓国が、卑弥呼の女王国に含まれている理由は、弁辰を故国とする延烏郎《ヨンオラン》や面足尊《おもだるのみこと》、その息子の伊邪那岐命が天津神たちと協力して女王国の基礎を作ったと考えると納得できる。これも、面足尊《おもだるのみこと》のルーツが弁辰であることの裏づけ情報と思うのである。

## ■延烏郎《ヨンオラン》の渡来の理由

ここで一つ疑問が湧いてくる。弁辰人の延烏郎《ヨンオラン》がなぜ九州に渡ってきたのか。それを理解するためには、弁辰がどのような国なのかもう少し知る必要がある。

『後漢書』韓伝に弁辰の風俗について次のような記述がある。

「その国（弁辰）は倭に近いので、入れ墨をする者が大変多い」（其國近倭、故頗有文身者）

また、『三国志』魏書弁辰伝には、「男女の（習俗は）ともに倭人に近く、また（男女とも）文身している。」（男女近倭、亦文身）と記され、弁辰の人々が文身（入れ墨）をしていたことが記録されている。

入れ墨は中国南方の呉や越などの荊蛮《けいばん》の風習である。『史記』には呉の人々が断髪して入れ墨をしていたことが記されているし、『魏志倭人伝』には、倭国の人の入れ墨についての記述がある。

すなわち、弁辰の人々は倭国の人々と同じように南方の出身と判断できる。

『三国志』魏書弁辰伝に「国、鉄を出す」という記述があることは前述したが、朝鮮半島南部の初期の鉄製品は、鍛造により作られたとされており、刀剣などを鍛造する江南の鉄器文化と同じである可能性が高い。これも、弁辰が南方の江南地方の出身であることを裏付ける情報である。

そして、『後漢書』韓伝では、弁辰と倭人とを、明確に区別して書いている。これは、弁辰は南方から渡来した人々ではあるが、倭人とは別系統の人々であると見られていたことを示している。

中国の江南地方は、かつて百越と呼ばれたさまざまな部族の住む地域であった。しかし、呉と越が周辺地域を糾合し、二大勢力として激しく対立してからは、百越は大きく呉の系統の部族と越の系統の部族にまとまったと思われる。『後漢書』が倭人と弁辰とを分けて書いたのは、弁辰が、越の一部であった倭人とは別系統の、呉に近い部族だったからではないだろうか。

さて、『後漢書』韓伝には、弁辰は辰韓の南にあると記されていて、弁辰は朝鮮半島東南部の洛東江の中下流域に居住していた人々であることを述べている。

第二章で、縄文稲作をもたらした呉の渡来人たちが北部九州を経由して朝鮮半島東南部に進出したことを述べた。そして、第四章では半島東南部に渡った呉の渡来人が鉄を作り、春日の須玖岡本の王に供給したことを述べた。

弁辰とは、このときに北部九州から朝鮮半島に渡った呉の人々と思われるのである。つまり、彼らは九州の天津神たちと共通の祖先を持つ呉の渡来人の可能性が濃厚なのである。

彼らが甕棺をほとんど採用していないのは、彼らが渡航したのは北部九州に甕棺が普及する前二世紀より古い時期であることを示している。

第二章で、半島東南部の蔚山《うるさん》市郊外の無去洞玉峴《むこどうぎょくけん》遺跡で発見された水田の遺構が、前五世紀の菜畑遺跡と同じような時期であることを述べたが、この頃、中国江南地方から北部九州に到着した呉の渡来人の一部がそのまま半島東南部に向かい、水田を作り、稲作を始めたように見えるのである。

弁辰が呉からの渡来人の子孫で、天津神と同族だとすると、弁辰出身の延烏郎《ヨンオラン》が、天津神の敵である倭国王を倒すのに協力したことは理解できることである。

延烏郎《ヨンオラン》やその妻が「日本に帰った」と記されるのは、九州の日本が彼らの帰るべき故郷であると認識されていたためと考えられる。

いっぽう、この頃の九州側の事情を推理してみよう。下の図は前章で示した図に、梁書に記された倭国大乱の期間と、天照大御神の三代前までの伊邪那岐命、面足尊、延烏郎《ヨンオラン》を書き加えたものである。

これを見ると、延烏郎《ヨンオラン》や面足尊《おもだるのみこと》が倭国大乱の時代を生きてきたことが読み取れる。また、この戦いが延烏郎《ヨンオラン》以前の王たちによって行われてきた戦いであった可能性も見える。そして面足尊の次の世代の伊邪那岐尊の時代には戦いはほぼ終わっていたことも窺われる。

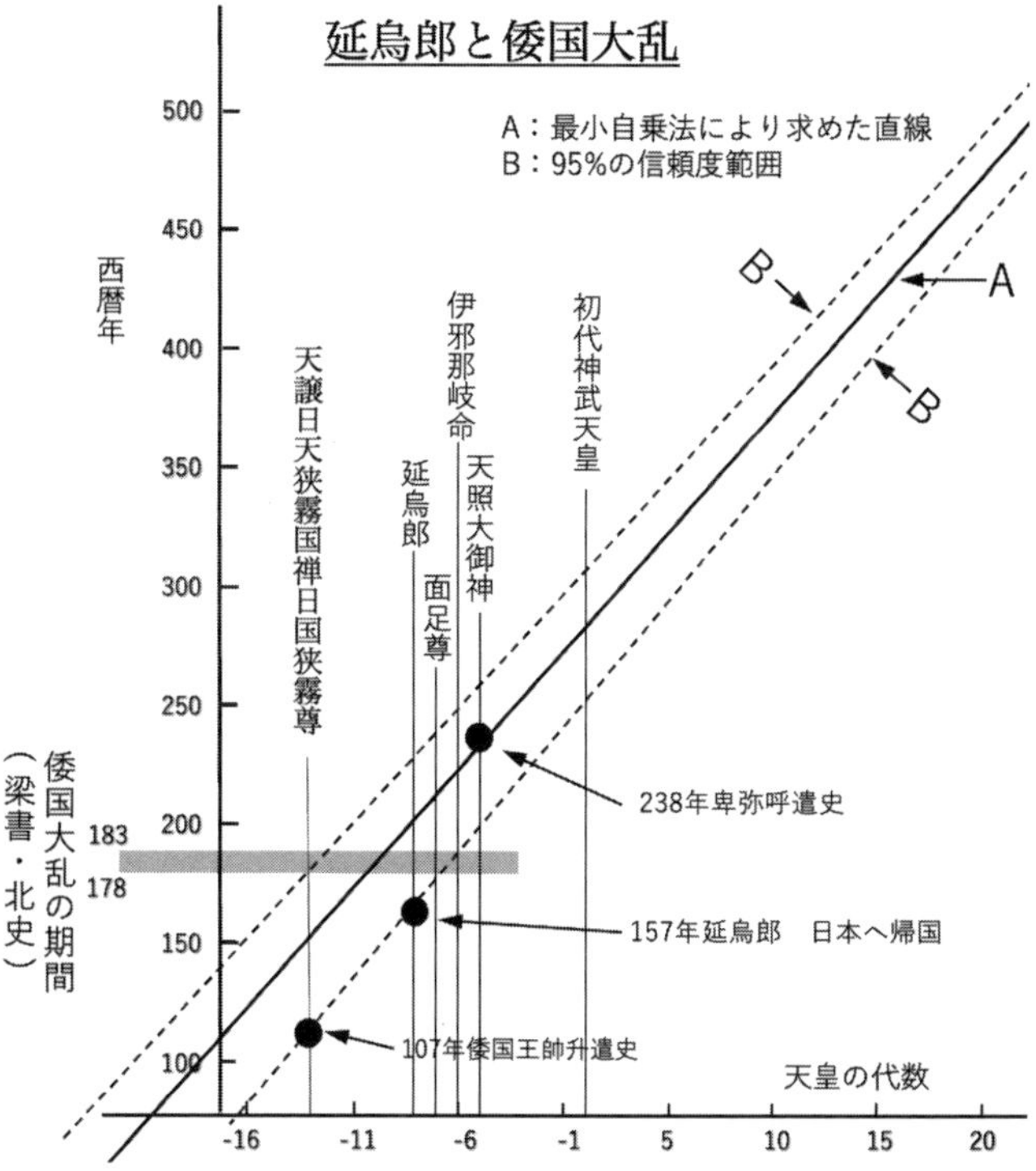


倭国王と長年戦い続けてきた天津神と倭人は、なかなか決着がつかない長い戦いを終わらせるために、強力な鉄製武器を保有する弁辰の支援を要請したのだろう。

要請に応えた延烏郎《ヨンオラン》や面足尊の参戦によって天津神と倭人の連合軍はついに倭国王に勝利した。

その結果、倭人は奴国の地域を確保したであろうし、天津神たちは帥升王家に占拠されていた糸島平野や早良平野を取り戻したに違いない。天津神にとって糸島平野は、呉から渡来してきた祖先が、巨大な支石墓に眠る祖廟の地であり、最初に国を興した由緒ある土地なのである。

彼らの戦いでは、弁辰の鉄が決定的な効果を発揮したと思われる。弁辰の鉄で武装した多くの兵士が九州にやってきて、その圧倒的な武力で長年の敵であった帥升の末裔の倭国王を倒したのであろう。

## ■物部氏

さて次に、延烏郎《ヨンオラン》と共に渡来した兵士について考えてみたい。

延烏郎《ヨンオラン》の一族が弁辰から九州に進出し、帥升の子孫の倭国王を打倒したときの実行部隊として強力な軍事力を発揮した兵士は、次のようなことからのちの物部氏ではなかったかと私は考えるのである。

後の章で取り上げることになると思うが、神武天皇の東征の前に饒速日尊が東征して大和に向かったことが記紀や『先代旧事本紀《せんだいくじほんぎ》』に記されている。この時に饒速日尊の警備のために天物部《あまつもののべ》の五つの「造」と、二五の兵杖を持った「部」が随行したとされ、『先代旧事本紀』に列記されている（下表）。

彼らは二田物部とか芹田物部、赤間物部のように本拠とした地名を冠して列挙されており、その本拠の分布を調べると、その多くが筑前国鞍手郡など九州北西部に集中し

| 饒速日尊降臨の際に警備のために随伴した天物部 | |
|---|---|
| **5名の「造」** | |
| 二田造 | （ふただのみやつこ） |
| 大庭造 | （おおばのみやつこ） |
| 舎人造 | （とねりのみやつこ） |
| 勇蘇造 | （ゆそのみやつこ） |
| 坂戸造 | （さかとのみやつこ） |
| **25名の「部」** | |
| 二田物部 | （ふただのもののべ） |
| 当麻物部 | （たぎまのもののべ） |
| 芹田物部 | （せりたのもののべ） |
| 鳥見物部 | （とみのもののべ） |
| 横田物部 | （よこたのもののべ） |
| 嶋戸物部 | （しまとのもののべ） |
| 浮田物部 | （うきたのもののべ） |
| 巷宜物部 | （そがのもののべ） |
| 足田物部 | （あしだのもののべ） |
| 須尺物部 | （すさかのもののべ） |
| 田尻物部 | （たじりのもののべ） |
| 赤間物部 | （あかまのもののべ） |
| 久米物部 | （くめのもののべ） |
| 狭竹物部 | （さたけのもののべ） |
| 大豆物部 | （おおまめのもののべ） |
| 肩野物部 | （かたののもののべ） |
| 羽束物部 | （はつかしのもののべ） |
| 尋津物部 | （ひろきつのもののべ） |
| 布都留物部 | （ふつるのもののべ） |
| 住跡物部 | （すみとのもののべ） |
| 讃岐三野物部 | （さぬきのみののもののべ） |
| 相槻物部 | （あいつきのもののべ） |
| 筑紫聞物部 | （つくしのきくのもののべ） |
| 播麻物部 | （はりまのもののべ） |
| 筑紫贄田物部 | （つくしのにえたのもののべ） |

ている（下図）。

九州北西部はもともと倭人たちが半島から渡ってきて確保した奴国の一部である。この地域を本拠とした天物部《あまつもののべ》たちは倭人だったのであろうか。

饒速日尊は、高御産巣日尊から倭人が充満する葦原中国を平定するように指示された。天物部《あまつもののべ》は、その饒速日尊に率いられて奈良盆地まで東征したのである。

とすると、天物部《あまつもののべ》氏は北部九州の倭人ではなく、倭人と対立する立場であり、九州北西部の倭人のテリトリーに侵入して、この地域から倭人を追い出して住み着いた天津神側の兵士であったと考えられるのである。

延烏郎《ヨンオラン》とともに弁辰から渡来した物部の兵士たちは、初めは倭人と協力して玄界灘沿岸の平野部で帥升王家の倭国王と戦って勝利した。しかし、その後、『古事記』に描かれるように、伊邪那岐《いざなぎ》命と伊邪那美《いざなみ》命が対立し、伊邪那岐《いざなぎ》命が出雲に攻め込んだ。この頃から伊邪那岐《いざなぎ》命の弁辰勢力と伊邪那美《いざなみ》命の倭人勢力は対立し、天物部《あまつもののべ》は倭人と袂を分かつことになったと思われる。

そして、物部氏が半島から渡来した兵士であったことを推測させる次のような情報がある。

まず、北部九州でまだ甕棺が盛んに行われた時期に、天物部《あまつもののべ》の地盤である遠賀川下流域に箱式石棺が存在することである。朝鮮半島南岸の金海付近や、対馬・壱岐にも箱式石棺が存在し、天物部《あまつもののべ》とこれらの地域の関係を思わせる。

箱式石棺は弥生時代前期に支石墓の下部構造としても用いられていたが、支石墓は北部九州の西半分にのみ分布し、遠賀川下流域までは浸透していなかった。従って支石墓の構成要素としての箱式石棺が遠賀川下流域で存続していた可能性は低い。遠賀川下流域の箱式石棺は半島から渡来してきた人々がもたらしたと考えられるのである。

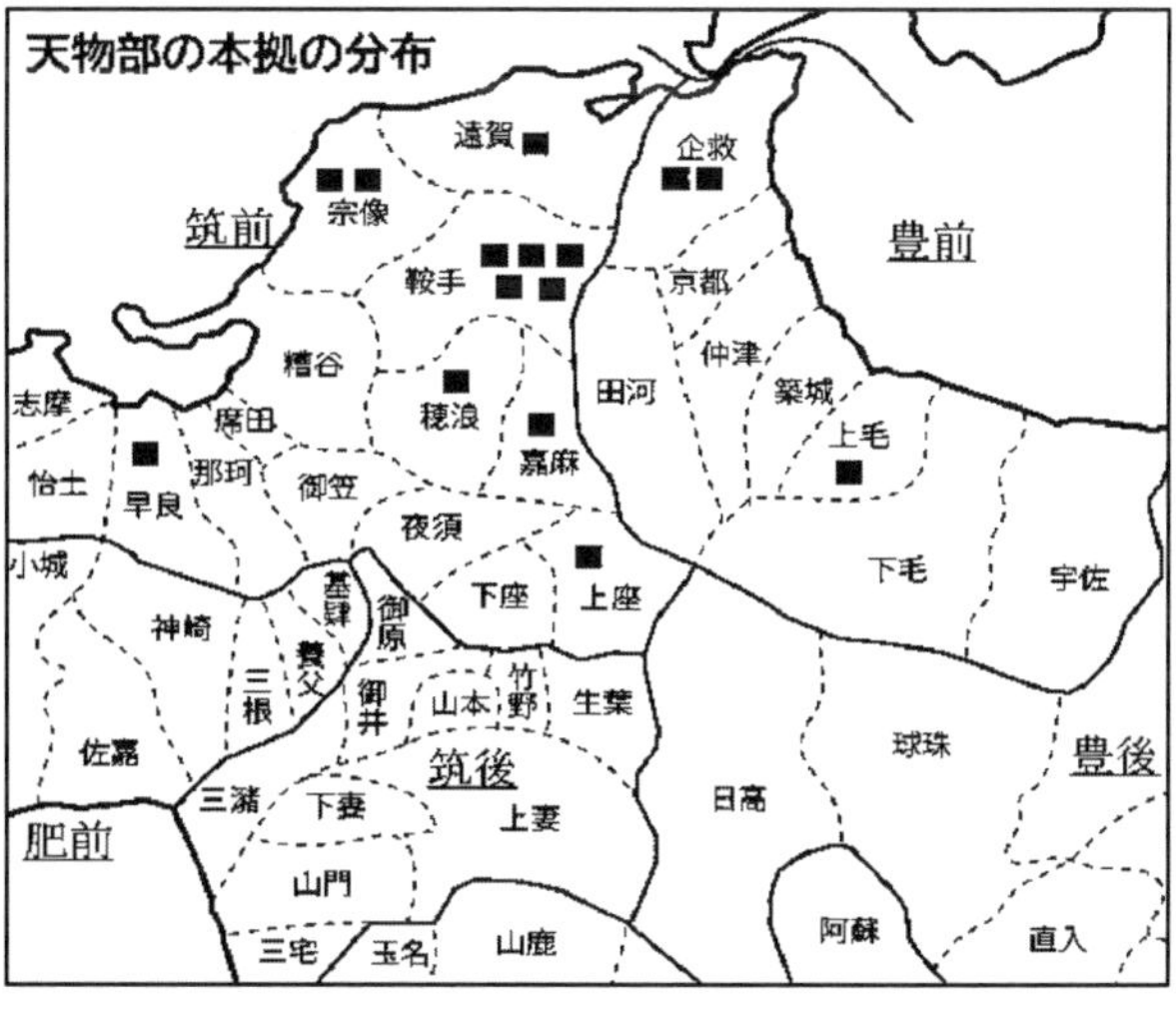

次に、この地域の箱式石棺から多数の鉄製武器が出土することである。このころの鉄は弁辰が有力な供給源と想定されるので、箱式石棺に葬られたのは弁辰の鉄で武装した兵士の姿であり、延烏郎《ヨンオラン》の一族に従軍して半島から渡来した物部氏と思われるのである。

壱岐には、壱岐市郷ノ浦町物部本村触《もののべほんむらふれ》という地域があり、また、室町時代の文献にも、壱岐の一宮とされる天手長男神社が物部村にあるとする記録があって、壱岐に古い時代から物部村が存在していたことを示している。これは物部氏が九州に渡る途中で、壱岐にも進出し定着していた痕跡と思われる。

そして、物部氏が外来の部族だということは次のことからも推測できる。

記紀には天孫降臨の際に天孫に随従したのは、次の神々であることが記されている。

大伴連の遠祖天忍日尊《アメノオシヒノミコト》と、来目部（久米連）の遠祖天槵津大来目《アメノクシツオオクメ》。

そして五伴緒（中臣の祖先天児屋命《アメノコヤネノミコト》、忌部の祖先太玉命《フトダマノミコト》、猿女の祖先天鈿女命《アメノウズメノミコト》、鏡作部の祖先石凝姥命《イシコリドメノミコト》、玉造部の祖先玉祖命《タマオヤノミコト》）。

さらに、思金神《オモイカネノミコト》、手力男神《タジカラオノカミ》、天石門別神《アメノイワトワケノカミ》、登由気神《トユケノカミ》、猿田彦神《サルタヒコノカミ》。

注目すべきは、これらの天孫降臨に随従した神々の中に物部氏が含まれていないことである。高天原に関わるエピソードに物部氏が登場しないのである。

つまり、物部氏は高天原に集まっていた古参の天津神ではなく、高天原とは別のところで新しく天津神陣営に加わった部族であることを示しているように見える。

半島南岸の浦上《ほじょう》の八国が二〇九年に加羅（伽耶）を攻めた時に、加羅が新羅に助けを求めるほど弱体化していたことを前述したが、この頃の加羅とは金官伽耶が進出する三世紀後半より前の、狗邪韓国などを構成していた弁辰の国と思われる。かつては鉄を潤沢に保有し、強力だった弁辰の兵力が手薄になってしまったのは、多くの兵士たちが九州に渡ってきて物部氏として戦ったためと考えると話がうまく繋がるように見える。

延烏郎《ヨンオラン》が日本に渡った一五七年頃は、弁辰と倭は協力関係にあったと前述したが、浦上《ほじょう》の八国が加羅（伽耶）を攻めた二

○九年ごろは、弁辰と倭は仲違いしているように見える。この事情については後述する。ところで糸島半島に可也山《かや》という秀峰がある。伽耶の山を意味するように見える。伽耶地域からきた人々が故郷の山に因んで名付けたと思われる。第五章で伊都国の都ではないかとした早良、背振の地名や、和白、香椎などの地名も半島系の言葉として理解できると言われる。

　また、地名だけではなく天津神に関連する神話伝承の中には北方系の特徴が見られることは古くから江上波夫等によって指摘され、特に伽耶地域との深い関係があるように見える。

　たとえば祖先が天から天下る神話などは、伽耶の建国者の首露王が天から降臨する伝承と似ているし、邇邇芸命が降臨した筑紫の日向の高千穂の久士布流多気《くしふるたけ》や「クシフル」「クシヒ」などの地名は、首露王が降臨した亀旨峰《クシボン》と酷似している。また、王たるべきものが天から降臨する際にクッションのような「真床覆衾《まとこおうふすま》」に包まれて降ってくるのは、天孫降臨神話だけではなく、北方アジア系の民族の習俗でもある。

　天津神そのものは、大陸の南方から漂着した呉系の人々と考えられるので、彼らの間にはもともとこのような北方系や伽耶の習俗はなかったと思われる。

　半島から北部九州の沿岸地域に誰かが地名や神話の情報をもたらした。しかもその広範な影響を考えると、まとまった勢力の渡来を想定せざるを得ない。私はこれらの情報は、伽耶や北方系の風俗を取り込んだ伊邪那岐命や物部氏の先祖の弁辰の人々が、大挙して渡来し玄界灘沿岸の地域で東西に広く拡散した際に持ち込んだ可能性が大きいと考えるのである。

　物部氏はその後も天津神が各地に進出する際の兵士として天津神に帯同し、遠征先で獲得した土地に残って定着したものも多くいたようである。物部という地名が日本の各地に数多く残っているのはこのような理由だと考えられる。そして各地の物部という地名は、天津神が進出していったルートを解明する鍵になる重要な情報なのである。

### ■呉氏

　少し話は変わるが、延烏郎《ヨンオラン》の時代のあと、朝鮮半島で弁辰の人々が大規模に動いたことを示す情報がある。

『三国遺事』に、延烏郎《ヨンオラン》を追って日本に渡った細烏女《セオニョ》が絹を織ったこと、そしてその絹を用いて朝鮮半島東岸の迎日県で天を祀ったことが記されている。このことから、延烏郎《ヨンオラン》の出自が迎日湾近くの浦項《ポハン》市近郊の延日村《ヨンイル》であるという伝承がある。延烏郎《ヨンオラン》の名前は古い地名の延日《ヨンイル》に因んだものとされるのである。

延日村《ヨンイル》は延日呉氏と呼ばれる氏族の本貫地である。本貫地とは始祖の出身地を意味する。

第二章で最初期の水田稲作跡である玉峴《オクキョン》遺跡が蔚山《うるさん》市にあることを述べたが、蔚山《うるさん》市にも呉氏の本貫地があり蔚山呉氏と呼ばれている。ここは長江下流の呉の国を離れた人々が九州北西部を経由して到達した地域と推理した。

延烏郎《ヨンオラン》も三国遺事に「日本に帰った」と記されているので、過去に日本から半島に渡った人々である。

蔚山と延日村《ヨンイル》はいずれも北部九州から渡った人々と関連があり、しかも呉氏と名のっている。

半島東南部のこの地域の呉姓の人々は、その昔に長江下流で越と争った呉の国の子孫の弁辰人ではないだろうか。

そこで呉氏について調べてみた。

朝鮮半島には多くの呉氏が分布する。その中では黄海南道海州市を本貫地とする海州呉氏の人口が最も多く、呉氏全体の約六割を占めている。海州呉氏の始祖は、高麗成宗時代に中国から半島に渡来した中国宋朝の学者・呉仁裕とされ、各地の呉氏はここから枝分かれしたものとされているのである。

ところが、『高麗史』列伝中の彼の伝記には、中国の学者であったことが全然記されておらず、他の史書にも、彼が使臣として宋へ派遣されたという記録しか残されていない。つまり、呉仁裕の来歴は伝承と異なった誇張されたもののようである。

また、次のような情報がある。

高麗の太祖・王建には六人の王后がいたが、その中の一人の荘和王后の父・呉多憐の一族が、先祖代々、羅州、木浦一帯で暮らしてきた記録が残っている。すなわち高麗より前の時代から、少なくとも一部の呉氏は半島西南部で活躍していたと言える。

そうだとすると、高麗成宗時代にやってきた呉仁裕を呉氏全体の起源とするわけにはいかない。

呉氏は高麗よりも前の時代から半島西南部の羅州、木浦一帯で連綿と受け継がれてきた姓氏である可能性が強いのである。

検証のため、半島の主要な呉姓の分布の状況を調べた（下図）。

この図にはいくつか注目すべきところがある。

まず、最大の人口を持つ海州呉氏は、中国に近い遼東半島南部の海州市に本貫地があり、中国からの渡来人が海州呉氏の始祖だとする説は頷ける。

しかし、それ以外の多くの呉氏が海州呉氏の近隣には分布せず、遠く離れた半島南部に集中している状況は、彼らが海州呉氏から枝分かれしたのではなく、海州呉氏とは別のルーツを持つ氏族であることを示している。前述の、呉多燐が先祖代々西南部の羅州、木浦一帯で暮らしていたとする伝承が事実であることを証明しているように見えるのである。

そしてもう一つ着目したいのは、呉氏が洛東江中下流域に分布しないことである。呉氏が半島南岸で迎日湾から栄山江流域まで東西に分布しているにもかかわらず真ん中だけスポッと抜け落ちているのは不思議である。

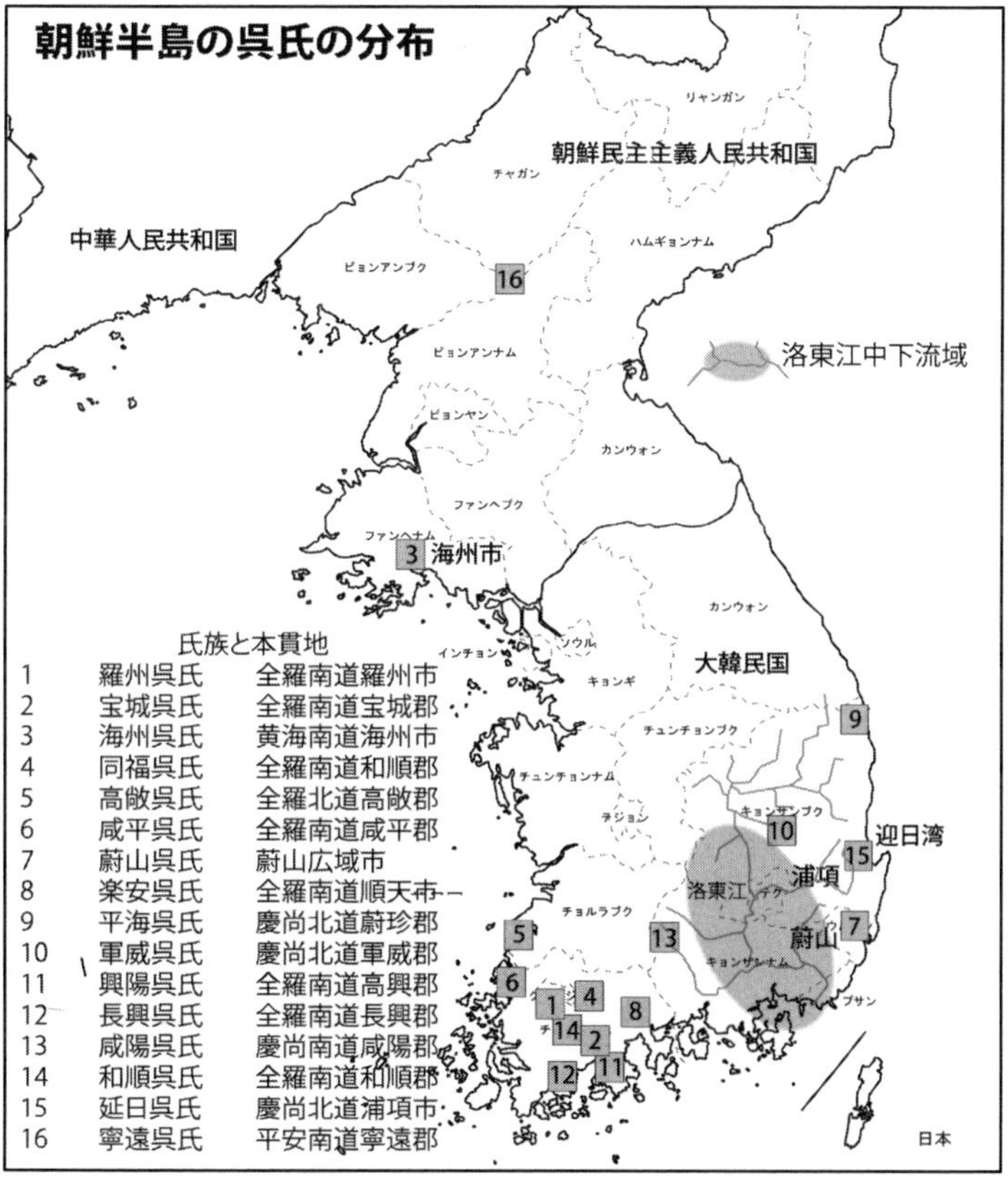


洛東江中下流域は金官伽耶のテリトリーである。洛東江中下流域に呉氏が分布しないのは、このあたりに狗邪韓国を建国

していた弁辰人を、金官伽耶が優勢な軍事力を駆使して追い出してしまったことが理由と考えられるのである。

そして、金官伽耶に追われて洛東江流域から逃亡した弁辰の人々が、半島南西部の栄山江流域の地域に逃れてきたと考えると、すべてが整合的である。

栄山江流域は、のちの時代に前方後円墳が集中して築造され、日本との強い関係がうかがわれる地域である。ここに逃れた弁辰人が呉姓を名乗って繁栄していたとすると、九州の天津神とさまざまな場面で繋がる可能性があり大変興味深い。のちの章で考えてみたいと思う。

## 七．国生み

### ■淡路州

長期に渡った倭国大乱が延烏郎《ヨンオラン》や面足尊《おもだるのみこと》の登場によって決着がついた。ここから伊邪那岐命《いざなぎ》・伊邪那美命《いざなみ》の国生み伝承が始まるのである。

記紀や『先代旧事本紀《せんだいくじほんぎ》』によれば、国生みは高天原の天神の指示によって開始された。また、不満足の子ができた時の対応も天神に指示を仰いでいる。つまり、国生みは高天原の天津神の指示の元で、伊邪那岐命《いざなぎ》・伊邪那美命《いざなみ》が実行部隊として行動しているように見える。

『先代旧事本紀《せんだいくじほんぎ》』の系譜を見ると、伊邪那岐命《いざなぎ》・伊邪那美命《いざなみ》と同世代の天津神として高御産巣日尊《たかみむすびのみこと》や神産巣日尊《かみむすびのみこと》が確認できるが、神話伝承に中で大きな存在感を持って描かれる高御産巣日尊《たかみむすびのみこと》が国生みの指揮官として高天原に君臨していたのだろう。

さて、倭国大乱で延烏郎《ヨンオラン》や面足尊《おもだるのみこと》は帥升王家の倭国王を打ち破った。従って、大乱の主戦場は倭国王の統治していた福岡平野や糸島平野など玄界灘沿岸の平野部と想定できる。

伊邪那岐命《いざなぎ》・伊邪那美命《いざなみ》が国生みで切り開いた国土を調べると、初めに海水が滴って淤能碁呂島《おのごろしま》ができたあと、淡路州や大日本豊秋津州が生まれ、次いで四国や周辺の島々が記され、筑紫州が生まれたのはその後である。ここでは明確な形で福岡平野など倭国大乱の舞台となった地域の国を生んでいない。

これは伊邪那岐《いざなぎ》命たちが活躍したのは、倭国大乱の核心部である福岡平野や糸島平野の戦いが終わった後に残った周辺地域の平定であることを示している。

ところで、国生みの初期に生まれた淡路州は、現在の瀬戸内海の淡路島だとする説がある。そして淤能碁呂島《おのごろしま》は淡路島の周囲の沼島や絵島などの小さな島とする。

しかし、これについては少々疑問がある。

前述のように倭国大乱の主戦場は福岡平野や糸島平野などの玄界灘沿岸の平野部であった。また、帥升王家の倭国王と戦った延烏郎《ヨンオラン》や面足尊《おもだるのみこと》は北部九州で「日本」の王になったのだから、その後を引き継いだ伊邪那岐《いざなぎ》命・伊邪那美《いざなみ》命の国生みも、主戦場の九州の周辺地域から始まるのが自然である。いきなり瀬戸内海の最奥の淡路島が生まれるのは違和感がある。

いっぽう、国生みで最初に生まれた淤能碁呂島《おのごろしま》は、主戦場近くの博多湾の中央に浮かぶ能古島だとする説がある。

それまでの経緯を考えれば国生みの初めの淤能碁呂島《おのごろしま》の生成は博多湾での出来事と考える方が納得できるし、淡路州もこの付近と考えるのが自然であろう。

この観点で調べると、「淡路」や「淡海」について興味深い情報がある。伊邪那岐命の墓所についての伝承である。

記紀などの古文献には、伊邪那岐命の墓所について次のように記されている。

『日本書紀』には「幽宮《かくれみや》を淡路の地に造って、静かに永く隠れられた。」あるいは、「天にかえられて、日の少宮《わかみや》に留まりお住みになった。」と記され、『古事記』では「淡海の多賀に坐すなり」とのみ記される。

『先代旧事本紀《せんだいくじほんぎ》』もほぼ同じ内容である。

墓所の所在地として記紀に記された「淡路」や「淡海」はどこを指すのであろうか。

『万葉集』巻二に「鯨魚《いなさ》取り　淡海の海を　沖放けて　漕ぎ来る船　辺付きて漕ぎ来る船・・・」（鯨魚取　淡海乃海乎　奥放而榜来船　邊附而榜来船・・・）という歌が載っている。

ここに、「淡海」の海に鯨がいたと記されていることから、「淡海」は琵琶湖のような淡水の湖ではなく、海と繋がって海水が出入りする汽水域のことを指すといわれる。

私は「淡海」とか「淡路」というのは博多の沿岸地域のことではないかと思うのである。

というのは、博多湾は、海の中道、志賀島、能古島に囲まれていて、もともと海水の入れ替わりが少ない場所であり、そこに何本もの河川が流れ込むことから、外洋に比べると塩分が少なめである。特に海岸に近い地域では一〇メートルほどしかない浅い海底から伏流水が大量にわき出すので塩分濃度が下がり汽水域に近いとされているからである。

博多湾には、汽水域を好む「ぼら」が多数生息することも、博多湾岸が塩分濃度の低い「淡い海」であることを裏づけているように思う。

伊邪那岐《いざなぎ》命の禊ぎで生まれた神々を祀る住吉神社からわずか五キロほどの距離の、福岡市南区に多賀という地域がある（下図）。

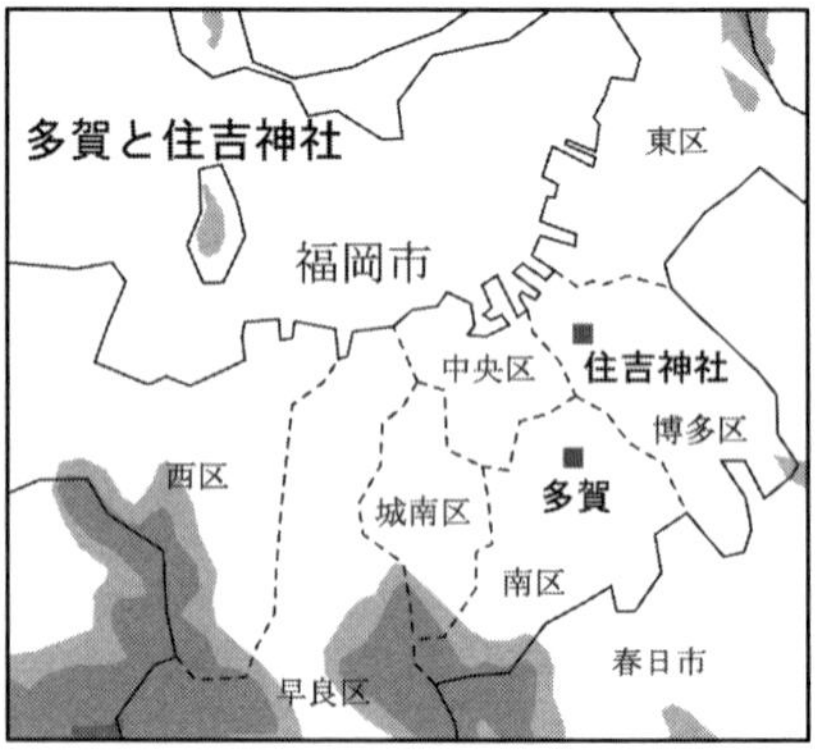


「淡海」とか「淡路」が博多の沿岸地域だとすると、福岡市の多賀が、淡海の多賀と呼ばれた伊邪那岐命の墓所ではないかと思うのである。そして、多賀に隣接して高宮という地名があるがこれは、多賀宮、あるいは、少宮《わかみや》の転訛なのかもしれない。

「淡海」や「淡路」が多賀などのある博多湾沿岸のことだとすると、次のような不思議な記述も納得できるのである。

まず『古事記』や『日本書紀』本文などで、国生みの際に淡路州や淡島を不完全な出来であったとして「子の数に含まない」と記していることである（次頁表）。

これは、淡路州が博多湾沿岸の砂州や砂丘の地域で、水の流れによって形を変えたり無くなったりするため、不完全な土地と見られたのではないか。

古代の那珂川の河口には那の津と呼ばれる潟湖があって、港として利用されていた。現在の福岡市の大濠公園の池は、古代の潟湖の名残であるという。付近には中洲という地域もあり、川の流れや潮の干満によって中洲や潟湖が、さまざまに形を変えてきたことを示している。淡路の「あわ」は儚く消える「泡」の意味かもしれない。瀬戸内海の淡路島は巨大なしっかりした島で、不完全な島とされる理由がない。

『先代旧事本紀《せんだいくじほんぎ》』でも記紀と同様に磤馭盧島《おのころ》ができた直後の水蛭子や淡島は不完全だとして子の数に入れていない。その後、天に戻って相談したのち、最初に生まれたのが淡路州であるが、再び不満足な出来だったため吾恥という意味で淡路と呼んだとされる。

さらに興味深いのは、『先代旧事本紀《せんだいくじほんぎ》』に、淡路州を生んで「胞《えな》とした」と記されることである（次頁表）。

『日本書紀』本文にも、淡路州は「胞《えな》」として産んだように記されている（及至産時、先以淡路洲爲胞）。

「胞《えな》」とは胎児を包み込む膜であり、母親の胎内で新しく生まれる子供を保護する機能を持つ。淡路州が「胞《えな》」とされたのは、生まれてくる新たな土地の外側を保護するという意味であり、生まれた後は不要になり消えてしまうので、淡路州が沿岸地域の砂浜や砂洲などを示すことの傍証のように思えるのである。

また、『古事記』や『日本書紀』の一書第一、一書第六、一書第九には「淡島と淡道之穂之狭別嶋」、あるいは「淡州と淡路州」のように、同じような名前が重複して記されていて、類似の地名が二ヶ所に存在したように見えるのも不思議である。

淡路島が二つあるとは思えないので、これは国生みの初期の不完全な土地

**国生みによって生まれた国々**　（太字は不具の子、子の数に含まないとされた島）

| 古事記 | 日本書紀 | | | | | | |
|---|---|---|---|---|---|---|---|
| | 本文 | 一書第1 | 一書第2.3.4 | 一書第6 | 一書第7 | 一書第8 | 一書第9 |
| 淤能碁呂島 | 磤馭慮嶋 | 磤馭慮嶋 | 磤馭慮嶋 | | | 磤馭慮嶋 | |
| **水蛭子** | | **蛭児** | | | | | |
| **淡島** | **淡路洲** | **淡洲** | | 淡路洲、淡洲 | 淡路洲 | 淡路洲 | 淡路洲 |
| 淡道之穂之狭別嶋 | 大日本豐秋津洲 | 大日本豐秋津洲 | | 大日本豐秋津洲 | 大日本豐秋津洲 | 大日本豐秋津洲 | 大日本豐秋津洲 |
| 伊豫之二名島 | 伊豫二名洲 | 淡路洲 | | 伊豫洲 | 伊豫二名洲 | 伊豫二名洲 | 淡洲 |
| 隱伎之三子島 | 筑紫洲 | 伊豫二名洲 | | 筑紫洲 | 億岐洲 | 筑紫洲 | 伊豫二名洲 |
| 筑紫島 | 億岐洲、佐度洲 | 筑紫洲 | | 億岐洲、佐度洲 | 佐度洲 | 吉備子洲 | 億岐三子洲 |
| 伊岐島 | 越洲 | 億岐三子洲 | | 越洲 | 筑紫洲 | 億岐洲、佐度洲 | 佐度洲 |
| 津島 | 大洲 | 佐度洲 | | 大洲 | 壹岐洲 | 越洲 | 筑紫洲 |
| 佐渡嶋 | 吉備子洲 | 越洲 | | 子洲 | 對馬洲 | | 吉備子洲 |
| 大倭豐秋津島 | | 吉備子洲 | | | | | 大洲 |
| 吉備兒島 | | | | | | | |
| 小豆島 | | | | | | | |
| 大島 | | | | | | | |
| 女島 | | | | | | | |
| 知訶島 | | | | | | | |
| 兩兒島 | | | | | | | |

である淡島と、現在の瀬戸内の淡路島の両方が記されているのかもしれない。

なお、のちに詳しく述べるが、九州の天津神の勢力が瀬戸内海の奥の淡路島の地域に大挙して進出した。現在の淡路島の名称は、この時に九州の淡州あるいは淡路州の名前が天津神によって持ち込まれて生まれた地名と思われる。

また、琵琶湖周辺にも天津神が進出した形跡があり、滋賀県犬上郡の多賀大社は、伊邪那岐《いざなぎ》命の墓所である福岡県の多賀に因んだ名称のように見える。多賀大社や淡路島の伊弉諾神宮など、日本の各地にある伊邪那岐《いざなぎ》命の墓所伝承は、九州の天津神が移動して定住した時に、祖霊信仰の拠点として成立したものと考えるのである。

### ■倭人との訣別

国生みは伊邪那岐《いざなぎ》命・伊邪那美《いざなみ》命の協力で行われた軍事的な行動であったが、日本の古文献には、協力し合っていた伊邪那岐《いざなぎ》命・伊邪那美《いざなみ》命の部族が、やがて互いに争うようになったことが記されている。

伊邪那美《いざなみ》命は火の神の迦具土神《かぐつちのかみ》を生んだ時の火傷がもとで亡くなった。伊邪那美《いざなみ》命を連れ戻そうと黄泉《よみ》の国を訪れた伊邪那岐《いざなぎ》命だったが、八人の雷神と千五百人もの黄泉軍《よもついくさ》を繰り出して攻撃され、這々の体《ほうほうのてい》で黄泉比良坂《よもつひらさか》まで逃げ延びた。黄泉比良坂《よもつひらさか》を大石でふさぎ、ようやく難を逃れた伊邪那岐《いざなぎ》命は、葦原中国に戻って穢れを払うため海の近くで禊ぎをして、天照大御神や須佐之男《すさのお》命などの神々を生んだという伝承である。

この伝承は、国生みの当事者である伊邪那岐《いざなぎ》命・伊邪那美《いざなみ》命の部族の拠点や勢力範囲についての地理的情報を与えてくれ

**先代旧事本紀の国生み**

| 本文 | | 別伝 | |
|---|---|---|---|
| 磤馭盧島 | | | |
| 水蛭子 | 葦船で流した | | |
| 淡島 | 子の数に入れない | | |
| 天に戻って相談 | | 大八洲 | 兄 |
| 淡路州（吾恥州） | 胞としたが不満足 | 淡路州 | 淡道の穂の狭別嶋 |
| 伊予の二名の州 | 四国 | 伊予の二名の嶋 | 四国 |
| 筑紫州 | | 隠岐の三つ子の嶋 | |
| 壱岐州 | | 筑紫嶋 | |
| 対馬州 | | 津嶋 | |
| 隠岐州 | | | |
| 佐渡州 | | | |
| 大日本豊秋津州 | 本州 | 大倭豊秋津島 | |
| 吉備児嶋 | | 吉備児嶋 | |
| 小豆島 | | 小豆島 | |
| 大島 | | 大嶋 | |
| 姫島 | 国東半島の北 | 女嶋 | |
| 血鹿島 | 五島列島 | 血鹿の嶋 | |
| 両児島 | 男女群島 | 両児の嶋 | |

る。

『古事記』によると、黄泉比良坂《よもつひらさか》は伊賦夜坂《いふやさか》とも記され、現在の島根県東出雲町揖屋《いうや》付近とされる。また、伊邪那美命《いざなみ》の墓所が出雲と伯耆の境の比婆山にあると記されることから、伊邪那美命《いざなみ》の勢力範囲は揖屋《いうや》の東側の安来や米子から淀江平野の地域と推定できる。そして、伊邪那美命《いざなみ》の部族に追いかけられた伊邪那岐命《いざなぎ》は、伯耆の国方面から、揖夜の坂を越えて九州方面に退却していったと思われる（下図）。

『古事記』によれば、自分の国に戻った伊邪那岐命《いざなぎ》が禊ぎをしたときに、住吉神社の祭神である底筒之男命《そこづつのお》・中筒之男命《なかづつのお》・上筒之男命《うわづつのお》を生んでいる。これは、伊邪那岐命《いざなぎ》の本拠が住吉神社のある博多の地域であることを示している。

つまり、「国生み」とその後の黄泉《よみ》の国の騒乱が収束するころには、伊邪那岐命《いざなぎ》と伊邪那美命《いざなみ》の部族はそれぞれ博多付近と米子付近の平野部に本拠を置き、島根県東出雲町の揖屋《いうや》付近を勢力範囲の境界としていたことになる。

伝承では、妻を慕って黄泉《よみ》の国を訪れたとされる伊邪那岐命《いざなぎ》であるが、千五百人もの大軍に追いかけられた状況から推測すると、実態は、伊邪那美命《いざなみ》の母国の中心部まで伊邪那岐命《いざなぎ》が攻め込んだため、痛烈な反撃を食らったと解釈できる。

次のような山陰地方の考古学的な状況は、伊邪那岐命《いざなぎ》が軍事的に山陰に攻め込んだことを裏付けている。

第五章で述べたように、鳥取県の妻木晩田《むきばんだ》遺跡は、淀江平野に進出していた倭人が戦乱時に拠点とした高地性の大集落遺跡である。一世紀に甕棺部族の大進出があった時に、弓ヶ浜の海岸線を見下ろす洞ノ原西側丘陵に環壕を掘るなど、当時の緊張状態を示す遺構が発掘されている（次頁図）。

ここで注目すべきは、妻木晩田《むきばんだ》遺跡の住居の数が、弥生時代後期後葉（二世紀後半～三世紀前半）に最大になって、最盛

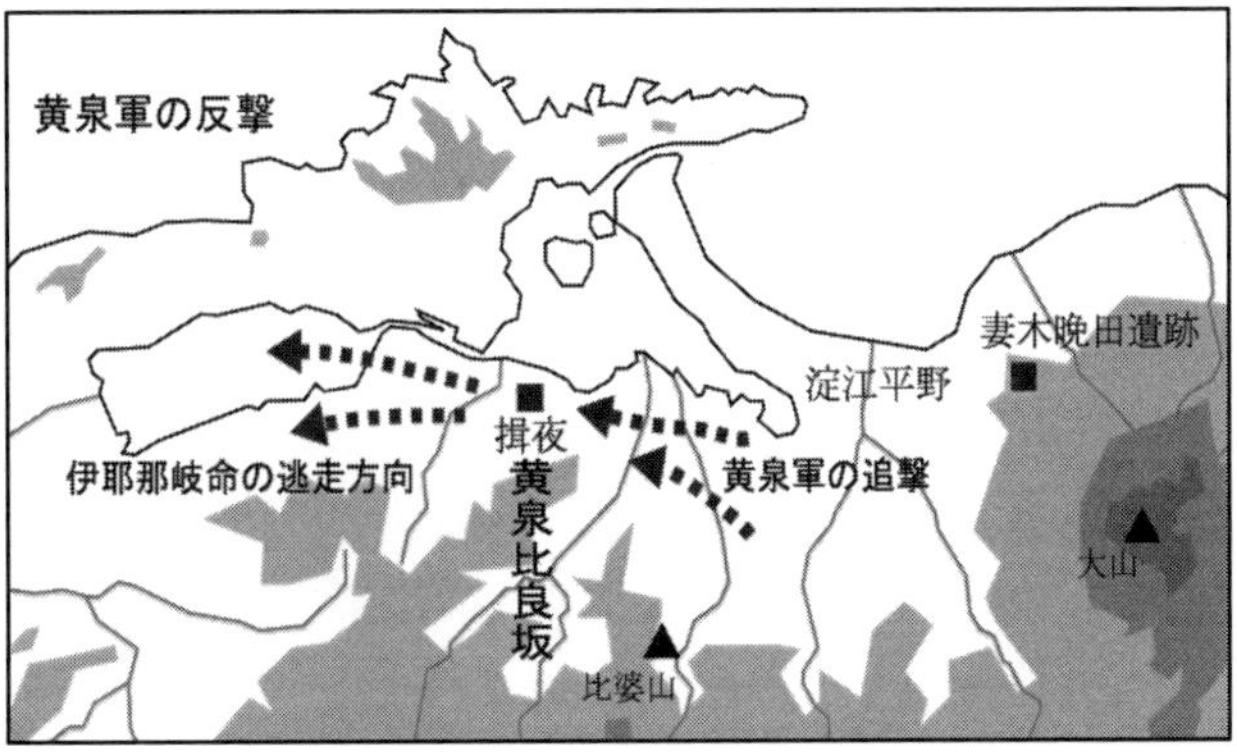

期を迎えたとされることである。

　高地性集落での人口増や防御機構の構築状況は、当時の緊張状態の反映である。集落規模が最大になり緊張が高まったこの時期は、まさに国生みの時代と重なる。伯耆まで侵出した伊邪那岐命《いざなぎ》を、伊邪那美命《いざなみ》の部族が撃退したという伝承と年代的に整合するように見える。弥生時代後期後葉のこの地域には、神話で伝えられるような緊張状態が実際に存在していたことを示しているのである。

　神話に記された伊邪那岐命《いざなぎ》勢力と伊邪那美命《いざなみ》勢力の戦いは、まったくのお伽噺ではなく、現実の世界での出来事だった可能性が濃厚なのである。

## ■弁辰と倭の離反

　ところで、前述したように『三国史記』の記事に「奈解尼師今《なかいにしきん》の十四年（二〇九年）に、浦上《ほじょう》の八国が連合して加羅を侵略しようとした。」という内容がある。金官伽耶が侵入する前の、このころの加羅は、狗邪、すなわち狗邪韓国や弁辰の国々のことと考えられるので、この記事は、それまで友好関係にあった半島南岸の倭人と弁辰とが二〇九年ごろに仲違いしたことを記しているように見える。

『後漢書』などの中国の古文献によると日本列島では一八〇年代に倭国大乱が終息したとされるので、二〇九年は、その後の「国生み」が行われた頃である。国生みの中で弁辰系の伊邪那岐命《いざなぎ》と倭人の伊邪那美命《いざなみ》が離反し、伊邪那岐命《いざなぎ》が、倭人を九州から追い出して山陰まで攻め込んだ。

　そうすると、倭国大乱が終息したあとの同じような時期に、日本列島と朝鮮半島南岸の両方で、弁辰の勢力と倭人との対立が起きたことになる。

　私は、これらの対立は個別の独立した現象ではなく、関連する事件だと思う。すなわち、浦上《ほじょう》八国の乱は、日本列島で倭人を裏切った弁辰勢力に対する朝鮮半島の倭人たちの報復ではないかと推理するのである。ここには、当時の朝鮮半島と日

妻木晩田遺跡洞ノ原地区の四隅突出型墳丘墓と弓ヶ浜

本列島が軍事的・政治的に密接に関連し、連動した動きをしていたことが示されていると思うのである。

従って、神話に描かれた伊邪那岐命の黄泉《よみ》の国訪問伝承の時期は、西暦二〇九年の浦上八国《ほじょう》の乱とそう遠くないころと推理できそうである。

倭国大乱が決着した後、伊邪那岐命《いざなぎ》と伊邪那美命《いざなみ》は、国生みとして周辺の島々や国々の掃討作戦を協力して推進したが、この作戦が一段落ついた頃に伊邪那岐命《いざなぎ》が倭人攻撃を始めたとすると年代的にも整合するように見える。

そうすると、しばしば議論になる卑弥呼（天照大御神）の年齢についての疑問も次のような可能性が見えてくる。

『魏志倭人伝』には倭国大乱ののち卑弥呼が共立されたと記されていて、大乱が終わった一八〇年ごろに卑弥呼が女王になったとされる。そうすると、卑弥呼が一〇歳で共立されたとしても、没した二四八年ごろには八〇歳近くになり、当時の寿命を考えると長命過ぎておかしいという議論がある。

しかし、二〇九年前後は伊邪那岐命《いざなぎ》と伊邪那美命《いざなみ》の部族がまだ戦っている時期だとすると、日本の古文献では天照大御神（卑弥呼）の誕生はこの戦いが終わって伊邪那岐命《いざなぎ》が筑紫に戻ったあととされているので、卑弥呼が共立されたのは二〇九年ごろ以降となり、卑弥呼が一〇歳で女王になったとしても没した時は五〇歳前後で年齢の点では現実的になる。

## ■天津神の戦略

高御産巣日尊《たかみむすびのみこと》は、日本列島を自分たちの治めるべき国と考えていたのだろう。呉の渡来人として日本列島に到達した高御産巣日尊の祖先たちは、稲作農耕を初めとする中国大陸の文化を初めて縄文時代の日本列島に持ち込み、ここに新しい国を創った。あとから来た、倭人や徐福の勢力は、先住の呉の渡来人にとっては侵略者であり排除されるべき存在であった。侵略者を排除するために、天津神たちは次のようなプロセスで行動したと推理するのである。

まず、半島南部に渡った同族が鉄を確保したことを契機に、福岡平野の呉の勢力は蜂起し、いったんは筑紫平野の徐福の勢力を打ち破った。しかし、唐津や糸島に結集した徐福の後継勢力に武器の補給路を断たれて敗れてしまった。糸島平野から勃興した徐福の子孫の倭国王帥升は、列島各地に支配地域を拡大し、半島南部まで進出して大躍進を果たした。

その後、ふたたび半島で盛り返した呉の渡来人の末裔は、弁辰と呼ばれる一大勢力に発展した。このチャンスを捕らえた九州の天津神たちは、自分たちが北部九州の覇者に返り咲くために戦略を練ったのだろう。

彼らは同族の弁辰と謀って、まず、かつての敵である倭人と手を結び、半島南部から帥升の後継勢力を追い払った。そして、弁辰と倭人の支援を受けて当面の敵である帥升王家の倭国王に戦いを挑みこれを打ち破った。

その後の伊邪那岐命《いざなぎ》・伊邪那美命《いざなみ》の国生みの場面でも、前述のように天津神がリーダーシップをとって作戦が実行された。倭国王を倒してその周辺の地域の戦闘も一段落した時、天津神の総帥の高御産巣日尊は同族の伊邪那岐命《いざなぎ》に倭人への攻撃を要請した。

最後は山陰の倭人に反撃されて追い返されてしまったが、伊邪那岐命《いざなぎ》は米子あたりまで攻め込み、倭人を九州から追い出すことに成功した。伊邪那岐命《いざなぎ》の黄泉《よみ》の国訪問伝承は、この時の史実が核になって生まれた伝承と理解できるのである。

## ■葦原中国《あしはらのなかつくに》

葦原中国とはどこを指すのかについてはさまざまな説があるが、『古事記』には、葦原中国《あしはらのなかつくに》は伊邪那岐命《いざなぎ》が治める国であったと読める記述がある。

伊邪那岐命《いざなぎ》が黄泉《よみ》の国を訪問して、追い返される物語の中に、追手に対して桃を投げつける話があるが、その中で伊邪那岐《いざなぎ》命が桃に向かって「おまえが私を助けたように、葦原中国《あしはらのなかつくに》に生きているあらゆる現世の人びとが、つらい目にあって、苦しみ悩んでいる時に助けてくれ」と述べた内容である。伊邪那岐命《いざなぎ》が自分の治める民人《たみびと》の救済を祈っているとみえる。

ギリシャ神話では人間は神によって作られたものであり、神は人間とは隔絶した存在だが、『古事記』のこの伝承は、日本神話の神々は人間と遠い存在ではなく、現実世界の統治者が描かれていることを示している。

つまり、出雲に攻め込んだころの伊邪那岐命《いざなぎ》は葦原中国《あしはらのなかつくに》を治める王であり、『先代旧事本紀《せんだいくじほんぎ》』の可美葦牙彦舅尊《うましあしかびひこじのみこと》から伊邪那岐命《いざなぎ》・伊邪那美命《いざなみ》に至るメインの系譜は、葦原中国《あしはらのなかつくに》の王の系譜を表していることになる。

伊邪那岐命《いざなぎ》やその祖先の面足尊《おもだるのみこと》、延烏郎《ヨンオラン》は倭人の仲間となって、天津神とともに、帥升王家の倭国王と戦ってきた。したがって葦原中国《あしはらのなかつくに》は倭人の国であり、北部九州の東半分の倭の奴国のあった地域と思われるのである。そしてその中心は、伊邪那岐命《いざなぎ》の禊ぎによって生まれた住吉の神が鎮座し、伊邪那岐命《いざなぎ》の墓所もある博多の地域であろう。

倭国大乱の勝利とその後の国生み作戦によって伊邪那岐命《いざなぎ》が確保した地域を葦原中国《あしはらのなかつくに》と呼んだことは、つぎのようなこととも整合する。

（一）宗像三神の降臨地

『日本書紀』には葦原中国《あしはらのなかつくに》が宗像を含む北部九州であるとする情報が存在する。

天照大御神と須佐之男命《すさのお》が誓約《うけい》を行った結果、天忍穂耳命《あめのおしほみみのみこと》などの男神と、宗像や沖の島に祭られる三人の女神、田心姫《たごりひめ》・湍津姫《たぎつひめ》・市杵嶋姫《いちきしまひめ》が誕生する。この場面を一書第三では次のように記している。

「それで日神《ひのかみ》は、素戔嗚尊《すさのおのみこと》がはじめから赤き心であることを理解されて、その六柱の男神をとって、日神《ひのかみ》の子として高天原を治めさせた。日神《ひのかみ》が生まれた三柱の女神を、葦原中国《あしはらのなかつくに》の宇佐嶋に降らせられた。今、北の海路の中においでになる。」

また、次のような記述もある。

「私（須佐之男命《すさのお》）がもし良くない心で上がってくるのだったら、私がいま玉を噛んで生む子がきっと女でしょう。そうだったら、女を葦原中国《あしはらのなかつくに》に降ろして下さい。もし清い心だったら、きっと男の子でしょう。そうだったら、男に天上を治めさせて下さい。」

これらの文章では、女神たちを葦原中国《あしはらのなかつくに》に降ろすと記している。

ところが、『古事記』や『日本書紀』本文には、誓約《うけい》で生まれた三人の女神は宗像で祀られる神と記され、現在も、宗像に祀られている。すなわち、葦原中国《あしはらのなかつくに》が宗像を含む北部九州を指していることは明らかである。

（二）伊邪那岐命《いざなぎ》の禊ぎの場所

伊邪那岐命《いざなぎ》は、黄泉《よみ》の国から帰り、筑紫の日向の橘の小門《おど》の阿波岐原《あわきはら》の水中で禊ぎをした。伊邪那岐命《いざなぎ》が、自ら統治する葦原中国《あしはらのなかつくに》に戻ったときに旅の穢れを払う行為を海岸か河口で行ったと考えられる。すなわち、黄泉《よみ》の国の方向から葦原中国《あしはらのなかつくに》への入口は海か河口であり、伊邪那岐命《いざなぎ》は海路によって葦原中国《あしはらのなかつくに》に戻ったと思われる。

山陰地方から海路で九州に向かう時、博多湾は九州の玄関口であり、博多湾の地域に伊邪那岐命《いざなぎ》の禊ぎにまつわる小戸という地名や住吉神社の伝承が残っている。

これらのことは、葦原中国《あしはらのなかつくに》が北九州沿岸の地域であるという考えを支持する。

（三）住吉神社の伝承

住吉神社の祭神は、伊邪那岐命《いざなぎ》の禊ぎのときに生まれた神々である。奈良時代の古文献『住吉神社解状』に、摂津の住吉神社の荒魂が筑前の国那珂郡にあるという伝承が記録されているという。

これは、延喜式に「那珂郡住吉神社三座」と記された博多の住吉神社が、古くから各地の住吉神社のルーツであると認識されていたことを示すものである。

伊邪那岐命《いざなぎ》の禊ぎを起源にして創設された住吉神社が博多にあることは、禊ぎの行われた場所が博多の海岸付近であり、葦原中国《あしはらのなかつくに》が北九州の沿岸地域にあったことを示すものである。

## ■古文献の葦原中国《あしはらのなかつくに》

葦原中国について古文献はどのように記しているか見てみよう。

『古事記』には葦原中国が全部で一三カ所現れるが、いずれの文章も、葦原中国を北部九州としてほぼ矛盾なく読める。少し引っかかるのが、大国主命のせりふの「この葦原の中国は仰せのとおり献上いたします。」の「この（此）」と言う文字である。これは出雲の地を指しているとも理解できるし、「いま、争いの対象になっている地域」を示す意味のようにも見える。少しグレーの部分である。

『日本書紀』を見てみよう。『日本書紀』には二十カ所ほど葦原中国が現れる。近畿地方を葦原中国とした神武天皇紀の一ヶ所を除くと、葦原中国を北部九州として読んで矛盾がないし、前項のように、誓約《うけい》で生まれた三人の女神が祀られている宗像が葦原中国に含まれることを表現した文章もある。

天照大御神が天忍穂耳命《あめのおしほみみのみこと》を降臨させようとした時「葦原中国は我が御子の治めるべき国である」と告げた。このときの葦原中国は伊邪那岐命《いざなぎ》の治めていた北部九州の葦原中国を指していたと思われる。ところがその後、大国主命が出雲の国譲りをした結果、大国主命の領有していた広大な領地が天孫の治めるべき国になった。そのため、神武天皇が東征したころは、近畿などの各地も、天孫の治めるべき国という意味で葦原中国と呼ばれることになったのではないか。

『先代旧事本紀《せんだいくじほんぎ》』にも葦原中国が数多く現れるが、ほとんどは『古事記』『日本書紀』と重複した表現である。したがって、葦原中国を北部九州と読んで矛盾はない。ただ、河内の国の哮峰《いかるがのみね》に天下った饒速日命を、葦原中国に降したとする記述がある。これも『日本書紀』の神武天皇紀と同様に、大国主命の出雲の国譲り以降の出来事で、そのころには饒速日命の降った河内も天孫の治めるべき葦原中国と考えていたのかも知れない。

いずれにしても、近畿地方など北部九州以外の地域を葦原中国に含めるのは、出雲の国譲り以後のことと考えてよいと思う。伊邪那岐命《いざなぎ》が活躍した地域は北部九州と山陰地方であるので、伊邪那岐命《いざなぎ》の時代に近畿地方を葦原中国と呼ぶのは不自然である。

## ■葦原中国＝出雲説

葦原中国についてはさまざまな説があるが、中でもポピュラーなのが出雲説である。しかし、葦原中国を出雲と見る説には次のようにいくつかの問題があって成立しがたいと考える。

（一）出雲と葦原中国については、高天原からの距離感におおきな相違がある。

高天原については、第五章で福岡平野南部から太宰府・筑紫野の地域ではないかと推理したが、『古事記』には高天原と葦原中国がとても近い場所として描かれている。高天原から葦原中国の平定に向かった天雅彦《あめのわかひこ》にまつわる一連の話の中に次のような記述があるのである。

葦原中国は、高天原から弓矢が届くところ。
高天原は、葦原中国から弓矢が届くところ。
高天原は、葦原中国から叫び声が届くところ。

また、天孫降臨の際に現れた猿田彦の命が天の八街《やちまた》に立ったようすを、上を照らせば高天原、下を照らせば葦原中国と描写した記述がある。つまり、この二つの国は、天の八街《やちまた》から見通せるところ。天の八街《やちまた》を境にして、高天原と、葦原中国は、隣り合った近い距離にあるように描かれている。

いっぽう、出雲については高天原軍の建御雷神が海路で向かったと記されたように、高天原からは船で行く遠い国という認識である。高天原を九州とした場合、現在の地図上でも、九州と出雲の距離は二〇〇キロ以上離れていることになる。とても弓矢が届く距離ではない。

(二) 出雲と葦原中国の成立の時期の相違

葦原中国は、伊邪那岐《いざなぎ》命の時代に存在していた。伊邪那岐《いざなぎ》命が黄泉《よみ》の国から逃げ帰るとき、前述したように、逃亡に貢献した桃にかけた言葉の中に、葦原中国が現れている。これは、伊邪那岐命の時代に、すでに、葦原中国が存在していたことを示している。

出雲の国は、大国主命があらたに国造りをした新興国である。

『古事記』によれば、大国主命が須佐之男《すさのお》命のもとから須勢理姫とともに駆け落ちしたときに、黄泉比良坂《よもつひらさか》まで追いかけてきた須佐之男《すさのお》命から「宇賀の山の麓(出雲大社のあたり)に住め」と言われた。「出雲に住め」と言われなかったことは、このあたりは出雲と呼ばれていなかったか、国としての出雲が成立していなかったことを思わせる。

出雲の国について、『古事記』には、大国主命が少名毘古名《すくなひこな》の神と共に国造りを行ったことが描かれている。大国主命が、誰かから国土を奪って出雲の国をつくった形跡がないことも、出雲が新たに作られた国であることを支持する。

すなわち、葦原中国は伊邪那岐《いざなぎ》命の時代から存在した古い国。出雲は、伊邪那岐《いざなぎ》命の後の大国主命の時代に国造りが行われた新しい国で、成立時期の異なる別々の国と考えるべきである。

(三) 大国主命は、葦原中国と出雲を別の国と見ていた。

『日本書紀』に、大国主命が経津主《ふつぬし》神たちに出雲の国譲りを迫られたとき、「あなたがた二神の言われることはどうも怪しい。私がもとから居るところへやってきたのではないか。許すことはできぬ。」といって、葦原中国を譲るのはやむを得ないとしても、大国主命がもとから居た出雲を放棄するのは筋違いだと突っぱねた記述がある。

また、『出雲国風土記』にも、大国主命が、「葦原中国は天孫に譲るが、出雲の国は大国主命の鎮まり坐すところであり、青垣山廻らして玉を置いて守りたまう。」と主張して、出雲の領有権を放棄しなかったように見える文章がある。

これらの記述は、大国主命が、葦原中国と出雲は異なる場所であると認識していたことを示すものである。

(四)大国主命に葦原中国の統治権の移譲を迫る根拠

『古事記』によると、天照大御神の指示で天之忍穂耳尊《あめのおしほみみ》が葦原中国に天降ろうとした時に、葦原中国が大国主命の影響下にあって、天津神と対立していたように記されている。このとき、高天原勢力は大国主命に対して、「葦原中国」は、天孫の治めるべき国であると言って、その統治権の移譲を主張している。その根拠は何なのか。葦原中国と出雲についてその統治権の変遷を見てみよう。

伊邪那岐《いざなぎ》命の時代は、葦原中国は伊邪那岐《いざなぎ》命が治める国であった。

前述の、桃にたいして伊邪那岐《いざなぎ》命がのべた言葉、「葦原中国において、この世に生をうけた人々が、苦しい目にあって、うれいなやむとき、助けなさい」の意味するところは、伊邪那岐《いざなぎ》命が自ら治める葦原中国の民を助けるよう桃に命じたと解釈するのが妥当である。

天照大御神の時代は、天照大御神が葦原中国を治めていた。

天照大御神が天の岩戸に隠れたときに、高天原と葦原中国は、同じように暗くなり、岩屋から現れたときも高天原と葦原中国はいっしょに明るくなっている。これは、天照大御神の支配権が高天原だけではなく葦原中国にも及んでいたことを示している。ここに黄泉《よみ》の国や出雲が出てこないのは、天照大御神の支配権が及んでいないためと理解できる。

岩戸隠れの後で天孫の降臨を企てたときは、葦原中国では国津神が暴威をふるい天照大御神の支配権は失われていた。これは、大国主命が葦原中国を侵略、もしくは、強い影響力を行使していたことを示すものと思われる。

つぎに、出雲についてみてみよう。

出雲は、大国主命の国造り以来、出雲の国譲りまで大国主命によって治められていて、この間で、主権が高天原に移った形跡はない。

こうして見比べてみると、かつて、葦原中国の統治権が高天原勢力のもとにあったことが、大国主命に対して、葦原中国の統治権の移譲を迫る根拠である。出雲そのものを天孫の統べる国と主張する根拠はない。大国主命も出雲を譲ることに対しては抵抗している。このように、出雲と葦原中国を、別々の国と考えて、それぞれの歴史の違いを認識することによって、大国主命に葦原中国の移譲を迫る背景が明確に説明できるものと考える。

## ■神産巣日神《かみむすびのかみ》

『古事記』の冒頭には、天御中主神《あめのみなかぬしのかみ》、高御産巣日神と共に、神産巣日神《かみむすびのかみ》が現れる。『先代旧事本紀《せんだいくじほんぎ》』の神々の系譜にも、高皇産霊尊《たかみむすびのみこと》とならんで神皇産霊尊《かみむすびのみこと》として現れる。高御産巣日命《たかみむすびのみこと》と肩を並べるほどの実力者・神産巣日神《かみむすびのかみ》とは誰であろうか。『先代旧事本紀《せんだいくじほんぎ》』の系譜には「天」の系統の王族として記されていて、倭国大乱ののちも系譜の上では一族が繁栄していることから、高御産巣日命《たかみむすびのみこと》や伊邪那岐《いざなぎ》命・伊邪那美《いざなみ》命と同盟した勝ち組の部族と見られる。

むかし、三雲南小路遺跡の王と、須玖岡本遺跡の王が前漢や新から多くの宝物を持ち帰ったとき、その分与をとくに手厚く受けた王族がいた。多数の前漢鏡を分与された嘉穂盆地の立岩堀田遺跡に眠る王と、ガラス壁の再加工品を与えられた東小田峰遺跡の王である（P62図）。

伊邪那岐《いざなぎ》命や高御産巣日命《たかみむすびのみこと》の近隣で、彼らに協力できる実力者が存在するとしたら、この二人の王の子孫である可能性が高い。私は、この二人のうち、奴国の倭人と同じ遠賀川流域の、嘉穂盆地を基盤とした王が高御産巣日命《たかみむすびのみこと》たちと同盟した神産巣日命であると考える。

その理由は、春日市の須玖遺跡群のなかの大谷遺跡で中細形銅矛の鋳型が発見され、この鋳型で作られた銅矛が、立岩堀田遺跡の十号甕棺から出土していることである。これは、中細型銅矛が使用された時代の嘉穂盆地の首長が、春日地域の王と連帯したことを示す物証であると思うのである。

第二の理由は、元福岡県教育委員会文化財保護課長の井上裕弘氏の研究によれば、立岩堀田遺跡の十号甕棺は、筑紫野市

の二日市地域で製作された道場山型甕棺であるとされることである。(『北部九州弥生・古墳社会の展開』梓書院)

これも嘉穂盆地の首長と西側の福岡平野の勢力とが深く関係していることを示すものである。

第三の理由は、高天原の天津神と奴国の倭人が協力して、彼らの西側の倭国王と戦うとき、彼らの背後に位置する嘉穂盆地の部族を放置するはずがないと考えるからである。天津神たちは、戦略上、嘉穂盆地の部族を必ず同盟に加えたことは間違いないであろう。そうしないと、いつ何時《なんどき》、背後を突かれるかもしれないからである。

遠賀川上流の盆地を基盤とした神産巣日命は、遠賀川を介して早くから奴国の倭人と交流し、親しい関係ができていたと思われる。他の甕棺墓制地域と比べると嘉穂盆地では比較的早い時期に甕棺が減少している。これは、遠賀川を通じて倭人との交流が盛んに行われ、婚姻などによって嘉穂盆地の人々の倭人化が進み、倭人の墓制が広がったためと推理されるのである。さらに、この地域まで進出した倭人が、神産巣日尊《かみむすびのみこと》の称号を得ていた可能性もある。

# 八．高天原と三貴子

## ■国生み後の状況

倭国大乱と国生みの騒乱が収束して、玄界灘沿岸の勢力地図が塗り替えられた。倭国王帥升以降数代の王が続いた伊都国王家が倒れ、伊邪那岐命《いざなぎ》、高御産巣日命《たかみむすびのみこと》、神産巣日命《かみむすびのみこと》の三人の王の連合体制が樹立されたのである。

前述したとおり、三人の王のテリトリーはおよそ次のようであったと考えられる。遠賀川河口から福岡平野までの広大な地域は葦原中国と呼ばれて伊邪那岐命《いざなぎ》の領地となった。福岡平野南部から太宰府の一帯は高天原と呼ばれた高御産巣日命などの天津神の支配地である。また、天津神の故地である糸島平野や早良平野も高御産巣日尊が領有したと思われる。第二二章で詳しく触れるがこの地域は神話の中では豊葦原水穂国と呼ばれていたように見える。そして神産巣日命に率いられた一族は、嘉穂盆地など遠賀川上流地域を基盤とした(次頁図)。

さて、ここで筑紫平野に目を向けてみよう。国生みの前後の筑紫平野の状況はどうだったのであろうか。

筑紫平野には、甕棺墓制の部族が吉野ヶ里を中心に大きな勢力を維持していたと想定される。しかし、弥生時代後期の吉野ヶ里には筑紫平野の王といえるような首長の墳墓が確認できないことから、彼らは、同じ甕棺墓制を行う玄界灘側の帥升王家の倭国王を盟主と仰いで、その配下で筑紫平野を治めていたと思われる。

筑紫平野の勢力は、同じ甕棺墓制の部族であった高御産巣日命《たかみむすびのみこと》の部族が、弁辰から来た延烏郎《ヨンオラン》や奴国の倭人と共謀して反乱を起こしたことに驚き、福岡平野で戦う倭国王を支援するため兵を起こした可能性がある。しかし、もしそうであっても、福岡平野へ抜ける太宰府の回廊を高御産巣日命《たかみむすびのみこと》に抑えられていたので、彼らは、玄界灘側の部族と十分な連携をすることができなかったであろう。

伊邪那岐命《いざなぎ》たちの連合から見ると、玄界灘側の旧勢力につながる筑紫平野の甕棺墓制の勢力をそのままにしておくわけにはいかない。まして、彼らが倭国王を支援するために、太宰府の回廊を突破しようとしていたならばなおさらである。玄界灘側を平定した後の次の作戦は、筑紫平野へ進出し、伊邪那岐命《いざなぎ》の連合に敵対するこれらの部族を打倒することであったろう。

平塚川添遺跡や吉野ヶ里遺跡のような環濠で厳重に防御を施した巨大集落の存在は、弥生時代終末期に筑紫平野で激しい戦争が行われたことを示している。この状況については次章で詳しく述べようと思うが、伊邪那岐命《いざなぎ》が三柱の貴い子を得たのは、筑紫平野で戦乱の火蓋《ひぶた》が切られようとするまさにこのような時代であった。

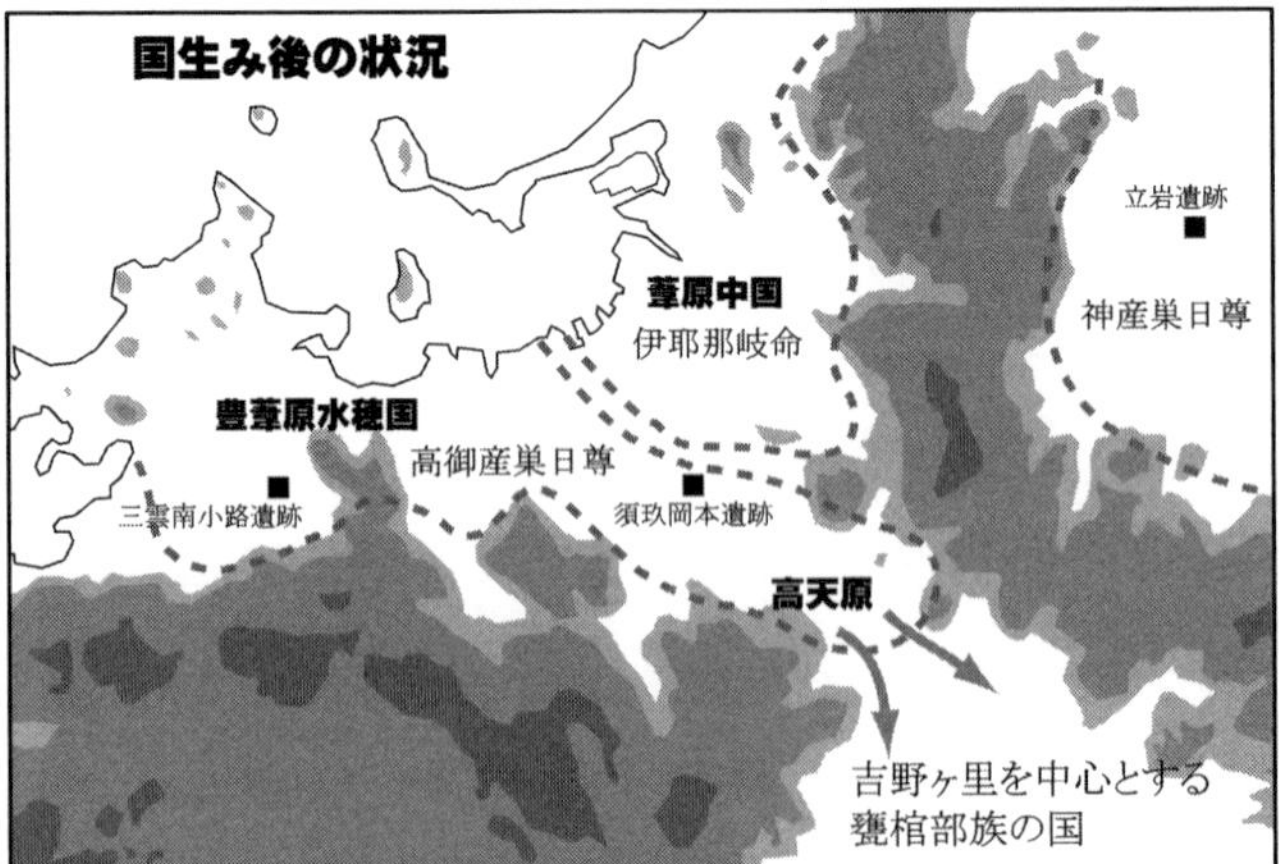


## ■三貴子

『古事記』によると、黄泉《よみ》の国から戻った伊邪那岐命は、天照大御神、月読尊《つくよみのみこと》、須佐之男命《すさのお》の三貴子を得て、天照大御神には高天原を、月読尊《つくよみのみこと》には夜の食す国を、須佐之男命《すさのお》には海原を治めることを命じている。国生みは高御産巣日尊のイニシアチブで始まったのだが、国生みが終わって筑紫平野の攻略にかかる頃は、伊邪那岐命から命令が発せられているところを見ると、強力な軍事力を背景に伊邪那岐命が、三人の王のトップになり実質的に倭国の王となったようである。

『古事記』『日本書紀』の中には、皇孫の南九州進出や神武天皇の東征伝承のように、すでに一定の領土を確保した王が、次の世代の皇子を新しい土地に送り出し、新たな国土を開かせる伝承がしばしば現れる。彼らには、アレクサンダー大王やジンギスカンのように、一代の王で領土を最大限に拡張するという思想はなかったようである。

三貴子も、彼らの伝統に倣って、伊邪那岐命《いざなぎ》たちから筑紫平野の攻略を託された新世代の王族と考えられるのである。

『魏志倭人伝』は、このときのようすを「女王卑弥呼を共立した」と記している。伊邪那岐命たち三人の王の合意のもとで、天照大御神を筆頭に置いた三貴子をリーダーとする筑紫平野掃討作戦が立案されたことを、このように記録したのであろう。

なお通説では、『魏志倭人伝』で卑弥呼を女王と記していることから、卑弥呼を、実権を持った倭国の統治者としているが、そもそも「共立」されたことは「自立」できずに周囲から支えられて即位した非常に立場の弱い王であることを意味している。

一方、『魏志倭人伝』によれば、各国には大倭という役人がいるとされ、一大卒という周辺の国々に恐れられる存在の強力な役人がいたことが記されている。

即位の事情からは、卑弥呼がこのような強力な役人を任命し、各地を強権で支配した王だったとは思えない。

これは、女王卑弥呼とは別に、強権を持つ倭王が存在したことを示すものではないか。そして、魏から女王と呼ばれた卑弥呼は、戦勝や豊作の祈りを祖霊に捧げた王族出身の巫女ではないかと思うのである。のちの章で詳しく検討したい。

## ■天照大御神の母親

少し余談になるかもしれないが『先代旧事本紀《せんだいくじほんぎ》』の神々の系譜を見て不思議に思うことがある（P79図）。

国常立尊《くにのとこたちのみこと》から、伊邪那岐命《いざなぎ》・伊邪那美命《いざなみ》に至る国津神の系列には「天」を冠した神は一人もいない。ところが、伊邪那岐《いざなぎ》命の子供の中に突如として「天」を冠した天照大御神が生まれ、それ以降、天照大御神の系譜には天忍穂耳命《あめのおしほみみのみこと》や天穂日命《あめのほひのみこと》など「天」を冠する多くの神々が現れる。

これは、どうした訳だろうか。

この意味する所は、天照大御神の時に、天津神の血筋が入ってきた。すなわち、天照大御神が、伊邪那岐命《いざなぎ》を父とし、「天」を冠する天津神系の女性を母として生まれたことを示しているのではないか。

天照大御神の母親についての古文献の記述は、このあたりのことを微妙に異なる内容で伝えている。

『古事記』には、伊邪那美命《いざなみ》が没したあと、伊邪那岐命《いざなぎ》の禊ぎの時に天照大御神、月読尊《つくよみのみこと》、須佐之男命《すさのお》の三貴子が生まれたように描かれている。三貴子の母親は、亡くなってしまった伊邪那美命《いざなみ》ではあり得ない。

『日本書紀』本文では、天照大御神と須佐之男命《すさのお》は伊邪那岐命《いざなぎ》と伊邪那美命《いざなみ》から生まれたことになっている。月読尊《つくよみのみこと》は出てこない。伊邪那美命は三貴子誕生の後に亡くなって黄泉の国に移ったように描かれる。

『日本書紀』一書第一では、伊邪那岐命《いざなぎ》が鏡を見ながら三貴子を生んだと記される。伊邪那美命《いざなみ》には言及しておらず、三貴子の母親を明示しない。

『日本書紀』一書第二では、日と月が生まれたあと、伊邪那岐命《いざなぎ》と伊邪那美命《いざなみ》が蛭子と須佐之男命《すさのお》を生んだと記す。ここでは、三貴子のうち須佐之男命《すさのお》だけが伊邪那美命《いざなみ》の子で、日と月を誰が生んだのかは記しておらず、天照大御神と月読尊《つくよみのみこと》は、伊邪那美命《いざなみ》から生まれた子ではないことを暗に示している。

『先代旧事本紀《せんだいくじほんぎ》』は『古事記』と同様に、伊邪那岐命が黄泉の国から帰ってから三貴子を産んでいる。伊邪那美命が亡くなった後なので三貴子の母親は伊邪那美命ではない。

これらの文献を見るかぎり天照大御神の母を伊邪那美命《いざなみ》と明示しているのは、『日本書紀』本文だけである。

そのほかの文献では、天照大御神の誕生に伊邪那美命《いざなみ》が関与していないように見える。すなわち伊邪那美命《いざなみ》は天照大御神の母親ではないように見えるのである。

多数決で決まるものではないかもしれないが、どちらかが誤りとするなら、多くの記述がある「伊邪那美《いざなみ》命は天照大御神の誕生に関与していない」とする見方に従いたい。

では、天照大御神の母は誰であろうか。この謎を解く鍵は卑弥呼が没したのち倭国の女王となった台与について検証することによってヒントが得られる。

台与が日本の古文献上の誰にあたるのかということについては議論があるが、「トヨ」という音が共通なことから高御産巣日命《たかみむすびのみこと》の娘（あるいは孫）の万幡豊秋津師比売《よろずはたとよあきつしひめ》とする説が有力に見える。

これは『魏志倭人伝』に現れる「ミミ」「ニキ」などの人名が、「天之忍穂耳《みみ》尊」「邇邇芸《ににぎ》尊」の一部をとって表記されているように見えることからの推測である。

そして、『魏志倭人伝』では台与は卑弥呼の宗女と記される。すなわち卑弥呼と血縁があるとされている。

卑弥呼＝天照大御神と考え、台与＝万幡豊秋津師比売《よろずはたとよあきつしひめ》とすると、天照大御神は万幡豊秋津師比売《よろずはたとよあきつしひめ》と血縁関係があることになるので、万幡豊秋津師比売《よろずはたとよあきつしひめ》の父親の高御産巣日命《たかみむすびのみこと》とも血が繋がっていることになる。これらを考慮すると、天照大御神の母親は高御産巣日命《たかみむすびのみこと》一族の女性であった可能性が高いと思われるのである。

## ■天照大御神と高天原

『古事記』『日本書紀』には、伊邪那岐《いざなぎ》命が天照大御神に高天原を治めるように命じたことが記されている。

高天原とは福岡平野南部から太宰府・筑紫野の一帯と想定したが、古文献の中に描かれる高天原と整合するかどうか確認してみよう。

『古事記』には天孫降臨の際に現れた猿田彦の命が天の八街《やちまた》に立ったようすを、「上を照らせば高天原、下を照らせば葦原中国」と描写した記述があり、天の八街《やちまた》を境にして、高天原と葦原中国が隣接しているように表現されていることは前述した。

また、『古事記』の説話をよく見ると、前章で述べたように高天原は葦原中国よりも標高の高いところにあるように描かれていることに気がつく。たとえば、天の八街《やちまた》の猿田彦の描写でも、高天原が上にあって、葦原中国が下にあると記される。

葦原中国の天稚彦が、さかさまに「射上げた」矢が安の河原に至ったとされ、高御産巣日命《たかみむすびのみこと》は天稚彦に向かって矢を「衝き返し下した」と記される。高天原付近と思われる天の安川が葦原中国よりも高い位置にあるような記述である。

さらに、『古事記』を見ると、高天原の記述には海が現れない。高天原と葦原中国とを行き来する記述の中にも、海を越える記述が一切ない。これは、高天原は海岸地域ではなく内陸の地域であることを示している。

つまり、高天原は、葦原中国に隣接する内陸地域で、葦原中国よりも標高の高い場所であると言える。

もう一つ、高天原の条件として考えるべきなのは、高天原はこれから始まる筑紫平野掃討作戦の勝利を祈るために天照大御神が進出した場所と想定されることである。すなわち、高天原は筑紫平野に向かって開けている場所と考えられることである。

太宰府や筑紫野の一帯は、葦原中国に隣接する内陸地域で、葦原中国よりも標高の高いことに加えて、筑紫平野にも隣接する地域であり、私の考える高天原としての条件がすべてそろっている（下図）。北部九州を見わたしても、高天原としてこれ以上の適地はないように思う。

さて、太宰府政庁跡の東南六キロほどの宮地岳の南西の麓に天山《あまやま》という地域がある。宮地岳の麓のひなびた村落である。筑後川の支流の宝満川の両側に平地が開けたこのあたりは、高天原から筑紫平野に進出する玄関口の位置にあり、天津神たちの船出の場所としては最適と思えることから、「天」の文字を冠した天山《あまやま》は、天津神の部族と関連する地名のよ

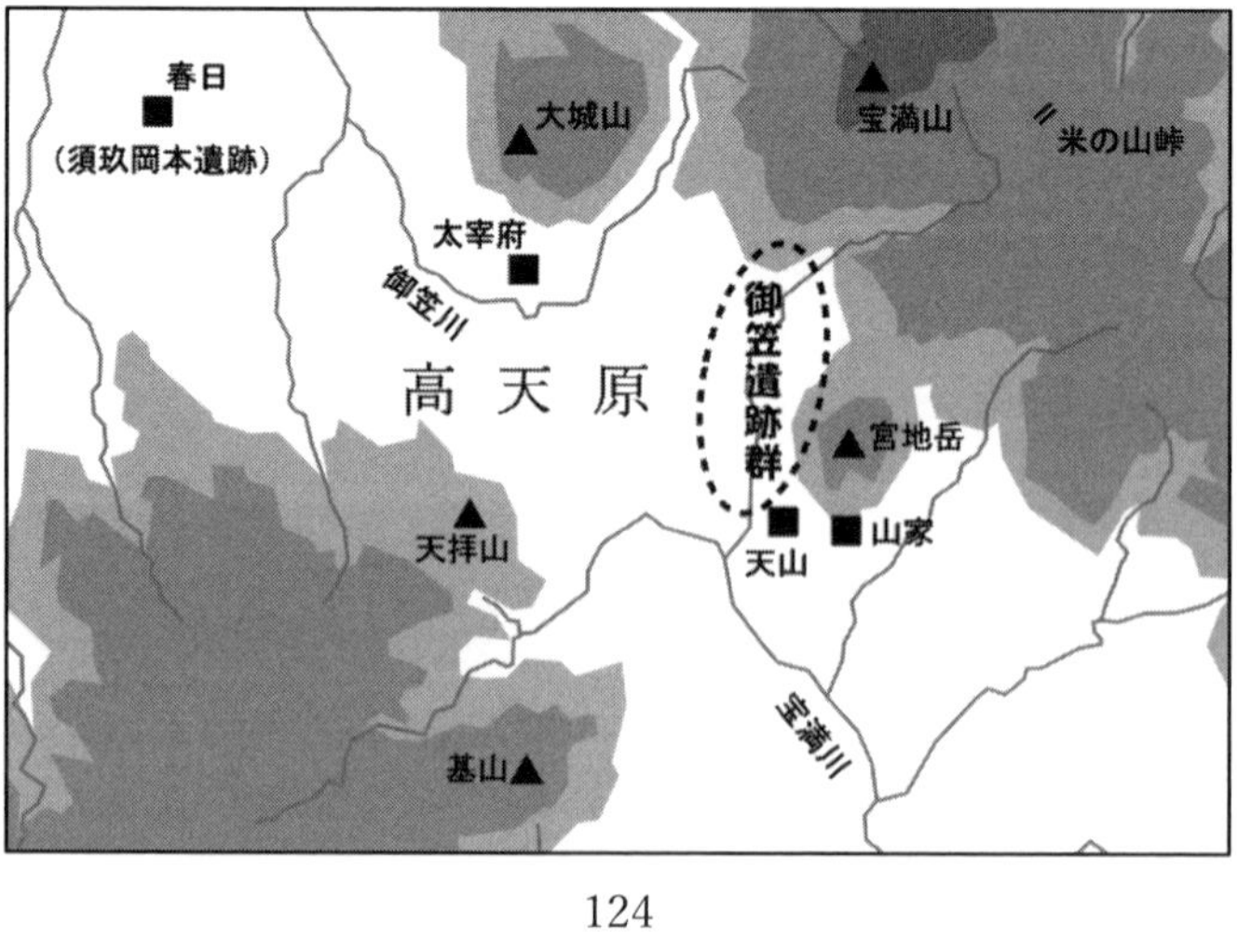

うに見えるのである。

のちの章で詳しく述べるが、私は、天山《あまやま》こそ天照大御神の本拠であり、目の前に広がる筑紫平野を見わたして戦いの勝利を祈るための祭壇があった場所ではないかと思うのである。

また、筑紫野市に「天拝《てんぱい》」という地名がある。鹿児島本線に天拝山《てんぱい》という駅があり、実際に天拝山《てんぱい》という山や天拝湖《てんぱい》という湖がある。

天拝山《てんぱい》は別名天判山《てんぱん》ともいわれ、菅原道真と関連する地名ともされている。菅原道真は山麓の竜王の滝で身を浄めて天拝《てんぱい》山に登り、百日間山上で無実を天に訴えた。祈りが通じて無実が明らかになった道真はここで「天神」になったと伝えられている。

少し飛躍するようだが、菅原道真がこの場所を天に祈りを捧げる場所に選んだのは、かつて、この地域で、天照大御神が神に祈りを捧げたことに由来するのではないかと私は思うのである。

そう考える理由を述べよう。

まず、天拝山《てんぱい》に「天」の文字が使われていることである。天津神は自分たちに関係する重要な地名に「天」の文字をつけることを徹底している。天拝山《てんぱい》は文字通り天津神が神を拝んだ頂という意味のネーミングではないか。

菅原道真がここで「天神」になったという伝承も、天拝山《てんぱい》と天津神の神々との関係を匂わせる。菅原道真は山頂での祈りが通じて天神となり、天津神の先祖の神々の仲間入りしたように見えるのである。

ところで、『魏志倭人伝』には、卑弥呼が「鬼道につかえ、よく衆をまどわす（事鬼道能惑衆）」と記されている。また、『後漢書』には、鬼道ではなく鬼神道と記されている（事鬼神道能以妖惑衆）。

鬼道については、これを道教の一種としたり、シャーマニズムとするなどさまざまな説がある。私は、次のようなことから、鬼道とは祖霊信仰の一種ではないかと推理している。

ひとつには、広辞苑などで調べてみると、鬼や鬼神には死者の霊魂という意味があることである。鬼や鬼神に祈ると言うことは、祖先の霊に祈ること、すなわち、死んだ祖先を祀る祖霊信仰のことではないかと思うのである。

また、九州には、邇邇芸命《ににぎのみこと》や彦火火出見命などの墓所と伝えられる場所がいくつもあることが知られている。山陰にも伊邪那美命の墓の伝承地が多数ある。

遺体を埋葬した墓がいくつもあるのはおかしいので、これらの墓所の伝承地は、各地に移動した人々が祖霊に祈りを捧げた場所と推定され、このころの人々のあいだには祖霊を信仰の対象とすることが一般的に行われていたことを示すものである。そして、これらの場所の多くは山の上にあることから、広い地域の人々が祖霊の宿る山の頂を遠望し、祈りを捧げたと思われる。『論語』に「敬遠」の語源となった「鬼神を敬して之を遠ざく」という孔子の言葉がある。遠方の山上に祖霊を祀って祈りを捧げたのはこの思想の影響かもしれない。

天山《あまやま》から見ると、天拝山《てんぱい》は宝満川の向こう側の高みにそびえ、祈りを捧げる対象としてはちょうど良い位置にある。天照大御神も、天山《あまやま》の祭壇から天拝山《てんぱい》の先祖の霊に向かって、戦いの勝利や五穀の豊穣を祈っていたのではないかと想像するのである。天拝山《てんぱい》は天山《あまやま》の真西にあたる。太陽が沈む彼方にこの世を去った祖霊が集う聖なる場所があると信じていたのかもしれない。

## ■高御産巣日尊と高天原

倭国大乱や国生みが終結して伊邪那岐命《いざなぎ》が倭国の新しい王となり、伊邪那岐命《いざなぎ》の命令によって天照大御神が高天原の主になった時、高御産巣日尊は姪に当たる天照大御神の側近として、戦勝を祈る天照大御神を支えたものと思われる。

『魏志倭人伝』には、卑弥呼に飲食を給し、辞をつたえ、居拠に出入りするひとりの男子のことが記されている。これは、天照大御神を補佐する高御産巣日尊と考えられるのである。

つぎのような情報は、高御産巣日尊の一族が天照大御神と共に高天原に詰めていたことを裏づける情報であろう。

太宰府の東側にある宝満山の南麓から宮地岳の西麓にかけての筑紫野市吉木・阿志岐の平野には、弥生時代から八世紀ごろまでの遺跡が広く分布しており、総称して「御笠遺跡群」と呼ばれている（P124 図）。

橋口達也氏の『甕棺と弥生時代年代論』によると、この遺跡の住居跡から、ＫⅤd式の甕棺（P41 表）とともに蝙蝠鈕座内行花文鏡《こうもりちゅうざないこうかもんきょう》が出土している。中国の考古学者徐苹芳《じょへいほう》氏や安本美典氏によると、蝙蝠鈕座内行花文鏡は魏晋朝時代の鏡とされる。すなわち、蝙蝠鈕座内行花文鏡と同時に出土したＫⅤｄ式の甕棺は、魏が建国した西暦二二〇年以降も引き続き筑紫野市の御笠地区では行われていたことになる。

福岡平野の甕棺は、甕棺部族が倭国大乱で敗れた一八〇年ごろを境にして消滅したと見られているのだが、太宰府周辺のこの地域では、倭国大乱の後の邪馬台国の時代まで甕棺が残っていたと判断されるのである。

甕棺部族の中で、倭国大乱の勝ち組に残ったのは、高御産巣日尊と神産巣日命であるが、神産巣日命の本拠の遠賀川上流域では倭国大乱以前からすでに甕棺墓制は廃れていたので、高御産巣日尊の一族だけが倭国大乱ののちにも甕棺墓制を採用していた部族である。

つまり、高天原と推理した太宰府・筑紫野付近には、邪馬台国時代まで甕棺墓制の伝統を守っていた高御産巣日尊一族が、天照大御神と共にいたことを示しているのである。

昭和五六、五七年に御笠遺跡群の南端付近の約四千平米の地域が発掘調査された。天山《あまやま》から宝満川を越えて北西に500mほどのところである。調査報告書によると、「Ｇ地区」と呼ばれたこの地域では弥生時代後期から五世紀前半までの七一軒の竪穴住居跡が集中していることが確認され、そのピークは弥生時代終末であるとする。また、さまざまな土器と共にガラスや碧玉製の玉が約一〇〇個ほどと、直径五センチ弱の小型の仿製鏡が見つかっている。

天山《あまやま》のすぐ近くに天照大御神や高御産巣日尊が活躍していた弥生時代終末期の多数の住居跡が見つかり、女性のアクセサリーが多数発見されたことは、天山《あまやま》の地域が天照大御神の拠点ではないかとする考えを支持するものである。

また『魏志倭人伝』に、卑弥呼には婢女千人が侍っていたとされるので、女性の装身具と思われる玉が多数見つかっていることも説明がつく。

御笠遺跡群の北端のＡ地区は、七世紀ごろの巨大な建物跡が複数検出されている。米の山峠経由で遠賀川上流地域に繋がる官道の駅家、あるいは有力者の居館の跡ではないかと言われている。米の山峠経由で遠賀川上流地域に道が繋がっていることは、この地域が博多方面から攻められた時や、筑紫平野方面から攻められた時に、退路が確保されていることになる。

纒向や奈良盆地東南部に、初期の天皇の都があったのは、桜井付近から伊勢湾方面へ抜ける逃げ道が存在した事が大きな理由だと考えるが、御笠遺跡群の地域にも万一の時のための逃げ道が備わっていて、纒向と同じ王都の地理的条件を備える。とすると、天照大御神の活躍した古い時代にも、御笠遺跡群の中に、この地域の長《おさ》の本拠があった可能性があるのではないか。御笠地域の最南端の天山に天照大御神の祭壇があったと推理したが、その後方の御笠遺跡群の中に高御産巣日尊の居館があったと想像するのは考えすぎだろうか。

## ■高天原の戦略的意味

高天原は古くから神々が集う場所で、神話の中ではいかにも神聖な場所として描かれる。しかし、現実世界の高天原には、以下のように、神々が集まってくる実利的な意味があったと考える。

まず、第一番に重要なことは、太宰府には博多湾に注ぐ御笠川と、有明海に注ぐ筑後川の支流宝満川が流れていることである。川の流れを利用すれば、船によって福岡平野にも筑紫平野にも短時間で大量の兵員を送ることができる。川に沿って行けば徒歩でも進軍が容易である。太宰府を支配することによって、北部九州の二大平野を軍事的にコントロールすることが可能になるのである。

前述のように太宰府は、東の嘉穂盆地にも道が通じている。太宰府から宝満山の南側を東に向かって進み、嘉穂盆地に抜ける米の山峠越えは、かつて、古代の官道であった。

このように、太宰府は南北交通の要衝であるとともに、北部九州の東西交通の起点でもあった。

つぎに重要なことは、太宰府の地域が筑紫平野と福岡平野を結ぶ隘路を形成していることである。筑紫野や太宰府の幅の狭い回廊を軍勢で押さえてしまえば、筑紫平野と福岡平野との間を軍事的に遮断できてしまうことである。

高御産巣日命《たかみむすびのみこと》は実際このような戦略を採って、筑紫平野の甕棺部族が、福岡平野で戦う倭国王へ援軍を送るのを阻止した可能性がある。

以上のように軍事的な観点で太宰府を分析すると、太宰府は北部九州各地に短時間で兵員を送り込める重要な地域であり、さまざまな戦いのなかで、最重要の戦略拠点として活用された可能性が高い。

将軍たちの集まる現実世界の太宰府地域が、神話の中で、高御産巣日尊や天照大御神などの神々が集まる高天原として描かれたことも納得できるであろう。

## ■月読尊《つくよみのみこと》

さて、「食《お》す国」を治めよと命じられた月読尊《つくよみのみこと》について考えてみよう。

「食《お》す国」を治めるという意味については、『古事記』の応神天皇の条に、大雀命《おおさざきのみこと》(仁徳天皇)が「食《お》す国」の政《まつりごと》を執るように応神天皇から命じられる場面があるように、国の政《まつりごと》を行うことである。月読尊《つくよみのみこと》は筑紫平野に新しく獲得した領土の経営を任されたと考えて良いだろう。

月読尊《つくよみのみこと》に関係して、『日本書紀』の一書に葦原中国の保食神《うけもちのかみ》とのいさかいの話が記されている。月読尊《つくよみのみこと》は、保食神《うけもちのかみ》が口からさまざまな食物を出して自分をもてなすのを見て、怒って殺してしまった。しかし、このあと、天照大御神は保食神《うけもちのかみ》によって生じたさまざまな食物や牛馬、蚕などを高天原に取り寄せ、人びとが生きていくのに必要なものとして、高天原に広めたようすが描かれている。葦原中国には朝鮮半島から伝えられた新しい食物やその生産技術、牛馬の利用技術などがあったのであろう。

月読尊《つくよみのみこと》はここでは必ずしもうまく立ち回れなかったが、食物などを中心とする話の内容は、彼が国を治めるために担った役割の一端がうかがえる伝承だと思う。新しい国土を得たあとに、食料生産を行い、税を徴収する仕組みを整備することは月読尊《つくよみのみこと》の重要な任務であったのだろう。

「月読」という名前は、月の満ち欠けで暦を読み、農耕のタイミングを決めたことからの命名に見えるのである。

『魏志倭人伝』には、男弟が卑弥呼を助けて国を治めたと記されている。天照大御神の弟の須佐之男命《すさのお》は軍人として領土拡大に奔走していたと思われるので、卑弥呼を助けて国を治めた弟とは、祭祀に専念した天照大御神を助けて国政を司った月読尊《つくよみのみこと》を指すのであろう。

それからもう一つ、月読尊《つくよみのみこと》について推定していることがある。月読尊《つくよみのみこと》の出自が神産巣日命系ではないかということである。

そう考える理由のひとつは、天照大御神が、伊邪那岐命と高御産巣日命《たかみむすびのみこと》一族の女性との子供であり、須佐之男命《すさのお》が伊邪那岐命と倭人の伊邪那美命との子供である。伊邪那岐命は、もう一つの有力部族である神産巣日命一族の女性とのあいだにも子供を儲けたのではないか。それが月読尊《つくよみのみこと》だったと想像するのである（下図）。

弁辰から渡ってきた延烏郎や伊邪那岐命の部族にとって、新天地で巨大な倭国王勢力と戦うには、高御産巣日尊、神産巣日尊、伊邪那美命の部族など、北部九州の有力部族との連帯は不可欠であった。また、伊邪那岐命が国生みの後に北部九州の覇者となってからも、新しく獲得した広大な領地を安定に統治するためには、有力豪族との協力関係を維持する必要があった。

そのため、伊邪那岐命は有力豪族とのあいだにバランス良く婚姻関係を結び、結束を固めたというのは十分に可能性があると思うのである。

月読尊《つくよみのみこと》が神産巣日命の血を引くことを思わせる二つめの理由は、嘉穂盆地の立岩地域で作られた弥生時代の穂摘み具の石包丁が、吉野ヶ里、朝倉、武雄、八女、宇佐など、北部九州の各地から出土することである（次頁図）。

嘉穂盆地から持ち出された石包丁のうち、1／4が筑紫平野東側の朝倉地域から出土し、春日・板付地域からも1／4が出土し、さらに宇佐方面から十五％が出土したという。なぜ立岩の石包丁がこれらの地域に広く拡散したのだろう。

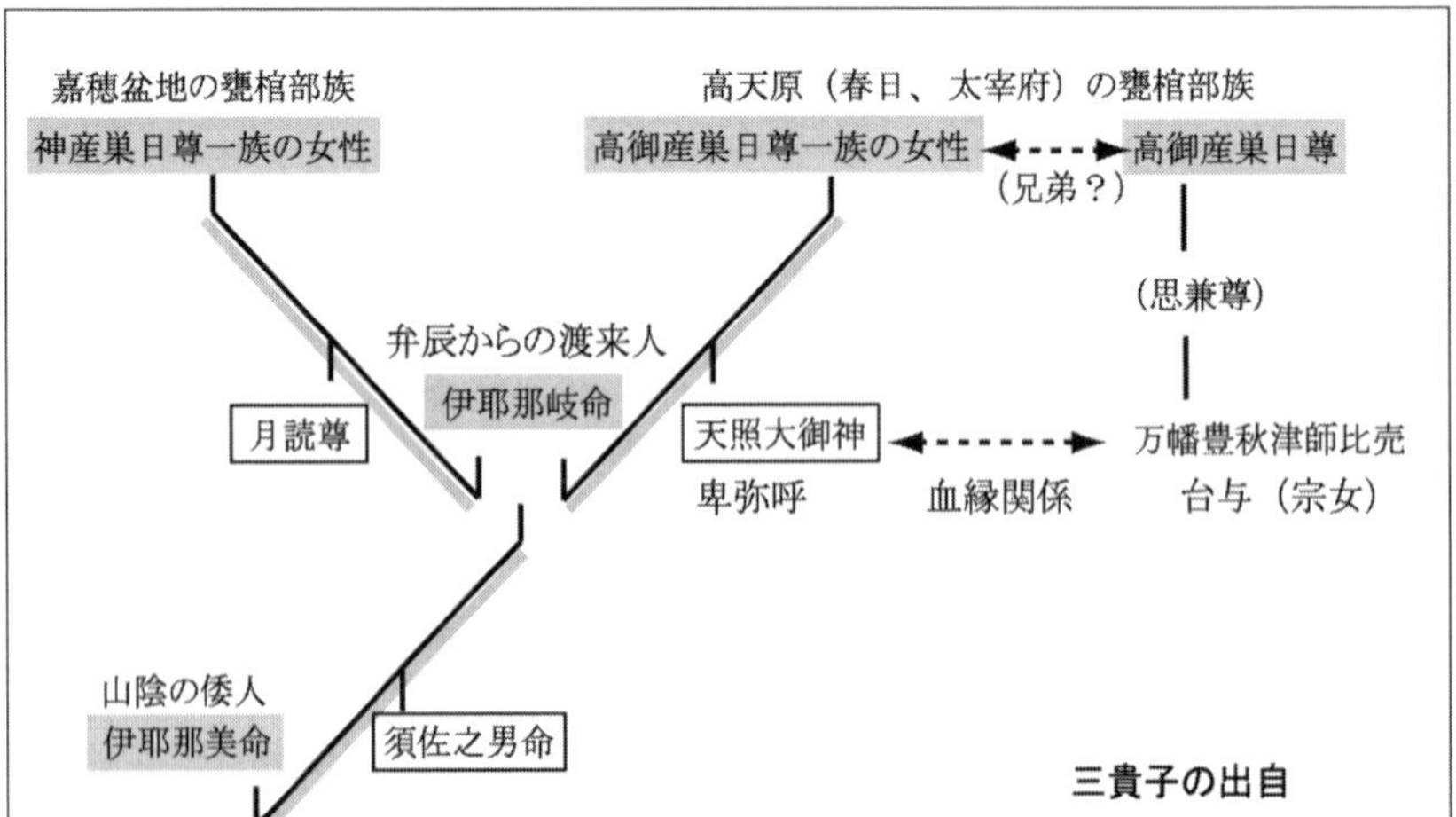


三貴子の出自

この理由を私はつぎのように考えた。

神産巣日命の本拠は立岩遺跡のある嘉穂盆地と考えられるが、その血を引く月読尊《つくよみのみこと》が新しい国土経営を任されたことで、嘉穂盆地の人々が石包丁を持って、高天原地域や、新たに確保した筑紫平野や宇佐方面などへ入植し、食料生産を行ったか、あるいは、食料生産の方法を伝えた可能性があるということである。

なお、通説では、石包丁は弥生の中期の穂摘み具とされているが、福岡平野や筑紫平野の稲作中心地帯の集落では弥生終末期まで残っている。このことから、鉄などの金属がまだ貴重品であった邪馬台国の時代には、石包丁に代わる金属製品が一般農民に普及しておらず、石包丁は、月読尊《つくよみのみこと》が活躍した邪馬台国の時代でもかなり使われていたと思われるのである。

嘉穂盆地の石包丁や福岡市西区の今山遺跡の石斧が北部九州の各地で出土することはよく知られている。通説では当時の人々が交易をした証拠とされるが、このころは北部九州の各地で戦乱が続き、広く交易して物資の交換が行えるほど平和で豊かな世界ではなかったと思われる。私は、むしろ、軍事的に進出したり、占領地に人々が移動したりして入植した結果、特定の地域の物産が各地に広がったケースのほうが多いのだろうと想像している。

すなわち、今山の石斧の分布域は前述のように甕棺部族の版図を示し、立岩の石包丁の拡散地域は、三貴子の時代に高天原勢力の領地であった地域と見ることができるのである。

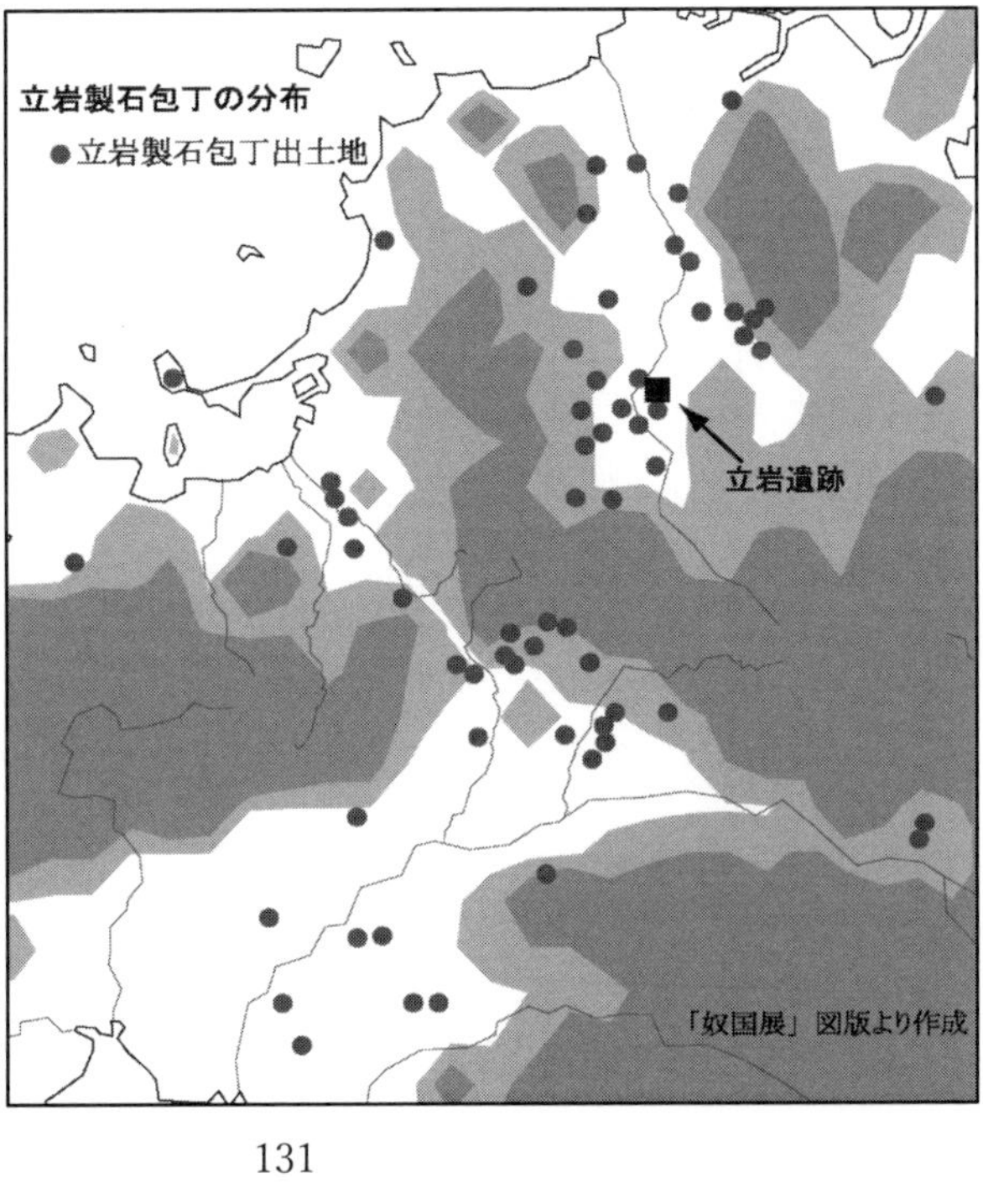

## ■須佐之男命《すさのお》

では、須佐之男命《すさのお》について見てみよう。須佐之男命《すさのお》については『古事記』の中で大変わがままで猛々しい性格のように描かれている。筑紫平野の勢力と伊邪那岐命の連合軍とが、まさに一触即発の時に登場した須佐之男命《すさのお》をこのように描写したのは、ひとつには、彼が皇子将軍として軍を指揮し、吉野ヶ里軍と戦った勇猛な武将であったためと思われる。伊邪那岐命から「海原を治めよ」と命令されたのは、高天原から筑紫平野に攻め込んで、当時はかなり内側に入り込んでいた有明海の海岸まで平定せよということを意味するのだろう。

『古事記』が須佐之男命《すさのお》のことを反抗的でやや身勝手な人物のように描いているのには、もう一つ理由があった。当初、父親の伊邪那岐命の協力者であった母親の伊邪那美命の部族が、国生みの半ばで伊邪那岐命と対立するという不幸な運命を、彼が背負っていたことである。

伊邪那岐命の連合の中で倭人の伊邪那美命を母に持つ須佐之男命《すさのお》は、非常に不安定な立場であった。自分が伊邪那岐命連合と敵対する山陰の倭人の血を引いていることでさまざまな困難に遭遇し、母の国へ行きたいと発言したり、さらには、天照大御神と対立するようになったのであろう。

それでも伊邪那岐命が元気なうちは、伊邪那岐命の皇子ということで一目置かれていたが、伊邪那岐命が没した後は、状況が大きく悪化した。彼の周囲には彼を庇護する有力者が誰もいなくなってしまったのである。倭人の血が流れている彼の立場は、最終的には倭人を排斥しようと考えていた天津神たちとは、相容れない存在になってしまったのである。

『古事記』の中では、九州にいた時にはさんざんに書かれた須佐之男命《すさのお》だが、山陰に追放された後の須佐之男命《すさのお》については、それまでと一変して、八岐大蛇《やまたのおろち》を退治して困った人を助ける勇者として称えている。

これは、須佐之男命《すさのお》の九州での行動は敵対勢力となった天津神が語り伝えた伝承であり、山陰へ戻って倭人の王者になった須佐之男命《すさのお》については、同族の倭人が後世に伝えた内容であるためと思われる。

# 九．筑紫平野の戦乱

## ■筑紫平野は戦場となった

三世紀前半の筑紫平野には、福岡県朝倉市と吉野ヶ里を中心に二つの大きな勢力が存在していた。

朝倉市にある平塚川添遺跡は、弥生時代後期の中頃に出現し、古墳時代初頭にかけて営まれた集落遺跡とされ、最大七重の環濠に囲まれて防御を固めた要塞であった。朝倉市には、平塚川添遺跡の後背地の一ツ木・小田の台地や、北側の山地の縁部に弥生時代後期の遺跡が多数あり、邪馬台国時代にはこのあたりに大きな勢力が存在していたことを物語る。重要なのは、この地域の遺跡が甕棺ではなく石棺墓を主体としていることで、これは、甕棺墓制が広く普及していた筑紫平野に墓制の異なる新たな勢力が侵入したことを示している。

いっぽう、筑紫平野の中央にある吉野ヶ里遺跡は、弥生時代前期から継続する巨大集落だが、弥生後期にその環濠が最大規模に発達し、さらに環濠の内側にも壕を伴った内郭を設けて、敵の攻撃に対する防御機能を著しく強化している。

天照大御神や須佐之男《すさのお》命が活躍した弥生時代後期の筑紫平野では、二つの巨大環濠集落が強固な防御機構を構築して対峙していたことになる。これは、要塞化した巨大集落を中心に、二つの勢力が筑紫平野の東西に別れて、戦いを繰り広げていたことを示すものである（下図）。

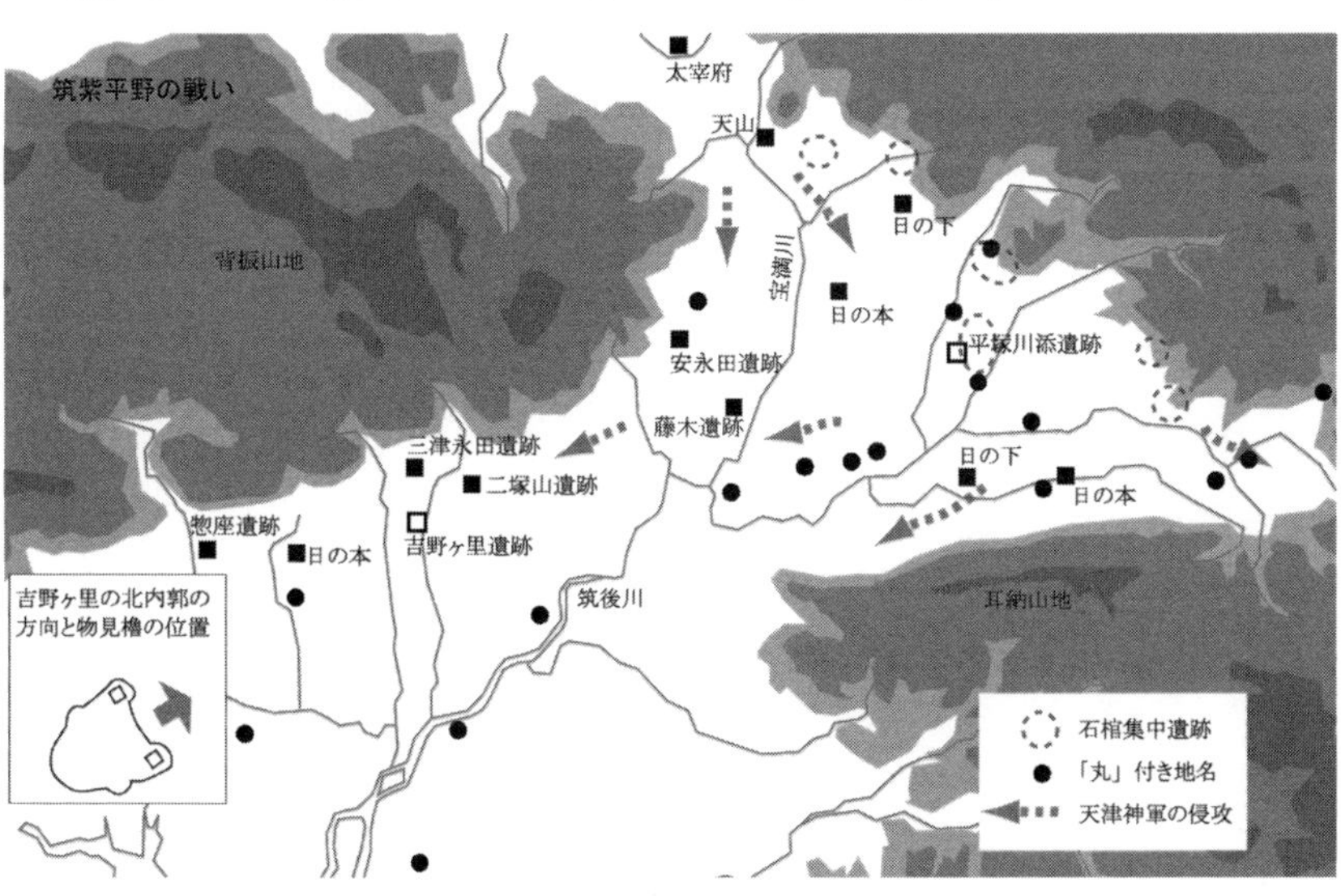

もうひとつ、筑紫平野が戦場になったことを支持すると思われる考古学的な情報がある。福岡市埋蔵文化財センターの浜石哲也氏は、「甕棺墓社会の発展と終焉」という文のなかで次のようなことを記している。「甕棺墓地の形成時に比べ、その終焉はきわめて唐突な感がある。（弥生）後期初頭に甕棺墓は激減し、前半にはほとんど消滅してしまう。佐賀平野を含めた地域では、甕棺墓と同一墓域内で土壙・石蓋《がい》土壙墓に引き継がれる状況もあるが、福岡平野および近隣地域では墓そのものが激減する傾向がある。」

墓そのものの激減の例として、たとえば、甕棺墓地が密集する春日市中央部の須玖岡本遺跡周辺をみると、中期の甕棺を主体とした墓地は二〇ヵ所前後確認されているのに対し、後期の墓地は、数カ所しか確認できていない。この地域では人口が減少したと見られるのである。

そして、安本美典氏は、北部九州の鉄製武器の分布について、「大きな傾向として、甕棺から出土する鉄製武器は玄界灘沿岸に多く分布し、邪馬台国時代の墓制である箱式石棺から出土する鉄製武器は内陸の朝倉市など筑紫平野に分布域が移動する。」と述べる。

私はこれらの情報の意味を、邪馬台国の時代に、春日付近の勢力が、鉄製武器を携えて大挙して筑紫平野に侵入してきたことを示すものと理解する。つまり、国生みののちに、鉄の武器と兵士が玄界灘沿岸から筑紫平野に移動し、ここで筑紫平野の在来の部族と高天原軍との間で大規模な戦闘が行われたことを示していると考えるのである。その結果、福岡平野で墓の数が激減し、鉄製武器が筑紫平野に分布することになったのであろう。

■戦況

筑紫平野で行われた戦いの状況をもう少し詳しく見てみよう。

まず、高天原と呼ばれた太宰府・筑紫野地域は筑紫平野攻略の出発点であった。須佐之男命《すさのお》はここから筑紫平野に兵を進めた。そして、筑紫平野の北東側の山地に沿って夜須から朝倉市方面に進出したと思われる。前述したように多くの遺跡が存在するこの一帯は、吉野ヶ里の本陣から最も離れた地域なので、敵の目をくぐって侵入しやすい地域である。また、筑後川支流の宝満川によって吉野ヶ里と隔てられているので、吉野ヶ里方面からの攻撃も受けにくい（P133図）。

そして、須佐之男命《すさのお》が率いる高天原連合の軍勢は、この山沿い地域で地歩を確立したのち、筑紫平野に突きだした台地の先端の低地に平塚川添の大環濠集落を築き、筑紫平野への本格的進出の橋頭堡としたのであろう。

宝満川の東側に次々と砦を構築し、筑紫平野東部一帯を確保した高天原の軍勢のようすは、つぎに述べる地名の分布からも確認することができる。

地名は時間の経過に耐えてきわめて残りやすいことから、言語の化石といわれている。安本美典氏は、延喜式記載の九州の郡名と現在の地名の比較から、延喜式の郡名が千年の時を経た現在の地名になんらかの形で残っている割合を九四・七％と算出している（『邪馬台国への道』徳間文庫）。この高い残存率は、古代の探求に地名情報が活用できる可能性の大きさを示すものである。

ここで私は、いくつかの地名に着目して、さまざまな事象の説明をしてみようと思う。

まず、最初に取り上げる地名は、乙丸、五郎丸、田主丸など名称のうしろに「丸」のつく地名である。

「丸」のついた地名は、朝鮮語で村を意味する「マウル」が語源であるとする見解がある。また中世以降の大きな城で城郭の櫓《やぐら》を、本丸、二の丸、三の丸、あるいは「真田丸」のように「丸」をつけて呼ぶことなどから推定して、もともとは環濠や木柵などで集落の周囲を丸く囲んで防御を固めた砦のような軍事的施設のあった場所を示していると考えるのである。

朝鮮語をルーツにすると思われること、軍事的施設であることを考え併せると、その発祥は、倭国大乱のころに、弁辰の王族と物部氏が半島から渡来し、北部九州で盛んに軍事活動をしたころと思われる。第六章で天物部が九州北西部の倭人たちを追い出したことを述べたが、丸付き地名は倭人のテリトリーに天物部が進出するときに砦として設けたものが最初のものであろう。

このような「丸」付き地名は、北部九州と北陸に濃密に分布するほか、九州南部や四国南部、瀬戸内から大阪・京都などに分布が広がっている（巻末付録参照）。

北部九州を見てみると、邪馬台国の時代前後に激しい戦争が行われた筑紫平野、福岡平野、遠賀川流域に数多く分布している。これは、「丸」付きの地名が戦争の中で築かれた砦であり、邪馬台国の時代から存在した古い名称であることを示しているように見える。

「丸」付きの地名は、ほとんどの場合、石丸、猿丸、太郎丸、次郎丸、三郎丸などのような人名と思われる名称で呼ばれており、砦の指揮官の名前をとって命名されていると理解できる。

このような「丸」付きの名前は、のちに武士の子供の名前、あるいは、刀剣や船の名前としてしばしば用いられた。これは、このような歴史的な背景で、頼りになる大将、あるいは、強い武者を意味する名前として好まれたからであろう。

筑紫平野の「丸」付き地名を調べてみると、宝満川の東側の平塚川添遺跡の周辺に数多く分布しており、「丸」付き地名が、平塚川添の巨大要塞と連携した軍事目的の施設であることを裏づけている（P133図）。

さて、もうひとつ取り上げてみたいのは「日の本」という地名である。

第六章で「日本」あるいは「日の本」という地名が、呉の渡来人が進出した地域の名称として用いられていたことを述べた。

『旧唐書』に日本に関連した次のような記述がある。「日本国は倭国の別種なり。その国日辺にあるを以て、故に日本を以て名をなす。あるいはいう、倭国自らその名の雅ならざるを悪《にく》み、改めて日本となすと。あるいはいう、日本は旧小国、倭国の地を併せたりと。」

これは遣唐使が唐にもたらした情報と思われるが、そのなかに、もとは小さな国であった日本が、はるかに大きな倭国を併合したとする情報が存在したことは注目である。遣唐使の中にわが国の成り立ちをそのように認識していた人がいたということである。

「日の本」という地名は西日本を中心に何カ所か確認できる地名だが、この地名は、『旧唐書』に記された「日本」という小さな国と関連し、やがては、現在の国号につながる重要な意味を持つ地名である。小国「日本」の人々が、自分たちに関連する場所を「日の本」と呼んでいた可能性は十分考えられるからである。「日の本」という地名の分布を追うことによって、小国「日本」が倭国を併呑していく過程が見える可能性がある。このあともこの観点で各地の「日の本」に注目してみようと思う。
さて、まずは筑紫平野を調べてみよう。「市民の古代史研究会・九州」の灰塚照明氏が『明治前期全国村名小字調査書』（東方史学会／古田武彦編『邪馬台国徹底論争第二巻』）を調査した結果によると、筑紫平野には「日の本」が三カ所存在し、同義と思われる「日の下」が二カ所存在するという（下表）。

「日の下」と「日の本」を同義とすることについては、『日本書紀』の神武天皇即位前紀に、「和珥の坂下」を「わにのさかもと」と読むように古い注が付されていて、古くから「下」を「もと」と読む事例がある。このことから、「日の下」も、「ひのもと」と読んで「日の本」と同じ意味の地名であったと推定するのである。

地図上にこれらの「日の本」「日の下」の位置をプロットし、さらに、「丸」付き地名や、平塚川添遺跡などの位置を描くと、これらが筑紫平野東部に集中し、特に、宝満川の東側に密集していることが分かる（P133図）。

これは、前述のように高天原の軍勢が筑紫平野の北東側の山地から平野部に進出し、砦を築きながら宝満川の東側を占領した軍事活動の痕跡と思えるのである。そして、高天原軍の活動した領域に「日の本」が存在することは、もと小国の「日本」とは、高天原の勢力を示していると判断できるのである。

ここでは、「日の本」「日の下」も、「丸」付き地名と同じように軍事的な機能を意味しているように見える。平塚川添要塞を中心とし、「日の本」「日の下」を基幹的な砦とし、「丸」付き地名が示す砦を周辺各所に配置するという布陣が読み取れる

| 地名 | 所在県 | 旧郡村名 | 現市町村名 |
|---|---|---|---|
| 日の本 | 福岡県 | 早良郡石丸村 | 福岡市西区石丸 |
| | | 那珂郡屋形原村 | 福岡市南区屋形原 |
| | | 那珂郡板付村 | 福岡市博多区板付 |
| | | 御原郷干潟村 | 小郡市干潟 |
| | | 竹野郷殖木村 | 浮羽郡田主丸町殖木 |
| | 佐賀県 | 佐賀郡上泉村 | 佐賀市上泉 |
| 樋の本 | 福岡県 | 京都郡下片島村 | 京都郡苅田町下片島 |
| | | 京都郡上片島村 | 京都郡苅田町上片島 |
| 日の下 | 福岡県 | 粕屋郡下ノ府村 | 粕屋郡新宮ノ府 |
| | | 夜須郡森山村 | 朝倉郡三輪町森山 |
| | | 嘉麻郡下山田村 | 山田市下山田 |
| | | 竹野郡以真江村 | 浮羽郡田主丸町以真恵 |
| | 熊本県 | 玉名郡四ッ原村 | |
| 火の下 | 福岡県 | 築上郡宝伝寺村 | 築上郡築城町伝法寺 |

ヒノモト・ヒノシタ地名の一覧表「福岡県の天下神社と日の本」
（「市民の古代史研究会・九州」の灰塚照明氏による）

からである。

■吉野ヶ里攻略作戦

筑紫平野東部を攻略した須佐之男命《すさのお》たちは、次のステップとして、宝満川を越えて筑紫平野の甕棺部族の本拠・吉野ヶ里への攻撃に向かったと思われる。

鉄の入手ルートを持たなかった筑紫平野の部族に比べ、朝鮮半島の製鉄技術や鉄を入手して多くの鉄製武器を備えた須佐之男命《すさのお》軍は優勢に戦いを進めたと考えられる。この戦いのようすを推理してみよう。

筑紫平野の北側の背振山地の山裾に沿って弥生時代の遺跡が点々と続いている。吉野ヶ里遺跡をはじめ、この地域は、もともと多数の甕棺を出土する甕棺部族の集落であった。

しかし、弥生時代後期になると、安永田遺跡や柚比本村遺跡などの山沿いの丘陵にある遺跡群は急速に縮小し、八ツ並金丸遺跡など数カ所を残すだけになる。そのいっぽう、平野部に近い段丘先端部では複数の大規模な環濠集落が形成される。

その一例が、藤木《ふじのき》遺跡である（P133図）。

藤木《ふじのき》遺跡からは、広大な筑紫平野や筑後川が見渡せる。そして、眼前に横たわる宝満川の向こうに、平塚川添の大集落を中心とする天津神軍の戦いの構えを望むことができたであろう。

藤木《ふじのき》遺跡は、吉野ヶ里遺跡と平塚川添遺跡のちょうど中間に置かれ、宝満川を防衛線とした吉野ヶ里軍の最前線の拠点である。天津神軍の侵攻に対処するために備えられた大規模な環濠は、宝満川を挟んだ双方の戦いが大掛かりな総力戦であったことを窺わせるのである。

戦いの結果はその後の遺跡の状況から推測することができる。

山沿いのこの地域の遺跡からは、長い間行われてきた甕棺墓時代の遺物だけでなく、鉄製武器や鏡、あるいは、箱式石棺など、須佐之男命《すさのお》たちによって玄界灘側から持ち込まれたと思われる遺物もまた出土する。

たとえば、神埼郡東脊振村と三養基郡上峰町にまたがる二塚山遺跡をみてみよう。ここでは、甕棺から前漢鏡である内向花文清白鏡と内向花文昭明鏡が出土したのに対し、石蓋《がい》土壙墓から後漢鏡の流文縁獣帯鏡が出土している。

甕棺墓の時代の二塚山集落の主は、前漢に朝貢した玄界灘側の王から複数の前漢鏡を賜るほどのこの地域の有力者だったのであろう。しかし、甕棺墓制を持たない人びとが後漢鏡や素環頭太刀などの鉄製武器を持って集落に入り込んだように見える。

前述の、福岡市埋蔵文化財センター浜石哲也氏が「佐賀平野を含めた地域では、甕棺墓と同一墓域内で土壙・石蓋《がい》土壙墓に引き継がれる状況もある」と述べるように、佐賀平野を含めた筑紫平野の各地で、二塚山集落と同じように墓制の交代現象が起きているのである。

これは、甕棺墓制を持たない高天原勢力の人々が、筑紫平野各地の甕棺集落を陥れ、集落と墓域をそのまま活用したことを意味している。この地域に「丸」付き地名がほとんどないのは、既存の集落を砦として活用したため新たに築く必要がなかったことが理由である。

もうひとつ、背振山地東端の鳥栖市にある安永田遺跡をみてみよう。ここでは、甕棺墓とともに、中広形銅矛の鋳型と銅鐸の鋳型、鉄剣が出土している。次章で詳しく述べるが、中広形銅矛は高天原連合軍が用いたものである。これは、この集落が高天原連合軍に敗れたのち、彼らによって中広型銅矛と銅鐸の生産拠点として使用されたことを示している。

さて、吉野ケ里の周辺では、流雲文縁獣帯鏡《りゅううんもんえんじゅうたいきょう》などの後漢鏡と、素環頭太刀などの鉄刀をセットで副葬した墳墓が点在している。佐賀県教育委員会では、二塚山や三津永田、横田、松葉、一本谷の、少なくとも五遺跡でこのような状況を確認しているという（下図）。

鉄刀と共に出土する後漢鏡は、鉄製武器が普及した時代、すなわち邪馬台国の時代以降のものであり、卑弥呼が魏から大量に入手したものの一部である可能性がある。このような鏡は吉野ヶ里の周辺からは発見されるが吉野ヶ里からは発見されていない。これら吉野ヶ里とその周辺の集落の状況は、高天原連合軍が、背振山地の山裾を北東の方向から吉野ヶ里に

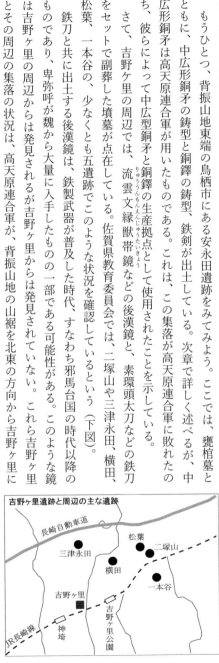

向かって攻め寄せて、ついに、吉野ヶ里の北東側に隣接する集落を投降させ、鏡と鉄剣を持った有力者が占拠したことを示している。彼らは須佐之男命の軍勢の一翼を担って、吉野ヶ里の甕棺部族を攻撃し撃滅させたのだろう。

## ■吉野ヶ里

それでは、筑紫平野の甕棺部族の本拠・吉野ヶ里遺跡に注目してみよう。

吉野ヶ里遺跡は弥生時代末期に防御機構を強化して、大環濠の内側にもう一つ環濠を作り、北内郭と南内郭を築いている。

北内郭はアルファベットのAの形をしていてAの文字の下側に当たる正面部分を北東に向けている。この方向の意味を佐賀県教育庁文化課の七田忠昭氏は夏至の日の出の方向と推定した。この地域の夏至の日の出は真東から二七〜八度北へ傾いた方向である（P133図）。

しかし、吉野ヶ里からこの方向を見ると、そこには平塚川添遺跡がある。平塚川添の方向がよく見える位置に望楼を配置した北内郭は、日の出の祭祀のためというよりは、筑紫平野の東側に忽然と出現した敵の軍事基地と、その方向から攻め寄せる敵軍を意識して作られたと理解すべきであろう。

さて、吉野ヶ里の環濠の構造をみると、敵の前にまず高い堤を設けて、その手前の内側に深い濠が掘られている。現在各地で見られる中世の城郭は、まず濠があってその手前に堤があるので、吉野ヶ里はこれと全く逆なのである。

敵からの防御を目的とした環濠や城郭であるのに、吉野ヶ里の環濠がこのような構造なのはなにか理由があるはずである。その理由を私は次のように考える。

鉄が普及する以前の、石鏃などの殺傷力の弱い弓矢で戦うときは、至近距離で矢を的中させないとなかなか敵を倒すことができない。吉野ヶ里にあるような高い堤と深い濠は、殺傷力の弱い弓矢を有効に機能させるための仕掛けではないかと思うのである。

吉野ヶ里のような構造にすることで、いったん濠の中に侵入した敵兵は、集落の内部に攻めかかるときも、反撃を受けて堤を登って逃げようとしても、長い急斜面をなかなか登れない。ここで手間取っている間に至近距離からの矢を何発も受けて大きなダメージを受けることになる（P593写真参照）。

吉野ヶ里は、弥生時代末期に、高天原から押し寄せた天津神の軍勢に攻撃された。前述のように、吉野ヶ里は鉄の武器をほとんど持っていなかったと思われるし、高天原軍は鉄の鏃をたくさん保有していたと考えられるので、このときの双方の武器のレベルには大きな格差があったと思われる。

見劣りする武器での戦いを余儀なくされた吉野ヶ里集落は、堤とその手前側の溝を高く深く発展させ、武器のハンディをこれによってカバーしようと考えたのではないだろうか。

堅固な要塞を誇った吉野ヶ里であったが、やがて陥落する日が来た。吉野ヶ里の環濠は、弥生終末期に突然廃絶し、壕は西新式土器を含む土砂によって埋められたという。

西新式土器は、福岡市早良区の西新町遺跡など玄界灘沿岸地域で弥生時代終末に盛んに行われていた土器で庄内式土器と同時代のものとされている。壕を埋めた土砂の中に西新式土器が存在したことは、弥生時代末期に玄界灘側の軍勢がこの地域に押し寄せて来たことを裏づけている。

筑紫平野で数百年続いた甕棺部族の国は吉野ヶ里の陥落によって終焉を迎えたのである。玄界灘沿岸の伊都国の甕棺部族は倭国大乱の敗北によって二世紀末に甕棺墓制を廃絶したが、筑紫平野ではそれから数十年後の西暦二四〇年代に須佐之男《すさのお》命によって伝統的な墓制を放棄させられたのである。

吉野ヶ里では今日までに甕棺墓が約二八〇〇基、土壙墓約三六〇基、箱式石棺十三基が確認されている。圧倒的な数の甕棺は、ここが筑紫平野の甕棺部族の中心として長い期間繁栄していた証しである。注目すべきはわずかではあるが箱式石棺が存在することである。これは、吉野ヶ里の終末期に、甕棺墓制を持たない須佐之男《すさのお》命たちの軍勢が吉野ヶ里にとどめを刺し、最後の短期間、ここを占拠し利用した痕跡と理解できるのである。

なお、二〇二三年五月に北墳丘墓西側の日吉神社跡地から弥生時代後期の石棺墓が発見された。墓には四枚の石からなる全長約2.3mの蓋があり 墓坑は全長約3.2m、幅約1.7mでこの地域の他の石棺墓より規模が大きい。見晴らしの良い丘陵の頂部に位置することもあり、有力者が埋葬された可能性があるとみられている。邪馬台国と絡めて注目されたが、この地域を占拠し統治した高天原軍の然るべき人物の墓所と思われる。

吉野ヶ里遺跡では、巴形銅器の鋳型や、さまざまな鉄製品が発見されている。須佐之男《すさのお》命に率いられた高天原連合軍は、吉野ヶ里を新たな拠点として巴形銅器や武器を作り、筑紫平野全地域の制圧と、さらにその南に広がる玉名平野や熊本平野への進出にむけて、軍備を整えていたのであろう。

灰塚照明氏の調査では、吉野ヶ里遺跡の西側約五キロの佐賀市上泉（上和泉）にも「日の本」という地名がある（P133図）。これは吉野ヶ里で新たな体制を整えた天津神の軍勢がさらに西側の惣座遺跡などの集落を攻略するための基地であろう。

惣座遺跡は、吉野ヶ里の西一〇キロほどの嘉瀬川のほとりに位置し、佐賀平野では吉野ヶ里とならぶ巨大遺跡である。高速道路工事に伴う限定的な調査ではあったが、この遺跡から竪穴住居四三棟、掘立柱住居十四棟と二重の環濠が発見され、この地域の拠点集落であるとされている。周辺の集落とともに吉野ヶ里陣営の一翼を担っていたのであろう。

そして、吉野ヶ里の南や南西方向にも点々と「丸」付き地名が続いていて、この地域でも戦いが行われたことを示している。筑紫平野から巴形銅器が多数出土するのは、吉野ヶ里で軍備を整えた高天原連合軍がこの地域に進出した証拠と思うのである。

## 一〇．戦争と青銅器

### ■鏡の効用

北部九州から鏡、銅矛、銅戈、あるいは、銅鐸など、さまざまな青銅器が出土する。戦乱の時代にこれらの青銅器はどのように活用されたのであろうか。ここでは、さまざまな青銅器の役割について考えてみようと思う。

まず、この時代に重要な役割を果たした鏡について考えてみよう。

北部九州に初めて大量の鏡をもたらしたのは、三雲南小路や須玖岡本の王であった。彼らは前漢の都からはるばる持ち帰った鏡をなにに使ったのだろうか。

嘉穂盆地の立岩遺跡では、十号甕棺から内向花文清白鏡など六枚の優美な前漢鏡が出土したのをはじめ、複数の甕棺に合計十枚の前漢鏡が副葬されていた。璧の加工品を出土した東小田峰遺跡の甕棺からも内行花文清白鏡や内行花文日光鏡などの前漢鏡が出ている。また、筑紫平野側では吉野ヶ里の北東の東脊振村二塚山遺跡から内向花文清白鏡や内向花文昭明鏡などの前漢鏡が発見され、吉野ヶ里遺跡近くの甕棺からも小型の前漢鏡が出ている。

彼らは持ち帰った前漢鏡を、筑紫平野も含めた甕棺部族の国のなかの各地の首長たちに分配し、これらの首長が三雲南小路や須玖岡本の王と強い絆で結ばれていることを示す威信材として活用したと考えられる。

そのつぎに大量の鏡を北部九州に持ち込んだのは、井原鑓溝《いはらやりみぞ》や桜馬場《さくらのばば》の王たちであった。彼らは後漢に朝貢し大量の後漢鏡を北部九州にもたらした。注目すべきは、彼らの墓所から後漢鏡と共に巴形銅器が出土することである。

盾の飾りとして用いられた巴形銅器の意味についてさまざまな見解があるが、私はこれを、太陽をかたどった呪具であり、盾に取り付けて用いたのは、太陽光線の霊力を敵にあびせかけるのがその目的であると考えている。そして、巴形銅器の存在は、井原鑓溝《いはらやりみぞ》の王の時代に、鏡の新たな活用法と太陽の不思議な力を崇める信仰が成立していたことを示すものと考えるのである。

太陽信仰の成立の経緯を、私は次のように推理する。

当初は威信材として活用されていた前漢鏡であったが、鏡で太陽光を反射して目に当てると、本人の意思とは無関係に一瞬瞳孔が閉じ、視覚が奪われることに気がついた。当時の戦法は矛や戈や石斧による接近戦だったので、相手の顔に反射光を浴びせると、相手の戦闘能力を著しく減じ、戦いを有利に展開できる効果があることに気がついたのである。

たとえば、剣道の試合中に、一方の剣士の目に手鏡で太陽の反射光を投射したらどうなるか想像してみて欲しい。一瞬視界を失った剣士は簡単に相手の一撃を食らうであろう。また、野球のバッターの目に太陽の光を投射したら、ボールを打つのは難しくなるだろう。

井原鑓溝《いはらやりみぞ》や桜馬場《さくらのばば》の王のころまでには、三雲の王などが持ち帰った前漢鏡を戦いの中で活用すると、絶大な効果を発揮することが理解され、鏡による幻惑戦法と、太陽光線の不思議な力を崇める祭祀が確立していたと思うのである。

井原鑓溝《いはらやりみぞ》の甕棺部族の王・帥升たちは、倭の奴国と福岡平野で戦ったとき、あるいは朝鮮半島の倭人の本拠を攻撃した際に、鏡を有効に活用して作戦を有利に展開したのであろう。そして、鏡の効用を知った彼らが後漢の都に朝貢した時には、再び大量の鏡を入手して持ち帰ったと思われるのである。

宗像や遠賀川下流域に進出した倭人は鏡を持たなかった。同じようなレベルの武器を双方が持っていたとしても、鏡の威力は絶大であり、鏡の有無によって倭人と甕棺部族の戦力に決定的な差が生じたと推定される。

高天原の天照大御神（卑弥呼）は、筑紫平野で戦いを始める前に、魏に使者を送って大量の鏡を要求した。その理由は、高天原に集まった兵士たちが、過去の戦闘で鏡の効用を理解し、鏡の有無が勝敗に大きく影響することを知っていたからであろう。

戦力的に上まわる敵と戦うかも知れないことを予測していた天照大御神は銅鏡百枚を手に入れ筑紫平野での戦闘に備えて態勢を整えたのである。

## ■破鏡・摩耗鏡

割れた鏡に穴をあけ、紐を通して携帯したと思われる「破鏡」が出土する。

たとえば、高知県の西分増井遺跡の弥生後期中頃～末期の地層から、小型仿製鏡一面と舶載鏡片が三点出土した。そして、鏡片は断面が摩耗していて長期間用いられたことを示しており、また、二例には小孔があけられている。

鳥取県の青谷上寺地遺跡で発見された破鏡（下図）について、鳥取県埋蔵文化財センターの説明文は次のように記している。

「青谷上寺地遺跡でも、鏡は七面出土しています。写真をご覧ください。なんだ、破片じゃないかと思われるかもしれませんが、よく観察すると、破れ口が丁寧に磨かれています。また、小さな穴を数カ所開けており、紐を通し身につけたりして使用していたようです。」

破鏡は西日本で約四〇個、東日本で七個ほどが出土している。これらの破鏡は、鏡の入手が

青谷上寺地遺跡出土の破鏡

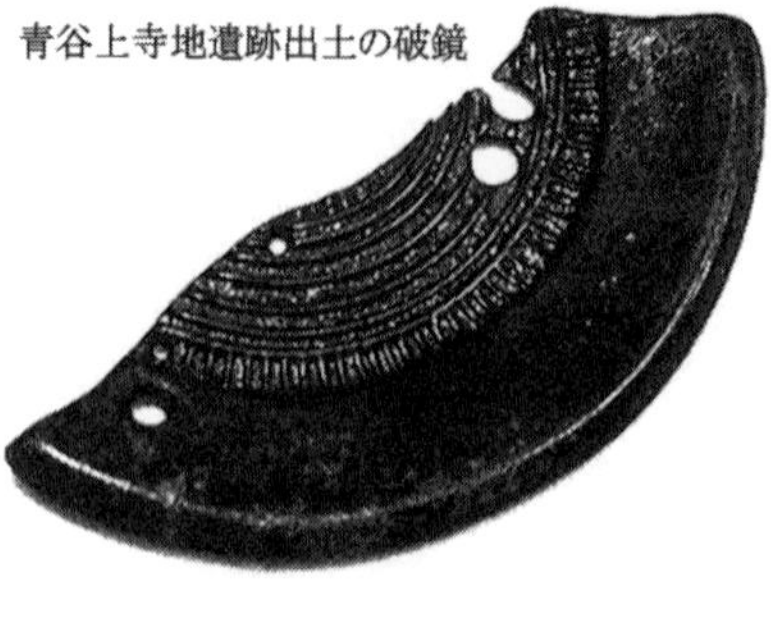

難しい地域で、苦肉の策として完全な鏡を砕いて鏡の数を増やしたものと推定される。あるいは、戦場では武器を片手に持っているので、大きな鏡は扱いにくいため、砕いて片手で楽に扱える大きさにしたとも考えられる。

京都大学の岡村秀典氏は、破鏡の出現時期について次のように述べる。

「北部九州では漢鏡三期は全て完全な形のまま甕棺墓に副葬していたが、漢鏡四期の鏡になると、その取り扱い方に変化の兆しが現れる。破鏡はそのひとつである。」

また、岡村氏は井原鑓溝《いはらやりみぞ》遺跡から出土した後漢鏡は鏡式を判別不能も含め、大半が漢鏡四期の方格規矩四神鏡であると述べる。つまり、破鏡の出現は井原鑓溝《いはらやりみぞ》遺跡の時代であり、このころから鏡が戦具として使われはじめ、完形品を砕いてでも多くの鏡が必要になったことを示しているようにみえる。

破鏡の断面が摩耗しているのは戦場の緊迫した状況で何度も強く握りしめられた結果か、あるいは、強く握っても痛くないようにあらかじめ角を丸めたためと考えられ、戦争の中で鏡を活用したことを裏付けているように見える。

また、福井市花野谷町の花野谷一号墳（四世紀前半）で出土した前漢の連弧文銘帯鏡（九・六センチ）は、裏面の文字が読み取れないほど摩耗している上、ひもを通すための穴が開いた中央のつまみ（鈕）が壊れ、鏡の縁近くに代わりの穴が開けられていた（下図）。

これについて、岡村秀典氏は「西漢（前漢）鏡が伝世品であることは摩耗や補修孔により確実。」「三角縁神獣鏡の配布により伝世の鏡が不要となり副葬されたのではないか」と述べる。

つまり、初めにこの鏡を手に入れた地方豪族が、代わりの三角縁神獣鏡を入手するまで代々子孫に伝え、大切に扱っていたのではないかと言うのである。しかし、大切に使いながら代々伝えただけでは、あるいは、普通に使っていたとしても、このような摩耗や破損状態にはならないであろう。かなり荒っぽい使われ方をしたと考えたほうが良い。

花野谷1号墳出土の鏡（鈕が破損している）

鏡を戦場で使う時には、鏡の鈕に通したひもを手に巻き付け、掌や指で鏡の縁や裏側を支えて使ったと考えられる。花野谷一号墳の摩耗鏡は、緊迫した戦場で何度もこのようにして使われたので、ひもが強い力で鈕を引っ張り、掌や指先が鏡の裏をこすった結果、鈕が破断し、文字がすり減ってしまったのであろう。

吉野ヶ里遺跡では、後漢鏡の本体からちぎれてしまった鈕の部分が出土している。通常の鏡として使用したのでは考えられない破損の状態である。これも、鈕に通したひもを、強い力で引っ張った結果、鋳物の弱い部分が破断した可能性がある（下図）。

次項で述べる小型仿製鏡Ⅱ型の鏡の中にも鈕の部分が破断した例が二例ほど見つかっている。鏡が戦具として一般的に使われていたことを示しているのではないか。

## ■小型仿製鏡Ⅱ型

小型仿製鏡Ⅱ型とよぶ直径八センチほどの粗製の国産鏡がある。この鏡は甕棺からは全く出土せず、箱式石棺から多数出土することから、邪馬台国時代に高天原連合の部族が用いた鏡であると判断される。

地域的にみると、北部九州では朝倉盆地から筑紫平野にかけての筑後川流域の地域から数多く出土するのが特徴で、熊本平野や福岡平野にも分布している（次頁図）。（安本美典『吉野ヶ里と邪馬台国』）

邪馬台国時代の緊迫した筑紫平野に集中的に分布することと、このころの鏡は戦いに勝つための必需品であったことを考えると、小型仿製鏡Ⅱ型の鏡は、筑紫平野での戦争の中で使用されたものと推定される。福岡平野での戦乱に決着を付けた高天原連合軍が、須佐之男《すさのお》命に率いられて筑紫平野に進出するときに、新たに用意した鏡と考えられるのである。

高天原と想定した太宰府・筑紫野付近の御笠遺跡群G地区で小型の仿製鏡が出土した（下図）が、

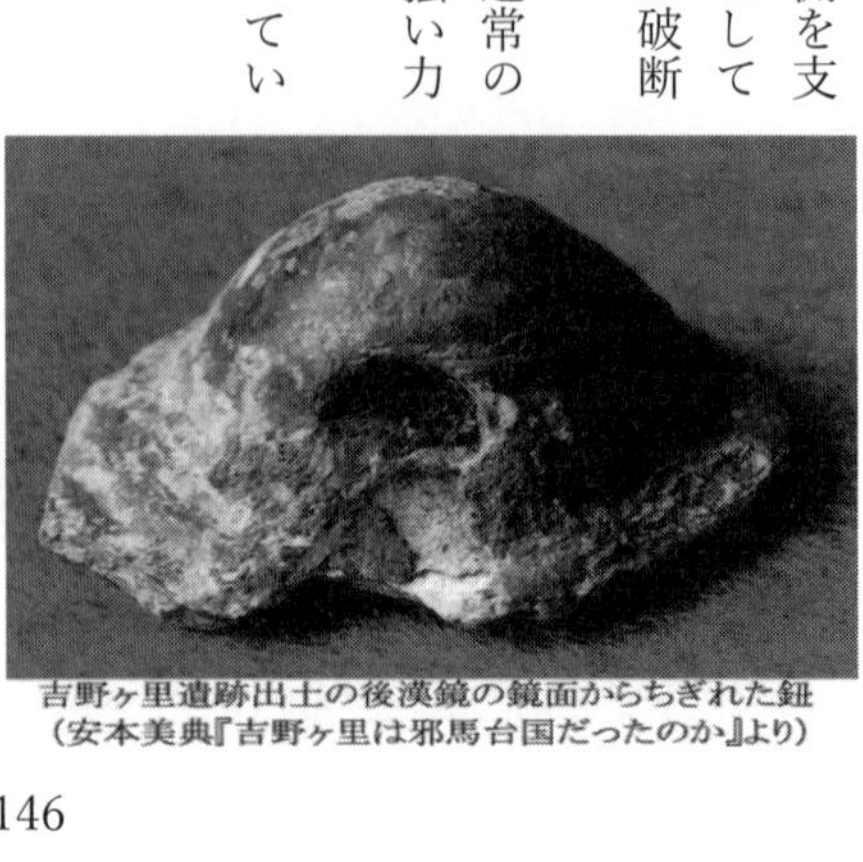
吉野ヶ里遺跡出土の後漢鏡の鏡面からちぎれた鈕
（安本美典『吉野ヶ里は邪馬台国だったのか』より）

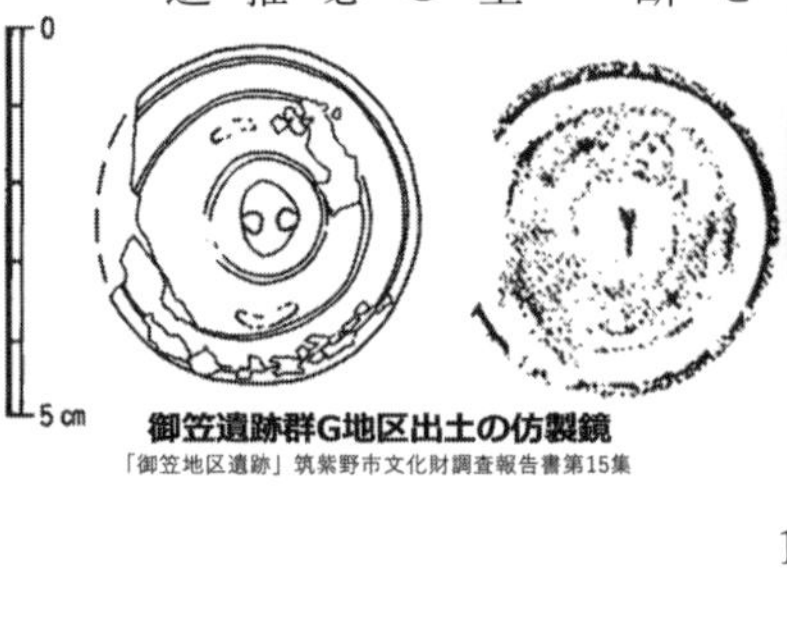

御笠遺跡群G地区出土の仿製鏡
「御笠地区遺跡」筑紫野市文化財調査報告書第15集

直径が四センチほどと超小型であり、銅の質、鋳上がり共に不良で、おまけに鈕が鏡の中心をややはずれた出来の悪いものである。これは小型仿製鏡の初期のものか、あるいは、戦いに備えて高天原で大量に作る前の試作品ではないだろうか。

高天原軍はこれから大規模な作戦を展開するために数多くの鏡を用意したかったが、彼らが保有していた銅鏡や銅材料は十分な量ではなく、筑紫平野の敵に確実に勝利するためには中国から銅鏡を輸入しなくてはならないと考えたのであろう。卑弥呼が魏へ朝貢したのはこのようなせっぱ詰まった事情があったと考えられる。

高塚遺跡出土の棒状銅製品と貨泉（岡山県立博物館）

しかし当時の魏は銅鉱山が南方の呉に占拠されていたので銅が潤沢にあったわけではなく、中国から鏡を入手するのは容易なことではなかった。卑弥呼が入手した百枚の銅鏡も、倭の女王の特別の依頼でようやく集められたものであろう。

二千年に、岡山県の弥生時代後期の高塚遺跡から、万年筆ほどの大きさの銅のインゴット（棒状銅製品）が出土した（上図）。

邪馬台国時代の鏡の分布（『吉野ヶ里と邪馬台国』安本美典による）

これは、中国の銅製品の製造工場から製品になる前の素材（インゴット）を集めて、持ち帰ったものと思われ、銅鏡をつくるために多量の銅を必要とした女王国の一行が、材料になるものなら何でもかまわず集めてきた証拠ではないかと思うのである。

高天原軍は、多数の鏡を必要とした。卑弥呼が手に入れた百枚の鏡ではとても足りない。そこで、それまでに輸入した銅製品や輸入鏡を溶かして材料とし、数を作るために径を小さくした鏡を大量に鋳造したのであろう。このような経緯で製作されたのが小型仿製鏡Ⅱ型の鏡だと推理するのである。

## ■千人の婢《はしため》と小型仿製鏡

小型仿製鏡は、光を反射させることが目的の実用的な鏡なので裏側の模様などはどうでも良かった。手間をかけずにたくさん作るために模様のできばえを気にすることはなかったのであろう。小型にしたのはもちろん数を増やすためと考えられるが、私は、もう一つ重要な意味があったと推理している。

八センチという鏡の大きさはちょうど手のひらにすっぽり収まり、片手で扱えるので戦場での実用面を考慮した結果でもあろう。この大きさと重さならば、おそらく女性にも容易に扱えるサイズであろう。

すこし話は変わるが、『魏志倭人伝』には卑弥呼の宮殿に婢が千人いたことが記されている。そして、千人もの婢がいたにもかかわらず、飲食を供し言辞を伝えるのは一人の男子が行っていたと記される。

卑弥呼の食事の世話もしない千人もの婢はなにをしていたのであろうか。

また、千人のための住居はどうしていたのであろうか。

大型掘立柱の建造物が発見されたことで有名な大阪の池上曽根遺跡は、広さが六十万平方メートルもある大きな環濠集落で、弥生時代の「クニ」のひとつであったともいわれている。この遺跡の人口についてはさまざまな解釈があるが、五百人とか千人とかいわれているのである。

千人の人が暮らすためには、池上曽根の大環濠集落ほどの大集落が必要なのである。

女王卑弥呼がいかに大切にされたにしても、戦争のさなかに千人もの徒食の婢をかしづかせ、彼女たちのために池上曽根遺跡ほどの大集落を維持するほど余裕があったとは思えないのである。

さて、ここからは少々大胆な推定といわれそうだが、私は、この大勢の婢たちは、小型仿製鏡を携えて戦場に向かった巫女部隊ではないかと推測するのだが、いかがであろうか。

女性が戦闘要員になったことは『日本書紀』にも事例がある。

神倭磐余彦命が宇陀に入り八十猛と戦った時、八十猛が「女坂には女軍《めいくさ》を置き、男坂には男軍を置いた」ことが記されている。また、神倭磐余彦命が兄磯城と戦った時には、椎根津彦のはかりごとで、神倭磐余彦命側の「女軍《めいくさ》」が前線に出て兄磯城の軍勢と戦ったことが記されている。

『古事記』には、天照大御神が、須佐之男《すさのお》命と天の安の河原で「うけい」を行う際に、男のように武装して須佐之男《すさのお》命を待ち受けたことが記されている。

女性が武装して戦いに臨むことがあったのである。卑弥呼の千人の奴婢も「女軍《めいくさ》」として戦場に赴いた可能性は十分にあると思うのである。

戦場に赴いた天照大御神の奴婢たちは、戦勝の祭祀を行うと共に、小型の鏡を持って戦いの場で敵兵に太陽の反射光を浴びせることをやったのではないかと思うのである。

余談になるが、群馬県太田市の塚廻り三号墳や四号墳の形象埴輪のなかに、女性が腰に鏡をぶら下げたものがある（下図）。この埴輪はシャーマンという解釈がされているようだが、卑弥呼の奴婢が鏡を持って戦場へ行った時の姿を彷彿とさせる。また、高崎市の綿貫観音山古墳からは、三人の巫女が、鏡のような円盤を二枚づつ背中に背負った埴輪が出土している。かつて巫女が鏡を携帯していたことの伝統が古墳時代まで残っていたとも考えられるのではないか。

巫女が鏡を持って戦場に向かったと考えた理由は、高天原の連合軍の兵力の問題であ

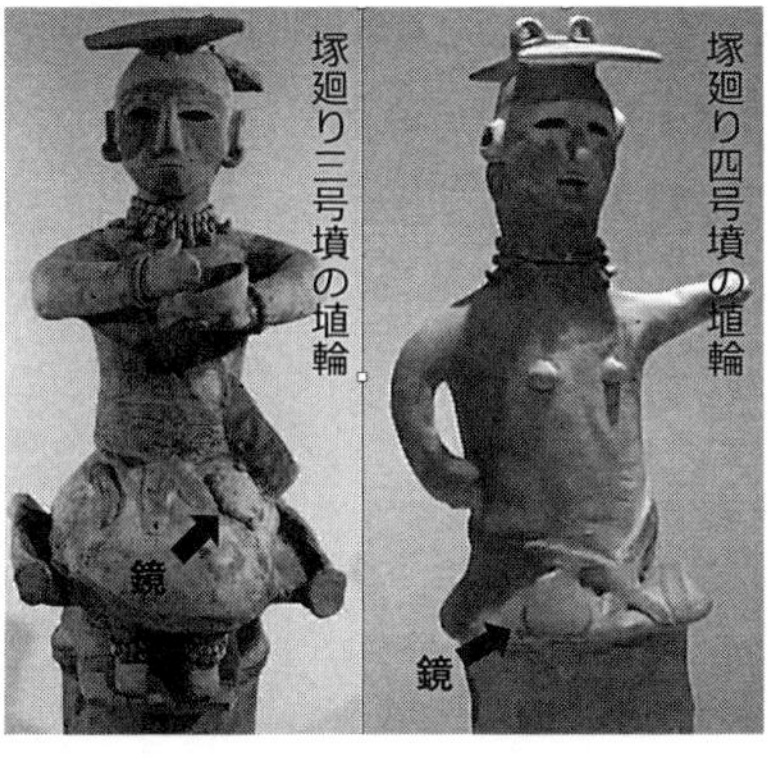

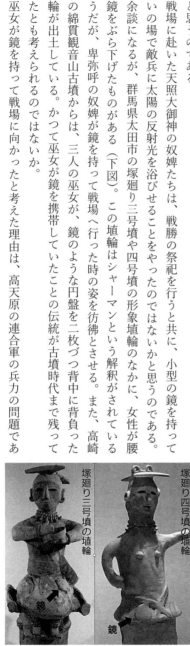

る。福岡平野と筑紫平野の平地の面積を比較すると、筑紫平野の方が圧倒的に広い。すなわち、筑紫平野にはたくさんの兵士を養う環境が備わっていたので、吉野ヶ里に結集した軍勢は高天原連合軍よりも数が多かった可能性がある。

高天原軍が多数の鏡を必要とした理由は、ここにあったのではないか。つまり、互角以上の兵力の敵と戦うことが事前に予測できたためその対策として鏡を用意したと考えるのである。

このように兵士の数が劣る状況では、戦いの際に鏡が有効であっても、男の兵士の多数が鏡を操作するわけにはいかないだろう。ただでさえ人数が少ないのに、敵と直接刃を交わす兵士がますます不足する。その打開策として女性にも出番が回ってきたのだと思うのである。

女性にも扱える鏡は女性部隊に任せて、兵士たちは盾を構え、あるいは、矛や戈を振りかざして敵兵に向かっていったのではないか。

### ■戦法と鏡

反射光の幻惑効果によって、戦いの中で鏡が効果を発揮するのは、接近戦が行われた場合である。弓矢の戦いのように、敵が離れたところで弓を構えている場合にはほとんど効果はなかったと思われる。反射光を敵の目にうまく当てるのが難しくなるのと、光を受けて目がくらんでも、回復するまで待つ時間的な余裕があるからである。接近戦の場合は視界を奪われた一瞬が命取りになる。

筑紫平野から小型仿製鏡Ⅱ型が数多く出土することは、高天原連合軍と敵対した筑紫平野の軍勢が、弓矢をあまり使わずに、矛や戈や石斧で戦う接近戦を主な戦法としていたことを示している。

彼らが弓矢の戦いを限定的にしかできなかったのは、大量に消費される鏃の調達が困難だったためと考えられる。石鏃は一つ一つ加工するので製作に時間がかかり大量生産には向かない。銅も潤沢にあったとは思えないし、鏡の材料でもある重要な輸入金属なので、鏃にして使い捨てにすることはできない。鉄も当初は半島からの貴重な輸入品であった。

接近戦で挑んでくる筑紫平野の敵に対して、鏡による幻惑作戦は大変効果的だったと思われるのである。

飛び道具を持たない敵に対して鏡は大変効果を発揮したが、相手が潤沢に弓矢を持つようになった時、戦乱の中での鏡の効用は消滅してしまう。

## ■銅鐸

もう一つ高天原連合軍の戦いぶりについて考えてみたいことがある。高天原連合軍は筑紫平野に数百人あるいは千人単位で部隊を展開したと推定されるが、戦いの中で、離れたところにいる兵士や部隊の間の連携をどのようにやったのかということである。人の声の届く範囲は限られている。なんらかの連絡手段があったはずである。

私は、銅鐸はこのために用いられた道具ではないかと思っている。当時は大きな音を発する道具が他になかったと思われるからである。

映画の中で、ホラ貝を吹いて出陣する中世の戦いのシーンを見たことがある。音の合図によって部隊が整然と運動を始める場面である。

銅鐸もホラ貝と同じように使用されたのだろう。高天原連合軍は、「突撃！」とか「退却！」など、あらかじめ決められたパターンで銅鐸を鳴らし、大勢の兵士たちを機動的にコントロールしていたと考えられるのである。

また、このころは大きな金属音を聞くことがなかったと思われるので、敵を威嚇したり、身方を鼓舞したりする効果があったかもしれない。銅鐸の内側の帯状のふくらみ（突帯）が摩耗しているものが多数出土するが、これは銅鐸が戦争の中で激しく鳴らされて使われたことを示している。

このような考え方は荒唐無稽なものではなく歴史的な根拠もある。

考古学者の森浩一氏は、石野博信氏との対論集『銅鐸』のなかで次のように述べている。

「『釈名』という後漢代に出来た中国の書物では、「鐸というものは度なり、そして号令の限度なり」というふうに出ている。この文章だけではよくわからないんですが、『周礼』によると「大司馬（大尉）が軍隊の教訓をするときに鐸を使って合図をした」とあります。

中略

それと重要なことは用途からいえば広い意味で武具になってくる。司令官のような人が軍隊に合図をするときに使う道具なんだということでしょう。「度」というのは、けじめけじめにという意味でしょうか。けじめけじめに合図をする道具であるという。さらに『釈名』の古い注に『文事には木鐸を奮い、武事には金鐸を奮う』とあって、武具とみてよいようです。」

森浩一氏は、中国では金属の鐸は武具であったという。日本でも、銅鐸の用途については、中国と同じように武具として用いられたことをまず考えるべきではないだろうか。通説のように銅鐸を農耕儀礼のための祭器と見ることについては学者の主観ばかりが先行して明確な根拠がないように思えるのである。

さて、鳥栖市の安永田遺跡で、中広形銅矛の鋳型と共に銅鐸の鋳型が発見されている。この鋳型は、鰭《ひれ》の部分の鋸歯紋が複合鋸歯紋であることと、全体の様子から、福田型とよばれる特徴的な銅鐸の鋳型と見られている。そして、福田型の銅鐸そのものが吉野ヶ里遺跡の近くで出土したのである。

これらのことは、通説ではかなり古く見られている銅鐸の年代が、中広形銅矛の時代、すなわち、北部九州で鉄製武器が普及し青銅武器が実用品ではなくなった邪馬台国時代であり、高天原軍が筑紫平野に攻め込んだ時代であることを示している。

安永田の集落は、高天原軍に陥落させられた後、吉野ヶ里方面での次の戦いのために、銅矛や銅鐸を製作する工場として高天原軍に利用されたと考えられるのである。

吉野ヶ里の銅鐸について、元国立歴史民俗博物館長の佐原真氏は「安永田遺跡の鋳型と型がほぼ合うので九州で作られたことは間違いない。鋳型の発見以来、いずれは出てくると予想されたが、銅鐸を使った祭祀が九州で行われていたことが裏付けられた」と述べているが、私は、この銅鐸は祭祀用に用いられたのではなく、実用の戦具であり、前述のように須佐之男《すさのお》命の部隊が、安永田の集落で製作した銅鐸を、吉野ヶ里攻撃に活用した証拠と思っている。

## ■青銅製の武器

銅矛、銅戈、銅剣などの青銅製の武器が各地で出土する。これについて考えてみよう。

青銅製の武器の型式は、細型・中細型から中広型・広型へと変化する。

細型は実用の武器であり、鉄器が普及する前の時代に広く用いられたものである。細型銅剣は朝鮮半島に多数分布することから、そのルーツが朝鮮半島にあり、半島を南下した倭人や、朝鮮半島に渡った甕棺部族が入手して北部九州にもたらしたものと推定される。

また、吉野ヶ里遺跡から細形銅矛の鋳型が出土していることから、細型青銅武器は九州でも製作されていたことは明らかである。甕棺から出土する細型銅剣や細型銅矛は国産品が相当数含まれているものと考えられる。

中細型以後の青銅武器、特に中広型・広型は、刃が付いていなかったり、柄を取り付ける部分が未完成だったりして、もはや実用の武器としては役にたたないものであり、武器以外の用途に用いられたと考えられる。

『日本史総覧』（新人物往来社）の

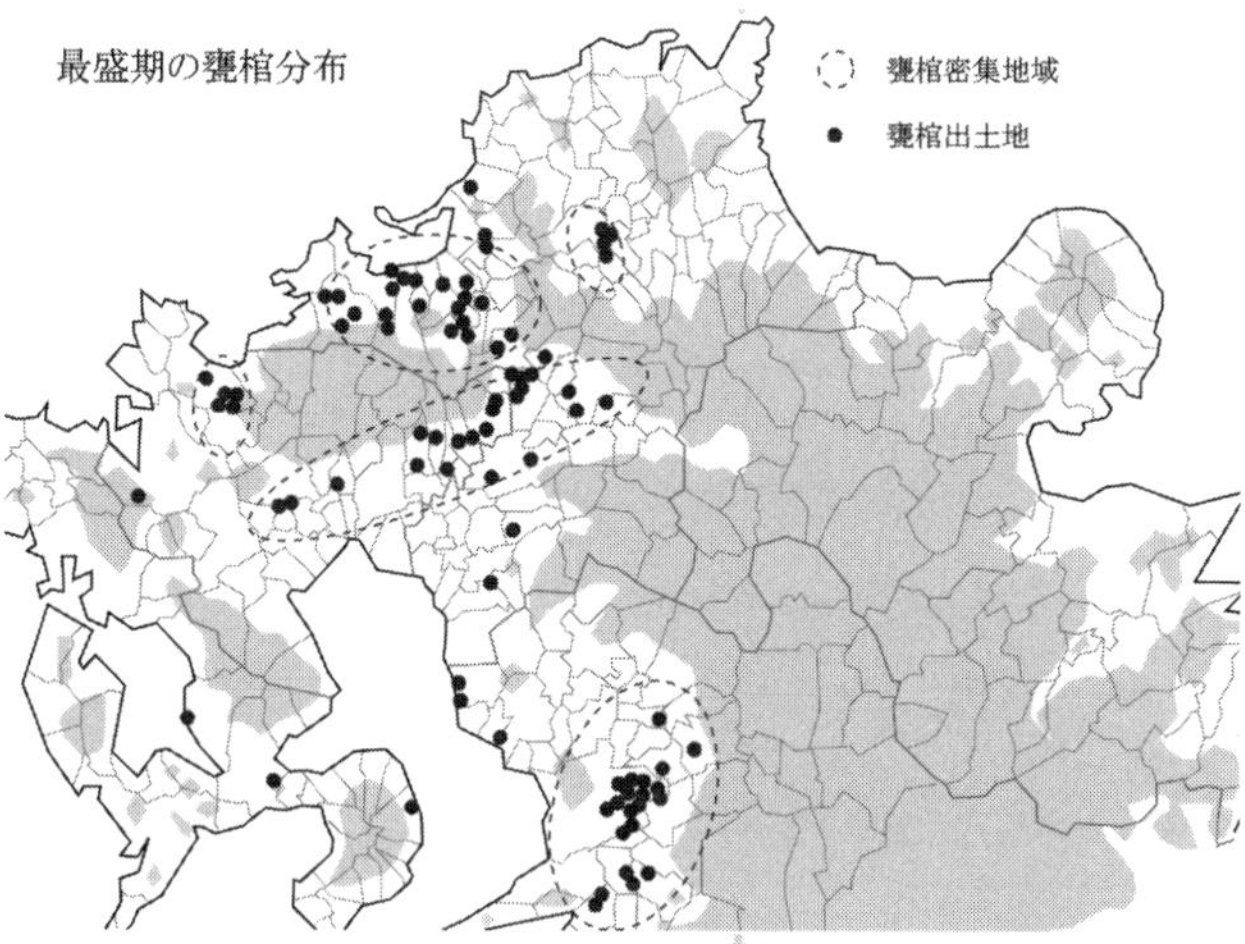


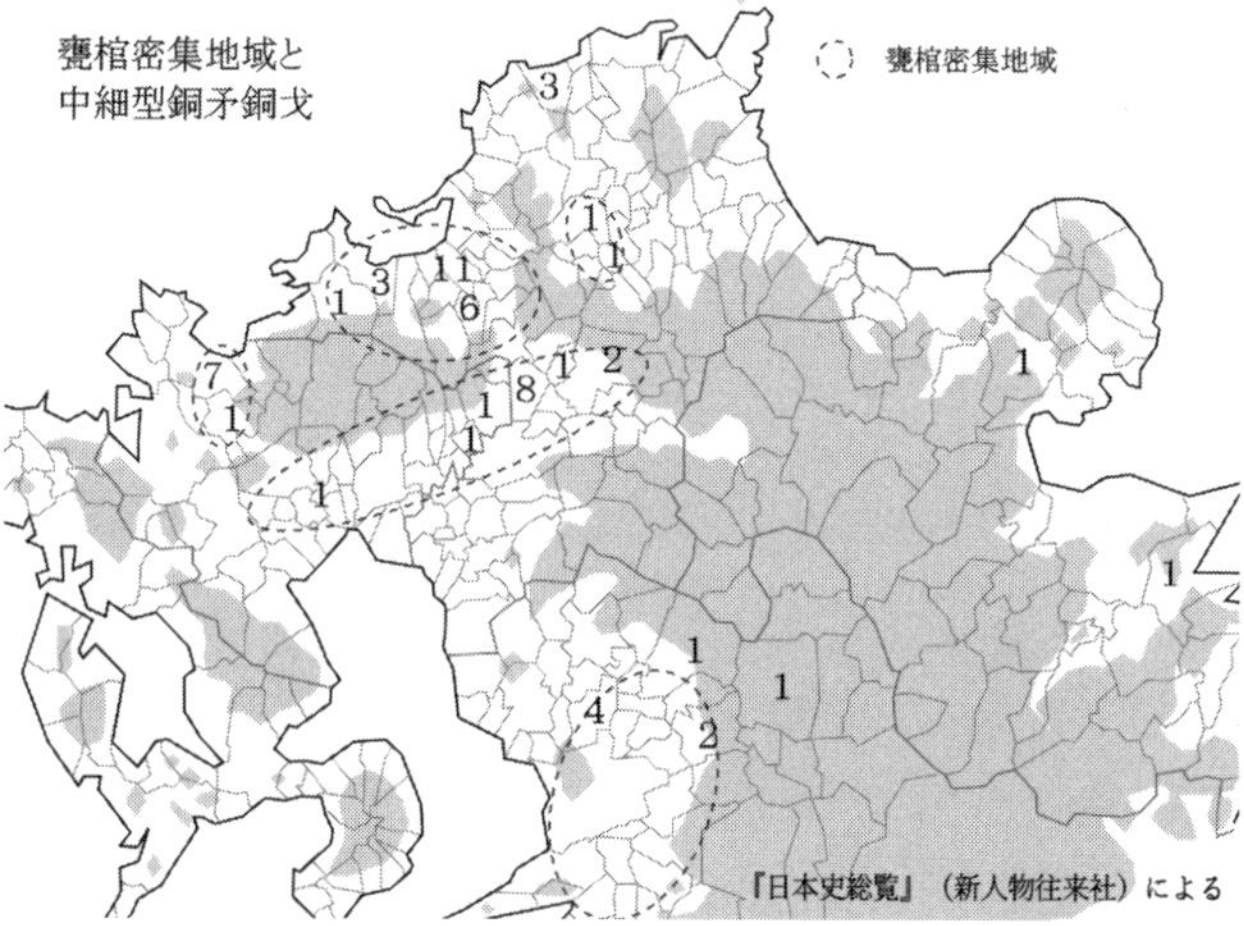


『日本史総覧』（新人物往来社）による

青銅器出土地名一覧によって北部九州で出土した銅矛・銅戈の分布を調査すると、中細型の銅矛・銅戈の分布は最盛期の甕棺の分布とよく一致している（前頁図）。さらに、福岡県、佐賀県出土のものでは、出土状況が確認できる十二例のうち十例までが甕棺から出土していることから、中細型銅矛・銅戈が用いられた時代は、倭国大乱よりも前の、甕棺部族の勢いが盛んであったころであり、甕棺を墓制とした人々が使用したものと判断できるのである。

いっぽう、中広型の銅矛・銅戈は箱式石棺から四例の出土が確認できるが、甕棺からの出土例は見あたらない。中広型は、中細型よりもあとの時代の箱式石棺が広く行われ始めた倭国大乱や国生み以降の青銅器と考えて良いであろう。大乱に勝利した延烏郎や伊邪那岐命の仲間の部族が、大乱以降、邪馬台国の時代の前後に用いたものと考えることができる。

実用の武器としては役にたたない中広型の銅矛・銅戈が大量に出土する北部九州では、邪馬台国時代に、すでに、銅矛や銅戈が実用武器の座を追われ、鉄製のものが実用の武器としてひろく普及していたことの証明でもある。

中広型青銅器の分布で特徴的なのは、春日、太宰府、八女、宇佐、対馬などの特定地域への集中が見られることである（下図）。このうち春日は、多数の金属工房の跡があることから、銅矛などの生産拠点であると考えられ、集中出土の説明ができる。

しかし、その他の地域で中広型青銅器が集中して発見されるのはなぜだろうか。次に、この理由を考えてみよう。

中広形銅矛銅戈の分布

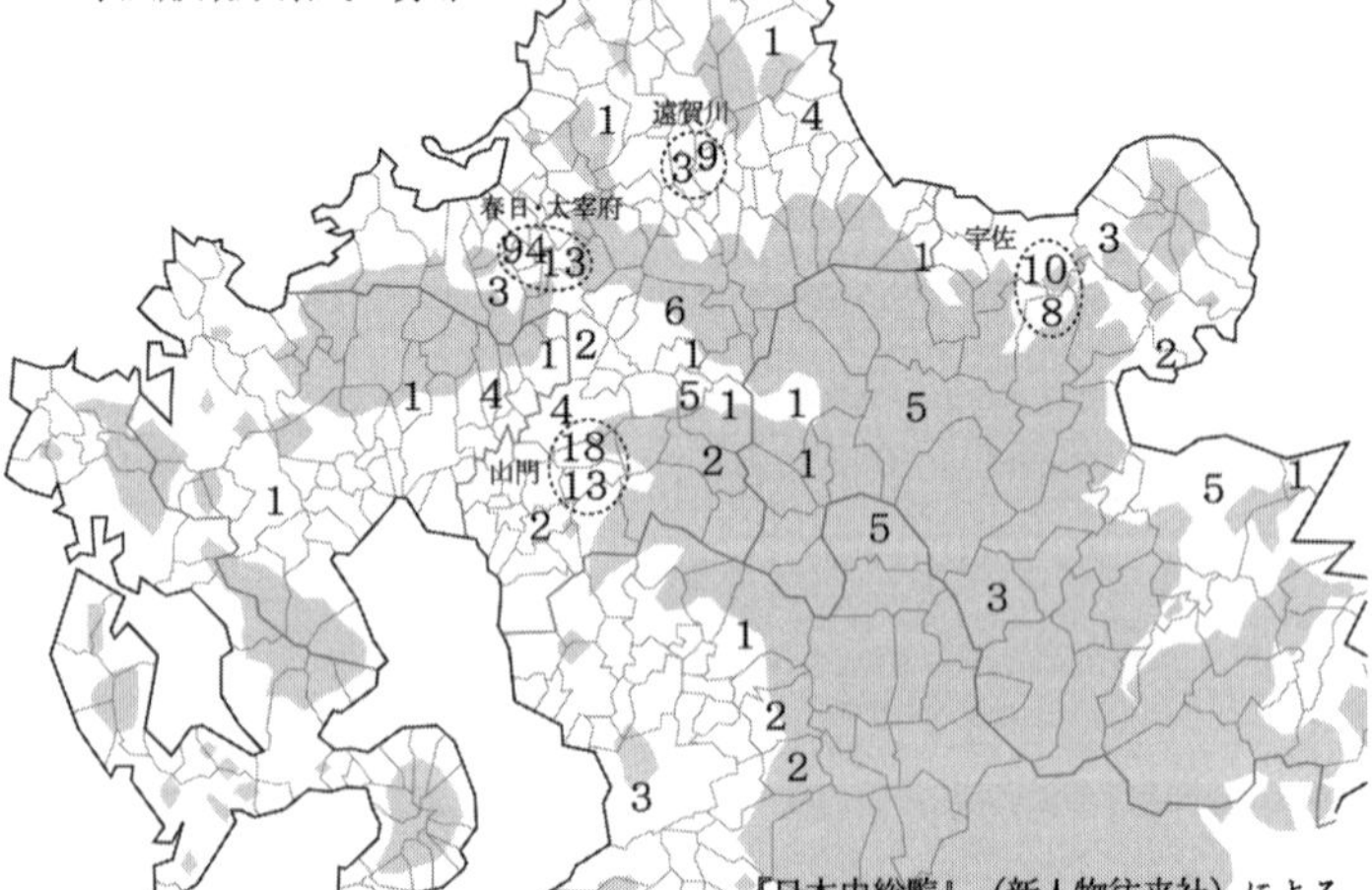


『日本史総覧』（新人物往来社）による

## ■銅矛の用途

まず、武器としてはまったく役に立たなくなった中広形銅矛などの用途について考えてみる。

『日本書紀』成務天皇五年の条に、矛について次のような記述がある。

「五年秋九月、諸国に令して国郡に造長《みやつこおさ》を立て、県邑に稲置《いなき》をおき、それぞれ盾矛《たてほこ》を賜って印とした。」

この話は四世紀末と推定される成務天皇の時代のことであるけれども、古い時代には、地域の長《おさ》に盾や矛を賜ってその印とする習慣があったことを示している。

『日本書紀』の神武天皇紀には、饒速日命に仕える長髄彦に対して、「お前が主君とする人が、本当に天神の子ならば、必ず表《しるしのもの》があるだろう。それを示しなさい」と命じて、長髄彦が饒速日命の天の羽羽矢《ははや》と歩靫《かちゆき》を神武天皇に示すくだりがある。ここには、天津神は、その出自や身分を示す「しるしの物」を必ず持っていると記されているのである。

文字が普及する以前の古い時代には、文字を読めるのは限られた一握りの人々であった。文字を読める人がほとんどおらず、支配のための制度が確立していなかった時代には、地域の長《おさ》が誰であるかを辞令のような文書で示すわけにはいかない。なんらかの目に見える印《しるし》を必要としたことは想像に難くない。

私は、支配者と地域の長《おさ》との主従関係や、地域の統治権のよりどころを明示するために、銅矛や銅戈などの青銅器が用いられたと考えるのである。

支配者から賜った金色に輝く青銅器は、保有者の部族がどの支配者のグループに属しているか一目瞭然であるし、地域の人々からも誰がその地域の長《おさ》であるか一目でわかる。

前漢鏡や、別章で詳しく述べる予定の銅鐸もこのような目的で用いられた可能性が高いと思うのである。

前述したように、前漢鏡は、三雲南小路や須玖岡本の王の権威の象徴であり、前漢鏡を出土した地域は、これらの王に従属して統治のシンボルを賜った首長の支配地と考えることができる。

後漢鏡の時代以降は、鏡が戦具として利用価値の高いことがわかり、鏡は統治のシンボルとしては用いられなくなって、その代わりに銅矛や銅戈などの非実用の武器型青銅器が使用されるようになった。

すなわち、その分布が甕棺の分布とよく一致する中細型銅矛や銅戈などは、この目的で甕棺部族に用いられたものと考えられるのである。

そして、中広形の武器型青銅器は、高天原の勢力のシンボルとして、天照大御神や須佐之男《すさのお》命と各地の首長との主従関係を明示するために用いられたと考えられるのである。

通説では祭器とされるこれらの青銅器だが、銅矛や銅戈を使って祭を行ったという情報はないし、このころ、祭を行わなければならない必然性もない。

しかし、王のテリトリーが拡大した時、広大な領土の各地に腹心の首長を置いて統治するためには、それぞれの首長が間違いなく王に指名された人物であることを判断する物理的な印《しるし》がかならず必要になる。とくに、各地の首長が死去した時などには、目に見えるシンボルを引き継がなければ誰が新しい首長なのかわからなくなってしまう。銅矛や銅戈を統治のシンボルとして活用しなければならない必然性があったのである。

簡単には類似品を作れないハイテク製品の銅矛や銅戈は、このような目的で活用されたものと考えるのである。

天皇家に伝わる三種の神器は、豪族の銅矛とか銅戈のようなシンボルに相当するレガリアと考えられる。

天皇家では、物理的な三種の神器が引き継がれないと天皇位の継承ができない。豪族の場合も同様に、物理的なシンボルの継承によって当主の地位が継承できたのだろう。

## ■中広型青銅器の集中する地域

中広形銅矛や銅戈の用途については、高天原勢力の統治のシンボルとする見方を述べたが、そのほかにも重要な役割があったと私は考えている。

高天原の勢力は、筑紫平野や熊本方面で盛んに戦いを推し進めていた。戦争の中では、これらの青銅器は敵と身方を判断するための目印として利用されたと思うのである。

高天原軍の武将が、金色にかがやく銅矛を柄の先に付けて陣中に高くかざし、自分の存在を周囲に知らしめたのではないかと思うのである。

これによって、混戦の中で兵士は自分と本陣との位置関係を知りながら戦うことができるし、劣勢になった時に逃げ込む方向がわかる。

銅矛の表面を研ぎ分けて綾杉文《あやすぎもん》を施したものがある。角度によって太陽光線の反射光が変化してきらきら輝いて見え、戦場に掲げた時に遠くから識別できるように工夫したものであろう。この意匠は、単なる装飾ではなくて銅矛が野外の太陽光のもとで使われることを前提にしたもので、銅矛が戦いの中で使用されたことを裏づけていると思うのである。

銅矛や銅戈が、旗指物のような目印としての意味を持ち、高天原軍の有力者の持ち物だとすると、これらの青銅器が集中する地域は、高天原軍の有力者が集結していた場所ということになる。

そのような地域は、有力者が集まって、戦略を練り、作戦を立てて命令を発する司令部のような機能が置かれていた場所と推理するのである。

太宰府はそのような銅矛・銅戈の集中地域の一つである。筑紫平野征討作戦は太宰府の総司令部の命令で開始され、須佐之男命《すさのお》はここから筑紫平野に攻め込んでいったと思われる。天照大御神は、筑紫平野を見わたす筑紫野の天山《あまやま》付近に進出し、須佐之男命《すさのお》の勝利を神に祈ったのであろう。

もうひとつ、中広形青銅器が集中出土する理由として考えられるのが宝物倉庫である。

『出雲国風土記』には、加茂岩倉遺跡のある神原郷のことを、「天の下つくらしし大神（大国主命）の御財《みたから》を積み置き給ひし処なり。」と記している。

後に詳しく述べるが、大国主命の御財《みたから》とは、銅鐸や銅矛のことと推定され、出雲では、各地の首長に与える予定の宝物を、保管する場所が設けられていたことがわかる。

出雲とおなじように、天照大御神の「御宝を積み置き給ひし所」が、太宰府の地域にあった可能性がある。

高天原の勢力は、戦争によって領地を拡大しようとする時に、新たに傘下に加わる首長に与える銅矛や銅戈を大量に準備したであろう。まとまって出土した銅矛や銅戈のなかには、一時的に保管してあったこれらの宝物が含まれていたと考えられるのである。

## 一一．高天原軍の南進と天照大御神の仮宮

### ■吉野ヶ里陥落以後

次のようなことから、須佐之男命たちは、背振山地の麓に沿って点在する集落をずっと西の方まで平らげたあと、筑後川を渡って、筑紫平野全域を掃討し、熊本平野方面に進出したように見える。

筑紫平野から小型仿製鏡Ⅱ型の鏡や巴形銅器が多数出土する。これは、高天原の軍勢がこの地域で戦った物証である。さらに、熊本県の玉名平野から熊本平野にかけても、小型仿製鏡Ⅱ型の鏡や巴形銅器が分布している。この地域では、これに加えて高天原軍のシンボルである中広型の銅矛銅戈も出土している。

小型仿製鏡Ⅱ型の鏡、中広型銅矛銅戈、巴形銅器の組み合わせは、高天原軍が筑紫平野で用いたのと同じ内容であり、高天原軍が筑紫平野を平定したのち、その勢いで玉名平野から菊池川をさかのぼり熊本地域に進出していったことを示すものである。

この頃の佐賀平野の人の動きについて興味深い情報がある。

弥生時代の終わり頃に吉野ヶ里の集落が終焉した時、吉野ヶ里遺跡全体を取り囲む環壕はほぼ埋没し、北内郭、南内郭とともにその機能が失われてしまい、ここに住んでいた集団がすっぽりいなくなってしまったように見えるそうである。

これについて、吉野ヶ里の発掘に携わった七田忠昭氏は次のように述べている。

「佐賀平野の集落の変遷を見ていると、吉野ヶ里にいた集団が西へ、佐賀市とか小城市に行った感じでは無いのです。まあ、どこかに行ったのだろうと思いますけれども、家が焼けた状況もわずかで、戦闘で潰されたと言う感じでは無いのではないかと思っているのです。非常に不思議です。」

この情報は、須佐之男命の軍勢が吉野ヶ里を攻略した後、誰かに追い出されたのではなく、自らの意思で吉野ヶ里を退去し、次の目標である筑紫平野南部や熊本方面に向かったことと整合するように見える。

灰塚照明氏の調査では、熊本県の旧玉名郡四ッ原村に「日の下」という地名があったとする。四ッ原村は現在の南関町大

字四ッ原であり、菊池川流域や熊本平野方面に攻め込むための玄関口とも言える重要な地域である。四ッ原村の「日の下」と、この地域の「丸」付き地名の分布をみると、大牟田や玉名近辺に到達した高天原軍が、ここに拠点「日の下」を置いて、菊池川や諏訪川流域に砦を築きながら進出したことが読み取れるのである（下図）。

玉名平野や熊本平野には縄文時代から多くの遺跡があるが、弥生時代になると甕棺墓が行われるようになった。すなわち、この地域も筑紫平野と同族の甕棺部族が進出した土地であった。高天原軍にとっては、筑紫平野の甕棺部族と同様に、討伐すべき対象であったのだろう。

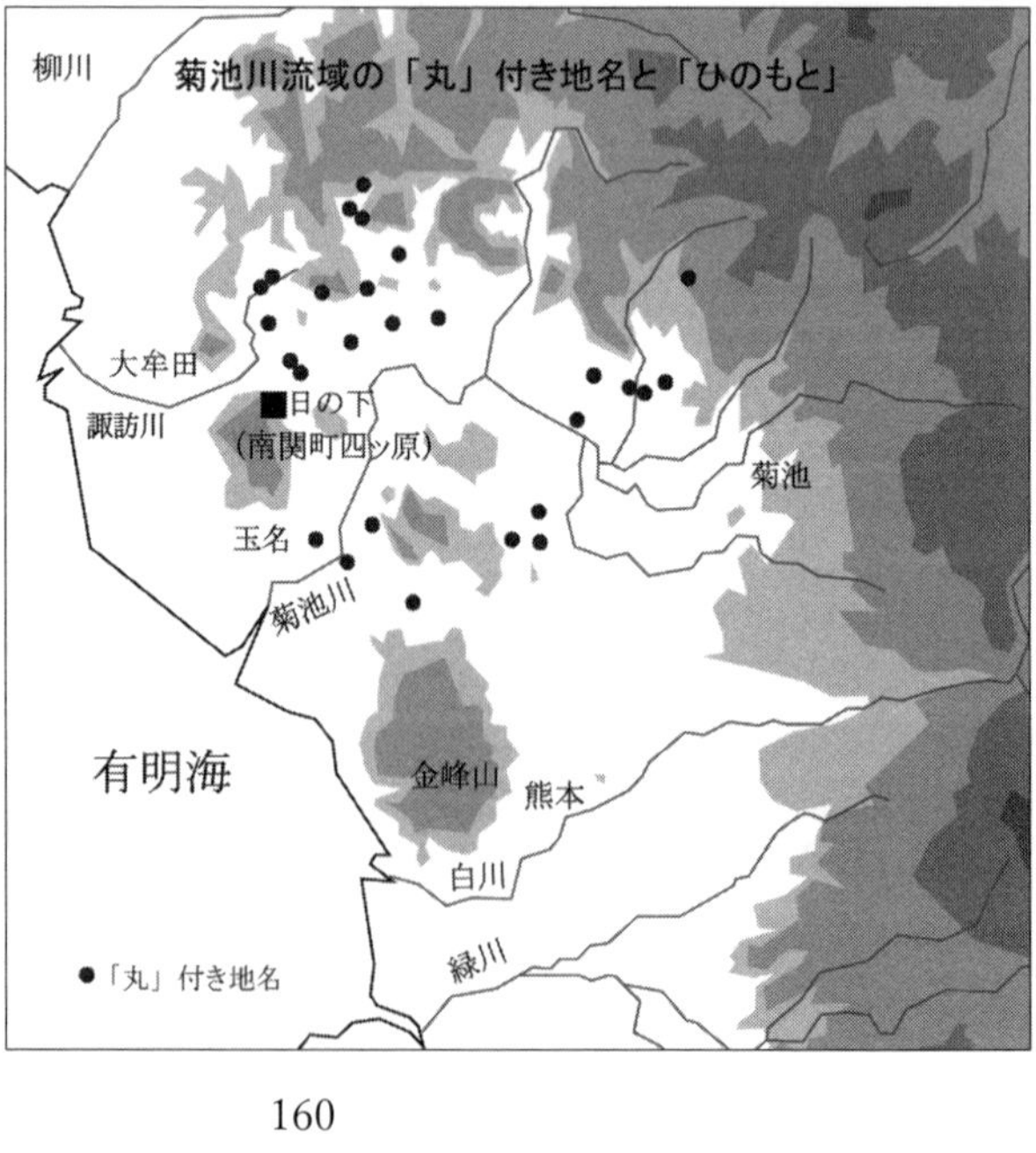


## ■高天原の機能の移動

筑紫平野南部の福岡県広川町の藤田天神浦から中広型銅矛が一八本発見されている。また、広川町に隣接する八女市吉田から十三本の中広型銅矛が出土している。岩戸山古墳のすぐ近くである。この地域で合計三一本の銅矛が出土したことになり、中広型銅矛の出土数としては春日市の十九本をしのぎ、突出している（次頁図）。

第十章で、中広形銅矛や銅戈が集中的に分布する地域は、高天原軍の有力者が集まった司令部のような拠点ではないかと推理した。

太宰府から多数の青銅武器が発見されていることから、高天原軍の最高司令部は、はじめは、太宰府にあったと推定される。

広川町や八女市の遺跡から多数の銅矛・銅戈が出土したことは、高天原の司令部の機能が筑後川を越えてこの地域に移動してきたことを意味すると思うのである。なぜなら、戦場が筑紫平野から南の菊池川流域に移って新たな局面を迎えた時、いちいち太宰府まで連絡をして指示を仰ぐのは大変手間と時間がかかるからである。

戦場が玉名や菊池川流域に移った時、この地域にあらたな司令部を置いて、高天原軍の将軍たちが集結し、戦争の指揮を執ったと思うのである。

そして、私は、天照大御神の祈りの場所も、司令部の機能とセットになってこの地域に移動したと推理するのである。戦いの勝利を神に祈る天照大御神が、玉名平野や菊池川流域で戦う兵士たちに神の言葉を発する場所としては、太宰府・筑紫野地域の高天原はあまりに遠いからである。

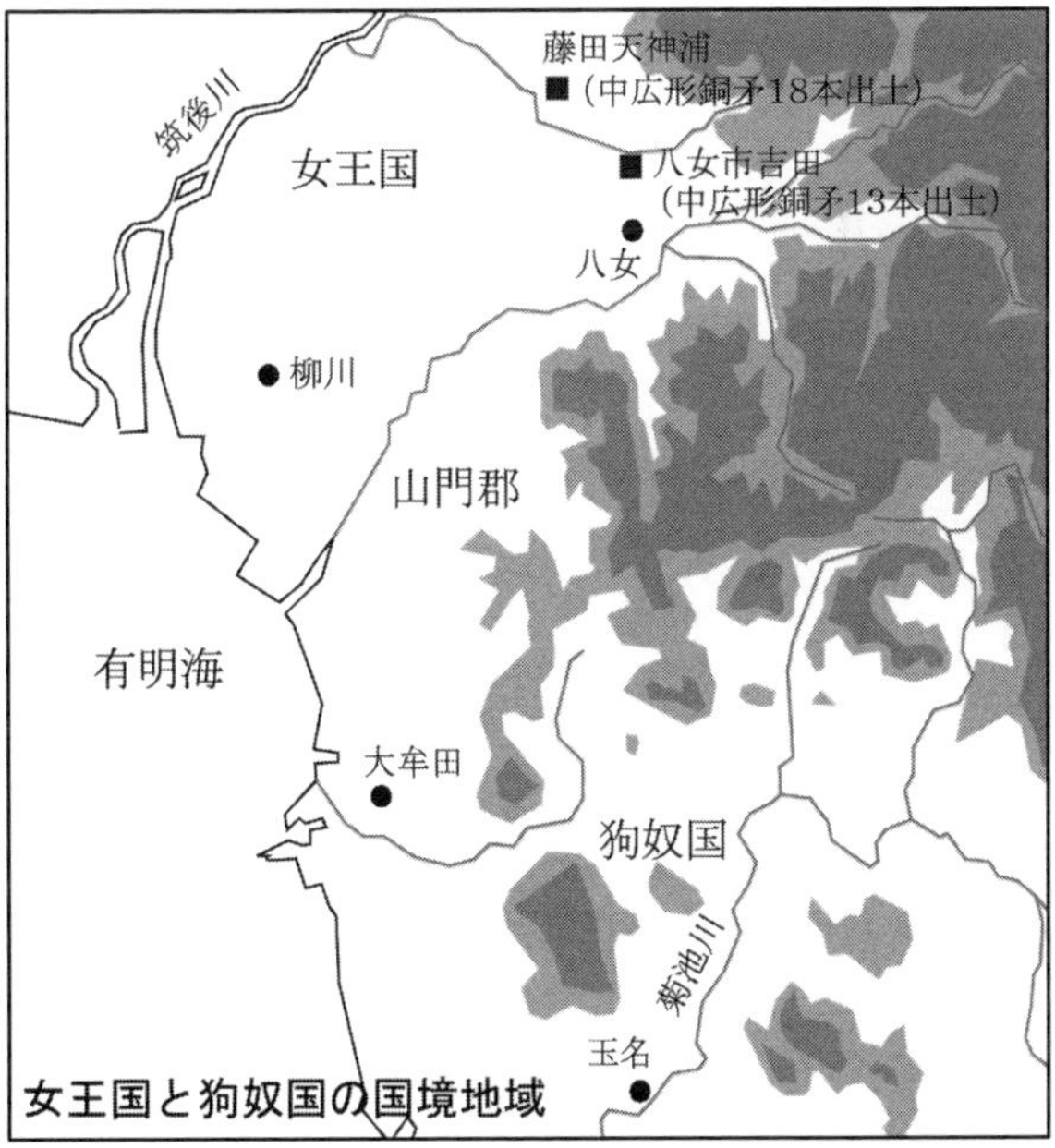

女王国と狗奴国の国境地域

## ■ヤマト

さて、天照大御神の移動と関連して、ここで『魏志倭人伝』に記された「邪馬台国は女王の都するところ」（邪馬台国女王之所都）という文章の意味を吟味しなくてはならない。というのは、この文章は二通りの解釈が可能と思われるからである。ひとつは「もともと邪馬台という特定の場所があって、そこに女王が都を置いた」という解釈。もう一つは、「邪馬台というのは固有の地名ではなく、女王が都したところを邪馬台と呼んだ。」という解釈である。

これまでの邪馬台国論争では、前者の解釈をもとにして、いくつかの「ヤマト」という地名の中で、卑弥呼の都としてふさわしい場所を懸命に探求してきた。しかし、多くの専門家によって卑弥呼の都探しが長年続けられたにもかかわらず、いまだに決定打がない。この現状は、従来のアプローチが基本的に誤っているのではないかと思わせる。

私は「女王が都したところを邪馬台と呼んだ」という後者の解釈が正しいのではないかと考えた。その理由は、北部九州の各地に邪馬台国の候補地になる「ヤマト」と読める場所があることである。女王がいるところを「ヤマト」と呼ぶならば、女王が移動して逗留したところは、みな「ヤマト」と呼ばれた可能性があることになり、多くの「ヤマト」が存在する理由を説明できるからである。

たとえば、筑紫平野南部には筑後の「山門郡」という地名がある。これは、高天原から移動してきた天照大御神がこの地域で祭祀を行うために仮宮を設け、そこを「ヤマト」と呼んだ名残と考えられるのである。

高天原では、太宰府に有力者が結集した総司令部のような拠点があり、そこから数キロ敵に近づいた筑紫野の天山付近で、天照大御神は戦勝を祈ったと私は推理した

天照大御神が筑後の山門郡に移動して仮宮を設けたとすると、多数の銅矛が出土した広川町や八女市はその数キロ後方の司令部に当たり、高天原での位置関係が踏襲されている。これは、天照大御神の祈りの場所と司令部がセットとなった高天原の状況がそのままここに出現したように見えるのである。

私は、北部九州各地に存在する「ヤマト」という地名は、筑後山門と同様に、天照大御神の仮宮の移動の痕跡として説明できるのではないかと考えている。詳しくはこのあと順を追って述べてみようと思う。

なお、邪馬台国畿内説を唱える考古学者の中で、西谷正氏などは邪馬台国が九州ではない理由を次のように述べる。

「七万戸の女王国の都である邪馬台国は、九州随一の大集落である。したがって春日市の須玖遺跡群を凌ぐ大遺跡として残っているに違いない。しかし、九州のどこを探しても春日市の遺跡よりも大きなものは見つからない。したがって、邪馬台国は九州にはなかったと考える。」

たしかに、九州には春日市の遺跡よりも大きい遺跡は見つかっていないが、私のように、「ヤマト」を一時的な仮宮と考えれば、「ヤマト」はむしろ大集落ではない可能性が高い。

『魏志倭人伝』での記述を見ると、最も多くの字数で描かれているのは伊都国で、一一七字で描写されている。対馬国は六四字、壱岐国は五七字、邪馬台国はわずか四五字である。

字数から見ると伊都国が最も重要な国と考えられていたように見える。それに比べると対馬や壱岐よりも少ない邪馬台国は、それほど重要な国ではないと見られていた可能性がある。これは伊都国が倭国の都であって、邪馬台国は女王の一時的な居処であるとする考えと整合する記述であると思うのである。なお、邪馬台国の戸数が七万戸という記述についてはのちの章で詳述する。

## ■「台」と仮宮

元駒澤大学教授の三木太郎氏の研究によると、邪馬台国の「台」の文字は、三国志の中で次のような意味で使われているという。

「まず、宮殿の一部、物見台、あるいは、別荘など有力者の私的な建築物を指す場合がある。そして、ここから派生した二義的な意味で朝廷や役所などの意味があるという。その他には人名などの例があり、なかには、死体を積み重ねて土を盛り上げた塚の意味に使われることもあったようである。(『三国志』の中の「臺」の用例と字義：季刊邪馬台国一八号)」

三木氏の整理したデータによると、三国志の魏書(魏志)の中では、「台」の文字は三二回使われており、そのうち、有力者の建築物の意味で用いられた例が二〇回、朝廷・役所などの意味で使われたのが八回、人名などその他の意味で使用されているのが四回となっていて、有力者の建造物や、そこから派生した朝廷や役所の意味で用いられた例が、三二回中二八回で八八%もあることに留意すべきである(下表)。

『魏志倭人伝』の中に「台」の文字は三カ所現れる。ひとつは女王の都する「邪馬台国」の表記に使われている。二つめは卑弥呼のあとの女王「台与」の名前に使用されているが、これは人名を表すため

魏志の中の台の用例(三木太郎氏のデータ)

| | | |
|---|---|---|
| 有力者の私的建造物 | 20回 | 62.5% |
| 朝廷・役所 | 8回 | 25.0% |
| その他 | 4回 | 12.5% |
| 合計 | 32回 | 100.0% |

に「台」の音を借用したものである。

もうひとつは、魏の使者張政を送り返した時に、「台にいたり、男女生口三十人を献上し、云々」と記されているところで、ここの「台」は魏の都・洛陽の中央官庁という意味で用いられていて、三木氏の言う朝廷・役所の例に該当する。

さて、「ヤマト」を、「邪馬台」と表記したことをどのように理解すべきであろうか。

三木氏のデータでは、魏書の中の「台」は、九〇%近くの圧倒的多数が有力者の建物あるいは政庁や役所という意味で用いられている。従って、邪馬台の「台」の字は、確率的には、このような意味で用いられた可能性が最も高い。すなわち、「邪馬台」は固有の地名ではなく、天照大御神の仮宮の建物の呼称、あるいは、仮宮の役所としての機能の呼び名であったと推定されるのである。

現代でも、中国の国賓館を釣魚台《ちょうぎょだい》と呼び、韓国の大統領官邸を青瓦台《せいがだい》と称するのはこのような命名法によるものである。

さて、「邪馬台」が天照大御神の仮宮とした場合、もともと「ヤマト」という名前があってその「ト」を「台」の文字で表したのか、もともとは「ヤマ」であってそこに「台」を付け加えたのか、二通りの可能性が考えられるが、私は「ヤマ」に「台」が付加されたものと推定している。それは、「ヤマ」という名称が高天原の宮地岳のふもとの「天山《あまやま》」という地名の「ヤマ」と関連するのではないかと想像するからである。

「天山」は、太宰府から筑紫平野への出口の位置にあり、伊邪那岐命の命を受けた三貴子が、このあたりから筑紫平野遠征に出発したと思われる戦略的に重要な地域である。

「天山」の「天」は天津神系であることを示す接頭文字なので、「天山」は天津神の「ヤマ」という意味である。はじめは宮地岳の山裾にあることから「ヤマ」と命名されたのかも知れないが、やがて、天照大御神の居処を意味する特別な意味を持つようになったと思うのである。

そして、邪馬台は、「ヤマ」+「台」であり、「ヤマ」が移動した時の仮の居処の意味ではないかと思うのである。

蛇足ながら、天山の東側に隣接して宮地岳の南麓に山家《やまえ》という地域がある。長崎街道の宿場として栄えたところである。山家という地名が「ヤマ」の人々の家に見えるので、これも、天山の「ヤマ」と関連するような気がするのである。高天原から筑紫平野東部に進出した数多くの兵士たちは、この山家の地域を経由して進軍したと思われ、筑紫平野で戦う兵士たちが最初に拠点とした地域と理解できそうである。

### ■畿内の大和

さて、この章の最後に、邪馬台国畿内説の根拠になっている畿内の「大和」という地名の由来について、考えを述べておきたい。

奈良県は大和の国と呼ばれていたが、奈良盆地の「大和」は、もともとは国名ではなく奈良盆地の東部の小さな地域の地名だったようである。

たとえば、仁徳天皇の妃の磐之媛《いわのひめの》が、浮気する天皇に怒って、難波から船で木津川をさかのぼり、奈良から陸路を故郷の葛城の実家に帰る時に詠んだつぎの歌に、奈良盆地の一部の地域として大和が現れる。

つぎねふや　山代河を　宮上り　我が上れば　あをによし　奈良を過ぎ　小楯　大和を過ぎ　我が見が欲し国は　葛城高宮　我家のあたり

ここには、「大和」は、国の名称ではなく、奈良から葛城に向かう途中に通過する地域として記されている。「小楯《をだて》」は「大和」にかかる枕詞である。

そして、『日本書紀』の崇神天皇紀には、代々天皇の御殿で祀られてきた天照大御神を、皇女豊鍬入姫命《とよすきいりひめ》に託して「大和」の笠縫邑《かさぬいのむら》で祀ったことが記されている。笠縫邑《かさぬいのむら》の所在については議論があるが、最も有力なのは大神神社の北にあって大神神社の摂社のなかでも最も社格の高い檜原《ひばら》神社のある場所である（下図）。

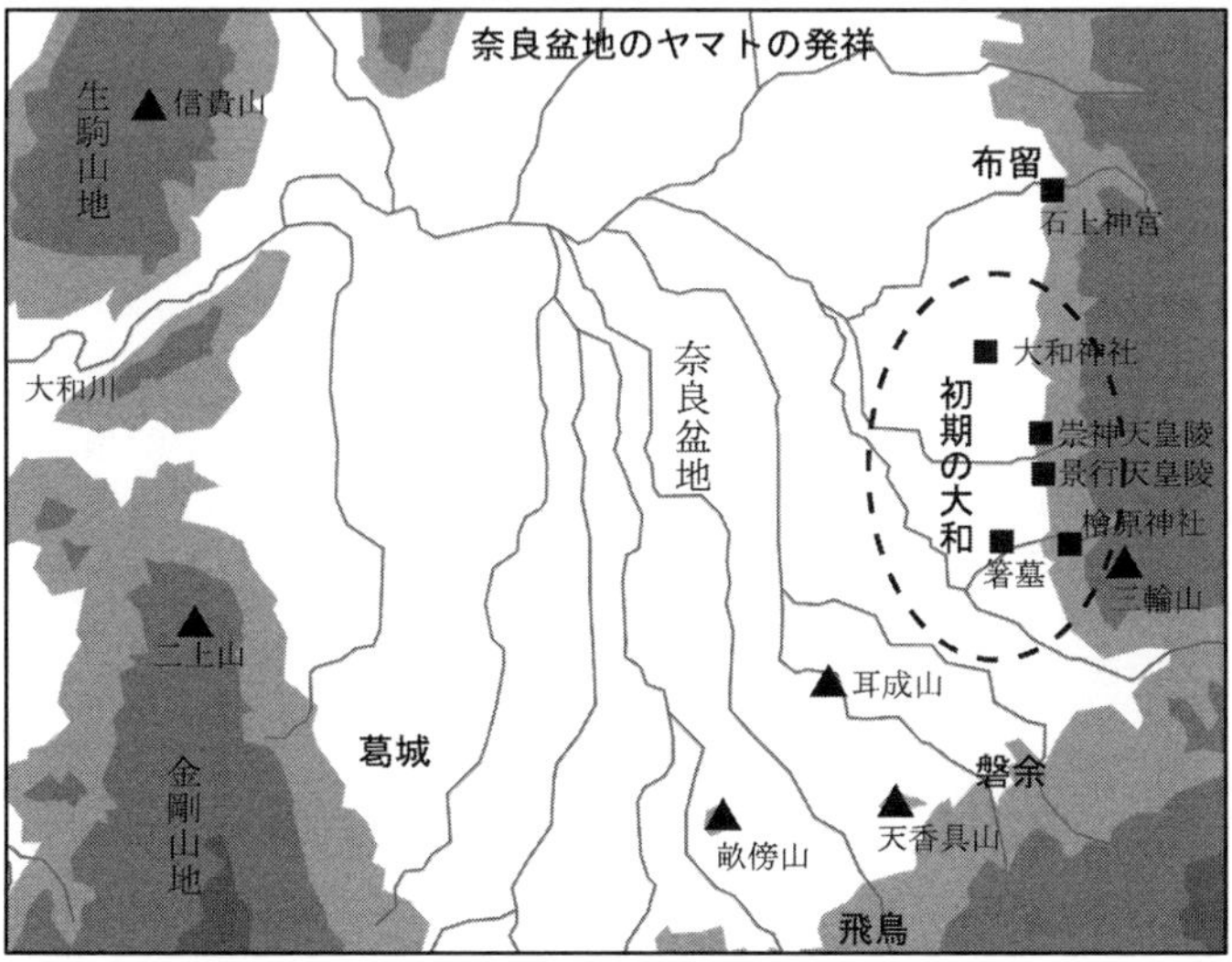

日本書紀の記述は、檜原《ひばら》神社のあたりが、「大和」の笠縫邑《かさぬいのむら》と呼ばれていたことを示している。

また、同時に、御殿で祀られていた倭の大国魂も「大和」の市磯邑《いちしのむら》に移され、皇女渟名城入姫《ぬなきいりひめ》が祭祀を行うことになった。

これが大和《おおやまと》神社創建の由来であるとされる。

「大和」の地名の発祥はこの笠縫邑《かさぬいのむら》や市磯邑《いちしのむら》のあたりと推定されるのである。現在の天理から桜井までの山辺の道に沿った地域である。

さてここで、笠縫邑《かさぬいのむら》や市磯邑《いちしのむら》のある「大和」と、北部九州の「ヤマト」に共通点のあることを指摘したい。

北部九州の「ヤマト」は、高天原で祀られていた祖霊神を本来の祭壇の場所から仮宮に移し、皇女である天照大御神が祭祀を行ったところと推理した。

奈良盆地でも、御殿で祀られていた天照大御神や大国魂などの神様を、本来の場所から仮宮に移し、そこで皇女の巫女が祭祀を行っている。そして、仮宮を置いた地域が「大和」と呼ばれているのである。これは北部九州と全く同じネーミングではないか。

このことから、奈良盆地の「大和」は、北部九州での天津神の伝統に従って、仮宮のある檜原《ひばら》神社や大和神社の付近を「ヤマト」と呼んだのが起源であると考えるのである。

すなわち、「大和」は北部九州から直接持ってきた地名ではなく、崇神天皇の時代に奈良盆地の一角に新たに生まれた地名と考えるのである。

したがって、厳密に言うと「ヤマト」の地名が神武天皇によって九州から移されたという邪馬台国東遷説は誤りということになる。神武天皇が落ち着いた橿原近辺は、当初は「ヤマト」とは呼ばれておらず、また、「ヤマト」の範囲外であったと思われる。

そして、これは卑弥呼の時代の近畿地方には、「ヤマト」という土地が

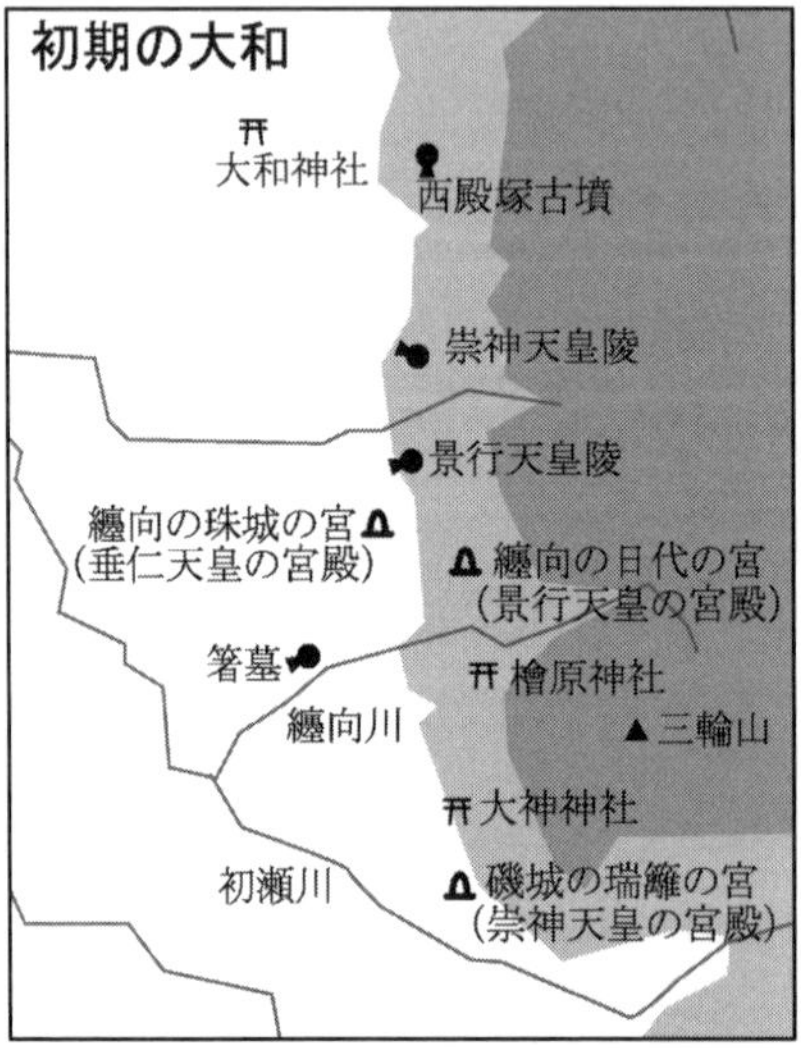

なかったことを意味するのだから、邪馬台国畿内説は実体のない空中の楼閣ということになる。

はじめは小さな地域を示す「ヤマト」が、次第に大きな地域を示すようになったのは、第一一代垂仁天皇の纒向珠城宮《まきむくたまきのみや》と第一二代景行天皇の纒向日代宮《まきむくひしろのみや》が、檜原《ひばら》神社の北側に隣接する穴師の地域で営まれたことが理由であろう。

笠縫邑《かさぬいのむら》の檜原《ひばら》神社のあたりから市磯邑《いちしのむら》の大和神社の付近まで「ヤマト」と呼ばれていたとすると、穴師の地域は「ヤマト」に含まれることになるので、「ヤマト」が天皇の都を示す地名として認識されるようになったのであろう（前頁図）。

## 一二、須佐之男命と狗奴国

### ■方保田東原《かとうだひがしばる》遺跡

さて、それでは、筑紫平野を平定した高天原の軍勢がさらに南へ進出したようすを探ってみることにしよう。

熊本県の玉名平野や熊本平野を流れる菊池川、白川、さらに南の緑川の流域には弥生時代の遺跡が集中している。玉名平野と熊本平野の間に金峰山の山地が隆起するこの地域の地形から推定すると、高天原軍は玉名平野から菊池川をさかのぼり、白川の中流域に出て熊本平野に進出したものと思われる。この地域には、戦乱の際の拠点となった集落もあるにちがいない。そのような集落遺跡をいくつか見てみようと思う。

菊池川流域では、山鹿市の方保田東原《かとうだひがしばる》遺跡や、七城町の台《うてな》遺跡、菊水町にある諏訪原《すわのはる》遺跡などが、このころの大きな集落の遺跡として残っている（次頁図）。

まず、菊池川中流の山鹿市にある国指定史跡方保田東原《かとうだひがしばる》遺跡を見てみよう。この遺跡は東西1200m、南北350mの中九州最大の集落遺跡で、弥生時代後期から古墳時代前期（三〜四世紀）の集落跡である。総面積は35ヘクタールあって、外堀に囲まれた面積が約40ヘクタールとされる吉野ヶ里遺跡と比べても遜色ない規模である。

これまで、遺跡全体の一割程度しか発掘されていないが、それでも、住居跡一二〇軒、埋葬施設二一基、幅8mの大溝をはじめ多数の溝が確認されている。また、遺物では他に例を見ない石包丁型鉄器が出土したほか、槍鉋《やりがんな》、鉄斧、手鎌、鉄鏃など数百点の鉄器と、国内最大級の巴形銅器、五面の小型仿製鏡を含む八面の銅鏡および破片など数多くの青銅器が発見されている。また、出土した丹塗りの細首土器壺は、北部九州の甕棺集中地帯で使われていた典型的な祭祀用土器で、須玖式土器と呼ばれるものである。

大量の鉄と小型仿製鏡や巴形銅器の存在が確認されたことは、須佐之男命に率いられた高天原連合軍が、高天原からはるばるここまでやってきたことを示しているが、弥生時代中期の土器と言われる須玖式土器が出土したことは、高天原軍が来る前に甕棺部族がこの地域まで進出したことを示すものと思われる。実際、埋葬施設として発掘されたものは、箱式石棺だけではなく、いくつかの甕棺もあるということである。

高天原軍は、甕棺部族を平らげたのち、集落をそのまま高天原軍の拠点として活用したものとみられる。

そして、この大環濠集落が、甕棺の時代から天照大御神や須佐之男命の時代を経て、古墳時代前期まで継続して営まれていたことと、遺跡の大きさや遺物の豊富さを考えると、長期間この地域の中心的な拠点集落であったと推定され、この地域の王の拠点と考えてもおかしくない。

現在、発掘されたエリアは遺跡全体のほんの一部ということであるが、吉野ヶ里に匹敵する弥生時代の重要遺跡としてさらに広範囲の調査が望まれる。

後述するように、この地域は『魏志倭人伝』に記される狗奴国の有力候補地である。未発掘の場所から狗奴国王の宮殿が発見されるかも知れない。

### ■諏訪原遺跡《すわのはる》と西弥御免遺跡《にしやごめん》

九州中部では、弥生時代中期までの鉄器はあまり多くないが、諏訪原《すわのはる》遺跡や

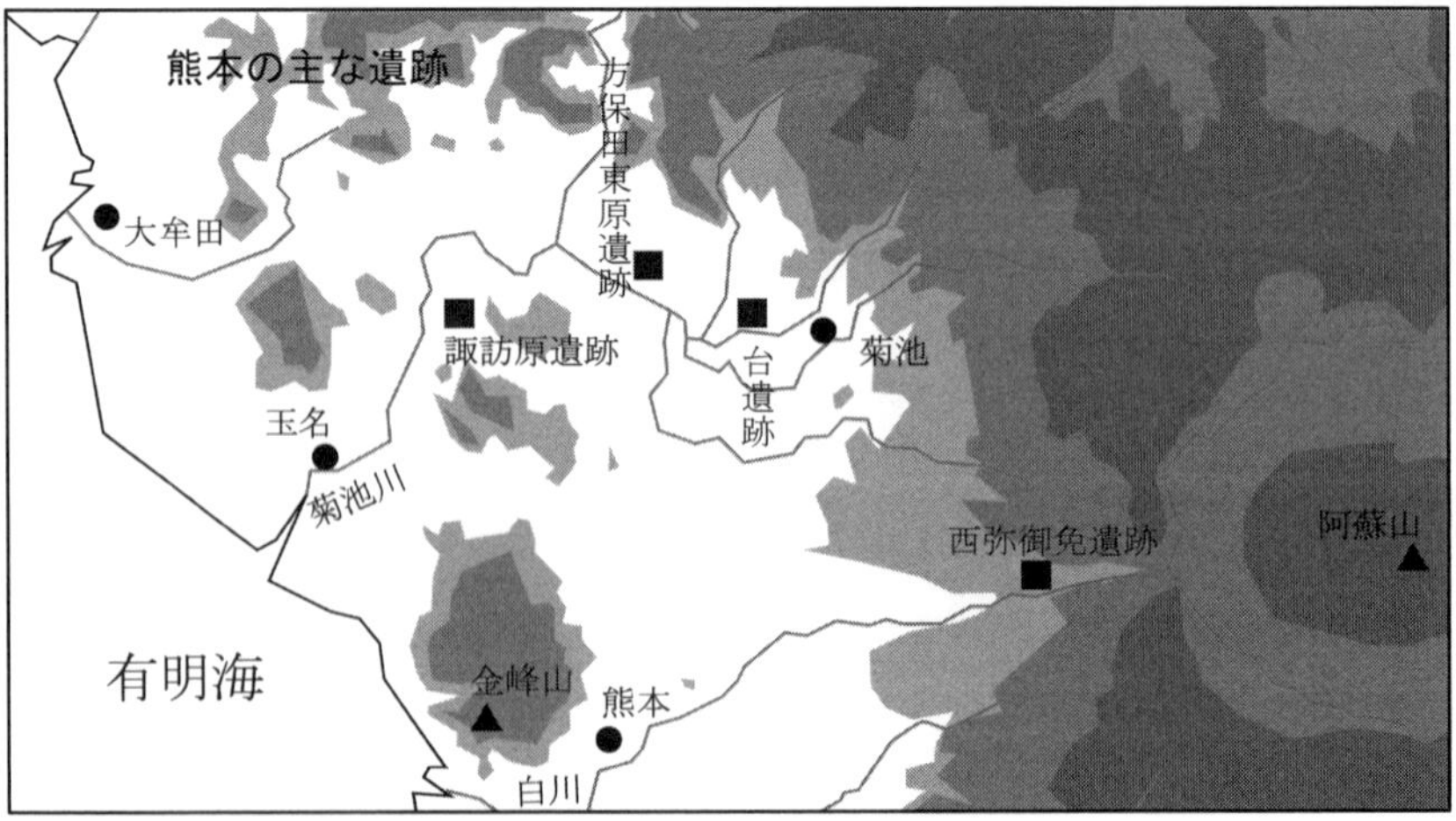

西弥御免《にしやごめん》遺跡のように、後期終末の段階で特定の遺跡から大量の鉄器が集中して出土する例がある。

この現象は、それまで鉄とあまり縁のない生活をしていたこの地域に、大量の鉄を持つ部族が突然侵入してきたことを思わせる。高天原軍が鉄の武器を携えてこの地域に攻め込んだことの傍証である。

さて、熊本県玉名郡菊水町江田にある諏訪原《すわのはる》遺跡は弥生時代後期から古墳時代初めの集落遺跡である。ここでは、七三軒の竪穴住居跡が確認されているが、そのなかに、鍛冶工房と見られる焼け土や鉄滓、鉄片を多数ともなういくつかの住居跡が発見されている。

五号住居跡から鉄片一一八点、七号住居跡から鉄滓、三九号住居跡から鉄片二〇〇余点が出土しているが、特徴的なのは、鉄片はいずれも細片で、製品の型どりをしたあとの鉄くずか、あるいは、再加工のために工房に集められた回収品かとみられている。

新日本製鐵の大澤正巳氏の分析によると鉄滓に含まれるTiO2が〇．四六％と低く、鍛冶滓の鉱物組成が検出されているという。（奥野正男『鉄の古代史』）

つぎに西弥護免遺跡を見てみよう。

西弥護免遺跡は、熊本空港にほど近い菊池郡大津町の大環濠集落遺跡である。この地域は、菊池川の支流の峠川と、熊本平野を横断する白川が隣接する場所で、水運によって玉名にも熊本にも兵員を運べる戦略上大変重要な地域である。

ここでは、総数二一四軒にのぼる弥生終末期の住居跡と一九八基の土壙墓群が確認され、住居跡をかこむ環濠の総延長は一キロ以上にもなる。

ここからは、総数五八一点の鉄器が出土し、このうち二九八点の鉄器片は、一七五号住居跡に集中していた。この住居跡に伴う鉄滓は、大澤正巳氏の分析により、TiO2が〇．四三％と低い鍛冶滓と判定されている。鍛冶工房とみられるこの住居跡出土の鉄器は、形のわかる鏃五点、鉇二点のほかはすべて針状か幾何学形の細片であり、前記の諏訪原《すわのはる》遺跡と同じような再加工のための鉄素材という性格をもっていると思われる。（奥野正男『鉄の古代史』）

■鉄素材

さて、私は、諏訪原《すわのはる》遺跡と西弥御免《にしやごめん》遺跡に関して次の点に注目する。これらの遺跡では鉄製品を作る素材として、鉄の細片や鉄くず状のものが集められていることである。

菊池川の流域は砂鉄の産地で、古くからこの砂鉄によって刀剣を生産していた。南北朝時代にこの地域で作られた菊池槍と呼ばれる片刃の槍は、日本最古の槍とも言われている。

菊池川には砂鉄が潤沢にあるにもかかわらず、この砂鉄で鉄を作った形跡がなく、鉄の細片を集めて鉄製品の材料としていた。鉄素材の入手に苦労していた状況がうかがわれる。

これは、チタン鉄鉱系の菊池川の砂鉄には融点の高いチタン成分が十%近く含まれていて、このころの技術で得られる温度では鉄を製錬することができなかったためと考えられる(下図)。なお次章で示すが、玄界灘沿岸で得られる砂鉄のチタン成分は一%前後の少量である（P193表）。

おそらく、鉄鏃を使っていた須佐之男命たちは、「野だたら」程度の原始的な製鉄技法を知っていて、玄界灘沿岸の砂鉄で粗製の鉄を自製していたのではないか。輸入した鉄に頼って消耗品である鉄鏃を作っても、供給の不安から思うように使えない。鉄鏃は、自製できてはじめて有効な武器として活用できるのである。

矛や剣などと違って、鏃が使われる場面は一回限りなので、品質の劣る粗製の鉄でも問題にならなかったのであろう。

しかし、菊池川に進出した彼らが、玄界灘沿岸と同じ方法で製鉄を試みても、チタン成分が多量に含まれる菊池川の砂鉄は、融点が高すぎて鉄を得ることができなかった。諏訪原《すわのはる》遺跡と西弥御免《にしやごめん》遺跡では、玄界灘の砂鉄で作った鉄製品の破片を大事に集めて、新たに鉄鏃などを作っていたと推定されるのである。

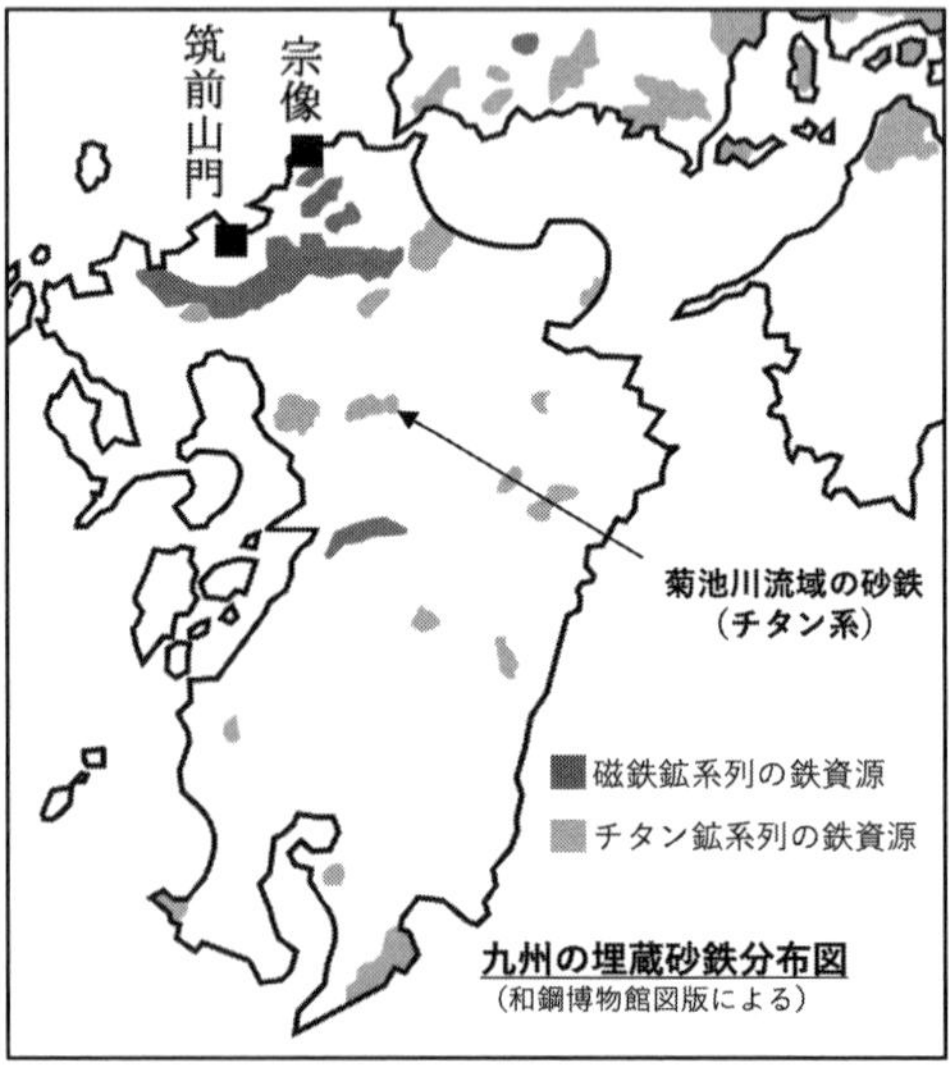


**九州の埋蔵砂鉄分布図**
（和鋼博物館図版による）

## ■台《うてな》遺跡

七城町の台遺跡も弥生後期から古墳時代前期まで続いた遺跡である。しかし、庄内式土器が現れる前に廃絶したようで方保田東原《かとうだひがしばる》遺跡などよりは短命だったようである。菊池川の支流である内田川と迫間川とにはさまれた台地の西端の標高約73mのところに位置する（P168図）。

台地西北端を中心に、直径約300mの範囲に広がっており、現在までに約八〇軒の竪穴住居跡と集落を囲む溝（環濠）の一部が七ケ所で見つかっている。

ここからは、壷・甕など日常的な土器のほか、ジョッキ型土器や、注ぎ口のついた船型土器などのほか、装飾品として土製勾玉や土製丸玉、収穫具として鉄製の手鎌や鎌などが出土している。また、中国の新の時代の通貨である貨泉が発見されている。

さて、この台遺跡を取り上げた理由は、その名前に「台」という文字が使われており、ここには高天原連合軍の然るべき人が鎮座したところと考えられるからである。

前述したように「台」には、有力者の居館や建造物、あるいは、朝廷、役所などの意味を持っているが、「台」だけでは建造物や役所を示す一般名詞であり、固有の場所を特定する意味にはならない。不思議な名称である。

少々考えすぎかもしれないが、私は、このネーミングの理由を次のように想像している。

「台遺跡」から南方を見ると熊本平野がずっと見渡せる。高天原連合軍が白川を越えて熊本平野の南部に進出する時に、その背後で天照大御神が戦勝を祈る場所として、台遺跡は絶好の位置にある。

したがって、「台遺跡」のある場所も、もともとは天照大御神が熊本平野の戦いの勝利を祈った仮宮の置かれていたところで「邪馬台」と呼ばれていたのではないか。

しかし、須佐之男命は天照大御神と決別し、狗奴国王となって天照大御神と対立したため、天照大御神の本拠を意味した「ヤマ」の文字を取り去って「台」だけにしてしまったのではないかと思うのである。この遺跡が方保田東原《かとうだひがしばる》遺跡よりも短命だったことも、須佐之男命と決別して高天原に戻ってしまった天照大御神の仮宮とすれば話は合う。

邪馬台国の比定地論争で、『倭名抄』の菊池郡に「山門」という地名が記されていることから、菊池郡の肥後山門を邪馬台国の候補に挙げる学者がいる。肥後の山門は現在の地図には見あたらないので場所を特定できないのだが、菊池郡のどこかにヤマトという地名が残っていたようである。

天照大御神に従ってこの地域に進出し、仮宮と関係した人々によって、「ヤマト」という地名が受け継がれてきたのではないかと思うのである。

## ■須佐之男命の変節

須佐之男命は、伊邪那岐命と対立する山陰の倭人部族の伊邪那美命の血を引いているので、高天原連合軍の中で非常に肩身の狭い思いをしたに違いない。しかし、須佐之男命は伊邪那岐命の皇子だったので、目の前に倒すべき強大な敵がいる間は、連合軍のなかで勇猛な皇子将軍としてその能力に一目置かれていたのだろう。

やがて、熊本平野の南端まで高天原軍が制圧し終えるころ、彼の立場はいよいよおかしなものになってきた。高天原連合軍にとって、須佐之男命はもはや、山陰の敵対勢力と通じる可能性のある危険人物にほかならなかった。

『古事記』には、須佐之男命が、武器の調達に苦労していたことを思わせる記述がある。周囲との確執で思うように武器が得られなかったのではないだろうか。

たとえば、『古事記』には須佐之男命が「青々とした山が枯れ木の山のようになるまで泣き枯らした」という奇妙な伝承が記される。これは、高天原からはるか離れた戦場の、ただでさえ鉄が不足する状況の中で、須佐之男命が、菊池川の砂鉄を使ってなんとしても鉄を作ろうとして、付近の樹木を燃料用に大量に伐採した時の状況が伝えられたのではないだろうか。しかし前述のように、いくら燃料を燃やしても須佐之男命の技術では菊池川の砂鉄から鉄を作ることはできなかった。

また、その後に続く「そのために、禍をおこす悪神のさわぐ声は、夏の蝿のように充満し、あらゆる悪霊の禍が一斉に発生した。」という記述は、この地域で、須佐之男命と高天原軍の武将との間で紛争が起きたことを示したものと思うのである。

ここに及んでついに須佐之男命は、共に戦ってきた高天原連合軍や、天照大御神と決別する気持ちを抱いたのであろう。

高天原軍の統制を乱すような狼藉を行う彼は、倭国の王である伊邪那岐命に詰問された。高天原のなかで唯一血のつながりのある伊邪那岐命に「亡き母のいる根の堅州国《ねのかたすくに》に参りたいと思う」と窮状を訴えた須佐之男命は、伊邪那岐命の逆鱗に触れ、二人の関係はかなり険悪になったと見られる。のちに詳しく述べるが、この状況は、魏との外交にも影響を与えているのである。

## ■狗奴国

高天原連合随一の実力者である伊邪那岐命の生存中は頭が上がらなかった須佐之男命だが、やがて伊邪那岐命が他界すると伊邪那岐命の桎梏を離れ、天津神と決別して、玉名平野と熊本平野の地域を支配する独立国の王となった。『魏志倭人伝』に女王に属さない国と記された狗奴国の王である。

さて、『魏志倭人伝』には狗奴国に関連して次のような記述がある。

・女王の境界のつきるところに奴国があってその南に狗奴国がある。
・卑弥弓呼《ひみここ》という男王がいる。
・狗古智卑狗《くこちひこ》という官がいる。

これについてはすでに多くの議論があり、私の考えもその範疇を出るものではないが、確認のつもりで記してみよう。

須佐之男命が反旗を翻した時点で女王国と狗奴国の位置関係を考えると、これまで述べてきたような経緯で、女王国と呼ばれたのは高天原から筑紫平野全域であり、狗奴国は、その南に位置する玉名平野と菊池川流域、その南の熊本平野である。

菊池川下流の玉名に鎮座するこの地域唯一の式内社疋野《ひきの》神社には、須佐之男命の孫の波比岐神《はひきのかみ》が主祭神として祭られ、相殿には須佐之男命の子の大年神《おおとしのかみ》が祭られている。社伝によると、祭神は他から勧請したものではなく、大昔から玉名の地に鎮座した神々であるとされる。須佐之男命が根の国に追放されたのちも、この地域が須佐之男命の子孫によって統治されていたことが延喜式によって裏付けられていることになる。

男王卑弥弓呼《ひみここ》については、多くの指摘があるように、ヒコミコ（彦皇子）の誤りと考え、女王卑弥呼（＝天照大御神）をヒメミコ（姫皇子）と呼んだのと対応して須佐之男命をヒコミコと呼んだものと考える。そして、ヒコミコ須佐之男命が狗奴国の王として女王と対立していたと理解できる。

狗古智卑狗についても、平安時代の『倭名抄』では菊池を「久々知《くくち》」としていることから、須佐之男命に早くから従った菊池川流域の豪族菊池彦と考えてよいのであろう。

## ■二つの奴国

『魏志倭人伝』に奴国がふたつ現れるのでこれまでさまざまに議論されてきた。ひとつは女王国の北にあって伊都国から百里のところにある奴国である。もうひとつが、女王国の南で狗奴国と接する奴国である。

ここでは、女王国の境界のつきるところにあって、狗奴国と隣接するように描かれた奴国について考えてみよう。地図を開いてみれば、筑紫平野の女王国が、狗奴国の領域の玉名の地域と接するのは、大牟田市やみやま市など筑後の山門郡の地域であることは明らかである。

私は、山門郡の地域が、宗像や遠賀川下流域の奴国の分国として、やはり、奴国と呼ばれたのではないかと考えている。そのヒントは物部氏である。

山門郡には物部氏を祀る神社が多い。国司が祭祀する国別の神名帳として、『延喜式神名帳』のほかに『国内神名帳』といわれるものがある。現在では復元されたものも含め六六ケ国中二二ケ国分が存在する。そのなかで、物部氏を祭る社の最も多い郡が、筑後の山門郡で四社がある。そのほかには、筑後三潴郡の三社、美濃の厚美郡の三社が続く。筑後山門郡には物部氏が多く分布していたと考えてよいだろう。

物部氏の分布を考える時、遠賀川下流の鞍手郡や企救郡地域に、多くの物部氏族が集中していることを以前の章で述べた。『先代旧事本紀』には、饒速日命の東遷に従った物部氏が数多く記されているが、二田物部、芹田物部、疋田物部のように遠賀川下流域の地名を冠した部族が多数存在したことが確認できる。つまり、物部氏の本拠が、遠賀川下流域の奴国と呼ばれた地域であると理解できるであろう。

山門郡の物部氏は、遠賀川下流域などの奴国の領域の物部氏が、高天原連合軍として筑紫平野に進出したのち、この付近を新たな領地として定住したと考えられる。あるいは、山門郡の南方の狗奴国が反旗を翻したので、急遽、高天原軍の精鋭である物部氏をこの地域に集結させて国境警備に当たらせた可能性もある。

いずれにしても、玄界灘側の奴国の物部氏が、山門郡に移住して、新しい領地もまた奴国と称した可能性が高いと考えられるのである。

古い時代には、人びとが新たな場所に移動したときに、国名や地名もいっしょに移すことが普通に行われたようである。未開の土地に進出した時に、新たな名前を付ける代わりに故郷の地名をそのまま用いたのであろう。鏡味完二氏や安本美典氏は、九州と近畿地方に同じような地名が多数あり、これが、九州から近畿地方への人の移動を示すものと指摘する。

狗奴国という国名についても、『魏志倭人伝』には女王国の南にあると記されるが、『後漢書』倭伝には「女王国より東、海を渡ること千余里、狗奴国に至る。」という文章があって、女王国の南ではなく東に狗奴国があったように記している。

私は、これも人の移動が国名や地名の移動を伴うことの事例と考えている。つまり、狗奴国王須佐之男命の一族が山陰に追放され、新しい国を作った時、その国を肥後の狗奴国の分国として狗奴国と呼んだと考えるのである。

なぜなら、『古事記』には須佐之男命が降臨した斐伊川上流を「肥の河上の鳥髪」と記していることから、「斐伊川」は肥の川であり、また鳥取県の「日野川」、三次《みよし》市の「桧ノ川」など山陰地域の川の名称も、肥後の肥の川が起源となったように見えるからである。

日野川流域には、須佐之男命の母親である伊邪那美命の墓所の伝承が多数存在するし、三次《みよし》市では四隅突出型墳丘墓が複数確認されていて、いずれも須佐之男命や出雲と関係が深い地域である。

須佐之男命の一族は肥後に因んだ河川の名前や、地名、国名を山陰に持ち込んだ可能性が高い。

『後漢書』は『魏志倭人伝』の情報を参考にしてかなりのちの時代に編纂された。編纂時に、須佐之男命の支配する国が山陰にあるという情報を入手し、これによって狗奴国の記述を修正したと思われるのである。

## 一三. 天照大御神の敗北

### ■うけい（宇気比、誓約）

伊邪那岐命は、須佐之男命の反乱に完全に決着を付ける前に、亡くなってしまったようである。実質的な倭国王としての実力を備え、玄界灘沿岸の広大な葦原中国を領有していた伊邪那岐命が他界した時、誰が倭国王の後継者になり、誰が葦原中国を継承するのかが大きな問題となった。

須佐之男命は、伊邪那岐命から黄泉の国行きを命じられたが、まだ狗奴国に残っていた。須佐之男命が山陰に旅立つ途中で、天照大御神との間で伊邪那岐命の跡目相続の会合が開かれることになった。この会合が『古事記』などに描かれた「うけい」であると私は考えるのである。

さて、「うけい」は天の安の河原で開催されたとされる。

平塚川添遺跡の西方一キロほどの所に筑後川の支流の小石原川が流れている。安本美典氏は、この川がかつて夜須川と呼ばれていたことから、天の安川とは、小石原川を指すと述べる（下図）。

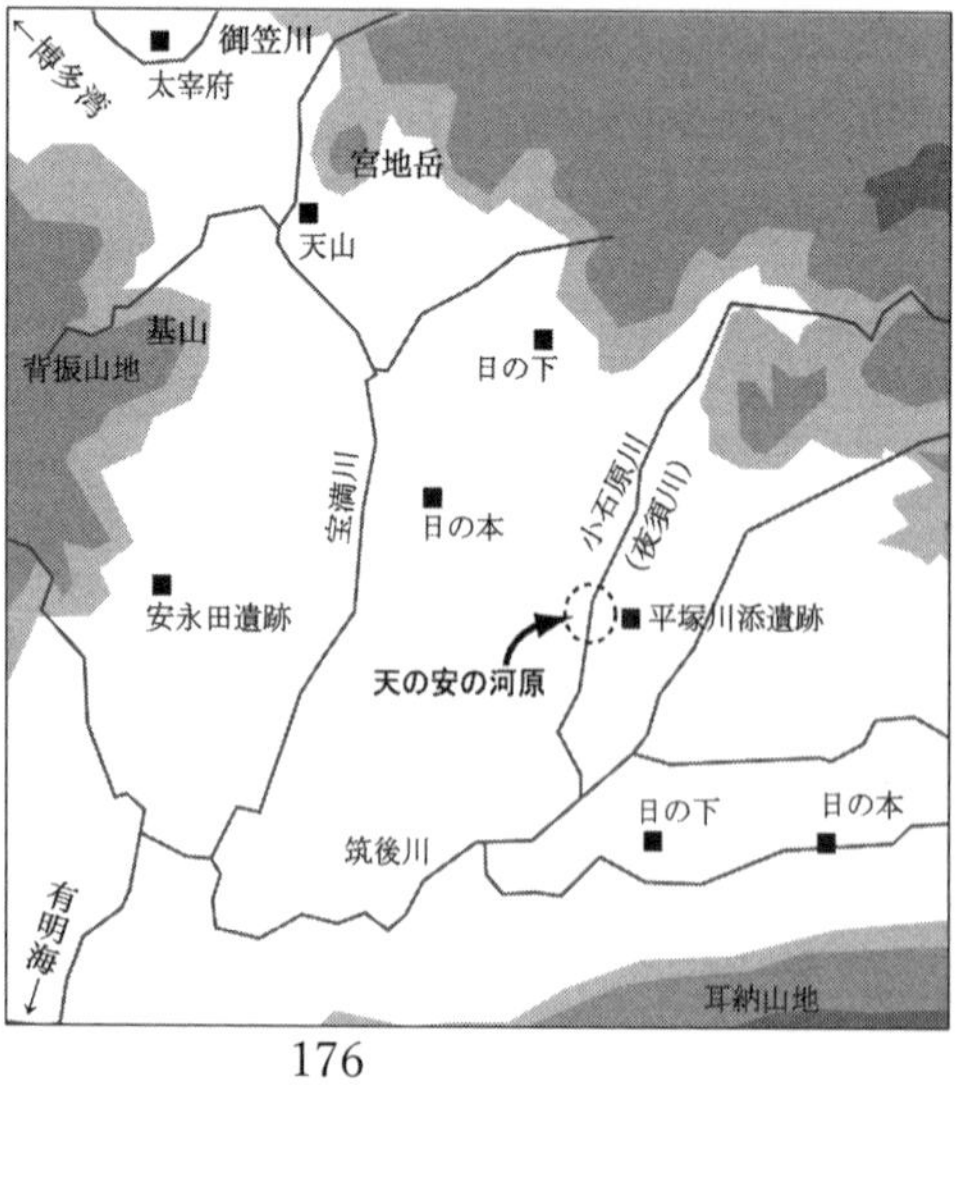


私も、須佐之男命と天照大御神の関係者が一堂に会した場所は、多重環濠に囲まれた平塚川添集落の近くの小石原川の河原であった可能性が高いと考える。

天照大御神は、反抗的な武人の須佐之男命を迎える場所として、高天原などでは万一の武力衝突が起きた時に危険が大きすぎると考えたのであろう。当時最強の砦であった平塚川添に須佐之男命に対抗できる武力を配置し、天照大御神は、いつ合戦になっても良いように準備を整え、「うけい」に臨んだのである。『古事記』にはこの時の武装した凛々しい姿の天照大御神のようすが描写されている。

「うけい」は、伊邪那岐命没後の北部九州の統治体制を合意するための重要な交渉であった。

『古事記』によれば、「うけい」の結論は、天照大御神側の天忍穂耳命が伊邪那岐命の後継者として葦原中国を治める倭国の王となり、須佐之男命側の多紀理毘売《たぎりひめ》命、市寸島比売《いちきしまひめ》命、田寸津比売《たきつひめ》命の三人を宗像に降すというものであった。

須佐之男命は、倭国王の地位や葦原中国の国土を放棄してでも、三人の姫たちのために宗像を欲しいと強く要求したのであろう。須佐之男命は母の国へ旅立つ予定であったが、伊邪那岐命が他界するという状況の変化を見て、次項で述べるような新たな作戦を考えたようである。

## ■須佐之男命の反乱

さて、「うけい」のあとの須佐之男命の行動について考えてみよう。

私は、須佐之男命は、「うけい」が終わったあと、狗奴国を息子たちに任せ、三人の娘を降した宗像に向かったと推理している。そう考えた理由は、まず、宗像には良質の砂鉄があることである（P193表）。

天津神たちと不和になった須佐之男命は、いずれ天津神と戦うことを考えていたにちがいない。しかし、いかに勇猛な武将であっても鉄の武器がないことには天津神に対抗できない。須佐之男命にとっては、宗像の良質の鉄資源を確保することがもっとも重要なことであった。

そして、次の理由は、須佐之男命が自ら平定した狗奴国を統治した形跡が存在しないことである。前にも触れたが、玉名市の式内社、疋野神社には、須佐之男命の息子の大年神や孫の波比岐神が祀られているのに、須佐之男命が祀られていない。また、肥後には疋野神社を含めて四つの式内社があるが、そのどこにも須佐之男命が祀られていない。これは、須佐之男命が狗奴国を統治せず他国へ行ってしまったことを示すものと思えるのである。

須佐之男命は伊邪那岐命との約束を反故にして、黄泉の国へ向かわずに宗像に留まって軍備を整え始めたのである。伊邪那岐命が没したあと彼の横車を抑える人がいなくなったので、須佐之男命は思い通り宗像を手に入れることができたのであろう。

『古事記』を見るかぎり、須佐之男命と天照大御神の間で「うけい」が行われるまで戦闘が起きていない。高天原連合からの離脱を宣言した須佐之男命がなにをするか分からないという緊張状態はあったが、須佐之男命は狗奴国から平塚川添の付近まで平穏に旅をして、交渉の席に就いたようである。武器の供給を絶たれた須佐之男命には、天照大御神側の軍勢と全面的に対立するほどの力はなかったのであろう。

須佐之男命は、何をするにしても、まず、武器を確保することが先決と考えた。それが、倭国王の地位や葦原中国の領地を譲ってでも宗像を領有したかった最大の理由である。宗像の良質の砂鉄で大量に武器を造れば、あとは武力でどうにでもなると考えたのだろう。

「うけい」のあと、須佐之男命は、娘たちが治めることになった宗像に到着し、すぐさま製鉄を開始したに違いない。宗像にはチタン成分の少ない良質の砂鉄資源があったし、当時はすでに、小型仿製鏡などの鏡を鋳造するため、銅を溶かす程度の高温を得る技術は確立されていたので、技術的には原始的な製鉄を行うことはそう難しいことではない。

弁辰で鉄を採掘していた倭人は、原始的な製鉄法を知っていた。チタン成分の少ないこの地域の砂鉄を原料とすれば、菊池川の砂鉄ではどうしてもできなかった鉄が、いとも簡単にできてしまう。

そしてこの鉄で、武器、特に大量に消耗する鉄鏃を準備した須佐之男命は、かつて倭人を追い出した天津神からふたたび北部九州を奪い返すために、宗像から陸路と海路で福岡平野に進出し、天照大御神とその支持者たちに戦いを挑んだのである。

そう推理する理由は、福岡平野から小型仿製鏡Ⅱ型の鏡や巴形銅器だけでなく、鉄鏃が大量に出土することである。奥野正男氏が、邪馬台国時代の北部九州で平野ごとの鉄鏃出土数を調査した結果を見ると、福岡平野の三四個が他を二倍以上引き離してダントツの多さである（奥野正男『邪馬台国はここだ』）。

これは、福岡平野が弓矢を使った激しい戦いの舞台になったことを示すものである。

## ■須佐之男命の本拠

宗像市に「王丸」という地名がある。「王丸」は、宗像に到着した須佐之男命が天照大御神の軍勢と戦うために築いた砦であり、須佐之男命はここを本拠として、福岡平野へ進出していったと私は考えるのである。

前述のように、「王丸」のように名前の後に丸の付く地名は、もともとは環濠や木柵などで周囲を丸く囲んで防御を固めた砦のような軍事的施設の在処を示しているのだと思われる。

そして、「丸」付きの地名は、ほとんどの場合、石丸、猿丸、太郎丸などのように砦の指揮官の人名と思われる名称で呼ばれているのだが、そのなかに「王丸」「宮丸」のように、「王」とか「宮」を含んでいる「丸」付き地名がある。これは王族が拠点にした場所を示していると思われ、特に注目すべき地名と考えている。宗像の「王丸」もこの地域の王が砦の主であったと推理できる。

宗像で王位に就いた可能性のある人物は、狗奴国から姿を消して、娘たちを降した宗像に本拠を構え、天照大御神を倒して倭国王になった須佐之男命以外には考えられない。『魏志倭人伝』にも男王として描かれている。これが、「王丸」が須佐之男命の本拠と考えた大きな理由である。

宗像の「王丸」が須佐之男命の拠点であったことは、その地形からもうかがい知ることができる（下図）。

「王丸」は、鹿児島本線の赤間や東郷駅を含む直径五キロほどの盆地のような場所の南西の隅にある。この地域は、周囲を高さ100~300mの山並みに囲まれた天然の要害となっており、福岡方面にはわずかに許斐山《このみやま》の西側が開けているだけである。「王丸」は許斐山《このみやま》の東北山麓にあって福岡方面への出入り口となる隘路をすぐそばで扼する位置にあり、西側からの攻撃に対しては強力な防御機能を発揮する。

王丸は、このような地形を利用して福岡方面の敵に対して戦略的に軍隊を配置した場所のように見え、須佐之男命がここを本拠にして、福岡平野の敵と戦った可能性が強

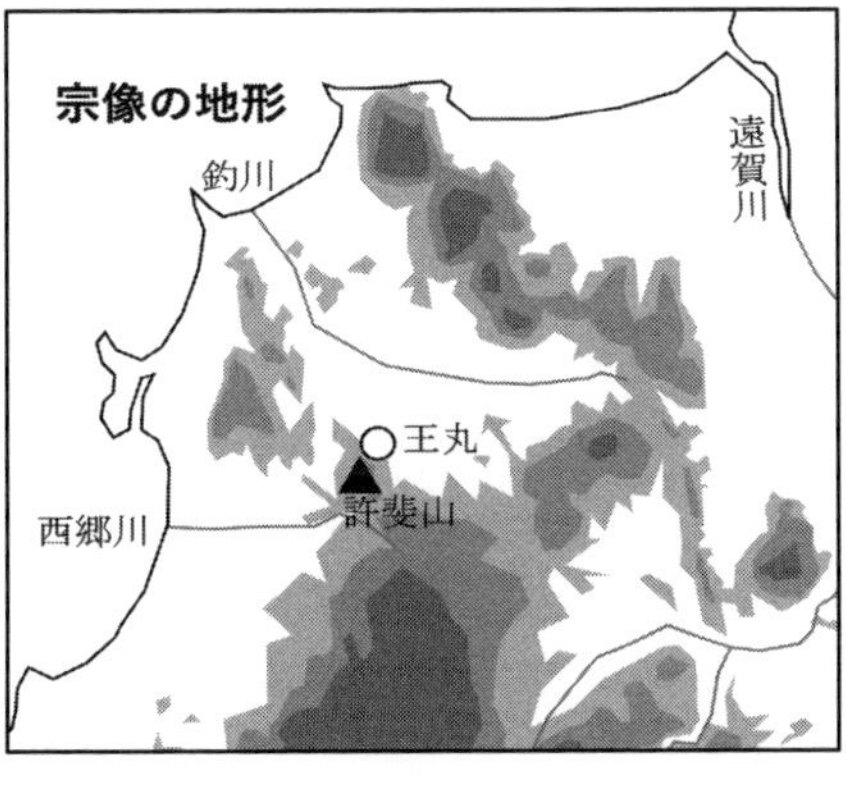

いと思うのである。

王丸から一キロほど北の久原滝ケ下遺跡では、住居跡から鉄鋌が出土した。この遺跡は三世紀後葉以降とされるが、須佐之男命の時代と遠くないころの王丸近くの遺跡で鉄鋌が出土したことは、須佐之男命との関連を強く感じさせるのである。鉄鋌は鉄製品を製作するための素材であるというのが通説である。しかし私は、鉄鋌は武器としても用いられたのではないかと思っている。

鉄の武器が十分に兵士たちに行き渡らなかった頃、糸島半島の今山の石斧が武器として用いられたことを第四章で述べたが、ある程度の鉄が確保できたとき、兵士たちは石斧に代わる鉄の斧で武装したのではないか。石斧に木製の柄を縛り付けたように、鉄鋌に木製の柄をつければ鉄斧として使用することが可能になるからである。

また、彼らの技術では鉄を溶かすほどの高温は得られなかったと思われるので、鉄製品は熱した鉄を叩いて鍛造で作られていたと考えられる。鍛造で複雑な形状の矛や戈を作るよりも、矩形の鉄鋌を制作するほうがはるかに容易であり、効率よく大量に作ることができる
飛び道具として鉄鏃を大量に用意した須佐之男命は、接近戦の時の武器もまた鉄製のものを用意したであろう。鉄鋌を利用したこのような鉄斧が、接近戦用の強力な武器として機能したことは想像に難くない。

## ■筑前山門

宗像へ進出した須佐之男命に対して、天照大御神側は、ふたつのグループがこれに対応したと見られる。ひとつは主に高御産巣日命の部隊が、福岡平野に攻め寄せる須佐之男命の軍勢に対応し、もうひとつは、遠賀川上流を地盤とする神産巣日命が、遠賀川沿いに兵を北に進めて宗像の敵に圧力をかけたと思われる。

さて、福岡平野での戦いの時の天照大御神の行動について考えてみたい。この戦いの時にも、天照大御神は高天原から戦場に移動し、前線のうしろに仮宮を置いて、戦いの勝利を祈ったに違いない。

福岡市の西区の生の松原のちかくに山門という地名がある。

私は、この筑前の山門が福岡平野の戦いの時に、天照大御神が仮宮を置いた場所であると考えている。天照大御神はここを本拠にして、目の前の福岡平野で展開する激しい戦いの勝利を神に祈ったのであろう。そして、「ヤマト」と呼ばれた天照大御神の仮宮の名称が、ここでも山門という地名に残ったのであろう（下図）。

筑前山門は室見川下流の西側にあり、東から攻め寄せる須佐之男命に対して、室見川が絶好の防衛線になるので、戦略的にも理にかなった位置にある。福岡平野には室見川以外にも、那珂川や御笠川など、須佐之男命の陸上軍の進路を遮るように大小の河川があり、幾重にも防衛線を築くことが可能である。天照大御神と高御産巣日命は、強力な須佐之男命軍に対して、自然の地形をフルに活用したのであろう。

いっぽう須佐之男命は、陸上の攻撃だけではなく、航海技術に秀でた倭人の強みを発揮して、海上から福岡平野に大挙して来襲したであろう。筑前山門に対しても海からの奇襲攻撃が功を奏したと思われる。

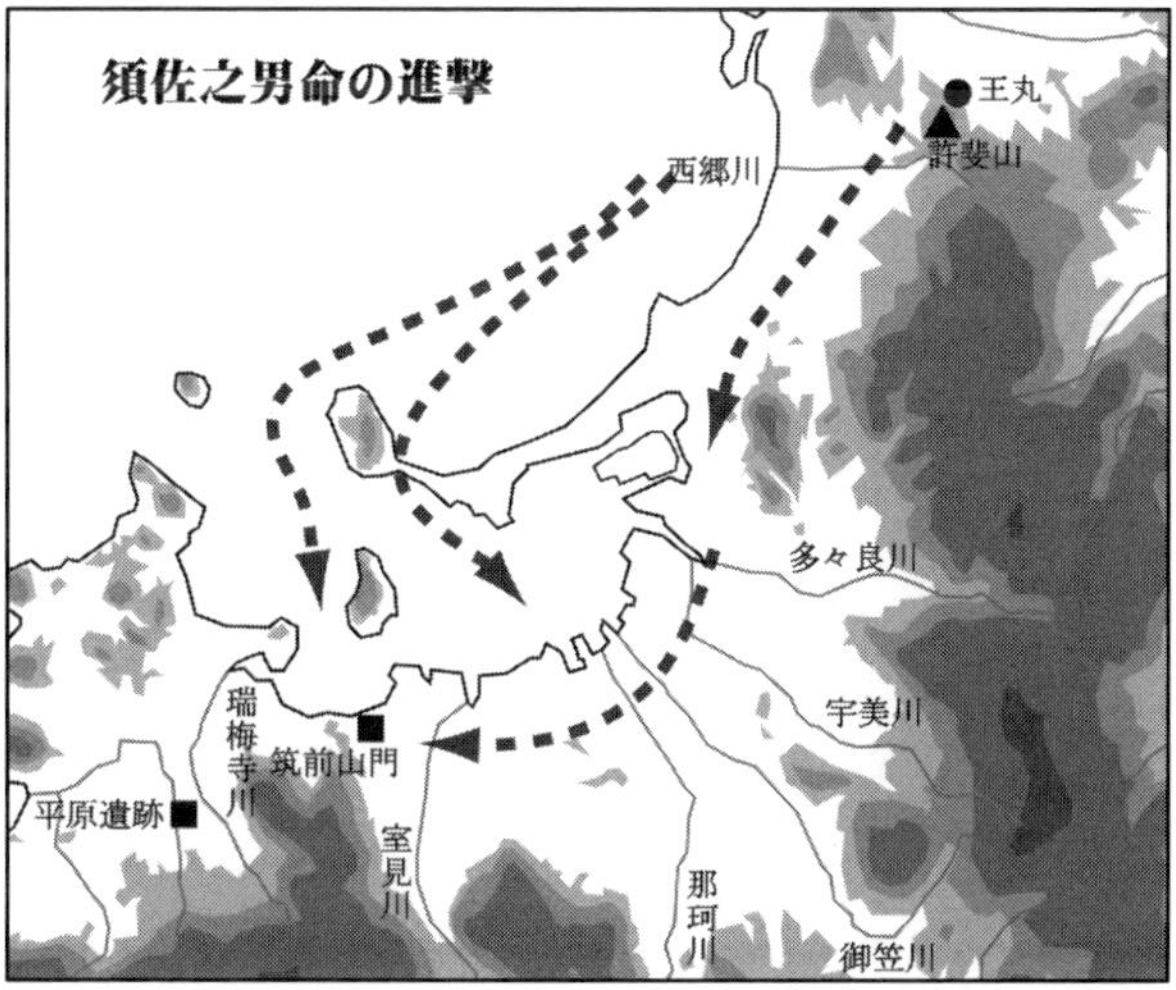


須佐之男命の攻撃は、天照大御神にとっては突発的な出来事であった。天照大御神ははじめて受け身に回ってしまった。それまで、筑紫平野や熊本平野での戦いは、天照大御神側がイニシアチブをとって進めたので、仮宮を設けるにしても計画を立てて準備をすることができた。

今回は緊急事態であった。その中で天照大御神が筑前山門に仮宮を設けたとすると、すでに筑前山門には仮宮としてすぐに使える建造物と堅固な防御施設が整っていたと推定できる。この地域でそのような所があるとすればそれは伊都国の都の一角である可能性が極めて高いと思うのである。

筑前山門に仮宮を置いた天照大御神は、これまで同様、鏡による幻惑作戦を展開した。しかし、鉄鏃を大量に用意して飛び道具で攻めかかる須佐之男命軍に対して、ほとんど効果を発揮しなかった。それまでの矛や戈による接近戦では、敵の戦力を減じるのに大いに威力を発揮していた鏡がまったく役に立たなくなってしまったのである。

まるで、織田信長の鉄砲隊が長篠で甲州騎馬軍団を粉砕した時のように、飛び道具を大量導入した戦術転換が功を奏して、須佐之男命は、天照大御神と高御産巣日命の軍勢を打ち破り、福岡平野を席巻したのである。

『古事記』には、須佐之男命軍が天照大御神の居館の中に侵入し蹂躙したような記述がある。これは須佐之男命が天照大御神の仮宮「ヤマト」を陥落させ、伊都国の都に打撃を与えたことを表している。

須佐之男命の侵攻によって、天津神の軍勢は福岡平野から追い出され、南側の太宰府方面や西側の糸島平野に押し込められてしまったと思われる。そして、天照大御神はこの戦いの敗北が契機となって亡くなったように見える。

葦原中国で倭国王として君臨していた伊邪那岐命がすでに他界し、女王として崇められた天照大御神が没したことにより、伊都国の都を攻略した須佐之男命が強引に王位を継承し念願の倭国王となった。『魏志倭人伝』に、卑弥呼のあとに立ったと記される男王である。

## ■天照大御神の墓

亡くなった天照大御神（卑弥呼）の墓所について考えてみたい。天照大御神の墓の比定については多くの議論があるが、私は、筑前山門の西に位置する糸島平野の平原一号墳こそ天照大御神の墓であると考える。福岡平野で戦乱が続く中で、筑前山門近くで亡くなった天照大御神の葬儀を安全に営める場所は筑前山門の西側の糸島平野方面しかないからである。

糸島平野は、かつて甕棺墓制の王たちの都城があり、三雲南小路や井原鑓溝には豪華な副葬品を伴う甕棺王墓があった。しかし、甕棺王国が滅んだのち、この地域の一角の平原には方形周溝墓が営まれるようになる。倭国大乱で甕棺墓制の部族に勝利した伊邪那岐命たちが、この地域に新しい墓制を持ち込んだものと思える。平原一号墳よりも古いとされる平原五号墳はこのときに糸島平野に進出した有力者の墓であろう。

平原一号墳は、弥生時代後期の方形周溝墓で、原田大六氏が中心になって発掘し、直径四六．五センチの国内最大の内向花文鏡五枚を含む四〇枚もの鏡を出土したことで知られる。ひとつの墓から出土した鏡は日本でも屈指の数である。そして、副葬品については、武器は素環頭太刀一本だけだが、ネックレスやブレスレット等の女性の装飾品が多数出土している。特に、漢の高貴な女性がピアスとしてつけていた琥珀蛋白石製の「珥璫《じとう》」が、日本で唯一ここから発見されていることから、平原一号墳は高い位にあった女性の墓とされている。

平原一号墳については奇妙なことがある。それは、ここに副葬されていた鏡がことごとく細かく砕かれていたことである。

私はこの理由を、鏡の霊力に対する信頼が失われたためと考える。福岡平野で須佐之男命と戦ったとき、彼らの弓矢に対して鏡は刃が立たず、鏡による幻惑作戦はその効力を失ってしまった。これまで鏡によって戦いを有利に展開し、太陽光線の不思議な効果で高めてきた天照大御神の権威が地に落ちてしまったのである。もはや無用の長物と化した豪華な鏡は、ことごとく打ち砕かれて天照大御神と共に葬り去られたのである。

また、つぎに示すように、平原一号墳が天照大御神の墓であることを裏づける興味深い事実がある。

平原一号墳の近くに直径七〇センチもの太い柱が立っていて、墓と柱を結ぶ延長線が日向《ひなた》峠を指していることが判明している。米の収穫期に日向《ひなた》峠のあたりから太陽が昇ることから、この遺構は農耕と太陽信仰に関連するのではないかと言われている。

しかし、私はそうは思わない。

この方向を延長すると、日向《ひなた》峠を越えて高天原のあった太宰府や筑紫野方面に至る（下図）。地図上で平原古墳と高天原の天山を結んだ線は、ぴったりと

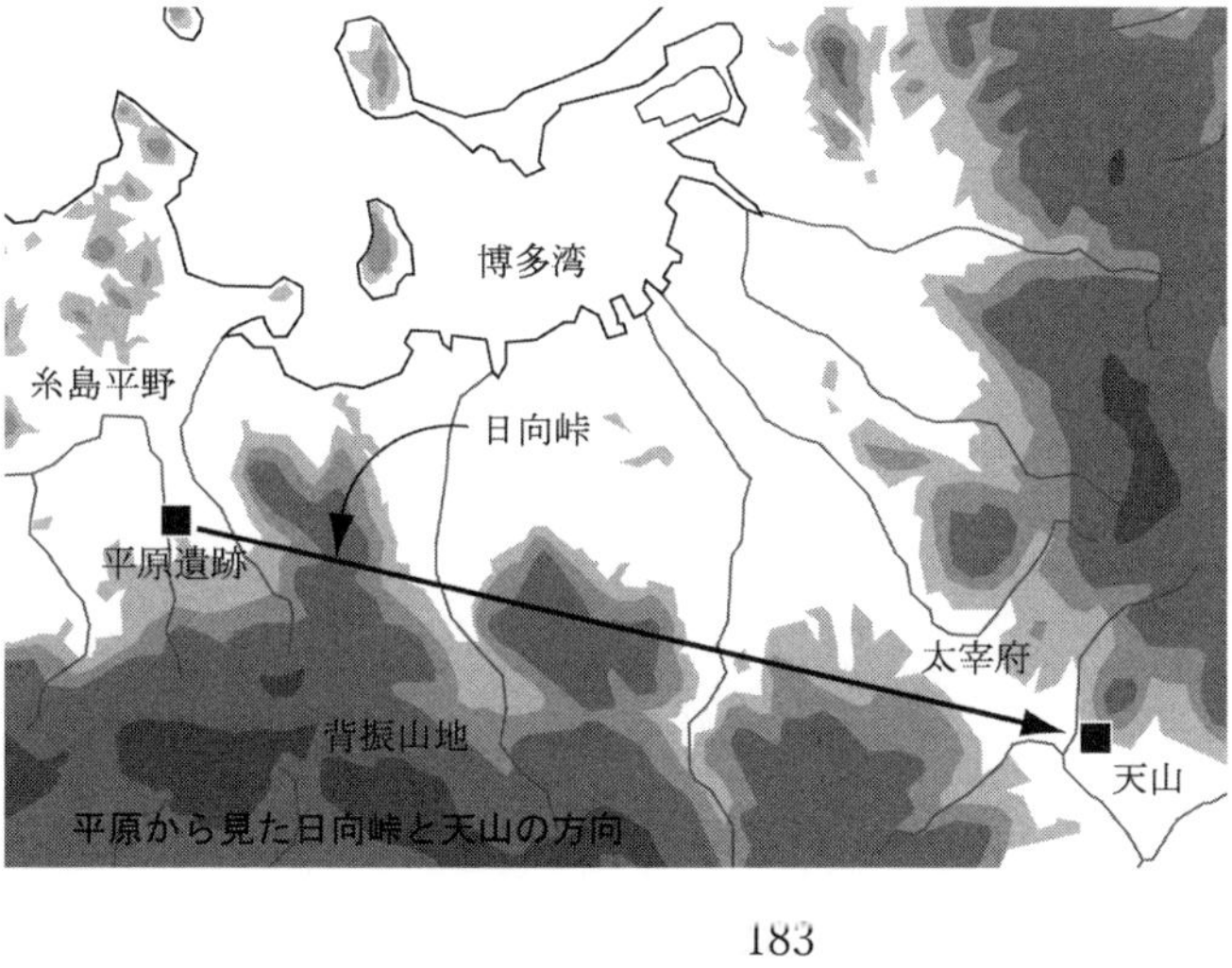

平原から見た日向峠と天山の方向

日向《ひなた》峠の上を通過する。太い柱は平原一号墳から天山の方向を示す目印になっているのである。

異郷で生涯を終えた天照大御神は、いつも祖霊に祈りを捧げていた高天原の天山の方向を向いて埋葬されたのである。天山の方向に足を向け、枕で頭を少し持ち上げた天照大御神の瞳には、日向《ひなた》峠の向こうの高天原の青い空が映っていたに違いない。

平原の太い柱が示す事実こそ、平原一号墳が天照大御神の墓所であり、天山が天照大御神の本拠であることの証拠であると私は考える。

以上のように理解すれば、平原一号墳は、時期的に見ても、位置的に見ても、副葬品の内容から見ても、天照大御神の墓として疑問の余地がないように見えるのである。

話が少し飛躍するが、山口県に土井ヶ浜という遺跡がある。弥生時代の前期から中期の墓所の遺跡である。ここに埋葬された三百体ほどの人骨がみな北西の方向を向いているのが注目されている。人骨の分析からここに葬られた人々の故郷が山東半島地域だということが明らかにされているので、埋葬の際に、顔を故郷の方向に向けられていたことになる。

平原一号墳の被葬者が故郷の天山の方向を向いて埋葬されたのと同じである。異郷の地で生涯を閉じた人を、故郷の方を向かせて葬るのは心情的にも理解できる。弥生時代の人々にそのような共通の慣習があったのかもしれない。

ところで、『古事記』には天照大御神が天の岩屋戸に隠れたときに、神々が岩屋戸の前の天の安の河原に集まって、長鳴き鳥を鳴かせたり、天宇受売命《あめのうずめのみこと》を踊らせたりしたことが描かれている。

いっぽう、平塚川添遺跡の近くにも天の安の河原があり、天照大御神と須佐之男命が「うけい」を行った場所と述べた。天の安川が、筑紫平野と糸島半島の二カ所にあることになる。これは何かの間違いなのだろうか。

私は、次のような理由で、天の安川は、二カ所にあったとして良いと考える。

まず、天照大御神の墓所とした平原一号墳の近くの天の安川について考えてみよう
平原遺跡のすぐ近くを二本の川が流れている。雷山川と瑞梅寺川である。現在、ここには安川という名前の川はない。

瑞梅寺川は、川上にある瑞梅寺という寺院にちなんで名づけられたものである。とすると、仏教伝来以降に命名された名

前と言うことになる。

　この川はそれ以前の天照大御神の時代には、別の名前で呼ばれていたはずである。瑞梅寺川の古い名称に関する情報は何もない。しかし、平原一号墳が天照大御神の墓であるならば、この川こそ天の安川であった可能性が濃厚である。

　そして、筑紫平野の天の安川は、伊邪那岐命の命を受けた須佐之男命が筑紫平野を制圧したのち、多くの天津神がこの地域に進出し、糸島半島の天の安川という河川の名前を持ち込んだものと思うのである。もともと、天津神のテリトリーではなかった筑紫平野には、天の安川という河川は存在しなかったと考えられるからである。

## ■墳墓の大きさ

『魏志倭人伝』に卑弥呼の墓について「径百余歩、殉死した奴婢が百人」という内容が記されていることについて考える。ここには、「殉死した奴婢が百人」いたと記されているが、この内容は、これまで日本で発掘された王墓などの実態とはまったく異なるもので、倭国の王墓で現実にこのような数の殉死者がいた例はない。

　これは、魏の役人が殉死者の数を実際に見て書いたのではないことを意味している。つまり、魏の役人は卑弥呼の墓を実見せずに、女王国の関係者から伝え聞いた話を記録したのである。

　しかも、殉死者の数を誤って記録していることから推測すると、この間のコミュニケーションが必ずしもうまくいっているようには見えないのである。

　そうすると、径百余歩と記された卑弥呼の墓の大きさも誤りを含んでいるかもしれない。この可能性も考慮して墓の大きさについて推理してみようと思う。

　当時の中国の魏の尺度では、一里は434mである。一歩はその一／三〇〇で、約145cmであった。これをもとに、径百余歩という墓の大きさを、直径150m前後の墓とする説がある。後円部の直径が約160mある奈良県の箸墓古墳を卑弥呼の墓とする根拠のひとつにされている。しかし、これはおかしいと思う。年代も合わないし、『日本書紀』には箸墓は、崇神天皇の時代の倭迹迹日百襲姫《やまとととひももそひめ》の墓と記されている。

また、『隋書』倭国伝によると、「夷人（倭人）は里数を知らず、ただ、日をもって計った。」と記されていて、倭人が当時の中国の長さの単位をまったく知らず、距離を移動にかかった日数で表しているような記述がある。

倭国では、一〇世紀に作成された延喜式でも、地方の国から都までの行程を、距離ではなく日数で示している。これは古くからの倭人の伝統なのであろう。確かに、『魏志倭人伝』にも、『隋書』のいうように距離を日数で表した部分がある。

長さの単位の「里」を知らなければ「歩」がその一／三〇〇の一四五センチに相当することなど知るよしもないだろう。

魏の尺度の「歩」を知らなかった倭人が百余歩といったのは、人間の歩いた歩数の概数であった可能性が高いのである。

さて、墓の直径を歩数で測るためには、墓の真上を歩かなければならない。しかし、墓の上を横断するにはいくつかの問題がある。

まず、遺骸を埋葬した直後の女王の墓の上を歩けただろうか。おそらく、遺骸の上を土足で歩くのは憚られたことだろうし、墓の上には葬礼の儀式のための祭壇や建造物があって、歩行を妨げた可能性もある。

また、現在は削られてしまったが、墓には墳丘があったと推定されているし周囲には周溝がある。直径を測るためには墳丘や周溝の急斜面を昇り降りして歩数を数えることになるが、斜面で数えた歩数は墓の大きさを正しく測定したことにはならない。もし、周溝に水が張られていたらますます計測が困難になる。

このような事情があったので、女王国の人々は卑弥呼の墓の大きさを、直径ではなく、周囲の長さで示したのではないだろうか。

そして、彼らと魏の役人とのやりとりの中で、「径」と「周囲の長さ」を取り違えたのではないかと思うのである。魏の尺度を知らなかった女王国の人々は、「径」の意味を理解しなかった可能性もある。

もし、そうだとしたら、一〇〇余歩が平原一号墳の周濠の周囲の長さになるはずである。検証してみよう。

まず、当時の人間の一〇〇歩がどの程度の長さになるかを推定する。

弥生人の平均身長は、男性が一六四センチ、女性が一五〇センチほどとされ、身長に対する歩幅の比率は、早足で〇・五、ふつう歩きで〇・四五、ゆっくり歩いたときは、〇・三七ほどとされている。

男性がゆっくり歩いたとして計算すると一〇〇歩で約61mになる。

では、平原一号墳の周囲の長さはどれほどであろうか。

現状の平原一号墳は14×10.5mの方墳で、周囲には幅1.5～3.3mの丸みを帯びた周溝が検出されている。

丸みを帯びた周溝を円形で近似すると、その周囲は64mほどの値になる。

また、周溝幅のデータの平均を取って、幅2.4mの周溝が方形周溝墓を囲んでいるとして計算すると、周囲の長さは68mほどになる（下図）。

平原一号墳の周溝を円形としても方形としても、その外周の長さは一〇〇余歩と言える値になるのである。

このようなことから、径一〇〇余歩とされた卑弥呼の墓の大きさは、もともとは、周溝の外周を歩数で測ったものであり、コミュニケーション上の問題で、直径と取り違えて記録された可能性が大きいと思うのである。

前述のように殉死者もおかしな数が示されているので、何かコミュニケーションに問題がありそうである。倭国の使者からの情報が正しく伝わらないと、卑弥呼の墓の大きさだけではなく、邪馬台国の位置などを検討する上でも大きな阻害要因となる。これによる混乱については第二十四章で詳しく述べようと思う。

**卑弥呼の墓の大きさ（径１００歩）と平原１号墳の形状**

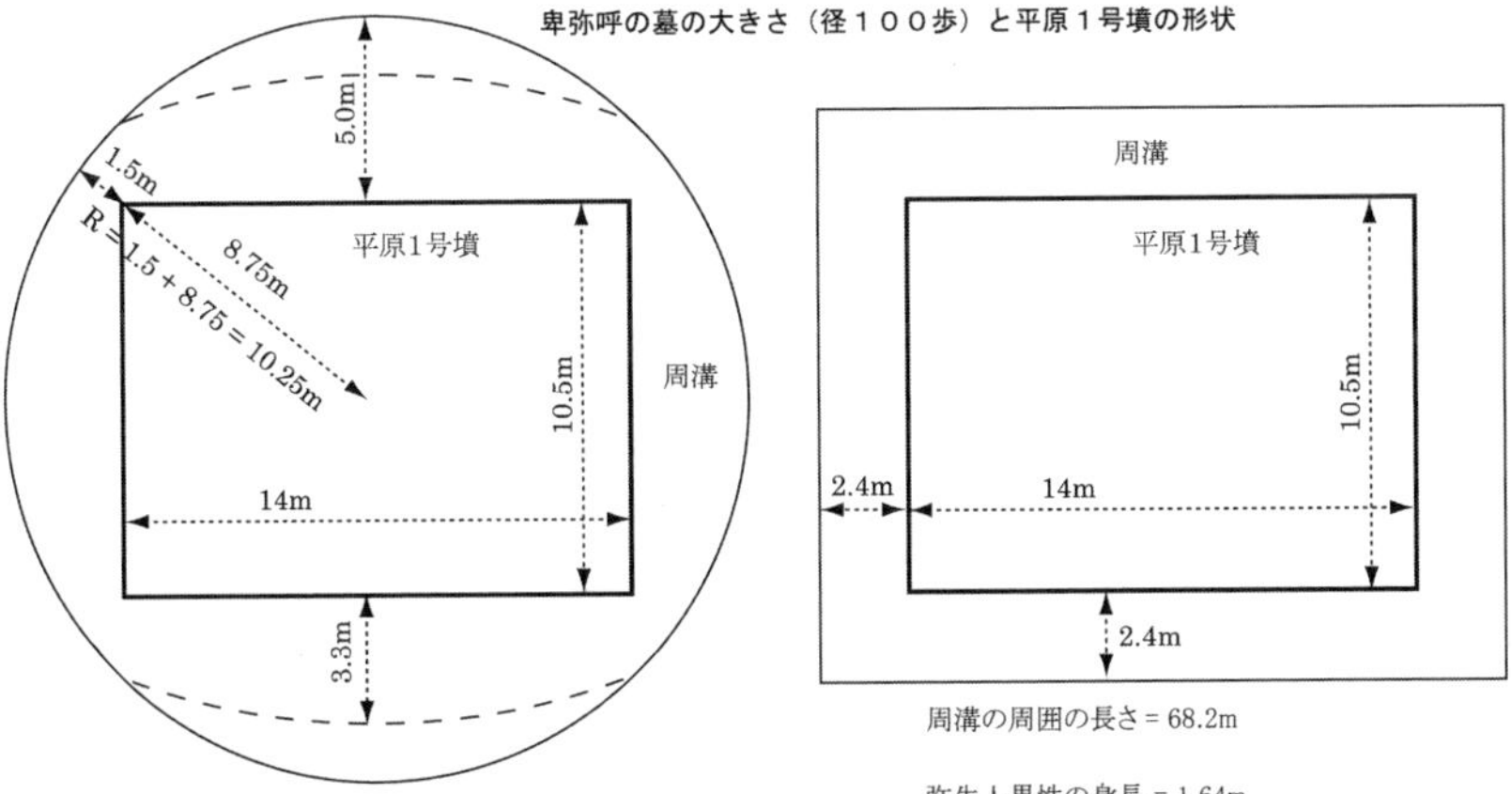


周溝の周囲の長さ＝68.2m

周濠を円形とすると 円周＝10.25m × 2π ＝64.4m
実際は周濠の最大幅が3.3mの楕円形のような形と推定されるので、
周囲の長さはこれよりやや短くなる。

弥生人男性の身長＝1.64m
歩幅＝身長 × 0.37
100歩の長さ＝1.64m × 0.37 × 100 ＝ 60.68m

## ■天の岩屋戸

『古事記』では天照大御神が亡くなったことを天の岩屋戸の伝承で伝えている。天照大御神が岩戸に隠れ、そののちに再び外界に現れる内容は、卑弥呼が死んだあとに、宗女の台与が後継者として女王になったとする『魏志倭人伝』の記述に対応するということが、多くの研究者によって指摘されている。「トヨ」の音が共通することから、高御産巣日命の娘の万幡豊秋津師比売《よろずはたとよあきつしひめの》が台与に当たる人物といわれている。

私もこの見解に賛成であるが、さらにここでつぎの点に留意すべきであると思う。

まずひとつは、万幡豊秋津師比売《よろずはたとよあきつしひめの》が女王になったことにより、高天原側の体制に質的な変化が起きたと考えられることである。

安本美典氏がすでに指摘しているように、天の岩屋戸の出来事の前後で天照大御神と高御産巣日命の発言回数を分析すると、天の岩屋戸の前には天照大御神単独か天照大御神と高御産巣日尊がいっしょに命令を出すことが多かったのに対し、天の岩屋戸のあとは、天照大御神単独の発言がほとんどなくなり、高御産巣日尊単独で指示を出すケースが増加している。すなわち、高御産巣日命の発言力が著しく高まり、高御産巣日尊が高天原の実権を握ったように見えるのである。

かつて天照大御神を女王に戴いた時の体制は、伊邪那岐命を中心として、高御産巣日命や神産巣日命の部族などが協力する連合政権であった。そして、連合体制を象徴するように天照大御神には伊邪那岐命と高御産巣日命の双方の血が流れていた。

万幡豊秋津師比売《よろずはたとよあきつしひめの》が女王になった時、幼い女王の後見人として父親の高御産巣日命の発言力が絶大になった。そのうえ女王には高御産巣日命一族の血しか流れていないようにみえる。幼い万幡豊秋津師比売《よろずはたとよあきつしひめの》の擁立によって実質的に高御産巣日命政権が成立したと思われるのである。

福岡平野の戦場から遠く離れた遠賀川流域で奮闘していた神産巣日命は、この体制の変化を喜ばなかったであろう。このときから高御産巣日命と神産巣日命の間に溝ができ、すきま風が吹くようになっていったと推定されるのである。

天の岩屋戸のあとの高天原の伝承では、高御産巣日尊は頻繁に登場するのと対照的に、神産巣日尊は影の薄い存在になっているのは、この間の二人の立場の変化を反映したものと思える。

神産巣日尊の運命については興味深いことがある。神産巣日尊はこのまま消え去ってしまうのではなく、やがて大きな勢力に復活したように見えるのである。

少し話が飛躍するが、宮中八神というのがある。天皇を守護する八柱の神々として、神祇官西院に独立した八つの社殿が設けられて祀られていた。

延喜式によると、これらの神々は、神産日神、高御産日神、玉積産日神《たまつめむすびのかみ》、生産日神《いくむすびのかみ》、足産日神《たるむすびのかみ》、大宮売神《おおみやのめのかみ》、御食津神《みけつかみ》、事代主神《ことしろぬしのかみ》と記されている。

また、持統天皇のころに始まったとされる践祚《せんそ》大嘗祭でも、これらの神々は、御巫の八神として斎場に祀られた。

私が注目するのは、高天原で落ち目になった神産巣日尊が、のちの時代に、天皇の守護神として復活していることと、それだけでなく、高御産巣日尊よりも上位の第一殿で祀られたという事実である。

高天原での高御産巣日命と神産巣日命の対立は、高御産巣日尊が優勢で推移したようだが、さまざまな紆余曲折を経て、神産巣日尊を奉じる勢力が力を盛り返したことを推測させるのである。

このあたりの事情については後ほど詳しく述べようと思う。

### ■製鉄

さてもうひとつ天の岩屋戸の伝承に関連して私が注目するのは、『古事記』のこの場面で、天の金山の鉄を取って鏡を作ったと記されることである。

当時、鏡は銅製が主であったが、銅は国内で産せずに輸入に頼っていた。従って天の金山で鉄を取って作った鏡とは、銅鏡ではなく『古事記』の記述通り鉄鏡であった可能性が高い。

背振山脈の中央部に金山という山がある（次頁図）。金山の北側には日向《ひなた》峠や高祖山の尾根が続き、糸島平野や早良の平地が広がっている。金山を中心とした背振山地一帯の地層は鉄分が多くチタン分の少ない磁鉄鉱系の良質な砂鉄を含み、河川を通じて糸島平野や福岡平野にこの砂鉄を供給している（P193表）。金山というのは鉄を出したところからの命名であろう。

この地域には、弥生時代の終末から奈良、平安時代にまでおよぶ製鉄遺跡が密集しており、長期間にわたって北部九州の中できわだった鉄生産地であったことを示している（下図）。

鉄の鏡は、高い温度で溶かした鉄を型に流し込んで製作する。ところが、当時の日本列島では、原始的な技術しかなかったため、良質の原料を赤く熱して鍛打し、かろうじて鉄を作ることができるレベルであった。鉄を作るだけでも容易ではないのに、鉄を溶かすほどの高温を得るのは、さらに難しいことであった。彼らはどのように鉄鏡の鋳造を行ったのであろうか。

『日本書紀』の一書には、天の岩屋戸の記述の中に「鹿の皮を丸はぎにしてフイゴを造った」ことが記されている。これは、天照大御神の時代にフイゴを用いた新しい技術が導入され、鉄を溶かすほどの高温を得て、鉄鏡の鋳造が行われたことを示す重要な記述である。ここに記された新しい製鉄技術の伝来とその影響について考えて見ようと思う。

このころの朝鮮半島では、大きく分けて二種類の製鉄技術があった。ひとつは、直接製鉄法と言われるもので、鉄鉱石や砂鉄を比較的低温で還元し、一ステップで直接に金属の鉄を作る方法である。

もう一つは、間接製鉄法の一種で現代の製鋼法に似た炒鋼法《しょうこうほう》と呼ばれる技術である。炒鋼法《しょうこうほう》では、鉄鉱石などの原材料を高温で還元して炭素の多い溶融した銑鉄を作る製錬工程と、溶融した銑鉄から多すぎる炭素を脱炭して鋼を作る精錬工程の二ステップの行程を行う。炒鋼法《しょうこうほう》は漢の時代に開発されたもので、直接製鉄法に比べると、能率がよく大量生産に適した高度な製鉄技術であった。

それぞれの方法で作った鉄を比べると、炒鋼法《しょうこうほう》では高温にして鉄を溶解させるので成分が均一に混ざり合うのに対し、直接製鉄法では、鉄が溶けないので、組成や成分のばらつきが大きくなる特徴がある。

朝鮮半島南部と北部の製鉄技術を比べてみよう。

北部九州と交流のあった朝鮮半島南部では、次のような情報から考えて、五世紀代になってはじめてそれまでの直接製鉄法に代わって新しい間接製鉄法が採用されたと思われる。

最初の情報は、奈良盆地北部の宇和奈辺《うわなべ》古墳の陪塚（大和六号墳）から出土した大量の鉄鋌の分析結果である。宇和奈辺《うわなべ》古墳の陪塚は、神功皇后の陵墓などを含む佐紀盾列古墳群に属する古墳で、五世紀中葉から後半の築造とされている。ここから、大型二八二枚、小型五九〇枚の多量の鉄鋌が出土して話題になったが、同じような鉄鋌が朝鮮半島南部から出土していることや、日韓の古文献に、このころ朝鮮半島と日本との間で盛んに往来があったことが記されていることなどから、陪塚出土の鉄鋌は朝鮮半島からもたらされた物とされている。

国立歴史民俗博物館では、これらの鉄鋌三枚から微小片のサンプルを取り、中性子放射化分析を行なった。その結果は、微小片にもかかわらず含有の元素の分布に大きなばらつきがあることが確認され、鉄鋌が製造工程中で溶融した銑鉄の状態を経ていないこと、すなわち間接製鉄法による鉄を素材としていないことが明らかとなった（明石雅夫「大和6号墳出土鉄テイの素材は直接法による鉄」『古代の風』二〇〇四年、「大和6号墳出土の鉄鋌の素材製錬法について」『たたら研究』四三号二〇〇三年）。

つまり、五世紀ごろの朝鮮半島南部では、まだ、江南由来の直接製鉄法による鉄生産が行われていたことになる。

しかしいっぽうでは、釜山の福泉洞《ボクチョンドン》古墳から出土した五世紀代の鉄鋌が、炒鋼法《しょうこうほう》による鋼と判定されているという情報もある。これらのことから、五世紀のどこかで朝鮮半島南部に新しい製鉄技術が浸透し、製鉄技術に世代交代があったと考えられるのである。

それでは、朝鮮半島北部の状況はどうであろうか。

朝鮮半島北部は楽浪郡の設置など早くから中国の影響が及んでいたので、炒鋼法《しょうこうほう》などの進んだ製鉄技術も伝えられていたと思われる。

三〜四世紀といわれる百済石帳里《ソクジャンニ》A区遺跡で間接法の製鉄炉が発見されている。これは、半島西側では南岸地域よりも早い時期に新しい製鉄技術が普及していることを示すもので、楽浪郡や帯方郡など、中国の直接影響下の地域で炒鋼法《しょうこうほう》などの新技法が早くから行われていて、それが三〜四世紀までには百済の地域に伝播していたことを意味している。

## ■天津神の鉄

さてそれでは、このような状況を踏まえた上で、天照大御神や須佐之男命が活躍したころの北部九州の製鉄技術について考えてみよう。

まず、須佐之男命や天照大御神の時代の高天原の勢力を見てみると、彼らは朝鮮半島の南部と交流があったことから、彼らは弁辰など半島南部から伝わった直接製鉄法によって鉄を作っていたと考えて良いだろう。前述のように須佐之男命が菊池川流域で鉄を作るのに苦労していたと想定されることから、彼らの製鉄法はおそらく薪や炭で砂鉄を直接加熱する原始的な方法であったのだろう。

彼らの方法では、十分な高温が得られないため、玄界灘沿岸と中国山地でとれるチタン成分の少ない比較的低融点の砂鉄原料でしか鉄を作れなかったと思われる。製鉄技術は未熟でも、これらの良質の砂鉄産地を確保した勢力は、鉄鏃などの自製が可能になり軍事的には非常に有利な立場に立てた。

高天原勢力が筑紫平野や熊本地方を攻略できたのも、大国主命が列島各地に進出できたのも、彼らが良質の砂鉄産地をおさえて鉄を持たない勢力に対する軍事的優位を確保したことが大きな要因と思われる。

次頁の表によれば、福岡平野北岸地域の砂鉄は、チタン成分が一％前後と飛び抜けてチタン含有率が低いことがわかる。ちなみに須佐之男命が鉄を作ろうとした菊池川付近の花房台地の砂鉄は、チタン含有率九・六五％というデータがある。

さて、それでは、天照大御神が没した後、フイゴを使って鉄鏡を作ったという話をどう考えるかということだが、鉄鏡は溶かした鉄を鋳型に注いで作られるので、彼らはすでに鉄を溶かすほどの高温を得る技術を持っていたことになる。すなわ

全国主要産地の砂鉄中のチタン含有率

| 産　　地 | 全鉄分 | チタン | 鉄分中のチタン含有率 | 注 |
|---|---|---|---|---|
| 福岡県糸島郡北崎海岸 | 67.24 | 0.78 | 1.16％ | |
| 〃　糸島郡内 | 68.22 | 0.83 | 1.22 | |
| 福岡県大原海岸 | 63.0 | 1.03 | 1.16 | |
| 宗像郡向山海岸 | 69.0 | 0.94 | 1.36 | |
| 〃　恋の浦海岸 | 52.0 | 9.0 | 17.38 | |
| 北九州市脇田海岸 | 54.0 | 17.0 | 31.11 | |
| 大分県佐井川河口 | 56.0 | 16.0 | 28.57 | |
| 〃　駅館川河口 | 55.0 | 12.0 | 21.81 | |
| 〃　大分平野西南部 | 58.0 | 12.0 | 20.69 | |
| 宮崎県日向住吉海岸 | 34.64 | 7.1 | 20.49 | |
| 〃　〃 | 46.83 | 9.25 | 19.75 | |
| 鹿児島県種子島安城金浜 | 33.16 | 6.04 | 18.24 | |
| 〃　薩摩郡内 | 56.34 | 9.14 | 16.22 | |
| 青森県下北郡地内 | 57.59 | 6.23 | 10.82 | 国見工業採掘 |
| 〃　〃 | 26.84 | 1.66 | 6.18 | |
| 〃　〃　岩屋海岸 | 45.09 | 9.92 | 21.62 | |
| 岩手県九戸郡大野・水沢 | 42.89 | 7.21 | 16.81 | 川崎製鉄採掘 |
| 島根県飯石郡吉田村原 | 58.28 | 8.49 | 14.58 | 近世鉄穴跡 |
| 〃　〃　菅谷 | 57.78 | 5.95 | 10.30 | |
| 〃　斐伊川流域横田 | 63.72 | 1.13 | 1.77 | 個人採掘 |
| 〃　阿井村 | 63.01 | 1.47 | 2.33 | |
| 〃　能義郡布部村布部 | 50.66 | 9.11 | 17.98 | |
| 鳥取県蠣波 | 58.03 | 5.40 | 9.30 | |
| 〃　日野郡 | 61.90 | 4.34 | 7.01 | |
| 〃　福威山 | 62.40 | 5.02 | 8.02 | |
| 秋田県八郎潟金畑 | 31.33 | 13.37 | 42.67 | 川鉄鉱業採掘 |
| 茨城県西茨城郡友部 | 42.61 | 13.42 | 31.49 | 塚本友部鉱山 |
| 千葉県市原市加茂 | 7.94 | 0.40 | 5.03 | |
| 〃　君津市大佐和海岸 | 41.61 | 9.43 | 26.86 | |
| 神奈川県三浦半島金田湾 | 49.24 | 11.19 | 22.72 | カネヤス鉱業 |
| 奈良県山辺郡山添村 | 21.3 | 29.9 | 14.0 | チタン砂鉄鉱 |
| 広島県比婆郡 | 60.42 | 5.79 | 9.58 | |
| 〃 | 52.27 | 5.37 | 10.27 | |
| 岡山県吉野川 | 41.24 | 3.72 | 9.02 | |
| 〃　吉井川 | 65.72 | 2.71 | 4.12 | |

奥野正男『邪馬台国はここだ』掲載データより作成

ち、『日本書紀』のこの記述は、北部九州に高度な製鉄技術が伝えられたことを意味するのである。

そして、私は、この技術を伝えたのは、魏の使者として帯方郡からやってきた張政であると考える。『魏志倭人伝』によれば、張政は、狗奴国王に苦しめられている女王卑弥呼の要請によって倭国に渡ってきた。張政の使命は、狗奴国王須佐之男命の反乱を鎮圧して倭国の基盤を安定させることであった。そのために、女王の陣営に帯方郡の製鉄技術を伝え、須佐之男命の軍備と対抗できるようにしたと考えられるのである。

張政は天照大御神の死の前後に倭国に到着したとされるが、このとき製鉄技術を伝えたとすると、天照大御神が亡くなった直後の天の岩屋戸のセレモニーの時に、フイゴを使った新しい製鉄技術によって鉄を溶かし、鋳造で鏡を造ったこととタイミングが合う。鏡は銅で作るのが普通であるが、魏の時代は、銅鉱山が呉の地域にあって銅が潤沢に確保できなかったため、鉄鏡の製作が盛んであった。倭国で鉄の材料を見つけた張政は、当たり前のように鉄鏡を製作したのであろう。

ただし、張政はフイゴを用いて鉄を溶かす技術は伝授したが、脱炭するための炒鋼法《しょうこうほう》の技術は伝えていないかもしれない。鏡や鏃を鋳物で作るのが目的ならば、脱炭する必要はないからである。

新しい製鉄技術の威力は絶大だった。鉄製武器を大量に作って軍備を強化した女王の軍隊は、それまで、さんざんに押しまくられていた須佐之男命の軍勢を次第に押し戻し、やがては須佐之男命を宗像に追いつめて九州から追い出してしまう。新しい製鉄技術が導入されたことにより明らかに形勢が逆転したのである。

天津神の軍勢は、その後も東に向かって大躍進を果たし、近畿地方にまで達する。その原動力はもちろん、日本列島で彼らだけしか持っていない最新の製鉄技術である。鉄を溶かすことによって鉄鏃などを大量に作ることが可能であるし、それまで、玄界灘沿岸と中国山地の砂鉄でしかできなかった鉄が、品位の劣る各地の砂鉄を原料としても作れるようになったと思われるので、武器の補給を心配することなく東へ進軍することができたのである。

帯方郡から新しい製鉄技術が女王の陣営に伝えられたことは、その後の日本列島の歴史を決定づける大きな画期になったといえるのである。

愛媛大学の村上恭通氏は邪馬台国時代の三世紀中ごろの日本の製鉄事情について次のように述べる。

「鍛冶技術上は古墳の出現前後（三世紀中葉）に外来的な影響によって大きな画期を迎える。特殊な踏鞴《ふいご》の羽口を採用し、大量の鉄滓、鍛造剥片、粒状滓を排出するような高温操業の出現によって、不純物を多く含む鉄塊の精錬が可能となり、廃鉄、故鉄の鍛接による再利用も可能となる。

それまで高温の鍛冶が不可能であった地域においても作業の内容が多様化した精錬鍛冶が可能となり、処理可能な素材に幅ができたものと思われ、各地でより自立的鉄器生産が可能となった。ただし、この鉄器生産の画期は製品個々の形態や大きさ、機能性の向上や鉄器のバリエーションの増加といった表面的な部分には反映されなかった。また、一部の地域では精錬鍛冶と鍛錬鍛冶とが工房を違え、分業化していたが、多くの地域では一つの工房で双方の行程を行ったり、一つの鍛冶炉で二つの行程を行ったりして、鉄器技術の革新は分業化が反映されない形態をとることとなった。（村上一九九三、一九九八）」

また、次のようにも述べる。

「限定された階層が享受する副葬品を検討すると、古墳出現期前後（弥生終末期～古墳時代前期前半）には鉄鏃のような小型鉄器を中心に非日常的な器種が安定的に製作されるようになり、特定の専業工人が出現したと考えられる。（村上恭通「古墳時代の鉄器生産と社会構造」『国際シンポジウム「東アジアから見た日本古代国家の起源」資料集』）」

村上氏は、三世紀中ごろに高温操業を可能とする新しい技術が導入され、鉄生産の効率が大きく改善されたことを述べている。そして、各地で鉄生産が行われるようになったが、日用品のバリエーションは増えずに、鉄鏃のような小型鉄器の生産体制が整備されたことについて言及している。

村上氏の記すところは、ここで私が述べた内容を支持するものである。

すなわち、三世紀中ごろに帯方郡の新しい製鉄技術が天津神に伝えられ、彼らは新しいフイゴの羽口の採用などで鉄を溶融できる高温を得られるようになった。その結果、鉄の加工だけではなく鉄素材の生産も効率的に行われるようになった。しかし、鉄によって日用品のバリエーションを増やすのではなく、鉄鏃のような武器の生産に集中していたということである。

このような状況から、鉄鏃を有力な武器としていた天津神の軍勢が各地で製鉄を行い、大量の鉄鏃を作りながら敵を圧倒していったようすが理解できるのである。

## 一四．須佐之男命追放

### ■反撃

須佐之男命は宗像から福岡平野に攻め込み、天照大御神と高産巣日尊を、彼らの本拠・筑前山門で打ち破り、倭国の王となった。卑弥呼（＝天照大御神）が死んだ直後の二四八年ごろの出来事である。

しかしそのあとすぐに、『魏志倭人伝』に「千人もの犠牲者」が出たと記されるほどの激しい戦いの末に、須佐之男命は黄泉の国に追放されてしまう。一時は天照大御神の仮宮にまで迫り、圧倒的な強さを誇った須佐之男命が、なぜ敗北したのであろうか。

その理由は次のようなことであったのだろう

まず、前章でも述べたように武器の問題である。それまで、須佐之男命は、鉄製武器の性能や数の点で優位に立っていたが、高御産巣日命たちも、背振山地の金山から流れだす良質の砂鉄を原料にして、魏の張政から教えられた新しいフイゴを使う最新の技術で大量に鉄を作り始めた。これによって、武器についての須佐之男命の優位は崩れ去った。

また、張政は、製鉄技術だけでなく、中国流の戦略・戦術ももたらしたであろう。これによって格段に戦闘能力が強化され、さらに、張政の持参した黄幢によって兵士の士気も一段と高まったと思われる。

高御産巣日命たちは、張政の助力を得て体制を立て直し、福岡平野の各地に拠点を築きながら次第に攻勢に転じていった。おまけに、宗像の須佐之男命の本拠には背後の遠賀川下流域からも、神産巣日命に率いられた軍勢が攻め寄せたので、須佐之男命は苦しい両面作戦を展開せざるを得なくなった。

こうして、武器、兵力、戦術などの面で格段に向上した高御産巣日命と神産巣日命の軍勢が、須佐之男命をじわりじわりと追いつめていった。そして、ついに、須佐之男命は敗北し、黄泉の国へ追放されることになるのである。

『日本書紀』の一書はこの時の状況を次のように記す。

「お前の行いは大変無頼である。だから天上に住むことは許されない。また葦原中国にも居てはならぬ。速やかに底つ根の国に行きなさい。」

ここに葦原中国があらためて記されているのは、高天原はもちろんのこと、いったん須佐之男命が支配した宗像や福岡平野からからも退去せよと命じたことを意味するものである。

### ■高御産巣日尊の戦い

福岡平野から須佐之男命を追い出した高産巣日尊の戦いぶりをもう少し詳しく大胆に推理してみよう。ここでも推理の鍵は、「丸」付き地名と、「日の本」あるいは「日の下」という地名である。

福岡平野から駆逐され、太宰府や糸島平野などに押し込められたあと、高御産巣日尊軍の武器工場がにわかに忙しくなってきた。張政が帯方郡からもたらした最新の製鉄技術によって、鉄鏃などの大量生産が始まったからである。

須佐之男命を凌ぐ量の武器を用意した高御産巣日尊軍は、砦を築いてふたたび福岡平野の周囲から平野部に進出した。筑前山門の石丸、早良の次郎丸、那珂川町の五郎丸など、福岡平野の辺縁部に「丸」付き地名が分布するのは、反撃作戦の初期に高御産巣日尊が築いた砦であろう（下図）。

砦の周囲から須佐之男命軍を撃退した彼らは、さらに平野の中央に

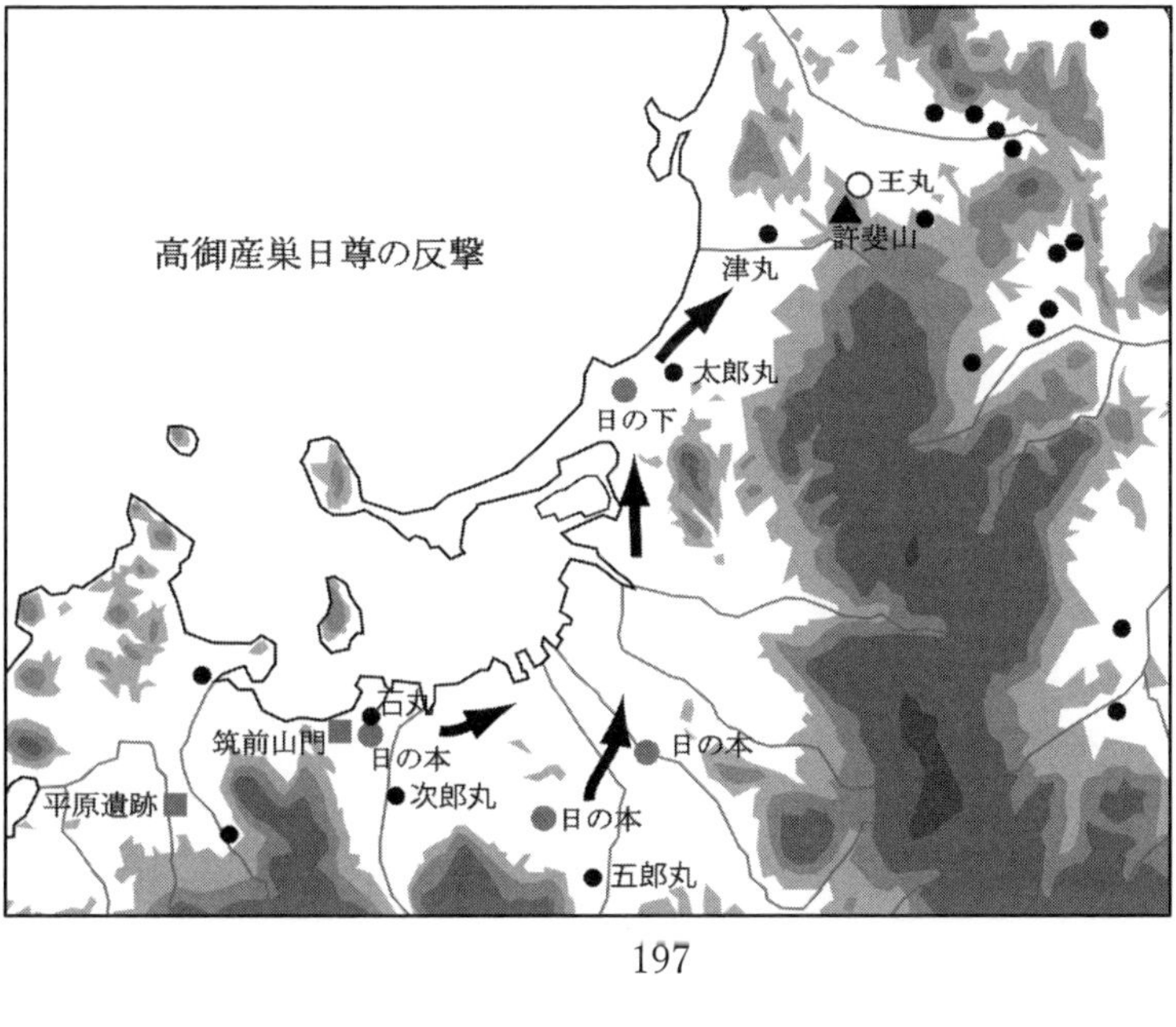

進出して軍事拠点「日の本」を構築した。福岡平野に一歩進出した位置に「日の本」が分布することは、彼らが優位に戦いを進めたようすを良く物語っている。そして、高御産巣日尊の軍勢はこれらの「日の本」をベースにして福岡平野奪回作戦を本格的に開始したと思われるのである。

ほどなくして、福岡平野から須佐之男命軍を一掃した高御産巣日尊軍は、海の中道の付け根の糟屋郡新宮町に「日の下」の拠点を設け、ここからさらに宗像方面に須佐之男命軍を追い立てる。そして、ついに須佐之男命軍を宗像平野の盆地の中に追い込んだあと、許斐山《このみやま》の西側に津丸の砦を築いて盆地の出入り口を封鎖してしまった。

宗像盆地の西側は許斐山《このみやま》の麓の狭い通路が福岡方面に通じている。この通路をはさんで、盆地の内に王丸の砦、盆地の外の津丸の砦を設けて両軍が対峙した状態となり、戦局は膠着状態になったと思われる。王丸から盆地の外に出るのも難しいし、津丸から中に攻め込むのも大きなリスクがあると思えるからである。

さて、高御産巣日尊軍は、大量の鉄鏃を用意するなど、物量にものをいわせて短期間で須佐之男命を福岡平野から駆逐し宗像に追いつめたと思われる。

そう考える根拠は、福岡平野に日の本の拠点を築いたあとは、宗像まで「丸」付き地名が見つからないので、ほとんど砦を築かずに一気に進軍したように見えるからである。

もともと、限られた兵力の須佐之男命は、陸上戦で少しずつ地歩を固めていくよりも、海からの奇襲攻撃を中心に作戦を展開したと思われる。そのため、福岡平野から宗像までの地域を十分な兵力や砦などで確保していなかったのも高御産巣日尊の進軍を容易に許した理由であろう。

**■神産巣日尊の戦い**

須佐之男命を最終的に北部九州から追い出したのは、遠賀川上流地域から北に攻め寄せてきた神産巣日命の部隊と想定される。

その理由は、まず、前述のように、高御産巣日命の軍勢は、須佐之男命の本拠の王丸の近くまで迫ったが、許斐山《このみやま》の脇の狭い回廊が須佐之男命にとって効果的な防御機構として機能したため、宗像の盆地の中には攻め込めなかったと思うからである。高御産巣日命は、須佐之男命をこの回廊で食い止め、宗像に封じ込めるので精一杯だったと思われる。

のちに詳しく述べようと思うが、須佐之男命を追い出したあとの宗像や遠賀川下流地域が、神産巣日尊の一族と思われる大国主命によって支配された形跡があるのも、須佐之男命を宗像から追い出してこの地域を占拠したのが神産巣日尊であることを暗示する。

須佐之男命の本拠に攻め込めない高御産巣日尊を尻目に、神産巣日尊は遠賀川下流から宗像地方に進出し、須佐之男命軍の背後を突いて追い出したのであろう。

では、宗像周辺の「丸」付き地名の分析によって神産巣日尊の戦いぶりをまたまた大胆に推理してみよう（下図）。

まず、盆地の東側に、松丸、武丸、石丸、三郎丸の四つの「丸」付き地名のあることについて考えてみる。これらは、神産巣日尊軍が、松丸の東側から盆地の内部に侵入し、王丸の反対側の、盆地の東側でしだいに勢力を拡大し砦を増やしていった状況を示していると思われる。

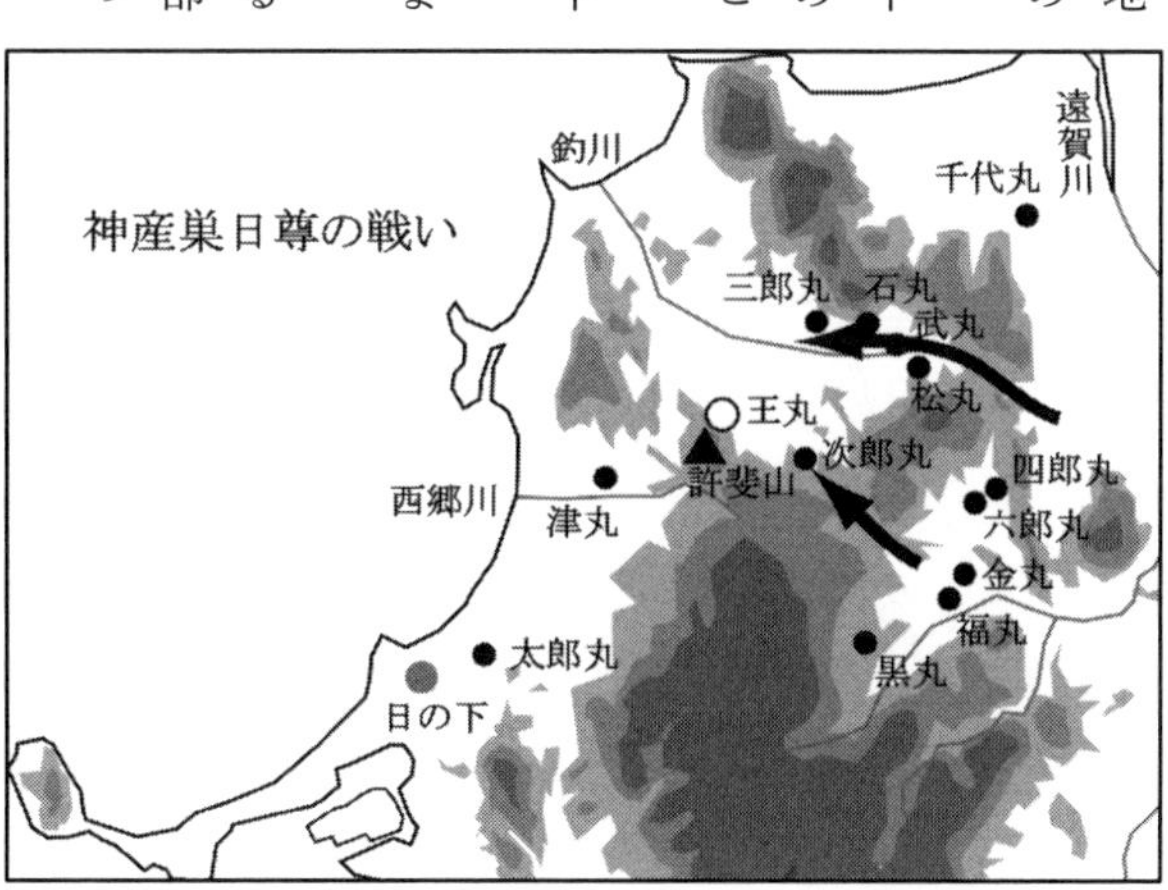


盆地に侵入した神産巣日尊軍は、釣川の北側に砦を築き、また、砦と砦の距離を短くして緊密に連携して戦えるように考えたのだろう。高御産巣日尊ほど潤沢には鉄製武器を持たなかったと思われる神産巣日尊軍は、勇猛な須佐之男命軍に対抗するために、防御に注意を払いながら慎重に作戦を練ったようすが想像できる。これらの砦の配置は、須佐之男命軍が釣川を遡って盆地の東側に進出したり、釣川を越えて北側に進出するのを防ぐ目的で設置されたように見える。この方面への須佐之男命の退路を断ったのであろう。

つぎに、宗像の南東側に、四郎丸、六郎丸、金丸、福丸、黒丸の五つの「丸」付き地名が分布することについて推理してみる。

宗像の盆地は、周囲を高さ数百メートルの山々に取り囲まれているのだが、王丸の南東側では、高さが100mに満たない低い部分がある。これらの「丸」付き地名は、この鞍部を乗り越えて進出する須佐之男命軍に対する防御の砦と考えられるし、また、王丸の南東から盆地に攻め込むための攻撃基地とも理解できる。

盆地の内側南端の次郎丸は、非常に興味深い位置にある。盆地の東西の通路を遮断したあと、南側から王丸に攻撃を仕掛けたときに最前線に置かれた拠点であり、須佐之男命にとどめを刺して宗像から追放する決め手になった砦と考えられるからである。

宗像周辺に砦を稠密に配置して戦った神産巣日尊は、ほとんど砦を作らずに宗像まで一気呵成に進軍した高産巣日尊と対照的である。これは、帯方郡の製鉄技術を習得して軍備を整えた高御産巣日尊軍が、神産巣日尊軍に比べ、はるかに強力だったことを意味している。

## ■須佐之男命と金官伽耶

『日本書紀』の一書に、追放された須佐之男命が山陰に行く前に、その子の五十猛神を引き連れて新羅の国へ行ったという記述がある。少々唐突な感じがするので真偽のほどは大いに謎だが、半島に行ったとして考えてみたい。

新羅は、辰韓のなかの一つの小国家斯盧《しら》国が発展したもので、通説では三五六年の第一七代奈勿王《なもつおう》の即位をもって新羅が成立したとされている。

須佐之男命が新羅に行ったとされるのは、二四八年ごろに天照大御神（＝卑弥呼）が亡くなり、激しい戦争が終盤を迎えたころと推定されるので、およそ二五〇年代の前半である。このころ、まだ新羅は成立しておらず、朝鮮半島南部は小国家に分かれていたと考えられる。

須佐之男命はどこを訪れたのであろうか。

三世紀の朝鮮半島南部もまた大きな変化の時期であった。金海大成洞《テソンドン》をはじめ良洞里《ヤンドンニ》、福泉洞《ボクチョンドン》などの伽耶諸地域の古墳群の発掘と研究により、三世紀後半に、金海に北方系の大型木槨墓をもった支配勢力が新たに形成されたことが明らかになっている。陶質土器や鉄の生産を基盤に鎧甲鎧馬を擁する強力な軍事力をもった金官伽耶《きんかんかや》王国が成立したのである。

　釜山大学校教授の申敬澈《シンキョンチョル》氏の研究によると、「新たに成立した支配勢力は先行墳墓を破壊しながら登場し、殉葬など北方的習俗を持ち込んでいる。韓国と関連する古代種族の中で、文献に殉葬の習俗が記録されるのは扶余《ふよ》だけであることから、金官伽耶は扶余《ふよ》族によって建国された国と推定できる。また、『晋書』などに、二八五年に扶余《ふよ》の王族が慕容鮮卑《ぼようせんぴ》に攻撃され沃沮《よくそ》ににげたという記録がある。恐らく、この地域で追われた扶余《ふよ》が沃沮から南下して朝鮮半島南部に進出したと推定される。(『加耶成立前後の諸問題』)」ということである。

　『魏志倭人伝』によると、朝鮮半島南部には「倭国の北岸」狗邪韓国があったとされる。須佐之男命の反乱などを鎮めた張政が、台与の使者に送られて帰国したときのようすが、『魏志倭人伝』の最後の部分に記されているが、ここには道程に異常があったり政変がおきたことを何も記していないので、少なくともこのときまでは狗邪韓国が半島南岸に存在したことは確かであろう。

　しかし、申敬澈氏の研究などによれば、おそらく二八〇年代には、金海地方の政権が交代したと考えられる。それまで繁栄を続けていた狗邪韓国が北方騎馬民族の金官伽耶に討ち滅ぼされたのである。

　朝鮮半島南部のこのような状況を考えると。須佐之男命が「新羅に行った」と思われる二五〇年代のころは、金海の狗邪韓国に向かって北方から金官伽耶が進出し、戦いを繰り広げていた時期と推定される。

高御産巣日命や神産巣日命などに攻め立てられた須佐之男命は、朝鮮半島で狗邪韓国と対立している金官伽耶の陣営を訪れたのではないだろうか。

　『魏志倭人伝』には、狗邪韓国は女王の国の一部であるように記されており、伊邪那岐命の故国の弁辰の国であった。須佐之男命は金官伽耶と同盟して、女王国の後ろ楯になっている狗邪韓国を倒し、女王国に打撃を与える新たな戦略を金官伽耶に持ちかけたのではないだろうか。

　このように考えると、北部九州で苦境に陥った須佐之男命が、朝鮮半島を訪れた意味が明瞭になる。敵の敵は味方である。

狗邪韓国を攻撃している金官伽耶と謀って、北部九州の戦況を好転させることを期待した渡韓だったのであろう。

結果的には、この時は騎馬民族の金官伽耶が、騎馬と共に海を越えて北部九州に侵入することはなかった。北部九州にまで兵を送る余裕がなかったのか、あるいは、乗馬は得意でも船での戦いは経験不足で躊躇したのであろうか。

須佐之男命は北部九州での勢力挽回をあきらめて山陰に逃れていった。

というような推理はできるのだが、根拠のある情報がないので明確なことは言えない。

ただ、金官伽耶については、のちに倭国に大規模に進出し国津神と連携した形跡があり、倭国の国家形成に大きな影響を与えている。金官伽耶と国津神の友好関係が始まったのは、須佐之男命が訪れたこのときかもしれない。

### ■卑奴母離《ひなもり》

さて、須佐之男命との戦いに関連して、卑奴母離《ひなもり》について検討してみよう。

『魏志倭人伝』には、対馬国、壱岐国、奴国、不弥国に、副官として卑奴母離《ひなもり》がいたことが記されている。

通説では、卑奴母離《ひなもり》は「夷守《ひなもり》」であり、都から離れたところで辺境を守備する官職と説明されてきたが、どの国を仮想敵国として設置したものかはっきりしない。宗主国である魏が攻めてくることに備えたものとする説があるが、これは筋が通らない。女王国は魏の支援を受ける立場であり、魏から駆けつけてきた張政に、魏の攻撃に備えて卑奴母離《ひなもり》を置いたとは説明できないからである。

また、対馬国、壱岐国、奴国、不弥《ふみ》国にだけ置かれていて、末盧国や伊都国には置かれていない理由も不明であり釈然としなかった（下図）。

私は、卑奴母離《ひなもり》の置かれた国が、宗像を本拠として朝鮮半島にまで乗り出し

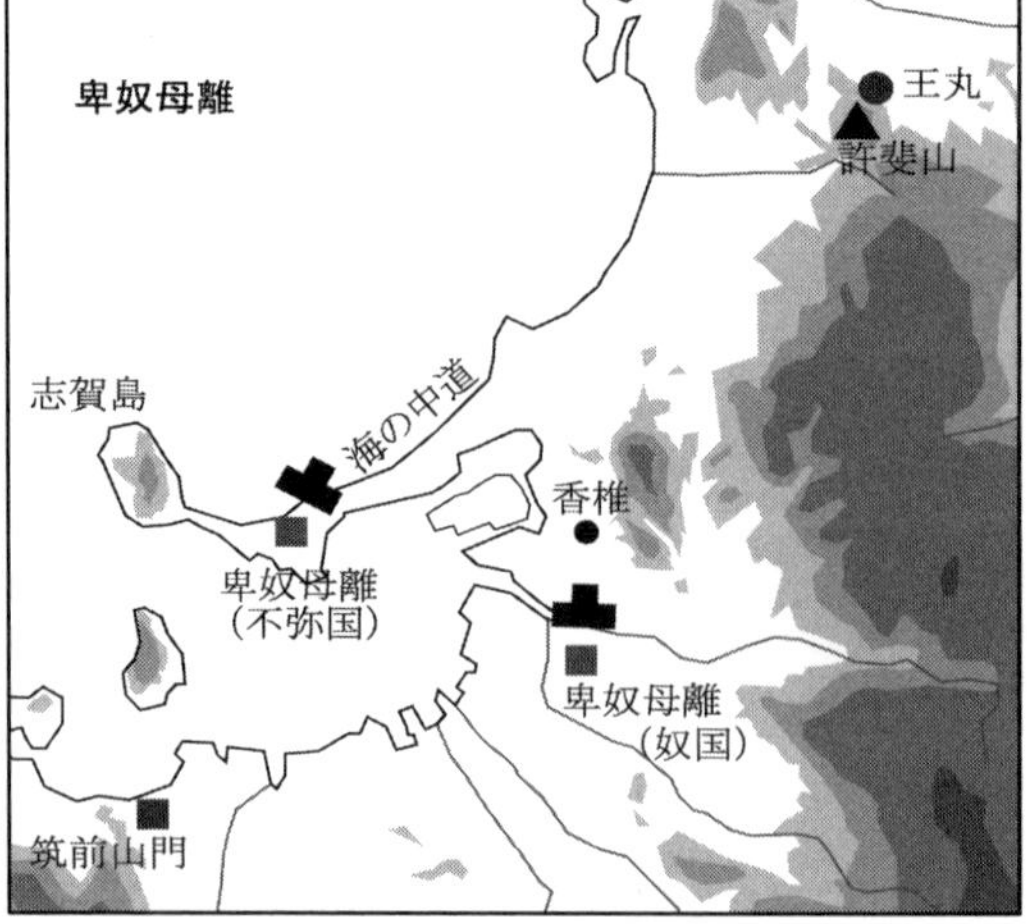

た須佐之男命に対峙するように配置されていることから、これは、高御産巣日命が須佐之男命軍に対して構築した防衛線であると考える。博多の平野は、一度は須佐之男命たちに蹂躙されたが、高御産巣日尊が須佐之男命を宗像方面に押し返したのちに、ふたたび敵の侵入を受けないように要所に防衛基地を作り有力者を指揮官として配したのであろう。

戦略的に考えてみよう。宗像を本拠とする須佐之男命が、福岡平野や筑前山門を攻撃するとき、陸路では海岸沿いに香椎から粕屋町方面に抜けて福岡平野に進出するだろう。また、海路では、海の中道を大回りして志賀島の脇を通り抜けて博多湾に侵入するであろう。

福岡平野に侵入を試みる須佐之男命の攻撃を封じるためには、ひとつは、粕屋町や香椎の地域に砦を設け、山が海に迫った香椎付近の隘路で陸路の軍隊を食い止めることと、もう一つは、海の中道から志賀島にかけて軍船を配備し、志賀島の横から博多湾へ侵入する敵船を防ぐことが大変重要になる。

魏の軍事顧問張政の支援を得た高御産巣日命は、この目的のために粕屋町と海の中道（＋志賀島）に砦を置いて、防衛の拠点とした。これが『魏志倭人伝』に記される奴国と不弥国の「卑奴母離《ひなもり》」と考えられるのである。

不弥国の「不弥」は、海の中道の「海」を表しているように見える。志賀島に式内社があるが、その名前が志賀島神社ではなくて志賀海神社なのも、この地域と「海」との関連をうかがわせる。

対馬国と壱岐国にも卑奴母離《ひなもり》を置いたのは、朝鮮半島の金官伽耶と結託した須佐之男命から、狗邪韓国と北部九州の間の海の道を守るためであったろう。須佐之男命が、北部九州の倭国と狗邪韓国を分断するために対馬や壱岐を攻撃する可能性があったし、金官伽耶がこの地域に攻撃を仕掛けることも想定したかも知れない。

このように理解することによって、卑奴母離《ひなもり》が、対馬国、壱岐国、奴国、不弥国にだけ置かれた理由が明確になる。そして、不弥国の位置を確定する有力な根拠を与えることができるのである。

## ■不弥国

不弥国を海の中道や志賀島と考えることによって、『魏志倭人伝』の行程記述の謎がまたひとつ解消する。通説では、不弥国を宇美町や嘉穂盆地に充てており、方向、距離などの解釈に難点があった。しかし、前述したように伊都国の都が筑前山門付近にあったとすると、伊都国から東南一〇〇里で奴国の博多、東へ一〇〇里で不弥国の海の中道（＋志賀島）ということになる。方向のズレはともかくとして、伊都国からこの二つの国が、ほぼ等距離にあるという距離感は『魏志倭人伝』の記載内容とよく整合する（下図）。

なお、全体の方向が数十度反時計回りにずれていることについては、第二五章で詳しく述べるつもりである。

ここでは、不弥国に関連する『魏志倭人伝』の里程記事についてもう少し考えてみよう。まず、『魏志倭人伝』の里程記事については、連続式と放射式の二つの解釈があるのはよく知られている。連続式は国々が記された順序で並んでいると解釈し、放射式では伊都国から先は連続ではなく放射状に読むべきだとするものである。

伊都国、奴国、不弥国についての私の考証の結果と照合すると、放射式の読み方が、実際の国々の位置関係を正確に現していると判断できる。したがって、『魏志倭人伝』の里程記事は放射式で読むべきであり、投馬国や邪馬台国についてもこの読み方で理解すべきだと考える。この件については後にまた触れる。

つぎに、不弥国および奴国に魏の使者が訪れたのかという議論について考えてみたい。『魏志倭人伝』に、魏の使いは伊都国に常駐していたと記されることから、魏の使者は伊都国から先の奴国や不弥国には行っていないという主張がある。いっぽう、倭人は距離の単位として「里」を知らなかったとされるので、伊都国からこれらの国まで「一〇〇里」と記されていることは、魏の使いが訪れた証拠という主張がある。

私は、魏の使者張政がこれらの国々を訪れたと考えている。

なぜなら、張政の使命は、須佐之男命の反乱を鎮圧し、倭国を安定させることであった。これらの国々に防衛基地を置い

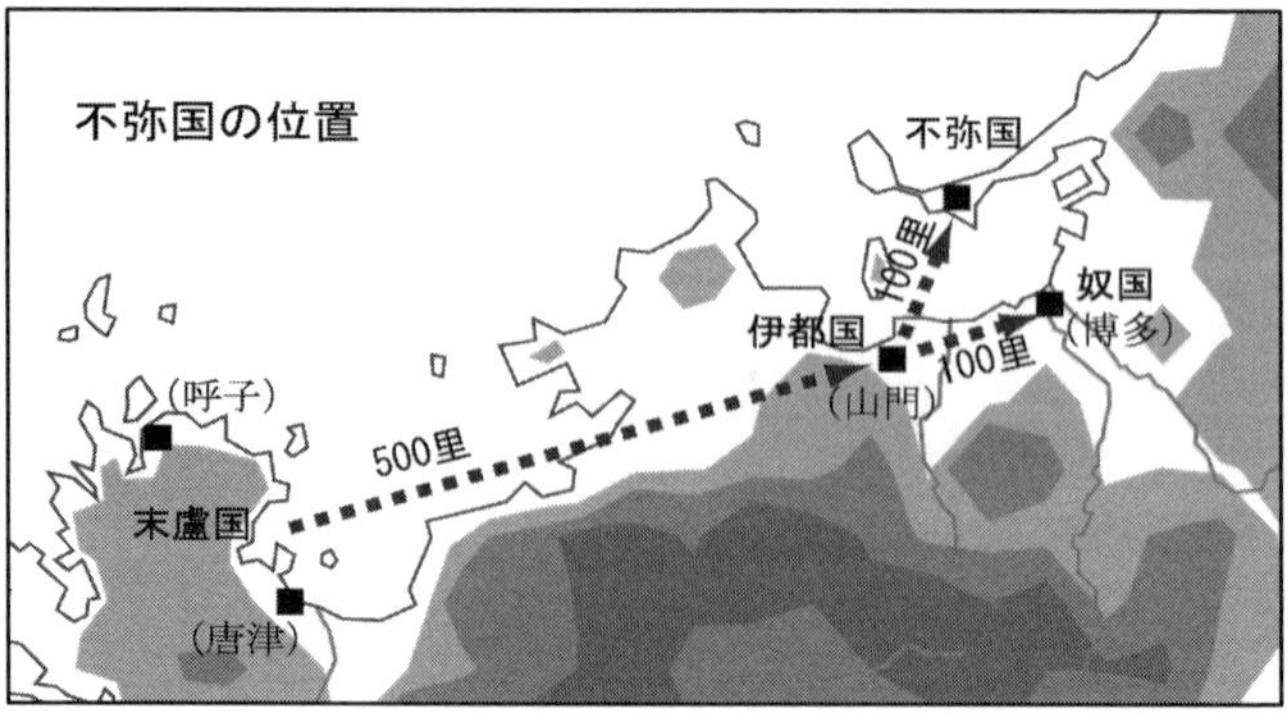

たのは、重要な戦略的判断であり、張政も当然その計画にかかわり、現地での砦の構築にも関与したものと思われる。張政は常駐していた伊都国からこれらの国々に赴き、自らの足で距離を把握したものと考えられるのである。

## 一五．魏との外交

### ■卑弥呼の朝貢

『魏志倭人伝』にはこのころ倭国が魏と積極的に外交を展開したことが記録されている。これまで述べてきた倭国内の状況分析と、外交記録とを照らし合わせて、もう少し倭国の出来事を検討してみよう。

まず、景初二年（二三八年）に倭の女王が難升米《なしめ》を使者として派遣し朝貢したことが記されている。この年の一二月に魏の王朝は、倭の女王を親魏倭王に制詔し、金印など様々な宝物を賜わり、さらに銅鏡一〇〇枚なども卑弥呼に下賜した。印綬と詔書は帯方郡から魏の正式な使者によって届けられることになったが、それ以外の鏡などは難升米《なしめ》が持ち帰ったと思われる。正始元年（二四〇年）、魏の使者が倭国を訪れ、詔書や印綬を倭王に拝仮したと記され、倭王はこれに対し文書で礼を述べたとされる。

女王の朝貢の目的のひとつは、前述したように鏡の入手であった。三雲南小路や須玖岡本の王、あるいは、井原鑓溝に眠る倭国王帥升のもたらした鏡が、矛や戈を主要な武器とする接近戦で、敵の戦力を減じる効果的な道具として活用されたことを女王の軍勢は認識していた。鏡の有無が戦況を左右しかねないので、女王は特別に魏の王朝に要求したのであろう。そのため、詔書や印綬より一足早く難升米《なしめ》が鏡を持ち帰ったと私は考えるのである。

女王が鏡を入手したことによって、筑紫平野に兵を進めるための準備が整ったのである。

### ■倭女王と倭王

さてここで、ひとつ指摘しておきたいことがある。『魏志倭人伝』のここの部分に倭の女王と倭王が登場する。従来の通説では、倭王＝倭女王＝卑弥呼＝親魏倭王とされていた。しかし、私は倭王と倭女王とは異なる人物であると考える。

『古事記』によれば天照大御神は伊邪那岐命の「汝命は高天原を知らせ」という命令で高天原に送られた。天照大御神は伊邪那岐命の命令を受ける立場にあった。倭国には天照大御神よりも偉い実力者がいたわけである。

天照大御神よりも偉い倭国の最高実力者のことを『魏志倭人伝』は必ず書き残しているはずである。『魏志倭人伝』に現れる倭王、倭女王、親魏倭王などの王の名前を見ると、倭女王は女性であり、親魏倭王は卑弥呼に直接与えられた称号なので伊邪那岐命とは考えられない。残る倭王こそ、天照大御神の上に立つ伊邪那岐命ではないか。

この視点から『魏志倭人伝』を見直してみよう。

まず、『魏志倭人伝』の中の次の文章に注目する。

「**王**遣使詣京都帯方郡諸韓國及郡使倭國皆臨津捜露傳送文書賜遺之物詣**女王**不得差錯」

（王、使を遣わして京都・帯方郡・諸韓国に詣り、および郡の倭国に使するや、皆津に臨みて捜露し、文書・賜遺の物を伝送して女王に詣らしめ、差錯するを得ず。）

ここでは、一つの文の中で「王」と「女王」が使い分けられていて、倭王と倭女王は別人のように扱われている。

『魏志倭人伝』が文学作品ではなく、客観的な事実を記録する歴史書であることを考えると、同一人物を同じ文の中で「王」と「女王」のような別の表現で記述することは考えにくい。これは陳寿が、倭王と倭女王を別人格と認識していた証拠ではないだろうか。

倭王と倭女王が別人だとすると、この二人の関係はどのようなものだったのか。

『魏志倭人伝』に「世有王皆統属女王国」という記述がある。従来、これを「世々王が有り、みな女王国に統属していた」と読んで、女王が倭国の主で、代々の伊都国の王は女王に従属していたと解釈していた。

しかし、『魏志倭人伝』には、「其國本亦以男子爲王、住七八十年、倭國亂、相攻伐歴年、乃共立一女子爲王、名曰卑彌呼。」（その国、本また男子を以て王となし、住《とど》まること七、八十年。倭国乱れ、相攻伐すること暦年、乃ち共に一女子を立てて王となす。名づけて卑弥呼という。）という文章があり、倭国が乱れる七、八十年前から男子の王がいたとされる。

とすると、卑弥呼は倭国の大乱の後に女王に共立されたので、卑弥呼が共立される前の世々の王は女王に従っていたことにならない。代々の伊都国の王は女王に従っていたとする解釈は誤りということになる。

　さらに「世有王　皆統属女王国」の中の「統属」の意味についても誤解があるように見える。

　前述のようにこれを「世々王あるも、みな女王国に統属す＊」と読むのが通説であるが、奥野正男氏が『大漢和辞典』で調べたところ、「統属」とは「所属の官司をすべ治める」となっていて、「世々王ありて、みな女王国を統属す＊」と通説と逆の意味で読むのが正しいと述べる。松本清張氏も同意見のようだ。

　『大漢和辞典』は漢字研究者の諸橋徹次が中心となって編纂したもので、文字、熟語の収録数において世界最大の漢和辞典とされ、中国政府からも大量注文を受けたほどの、近代の代表的な辞書である。

　『大漢和辞典』では、唐の時代に編纂された唐律の注釈書『唐律疏議』の文章を例に挙げ、「統属」の意味を「所属の官司をすべ治める」としている。「世々の王が、所属する女王国をすべ治める。」とする奥野正男氏の読み方である。

　漢文学者で古代漢字学の権威である白川静が編纂した漢和辞典『字通』でも、『唐律疏議』を例として「所管を治める」としている。

　ところが、三省堂の漢和辞典『大辞林』や、小学館の『大辞泉』

**諸橋徹次『大漢和辞典』巻八**

者、雖二職分不二相統攝一、皆聽二直行二勾取一。

【統屬】46 トウゾク　所屬の官司をすべ治める。〔唐律、闘訟、佐職統屬毆二長官一〕諸佐職及所二統屬一官、毆二傷官長一者、各減下吏卒毆二傷官長一二等上。〔疏議〕所二統屬一官者、若下省寺監管二局署一、州管レ縣、鎭管レ戍、衞管二諸府一之類上、是所二統屬一、毆二傷官長一者、官長、謂二尚書省諸司尚書、寺監少卿少監、國子司業以上一。

【統率】47 トウソツ　すべひきゐる。統帥。〔呂覽、簡選〕統二率士民一、欲二其教一也。

**白川静『字通』**

【統摂】《とうせつ》　すべ治める。〔三国志、蜀、張翼伝〕會《たまたま》徴せられ、當《まさ》に還るべし。～曰く、～代人未だ至らず。～豈に黜退《ちゅったい》の故を以て、公家の務めを廢すべけんやと。是《ここ》に於て統攝懈《おこた》らず。

【統属】《とうぞく》　所管を治める。〔唐律疏議、二十一、闘訟〕諸佐職及び統屬する所の官、官長を毆傷する者は、各〻吏卒の官長を毆傷するの二等を減じ、～死《ころ》す者は斬す。

【統率】《とうそつ》　まとめ率いる。〔漢書、西域伝賛〕西域の諸國、～統一する所無し。匈奴に屬すと雖も相ひ親附せず。匈奴～統率して之れと進退すること能はず。漢と隔絶す。

では「統属」を「統制のもとに属すること。所属すること」として、通説の解釈と同じ意味にしている。つまり「世々の王が、女王国に所属する」ことになる。

『大辞泉』では「軍に—する機関」という現代語の用例が示されているのだが、ここから推測すると、「統属」が通説のような意味で用いられるようになったのは明治以降の最近のことではないかと思うのである。

というのは、明治維新で西洋の新しい文化を取り込んだ時、それらをうまく表現する言葉がなかったので「社会」「自由」「経済」など多数の新しい言葉が生み出された時期がある。

「統属」もこのような流れの中で、西洋から学んだ軍の組織を記述するために新しく作られた言葉ではないか。もともとの意味を知ることなしに、本来と逆の意味で造語され使用されてしまったのだと思うのである。

「統属」を『唐律疏議』の例のように、古い時代に用いられた本来の意味で解釈すれば、伊都国王の伊邪那岐命が女王の天照大御神をコントロールしていたことになる。

つまり、卑弥呼（天照大御神）がこの国の頂点に君臨していたのではないのである。

魏の使者から詔書や印綬を受け取り、答礼を行ったとされる倭王は、遠方の邪馬台国にいた天照大御神ではなく、倭国の都である福岡平野の伊都国にいた伊邪那岐命だったとすべきである。

天照大御神は、『魏志倭人伝』に記された倭女王の卑弥呼であり、親魏倭王の称号を持ちながらも、倭王の伊邪那岐命の命令に従う立場であったと考えて矛盾はない。

## ■黄幢《こうどう》

つぎの外交記録として、正始四年（二四三年）に倭王が朝貢し、正始六年（二四五年）に難升米《なしめ》に黄幢《こうどう》を賜り、帯方郡に預けられたことが記されている。『魏志倭人伝』によれば、この黄幢《こうどう》が難升米《なしめ》の手元に渡ったのは、正始八年（二四七年）の卑弥呼の支援要請に応えて、塞《さい》の曹掾史《そうえんし》(国境守備の属官)張政が帯方郡から倭国に赴いた時である。

ここに突然黄幢《こうどう》が現れる。黄幢《こうどう》とは、軍事指揮や儀仗行列に用いられる幟旗《のぼりばた》のことで、とくに黄色い幢《どう》は天子の権威を示すものである。

難升米《なしめ》に黄幢《こうどう》を賜った意味は、難升米《なしめ》が魏の天子に認められた、この地域の軍事的な最高権力者であり、魏が難升米《なしめ》の軍事的後ろ盾になっていることを示している。

また、難升米《なしめ》の軍に反抗するものは、魏に対する反乱軍であり、魏によって討伐される対象であることを知らしめる意味もあった。すなわち、黄幢《こうどう》が到来したということは、倭国内に倭王に反対する勢力が勃興し、黄幢《こうどう》の権威によって押さえ込まなければならなかったことを暗示しているのである。

『魏志倭人伝』の記述は、二四三年の倭王の朝貢のリアクションとして、難升米《なしめ》に黄幢《こうどう》が下賜されたように見える。倭王は、倭国内に反抗勢力が現れたことを魏に伝え、支援を要請したのであろう。黄幢《こうどう》の下賜はその結果と理解すべきである。なんの理由もなく、突然黄幢《こうどう》がもたらされるわけはないのである。

倭王伊邪那岐命に対する反抗勢力とは、もちろん、狗奴国王須佐之男命である。

筑紫平野の制圧からはじまった高天原勢力の大作戦が終盤を迎えたこのころ、熊本地方の攻略をほぼ為し終えた須佐之男命が反抗を始めていた可能性がある。強大な軍事勢力となった須佐之男命の反抗を察知して、倭王伊邪那岐命が魏に使いを送り、支援を求めていたのではないだろうか。危険を冒してはるばる大陸に渡るからにはそれなりのせっぱ詰まった事情があったはずである。

しかし、『日本書紀』を見ると、須佐之男命が反抗をはじめて程なくして伊邪那岐命が亡くなったことが記される。余命を悟った伊邪那岐命は、難升米《なしめ》にあとのことを託して、魏に使者を送ったのちすぐに世を去ったのだろう。二四五年に黄幢《こうどう》を賜《たまわ》ったのが、使者を送った倭王ではなく、難升米《なしめ》だったことがこのころの事情を物語っているように思える。

二四五年に難升米《なしめ》に下賜された黄幢《こうどう》が帯方郡に預けられてから、実際に二四七年ごろに黄幢《こうどう》が難升米《なしめ》に手渡されるまで時間がかかったのは、このころ、帯方郡と韓族など周辺部族との間に戦乱が勃発し、帯方郡太守の弓遵が戦死する事態となって、とても倭国に使者を送る状況ではなかったことが理由である。

二四七年になって、須佐之男命に攻められた卑弥呼の窮状が帯方郡に伝えられて、急遽、黄幢《こうどう》を持って張政が派遣されたのである。

このように見てくると、『古事記』『日本書紀』に記された内容と『魏志倭人伝』の内容が矛盾することなく補い合って、倭国の状況や倭王伊邪那岐命の姿を詳しく描き出しているように見えるのである。

## ■実年代

ここまでみてきたところで、『魏志倭人伝』と照らし合わせると、神話伝承とされてきた高天原の神々の活動時期の実年代をかなりの精度で知ることができる（下図）。

卑弥呼＝天照大御神は、二三八年に魏に使者を送り、二四八年に須佐之男命との戦いがもとで亡くなった。

伊邪那岐命も、二四三年に魏に使者を送った直後の二四四年前後に亡くなった人物と考えられる。そして、伊邪那岐命の死の直後に行われた「うけい」も、二四五年ごろに、平塚川添遺跡の西を流れる小石原川の河原で行われた実際の出来事と推定されるのである。

二三八年に女王が朝貢し、難升米《なしめ》が鏡を持ち帰ったことで戦いの準備が整い、高天原連合軍の筑紫平野進出が始まった。そして、伊邪那岐命の死後、二四五年ごろに行われた「うけい」の直前まで、須佐之男命は熊本地域で戦っていた。須佐之男命

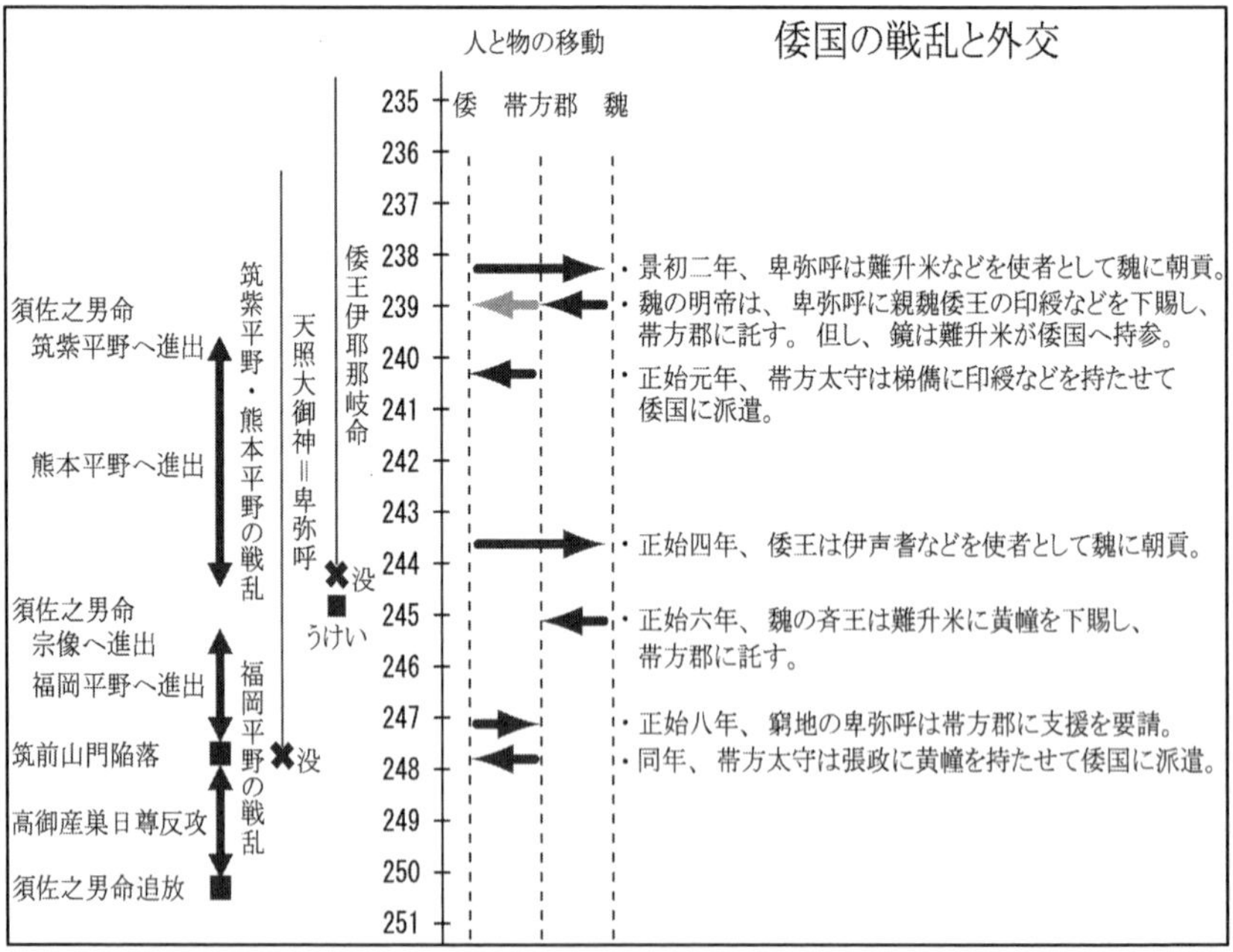

倭国の戦乱と外交
人と物の移動
倭　帯方郡　魏
235
236
237
238
239
240
241
242
243
244
245
246
247
248
249
250
251
・景初二年、卑弥呼は難升米などを使者として魏に朝貢。
・魏の明帝は、卑弥呼に親魏倭王の印綬などを下賜し、帯方郡に託す。但し、鏡は難升米が倭国へ持参。
・正始元年、帯方太守は梯儁に印綬などを持たせて倭国に派遣。
・正始四年、倭王は伊声耆などを使者として魏に朝貢。
・正始六年、魏の斉王は難升米に黄幢を下賜し、帯方郡に託す。
・正始八年、窮地の卑弥呼は帯方郡に支援を要請。
・同年、帯方太守は張政に黄幢を持たせて倭国に派遣。
倭王伊邪那岐命
没
うけい
天照大御神＝卑弥呼
没
筑紫平野・熊本平野の戦乱
福岡平野の戦乱
須佐之男命
筑紫平野へ進出
熊本平野へ進出
須佐之男命
宗像へ進出
福岡平野へ進出
筑前山門陥落
高御産巣日尊反攻
須佐之男命追放

が筑紫平野や熊本平野で戦っていた期間は、二四〇年ごろから二四五年の間のおよそ五年間ということになる。

前述のように須佐之男命は「うけい」によって二四五年ごろ宗像を領有した。彼はすぐに戦いの準備を始めたと思われる。そして、二四六年ごろから天照大御神と福岡平野で戦いを始め、窮地に追い込まれた女王が悲鳴を上げるような事態になったのが二四七年ということである。

二四七年の女王の支援要請に対して、魏はすぐさま張政を倭国に派遣して、詔書、黄幢《こうどう》などを難升米《なしめ》に渡し、女王の軍勢にさまざまな軍事的支援を開始したのである。

戦いに敗れた女王が二四八年ごろに亡くなり、その後数年間、男王となった須佐之男命と、高御産巣日命と神産巣日命の連合軍の戦いが続いた。須佐之男命がこの戦いに敗れて山陰に追放されたのは二五〇年前後と考えて良いだろう。

## ■難升米《なしめ》

『魏志倭人伝』の中に何回か登場し、重要人物として描かれる難升米《なしめ》について考えてみよう。

『魏志倭人伝』の中で難升米《なしめ》はどのように描かれているのか確認してみる。

まず、難升米《なしめ》は、二三八年の魏への朝貢の時に、卑弥呼の使者として選ばれている。これは、難升米《なしめ》が卑弥呼に近い関係の信頼できる人物であることを示していると思われる。

つぎに、倭王が二四三年に使者を送った際に、黄幢《こうどう》の下賜を願い、軍事支援を要請したと思われるが、難升米《なしめ》は倭王に代わって、この黄幢《こうどう》を受け取っている。難升米《なしめ》は倭王伊邪那岐命にあとを託されるほどの実力者であったと思われるのである。

さらに、張政から黄幢《こうどう》を受け取った難升米《なしめ》は、黄幢の権威によって須佐之男命に対する天津神軍の総大将として軍勢の指揮を執ったと考えられる。

このような条件の人物とは、天照大御神の縁戚で、須佐之男命追放の立役者であった高御産巣日尊か、高御産巣日尊に非常に近い人物に限定される。

以前の章で、高御産巣日尊とか神産巣日尊というのは実名とは異なる尊称ではないかと述べた。天照大御神とともにあった高御産巣日尊の実名は難升米《なしめ》なのかもしれない。

## ■張政の帰国

『魏志倭人伝』の最後のところに、張政が女王の使者たちに送られて帰国し、女王の使者はその足で魏の都に向かい朝貢を果たしたことが記されている。

魏の使者張政をこのように鄭重に送り返したのは、倭国の一連の騒乱が鎮まり、世の中が平静を取り戻したことと、張政が騒乱を鎮めるのに貢献したことを示すものと思われる。

当時、魏は南方の呉と対立し、国際関係には神経を配っていた。魏の冊封を受ける倭国を安定化させるのはその意味でも重要な課題であり、張政を派遣した目的も友好国である倭国の政権基盤の安定化だった。

倭国は、須佐之男命の反乱が鎮圧された後も、大国主命の策動による葦原中国の不穏な動きなどがあって状態が安定しなかった。

そのため、張政は二五〇年ごろに須佐之男命を追放した後も倭国に留まって倭国の安定化のために活動したと推測される。倭国が不安定な状態のまま帰国したのでは、張政の使命を果たしたことにならなかったのである。

その結果、張政は、天照大御神の死と須佐之男命の追放に続いて、葦原中国が大国主命によって占拠され、その大国主命を出雲の国譲りによって降伏させ、天孫降臨によって治安を取り戻す二六〇年ごろまでの、倭国の一連の動きの一部始終を当事者として見聞したと思われる。

張政は帰国したのち、倭国の状況を報告書にまとめたであろうし、また、このとき魏の都を訪れた女王の使者は倭国の戦乱の経緯を詳しく魏の朝廷に報告したことだろう。

邇邇芸命《ににぎのみこと》の天孫降臨までの情報はこのときの朝貢や張政の報告によって魏の王朝にもたらされ、『魏略』や『魏志倭人伝』などに記録されたと推定される。

『魏志倭人伝』に記録される経緯などについては、のちに詳しく述べようと思うが、魏志の東夷伝の中でも倭人の条の記述が量も多く詳細を極めているのは、長期にわたって倭国に滞在し、歴史の一部始終を直接見届けた張政の詳しい記録がもとになったことは想像に難くない。

## 一六．山陰の倭人

### ■倭人の進出時期

倭人は、弥生時代前期から日本各地に進出しその痕跡を残してきた。

たとえば北部九州では、弥生時代前期に福岡県津屋崎町の今川遺跡に遼寧式銅剣を持った倭人が進出していたし、北陸や東北地方でも弥生時代前期に倭人が進出した証拠が数多く発見されている。

青森県弘前市の砂沢遺跡では、弥生時代前期の水田跡が発見され、東北地方北部でもそれまでの通説よりかなり早い時期から稲の栽培が行われていたことが判明している。但し、プラントオパール分析の結果では、わずか十数年で水田耕作は放棄されてしまったことが判明している。やはり冷涼な気候が稲の栽培には合わなかったのだろう。

東北地方では砂沢遺跡を含む二〇カ所以上で遠賀川系土器の出土例があり、弥生時代前期の文化が広く浸透していたことが明らかにされている。弥生時代前期に、沿岸航海の巧みな倭人が、稲作と遠賀川系の土器を持って、日本海沿岸の各地を経て東北地方まで進出していったものと推定される。

山陰地方に倭人が進出したのも、このころと考えて良いであろう。

松江市の古浦《こうら》遺跡やタテチョウ遺跡からは、朝鮮半島の中期無文土器を代表する松菊里式土器と関連する土器が出土しているし、島根県出雲市大社町の原山遺跡などからは、南朝鮮系の無文素焼き土器や北九州とそっくりな土器が出土している。これらの遺跡のように弥生時代前期からこの地域に稲作を伴って人々が進出したことを示す事例が数多くある（下図）。

日本海沿岸には多くの潟湖《せきこ》があり、倭人の船はここを安全な寄港地として航海をおこない、そし

弥生時代前期の山陰の集落

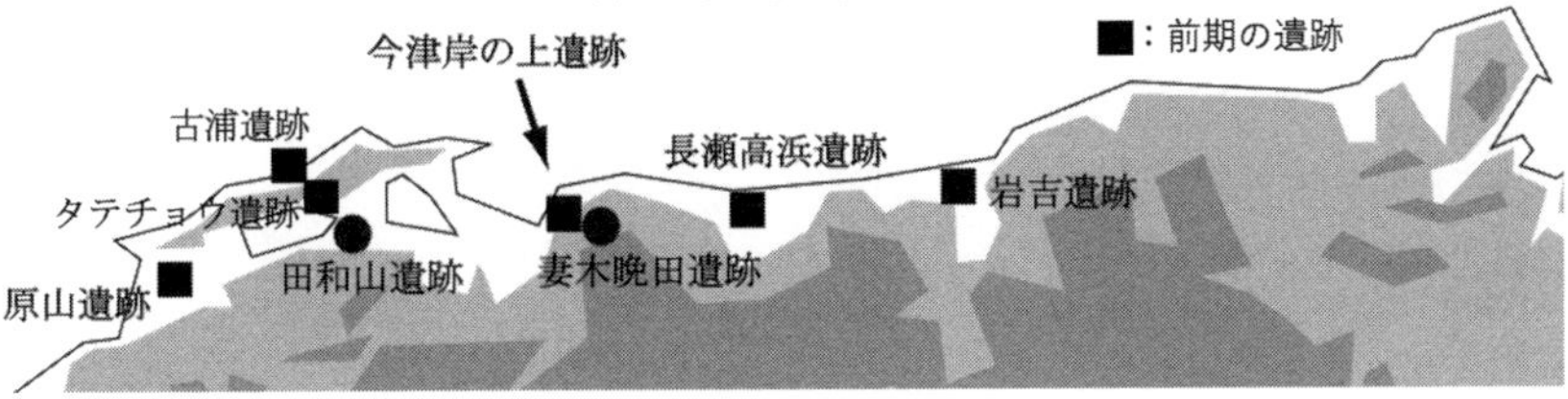

て、多くの倭人が潟湖《せきこ》の周囲に広がっていた湿地で稲作を行っていた。

たとえば、現在の淀江平野は、かつては潟湖《せきこ》であったが、その周辺に今津岸の上遺跡があり、その東の東郷湖のほとりの羽合町には長瀬高浜遺跡、さらに東に行くと湖山池近くの岩吉遺跡など、山陰沿岸にある潟湖《せきこ》の周辺の低湿地に弥生時代前期の集落が営まれていた痕跡が残っている。

## ■最初の戦乱

山陰に定着して平和に暮らしていた倭人に、最初に緊張が走ったのは、恐らく弥生時代中期末ごろに、倭人の住んでいた博多湾沿岸地域に、甕棺を墓制とする部族が進出したときだろう。甕棺部族の圧力に脅威を覚えた北部九州の倭人の国・奴国は、西暦五七年に後漢に使者を送り、後漢の後ろ楯によって国を守ろうとした。しかし、程なくして、奴国は甕棺部族に敗れ、後漢から下賜された金印を志賀島に隠してこの地域から退去してしまった。

北部九州の倭人の状況を伝え聞いた同胞の山陰の倭人は、北部九州の敵に対して大きな脅威を抱いたであろう。この地域の倭人は、九州からの甕棺部族の攻撃に備えてさまざまな準備をしたことと思われる。

このころの山陰地方の状況を推理する上で注目すべき遺跡がある。田和山遺跡と妻木晩田遺跡である。

松江市南部の田和山遺跡は、弥生前期末から中期末まで営まれた遺跡とされ、宍道湖を望む丘陵の頂部にある。三重の土塁と環濠をめぐらせているが、当初の環濠は一重だけで、弥生時代中期の後半頃までに第二と第三環壕が造成されたという（下図）。不思議なのは、これほど堅固な防御施設を設けているにもかかわらず、濠の内部はと

下から見上げた田和山遺跡の三重の環濠

ても狭く、九本柱の大型総柱建物跡と小さな掘立柱建物があるだけである。

ここからは、宍道湖とそれをとりまく平野が一望のもとに見渡せて、天気のよい日は大山まで見えるという。

妻木晩田遺跡については、前述したように、弥生後期初頭（一世紀中頃）に、弓ヶ浜の海岸線を見下ろす洞ノ原西側丘陵に環壕が掘られる。妻木晩田では住居跡や四隅突出型墳丘墓などさまざまな遺跡が発掘されているが、洞ノ原に環濠が掘られた時には、まだ、住居や墳丘墓は作られていなかったとされる。

鳥取県教育委員会の報告によると、この環濠は、弥生時代後期の西暦一〇〇年ごろには埋まっていたということである。環濠の直径は65mほどしかなく、この内側には、田和山と同じ九本柱の大型総柱建物跡が発見されている。

この二つの遺跡は、環濠に囲まれていること、その内部に九本柱の大型総柱建物があって住居がないこと、見晴らしの良いこと、石つぶてが見つかったことなど類似点が多く、同じ性格の遺跡と見て良いであろう。これらの遺跡を築いた目的については、祭祀の施設など様々な意見があるが、私は、厳重な防御施設を備えることから戦争にかかわるものであり、当時の状況を考えると、北部九州から攻め寄せる敵を監視するための見張り台とするのが最も妥当と考える。九本柱の大型総柱建物は、筑紫平野の敵軍を監視した吉野ヶ里の望楼のような機能を持つものであろう。

田和山では、西から宍道湖に侵入し松江方面に近づいてくる敵を監視し、妻木晩田の洞ノ原では、弓ヶ浜方面から米子や淀江平野に向かってくる敵を監視していたものと思われる。

西暦一〇〇年ごろまでにこれらの環濠が埋められてしまったことは、松江、米子、淀江の地域に定住していた倭人たちが、宍道湖から松江方面に侵入する敵と、弓ヶ浜や米子方面から淀江に侵入する敵に相次いで敗れ、見張り台を放棄したことを意味している。

環濠が埋められた時期が、田和山のほうが洞ノ原よりも若干早いのは、北部九州の軍勢が西のほうから来襲し、この地域を西側から侵略していったことを示すものであろう。石つぶてによる必死の反撃も功を奏さなかったようである。

なお、妻木晩田遺跡のすぐ近くに弥生中期の稲吉角田遺跡がある。ここから絵画の描かれた土器が出土し、描かれた絵の中に高層の見張り台のように見えるものがある。淀江平野で平和に暮らしていた倭人たちが、海からの外敵を監視するため

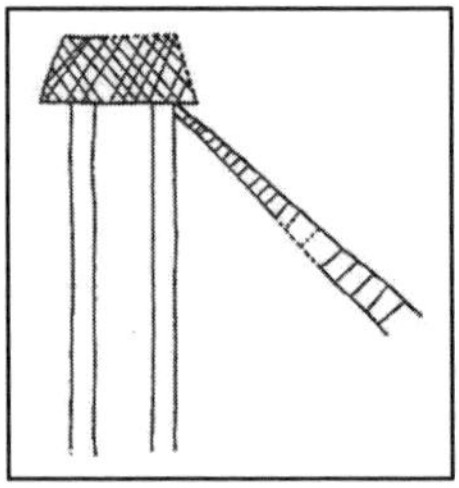

に設けた望楼ではないだろうか（上図）。そして九州からの攻撃が現実的になった時、脅威を感じた人々は妻木晩田の高地へ移動して、丘の上に新たに九本柱の監視場を設けたと推理されるのである。

少し余談になるが、これと関連して気になることがある。

かつて島根半島は陸地から離れた島であり、島根半島の南側沿いに、神門の水海《かんどのみずうみ》、宍道湖、中海を経由する水路を進めば、出雲と米子の間を、日本海の沿岸を航海するよりも、安全に移動することができたとされる（下図）。現在はかなりの部分が土砂で埋まって陸地化しているが、九州勢力がこの経路で東進してきたとすると、田和山遺跡はその途中で、妻木晩田遺跡は東の端で敵の来襲を監視する位置にある。

とすると、この経路の入り口の出雲大社の近辺にも監視所があって然るべきではないか。島根半島の東端に監視所を置けば、真っ先に敵の侵攻を検知することができ、さまざまな対応が可能になる。

そこで気になったのが、出雲大社の超高層神殿である。

現在の出雲大社は28mの高さがある。伝承等によれば昔は倍の48mの高さがあったとされ、西に広がる海域を遠くまで見通すことが可能である。

出雲大社は、出雲の国譲りのあとに造られた大国主命の神殿であるが、出雲は国譲り以前にもたびたび九州から攻め込まれた経緯がある。田和山遺跡や妻木晩田遺跡が造られたころにも、九州勢の来襲を見張るための背の高い監視所が出雲に設けられていたのではないか。巨木の建造物を作る技術は縄文時代から存在している。

そして、出雲大社の超高層神殿は、既存の高層の監視所の上に作られたのではないかと思

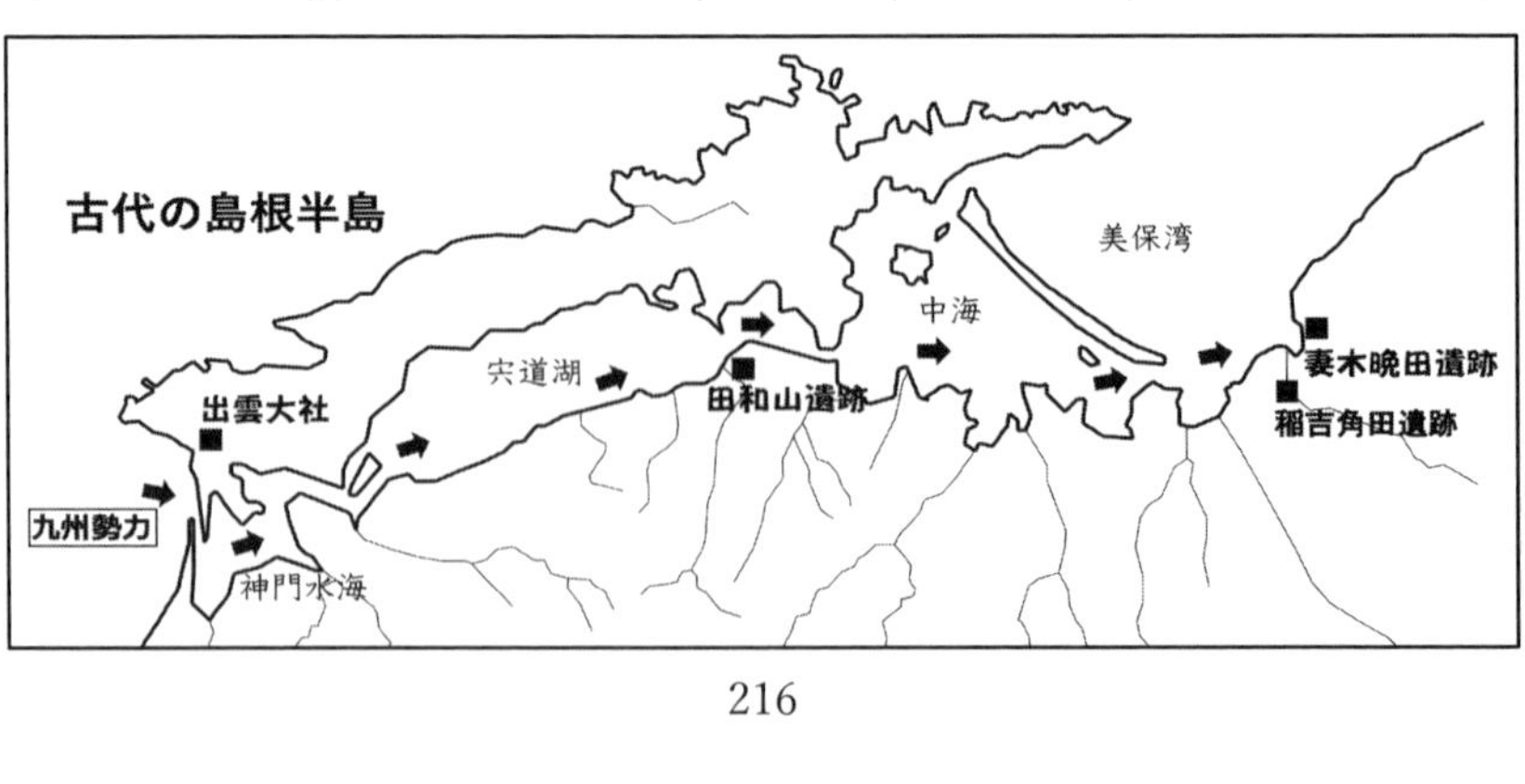

うのである。

国譲りの後、大国主命は冥界を治めることになった神である。大国主命が地下の世界を志向するならまだしも、あたかも天上の世界に向かうような超高層神殿を、あらためて築造したとするのはとても不自然に感じるのである。

出雲大社は大国主命の権威を示すものと言われているが、権威を示すためだけに多くの人々を使役し、労力を注ぎ込むのは賢い王のやることではない。しかも国譲りの抗争に敗れた後にである。権力を奪われた大国主命のために、このような大工事を企画し遂行したとするのは無理があると思うのである。

そこで、既存の高い見張り台の上に神殿を設けて威厳を保ち、西側の見張りの機能も引き続きここで継続されたのではないか。出雲大社の本殿の建物は南向きだが、祀られている大国主命は西の九州の方向を向いている。これは西の方向から向かってくる船団の動きを監視していた名残ではないだろうか。

## ■妻木晩田遺跡

『古事記』には、伊邪那岐命と伊邪那美命が国生みをしたのち、伊邪那岐命が、亡くなった伊邪那美命を訪ねて黄泉の国までやってきた話が載っている。そして、黄泉の国は一五〇〇人もの軍勢を繰り出して伊邪那岐命を追い払ったことが描かれている。

私は、これを、国生みで協力して戦ってきた伊邪那岐命と伊邪那美命の部族が仲違いをして、伊邪那岐命に率いられた北部九州の軍勢が山陰に攻め込み、最後には反撃にあったことが核になった伝承と理解している。

二世紀末ごろ、倭国大乱の混乱のなかで甕棺部族の伊都国を破った延烏郎や面足尊の後を継いで、周辺地域を平定した伊邪那岐命は、当時の最強勢力であったろう。その伊邪那岐命の軍勢を撃退するほどの実力を、山陰の部族が持っていたというのは意外である。

山陰地域の倭人は、西暦一〇〇年ごろ、北部九州から来襲した甕棺部族と石つぶてで戦って敗北した。それにもかかわらず、その後、わずか一〇〇年ほどの間に鉄で武装した伊邪那岐命を跳ね返すほどの実力を備えるようになった理由はなんであったのか。

その謎を解く鍵は妻木晩田遺跡にある（下図）。

まず、妻木晩田の四隅突出形墳丘墓について考えてみる。洞ノ原地区の四隅突出形墳丘墓は、ここに環濠が掘られた直後の一世紀中ごろから作り始められたという。そして、環濠が埋められてしまった西暦一〇〇年ごろに、洞ノ原の四隅突出形墳丘墓も途絶えてしまう。かわって、すぐ北側の尾根の仙谷地区に新しい王墓が築き始められる。仙谷墳墓群は洞ノ原墳墓群の築造が終わったあとの弥生時代後期前葉（二世紀前葉）〜後期中葉（二世紀中葉）に造営された墳墓群とされる。

つまり、西暦一〇〇年ごろの敗戦にもかかわらず、この地域には同じ墓制を持つ倭人の王が同じような力を持って引き続き君臨したことを示している。これは、敗戦の時に、北部九州の人々が移動してきて直接統治したのではなく、妻木晩田の人々が自治を行いつつ北部九州に税や貢ぎ物を収めるという間接的な支配関係になったことを意味するように見える。倭人は、体制を維持したまま引き続きこの地で発展を遂げたのである。

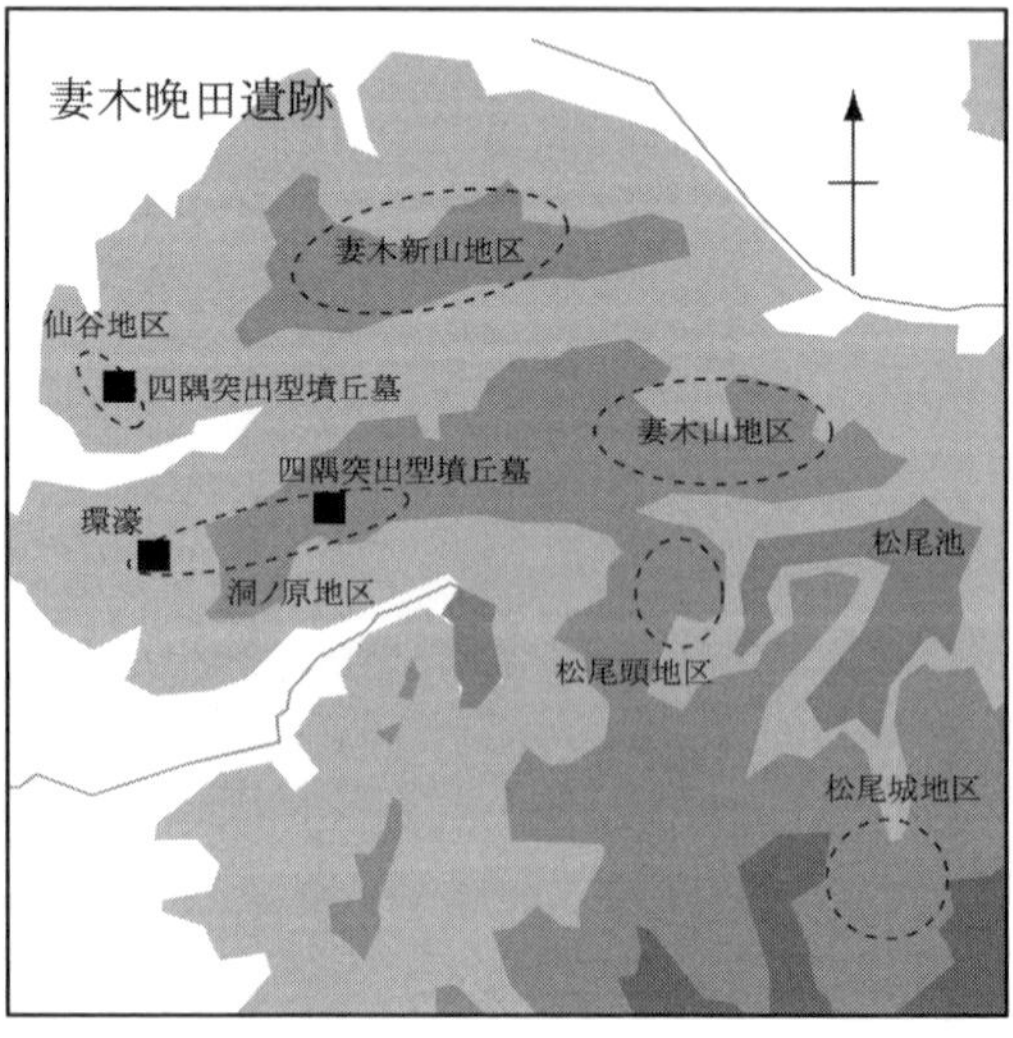


もう一つ注目すべき点は、鉄である。

妻木晩田遺跡からは三〇〇点近くの鉄器が出土している。そして、洞ノ原地区では鍛冶遺構が見つかっている。ここで鉄器を製作していたのである。

鳥取県では、妻木晩田遺跡のほかにも、東伯郡の青谷上寺地遺跡で約二七〇点、西伯郡会見町の越敷山遺跡で約一〇〇点の鉄器が出土している。鳥取県全体では約八〇〇点の鉄器が出土しており、福岡県や熊本県には及ばないものの、島根県の二二三点、岡山県の四三五点、大阪府で一五三点、奈良県の十数点（『弥生時代鉄器総覧』川越哲志篇）などに比べると大変な数である。妻木晩田を中心として東西の海岸沿いに広がる地域に、鉄の王国とも呼べる一大勢力が存在したことがわかる。

甕棺部族に敗れたにもかかわらず山陰勢力が力を強めたのは、以上のように彼らの体制が引き続き維持できたことと、鉄に負うところが大きかったのである。彼らは鉄によって生産力を増強し軍備を強化して、伊邪那岐命の侵略を跳ね返したのである。そして、彼らの中心に妻木晩田の四隅突出型墳丘墓に葬られた王がいたのであろう。

## ■鉄の材料

妻木晩田の鉄器は、農具や工具が中心で、武器としては鏃だけが出土している。これらの鉄器は、墓に副葬されたものではなく、ほとんどが住居から出土したもので、この地域では、鉄は特別なものではなく、日常生活のなかで当たり前に使用する道具であった。

倭人は、朝鮮半島南岸にいた時に弁辰の鉄を採掘していた。倭人は、鉄を作る技術をここで習得したのであろう。しかし、弁辰の伊邪那岐命や北部九州の高御産巣日尊と絶縁した彼らは、鉄の材料をどこから手に入れたのであろうか。

当時、盛んに製鉄が行われていた朝鮮半島南部から鉄を輸入したという可能性がある。しかしこれについてはいくつかの問題がある。

まず、航海のリスクを負わなければならない。倭人が沿岸航海に熟達していると云っても、当時の航海技術では、朝鮮半島との往復は、やはり命がけであったろう。おまけに、伊邪那岐命と伊邪那美命の部族が仲違いしたあとは、北部九州経由で半島南部に渡る航路が使えなくなり、山陰と半島南部の交通はほとんど遮断された状態になったと思われる。たとえ倭人が半島にたどり着いたとしても、仲たがいした弁辰は鉄を採らせてくれなかったろう。

命がけで伽耶まで取りに行った鉄をもとに、日常の道具を造ったり、使い捨ての鏃を造ったりしたのでは、日常生活も、狩や戦争も思いどおりにはできない。彼らは、もっと身近なところで鉄を手に入れたと考えるべきである。

すなわち、妻木晩田の鉄製品の材料は、中国山地の砂鉄で作った粗製の鉄であった可能性が高いと考えられるのである。

妻木晩田からは、鉄鏃は出土したが刀剣などの大型鉄製武器は見つかっていない。これは、妻木晩田で入手できた鉄材料が、伽耶の鉄のように刀剣を作れるほど高品質のものではなかったことを示している。

## ■中国山地

淀江平野や米子平野などに定着した倭人は潟湖《せきこ》の周辺の低湿地などで稲作を行っていたと見られる。しかし、彼らの一部が、中国山地の山の中に分け入った形跡がある。

その形跡とは、中国山地の各所にある伊邪那美命の墓所である。

『古事記』には、伊邪那美命は「出雲の国と伯伎《ははき》の国との堺の比婆《ひば》の山に葬りき。」と記されているので、墓所の候補地としては、雲伯国境に近い島根県能義郡伯太町横屋の比婆《ひば》山が有力であるが、注目すべきは、墓所の伝承が、このほかにも、中国山地の山の奥にいくつも存在することである（下図）。

たとえば、伯太町横屋の比婆山から伯太川をさかのぼって峠を越えると、島根県安来市広瀬町梶福留に出る。そこに御墓山という伊邪那美命の墓所がある。また、備後と出雲の境にもうひとつ比婆山があり、ここも伊邪那美命の墓所とされている。さらに、その西の猿政山《さるまさ》にも伊邪那美命の墓所の伝承がある。

このような場所が分布する地域は、伊邪那美命を祖霊として祀る部族が進出していった地域と考えられるのである。

九州各地に邇邇芸命《ににぎのみこと》や彦火火出見命《ひこほほでみのみこと》などの先祖を祀った墓所の伝承が多数あるように、この地域でも人々は進出した各所で祖先の伊邪那美命を祀ったと考えられる。移動先で祖霊を祀る信仰の

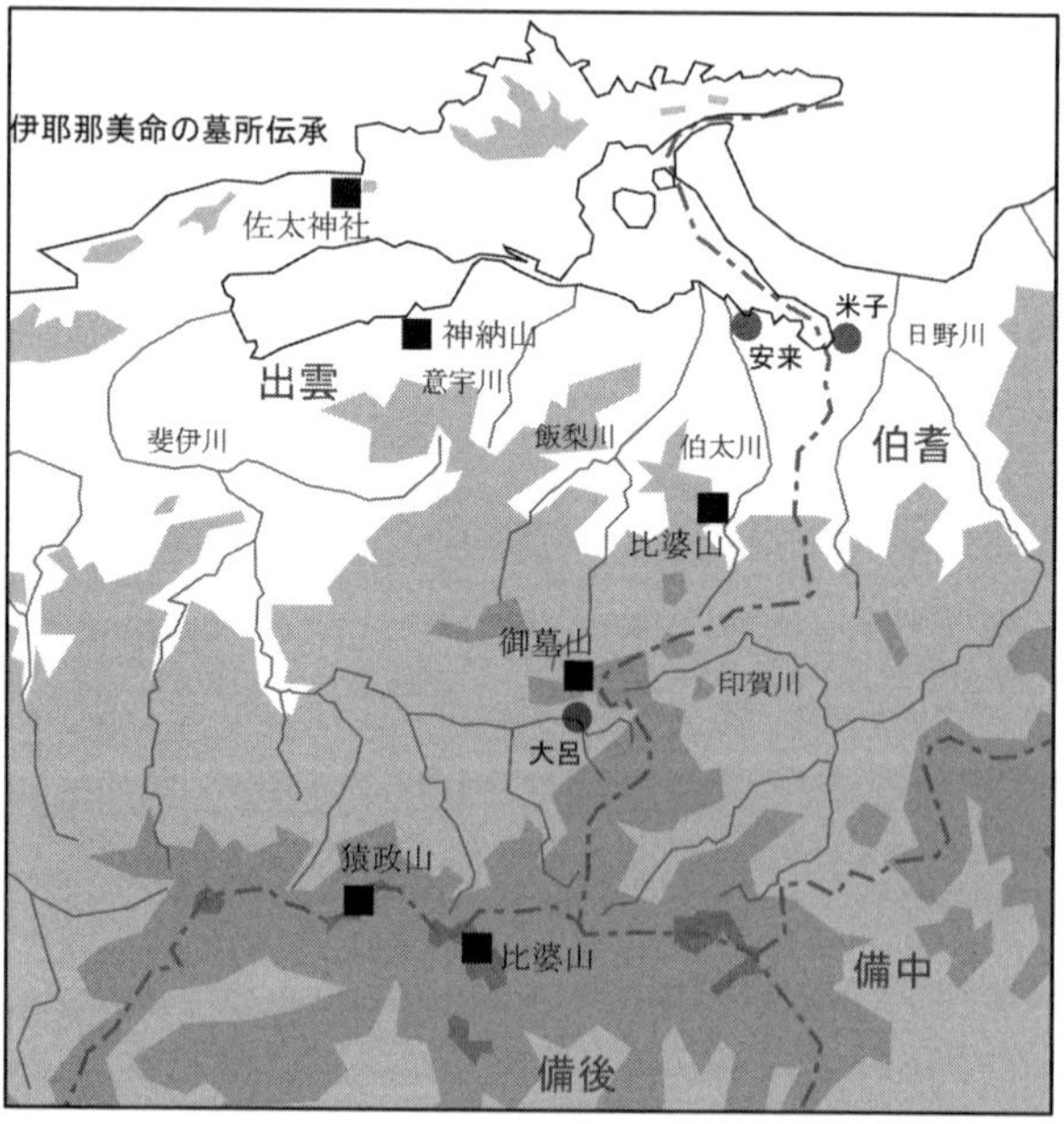

伝統は、このころの一般的な習俗であったのだろう。

　さて、彼らが耕作には適さない山奥にわざわざ入っていった理由は何だろう。

　この地域で大量の鉄器が出土することと中国山地が質の良い砂鉄の産地であることを考えると、彼らの目的は鉄原料の確保だったと考えるのが最も妥当だろう。

　砂鉄を求めて日野川や伯太川あるいは飯梨川をさかのぼった彼らは、さらに、伯耆の国から峠を越えて出雲や備後にも進出したと思われる。

　そう思う理由は、まず、中国山地の広島県側も砂鉄の産地であること、つぎに、備後と出雲の境にある比婆山や、その西の猿政山にも伊邪那美命の墓所とされる場所があること、そして、広島県の三次《みよし》盆地に四隅突出形墳丘墓が存在することなどである。

　米子に注ぐ日野川の本流を南に遡っていくと備後、出雲、伯耆三国の国境付近に至る。尾根を越えて備後側に降りると、そこは備後と出雲の国境の比婆山の麓である。ここから、備後側に川を下っていくと、妻木晩田と同じような四隅突出形墳丘墓のある三次《みよし》盆地に到達する。

　墓の型式は人が移動することによって移動する。三次《みよし》盆地の四隅突出形墳丘墓は、鉄を求めて山陰側から中国山地に入った倭人がここに定住し、妻木晩田と同じような墓を築いたものと考えられるのである。そして、三次《みよし》盆地から砂鉄を産する国境の山々を望むと、そこには伊邪那美命の墓所とされた比婆山や猿政山がそびえているのである。

　また、同じように、日野川の支流の印賀川を西に向かって遡上して峠を越えると、そこは斐伊川の上流、八岐大蛇伝承が残る島根県仁多郡奥出雲町大呂である。安来に注ぐ飯梨川の源流も大呂のすぐ近くまで迫っている。のちに詳しく述べるが八岐大蛇伝承は、峠を越えて斐伊川上流に侵入した人々と、斐伊川を遡ってきた人々の衝突が背景にあると私は考えている。なお、上述の御墓山は、大呂の北方五キロほどの所にある。

　ところで日野川流域には、樂樂福《ささふく》と言う名前の神社が多く見られる。社伝によると樂樂福《ささふく》神社の「ささ」は砂鉄をあらわし「ふく」は溶鉱炉への送風をあらわしたものとされている。

欒欒福《ささふく》神社の多くは、川の曲がり角の内側に建てられているという。川の曲がり角には砂だまりができ、そこには砂鉄が堆積するからである。製鉄に関連する神社の存在は、人々が砂鉄を求めてこの地域に分け入ったことを示す証拠であろう。

弥生時代後期に、米子や淀江地域の人々が近隣各地に広がっていったようすは、この地域の土器の分布とも整合する。

弥生時代後期前半ごろから、山陰では複合口縁土器が増え、瀬戸内地方とよく似た凹線文が流行するという。これは、山陰の人々が中国山地を越え、備後や吉備など瀬戸内海地域まで進出し、交流していたことを意味する。

また、後期後半には九重式《くのうしき》と呼ばれる土器形式が成立するが、その分布圏は出雲、伯耆西部を中心として倉吉平野から江の川東岸まで広がっている。これは、弥生時代後期の山陰勢力が、伯耆西部の米子や淀江地方を中心に、日本海沿岸の東西に広い範囲に勢力を伸張していたことを裏づけるものである。

## ■製鉄

当時はどのようにして鉄を作ったのであろうか。

鉄の研究家である窪田蔵郎氏は、著書『鉄から読む日本の歴史』（講談社学術文庫）のなかで、次のように述べる。

「弥生期より古墳期ごろまでの製鉄は、山あいの沢のような場所で自然通風に依存して天候の良い日を選び、砂鉄を集積したうえで何日も薪を燃やしつづけ、ごく粗雑な鉧塊（還元鉄）を造っていた。そしてこれをふたたび火中に入れて赤め、打ったり、叩いたりして、小さな鉄製品を造るというきわめて原始的な方法であったのであろう。」

奥出雲地方では、明治に入ってからも農民が冬の農閑期に自給目的の小さなたたらで鉄をつくり、それを鍛冶屋に持っていき農工具などを作ってもらったということである。

このたたらはだいたい一日あれば鉄が作れるような小規模なもので、三〇キロほどの砂鉄と五〜六〇キロの炭から、数キロの鉧《けら》が得られるという。

製鉄には大量の燃料と砂鉄が必要であるが、のちのたたらのように一カ所に炭と砂鉄を大量に集めて定常的に製鉄を行うことは、当時の交通手段を考えると不可能である。砂鉄のある川の各所に、前述のような原始的な仕掛けを設けて粗製の鉄塊を造り、付近に砂鉄や木材がなくなったら、移動して別の場所であらたな製鉄を行う、ということをくり返していたと思われる。そして、できあがった鉄塊を鍛冶場に集めて鉄製品を製作したのであろう。

妻木晩田の洞ノ原地区で鍛冶遺構が発見されていることから推測すると、中国山地で造られた粗製の鉄塊は、戦時には、人々が避難した妻木晩田の丘陵の上で行われ、平時には水運の便のある米子や安来など河口近くに船で運ばれて、そこで鉄製品を製作したと思われる。沿岸航海に長けた倭人は、船の操作はお手のものである。積極的に河川の水運を活用したに違いない。

## ■製鉄遺構

斐伊川の流域には鉄滓の堆積する野だたらの跡が数多く存在するという。しかし、弥生時代の遺跡として確認されたものはない。製鉄遺構が見つからないことから、弥生時代には日本列島では製鉄が行われていなかったとするのが通説である。しかし、これは、少々性急な判断ではないだろうか。

弥生時代の製鉄遺構が残らなかったのは、野だたらの規模が小さいことや、一カ所での操業期間が短かったため痕跡が残りにくかったからだと思われる。また、砂鉄や木材の収集に便利なように河川の近くで操業した露天のたたらの跡は、河川の増水や氾濫などで簡単に流されてしまったのだろう。

当時の製鉄施設のこのような特性と、膨大な数の鉄器の出土を考慮すれば、痕跡が未確認であるとはいえ、弥生時代の中国山地で砂鉄を原料とした原始的な製鉄が行われていた可能性は極めて高い。

じっさい、弥生時代の製鉄の痕跡が中国地方の各地で発見されている。たとえば、九七年五月一〇日の山陰中央新報は島根県仁摩《にま》町川向《かわむこう》遺跡から鉱滓が見つかったことを次のように報じている。

「国内最古の金属精錬跡　弥生中期　多数の鉱滓出土。

三浦清氏によると電子顕微鏡によるＥＰＭＡ化学分析の結果、九六％の鉄の玉を含む鉄滓とわかった。三浦氏は、海岸の砂鉄を使って鉄を作ったときに生じた鉱滓だと考え仁摩町に報告書を提出した。」

また、一九九五年一月一三日朝日新聞夕刊には、広島県三原市の小丸遺跡で、三世紀の製鉄炉が発見されたことを伝えている。

広島県埋蔵文化財調査センターによると、「小丸遺跡で発見された製鉄炉は、弥生時代後期の集落跡近くに約50m離れて二基並んでいた。うち一基は、直径50cm、深さ約25cmのすり鉢状の穴で、左右に鉱滓(スラグ)が詰まった土壙があった。放射性炭素年代測定の結果、土壙は三世紀のものとわかった。」

このようなことから推定すると、弥生後期の妻木晩田集落で作られた鉄製品は、中国山地の砂鉄を原料としていた可能性が極めて高いと思うのである。大型武器は無理でも大量の鉄鏃を作り、伊邪那岐命たちの侵略軍を追い返したことは十分考えられるのである。

なお、弥生時代の製鉄について付け加えておくと、元慶尚大学招聘教授の新井宏氏の最近の研究で、これまで精錬滓と判断されていた鉄滓が製錬滓の可能性があるということがわかってきた。弥生時代に製鉄が行われていたとすれば、非常に小規模の炉によるものであり、その鉄滓は、のちの時代の大規模製鉄の鉄滓とは組成が異なっている。従って、これまでのように、のちの時代の鉄滓の成分と比較することによって、弥生時代の鉄滓を製錬滓と精錬滓に区別するのは誤りだというのである。

新井氏は、製錬滓と精錬滓とを区別する新しい基準を設け、その基準によって弥生時代の鉄滓を判定してみた。そうすると、従来、精錬滓と判断されていたいくつかは製錬滓であると判定され、弥生時代に製鉄が行われていた可能性が高まるのである。

## ■須佐之男命降臨

『古事記』によると、高天原を追放された須佐之男命は出雲の斐伊川の上流の鳥髪に天降り、ここで、八岐大蛇に悩まされる村人に出会い、八岐の大蛇を退治して櫛名田比売《くしなだひめ》を助けた。そして、大原郡大東町の須賀の地で櫛名田比売《くしなだひめ》と共に宮殿を建てて暮らしたという。

ここでまず考えるのは、須佐之男命は、なぜ農耕適地の平野に行かずに斐伊川の上流の鳥髪という山奥の地に天降ったのかという疑問である。

北部九州で鉄の武器で戦ってきた須佐之男命は、鳥髪の地域の良質の砂鉄を求めて斐伊川を遡ったというのが最も妥当な答えであろう。

これは古代の製鉄と関係する重要な記述だと思う。つまり、須佐之男命が、斐伊川上流の良質の砂鉄の確保を企てたことは、すでに彼が砂鉄資源の重要性を認識していたこと、すなわち、彼が製鉄を行っていたことを裏付けるものである。

砂鉄は最も見つけやすい金属資源である。斐伊川の河口に到着した須佐之男命は海岸の砂浜や川底に黒々と堆積する大量の砂鉄に気が付いた。そして、砂鉄の鉱脈を求めて斐伊川を遡っていったと思われるのである。

北部九州では、彼は、まず宗像で鉄を確保し、それから福岡平野で大規模な軍事作戦に取りかかった。ここ山陰でも、同じ行動に出たものと思われる。まず武力の源となる斐伊川の砂鉄を手中に収め、そののち平野部に進出する戦略だったのだろう。実際、須佐之男命は次のように本拠を次第に平野部に移動しているように見える。

八岐大蛇を退治し、櫛名田比売《くしなだひめ》を娶った須佐之男命は、山奥を離れて大原郡大東町の須賀の地に移り住んだ。そして『出雲国風土記』の意宇郡安来の条によれば、須佐之男命は国土をくまなく廻ったのちに中海のほとりの安来に安住したとされる。須佐之男命は伊邪那美命の息子であるから、この地域を支配することについて大きな抵抗はなかったと想像されるが、それでも、反抗する部族に対しては武力で従わせたのであろう。

須佐之男命は、斐伊川の鉄を力の源泉にして、米子や淀江などの山陰一帯を平定

したのである。

## ■八岐大蛇

八岐の大蛇は製鉄と関連した伝承であると言われる。それは、ほおずきのように紅いと記述される大蛇の目は、たたらの火を表現するものといわれたり、島根県仁多郡横田町の大呂のように「たたら製鉄」の伝統がある地域に、八岐の大蛇伝承が伝わっているということから言われるのであろう。

私も、製鉄にかかわる伝承と思うが、これまで述べてきたような山陰地方の状況から、八岐大蛇の伝承は、米子や淀江方面の人たちが、砂鉄資源を求めて日野川、伯太川、飯梨川などを遡り、山を越えて斐伊川の上流に進出してきた時、斐伊川を遡ってきた人々と衝突したことが核となってできた伝承と考えるのである。

八岐大蛇は山の上の方から下ってきて村を襲うように描かれている。八岐大蛇伝承が残る大呂などは斐伊川のかなり上流に位置する（P220図）。彼らのさらに上流のほうから襲ってくる大蛇は、山の向こう側から侵入してきた伯耆の製鉄民と見て矛盾はない。

そして、山越えしてきた製鉄民たちは斐伊川上流の各所で野だたらを設営したので、下流側から見ると、あちこちの谷間で赤い炎が揺らめいて、大蛇の真っ赤な眼に見えたのであろう。

娘が略奪される話については、のちの時代にも、男ばかりの山住みの製鉄集団が、時折、里へ出没して夜這いをしたり略奪婚をする風俗習慣があったようであり、須佐之男命の時代も同じように、村の娘が彼らに奪われたことがあったのだろう。須佐之男命は狼藉者を追い払い、村人の信頼と良質の鉄資源を得て、山陰経営の第一歩を踏み出すことができたのである。

## ■草薙の剣

『古事記』によれば、須佐之男命が大蛇を退治した時に、大蛇の腹から立派な剣が現れた。のちに熱田神宮に祀られた草薙の剣である。そして須佐之男命は、草薙の剣を天照大御神に献上したという。

この意味を考えてみよう。

これについて様々な見解がある。たとえば、剣は三種の神器のひとつであることから、剣を奉ることによって国の統治権を献上したとする説がある。

しかし、須佐之男命は高天原を追放された身で、高天原に義理立てする理由は考えにくい。また、山陰に到着した直後で、高天原に奉るほどの国を領有できたとは思えないし、天津神に対抗する国をこれから作ろうとしている時なので、この説は説得力がないと思う。

私は、むしろ、それまで山陰ではできなかった剣ができたことを知らせる意味があったのではないかと思う。妻木晩田出土の鉄器を見れば、原始的製法による国産の粗製の鉄では、日常の道具や鏃程度は自製できても、鉄製の大型武器は造れなかったと推定される。剣を造るためには伽耶の高品質の鉄が必要だった。高麗剣《こまつるぎ》という言葉があるように、当時の剣はほとんど朝鮮半島製か、あるいは輸入鉄材料によるものだったのであろう。須佐之男命が八岐大蛇を切り刻んだ剣も「蛇韓鋤之剣《おろちのからさびのつるぎ》」といわれることから、朝鮮半島製であった可能性があるのである。

しかし、斐伊川上流の特上の砂鉄を原料にすると、剣ができるほどの高品質の鉄を作ることができた。須佐之男命は、製鉄技術では一歩進んでいた高天原の人々に、このことを伝えたかったのではないだろうか。こちらにも優秀な武器があり、うかつに手を出すと痛い目に遭うぞということを。

安来市赤江町の宮山四号墳は、三世紀末とされる四隅突出型墳丘墓だが、ここから出土した鉄刀の原料は、日立金属安来工場冶金研究所の分析で砂鉄と判明したそうである。須佐之男命が山陰に追放された三世紀の後半ごろ、安来の地域では、砂鉄を原料にした高度な製鉄技術が確立されていたことの証拠である。

須佐之男命が安住したとされる安来で、砂鉄を原料にした鉄刀を出土したこの地域最大の四隅突出型墳丘墓・宮山四号墳の被葬者は、この地域で鉄業に関与した最強の実力者と推定される。

三世紀末とされる築造時期は須佐之男命の活躍時期とややずれていて微妙だが、それでも私は、宮山四号墳が須佐之男命の墓所である可能性がかなり濃厚だと思うのである。

なぜなら、四隅突出型墳丘墓は出雲や山陰勢力の特徴的な墓制だが、山陰の勢力は二五〇年代後半の出雲の国譲りの時期に天津神に制圧されたと私は考えるので、それ以降には大型の四隅突出型墳丘墓がこの地域に築造されることはないと考えるからである。すなわち、宮山四号墳は、出雲の国譲りより前の須佐之男命の時代と重なる時期の古墳と考えるのである。

# 一七．大国主命と大物主神

## ■大国主命の素性

『古事記』では、大国主命は須佐之男命の六世の孫と記されている。また、『日本書紀』の一書にも、同じように須佐之男命の六世の孫とする記述がある。まず、このことについて考えてみよう。

須佐之男命の六世の孫とされていることについて、『古事記』の中には矛盾する話がある。大国主命は、須佐之男命の娘の須勢理姫《すせりひめ》を娶っている。そして、須勢理姫《すせりひめ》とともに須佐之男命のもとを逃げ出した時に、宇迦の山のふもと住むようにと、須佐之男命から直接言葉をかけられていることである。

これは大国主命を須佐之男命の六世の孫とした時にはあり得ない話である。つまり、系図の情報と具体的な出来事の話が矛盾しているのである。

また、『日本書紀』本文には、大国主命は須佐之男命と櫛名田比売《くしなだひめ》の子とする系図情報がある。ところが、大国主命の両親について、『古事記』には、つぎのようにこれと矛盾する話が記される。

大国主命が八十神にだまされ、大木に挟まれて命を落とした時に、御祖命《みおやのみこと》が現れて、大国主命の亡骸《なきがら》を探して生き返らせる場面が記される。

ここには、御祖命《みおやのみこと》が、泣きながら大国主命の骸を探しまわるようすが描かれており、息子の緊急事態にあわてふためく母親の姿が描かれていると考えて間違いはないように思う。つまり、御祖命《みおやのみこと》とは、文字通り大国主命の親であることを示していると思うのである。

そして、もう一人の御祖命《みおやのみこと》が登場する。「神産巣日の御祖命《みおやのみこと》」である。大国主命が八十神の謀《はかりごと》で焼き殺された時に、母親の御祖命《みおやのみこと》は高天原の神産巣日命に助けを求めている。神産巣日命は母親の御祖命《みおやのみこと》よりもはるかに力のある存在として描かれ大国主命に救いの手をさしのべている。「神産巣日の御祖命《みおやのみこと》」とは大国主命の父親が神産巣日尊であることを示しているのである。

　これらの内容は、いずれも系図の情報と具体的な出来事の話が矛盾しているわけだが、伝承が口承で何百年も伝わる時、無味乾燥な系図情報には間違いが入りやすい。あるいは、別の系図を挿入される可能性がある。ここでは、具体的な物語のほうがより正しい情報を伝えていると考えるべきであろう。

　このような理解で『古事記』『日本書紀』の話を整理すれば、大国主命は、須佐之男命の子供の須勢理姫《すせりひめ》と同世代の人物であり、その父親は神産巣日尊と推定されるのである。

　さてここで、大国主命を須佐之男命の六世の孫としている『古事記』の系図について検討してみたい（下図）。

　前述のように、大国主命は須佐之男命の六世の孫ではありえないので、この系図にはなんらかの操作が加えられていると考えられる。

　この系図には、大国主命の両親として、天之冬衣神《あめのふゆきぬのかみ》と刺国若比売《さしくにわかひめ》という人名が記されている。父親の名前についた「天」の文字は、高天原の系統の部族を表し

**須佐之男命の系図（古事記）**

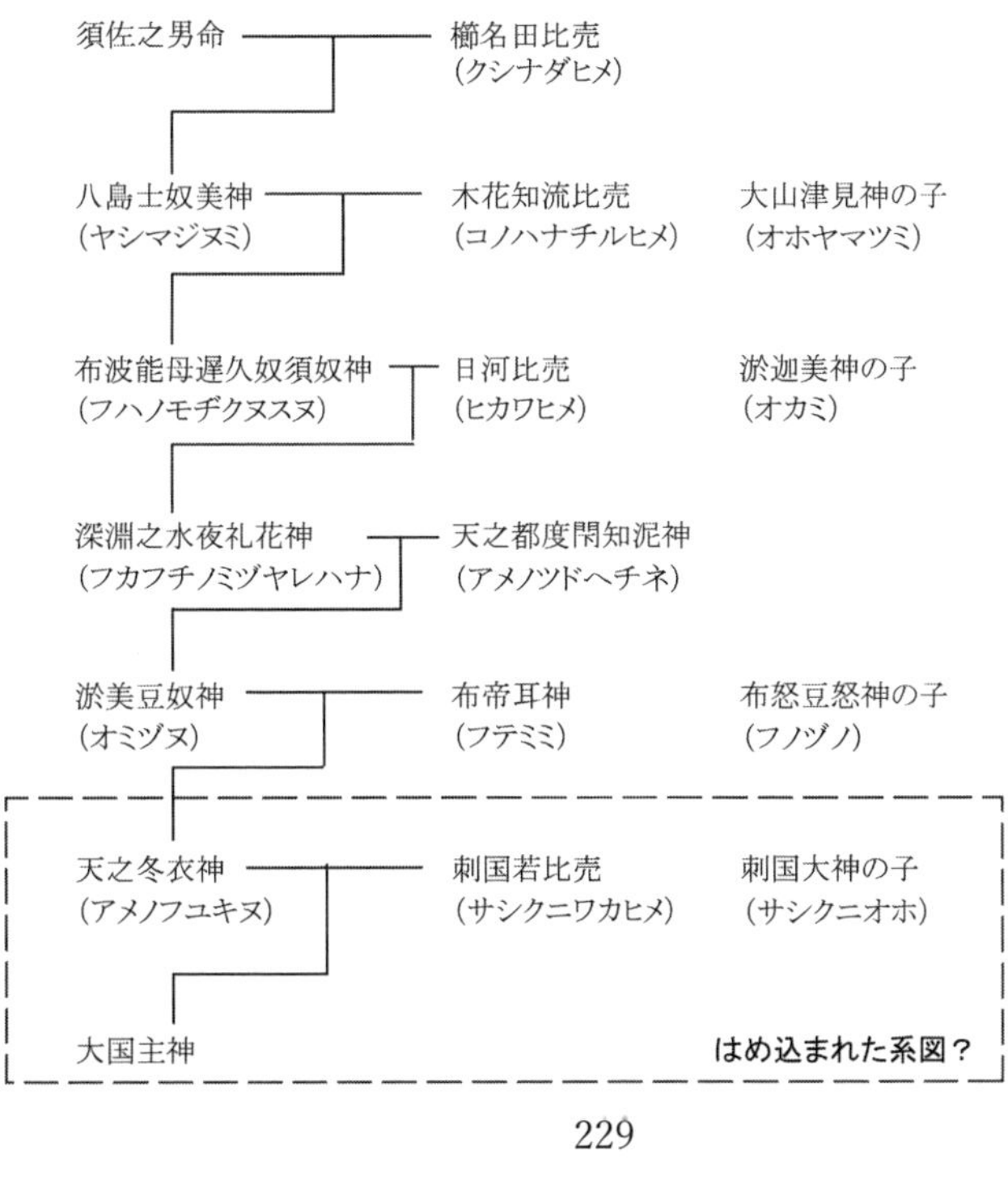

ているので、大国主命の父親が高天原の神産巣日命であることを裏付けているように見える。また、母親の刺国若比売は、「天」系の出自ではないので、山陰に進出した倭人の女性と思われる。

そしてこの系図には、天之冬衣神《あめのふゆきぬのかみ》の両親の名前も記されている。須佐之男命の四世の孫の淤美豆奴神《おみづぬのかみ》と布帝耳神《ふてみみのかみ》である。

しかし、この名前を見る限り、この二人は高天原の系統の「天」の家系ではない。その子供に「天」を冠した天之冬衣神《あめのふゆきぬのかみ》が現れるのはおかしい。これは、天之冬衣神《あめのふゆきぬのかみ》がここで須佐之男命の系図にはめ込まれた証拠と言えるのではないだろうか。

なお、天津神の系譜に登場する神々は皆「天」と言う文字が頭につく。ところが高御産巣日尊と神産巣日尊には「天」がついていない。これについて第六章で高御産巣日尊と神産巣日尊は個人名ではなく称号のような名称ではないかと推理したが、本章で、神産巣日尊が大国主命の御祖《みおや》すなわち父親と記述されていることと、そのいっぽうで天之冬衣神《あめのふゆきぬのかみ》が父親だとする記述を示した。これはすなわち大国主命の父親の個人名が天之冬衣神《あめのふゆきぬのかみ》であり、神産巣日尊がその称号であったことを示しているように見える。

## ■大国主命の国づくり

須佐之男命から山陰の王権を引き継いだ大国主命は各地の部族を統合して国造りを始めた。大国主命は別名八千矛神《やちほこのかみ》といわれるように大きな武力を持っていたと思われるが、『古事記』をみるかぎり彼の国造りの特色は武力よりも女性にあった。

大国主命は稲羽の八上比売《やがみひめ》や須佐之男命の娘須勢理姫《すせりひめ》を妻としたあと、北は高志《こし》の沼河比売《ぬなかわひめ》、南は宗像の高津姫や沖の島の多紀理比売《たぎりひめ》など各地の女性と婚姻関係を結んで同胞を増やし、短期間で効率的な国造りを行ったようにみえる。

彼がこれほどスムースに国造りを行うことができたのは、弥生時代前期から日本列島の各地に倭人が進出していたことが大きな要因である。倭人の血を引く大国主命にとって、彼らはいわば同族である。彼らは婚姻によって同族の絆を固め、須佐之男命の後継者大国主命を盟主として仰ぐことに大きな抵抗はなかったのであろう。

それどころか、北部九州で天照大御神や高御産巣日命を中心とした天津神の部族が勢力を伸ばしつつあったので、彼らと対立する倭人は、対抗上、積極的にひとつにまとまる必要を感じていたにちがいない。倭人たちの記憶や伝承には、二〇〇年ほど前の倭国王帥升の時代に、九州から来襲した甕棺部族の脅威がまだ残っていたかもしれない。

高御産巣日命たちは、倭人の伊邪那美命と決別し、その息子の須佐之男命を追放したように、北部九州から倭人勢力をつぎつぎに排除してきた。いずれ、彼らが山陰など各地の倭人に襲いかかってくることは容易に想像でき、倭人たちは切迫した脅威を感じていたのであろう。

## ■大国主命の国土

『古事記』を見ると、大国主命は、北は沼河比売《ぬなかわひめ》の越の国から、南は多紀理比売の沖の島まで、日本海沿岸のほぼ、全地域をテリトリーとしていたように見える。

もう少し詳しく見てみよう。まず、北陸については、考古学的にも、富山県婦中町富崎墳墓群、福井県の福井市高柳遺跡、石川県の松任市一塚二一号墳など、各地に四隅突出型墳丘墓がみられるが、これらは、山陰の勢力が進出した証拠と考えて良いであろう。大国主命の時代にはこの地域も大国主命のテリトリーに含まれていたと考えられるのである（下図）。

山陰の勢力はなぜこの地域に移動し定着したのであろうか。

私は、農耕適地ということだけでなく、鉄の存在が彼らの定着と関係したと推理するのである。

三世紀末の四隅突出型墳丘墓とされる安来市赤江町の宮山四号墳から、砂鉄を原料にした鉄刀が出土したことを前章で述べた。四隅突出型墳丘墓

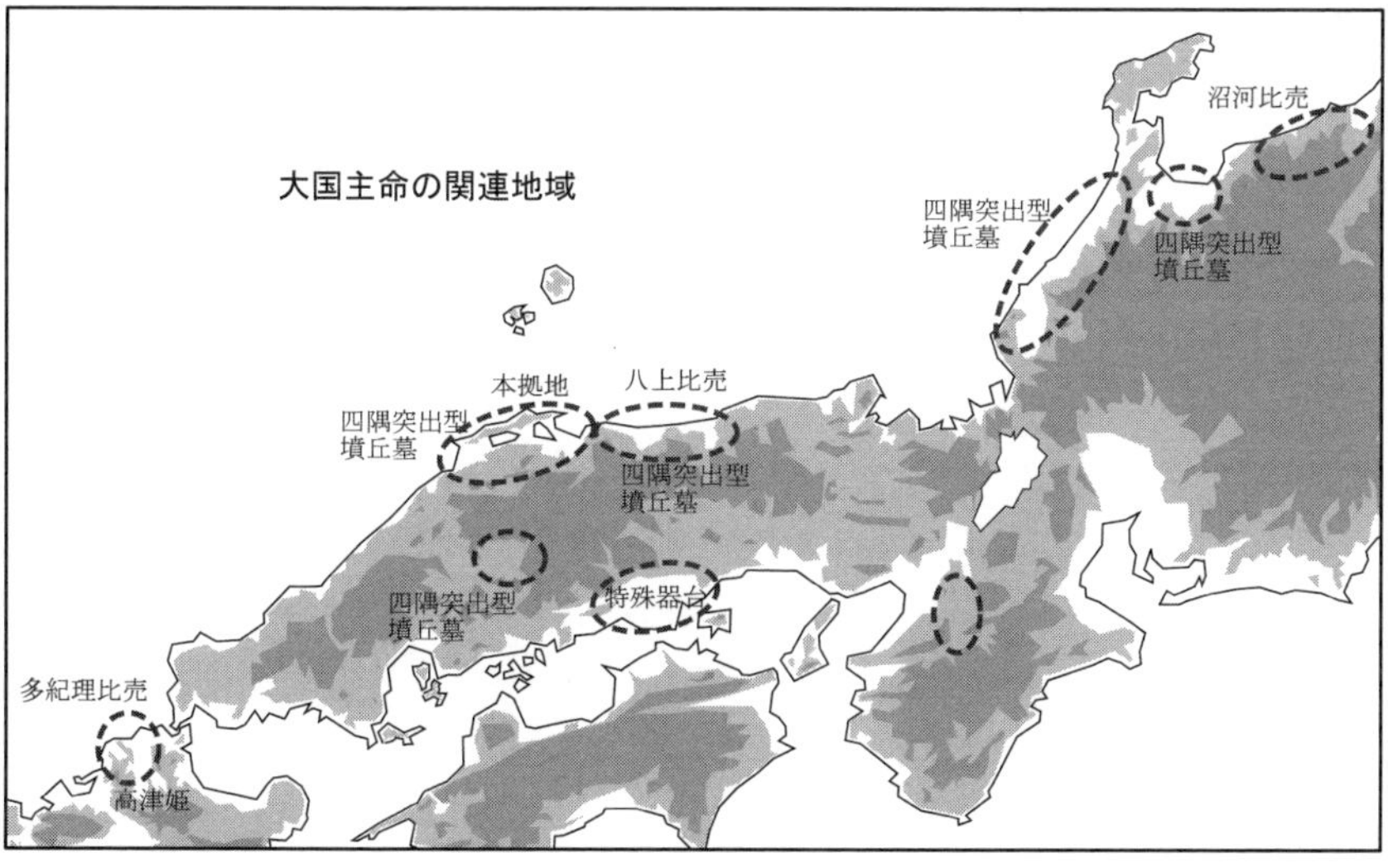

を墓制とする人々は、砂鉄から鉄を製錬し、刀を作る技術を持っていたのである。

そして、富山県や石川県、福井県の山地には、北部九州や山陰と同じ磁鉄鉱系列の鉱脈が走っている（下図）。

砂鉄資源は河川を通じて平野部にも供給されていたであろう。そのためこの地域の海岸は砂鉄海岸と呼ばれることもあった。彼らはここの鉄資源に目を付け、鉄を活用して農業生産力を高め、武力を蓄えることによって、この地で繁栄できると考えたのであろう。

近くに鉄の鉱脈が存在しない若狭湾沿岸地域には四隅突出型墳丘墓が分布しない。これは、鉄を求めていた山陰の勢力が、鉄のないこの地域を避けたと考えられるのである。

さて、山陰については、因幡の白ウサギの伝承から推測できるように、大国主命は八上比売《やがみひめ》の稲羽の国を自分のテリトリーに加えたと考えられる。

そして、『古事記』には、大国主命が越の沼河比売《ぬなかわひめ》の求婚から戻ったとき、須勢理姫《すせりひめ》の嫉

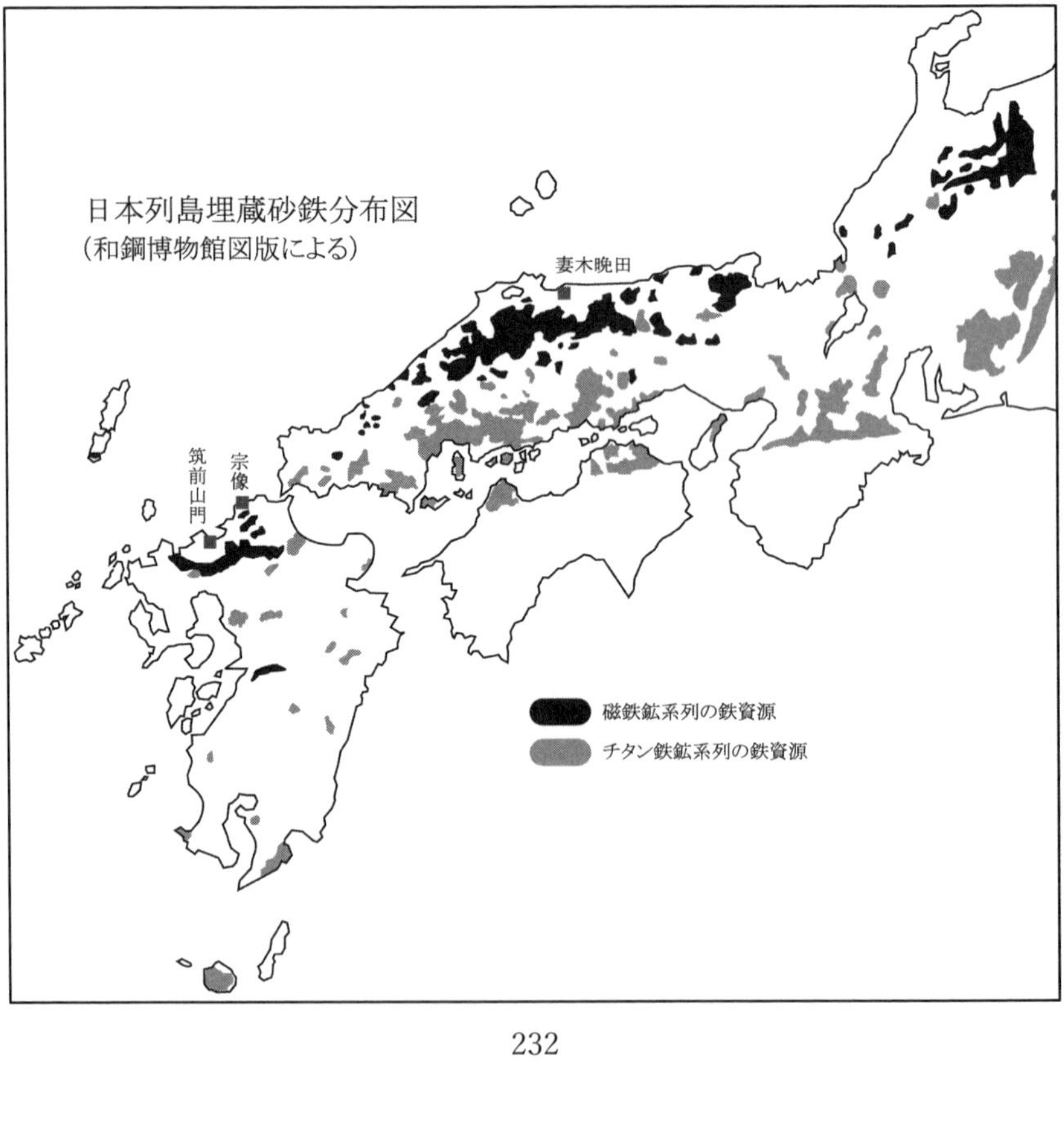

妬にうんざりして大和に行こうとしたという文章がある。これは、このころ大国主命が大和となんらかの関係を持っていたことを示すものである。

大和と大国主命の関係に関連して、次のような考古学的情報が興味深い。

奈良盆地の唐子鍵遺跡は弥生時代前期から後期まで営まれた環濠集落であり、ここから出土した土器は、型式分類されて年代の指標にされている。ここから出土した最も古い土器は唐子第一様式と呼ばれ、弥生時代前期の土器である。注目すべきは唐子第一様式と、これにつづく第二様式の土器が遠賀川系の土器とされていることである。

このことは、唐子鍵遺跡が、北部九州を経由してやってきた倭人によって創設された集落であることを示している。大国主命にとっては、唐子鍵遺跡は日本海沿岸の地域と同様に、同胞の倭人の集落だったのである。

彼がここに赴《おもむ》いて、北部九州の天津神勢力の侵出に対抗するために倭人が団結すべきことを訴え、自分のテリトリーに加えた可能性は十分考えられるのである。

『古事記』には、大国主命の国造りについて有力な協力者が現れたことが記されている。のちに詳しく述べるが、御諸山《みもろやま》の神が、大国主命に協力を申し出たのである。大和の国は、大国主命が開拓し、御諸山《みもろやま》の神がきちんとした国に仕上げたように見える。

吉備についても、大国主命の影響が及んでいたと思わせる事実がある。それは、出雲の西谷三号墳に吉備の特殊器台型土器が供献されていることである。

特殊器台型土器は吉備地方の独特の土器で、これが最大級の四隅突出型墳丘墓である西谷三号墳の葬儀に供えられたことは、このころ、吉備と出雲が強い関係で結ばれていたことを示している。

そして、宗像の女性たちとの婚姻が示すように、須佐之男命を追い出したあとの北部九州も大国主命の領地であったと思われる。大国主命が北部九州に進出したことは、天忍穂耳命が葦原中国に降臨しようとした時に、大国主命の配下の「ちはやぶる荒ぶる国津神」の反抗として『古事記』に描かれている。

以上のように、大国主命は、越の国から北部九州までの日本海側の広範な地域に加えて、大和や吉備も領有する文字通り大きな国の主であったとみられるのである。おそらく、ここに挙げた地域だけでなく、九州を除いた西日本の沿岸地域のほとんどに倭人が進出していて、大国主命はこれらの倭人の住む広大な地域をまとめ上げたと思われる。

前述したように、高天原の天津神たちが、虎視眈々と倭人の領土を狙っている緊迫した状況で、各地の倭人に結束する機運が高まり、大国主命と各地の女性の婚姻によって短期間に倭人の一大連合国家が成立したのである。

## ■西谷三号墳

さてここで、少々想像の羽を伸ばしてみたいと思う。それは、全国でも最大規模の四隅突出型墳丘墓である出雲の西谷三号墳は、大国主命とその一族の墳墓ではないかということである。

西谷三号墳は、弥生時代の終わりごろに造られた全長50mを越える四隅突出型墳丘墓で、斐伊川を眼下に臨む丘陵上にある。ここには八人以上の人物が葬られているが、中でも、墳丘の中央に並ぶ二つの埋葬施設は特に大きなもので、葬儀の際に使われたと思われる大量の土器が出土している。

この土器を詳しく分析した結果、出雲地域で作られた土器以外に、前述の吉備の特殊器台型土器や、北陸地方の特徴を持つ土器が多数含まれていることが判明している。

島根大学考古学研究室の調査結果によれば、墳丘中央の二つの埋葬施設の他にも、おびただしい量の玉類を出土する埋葬施設がある。ここから発見されたコバルトブルーに輝くガラス製の勾玉は他に類例がない貴重なものであり、また、碧玉製の管玉は、分析の結果、出雲産ではなく、北陸産の可能性が高いという。大国主命と結ばれた北陸出身の女性がここに眠っているのではないだろうか。

弥生時代の終わりごろといわれる築造の時期も、最大級といわれる大きさも、出雲の斐伊川のほとりという立地も、吉備や北陸の土器が集結していることも、中央の埋葬施設のほかに女性が埋葬されていることも、出雲神話に詳しく記されたこの時代の倭人の最高の英雄・大国主命の墳墓にふさわしいものである。

現在の考古学の通説では、西谷三号墳は西暦二〇〇年ごろの築造とされている。しかし、西暦二〇〇年ごろの出雲は、大国主命の国造りの前で、巨大な四隅突出型墳丘墓を造るほどのまとまった勢力は存在しなかったと考えられる。

私は、大国主命は、卑弥呼の時代の若干あとの時代の西暦二五〇年代後半に活躍したと考えているので、通説とは約半世紀のズレがある。

考古学者の寺沢薫氏は、論文「青銅器埋納の意義」（『季刊考古学二七号』）のなかで「西谷三号墳は45m×31mの巨大な墳丘をもつ四隅突出墓で、吉備型特殊器台・壺が搬入、樹立されるが、的場式期（庄内古式併行）に下るものであり、特定家族墓Bの域はでることはない。」とのべる。

庄内式土器の年代は研究者によって意見が異なるが、私は、後に詳しく述べるように、天照大御神の少し後の時代の三世紀後半～四世紀の土器と考えている。寺沢氏が述べるように、西谷三号墳の築造時期が庄内式土器の古い型式が行われた頃とすると、これはまさに、大国主命の活躍した二五〇年代後半の時代になる。

西谷三号墳を二五〇年代後半に築造された大国主命の墓所とした時、上記のようにさまざまなことの説明がつく。

なお、考古学者の石野博信氏によると、私が卑弥呼（天照大御神）の墓と推理した平原一号墳の年代を二世紀の終わりから三世紀初めとしている（「大和・纏向遺跡と邪馬台国」季刊『東アジアの古代文化』一二九号）。卑弥呼は二四八年ごろ亡くなっているので、ここにも考古学者と私の推理との間に約五〇年の差異がある。

考古学的に遺跡や遺物の絶対年代を決定するのは非常に難しいといわれる。

年代の判定は土器の編年をベースにして行われることが多いが、土器の形式の判定は基準が曖昧で、判断者の主観や印象に左右されることが多いように見える。わずかな形状の違いを、製作年代の違いと見るか、製作者の個性の違いと見るか、あるいは製作された地域の特徴なのか、判断するのは大変難しい。

したがって考古学の通説も、それほど確固とした根拠があるわけではなさそうなので、私は通説を五〇年ほど修正するべきだと考える。それによって、この時代有数の墳墓である、西谷三号墳と平原一号墳が、この時代のヒーローとヒロインの墓所として、さまざまな情報と整合的に説明が可能になるのである。逆に、通説を五〇年ほど修正した場合に、考古学的にどのような問題が起きるのかを検討すると言うアプローチもあるのではないか。

西谷三号墳の構造について興味深い情報がある。

弥生時代後期に築造された西谷三号墳は、中期までには見られなかった大型の墳丘墓であり、墳丘を先に完成させて、その後に上面から墓壙を掘り込むという墳丘先行型のプロセスで築造されていることである。墳丘先行型では、墳丘を完成させてしまえば、埋葬はいつでも可能になるし、埋葬とは無関係に築造することも可能である。

このような墳丘墓の特性と、出雲が、国譲りの伝承に描かれたように九州勢力の侵攻に対応を迫られる状況から、西谷三号墳は、大国主命が必要な兵士を長期間確保するための施策として行った大土木工事ではないかと推測するのである。工事に集められた多数の労働者に武器を与えれば、いつでも軍隊ができあがる。

なお、兵士の確保を目的として巨大な墳墓が作られたことについてはのちの章でも詳述する。

## ■御諸山《みもろやま》の神

大国主命が、ともに国造りを進めてきた少名毘古那《すくなひこな》の神を失って歎いている時に、海を照らして近寄ってくる神のことが、『古事記』に記されている。大国主命は、この神を大和の御諸山《みもろやま》に祀り、国造りに協力してもらったとされる。ここでは、この御諸山《みもろやま》の神について考えてみよう。

『古事記』の神話の中には、神々が海から出雲に渡ってくる話が三度記されている。ひとつは、この御諸山の神の話だが、あとのふたつは、神産巣日命の子供・少名毘古那《すくなひこな》の神の話と、出雲の国譲りの際に高天原から使わされた建御雷《たけみかづち》の神の話である。

少名毘古那《すくなひこな》の神の場合も建御雷神《たけみかづち》の場合も九州の方面から海路で出雲に到着した神々である。したがって、海を照らして近寄ってきたという御諸山の神も、九州から海を渡って出雲に到着した神と考えるのが妥当な推論である。

『日本書紀』を見ると、御諸山の神は、大国主命の幸魂《さきみたま》・奇魂《くしみたま》であると書いている。幸魂《さきみたま》・奇魂《くしみたま》とは、なんのことであろうか。同じような言葉で和魂《にぎみたま》、荒魂《あらみたま》というのがある。これは、本人の分身で、本人の柔和な面と荒々しい面とを表現したものとされる。

御諸山の神の場合は、大国主命とは別人格として描かれ、異国から大国主命のもとに現れるのだから、大国主命の分身ではない。むしろ、幸魂《さきみたま》・奇魂《くしみたま》は、大国主命に幸せや奇瑞をもたらす存在と理解すべきであろう。

すなわち、御諸山の神は大国主命の支援者・協力者であると考えられるのである。

九州の神々のなかで、大国主命の国造りの協力者になりそうなのはだれであろうか。やはり、これまで再三大国主命の窮地を救ってきた神産巣日命をおいては他に考えられないであろう。御諸山の神とは神産巣日命のことと思うのである。

ところで、『出雲国風土記』楯縫《たてぬい》郡の条で、神魂命《かむむすひのみこと》という神が現れ、大国主命の大きな宮殿を建てるよう命じたことが記されている。神魂命《かむむすひのみこと》は、出雲大社の本殿で客神として祀られるほか、出雲大社の境外社・神魂伊能知奴志《かんたまいのちぬし》神社に祭神として祀られる。大国主命と関係の深い神のようである。

出雲の神魂命《かむむすひのみこと》の素性についてはいくつか説があるようだが、神魂命《かむむすひのみこと》とは神産巣日命の別名であるとする説に私は賛同する。

神産巣日尊は『古事記』の中では、大国主命の命を一度ならず救っている。神魂命主《かんたまいのちぬし》神社には、大国主命の命を救ったという意味で「命主」と呼ばれた神産巣日尊が祀られていると考えて良いのではないか。なお、この神社の本殿の裏は、九州の中広形銅戈と越の翡翠が同時に出土したことで有名な真名井遺跡である。

水野祐氏の『出雲神話』によると、出雲の神話伝承を調べた結果、大穴持命伝承が三三話、須佐之男命の伝承が十二話、神魂命《かむむすひのみこと》伝承が十二話あるという。出雲では神魂命《かむむすひのみこと》は須佐之男命と同じくらい著名な神ということである。

神魂命《かむむすひのみこと》の伝承については、日本海沿岸の島根郡に半数の六つの伝承があり出雲の各郡の中で最も多い。

これらのことは神魂命《かむむすひのみこと》が海から出雲に到来した神産巣日命であることと整合している。

御諸山の神は、大和の青垣の東の御諸山に祀られた。御諸山とは奈良盆地の東側の三輪山である。そして、御諸山の神とは三輪山に祀られる大物主神のことである。

このように考えてくると、神産巣日命、神魂命《かむむすひのみこと》、御諸山の神、大物主神が同一人物、あるいは、同じ部族の人物ということが理解できるであろう。三輪山のふもとで大物主神を祀る「大神神社《おおみわじんじゃ》」に「神」の文字があるのも、神産巣日命の「神」と関連がありそうである。

神産巣日命の一族は、北部九州の自分の国を離れ、出雲に到着したのち、大和の三輪山の付近に移っていったことになる。神産巣日命は、なぜ故国の北部九州を離れることになったのか、そのあたりの事情についてはまた別項で詳しく述べようと思う。

## ■纒向遺跡

纒向遺跡は、弥生時代末期に奈良県桜井市の三輪山（御諸山）の北西麓に突然出現した広大な遺跡である。広さ三ヘクタールにも達するこの遺跡の最盛期は、弥生時代終末期から古墳時代前期であり、邪馬台国の時代と重なるので、邪馬台国畿内説の学者のなかでは、ここを邪馬台国の候補地と考える人が多いようだ。

纒向遺跡には、纒向型とされる初期の前方後円墳や、纒向大溝と呼ばれる巨大水路、祭祀用と考えられる建物群などがあり、弧文円板や鶏形木製品などの祭祀用具、突線鈕式銅鐸の破片、土器、土坑から見つかった大量の桃の種、下水施設などが確認されている。

纒向遺跡は大集落と言われながらも、顕著な集落跡が確認されていない。居住する人々が次第に増加して発展した集落ではなく、人工的に作り上げられたもののようだ。

これほどの遺跡が、弥生時代末期の纒向に突然出現するのは、明確な意図を持った指導者によって、計画的に大規模な造成工事が行われたことを示している。纒向大集落を造ったリーダーとは誰だろうか。

纒向遺跡は三輪山の北西側二キロほどの山裾に展開されている。

大物主神が、九州から出雲経由でこの地域に進出し、三輪山に祀られていることを前述したが、その山麓に纒向遺跡を造成したのは大物主神やその関係者である可能性が濃厚である。

これと関連する情報がある。

『日本書紀』崇神天皇紀に、大物主神を祀る高橋邑《むら》の活日《いくひ》が、天皇に御酒を奉って次のように歌を詠んだことが記されている。

「この神酒《みき》は　わが神酒ならず　倭《やまと》なす　大物主の　醸《か》みし神酒　幾久幾久《いくひさ》」

ここには「倭《やまと》なす大物主」、つまり大物主神が倭《やまと》の国を造ったという内容が記されている。

奈良盆地に、倭《やまと》の国を造った大物主神、すなわち北部九州から出雲を経由してやってきた大物主神の一族が、纏向の集落を造成したと考えて良いのであろう。

『古事記』によれば、大物主神は、大国主命に国造りを手伝う約束をして大和の御諸山（三輪山）の地域に進出したのである。彼が、約束通り三輪山のふもとに纏向のような大集落を建設し、国造りをしたと考えても不思議はない。

大物主神はなぜこの纏向の地域を選んで大規模な造成工事を行ったのであろう。奈良盆地に王都を作るとしたら、大和川沿いの斑鳩あたりが文化、経済の面での適地であろう。河内から瀬戸内経由で世界に通じる道がひらけているからである。

敢えて纏向に拠点を開いた理由は、次に述べるようなことから、九州で勢力を強める天津神に対抗するための国津神の軍事的な対応策と、私は考えた。

天津神勢力は九州から倭人を追い出し、出雲を攻撃し、さらに各地の倭人に対して攻勢を強めていた。

大物主神が纏向に赴いたのは、九州の勢力から離れたところに倭人たちの中心になる新たな防衛拠点を築き、天津神の侵出に対抗し、これを撃ち返すためと考えるのである。

白村江の戦いに敗れた大和朝廷が近江に退いて都を造ったのと同じように、北部九州や出雲が厳しい状況になっても、はるか東に退いて纏向に拠点を造り、堅固な防御体制を構築することで九州勢の圧力に対応できると考えたのであろう。

この観点で見ると、纒向遺跡のさまざまな状況が整合的に説明できる。

まず地政学的に纏向周辺の地形を見ると、纏向は、西から押し寄せてくる天津神の軍勢に対して、生駒や金剛の山並みを防塁とする壮大な構想によって企画されていることがわかる。

たとえば、大阪湾から上陸した敵が奈良盆地に侵入するには、生駒山地と金剛山地の間の「亀の瀬」と呼ばれる大和川の隘路を突破するしかない。この地域に防御の軍勢を置けば、容易に盆地内への侵入を防ぐことができるのである（下図）。

また、淀川に迂回して北側から侵入を試みる敵や、紀の川経由で南側から侵入しようとする敵についても、侵入路は限定されており防御は容易である。

十四章で須佐之男命が天津神に九州から追い出された状況を述べたが、このとき須佐之男命が立てこもった宗像平野の地形（P179図）が奈良盆地と似ているのは興味深い。宗像は周囲を山と海に囲まれ、博多平野方面には西側の許斐山《このみやま》の山裾の一箇所だけが開いている。西からの敵を防御しやすい地形である。須佐之男命は最終的には宗像から追い出されてしまったが、地形を選べば強力な防御機構になることを体感したのだろう。国津神たちは宗像と同じような条件を奈良盆地に見出して拠点構築を企画したのではないか。

想定される纏向への主要な侵入路は、西の亀の瀬地域の隘路と北の佐紀の地域であるが、纏向は奈良盆地の東南端にあって亀の瀬や佐紀から最も離れた位置にある。敵の侵入口に対して最も遠く安全な地域を選んでいるのである。

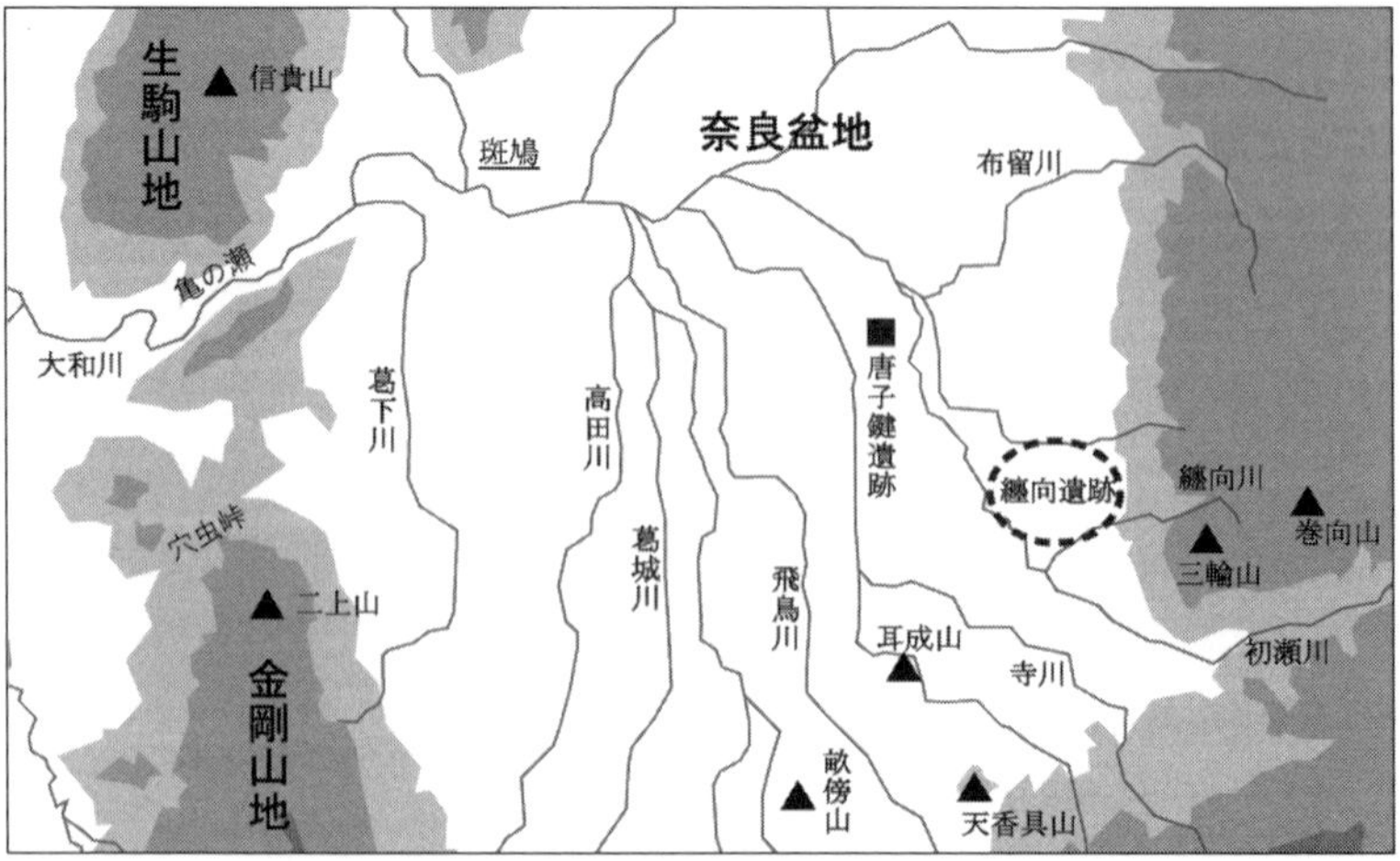


考古学的な調査では、田原本町の唐子・鍵遺跡が弥生時代終末に突然廃絶したようにみえるそうである。盆地中央にあっ

て水が豊富で生産力の高い唐古・鍵遺跡を放棄して、盆地東南端に新たに纒向を造成したのは、敵が亀の瀬や佐紀方面から進出してくることを想定した動きのように見えるのである。

また纒向には退路が備わっていることも留意すべきである。西側からの敵が盆地内に攻め込んできた時に、桜井から名張を経由して東側の伊勢湾方面に逃げる道がある。

このように、西側あるいは北側からの敵を想定した場合、纒向は戦略的なメリットが数多くある。ここを本拠としたのは、倭人にとって最良の選択であり、必然的な選択であったと言えるのではないか。

次に纒向大溝について考えてみる。

纒向大溝は、幅約5m、深さ約1.2mの二本の溝が人の字形に合流するもので、確認されている各溝の長さは北側の溝が約60m、南側の溝が約140mの巨大水路である。この用途を灌漑用あるいは物資運搬用の運河とする見方がある。

灌漑用として見た場合、纒向は三輪山の麓の扇状地であり、水はけが良いので水田稲作など水を大量に必要とする農業にはあまり適していない。水はすぐに扇状地の地下に染み込んでしまう。盆地中央部に水が豊富な土地があるのに、そこを放棄して扇状地の纒向にあえて灌漑用水路を設けるのは少々違和感がある。

物資運搬用の運河だとする見解についても、桜井市埋蔵文化財センターの橋本輝彦氏が著書『三世紀の纒向遺跡』で述べ

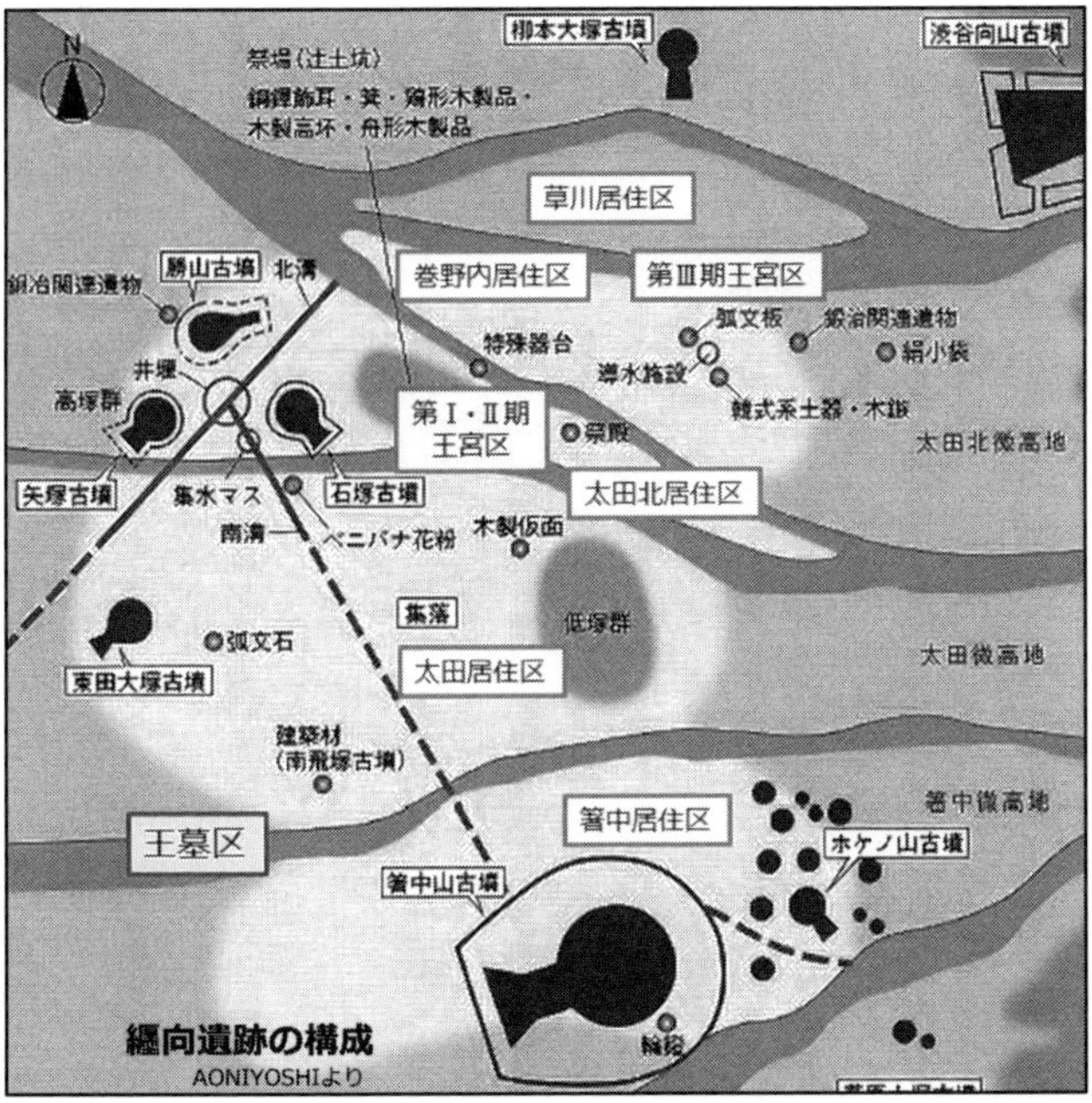

纒向遺跡の構成
AONIYOSHIより

たように（後述）、運河を造成した頃はこの辺りはほとんど人のいない原野だったと思われるので、運河を作っても運搬すべき物資があるとは思えない。膨大な労力を費やして運河を作る意味があるのか疑問である。弥生時代終末のこのころ、わが国の遺跡でこのような運河が造られた例をあまり見たことがない。

大溝の東側は纏向の中心施設である祭殿や、さまざまな遺物が出土した地域が含まれる纏向の核心部である。大溝は、周囲の河川と連結して核心部を囲い、西側から迫ってくる天津神の軍勢から、纏向の中枢の地区を防御するための環濠と理解すべきである。

天津神の侵攻が迫っている中で、大溝を短期間で造営するには膨大な人員が必要だったろう。

大物主神は、出雲から引き連れてきた郎党に加えて、吉備をはじめ、大国主命の領有した地域の人々を動員して大溝の掘削・造成に取りかかったに違いない。唐古・鍵遺跡が廃絶したのは大国主命を主と仰いでいたこの地域の人々も新たな纏向建設に加わったためであろう。また、三輪山のふもとに出雲郷という場所がある。これは大物主神に率いられて出雲の人々が移動してきた痕跡と理解できる。

ところで纏向では鍬《くわ》に比べて鋤《すき》の出土が異常に多いそうである。田畑の表面を鍬で耕すよりも、鋤で地面を深く掘り込む作業が大々的に行われたようで、農業はほとんど行われず、ひたすら大溝を掘る大土木工事が遂行されたことを物語っている。各地から集められた作業者は、敵が迫って来たときに、反撃するための兵士としても重要な役割であったのだろう。

さて、のちに銅鐸の章で詳しく述べようと思うが、巨大な近畿式銅鐸は大物主神のテリトリーを表す目安になると私は考えている。

大物主神の勢力は、東海地方をはじめ各地に盛んに進出し、近畿式銅鐸をそれぞれの地域に残すと同時に、これらの地域の人々を纏向建設の労働力として動員したのだろう。このころの奈良盆地は、それほど人口が多くはなかったと思われるし、天津神の侵攻が迫っているので、他の地域から労働力を大動員する必要があったのである。

纏向遺跡から出土する土器は、その約三割が九州から南関東にいたる日本各地の土器で、中でも伊勢・東海系の土器が最も多く、外部から搬入された土器の半数近くを占めているという。これらの搬入土器は、大溝をはじめ纏向建設のために各地から集められた人々が、それぞれの生活のための土器を持参したためと理解できる。

ところで、邪馬台国畿内説では纏向を邪馬台国として、卑弥呼と対立した狗奴国を尾張や東海地域と主張する研究者がいるが、対立する東海地方の土器がたくさん纏向で出土するということをどう理解しているのだろうか。狗奴国が邪馬台国に侵入し、卑弥呼の国が狗奴国に滅ぼされたと考えるのだろうか。

また、魏志倭人伝には、「自女王國以北　其戸數道里可得略載　其餘旁國遠絶　不可得詳」という記述がある。女王国の北側の国々は概要がわかるがそのほかの国々は遠く離れているので詳細はわからないということである。

しかし、纏向の土器の出土状況を見ると東側の東海地方とは特に密接な関係があったようで、とても『魏志倭人伝』のいう「遠く離れているので詳細は不明」というような状況ではない。東側の地域と深い交流のある纏向は『魏志倭人伝』に描かれた邪馬台国には見えないのである。

なお、纏向大溝は、工事の途中で放棄されたようだ。築造の途中で敵が攻め込んできてしまったのだろう。敵の攻撃が早すぎたのか、工事の進捗が遅すぎたのか、とにかく敵の攻撃に間に合わなかったのである。纏向の国津神たちは慌てふためいて東の伊勢湾方面に逃亡したのであろう。

## ■大型建物群と桃の種

さて、纏向の辻地区では大型建物群が発見されている。祭祀の場所と推定されているが、四棟の建物が西向きに方位を揃えて配置されているのが特徴である。その中軸線を延長すると二上山の方角を向いているという。

そして、大型建物跡の南約5mにある土坑から2765個の桃の種がみつかっている。

桃は卑弥呼の鬼道で用いられたとする見解があるが、『魏志倭人伝』にはそのような記述は全くないのでこの主張には根拠はない。

いっぽう『古事記』には桃について興味深い記述がある。伊邪那岐命《いざなぎ》が黄泉の国を訪れた時、伊邪那美命《いざなみ》の怒りを買って黄泉の国の軍勢に追いかけられた話である。伊邪那岐命は次々に持ちものを放り投げ、追手がそれに気をとられているうちに逃げると言うことを繰り返していたが、追手はすぐに追いついてくる。伊賦夜坂《いふやさか》まで来たときに伊邪那岐命は桃の実を三つとって追手に放り投げた。そうすると敵はことごとく退散してしまったというのである。

これは桃の実に敵を退散させる霊力があると信じられていたことを示している。

纏向の桃の祭祀もこれに因んだものと思えるのである。

九州や山陰にいた倭人は常に西側からの脅威を感じていた。九州の倭国王帥升などに率いられた甕棺部族が勢力を拡大し、倭人のテリトリーに進出してきた時、倭人たちは、各地に高地性集落を築いたり、田和山遺跡や妻木晩田遺跡、大盛山遺跡のような見張り所を作って彼らに対抗していた。

また倭国大乱ののち九州で実権を握った伊邪那岐命によって、九州北東部の奴国にいた倭人が追い出され、出雲まで攻め込まれた時、国津神は恐怖を覚えたに違いない。この時、はるか東方の安全な地域に逃れて、新たな拠点を設けて天津神の侵攻に対応する構想ができたのではないか。

すなわち、纏向の大量の桃の種は、奈良盆地に進出していた倭人が、伊邪那岐命の時代、あるいはそれ以前の甕棺部族が隆盛となった時代から、桃を用いて敵を退散させるための祭祀を行った痕跡と考えられるのである。

大量の桃の種のうちの十二個について、名古屋大学の中村俊夫名誉教授によって炭素十四年代が測定されている（下図）。

その結果は、モモの核《たね》が形成された年代として、炭素十四年代はほぼ 1810BP から 1840 BP（平均値として 1824±6 BP）が得られた。また、較正暦年代は西暦 135 年から 230 年のほぼ 100 年間のどこかということになる。このデータでは暦年代を絞り込むのは難しそうだが、甕棺部族が隆盛だった古い時代から祭祀が行われていた可能性がありそうだ。

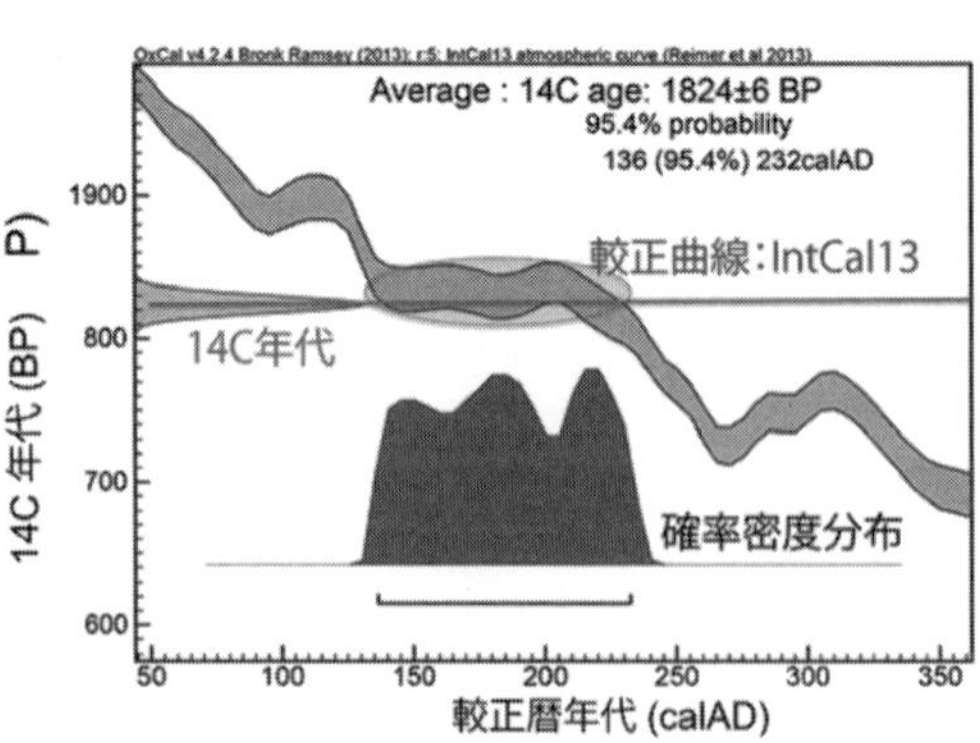


**測定結果（平均）**
纏向学研究センター研究紀要第6号より

ところで、あまり話題にならないが、弥生時代から古墳時代にかけての吉備の遺跡からも大量の桃の種が出土し、纏向と同じような桃の祭祀を行った形跡がある。

岡山市北区の津島遺跡からは2415個、倉敷市上東の上東遺跡からは纏向出土の数よりもはるかに多い9608個の桃の種が出土している。纏向の桃の種は、敵を退散させるための祭祀に用いられたと推理したが、吉備の桃も、やはり纏向と同じ目的で、西から攻め寄せる天津神の軍勢の退散を祈る祭祀に用いられたのではないか。

出雲の西谷三号墳で行われた葬儀に、吉備の特殊器台や特殊壺などの土器が供献されていたが、これは吉備には出雲と懇意の国津神勢力がいたことを示すものである。

また、神武天皇の東征の際に、吉備の高島宮をベースに、この地域を平定するのに長期間（三年：日本書紀、八年：古事記）かかっている。これも、この地域に強力な国津神勢力がいた証拠である。

天津神が出雲に侵攻した時、あるいは神武天皇や饒速日尊が東征を企てた時も、吉備の国津神たちには緊張が走ったであろう。出雲や吉備が天津神の圧力にさらされた時、吉備の国津神たちは、天津神の軍勢を退散させるために、纏向と同様の桃による怨敵退散の祭祀を必死に行ったのだろう。吉備で出土した大量の桃の種は、これらの祭祀の時に用いられたと考えるのである。

なお、桃の種は、津島遺跡では幅50mの河道の中、上東遺跡では河口近くの波止場状遺構で発見されており、桃の祭祀は屋外で行われたようである。纏向でも、吉備と同じように桃の祭祀は屋外で行われたとすれば、纏向の大型建物は、桃の祭祀とは別の、異なる祈りの場だった可能性がある。

このあと考えてみたい。

**■纏向遺跡の年代**

纏向の巨大遺跡が作られた時期について考えてみる。

第十五章で、須佐之男命が九州から出雲に追放されたのは二五〇年ごろと推理したので、須佐之男命に続いて、大国主命が出雲で活躍した時期を西暦二五〇―二六〇年ごろと考えている。そして大国主命の国造りに協力すると言って、大物主神が纏向の建設を始めたのは二五〇年代の半ばごろと考える。

少々複雑だがその論証の流れを簡単に触れておこう。

まず、関係する文献を確認すると、太宰府天満宮に保存されている『翰苑』のなかに『魏略』の文章が随所に引用されており、その中に貴重な倭国関係の記事がある。『魏略』は魏末から晋初（二六五年ごろ）の編纂とされている。邪馬台国時代の基本文献である『魏志倭人伝』は二八〇年ごろの成立とされる。

編纂の時期と、倭国から情報が提供されたと思われる時期を考慮すると、『魏略』の倭国記事の主な情報源は魏末（二六〇年ごろと推定）に帰国した張政の報告書と思われる。そして『魏志倭人伝』の情報源は張政の報告書に加えて、二六六年に朝貢した台与の使者からの情報が含まれている。

『魏略』と『魏志倭人伝』を比較すると、興味深いことがある。邪馬台国と投馬国の情報が『魏志倭人伝』には記されているが、『魏略』には載っていない。『魏略』の倭国への旅は伊都国で終わっているのである。

張政の報告に基づいた『魏略』には伊都国王が爾支《にき》として記載されている。爾支《にき》は天孫降臨によって豊葦原瑞穂国《とよあしはらみずほのくに》に降った邇邇芸命《ににぎのみこと》と思われるので、張政は天孫降臨までを見届けて帰国したことになる。つまり、天孫降臨の後に張政が帰国した時点では、邪馬台国も投馬国も存在しなかったことを意味するのではないか。

これらの国は『魏志倭人伝』には記されているので、二六六年の台与の遣使の時にその存在が報告されたように見える。『魏志倭人伝』には邪馬台国や投馬国までの距離が、里数ではなくて日数で示されているのが、里数を知らないとされる倭人から直

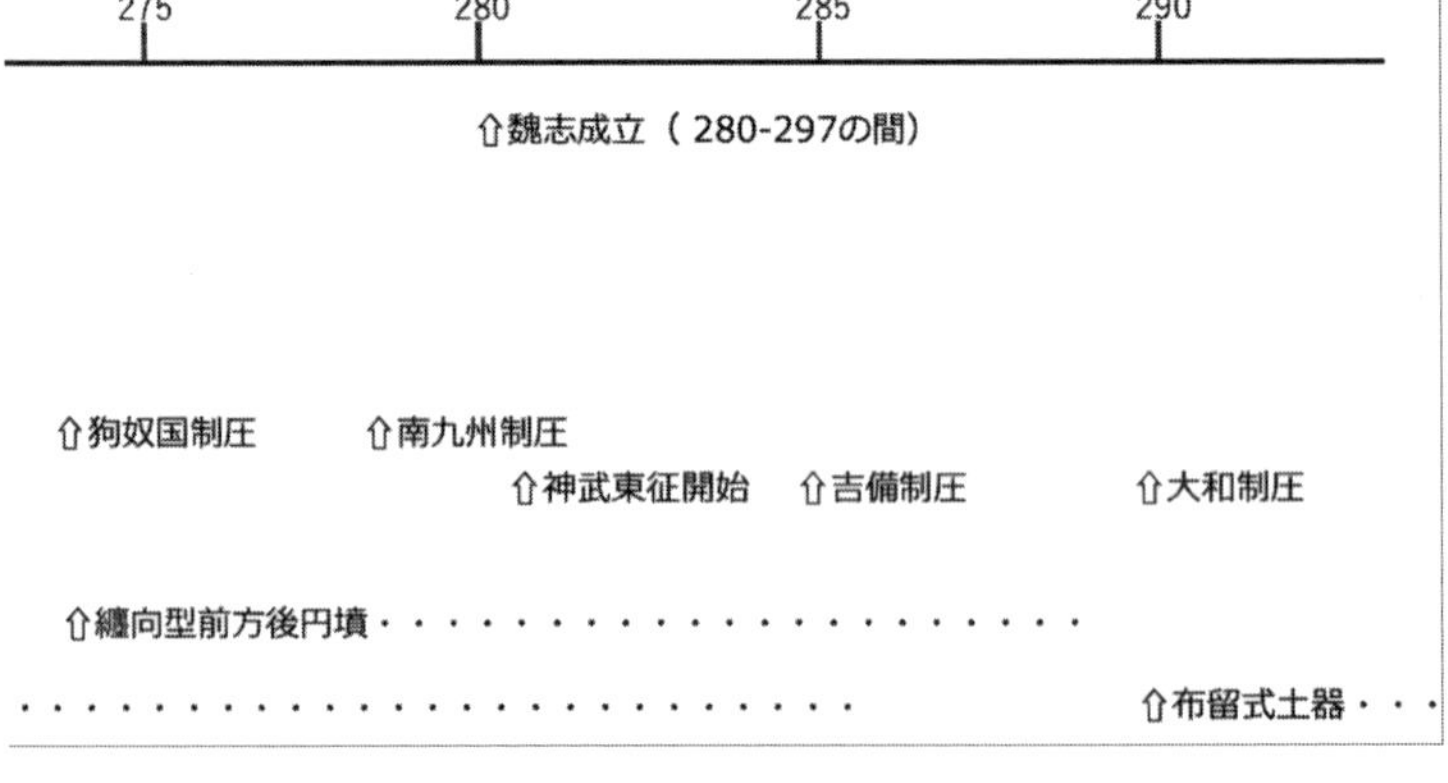

接情報を得た証拠である。

　そうすると張政が魏末に帰国してから二六六年の台与の朝貢までの間にこれらの国が新たに出現したことになる。

　倭国に何が起きたのであろうか。

　記紀には天孫降臨の後、天津神が南九州や近畿方面に進出したことを窺わせる記事がある。

　たとえば、神武天皇は日向国から東征に出発した。これは天孫降臨のあと、天津神たちが南の狗奴国を破って南九州に進出し、日向国を領有していたことを示している。

　また、『先代旧事本紀』には饒速日尊が東征し、近畿地方に到達したことが描かれている。

　つまり、邪馬台国や投馬国は、天孫降臨の後、北部九州の天津神が、南の狗奴国や、東方の近畿地方などの倭人のテリトリーに向かって軍勢の派遣を開始した時に新たに設置された国と考えられるのである。

　張政の報告には投馬国や邪馬台国の情報がなかったことから、出雲や南九州への天津神の侵攻は二六〇年ごろと想定した張政の帰国よりも後のことで、台与の二六六年の朝貢より前の出来事だと考えられるのである。

　前述のように、天津神が東の倭人の領域に圧力をかけ、東征してくることを事前に察知した国津神は、東方に新たな拠点を作るために大物主神を大和に向かわせた。『古事記』では大物主神は出雲国譲りの前に出雲を離れ大和に向かっているので、大物主神の大和に渡ったのはおよそ二五〇年代半ばごろと推理するのである。

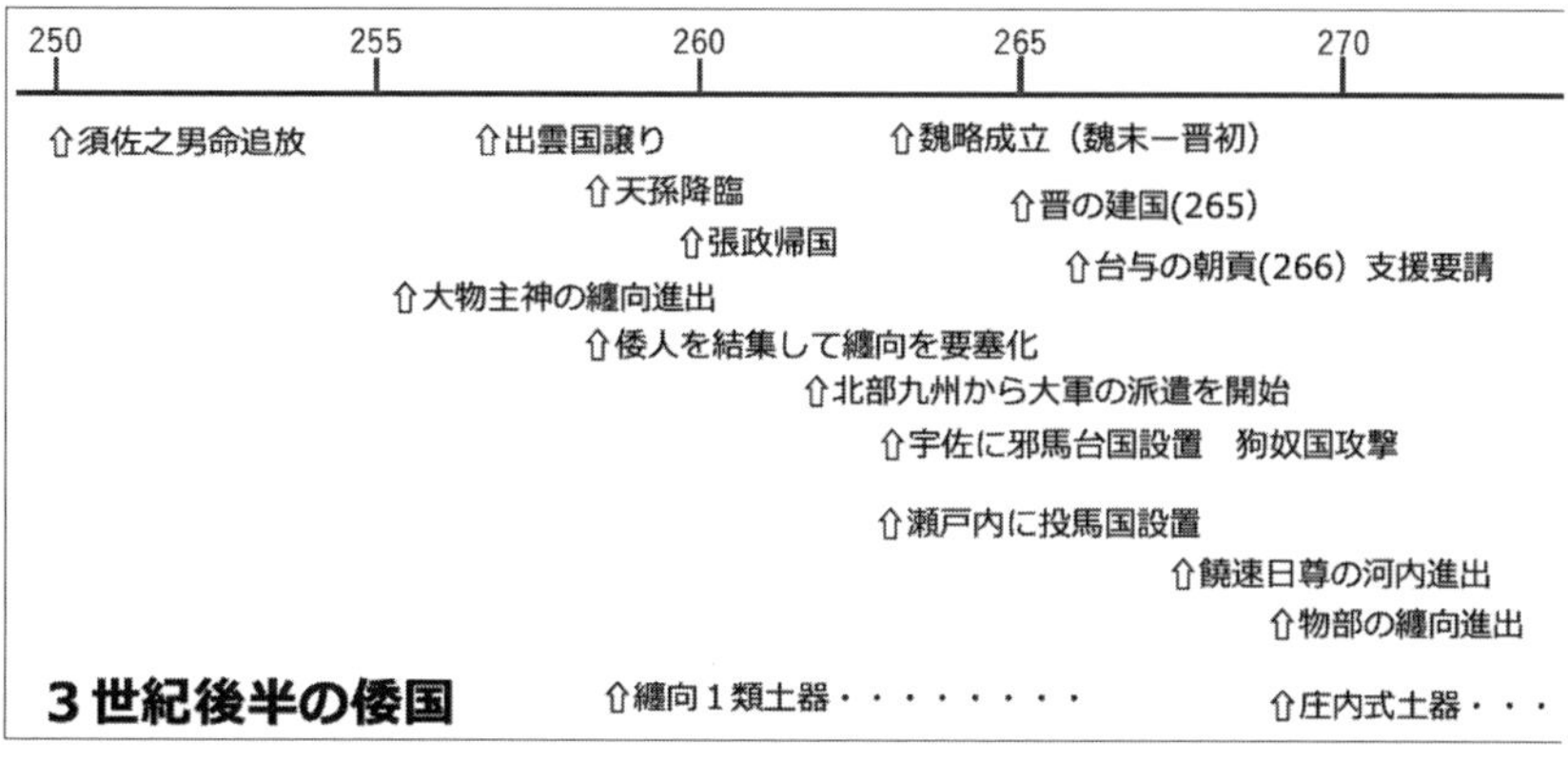

考古学的に見た時にこの年代は妥当なのだろうか。
有力な情報がある。

纒向遺跡の発掘に携わった桜井市埋蔵文化財センターの橋本輝彦氏が、著書『三世紀の纒向遺跡』のなかで次のように述べている。

「（纒向遺跡の中で）時期が判明している小規模墳墓遺跡の年代は、庄内式新相段階から布留式の古相段階に集中している。一三〇次に及ぶ調査にもかかわらず三世紀前半に遡る小規模墳墓遺構は確認できない。」

橋本氏のデータでは、纒向遺跡の一般人の小規模墳墓の年代は三世紀の後半以降ということなので、三世紀前半の纒向の地域は、人口の少ない原野のようなところであったと思われる。それが三世紀半ば以降に突然大規模な建造物や集落ができたことになる。すなわち、二五〇年代半ばごろから外来の大物主神による纒向の拠点の築造が開始されたとする見解と整合する。

## ■池上曽根遺跡

纒向の祭殿が西の方角を向いていることを述べたが、複数の建物の軸線が西に向かって揃っているので、軸線の方向に重要な意味があるように見える。軸線を延長した先には二上山がある。そしてさらに延長すると、池上曽根遺跡に達する（下図）。纒向の祭殿は、池上曽根遺跡の方向を意識して作られている可能性がある。これについて考えてみよう。

池上曽根遺跡は、大阪府の和泉市と泉大津市にまたがる総面積六〇ヘクタールの巨大遺跡である。

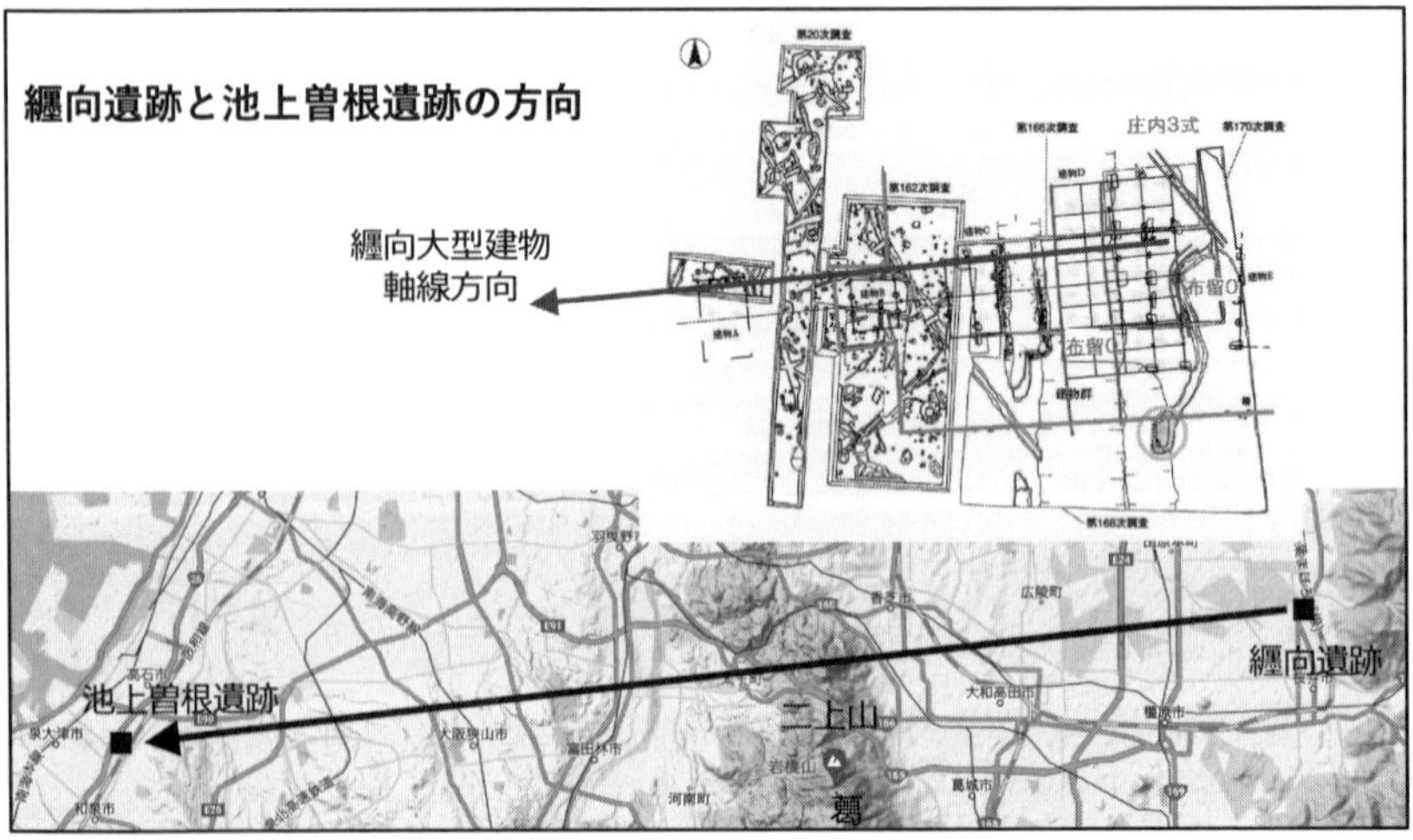

この遺跡では、大きな掘立柱建造物の存在が確認され、出土したその柱根の年輪年代測定により、柱に使用された木材が紀元前五二年に伐採されたものということで有名になった。

考古学者たちが、紀元前の時代から河内に大型掘立柱建造物が存在したと言うことで注目したが、その後、この建物は三回建て替えられたことが明らかとなり、測定された柱材は最初のものが転用された可能性が出ている(『王権誕生』寺沢薫)。年輪年代を遺跡の年代と結びつけることについては、測定精度や木材の再利用の可能性など、まだ、不確定な要素があって注意が必要である。

木材とは別の観点から池上曽根遺跡の年代について考えてみよう。

年代推定の最も重要なヒントは、ここから突線鈕式銅鐸の破片二つと銅鐸の鋳型が出土したことである。銅鐸の年代については諸説があって、未だ定説はないように見える。この後の銅鐸の章で詳しく述べようと思うが、私は、銅鐸は邪馬台国の時代の前後に盛んに用いられたものと推定している。

その根拠のひとつは、鳥栖市の安永田遺跡で、中広形銅矛の鋳型と共に発見された福田型銅鐸の鋳型である。これは、福田型銅鐸の年代が中広形銅矛の時代、すなわち、北部九州で鉄器が普及し、青銅武器が実用から祭祀用の道具に変化していった弥生後期の時代であることを意味している。福田型銅鐸は高さ二〇センチほどの小型の銅鐸で、銅鐸が次第に大型化することを考えると、初期の段階の銅鐸と考えられる。初期の銅鐸が弥生後期に現れ、次第に大型化して弥生終末期には消滅するので、銅鐸が使われていた期間は、通説のように何世紀にも渡るのではなく、弥生時代の後期のほんの短期間と考えられるのである。

近畿地方では、近畿式銅鐸や三遠式銅鐸など突線鈕式と呼ばれる大型の銅鐸が数多く出土している。高さ一メートル前後のこれらの大型の銅鐸は近畿地方を中心に四国東部から東海地方にかけて弥生時代終末期に分布したものとされる。池上曽根遺跡で、突線鈕式の銅鐸片が発見され、銅鐸の鋳型まで出土していることは、この遺跡が弥生時代終末期に営まれ、銅鐸を製作していたことを示すものである。

弥生時代終末期の奈良盆地周辺には突線鈕式のなかでも近畿式銅鐸が広く分布している。池上曽根遺跡の銅鐸片も近畿式銅鐸である可能性が高い。

すなわち、池上曽根遺跡は、柱材が紀元前五二年に伐採された後に建物が造られ、何回か建物の建て替えを行いながら、弥生時代終末期までの長期間継続された遺跡と推理できるのである。

## ■池上曽根遺跡の性格

つぎに、池上曽根遺跡の性格について考えてみよう。

まず、池上曽根遺跡から大量の石包丁が出土していることから、元々は農業用の道具などを製作する工房だったのであろう。

ところが、以下のような遺物が出土していることから判断すると、池上曽根遺跡は兵員と武器を前線に送り出す軍事基地として機能したと思われるのである。

まず、池上曽根遺跡から奇妙なものが多数出土している。たこつぼである。なんの目的で多数のたこつぼがあるのだろうか。さらに、砥石、井戸、金属器制作工房跡などが出土している。

これらの出土遺物をヒントに、たこつぼを使うシーンを想像してみると、武器を製造している場面が浮かんでくる。金属工房で鋳型を用いて鏃や刀剣などをつくり、井戸からくみ上げた水をたこつぼに入れて、砥石に水を垂らしながら刃を研ぎ出す光景である。

それも一人や二人ではない。数十個のたこつぼで水を運んでいたことを考えると、武器の研磨作業のために、数十人から百人以上の作業者がいたと推定されるのである。

復元されて威容を誇っている大型建物は、祭祀のための施設といわれるが、その根拠は示されていない。この集落の性格を考えれば、雨の日でも遅滞なく武器生産を行うための大型作業場と考えるのが最も妥当だと思うのである（下図）。

池上曽根遺跡の復元された大型建物と井戸（手前の小さな屋根）

少し時代が飛ぶがこのような大屋根の建物が工房として造られた例が大阪府高槻市にある。五世紀から六世紀に操業していた新池埴輪製作工房である。最大の三号工房は、東西12.8m、南北10.8m、床面積137m2の巨大建造物である（下図）。

池上曽根遺跡は、東西19.2m、南北6.9m、床面積133m2で、床面積はほぼ同規模である。青森の三内丸山遺跡にも縄文時代の巨大な竪穴建物があり、共同作業場あるいは集会所と推定されている。いつの時代でも大人数の作業には大きな空間が必要である。

池上曽根遺跡の建物も新池埴輪工房などと同様、大人数での作業場として用意された大空間と考えるべきであろう。

池上曽根遺跡の建物は、百人規模の作業者が天候の如何に関わらず昼夜兼行で武器生産を行う兵器工場だった。そう考えれば作業場のすぐ隣に井戸がある理由も納得できる。砥石を使うときに必要な水を、頻繁に遠くまで汲みに行く必要がないのである。

集落の中央部分にある金属器制作工房の炉はその焼け方から見て休みなくフル稼働していたとされる。これは、前線に十分な武器を送り出すため、昼夜兼行で工房を稼働させたことを意味するものと考えられ、前線での戦いの激しさを物語るものと理解できる。

武器を製作する工房が集落の中央部分に置かれていることは、武器製作が非常に重要な活動として位置づけられていることを示しており、この集落が軍事的な性格のものであることを裏付けている。

この遺跡にはもう一つ他では見られない奇妙な遺物がある。三つ並んだサヌカイトの山である。この集落の軍事的性格を考えれば、もちろんこれは金属材料を使い尽くしたときに鏃として使うための非常用のストックと思い至るであろう。

池上曽根遺跡は多重の環濠に囲まれている。しかし、濠は浅く防御の機能をほとんど果たさないとされる。これは、戦場がここからはるかに離れたところにあって、池上曽根遺跡あたりは敵の直接攻撃を受ける地域でないことを意味している。

また、池上曽根遺跡の住居跡は、環濠の内側だけではなく外側にも密集していて、集落の人口が当初想定した以上に急激

新池埴輪製作遺跡の３号工房（復元）

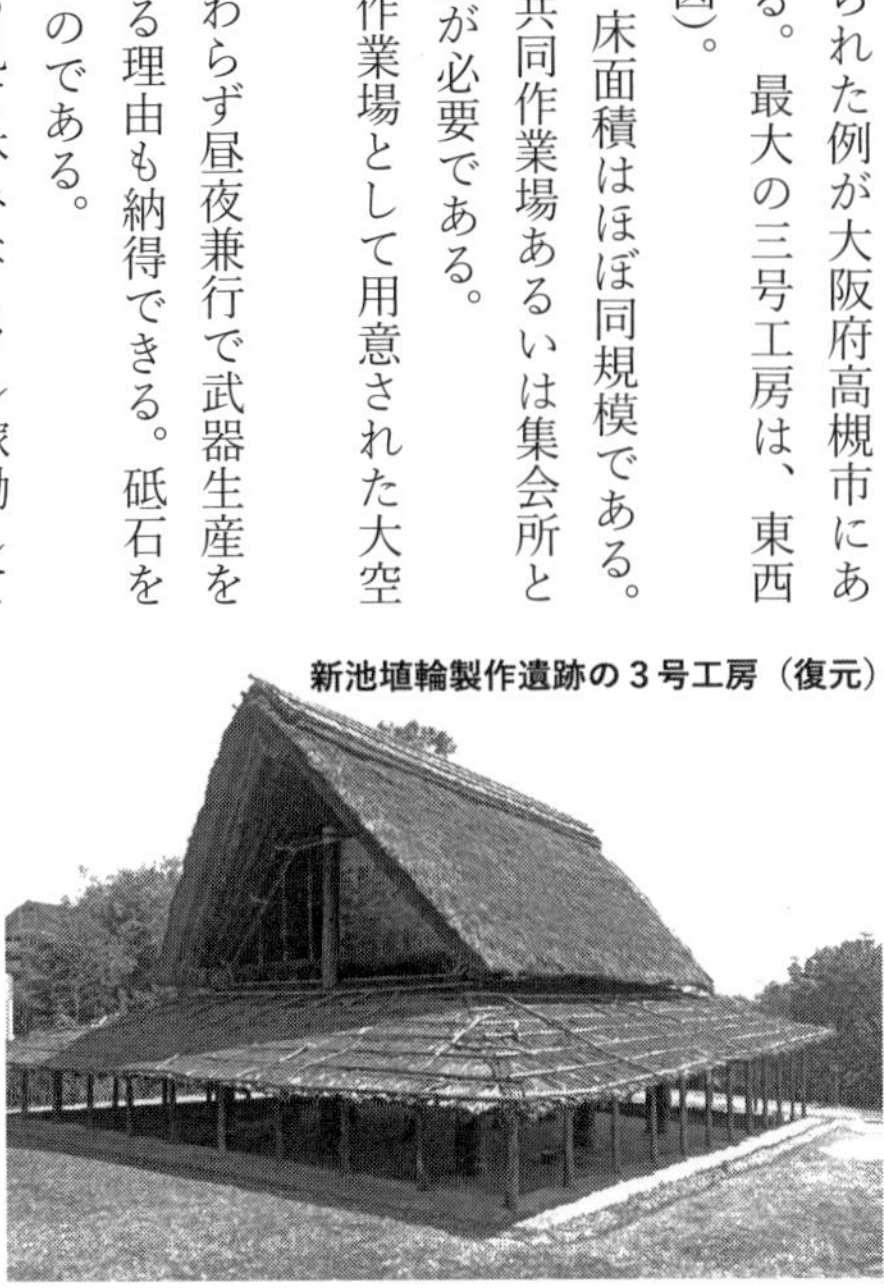

に増えたことを示している。武器の製作や、戦場に送り出す兵士を養成するために、多くの人々を徴発した結果であろう。

兵士たちは新たに用意された武器を持ち戦場に向かった。そして武器を使い果たして帰還した兵士たちは再び戦場に赴くまで用意された住居で暫時休息を取ったのであろう。ここには同時に千人ぐらいの人がいたとする発掘関係者の推定があり、この規模の軍勢が交代しながら戦場に出て行ったと推測されるのである。

池上曽根集落で想定される人口や耕地の状況では、自給自足ができなかったと考えられている。このことから、ここが弥生都市だったという議論がある。しかし上述のように、敵対勢力への対応のため急遽多くの兵士や作業者を集めたので、集落の自給自足経営はまったく意図されていなかったと考えるべきである。

また、ここで銅鐸の鋳型が見つかっていることから推理すると、国津神の兵士たちがここで鋳造した銅鐸を携え、各地の倭人の集落に赴いて銅鐸を与え、大物主神に忠誠を誓わせて、兵士や纏向造営の労働力を供出させたのではないかと思うのである。

以上のように、出土遺物や遺構のようすは、池上曽根遺跡が軍事的目的を持った集落であると考えることによってほとんど説明することが可能である。

これまで、考古学者などが、大型建物や井戸、あるいはサヌカイトの山を、「まつりの遺構」と説明してきた。しかし、これらを「まつり」と関連させることについてはまったく根拠が示されていない。

『魏志倭人伝』をみると、倭国の風俗がかなり詳しく記されているにもかかわらず、倭国の人が「まつり」をするという記述がまったくない。倭人伝よりも短い『魏志韓伝』に、「まつり」のことが何回も出てくることと対比すると、魏の使者は倭国で「まつり」を見たことがなかった、あるいは、倭国には「まつり」がなかったと推理されるのである。倭国は、悠長に「まつり」を楽しめるほど平和な時代ではなかったのである。考古学者は、「分かりません」というのとほとんど同義で「まつりの遺構」といっているように思える。

松本清張氏も次のようなことを述べて、このような考古学者の性癖を戒めている。

「考古学者は、祭祀とか呪術とかの観念語が好きのようである。しかし、考古学的に未だ解決のつかないことまでも、「呪術・祭祀」の中に逃げこめばどこからも文句がこないだけにこれくらい安易な言い方はない。（松本清張編『銅剣・銅鐸・銅矛と出雲王国の時代』）」

さて、池上曽根集落が弥生時代終末期に盛んに活動しており、武器や兵士を前線に送り出す軍事基地だとすると、そのころに池上曽根集落から出征した兵士たちの戦闘とはなんであろうか。

私は、弥生時代終末期のこの戦いこそ九州から河内平野に攻め込んできた天津神勢力に対して、国津神たちが激しく反撃した戦闘であると考える。

前述のように伊邪那岐尊が北部九州の実権を握って以降、九州の天津神は東に進出し国津神を圧迫し続けている。たとえば、古文献には饒速日尊や神武天皇が東征し、この地域で戦ったことが記されているのはその証拠である。しかし、饒速日尊の時も、神武天皇の時も、河内に進出した彼らが、亀の瀬方面から盆地内部に侵入した形跡がない。

饒速日尊は淀川まで戻って盆地の北側から磐舟街道沿いに侵入を試みたようだし、神武天皇は南に下り熊野を経由して奈良盆地に侵入した。これは亀の瀬地域での防御や、池上曽根遺跡の兵站活動が効果的に機能したことを示している。

さて池上曽根遺跡をこのように分析してきたが、纏向の大型建物が、池上曽根遺跡の方向を意識して造られたとすると、纏向では、池上曽根に集まった兵士たちの勝利を祈って、祭祀を行っていたと推理できる。国津神たちの運命を左右する大きな戦いに勝利を収めるため、遠く離れた纏向から、河内の戦場に祈りを送っていたのである。河内側からの敵の侵入を防いだことについて、盆地の中の国津神たちは、纏向で行った敵の退散を願う祈りや、池上曽根の兵士を鼓舞する祈りが通じたと思ったことであろう。

池上曽根遺跡の大型建造物の柱の伐採が紀元前五二年とすると、この遺跡はかなり古い時代から存在したようである。前述のように、当初は石包丁などの農具の製作工房だったと思われるが、天津神の侵攻以前の甕棺部族の勢いが盛んな時から、西日本一帯に進出した彼らに対して、纏向で敵を調伏する祭祀を行うとともに、河内で防御用兵器の生産をしたのかもしれない。

## 一八．大国主命の敗北

### ■新たな対立

話を少し前の九州に戻してみよう。

『古事記』によると、高御産巣日命たちが須佐之男命を追い出したにもかかわらず、天忍穂耳命が葦原中国に降臨しようとした時に、ちはやぶる荒ぶる国津神がたくさんいたため、天忍穂耳命が降臨を思いとどまったことが記されている。そして、国津神の背後には、大国主命がいたことも記されている。

前述したように、須佐之男命を宗像から追い出した立役者は神産巣日尊であり、大国主命は神産巣日尊の息子である。また、大国主命は宗像の多紀理姫《たぎりひめ》を娶って阿遅志貴高日子根命《あじすきたかひこねのみこと》をもうけたことも記されており、宗像に勢力を伸ばしていたことが示されている。

これらのことを考慮すると、『古事記』の内容は、須佐之男命を追い出した後の神産巣日命が、それまで協力していた高御産巣日尊に反旗を翻して、息子の大国主命とともに宗像を占領し、宗像に天忍穂耳命が降臨するのを拒んだように見えるのである。

神産巣日命は、高御産巣日尊の協力者であったのに、なぜ、高御産巣日尊と対立するようになったのだろう。

ひとつには、それまで、北部九州は、伊邪那岐命、高御産巣日尊、神産巣日命の鼎立体制であったのだが、伊邪那岐命、天照大御神、須佐之男命がつぎつぎにいなくなったあと、高御産巣日命は自分の娘の万幡豊秋津師比売《よろずはたとよあきつしひめ》を女王とすることによって、実質的に北部九州の覇権を握ってしまった。

冷遇された神産巣日命は、高御産巣日尊と絶縁し、息子の大国主命と協力して、高御産巣日尊に反抗を始めたと考えられるのである。

また、神産巣日命の倭人化も要因かも知れない。神産巣日命の本拠地であった嘉穂盆地は、早い時期に甕棺墓制が廃絶した。これは、神産巣日命が遠賀川を通じて、下流の倭人と交流をはかり、婚姻などによって、倭人と同化していたことが理由と思われる。

遠賀川下流域の倭人と甕棺部族は、帥升の時代から対立を続けていた。倭人化した神産巣日命は、高御産巣日尊をもはや同胞とは思わなくなったのかも知れない。

いずれの理由にしても、高御産巣日尊は須佐之男命をはるかに凌ぐ巨大な敵と戦うことになったのである。なぜなら、宗像近辺しか領有していなかった須佐之男命と違って、このころ神産巣日尊たちは、遠賀川流域全域と宗像地方、さらには、立岩の石包丁の分布が宇佐地域まで広がっていることから推定して、東岸の周防灘沿岸から宇佐方面までの、九州北東部全体を支配していたと思われるからである。

すなわち、『古事記』は、神産巣日命・大国主命親子や遠賀川下流域の倭人のことを荒ぶる国津神と表現し、高御産巣日命を盟主とする天津神陣営に対する、神産巣日命・大国主命の国津神連合軍という新たな対立軸で、九州北東部が再び戦乱の渦に巻きこまれたことを記しているのである。

さて、このような状況に対して高御産巣日命に率いられた高天原の天津神たちはどう対応したのであろうか。

『古事記』によれば、高御産巣日命は、大国主命に占拠された葦原中国を奪回するため、天菩比命《あめのほひのみ》や天若日子《あめのわかひこ》など次々と武将を送り込んだが、大国主命に籠絡されて思うように戦況を好転できなかったとされる。

宗像に備わった自然の防御機構がこのときも威力を発揮し、次々と繰り出される天津神の軍勢に対して、大国主命たちは一歩もひけを取らず戦ったのであろう。

須佐之男命との戦いの時も、西側から宗像を攻めるのは至難の業であった。宗像は、南側や東側から攻撃しないと攻略できないことを、天津神軍は学習していたはずである。西から攻めあぐむ天津神軍をみて、高御産巣日尊は宗像に背後から攻めこむ作戦を立てていたに違いない。

## ■天忍穂耳命の奮戦

しかし、宗像に背後から迫るのは非常に困難な作戦であったと思われる。なぜなら、遠賀川流域や周防灘沿岸地域に根を張る神産巣日命を追い出さない限り宗像に近づくことができないからである。この作戦はどのように実行されたのであろうか。

私は、この作戦は天忍穂耳命と万幡豊秋津師比売《よろずはたとよあきつしひめの》によって遂行されたと考えている。『古事記』では影が薄い天忍穂耳命であるが、彼は妻とともにこの地域で大活躍していたと思われるのである。次のようないくつかの情報から、天忍穂耳命の行動を探ってみよう。

まずは、遠賀川上流の地域で、天忍穂耳命や万幡豊秋津師比売《よろずはたとよあきつしひめの》が神として祀られていることである。

福岡県田川郡香春《かわら》町に香春岳《かわらだけ》という三つのピークを持った山がある（次頁図）。『続日本後記』によると、香春の三つの嶺に三柱の神がいた。一の嶺には辛国息長大姫大目命《からくにおきながおおひめおおまのみこと》、第二の嶺には忍骨命《おしほねのみこと》、第三の嶺には豊比売命《とよひめのみこと》をまつるとされている。そして、これらの神々は香春岳《かわらだけ》の麓の香春神社にも祀られている。

香春町は遠賀川上流の地域で神産巣日命の本拠に近いところである。ここに、天忍穂耳命と思われる忍骨命《おしほねのみこと》と、万幡豊秋津師比売《よろずはたとよあきつしひめの》（台与）と思われる豊比売命《とよひめのみこと》が祀られているのは見逃せない。

また、北東九州の最高峰英彦山《ひこさん》にも天忍穂耳命が主祭神として祀られている。そもそも天忍穂耳命を祀る神社は多くない。その中で、北東九州の象徴的な山岳に天忍穂耳命が祀られていることは、この地域と天忍穂耳命の強い関係をうかがわせるものである。

これは天忍穂耳命と万幡豊秋津師比売《よろずはたとよあきつしひめの》が、ある時期にこの地域の主であったことを意味するようにみえる。

つぎに、地名の情報を探ってみよう。

砦の跡と推定した「丸」付き地名が嘉穂盆地に存在する。嘉穂郡桂川町の九郎丸や飯塚市の太郎丸をはじめ遠賀川に沿っていくつか連なっている。九郎丸は、太宰府方面から米の山《こめのやま》峠や冷水《ひやみず》峠を越えて嘉穂盆地に出たところにあり、太郎丸はそれから四キロほど北に行ったところである。さらに遠賀川を下ると石丸、王子丸などの砦がある（次頁図）。

これは、天忍穂耳命の軍勢が、太宰府の高天原方面から侵入し、神産巣日尊の本拠の立岩遺跡方面に向かって砦を築きながら少しずつ嘉穂盆地に進出していったことを示すものであろう。

灰塚照明氏の調査では、「日の下」という地名がこの地域の山田市下山田もあるという。嘉穂盆地と田川盆地が接するあたりである。これは、嘉穂盆地から東進して田川盆地を経て行橋方面に向かう軍勢が拠点とした場所と思われるのである。

高天原豊前説を主張する国学者の狭間畏三氏などが、その根拠として京都郡久保村（現在の福岡県京都郡勝山町）や田川郡添田村（現在の福岡県田川郡添田町）に高天原という地名が残っていることをあげている。高天原という地名がこの地域に残っていることは、この地域が、ある時期、女王万幡豊秋津師比売《よろずはたとよあきつしひめ》と天忍穂耳命の本拠であったことの名残であろうか。

この地域の地名をさらに調べてみると、周防灘沿岸にたくさんの「丸」付き地名のあることが分かる。これは天忍穂耳命たちがここで砦を築きながら敵と戦った痕跡である。すなわち、周防灘沿岸地域が、神産巣日命や大国主命の勢力の支配地域であり、天忍穂耳命たちはこの地域の敵を掃討するために、軍勢を東にすすめたことが裏づけられるのである。

灰塚照明氏の調査結果によれば、この地域にも「日の本」類似の地名があるという。京都郡苅田町下片島、上片島の「樋の本」と、築上郡伝法寺村の「火の下」である（下図）。

文字が異なるのでこれらを「日の本」としていいのか少々躊躇するが、文字が普及していなかったこの時代には「ひのもと」という音に意味があると考えて、これらの地名を「日の本」の名残としたならば、その位置は非常に意味深いものがある。

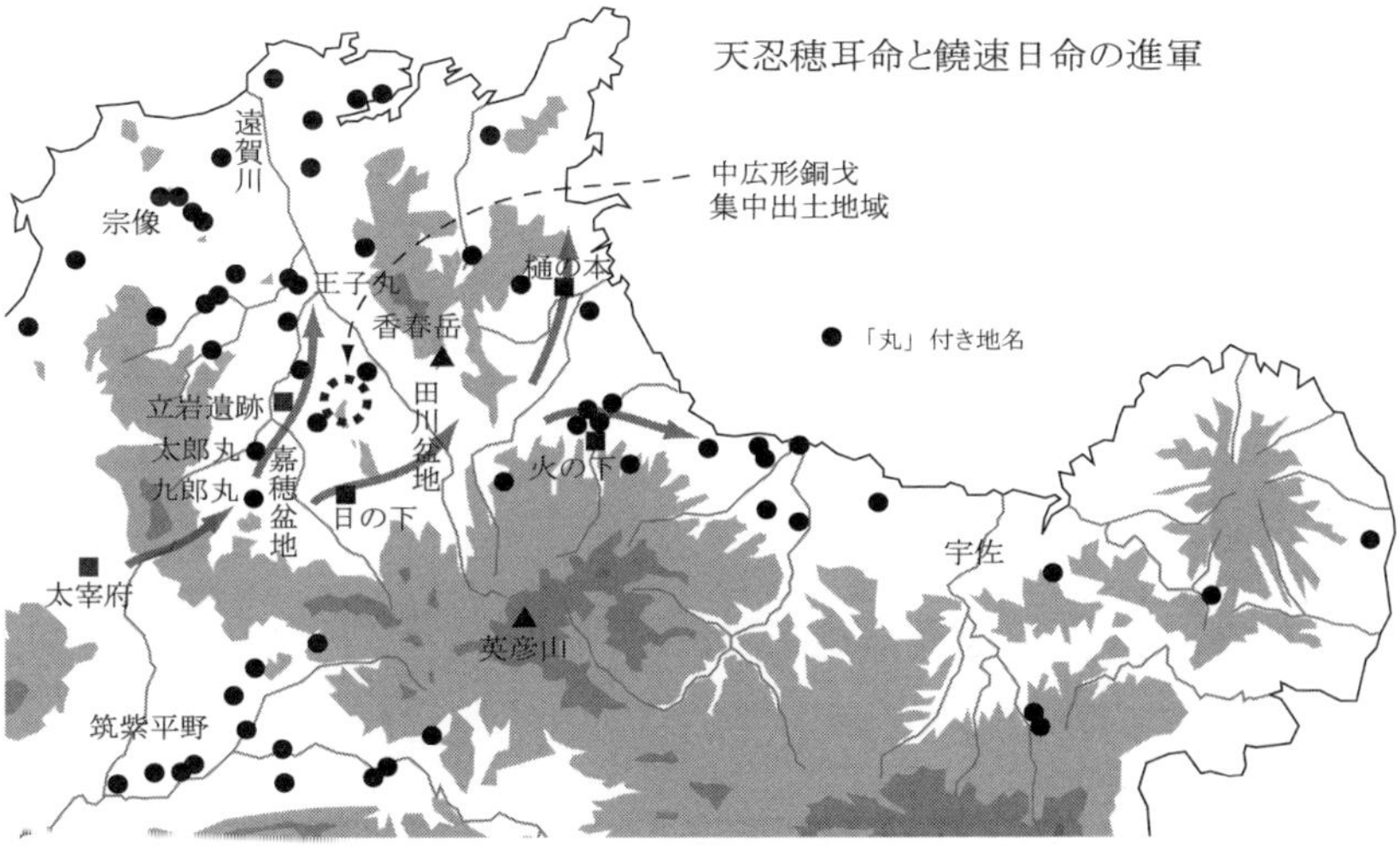

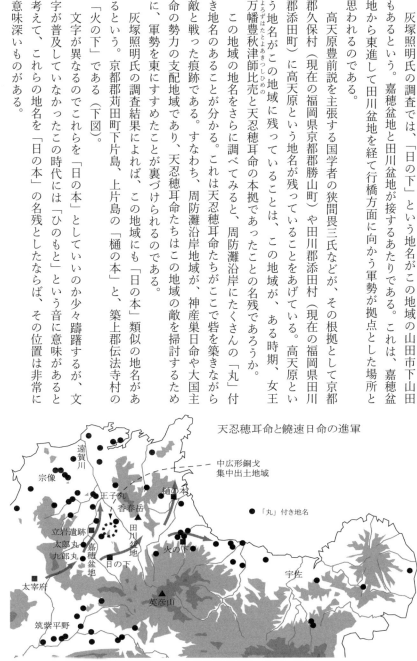

この地域の「日の本」類似の地名は、天忍穂耳命が進出した京都郡の地域から、周防灘沿岸を宇佐方面に向かう出発点と、洞海湾方面に向かう出発点の位置にあり、これらの地名は、まさに、周防灘沿岸地域を天忍穂耳命が攻略しようとした時に、軍勢を整えた基幹基地の場所と考えられるからである。

## ■饒速日命の降臨

遠賀川上流域の神産巣日命の領地の中央部で、中広型の銅戈が集中的に出土する地域がある。田川郡糸田町と、隣接する嘉穂郡庄内町から合わせて一二本の中広型銅戈が発見されているのである(P154 図)。遠賀川流域では、ほかにはこのように中広型の銅矛銅戈が集中出土する地域はない。これはこの付近に天津神の有力者が集結し、戦争の指揮を執っていたことを示すもので集中出土地の位置から推定すると、嘉穂盆地と田川盆地を攻略した後、そのまま東の行橋方面に進出した天忍穂耳命や万幡豊秋津師比売《よろずはたとよあきつしひめの》とは別に、北上して宗像や遠賀川下流域に向かったグループの存在が読み取れるのである。

ここでは、嘉穂盆地から北に向かったグループについて推理してみようと思う。

私は、遠賀川上流域を平定した後、北に向かったのは、饒速日命《にぎはやひのみこと》を奉戴するグループと想定している。饒速日命《にぎはやひのみこと》については、『古事記』『日本書紀』には、神武天皇の東征の前に河内に天降っていた天津神であることが記されている。また、『先代旧事本紀』などによれば、尾張の連の祖先は饒速日命《にぎはやひのみこと》とされる。

いっぽう、『日本書紀』の一書には、天忍穂耳命と万幡豊秋津師比売《よろずはたとよあきつしひめの》の間に、尾張連の祖先の天火明命《あめのほあかりのみこと》が生まれたことを記している。しかも、天火明命《あめのほあかりのみこと》は邇邇芸命《ににぎのみこと》の前に生まれた兄であると記される。

これらの情報を総合すると、尾張の連の祖先とされる饒速日命《にぎはやひのみこと》と天火明命《あめのほあかりのみこと》は同一人物であり、天忍穂耳命の長男が饒速日命《にぎはやひのみこと》で次男が邇邇芸命《ににぎのみこと》ということになる。

天忍穂耳命と万幡豊秋津師比売《よろずはたとよあきつしひめの》が嘉穂盆地から行橋方面を制圧した後、幼い饒速日命《にぎはやひのみこと》は両親と別れ、そうそうたる顔ぶれの武将たちに守られて遠賀川下流域や宗像方面に向かったと思われるのである。以下にそう考える理由を述べる。

『先代旧事本紀』「天神本紀」を見ると、饒速日命《にぎはやひのみこと》の東征前後の行動が次のように具体的に記されている。

天忍穂耳命は豊葦原の千秋長五百秋長之瑞穂国《ちあきながいほあきながのみずほのくに》に天降るよう命じられた。ところが、その準備をしているあいだに饒速日命《にぎはやひのみこと》が生まれたので、天忍穂耳命に代わって饒速日命《にぎはやひのみこと》を天降らせたという話である。天忍穂耳命は周防灘沿岸の敵を攻略するのに手間取っていたのであろう。

そして奇妙なことに、十種の神宝や帯同する武将たちとともに饒速日命《にぎはやひのみこと》はそのまま河内に降ったように描かれている。

しかし、この記述は、豊葦原の千秋長五百秋長之瑞穂国《ちあきながいほあきながのみずほのくに》に降る予定の饒速日命《にぎはやひのみこと》がいきなり河内に行ってしまうので、話の続き方が少しおかしい。豊葦原の千秋長五百秋長之瑞穂国《ちあきながいほあきながのみずほのくに》と河内を混同しているようにも見える。

『古事記』によれば、豊葦原の千秋長五百秋長之瑞穂国《ちあきながいほあきながのみずほのくに》とは、須佐之男命を追放した直後に天忍穂耳命が天降ろうとした国であり、宗像や遠賀川下流域の地域と思われる。河内とは別の場所である。

『先代旧事本紀』の話の流れから推測すれば、天忍穂耳命に代わって饒速日命《にぎはやひのみこと》が降臨したのは、豊葦原の千秋長五百秋長之瑞穂国《ちあきながいほあきながのみずほのくに》と考えるべきであろう。天忍穂耳命が河内に行く話など全くなかったのだから。

饒速日命は、天忍穂耳命のもとを離れて、まず遠賀川下流域にむかい、大国主命の軍勢と苦しい戦いをしていた天津神軍の支援を行ったのであろう。

饒速日命が河内に降臨したのはその後のことと推定されるのである。

次のようないくつかの情報は、饒速日命が宗像や遠賀川下流域に進出したのち河内に向かったことを裏付けている。

まず、饒速日命とともに河内に天降った氏族の名前である。

第六章の物部氏の項でも触れたが、『先代旧事本紀』には、河内に降臨する饒速日命に従った多くの天物部が列記されているが、その中に二田物部や芹田物部のように遠賀川下流や鞍手郡内の地名を本拠地とするものが多数ある（P98表）。これは饒速日命が遠賀川下流地域に来て、この地域の物部の部族を配下に加えて河内に向かう東征軍を構成したことを示している。

遠賀川下流域の物部氏は、伊邪那岐命が葦原中国を平定した時にこの地域から倭人を駆逐した天津神軍の精鋭である。天津神の勢力は、倭人を一掃した後のこの地域を確保するために物部氏をそのまま定着させていたものと思われる。

つぎの情報は饒速日の名前である。

饒速日命は『先代旧事本紀』で天照国照彦天火明櫛玉饒速日尊《あまてるくにてるひこあまのほあかりくしたまにぎはやひのみこと》と記される。これは、「天照」と「国照」が対句になっていて、天譲日天狭霧国禅日国狭霧尊《あめゆずるひあめさぎりくにゆずるひくにさぎりのみこと》や天邇岐志国邇岐志天津日高日子番能邇邇芸命《あめにぎしくにぎしあまつひこひこほのににぎのみこと》のように、天津神と国津神の両方を治めた王の名前である。

饒速日命が天津神と国津神の両方を治めた可能性があるのは、天忍穂耳命に代わって遠賀川下流域に赴き、大国主命を追い出してこの地域の国津神を平定し、この地域の主となった期間しかないと思われる。

なぜなら、神武東征の時に、奈良盆地に天津神に反抗する勢力が蟠踞していたことから考えると、饒速日命は奈良盆地の国津神を平定できなかったと判断される。従って、近畿地方の事績によって、天照国照彦天火明櫛玉饒速日尊《あまてるくにてるひこあまのほあかりくしたまにぎはやひのみこと》というような名前が付けられたわけではないと考えられるからである。

そして、最後は地名の情報である。

遠賀川の下流に向かっていくつかの「丸」付き地名が連なっているが、遠賀川中流の直方市上新入に王子丸という地名がある（P257、P399 図）。これは、天忍穂耳命と万幡豊秋津師比売《よろずはたとよあきつしひめ》の王子である饒速日命を戴いた軍勢が拠点にした砦と推定されるのである。

また、洞海湾に面して、童子丸と宮丸という地名があるのも、饒速日命と関連する可能性がある。幼い王族が遠賀川下流域を平定し、洞海湾で船を整えて東に出発する準備をしていた場所ではないだろうか。

## ■神産巣日命と大国主命の追放

天忍穂耳命に率いられた天津神の軍勢によって、神産巣日命は遠賀川流域や周防灘沿岸など九州北西部からの撤退を余儀なくされた。

宗像地域で頑張っていた大国主命の軍勢も、遠賀川を下ってきた饒速日命軍に背後から攻撃され、次第に形勢が不利になってきた。それまで、宗像の自然の要害に立てこもる大国主命の軍勢に手を焼いていた天津神軍は、大国主命の背後を突く強力な加勢を得て、ようやく大国主命軍を九州から追い出すことに成功したのであろう。

　天津神軍はさらに大国主命の領地深く攻め込み、大国主命を出雲に追いつめていった。このようすは、出雲の国譲りの伝承として『古事記』に記されている。すなわち、出雲の大国主命のもとに、建御雷《たけみかづち》神と天鳥船神《あめのとりふねのかみ》が攻め込んで大国主命に国譲りを迫り、さらに、国譲りに反対する大国主命の息子の建御名方神を諏訪に追いつめたことが記されている。

　饒速日尊の攻撃によって、神産巣日尊も占拠していた遠賀川流域から出雲に逃れた。

　元々天津神であった神産巣日尊は、出雲で神魂命として各所に祀られており、完全に倭人化した国津神のように見える。高御産巣日尊とか神産巣日尊というのは個人名ではなく称号のようなものと以前に述べたが、或いは遠賀川流域の倭人の有力者が神産巣日尊の称号を受けていたのかもしれない。

　ところが、少々余談になるが、興味深いことに国津神にならなかった神産巣日尊がいた。『先代旧事本紀』天神本紀の中に、饒速日尊の東征の際の守護メンバーとして天神魂命《あめのかんたまのみこと》という神が記されていて、天津神側にも神産巣日尊が残っているように見えるのである。

　倭人化した神産巣日尊が九州を去ったのち、天津神の有力者に神産巣日尊の称号を与えたのであろう。「天」の文字を加えて国津神とは異なることを表現して、『先代旧事本紀』に天神魂命《あめのかんたまのみこと》と記されたのである。

『先代旧事本紀』では、天津神と国津神がはっきり区分けされて記述されているようだ。

　たとえば同じ物部氏でも、天津神側の物部氏には「天」を付して天物部《あまつもののべ》と記し、大物主神側の「天」がつかない物部氏と区別しているように見える。大物主神についた物部氏は国津神として行動しているように見える。

　天神魂命《あめのかんたまのみこと》は、『新撰姓氏録』山城神別によると「葛野鴨縣主等の祖で、神魂命の孫・鴨建津見命（賀茂建角身命《かものたけつのみのみこと》）、大烏と化して天皇を導く」とされていて、神武東征の際に天皇を導いた八咫烏のこととする。すなわち、天神魂命《あめのかんたまのみこと》は天津神として行動しているのである。

　また、賀茂建角身命《かものたけつのみのみこと》は京都の下鴨神社（賀茂御祖神社）に玉依姫と共に祀られており、賀茂建角身命《かものたけつのみのみこと》の孫の賀茂別雷神《かもわけいかづちのみこと》は上賀茂神社（賀茂別雷《かもわけいかづち》神社）に祀られている。

ところで、大国主命の支配地は出雲だけではなく、山陰、北陸など日本海沿岸各地や、吉備、大和など全国に広がっていることを以前に述べた。

大国主命の領土を制圧するためには、『古事記』に記された出雲や諏訪だけではなく、その他の広範な地域を攻略しなければならない。

天津神軍は、大国主命を盟主と仰ぐすべての地域の制圧を目指し、大規模な作戦を実行に移したと思われる。詳しくはまた章を改めて述べたいと思うが、出雲に天菩比命《あめのほひのみ》が進出したのを手はじめに、出雲勢力が進出していた福井、金沢、高岡などの北陸地域や、吉備、奈良盆地に向けて、一族を挙げて総動員をかけたのである。

天津神軍の勝利の要因は、鉄製武器を多量に用意できたことである。張政によって天照大御神のもとにもたらされた帯方郡の製鉄技術は、天津神の陣営に最新技術として受け継がれ、砂鉄を原料とした効率的な鉄生産が可能になって、優れた性能の鉄製武器を大量に生産できたと思われるからである。

さて、九州を退去した神産巣日命の一族は、大国主命の開いた出雲へ逃れ、その後、奈良盆地に赴いて三輪山のふもとに新しい拠点・纏向の造成に取りかかった。『古事記』に大国主命の「幸魂」「奇魂」として描かれる大物主神である。

出雲に到着して以降、神産巣日命は大物主神と称したように見える。天津神の有力者の称号である神産巣日命を、国津神の中で継続して名乗るのは憚られたのであろう。

大国主命も、天津神の攻勢に脅威を覚え、本州の奥深いところに新たな拠点を設けることに熱意を持ったと思われる。全国の大国主命の支配地から人員を動員して、大物主神の新拠点構築に力を貸したのであろう。

## 一九．天津神の大攻勢

### ■天忍穂耳命《あめのおしほみみのみこと》の一族

『古事記』によると天忍穂耳命《あめのおしほみみのみこと》には多くの弟たちがいた。長男の天忍穂耳命《あめのおしほみみのみこと》のすぐ下の弟が出雲に向かった天菩比命《あめのほひのみ》、以下、天津彦根命《あまつひこねのみこと》、活津日子根命《いくつひこねのみこと》、熊野久須毘命《くまのくすひのみこと》である。

そして、前章で触れたように、天忍穂耳命《あめのおしほみみのみこと》は、万幡豊秋津師比売《よろずはたとよあきつしひめの》との間に長男の饒速日命と次男の邇邇芸命《ににぎのみこと》をもうけている（下図）。

天津神軍は大国主命の領土の制圧を目指し、これらの天忍穂耳命《あめのおしほみみのみこと》の一族を総動員して大規模な作戦を展開したと見られるが、記紀などの文献に記されるのは、出雲へ向かった天菩比命《あめのほひのみ》と河内に向かった饒速日命、それと、葦原中国に降臨した邇邇芸命《ににぎのみこと》だけである。

広大な領土を支配した大国主命に戦いを挑んだ天津神の軍勢で、総大将天忍穂耳命《あめのおしほみみのみこと》とその弟たちが手をこまねいていたとは思えない。それぞれが一軍の将として各地で作戦を展開していたに違いない。

詳細は別項で述べようと思うが、私は、天忍穂耳命《あめのおしほみみのみこと》の一族の作戦の概略は次のようなものであったと推理している。

天忍穂耳命《あめのおしほみみのみこと》の一族の中で最も若い邇邇芸命《ににぎのみこと》を九州の押さえとして伊都国に残し、一斉に山口県に上陸してこの地域の国津神勢力を一掃した。そのあと、日本海側と瀬戸内側の二手にわかれて東へと進攻していったのであろう。

天忍穂耳命《あめのおしほみみのみこと》は軍勢を分割する時、戦力配分やチームワークから考えて、天忍穂耳命《あめのおしほみみのみこと》親子の軍勢と天忍穂耳命《あめのおしほみみのみこと》の兄弟の軍勢に二分したと思われる。すなわち、天忍穂耳命《あめのおしほみみのみこと》・饒速日命親子のグループと、天菩比命・天津彦根命《あまつひこねのみこと》・活津日子根命《いくつひこねのみこと》・熊野久須毘命《くまのくすひのみこと》の兄弟グループである。

饒速日命が瀬戸内を河内方面に向かったことから考えると、天忍穂耳命《あめのおしほみみのみこと》も、息子と同じ瀬戸内コースを採ったものと思われ、また、天忍穂耳命《あめのおしほみみのみこと》の弟の天菩比命が出雲へ降ったことから考えると、その他の兄弟も日本海側に進んだと推定するのである。

出雲国譲りの物語は、この時の出雲の軍勢と天津神軍の衝突が原型となった伝承であろう。

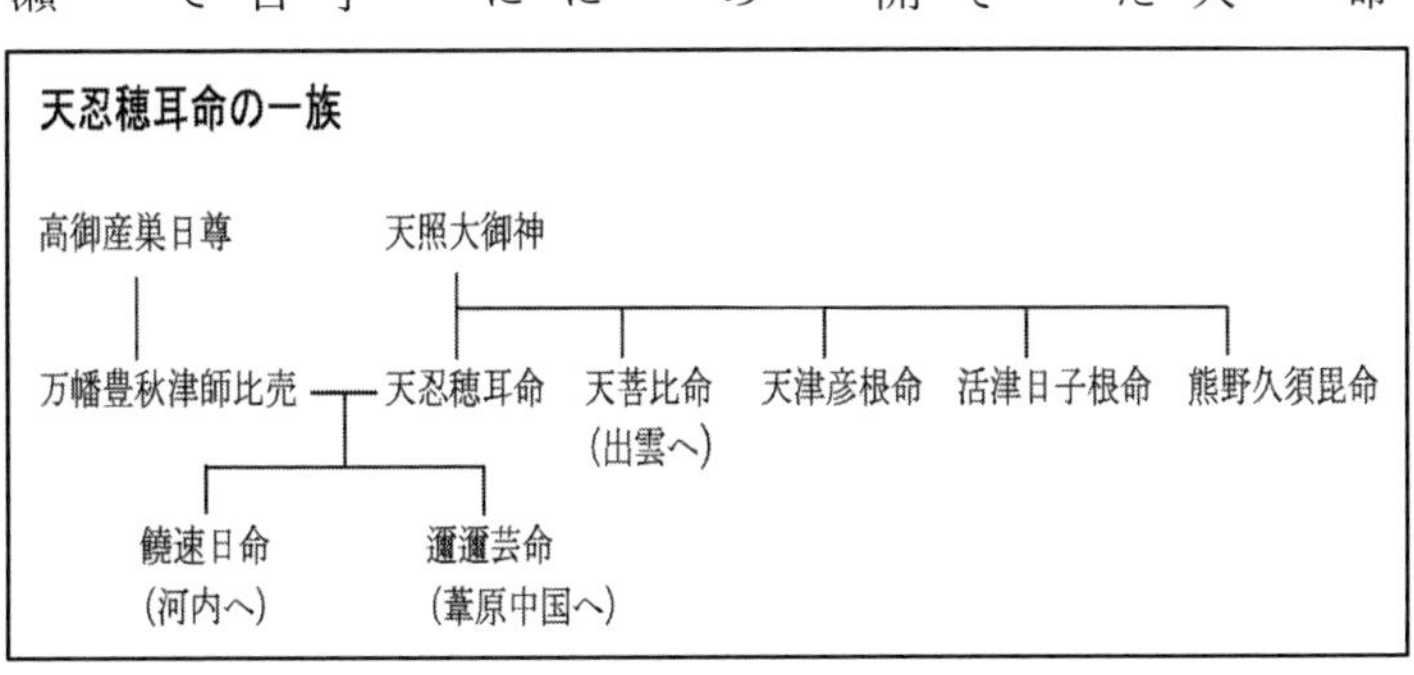

## ■北陸侵攻

日本海側を進んだ天菩比命《あめのほひのみ》、天津彦根命《あまつひこねのみこと》、活津日子根命《いくつひこねのみこと》、熊野久須毘命《くまのくすひのみこと》などの天忍穂耳命の弟たちの行動については、天菩比命以外は、『古事記』『日本書紀』などの文献には情報がなく、その活躍ぶりを知ることができない。私は、彼らの動静を地名の情報を手がかりにして探ろうと思う。

まず、取り上げるのは、砦を示す場所と推定した「丸」付き地名である。「丸」付き地名は、北陸では、福井、金沢、富山の平野部の各所に多数分布している（下図）。

そのなかでも次のような地名には特に注目すべきであろう。

それは、福井県丹生郡織田町の大王丸、石川県松任市宮丸町、富山県小矢部市石王丸 、富山県砺波市宮丸のように、「王」や「宮」が含まれる「丸」付き地名の存在である。これらは、王の一族が指揮を執った中心的な軍事拠点を示していると思われるからである。

また、福井、金沢、富山は、山陰の勢力が進出して築いたと思われる四隅突出型墳丘墓があることで知られている。これらの地域で四隅突出型墳丘墓に対応するように、王族に指揮された「丸」付き地名が存在することは、天津神の軍勢が、四隅突出型墳丘墓やその勢力を強く意識してこの地域に侵入したと考えてよいのだろう。

たとえば、福井平野では、四隅突出型墳丘墓のある松岡町室、丹生郡清水町小羽山遺跡、福井市高柳遺跡などが、平野の中央を占めているのに対し、天津神軍は平野の南西端に侵入し、福井県丹生郡織田町の大王丸を築いたよ

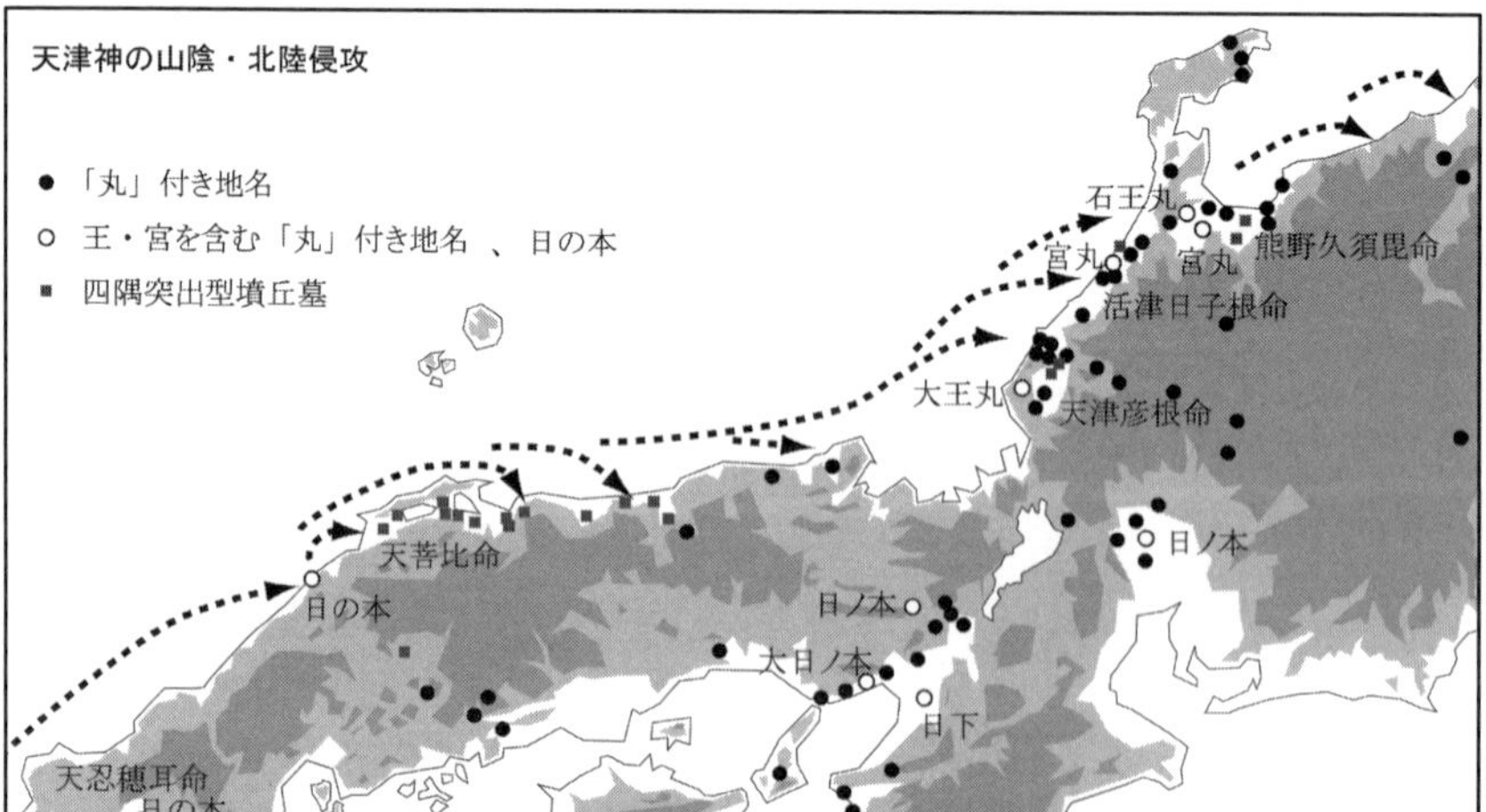

うに見える。

石川県では、四隅突出型墳丘墓の白山市一塚二一号墳の南五キロほどのところに、砦の痕跡と思われる白山市宮丸町がある。

富山平野では、東よりの婦中町や呉羽丘陵に四隅突出型古墳があり、西よりの砺波市や小矢部市に宮丸や石王丸の地名がある。

すなわち、すでに大国主命配下の山陰勢力がしっかりと根を下ろし、特異な四隅突出型墳丘墓を築造したこれらの地域に、天津神の王族に率いられた一団が来襲し、各所に砦を築きながら攻め込んでいったと解釈できるのである。この地域の四隅突出型墳丘墓は弥生時代終末に急速に衰退したことは、この戦いが天津神の勝利に終わったことを示している。

そして、戦いのあと、大王丸や宮丸など「王」や「宮」が含まれる「丸」付き地名は、天津神の王族が支配の拠点として活用したのであろう。

さて、この地域まで進出し、「王」や「宮」が含まれる「丸」付き地名をのこした王族とは誰であろうか。私は、『古事記』『日本書紀』に活躍ぶりが記されない天忍穂耳命の兄弟たちこそ、これらの拠点の主であると考える。

天菩比命が出雲に残ったあと、天津彦根命《あまつひこねのみこと》、活津日子根命《いくつひこねのみこと》、熊野久須毘命《くまのくすひのみこと》が山陰沿岸を平定しながら北陸に向かったのだろう。かなり曖昧な理由だが、出雲を含めて四つの地域に四人の兄弟が進出したことで数が合う。

天菩比命が出雲に残ったことから推定すると年長者から順に切り取った領地を占有していくように見えるので、順番から行くと福井の「大王丸」の主は年上の天津彦根命《あまつひこねのみこと》であろう。石川県の「宮丸」は活津日子根命《いくつひこねのみこと》、富山平野の「宮丸」や「石王丸」は熊野久須毘命《くまのくすひのみこと》とその一族が拠点を置いたところと推定できそうである。

王族の拠点と思われる丸付き地名は見つからなかったが、弥生時代終末期の大風呂南墳墓や赤坂今井墳墓が存在する丹後地方の状況も興味深い。

天橋立を見下ろす尾根の上に築造された大風呂南一号墳では直径一〇センチのライトブルーのガラス釧とともに鉄剣十一本、鉄鏃四、鉄やすりなど大量の鉄器が出土して注目された。ガラス釧は中国南部やベトナムなどで出土するものと形や成分が同じであることが判明しており、半島や中国とたびたび交流があった九州の天津神が入手したものと思われる。鉄器が大量に出土していることも、天津神の有力者の墓である可能性が大きい。

いっぽう、南北39m、東西36m、高さ4mの巨大方墳・赤坂今井墳墓は、大風呂南墳墓と同じ弥生時代終末期の墳墓ではあるが、遺物などに海外との交流の形跡は見られないし、方形の墳墓であることから出雲系の国津神の墓と思われる。

赤坂今井墳墓から関東地方の土器が出土しているという。のちの章で詳しく述べるが巨大墳墓の築造は工事期間中に大量の兵員を確保し、長期間留めておくための施策ではないかと私は考えている。ここから関東の土器片が出土したことは、天津神の侵攻に対して広く東国から兵士を集めて対抗しようとした痕跡かもしれない。

丹後地方のこのような状況から推理すると、北陸の他の地域でも見られたように、国津神が領有していた地域に、九州から天津神が武力で侵入し、国津神を打ち破って支配してしまったように見えるのである。

『古事記』には、大国主命の国譲りのときに、建御名方神が最後まで天津神に抵抗し、諏訪に追いつめられたことが記されている。建御名方神の伝承の舞台は、出雲からいきなり諏訪に飛んでしまうが、その背景には、山陰や北陸の各地で行われた壮絶な戦いがあったのである。

天忍穂耳命の兄弟たちは、出雲で大国主命を降伏させたのち、抵抗する建御名方神を追って、日本海側の大国主命の拠点を次々に攻略し、ついには、建御名方神を諏訪に封じ込めてしまったのであろう。

余談になるかもしれないが、諏訪での封じ込めに関連する情報がある。建御名方神を諏訪に閉じ込めるためには、口約束ではなく軍勢を置いて監視したり、威圧する体制が必要と思うが、次のような状況はその痕跡ではないかと思うのである。

諏訪から外部に出るルートは四つある（下図）。長野方面、

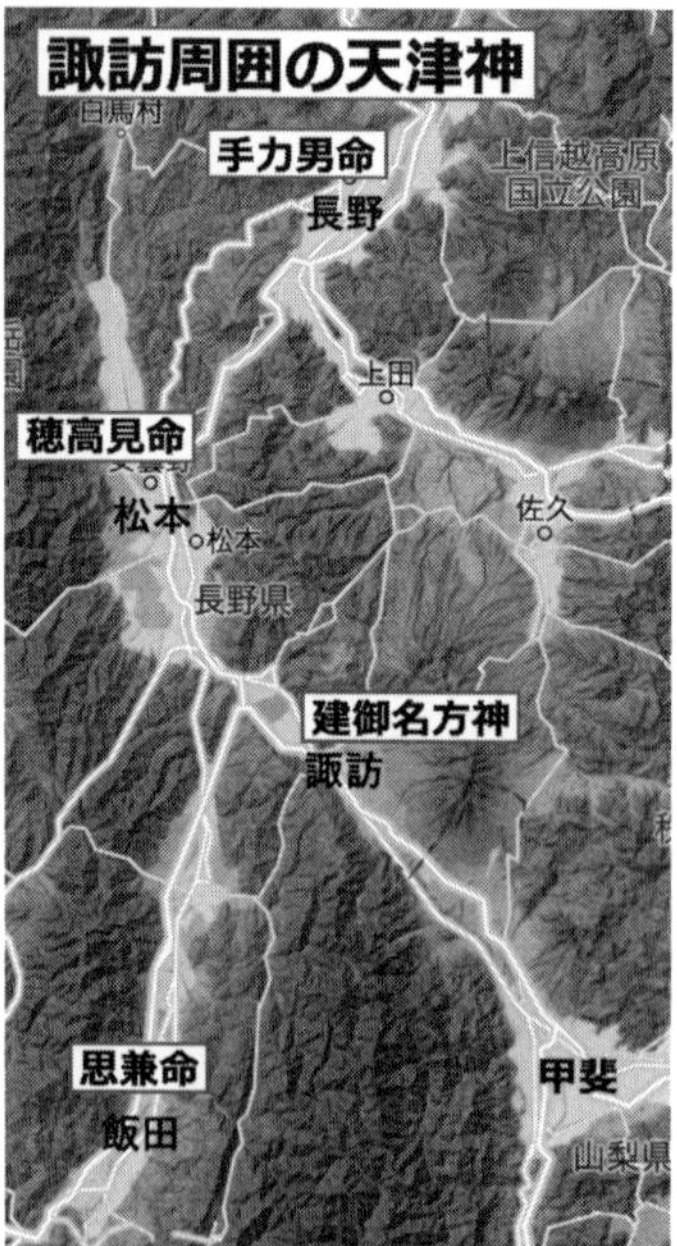

松本方面、飯田方面、甲斐方面である。

長野には戸隠神社に手力男命を祀り、飯田には阿智神社に思兼命を祀っている。いずれも天津神の神であり、これらの地域にはそれを祀る天津神の人々が居たはずである。松本方面には穂高見命に率いられた安曇氏が進出している。穂高見命は、天照大御神など三貴子と共に生まれた綿津見神の息子で、やはり天津神である。甲斐については詳しい情報はないのだが、後に述べる壬申の乱の時に、天津神と思われる大海人皇子側で戦う「甲斐の勇者」のことが『日本書紀』に記されていて、甲斐が天津神側の勢力であったことを思わせる。四方面それぞれに天津神を配置することによって、諏訪からの出口を、実力を持って塞いだように見える。このような状況は、建御名方神の伝承が現実の出来事であった可能性を匂わせるのである。

話を戻すと、山陰の地域では、鳥取県の妻木晩田遺跡、青谷上寺地遺跡、あるいは、出雲の中心的集落であった島根県の古志本郷遺跡などの多くの集落が弥生時代終末期にそろって廃絶している。これも、天忍穂耳命の兄弟たちがこの地域を席巻し、北陸方面まで侵攻したことの傍証である。

そのなかで、青谷上寺地遺跡は、戦争で命を落としたと思われるたくさんの人骨が出土して話題となった。この集落の人々が犠牲になったのは、おそらくこのときの戦いだったと思われる。大国主命が無用な戦争を避けるためにおとなしく国を譲ったにもかかわらず、青谷上寺地の人々は天津神軍に刃向かったのである。彼らが抵抗したのには理由があったはずである。これについては次章で詳しく述べようと思う。

## ■日の本

ここでは、天忍穂耳命たちが各地へ侵攻した状況を知る手がかりとして「日の本」という地名を取り上げてみよう。

まず、島根県仁摩町にある「日の本」を見てみよう。

ここは、石見銀山にほど近い日本海沿岸に位置し、わずか四〇キロほど北東に進むと出雲大社に到達する。北東一〇キロほどのところに、須佐之男命の息子の五十猛命《いそたけるのみこと》の名前にちなんだ「五十猛《いそたけ》」という地域がある。また、南側に隣接するところは「天河内」という地名で、天津神の支配地のように見える地域がある。地名から見ると、仁摩町の「日の本」付近が出雲の勢力と、天津神の勢力の境界になっているように見える（下図）。

もう一つ興味ある事実は、付近を流れる潮川の河口近くに弥生時代から続く川向《かわむこう》遺跡があり、ここで、弥生時代に鉄を作った時の鉄滓が発見されていることである。第一六章でも触れたが、九七年五月一〇日の山陰中央新報の記事によれば、専門家の見解では、この鉄滓は海岸の砂鉄を使って鉄を作ったときに生じた鉱滓ということである。

仁摩町の「日の本」について、このような情報を総合すると、ここは、天津神が出雲を攻撃する際の前進基地の置かれた場所と推定されるのである。出雲の至近距離に兵士を集結し、鉄の兵器を準備し、船舶を整え、作戦を練って出雲の総攻撃に向かった場所が、仁摩町の「日の本」と思えるのである。

この地域の砂鉄は、玄界灘沿岸や斐伊川上流の砂鉄に比べるとやや品質が落ち、鉄を作るには高い温度を得るための技術を必要としたと思われる。この地域の砂鉄から鉄を作れたのは、最新のふいごの使用など帯方郡の高度な製鉄技術を習得した天津神軍がやってきた証拠であろう。

仁摩町の日の本と川向遺跡

さて、山口県防府市大字大崎にも「日の本」という地名がある。

前述のように「日の本」は敵を目前にした軍事的な拠点であるとすると、防府市の「日の本」は安芸や吉備に広がった大国主命勢力への攻撃のための基地ということになる。そして、ここの指揮官は、瀬戸内に進撃する天忍穂耳命自身が務めたのであろう。佐波川を挟んで「日の本」の対岸に、古祖原という土地がある。のちの人が天忍穂耳命を古い祖先に見立てて名づけた地名と思われる（次頁下図）。

防府の「日の本」に拠点を置いた天忍穂耳命であったが、その後の戦果は、はかばかしいものではなかった。天忍穂耳命は、安芸や吉備の地域にほとんど進軍できなかったように見えるのである。

そう考える理由は、のちに神武天皇の東征軍が瀬戸内に進軍した時に、安芸の攻略から開始したと記されているからである。神武天皇の東征の時には、安芸より東はまだ敵地だったのである。

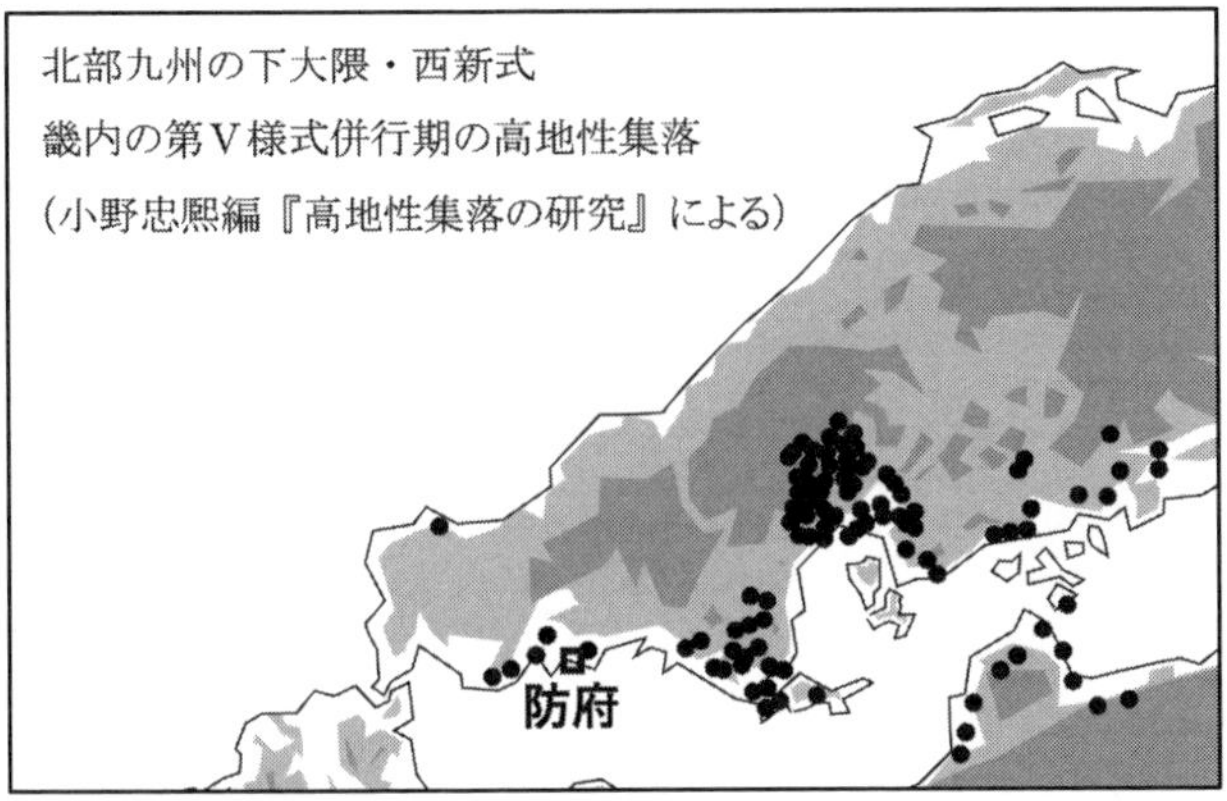


小野忠凞編の『高地性集落跡の研究』に、「北部九州の下大隈・西新式と、畿内第Ｖ様式に併行する時期の高地性集落の分布図」が掲載されている。
北部九州の西新式土器の時代とは、邪馬台国時代の前後であり、天忍穂耳命の活躍した時代でもある。
これによると、周防の沿岸から安芸にかけて高地性集落が密集して築かれていることがわかる（上図）。
防府の日の本に拠点を置いた天忍穂耳命は、周防から安芸に攻め込もうとした。しかし、高地性集落の密度から考えると天津神軍はこの地域で猛烈な抵抗にあったのであろう。

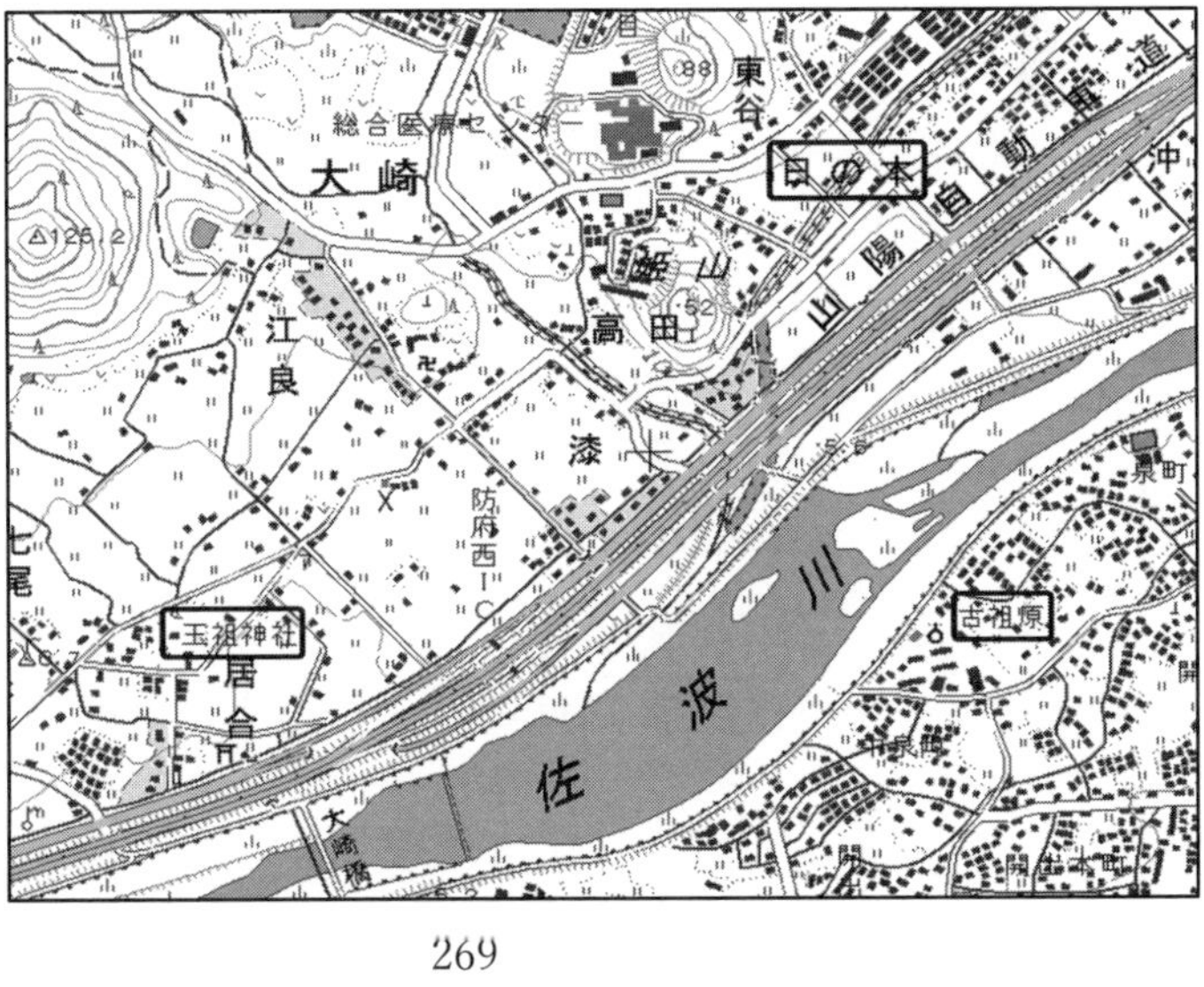


倭人の強い抵抗のため、東への進行を妨げられた天忍穂耳命は、やがてこの地域で亡くなったと思われる。激しい戦闘の中で戦死したのかも知れない。指揮官を失った天津神軍は東への動きを完全に止めてしまった。安芸への進攻を諦めたように見える

のである。

彼らがふたたび動き出したのは神武天皇に率いられた東征軍が来てからのことであろう。

天忍穂耳命はこの付近で手厚く葬られたと思われるが、現在、その墓所は明確になっていない。

「日の本」から佐波川を一・五キロほど下ったところに、式内社の玉祖神社《たまおや》が鎮座している。この玉祖神社《たまおや》にはミステリーが存在している。延喜式神名帳に「玉祖神社《たまおや》二座」とあって二柱の神が祀られているように記されるが、その神々の名前は延喜式神名帳には明示されていない。一座は現在も祀られている玉作連の祖神の玉祖命《たまおや》とされるが、もう一座の祭神が現在未詳となっているのである。

私は、未詳とされたもう一座の祭神はこのあたりで亡くなった天忍穂耳命であったと推理しているのだが、それがなんらかの理由で抹殺されてしまったと思われる。このいきさつについては、一〇〇年ほど後の神功皇后の時代に詳しく述べる機会があると思う。それまではミステリーのまま残しておこう。

■饒速日命

『日本書紀』は、饒速日命が河内国河上哮ケ峯《いかるがみね》に天降るようすをつぎのように記す。

「この命、天磐船に乗り、天より下り降りる。虚空に浮かびて遥かに日の下を見るに国有り。よりて日本《ひのもと》と名づく。・・・」

これは、日本の国名の起源として語られる伝承であるが、東大阪市日下《くさか》町の地名の語源ともされている。『日本書紀』は、日下《くさか》町がむかしは日の本と呼ばれていたことを伝えている。

九州からはるばるやってきた饒速日命が、これから近畿地方の征討戦を始める際のベースキャンプを「日の本」と名づけたというのである。これは前述の仁摩町の「日の本」とまったく同じ性格の命名である。ここから生駒山を越えれば大物主神の支配する国が広がっている。饒速日命の軍勢はここで、戦いの準備をしたに違いない。

ところで、九州から瀬戸内海を東に向かった饒速日命はいきなり瀬戸内海の最奥の河内に上陸したのであろうか。

私は、次に述べるような情報から、瀬戸内海沿岸の攻略は天之忍穂耳尊に任せて、饒速日命は明石海峡の手前の播磨付近から、待ち受けていた大物主神の軍勢と戦いを始め、大阪湾北岸から淀川の河口付近を占拠し、そこから、河内、奈良盆地、京都盆地などに向けて新たな作戦を展開したと考えている。

まず、最初の情報は、『播磨国風土記』に、飾磨郡の伝承として、火明命が大汝《おおなむち》命（大国主命）を攻略したような記述があることである。火明命とは第十八章で述べた天火明命すなわち饒速日尊のことと思われる。風土記では火明命を大汝命の子供と描くなど、おかしなところはあるが、この伝承は天火明命が播磨の国津神を平らげて東進したことの痕跡に見えるのである。

次の情報は、この付近の高地性集落の分布である。小野忠凞編の『高地性集落跡の研究』に、北部九州の下大隈・西新式と、畿内第Ｖ様式に併行する時期の、近畿西部地域の高地性集落の分布図が掲載されている。

この図には、明石海峡の両岸からはじまって、六甲山地の山裾から、淀川下流域に多数の高地性集落が存在したことが示されている。明石海峡を東に抜けると急に増えてくるのである（下図）。

これらの集落は、瀬戸内海を東に向かってくる船団を、狭い明石海峡に見張りを置いて監視し、大阪湾岸で迎撃するための大物主神側の軍事施設と見ることができる。

大阪湾北岸地域の高地性集落と重なるように、天津神軍の砦と推定する「丸」付き地名が分布している。これは、大物主神側が防御

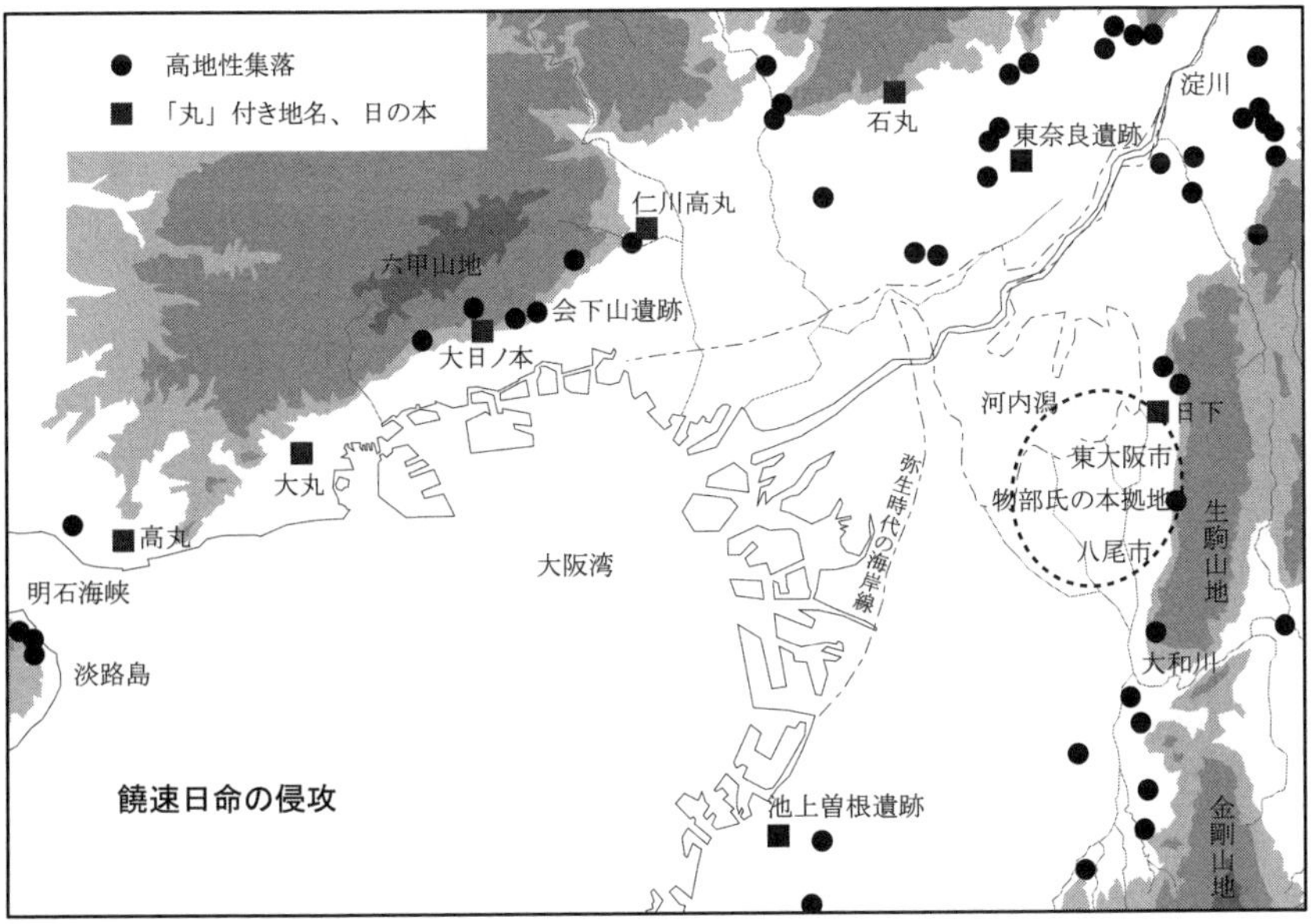

饒速日命の侵攻

を固めるこの地域に、天津神軍が侵入し、この地域をしだいに占領していったことを意味するものと思える。

とくに注目するのは、神戸市東灘区本山町に「大日ノ本《おおひのもと》」という地名が残っていることである。明石海峡を越えて六甲の麓に上陸した饒速日命が大物主神軍を破り、ここに基幹基地「日の本」を築いたことを示しているからである。

また、前述の東大阪市日下町にも「日の本」を設けている。これは、河内平野掃討の出発点の基地と考えられる。饒速日命が河内に進出したころは、大阪平野に河内潟と呼ぶ入り江が大きく入り込んでいた。日下町の「日の本」は生駒山と河内潟に挟まれた隘路になっていて、この地域を南北に分断する戦略的に重要な場所であった。

そして、東大阪市やその南の八尾市一帯は物部氏の本拠地とされる地域である。地名を見ると、饒速日命に同行した久米《くめ》物部、住道《すんじ》物部などが、さらに南の摂津国住吉郡榎津郷来米《くめ》村や住吉郡住道《すんじ》郷などに進出した形跡があり、東大阪市日下町の「日の本」をベースにして、物部氏の軍勢が南進し、河内平野のかなりの部分を占拠した様子がうかがわれる。

饒速日命は、最新の鉄生産技術に裏打ちされた圧倒的な武力で、多数の高地性集落を構築して待ちかまえていた大物主神の軍勢をことごとく撃破していったのである。

文献から饒速日命の行動を探ってみよう。

神武東征の際に安芸から戦いが始まったことを述べたが、神武天皇は安芸に続いて吉備でも時間をかけて戦っている。しかし、吉備を平定した後は一気に河内まで押し寄せたように描かれている。大阪湾北岸地域で戦った気配がないのである。

これは、この地域がすでに饒速日命によって平定され、敵対する勢力がいなかったことを示すものと思う。つまり、この情報は、瀬戸内海を東進してきた饒速日命が、明石海峡を越えて大阪湾北岸から国津神との戦いを始めたことを裏付けているのである。そして本来の東征の計画では、明石海峡までは防府で没した天忍穂耳命が攻略するプランだったのだろう。

## ■考古学的な検討

饒速日命の進出と関連すると思われる遺跡・遺物などを見てみよう。

饒速日命の戦闘のようすは、この地域から出土する鉄鏃の状況でも知ることができる。

鉄鏃は主に潤沢に鉄を生産できた天津神軍の武器である。近畿地方の鉄鏃の出土数をみると、奈良県からはほとんど出土せず、京都と兵庫、大阪に集中している。兵庫県では、瀬戸内海沿岸地域から多数の鉄鏃が出土しており、この地域が饒速日命軍と大物主神軍の戦場になった証拠である（下表）。

六甲山麓の芦屋市の高地性集落会下山《えげのやま》遺跡（P271 図）からも鉄鏃が出土している。会下山《えげのやま》で鉄鏃が出土したことは、高地性集落が天津神軍の攻撃に曝されたことを物語るもので、饒速日命軍が優勢に作戦を展開していたことを示している。

もう一つこの地域の独特な遺物がある。樋の部分を複合鋸歯文《ふくごうきょしもん》で飾った大阪湾型銅戈と呼ばれるもので、兵庫・大阪・和歌山の大阪湾岸地域だけで発見されている（下図）。

もともと銅戈は、銅矛と同じく北部九州の天津神がシンボルとして用いたものであった。銅戈がほんらいは北部九州のものであることと、大阪湾型銅戈が、饒速日命が活躍した地域に限定して分布していることから、これは饒速日命に関連する遺物である可能性が高いと思うのである。

すなわち、ユニークな文様のこの銅戈は、父親の天忍穂耳命と離れた饒速日命が、天津神の仲間であることを示しながら他の王族と区別できるように少しデザインを変えて製作し、饒速日命のシンボルとして従属した族長たちに分け与えたり、敵と味方の判別に利用したりしたものと推測するのである。

大阪府茨木市の東奈良遺跡で大阪湾型銅戈の鋳型が発見されている。東奈良遺跡は南北約一・四キロ、東西約一キロの広がりを持つ弥生時代の中心的環濠集落で（P271 図）、銅戈の鋳型とともに、銅鐸の鋳型や、ふいごが発見されていて、青銅器の鋳造工場の跡とみられている。

次章で詳しく述べるが、銅鐸は大国主命や大物主神が用いたものと私は考えている。したがっ

近畿地方の県別鉄鏃出土数

| 県名 | 出土数 |
| --- | --- |
| 兵庫県 | 92 |
| 大阪府 | 40 |
| 京都府 | 112 |
| 奈良県 | 4 |
| 滋賀県 | 13 |
| 和歌山県 | 5 |
| 三重県 | 3 |

川越哲志
『弥生時代鉄器総覧』による

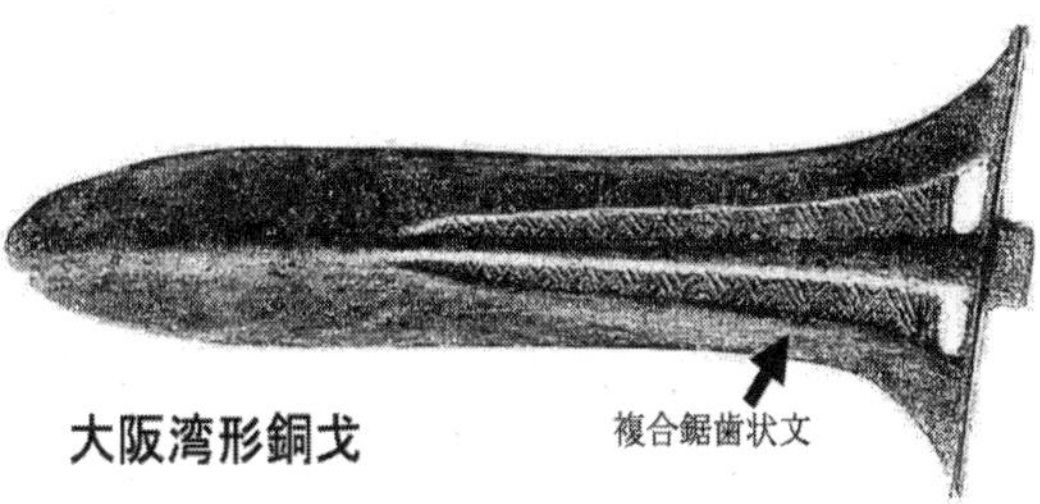

大阪湾形銅戈

て、この集落から銅鐸の鋳型が出土していることは、ここがもともとは大国主命や大物主神側の基幹集落であったと思われる。しかし、饒速日命に敗れたのち、集落はそのまま天津神に占拠され、残された銅材料が大阪湾型銅戈などの天津神の青銅器の鋳造に利用されたと推定できる。

**■饒速日命の奈良盆地進出**

『先代旧事本紀』の天神本紀や天孫本紀によると、饒速日命の行動について、「河内の国の河上の哮峰《いかるがのみね》に天下った。さらに、大倭の国の鳥見《とみ》の白山（または白庭山）に移った。」と描かれている。

ここに記される哮峰《いかるがのみね》あるいは鳥見《とみ》の比定地については、いくつか説があるが、哮峰《いかるがのみね》を交野市私市にある磐船神社付近とし、鳥見《とみ》は、奈良県生駒市付近とする説が有力で、現在も登美という地名がある（下図）。

饒速日命は、はじめは、日下（日の本）をベースにして南進し、河内側から大和川をさかのぼって奈良盆地に侵入することを考えていたと思われる。しかし、この説に拠って考えれば、池上曽根勢力などの河内平野に展開する大物主神の軍勢の抵抗で南進を阻まれ、この地域を物部氏にまかせて、あらためて淀川から支流の天野川を遡り、現在の磐船

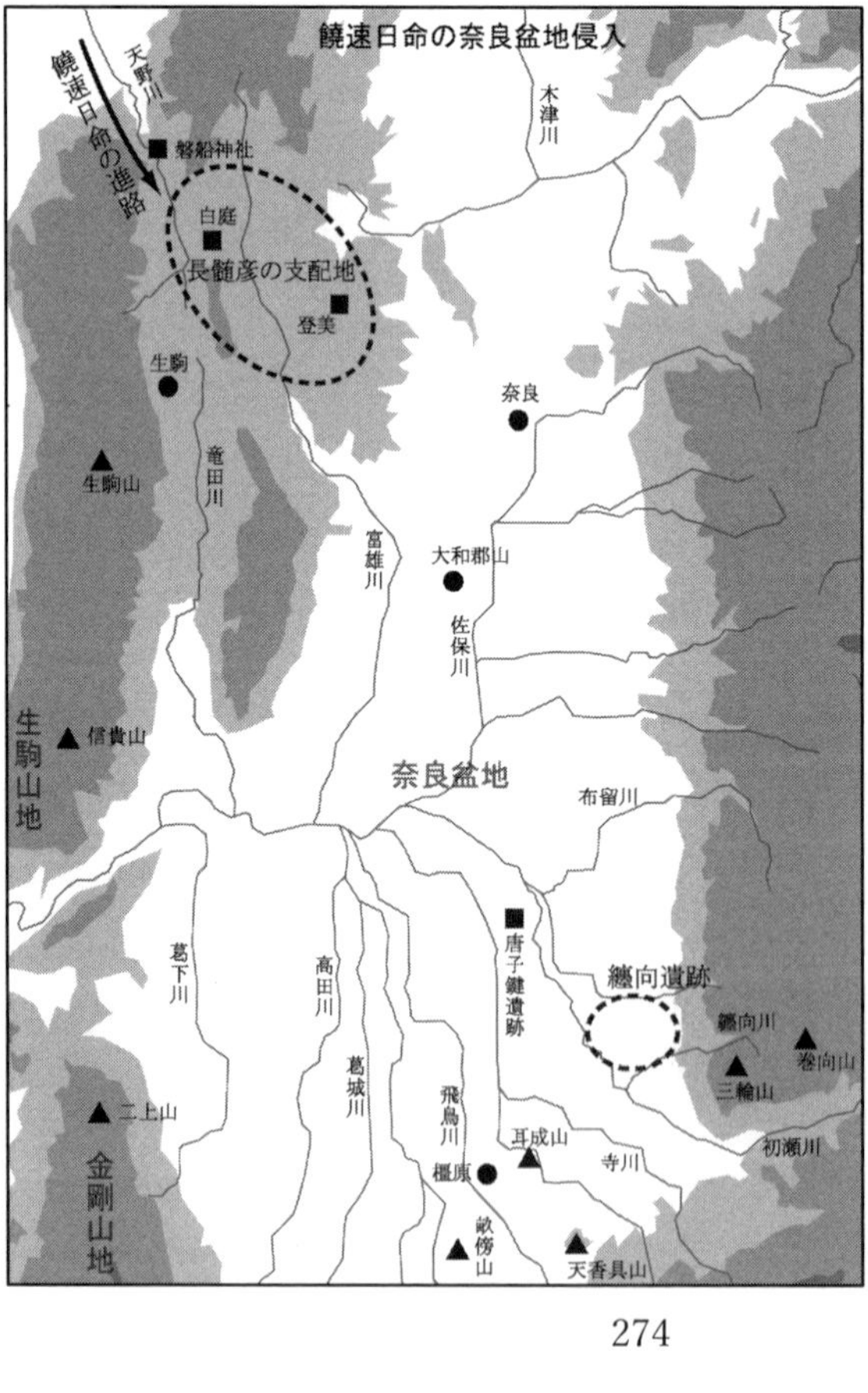

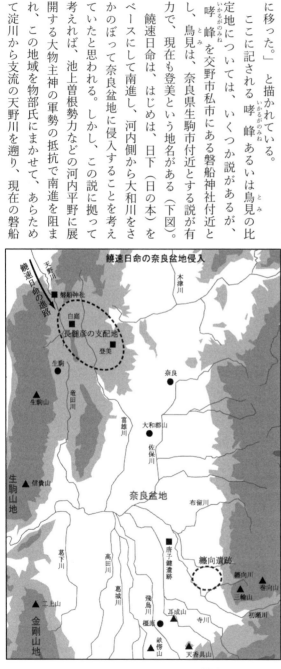

街道沿いに奈良盆地侵入を試みたと推定できる。

「天」という文字を冠する天野川は、天津神がこの川に沿って進んだことにちなむ名前のように見える。そして、饒速日命は生駒市の鳥見付近まで進出し、この付近の豪族の長髄彦《ながすねひこ》を従えたのであろう。長髄彦《ながすねひこ》の名前の由来の長い脛《すね》は縄文人の特徴とされることから、長髄彦《ながすねひこ》は倭人の進出以前から奈良盆地に住み着いていた縄文系部族の首長と思われる。

唐子・鍵遺跡に防御用の環濠があったことから推定すると、かつて倭人が奈良盆地に進出したころ、縄文系の人々は、これを快く思わず、倭人と対立関係にあったと思われるのである。

長髄彦《ながすねひこ》が饒速日命に味方したのは、もともと倭人と仲の悪かった縄文系の人々が、大物主神に率いられた倭人が奈良盆地をふたたび席巻するのを見て、不快に思ったことが理由ではないだろうか。

鳥見は、奈良盆地の北西の端である。南東側の大物主神の拠点・纏向と正反対の場所であり、また、淀川に降る天野川と、奈良盆地に降る富雄川が一・五キロほどの距離を隔てて流れていて、奈良盆地攻撃のためには戦略的に非常に重要な地域である。河川を最大限活用する天津神の戦略がここでも生かされているように見える。

鳥見に進出した饒速日命はいよいよ大物主神に決戦を挑むことになった。しかし、ここで意外な展開になり、戦況は大きく変わることになる。これについては次章で詳しく述べようと思う。

## ■五斗長垣内《ごっさかいと》遺跡

淡路島の北部、淡路市黒谷五斗《ごっさ》長地区の圃場《ほじょう》整備に伴って二〇〇七年から実施されてきた発掘調査の結果、大規模な鉄器生産工房が発見され、注目されている。弥生時代後期の竪穴式建物が二十三棟、うち炉跡を有するものが十二棟あり、鉄製品とその素材、鉄器づくり用石製道具類などが出土している。このような状況は、この遺跡が一般集落ではなく、鉄器生産に特化した工房跡で、「鍛冶屋のムラ」であったと推定されている。

淡路島の北部にこのような大規模鉄生産工房が存在する意味については、まだ専門家から確たる見解が出されていないようだが、次のようなことから、私は饒速日命が関連する遺跡ではないかと考えている前述したように饒速日命の軍勢は大阪湾岸を南下して大和川から奈良盆地に進入を試みたが、大物主命の軍勢も池上曽根遺跡等を支えにして敵軍の進出を防いだように見える。

いっぽう、饒速日命のシンボルと推定した大阪湾型銅戈が和歌山県有田市箕島で発見されている。饒速日命の軍勢がこの地域まで進出したと考えられるのである。

つまり、大阪湾岸の南下を阻まれた饒速日命は、淡路島経由で紀の川河口に出て和歌山方面に向かった可能性が強いと思うのである。紀伊半島西岸はこの時代の多数の高地性集落が発見されており、饒速日命と敵対する国津神の軍勢が防御を固めていた。饒速日命の軍勢は来るべき激戦に備えて五斗長垣内《ごっさかいと》の鍛冶工房で鉄製武器を大量に用意し、淡路島を南下していったと推理するのである。

五斗長垣内《ごっさかいと》遺跡から南西方向に十キロほどのところに淡路国一宮の伊弉諾《いざなぎ》神社がある。九州で活躍していた伊邪那岐《いざなぎ》尊が、遠く離れた淡路島に祀られているのは、この地域に進出した天津神が、戦勝を祈って祖霊神を祀ったものであろう。

もう一つこの地域について触れておくべきことがある。それは、二〇一五年四月に、南あわじ市松帆地区で銅鐸が発見されたことである。最古形式とされる菱環鈕式一点と外縁付鈕式六点の計七点で、三組が入れ子状態であった。また、すべての銅鐸に舌が伴うなど他に例のない貴重な出土の状況であった。

さらに、松帆二・四号銅鐸と慶野村の中の御堂銅鐸、松帆三号銅鐸と加茂岩倉二十七号銅鐸、松帆五号銅鐸と荒神谷六号銅鐸が同じ鋳型を使った同笵銅鐸であることも判明した。

淡路島に出雲と関係の深い銅鐸が存在するのは、この地域にも出雲系の国津神が進出していたことを示している。国津神の掃討を目指した饒速日命はこの地域の国津神を攻撃して打ち破った。そして、彼らのシンボルであった銅鐸を入れ子にして埋めてしまったのである。

## ■天香語山命《あめのかごやまのみこと》

神戸の海岸線からはじまった「丸」付き地名の列は、淀川北岸の山裾に沿って京都方面まで連続しており、京都盆地には、烏丸、菱丸、末丸、田丸、白水丸、大丸、徳丸などの「丸」付き地名が多数ある。これは何を意味するのであろうか。

私は、饒速日命の息子の天香語山命《あめのかごやまのみこと》を戴くグループが京都盆地に進出し、この地域を制圧する作戦を展開したと推定している。そしてこの軍勢は京都地方だけでなく、丹後や近江、岐阜方面にまで進出したと思われるのである（下図）。

その根拠は、京都盆地には、上述のような「丸」付き地名が多数あり、戦闘のために砦が築かれていたと思われることである。京都盆地の国津神勢力は、多くの砦を築いて時間をかけて攻略しなければならないほど強力だったことを示している。

京都盆地を制圧した天香語山命《あめのかごやまのみこと》の軍勢は、ここで二手に分かれ丹後方面と近江方面に向かったと思われる。

その根拠は、まず、丹後方面について述べると、京都盆地から丹後に抜ける途中の京都府南丹市園部町宍人に「日ノ本」という地名があることである。天香語山命《あめのかごやまのみこと》の軍勢は、園部町宍人の「日ノ本」をベースにして丹後方面の掃討に向かったと推定されるのである。園部町には全長 40m の初期の前方後円墳である黒部古墳があり、この地域が有力な勢力の拠点であったことを示している。

また、丹後に向かう途中の綾部市には、中筋町日ノ本と、物部《ものべ》町という地名がある。そして物部町の中を東西に犀川の支流の

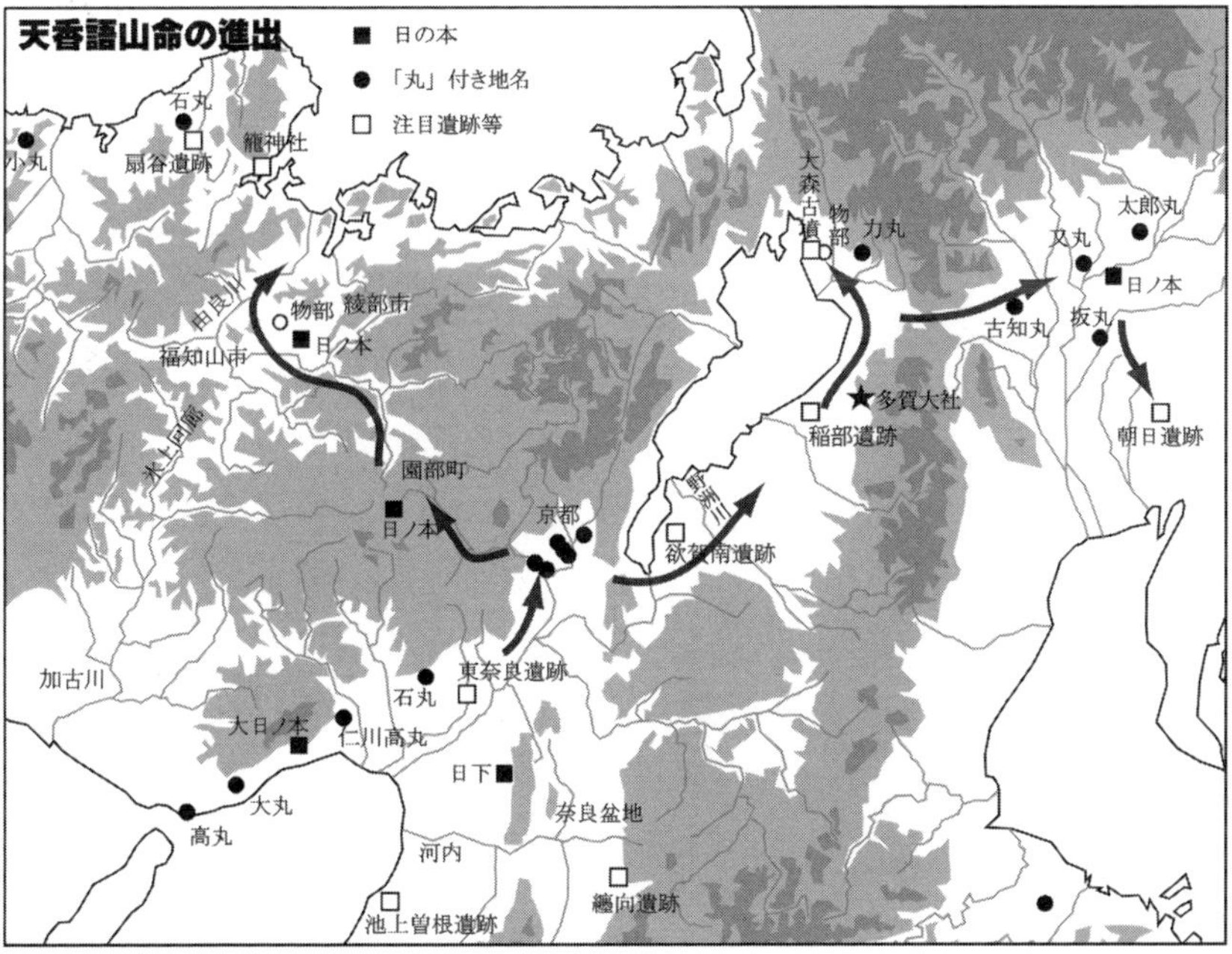

天野川が流れている。これは、天香語山命《あめのかごやまのみこと》の軍勢がこの地域に「日ノ本」の拠点を築き、従ってきた「物部《もののべ》」の兵士が定住した痕跡であろう。

なお瀬戸内海側の加古川から日本海側の由良川に抜ける氷上回廊《ひかみ》と呼ばれるルートがある。ここは「石生の水分れ《いそうのみわかれ》」と呼ばれる標高 95m の日本一低い中央分水嶺を越えるルートであり、日本海側と瀬戸内海側を行き来するのには最も容易なルートとされている。

天香語山命の軍勢がこのルートを取らず、京都盆地経由で桂川を遡り、山中を行軍したのは、京都盆地に強力な敵がいて天津神軍を結集させる必要があったことと、園部町にも掃討すべき勢力が存在したためと推測されるのである。

そして、丹後には、天香語山命《あめのかごやまのみこと》の軍勢が丹後方面に向かったことを裏付ける重要な情報がある。それは丹後一宮の籠神《この》社所蔵の国宝「海部氏系図《あまべうじけいず》」と「息津鏡《おきつかがみ》」「邊津鏡《へつかがみ》」である。

海部氏系図《あまべうじけいず》は、現存する日本最古の系図であり、平安時代初期の貞観年中に書かれたものである。ここには籠神《この》社の現宮司の祖先が天火明命《あめのほあかりのみこと》（饒速日命）やその子天香語山命《あめのかごやまのみこと》であることが記されていて、天香語山命《あめのかごやまのみこと》の軍勢が丹後方面に進出したことを示している。

また、息津鏡と邊津鏡は、『先代旧事本紀』によると、饒速日命が天神御祖《あまつみおや》から授けられた十種神宝《とくさのかむだから》の一部とされるものである。籠《この》神社に残された宝物は、饒速日命が天孫のしるしである十種の神宝の一部を天香語山命《あめのかごやまのみこと》に分け与え、さらに丹後地方を治めた一族に引き継がれ、それが籠《この》神社に代々伝えられたものであろう。

そして、近畿地方の鉄鏃の県別出土数（P273 表）を見ると、京都府が最も多く、綾部市や福知山市、丹後半島方面から多数の鉄鏃が出土する。これも京都盆地から丹後方面にかけて天津神と国津神の激しい戦いが行われた証拠に見える。

## ■近江進出

天香語山命《あめのかごやまのみこと》の軍勢が近江方面にも進出したと推理した理由を以下に述べよう。

まず、琵琶湖の南のほとりの滋賀県守山市欲賀《ほしか》町の欲賀《ほしか》南遺跡に、三世紀後半の築造と見られる直径 25m の円墳がある。

この古墳の周辺には、弥生中後期の方形周溝墓の群集地があり、三世紀後半に、それまでの伝統的な方形の墓ではなく、突然、大型円墳が出現したのである。

この円墳について橿原考古学研究所の寺澤薫氏は、「九州や山陽地方では弥生後期の円形墓が多くあり、その流れを受けて近江に築造されたのでは」と述べる。

寺沢氏のこの見解は、九州から来た天津神がこの地域に進出したとする私の推論と整合する。

そして、この円墳の周濠の底から庄内式土器の破片が出土している。

第二一章で詳しく述べるが、私は、庄内式土器は饒速日命や物部氏によって北部九州からもたらされた土器とする安本美典氏の説を支持している。

欲賀《ほしか》南遺跡で庄内式土器が発見されたことは、九州起源の庄内式土器を持った天津神の軍勢が琵琶湖の南側を平定し、ここに新たな墓制を持ち込んだ、つまり、京都盆地から東進した天香語山命《あめのかごやまのみこと》の軍勢がこの地域に進出したことによる現象と考えられるのである。伊邪那岐命を祀る滋賀県犬山郡の多賀大社や、天の安川を思わせる「野洲川」がこの地域にあるのも、天津神の進出を裏付けている（P277図）。

そして、二〇一六年、天津神がこの地域に武力進出してきたことを示す遺跡が現れた。滋賀県彦根市南部の稲部遺跡で、弥生時代終末から古墳時代初めの鉄器工房群の遺構が発見されたのである。

天津神軍は、大きな軍事作戦の前に、出雲の川向《かわむこう》遺跡や淡路島の五斗長垣内《ごっさかいと》遺跡のように、戦場の手前に基地を設けて武器の準備をしていた。稲部遺跡も、これから始まる琵琶湖東岸の北上作戦や、関ヶ原を越えて岐阜、尾張方面に進出する作戦のために鉄の武器の準備をする兵站基地だったのであろう。

鉄器工房は三〇棟以上ある竪穴建物群で、その中の二十三棟の床面から鉄片や鉄塊が見つかった。一部に土なども含んだ状態だが、全体の重さは計約六キロにのぼるという。同時に鍛冶や鉄を加工する際に使ったと思われる台石や、鉄製鏃二個なども見つかった。

稲部遺跡で十分な武器を準備した彼らは、琵琶湖東岸を北上し、琵琶湖の北端地域にまで進出したようにみえる。

たとえば、琵琶湖北東辺の滋賀県長浜市高月町の琵琶湖のほとりに大森古墳や姫塚古墳という前方後方墳があり、出雲系の国津神が進出していたことを示している（下図）。

これに対して、この地域には力丸町という「丸」付き地名があり（P277図）、さらに物部氏に由来すると思われる東物部、西物部という地名があって天津神たちが進出したように見える。この地域には弥生時代後期の住居跡や大規模な玉造工房群の物部遺跡があり、その竪穴住居跡からは天津神が九州で用いていた巴形銅器が出土している。

これらの情報は、天香語山命に率いられた天津物部の兵士が琵琶湖北端部に砦を築いて進出し、この地域の国津神を平らげて定住したことを示している。

## ■天津神の濃尾平野進出と朝日遺跡

滋賀県の米原市を、天野川という名前の川が伊吹山の山裾から西に向かって流れ、琵琶湖に注いでいる。

大阪府の枚方から奈良県の生駒に抜ける磐船街道沿いにも天野川が流れている。この街道沿いに饒速日命を祀る磐船神社があり、天津神の饒速日命がこの地域で活躍したことに因んで天野川と呼ばれたようだ。

天津神は「天」に強いこだわりを持っている。米原の天野川も天津神の行動と関係する命名と思われる。

米原から天野川に沿って遡ればその先はすぐ関ヶ原である。琵琶湖の東

大森古墳と物部遺跡

側を制圧した天香語山命《あめのかごやまのみこと》の軍勢は、天野川を遡り、関ヶ原を越えて濃尾平野に進出したと考えられるのである。

その根拠は、まず、岐阜市街に日ノ本町という地名があること。日ノ本町周辺に太郎丸、又丸、坂丸、古知丸などの「丸」付き地名が分布していること（P277図）。さらに、決め手となるのは、饒速日命の息子の天香語山命《あめのかごやまのみこと》が尾張氏の祖先とされていることである。

天香語山命《あめのかごやまのみこと》の軍勢が砦を築きながら関ヶ原の東側に進出し、岐阜市に基幹基地の「日ノ本」を築造して、濃尾平野の本格的な攻略を始めたのであろう。

岐阜の「日ノ本」から南南東に二〇キロほどのところに、愛知県清須市・西春日井郡春日町・名古屋市西区にまたがる巨大集落朝日遺跡がある。この遺跡は、東西一・四キロ、南北〇・八キロ、推定面積八〇万平方にも及ぶこの地域最大級の環濠集落である。周囲には、西には松ノ木、廻間《はざま》遺跡など、南西には阿弥陀寺、大渕遺跡など、また、東から北東にかけては弥勒寺御申塚、月縄手などの弥生遺跡がここを中心にして密集している。朝日遺跡からは様々な遺物や遺構が発見されており、これらを手がかりに朝日遺跡と天香語山命《あめのかごやまのみこと》との関係を探ってみたい。

まず、ここからは、遠賀川式土器や松菊里型住居の跡が発見されており、ここがもともとは北部九州を経由してこの地域に進出した倭人の集落であり、この一帯が倭人によって開拓された地域であることがわかる（下図）。

そして、北側の工房域の外縁の土坑から、菱環鈕式銅鐸の石製鋳型が出土し、南側の居住域をめぐる弥生時代後期の環濠の外側で扁平鈕式と思われる銅鐸が出土している。

北部九州の天津神の隆盛に対抗するために大国主命が広範な地域の倭人を団結させた時に、大国主命は、敵味方を区別するために目に見えるかたちの支配のシンボルを必要とした。次章で詳しく述べるが、菱環鈕式や扁平鈕式の銅鐸はそのために大国主命が配布したものと私は考える。

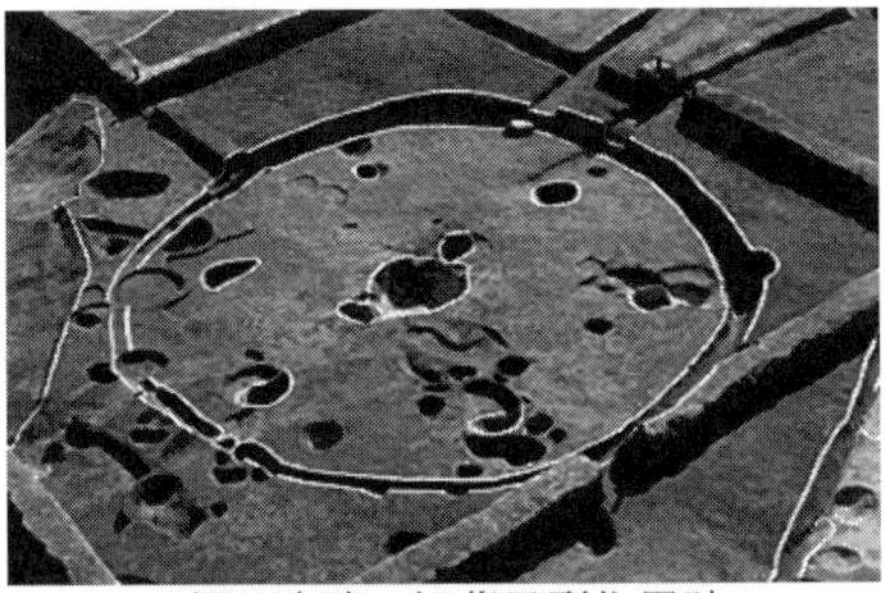

朝日遺跡の松菊里型住居跡
(愛知県埋蔵文化財センター)

朝日遺跡から銅鐸の鋳型が出土したことは、ここが大国主命側の拠点集落であり、大国主命がこの地域の倭人たちを糾合する中心の集落であったことを示している。

岐阜の「日ノ本」に基幹基地を築いた天香語山命《あめのかごやまのみこと》が攻撃の対象としたのは、朝日集落を中心に濃尾平野南部で繁栄し、大国主命を盟主と仰ぐ倭人集団であったと考えられるのである。

やがて、天香語山命《あめのかごやまのみこと》の軍勢は、朝日の環濠集落を陥落させた。

そう思う理由は、まず、ある時期から朝日集落の住居の型式が変わったことである。それまでの円形の竪穴建物が消滅して、住居はすべて方形・長方形・胴張り長方形になる。これは倭人の伝統的な松菊里タイプの丸形住居が途絶したことを意味し、倭人に変わる新たな部族が生活を始めたことを示すものである。

そして、弥生時代後期の朝日遺跡からは濃尾平野の特徴的な土器であるS字甕（S字状口縁台付甕）やパレス壺（パレススタイル壺）などが出土するが、朝日遺跡などの伊勢湾岸の集落の環濠が埋まるのと同じ時期に、S字甕やパレス壷が関東で爆発的に増加している。これは、朝日遺跡など濃尾平野に住んでいた倭人が、天津神に追われて関東に逃げ込んだ証拠ではないかと思うのである。たとえば、千葉県木更津市の高部古墳群は最古期の前方後方墳とされるが、ここでは伊勢湾岸など東海地方からの影響が明瞭に認められる土器が出土するという。濃尾平野の倭人が逃亡してきたのであろう。

## 二〇．銅鐸

### ■銅鐸の種類

元国立歴史民俗博物館長の佐原眞氏は、銅鐸の鈕の特徴をもとに、銅鐸の種類を、菱環鈕《りょうかんちゅう》式、外縁付鈕《がいえんつきちゅう》式、扁平鈕《へんぺいちゅう》式、突線鈕《とっせんちゅう》式の四種類に分類し、おおむねこの順序で型式が変化していったとする（次頁図）。

そして、銅鐸が使用された年代について、佐原氏は、外縁付鈕式の流水文が、紀元前二世紀ごろの近畿の第II様式の土器の流水文と類似するとして、外縁付鈕式の年代を紀元前二〜一世紀、その前の菱環鈕式を紀元前三〜二世紀とし、扁平鈕式、突線鈕式にはそれぞれ前一世紀から後一世紀、一世紀〜三世紀という年代を与えている。

しかし、佐原氏のこの年代観についてはさまざまな異論がある。たとえば、東京国立博物館の三木文雄氏は、外縁付鈕式の流水文は畿内第Ⅱ様式だけでなく第Ⅳ様式以降の土器にも存在し、石川県猫橋遺跡から出土した弥生時代後期の木器に流水文を彫刻した例があることや、古い銅鐸と共伴する青銅武器が中期末から後期初頭のものであることなどから、銅鐸の始まる時期を弥生時代の中期後半としている。また、考古学者の大塚初重氏の話によると、恩師の考古学者・杉原荘介氏は、「銅鐸のほとんどは弥生後期だよ」といっていたそうである。

弥生時代の終わりに銅鐸も終末を迎えることについては多くの研究者が認めているのだが、銅鐸の始まりについては、研究者によって年代に二〇〇年以上の開きがあるのである。

他の遺物を共伴せず単独で出土することの多い銅鐸は、考古学的に年代を示す手がかりがほとんどないので、考古学的なアプローチだけで年代を決めるのはかなり難しい。

なお、銅鐸には佐原氏が分類した四つの型式以外にも、朝鮮式小銅鐸、小銅鐸、福田型銅鐸といわれる小型の種類がある。これらの銅鐸についても注目してみよう。

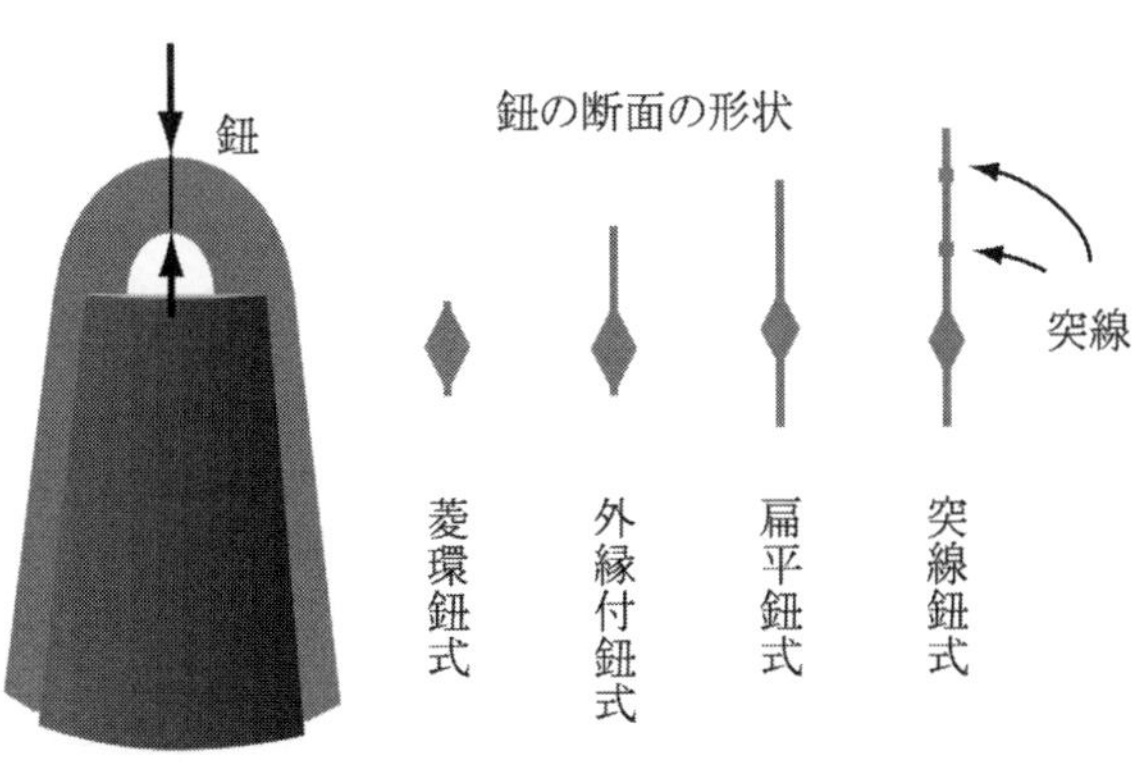


## ■銅鐸の材料

青銅器に含まれる鉛の同位体の比率を分析することによって、材料に含まれる鉛の産地を知ることができる。この方法によると弥生時代から古墳時代はじめの青銅器の鉛はおよそ次の三種類に分類できるそうである。

a．細型銅剣、細形銅戈、細形銅矛、多鈕細文鏡などに使用されているのは、朝鮮半島系青銅器の鉛。
b．前漢鏡、小型仿製鏡、広型銅矛、広形銅戈などに使用されているのは、華北の鉛。
c．三角縁神獣鏡、画像鏡、古墳出土の仿製鏡などに使用されているのは華中・華南の鉛。

第二章でも述べたが、元慶尚大学招聘教授の新井宏氏の研究によると、朝鮮半島系青銅器の鉛は中国雲南省が原産であり、中国の中原地域で宝物として伝世された青銅器を、華北の燕が戦国時代の末期の戦乱に乗じて斉から収奪して、青銅器の原料として再溶解し、その一部が朝鮮半島系の青銅器に加工されて日本列島にもたらされたとする。

さて、銅鐸についても鉛同位体の分析が行われていて、福田型の一部、菱環紐式の全て、外縁付紐式の一部が朝鮮半島系の鉛を含む材料で作られている。福田型は岡山市足守出土のものが朝鮮半島系の鉛を用いていることが判明しているし、外縁付鈕式は途中で朝鮮半島系の鉛から華北の鉛に代わっている(P291下表)。

そして、これ以外のほとんどの銅鐸は、華北産原料で作られていることが知られている。

銅鐸の鉛成分がこのような違いをみせる背景にはどのような事情が隠されているのだろうか。それを探るため、まず、朝鮮半島系の鉛と華北の鉛について、日本国内での分布について考えてみよう。

華北の鉛を含む青銅器がはじめて日本に持ち込まれたのは三雲南小路や須玖岡本の王たちが入手した前漢鏡であったろう。その後、倭国王帥升が後漢鏡を持ち帰ったが、中国との直接交流が限定的であったことを考えると、この時代までに入手した青銅器の量はそれほど多くはなかったと思われる。そして彼らが持ち込んだ青銅器は、ほとんど甕棺部族の中で保有され、倭人の手には渡らなかったと思われる。

華北の鉛を含む青銅器を大量に入手したのは女王卑弥呼が魏から一〇〇枚の銅鏡を与えられたころからであろう。女王の国は華北の魏と密接な関係にあって頻繁に使者が行き来していたし、台与の代になっても魏や晋との交流を行ったので、華北の鉛を含む青銅器やその材料を、中国から入手する機会が何回もあった。

そして、二六六年の台与の朝貢を最後として、一〇〇年以上あとの倭の五王の時代まで中国との交流はほとんど途絶えてしまったので、二六六年以降は大量の青銅材料を入手する道も途切れてしまったと思われるのである。

すなわち、華北の鉛を含む青銅材料は、北部九州の甕棺部族とそれを引き継いだ天津神陣営に大量にストックされ、さまざまな青銅器の材料にされていた可能性があるのである。そして、中国の王朝と直接の交流を持たなかった山陰や近畿地方には華北の鉛を含む青銅材料は、もともとは存在しなかったと考えられるのである。

いっぽう、朝鮮半島系の鉛が含まれた青銅材料は、朝鮮半島を経由して日本列島に渡来してきた倭人が、細形の銅剣、銅戈、銅矛や多鈕細文鏡として持ち込んだのであろう。その後も朝鮮半島南部の倭人は、宗像や遠賀川下流域を経由して山陰や近畿地方など日本全国に盛んに進出していった。朝鮮半島系の鉛を含む青銅器は彼らによって列島各地に拡散していったと考えられるのである。

**■朝鮮式小銅鐸・小銅鐸**

では、型式ごとに銅鐸を詳しくみてみよう。

まず、朝鮮式小銅鐸、小銅鐸、福田型銅鐸といわれる小型の種類の銅鐸から見ていこう。

朝鮮式小銅鐸は、高さ一〇～一五センチの朝鮮半島起源の小さな銅鐸で、宇佐市別府《びゅう》遺跡の出土品がよく知られている。また、最近では福岡市西区の九州大学の統合移転地内にある元岡遺跡群で、二つの朝鮮式小銅鐸が出土している。

朝鮮式小銅鐸は、鈕の断面の形が円形であり、表面の文様や鰭《ひれ》がなく、日本の銅鐸とは形式的に大きな違いがあることから、日本の銅鐸の原型ではないとする見解があった。

ところが九州における最近の発掘ではこの間を埋める遺物が数多く発見されている。嘉麻市の原田遺跡で発見された小銅鐸鋳型には横帯文があったし、熊本の八ノ坪遺跡で出土した小銅鐸の鋳型には、鈕の部分の断面が菱形になっていることが確認された。また、福津市の勝浦高原遺跡の小銅鐸鋳型では朝鮮式小銅鐸には見られない舞の部分の傾斜が確認されている。

これらの状況から、朝鮮式小銅鐸は日本列島の銅鐸の直接の祖先と判断されている。

小銅鐸はやはり二〇センチ以下の小さい国産の銅鐸で、弥生時代から古墳時代まで非常に長い時間幅の遺跡で出土し、また、地域的にも九州から関東地方まで広がっている。東海地方より東の出土品は、ほとんどが古墳時代以降のもののようで、古墳から出土したものもある。

銅鐸がどんどん大きくなっていくのとは無関係に、小銅鐸は、音を出すという本来の銅鐸の機能を保ったまま古墳時代まで使用されている。第一〇章で述べたように、戦いのなかで号令や合図を伝える実用的な戦具として活用されたのであろう。

そのため、弥生時代から古墳時代まで、また、九州から関東地方まで、戦いのあるところで幅広く使用されていたと思われる。

九州から近畿地方にかけては、北部九州の天津神勢力と出雲や近畿地方の国津神勢力の戦いが各地で行われた。また、古墳時代には、四道将軍が吉備、丹波、北陸、東海地方に派遣され、日本武尊がさらに東の国まで遠征して反抗する勢力の掃討作戦が展開された。

古墳時代の小銅鐸は、四道将軍や日本武尊の軍勢が、戦いの中で通信連絡の手段として用いたものであろう。相模や房総半島、関東平野などの小銅鐸の分布が、日本武尊の東国遠征のルートと重なっているのは、これを裏付けているように見える。

## ■福田型銅鐸

福田型銅鐸は、広島市東区福田町で最初に見つかったことから福田型と呼ばれている。この銅鐸は、文様が、横帯文《おうたいもん》と呼ぶ横帯だけであることと、側面の鰭《ひれ》の文様が三角模様をすべて斜線で埋める複合鋸歯文《ふくごうきょしもん》を持っていることが大きな特徴である。また、目と鼻など人の顔が描かれたものがある。これは邪視《じゃし》文とよばれる特異な文様で、邪悪をさける意味があるとされる。

福田型銅鐸は、佐原眞氏が鈕の変化を元に分類した銅鐸の種類には含まれない。佐原氏は福田型銅鐸について「正当な銅鐸の形式学的系統からはずれた地方色を持った銅鐸における特例として説明できる」と述べているが、福田型銅鐸をこのように異端視することは妥当なことなのだろうか。

古代人が佐原氏の云うように鈕のかたちの発展を「正当な銅鐸の形式学的系統」と

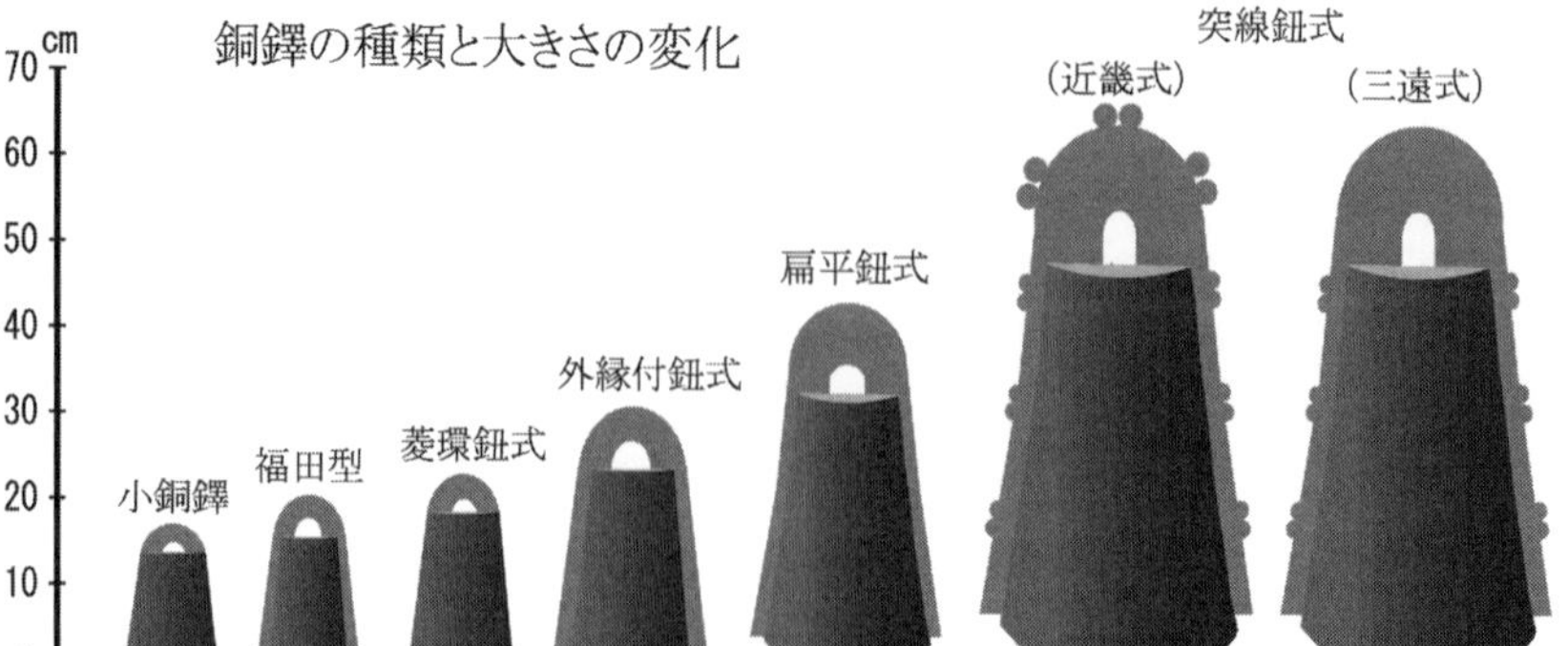

考えて銅鐸の形を変化させた保証はないのである。

たとえば、荒神谷一号銅鐸は、佐原眞氏が最初に見たとき「この銅鐸が骨董屋にならんでいたら、私はまちがいなく偽物というだろう」といわれたほどユニークな銅鐸で、鈕の断面が菱形ではなく、「凸」形になっている（下図）。ここからは、古代人が、鈕の形式にとらわれず自由に意匠を創造したことがうかがえる。

東京国立博物館の三木文雄氏も「果たして鈕による銅鐸の型式分類が、銅鐸を正しく編年づけ得るか疑問なきを得ない」と述べている。

福田型銅鐸を、鈕の形から外縁付鈕式に分類し、その中でも特異な文様を持つものと位置づけることは可能だが、これは必ずしも必然的なものではない。もちろん鈕の形状もその一つだが、大きさ、文様、分布など、銅鐸のさまざまな特性に注目しながら銅鐸全体の流れの中でこの銅鐸を考えるべきだと思う。

たとえば、高さ 15cm ほどの朝鮮式小銅鐸を直接の祖先として次第に大型化し、最後は近畿式や三遠式のように 1m を超える大型の銅鐸になって終わるという銅鐸の変化を見れば、次第に大型化していくというのが銅鐸の大きな特性であることがわかる。

そうすると、福田型銅鐸は菱環鈕式に先行する可能性があり、私はそのように見たほうが良いと考えている。

これまで福田型銅鐸は九州と中国地方からわずか五例しか発見されていない。九州では吉野ヶ里遺跡の北方でひとつ発見されている。山陰では、出雲国と伯耆国から出土したと伝えられているものがひとつずつ、山陽地域では広島市東区福田町で発見されたものと、岡山市足守で出土したと伝えられるものである。

そして、このうち吉野ヶ里と出雲の銅鐸は同じ鋳型から造った兄弟(同笵)銅鐸であることが判明している（下図）。おもしろいことに、この二つの銅鐸を比べると、同笵

荒神谷１号銅鐸の鈕

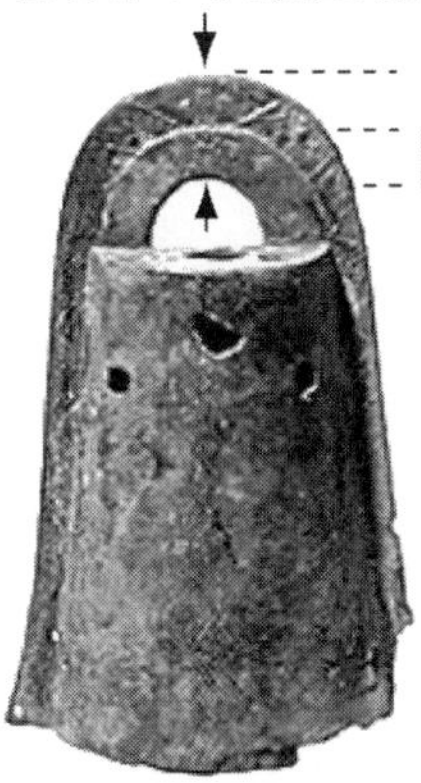

出雲（木幡家）銅鐸（左）と吉野ヶ里銅鐸（右）
シンポジウム「山陰に弥生王国は実在したか」資料より

銅鐸でありながら出雲の銅鐸にだけ邪視文がある。これは、吉野ヶ里銅鐸を造ったあと、邪視文の文様を鋳型に刻んで出雲の銅鐸を造ったことを意味しており、出雲の銅鐸のほうが、製造時期が新しいことを示すものである。

さて、鋳型について注目すると、佐賀県の安永田遺跡で出土した銅鐸鋳型が、鰭《ひれ》の部分に福田型の特徴である複合鋸歯紋を持っていることから、福田型銅鐸の鋳型であるとされている。そして、もうひとつ福岡市博多区の赤穂ノ浦遺跡出土の銅鐸鋳型も複合鋸歯紋があることから福田型の可能性があるということである。

前にも触れたように、安永田遺跡では、銅鐸の鋳型とともに中広形銅矛の鋳型が出土している。これは、福田型銅鐸の造られた時代が、中広形銅矛と同時代、すなわち、北部九州で鉄製武器が普及し青銅武器が実用品ではなくなった邪馬台国時代であることを意味している。

これらのことを総合すると、福田型銅鐸は、邪馬台国の時代に九州で製作され、はじめは九州で使用されたが、のちに中国地方に持ち込まれ、中国地方の各地に伝播したと考えられるのである。

そして、福田型よりも大きな形状の菱環鈕式、外縁付鈕式、扁平鈕式などが、福田型よりもあとに出現した銅鐸とするならば、これらが使用された期間は、弥生時代終末期の邪馬台国時代から、古墳時代に入る前までのほんのわずかな期間ということになる。

## ■須佐之男命の銅鐸

さてそれでは、福田型銅鐸を製作し使用したのは誰であろうか。

私は第十章で、銅鐸は大規模な軍隊の指揮用や敵の威嚇用として用いられた可能性が高いと述べた。この見解に従えば、吉野ヶ里遺跡や安永田遺跡で発見された福田型銅鐸とその鋳型は、筑紫平野での大規模な軍事作戦のなかで使われたものと推理できる。

福田型銅鐸が使用された邪馬台国の時代に、筑紫平野で展開した大規模な軍事作戦とは、須佐之男命の筑紫平野掃討作戦である。したがって、福田型銅鐸は須佐之男命が使った銅鐸ということになる。須佐之男命が吉野ヶ里方面の攻略の時に基地とした安永田遺跡から鋳型が出土していることも、この銅鐸と須佐之男命の関係を示している。

　福田型銅鐸が須佐之男命の銅鐸であることは、須佐之男命の活躍した地域と福田型銅鐸の分布範囲が重なることでも裏づけられる（下図）。

『古事記』などには、須佐之男命は黄泉の国に追放され、八岐大蛇を退治して山陰で勢力を伸ばしたことが記される。また、『日本書紀』神代上の一書第三に、「素戔嗚尊《すさのおのみこと》が、蛇を断りたまへる剣は、今、吉備の神部《かむとものを》のところにあり。」と記されている。『石上神宮旧記』という文献には、神部《かむとものを》とは、吉備の石上布都魂《いそのかみふつみたま》神社であることが記される。

　つまり、須佐之男命が八岐大蛇を退治した剣が、かつては吉備の石上布都魂《いそのかみふつみたま》神社に安置されていたことが記されているのである。

　これらの伝承は、須佐之男命が、九州で活躍したのち山陰に渡って、山陰だけでなく吉備など瀬戸内海側にもその勢力を伸ばしていたことを伝えるものである。そして、備後の三次《みよし》盆地や吉備の地方は、もともと須佐之男命の母親の伊邪那美命の部族が鉄資源を求めて進出していた地域であった。

　須佐之男命たちの活躍地域と福田型銅鐸の分布を比べると、筑紫平野、出雲、伯耆、安芸、吉備から、わずか五鐸しか発見されていない福田型銅鐸であるが、須佐之男命の活躍地域と分布が重なるように見える。

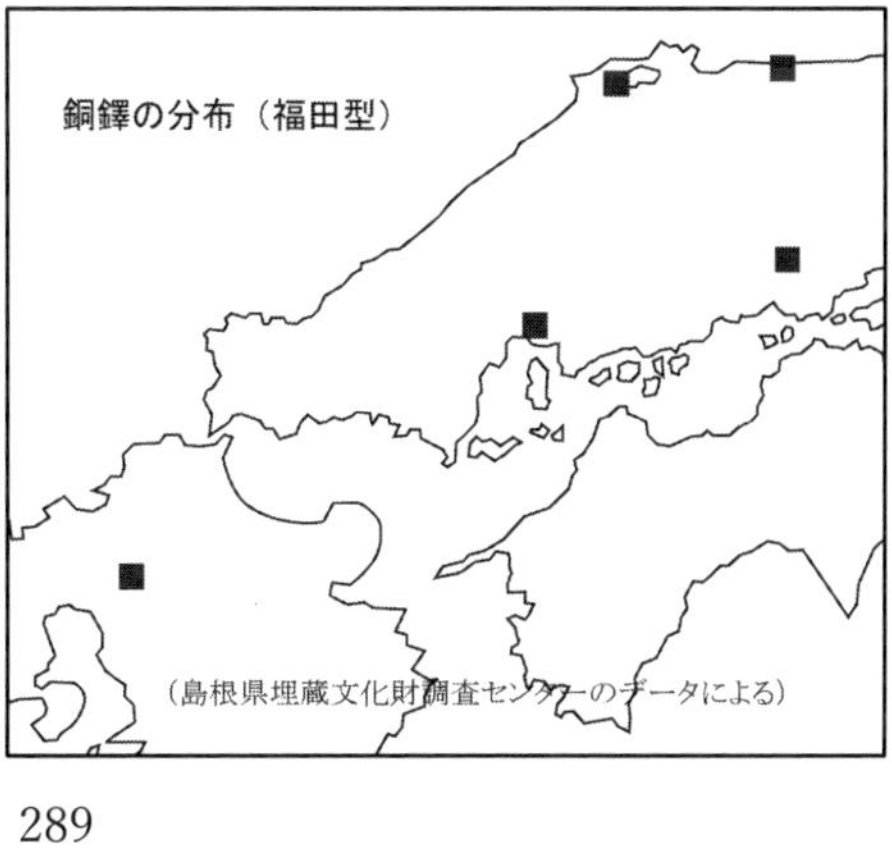
銅鐸の分布（福田型）
（島根県埋蔵文化財調査センターのデータによる）

　そして、同笵銅鐸と判明した二つの銅鐸のうち、吉野ヶ里のものが先に作られ出雲が後に作られたと言う事実は、北部九州で活躍した後、山陰に渡った須佐之男命の行動と整合している。

　また、福田型銅鐸に、天津神陣営が保有していた華北の鉛を含む青銅材料で作られたものと、岡山県足守出土銅鐸のように、倭人が蓄えていた朝鮮半島系の鉛を含むもののあることが判明している。

　これも、この銅鐸が、天津神軍の皇子将軍であり、のちに、出雲に追放されて倭人の長《おさ》となった須佐之男命と関係するものであることを裏づけている。

これらのことは福田型銅鐸が、須佐之男命の部族によって使用されていたことの証拠と思えるのである。

## ■菱環鈕式・外縁付鈕式・扁平鈕式の銅鐸

さてつぎは、菱環鈕式、外縁付鈕式、扁平鈕式の銅鐸について考えてみよう。これらの銅鐸は、出雲から東の中国地方、近畿地方の同じような地域に分布している（下図）。

神庭荒神谷遺跡や、加茂岩倉遺跡での銅鐸の出土状況では、これらの銅鐸は同じように扱われているように見える。すなわち、神庭荒神谷遺跡では、菱環鈕式と外縁付鈕式がいっしょに出土しているし、加茂岩倉遺跡では外縁付鈕式と扁平鈕式が同時に、しかも、入れ子になって出土している。同じような分布を示し、同じように取り扱われ、いっしょに埋められたこれらの銅鐸は、ひとまとめにして考えてもよいように思える。いっしょに埋められたことは、これらの銅鐸が作られた時期も使われた時期も、ほぼ同じような時代と考えるのが自然である。

何百年も伝世された古い銅鐸と、新しい銅鐸とがいっしょに埋められたとする佐原眞氏のような説明は根拠が乏しく無理があると思うのである。

しかし、これらの銅鐸の材料についてみると、おもしろい違いが見られる。前述のように、通説では最古式といわれる菱環鈕式は朝鮮半島系の鉛を含む材料が使用されており、この三種の銅鐸の中では最も新しいとされる扁平鈕式は華北の鉛を含む材料である（次頁下表）。そして、外縁付鈕

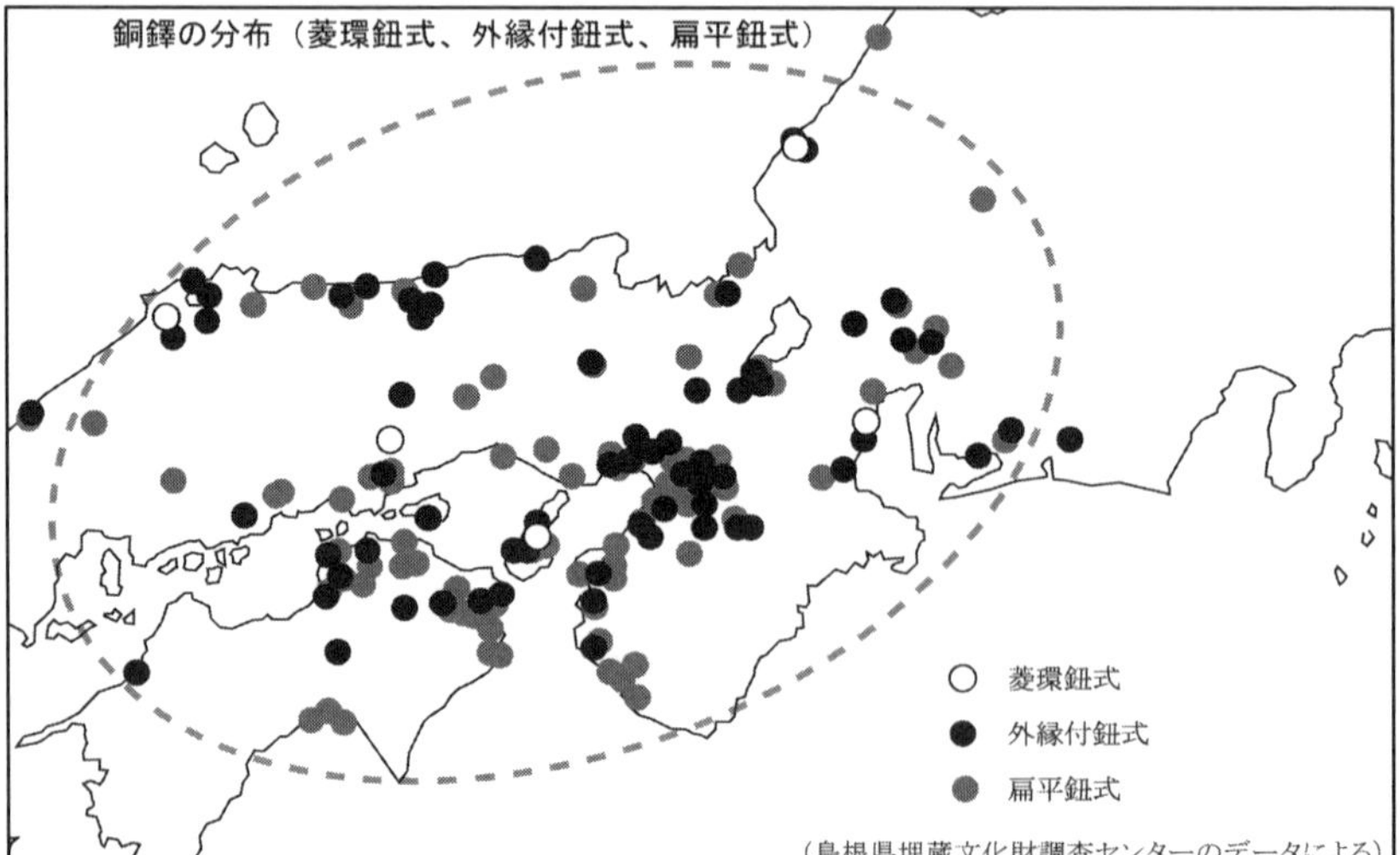

**荒神谷遺跡出土の16本の銅矛の鉛**　（馬渕久夫氏による）

| 銅矛の形式 | 中細型 | 中広型 | 合計 |
|---|---|---|---|
| 朝鮮半島系の鉛 | ２号矛 | ４、５、１０号矛 | 4本 |
| 華北の鉛 | １号矛 | ３、６、７、９、１１、１２、１４、１５、１６号矛 | 10本 |
| ２種類の鉛の混合 | | ８、１３号矛 | 2本 |

式は、はじめは、朝鮮半島系の鉛を含む材料であったが、途中から華北の鉛を含む材料に代わっている。

すなわち、銅鐸の材料は、朝鮮半島系の鉛を含むものから、華北の鉛を含むものへとある時期に切り替えられ、外縁付鈕式は切り替えの過渡期に作られた型式なので、その初期のものは朝鮮半島系の鉛を含み、新しいものは華北の鉛を含むことになったと考えられる。

不思議なことに、銅鐸と同様に異なる材料に切り替わる現象が、荒神谷遺跡から出土した一六本の銅矛にも見られる。

一六本の銅矛に含まれる鉛同位体は次の三グループに分かれる。

朝鮮半島系の鉛を含むものが四本、華北の鉛を含むもの一〇本、その中間の値のものが二本である（上表）。中間の値を示す二本は、二種類の材料が混合されたものである。

これも、はじめは朝鮮半島系の鉛を含む青銅材料で銅矛を製作していたが、銅鐸と同じように、途中から華北産の鉛を含む材料に切り替えていったと理解できそうである。荒神谷遺跡の銅矛の形式は表のように中広型が一六本、中細型が二本だが、中広型、中細型の両方とも

**青銅製品と原料の鉛の産地**

| 朝鮮半島系の鉛 | 華北の鉛 | 華南・華中の鉛 |
|---|---|---|
| 細型銅剣 | 前漢鏡 | 三角縁神獣鏡 |
| 細型銅矛 | 小型仿製鏡 | 画像鏡 |
| 細型銅戈 | 広型銅矛 | 古墳出土の仿製鏡 |
| 多鈕細文鏡 | 広型銅戈 | |
| **中広型銅矛**（荒神谷の一部） | **中広型銅矛**（荒神谷の一部） | |
| **福田型銅鐸**（足守） | **福田型銅鐸** | |
| 菱環鈕式銅鐸 | | |
| **外縁付鈕式銅鐸**（古いタイプ） | **外縁付鈕式銅鐸**（新しいタイプ） | |
| | 扁平鈕式銅鐸 | |
| | 突線鈕式銅鐸 | |

材料が切り替わっている。これは、出雲では中細形銅矛と中広型銅矛が同じ時期に作られたことを示している。

そして、朝鮮半島系の鉛を含む材料と、華北の鉛を含む材料の両方が使用された外縁付鈕式銅鐸も、中広型や中細型の銅矛と同じ時期に製作されたものと考えられる。

さらに、小型の福田型銅鐸に、朝鮮半島系の鉛が含まれているものと、華北の鉛が含まれているものがあり、中広型銅矛と同時代のものであることを前述した。

福田型銅鐸も外縁付鈕式銅鐸も中細型や中広型の銅矛と同時代のもの、そして、おそらくは、外縁付鈕式銅鐸と同じような分布を示す菱環鈕式や扁平鈕式の銅鐸も、中広型銅矛が作られた邪馬台国時代に近い時期に制作されたものと推定されるのである。

つまり銅鐸は、佐原眞氏の主張のように前三世紀から後三世紀までの長期にわたって作られていたものではなく、弥生時代終末期の邪馬台国時代から、古墳時代に入る前までのほんのわずかな期間に用いられたものということがここでも示されているのである。

そして、材料が切り替わる青銅器の製作地には、はじめは朝鮮半島系の鉛はあったが華北の鉛が存在せず、そののちに華北の鉛を含む青銅材料が大量に入手できるようになったことを意味している。

銅矛と銅鐸が出土する地域で青銅材料がこのような条件に適合するのはどこであろうか。

## ■大国主命の銅鐸

前述のように、朝鮮半島系の材料は出雲など西日本の倭人が保有していたものと考えられる。華北の鉛を含む材料は、卑弥呼や台与が活躍した邪馬台国の時代に天津神たちが入手したものであり、出雲には存在しなかった。

しかし、出雲の大国主命のところに北部九州を追われた神産巣日命が合流してきた。神産巣日命は、それまで北部九州の天津神勢力の中枢にいて、魏の銅を確保できる立場にいた。彼が、持っていた大量の華北（魏）の青銅材料を出雲にもたらしたと考えられるのである。

すなわち、出雲は、はじめは朝鮮半島系の鉛を含み、つぎに、華北の鉛を含むものに代わるという青銅材料の要件を満たしているのである。

出雲からは銅鐸と銅矛の両方が多数発見されているし、須佐之男命がすでに福田型の銅鐸を持ち込んでいるので、須佐之男命の後継者として大国主命が彼のシンボルの銅鐸を踏襲した可能性が大である。すなわち、菱環鈕式、外縁付鈕式、扁平鈕式の三種の銅鐸は、大国主命によって出雲で作られた銅鐸の可能性が強いのである。

大国主命が須佐之男命の権力を引き継いで銅鐸を製作した時、はじめは倭人が出雲に持ち込んでいた朝鮮半島系の鉛を含む青銅材料で作り始めた。しかし、第二章で述べたように、この材料は略奪品であるため、継続的な供給がなく、すぐに枯渇してしまった。そこに神産巣日尊が華北の鉛を含む材料を持ち込んだので、これを使い始めたと考えられるのである。

外縁付鈕式銅鐸の中でも一式と呼ばれる古いタイプに、朝鮮半島系の鉛が含まれているものが多いことは、途中で材料が変更されたことを裏付ける情報と考えられる。

なぜなら、外縁付鈕一式の銅鐸は三〇センチ以下の小型の銅鐸で、荒神谷遺跡や鳥取県東伯郡泊村など出雲に近い場所から出土している。そして、やや大型の外縁付鈕式二式は近畿地方など出雲からやや離れたところから発見される。この現象は、外縁付鈕一式の銅鐸が菱環鈕式と同様に、ほかの銅鐸よりも若干早い時期に古い材料で造られ、出雲の近くに配られたと理解することができるからである。

荒神谷遺跡から六つの銅鐸が出土しているが、そのうち外縁付鈕一式の四鐸と菱環鈕一式一鐸は、いずれも朝鮮半島系の鉛を含むものであった。特異な鈕の形状の一号鐸（P287 図）だけは華北の鉛を含む材料を用いている。鰭《ひれ》に複合鋸歯文があることから福田型の影響が認められるこの銅鐸は、須佐之男命と関係する銅鐸と思われる。そのため、須佐之男命が北部九州で持っていた華北の鉛を含む材料が用いられたと考えられるのである。

## ■銅鐸の分布と用途

菱環鈕式、外縁付鈕式、扁平鈕式の銅鐸は、山陰と近畿地域に濃密に分布しているほか、四国東北部、淡路島、紀伊などや、東のほうでは琵琶湖周辺から濃尾平野まで、かなり広い地域に分布している（P290図）。

これらが大国主命の銅鐸とすれば、この分布地域は、北部九州の天津神勢力の強大化に対抗して、大国主命が倭人を大同団結させた地域の広がりを示すと考えられ、銅鐸はその証しとして大国主命が各地の首長に与えたものと推定できる。

次のようなことは銅鐸が出雲から各地へ送られたものであることを裏付ける情報であろう。

まず、加茂岩倉遺跡から出土した大量の銅鐸の中に、他の地域と同笵関係にあるものが、一四鐸も確認されていることである。その範囲は加茂岩倉を起点として鳥取県・岡山県・兵庫県・大阪府・徳島県・奈良県・和歌山県・福井県・岐阜県の広範囲に及んでいる。

そして、京都国立博物館考古室長の難波洋三氏は、同笵関係にある加茂岩倉三四号鐸、神戸市の桜ヶ丘三号鐸、鳥取県岩美町の上屋敷銅鐸を比較して、「(加茂岩倉三四号鐸は、) 傷の付き方などから、桜ヶ丘三号、上屋敷のものより兄である印象を受けた」と述べる（一九九六年一〇月三〇日毎日新聞朝刊）。これも出雲を中心として次第に遠方の各地に銅鐸が配布されたことを意味しているのではないか。

菱環鈕式、外縁付鈕式、扁平鈕式の銅鐸についてはその出土数を見ても中心は出雲のように見える。佐古和枝氏のデータによると、菱環鈕式、外縁付鈕式、扁平鈕式などのいわゆる「聞く銅鐸」の出土数は、出雲四八に対して大和は一三でしかない（下表）。

なお、近畿地方や北陸地方など、出雲以外の地域で銅鐸の鋳型が発見されているが、これらは、各地にあった大国主命の地方支配の拠点で銅鐸の製作に使用されたものと考えられる。出雲から近畿東海地方まで膨大な数の銅鐸を運ぶのはいかにも非効率である。各地の拠点で銅鐸を製作し、周辺に配布したのだと思うのである。

さて、銅鐸を農耕儀礼用の祭器とする説がある。しかし、これには確固とした根拠があるわけではない。私は、上述のように、菱環鈕式、外縁付鈕式、扁平

聞く銅鐸の出土数
(佐古和枝氏のデータによる)

| 国名 | 聞く銅鐸の出土数 |
|---|---|
| 出雲 | 48 |
| 摂津 | 26 |
| 阿波 | 25 |
| 紀伊 | 16 |
| 大和 | 13 |
| 河内 | 12 |
| 淡路 | 8 |

聞く銅鐸：
菱環鈕式、外縁付鈕式
扁平鈕式、突線鈕式Ⅰ式

鈕式の銅鐸は大国主命との主従関係を結んだ証しとして、大国主命が各地の首長に与えたものと理解している。

前にも述べたが、支配のための制度が確立していない時代には、支配者と地域の長《おさ》との主従関係や、地域の統治権のよりどころを明示するために、なんらかの目に見える印《しるし》を必要とした。大国主命はそのためのシンボルとして銅鐸を用いたのであろう。

近畿地方に攻め込んだ神武天皇は、饒速日命に仕えると自称する長髄彦《ながすねひこ》に対して、天神のしるしのものが必ずあるはずだからそれを見せるよう要求している。そして、長髄彦《ながすねひこ》の差し出した「天の羽羽矢《ははや》」と「歩靫《かちゆき》」を見て、長髄彦《ながすねひこ》の主《あるじ》が饒速日命であることを確認した。目に見える確証があってはじめて主従関係や敵味方の区別が明らかになるのである。

支配者から見れば、シンボルのあるところは自身の支配領域であることが明示されるし、地域の首長から見れば、支配者によってこの地域の統治を任された証拠ということになる。

銅鐸は型式も大きさもさまざまな種類があり、おおむね次第に大型化し装飾が多くなっていくように見える。これは人々により強く畏敬の念を起こさせるように、見せる工夫がおこなわれた型式変化とも理解できるが、もうひとつ重要な意味がある。それは、銅鐸の大きさや型式によって、首長たちの地位や役割などを示したと思われることである。

その理由は、銅鐸が使用された期間は、従来の通説のように何百年に渡るものではなく、せいぜい数十年であり、異なる型式や異なる大きさの銅鐸が同時期に使用されていたと考えられることである。神庭荒神谷遺跡や加茂岩倉遺跡で異なる型式の銅鐸がいっしょに埋められていたのは、型式や大きさの異なる銅鐸が同時に使用されていたことを裏付けるものである。

型式や大きさの異なる銅鐸を同時期に使用する目的は、たとえば、大豪族には大きな銅鐸を与え、小豪族には小さな銅鐸を与えるというように、支配体制の中の序列や役割を明示するために大きさや型式の異なる銅鐸が利用されたと推定されるのである。

なお、安永田遺跡から福田型銅鐸の鋳型とともに中広形銅矛の鋳型が出土したことを前述したが、中広形銅矛の鋳型の一つを再利用してあとから側面に中細形銅矛を掘り込んだものが見つかっている。これは、形式の異なる銅矛が、かなり近い時期に、しかも中広型、中細型の順に作られ使用されたことを示している。また、荒神谷遺跡出土の中広形銅矛と中細形銅矛もほぼ同じ時期に作られていることも前述した。銅鐸と同様に、銅矛でも形式の違いが必ずしも大きな時間差を意味するものではなく、異なったタイプが同時期に作られ、使用されていたことに留意すべきである。

### ■埋められた銅鐸

銅鐸が支配者との主従関係を示すもの、とすることによって説明できることがもうひとつある。次のような銅鐸の不思議な出土の状況である。

銅鐸は、墓から出土するのではなく、人目につかない谷間の斜面や山腹などに、特別な施設もなく埋められた状態で発見されることが多い。なかには人為的に破壊されとみられるものもある。

銅鐸が支配者との強い絆を象徴するものであるならば、支配者が反対勢力に代わった時に、何よりもまず、前支配者との絆を象徴する銅鐸を廃棄するであろう。二度と銅鐸が使用されないように破壊したり、誰にも分からない場所に埋めたりしたのは、このような意味があるとするのが最も素直な理解である。農耕儀礼のための祭祀であれば支配者が代わったとしても土の中に隠したり粉々に破壊したりする理由にはならない。

荒神谷の銅剣や、加茂岩倉の銅鐸のなかに、「×」印を刻んだものがある（下図）。荒神谷の銅剣では三五八本中三四四本に「×」印が刻まれており、加茂岩倉の銅鐸では三九個中一三個に確認されている。「×」印の意味についてはさまざまな見解があるが、これについても、無効、あるいは、使用不可であることを明示したと素直に理解すべきであろう。戦いの最中の慌ただしい時に労力を使ってたたき壊すには数が多すぎたのである。

×印が刻まれた銅鐸の鈕

加茂岩倉遺跡のように銅鐸を入れ子にしたり、鰭《ひれ》の部分を上下にして埋められたりしているのは、最も少ない穴掘り労力で廃棄作業を終わらせるためと考えるべきである。入れ子にすれば体積は小さくなるし、鰭《ひれ》の部分を上下にすると、穴の底に崩れた土砂が多少残っていても上から力を加えれば容易に土の中に押し込むことができるからである。ちょっと実際の作業をイメージすれば分かることである。

素直に解釈すれば、銅鐸の不思議な出土のようすは、銅鐸を二度と使えないように住民から隔離し、破壊し、埋めるという作業を、なるべく短時間で効率よく実行した結果、このような特徴的な状況になったと理解できるのである。私は、それ以上の根拠のない意味づけは必要ないと考える。トンデモ説に惑わされてはいけない。

銅鐸の埋め方について、著名な学者がいろいろと祭祀に絡めた解釈しているが、箱に入れたり周囲を囲ったりして、祭器として丁寧に扱った形跡は全くないようである。学者たちの解釈はどうも恣意的で、説明に無理がある。

なお、吉野ケ里銅鐸も含めて、九州の銅鐸関連遺物は主に集落遺跡の内部や、集落からそれほど遠くない周辺部で見つかっている。また福岡県原田《はるだ》遺跡出土の小銅鐸のように、副葬品として墓から見つかる例もあって、人里離れた場所に埋められた山陰や近畿地方などとはようすが異なる。

これは、九州では銅鐸は戦争の道具として使われた実用品であり、権力のシンボルとなっていなかったので、破壊や隔離の対象ではなかったことを意味するのではないか。須佐之男命が銅鐸を山陰に持ち込んだ以降、とくに大国主命の時代になって支配者と結びついた特別の意味を強く持つようになったのであろう。

## ■神庭荒神谷遺跡と加茂岩倉遺跡

神庭荒神谷遺跡から、一九八四年と八五年に相次いで銅剣三五八本、銅鐸六個、銅矛一六本が出土した。銅剣の型式は、中細形銅剣c類とされるもので、山陰地域に多く分布する「出雲型銅剣」と呼ばれるものである。銅鐸の型式は、菱環鈕式が一鐸（五号鐸）、外縁付鈕式四鐸（二、三、四、六号鐸）、型式不明のものが一鐸（一号鐸）ある。また、銅矛は、岩永省三氏の分類型式では、中細形銅矛a類二本（一、二号）、中広形銅矛a類二本（三、一四号）、中広形銅矛b類一二本（四～一三、一五、一六号）ということになる。

加茂岩倉遺跡からは一九九六年に三九個の銅鐸が出土した。その内容は、外縁付鈕式二八鐸、外縁付鈕式と扁平鈕式の中間のもの二鐸、扁平鈕式六鐸、扁平鈕式と突線鈕式の間のもの三鐸である。

神庭荒神谷遺跡と加茂岩倉遺跡でこのように大量の青銅器が地中に埋められたのは、この地域の支配者の交代が契機になったと考えられる。

この二つの遺跡で発見された菱環鈕式、外縁付鈕式、扁平鈕式の銅鐸は、これまで述べてきたように、大国主命の銅鐸と私は考えるので、支配者の交代とは、もちろん出雲の国譲りのことである。

なお、神庭荒神谷遺跡の銅矛についても、大国主命のシンボルとして説明できる。彼は八千矛の神とも呼ばれており、須佐之男命の銅鐸を引き継ぐ前は、銅矛をシンボルとしていたと思われるからである。

『出雲国風土記』には、加茂岩倉遺跡のある神原郷は、「大国主命の神御財《みたから》積み置き給ひしところ」と記される。神庭荒神谷遺跡はこの北西三キロのところにある。この記述は、埋められていた銅鐸や銅矛が、大国主命の財宝であったことを裏付けるものであろう。

では、神庭荒神谷遺跡から出土した三五八本の銅剣は、誰が何のための作ったのであろうか。この大量の銅剣は長期使用の痕跡がみられないことから、製作したのち比較的短期間のうちに埋められたらしい。

私の考えは次のようなものである。

銅剣は、銅鐸と同じように主従関係の証しとして、各地の首長に与えられる予定のものだった。銅鐸は大国主命のシンボルだったが、荒神谷に埋められた大量の銅剣は、大国主命の息子の建御名方神《たけみなかたのかみ》のシンボルではないかと思うのである。

その理由は、まず、大国主命が国譲りを迫られたころには、出雲の実権は建御名方神《たけみなかたのかみ》に移っていたことが『古事記』などの記述からうかがわれることである。高天原の使者の武甕槌神《たけみかづちのかみ》に対して、大国主命は自分の意志で国譲りの決断ができなかった。息子たちの意見によって判断しなければならなかったのである。

そして、『古事記』には、息子たちの中でも建御名方神《たけみなかたのかみ》が強硬に国譲りに反対したことが描かれている。

さらに、「大国主命の神御財《みたから》積み置き給ひしところ」といわれた神庭の里には、建御名方神《たけみなかたのかみ》を祭神とする神社が多い。福島一夫氏の論文『女首長に後事を託す』によると、荒神谷遺跡を東西と北から取り囲むように、波迦神社、波知神社、諏訪神社、佐支多神社、諏訪神社、諏訪神社本宮と、建御名方神《たけみなかたのかみ》を祀る六つの神社がある。南は山地である。

これらのことは、出雲では大国主命はいわば隠居の身になっていて、建御名方神《たけみなかたのかみ》が後継者として神庭の里の大国主命の神御財《みたから》を引き継いでいたことを示している。そして、建御名方神《たけみなかたのかみ》は、大国主命に代わって新たな支配者になったことを、新しいシンボルによって各地の首長に示そうとした。そのために大量の銅剣を用意したと推定できるのである。

建御名方神《たけみなかたのかみ》にとって、国譲りは、自分が治めることになった国を奪われることになるので、徹底的に抗戦した。しかし、頼りにした山陰・北陸の同胞の拠点が次々と陥落して最後は諏訪の地に押し込められてしまった。建御名方神《たけみなかたのかみ》の用意した銅剣は、出雲を中心とした山陰地域の首長に配っただけで天津神軍によって没収され、使用禁止という意味の×印を刻まれて神庭の山懐に埋められてしまったと考えられるのである。

なお、神庭の里の建御名方神《たけみなかたのかみ》の本拠地に諏訪神社や諏訪神社本宮などがあることから、現在の信州の諏訪の地名は、建御名方神《たけみなかたのかみ》の移動によって出雲から諏訪湖周辺に持ち込まれた可能性が大である。

年代の裏付けとして次のような情報もある。

荒神谷遺跡の大量の銅剣を覆っていた土に、焼けた跡がある。この焼土を熱ルミネッセンス法で年代の測定を行った結果、250±80年（寺沢薫「青銅器の埋納の意義」『季刊考古学二七号』）という値が得られている。

荒神谷遺跡には銅剣の周囲に柱穴が何本か見つかっているので、作業のために覆屋のような上部構造物があった可能性がある。銅剣を埋めた場所を知られないために、作業後にこの構造物を焼却したに違いない。その痕跡が焼け土として残ったのであろう。焼け土の年代測定の結果は、荒神谷に大量の銅剣を埋めたのが大国主命や卑弥呼たちが活躍していた時代であることと整合している。

出土した三五八本の銅剣の鉛同位体の調査結果によると、一本のみが朝鮮半島系の鉛を含み、一〇本が朝鮮半島系の鉛と華北の鉛が混合されたもので、残りの三四七本が華北の鉛を含む材料で作られているということである。

大多数が華北の鉛であるとすると、銅剣は、大国主命が銅鐸を作った時期よりも若干あとの、倭人がもともと持っていた朝鮮半島系の鉛を含む材料を使い切ってしまったころに作られたと考えられる。これは、この銅剣が大国主命の息子の建御名方神《たけみなかたのかみ》によって作られたとする推理を支持する情報である。

朝鮮半島系の鉛を含んだ一本は、建御名方神《たけみなかたのかみ》が古くから保有していた自分の持ち物だったのであろう。彼は出雲の王になったとき、自分の持っていた剣を複製し、新たなシンボルとして支配地の有力者に配布することを考えたのであろう。

以上のようなことから、二五〇年代後半に、大国主命が天津神に敗北した「出雲の国譲り」によって、それまで、神庭の里に保管してあった大国主命の銅鐸や銅矛、作ったばかりの建御名方神《たけみなかたのかみ》の銅剣を、近くの山中に埋めたのが、神庭荒神谷遺跡と加茂岩倉遺跡の大量の青銅器であると推理したのである。

## ■近畿式銅鐸

最末期の銅鐸といわれる突線鈕式の銅鐸は、近畿式と三遠式の二種類に区別される。この二つはよく似た銅鐸だが、鈕の部分に特徴的な違いがある。近畿式には鈕に双頭渦紋という飾り耳があるのに対して、三遠式には鈕に双頭渦紋がないことである（P286図）。

突線鈕式銅鐸の分布を見てみると、近畿式は近畿地方を中心として、西側は四国東部と中国地方の東部、東側は愛知から静岡西部の三河・遠江地方まで分布している。そして、三遠式は、近畿地方の東部、とくに名前の由来となった三河・遠江に集中し、四国や中国地方では出土していない。

ここではまず近畿式銅鐸に注目してみよう。

近畿式銅鐸の分布で注目しなければならないのは、出雲など山陰地方からの出土が激減していることと、近畿地方を中心に分布しているように見えることである。

菱環鈕式、外縁付鈕式、扁平鈕式の銅鐸は、出雲で大量に出土し、同笵関係の調査から出雲から各地に配られたと考えられ、大国主命が東方に版図を拡大したようすが示されているが、近畿式銅鐸の分布は、これを配布した支配者が、出雲ではなく近畿地方に基盤を置いた勢力であることを示している（次頁図）。

私は、近畿式銅鐸は大物主神の銅鐸と考える。その理由は、大物主神は、大国主命の協力者として銅鐸の伝統を受け継いだと考えられることと、大物主神が奈良盆地で覇権を握ったと考えられることである。

大物主神が、大和を中心に勢力を拡大し、周囲の各地の首長に、統治のシンボルである銅鐸を与えたと考えると、近畿式銅鐸の分布の意味がよく理解できる。

考古学者の寺沢薫氏は、『銅鐸から描く弥生時代』（佐原真・金関恕編、二〇〇二年、学生社刊）のなかで、銅鐸のはじまりと終りとについて、つぎのような見解をのべる。

「（私は銅鐸のはじまりを）中期の前葉からと考えています。せいぜいさかのぼっても前葉。それから、最後はおそらく、一般的には、弥生の終末といいますか、地域によっては、古墳時代に突入、近畿、奈良県が古墳時代に突入している頃まで、作っているところがあるだろうというところです。」

ここで寺沢氏は、最終段階の近畿式や三遠式の銅鐸が、弥生時代末から古墳時代にかけて作られたと述べており、近畿式銅鐸が大物主神の銅鐸とする見解と年代的には整合している。

近畿地方を中心に分布する近畿式銅鐸だが、その破片が出雲から出土した事実に注目したい。二〇〇三年二月に出雲市東林木町の青木遺跡の女性の墓から横六センチ、縦三・五センチの銅鐸片が見つかった。突線鈕式銅鐸の外縁を装飾する双頭渦紋の飾り耳部分である。県教委では破片の特徴や規模から、銅鐸は突線鈕式のⅣ－二式かⅣ－三式の近畿式で、

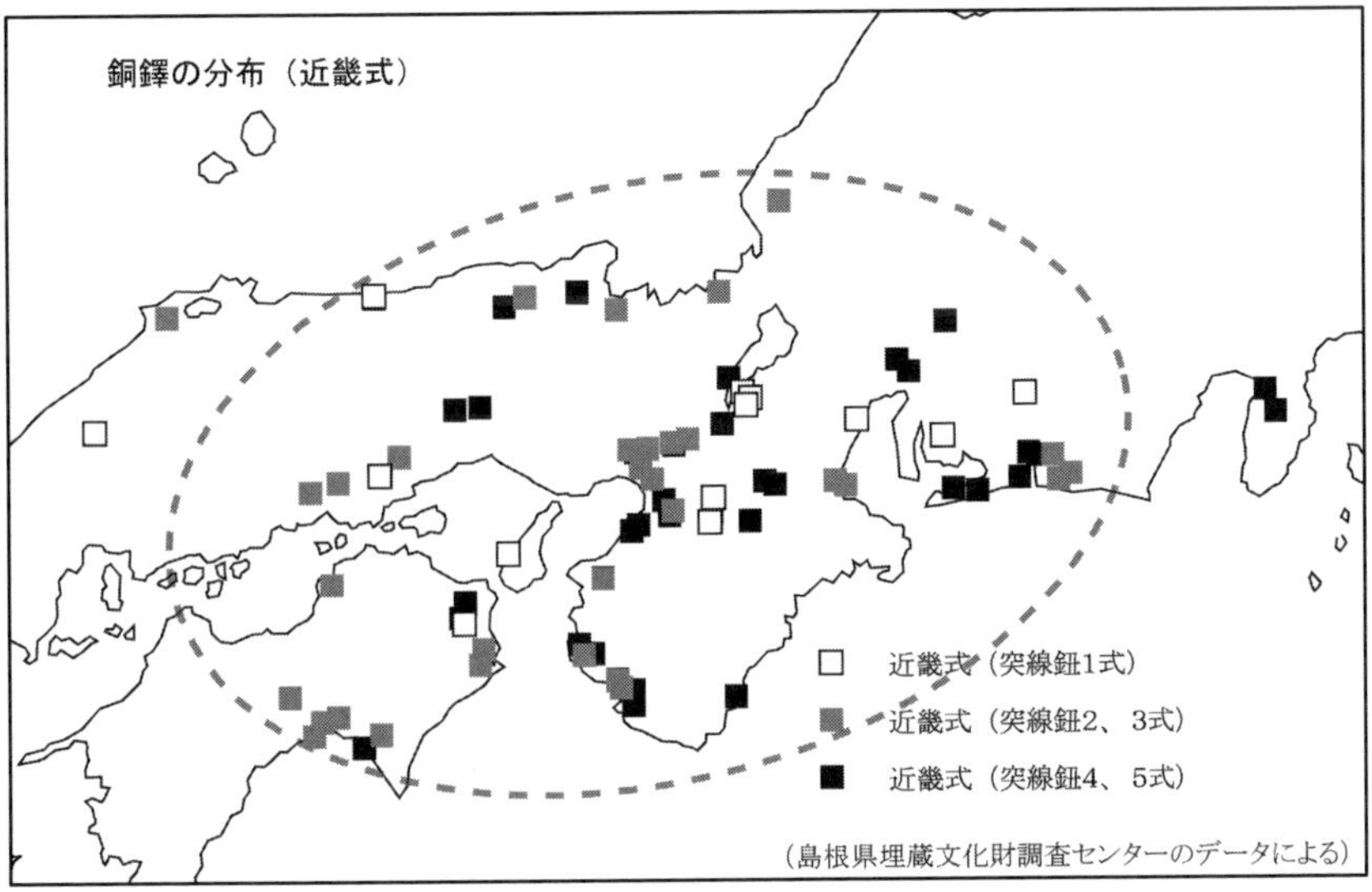

（島根県埋蔵文化財調査センターのデータによる）

高さ六〇〜七〇センチと推定されている。

近畿式銅鐸が出雲に存在したことは、この銅鐸が大物主神のものであることと矛盾しない。九州から出雲に逃れてきた神産巣日尊は、大国主命の国造りに協力するため、初めはここで体制を整えて大物主神として奈良盆地に向かったと思われるからである。

大物主神は、出発の前に新体制のシンボルをあらかじめいくつか用意したであろう。奈良盆地に向かう途中でも、反抗する者を平らげ、傘下に加わる者には主従関係の証しとして銅鐸を与える必要があったからである。青木遺跡の銅鐸片は、出雲を出発点として新たな国作りに取り組んだ大物主神が最初のころに出雲で作った銅鐸の破片と思われるのである。

この銅鐸片は、天津神の軍勢が出雲に侵入し、神庭荒神谷や加茂岩倉に多くの青銅器を埋めたのと同じころに、破壊されたものと思われる。大物主神のゆかりの女性が破片を拾い、密かに隠し持っていたのであろうか。

## ■青谷上寺地の近畿式銅鐸

平成一〇年に鳥取県の青谷上寺地遺跡で近畿式銅鐸の破片が出土し、鳥取県内で初めての大型銅鐸の発見として話題になった。破片は三つ発見されており、その中には、全体にゆがんで端が外側にめくれ上がっているものがある。これは、銅鐸が強い外力によって強制的に破壊されたことを示している。

青谷上寺地遺跡は、弥生時代後期の溝から、多数の人骨が出土したことで知られている。発見された約五三〇〇個の骨片のうち約一一〇個に鋭い刃物による傷が認められ、そのうち四個は金属製の武器が刺さったままの状態で発見された。少なくとも一〇九人分に相当するといわれるこれらの人骨には、女性や子供の骨も含まれていて、ほとんどが即死であったとみられている。そして、これらの骨は、無秩序に散らばった状態で発見されていることから、戦争に巻き込まれて殺戮された犠牲者のものと考えられている。

私は、青谷上寺地遺跡の凄惨な状況と近畿式銅鐸は無関係ではないと見ている。

『日本書紀』によると、大国主命は、国譲りの時に天津神軍の武甕槌神《たけみかづちのかみ》と経津主神に次のように告げたという。「もし私が抵抗したら、国内の諸神もきっと同じように戦うでしょう。今私が身を引けば、誰もあえて戦わないでしょう。」

そして、大国主命が国を平らげたときに用いた広矛を、二柱の神に奉られて言われるのに、「私はこの矛を以って、ことを成し遂げました。天孫がもしこの矛を用いて、国に臨まれたら、きっと平安になるでしょう。」

この結果、大国主命を主と仰ぐ部族の多くは戦うことなしに天津神軍に降ったと思われる。

これは、大国主命が恭順の意を示したこともさることながら、何よりも、大国主命のシンボルであった広矛が天津神の手に渡ったことが大きかったのではないか。

つまり、統治者の世代がわりで息子など身内にシンボルが継承された時、人々はシンボルが継承された新しい主に忠誠を誓うのは当然である。そしてそれが外来の人物であっても、前の主の意思によってシンボルが引き継がれたのであれば、人々はその人物に忠誠を誓ったのではないか。大国主命の場合は、シンボルを継承することによって新たな統治者に平和的に権力が委譲された可能性が強いのである。

しかし、青谷上寺地の集落では、このような平和的な統治のための交渉は行われず、大物主神のシンボルであった近畿式銅鐸も侵入者に引き継がれることはなかった。近畿式銅鐸を与えられて大物主神に忠誠を誓っていた青谷上寺地集落の人々は、大国主命が降伏したあとも天津神軍に果敢に立ち向かったのであろう。多くの人々が殺され、銅鐸が破壊された青谷上寺地遺跡の状況は、この戦いの結果を示しているのである。

これらの現象は、祭器と言われている銅矛や銅鐸が、決して祭りの道具などではなく、主従の絆を明示するものであって、現実の世界で強力な力を発揮する統治のシンボルである事を裏付けているように見える。

### ■三遠式銅鐸

もう一つの突線鈕式である三遠式銅鐸について考えてみよう。三遠式は愛知県東部と静岡県西部の三河・遠江に集中的に分布するのが特徴である（次頁図）。

安本美典氏の詳しい考証によると、この地域は饒速日命とたいへん深い関係にあるという。すなわち、のちの時代の静岡県の六つの国造のうち四つを饒速日命の子孫である物部氏が占めており、とくに主要な国である駿河、遠江、伊豆の国造はいずれも物部氏であり、また、愛知県の主要な国は尾張と三河であるが、そのいずれの国造も饒速日命の子孫によって占められているという。

三遠式銅鐸は饒速日命とその子孫たちによって用いられた統治のシンボルだったのであろうか。

三遠式銅鐸の分布域には近畿式銅鐸も分布する。しかも、滋賀県野洲町の大岩山遺跡のように両方の銅鐸が同じ遺跡から仲良く出土する例がある。これは、この二種類の銅鐸がほぼ同時代に使用され、しかも、それぞれの銅鐸を使う勢力が対立していたのではなく、同じ勢力だったことを示しているように見える。

これは重大な情報であると思う。なぜなら、饒速日命は、近畿式銅鐸をシンボルとする大物主神と、敵味方に分かれて戦っていたのであるから。

饒速日命は奈良盆地の大物主神を攻略するために北部九州からはるばる遠征してきたのであり、饒速日命が大物主神の仲間になるということは考えにくい。つまり、三遠式銅鐸を饒速日命の銅鐸とすることに疑問を感じるのである。

そこには何か事情があると思われる。次はこれについて推理してみよう。河内に侵入した饒速日命の戦いの結末と併せて考えてみよう。

銅鐸の分布（三遠式）

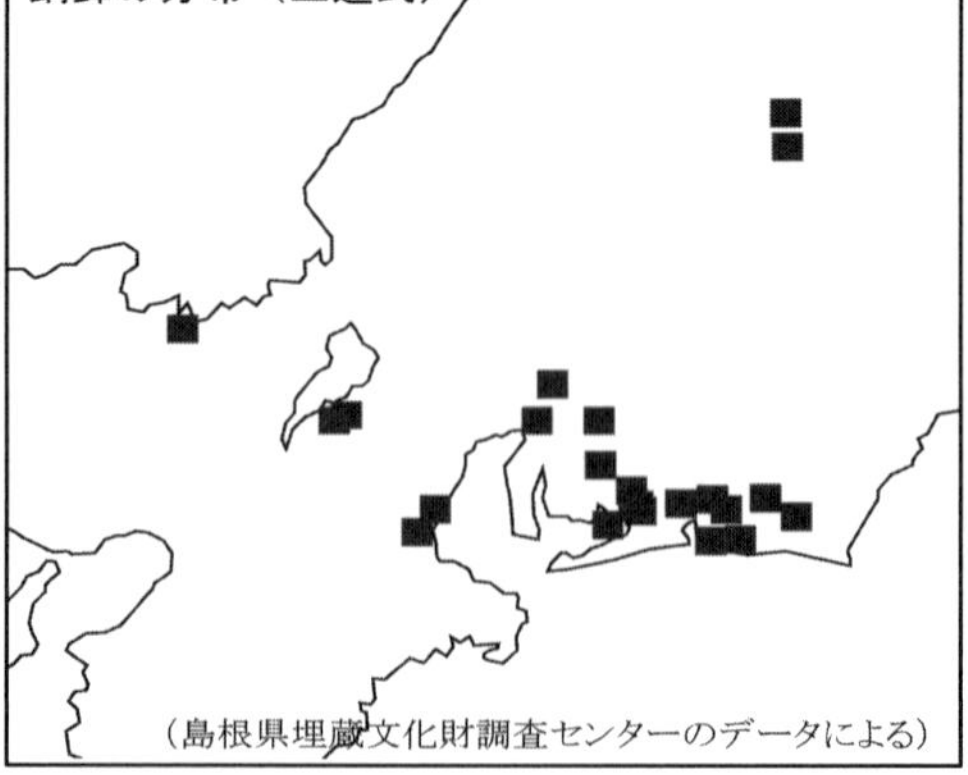

（島根県埋蔵文化財調査センターのデータによる）

## ■天物部の背信

銅鐸はもともと音を出すための実用的な道具であった。これを支配者との主従関係を明示するシンボルとするようになったのは、須佐之男命が福田型銅鐸を出雲に持ち込んだあとで、とくに大国主命の時代以降であった。

饒速日命を河内に送り込んだ天津神勢力は、銅戈や銅矛を大切に扱うことはあっても、銅鐸をシンボルとする伝統は存在しなかった。

ところが、饒速日命に従ってきた天物部の本拠である八尾市のあたりから銅鐸が出土しているのはどうしたわけだろうか。八尾市の跡部遺跡では扁平鈕式の銅鐸が出土しているし、同じく八尾市の亀井遺跡では銅鐸の破片が出土している。隣接する大阪府平野区では江戸時代に銅鐸が発見され、現在、京都国立博物館に収蔵されている。

私は、これは、饒速日命の勢力の一部が大物主神と和睦して、大物主神のシンボルを受け入れたためと考えた。その経緯はおおよそ次のようなものであろう。

河内に上陸した饒速日命が、枚方方面から天野川沿いに生駒付近の鳥見の白庭山まで進出したことは前章で述べたが、『先代旧事本紀』の天孫本紀には、饒速日命が没した時のようすを「天の羽弓矢、羽羽矢、また神衣、帯、手貫の三つのものを登美の白庭邑に埋葬して、これを墓とした。」と記す。これは、饒速日命が奈良盆地の入り口の鳥見付近に埋葬されたことを示している。

饒速日命の軍勢は大阪湾北岸や京都盆地の戦で大量に鉄鏃を使用しているのに奈良盆地からは鉄鏃がほとんど出土しない。これは、饒速日命が奈良盆地の中では戦いをしなかった、すなわち、饒速日命は盆地の中に深く攻め込む前に他界したことを意味している。大物主神との戦いで負傷したのか、あるいは、病気なのかは分からない。

河内にとり残された天物部は、主を失って途方にくれたであろう。饒速日命の息子の天香語山命は近江方面に行ってしまったし、あとから来るはずだった父親の天忍穂耳命はいつまでたっても到着しない。饒速日命に代わるべき天津神の王族が誰もいなくなってしまったのである。

天物部にとってこれは非常に大きな状況の変化となった。敵地の真ん中で指揮官を失って苦しい立場になった天物部は動揺し悩んだであろう。そして、彼らの一部が大物主神と和睦する道を選んだと思われるのである。

大物主神と天物部は、旧知の間柄であった可能性がある。北部九州で須佐之男命が狼藉をはたらいた時、宗像の須佐之男命を遠賀川下流域から攻め立てて出雲に追い出したのは、神産巣日命と遠賀川下流域の物部氏だった。

高御産巣日命と対立した神産巣日命の一族はやがて北部九州を離れ、纏向に新たな都を建設するために大物主神として奈良盆地に進出した。いっぽう、遠賀川下流域の物部氏は、饒速日命とともに、大物主神征討軍に加わることになって敵味方に分かれてしまったのである。

饒速日命が没したあと、天物部の一部がかつての戦友である大物主神の誘いに乗ったのかもしれない。大物主神と和睦した天物部は銅鐸を受け入れ、東大阪市や八尾市などの物部氏の本拠に、彼らの統治のシンボルを安置したのであろう。

このような天物部の背信を裏付けるような内容が『先代旧事本紀』天孫本紀に記されている。

天孫本紀には、饒速日命が、長髄彦の娘の御炊屋姫《みかしきやひめ》を娶って妃とし、宇摩志麻治命《うましまちのみこと》が生まれたあと、突然、亡くなったことが記されている。そのあとに、高御産巣日命が速飄神《はやかぜのかみ》に次のように命じたという。

「私の神の御子である饒速日尊を、葦原の中国につかわした。しかし、疑わしいところがある。お前は天降って復命するように。」

速飄神《はやかぜのかみ》は天降って、饒速日尊が亡くなっているのをみて、天に帰りのぼって復命しました。

「神の御子は、すでに亡くなっています。」

高皇産霊尊はあわれと思われて、速飄の神をつかわし、饒速日尊のなきがらを天にのぼらせ、七日七夜葬儀の遊楽をし、悲しまれ、天上で葬りました。

ここに「饒速日命に疑わしいところがある」と記述されているのは、北部九州にいた高御産巣日命の元にも、饒速日命の軍勢に不穏な動きがあり大物主神側に寝返ったという情報が伝わったことを示すものではないか。高御産巣日命は饒速日命の行動に疑念を抱いた。しかし、よくよく調べてみると、饒速日命はすでに死去しており、寝返ったのは饒速日命ではなく天物部であったことが明らかになったのである。もし饒速日命が裏切り者であったなら、高御産巣日命は饒速日命の葬儀を盛大に行うことはなかったであろう。

その後の物部氏が天物部と呼ばれなくなったことも、物部が天津神陣営から離れたことの証拠になるだろう。

『先代旧事本紀』天神本紀には多数の天物部が饒速日命に随行したことが記されている。また天孫本紀には宇摩志麻治命《うましまちのみこと》が天物部を率いて荒ぶる逆賊を平定し磐余彦に加勢したことが描かれているが、ここに現れる天物部はいずれも明確な天津神として行動しており、この場合に限って天物部と記されている。「天」のない物部は天津神とは一線を画した別のグループであることを示すものであり、天物部から国津神の仲間に転向した物部がいたことを意味するのであろう。

泉大津市の池上曽根遺跡の隣接地に、明治時代まで二田《ふった》村という集落があり、そこに「二田《ふった》国津神社」という神社があった。村名や神社の名前は饒速日尊に随従してきた二田《ふただ》物部に由来するとされている。ところが「二田《ふった》国津神社」という神社の名前は、天物部としてやってきた二田《ふただ》物部が、国津神になったことを示しているように見えるのである。

いっぽう新潟県柏崎市の物部神社には、二田天物部命《ふたたのあめのもののべのみこと》が祭神として祭られていて、天津神の二田《ふただ》物部もいたことが示されている。これらは、天物部が、天津神と国津神の二つのグループに分かれてしまったことを裏付ける情報であろう。

さてこのような状況を踏まえて、高御産巣日命は、天物部の裏切りに対する次の手を考えなければならなくなった。のちにまた詳しく述べようと思うが、神武天皇の東征の理由がここにあるのである。天忍穂耳命と饒速日命親子の予定外の早世によって、瀬戸内地方と奈良盆地の国津神の勢力が温存され、天物部の寝返りでさらに勢力を強め東海地方にまで進出している。放置すれば、日本列島の大半を占める強大な勢力になってしまうことは明らかである。このような状況に対して、高御産巣日命の打った手が、神武東征と考えられるのである。

神武東征については、これまで、東征する理由の明確な説明を聞いたことがない。しかし、このような状況を見れば、どうしても東征しなければならない必然性のあったことが理解できるのである。

## ■天物部の奈良盆地進出

天物部のうち大物主神の協力者となったグループは、平和的に奈良盆地に入り、大物主神の纏向の拠点の造成に協力するようになったと推定される。奈良盆地から天津神軍の武器である鉄鏃が出土しないのは、天物部もまた奈良盆地で戦わなかったことを意味するからである。

天物部から転向した物部は大物主神の中枢である纏向のすぐ北側の布留に進出した。これは、物部が大物主神の絶大な信頼を得たことを示している。やがて、物部は、東に新たに領地を拡大するための軍事行動にも協力することになった。そのときに、物部のシンボルとして、大物主神の近畿式銅鐸に匹敵するほどの三遠式銅鐸の使用を許されたのであろう。

三遠式銅鐸は、饒速日命ではなく、大物主神に与《くみ》した物部の使用した銅鐸と考えられるのである。物部がこのような破格の待遇を受けたのは、天津神と決別してすすんで大物主神側に付いたことを評価された意味もあるだろうし、また、製鉄技術など天津神軍の機密情報を大物主神側に漏らした見返りかも知れない。

三遠式銅鐸が近畿式銅鐸よりも鈕の飾りが少なく控えめなデザインに見えるのは、大物主神と物部の立場の差が表現されているのであろう。

三遠式銅鐸の分布地域が物部氏に深く関わっていることは、このような物部の動きを裏付けていると思われる。

## ■近畿式銅鐸と三遠式銅鐸の材料

近畿式銅鐸と三遠式銅鐸に、華北の鉛を含む材料が使われていることは、扁平鈕式や外縁付鈕式とおなじであるが、成分のばらつきが少なく均一の材料であることと、錫や鉛の量が数%と非常に少なく純銅に近いことが特徴である。西日本で出土する小型仿製鏡の多くや、東海から関東にかけて出土する弥生時代末期の銅族や、銅釧、小銅鐸などはすべて近畿式・三遠式銅鐸と同じ均一な原料で作られている。

元東京国立文化財研究所の馬淵久夫氏は、鏡や青銅貨幣を溶かして改鋳した場合は、錫や鉛の量がもっと増えるはずなので、錫や鉛の量がこのように少なく、組成が均一なのは、銅の原料をインゴットの形で輸入していたのではないかと述べる。

(『季刊考古学』二七号)

第十章でも触れたが、岡山県でこれを裏付けるような銅のインゴットが発見されている(P147図)。

二〇〇〇年七月二八日の「山陽新聞」は、インゴットの出土について、およそ次のように紹介している。

『古代吉備の中枢部にある弥生時代後期の拠点集落・高塚遺跡(岡山市高塚)出土の「棒状銅製品」が、これまで国内に確認例が無い青銅器の素材・インゴット(地金)であることが明らかになった。

棒状銅製品は中国からの輸入品とみられ、長さ一三センチ、最大径一・五センチ、重さ九四グラム。万年筆のような特異な形で、国内外に類例が無く、考古学的には用途が特定できなかった。

「蛍光X線分析法」で成分を測定。主成分は銅（約九四％）、他に鉛、ヒ素などの不純物を含むほぼ純銅で、一般の青銅器（銅と錫＝すず＝の合金）と比べ、錫が欠け落ちていた。青銅器の原料産地を示す「指紋」と呼ばれる「鉛同位体比法」も駆使し、原料（鉛分を含む銅）は中国・華北地方産と確認。

測定結果を全国の弥生青銅器と比較したところ、東海地方と近畿地方を中心に分布する末期の銅鐸（三遠式と近畿式）、銅鏃など、九州から関東に広がる多くの小型青銅器と一致。

馬淵久夫くらしき作陽大学文化学部長（元日本文化財科学会会長）らは、棒状銅製品は「弥生後期に中国からもたらされたインゴットにまず間違いない」と結論。「別に、佐賀県・吉野ケ里遺跡で出土しているような錫を加え、青銅器を鋳造した」とみている。』

魏や晋と交流のあった邪馬台国の時代に、インゴットとして銅を大量に輸入していたのであろう。大物主神と饒速日命はどちらも北部九州に蓄えられた銅のインゴットを入手できる立場にあった。近畿式と三遠式の銅鐸は彼らが運び込んだインゴットを材料として鋳造されたと考えられるのである。

外縁付鈕式や扁平鈕式などは、華北の鉛を含む材料が使用されているが、近畿式・三遠式と比べると多少ばらつきが大きい。これは、青銅材料のインゴットに、大国主命が持っていた青銅材料を溶かし込んだためであろう。

また、純銅に近いインゴットに混合するための錫は、吉野ヶ里だけではなく、安永田遺跡からも発見されている。吉野ヶ里遺跡からは巴形銅器などの鋳型が出土しており、安永田遺跡でも銅矛や銅鐸の鋳型が出土していて、いずれも、青銅器の鋳造工場があったところである。これらの遺跡で錫が出土していることは、錫入りの材料を調達したのではなく、製品を鋳造するときに、純銅に近い材料と錫とを混ぜ合わせて造ったことを示すものである。純銅の材料として、ここでも、岡山市高塚遺跡で発見されたような、銅のインゴットが用いられた可能性があるのである。

## ■銅鐸の破壊

佐原眞・金関恕編『銅鐸から描く弥生時代』で、京都国立博物館の難波洋三氏は銅鐸の破壊について次のように述べる。

「銅鐸には、破片の状態で出土したものが約三〇例あり、そのうち約二五例が近畿式であるのにたいし、三遠式は一例しかないことも、興味深い点です。銅鐸の破片化が銅鐸の破壊を示しているとすれば、これまでに出土している近畿式は約一二〇個ですから、近畿式の約二割が破壊されたということになります。しかし、近畿式は、近年は埋納された状態で出土するものより発掘調査によって集落跡から破片で出土するものが多くなっていますので、この状態が今後も続けば、近畿式銅鐸の半数は壊された、ということになる可能性すらあるわけです。近畿式銅鐸の破片は近畿式銅鐸の分布圏の全域で出土しており、飾り耳や鰭《ひれ》の破片が多い点でも共通しているので、近畿式銅鐸については、このような破片化が一部の地域で流行したのではなく、分布圏全域が足並みを揃えて同じ約束に基づいておこなったことが推定できます。」

このような現象をどのように理解すべきであろうか。

私は、近畿式と三遠式の破壊状況の違いは、それぞれの銅鐸を使用した勢力と、銅鐸を破壊した勢力の関係を示していると解釈している。

近畿式銅鐸は、出雲系の大物主神の銅鐸であり、三遠式銅鐸は、北部九州から饒速日命に従軍してきた天物部の一部が大物主神側に寝返ったあと使用した銅鐸であった。そして、銅鐸を破壊した勢力は、神武天皇とその後の数代の天皇に率いられた天津神の軍勢、および、神武天皇に降った宇摩志摩治《うましまじ》命の軍勢と思われる。

天津神軍に対して、近畿式銅鐸を奉じる大物主神系の人々は強い敵愾心があり、徹底抗戦をしたのであろう。かつて近畿式銅鐸を戴いた山陰の青谷上寺地集落の人々が天津神軍に徹底抗戦して多くの犠牲者を出した。同じような状況が各地の近畿式銅鐸を奉じる集落で起きた可能性がある。そして戦いに敗れ、近畿式銅鐸は破壊され廃棄されたのであろう。

銅鐸の種類と用途

| 銅鐸の種類 | 用途 |
|---|---|
| 小銅鐸 | 戦争の中での合図用の戦具 |
| 福田型銅鐸 | 須佐之男命の戦具／統治のシンボル |
| 菱環鈕式銅鐸<br>外縁付鈕式銅鐸<br>扁平鈕式銅鐸 | 大国主命の統治のシンボル／戦具 |
| 近畿式銅鐸 | 大物主神の統治のシンボル |
| 三遠式銅鐸 | 大物主神に味方した物部氏のシンボル |

いっぽう、三遠式銅鐸の物部は、天津神軍とはかつての同胞である。饒速日命という大黒柱を異国で失い、敵中で孤立したため、やむなく大物主神側に降らざるを得なかったのであるから、天津神軍に徹底抗戦する理由はない。また、宇摩志摩治命はかつての主君・饒速日命の息子であり、物部は宇摩志摩治命に刃を向けるわけにはいかなかった。物部は恭順の意を示し銅鐸を差し出したのであろう。あるいは、自ら土中に埋めたのかも知れない。

三遠式銅鐸が破壊を免れ完形で埋められているのはこのような背景があったと推定されるのである。その後、物部氏が三河・遠江地域で力を温存し繁栄したことも、彼らが進出してきた天津神軍に反抗せず、和睦が成立したことを意味するものであろう。

## 二二．土器

### ■土器と年代

古代史の中のさまざまな事象について、年代を推定するために土器が指標として用いられている。土器の編年というのは古代の歴史の時間軸を決めるための大変重要な作業である。

土器の編年は本質的に相対年代を決定する作業である。土器だけで絶対年代を与えることはできない。

マスコミなどで研究者が土器の絶対年代を示すことがあるが、これはあくまで研究者の個人的見解であり、仮説の提示である。したがって示された年代に固執して議論するのではなく、新しい情報が現れたら柔軟に仮説を修正して考えることが重要である。

最近の土器の専門家は、様式や器種について非常に詳細な分類をする傾向にある。歴史の時間軸の指標としては、あまり細かい分類は意味がないと思われるし、むしろ混乱を招きかねない。あまりに細部にわたって個体差を追求すると、作り手の個性や、地域による形やデザインのわずかな違いと、時間的な変化とが区別できなくなるからである。

土器の変化については、微小な差異ではなく明確な画期を捕らえなくてはならない。そして、その画期を発生させた要因が必ずあるはずであるから、画期の要因を時間の流れの中で探索し、歴史上のできごとと関連づける研究が重要になる。

このようなアプローチによって、考古学と歴史学が互いに補完し合い学問として成長するのである。歴史の記述は土器などの考古学的遺物の裏付けがあって確度を増していくものであり、土器の年代は他の方法と併用して始めて絶対年代として決定されるからである。双方の協力があって歴史記述は真実に近づくし考古学の存在意義も高まるのである。

しかし、現代の考古学者の多くは、考古学の中だけでものを考え、『古事記』『日本書紀』などの古文献は後世の創作物として、この中に歴史を見出そうとしない。そのため、土器の大きな変化についても、その関連づけの対象となる歴史のストーリーを十分に構築できず、歴史との関連については非常に独善的、観念的な説明しか聞けないのは残念なことである。

## ■近畿の土器と北部九州の土器

日本列島の文化は、特別な理由がない限り、大陸から朝鮮半島を経由して九州に伝わり、それが東へ移動していくのが通常の経路である。これまで、弥生時代前期に倭人が北部九州に進出した後、列島各地に展開したことや、弥生時代後期に天津神勢力が武力をふるって東に進出してきたことを述べてきた。彼らは、大陸や朝鮮半島の文化、九州の文化を西日本一帯から東北地方にまで伝えていったが、彼ら以外にも、それぞれの時代に人々の移動があり、九州から近畿に向かってさまざまな形で文化の波は押し寄せてきているのである。

このような観点で、寺沢薫氏の九州と近畿の土器編年案（次頁図）を見ると、たいへん興味を引かれる事実に気が付く。それは、北部九州の土器の画期と近畿の土器型式の成立とが関連しているように見えることである。

弥生第Ⅰ様式の土器から順に見てみよう。

近畿の最古式の弥生土器については、北部九州で板付Ⅰ式を成立させた倭人が奈良盆地に進出し、唐子鍵遺跡で遠賀川式土器を製作したことが始まりであることを第一章で述べた。これが近畿の弥生第Ⅰ様式の土器である。

寺沢氏の土器編年案では、板付Ⅰ式の開始が前三五〇年ごろと示されているが、私は前述したように、板付Ⅰ式の成立を、倭人がはじめて北部九州に到達した前三〇〇年ごろと考えた。そして、西日本一帯に分布する遠賀川式土器は時間をかけて変化したようすが見えないことから、北部九州に到達した倭人が、西日本一帯に展開するのに、それほど長い時間を必要としなかったと考える。

考古学者は土器の一型式の継続期間を三〇年程度と見ているようなので、倭人は、これより短い一〇〜二〇年ほどで西日本各地に展開したと思われる。すなわち、近畿で弥生第Ⅰ様式が成立した時期を前二九〇〜二八〇年ごろと見ても大きな誤りはないだろう。

また、前二〇〇年ごろには、北部九州に城ノ越式土器が成立し、二〇年ほど遅れて近畿に弥生第Ⅱ様式が成立したように描かれている。私は、城ノ越式土器は徐福が北部九州にもたらした新しい文化によって出現した弥生時代中期の土器と考えるが、寺沢氏の編年案では、その影響が若干のタイムラグを置いて近畿地方にまで及んだように見えるのである。

これは、北部九州の人々が近畿に移動した可能性とともに、紀伊半島の新宮市に徐福が住み着いたという伝承があることから考えると、徐福の船団の一部が紀伊半島に漂着し、その文化が近畿一帯に拡散していった可能性にも興味を覚える。

そして、前二世紀の末に北部九州で須玖式土器が現れる。いっぽう近畿地方では須玖式にわずかに遅れて第Ⅲ様式が現れ、さらに前一世紀の半ばに第Ⅳ様式が出現する。

この状況について考えてみよう。

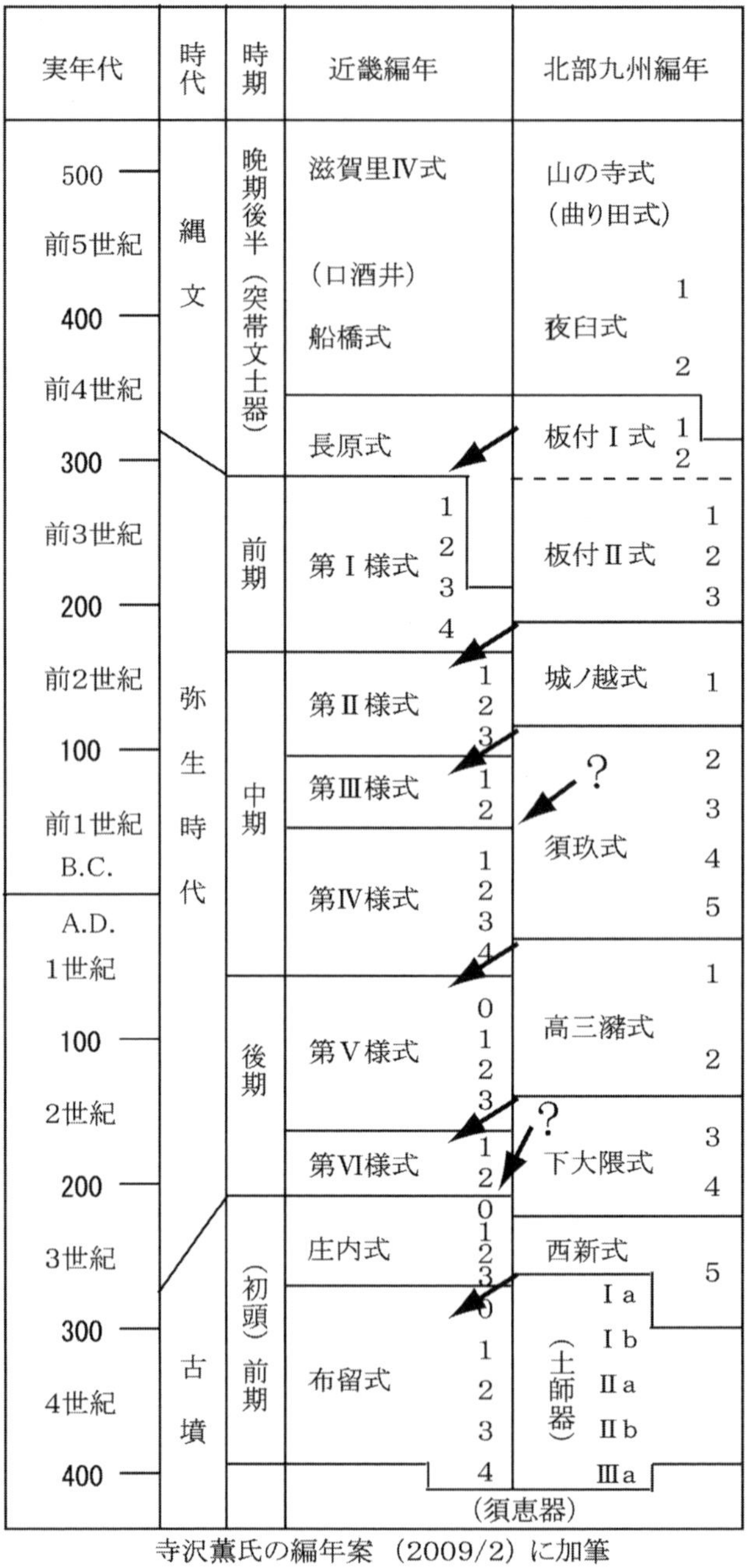

寺沢薫氏の編年案（2009/2）に加筆

第四章で、朝鮮半島南岸の金海貝塚で発見された金海式甕棺のことに触れたが、考古学者の橋口達也氏によると、金海式甕棺の推定年代は、前一〇〇年±数十年ということであった。前一〇〇年ごろに、甕棺部族が九州から朝鮮半島南岸に渡り、半島の新しい文化と共に金海貝塚で発見されている鉄器も入手した可能性が濃厚なのである。

つまり、前一〇〇年ごろの九州に須玖式土器が現れるのは、玄界灘沿岸の甕棺部族が朝鮮半島南岸に渡って、新しい文化に触れたことが契機となったと推定するのである。新しい文化と武器によって強力になった春日地域を中心とした甕棺部族は、筑紫平野の吉野ヶ里王国を攻め滅ぼし北部九州の覇者となって前漢の朝廷に朝貢するまでになったのである。

しかし、第四章で述べたように、いったん吉野ヶ里から退去した勢力が、唐津平野や壱岐・対馬に進出し、伊都国を中心にしてふたたび勢いを取り戻した。北部九州に再度の政権交代が起きたのである。このとき土器もふたたび型式の変化を起こしたと推定されるのである。

近畿の第Ⅲ様式と第Ⅳ様式出現の時期は、北部九州のこれら二つのタイミングとリンクしているように見える。つまり、近畿の第Ⅲ、第Ⅳ様式出現の理由として、北部九州で出現した二つの大きな社会変動の波が、人の移動などによって近畿に伝わった可能性があると思うのである。

二〇一三年十一月十六日付けの新聞に、須玖式土器が九州から近畿に移動してきた証拠とも言える発見の記事があった。毎日新聞大阪朝刊は「唐古・鍵遺跡：奈良の環濠集落遺跡で筑前の土器　弥生中期の交流、裏付け」というタイトルで次のように伝えている。

「弥生時代最大級の環濠(かんごう)集落遺跡、唐古・鍵遺跡（奈良県田原本町）で、弥生時代中期ごろ（紀元前二世紀ごろ）の北部九州の土器が見つかった。田原本町教委が一五日、発表した。弥生時代の北部九州の土器が見つかるのは近畿では初めて。同遺跡では弥生中期後半の吉備地方（岡山県など）の土器が過去に出土しているが、藤田三郎・町教委文化財保存課長は『それ以前に北部九州と交流があったことを裏付ける』としている。

集落の最も内側にある大環濠（幅十メートル）の下層から一九八八年に出土した土器を整理中に見つけた。甕《かめ》の口縁部の一部で、縦五・三センチ、横約十三センチ、厚さ六〜八ミリ。元の大きさは口径三十六センチ、高さ四〇センチ強とみられる。口縁部は赤い彩色が施され、外側に向けて直角に折り曲げられていた。
こうした特徴が北部九州・筑前地域の「須玖式《すぐ》」土器と一致する。筑前地域から運ばれてきた可能性が高く、同時に出土した地元産の土器による推定年代も北部九州の土器の年代と矛盾しなかった。」

## ■近畿の弥生第Ⅴ様式と庄内式

寺沢薫氏の編年案によると、一世紀の前半に北部九州では高三潴式《たかみずま》が成立し、そのすぐあとの一世紀半ばの近畿で弥生第Ⅴ様式が成立している。

一世紀の日本列島は、甕棺部族の大拡張の時代である。甕棺部族に敗れた倭の奴国は後漢から賜った金印を志賀島に隠さざるを得なくなり、倭人を打ち破った帥升は後漢から冊封され、倭国王として覇権を確立した。高三潴《たかみずま》式の土器は、このとき大きく勢力を伸ばした甕棺部族の土器と考えられるのである。

この時代に甕棺部族は西日本を席巻し朝鮮半島にまで進出したことを第五章で述べた。松江市の田和山遺跡や鳥取県の妻木晩田遺跡の環濠で囲まれた建造物は、甕棺部族の侵出を監視するために、見晴らしのきく高い場所に倭人が設置した見張り台であることにも触れた。

この時期に、兵庫県朝来市和田山町の大盛山遺跡で、田和山遺跡や妻木晩田遺跡の見張り台と同じような高台の狭い地域を囲んだ環濠が見つかっている。これは、帥升の時代の甕棺部族が但馬の地域まで進出していたことを示している(P70図)。
また、高知県埋蔵文化センターの出原恵三氏は、四国南部では、弥生時代の中期末（紀元後一世紀）ごろに、遺跡が山地の斜面や山地の頂上に営まれる高地性集落の例が多くなると述べる（『埋文こうち』第8号）。時期的に見て、四国南部の高地性集落は、倭人が、甕棺部族の進出に対抗するために設けた防御のための施設と考えられるのである。

これらのことは、甕棺部族は田和山遺跡や妻木晩田遺跡のある山陰だけでなく、四国を含む西日本の広い地域に侵出していたことを示している。

西日本各地の倭人たちは、甕棺部族の圧力によって、大挙して東へ避難したのではないだろうか。

そして、この時に、奈良盆地にも人の流入や入れ替えなど大きな動きがあり、土器についても新しい意匠や型式が生まれた可能性が強い。弥生第Ⅴ様式は、このような経緯で近畿に成立した土器と考えるのである。

弥生第Ⅳ様式の土器は回転台を使って櫛描紋や凹線紋を施すなど、凝った意匠と技法を用いているのに対して、弥生第Ⅴ様式の土器は回転台を使わずに紋様も簡略化されていく傾向にある。

石野博信氏はこの状況を、「第Ⅳ様式と第Ⅴ様式のあいだに断絶がある。」と述べる。

第Ⅳ様式から第Ⅴ様式への変化が、意匠が簡素化される方向にあることは、この地域の倭人社会が臨戦態勢で緊迫の度合いを強めたことと関係するのであろう。華美を求めることは戒められ、芸術的な美しさを追求して楽しむ心のゆとりが失われたことによる現象と思うのである。

なお、寺沢氏の編年案には、近畿に第Ⅵ様式が設定されており、これも、二世紀半ばに九州で成立した下大隈式が近畿に伝わったように描かれている。

二世紀半ばの北部九州や山陰は倭国大乱の時期である。倭国大乱は朝鮮半島から北部九州へ進出した弁辰人がイニシアチブを取った大争乱と、第六章で推理した。下大隈式は、このとき半島から新しい文化が流入したことによる土器の変化と見られるのである。

寺沢氏の編年案には、この時の変化が近畿地方の土器にも影響を及ぼしたことが示されているように見える。なお、石野博信氏のように第Ⅵ様式を設けていない研究者もあり、第Ⅵ様式の設定の是非についてはまだ流動的のようである。

さらに見ると、近畿で布留式が出現したタイミングも、北部九州に土師器《はじ》が現れた直後になっていて、やはり九州の変化が若干の遅れを持って近畿に伝わったように描いている。

さて、ここまで寺沢薫氏の土器の編年案によって北部九州と近畿の土器の変化を見てきたが、注目すべきは、一つの例外を除けば、北部九州で発生した土器の画期は、いずれも二～三〇年経過して近畿に伝わったように描かれていることである。

その例外というのが庄内式土器である。寺沢氏の編年案では、近畿に庄内式土器が出現するときだけ少しようすが異なっている。すなわち、近畿に庄内式が現れた直後に、九州で西新式が出現することが示されていて、新しい土器形式が九州より先に近畿に出現するように描かれているのである。

西新式は庄内式土器と併行する土器とされ、九州では庄内式と同じ時期に行われた土器である。従って、ここには近畿の庄内式のほうが九州の庄内式（西新式）より早い時期の土器であり、庄内式土器は近畿から九州に伝わったというメッセージが表現されているのである。

私は、これはおかしいと思う。

庄内式土器はそれまでの弥生土器と比べると革新的・画期的なものである。それにもかかわらず、中国や朝鮮半島などの進んだ文化に触れる機会がほとんど無かった近畿地方に、最新の土器の製作技法がいきなり出現するのは常識的には考えられないからである。

これまで見てきたような土器の変遷の傾向を見れば、庄内式以外は全て九州から畿内へ変化が伝わったと見て矛盾はない。庄内式土器は、壱岐の原の辻遺跡からも出土しているし、石野博信氏によると、朝鮮半島にも庄内式土器があるということである。これらのことも合わせて考えると、庄内式土器が半島から北部九州に渡り、ここを経由して近畿に伝わったと考えれば、他の土器と同じ方向に伝わったことになるし、多くの先進文化が朝鮮半島から到来したこととも整合する。

寺沢氏の編年案のように、庄内式だけが畿内から九州へ伝わって、さらにそれが朝鮮半島にまで伝わったとするのは、よほど明確な根拠がないかぎり説得力がない。邪馬台国畿内説の立場からの恣意的な解釈といわざるを得ない。

私は、寺沢氏の編年案で三世紀の初めとして描かれている近畿の庄内式の開始時期を、九州で西新式が成立した後の三世紀半ば以降と見るのが妥当と思うのである。すなわち、九州で西新式（庄内式）を成立させた画期が近畿に伝わって近畿に庄内式が出現したと考えるのが整合的である。

そしてそう考える根拠があるのである。つぎにそれを見ていこう。

## ■庄内式土器

ここでは、私がこれまで述べてきた歴史の流れと庄内式土器の関連をもう少し詳しく検討してみようと思う。

庄内式土器は、弥生時代と古墳時代の間の時期の土器で、庄内式の甕は丸底で外面にタタキ目を施し、内面をヘラで削って器壁を薄くし、熱効率を向上させたことを特徴とする。

庄内式土器の分布域は、北部九州一円と、近畿地方では生駒山系西麓の中河内の地域と、奈良盆地東南部の纏向地域に集中する。その他では、岡山、鳥取、高知、滋賀などの限られた地域で出土している。

庄内甕は、形式的には、河内型と大和型に分類され、河内型は生駒山系西麓に集中し、左下がりの細かいタタキ目を持つのが特徴であり、奈良盆地東南部の大和型は、右下がりのやや粗いタタキ目が施される。いずれも、内面ヘラ削りで、丸底指向であることは共通である。

庄内式土器の発祥については、河内型の古い型式のものが大和型甕と強く類似性を持つことや、河内の土で作った最古式の庄内式土器が大和に運ばれた例（藤原宮下層SE七六一五）が発見されたことなどから、河内で発生したものが源流で、その後河内と大和で独自に発展したとする説がある。また、河内型と大和型の製作技法の違いからそれぞれの地域で独自に出現したとする説もある。

いずれにしても、庄内式土器が畿内で発生したとするこれらの説によって、邪馬台国畿内説の学者は、近畿で発祥した庄内式土器が北部九州でも出土するとして、近畿の政権が北部九州を支配した証拠とする。

しかし、最近では、胎土の砂礫構成の観察で製作地を特定する手法によって、播磨で作られた庄内甕が大和に持ち込まれていることが確認されたことから、庄内甕の起源が播磨にあるとする説も提唱されている。また、さらに西側の吉備の土器の影響を受けたとする説もある。

ただし、大和や河内にしても、播磨にしても、在来の弥生第五様式の土器と、庄内甕の丸底や内面ヘラ削りの製作技法については連続性がなく、在来の土器から発展して庄内式土器が出現したと考えるには大きな問題がある。庄内式土器は、このような技法の伝統がなかった地域に突然出現したように見えるのである。

このことから、庄内式土器は、近畿や播磨の地方で発生したものではなく、九州から進出してきた人々がもたらした土器と述べる研究者が増えてきた。

そのひとりである安本美典氏は、庄内式土器について次のように述べる。

「庄内式土器は、北九州ではかなり広い地域に分布しているのに対し、近畿地方では大阪と奈良の特定の地域にしか分布しない。このような分布の状況は、庄内式土器が九州から近畿地方にもたらされたと考える方が自然である。

また、大阪と奈良の出土地を詳しく見ると、河内で庄内式土器が集中的に出土する東大阪市や八尾市一帯は物部氏の本貫地や関係地域であり、奈良県でも天理市から櫻井市にかけての庄内式土器出土地域は物部氏と関係の深い地域であることから、庄内式土器を九州から持ち込んだのは饒速日尊に率いられて河内や大和に進出した物部氏と考えられる。

庄内式土器とともに出土した鏡を見ると、北九州では、福岡県の三雲遺跡寺口Ⅱ―一七―二号石棺墓から蝙蝠鈕座内行花文鏡が出土しているように、魏の時代の古い鏡が出土するのに対して、近畿地方では、少し後の時代の画文帯神獣鏡などは出土するが、確実に魏の時代とされる鏡は出てこない。

これは、同じ庄内式土器であっても、近畿地方のものよりも、北九州の庄内式土器のほうが古いことを示すもので、九州の庄内式土器が邪馬台国時代の土器であり、近畿地方の庄内式土器は、それより若干のちの時代に行われたと考えられるのである。」

また、安本氏は、庄内式土器が存在する北部九州と河内、大和に類似の地名があることを検証し、これらが物部氏の移動と関係することを述べる。

たとえば、「額田」という地名は、筑前国早良郡額田郷、河内国河内郡額田郷、大和国平群郡額田郷のように、北部九州、河内、大和で共通している。このように北部九州、河内、大和に共通する地名は、「磯城」「矢田」「桜井」のようにいくつもある。これらは、物部氏が北部九州から河内に移動し、さらに、奈良盆地に進出したことを裏付ける情報と考えられるのである。

なお、九州の遠賀川の支流に「泉河内川」という名前の川がある。近畿地方の国名の和泉や河内も、「泉河内川」の名前が遠賀川流域の物部氏によって北部九州から移された可能性があるのではないか。

私は、安本氏の説は、つぎに述べるようなことをはじめさまざまな事象と整合的であり、説得力があると思うのである。

## ■播磨の庄内式土器

まず、胎土観察によって、近畿地方の庄内式土器の源流が播磨にあるとされることについて考えてみよう。

第十九章でも述べたが、饒速日命の東征軍は瀬戸内を通過して、明石海峡付近から、待ちかまえた大物主神の軍勢と本格的に戦いを始めた。

播磨は明石海峡の西側で、本格的に戦場となった地域の手前である。この地域は戦場への物資を整える兵站基地としての役割を果たしていたのではないだろうか。東側は戦場となったので土器を製作している余裕はないはずである。

庄内式土器は戦場の手前のこの地域で製作され、東へ送られたと考えれば、播磨産の庄内式土器が河内や大和で発見される説明がつくと思うのである。

吉備の影響についても、吉備は饒速日命の東征ルート上の地域であり、饒速日命が土器の新しい製作技法をここに伝えた可能性があり、吉備の技法と庄内式土器との関連が説明できる。

そして近畿地方の中では、八尾市の久宝寺遺跡から庄内式土器の古い段階のものが多数出土することや、前述の藤原宮下層遺跡などの例を見ても、河内からは奈良盆地のものよりも古い土器が出土する。

これは、庄内式土器の作り手が、播磨から河内に移動し、その後、奈良盆地に広がったことを意味しており、物部氏を率いた饒速日命が北部九州から瀬戸内を通って河内に進出し、その後、天物部の一部が奈良盆地東南部に進出したことと整合する事実と思うのである。

このように、庄内式土器が西から東に移動したことについては、伝承との関連を指摘できるのだが、近畿から九州の方に西向きに動いたことについては、関連する情報がまったく存在しない。

## ■内面のヘラ削り

庄内式の甕はそれまでの弥生土器に比べると、熱効率を格段に改善した最先端の土器である。

前述のように内壁をヘラで削り、器壁を二ミリ程度まで薄くして、熱が内部に通りやすくしている。

しかし、器壁が薄くて熱効率の良い便利な土器にもかかわらず、近畿地方のなかでも奈良盆地東南部と中河内のごく限られた地域にしか広がらなかったのはなぜだろうか。これにはなにか理由があるはずである。

天理市教育委員会の青木勘時氏は、内面のヘラ削りは鋭利な刀子状の工具によるものと思われ金属製品の使用が想定されると述べる。また、橿原考古学研究所の小池香津江氏は、庄内甕の内面のヘラ削りは鉄器によって行われていると述べる。とすると、庄内式土器を製作できるのは、鉄を潤沢に保有し、鉄の刀子を工具として使うことができる天津神やそれに従った天物部の勢力だけに限られてしまう。

中河内や奈良盆地東南部の地域で庄内式土器が普及したのは、これらの地域が、鉄の工具を持った天津神や物部氏が進出した地域だったためである。

そして、これらの地域以外で庄内式土器が普及しなかったのは、天津神と物部氏以外は鉄の工具を持っていなかったので、作りたくても作れなかったことを意味している。

## ■丸底の土器

もうひとつ注目すべき情報がある。

このころは、甕による煮沸形態が地域ごとに異なっていることである。

纏向遺跡の発掘担当でもあった橿原考古学研究所の関川尚功氏は次のように述べる。

「おもしろいことにこの時期（庄内期）の列島内では甕を用いて煮沸するとき各地でやや異なったやり方を行っていた。畿内では地面を少し掘り込んだ窪みに甕を据えて煮炊きを行っていた。その証拠に甕の底部は黒く煤けているが一番底の部分は火のあたった形跡がない。また山陰や九州の一部では土製支脚という五徳《ごとく》のような台を使って炊飯を行っていた。ところが東海・関東地方では台付甕という甕の底に小さな脚が付いた甕を使っていた。これならばいちいち甕を固定する必要はない（次頁図）。

つまり、煮炊きという行為についてこの時期には列島各地でさまざまな工夫がこらされ、特色ある煮沸形態が見られたのである。そして、纏向遺跡では畿内で見られないこの土製支脚、台付甕がかなり出ているのである。食習慣というものはなかなか急に変化するものではない。畿内の住民にはなじみのない、こうした形の甕が出るということはやはりその地域の人間がやってきて各地域の習慣にのっとって炊飯を行っていたことをしめすのであろう。」（関川尚功「庄内式土器について」『季刊邪馬台国』四三号）

庄内甕は丸底が特徴である。自立しないので煮炊きをする時は土製支脚で丸底を支えて用いたであろう。丸底の庄内甕は土製支脚とセットで使われる甕なのである。

関川氏は、畿内で見られないこの土製支脚が纏向でたくさん出土すると述べ、さらに、土製支脚は山陰や九州の一部で使用されていたと記す。

これは、丸底の庄内甕が土製支脚とともに、出雲あるいは、九州から纏向に持ち込まれたことを意味している。出雲と北部九州を比較したとき庄内甕は北部九州に濃厚に分布していることを考えれば、庄内甕は九州から近畿地方に伝わった可能性が大きいと考えざるを得ないのである。

畿内や東海地方で行われていた従来の煮沸方法は、甕の側面から加熱が行われるが、丸底の庄内甕を土製支脚で支えることによって甕は真下からも加熱され、非常に効率の良い煮沸が可能になる。このような煮沸方法や薄い器壁は、熱効率を高めたこの時代の最新技法である。

土器の歴史を考えた時、土器製法の大きな画期は常に朝鮮半島から日本列島に伝わっているようにみえる。最古式の弥生土器は朝鮮半島の無紋土器の影響を受けて北部九州で製作が始まり、須恵器も朝鮮半島の陶質土器の技法によって作られた。

これらのことを考えれば、庄内式土器もまた朝鮮半島から渡来した新しい技法よって製作された優れた性能の土器と考え

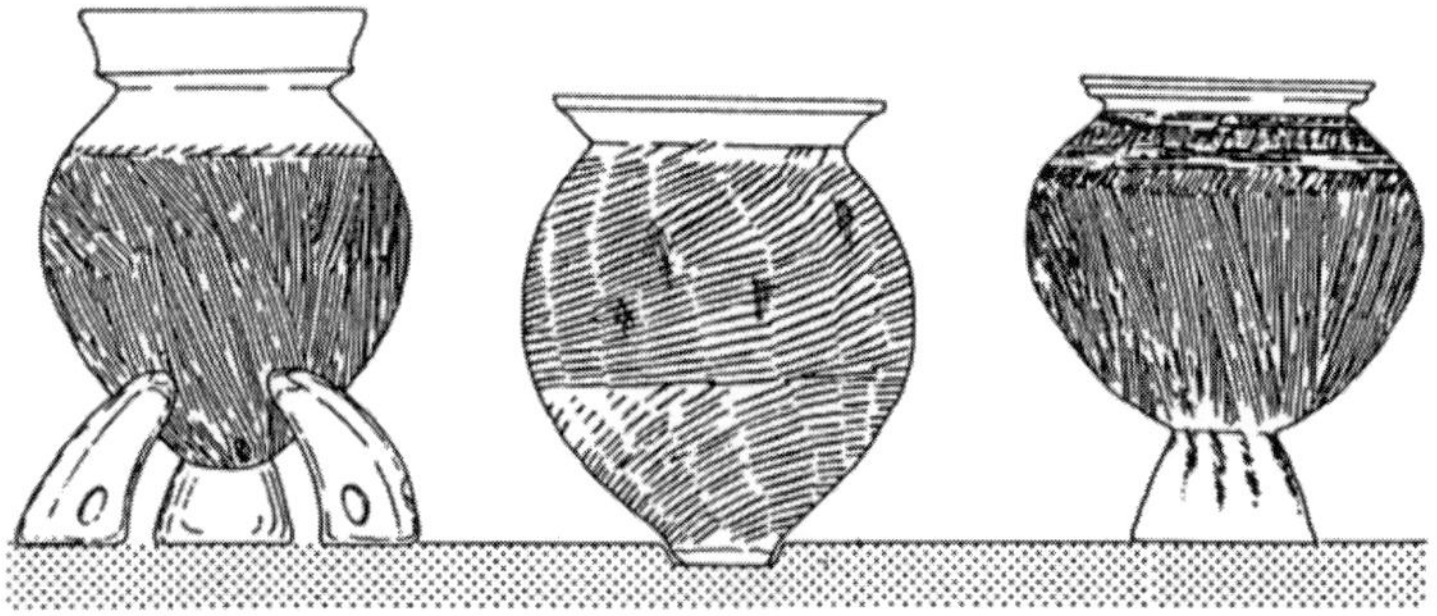


**甕の煮沸形態の違い**
（関川尚功「庄内式土器について」『季刊邪馬台国』43号による）

るのが素直な推論である。庄内式土器は、朝鮮半島から北部九州に伝わり、それが、饒速日命や天物部などの人の移動によって列島各地に伝えられたと考えるべきなのである。

## ■庄内式土器と天津神

近畿地方の庄内式土器が饒速日命と天物部によってもたらされたとするならば、近畿以外の西日本各地に分布する庄内式土器も北部九州からの天津神の移動と関連する可能性が強い。

この観点で各地の庄内式土器と、これまで述べてきた天津神の進出との関連を見てみようと思う（下図）。

九州では、福岡平野や筑紫平野の広い地域に庄内式土器が分布している。これは、この地域に広く展開していた天津神に朝鮮半島からの新しい土器が伝わったことにより、他の地域と違って面的な分布を示していると考えられるのである。

山陰、北陸地域は、天忍穂耳命の兄弟たちが進出した地域である。福井県永平寺町の弥生時代後期後半の葵遺跡をはじめ山陰各地で発見された庄内式土器は、彼らが北部九州から運んだものと理解できる。

また、瀬戸内海沿岸各地の分布は、九州から近畿地方に進出した饒速日命がもたらしたものと考えられるし、近江方面の欲賀南遺跡の庄内式土器は、この地域を経て尾張に向かった天香語

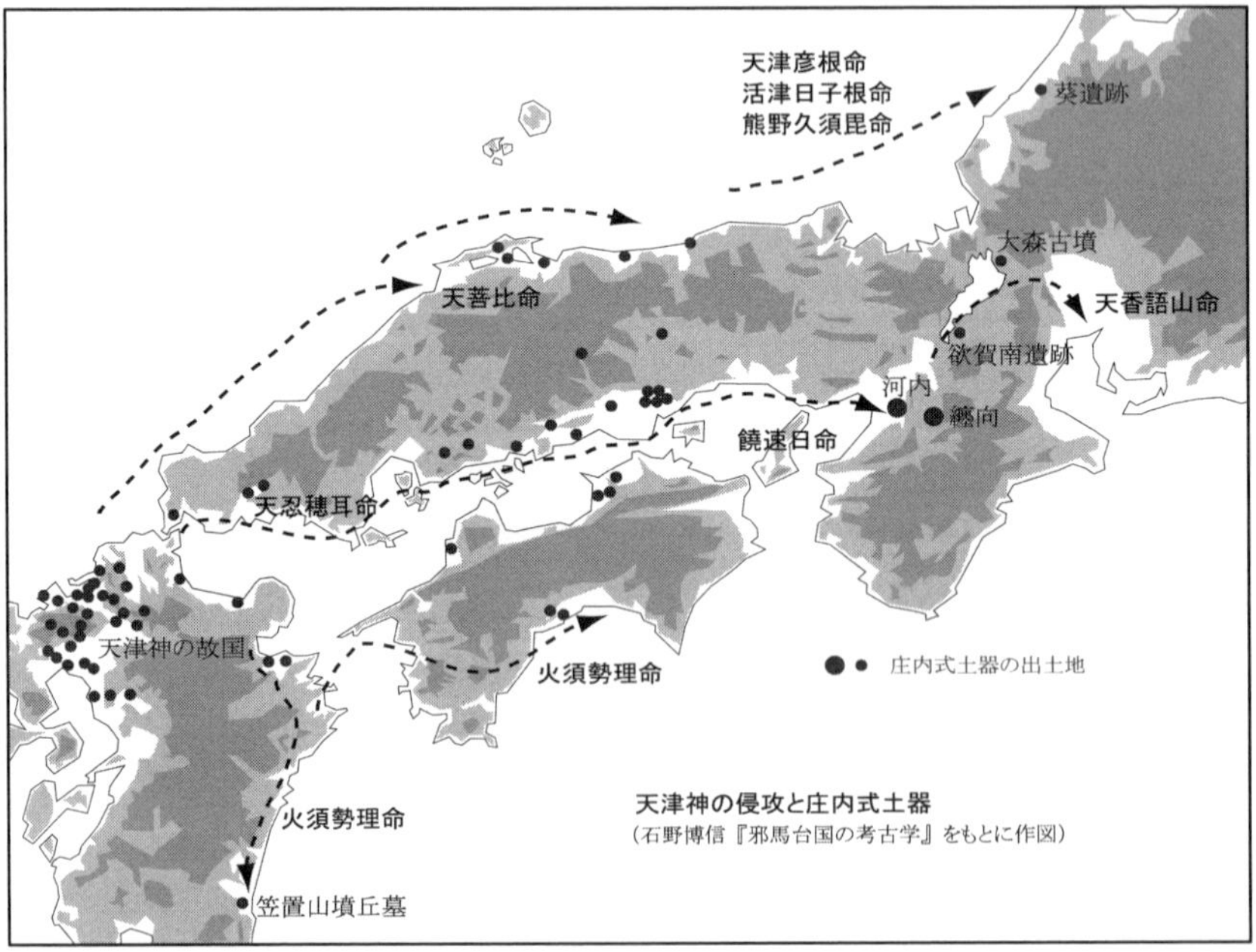


天津神の侵攻と庄内式土器
（石野博信『邪馬台国の考古学』をもとに作図）

山命の勢力が残したものと理解できる。

また、四国の南岸の庄内式土器については、第二七章で詳しく述べる邇邇芸命の息子たちの行動と関係すると思われる。

このように、西日本各地に偏在する庄内式土器の分布のようすは、天津神の進出によってこの土器が伝えられたとすることによって全体として納得できる説明になるのである。

## ■布留式土器

古墳時代の代表的な土器である布留式土器は庄内式土器のあとに出現する。

庄内式土器との大きな違いは、庄内式土器が限られた地域にしか分布しなかったのに対し、布留式土器は個々の地域を越えた広い範囲に均一に分布することである。

布留式土器の発生についても諸説がある。近畿地方では奈良盆地に最も早く出現することから、奈良盆地で庄内式土器をベースに発展したとする説がある。そのいっぽう、他の地域から持ち込まれたとする説もある。

私は、次のようなことから、布留式土器は三〇〇年ごろ外来勢力によって奈良盆地に持ち込まれた土器と考えている。

奈良盆地の初期の布留式土器は、庄内式甕を伴うことなく、定式化した小型丸底土器や有段口縁鉢などで構成されることが確認されている。初期の布留式土器が庄内式土器と混在しないことは、庄内式土器のなかから布留式土器が生まれたのではなく、布留式土器のセットだけを保有していた外来勢力が奈良盆地に進出してきたことを意味している。布留式土器の甕の肩には、纒向ではほとんど見られない波状の模様があることも、奈良盆地の土器の伝統とは異質の土器が入り込んできたことの傍証である。

また、河内型と大和型の庄内式土器を比較すると、河内型のほうが発展した型式とされる。次世代の布留式土器が、庄内式土器の発展型である河内型から生まれるのならともかく、初期の特徴を残す旧式の大和型の生産地で誕生するのは考えにくい。つまり、新しい布留式土器は、庄内式土器の発展が停止してしまった奈良盆地で発生した可能性は低いと考えるのである。

奈良盆地に布留式土器を持ち込んだ外来勢力とは、具体的に九州から瀬戸内を東征してきたのちの神武天皇や、四国南岸を東征してきた彦火火出見尊などの天津神の人々だったと考えているのだが、その詳細については第二十九章で詳しく述べたいと思う。

### ■纒向の土器

さて、近畿一円に弥生第五様式の土器が行われるようになってしばらく後、纒向の地域だけ、突如として弥生第五様式とは異なる新しい土器が現れる。

纒向土器とも呼ばれるこの土器は、最近では一類から五類にまで区分され、纒向二類、三類と四類の前半は庄内式土器であり、纒向四類後半からは布留式土器とされている（下図）。

纒向遺跡の発掘担当であった石野博信氏によると、その年代は、一類の成立が一八〇年ごろ、庄内式の出現期である纒向二類を二一〇年ごろとしている。そして、五類の終わりを三五〇年ごろとする。

寺沢薫氏は庄内式を〇式から三式まで、布留式を〇式から四式までに細かく分類し独自の年代を与えている（次頁図）。

この区分や編年にはいろいろな問題を含んでいるように見えるので順次検討してみたい。

まず、弥生第V様式の土器が普遍的に行われていた奈良盆地の一角に、突如、毛色の変わった纒向一類の土器が出現した理由を考えてみる。纒向一類の土器は寺沢氏によって庄内〇式ともされているが、前述の庄内式土器とは異なるものである。

纒向の地域を開発したのは大物主神であることを述べた。

大物主神は纒向建設のために多くの人々と共に出雲から奈良盆地へ進出した。また『古事記』には、大国主命が妻の須勢

**纒向土器**

| 通説の編年 | 区分 | 式 |
|---|---|---|
| 160 | 弥生V様式 | |
| 180–210 | 纒向1類 | 庄内0式（弥生V様式末） |
| 210–250 | 纒向2類 | 庄内I式（庄内古式） |
| 250–270 | 纒向3類 | 庄内II式（庄内新式） |
| 270–290 | 纒向4類 | 庄内III式（庄内新新式）<br>布留0式 |
| 290–350 | 纒向5類 | 布留I式 |
| 350–360 | 須恵器 | |

石野博信『邪馬台国の候補地纒向遺跡』等を参照

理毘売の嫉妬を避けるため、大和国に逃げようとした記述があり、大物主神よりも先に大国主命の勢力が大和に入っていたようにも見える。

彼らはかつての拠点であった出雲の土器をベースにした新しい土器を纏向で作り始めたのだろう。つまり、纏向の地域だけに出現した纏向一類の土器は出雲から来た大物主神たちが制作した土器だと思うのである。

以前にも触れたが三輪山のふもとの桜井市に出雲という地名がある。これはこの地域に出雲の人々が移動してきたことを示すもので、纏向一類の土器が、出雲から来た大国主命や大物主神によってもたらされたことの傍証であろう。

| 西暦 | 時代 | 土器編年（寺澤案） |
| --- | --- | --- |
| | 弥生時代後期 | 畿内第Ⅵ－２様式 |
| 200 | 古墳時代前期 | 庄内０式 |
| | | 庄内１式 |
| | | 庄内２式 |
| 250 | | 庄内３式 |
| | | 布留０式（古相）（新相） |
| 300 | | 布留１式 |
| | | 布留２式 |
| 350 | | 布留３式 |
| | | 布留４式（古相）（新相）（初期須恵器） |
| 400 | | |

銅鐸の章で突線鈕式の銅鐸が大物主神（近畿式）や物部氏（三遠式）の銅鐸であることを述べたが、三輪山の麓からも次のように銅鐸破片と完形の突線鈕式銅鐸が発見されている。

纏向遺跡の辻地区の七世紀の川道から突線鈕二式以降の銅鐸飾耳片一点が検出された。また南西に三キロほど離れた大福遺跡では、方形周溝墓の周溝内から突線鈕一式袈裟襷文銅鐸一点が発見された。

大福銅鐸が地中に埋められた時期について石野博信氏は次のように述べている。「銅鐸の上層と下層の資料を得たことによって、弥生時代後期末－纏向一式の一点に限定できたことは大きな成果である。」（石野 1987「奈良県桜井市大福銅鐸」日本考古学協会年報三八）

大福遺跡の突線鈕式銅鐸は上下の地層が確認できたので纏向一式の時代の銅鐸であることが確認された、すなわち纏向一式の時代が大物主神の時代であることが確認されたことになる。纏向一式と纏向一類の表現に微妙な違いがあるが、纏向の最初の土器であることは間違いない。これも纏向が大物主神によって開発されたことの裏付けと言えるのではないか。

そして前述のように、庄内式土器である纏向二類の土器は、天物部によって河内から奈良盆地の纏向の地域に持ち込まれたものと考えられるのである。

私は以前の章で、大物主神が纏向の開発を始めたのは、出雲の国譲りの少し前の二五〇年代半ばと推理した（P247図）。そして、二六〇年ごろには各地の倭人が纏向に集結して要塞化が進行し、その数年後に、饒速日命に率いられた天物部が河内に到達し、その一部が奈良盆地に進出したと考える。

すなわち、前述の石野博信氏らの編年（下図中の通説の編年）とは異なり、纏向一類の出現時期を二六〇年ごろとし、庄内式の纏向二類を二六〇年代後半から二七〇年ごろと見るのである（下図中の私案）。

関川尚功氏は、纏向の土器について、三ないし四形式に分類される布留式の期間は一〇〇年を大きく越えることはない。

庄内式はいくら分けてもせいぜい二形式である、と述べている。

須恵器の出現を五世紀の始めとして、関川氏の見解をもとに考えると、その前の布留式土器は、およそ一〇〇年前の四世紀の初めから行われたと推理できる。せいぜい二形式とされる庄内式はそれほど長い間用いられた土器形式ではないとすると、筆者の推理のように三世紀後半の比較的短い期間行われたとしても大きな間違いではないだろう。

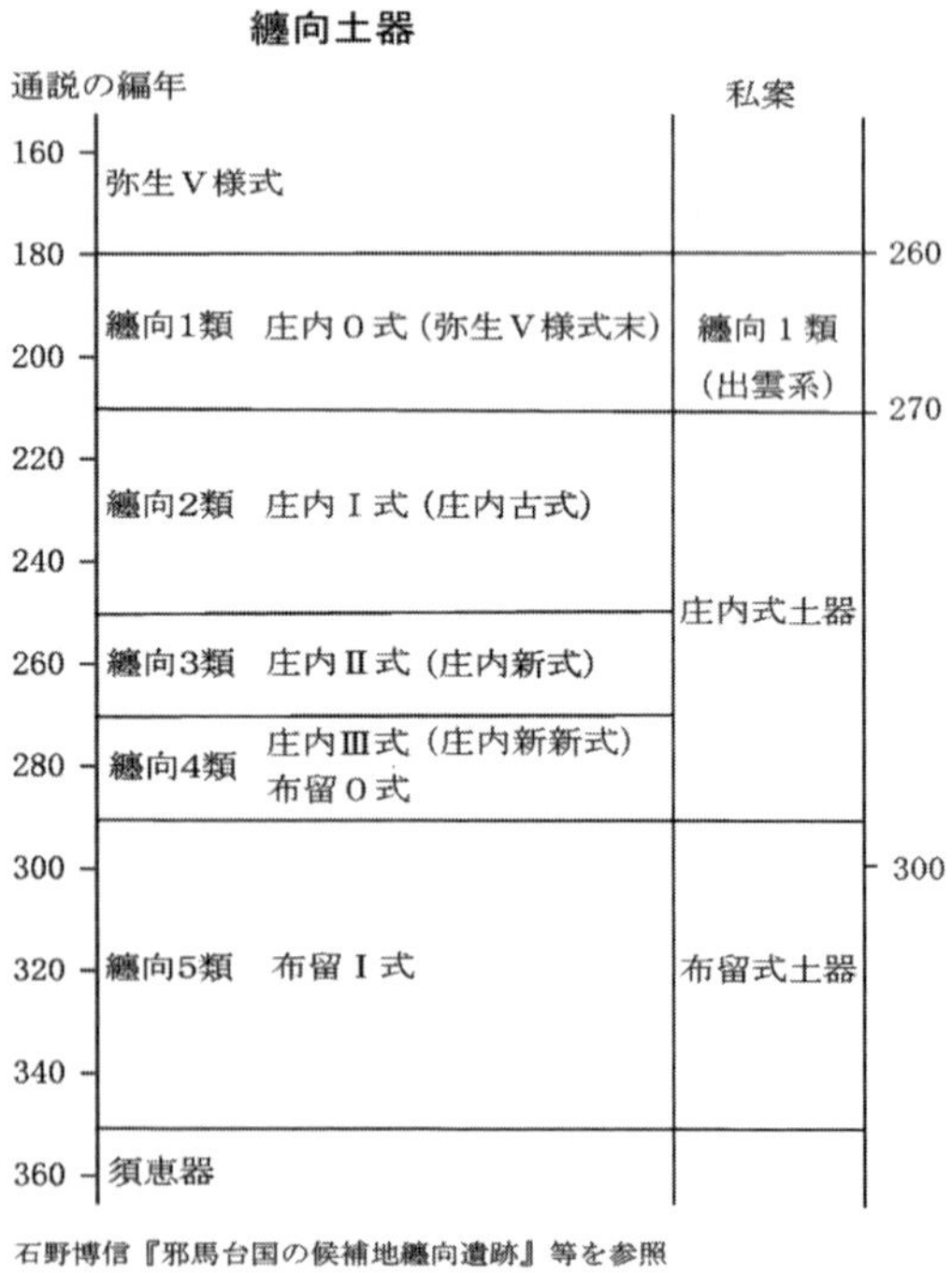

石野博信『邪馬台国の候補地纏向遺跡』等を参照

## ■布留○式

従来、布留式土器については、有段口縁鉢、小型器台、小型丸底土器の三種の精製土器が出そろう段階を画期として布留式土器の時代に入るという理解であり、庄内式とは明確に区別されていた。

ところが、寺澤薫氏はこれを否定し、庄内式と布留式の中間に、布留式傾向甕など、庄内式土器に布留式の特徴が現れるとする土器を設定して、庄内式から徐々に様相が変化して布留式が誕生したとする。そして、布留式傾向甕などの庄内期から布留期への過渡期の土器の時代を布留○式期とし、纒向四類土器の後半の時代であるとした。

つまり布留式土器は、畿内の庄内式土器から連続的に変化して誕生したものであって、外来の勢力の畿内進出によってもたらされたものではないと主張するのだ。

しかし、布留○式期の代表的な土器とされる布留傾向甕の発掘例では、この甕は纒向二類期から出現しており、布留式期に入っても存在している。そのため、大阪府文化財センターの西村歩氏は、『古墳時代の考古学一』(同成社刊)の「土師器《はじ》の編年③近畿」で、寺沢氏の布留○式を庄内式の中段階から布留式の古段階まで長期に継続するように描いている(下図)。

古墳時代初期～前期の編年区分案対照表　(西村歩氏作成の表に矢印追記)

| | | | | | | | | | | | |
|---|---|---|---|---|---|---|---|---|---|---|---|
| 時代区分 | 弥生時代 | | 古墳時代 | | | | | | | | |
| | 後半 | 末 | 初頭 | | | | | | | | 前期 |
| 様式区分案 森岡・西村(2006) | 畿内第Ⅴ様式 | | 庄内式 | | | | | | | | 布留式 |
| | | | 古段階 | | | | 中段階 | | 新段階 | | 古段階 |
| | | | 古相 | | 新相 | | | | | | 古相 |
| 関川(1976) | | 纒向1式 | | | 纒向2式 | | | 纒向3式 | | | 纒向4式 |
| | | 前半 | 後半 | | 前半 | | 後半 | 前半 | 後半 | | |
| 寺沢(1986・2002) | | 庄内0式 | | | 庄内1式 | | 庄内2式 | 庄内3式 | 【布留0式】 | | |
| | | | | | | | ← 古相 | | | | 新相 |
| 米田(1991) | | | 庄内式期Ⅰ | | | 庄内式期Ⅱ | | 庄内式期Ⅲ | | 庄内式期Ⅳ | |
| 標識資料 | | 北島池下層式 | 中田別部土坑 | 中田SX01 | | | 美園DSD317 | 東郷5次SD9 | | 纒向辻土坑4下層 | 中田1-39土坑2 |

| | | | | | | | | | | | |
|---|---|---|---|---|---|---|---|---|---|---|---|
| 時代区分 | 古墳時代 | | | | | | | | | | |
| | 初頭 | 前期 | | | | | | | | | 中期 |
| 様式区分案 森岡・西村(2006) | 庄内式 | 布留式 | | | | | | | | | |
| | 新段階 | 古段階 | | | 中段階 | | | 新段階 | | | |
| | | 古相 | | 新相 | 古相 | 中相 | 新相 | 古相 | 新相 | | |
| 安達・木下(1974) | | 坂田寺跡下層 平城宮朝集殿下層溝 | | | | | 下ノ井手SD031 藤原宮内裏東外郭 SD912・SD914 | 上ノ井手SE030下層 | 上ノ井手SE030上層 | | |
| 阪田(1984) | | 第1期 | | | | | 第2期 | 第3期 | 第4期 | | |
| 寺沢(1986・2002) | 【布留0式】→ | | | 布留1式 | | | 布留2式 | 布留3式 | 布留4式 | | |
| | 古相 | 新相 | | | | | | | 古相 | 新相 | |
| 米田(1991) | 庄内式期Ⅳ | | | 庄内式期Ⅴ＝布留式期Ⅰ | | | 布留式期Ⅱ | 布留式期Ⅲ | 布留式期Ⅳ | | 布留式期Ⅴ |
| 標識資料 | 纒向辻土坑4下層 | 中田1-39土坑2 | | 萱振SE03 | | 平城宮朝集殿下層溝SD6030 | 小若江北式 | | | 船橋O-Ⅰ | 大庭寺TG232 |

そうすると、布留式傾向甕に現れた特徴は、庄内二式にも、庄内三式にも現れていて、庄内式から布留式へ推移する過渡期の時間軸上で出現したものとは言えなくなる。

いつの時代にも、煮炊きを行う甕は日常生活に必須の土器であり、ほとんど形を変えずに広範囲で長期にわたって作られていた。布留式傾向甕の特徴は、普遍的な土器である甕に、各時代の多くの製作者の個性や製作地の違いが表れたものと理解すべきではないか。

本章冒頭で、「最近の土器の専門家は、様式や器種について非常に詳細な分類をする傾向にある。あまり細かい分類は意味がないと思われるし、むしろ混乱を招きかねない。あまりに細部にわたって個体差を追求すると、作り手の個性や地域差による形やデザインのわずかな違いと、時間的な変化とが区別できなくなるからである」と述べたが、布留〇式の土器はまさにこの弊害によって生まれた土器形式に見える。

「布留式傾向型甕」について関西大学の米田文孝教授は次のように定義している。

「口縁部はわずかに屈曲，内湾しながら外方に伸び、端部はつまみ上げ状及び丸く肥厚させておさめる。体部外面は叩き目の後ハケ目を、内面はヘラ削りを施す。」

しかしこの定義は、主観的な印象の表現が中心で、人々を納得させるだけの客観的な根拠や定量的な表現を欠いており、観察者の感性や印象で判断が変わってくる。

八尾市埋蔵文化財センターの資料には河内型庄内式甕から布留式傾向甕を経て布留式甕へ変化する状況がまとめられていた(下図)。これを見ると各段階はほぼ同型に見え、細かく区分けする意味がないように見える。

比較のために、本章で後述するホケノ山古墳から出土した小型丸底土器の実測図を

**河内型庄内式甕から布留式甕への変化**

八尾市埋蔵文化財センター
八尾・よろず考古通信第８号による

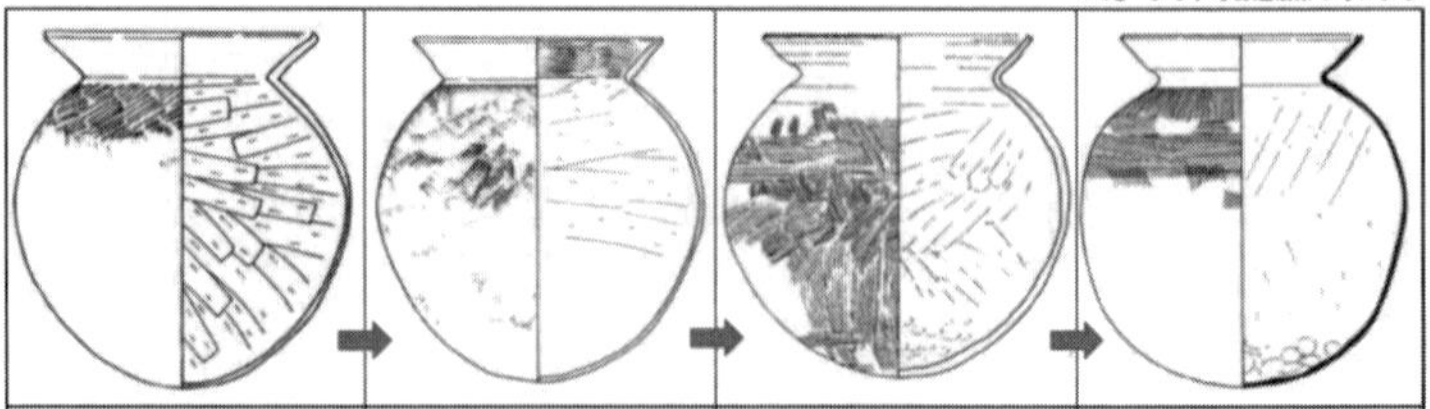

| | 河内型庄内式甕 | 布留式影響庄内式甕 | 布留式傾向甕 | 布留式甕 |
|---|---|---|---|---|
| 体部外面の調整 | 細筋のタタキを体部上位に施す | 「ハケ」調整 | 「ハケ」調整 | 「ハケ」調整 |
| 口縁屈曲部の形状 | 「く」の字 | 「く」の字 | 丸味を持つ、持たない | 丸味を持つ |
| 口縁端部の形状 | 摘み上げる | 摘み上げ | 摘み上げ、内面肥厚 | 内側に肥厚 |
| 素地（胎土） | 角閃石を含む | 角閃石を含む、含まない | 角閃石を含まない | 角閃石を含まない |

下図に掲げたが、同時期制作であるにも関わらず個体差が大きい。ホケノ山古墳では、これだけ大きな個体差があっても同一形式の土器と定義されていることを考えれば、前ページの図に示された甕はほぼ同型であり、同一形式の甕に作り手の個性や工夫、制作地の違いが出現していると理解すべきではないか。

このように判断に迷うあいまいな定義で「布留式傾向型甕」なるものを導入し、それに頼って土器や年代の議論を進めるのは問題が多い。

前述のように、もともと布留式の定義は、小型丸底土器と小型器台、有段口縁鉢という新たな器形が出現し、いわゆる三種の精製土器が揃う段階を指していた。大半の機種が丸底化し、小型機種を中心に良質な胎土を焼成し磨き上げた精製品が主流となり、画期と言える明確な変化が起きたと考えるべきである。

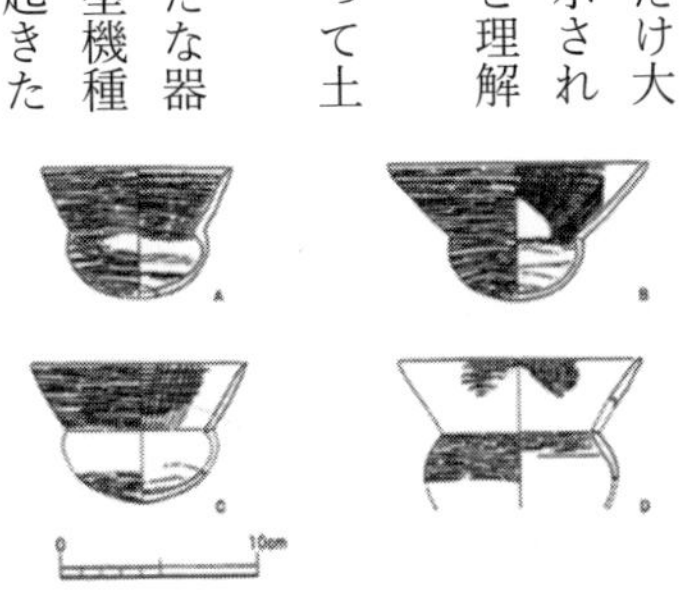
ホケノ山古墳から出土した小型丸底土器

あいまいな定義の布留〇式を導入して庄内式と布留式を連続した変化としてつなげるよりも、三種の精製土器の登場という明確な変化を布留式出現の「画期」とするのは合理的な判断と言えるだろう。

布留式の出現を画期と見るか、庄内式からの連続的変化と見るかによって、歴史の見え方が大きく違ってくるので、ここは明確にしておきたい。

布留〇式の導入は、庄内期と布留期の境を恣意的に曖昧にして、いかにも連続的な変化のように見せることが狙いのようだが、同じような意図が纒向一類土器でもみられるので注意が必要である。寺沢氏などの提唱で、纒向一類土器を庄内〇式と呼ぶことである。

畿内の弥生第V様式の中に、庄内式の前段階として庄内〇式を設定し、弥生第V様式から庄内〇式を経て連続的変化で庄内一式土器が出現した様に見せている。

前述したように庄内式の甕は器壁を薄くして煮沸効率を著しく改善した革新的な土器であり、このような庄内甕が出現する庄内一式期もまた画期と言わなければならない。纒向一類土器を庄内〇式と呼ぶことはこの画期を曖昧にすることになり同意できない。

畿内の弥生第Ⅴ様式から庄内式、布留式まで土器が連続して変化したとすることで、畿内の社会が弥生時代から邪馬台国の時代を経て古墳時代まで、外来勢力の影響を受けずに連続して変化してきたことを示し、邪馬台国が畿内にあったことの根拠にしようとする意図が見える。

布留〇式の導入については反対意見も多くあるのだが、寺沢氏のような著名な学者が強く主張することによって追随する研究者が増えているのは残念である。

私は、この時代の纏向の土器は、連続変化ではなく、纏向一類の土器、庄内式土器、布留式土器が出現する三つの画期があったと考えて検討を進めるべきだと考える。それぞれの画期は、大物主神などの出雲勢力の奈良盆地進出、饒速日尊と天物部の進出、神武天皇などの天津神の進出が起因となって発生したものと考えるのである。

ここで述べてきたように、土器を詳細に分類することについては、布留〇式の例のように、研究者の主観が入りこんで混乱の原因になるので、歴史の時間軸を示す情報としては使いにくい。

庄内式や布留式の細かい区分については、第三者が納得する客観的な判定基準が示されているのだろうか、そしてそれが時間軸の変化である根拠が示されているのだろうか。大いに疑問である。

以前、明治大学名誉教授の大塚初重氏に、失礼ながら庄内式や布留式の土器の細かい区分を分類できるかどうか伺ったことがある。土器を直接観察している研究者でないと難しいということであった。学会の大御所的な研究者でも判定が困難な状況は、客観的な判定基準が明示されていないところに大きな原因があると思うのである。

元名古屋大学大学院助教授の森博嗣氏は著書『科学的とはどういう意味か』の中で、科学と非科学の境界について次のように述べている。

「ごく簡単にいえば、科学とは『誰にでも再現ができるもの』である。また、この誰にでも再現できるというステップを踏むシステムこそが『科学的』という意味だ。」

この観点では、土器の形式判断は「科学」のレベルに達していない。特に細かい形式判断には問題が多く、これをベースにして歴史を考えるのは危ないと思うのである。

## ■土器で読み解く纒向遺跡

纒向の地域には纒向型前方後円墳と呼ばれる初期の古墳がいくつかある。また巨大な住居の跡や水路の跡などの遺構も見つかっていて、これらが造られた年代が土器の形式で表現されている。

纒向学研究センターの資料から抜粋したものを表に示す。纒向学研究センターは従来の細分化した土器形式で表現しているが、前節で述べたように細かい区分は混乱の元になるので、庄内〇式を纒向一類土器、庄内一式から布留〇式までを庄内式、布留一式以降を布留式とする大きな括りで表現してみた。

前述したように、纒向一類の土器は、大物主神などの出雲系の国津神が纒向地域に進出したことによって出現したもの、庄内式は饒速日尊と天物部の東征によって近畿地域もたらされ、饒速日尊の没後に天物部の一部が纒向に進出して展開された土器形式、布留式は彦火火出見尊や神武天皇が奈良盆地に侵入したことによる土器と考えた。

そうすると、これらの古墳や遺構を築造した主体を、次のように示すことができる。

まず、メクリ一号墳だが、この古墳は前方後方墳である。前方後方墳は、四隅突出型墳丘墓などの方形の墳墓の伝統がある出雲系国津神の墓制と想定されるので、出雲から大物主神に随伴してきた有力者の墓と推理できる。

**纒向遺跡の主な古墳**

| 古墳名 | 形式 | 築造時期 | | |
|---|---|---|---|---|
| | | 纒向学研究センター | 筆者の区分案と推定築造時期 | |
| 石塚古墳 | 前方後円墳 | 庄内１式期(3C前半)とする説と、築造が庄内３式期(3C中頃)で埋葬を布留０式期とする説がある | 庄内式 | 270～290年ごろ |
| 矢塚古墳 | 前方後円墳 | 築造時期の下限は庄内３式期（3C中頃） | 庄内式 | 270～290年ごろ |
| 勝山古墳 | 前方後円墳 | 庄内式の古い段階から布留０式期まで間 | 庄内式 | 270～290年ごろ |
| 東田大塚古墳 | 前方後円墳 | 布留０式期(3C後半)であることが判明 | 庄内式 | 270～290年ごろ |
| ホケノ山古墳 | 前方後円墳 | 庄内３式期（3C中頃） | 布留式 | 布留１式の指標である小型丸底土器が出土<br>小枝の炭素14年代測定から330年ごろ |
| 箸墓古墳 | 前方後円墳 | 布留０式期（3C中頃～後半） | 布留式 | ホケノ山と同時期かやや新しい<br>350年ごろ |
| メクリ1号墳 | **前方後方墳** | 庄内３式期～布留０式期（3C後半） | 庄内式 | 270～290年ごろ |

そして、石塚古墳、矢塚古墳、勝山古墳、東田大塚古墳などの庄内期の前方後円墳は、方形ではないので天津神系の墓であろう。すなわち、饒速日尊の東征に従軍し、のちに大物主神側に寝返って纏向地域に入った物部の有力者が築造した墓と思われる。九州や瀬戸内にも古い時期の纏向型前方後円墳が存在し、その分布が、饒速日尊が東征したルートを重なるのは、この墳形が彼らに随従した物部氏の墳墓であることの傍証であろう。丹後半島にも存在するのは、饒速日尊から別れた天香語山命の軍勢が丹後半島に進出したことと整合する（P277図）。

関東地域の複数の古墳は、磐余彦などの天津神が大和に迫ってくることを察知して、纏向から逃亡した物部たちの墓と推理できる（下図）。

さて、纏向の地域にメクリ古墳のような前方後方墳と纏向型の前方後円墳が同時期に存在するのは、出雲から来た人々と、纏向に進出した物部たちがこの地域で仲良く共存共栄していたことを示すものであり、物部氏が天津神陣営を離れ、国津神側についたことの確証とも言える。

辻地区の大型建物群や巻野内家ツラ地区の導水施設（次頁表）も、庄内期築造ということなので、物部氏が纏向地域に進出した時代に、物部氏や、共存していた出雲系の人々が築造したものであろう。

纏向大溝は庄内〇式（纏向一類）の時期から掘削されたとされるので、出雲から来た大物主神が纏向で真っ先に行った大土木工事と推定される。

大物主神たちは西から天津神が攻めてくることを想定して、何よりも先に防御のための水濠を作ったのだろう。水濠によって安全を確保してからその内側に建物やさまざまな施設作りに取りかかったと理解できる。大溝を運河だと主張する研究者がいるが、大溝を作った頃の纏向は

**庄内式新段階併行期の纏向型前方後円墳の分布**

寺沢薫『卑弥呼とヤマト王権』掲載図より作成

まだ何もない野原であって、膨大な労力をかけて物資輸送のための運河を作る必要性は全く見出せない。

辻地区の建物群が庄内三式期までに廃絶したとされ、纒向大溝や巻野内家ツラ地区の導水施設が、布留一式期には埋没、廃絶とされるのは、彦火火出見尊や神武天皇が奈良盆地に侵入した時に、まず建物群が破壊され、大溝や導水施設がその後放置されて、次の布留一式期には埋没、廃絶してしまったと理解できるだろう。

なお、導水施設については、祭祀の場とする見解があるが、溝の堆積土の中から糞に特有の寄生虫卵と食物残滓が多量に検出されたことから、水洗トイレの遺構とするのが妥当であろう。また、多くの土器や木製品や種子などを投棄した土坑が見つかっている。これを導水遺構と同じく祭祀の痕跡とする見解があるが、廃棄物を埋めたゴミ捨て場の跡であろう。

辻地区で発掘された大型建物群は、卑弥呼の宮殿ではないかと騒がれている。

ここが纒向遺跡の中で庄内式土器が多数出土する地域であり、大型建物の構築時期が庄内式期の早い段階ということなので、前述のように庄内式土器をもたらした物部たちか、彼らを受け入れた纒向の主・大物主神と関係する可能性が強い。

大型建物の調査区域の大型土坑からは、線刻を施した壺、底部に穴のあいた小型の壺が出土したほか、ミニチュアの手捏ね土器、ミニチュアのS字甕などのミニチュア土器が数多く出土している。興味深いのは、少数を除くと、これらの土器のほとんどすべてが砕かれた状態で出土したことである。

ふつう、ミニチュア土器は小型で壊れにくいため完全な形で出土することが多い。したがって、ほとんどのミニチュア土器がこのように破壊された状況は、強い意志を持ってミニチュア土器にいたるまで全ての土器をことごとく破壊し尽くしたことを示している。私は、これを、纒向

**纒向遺跡の主な遺構**

| 遺構の名称 | 築造時期 | | |
|---|---|---|---|
| | 纒向学研究センター | 筆者の区分案と推定築造時期 | |
| 辻地区の建物群 | 庄内式期の前半頃に建てられ、庄内３式期を含めてそれ以前には廃絶 | 庄内式 | 270〜290年ごろ |
| 纒向大溝 | 庄内０式期に掘削され、布留１式期には埋没 | 纒向一類〜庄内式 | 260〜290年ごろ |
| 巻野内家ツラ地区の導水施設 | 設置は布留０式期新相ごろ、布留１式期には廃絶 | 庄内式末 | 290年ごろ |

の祭祀施設に襲いかかった天津神軍の破壊行為の痕跡と見るのである。

## ■ホケノ山古墳と箸墓

纒向学研究センターのデータにはホケノ山古墳と箸墓も掲載されている。

ここでは、ホケノ山古墳は庄内三式期とされ、その実年代は二五〇年ごろとされている。箸墓はその後の時代の布留〇式期で、その実年代は三世紀中ごろから後半の築造とされている。この年代は、センター長の寺沢薫氏の見解が反映されているようだが、石野博信氏の前掲の図(P326)では、庄内三式とそれに続く布留〇式はおよそ二七〇年～二九〇年ごろとしている。いずれにしてもこれらの古墳の築造を三世紀後半とみており、箸墓が、二四八年に没した卑弥呼の墓とする年代の根拠にされている。

このような見解については、いろいろ問題を含んでいるように見えるので検討してみようと思う。

まず、ホケノ山古墳を庄内三式とすることについて疑問がある。

ホケノ山古墳からは庄内式土器とともに布留一式の指標とされる小型丸底土器（P331図）が出土している。小型丸底土器は庄内式土器の時代と布留式土器の時代を分ける重要な指標であり、布留式の時代にならないと出てこない。古い庄内式土器と新しい布留式土器が同じ古墳から出土したとき、古墳の築造年代は新しい布留式土器によって判断しなければならない。すなわち、ホケノ山古墳は布留一式の時代の築造と見るべきである。

箸墓はホケノ山古墳と同時期かやや新しいとされるので、やはり、布留一式期かそれ以降の築造と考えられる。

ホケノ山古墳築造の実年代については、発掘調査結果をまとめた最終報告書の『ホケノ山古墳の研究（橿原考古学研究所・二〇〇八年刊）』に最新のデータが掲載されている（次頁図）。

これは、橿原考古学研究所の奥山誠義氏の論文で、ホケノ山古墳の中心埋葬施設から出土した樹齢が十二年ぐらいの二本の細い小枝を対象として、炭素十四年代法による年代測定を行ったデータである。このデータは、古墳の築造が四世紀後半である可能性が極めて高いことを示している。

奥山氏の測定は、細い小枝を測定対象に選んでいるので、古い木材の再利用や風倒木の利用などで年代が古く出る、いわゆる古木効果の影響は排除されており、かなり信頼できるデータと思える。

なお、ホケノ山古墳については中間報告である『ホケノ山古墳調査概報（橿原考古学研究所：二〇〇一年刊）』が刊行されていて、この中に木棺北側の炭化した部分について炭素十四年代測定をしたデーターが掲載されている。木棺の五箇所の測定データだが、西暦五年から二四五年というかなり古い年代が示されている。ホケノ山古墳築造の実年代を二五〇年ごろとする纒向学研究センターの見解はこのデータ基づいているように見える。

しかし、このデータは資料とした木棺の素性が明確ではなく、古木効果などの誤差の混入を考慮しなければならないので、小枝を資料とした奥山氏のデータの方がはるかに信頼できる。

箸墓についても桃の種の年代測定データが公表されている。

橿原考古学研究所の報告書『箸墓周辺の調査』で、布留〇式土器とともに出土した桃の種の炭素十四年代測定をしたものである。このデータも四世紀後半の年代を示しており、箸墓の築造がこの頃であることを示している（次頁図）。

そしてこのデータは、寺沢氏が二八〇年ごろと設定した布留〇式の年代が四世紀後半まで下ることを意味しており、測定データと寺沢氏の年代観との間に百年ほどの食い違いがある。

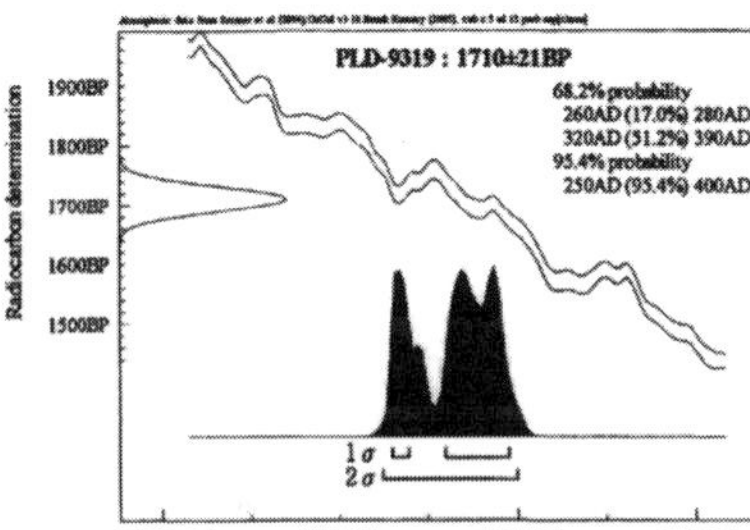


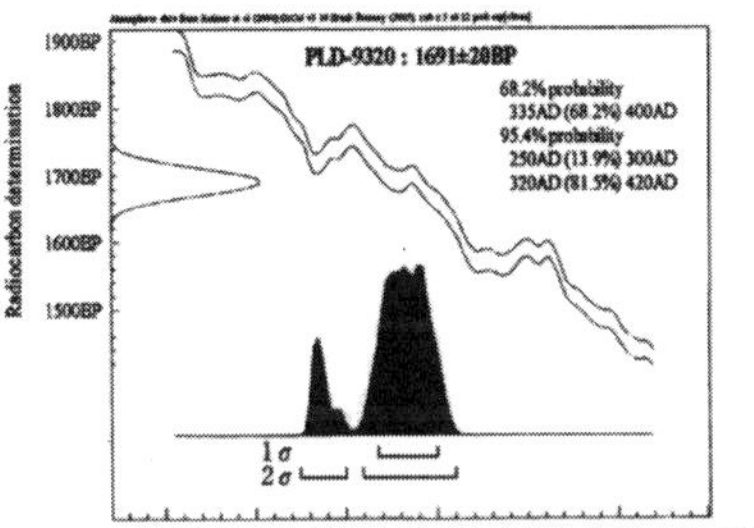


| 測定番号 | $^{14}$C年代 (yrBP ± 1σ) | $^{14}$C年代を暦年代に較正した年代範囲 | |
|---|---|---|---|
| | | 1σ暦年代範囲 | 2σ暦年代範囲 |
| 試料No. 1 PLD-9319 | 1710 ± 20 | 260AD (17.0 %) 280AD<br>320AD (51.2 %) 390AD | 250AD (95.4 %) 400AD |
| 試料No. 2 PLD-9320 | 1690 ± 20 | 335AD (68.2 %) 400AD | 250AD (13.9 %) 300AD<br>320AD (81.5 %) 420AD |

（奥山誠義「ホケノ山古墳中心埋葬施設から出土した木材の$^{14}$C 年代測定」『ホケノ山古墳の研究』橿原考古学研究所 2008年より抜粋）

箸墓を卑弥呼の墓とする言説が盛んだが、この測定データは明らかにこれを否定するものである。

箸墓の年代については歴博が土器付着炭化物の炭素十四年代測定を行い、三世紀中頃とするデータを出している。しかし土器付着炭化物を資料とした測定は年代が古く出るので注意が必要である。

土器付着炭化物は活性炭のような多孔質の構造になっていて、多数の微細な孔の中に土の中の不純物が取り込まれている。

土の中の不純物には古い時代の植物の遺存物などが含まれており、そこには植物が生きていた古い時代の炭素が含まれているのである。

土器付着炭化物の複雑な微細孔の中から、完全に不純物を除去するのは難しい。古い時代の炭素を十分に除去できないまま炭素十四年代の測定を行えば、実際の年代よりも古い年代を示す可能性が強い。

同じ遺跡で、桃のタネやクルミなどと、土器付着炭化物の両方を資料として炭素十四年代測定を行なった事例がある。安本美典氏が調査報告書などを調べてまとめたデータである（次頁表）。

これを見ると、全て土器付着炭化物のデータの方が古い年代を示している。

これは、硬質の殻に覆われた桃のタネやクルミなどでは不純物が内部に侵入しにくく、また不純物の除去が容易なのに対して、多孔質の土器付着炭化物では、内部に不純物が取り込まれやすく、除去しにくいことに起因する現象である。

すなわち土器付着炭化物を資料とした炭素十四年代測定で得られたデータは信頼性に乏しく、この方法によって歴博が示した箸墓の年代も信頼できない。

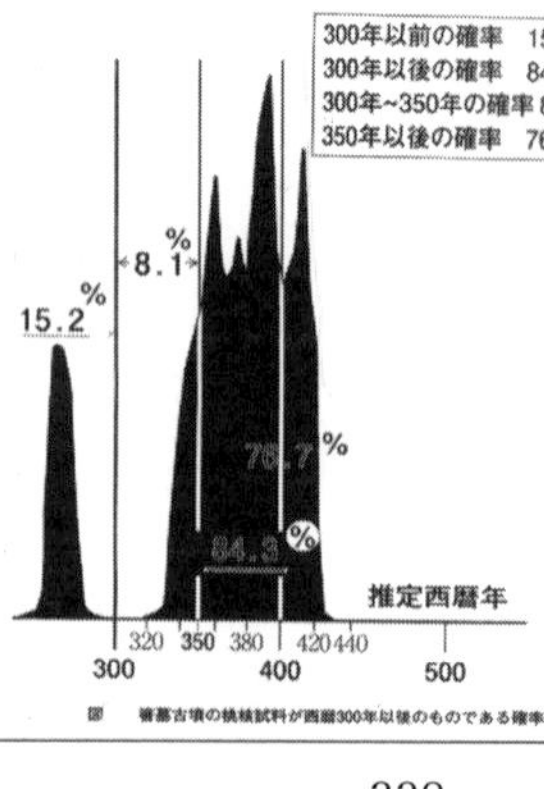

図　箸墓古墳の桃核試料が西暦300年以後のものである確率

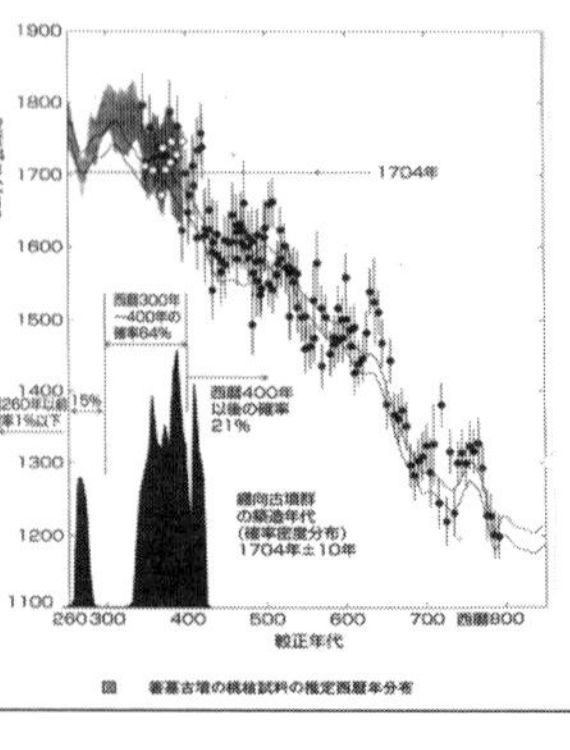

図　箸墓古墳の桃核試料の推定西暦年分布

桃の種などのデータによって、箸墓やホケノ山古墳の年代が、寺沢氏や石野氏が主張してきた年代よりも数十年から百年ぐらい新しくなるということは、纏向一類から始まる纏向の土器編年も寺沢氏や石野氏が主張してきた年代よりもかなり新しい側にシフトすると思われる。そうすると、寺沢氏や石野氏が一八〇〇年あるいは二〇〇〇年ごろとした纏向一類の出現年代も、二六〇年ごろと推理した筆者の年代観に近づいてくる。

**■土器の東への移動**

纏向で少し手間取ったので土器の話を先に進めよう。

大物主神に率いられた国津神たちは、天津神に対抗するために、纏向に拠点を築いて奈良盆地を確実に確保すると共に、東へ支配地を拡大していった。近江や東海、あるいは、信濃の地域に近畿式銅鐸や三遠式銅鐸が分布するのは、各地の国津神が大物主神のもとに団結して天津神に対抗した事を示している。

土器付着炭化物は、クルミ・桃核などより、年代が古くでる。(安本美典氏による)

| No. | (A)出土遺跡名 | (B)土器付着炭化物炭素14年代 BP 平均値 $x$(試料数) | (C)クルミ・桃核炭素14年代 BP 平均値 $y$(試料数) | (B)−(C) ((B)の BP 年代と(C)の BP 年代との差) | (C)の試料種 |
|---|---|---|---|---|---|
| ① | 奈良県桜井市 上之庄《かみのしょう》遺跡 4次流路 SD1001 | 1773±13(2) | 1710±15(1) | 63年 | モモ |
| ② | 奈良県桜井市 東田《ひがいだ》大塚《おおつか》古墳 | 1820±18(3) | 1730±30(1) | 90年 | 桃核 |
| ③ | 奈良県桜井市 矢塚古墳 | 1820±30(1) | 1795±22(2) | 25年 | 桃核 |
| ④ | 奈良県桜井市 箸墓古墳 | 1825±13(8) | 1748±40(3) | 77年 | 桃核 |
| ⑤ | 北海道江別市《えべつし》 対雁《ついしかり》遺跡 | 2906±21(4) | 2403±13(17) | 503年 | オニグルミ |
| ⑥ | 北海道久遠郡《くどうぐん》 生渕《なまふち》遺跡 | 3135±40(1) | 2674±19(4) | 461年 | 炭化クルミ |
| ⑦ | 青森県上北郡《かみきたぐん》 東道ノ上遺跡 Ⅳ層貝14出土 | 5505±35(1) | 4910±30(1) | 595年 | オニグルミ |

やがて天津神の大攻勢に押されて、近畿地方や尾張・東海地方の国津神たちは、東の関東方面にまで押し出されていった。

濃尾平野のS字甕やパレス甕が天津神に押されて関東に進出したことを十九章で述べたが、弥生時代末期の近畿地方の土器も、銅鐸と歩調を合わせるように東海地方に移動し、さらには、関東地域まで広がっている。

三世紀の奈良盆地では、前述のように纏向遺跡や柳本遺跡のある盆地東南部の一部の地域だけ、庄内式土器がさかんに用いられていたが、それ以外の地域で広く使用されていた土器は、弥生五様式系の土器であった。

考古学者石野博信氏は、五式甕、あるいは、タタキ甕とも呼ばれる弥生五様式系の土器が、濃尾平野を避けるように、中伊勢から西三河経由で東に伝播する不思議な経路で関東に達していることを述べている。

弥生五様式系の土器が濃尾平野に入らなかったのは、そこがすでに朝日遺跡を中心とした国津神のテリトリーであり、また急いで東国に避難する必要があったため、途中に地域に立ち寄っている暇がなかったと考えれば疑問はない。

また、近畿の弥生第五様式甕の移動について、神奈川県立旭陵高校教諭の考古学者西川修一氏は、次のように述べている。

「五式甕は第五様式終末から庄内古段階に横浜市の山王山遺跡などの関東に波及した。庄内甕の関東への移動は庄内新相以降である。」

西川氏の言う庄内古段階というのは、饒速日命に率いられた天物部が河内に侵入し、奈良盆地の大物主神と敵対していた時期であろう。天物部と和睦する前の大物主神たちは、まだ庄内式土器を持っていなかったので、弥生五様式系の土器だけを持って東に移動したと考えられるからである。

つまり、大物主神たちは、天津神の軍勢が河内に侵入した時点で、その一部が弥生五様式系の土器をもって東へ逃亡を始めた。あるいは、後方に次の拠点を構築するために東海や関東の地域に移動したのである。

また、西川氏の庄内新相段階は、饒速日命を失った天物部の一部が大物主神と和睦し、大物主神と協力して東海地方の開拓に取り組んでいた時期と想定される。大物主神と協力する段階になってはじめて物部氏によって庄内式土器が東海や関東方面に広がってきたことになり、天津神の進出を契機とした人の移動と、土器の移動とが整合的に説明できることになる。

千葉県木更津市の高部古墳群や市川市の神門《ごうど》古墳群には古墳出現期の古い古墳が存在することで知られている。大和から遠く離れた関東に最古期の古墳が存在するのは不思議な感じがする。しかも、前方後方墳と前方後円墳が揃っている。

千葉県教育委員会によると、高部三〇号墳、三二号墳については、「剣や鉄斧などの鉄器、鏡、手焙形土器が併せて出土しており、古墳出現期の典型的な特徴を示している。出土した土器等は、伊勢湾岸など東海地方からの影響が明瞭に認められ、その時期は三世紀前半に遡る可能性があり、関東地方では最古級の前方後方墳である。」

また、初期の前方後円墳とされる神門三号墳、四号墳、五号墳についての見解では、「この三基は連続（五号墳↓四号墳↓三号墳）して築造されたと考えられていて、その築造年代は三世紀中葉前後と推定され、古墳時代で最も初期のもので、東日本で最古の古墳と考えられる。また、これら三基の古墳から出土した土器に、在来の土器に混じって、近畿・東海・北陸地方の系譜をもつ土器が数多く含まれることから、外来的な要素の強い古墳としても注目されている。」

高部古墳群や、神門古墳群のこのような状況は、大和や東海地域の国津神が、九州勢力によって東に追い出されてきた状況を示しているように見える。

土器に東海地方の影響が見られる高部古墳群は、東之宮古墳などの前方後方墳の伝統がある尾張や東海地方の人々が移動してきて築造したものであろう。

また、神門古墳群は、大和から逃れてきた人々が築造したものと思われる。纏向で各地の土器が出土することを前述したが、外来的な要素が強いとされる神門古墳群の土器の出土状況は、各地の土器を携えて纏向に集まってきた人々が、そのまま纏向を退去し、各地の土器を携えて房総の地まで退避してきたとすると説明がつく。

## ■その後の国津神

少し余談になるかもしれないが、近畿や濃尾平野から東に逃れた国津神たちはその後どうしたのであろうか。土器の移動を調べると、いくつかヒントが得られそうである。

西川修一氏によると、近畿の弥生五様式の甕は、上総・下総・武蔵・上野の地域に波及しているとされる。また、赤塚次郎氏によると、濃尾のS字甕は、南越・信濃・上野・相模・上総・下総方面に分布し、さらに、S字甕B類と区分されるものは、南東北にまで及んでいるとのことである。

弥生五様式の甕やS字甕が分布するこれらの地域の国津神たちは、のちの時代にやや勢力を盛り返したようである。別章で詳しく述べようと思うが、第一〇代崇神天皇の時代に、国津神に対して融和政策が採られた形跡があり、各地に逃げ込んだ国津神たちが息を吹き返した可能性がある。

そして、天津神の天皇の政治に反抗するようになったこれらの地域の国津神に対して、第一二代景行天皇の時に、ついに征討軍が派遣された。日本武尊の東征である。

そう考えた理由は、まず、日本武尊の東征軍が、五式甕やS字甕の分布する国津神のテリトリーに侵攻したように見えることである。

『日本書紀』によると、日本武尊は、駿河、相模、上総、陸奥、常陸、甲斐、武蔵、上野、信濃、美濃に軍勢を進めたことが記される。また、途中、吉備武彦を越の国に向かわせている。

国津神が逃れた東の国々と、日本武尊の軍勢が進出した国々とがほぼ一致している（下図）。

そして、『日本書紀』には、蝦夷の国に入った日本武尊に対して、「蝦夷の首領の島津神・国津神たちが、竹水門《たけのみなと》に屯《たむろ》して防ごうとした。」という文章があり、天皇に背いた反乱軍の中枢に国津神のいたことが記されているのである。東国に逃れた国津神たちは、蝦夷と協力して天皇に反抗するまでに強力になっていたようである。

しかし、天皇に反抗してみたものの、東国の国津神たちは日本武尊によってすぐに鎮圧されてしまったのである。

大塚初重氏によると、東国各地の古墳出現期の状況は、始めに前方後方墳が出現するケースが多く、その数代後に前方後円墳が出現するということである。

たとえば、長野県松本市の弘法山古墳は、長野県だけでなくひろく東国を見わたしてもその中で最古の古墳といわれているが、それが前方後方墳であることが注目されている。

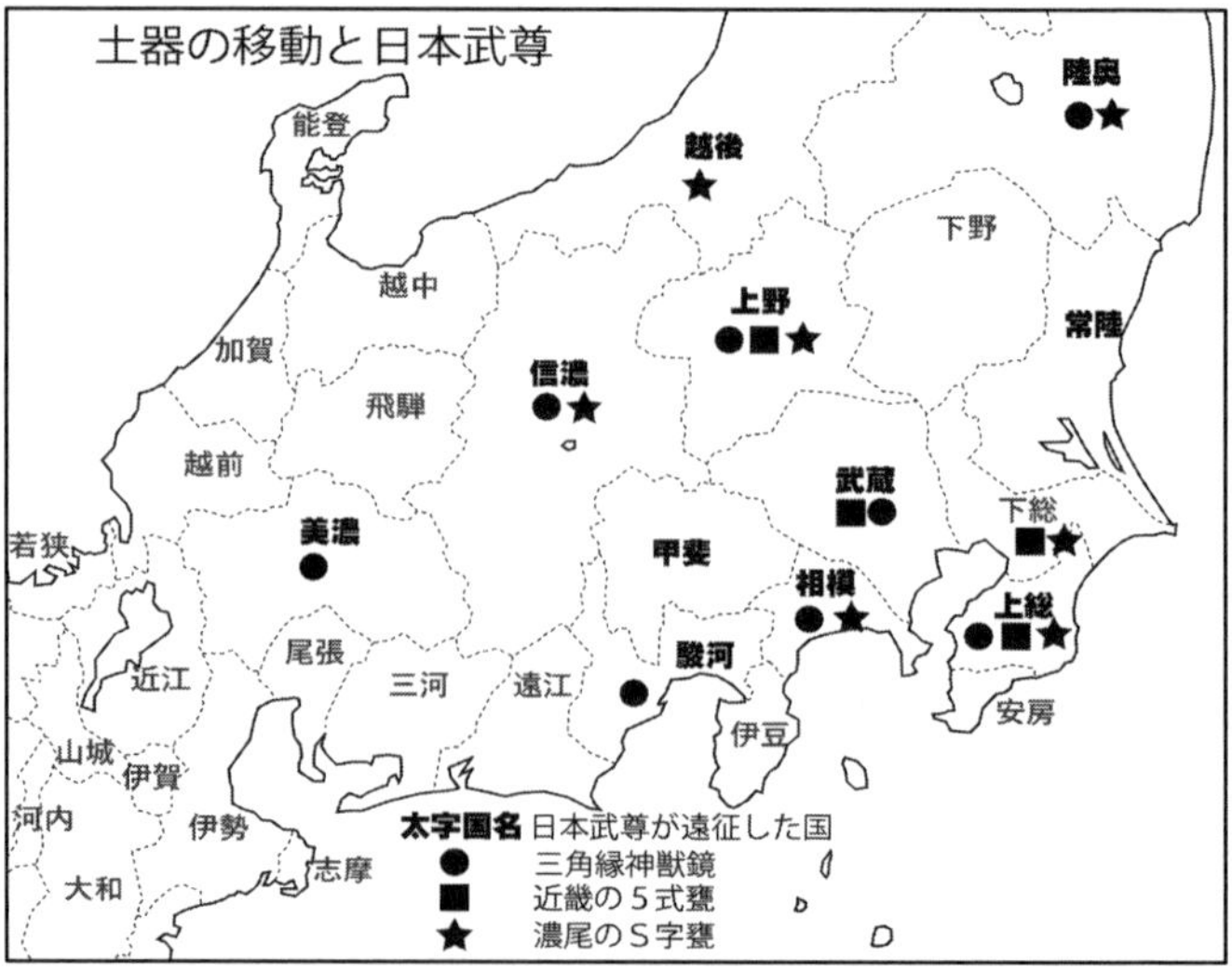

土器の移動と日本武尊

そして、興味を引かれるのは弘法山古墳から濃尾平野の特徴的な土器であるパレススタイル壺が出土していることである。これは、東国で弘法山古墳などの初期の前方後方墳を築いたのが東海地域から逃げ出した国津神であることを示すものである。弘法山古墳の土器は、畿内の土器型式でいうと庄内式の新しい段階のものか布留式の最も古い段階のものに相当するとされている。庄内式から布留式に切り替わるこの時期は、天津神が盛んに大和地域に進出し、国津神が東に逃亡していた時期であり、前述のように西暦三百年ごろの出来事と私は推定している。

弘法山古墳の築造時期については、三世紀後半から四世紀中頃とする見方が一般的のようなので、研究者の年代観と私の年代観とが整合している。

ところで、『日本書紀』景行天皇紀に、日本武尊が東国の遠征に出かけたとき、上総から陸奥国に向かった船に大きな鏡を掲げたことが記されている。考古学的に見ると、この頃の最大の鏡は三角縁神獣鏡であり、船に掲げた大きな鏡とは三角縁神獣鏡ではないかと安本美典氏は指摘している。

そして、日本武尊が遠征の時に通過した美濃、駿河、相模、上総、武蔵、上野、信濃、会津などの古墳から三角縁神獣鏡が出土しており、日本武尊と三角縁神獣鏡の密接な関係を窺わせる（前頁図）。

東国の各地で三角縁神獣鏡を副葬したこれらの古墳の多くは前方後円墳である。

これらのことを総合すると、東国各地で前方後方墳を築いていた国津神を制圧し、前方後円墳を築いて三角縁神獣鏡を持ち込んだのは日本武尊に率いられた天津神軍団であったと言えるのではないか。東国での考古学的な情報と文献の伝承が整合しているように見えるのである。

ここで、私が長野県の古墳を見学していたときに天津神の東国経営に関連して思ったことを一つ加えておきたい。

善光寺平の南端の長野県千曲市の尾根の先端に全長100mの前方後円墳、森将軍塚古墳がある。ここからは三角縁神獣鏡が出土していることから、古墳の被葬者は日本武尊の動きに同調した天津神系の首長と思われる。

千曲川を挟んで対岸の長野市川柳地区にも森将軍塚古墳に匹敵する巨大な前方後円墳がある。全長90mほどの川柳将軍塚古墳で、森将軍塚古墳とほぼ同時期の四世紀後半の築造とされている。

ところがこの川柳将軍塚古墳に隣接する姫塚古墳は、川柳将軍塚古墳よりも古い時期の前方後方墳であり、国津神系の墳墓である。隣接するこれら二つの古墳は同族の墳墓の可能性があり、川柳将軍塚古墳の被葬者のルーツは国津神系ではないかと思われるのである。

この推理が正しければ、日本武尊たちは、国津神の全てを討ち滅ぼしたのではなく、協調する国津神とは共存し共に栄えたことを示しているように見える。

これは、古くは婚姻によって天津神と国津神の協調を目指した高御産巣日尊の方針や、新しくは三〇章で述べるが天津神と国津神が協力してともに国土を治めようとする崇神天皇の新たな統治政策に則るもので、二つのグループの共存共栄を図る先人の知恵が具現化された事例に見えるのである。

## 二二．天孫降臨

### ■邇邇芸命はどこに降ったのか

ここで時間を少し戻して、天忍穂耳命や饒速日命、あるいは天忍穂耳命の兄弟たちが東に向かったあと、九州に残った天津神や邇邇芸命はどうしていたのか検討してみよう。

まず、邇邇芸命の天孫降臨からみていこう。

『古事記』によると邇邇芸命は「竺紫《つくし》の日向の高千穂の久士布流多気《くじふるたけ》」に天降ったとされる。さらに、「ここは、韓国に向ひ、笠沙の御前《みさき》を真来《まき》通りて、朝日の直刺《たださ》す国、夕日の照る国なり。故、此地は甚吉き地《いとよきところ》。」と述べている。

邇邇芸命が降臨した高千穂がどこなのかについては諸説がある。文献の上から見ると有力なのは、日向の国曽於《そお》郡の霧島山説と、日向の国臼杵《うすき》郡の高千穂山説で、戦前は高千穂論争として盛んに議論が行われたそうである。この二説についてはかなり古い時代の古文献上の証拠があるという。これ以外に豊前説、筑紫説、肥後説等があるが、奈良時代までさかのぼりうるような古文献上の証拠を持っていないという。

文献という点から見れば、『古事記』『日本書紀』も奈良時代のものであり、一次資料ともいうべき重要な古文献なので、まず、記紀に記されていることを十分に吟味する必要がある。

天孫降臨の場所について『古事記』は「竺紫《つくし》の日向の高千穂の久士布流多気《くじふるたけ》」と記しており、筑紫の国に降りたようにみえる。

『日本書紀』では「筑紫の日向の高千穂の槵触《くしふる》峯」だけでなく、「日向の槵日《くしひ》の高千穂の峯」や「日向の襲の高千穂の添《そほり》の山峯《やまのたけ》」と記して、筑紫の国に加えて、日向の国、あるいは、日向の国の曽於《そお》郡（襲）と読み取れる降臨地を併記している。

筑紫を、『古事記』『日本書紀』がともに記していることに留意すべきであり、ここをまず第一の候補地に考える必要があろう。

私は、邇邇芸命が天降ったのは筑紫の国であり、日向の国の臼杵《うすき》郡や曽於《そお》郡の高千穂に天降ったとするのは、次のような理由で不適当ではないかと思う。

『古事記』『日本書紀』は、天孫降臨について、葦原中国に降ろうとした天忍穂耳命が大国主命に阻まれ、その後大国主命を攻略してから、天忍穂耳命に代わって邇邇芸命が降臨したように描いている。したがって、邇邇芸命が降臨しようとした場所は葦原中国であり、葦原中国がどこかということで、降臨の場所が決まってくる。

私は、第七章で葦原中国は北部九州の玄界灘沿岸の東半分の地域であることを述べた。日向の国の曽於《そお》郡や臼杵郡の高千穂の地域が葦原中国と呼ばれたことはないし、大国主命がこの地域に進出したという話も聞かない。女王国の南には敵対する狗奴国があったはずなので、大国主命を打ち破ったからといってすぐに天孫が南九州の地域に安全に降臨できる保証はないのである。

『古事記』は、降臨した土地を「韓国に向かいて、いと良きところ」であると表現している。曽於《そお》郡の高千穂峯にはすぐ近くに韓国岳という山があるが、韓国岳に向かっているか

天孫降臨の場所

| 文献 | 内容 | 国 |
|---|---|---|
| 古事記 | 竺紫（つくし）の日向（ひむか）の高千穂のくじふるたけ | 筑紫 |
| 日本書紀　本文 | 日向の襲（そ）の高千穂の峯 | 大隅 |
| 日本書紀　一書の一 | 筑紫の日向の高千穂の槵触峯（くしふるたけ） | 筑紫 |
| 日本書紀　一書の二 | 日向の槵日（くしひ）の高千穂の峯 | 日向 |
| 日本書紀　一書の四 | 日向の襲の高千穂のくしひの二上（ふたかみ）の峯 | 大隅 |
| 日本書紀　一書の六 | 日向の襲の高千穂の添（そほり）の山峯（やまのたけ） | 大隅 |

ら良きところと言うのでは意味をなさない。第六章で述べたように、邇邇芸命の祖先の伊邪那岐命《いざなぎ》や面足尊《おもだるのみこと》の故郷が朝鮮半島にあることや、天津神の同族である弁辰の人々が、朝鮮半島南岸で暮らし、天津神と往来していたこと考えると、朝鮮半島との交流に便利な北部九州沿岸に降臨したと想定してこそ、この表現の意味が生きてくるのである。

以上のようなことから、やはり、邇邇芸命は玄界灘沿岸に天降ったと考えるべきであろう。曽於郡《そお》や臼杵郡の高千穂が、天孫降臨の場所として奈良時代の文献に記されていたのは、別の理由があったと思われる。これについては、のちほど詳しく述べようと思う。

## ■伊都国の邇邇芸命

さて、このときの邇邇芸命の行動をもう少し具体的に推理する情報について検討してみよう。

まず、『魏志倭人伝』に記される台与《とよ》、弥弥《みみ》、爾支《にき》という個人名である。卑弥呼の後継者の台与は、天照大御神の後継者の万幡豊秋津師比売のことと思われる。台与と記された名前は万幡豊秋津師比売からトヨの音を採ったように見える。『魏志倭人伝』では、倭国の人名を表す時に、一音を一文字で表し、長い場合は短縮して表記したのではないか。

そうすると、投馬国の官として記された弥弥《みみ》は天忍穂耳命を指すと思われるし、伊都国の官の爾支《にき》は邇邇芸命《ににぎのみこと》を指していると思われる。すなわち、邇邇芸命《ににぎのみこと》は高天原から伊都国に降ってここを治めたと考えられるのである。倭国王となった邇邇芸命《ににぎのみこと》が伊都国に天降ることは、『魏志倭人伝』に「伊都国に世々王がある」と記されることと整合している。

邇邇芸命《ににぎのみこと》が高天原から伊都国に降ったとすると、途中の高千穂で国見をして「朝日の直刺す国、夕日の照る国なり。」とのべた表現も次のように納得できるのである。

つまり、高千穂とは背振の山脈から糸島半島に突き出した高祖山などの山々で、くしふる山や日向峠《ひなた》という名前が今も残っているところである。

伊都国はかつて糸島平野の国であったが、高祖山の東側の福岡市西区や早良の地域にまで領地を拡大したことは以前に述べたとおりである。日向峠や高祖山から東西を眺めると、「朝日の直刺す国、夕日の照る国なり。」と形容されるとおりの早良平野と糸島平野の沃野が東側と西側に広がっており、高千穂から見た伊都国のようすが、そのまま『古事記』に描かれていると理解できるのである（下図）。

もうひとつ、邇邇芸命《ににぎのみこと》の行動について推理できることがある。それは、邇邇芸命《ににぎのみこと》は、堂々と凱旋行進をして天降ったのではなく、まだ戦火のくすぶっている危険な地域を切り抜けて、日向《ひなた》峠を越えて糸島平野の最奥に逃げ込むように到達したと思われることである。

そう考えるわけは、まず、天孫降臨の話に邇邇芸命《ににぎのみこと》一行の先導役として猿田彦が登場することである。『日本書紀』には天の八街に現れた猿田彦を背長七尺という偉丈夫として描いている。彼は邇邇芸命《ににぎのみこと》たちの警護をしながら高千穂へ導いたのであろう。邇邇芸命《ににぎのみこと》には五伴緒《いつとものお》と呼ばれる五人の有力者が随行したにもかかわらず、さらに、屈強な大男の先導や警護が必要な危険な旅だったのである。

つぎに、糸島平野の南の奥に「王丸」という場所があることである。前述したように、「王丸」のような丸付きの地名は、軍事的な拠点を示すもので、その中でも王とか宮のつく「丸」付き地名は王族が拠点としたところと考えられる。邇邇芸命《ににぎのみこと》たちは高千穂で国見をしたあと、糸島平野の一番奥まったところの「王丸」に砦を築いて、本拠地としたのであろう。『日本書紀』に「膂宍《そしし》の胸副《むなそう》国を丘続きに求め歩いて（痩せた不毛の地を丘続きに歩いて）」と記されたのも平野部ではなく山道を進んだことを描いているように見える。

すなわち、これらの情報は、高天原からの道中には警護を必要とし、わざわざ海岸から離れた山道を通って日向峠を越え、糸島平野の奥に隠れるように砦を築かなければならなかった状況を示している。葦原中国が平定されたとは言っても、まだまだ、玄界灘沿岸は不穏な状況であったことがうかがわれる。

このような状況と関連すると思われる情報がある。

前述のように天忍穂耳命が降臨しようとしたのは葦原中国であるが、『古事記』には、天忍穂耳命に代わって邇邇芸命が

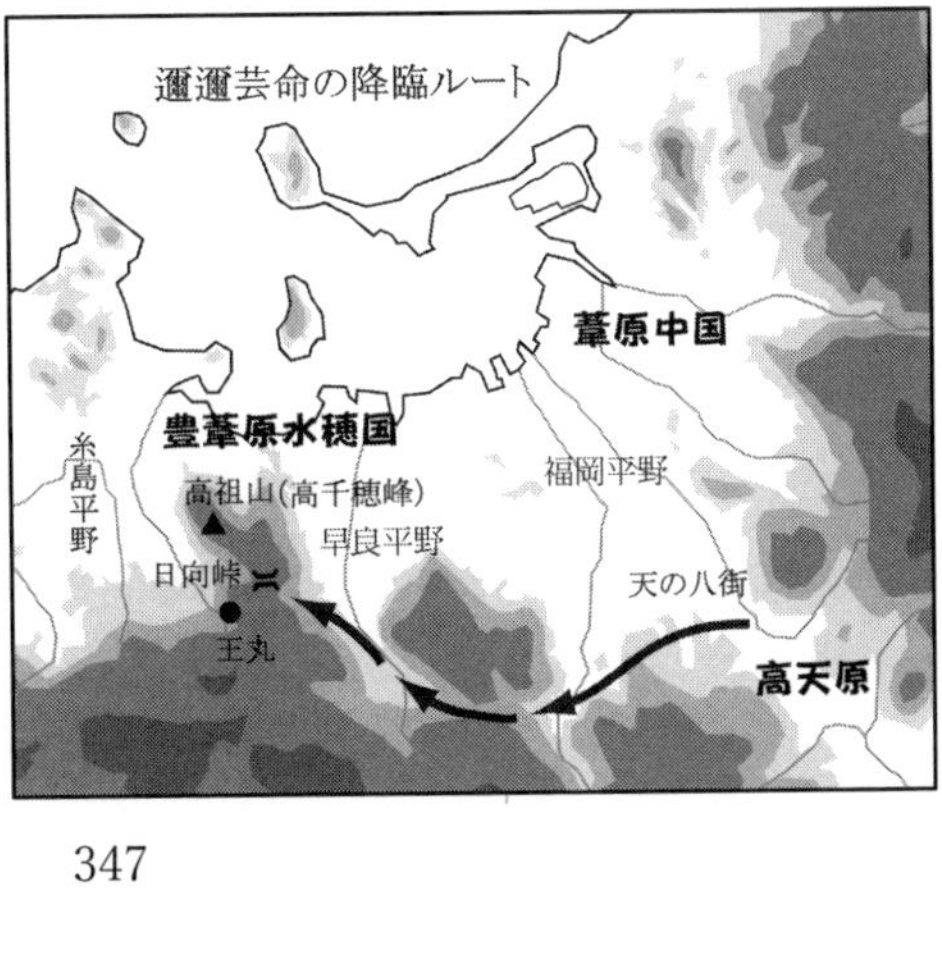

降臨した場所を葦原中国としてはおらず、「豊葦原水穂国《とよあしはらのみずほのくに》」と記していることである。「葦原中国」と「豊葦原水穂国」は同じ国とする意見もあるが、表現が異なるのは違う地域を表していると理解すべきではないか。

葦原中国を概略博多より東側の元の倭の奴国の地域と考えたが、邇邇芸命が降臨したのはそれよりもかなり西側の地域であり、「葦原中国」の範囲外であることから、「豊葦原水穂国《とよあしはらのみずほのくに》」と表現したようにみえる。博多より西側の早良平野や糸島平野の地域を、神話の中では「豊葦原水穂国《とよあしはらのみずほのくに》」と描き、中国文献では伊都国と記しているのである。

邇邇芸命が「豊葦原水穂国《とよあしはらのみずほのくに》」に降らなくてはならなかったのは、危険な葦原中国に降臨できず、苦しい道のりを伊都国のあたりまで進んできたことを裏付ける情報ではないかと思うのである。

高祖山の山かげの「王丸」に腰を据えた邇邇芸命《ににぎのみこと》は、やがて周囲を平定し、ようやく名実とも倭国の王となって高祖山の東側に落ち着いたのであろう。

## ■民族大移動

さてそれでは奈良時代の古文献にも登場するという日向の曽於《そお》郡や臼杵郡の高千穂の峯の伝承は、どのように発生したのか見てみよう。

これについては、私は以下に述べるように、伊都国の人々が大量に南九州に移動したためと考えている。彼らが、伊都国から高千穂の名前を移動先に持ち込んだと次のように推理したのである。

まず、中国文献の情報を見てみよう。

『魏志倭人伝』には帯方郡から邪馬台国に至る道筋と途中の国々の戸数が記されていて、伊都国の戸数は「千余戸」と記されている。ところが、大宰府天満宮に伝世されてきた『翰苑』の中の『魏略』逸文には、伊都国は「戸万余」と記されている。このため、これまでは『魏志倭人伝』の千余戸というのは万余戸の誤記であろうとされてきた。しかし、私はそうは考えない。

『魏志倭人伝』と『魏略』では、「千」と「万」の違いだけでなく「千余戸」と「戸万余」のように表現型式も異なっているので単なる一文字の写し間違えではない。三文字もまとめて誤るというのは考えにくいので、これを安易に誤記と片づけてしまうと、重要な情報を失うことになる。

この表記の違いは、『魏略』と『魏志倭人伝』の情報源の違いに起因すると考えるのである。

『魏志倭人伝』は、およそ、二八〇年ごろ晋の史書編纂の役人であった陳寿によって編纂された。いっぽう魏略は、「史通」という中国の書物の中に『魏時、京兆魚豢私撰魏略』とあることから、魏の時代に、京兆郡の魚豢《ぎょかん》が私人の立場で編纂したとされる。魏略には魏の最後の帝である陳留王奐《ちんりゅうおうかん》の時代のことまで記されているので、魏の時代でもその最後の時期に纏められたものであろう（下図）。

情報源の違いとは、『魏志倭人伝』には、二六〇年ごろ帰国した張政の報告書に加えて二六六年に女王台与が晋に朝貢した時の公式の外交記録が活用されているのに対して、『魏略』には、二六六年の情報が入っていないと思われることである。

魏の時代に編纂された魏略には、晋の時代になってから到来した台与の朝貢情報は活用できなかったと判断されるし、仮に、時間的に間に合ったとしても、私人の立場では晋の役所にある公式の外交記録を閲覧できなかっただろう。

魚豢が参照できた先行史料は、張政の帰国報告書と、張政に同行した台与の使者が朝貢した時の記録、二六〇年代初めに王沈《おうしん》が編纂した『魏書』などであり、二六六年の台与の朝貢記録は参照できずに『魏略』をまとめたのである。

『魏略』と『魏志倭人伝』で、伊都国の戸数が異なるのは、二六六年に台与が晋に朝貢した時に、伊都国の人口が千戸ほどであるという新しい情報が伝えられ、陳寿がその内容を『魏志倭人伝』に反映したためと考えられる。

すなわち、張政が帰国してから二六六年の台与の朝貢までの間に、伊都国の人口が一万戸から千戸に激減したと推理でき

女王国との交流と史書の成立時期

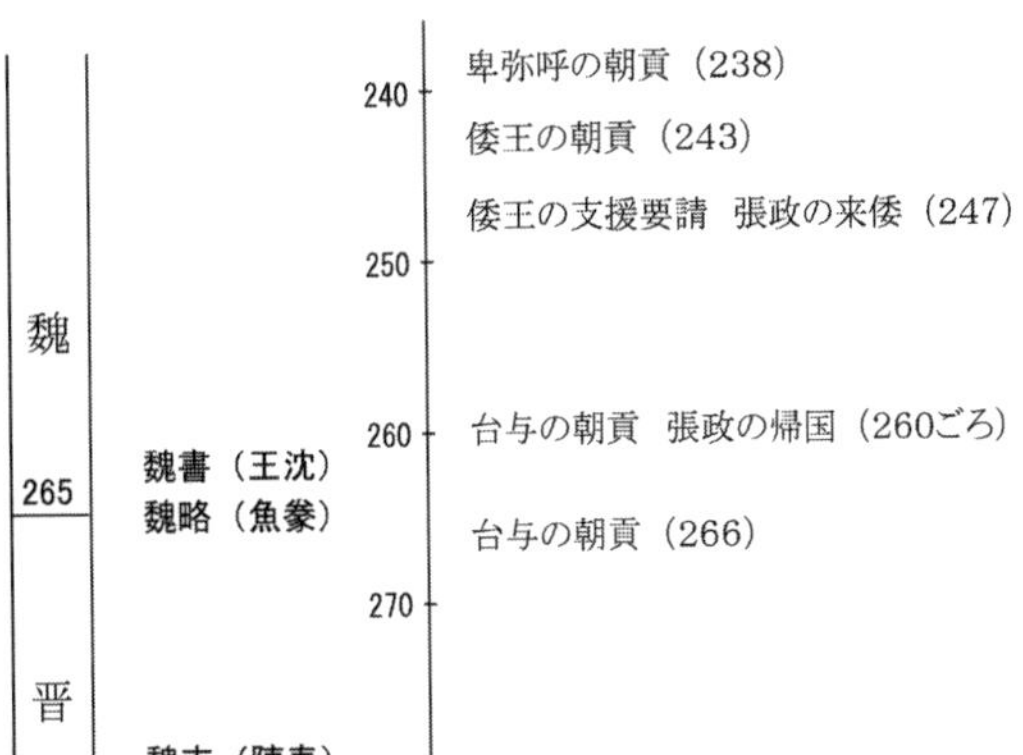

るのである。

## ■特殊な地名

つぎに手がかりとして私が注目したのは、「原」と書いて「ハル」とか「バル」と読ませる特殊な地名の存在である。この「ハル・バル」地名は、九州と南西諸島近辺だけに限って分布しており、二、三の例外を除けば他の地域にはまったく存在しないたいへんユニークな地名である。

この地名の由来についてみてみよう。

民俗学者・地名学者の谷川健一氏は著書『地名の古代史・九州篇』のなかで金達寿氏と対談し、「バル」という地名について次のように述べている。

「バルというのは、この前、対馬へ行ったときに老人と話していたら、老人がこれからパリしに行こうかと言う。朝鮮語と同じで、パリしに、開墾しに行く、耕しに行く。畑に行くということをパリしに行くという。そのパリから出たに決まってるんですよ。

『万葉集』のハリミチですね、開墾することをハリ、新しく開墾したところが新治、四国にも今治というところがありますけれども、字は違うけどね。そういうハリというのは開墾すること。それがハルになってるんですね。沖縄なんかではハルと言うと、みな田圃や畑を表すんです。野原の原じゃないんです。」

つまり、「ハル・バル」地名は、田畑の耕作や開墾の意味を持つということである。

## ■九州の「ハル・バル」地名

では、「ハル・バル」地名の九州での分布のようすについて詳しく見てみよう（巻末付録参照）。

九州のほとんどの平野部に「ハル・バル」地名が分布している。

谷川健一氏が述べるように「ハル・バル」地名が開墾地を意味するなら、「ハル・バル」地名は、早くから稲作が行われて開墾が進んだ北部九州が源流となって九州各地に拡散していったと考えられるのである（下図）。

そして、「ハル・バル」地名の密集地には「丸」付き地名もまた分布している。砦と推理した「丸」付き地名が、開墾地と推定した「ハル・バル」地名の分布域に点在することは、「丸」付き地名が開墾地を外敵から守るための軍事施設として機能したことを思わせる。

実例を見てみよう。

宮崎県東諸県郡国富町に宮王丸という「丸」付き地名がある（次頁上図）。

宮王丸とその周辺の地形を見ると、宮王丸は本庄川と深年川の二つの河川に囲まれ、周囲から二〇m以上盛り上がった河岸段丘上の高台にあって、河川を防御施設に利用した要害であることが見て取れる。

宮王丸の周囲には、平原《ひらばる》、塚原《つかばる》、大田原《おおたばる》、仮屋原《かりやばる》などの「ハル・バル」地名が存在する。これらの「ハル・バル」地名は河川の両側の平地を開墾した農地と思われ、砦に庇護されながら入植者が開墾地を耕作していたようすが窺える。

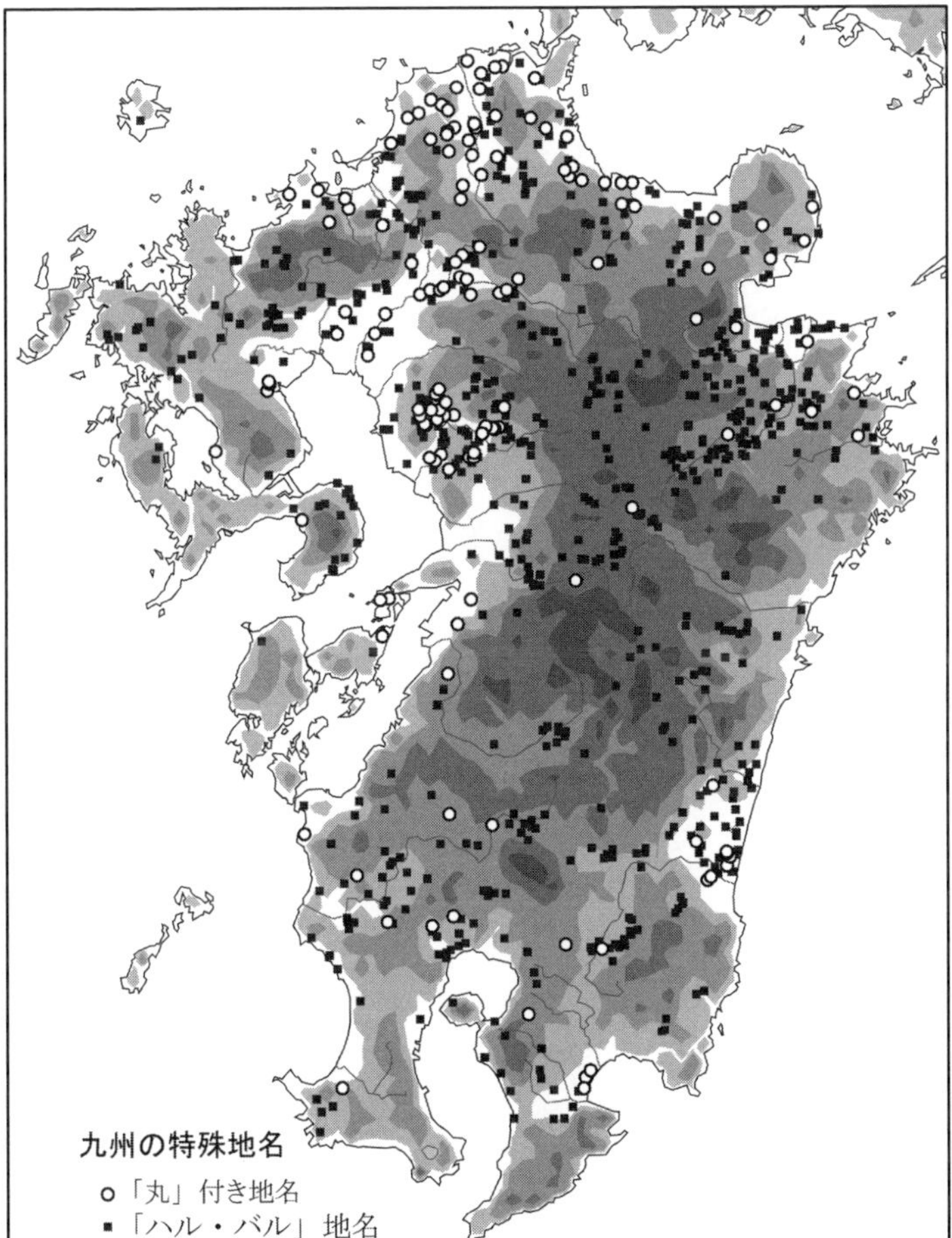

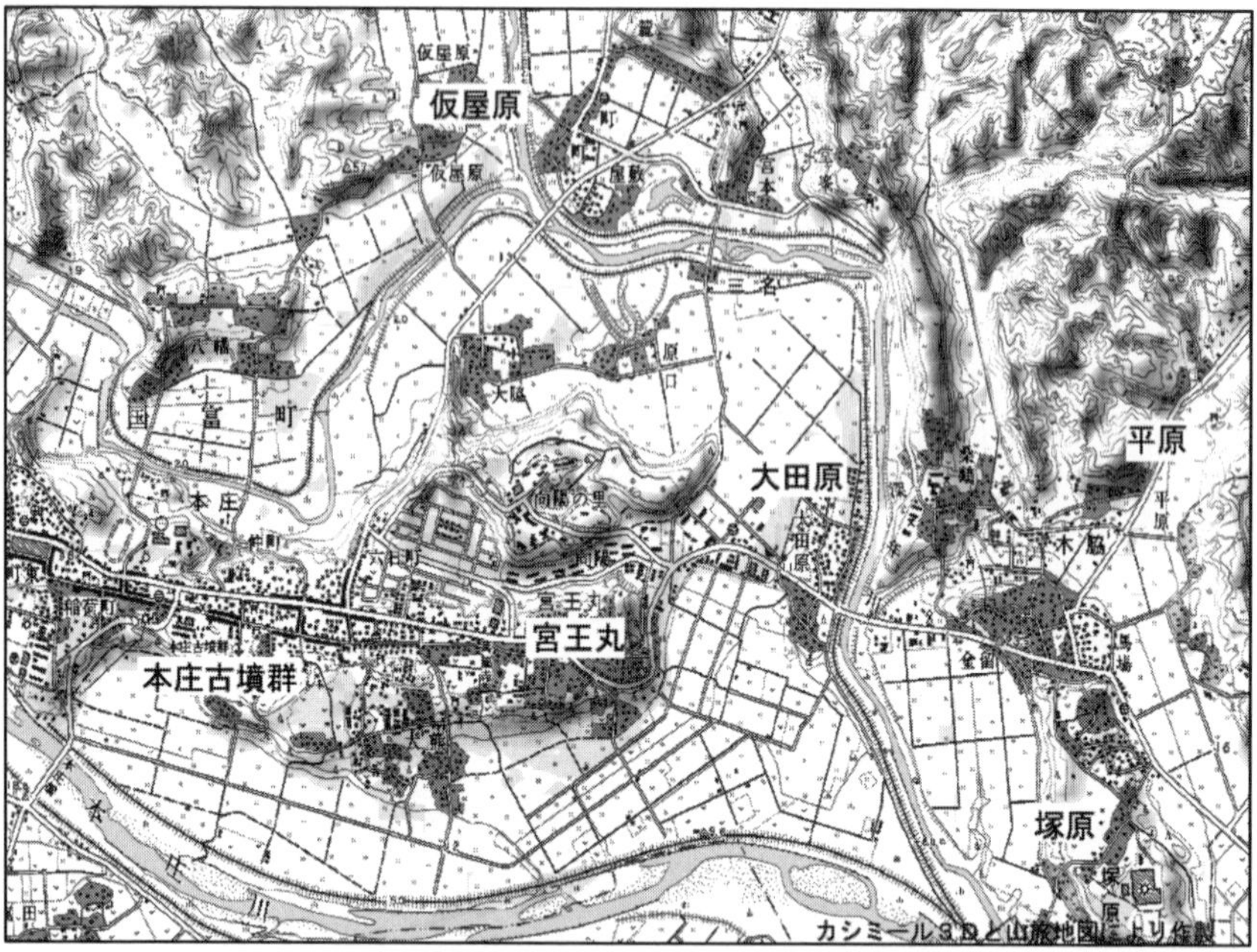
仮屋原
大田原
平原
宮王丸
本庄古墳群
塚原
カシミール３Ｄと山旅地図により作製

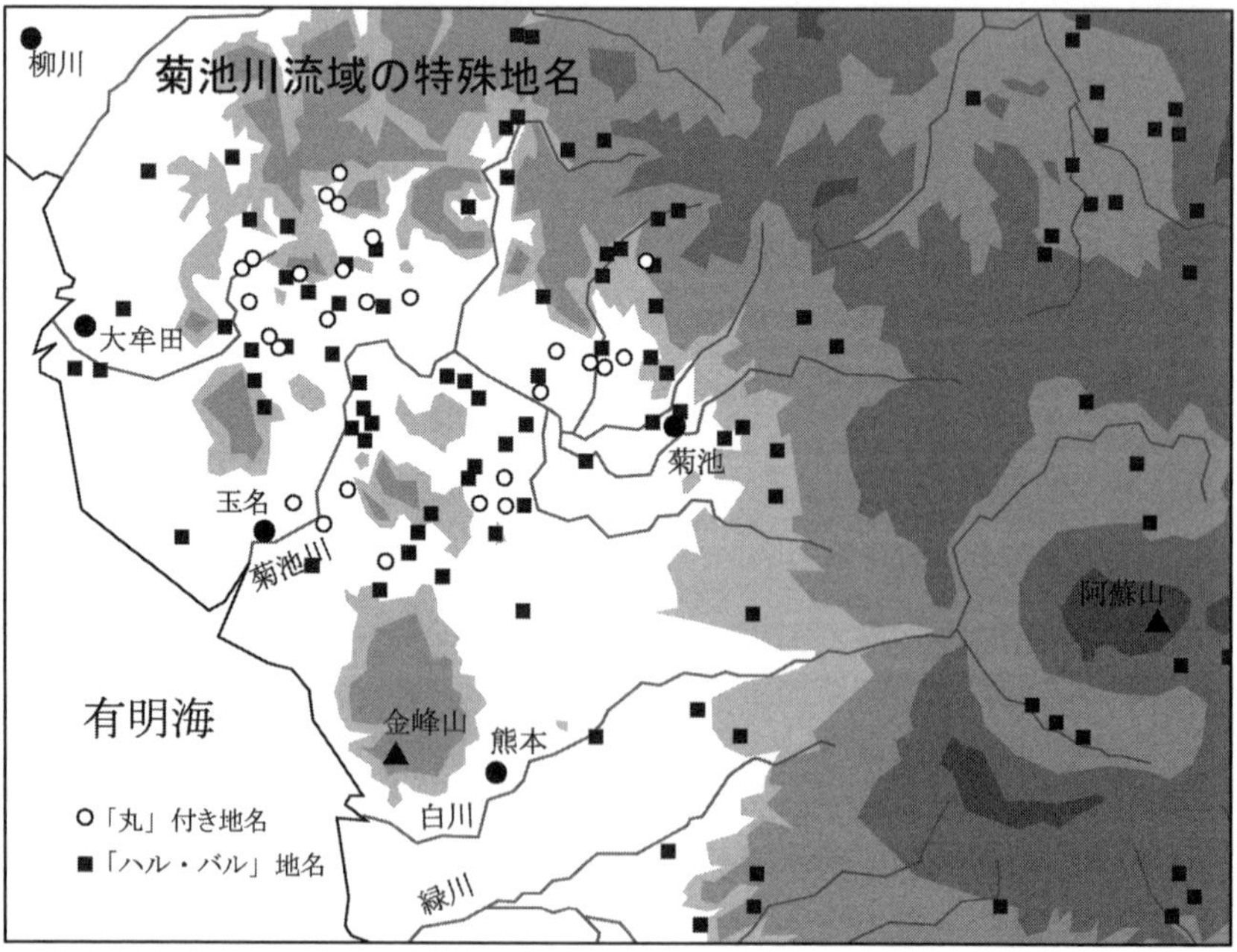
菊池川流域の特殊地名
柳川
大牟田
玉名
菊池
菊池川
有明海
金峰山
熊本
白川
緑川
阿蘇山
○「丸」付き地名
■「ハル・バル」地名

彼らは敵の攻撃などがあった時には宮王丸の砦に逃げ込むことが可能である。有事には武器を持って兵士として戦いに臨んだのであろう。

宮王丸は、「丸」付き地名と「ハル・バル」地名が、軍事拠点とその周辺の開墾地という関係であることがわかる良い事例だと思うのである。

大分平野、熊本平野、宮崎平野、都城盆地、あるいは、大隅半島などの九州中部南部各地の「ハル・バル」地名の分布を見ると、このような視点で捕らえることが妥当であることがわかる。

たとえば、熊本県の菊池川流域には、「丸」付き地名が密集している。次章で詳しく述べようと思うが、これは狗奴国に進出した天津神軍が築いた砦と思われ、狗奴国軍の激しい抵抗にあった天津神軍が、たくさんの砦を築かなければならなかった苦しい戦いぶりを彷彿とさせるが、この地域にはまた、多数の「ハル・バル」地名が存在し、砦に庇護された開墾地が広がっているようすが読み取れる（前頁下図）。

大隅半島でも曽於郡大崎町に益丸や大丸の砦があって、西側に隣接する鹿屋市に旭原《あさひばる》町、小野原《おのばる》町、永小原《ながおばる》町、根木原《ねぎばる》町、東原《ひがしばる》町などの開墾地がある。東側の菱田川流域の敵に対して砦で開墾地を守っているように見える（下図）。

都城のような狭い盆地でも、砦があったと推測される都城市宮丸町の周辺に、菖蒲原《あやめばる》町、久保原《くぼばる》町、蓑原《みのばる》町、都原《みやこばる》町などの開墾地があると理解できる（次頁上図）。

大分平野や宮崎平野（次頁下図）でも、同じように砦の周囲に開墾地が分布する状況が認められるのである。

これらの情報から、九州中部以南の「ハル・バル」地名は、北部九州か

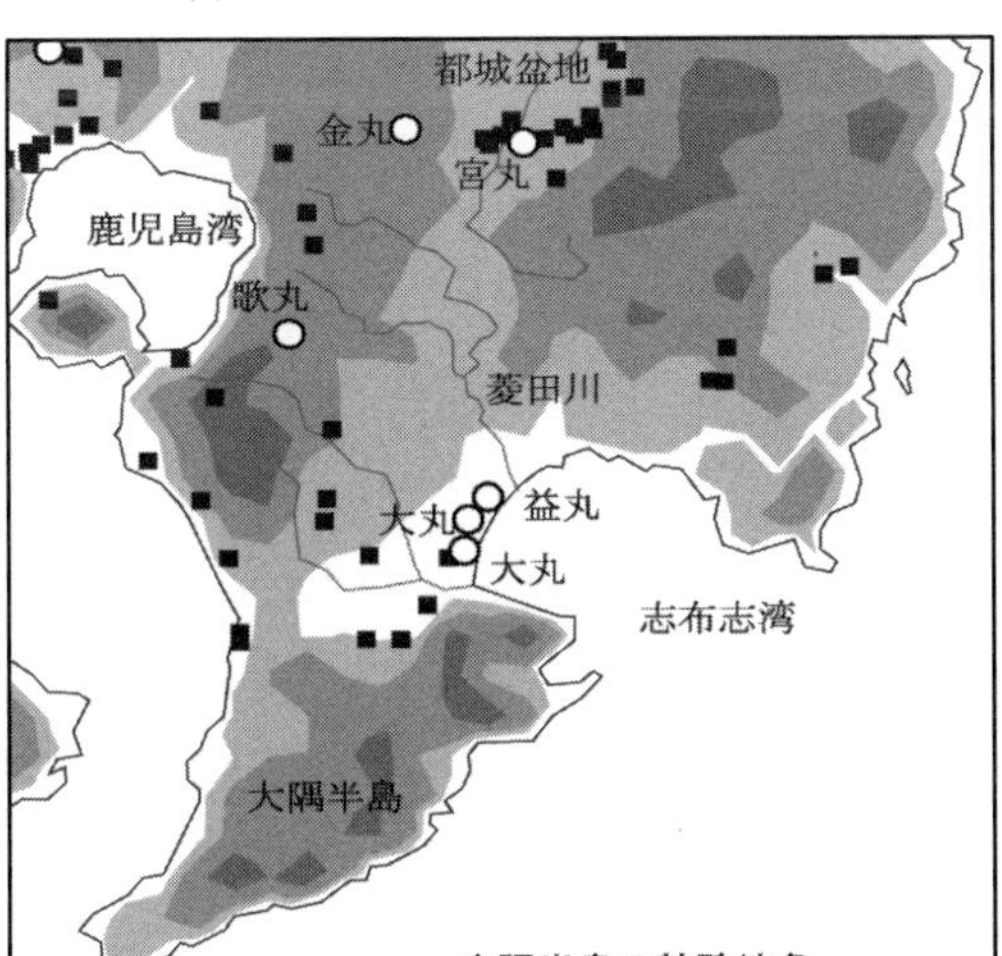

大隅半島の特殊地名

らの軍勢が進駐して砦を築き、その周辺に人々が入植して農地を開墾したときに成立した地名と考えられるのである。

「ハル・バル」地名が九州中央部以南に多数存在することは、北部九州から大量の人々が移動してきた痕跡であり、北部九州から九州中央部以南の地域に、民族大移動ともいうべき天津神の大進出が行われたことが理解できるのである。

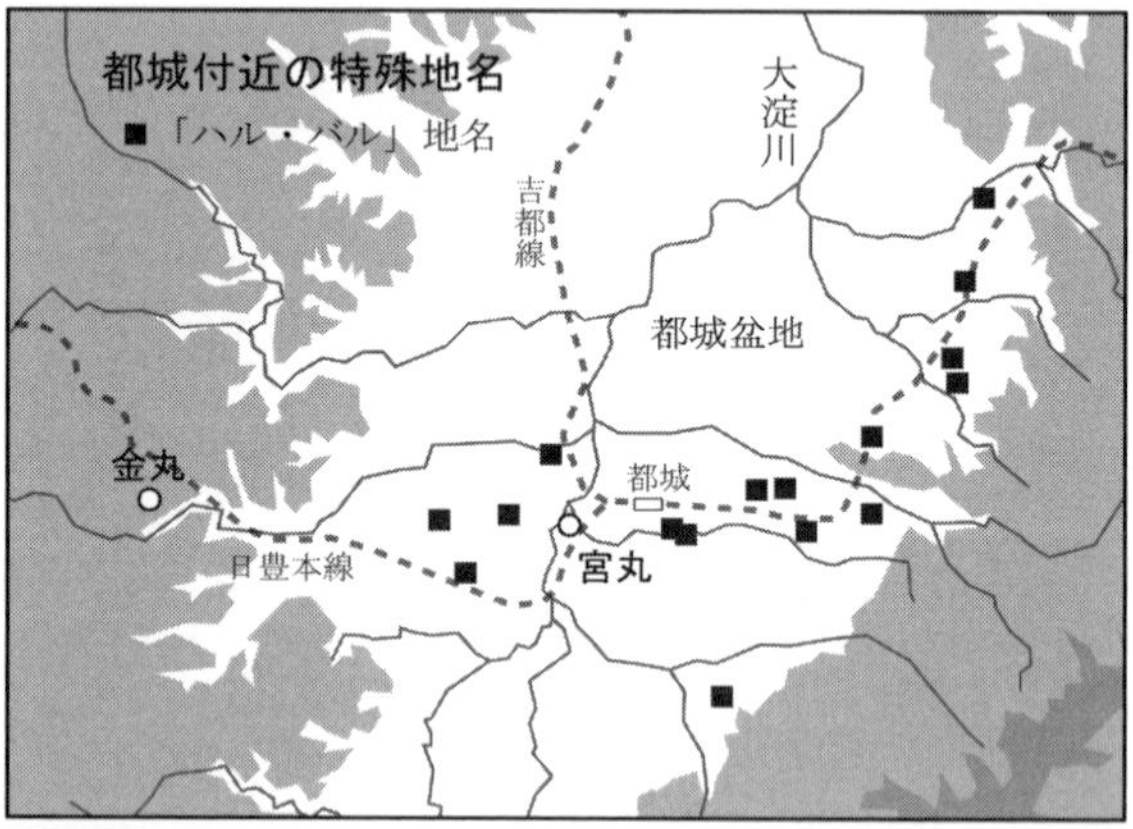


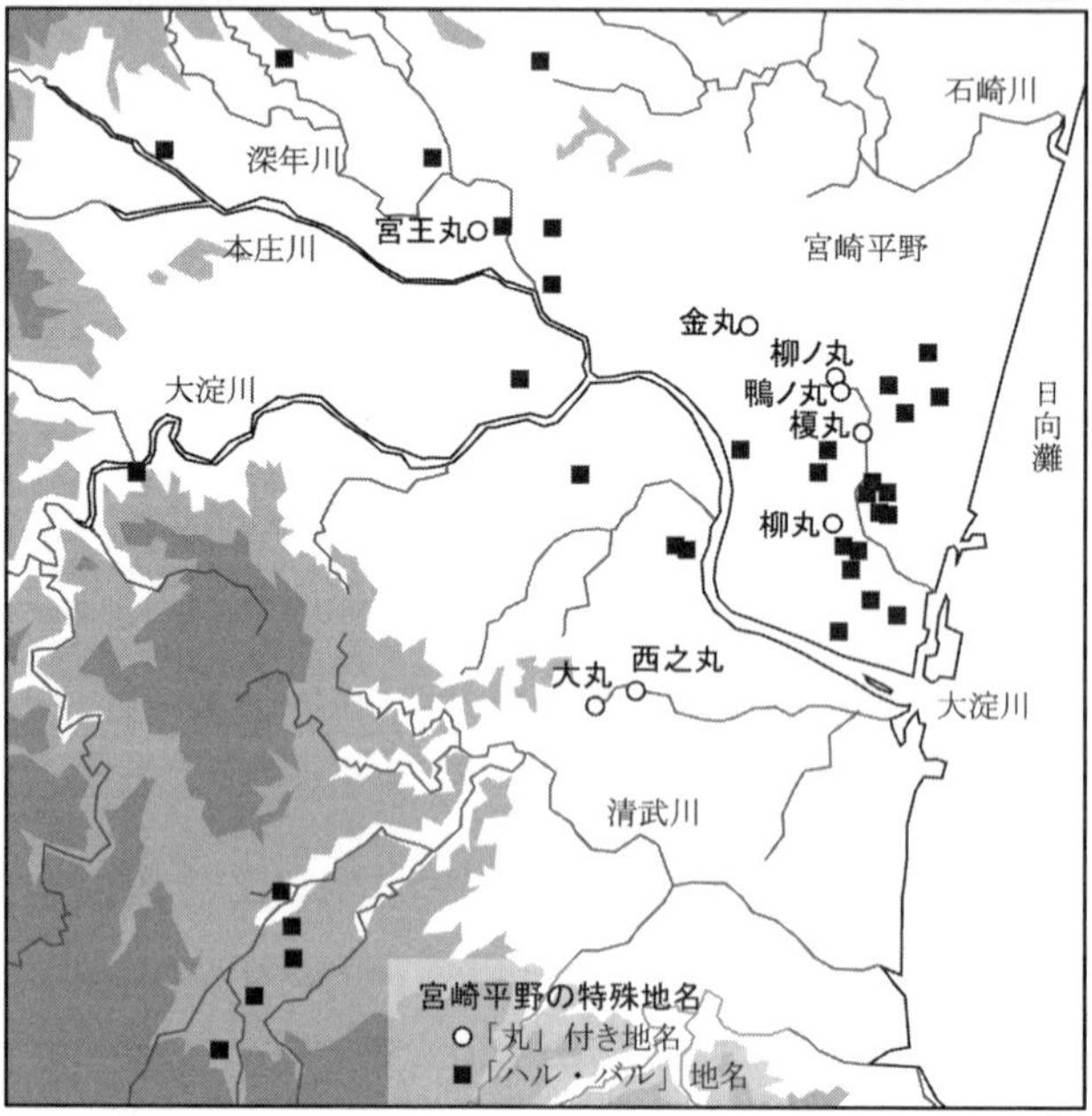


## ■南西諸島の「ハル・バル」地名

つぎに、南西諸島の「ハル・バル」地名を見てみよう。

南西諸島各地には「ハル・バル」地名が稠密に分布している。とくに沖縄本島は、「ハル・バル」地名だらけといえるほど高密度で分布しており、すべてを図には表現できない（次頁図）。

九州と同じタイプの地名が数多く存在することは、九州から大勢の人々が南西諸島に進出してここに定着したことを示している。

もともとの人口が少なかった沖縄や南西諸島に多くの入植者が移住した結果、この時代には九州と南西諸島とは地名だけでなく言語も入植者のものに統一されたと推定される。しかし、現在の沖縄では、標準の日本語とはかなり違う沖縄方言が話されている。

これは、北部九州からの多数の人々が移住したことによって、いったんは、言語的に統一されたのだが、その後、交流が途絶えたため、それぞれが独自の言語学的な発展を遂げ、現在の標準語と沖縄方言のように異なる形になったと考えられるのである。

さて、「手」や「口」などの基礎的な語彙を統計的に比較することによって、異なる言語の言語学的な距離を測る方法がある。二つの言語の距離が分かると、それらの言語が分離した時期を推定できる。

安本美典氏は、このような方法によって沖縄方言と日本語を調べると、この二つの言語は、今から約一七〇〇年前に分離した、と述べる。

これは「ハル・バル」地名が、沖縄諸島に広がったのが、およそ一七〇〇年前の西暦三〇〇年以前のことであり、その後は交流が途絶えたことを意味している。西暦三〇〇年以前ということだと、天照大御神の時代や、天孫が南九州で活躍した時代が含まれる。

『古事記』には山幸彦が海神宮《わたつみのかみのみや》に進出するようすが描かれているが、南西諸島の「ハル・バル」地名の分布は、このような『古事記』の伝承が現実の出来事の反映であり、狗奴国を破った後、天津神たちが、一斉に南九州や沖縄方面に進出して、「ハル・バル」地名を持ち込んだことを示していると思うのである。

以上述べてきたように、中国文献の分析から北部九州で二六〇年代前半に伊都国の人口が激減したと考えられること、「ハル・バル」地名の分布から南九州に多くの入植者が進出

伊良皆《いらみな》 古堅⑪
(小字)伊良皆原《いらみなばる》　掟地原《いなじばる》　伊《い》
保道原《ほどうばる》　東佐久原《あがりさくばる》　西佐久《いりさく》
原《ばる》　大木原《おおきばる》　西原《いりばる》　西後原《いりくしばる》
東後原《あがりくしばる》　仲地原《なかじばる》　仲袋原《なかぶくろばる》
東原《あがりばる》　前原《まえばる》　呉屋原《ごやばる》　上原《いいばる》

上地《うえち》 読谷⑪
(小字)上地原《うえちばる》　東原《あがりばる》　石動原《いしどうばる》
湾田原《わんだばる》　後原《くしばる》　志良次原《しらしばる》

宇座《うざ》
(小字)東原《あがりばる》　宇座原《うざばる》　前原《まえばる》
降口原《うりぐちばる》　浜屋原《はまやばる》　北浜屋原《にしはまやばる》
根神地原《ねがんじばる》　石良原《いせーばる》　後原《くしばる》
城之原《じじょみのやーばる》　平川原《ひらかわばる》　大焼原《おおやけばる》
東崎原《あがりさちばる》　長堂原《ながどうばる》　西崎原《いりさちばる》
岬原《みさきばる》

大木《おおき》
(小字)於須久堂《うすくどう》　嘉阿護《がーご》　糸《いと》
蒲原《かまばる》　下大木原《しもおおきばる》　中大木原《なかおおきばる》
上大木原《うえおおきばる》

沖縄本島読谷村の地名の一部

したと推定されること、言語学的な分析によって、入植者が沖縄に「ハル・バル」を持ち込んだのは西暦三〇〇年以前であること、『古事記』には天孫が南九州や沖縄方面で活躍した伝承があることなどの情報を総合すると、二六〇年代前半に、伊都国から大量の人々が南九州に向かって移動を開始し、三〇〇年ごろまでには、南九州を経て南西諸島に到達して、入植した各地に「ハル・バル」地名を残してきたと考えられるのである。

民族大移動とも言うべき大きな出来事が起きていたのはかなり確実なことである。彼らによって高千穂峰などの北部九州の地名が南九州に移された可能性は十分にあると思うのである。

## ■日向の高千穂

伊都国の人々の大移動によって、高千穂という高峰の名前が南九州に移動したことを裏付ける興味深い事実がある。

それは、北部九州から多くの人々が移住したと思われる宮崎平野や大分平野と、日向の曽於郡や臼杵郡にある高千穂との位置関係である（下図）。

宮崎平野からは南西の方向に霧島連山の高千穂峰が望める。大分平野や竹田盆地からは南西の方向にこの地域随一の高峰の祖母山が見える。現在、観光地になっている臼杵郡の高千穂は祖母山の南側の渓谷であるが、本来の意味の高千穂は祖母山を指すと思われる。これらの高千穂はいずれも平野から南西方向に望めるという共通点をもっている。

福岡平野の西側の福岡市西区や早良平野のあたりにいた伊都国の人々はその南西の高祖山の山々を、邇邇芸命が天降った高千穂と呼んでいたであろう。伊都国の人々が、大分平野や宮崎平野に移住した時、その南西に見える高峰を故郷の

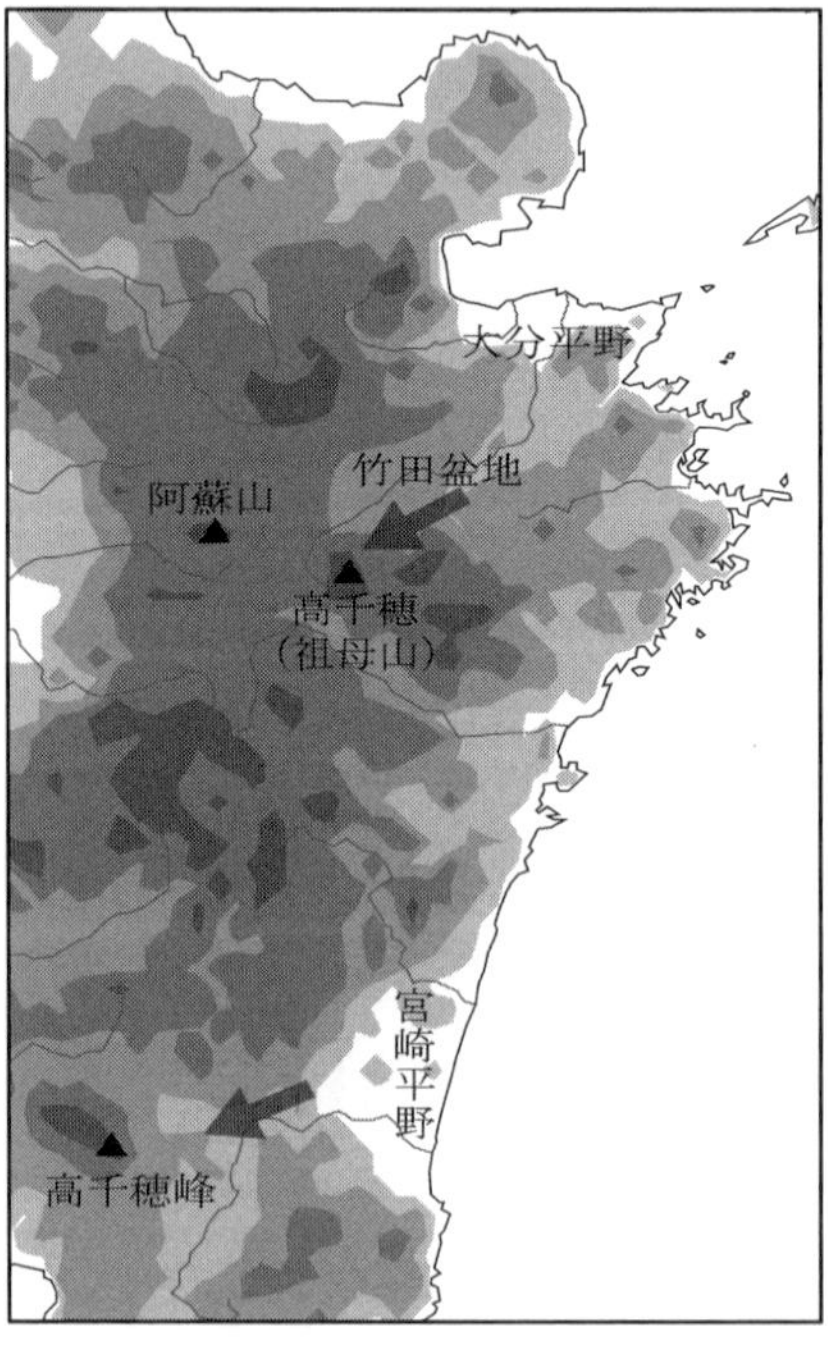

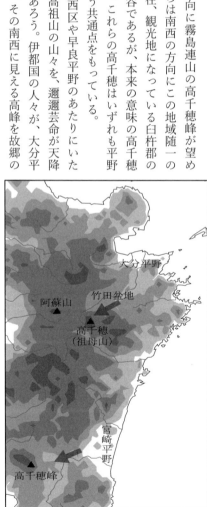

山を偲んで高千穂と呼んだのは想像に難くない（下図）。

安本美典氏が北部九州と奈良盆地の地名を比較して指摘したように、天津神の人々は、移住先に故郷の地名を持ち込むだけでなくその方向までも一致させる習性を持っていたと推測できるからである。

大分平野や宮崎平野の住民にとっては、天孫の一族に率いられた人々がやってきて南西の高峰を高千穂峰と呼んだのは、後世の創作などではなく、紛れもない事実である。祖母山や霧島の高峰を、天孫が降臨した高千穂峰とする伝承が、この地域で繁栄した部族の由緒を示す話としてのちの時代まで誇らしく語り継がれ、天孫降臨伝承として文献に記載されることになったのであろう。

いっぽう、伊都国からは総戸数の九割もの人々が移動してしまったので、伊都国の高祖山の山々が邇邇芸命の降臨した本来の高千穂であることを語り伝える人が少なくなってしまった。

天孫降臨の場所について、『日本書紀』が「筑紫」だけでなく、「日向」や、のちの大隅国曽於郡の「日向の襲」も加えた三つの降臨地を記しているのは、『日本書紀』が編纂された時代には、それぞれの伝承の正否を判断することができず、そのまま併記した結果なのであろう。

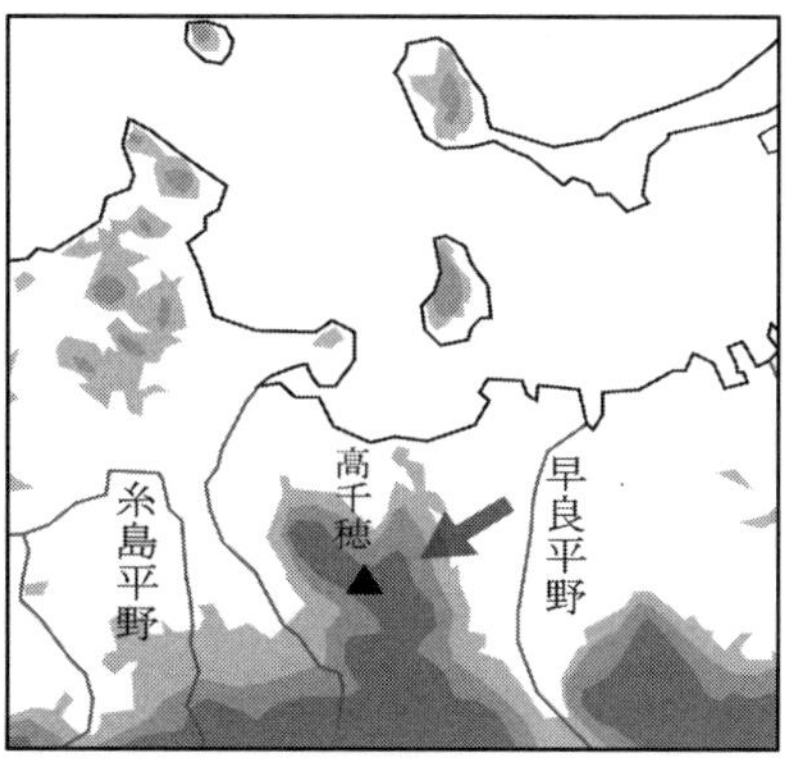


## ■地名の移動

北部九州と南九州には共通の地名が数多くある。北部九州から南九州に人々が移動することによって、高千穂だけではなく多くの地名が北部九州から南九州に移動しているように見える。

たとえば、伊邪那岐命が黄泉の国から戻って禊ぎをしたとされる筑紫の日向の橘の小門の阿波岐原に関連する地名についてみてみると、北部九州の博多付近のほかに、宮崎市大字塩路の付近や宮崎県諸県郡庄内や都城の南など、宮崎県や鹿児島県にいくつか存在し、いずれも住吉神社の近くであるという（安本美典『日本神話一二〇の謎』による）。

伊邪那岐命の禊ぎの場所は玄界灘沿岸の葦原中国と考えられることは以前にも述べた。従って、禊ぎにかかわる地名や住吉神社も、もともとは葦原中国の博多付近にあったものが人々と共に移動したと考える。

住吉神社は全国に多数あるが、延喜式に記載されているのは、筑前、壱岐、対馬、長門、摂津、能登の住吉神社で、宮崎県や鹿児島県の住吉神社は式内社ではない。筑前の住吉神社は延喜式神名帳に記載されている古い神社であり、由来や格式からみれば、筑前の住吉神社がやはりオリジナルで、式内社から漏れている宮崎県や鹿児島県の住吉神社は、後の時代に分祀されて博多から持ち込まれたものと考えるのである。宮崎県や鹿児島県の地名は、住吉神社や高千穂の地名が移動してきたのと同じように、北部九州の人々の大移動によって持ち込まれたものと理解すべきであろう。

## 二三．狗奴国征圧

### ■その後の狗奴国

伊都国の人々が南九州に進出する際に、女王国の南にあって、女王国と対立していた狗奴国が障害になるはずである。天津神勢力が山陰や近畿地方に侵攻していたころ、女王国の南で狗奴国はどうしていたのであろうか。

玉名市の式内社疋野《ひきの》神社には、神社の創建以来ずっと須佐之男命の息子の大年神や孫の波比岐神《はひきのかみ》が祀られているという。これから推測すると、須佐之男命が去ったあとも、少なくとも須佐之男命の子や孫の代までは、狗奴国は彼らによって統治されていたと見てよいだろう。

もともと須佐之男命が切り開いた狗奴国は菊池川流域と熊本平野

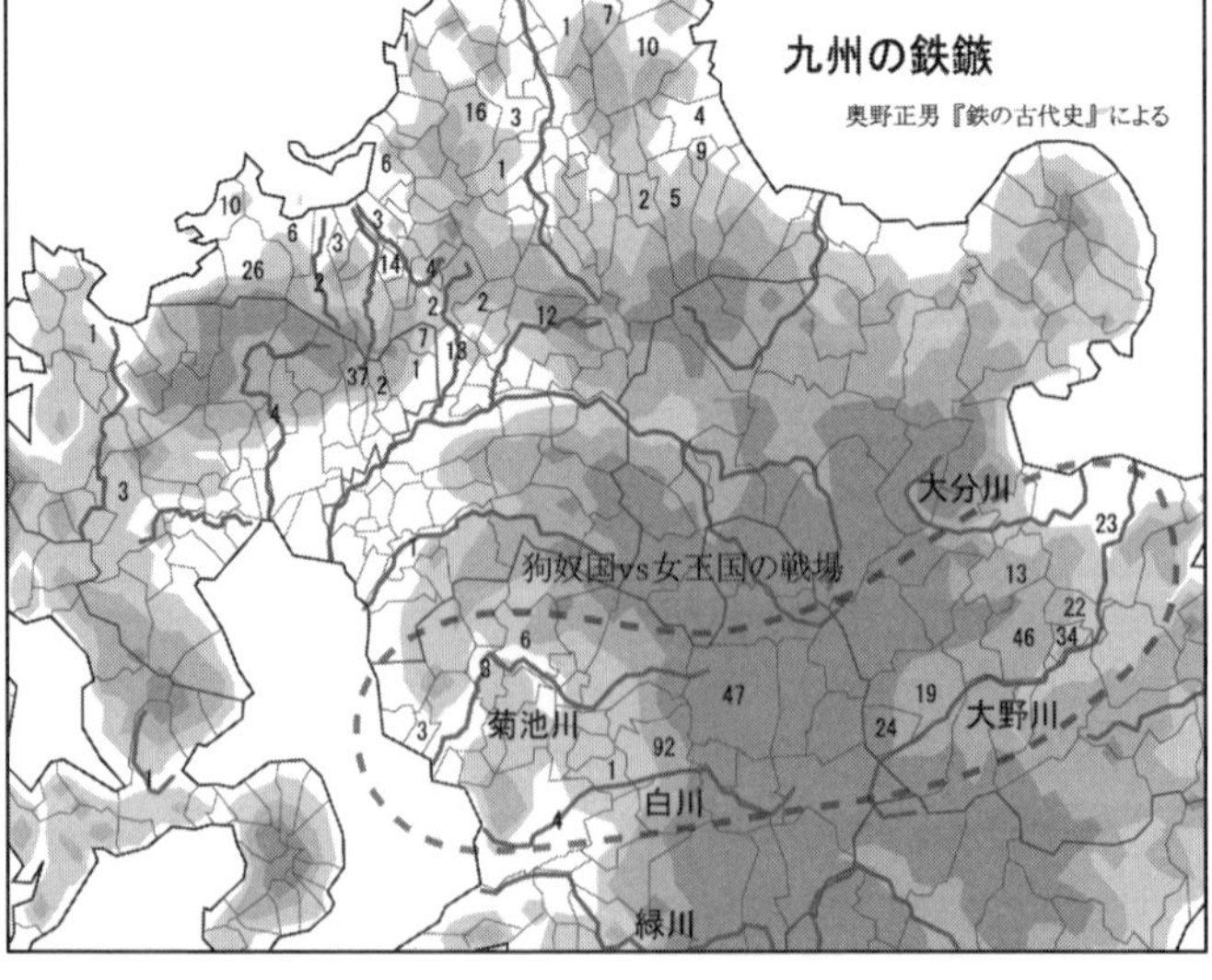

をテリトリーとしていたと思われる。須佐之男命は、筑紫平野の甕棺部族を平らげた延長で、熊本平野でも繁栄していた甕棺部族の掃討に向かったと思われるからである。

しかし、女王国が北部九州全域を支配し、山陰や近畿地方に進出していたころ、狗奴国勢力も、阿蘇の山裾を越えて大分平野側に進出し、熊本平野から大分平野まで九州中央部を横断する一大勢力に成長していた形跡がある。

その根拠は、東西に広がったこの地域から大量の鉄鏃が出土することである（前頁図）。

このころの鉄鏃を大量消費する戦いは、高度な製鉄技術と豊富で良質な砂鉄資源を確保した天津神勢力でしか採用できない戦法である。鉄鏃の出土の状況は、天津神勢力が熊本平野のみならず大分平野にも大量の飛び道具を持って攻め寄せたことを示している。

すなわち、天津神に敵対する勢力が大分平野にも盤踞していたことを示すものであり、狗奴国勢力が大分平野まで進出してきた証拠と考えられるのである。

天津神と狗奴国との戦いの痕跡は、この地域の高地性集落の分布でも裏づけられる。

小野忠熈《ただひろ》編の『高地性集落跡の研究』に掲載されている、「北部九州の下大隈・西新式と、畿内第Ｖ様式に併行する時期の高地性集落の分布」（下図）を見ると、熊本平野から大分平野に至るまでの九州中央部を横断して高地性集落が色濃く分布していることが示されている。

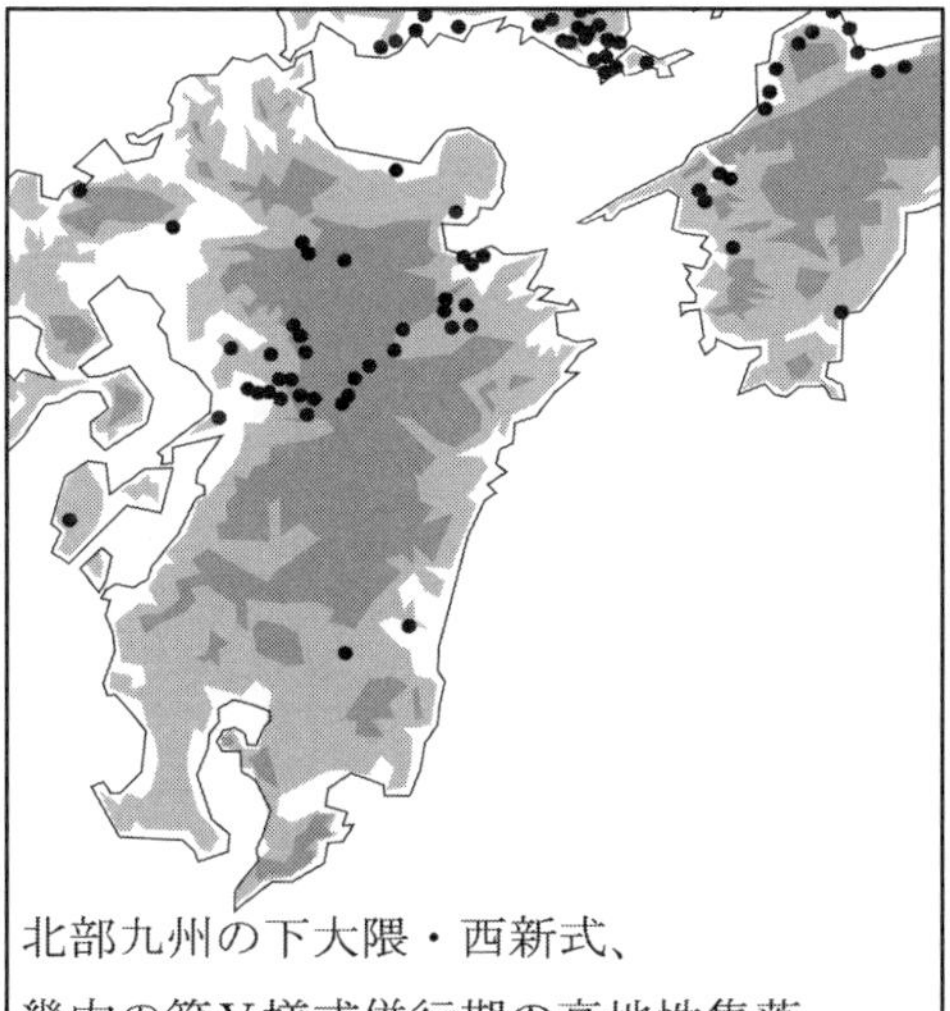

北部九州の下大隈・西新式、
畿内の第Ｖ様式併行期の高地性集落
（小野忠熙編『高地性集落の研究』による）

天津神の鉄鏃の攻勢に対して、劣勢に立たされた狗奴国軍は高地性集落を築いて対抗したと考えられるのである。

そして、古代の鉄の研究者・村上恭通氏の論文『肥後・阿蘇地域における弥生時代後期鉄器の諸問題』によると、阿蘇カルデラ内部の北東部には、鉄鏃七五個を出土した下扇原遺跡をはじめ湯ノ口遺跡、池田・古園遺跡などで多数の鍛冶遺構が確認されている。さらに、阿蘇の各所で北部九州系の青銅器が出土し、阿蘇地域の鉄製品は東の豊後・菅生台地と共通性が認められるという。

これらのことから推理すると、阿蘇のカルデラ内部に鍛冶遺構を築いて鉄鏃生産を行なったのは北部九州の天津神であり、彼らはここで制作した鉄鏃を携えて豊後方面に攻め下ったのではないだろうか。

前にも述べたように、天津神は、敵地へ攻め込む前に、戦場の手前に武器製作のための拠点を置いて武器を準備した。例えば近年、邪馬台国時代の鉄器工房として話題になった彦根市の稲部遺跡は、天津神の軍勢が岐阜方面や湖北方面に進出するための武器の供給基地と思われるし、淡路島の五斗垣内《ごっさかいと》遺跡は、天津神が近畿地方一円に攻め込むための鏃を生産した基地と想定される。阿蘇の下扇原遺跡などの鍛冶遺構も、稲部遺跡や五斗垣内《ごっさかいと》遺跡と同じ役割の、武器の供給基地と考えられるのである。

また、下扇原遺跡などの集落は弥生時代終末期に急激に縮小したとされる。これは、天津神の軍勢が狗奴国を制圧したあと、さらに南九州に向かったり、東征の旅に出た結果であろう。

もう一つこの地域での戦乱と関係するものがある。第十章でも取り上げた破鏡である。

漢鏡の研究者・岡村秀典氏は著書『三角縁神獣鏡の世界』で、破鏡について「九州では、南は筑後川を越えて熊本平野や阿蘇地域、東は遠賀川を越えて豊前・豊後地方にまでおよび、なかでも豊後の大野川流域に比較的多く分布している。このような新たに漢鏡を入手した肥後・豊前・豊後地方では、ほとんどが破鏡であり、弥生後期後半ごろの住居跡に廃棄された状態で出土することが多い。」と記している。

破鏡が多数出土するという熊本平野から阿蘇を越えて大野川流域までに広がる地域は、鉄鏃や高地性集落の分布域と重なる。第一〇章で述べたように、鏡が、矛などによる接近戦での目くらましのための戦具とすると、この地域で弥生時代後期後半に、天津神側の鉄鏃による弓矢の攻撃だけでなく、接近戦も大規模に行われたことを示すものである。おそらく、鉄を生産できず飛び道具を持たなかった狗奴国の兵士たちは、接近戦で破鏡を握りしめて苦しい戦いをせざるを得なかったのであろう。住居跡に虚しく廃棄された破鏡は、戦いの結果を示しているのだろう。

## ■狗奴国攻略作戦

九州中央部で広大な地域を占めるに至った狗奴国に対して、天津神の勢力はどのような作戦で臨んだのであろうか。次にこれを推理してみよう。

鍵になるのは日田である。日田は九州北部の中央にあって、筑後川の舟運により佐賀・久留米方面に通じるだけでなく、川筋を上流にたどっていくと菊池川の流域に出ることも、東海岸の中津や大分方面に抜けることも、阿蘇の山麓に出ることもできる。付近には天ヶ瀬という地名があり、このあたりに天津神が進出したことを思わせる。

九州北部の地図を眺めると、「日田街道」や「日田往還」と記された道路に気が付く。これは、佐賀、柳川、久留米などの筑紫平野方面をはじめ、福岡、小倉、中津、大分、竹田、熊本などから日田に向かう街道の総称で、江戸時代に付近の天領（幕府直轄地）を統括する西国筋郡代が日田におかれたために整備された街道である（下図）。

西国筋郡代は天領の統治だけでなく九州諸藩の動静を監視する九州探題としての機能も果たしていた。日田は、筑後川水運のみならず陸運の要衝でもあり、九州全体の統治や情報収集に最適な場所と認識されていたのである。

狗奴国攻略の際の天津神たちは日田の優れた立地条件に早くから着目し、軍事的な拠点として活用したようである。

そう考えた理由は、日田市の東側の郊外に「日の本」（日田市羽田日の本町）という地名が残っていることである。これまで何度も出てきたように「日の本」は敵を前にした軍事的なベースキャンプのようなところと思われる。日田の「日の本」は南方に広がる狗奴国に向かうために軍

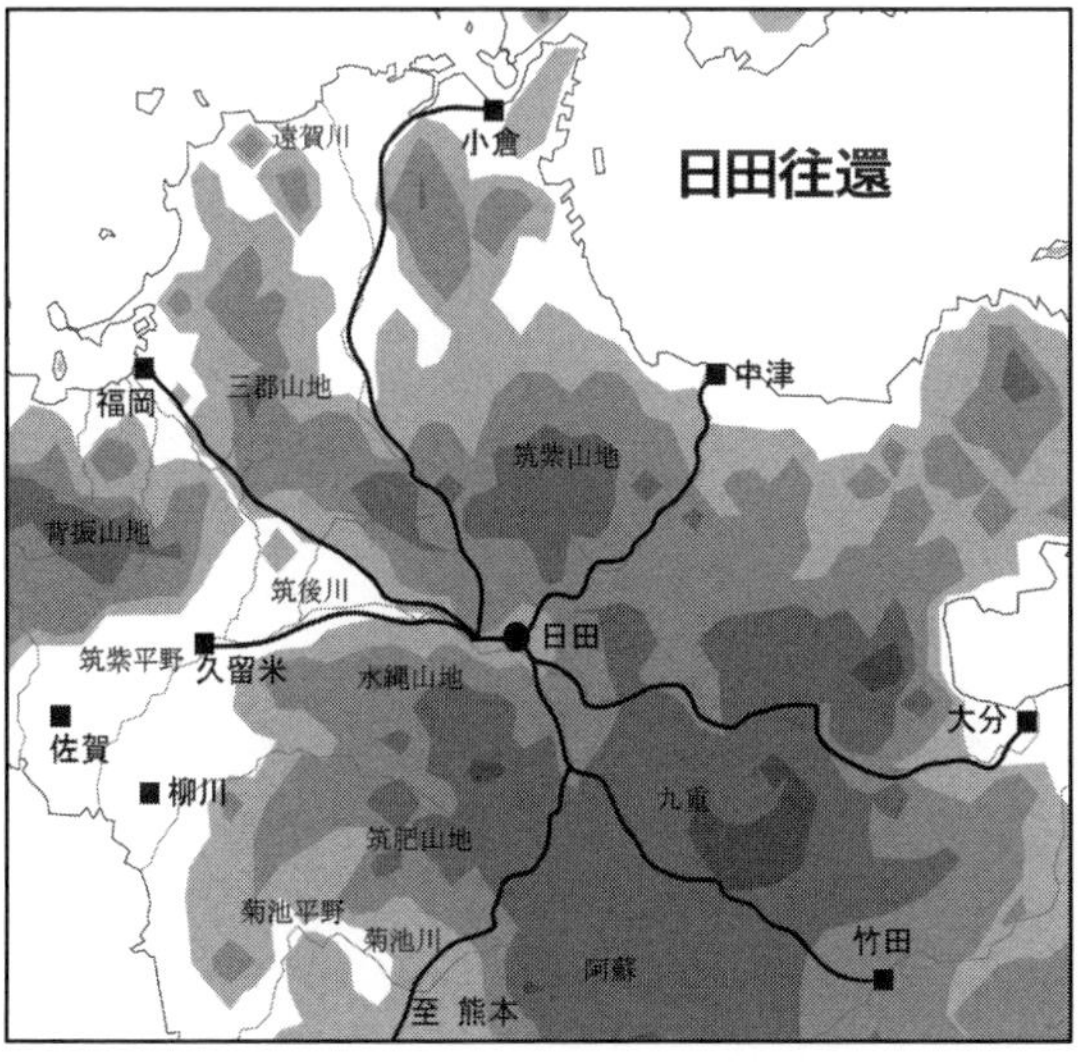

隊を集結させ、狗奴国攻撃のキーパーソンが進駐していた場所と思われるのである。

もう一つ、注目すべきものは、日田市ダンワラ古墳で出土した金銀錯嵌殊竜文鉄鏡《きんぎんさくがんしゅりゅうもんてっきょう》である。これは、鏡背に金や銀で龍をあらわし、各所に青玉をはめこんだ豪華な鉄鏡で、現在は九州国立博物館に所蔵されている。中国の古文献には、金錯鉄鏡は皇帝の所有物で、皇太子は銀錯鉄鏡と書かれているそうである。これほどのものは中国でしか製作できなかったと思われるので、中国の王朝から倭国の王へ下賜したものである可能性が高い。

王侯の持ち物ということと、銅鏡ではなく鉄鏡という特徴について考えてみよう。

唐の杜佑《とゆう》が上古から唐の時代までの制度の歴史をまとめた『通典』の「邊防第一、倭」の条に次のような記述がある。

「魏の齊王正始中、卑弥呼死す。その宗女台与を立て王となす。その後また男王立ち、ともに中国の爵命を受く。晋の武帝の太始初(泰始初の誤り、泰始二年：二六六年)、使を遣わし訳を重ねて入貢す。」

(齊王正始中、卑彌呼死、立其宗女臺輿爲王。其後復立男王、並受中國爵命。晉武帝太始初、遣使重譯入貢。)

『晋書』にも同様の記述があるが、台与のあとに男王が立って、台与と男王がともに爵命を受けたことが記されている。

『古事記』によると、天磐戸から再生した天照大御神(台与と考える)のあとに倭国の王になったのは邇邇芸命である。すなわち、邇邇芸命は中国の王朝から爵命を受けた男王で、中国の王朝から倭国王に対する贈り物を与えられる機会があったと考えられるのである。

そして、鉄鏡については、これが盛んに造られた時期がある。中国の銅鉱山は南部にあるので、中国北方の国である魏は、銅の材料が潤沢ではなかった。この状態は魏のつぎの晋が二八〇年に南方の呉を滅ぼして銅鉱山を確保するまで続き、この間、魏では鉄鏡が盛んに作られた。

倭国王に銅鏡でなく鉄鏡が与えられたのは、魏から晋初にかけてのこの時期である可能性が高い。これはまさに邇邇芸命の活躍した時代と重なるのである。

さらに、鈕座の周囲の木の葉のような紋様に注目すると、日田の鉄鏡はこれが蝙蝠のような形に近く、スペードのような木の葉紋様の鏡よりも新しい時代のものであることを示している(次頁図)。

第一三章で、前原市の平原一号墳を天照大御神の墓所と推理したが、平原一号墳から出土した大形銅鏡の鈕座の周囲には、スペードに似た木の葉紋様が並んでいる。従って、平原の銅鏡と、日田の鉄鏡を比較すると、日田の鏡のほうがやや新しく、天照大御神の時代よりも少し後のものということになる。

このように、中国から豪華な贈り物を受け取る機会を持っていたこと、鉄鏡の造られた年代、平原の鏡よりやや新しい時代ということなどを考慮すると、日田の豪華な鉄鏡は二六六年に台与が晋へ朝貢した際に倭国王邇邇芸命に贈られた可能性が高いのである。

この鏡が日田から出土したことは、天津神の有力者がこの地域に進出した証拠である。

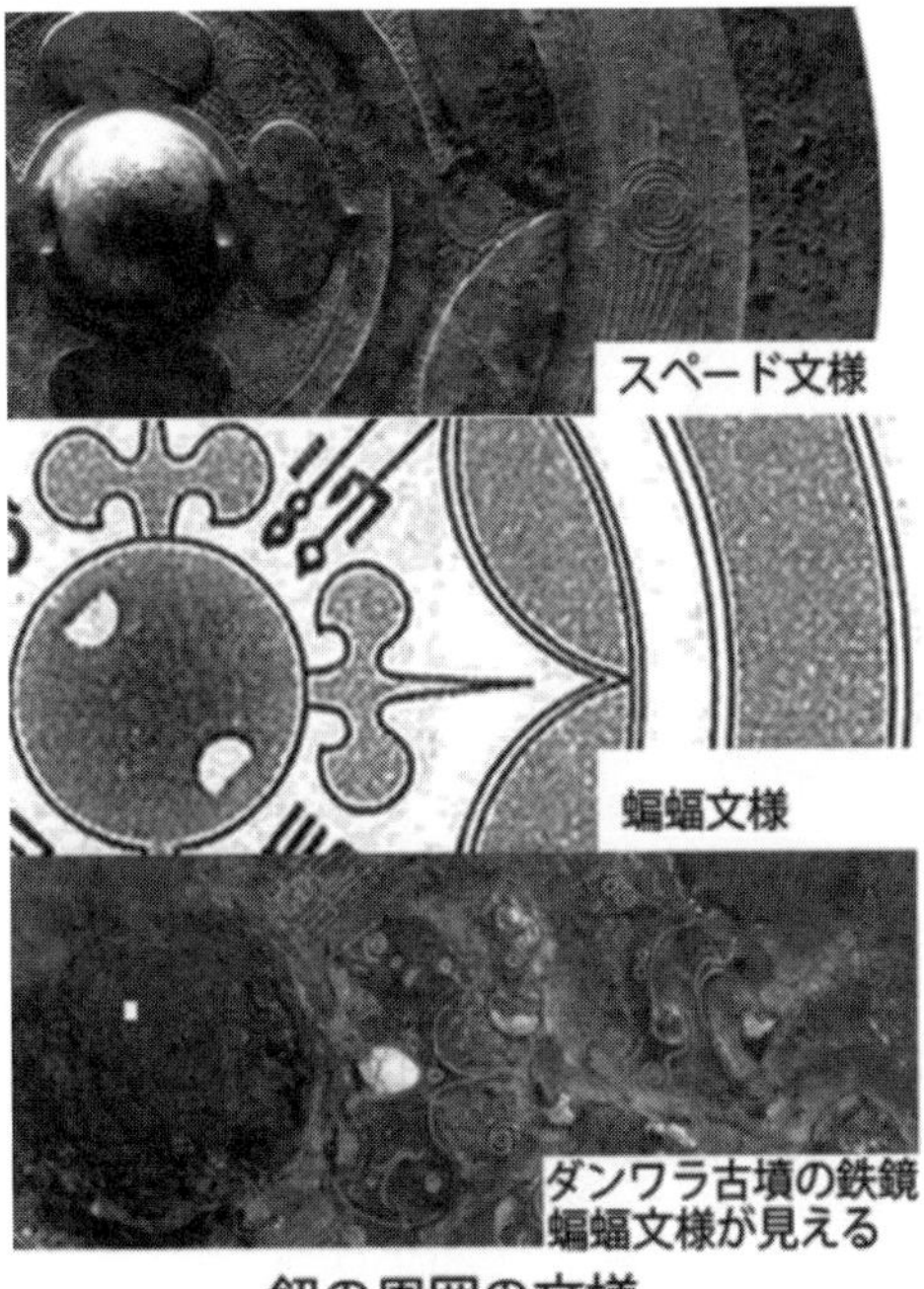

鈕の周囲の文様

もうひとつ天津神の有力者が日田に来たことと整合する情報がある。それは、日田の小迫辻原遺跡《おざこつじばるいせき》で、わが国最古段階といわれる豪族居館の遺跡が発見されていることである。

環濠をめぐらせた三基の居館は、出土した土器から布留式最古相期とされ、三世紀末～四世紀初頭のものとされている。年代的には邇邇芸命が活躍した時代と重なっていて、邇邇芸命の時代の有力者がこの地域の統治を行った拠点と見ることができる。

## ■宇佐

九州中部の地勢を考えると、日田に拠点を置いた天津神軍は、兵力を、中央突破軍と東西の海岸に沿って南進する軍勢の三つに分けて、三方面作戦を展開したと予想できる。

それぞれの軍勢のようすを推理してみると、まず、日田の中央突破軍は、九州の横幅いっぱいに広がった狗奴国勢力を中央で分断し、東西の海側から攻め込む軍勢と協力して狗奴国軍を挟撃する作戦に出たのだろう。前述した阿蘇カルデラの内側の鍛冶遺構も、このルートで進出した工人たちが設けたものと思われる（下図）。

西海岸を南進する軍勢は、かつて須佐之男命が菊池川流域に侵入した時に拠点とした筑後山門を南下の起点とし、狗奴国の精鋭が固める菊池川流域へ、ふたたび、侵攻していったと考える。

筑後山門は、神功皇后の時代にも、田油津姫《たぶらつひめ》やその兄の夏羽が兵を構えたことが『日本書紀』に記されていて、軍事的な拠点として長い間活用されたことを示している。

この地域が、女性がトップに立って神功皇后に刃向かうような力を持っていたのは、天照大御神がここに仮宮を設けて祭祀を行ったことに始まり、そののちも、狗奴国討伐軍の基地になったことなどで、大きな勢力を保ち続けたためと想像されるのである。

さて、それでは、東海岸を南進した軍勢は、どのように行動したのであろうか。私は、このとき宇佐が重要な役割を果たしたと推理している。

その理由のひとつは、宇佐の地域から中広型の銅矛・銅戈が多数出土していることである（P154 図）。中広型の武器型青銅器が集中して出土する場所は、高天原軍の有力者が結集した中心的拠点で作戦司令部のような機能が置かれたところと推理した。

宇佐に中広型の銅矛・銅戈が多数存在することは、宇佐が東海岸軍の司令部であり南進の拠点になったところと考えられるのである。

もう一つの理由は、宇佐にはかつて「ヤマト」と呼ばれた場所があることである。大分大学教授であった富来隆氏は、大

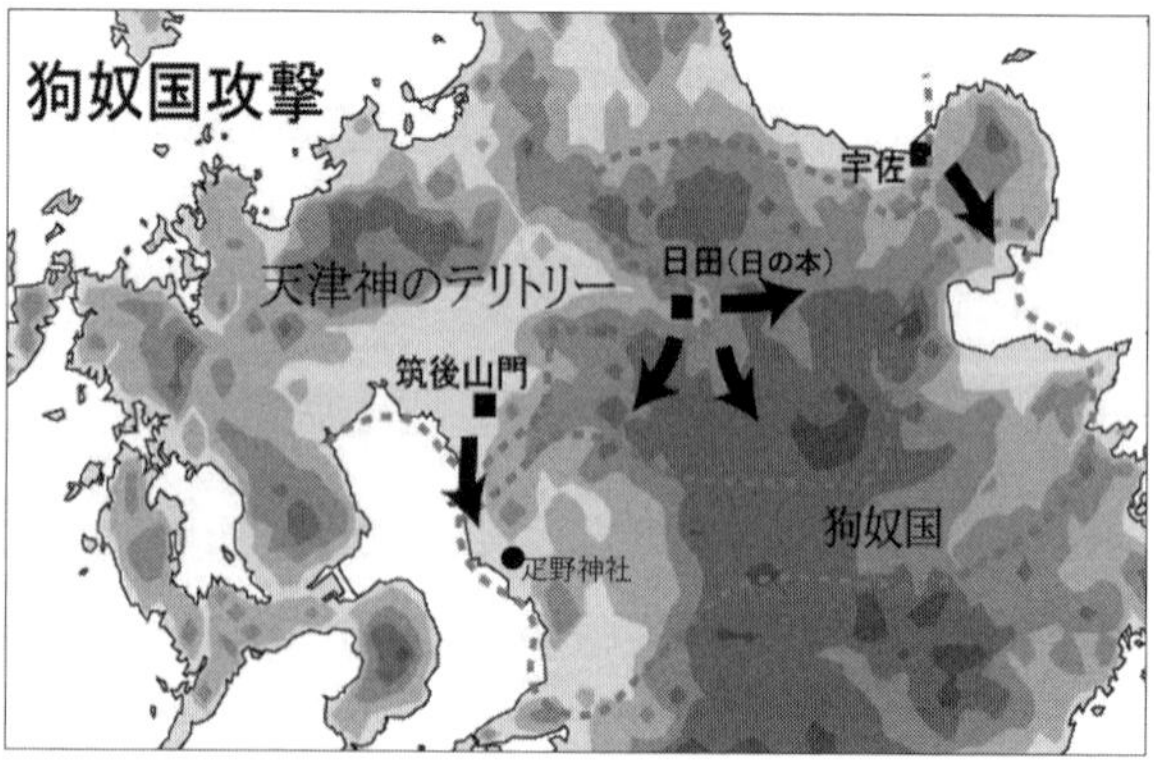

分県の中世古文書集を編纂している時に、宇佐地方に「ヤマト」という地名があったことを発見した。

宇佐八幡の社家のひとつである永弘家の古文書に、鎌倉中期の弘長三年に「向野《むくの》郷山戸」という地名が記され、また、おなじく社家の小山田家の文書には、南北朝時代の康永・正平・応安年間の三通に「ヤマト」あるいは「大和」と記されていたのである。

富来隆氏は、宇佐神宮の二キロほど西の「小向野《こむくの》」の地域を「向野郷山戸」と想定されたようだが、私は、宇佐神宮の約三キロ東側の日豊本線宇佐駅付近から南側に広がる地域と想定する（左図）。

ここには、現在も、杵築市山香町向野という地域があり、日豊本線に沿うように北に向かって向野川が流れている。向野川に沿った地域が、かつての宇佐郡向野郷であり、「向野郷山戸」と呼ばれた場所がこの地域にあったと私は推測するのである。

向野付近は宇佐の平野が途切れて山にさしかかるあたりにあり、宇佐から別府や大分方面へ侵攻する出発点の位置にある。

宇佐に作戦司令部があり、そこから大分方面へ向かう出発点の位置にヤマト（山戸）があるという位置関係は、太宰府にあった総司令部の機能と天山の天照大御神の祭壇がそのままの位置関係でセットになってこの地域にも出現したように見える。

このような検討から、宇佐が東海岸を南進した軍勢の出発点であり、向野郷山戸は、北部九州

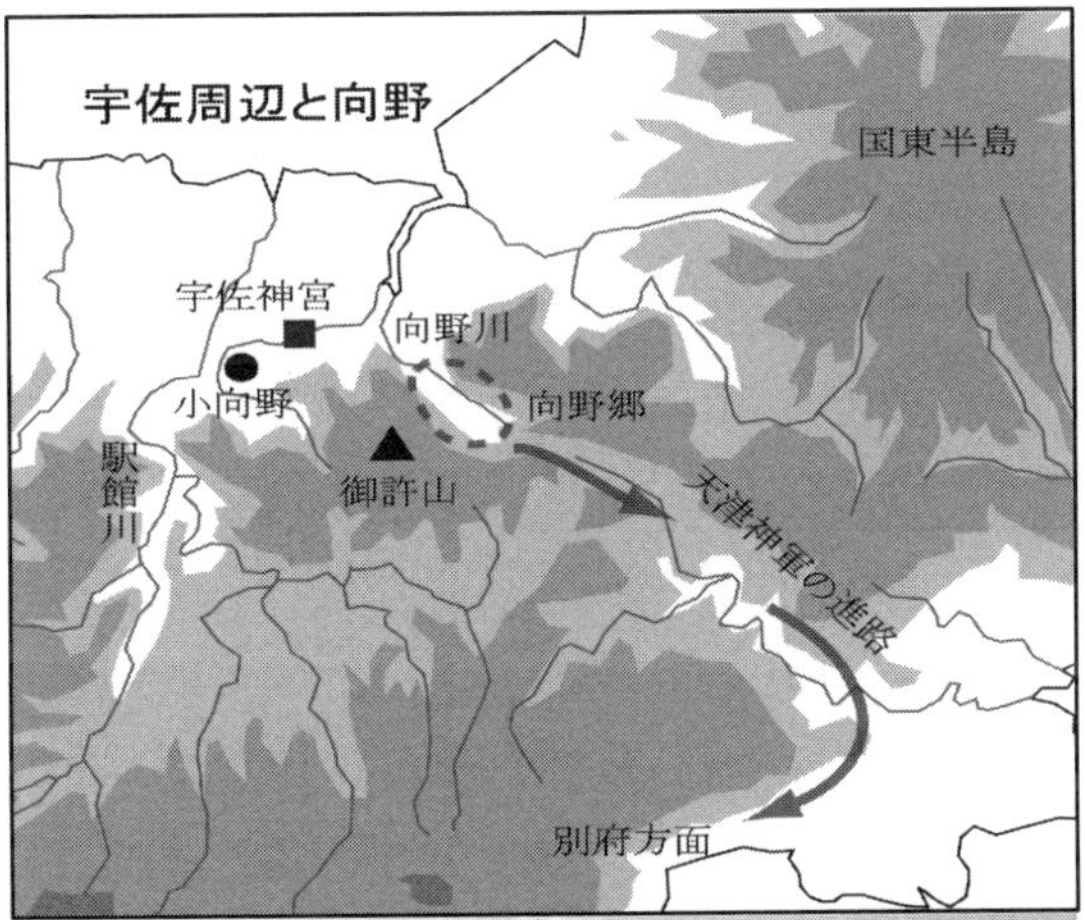

向野から宇佐方面を望む

各地のヤマトと同様に、姫皇子の仮宮、すなわち、万幡豊秋津師比売が、南進する天津神軍の戦勝を祈るために祭壇を置いた場所と考えるのである。

## 二四．ヤマトと邪馬台国

### ■複数のヤマト

『魏志倭人伝』に記された邪馬台国の所在地を廻ってさまざまな説が発表されてきた。代表的なものが九州説と畿内説である。いずれの説も「ヤマト」という地名の存在と『魏志倭人伝』の旅程記事の解釈が大きなよりどころになっている。

「ヤマト」という地名については、畿内説は奈良盆地の大和ということで明確だが、九州説は、九州各地に「ヤマト」が存在し、九州説の中でもさまざまな見解のあるのが現状である。

『魏志倭人伝』の解釈については、九州説・畿内説のいずれもが、邪馬台国への行程記述の一部を誤りとして、それぞれに都合の良いように方向や距離を訂正して解釈するという欠陥を持っている。

ところで『魏志倭人伝』と呼ばれるのは『魏書』の中の巻三〇「烏丸鮮卑東夷伝」の中の倭人条を指すのだが、「烏丸鮮卑東夷伝」には前文があり興味深いことが記されている。

前文の最後に「烏丸・鮮卑とは即ち昔で言う東胡である。その習俗や前の事は、『漢記（東観漢記：後漢の歴史を記録した史書）』を撰した者が記録して載せている。その為ただ漢末魏初以来の事を挙げ、四夷の変に備えるものとする。」（烏丸、鮮卑即古所謂東胡也。其習俗、前事，撰漢記者已錄而載之矣。故但舉漢末魏初以來，以備四夷之變雲。）と記されていることである。

ここに「四夷の変に備える」とあることから、倭人伝は単なる紀行文ではなく、夷狄の反乱などの際に、その記述を軍事的に活用する目的があった。倭国への使者として軍人の塞曹掾史張政が派遣されたことや、対馬や壱岐では島の周囲の長さまで記録したのはそのためと考えられる。

のちに軍事的に活用される可能性があるその記載内容は、信頼できる確実なことのみが注意深く記述されたと考えるべきで、東と南とを間違えるとか、一日と一月を間違えるような単純なミスはありえないと思うのである。

そう理解した上で、これまで述べてきたことをベースにして、「ヤマト」という地名と『魏志倭人伝』の行程記事の解釈という二つのテーマについて回答を試みようと思う。

まず、「ヤマト」についてこれまで述べてきたことを少し整理してみよう。

私は、中広型の銅矛や銅戈の分布と、このころの戦争の状況の検討から、「ヤマト」は天照大御神や万幡豊秋津師比売などが本来の居場所を離れて戦勝祈願を行うための仮宮を置いた場所と推理した。

第八章で述べたように、天照大御神は、伊邪那岐命と高御産巣日尊一族の女性との間に生まれたので、おそらく、幼少期を母方の高御産巣日尊一族が領有する高天原（太宰府・筑紫野地域）で過ごしていたと思われる。

伊邪那岐命の命令で、筑紫平野攻略作戦が開始される時、高天原にいた天照大御神は、三貴子の一員として高天原の南端の天山に祭壇を設け、須佐之男命たちの戦いの勝利を祈ることになったのだろう。

そして、戦場が熊本県の菊池川流域に移ると、筑紫平野南部の筑後山門に設けた仮宮に祭祀の場所を移し、さらに、熊本平野一帯に戦場が広がった時、菊池郡の肥後山門に仮宮を設けたのである（下図）。

その後、須佐之男命が宗像を根城に反乱を起こした時、高天原に戻っていた天照大御神は、急遽、筑前山門に仮宮を設けて対応することになった。

須佐之男命を追放したのち、万幡豊秋津師比売は、筑前山門で没した天照大御神の後継者となった。そして、夫の天忍穂耳命とともに反抗する大国主命や神産巣日尊たちと戦い、彼らを遠賀川上流域から追い出したのだろう。

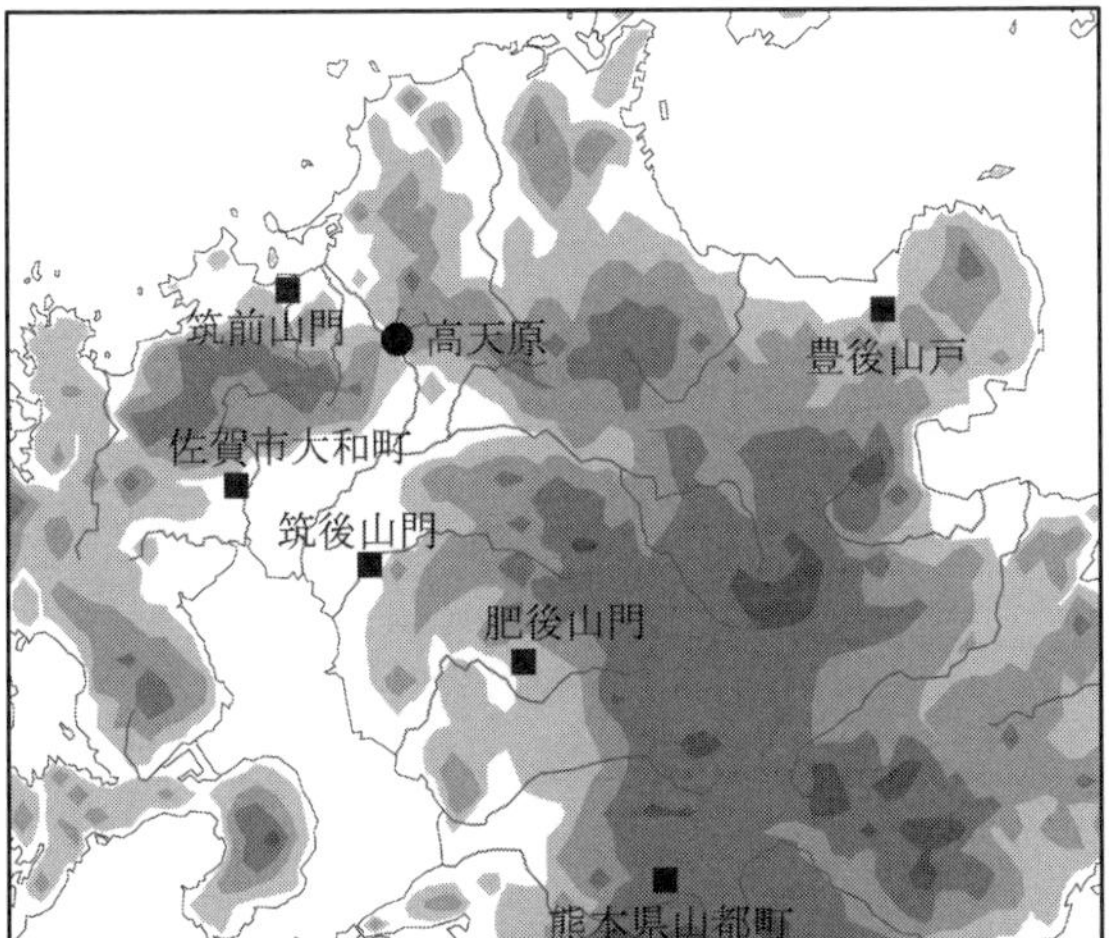

その後、南九州に進出する天津神軍の勝利を祈るため、万幡豊秋津師比売は宇佐の「山戸」に仮宮を設けて、ここで祭祀を行ったと考えるのである。

このように「ヤマト」はその時々の状況によって移動した。私の「邪馬台＝卑弥呼の仮宮」説の立場から言うと、「ヤマト」の音を写したとされる「邪馬台」は、特定の一カ所を示すのではなく北部九州の各地を移動したというのが邪馬台国の所在地論争への回答と言うことになるのである。

そして、『魏志倭人伝』に記された邪馬台国は、北部九州各地にある「ヤマト」のうちの宇佐の向野郷山戸と考えられるのだが、その理由についてはこの後に詳しく述べようと思う。

尚、北部九州の「ヤマト」はこの他にも、佐賀県佐賀市に大和町、熊本県上益城郡に山都町がある。これらの「ヤマト」は、天照大御神と須佐之男命が、筑紫平野と熊本平野の攻略戦で活用した仮宮の位置としては申し分ないが、残念ながら合併などで近代にできた地名のようである。なにか古い由来があって「ヤマト」と名づけたのであろうか。

## ■邪馬台国

第二二章では『魏志倭人伝』と『魏略』を比較することによって、当時の倭国の状況を知る手がかりが得られ、大量の人々が南九州方面へ移動して行ったことを明らかにした。

二つの史書の成立の状況や情報源の相違から、二六〇年ごろに台与が張政を見送り、魏へ朝貢した時と、二六六年に台与が晋へ朝貢したころとの倭国の変化を把握でき、激動する倭国の状況を推理することが可能になるのである。

ここでは二つの史書の分析をさらに進めてみよう。

『魏略』と『魏志倭人伝』を見比べて、まず注目するのは、『魏略』には帯方郡から伊都国までの行程記事しかないのに対し、『魏志倭人伝』には、伊都国から先の、奴国、不弥国、投馬国、邪馬台国までの記述が追加されていることである。

伊都国までの行程は、『魏略』と『魏志倭人伝』の両方にあり、しかも、距離を里数で表しているので、これは二六〇年ごろ台与に送られて帰国した張政の報告書にもとづく情報と判断できる。

なぜなら、『隋書』倭国伝に「夷人（倭人）は里数を知らず、ただ、日をもって計った。」と記され、また実際に、延喜式でも距離を日数で表していることから推測すると、倭国の人が里数で報告したとは考えにくいからである。

そして、『魏略』『魏志倭人伝』ともに伊都国に爾支《にき》のいたことが記されている。伊都国の爾支《にき》とは豊葦原水穂国に降臨した天孫の邇邇芸命と考えられるので、二六〇年ごろまでには天孫降臨が完了し、その情報が魏に伝えられたことが確認できる（下図）。

では『魏志倭人伝』だけに記されている投馬国と邪馬台国はどうだろうか。

『魏略』には記されていない情報なので、『魏略』が成立した魏末晋初のころには、中国には伝わっていなかった情報と推定できる。

そして、これらの国までの距離が、「投馬国までは水行二十日、邪馬台国までは水行十日または陸行一月」のように、「里」ではなく「日」を単位として書かれているので、これは里数を知らない倭人が直接晋の役人に伝えた情報と判断できる。

とすると、投馬国と邪馬台国の情報は二六六年に台与の使者が晋へ朝貢した際に伝えた内容と考えられるのである。

邇邇芸命の天孫降臨のあと、二六六年になってはじめて晋に伝えられた邪馬台国とは、万幡豊秋津師比売が宇佐に置いた仮宮以外には考えられない。なぜなら、筑前山門や筑後山門、肥後山門などはすべて天孫降臨以前の仮宮だからである。すなわち、ここに記される邪馬台国とは、宇佐の向野郷にあった「山戸」と判断できるのである。

万幡豊秋津師比売の宇佐への移動は、邇邇芸命が伊都国へ降臨して落ち着いた日本列島が、二六六年ごろに、ふたたび戦火に包まれたことを意味している。万幡豊秋津師比売は、狗奴国の討伐に向かう天津神軍のために、宇佐まで来て仮宮で祈ったと思われるからである。

**魏略・魏志倭人伝の記載内容と情報源**

○：記載　×：記載なし

| 記載内容 | 魏略 | 魏志倭人伝 |
|---|---|---|
| 狗邪韓国 | ○ | ○ |
| 対馬国 | ○ | ○ |
| 壱岐国 | ○ | ○ |
| 末盧国 | ○ | ○ |
| 伊都国 | ○ | ○ |
| 狗奴国 | ○ | ○ |
| 伊都国の官・爾支 | ○ | ○ |
| 卑奴母離 | ○ | ○ |
| 女王 | ○ | ○ |
| 伊都国の戸数 | 戸万余 | 千余戸 |
| 投馬国 | × | ○ |
| 邪馬台国 | × | ○ |
| 一大卒 | × | ○ |
| 卑弥呼の墓 | × | ○ |

二六〇年ごろ張政の報告で得た情報

二六六年の晋への朝貢で新たに得た情報

そして魏志倭人伝に記された邪馬台国を宇佐とすることは魏志倭人伝の距離の記述とも整合している。

倭人伝には、帯方郡から邪馬台国までの経由する国々と距離が記されていて、これを頼りに邪馬台国の所在地を探る研究が行われている。

ただし、帯方郡から末盧国までは位置がほぼ確定しているが、末盧国より先の伊都国以降の国々は研究者によって見解が異なり、いまだに邪馬台国の位置が定まらない。

帯方郡から狗邪韓国を経由して、九州北岸の現在の唐津とされる末盧国までの距離は次のように記されているが、これらを合計すると一万余里となる。

帯方郡から狗邪韓国　水行　　七千余里
狗邪韓国から對海国　一海渡　千余里
對海国から一大国　　一海渡　千余里
一大国から末盧国　　一海渡　千余里

いっぽう『魏志倭人伝』には、帯方郡から女王国までの距離が一万二千余里であることも記されている。

帯方郡から末盧国まで一万余里なので末盧国から女王国までは約二千里ということになる。

邪馬台国は女王卑弥呼の都するところと記されていることについては、邪馬台国＝女王国とする説や、邪馬台国は女王国の中にある女王の都と考える説などがあって議論があるが、このあと詳しく述べるように、私は後者の説が正しいと考えている。

そして、帯方郡、あるいは末盧国から女王国までの距離を考えるときに、女王国の国境までの距離とする考え方もあるだろうが、こ

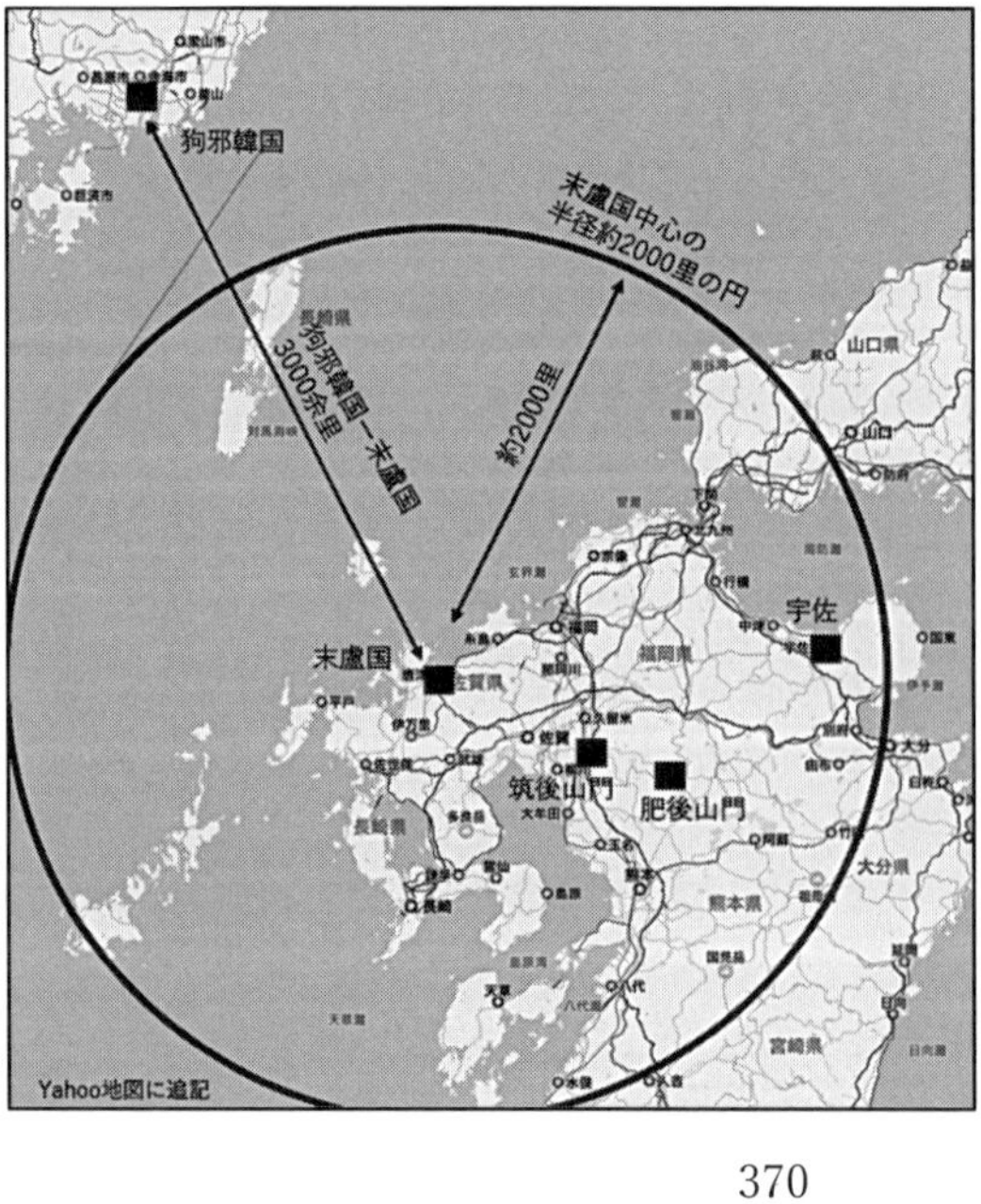

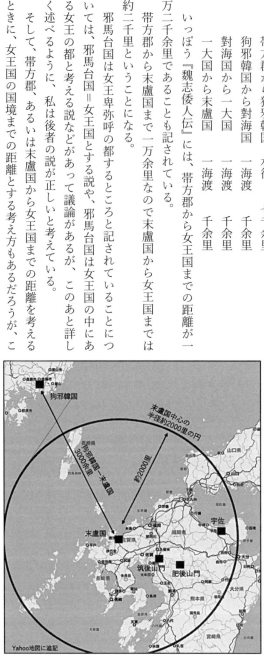

こは少々微妙だが、女王の坐す邪馬台国までの距離で女王国までの距離を示したと考える。すなわち女王国を代表する邪馬台国は末盧国から約二千里の距離にあると考えるのである。狗邪韓国から海を越えて末盧国まで行く距離は合計三千余里なので、約二千里はその2／3程にあたる。あるいは末盧国から対馬国ぐらいまでの距離である。

末盧国を中心として半径二千里の円を描けば女王国や邪馬台国はほぼこの円周の上にあるはずである。道が直線ではなく折れ曲がっていることを考慮すれば、邪馬台国はこの円周上よりやや内側に位置することになる（前頁図）。

宇佐はまさにこの円周のやや内側に位置しており邪馬台国の条件をぴったり満たしている。邪馬台国の候補地とされる筑後山門や肥後山門などよりも、はるかに魏志倭人伝の記述と整合している。なお、図から明らかなように、末盧国から約二千里という距離を考慮すれば、邪馬台国あるいは女王国を近畿地方に持っていくことは不可能なことは明白である。

『魏志倭人伝』には、「女王国の東、海を渡りて千余里、復た国あり、皆、倭の種なり。」という記述があるが、宇佐から瀬戸内海に漕ぎ出せば、倭人伝の尺度で、対岸まで千里ほどである（下右図）。これも、宇佐を邪馬台国とすることの傍証である。

また、『魏志倭人伝』には「倭の地を参問するに（中略）周旋、五千余里可《ばか》りなり」という記述があるが、倭地を概略「末盧国（唐津）と宇佐を対角とし、北部九州を覆う長方形」として見ると、その周囲の長さは、倭人伝の尺度でおよそ五千里ほどになり、想定した国々の範囲と倭人伝の記述がここでも整合するように見えるのである（下左図）。

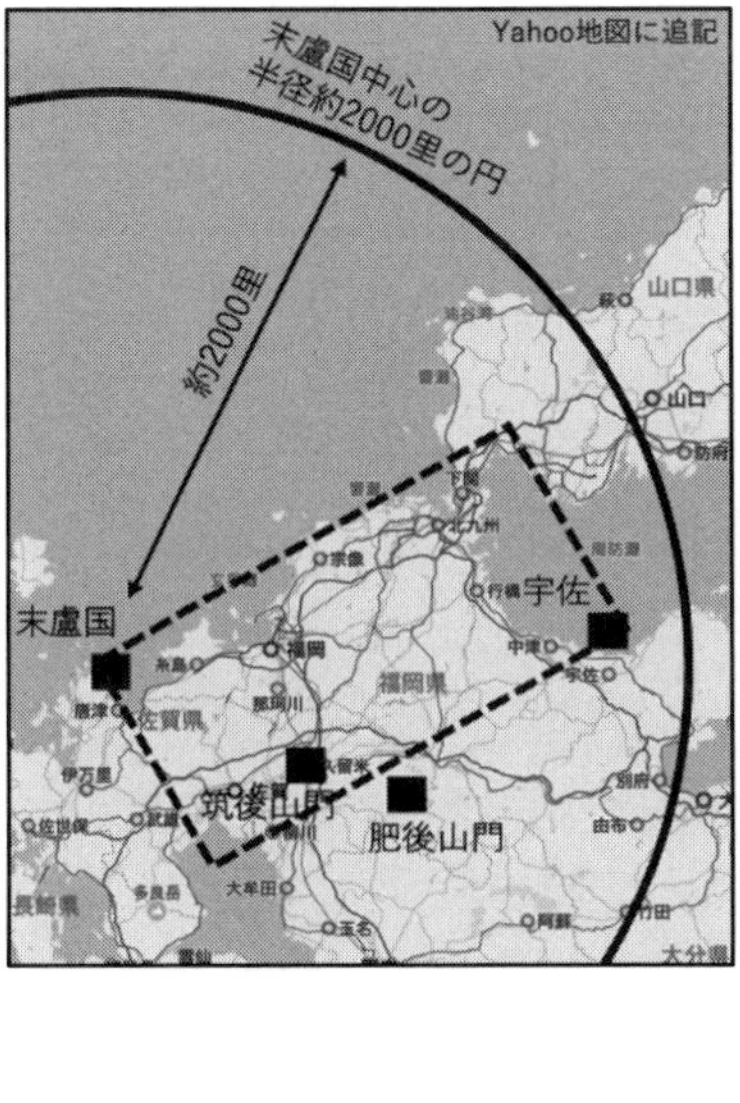


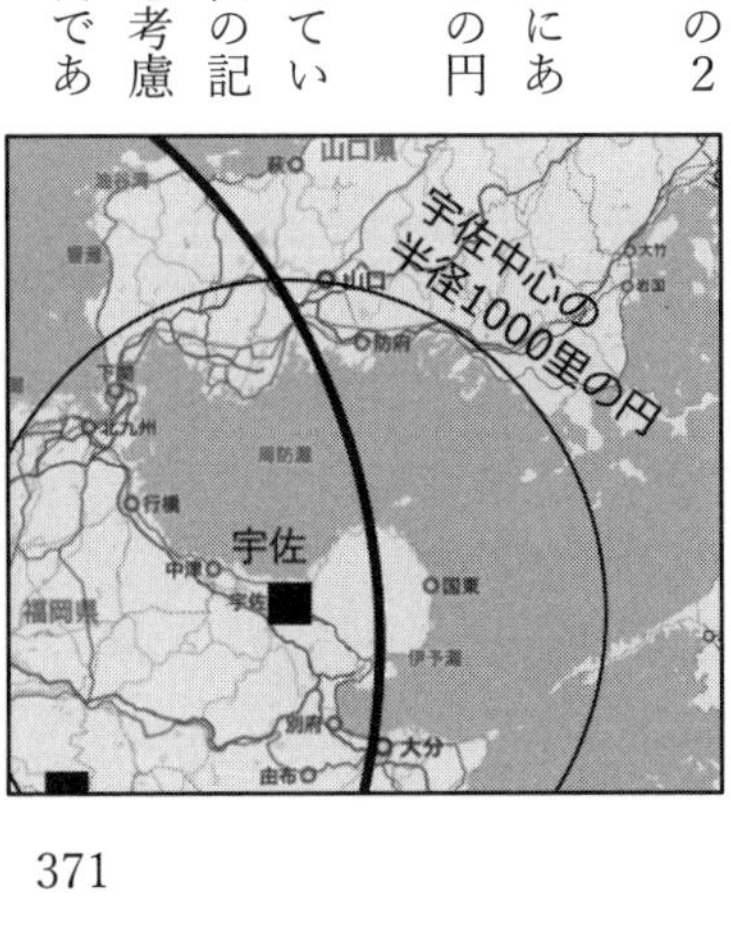

## ■伊都国・奴国・女王国の範囲

ここで『魏志倭人伝』に描かれた伊都国、奴国、女王国が、具体的のどのような地域になるのかを確認しておこう。

まず、伊都国について確認する。もともと伊都国は糸島平野にあった国だが、倭国王帥升に率いられた甕棺部族が東に領地を拡大して、早良平野も伊都国の版図に含まれるようになった。

そして甕棺部族は、福岡平野南部の春日や太宰府付近にいた呉の子孫の天津神や、奴国の倭人たちと対立し、倭国大乱を戦って敗れ去った。

国生みの後、伊邪那岐命は奴国の倭人をも九州から追い出し、葦原中国を領有した。

高御産巣日尊は領有していた高台の春日や太宰府地域に加え、先祖が最初に国を開いた伊都国の地域を確保して新たな伊都国としたのではないか。

そう考えると、「魏志倭人伝」に記録されたころの伊都国の範囲は、早良平野を中心として、西は糸島半島から、早良平野、福岡平野の西南部を経て春日から太宰府、筑紫野方面まで拡張した地域と推定するのである（下図）。

そして福岡平野にまで進出した伊都国に隣接するのは奴国である。

甕棺墓制を採用しなかった奴国は、甕棺の分布図からわかるように、福岡平野の博多の地域から宗像、遠賀川下流域を経て北九州市までの甕棺の空白地帯がその範囲であろう。

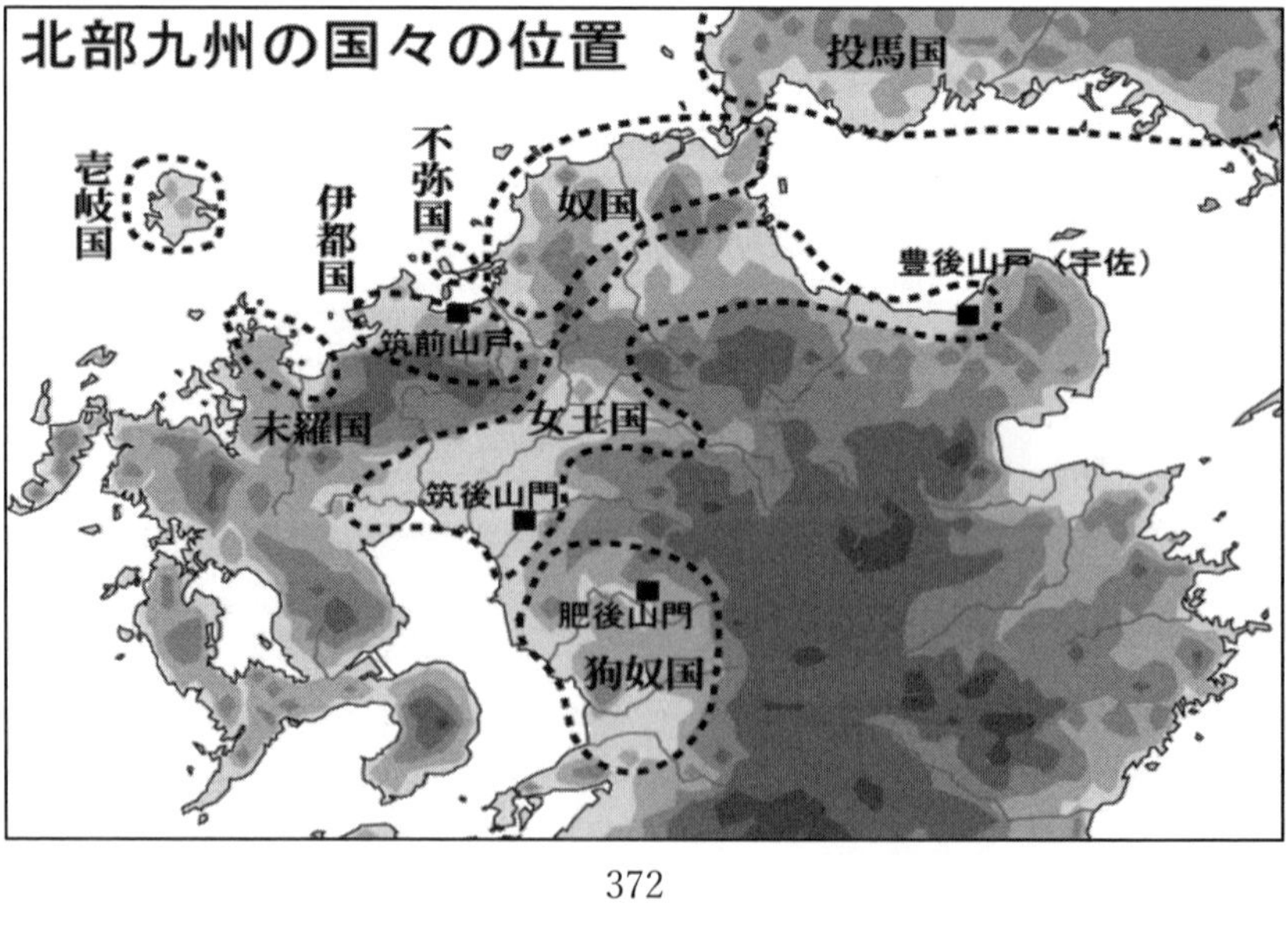

次に女王国について検討してみよう。

女王卑弥呼（天照大御神）の国づくりは、筑紫野市の天山付近から須佐之男命の軍勢が筑紫平野に進出することで始まった。筑紫平野を制圧し、一時は菊池川流域から熊本平野まで攻め込んだが、須佐之男命の叛逆で、おそらく菊池川流域から南は狗奴国の領地となってしまったのだろう。

卑弥呼（天照大御神）が没した後、女王になった台与（万幡豊秋津師比売）が、夫の天之忍穂耳尊とともに遠賀川流域から国津神を追い出した。

さらに、狗奴国討伐作戦が始まったとき、女王台与は宇佐に設けた祭壇で天津神の軍勢の戦勝を祈ったのであろう。従って、この頃の女王国の範囲は、西は有明海に臨む大牟田や柳川から筑紫平野全域、遠賀川中上流域、周防灘に面した京都郡から宇佐に至る広大な地域と想定するのである。

女王国が東側で海に面し、東方にある倭人の国への航海が可能であることは、『魏志倭人伝』の「女王國東　渡海千餘里復有國皆倭種」という記述と整合している。

『魏志倭人伝』には「次に斯馬国があり、次に己百支国があり、次に伊邪国があり」というように、女王国の内部の国々を、邪馬台国から順番に境界の尽きる奴国まで列挙している。邪馬台国は女王国の中の最も東、奴国は最も西の地域にあり、その間の国々を「次に」という言葉で結んでいるので、これらの国々はほぼこの順番で東から西に並んでいると思われ、国々を比定する際の有力な情報になる。

しかし、ここに挙げられた国々を、現在の地名の中に探し出そうとしてもなかなか見つからない。これは、当時の倭国の人々の発音を中国人が正確には聞き取っていないことを示しているのではないか。地名の情報は時間経過に耐えて残りやすいので、発音が正確に記録されていれば、この中のいくつかは現在の地名の中に見つけられてもおかしくない。

邪馬台国やその他の傍国の情報は、二六六年の台与の朝貢の際に魏に伝えられたものである。このあとでも触れるが二六六年の朝貢の使者は魏の役人とのコミュニケーションがうまくいっていない。言葉やその発音に問題があって邪馬台国をはじめ女王国の国々の名前が正しく伝わらなかった可能性が濃厚なのである。

## ■面積と戸数

『魏志倭人伝』にはそれぞれの国の住居の数が示されているが、ここで想定した各国の範囲と戸数の関係を調べてみよう。その前に『魏志倭人伝』の戸数データにはいくつか疑問があるので、まずその確認をしておきたい。

疑問第一は、伊都国の戸数である。伊都国は『魏志倭人伝』には千余戸ありと記され、『魏略』には戸万余とある。どちらかが誤記というのが通説だが、第二二章で詳しく記したように、当初、伊都国の戸数は万余戸であったのが、狗奴国討伐や饒速日尊の東征などの軍事作戦のために人々が移動した結果、戸数が千余戸に減少してしまったと私は考えている。従って、伊都国の面積と戸数の関係を見るときは、一万戸という数値を用いることにする。

疑問第二は女王国の戸数の情報である。不思議なことに『魏志倭人伝』には 女王国の戸数のデータが記録されていない。その代わり、女王の都するところとして邪馬台国の戸数が七万戸と記されている。

『魏志倭人伝』に記された女王国と邪馬台国の頻度を比べてみると、邪馬台国という国名は一度しか記されていないが、女王国は七回も現れる。

帯方郡からの距離を示したり、東方の倭種の国や、裸国、黒歯国など異人種の国までの距離を示すのに、基準としているのはすべて女王国である。『魏志倭人伝』の著者陳寿は、邪馬台国よりも女王国のほうを、はるかに重要な国と見ていたようである。

戸数についても、邪馬台国のデータよりも、重要な国である女王国のデータに強い関心があったはずである。ところが女王国のデータがないのである。これをどう考えたらいいのだろう。役人の情報についても邪馬台国の官は記されているが重要な国である女王国については記載がない。違和感を感じるのである。

『魏志倭人伝』では遠絶な国として二十一の国々が列挙されているが、その最後の奴国が「女王の境界の尽きるところ」とされている。これは奴国までが女王の統治する範囲であり、奴国を含む二十一国は女王国の中に含まれる国々であることを意味するように見える。女王国はいくつかの国々をまとめて呼ぶ時の総称と理解できるのである。そして女王の都する邪馬台国は、当然女王国に含まれる国と考えるべきであろう。

女王国に含まれるこれら遠絶の国々は人口などの詳しいの情報がない（其餘旁國遠絶、不可得詳）。邪馬台国もこれら遠絶の国のうちの一つなので、本来は正確な人口の情報を得られていない国ではないのか。邪馬台国を七万戸と記されているのは何かおかしい。

ところで『魏志倭人伝』では、各国の戸数の情報は次のように現されている。

對馬國　有千餘戸。　千余戸ある。
一大國　有三千許家。　三千ばかりの家がある。
末盧國　有四千餘戸　四千余戸ある。
伊都國　有千餘戸。　千余戸ある。
奴國　有二萬餘戸。　二万余戸ある。
不彌國　有千餘家。　千余家ある。
投馬國　可五萬餘戸。　五万余戸ばかり。
邪馬壹國　可七萬餘戸。　七万余戸ばかり。

ここで、對馬國から不彌國までの戸数は「ある（有）」と言い切っているのに対して、投馬國と邪馬壹國は「ばかり（可）」と曖昧に現されている。前者は、張政が確認した国々の戸数データを張政の報告書から引用したものであろう。後者は張政の滞在中には情報を得られなかった国々で、別途、二六六年に晋に朝貢した倭国の使者から直接入手した情報と判断できる（P369図）。

すると、ほんらい戸数の情報がなくて当たり前の遠絶な邪馬台国の戸数が約七万戸と記され、記載されて然るべき女王国の戸数情報がみあたらない奇妙な現象の原因は、二六六年の倭国の使者が女王国の戸数データを晋の役人に報告したときに、正確に内容が伝わらなかったことではないかと疑われるのである。

使者が役人に伝えようとしたもともとの情報は「邪馬台国に都する女王が統治する女王国の国々の戸数データ」であったものが、誤って「邪馬台国の戸数データ」として伝わってしまったのではないか。

二六六年の朝貢では、張政のような倭国の状況や言葉を熟知した人を介さずに、倭国の使者から直接晋の役人に伝達されたので、コミュニケーション上の問題があったと思われるのである。役人も確信を持てなかったので、「七万余戸ばかり」と曖昧に現したのだろう。

つまり、約七万戸というのは、邪馬台国ではなくて、内部に多くの国々を含む広大な女王国のデータとするのが妥当と思うのである。

また、他の国々よりも多い四人の名前が記された邪馬台国の官も、他国よりも格段に広い女王国を治めるための、女王国の役人の情報ではないか。

七万戸を女王国の戸数とした時、これは伊都国の七倍である。これだけの住居を配置するには単純に考えて伊都国の七倍の面積が必要になる。

前述のように、女王国を有明海から周防灘に至る広大な地域としてこそ、七万戸の収容が可能になる。邪馬台国を宇佐としたが、宇佐の地域だけではとても七万戸は収まらない。

農林水産省発表の数値を用いて、面積の検証をしてみた。

農林水産省のホームページ「わがマチ・わがムラ」には各自治体の総面積、耕地面積、林野面積などの詳しい統計情報が掲載されている。各自治体の総面積から林野面積を差し引いたものを、居住や耕作に使える生活面積と定義し、次頁の表のような区分けで集計してみた。福岡市はその三分の一を奴国とし、三分の二を伊都国とした。

集計の結果は

| | | |
|---|---|---|
| 伊都国の生活面積 | 38,532 | ヘクタール |
| 奴国の生活面積 | 79,842 | ヘクタール |
| 女王国の生活面積 | 251,045 | ヘクタール |

伊都国を一とした時の面積の比は

伊都国 ： 奴国 ： 女王国 ＝ 1 ： 2.07 ： 6.52

## 奴国、伊都国、女王国の面積

単位：ヘクタール

| 奴国 | 総面積 | 林野面積 | 生活面積 |
|---|---|---|---|
| 北九州市 | 49195 | 19508 | 29687 |
| 芦屋町 | 1160 | 249 | 911 |
| 遠賀町 | 2215 | 379 | 1836 |
| 岡垣町 | 4864 | 2630 | 2234 |
| 宗像市 | 11991 | 5070 | 6921 |
| 中間市 | 1596 | 89 | 1507 |
| 直方市 | 6176 | 2112 | 4064 |
| 若宮市 | 13999 | 8389 | 5610 |
| 鞍手町 | 3560 | 1288 | 2272 |
| 福津市 | 5276 | 1359 | 3917 |
| 古賀市 | 4207 | 1377 | 2830 |
| 新宮町 | 1893 | 494 | 1399 |
| 久山町 | 3744 | 2568 | 1176 |
| 篠栗町 | 3893 | 2620 | 1273 |
| 須恵町 | 1631 | 627 | 1004 |
| 粕谷町 | 1413 | 72 | 1341 |
| 志免町 | 869 | 25 | 844 |
| 宇美市 | 3021 | 1837 | 1184 |
| 小竹町 | 1418 | 331 | 1087 |
| 水巻町 | 1101 | 106 | 995 |
| 福岡市1/3 | 11446 | 3696 | 7750 |
| 合計 | | | 79842 |

| | | | |
|---|---|---|---|
| 福岡市 | 34337 | 11087 | 23250 |

| 伊都国 | 総面積 | 林野面積 | 生活面積 |
|---|---|---|---|
| 福岡市2/3 | 22891 | 7391 | 15500 |
| 糸島市 | 21570 | 9826 | 11744 |
| 大野城市 | 2689 | 1014 | 1675 |
| 太宰府市 | 2960 | 1181 | 1779 |
| 那賀川町 | 7495 | 5448 | 2047 |
| 春日市 | 1415 | 63 | 1352 |
| 筑紫野市 | 8773 | 4338 | 4435 |
| 合計 | | | 38532 |

農林水産省のホームページ（わがマチ・わがムラ）より

http://www.machimura.maff.go.jp/machi/index.html

| 女王国 | 総面積 | 林野面積 | 生活面積 |
|---|---|---|---|
| 筑前町 | 6710 | 2223 | 4487 |
| 朝倉市 | 24671 | 13545 | 11126 |
| うきは市 | 11746 | 5923 | 5823 |
| 小郡市 | 4551 | 118 | 4433 |
| 太刀洗町 | 2284 | 9 | 2275 |
| 久留米市 | 22996 | 3636 | 19360 |
| 広川町 | 3794 | 1348 | 2446 |
| 八女市 | 48244 | 31666 | 16578 |
| 筑後市 | 4178 | 7 | 4171 |
| 大木町 | 1844 | 0 | 1844 |
| 大川市 | 3362 | 0 | 3362 |
| 柳川市 | 7715 | 0 | 7715 |
| みやま市 | 10521 | 2089 | 8432 |
| 大牟田市 | 8145 | 1751 | 6394 |
| 基山町 | 2215 | 950 | 1265 |
| 鳥栖市 | 7172 | 2337 | 4835 |
| みやき町 | 5192 | 914 | 4278 |
| 吉野ヶ里町 | 4399 | 2016 | 2383 |
| 神崎市 | 12513 | 5843 | 6670 |
| 佐賀市 | 43184 | 17818 | 25366 |
| 小城市 | 4581 | 2384 | 2197 |
| 多久市 | 9696 | 4882 | 4814 |
| 江北市 | 2449 | 1067 | 1382 |
| 白石町 | 9956 | 1067 | 8889 |
| 鹿島市 | 11212 | 5341 | 5871 |
| 上峰町 | 1280 | 158 | 1122 |
| 大町町 | 1150 | 336 | 814 |
| 日田市 | 64795 | 55072 | 9723 |
| 飯塚市 | 21407 | 10645 | 10762 |
| 福智町 | 4206 | 1664 | 2542 |
| 田川市 | 5455 | 1582 | 3873 |
| 香春町 | 4450 | 2859 | 1591 |
| 苅田町 | 4888 | 1692 | 3196 |
| 行橋市 | 7005 | 1287 | 5718 |
| みやこ町 | 15134 | 9752 | 5382 |
| 築上町 | 11961 | 7305 | 4656 |
| 豊前市 | 11110 | 6918 | 4192 |
| 上毛町 | 6224 | 3910 | 2314 |
| 中津市 | 49154 | 37929 | 11225 |
| 宇佐市 | 43905 | 26366 | 17539 |
| 合計 | | | 251045 |

少々出来過ぎの感じもするが、魏志倭人伝の戸数の比（伊都国一万戸、奴国二万戸、女王国七万戸）とほぼ一致している。

卑弥呼の時代とは環境が全く異なる現在の面積データを用いた検証で、かなり大雑把に区分けしたアプローチだが、この結果は私の推理を補強しているように見える。なお生活面積ではなく総面積で比較しても、1 ： 1.99 ： 7.75 になる。

## ■投馬国《つま》

二六六年の朝貢で、邪馬台国の情報とともに、投馬国《つま》の情報も伝えられていることから推理すると、万幡豊秋津師比売の夫の天忍穂耳命が、安芸や吉備で反抗する出雲勢力に対処するため周防の国に進出し、防府付近の佐波川《さばがわ》のほとりに軍事基地「日の本」を設置して軍勢を集結させたのも、同じ頃と推定される。

伊都国からは水行での日程しか示されていない投馬国《つま》は、九州とは陸続きではないところ、すなわち九州以外の場所に求めなければならない。『魏志倭人伝』は、九州を離れて瀬戸内に進攻した天忍穂耳命のことを、投馬国《つま》の「弥弥《みみ》」と記したのであろう。

そして、五万戸を擁するという「投馬《つま》」は決して小さな地域ではなく、女王国に匹敵する広大な国であるので、「投馬《つま》」とは、天忍穂耳命の進駐した防府付近だけでなく出雲などを含む中国地方の西部全体を示すものと考えられる。この地域を大国主命の支配した「いづも」と呼んでいたのが、「投馬《つま》」と表現された可能性があるのではないか。

学習院大学名誉教授で朝鮮史研究家の末松保和氏は、宋版『大平御覧』の「倭人伝」が「投馬《つま》」を「於投馬《えとも》」と書いていることを指摘して、投馬《つま》が出雲であることを説いている。今日でも出雲の人は出雲を「エヅモ」にちかい発音をするが、古い時代にもこのような発音が行われ、それが漢字に表記されたとするのである。

出雲には、国譲りのちに天菩比命が天降ったが、『古事記』によれば、天菩比命は大国主命を祀る祠祭者であって、出雲の統治者として描かれているわけではない。出雲で実権を握ったのは、天菩比命の兄であり、「弥弥《みみ》」と記された天忍穂耳命であったと考えて良いかもしれない。

## ■奴国・不弥国と末盧国の情報

それではつぎに奴国と不弥国について考えてみよう。

考えるヒントはこれらの国までの距離が里数で表されていることである。前述のように、倭人は当時の中国の長さの単位である「里数」を知らなかった。したがって、里数で距離を表示されたこれらの国々は、倭人からの情報ではなく、二六〇年ごろに台与に送られて帰国した張政の報告書に基づいて記された内容と判断できる。張政は、須佐之男命との戦いの中で、自ら出向いて砦を築いた不弥国と奴国のことを詳しく報告書に記載したのであろう。

ここで注意すべきことは、奴国と不弥国の情報は、邪馬台国へ行く途中の国として用意された情報ではないということである。奴国と不弥国の情報は張政が帰国して「魏」に報告したものであり、投馬国や邪馬台国の情報は二六六年に台与の使者が「晋」に伝えた内容である。これらの情報はまったく別の機会に別の情報源から得られたものであり一緒にして考えてはならない。

つまり、伊都国から先の奴国、不弥国、投馬国などの国々を、邪馬台国までの道筋を示すものとして、連続的につなげる読み方には根拠がないということである。従って、これらの国々についての記述は、伊都国を起点にして、いわゆる放射式に読むのが正しいということになる。

奴国と不弥国の情報が、二六〇年ごろ帰国した張政の報告書に基づくものとすると、『魏略』に奴国と不弥国のことが記されていないのはなぜだろうか。タイミング的には可能であったはずであるが、『魏書』の編者王沈や、『魏略』の編者魚豢《ぎょかん》は、張政の報告書を見る機会がなかったのだろうか。

彼らが張政の報告書を見たかどうかと云うことに関しては、私は「見た」と考えている。その理由は、『魏略』に記された伊都国への行程の中に、末盧国に上陸した記事があることである。

末盧国上陸は、しばしば取り上げられる問題である。朝鮮半島から伊都国にいたる行程で、なぜ、末盧国から陸路を進む必要があったのかという疑問である。壱岐から直接伊都国の港に直行すればはるかに時間短縮になったのに、『魏志倭人伝』に「草木茂盛し、行くに前人を見ず」と記されたほどの草ぼうぼうの中をわざわざ歩いて行く必要があったのかということである。

私は、これは、卑弥呼のピンチを救うために魏から張政が来訪した時は、須佐之男命によって玄界灘の制海権がほとんど奪われていたことが理由と考えている。壱岐、対馬や、志賀島付近に砦を築いて卑奴母離を置き、須佐之男命の海からの攻撃に備えなければならないようすは、海上では須佐之男命の水軍がかなり優勢に戦いを進めていたことを示している。須佐之男命は海上で伊都国への船の出入りを監視し、海上封鎖とまでは行かなくとも、これらの船を攻撃できる態勢を整えていたのであろう。

壱岐まで到着した張政の一行は、伊都国まで直接海上を進んで須佐之男命の襲撃に遭う危険を避けて、最も近い陸地の東松浦半島先端の呼子付近に上陸したのだろう。

草が繁茂するようすは、張政一行が通常はほとんど人が歩かない踏み跡のようなものを進んだことを示している。末盧国の中心の唐津付近から伊都国方面にはもう少し歩きやすい幹線道路が通じていたと思われるので、これは、呼子から唐津へ通ずる陸路を苦労して進んだようすを描写したものだろう。危険を避けるためにやむを得ず「道なき道」を進んだことが描かれているのである。『魏志倭人伝』に描かれる主要な国々のうち、末盧国だけ「官」が描かれていない。これも、末盧国が通常のルートから外れた役人のいない辺境の国であることを示しているように見える。

なお、二四〇年に、卑弥呼に印綬や鏡を渡す目的で、使者の梯儁《ていしゅん》が訪れた時は、玄界灘航海に特段の不安要因はなく、通常の航路をとって壱岐から直接伊都国に航行したと思われる。

末盧国上陸の情報は張政の報告書に依拠する記述であると考えて良い。とすると、末盧国の情報を『魏略』に記した魚豢《ぎょかん》は、張政の報告書を読み、その中の奴国と不弥国の情報も知っていたが、それをあえて書かなかったということになる。

その理由は、倭国に平和が戻っていたことだろう。かつては須佐之男命の攻撃に対応するための重要な軍事施設のあった奴国と不弥国であるが、邇邇芸命が伊都国に降臨して混乱が沈静化したあとは、とくに注目する地域ではない。須佐之男命を出雲に追放して不要となった軍事施設は解体され、兵士は他の戦場へ移っていってしまって、不弥国そのものが消滅していたかも知れない。

魚豢が『魏略』を著す時、戦乱の収まった倭国の状況を記述するのに、これらの傍国の一部の国々について特に触れる必要はないと考え、倭国の都がある伊都国までの道のりを記したものと思われる。陳寿が『魏志倭人伝』を著した時は、張政の報告書の情報に加えて、二六六年に来訪した台与の使者から、倭国でふたたび戦乱が勃発し、伊都国の戸数が十分の一になる程の激変の事態が起きている状況が報告されていた。

卑弥呼の時代の戦いは、魏の張政の支援によって終結し、国の安定化に成功したことから、台与は、新たな戦乱でも晋の支援を強く要請したに違いない。そのため、邪馬台国や投馬国などの辺境の状況や、敵対する狗奴国の様子など、緊迫した戦況がすべて詳しく晋の役人に伝えられたのであろう。前述のように、この時のコミュニケーションに問題があるように見えるのは、戦乱への対応で緊急に使者を送ったので、言語に堪能なメンバーや通訳を用意できなかったのではないか。

## ■一大卒

『魏志倭人伝』によると、伊都国には一大卒という役人がいて、強権を持って周囲の国々を監視し、諸国は一大卒を畏れていたとされる。

中国の刺史のようだと記され、伊都国に腰を据えて、まるで国王のように振舞う一大卒とは何者か。

次のような理由で、私は、一大率とは、倭王である邇邇芸命自身を指しているのではないかと考える。

一大卒の情報は『魏略』には記されず、邪馬台国や投馬国とともに『魏志倭人伝』に始めて現れる。つまり、張政が直接見聞きしたものではなく、二六六年に台与の使者が晋へ朝貢した際に、投馬国や邪馬台国の情報とともに、倭人から伝えられた情報と思われる（P369図）。

前述のように、女王国の戸数データや、女王国と邪馬台国の関係が、正しく中国側の役人に伝わっていなかったと推理したが、二六六年の倭人の晋への使節団は、言葉の問題などで中国側の役人との間のコミュニケーションが十分に取れていなかった可能性が強い。

一大卒の件でも、邪馬台国に女王がいて、それとは別に、伊都国に女王の上に立つ倭王がいたことが正確に伝わらなかった可能性がある。女王の他に強大な権力を持った人物が伊都国にいたということは伝わったが、彼が倭の国王であることを魏の役人が理解できなかったなら、倭人伝の記述のような表現になる可能性があると思うのである。

一大率については、早稲田大学文学学術院の渡邉義浩教授が次のような独自の見解を述べている。

『後漢書』によると、刺史を置くのは都以外の地域であり、都にはより権限の強い司隷校尉を置いている。したがって、伊都国の一大率を刺史になぞらえたことは、伊都国が都ではないことを示している。というものである。

しかし、ここで述べたように、倭国の事情が正確に伝わっているとは思えないので、使者の話を聞いた晋の役人が、邪馬台国を女王の都と思い、伊都国の倭王のことを、女王と別のところにいる強権の役人と理解しただけの可能性が強い。そう理解した晋の役人が、伊都国の倭王のことを刺史のようだと思ったのであろう。

刺史の役割について評価する前にコミュニケーションの信頼性を考えねばならない状況だったのである。

そして、コミュニケーション上の問題で、誤って中国側に伝わったのではないかと気になっている情報が他にもある。

卑弥呼の墓の大きさが径一〇〇歩とされる問題については、「径」と「周囲」とを取り違えたのではないかと第十三章で推理した。

さらに、卑弥呼が没したときに、奴婢百余人が殉葬されたという記述も誤って伝わった情報ではないかと疑われる。なぜなら『日本書紀』の垂仁天皇紀に殉死の記録はあるが、それ以前の時代に、倭人伝の記述のような多人数の殉葬が行われたという記録はなく、考古学的にも確認できていないからである。

## 二五．『魏志倭人伝』の方向と距離の謎

### ■張政の方向と距離

『魏志倭人伝』に記された邪馬台国までの行程記事については、各国にいたる方向と距離が記されているが、方向と距離のいずれにも大きな謎を含んでいる。

方向の謎とは、たとえば、末盧国から伊都国までの方向を、『魏志倭人伝』は東南と記していることである。末盧国と伊都国をどこにするかによって若干違いが出てくるが、東松浦半島先端の呼子を末盧国の一部として、ここから伊都国とされる前原市を望むと、現在の地図上ではこの方向はほぼ東であり、末盧国を通説の唐津市付近とすると東北東になって、これを東南とする『魏志倭人伝』の記述と大きく食い違う。

私は、このころの伊都国の中心を前原よりも東側の筑前山門付近と考えているが、方向の食い違いについての状況は変わらない。

『魏志倭人伝』は実際の方向に対して、反時計方向に数十度方向を誤っていることになる。

距離についても不可解な点がある。国と国の間の距離を示す単位の「里」の実際の長さである。魏の時代の一里の長さはおよそ434mであるが、千余里とされた対馬と壱岐、あるいは、壱岐と末盧国の実際の距離は100kmに満たない。すなわち、多くの研究者が指摘するように、『魏志倭人伝』の一里は100m以下にしかならないのである。

『魏志倭人伝』に「里」を単位として記録された北部九州までの経路情報は、帯方郡から卑弥呼の支援に来訪した軍事顧問の張政が記録したものである。したがって、一里を魏の尺度の434mではなく、100m弱で記したのも、方向を反時計方向に大きく変えて記録したのも張政である。

張政はなぜ当時魏で行われていた長さの尺度を無視したのであろうか。また、日の出・日の入りの方向から東西南北の方向を容易に知ることができるのに、なぜ正しい方位を無視して記録したのであろうか。

私はこの理由を、張政が、つぎに述べる蓋天説《がいてんせつ》を信奉し、それに基づく測量を行ったためと考えた。

## ■蓋天説《がいてんせつ》

蓋天説《がいてんせつ》とは、紀元前二世紀頃に成立した数学書『周髀算経《しゅうひさんけい》』に記された中国最古の宇宙構造についての考え方で、天と地の面が八万里の距離を隔てて平行に向き合っているというものである（次頁図）。そして、周の王城の北方十万三千里の北極を中心にして、天の面が回転することによって太陽などの天体が運行するとされる。

その後、前漢の時代には、宇宙を卵形構造で捕らえる渾天説《こんてんせつ》が成立したが、蓋天説《がいてんせつ》はその後も渾天説《こんてんせつ》と並行して長い期間行われていた。

たとえば、南北朝時代に道教の礎を作った寇謙之《こうけんし》に、仙人の成公興《せいこうこう》が周髀の計算を教える逸話がある（『北魏書』）。また、南北朝の梁の武帝（四六四～五四九）は、学者を集めて天体観測を行わせて蓋天説《がいてんせつ》を補強し渾天説《こんてんせつ》を斥けようとした記録が残っている。

蓋天説《がいてんせつ》では、「一寸千里の説」といって、太陽光による影の長さによって距離を知る次のような方法が行われていた。

周の王城で夏至の日の正午に、長さ八尺の棒の影の長さを測定すると、一尺六寸であった。そして、千里北と千里南の地点で同様の測定をすると、影の長さは一尺七寸と一尺五寸であったとされることから、影の長さの一寸の変化は千里に相当するというのである。

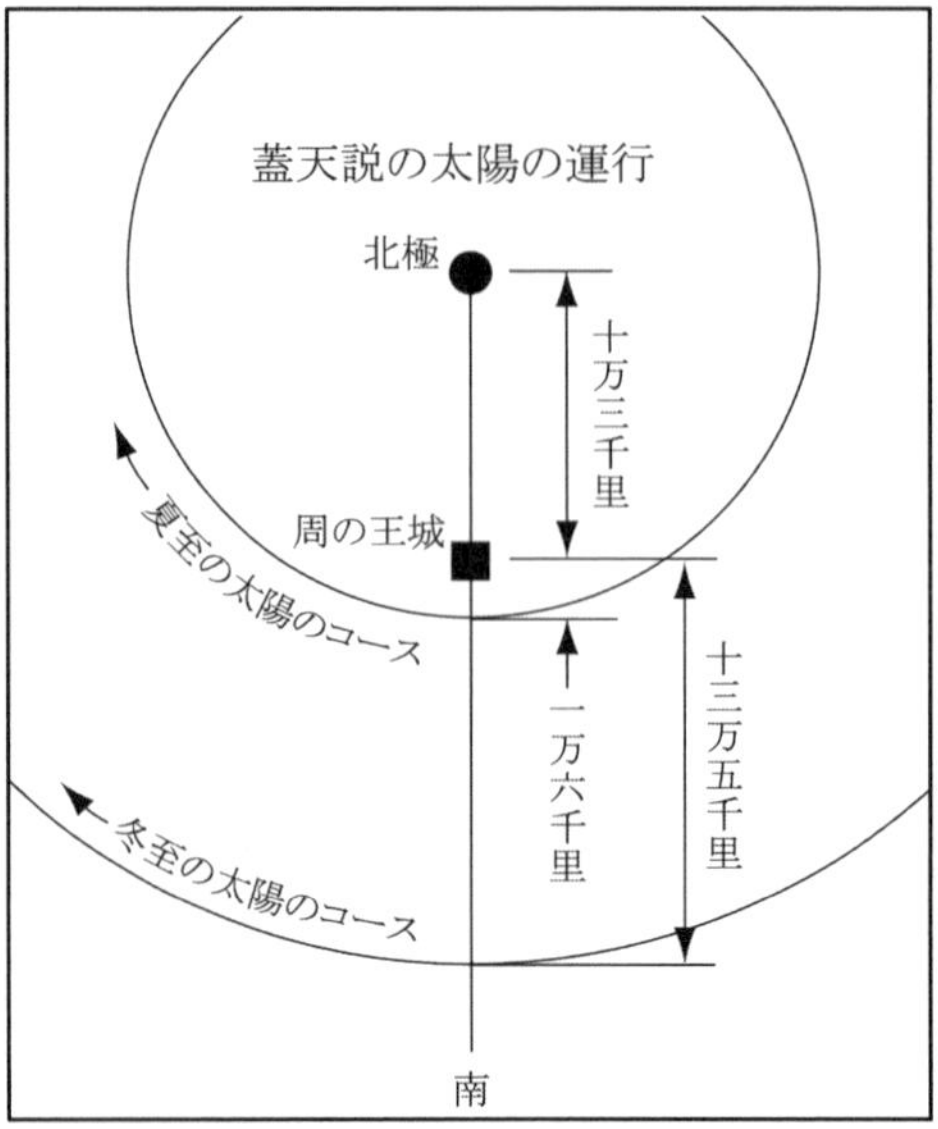


一寸千里という率は、中国人が天と地のサイズを測定する際の基本定数であった。五世紀中ごろに行われた実際の測定によって、一寸が千里に相当するというのは根拠のないことが分かってきたが、それまでは、この法則は広く信じられていたようである。

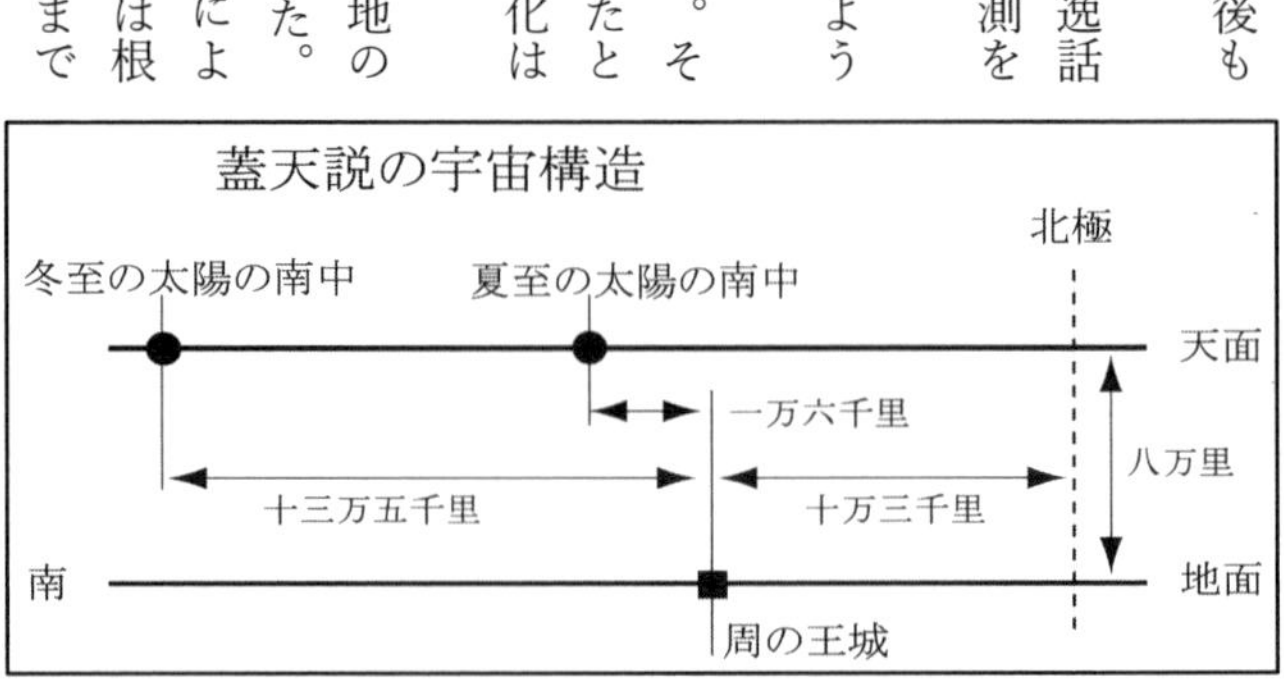


さて、帯方郡から卑弥呼のもとまで旅することになった張政の一行は、当然、航海術や天文学の知識を持っていたはずである。次のように、彼が「一寸千里の説」に従って実際の測量を行った形跡があるこ

とから、彼が習得していたのは、新しい渾天説《こんてんせつ》ではなく蓋天説《がいてんせつ》の知識であったと判断される。

## ■張政の一里

朝鮮半島南部や北部九州付近は、周の王城のあった鎬京《こうけい》（現在の西安）とほぼ同緯度の北緯三五度近辺の位置にある。ここで、八尺の棒を建てて夏至の南中時に影の長さを測定すると、ほぼ『周髀算経《しゅうひさんけい》』に記されるとおりの一尺六寸になる。

では、影の長さが一寸増減する距離を測定したらどうなるであろうか。

現在の我々は、北緯三五度付近で、夏至の日に八尺の棒の影の長さが一寸だけ増減する距離を計算で求めることができる。

計算の結果では、南北にわずか76kmほど移動すれば影の長さが一寸だけ増減するということが分かる（下図）。

当時の魏では一里＝434mなので、張政は千里＝434km移動すると影の長さが一寸変化すると予測したであろうが、実測の結果はそうならなかった。

張政は航海の途中で実測して、一寸に相当するのが約76kmであることを発見した。すなわち、千里に相当するのは約76kmであり、一里は76mほどの長さにしかならないことを知ったのである。

『魏志倭人伝』のなかで距離を記録するのに用いられた一里＝100m弱の謎の値は、張政が

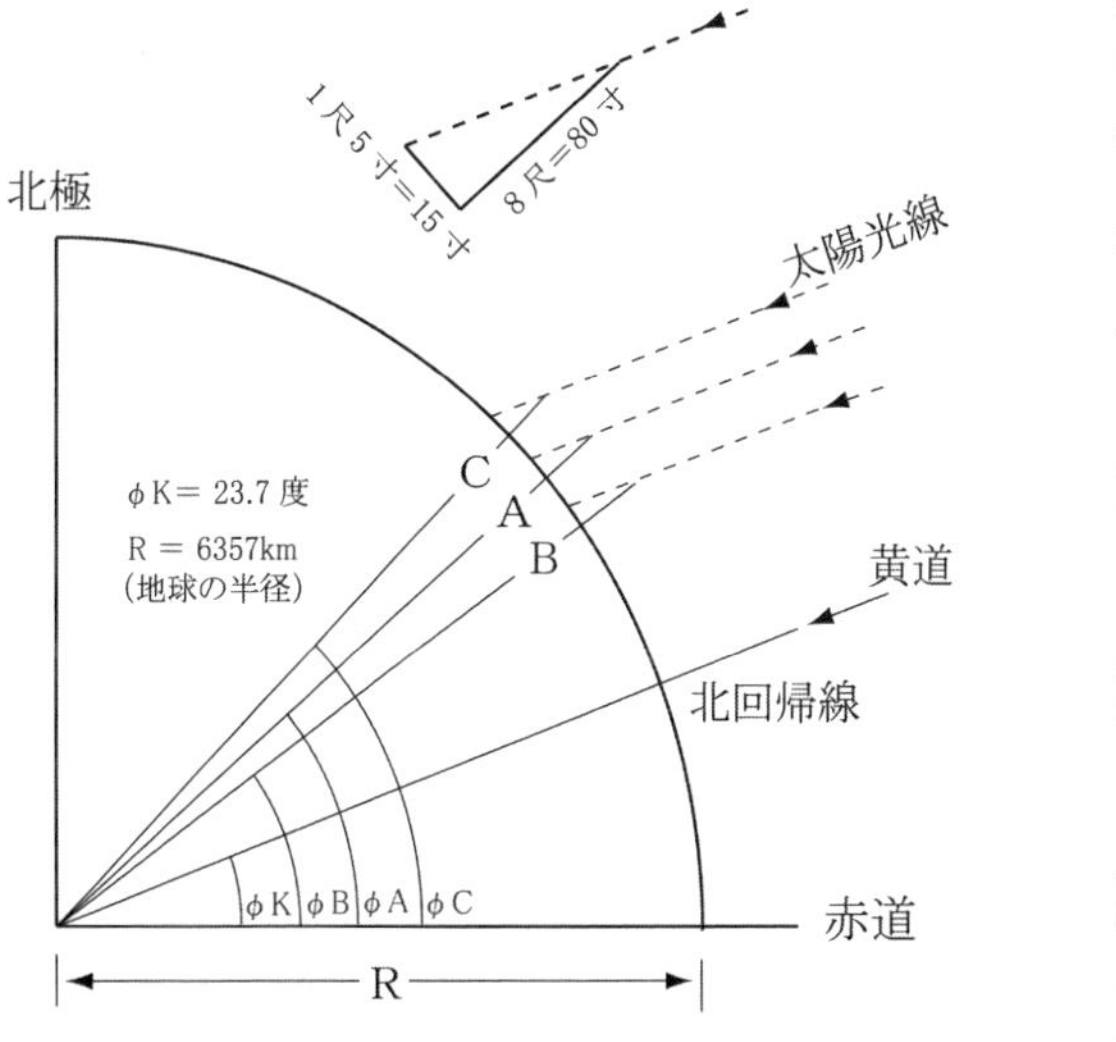


$\phi A - \phi K = \tan^{-1}\frac{16}{80} = 0.1974\text{rad} = 11.3^\circ$ （8尺の棒の影が1尺6寸）

$\phi B - \phi K = \tan^{-1}\frac{15}{80} = 0.1853\text{rad} = 10.6^\circ$ （8尺の棒の影が1尺5寸）

$\phi C - \phi K = \tan^{-1}\frac{17}{80} = 0.2094\text{rad} = 12.0^\circ$ （8尺の棒の影が1尺7寸）

$\phi A = 11.3^\circ + \phi K = 11.3^\circ + 23.7^\circ = 35.0^\circ$ （A地点は北緯35度）

$\overset{\frown}{AB} = R \cdot (\phi A - \phi B) = 6357\ (\text{km}) \times (0.1974 - 0.1853) = 76.9\ (\text{km})$

$\overset{\frown}{AC} = R \cdot (\phi C - \phi A) = 6357\ (\text{km}) \times (0.2094 - 0.1974) = 76.3\ (\text{km})$

すなわち 1000里＝約76km　1里＝約76m

このようにして得た数値と考えられるのである。

『魏志韓伝』の中に、「韓は帯方の南にあり。東西海をもって限りとなし、南、倭と接す。方四千里なるべし」という記述がある。朝鮮半島を一辺が三〇〇キロほどの矩形とみると、方四千里というのも、一里が75mほどに相当するので、張政が朝鮮半島の大きさをこの尺度で表現したことを示している。

また、この尺度が、張政の航海した帯方郡から朝鮮半島と倭国の地域のみで適用されていることも、これが張政一行の活動の結果であることを裏づけている。

## ■張政の方位

さて、つぎに方位の謎について考えてみよう。

北極星や、日の出・日の入りの方向を観測すれば、方位を容易に把握できるにもかかわらず、末盧国から見た伊都国の方向を、『魏志倭人伝』は東南と記し、方位を反時計方向に数十度も振った方向としたのは、張政にとってよほど強い理由があったはずである。これについて推理してみる。

蓋天説《がいてんせつ》を信じて一寸千里の法則によって距離を実測した張政は、一里が76mほどにしかならないことを発見して困惑したに違いない。当時の魏で行われていた一里＝434mと大きく異なる理由はなんなのか。

張政はこの理由について考えた末に、北の方向を蓋天説《がいてんせつ》の北極の方向に回転させるという結論に達した、と私は推理する。

つまり、張政は次のように考えたのであろう。

蓋天説《がいてんせつ》では宇宙の中心は周の王城鎬京《こうけい》の北に位置する北極であり、一寸千里の法則は北極と鎬京《こうけい》を結ぶ線上で成立していた。従って、鎬京《こうけい》以外の場所で、一寸千里の法則が成立するのは、やはり、測定地点と北極を結ぶ線上に違いない。

倭国は鎬京《こうけい》や洛陽からはるか東にあり、倭の地域から北極を望むとかなり西に傾いた方向になる。倭の地で、南北に七六キロ移動した時に八尺の棒の影が一寸変化したが、七六キロという距離は、倭と北極を結ぶ線上で四三四キロ移動したことに相当する南北方向の位置の変化と理解した。

このように考えたとき、北極の方向を計算によって求めると、北極は、真北から西の方向に八〇度ほど振れた方向にあることになり、ほとんど西に近い方向になる（下図）。

そして、張政は、従来の東西南北の方位を改めて、北極の方向を「北」と決めた新たな方位を導入した。『魏志倭人伝』に記された「北」の方向が、真北から反時計方向におおきくずれているのは、このような理由によるものと考えるのである。

さて、『魏志倭人伝』に記される九州までの行程で、朝鮮半島沿岸を南や東に向かったり、対馬海峡を南に航行したりするのは、方向の記述としてはそれほどおかしくはない。末盧国に到着以後の方向が狂っているように見える。

これは、張政一行が一寸千里の法則によって実際の測量を行い、一里の長さが短いのに気が付いたのが、対馬海峡を横断する時だったことを意味しているのではないだろうか。『魏志倭人伝』には、朝鮮半島から対馬、対馬から壱岐、壱岐から末盧国までの距離がいずれも千里と記されており、一寸千里の法則を当てはめるのにぴったりの距離として表現されているのは、この推理を裏づけているように見える。

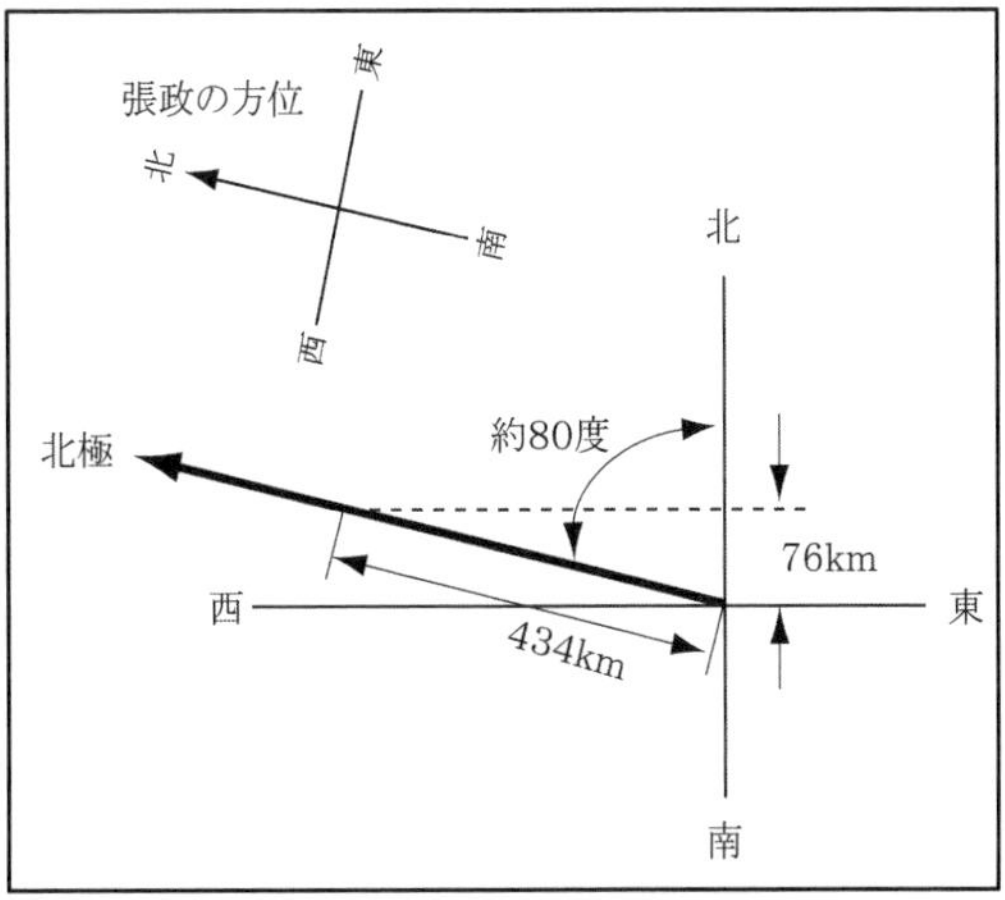


このころの強度の劣る船で半島と九州の間を航海するときは、強い風が吹いて海が荒れる季節を避けなければならなかった。冬の北西季節風は極めて強く、また台風の季節も避ける必要があったので、航海は五月から七月ごろの波が低い穏やかな季節が選ばれた。

このため、張政は、一寸千里の法則が適用できる夏至のころに、対馬・壱岐経由で海峡を渡ることになり、この法則に基づいた測量を行ったのであろう。

## ■『魏志倭人伝』の末盧国、伊都国、奴国、不弥国の位置

『魏志倭人伝』には、帯方郡を出発してから不弥国や奴国までの距離を、「里」を単位として記しているが、このデータの信憑性についてさまざまな議論がある。

しかしまず初めに考慮しておかなければならないのは、前章で触れたように、東夷伝は「四夷の変に備える」ことを目的の一つとして軍事的な活用を前提に編纂されているので、信頼できる情報を選りすぐって記録しているはずである。

このデータは前述のように張政が測定したものであり、張政には、つぎのように、この地域の地形や距離を測量する動機と能力があったと思えるので、信憑性は高いと考えられる。

張政は、『魏志倭人伝』に塞の曹掾史《そうえんし》と記されることから、もともとは国境守備の軍人である。軍人の張政にとっては、倭国での軍事作戦を展開するために、経由する国々の地形や距離を測量するのは当然のことであった。国と国との距離や方向、さらには対馬や壱岐の大きさまで測定されているのはこのためである。

また、張政の一行は測量技術を身につけていたはずである。それは、前述の『周髀算経《しゅうひさんけい》』は中国最古の数学書といわれ、「三平方の定理の証明」や「相似」などかなりのレベルの数学が解説されていて、張政は蓋天説《がいてんせつ》だけでなくこのような内容も理解していたであろう。このような数学的知識を活用すれば簡単な測量は十分可能であると思われるからである。

『魏志倭人伝』に記される末盧国、伊都国、奴国、不弥国の位置関係については第一四章で触れたが、ここで方向も含めてもう一度整理してみよう。

『魏志倭人伝』には、末盧国から伊都国へは東南に五〇〇里、伊都国から奴国

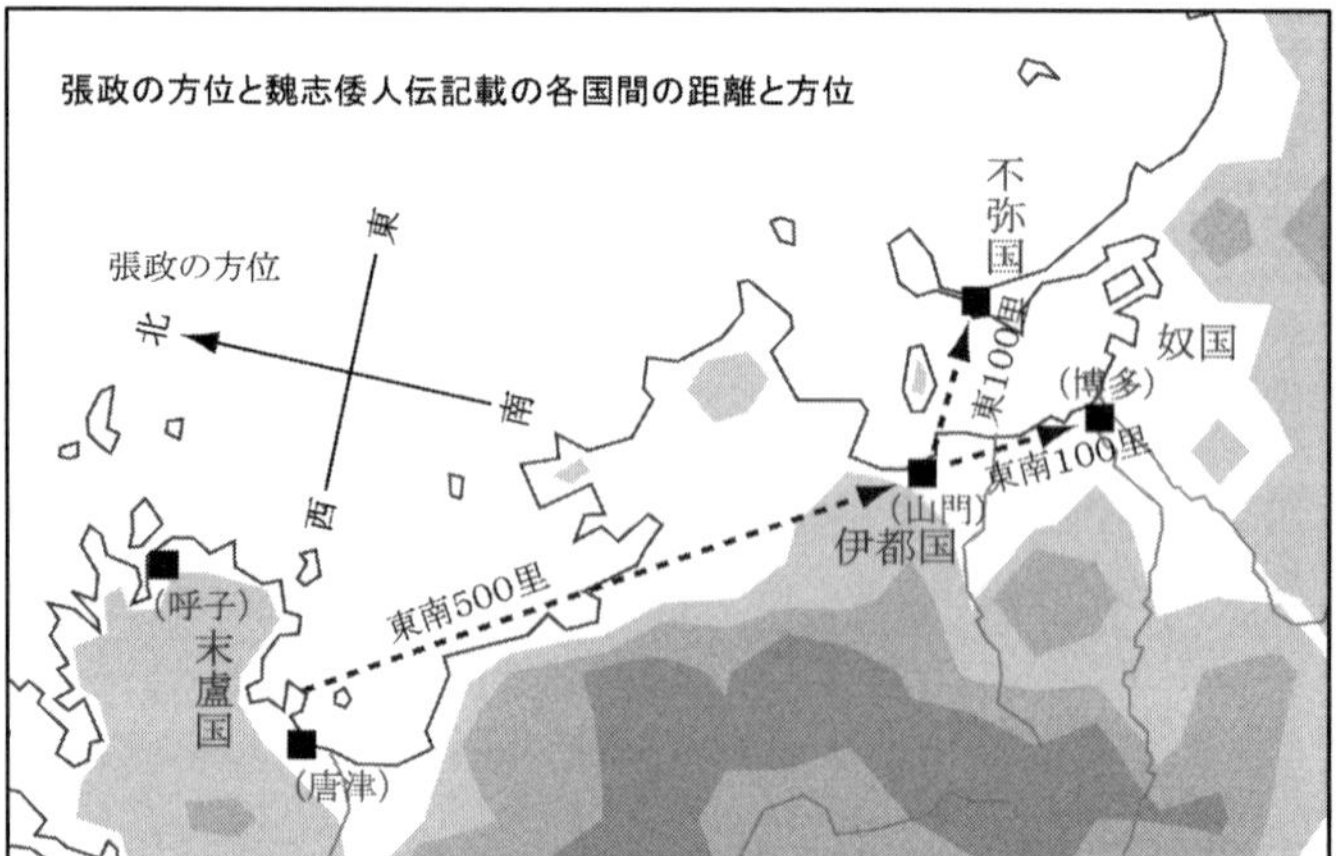

へは東南に一〇〇里、伊都国から不弥国までは東に一〇〇里と記されている。

現在の通説では、末盧国を唐津市、伊都国を前原市、奴国を春日市、不弥国を宇美町か穂波町に充てている。しかし、これでは、『魏志倭人伝』の記す各国間の方位や距離の関係がまったくおかしくなる。

これまで述べてきたように、伊都国の中心を筑前山門付近、奴国を宗像方面から粕屋町を含み博多地域まで海沿いに広がった地域と考え、不弥国を海の中道から志賀島の地域として、「張政の方位」を用いれば、方位も距離も『魏志倭人伝』の記述と良く整合することは明らかである（前頁図）。

こうすると、末盧国～伊都国間は、実測でほぼ三五キロ前後、伊都国～奴国間や伊都国～不弥国間は八キロほどになるので一里を約76mとする尺度とよく整合している。

## ■『魏志倭人伝』の投馬国と邪馬台国の位置

つぎに、投馬国と邪馬台国について考えてみよう。

前述のように、『魏志倭人伝』に記される投馬国とは、天忍穂耳命が統治した防府の「いづも」のことであり、邪馬台国とは宇佐の向野郷にあった「山戸」のことと推理した。そして、伊都国から先は放射式に読むべきであることも述べた。

そうすると、『魏志倭人伝』の記述は、筑前山門の伊都国から防府の投馬国へは南に水行で二〇日、筑前山門の伊都国から宇佐の邪馬台国へは、南の方向へ陸行なら一月、水行なら一〇日と述べていることになる。

しかし、どう見ても伊都国から宇佐や防府は南と言うよりは東の方向である（下図）。これを『魏志倭人伝』で南と記述したのは、なぜだろうか。

この理由は、蓋天説《がいてんせつ》に基づいて誤った方位で報告書を書いた張政が、誤った方位を倭国の人にも教え込んだためと思われる。

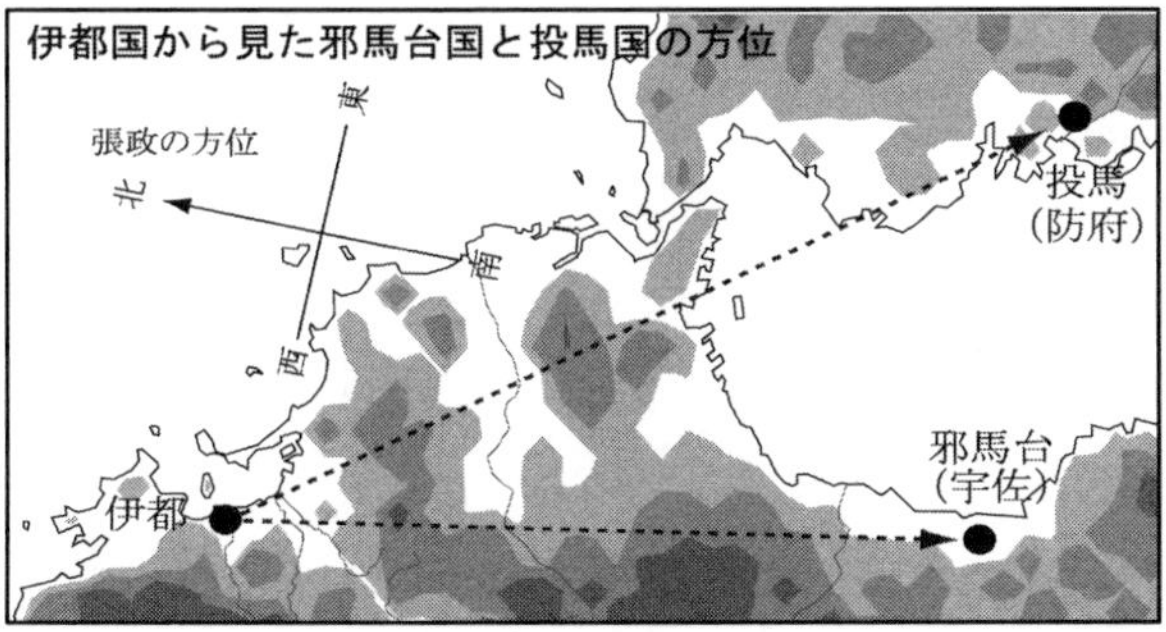

長崎県と佐賀県の北部の松浦地方に、誤った方位に基づいて命名されたと思われる地名がある。

かつて、唐津市は東松浦郡、伊万里市は西松浦郡、松浦市、佐世保市は北松浦郡に含まれていたことを考慮して、東松浦郡、西松浦郡、そして、北松浦郡の位置関係をみると、東西の関係が「張政の方位」と一致しているように見える（左図）。

また、郡名だけではなく北松浦半島と東松浦半島の位置関係も、ほぼ九〇度反時計方向に方位がずれているように見え、これも「張政の方位」と一致していると判断できる。

松浦郡には、延喜式の時代にすでに東西南北の四つの郡が現れている。松浦郡の郡名が延喜式以前の古い時代の地名であることと、「張政の方位」にほぼ合致していることから、これらの地名は張政が倭国の人に教えた誤った方位に基づいて命名されたと推理できるのである。倭国の人たちは、「張政の方位」を、中国で行われている新しい文化・知識として学び、松浦郡の地名に反映したのであろう。

二六六年に台与の使者が晋の都を訪れた時、使者は伊都国から見た投馬国や邪馬台国の方向を、この方位によって説明したと思われる。「張政の方位」が中国流の正式な方位と思っていたのであろう。防府の投馬国や宇佐の邪馬台国が伊都国の南と表現されたのは、このような理由によるものと思うのである。

## ■会稽・東冶の東

さてつぎに、邪馬台国や投馬国の位置に関連して、『魏志倭人伝』に、倭国が、会稽・東冶の東にあると記されていることについて考えてみよう。

倭国のはるか南方の会稽・東冶が倭国の説明文に登場する理由は、邪馬

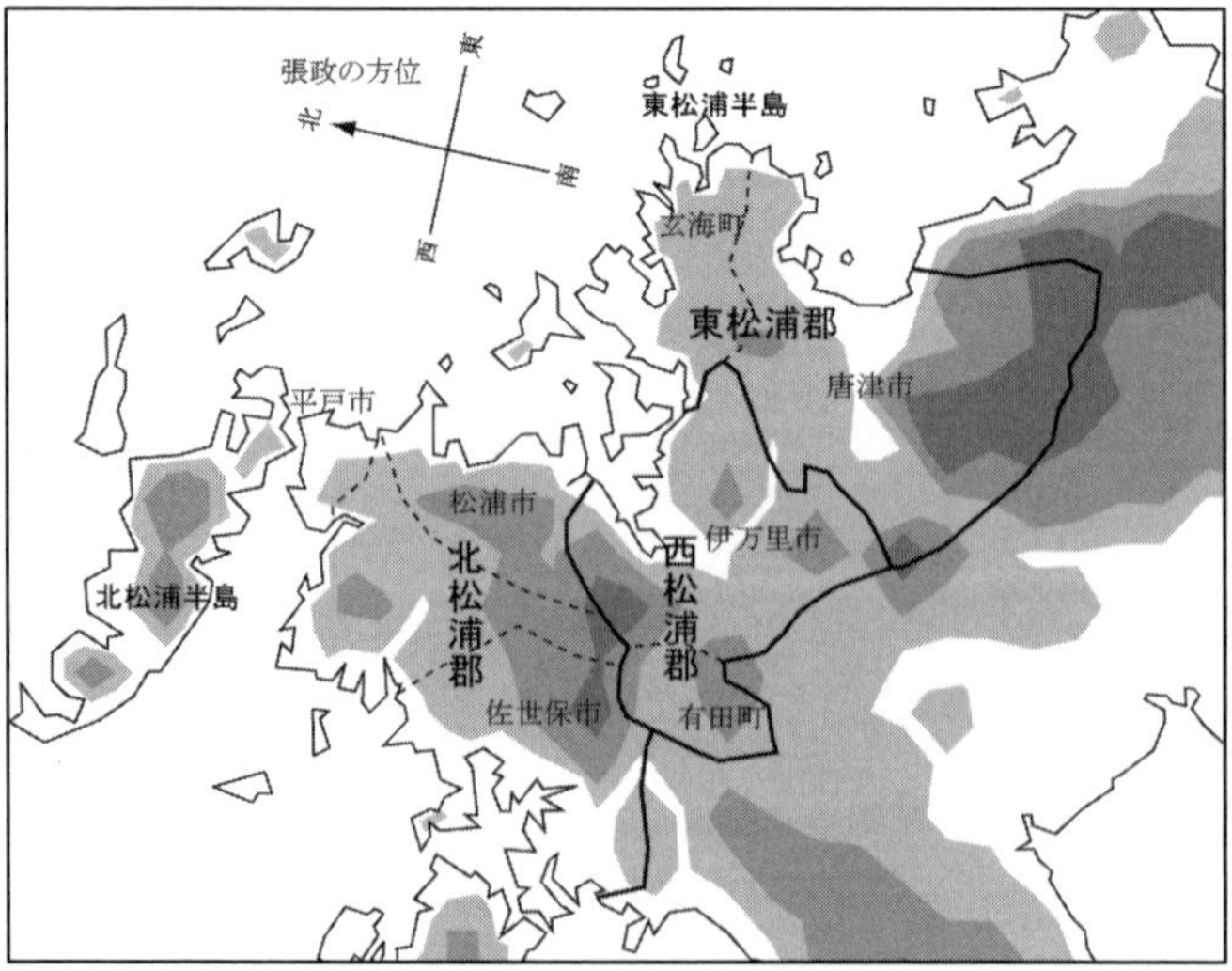

台国や投馬国について、前述の方向の誤認があったことと、台与の使者の話からは、実際に倭人が旅をする時の速度がわからず、水行一〇日や陸行一〇日など日数で示された距離が把握できなかったことによる誤解と思われる。

晋の役人、あるいは『魏志倭人伝』の編者陳寿は、倭人が「東」あるいは「東南」のことを「南」と表現していることに気が付かつかず、「南」は素直に「南」と解釈したであろう。

そして、晋の役人たちは、陸行や水行の際の倭人の速度を、交通路や航海技術が整備された中国での速度としてイメージしたのではないだろうか。

中国での陸行速度については、『後漢書』「南蛮伝」に永和三年（一三八）の大将軍従事中郎の李固駁《りこはく》の言として、「軍行は三十里を程と為す。」と記されることや、『魏志』「明帝紀」景初二年の条に、洛陽から遼東までの「道路は廻阻にして四千里」の軍行を、司馬懿は「往くに百日、還るに百日」とする記述などから、一日あたり三〇～四〇里、平均すると三五里程度が標準行程のように見える。

おそらく晋の役人は、伊都国から邪馬台国までの陸行一月を、三五里×二五日＝八七五里ほどの距離と解し、しかも、当時の一里＝434m で考えると 380km にもなる距離をイメージした。

また、水行については、少しのちの時代の『唐六典』などから推定すると、一日当りの通常の航行距離は六〇～七〇里、平均六五里ほどと考えられる。唐の一里は 560m なので、一日あたり約 36km ということになる。

台与の使者の情報に接した人物は、倭人の船も中国船と同じような速度で航海すると思ったのであろう。伊都国の位置から、このスピードで一〇日も南に進むと、陸行で一月進んだ時とほぼ同じ 360km ほどを行くことになり、それこそ、太平洋の真ん中の、北緯三〇度のラインまで到達する距離になると考えた（下図）。

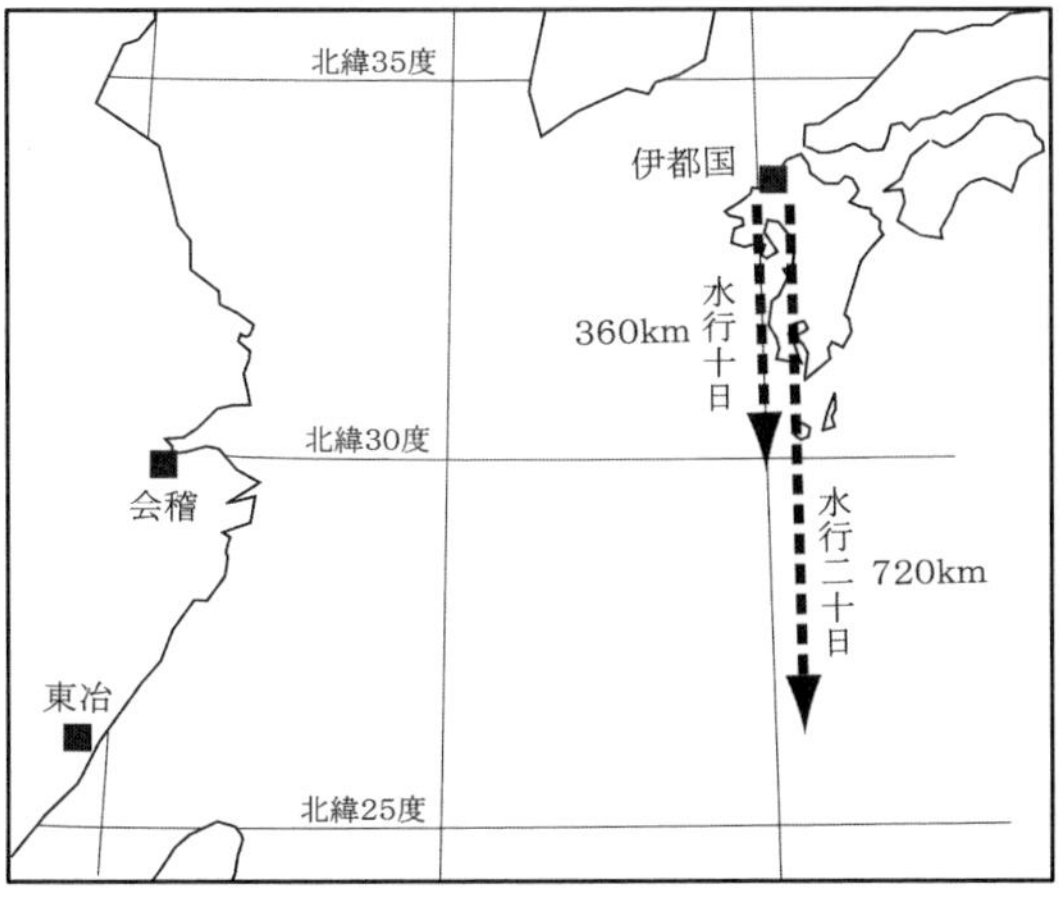

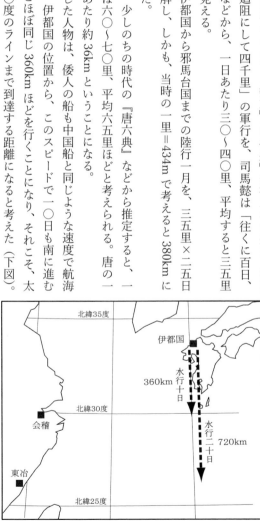

これは、中国大陸から見ると、北緯三〇度付近の会稽の東に当たると理解したのであろう。また、投馬国までの水行二〇日は七二〇キロを進むことになり、東治といわれた福建省福州とほぼ同じ緯度まで到達することになる。

『魏志倭人伝』に倭国が会稽・東冶の東にあたると記されたのは、このような経緯で生じた誤解によるものと思われるのである。

## ■倭人の航行速度

ところで、『魏志倭人伝』には、倭人は伊都国から水行一〇日で邪馬台国に、二〇日で投馬国に到着すると記されているのだから、当時の倭人の航行速度を明らかにし、一〇日、あるいは、二〇日の航海で、ほんとうに邪馬台国や投馬国に到着するのかどうか検討してみよう。

このころの倭人が舟で一日に進む距離についてはっきりした情報がない。これまでは、『唐六典』の記述から一日の航行距離は六〇～七〇里と推定されることや、九世紀ごろの日本の記録に、難波から博多までを三〇日で航海したと記されているのを根拠にして、こんなスピードで南に向かって航海したら邪馬台国が太平洋の真ん中になってしまうという議論をしてきた。

しかし、参考にしたこれらの記録は、文化の進んだ中国の文献であったり、五〇〇年以上も後の時代の帆走による航行速度を記したものなので、邪馬台国時代の手漕ぎの船の状況を正確に表しているとは言いがたい。

邪馬台国時代の航海速度を知る手がかりはないのだろうか。

『日本書紀』の神武東征の記事の中に、神武天皇が、日向を出発してから河内に至るまでの航海データが記されている。私はここに目を付けた。このなかに、当時の倭人の航海速度について参考にできる情報があると考えたのである。

神武東征の記述は、のちの時代に作られたという議論もあるが、そうであっても、のちの時代の人が神武天皇の時代の航行速度はこの程度と推定した内容が記述されていることを考慮すべきである。

東征記事で注目するのは、吉備の高島の宮を二月一一日に出発して河内国の草香（日下）村に一月後の三月一〇日に到着したという記述である。

この地域はかつて饒速日命が敵対する国津神勢力を一掃したところなので、大きな支障なしに航海ができたものと思われる。吉備の高島から難波まで沿岸を航行するとその距離は約一七〇キロである。すなわち、このころの瀬戸内海での一ヶ月の航行距離はおよそ一七〇キロであり、一日の航海距離は六キロほどということになる。

一ヶ月に一七〇キロとすると、これは難波から博多までの約五〇〇キロを三〇日で航海したとする九世紀の記録と比較すると、約1／3の速度にしかならない。

当時の航法では、一〇日や二〇日の航海では、決して太平洋の真ん中までは行けなかったのである。

### ■投馬国と邪馬台国への航海

筑前山門の伊都国の海岸から関門海峡を越えて防府にいたる沿岸航路はおよそ一六〇キロ、また、筑前山門から宇佐までは一五〇キロほどであり、吉備の高島から難波までの距離と大きくは違わないので、この間の航海は一ヶ月弱の期間を要したとしてもおかしくない。

ところが、宇佐（邪馬台国）まで一〇日、防府（投馬国）までは二〇日と、この予想よりかなり短い期間で目的地に到達している。そして、宇佐と防府は距離にしてわずか一〇キロほどしか違わないのに、所要日数が大きく異なっているのも不思議なことである。

これは、この地域特有の複雑で激しい潮流による現象と思われる。

鷲崎弘朋氏は著書『邪馬台国の位置と日本国家の起源』のなかで、この地域の潮流を詳しく分析し、博多湾から宇佐までの所用日数が約一〇日であり、防府までが

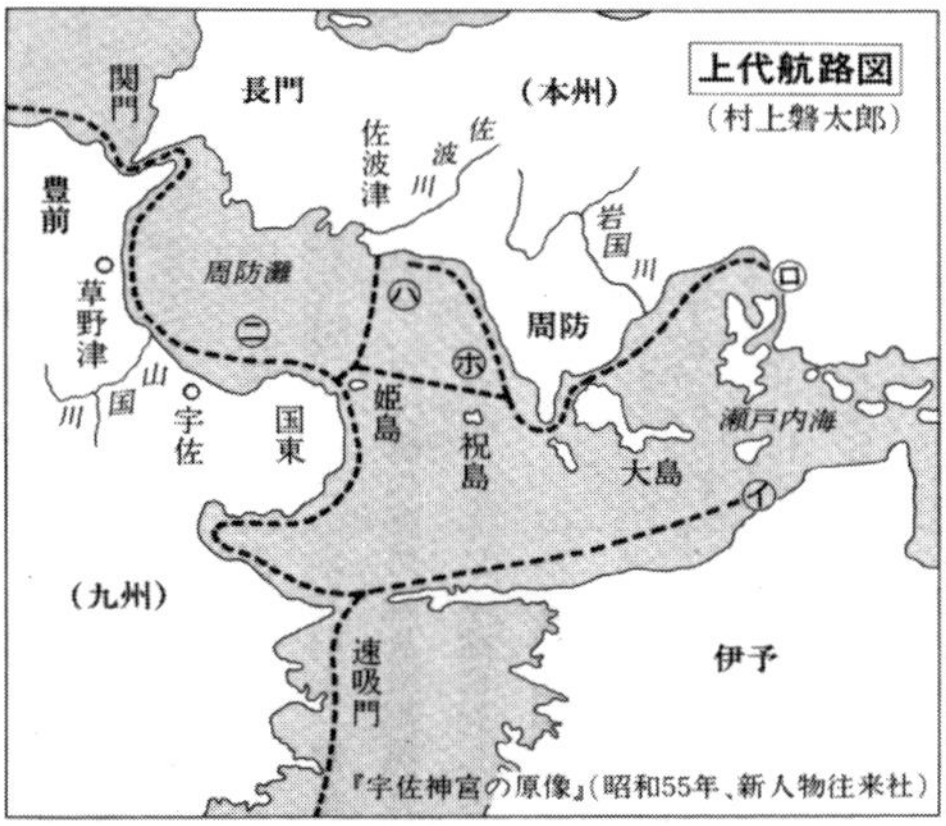

上代航路図
（村上磐太郎）
『宇佐神宮の原像』（昭和55年、新人物往来社）

約二〇日であることを検証しておられる。

鷲崎氏によると、周防灘地域の潮流の特徴は、満潮の時に豊後水道から関門海峡を通過して響灘へ向かう潮流と、干潮時に関門海峡から豊後水道へ抜ける潮流が大変強力なことである。とくに、干潮時に、長門、周防沿岸を通過する潮流が速く、豊後沿岸の四倍もの速度に達する。そのため、長門、周防の沿岸では、干潮時に逆転潮流が発生するという。

長門、周防の沿岸部では、満ち潮の時は関門海峡に流れ込むのと同じ方向の、西に流れる潮流があるが、引き潮の時に、沖合の強い潮流に引っ張られて、満潮時と同じ西向きの潮流や、沿岸から沖合に向かう強い流れが生じる。この現象は逆転潮流と呼ばれ、地元の漁師のあいだでは常識になっているそうである（下図）。

長門、周防沿岸を東に向かおうとすると、船の進行を妨げる潮流や、船を沖合に流そうとする潮流があって難しい航海になり、推力の弱い手漕ぎの船では、関門海峡から防府の方向へ進めない可能性がある。

そのため、昔の航路は、関門海峡から瀬戸内海を東に向かう時には、関門海峡を抜けたあと、長門方面には行かず、いったん豊前の沿岸を南に進み、国東半島の先端の姫島付近から周防の沿岸に向かったとされる（前頁図）。

長門、周防沿岸ほど潮流の激しくない豊前側では潮流の逆転現象は発生しない。

では、西に向かう時はどうしたのであろう。

東京文化財研究所の石村智氏は著書『よみがえる古代の港』の中で、万葉集掲載の次の歌から推理して、七六三年に派遣された遣新羅使が、瀬戸内海を西に航海する時に、周防の南岸の航路をとらず、周防から祝島、姫島経由で国東半島に至る航

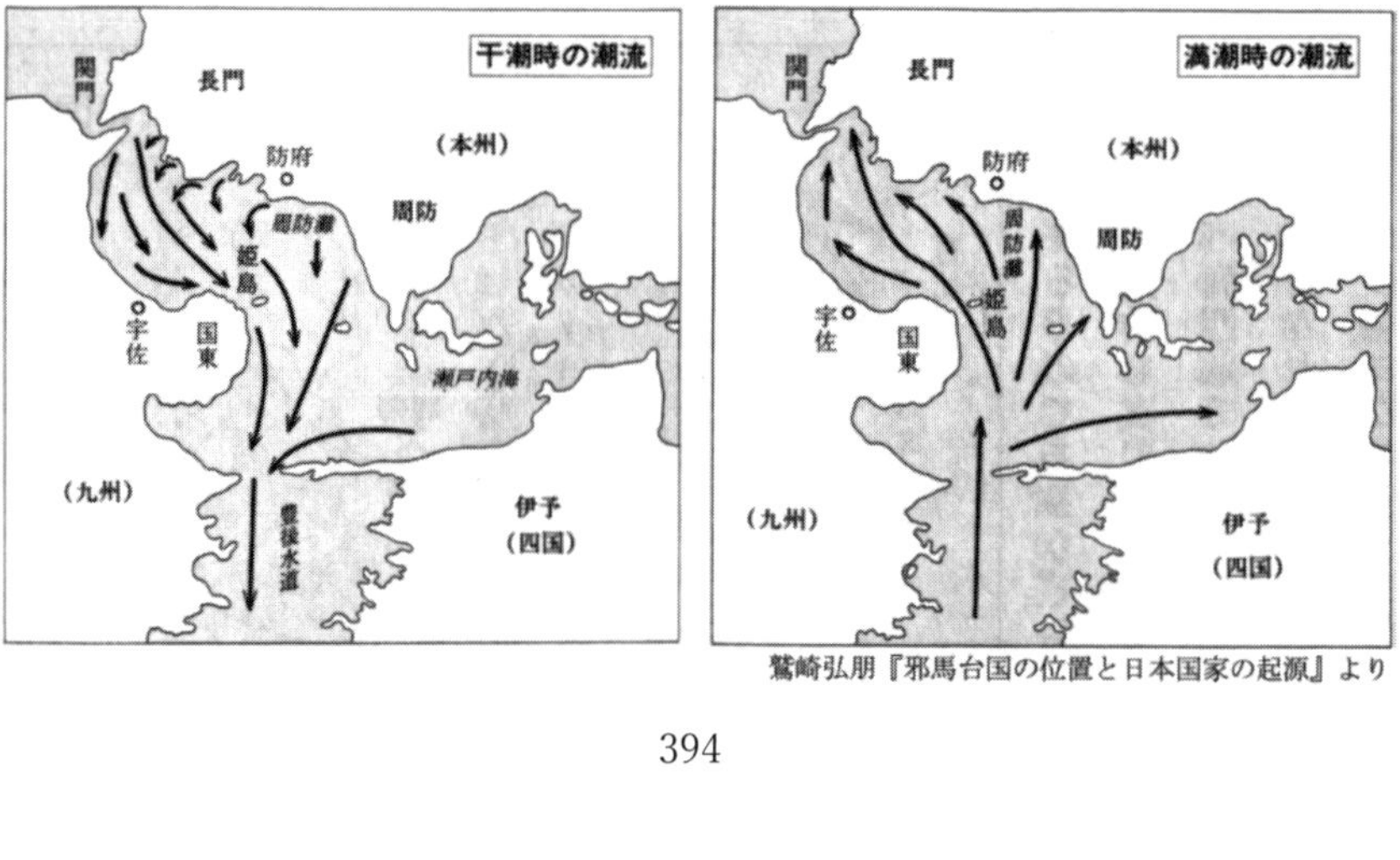


鷲崎弘朋『邪馬台国の位置と日本国家の起源』より

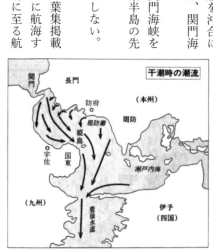

路で瀬戸内海を横断したとする。
遣新羅使が周防の麻里布浦に停泊した時に詠んだ歌。

家人は帰り早来と伊波比島斎ひ待つらむ旅ゆく我を（万葉集十五―三六三六）

草枕旅ゆく人を伊波比島幾代経るまで斎ひ来にけむ（万葉集十五―三六三七）

ここに祝島（伊波比島）が読み込まれている。佐婆津（防府）方面に行くなら上関《かみのせき》の海峡を通過して海岸沿いに進むことになるので祝島はルート上にない。麻里布浦で歌を詠んだ時、わざわざ祝島の名前を読み込んだのは、祝島が目指すルート上にあったからと考えるのが自然である（下図）。

つまり彼らは祝島、姫島経由で瀬戸内海を横断する予定だったとするのである。また、石村智氏は著書の中で、日本のシーカヤックの第一人者・内田正洋氏が、瀬戸内海は「世界で最も難しい海」であると、次のように述べていることを紹介している。

「瀬戸内海は、潮流が速く、かつ複雑に動くので、それを熟知していないとシーカヤックで横断するのは難しい。時に、自分の漕いでいるシーカヤックの真横に、自分が今まさに乗っている潮流とは、逆方向の潮流が流れているのを感じることがある。潮流に乗っている時、シーカヤックは、まるで川を下るかのようにスピードに乗って進むことができるが、反対方向の潮流に捕まると押し流されてしまう。そしてそうした逆方向の潮流が、ほんの数メートル離れたところで対向して流れていることがあるのが瀬戸内海なのだ。」

前述のように周防の南岸は瀬戸内でも屈指の潮流の激しいところなので、遣新羅使が行われた八世紀の時代でも、このような激しく複雑な潮流が洗う周防の南岸を舟で進むのは嫌われたのであろう。

邪馬台国や投馬国への旅は、このような複雑な潮流の周防灘を通過することになるのだが、伊都国から宇佐の邪馬台国ま

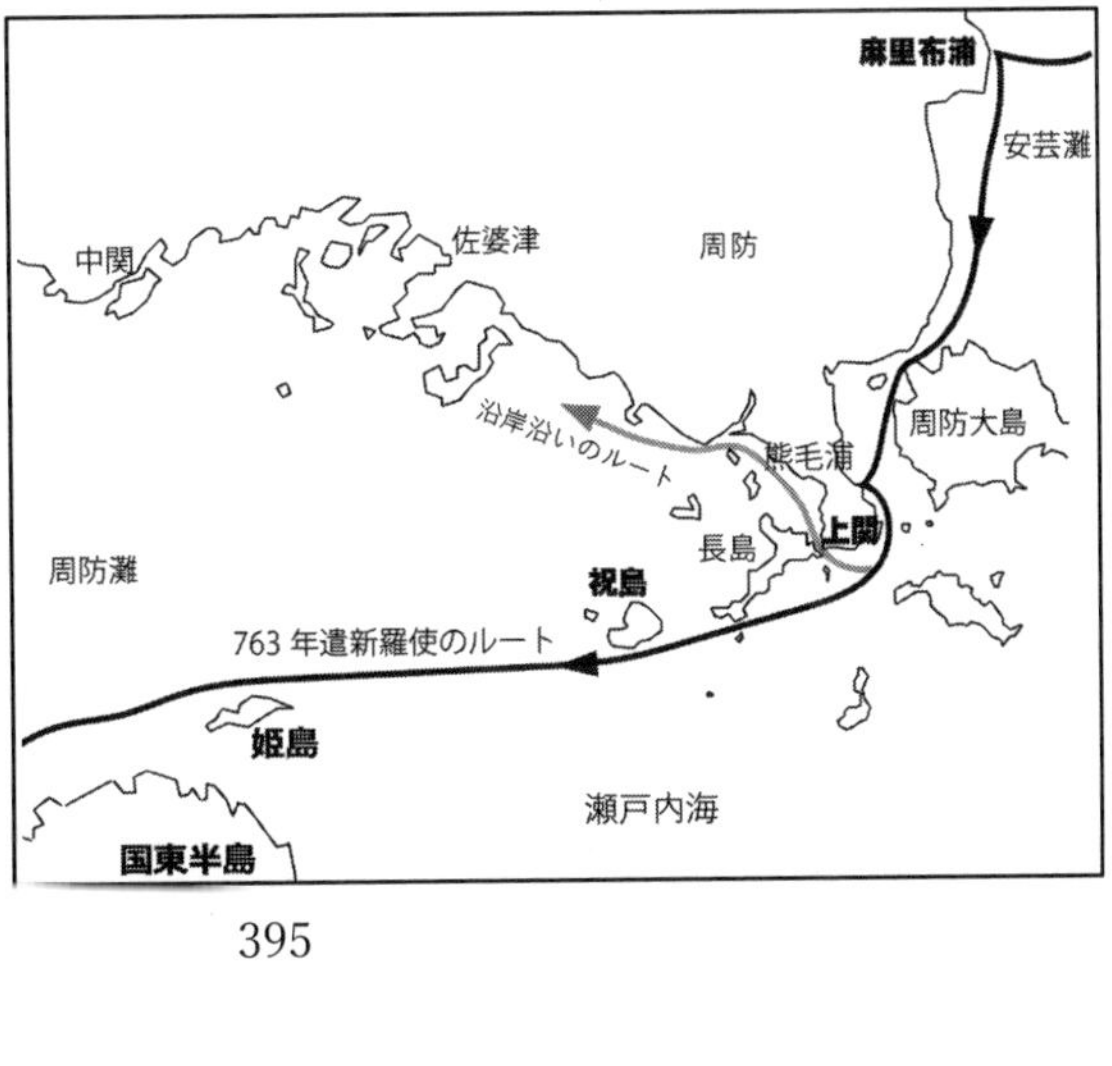

での約一五〇キロは、関門海峡から豊後水道へ流れる強い潮流をうまく利用してまさに「川を下るような」効率的な航海が可能なので、わずか一〇日ほどで目的地に到達できたのであろう。

問題になるのは投馬国への航路である。関門海峡を抜けるまでは潮流を効果的に活用できるが、そのあと、逆転潮流に逆らって周防、長門の沿岸を進むか、いったん豊前方面に南下してから瀬戸内海を横断して周防の海岸に向かうのか、航路を選択しなければならない。

いずれの航路を選んでも、関門海峡を抜けたあと、宇佐まで行く時間よりもはるかに長時間の航海を強いられることに変わりはない。シーカヤックの内田氏の経験談から推測すると、古代の手漕ぎの船で周防の南岸を航海するのはかなり難しそうなので、国東半島経由の航路を取った可能性が高いと思われる。これが、宇佐の邪馬台国まで一〇日で到達するのに、直線距離にしてわずか一〇キロほど長いだけの防府の投馬国まで二〇日もかかる理由と考えるのである。

## 二六．南九州へ

### ■邇邇芸命の息子たち

さて、長年の謎であった邪馬台国の所在地問題は、前章までの説明で回答が得られたと思うので、話を天津神の南九州進出に戻してみよう。

第二三章で、狗奴国制圧をめざす天津神の軍勢は、東西の海岸線に沿って進む部隊と中央突破軍の三つに分かれて南進したと思われることを述べた。

ここでは、南進する天津神のようすをさらに詳しく検討してみたい。

『古事記』によれば、邇邇芸命は木花之佐久夜毘売《このはなのさくやひめ》との間に三人の子供をもうけている（下図）。長男は火照命《ほでりのみこと》、次男は火須勢理命《ほすせりのみこと》、三男は火遠理命《ほおりのみこと》である。長男の火照命《ほでりのみこと》は海幸彦と

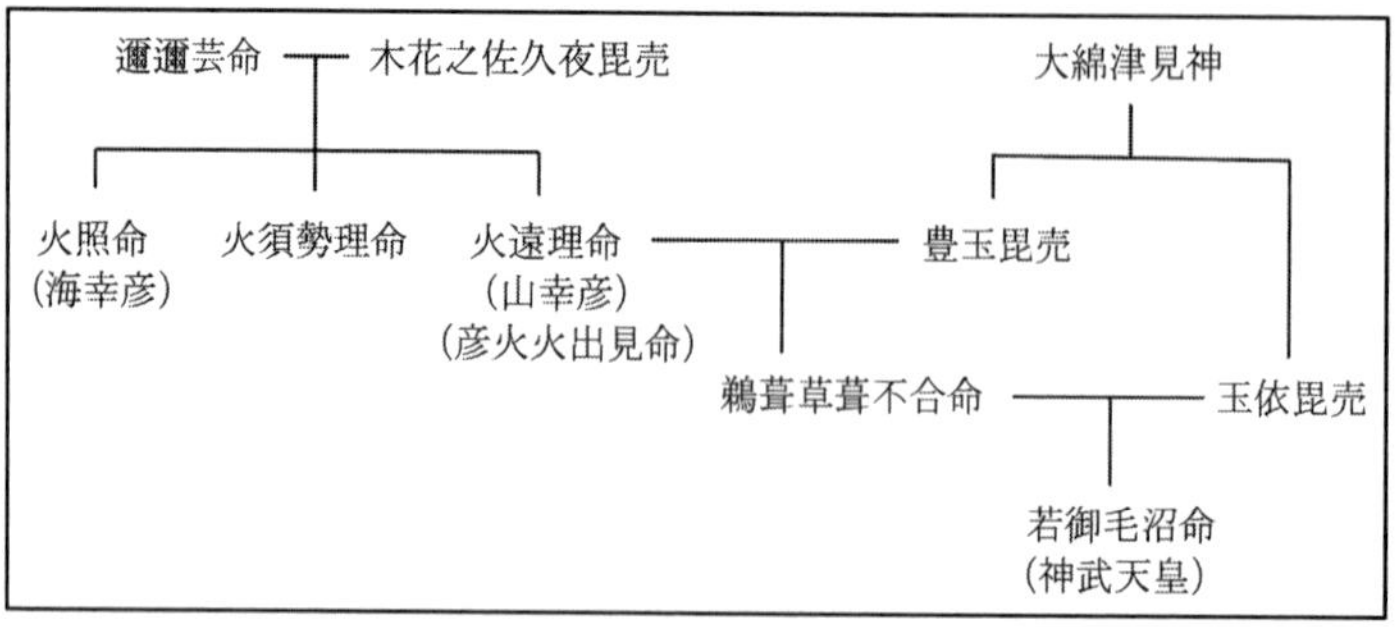

も呼ばれ、隼人の祖とされている。三男の火遠理命《ほおりのみこと》は山幸彦と呼ばれ、またの名を天津日高日子穂穂手見命《あまつひこひこほほでみのみこと》（彦火火出見命《ひこほほでみのみこと》）という。邇邇芸命の跡を継いだのは三男の火遠理命《ほおりのみこと》である。次男の火須勢理命《ほすせりのみこと》は、どういうわけか『古事記』にも『日本書紀』にもほとんど記録を残していない。

狗奴国攻略のために筑紫平野あるいは日田方面に進出した天津神の軍勢は、強敵狗奴国を打ち破ったが、おそらく、邇邇芸命自身が狗奴国や南九州方面に進出することはなかったと思われる。

それは、かつて伊邪那岐命が三貴子を筑紫平野に送り出したり、天忍穂耳命が弟や息子たちを山陰地方や瀬戸内海各地に送り出したりしたように、自分の領国を持った国王は、新しい国土の開拓を新しい世代にまかせるという伝統が天津神にあったように見えるからである。

すでに玄界灘沿岸や筑紫平野を自分の国として確保していた邇邇芸命は、この伝統通りに三人の息子たちを、新しい領土を切り開くために南九州に送り出したのではないだろうか。

第二四章で述べたように、『魏志倭人伝』に記された一大率が、伊都国に残って周辺に睨みを効かす邇邇芸命のことだと推理したこととも整合する。

## ■あらたな領地の統治

狗奴国を滅ぼしてからほどなくして、邇邇芸命は、邇邇芸命の代官として、腹心の有力者を日田に置き、この要衝の統治を行わせたと思われる。さらに、熊本平野から大分平野までの広大な地域の政務も行わせたかも知れない。

そう考えた根拠は、以前の章でも触れたが、日田市のダンワラ古墳出土の金銀錯嵌殊竜文鉄鏡《きんぎんさくがんしゅりゅうもんてっきょう》と、小迫辻原《おざこつじばる》の豪族居館の存在である。

王の持ち物として中国から邇邇芸命に贈られた豪華な鉄鏡が、日田の古墳から出土したことは、この鏡が邇邇芸命から有力者の手に渡り、その子孫によって古墳に副葬されたと考えられる。すなわち、邇邇芸命から宝鏡を賜った人物の子孫が何世代か日田の地で、任された領地を統治し繁栄していたことを意味する。

宝鏡を有力者に与えたのは、彼が紛れもなく邇邇芸命の勅命を受けた代官であることを示すためであろう。文字や文書が普及していなかったこの時代には、主従の関係や地位は、目に見えるシンボルによって示すしか方法はなかった。ことばだけで「私は天津神軍の将軍」などといわれても信じようがないのである。

ダンワラ古墳出土の豪華な鉄鏡は、一目で、王侯以外に持ち得ない宝物であることがわかる。これを所持する者が邇邇芸命の命を受けて、邇邇芸命の代理として政務を行っていることが了解できるのである。

小迫辻原《おざこつじばる》遺跡は、日田市北部の通称辻原《つじばる》の台地上にあり、大分自動車道の建設に先立ち、一九八五年から行われた発掘調査で、弥生時代から古墳時代にかけての住居跡や墳墓などが発掘された。なかでも、三基の環壕居館の遺構は、出土した土器から三世紀末から四世紀初頭のものと推定されており、日本最古の豪族居館跡であるとされる。

周囲を濠で囲まれた三基の居館は、それぞれ一辺が47m、37m、20mで、濠の内部には総柱建物が確認されている。

この館は日田の盆地を見下ろす台地の上にあって、周辺地域を統治する有力者の居館にふさわしいロケーションである。その時期からも天津神の軍勢が狗奴国を平定し、この地域が平穏になったのちに、代官となった有力者の子孫が腰を据えて政務に取り組む拠点と考えられるのである。

以前の章でも述べたが、日田は九州北部の交通の要所にあたり、大分や熊本への陸路だけでなく筑後川の舟運により佐賀・久留米方面とも通じていたため、江戸時代には西国筋郡代がおかれて、九州にある幕府領の中心地となって大いに発展した。九州の広い地域を統治するための日田の利点は、天津神たちが活躍した古い時代も同じである。彼らは広大な新しい領地を統治するために、日田を活用したのであろう。

### ■吉王丸、宮王丸、宮丸

邇邇芸命の三人の息子たちの去就を知る手がかりは、やはり地名である。

ここで注目するのは、南九州の「丸」付き地名のなかで、「王」や「宮」を含む地名である。前にも述べたように、「王」や「宮」を含む「丸」付き地名は天津神の王族が軍事進出の拠点とした軍事施設、あるいは、その後の地域統治の中心となった政庁のような場所と考えられる。

南九州にはこのような地名が三カ所ある。熊本県八代市千丁町吉王丸、宮崎県東諸県郡国富町大字宮王丸、宮崎県都城市宮丸町である（下図）。

南九州にこのような地名が兄弟の数と同じ三カ所存在するのは、狗奴国を攻略した邇邇芸命の三人の息子たちが、南下して拠点とした場所と推測されるのである。

このうち、都城市の宮丸は、三男の彦火火出見命《ひこほほでみのみこと》（火遠理命《ほおりのみこと》、山幸彦）の拠点と推定される。その理由は、伊都国が邇邇芸命の都であったように、また第三五章で述べるが、京都郡が隋の時代に俀国の都であったと思われることから、「都」のつく地名は、かつて、国王の都が置かれたところと考えられるので、都城は、邇邇芸命の跡を引き継いだ倭国王・彦火火出見命《ひこほほでみのみこと》が都を置いた場所と推定されるからである。

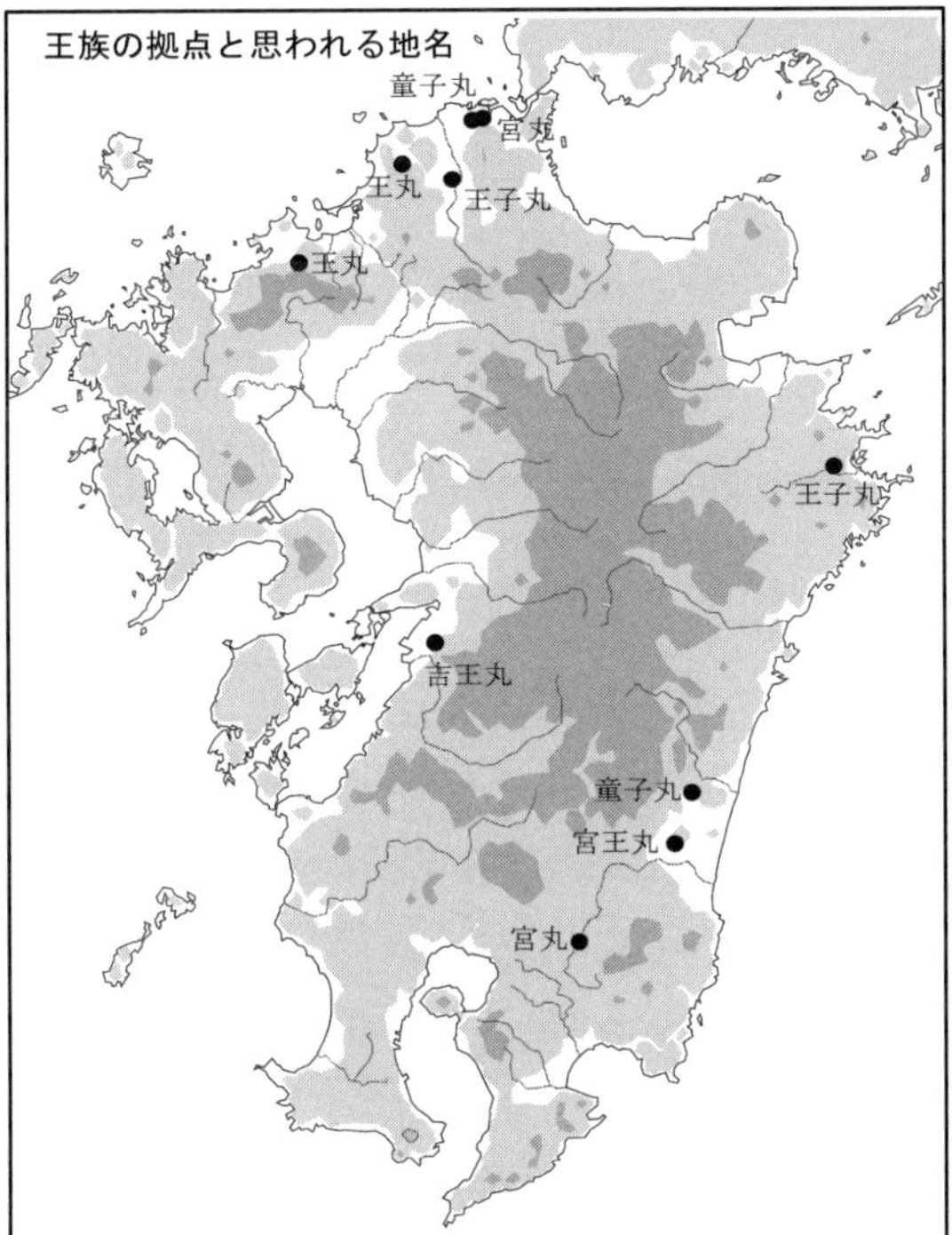


そして、もうひとつの理由は、この三つの地名を比べた時、吉王丸や宮王丸は「王」という文字を含んでいて宮丸よりも上位に見えるので、宮丸が最も年下の皇子にふさわしい名前にみえることである。

それでは、熊本県八代市の吉王丸と、宮崎県国富町の宮王丸はだれの拠点だったのであろうか。

吉王丸のある八代市の付近には多くの古墳があり、この地域の勢力がその後も継続して大きな力を維持したことが伺われる。宮王丸も、背後の本荘台地に数多くの古墳があって、この地域でも大きな勢力が継続して繁栄したと見られ、考古学的に見ると、どちらも王族の拠点にふさわしい場所である。

吉王丸と宮王丸の立地条件を比較して見よう。

吉王丸は、江戸時代から昭和にかけて盛んに干拓が行われたため、現在は海から少し離れているが、もともとは八代海に面した球磨川の河口付近にあった。吉王丸の人々は、八代海を基地として海を舞台に繁栄したことが想像される。

いっぽうの宮王丸は宮崎市から大淀川を十数キロさかのぼった場所で、海とはかなり離れている。

長男の火照命《ほでりのみこと》が海幸彦と呼ばれたことから推定すると、海に面した吉王丸が海幸彦の拠点にふさわしい。海幸彦は筑後山門から九州西岸の海岸地域や島嶼を攻略しながら南下し、八代付近まで進出してきた西海岸部隊のリーダーだったのであろう。

そうすると宮王丸の主は次男の火須勢理命《ほすせりのみこと》ということになる。火須勢理命《ほすせりのみこと》は、宇佐を出発して九州東岸を宮崎平野付近まで南下してきた東海岸軍のリーダーと考えられるのである。

宮崎県文化財保護審議会委員の日高正晴氏は、九州東岸の弥生時代末期の土器についてつぎのように述べている。

「大分県の国東半島から宮崎平野に至る東九州一円には、弥生時代終末期頃、櫛描波状文をもつ二重口縁土器が出土するので、その頃、豊後と日向中部以北を包括した豊日文化圏（東九州文化圏）が形成されていたことになり、その後、古墳時代および古代伝承などにおいても、相互の交流が存在したようである。（季刊邪馬台国九九号）」

土器の共通性から豊日文化圏とされた地域こそ、弥生時代終末期に火須勢理命《ほすせりのみこと》が宇佐から宮崎方面に進出し、天津神の領地として確保した領域である。国東半島から宮崎平野までが火須勢理命《ほすせりのみこと》の国となったことで、共通の土器を使うようになったと私は考えるのである。

ここで日高氏が、この領域を日向中部以北としていることに留意しておいて欲しい。のちに詳しく述べようと思うが、これは、宮崎平野の中でも大淀川の南には天津神が進出していない地域のあることと関係するからである。

## ■海幸・山幸伝承

ここでは『古事記』の海幸彦と山幸彦の伝承をヒントに、三男の山幸彦の行動について少々イメージをふくらましてみたいと思う。

この物語には、海幸彦と山幸彦が釣り針と弓矢を交換したこと、山幸彦が海神宮《わたつみのかみのみや》を訪れたこと、海神宮《わたつみのかみのみや》から戻った山幸彦が海幸彦をこらしめたことなどが描かれている。

手がかりは、このふたりが海幸彦と山幸彦と呼ばれたことと、海神宮《わたつみのかみのみや》に行く前に、山幸彦と海幸彦が同じ場所にいたことである。

海幸彦が九州の海岸地帯で活躍したことで海幸彦と呼ばれたとすると、山幸彦という名前は山間部を進軍してきたことによる命名ではないだろうか（右図）。

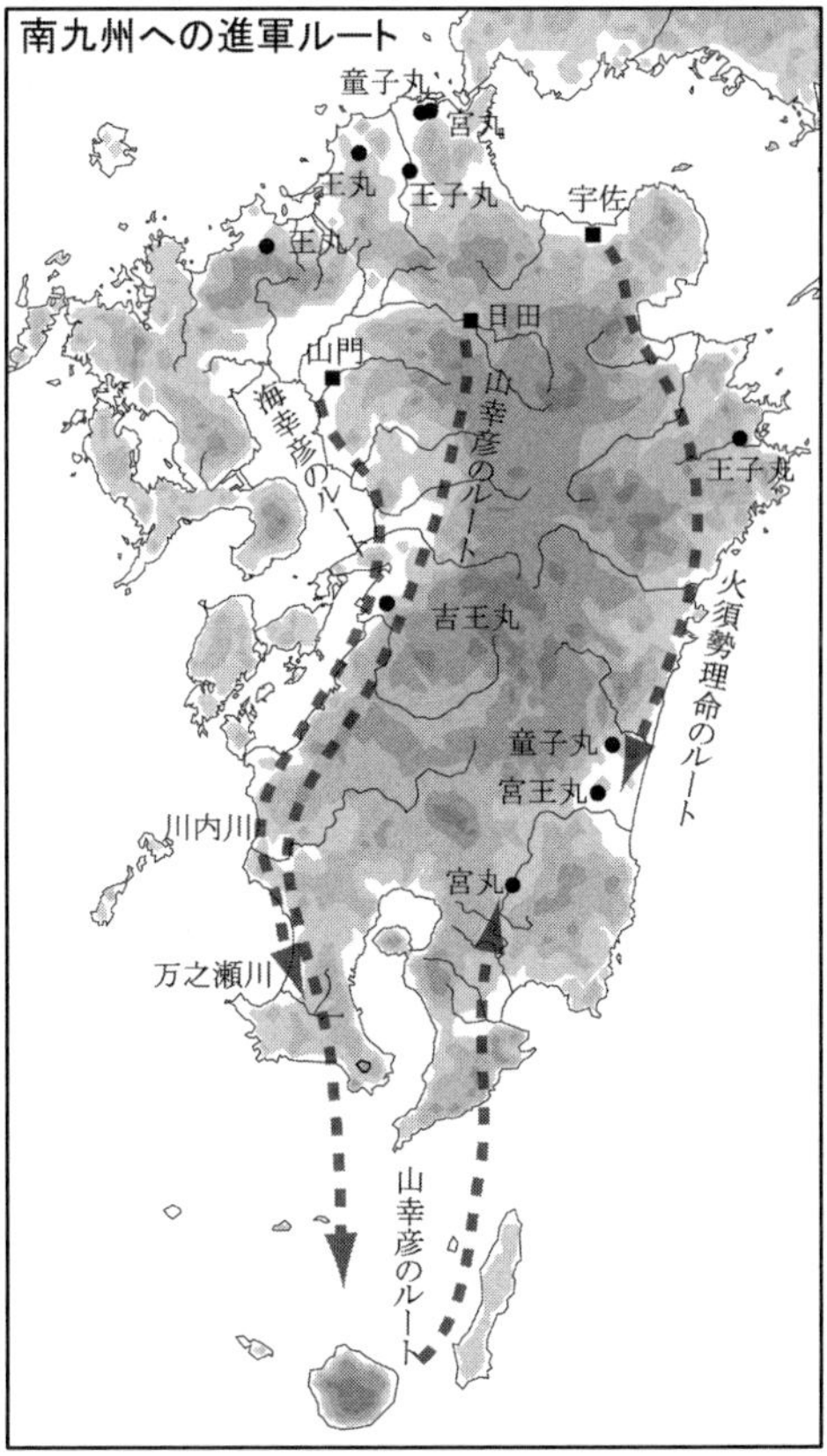


第二三章で日田が狗奴国攻略に重要な役割を果たしたことを述べたが、山幸彦は日田から山の中を行軍して熊本平野方面に攻め降りてきた中央突破軍を指揮したことによる呼称の可能性がありそうである。

海幸彦と山幸彦は、菊池川流域と熊本平野の狗奴国勢力を海側と山側から攻撃して撃破し、熊本平野の南部あたりで合流したと想像できるのである。

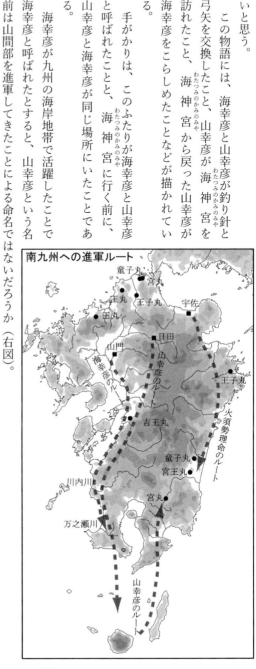

海幸・山幸伝承には潮位を自在に操る「潮満玉《しおみちのたま》」と「潮涸玉《しおひのたま》」が出てくるが、これは干満の差が大きい有明海や八代海で育まれた発想と思われ、伝承の舞台がこの地方であることをうかがわせる。

海幸彦、山幸彦の二人は、狗奴国を平らげた後、南進して八代から川内川方面を平定し、薩摩半島まで進出した。薩摩半島の万之瀬川流域の阿多隼人に、彼らの先祖を海幸彦とする伝承があることから、海幸彦が薩摩半島方面に勢力を伸ばしたことが分かる。

ところで、山陰地方に天忍穂耳命の兄弟たちが攻め込んだ時、長男の天忍穂耳命が山口県、次男の天菩比命が出雲、残りの兄弟三人は福井、金沢、富山の地域に根を下ろしたように、年上の兄弟から順に攻略した国土を自分の国にしていくのが天津神の流儀のようにみえる。

八代から薩摩半島までは、二人で攻略してきた地域であったが、天津神の流儀に従って、長男の海幸彦がこの地域を領地としたのであろう。

その結果、山幸彦は自分の国を得るためにさらに南西諸島方面へ進出して新しい国土を切り開くことになったと思われる。

## ■沖縄・奄美諸島

次のような情報は南西諸島に天津神の山幸彦が遠征したことを示しているように見える。

まず、二二章で述べたように、九州全域で普及していた「ハル・バル」地名が、沖縄はじめ南の島に広く分布していることである。

次に、屋久島に彦火火出見命《ひこほほでみのみこと》（山幸彦）を祀る式内社、益救《やく》神社があることである。

また、奄美大島の「アマミ」は「アマミコ」という神様の名前に由来するという伝承があるが、「アマミコ」は「天巫女」あるいは「天御子」を彷彿とさせ、天津神の王族あるいは巫女がアマミに来訪し統治した結果、のちの時代まで神として伝承されてきた可能性がある。

さらに、沖縄には「アマミキヨ」という女神がいて、天帝から稲をもらって稲作を始めた、あるいは、東方の聖地ニライカナイから稲作をもたらしたとする伝承がある。「アマ」という部分は天津神と関係するように見えるし、沖縄の稲作が、台湾など南の方向からではなく東方に起源を持つとする伝承は、弥生時代末から古墳時代始めの山幸彦の時代に、北東に位置する九州方面から伝わったと考えられるのではないか。

琉球国の正史・『中山世鑑《ちゅうざんせいかん》』（1650年成立）には、その冒頭で、琉球開闢《かいびゃく》に貢献した阿摩美久（アマミキヨ）を天神と呼び、次の世代を天孫氏と記している。天津神が渡来してきた伝承が語り伝えられてきたように見えるのである。

女神「アマミキヨ」は男神「シネリキヨ」と夫婦になって島づくりを進めたとされる。この話は、イザナギ、イザナミの国生み神話と酷似しており、女神と男神がペアで活動する天津神の伝統が沖縄にも持ち込まれている様に見える。九州から天津神が大挙して沖縄に押し寄せて、最新の農業技術で国土の開発を行った結果、開墾地を意味する「ハル・バル」地名が多数生まれて定着した。そして、多数の天津神の進出によって沖縄と九州は言語的に統一されたと推測される。この頃は沖縄でも天津神の言葉が用いられたであろう。

ところが次節で述べるように、沖縄を開拓した山幸彦は、程なくして九州に戻ってしまう。これ以降、沖縄と九州の交流が途絶え、それぞれが言語的に独自に発達し変化した結果、現在の日本語と沖縄方言の違いになったと理解できるのである。

第二二章で触れたように、沖縄方言と日本語の統計的な分析によって西暦三〇〇年ごろにこれらの言語が分離したとされるのは、山幸彦の帰還によって交流がなくなったこのような事情によるものであろう。

山幸彦が海神宮《わたつみのかみのみや》を訪れたとする『古事記』の伝承は、山幸彦が、屋久島や奄美など、南の島づたいに渡って沖縄方面まで遠征したことを反映した物語であると考えられるのである。

蛇足になるが、興味深い話がある。熊本地方に伝わる妖怪アマビエの話である。

アマビエは長髪でくちばしを持ち、体は鱗に覆われていて、豊作・凶作を予言したり疫病を回避するのにご利益があるとされている。新型コロナウイルスが蔓延した時にあちこちで取り上げられていた。

アマビエは正しくは「アマビコ」であるという。江戸時代に瓦版を作成する際に、瓦版の筆者がカタカナの「コ」を「エ」に写しまちがえてしまった。その証拠に他の文献では「尼彦」や「阿磨比古」と表記されているそうである。

妖怪研究家の湯本豪一氏によると、「アマビコ」を記述した史料は「アマビエ」を含めて七件あるそうである。いずれも海中からの出現、豊作や疫病の予言、その姿を写した絵による除災、三本以上の鰭ないし足による直立という外見などが共通しており、両者とも同種と考えて

いる。

このうち、肥後国（熊本県）に出現した例は四件、隣国の日向国（宮崎県）に「尼彦入道」が一件あり、越後国出現の史料も二件あるという。

熊本の海に出没したアマビエがアマビコすなわち天彦だったとすると、海幸彦などの天津神の皇子が海岸から熊本地方に進出した時の話が元になって生まれた妖怪伝説ではないだろうか。九州に多く出現するのもこの地域での天津神の活動と関連するように見える。

明治十四年十月二〇日号の東京曙新聞には、「天保年間西海（九州）の沖にて天つ神に仕えると名乗る天彦という怪物が出現した」とする興味深い記事が掲載されていたそうである。天彦と天津神を関連付ける伝承が残っていたのである。

アマビコが肥後の海に出現した時「六年間は豊作になるが、疫病も流行るので、自分の姿を書き写して広めよ。そうすれば、難を避けられる」と予言したそうである。

この予言は天津神の新たな領地になった肥後の人々を懐柔するための謳い文句のように見える。豊作と、疫病の回避を約束してもらえれば人々は新たなリーダーに従っても良いと思っただろう。

肥後に現れたアマビコは、奄美の語源となったアマミコとよく似た名前である。沖縄でのアマミキヨの伝承や、東のニライカナイから稲が伝わったという伝承を併せて考えると、これらは山幸彦たち天津神が九州を南下し、奄美経由で沖縄まで到達し稲作を広めたことの痕跡ではないかと思うのである。

## ■都城

山幸彦は、沖縄方面に進出したが、小さな島々ばかりで大きな領土を得ることができなかった。やがて、山幸彦は南の島から九州に戻り、兄弟の誰も手を付けていない大隅半島に進出した。そして、都城に宮丸の砦を築いて、ここで邇邇芸命の後を継いで倭国の王になったと思われる。

ここで、山幸彦が都城に進出した意味について考えてみたい。

宮崎平野から大隅半島にかけての「丸」付き地名や「ハル・バル」地名の分布を観察するとおもしろいことに気がつく。

まず、宮崎平野を流れる大淀川下流域の「丸」付き地名や「ハル・バル」地名の分布が、大淀川の北岸に集中していて、天津神が大淀川を越えて南側に進出するのに苦労したようすがうかがえることである。大淀川の北側に沿っていくつもの「丸」付き地名が連なるのは、大淀川の南側に強力な敵対勢力がいたことを示している（下図、P484図）。

また、曽於市から志布志市に至る大隅半島の付け根の地域にも天津神が進出できなかった地域が広がっている。志布志湾岸西側の大崎町や東串良町に益丸や大丸などの「丸」付き地名が集中し、「ハル・バル」地名はその西側にだけ分布していて、益丸などの砦の東側や湾岸平野を流れる菱田川流域には、ほとんど存在しない。この地域に天津神とは異なる勢力が存在しているように見えるのである。

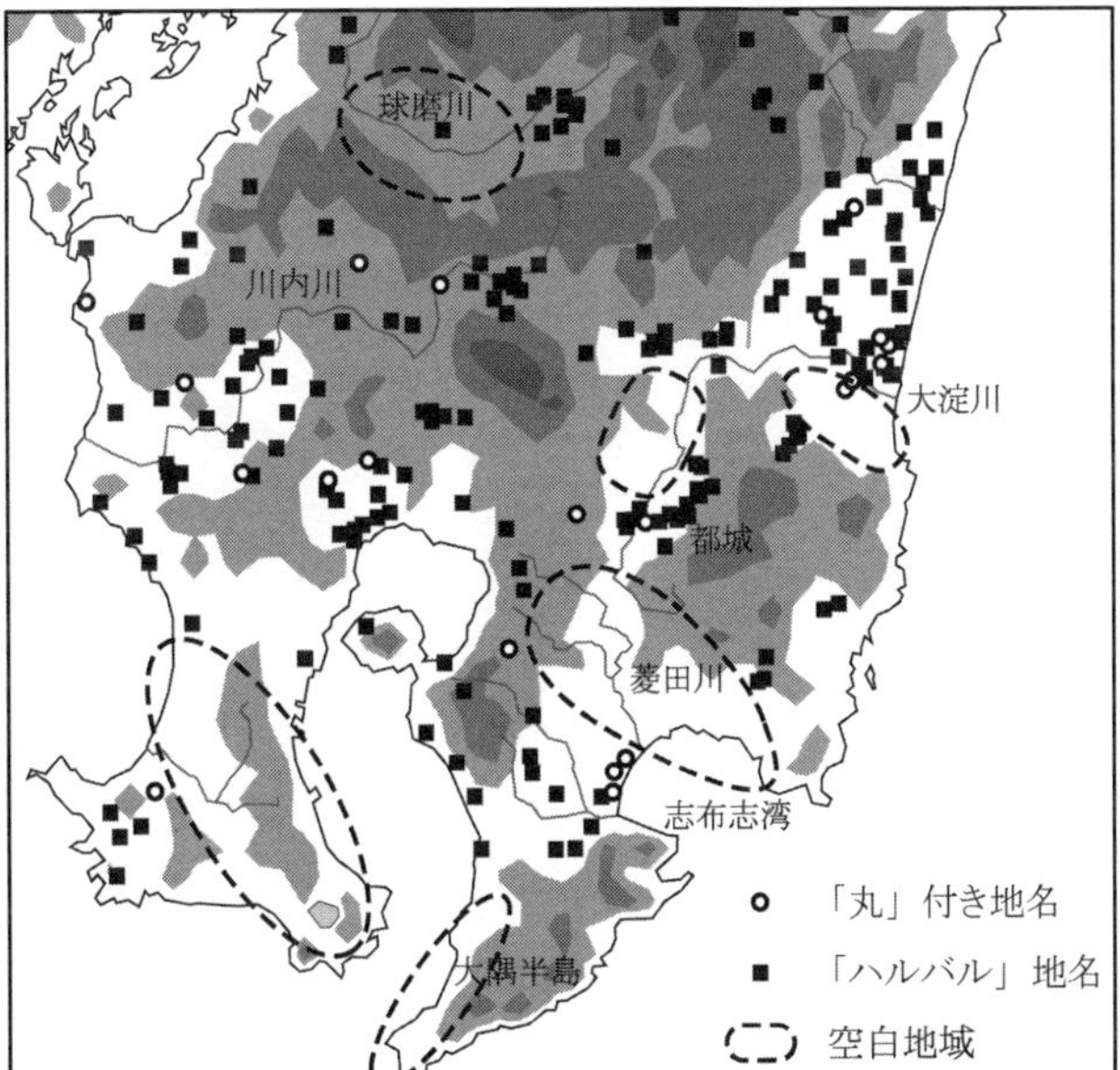


すなわち、大淀川より南、志布志湾に至る地域には、天津神とは別の先住民勢力が存在し、天津神の進出に対して抵抗していたと思われるのである。
都城は、ちょうどこの地域の中央に当たる。山幸彦は、南九州で最後まで天津神の手が及ばなかったこの地域に武力によって進出し、先住民を従わせたのであろう。
都城周辺の狭い地域に新たな開墾地を設けたほかは、すでに先住民が耕作していた土地を尊重し、新たな入植を行わなかったことが、この地域に「ハル・バル」地名が存在しない理由と思われるのである。天津神に抵抗したのは熊襲と呼ばれた先住民であり、彼らについては第三一章で詳しく述べようと思う。

■玉璧

さて少し話が変わるが、都城の三〇キロほど南の志布志湾に面した串間市で、江戸時代の一八一八年に玉璧が出土している。串間市の福島今町の百姓佐吉が王之山にある自分の畑の古墳を掘ったところ、石棺が出土し、その中に古玉や鉄器など三〇余品とともに穀璧（玉璧）があったという。この璧は国内最大のもので、欠損もなく文字通り完璧なものである（下図）。

璧は王侯の持ち物とされ、中国の王朝から倭国のしかるべき地位の人物に下賜されたものと思われる。

璧が九州南部の志布志湾で発見された背景についてはこれまで謎とされてきた。しかし、この地域が山幸彦のテリトリーだとすると謎解きの重要なヒントになる。

南の島々に遠征していた山幸彦は船団を停泊させる港が必要だった。大淀川の河口は次男の火須勢理命《ほすせりのみこと》がすでに領有していたので、山幸彦の水軍の基地として、また都城から外洋に出る玄関口として志布志湾が活用されたと推理できる。

王之山のある串間市には、室町時代に明への貿易船が出航した由緒ある港があり、この付近に山幸彦の港湾支配の拠点があったのではないだろうか。

璧が王侯の持ち物といわれることと、その出土地が王之山と呼ばれていたことを考えると、この璧は、この地域の王である山幸彦、あるいはその縁戚の王族の所持品のように思える。

邇邇芸命が日田の代官に宝鏡を預けて、権威の裏付けをしたのと同じことがこの地域で行われたのであろう。重要な港を管理する代官に任命された王族に、誰が見ても王とつながる宝物を預けて、代官が山幸彦の権威の元に、この地域や港の管理していることを明示したと思われるのである。

伝串間王ノ山出土の玉璧
（宮崎県串間市／財団法人前田育徳会所蔵）

## ■海幸彦と装飾古墳

海幸彦の九州南部への進出と関連してもう一つ考えてみたいことがある。

九州を中心に分布する装飾古墳との関係である。

装飾古墳は日本全国に約六百基があり、その半数以上の約三四〇基が九州にある。その中でも肥後（熊本県）に最も多く、全国で最多の一九〇基ほどが確認されている（下図）。

装飾古墳は、磐井の乱に敗れたあと石人石馬の製作が禁じられ、その代わりに古墳内部を装飾したというのが通説のようだが、東京国立博物館の河野一隆氏によると必ずしもそうでは無いようだ。河野氏は通説への反証として次のようなことを挙げている。

まず、磐井の息子・葛子の墓とされる福岡県粕屋町の鶴見塚古墳から石人が出土していることである。通説の言うように磐井の敗戦の後に石人の製作を禁止されたわけではない。

そして、熊本県山鹿市のチブサン古墳は、装飾古墳であるにもかかわらず石人を備えていることである。禁止された石人の代わりに古墳内部を装飾したとはいえない。つまり、通説は正解ではなさそうである。

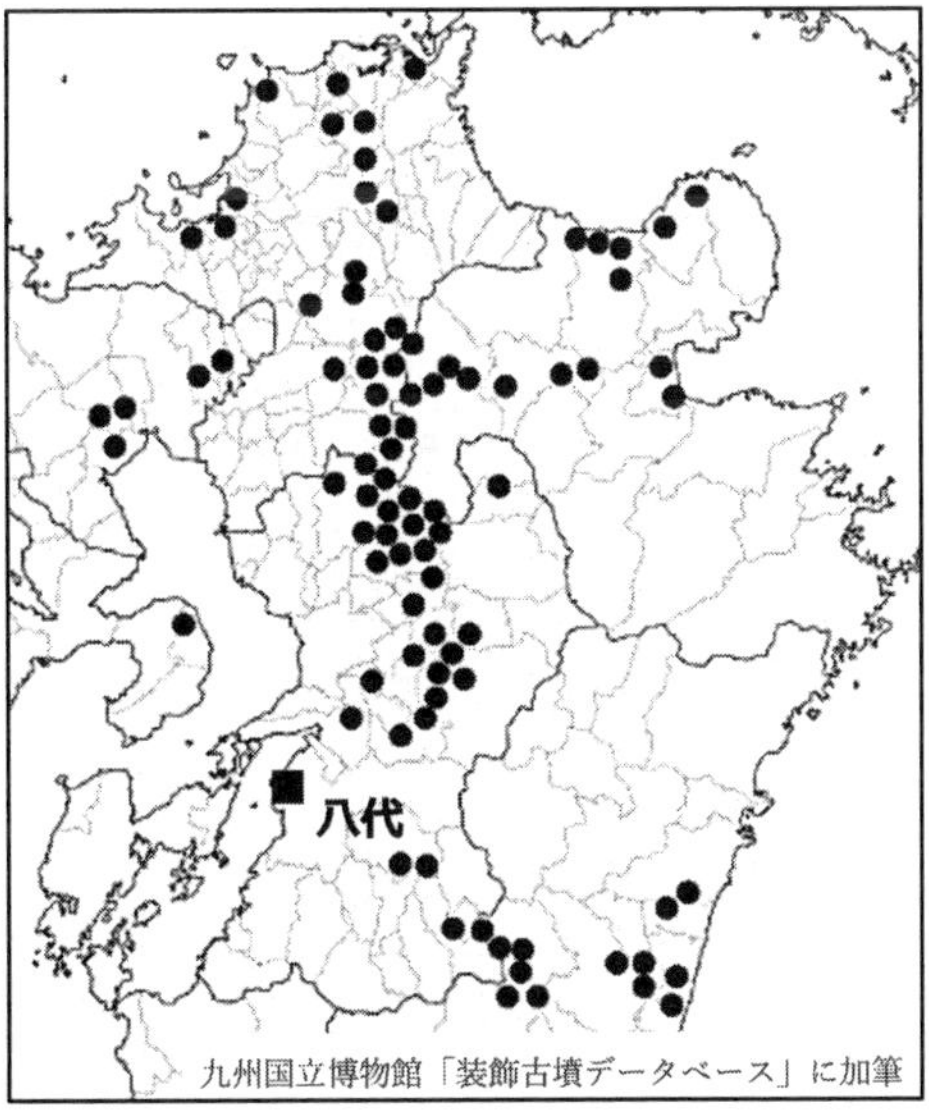

九州国立博物館「装飾古墳データベース」に加筆

装飾古墳についてはその起源や装飾の意味など、まだ不明なところはあるが、最近の研究で次第に解明されつつある。

私が注目するのは熊本県の考古学者・高木正文氏の研究である。

高木氏によると、「装飾古墳の初源地は肥後南部の八代市で、横穴式石室の石障《せきしょう》や箱式石棺の内壁に鏡とみられる円文を彫刻したもので、円文以外に弓・靭・短甲・直刀などもあり、五世紀前半に位置づけられる。

その後、装飾古墳は天草や宇土半島へと分布域を広げ、五世紀後半にはさらに北上して熊本市の北部まで広がりをみせる。

それまでは彫刻文に赤の彩色のみであったのが、この段階で青や黄の彩色も加わり華麗な装飾になる。六世紀に入ると、肥後北部の玉名市や山鹿市付近にも装飾古墳が出現する。横穴式石室の奥に設けられた石屋形を中心に装飾が施され、装飾も線刻文を彩色したものや彩色のみで描いたものへと変化する。

肥後で発展した装飾古墳は，肥後独特の石室構造と共に九州北部地域へと広まり、六世紀中頃には新たに大陸の思想の影響を受けた装飾文も付加されるようである。さらに九州の装飾古墳が日本列島各地の装飾古墳造営に影響を与えたものと考える。」（高木正文『肥後における装飾古墳の展開』国立歴史民俗博物館研究報告 1999）

装飾古墳の起源とされる八代は、海幸彦の本拠と推理した吉王丸が所在し、大塚古墳をはじめ多くの古墳が存在する。つまり、装飾古墳を始めたのは、八代で栄えた海幸彦の子孫である可能性が高いのである。

宇土半島には船の装飾（線刻）を施した古墳が多く、これらは海に関係する人物の墓と推定されている。やはり海に関係するネーミングの海幸彦との関連を裏付けているように見える。

五世紀前半に八代地域で始まった装飾古墳が九州北部にまで広がった六世紀中頃は、九州北部で筑紫の磐井が継体天皇に反抗して磐井の乱（五二七）を引き起こした時期である。

つまり、磐井は装飾古墳の文化とともに勃興してきた海幸彦の子孫と考えられ、拠点であった吉王丸から北進して勢力を拡大する状況は、装飾古墳の展開の経緯から知ることができる。継体天皇勢力が北部九州に侵攻し、新羅を撃とうとした時に、磐井は、新羅と近い関係の九州の天津神の総帥としてこれに反旗を翻したのであろう。磐井についてはのちの章でも触れる。

なお、装飾古墳は八代から宮崎方向へ拡散の傾向も見える（前頁図）。これはなぜだろう。

一つ考えられる理由は、第三三章で触れるが、五世紀前半ごろ、西都原に男狭穂塚・女狭穂塚の巨大な古墳が突然姿を現し、このころ河内や吉備など各地に巨大古墳を築造した大和の勢力が、この地域にも進出してきたように見えることである。

宮崎地域の装飾古墳は、大和勢力に対抗するために、八代の天津神勢力が軍勢を送り込んだ痕跡ではないだろうか。

## 二七．四国から紀伊へ

### ■四国の「丸」付き地名

北部九州を起点として、山陰、北陸、瀬戸内、近畿、南九州、沖縄と、日本列島各地へ進出していった天津神勢力だが、最後まで残っていたのが、四国の太平洋沿岸地域である。高知県の東半分には扁平鈕式や近畿式の銅鐸が分布していることから、この地域がかつては大国主命の影響下にあり、その後は、東から大物主神に率いられた国津神が進出していたことがわかる。

天津神の軍勢は、これに対抗するように四国南部を西から東に向かって進んでいった形跡がある。詳しく見てみよう。

ここでも、まず、地名に着目する。天津神軍の砦の跡と考えた「丸」付き地名が四国にも多数確認できる。とくに、太平洋岸の高知県と東側の徳島県に集中している（下図）。

興味あることに、「丸」付き地名は、吉野川下流地域からその先の淡路島を経て、紀伊半島の紀の川河口地域に続いている。これをつなげてみると、九州から豊後水道を越えて四国に侵入した天津神軍が、愛媛県南部から高知県を通過し、徳島県に入って吉野川下流の平野部をおさえ、淡路島を経由して紀伊半島まで攻め込んだ一連の動きのように見えてくるのである。

彼らはおそらく紀の川から奈良盆地に侵入したものと思うのである。

そう考えた理由は、まず、紀の川流域に打倒すべき国津神が進出していた痕跡があることである。

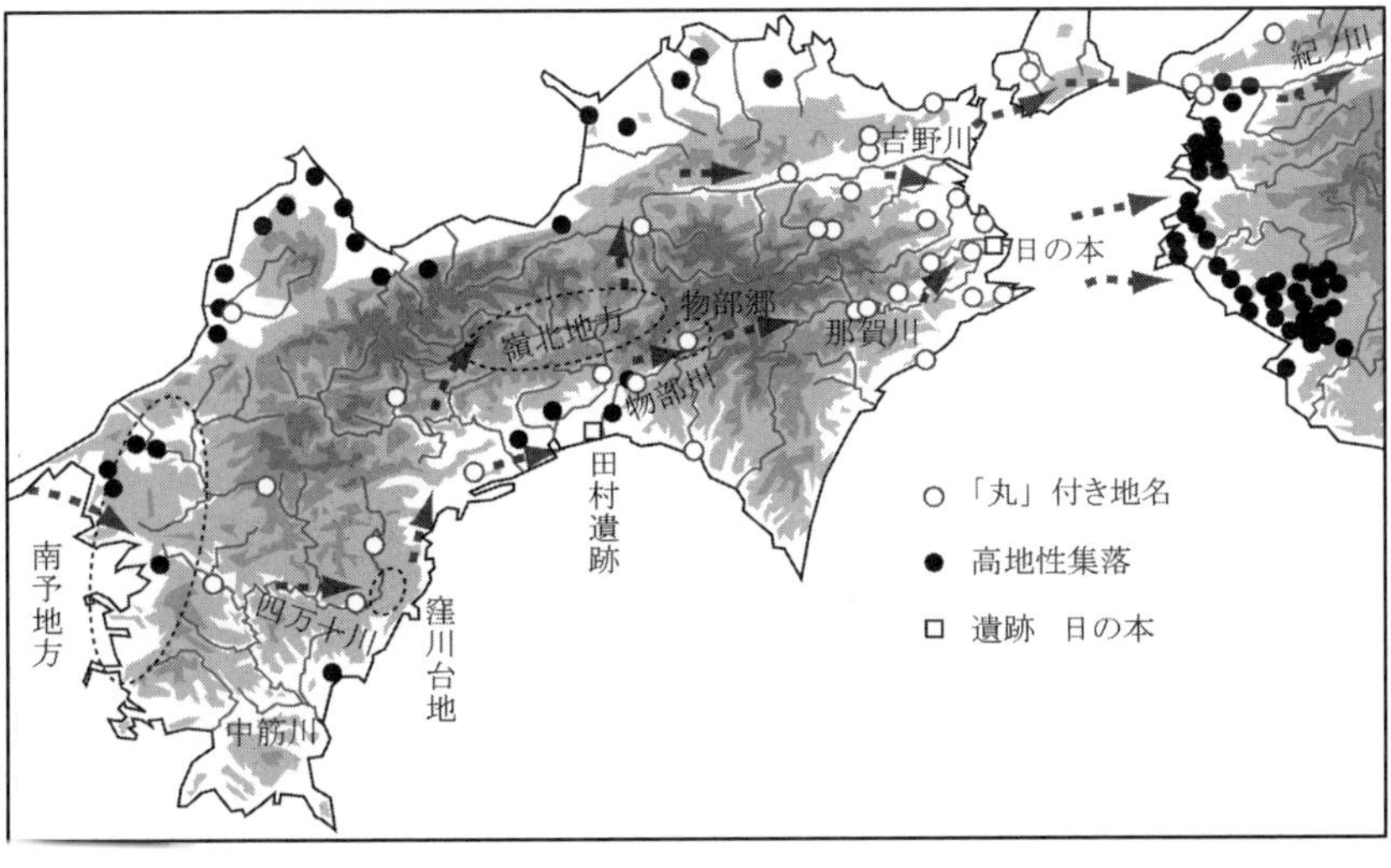

奈良県五条市中町の中遺跡から住居跡や環壕らしい溝を含む弥生時代の大規模な集落跡が見つかっている。この遺跡は、紀の川南岸の河岸段丘上の平地にあって、弥生時代中期の竪穴住居跡が全部で十八棟確認されている。これらの住居跡は良好な状態で数多く重なり合っており、家を何度も建て替えながら長期間安定して栄えていた集落と考えられている（下図）。

ここから稲作のシンボルである石包丁をはじめ多様な石器が見つかっており、狩猟・漁撈とともに豊かな稲作文化が花開いていたことを窺わせる。

天津神の進出以前に稲作を各地に持ち込んだのは倭人以外に考えられないので、中遺跡の状況は、倭人が弥生時代の早い時期からすでにこの地域に展開していたことを示している。

また、五條市史によれば、中遺跡から一キロほど下流の南岸にある火打ち遺跡から、明治二十五年頃に袈裟襷文の銅鐸が発見されている。銅鐸は、紀の川流域のこの地域が攻略すべき国津神の支配下にあったことを示している。

そして紀の川遡上作戦の開始にあたって、天津神たちは紀の川河口で戦勝の祭祀を行ったようである。

というのは、和歌山市に日像鏡と日矛鏡を御神体として高天原の神々を祀った日前《ひのくま》神宮・國懸《くにかかす》神宮が鎮座する。これから紀の川を遡って敵地深く攻め込もうとする天津神軍が高天原の神々に戦勝を祈ったことが、神宮創建の由来のように思えるのである。両神宮の御神体の鏡が三種の神器に次ぐ宝鏡とされ、伊勢の神宮に次いで朝廷からの篤い崇敬を受けているとされるが、紀の国の片田舎にこのような神社が鎮座するのは、紀の川河口のこの地から開始された大和制圧という大事業を成功に導いた神威を讃えたものと思うのである。

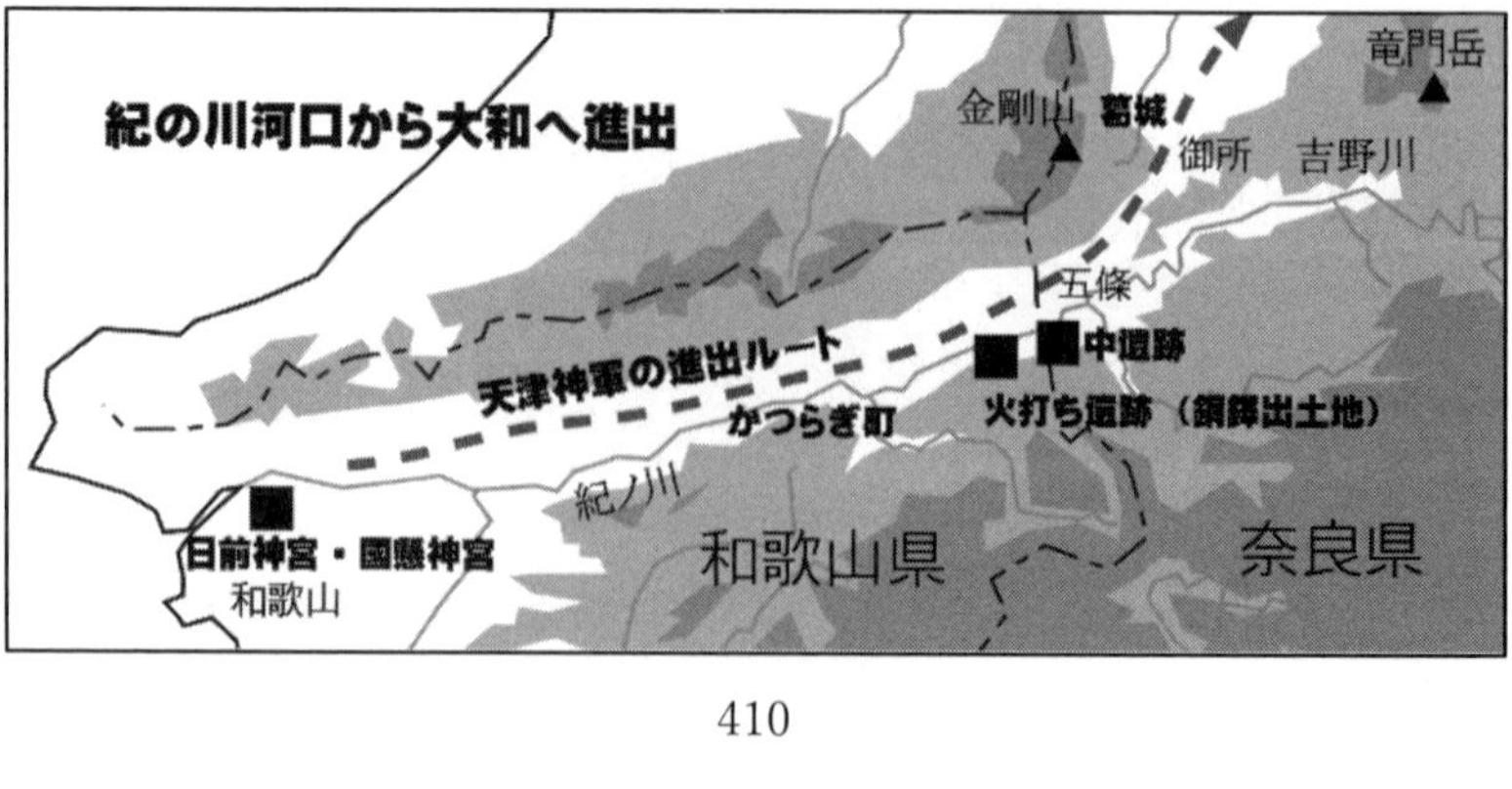

さて、天津神が紀の川から奈良盆地に侵入したと考える二番目の理由は、吉野川下流域と奈良盆地との強い関係を思わせる次のような情報があることである。

徳島県鳴門市大麻町の萩原一号墳、二号墳は、国内最古の積石墳丘墓とされ、弥生時代終末から古墳時代初期の墳墓である。二つの墳墓とも墳形は円墳に突起部のついたようなかたちで、前方後円墳の祖型とも言われている。内部には石囲木槨《いしがこいもっかく》があったとされており、一号墳からは画文帯神獣鏡が出土している。

萩原一号墳、二号墳のこれらの状況は、奈良盆地の東南部の纏向にあるホケノ山古墳との関係を思わせる。ホケノ山古墳も石囲木槨《いしがこいもっかく》をもつ積石塚《つみいしづか》であり、帆立貝型の墳形や画文帯神獣鏡を出土したことも共通である。

墳墓に積石を積む型式は、九州南部に地下式板石積み石室のような伝統があることから考えると、積石の墓制を持った人々が九州南部から四国を経由して奈良盆地にむかった可能性があると思うのである。

そして、そのような人々の動きの痕跡が九州から四国を経由して紀伊半島に繋がる、「丸」付き地名の連続として残っているように見えるのである。

ホケノ山古墳からは七五個の鉄鏃や、鉄剣、鉄鑿《のみ》、やりがんななど多量の鉄製品が出土している。鉄を潤沢に保有した天津神が萩原一号墳、二号墳のある阿波の地域を経由して奈良盆地に進出し、ホケノ山古墳の被葬者がその関係者だと考えるとホケノ山古墳の墳墓の型式や副葬品の特徴が理解できる。

また、纏向遺跡から出土する外来土器についての研究では、阿波の土器が非常に多いことが明らかにされている。

二〇〇二年に「纏向遺跡の課題」というテーマで、石野博信氏や寺沢薫氏などと行われた座談会で、桜井市埋文センターの橋本輝彦氏は纏向遺跡出土の外来土器について次のように述べている。

「石野さんの報告書の中に西部瀬戸内系とされるものが数点入っていますが、本当に西部瀬戸内でいいでしょうというのは少ないのです。北部九州も数点で、防長系もほとんど認識できない。逆に、いまものすごく増えているのが阿波の土器です。このあいだも、いままで四国系土器として括っていたもののほとんどが阿波系で、讃岐が一点なら阿波は十点ぐらいです。」

また、その時期について「布留〇式段階ぐらいになると、讃岐系を阿波系が完全に凌駕してしまっているのですよ。」と述べている（石野博信編『大和・纏向遺跡』）。

これらのことは、布留〇式期に、四国東部の阿波を経由して天津神が奈良盆地に進出したことを示している重要な情報と考えるのである。

ところで、徳島県の吉野川下流地域では多くの鍛冶工房跡が発見されている（下図）。眉山の西麓の鮎喰《あくい》川の両岸に、名東《みょうどう》遺跡、高川原遺跡、鮎喰《あくい》遺跡、矢野遺跡などの鍛冶工房跡が発見され、特に、矢野遺跡では鉄製品の原料である砂鉄が壺に入ったまま出土しており、吉野川河口の戦場の手前で、砂鉄を持ち込んで鉄製武器を製作するための天津神の兵站基地と考えられるのである。

というのは、以前にも述べたが、天津神が各地に大攻勢をかけた弥生時代末期のころ、彦根市の稲部遺跡や淡路島の五斗長垣内遺跡のように、戦場の手前に鏃などの鉄製武器を製作する工房を設けていた例がいくつも存在するからである。

また、矢野遺跡からは銅鐸が出土している。ということは、天津神が侵入する前は銅鐸を奉じる国津神の集落であったのが、鉄製武器で武装した天津神軍に乗っ取られたことを意味している。

第十九章で銅鐸の鋳型を出土した東奈良遺跡に触れたが、東奈良遺跡は国津神の基幹集落であったのが、天津神に敗れ、饒速日尊のシンボルと推理した大阪湾型銅戈を作り始めた遺跡であった。東奈良遺跡や矢野遺跡の状況は、西から大和の中枢に向かって圧力を強める天津神の攻勢の前に、次第に支配地域を失っていく国津神の状況が端的に示されているのである。

## ■四国の日の本

さて、つづいて注目するのは、徳島県阿南市宝田町の那賀川の河口にある「日の本」という地名である（P409図）。

「日の本」は敵前の基幹基地と述べてきたが、阿南市の「日の本」は、どこの敵と対峙していたのだろうか。吉野川下流域から淡路島に「丸」付き地名があることから吉野川下流の平野部への進出基地であったと考えられるし、また、対岸の紀伊半島西岸を船で攻撃するための基地と考えられるのである。

紀伊半島西岸の御坊市や田辺市一帯におびただしい数の高地性集落が築かれている。紀伊半島西岸が高地性集落でこのように要塞化されたのには理由があるはずだ。

御坊市の堅田遺跡で、四軒の松菊里型住居が検出されている。これはこの地域に国津神である倭人が進出していたことを示している。

四国を東進してきた天津神軍は、紀伊半島西岸に国津神が跋扈しているのを察知し、これを攻撃目標にしたのだろう。沖縄方面に水軍を遠征させるほど船の操作に習熟していた天津神軍にとって、阿南市の港からわずか三〇キロほどの紀伊水道を越えて対岸の紀伊半島を攻撃するのはたやすいことだった。

国津神たちは天津神の攻撃に対応するためにこの地域に多くの高地性集落を築いたのだろう。

阿南市の「日の本」から十キロほどの那珂川を遡った加茂宮ノ前遺跡で多数の鍛冶炉が発見されている。

この遺跡で見つかった竪穴住居跡二〇カ所のうち一〇軒で鉄器を製作した鍛冶炉や鉄器作りに用いた道具類などが確認されたとのことである。床面の赤く焼けた鍛冶炉の跡は直径三〇～四〇センチと小型で、鉄を、鏃や小型ナイフなどの小さな鉄器に加工するためのものとされる。

県教委などによると弥生時代中期末という遺跡の年代観であるが、中期末には鉄を加工する技術は普及していないと思われるので、もっと新しい時代のものではないか思うのである。

というのは、加茂宮ノ前遺跡の大規模な鉄器の生産拠点も、「日の本」の近くにあることや、鉄鏃などの小型の鉄製武器を中心に製作したことなどから、前項で紹介した矢野遺跡など吉野川下流域の鍛冶工房群のように、天津神の大攻勢に伴って各地に設けられた武器工房の遺跡のように見えるからである。

ここで製作した鉄製武器を携えた兵士たちが、阿南市の「日の本」の作戦本部から対岸の紀伊半島の敵の攻略に向かったと推理することは十分可能であろう。

さて、もうひとつ地名の情報がある。

物部川《ものべかわ》という河川が高知平野で太平洋に注いでいて、その上流域を物部郷《ものべごう》（高知県香美市物部町）と称していることである。物部川《ものべかわ》や物部郷《ものべごう》は、天津神に従った物部氏がこの地域に進出したことに由来する名前であろう。

物部郷《ものべごう》が物部川《ものべかわ》の下流の沃野ではなく上流地域にあることから推理すると、天津神軍は徳島県側に進出するために、室戸岬方面から海岸沿いに回り込むのではなく、物部川《ものべかわ》をさかのぼって峠の反対側に出るためにこの地域に勢力を集めたことが推定される。

峠を越すとそこは東に流れる那賀川の源流である。物部川《ものべかわ》を登り詰めた天津神軍は、川づたいに那賀川を降って、その河口の阿南市に到達したと思われる。物部川《ものべかわ》と那賀川沿いに点々と「丸」付き地名が続いているのはこの推理を裏づけている。

那賀川という川の名前も、博多を流れる那珂川の名前を天津神たちがここに持ち込んだように見えるのである。

## ■四国南部の考古学的情報

つぎに、考古学的な情報から、天津神勢力が四国南部を東進した形跡が探れるかどうか見てみよう。

高知県埋蔵文化センターの出原恵三氏は『埋文こうち』第八号（高知県教育委員会　一九九七）のなかで、弥生時代の高知県について概略次のような内容を記している。

「高知県中央部の田村遺跡で、弥生時代前期の松菊里型住居跡が発見されたが、これは弥生時代の高知平野が県の中央部から開け、その最も古い段階から朝鮮半島や北部九州と深い関係を持っていることを示している。

弥生時代の中期末（紀元後一世紀）ごろに、遺跡が山地の斜面や山地の頂上に営まれる高地性集落の例が多くなる。

弥生時代後期の後半から末に、遺跡数が飛躍的に増加する。高知県の弥生時代の竪穴住居は二〇〇棟程だが、このうちの半分以上が後期後半～末葉の五〇～六〇年間に集中している。古墳時代前夜のこの時期に激しい人口増加があったことがわかる。」

出原氏のこの情報は、四国南部の歴史を考える上で多くの示唆を与えてくれる。

まず、弥生前期の松菊里型住居が田村遺跡で発見されたことだが、松菊里型住居は、朝鮮半島西岸を南下して九州北岸に到達した倭人が日本列島にもたらしたものである。その倭人が遠賀川式土器と稲作を持って列島各地へ展開していったことを第一章で述べたが、太平洋岸中央部の田村遺跡での住居の発見は、彼らが四国にも海路で進出したことを示している。

倭人のもたらした遠賀川式土器は東海地方西部から関東まで広く拡がっており、四国のこの地域を中継地としてさらに東に伝播した可能性がある。

つぎに、中期末（紀元後一世紀）に高地性集落が出現したことは、北部九州や山陰で勃発した倭人と甕棺部族の抗争と関係していると思われる。

一世紀ごろのこの時代は、倭国王帥升などに率いられた伊都国の軍勢が、宗像や遠賀川下流域の倭人を攻略し、島根県の松江地方や鳥取県の妻木晩田遺跡付近まで席巻した時期である。

北部九州からかなり離れた四国南部まで高地性集落が広がっているのは、倭国王帥升たちの勢力がこの地域の倭人にまで脅威を与えたことを意味している。

そして、注目は、弥生時代終末期の人口の急増である。このころはちょうど天津神が各地に進出した時代である。この現象は、天津神たちが九州を制覇した後、大量に四国南部に移動してきたことの証拠に見えるのである。

## ■銅矛と庄内式土器

天津神たちの航跡を具体的な遺物によってさらに詳しく追ってみよう。

前掲の出原恵三氏は『埋文こうち』第一一号（高知県教育委員会　一九九九）のなかで、土佐で出土した銅戈、銅矛、銅鐸、鏡などの青銅器について詳しく述べておられる。ここでは、そのなかで最も数の多い銅矛について注目してみよう。

出原氏は高知県の銅矛について概略次のような内容を記している。

「高知県からは五一本の銅矛が出土していて、その内訳は、中広形が三五本、広形が一五本、型式不明のものが一例である。

これらの分布について見ると、中広形銅矛は中村市(現在は四万十市)の中筋川左岸の石丸遺跡を西限として東は物部村(熊野神社神体)に至る広範囲に分布しているが、窪川台地に集中しており、須崎市や土佐市・高知市と嶺北(高知県の北部で大豊町、本山町、土佐町、大川村、本川村の五町村)から比較的多くの出土が見られる。

しかし、この時期、南四国で最大規模の南国市の田村遺跡群の周辺からは、遅倉遺跡の一本だけしか出土していない。広形銅矛は、窪川町の西の川口遺跡や高岡神社などにも認められるものの、中広形と比べると分布の中心は明らかに東に移動している。そして田村遺跡群のある南国市付近で高知県東部を中心とする銅鐸の分布と重なっている。

銅矛の搬入ルートについては、窪川町の西に続く南予と呼ばれる愛媛県南部の地域にも中広形・広形銅矛の集中地帯が続いていることから、おそらく九州から南予に上陸して窪川台地に入り、窪川台地が土佐の銅矛配付センター的な役割を果たし、そこから高知平野を中心とした各弥生集落へ配られたものと推定する。」

ここで、出原氏の推定した銅矛の搬入ルートについては、九州から天津神が進出したコースを示すものと考えて良いであろう(P409 図)。

出原氏の情報で、興味深いのは、中広形銅矛と広形銅矛の分布の違いである。中広型と広型は時期が少しずれていて、中広型のほうが広型よりも早い時期に用いられたと考えられている。

銅矛と「丸」付き地名の分布から推測すると、中広型銅矛を持った天津神軍は、南予から窪川台地に進出し、高知平野に入って二手に分かれたと思われる。一団は、吉野川上流域から徳島平野に進出することを企てて嶺北地域に向かい、別のグループは高知平野から物部川《ものべかわ》をさかのぼり、峠を越えて那賀川を下って阿南市方面に進出することを考えたと思われる。しかし、高知平野を東進し、高知市付近まで達した時に、田村遺跡の大集落の手前で行く手を阻まれてしまったので、平野の北辺を通過して物部郷《ものべごう》に達したと推定できる。

広形銅矛をもってそのあとに来た勢力は、銅鐸を奉じる国津神勢力の領域であった田村遺跡の集落を攻略し、さらに東に向かった。おそらく同じころ、物部川《ものべかわ》上流では、峠を越えて那賀川流域に侵入し、また、嶺北地方から吉野川下流域に勢力を伸張し、四国東部地域の国津神が一掃され銅鐸がことごとく廃棄されたと思われる。吉野川下流から紀の川への「丸」付き地名の連なりをみると、この勢力はさらに淡路島を越えて紀伊半島に渡り、紀の川に沿って紀伊半島の内陸に進んでいったと推定できるのである。

さて、土器についても見てみよう。

石野博信氏は著書『邪馬台国の考古学』のなかで、土佐の海岸部には、布留型甕を出す遺跡が二カ所、庄内甕を持つ遺跡が約一〇カ所あり、庄内甕のほとんどが庄内河内型甕であることを述べ、具体的な遺跡として、西土佐の仁淀川河口の春野町仁ノ遺跡、その上流の伊野町八田遺跡、東土佐の南国市東崎遺跡などを紹介している。

そして、この東崎遺跡から、庄内古式期の鉄鏃一〇本余と、鉄鎌・鉄鋤片・やりがんななどの鉄器が集中して出土し、また、土佐山田町林田遺跡にも鉄鏃一二本とやりがんなが出土していることから、この地域が大和・河内の庄内式期の集落に比べて、鉄の保有量がきわめて高いことを述べている。

物部氏を従えた天津神がこの地域に進出したと考えれば、これらの内容は説明がつく。すなわち、この地域で多くの鉄が出土するのは、鉄の武器、とくに鉄鏃を潤沢に用意した天津神が、庄内式土器を携えてこの地域に進出したことを裏づけるものである。

この時代の奈良盆地からはほとんど鉄が出土しない。すなわち、大和・河内の大物主神の勢力は鉄を大量に作る技術を持っていなかったと思われるので、彼らがこの地域へ庄内式土器と鉄を持ってきたとするのはいかにも不自然である。

## ■火須勢理命

さてそれでは、四国南岸を東に向かって進軍したのは誰だったのか考えてみよう。

私は、中広形銅矛を持った第一陣は邇邇芸命の次男の火須勢理命であり、広形銅矛をもってその後に続いたのは、三男の彦火火出見命（山幸彦、火遠理命《ほおりのみこと》）だと考える。

そう考える理由を述べよう。まず、四国に進出した第一陣の勢力が中広形銅矛を携えていたことに注目する。中広形銅矛は北部九州で天津神たちが使っていたシンボルである。従って、四国に中広型銅矛を持ち込んだのは、この時代に九州で活躍していた天津神の王族と考えて良いだろう。

瓊瓊杵尊の三人の息子たちは狗奴国を制圧したのち、さらに南に向かって南九州や南西諸島を制覇した。九州一円の敵対する勢力を鎮めたあと、再び彼らが指揮を取って、四国遠征を敢行した可能性が高いと思うのである。

地理的な条件を見てみよう。

四国までの距離を考えると、邇邇芸命の三人の息子うち、西側を治めていた海幸彦は、四国からは遠すぎるので、候補は東側にいた火須勢理命や彦火火出見命（山幸彦）に絞られる。とくに、宮王丸にいた次男の火須勢理命は、四国に最も近い場所にいて、領国の大分や宮崎から四国への軍勢の調達が容易であった。

大分県豊後大野市の高添台地など、大野川の中上流域には弥生時代後期の大集落遺跡群がある。つぎに示すようなこの地域の発掘調査の結果は、火須勢理命の一連の軍事行動と関係すると思われるのである。

まず、この地域では、弥生時代後期後半に急激に住居跡が増え、鉄族、鉄鎌などの鉄器が大量に出現するようになる（『高添台地の遺跡』千歳村教育委員会）。

これは、大分平野まで進出してきた狗奴国勢力を討つために、火須勢理命の率いる軍勢が鉄の武器を持って宇佐方面から大挙して押し寄せた痕跡と推理するのである。

つぎに、古墳時代前期になると、不思議なことにこの地域に展開していた集落が一斉に消滅する（『高添遺跡』豊後大野市教育委員会）。

前述したように、四国南部で弥生時代終末期に人口が急増していることから、火須勢理命が一族郎党を引き連れて四国に旅立ったことによる現象と考えると、この地域の考古学的な発掘成果を整合的に説明できると思うのである。

さらに、次に示すように、火須勢理命は山幸彦よりも早く九州を去ったと考えられる理由がある。

邇邇芸命が没した時に、長男の火照命《ほでりのみこと》や次男の火須勢理命を飛び越えて、山幸彦が王位を継承した。

長男の海幸彦は山幸彦に敗れたことで、山幸彦の臣下になることを約束し、国王になる権利を放棄しているので、順番から行けば次男の火須勢理命が王位についてもおかしくない。しかし、火須勢理命は王位につかなかった。

私は、この理由を、邇邇芸命が没した時に、火須勢理命はすでに九州を離れ、四国の戦場を駆け回っていたために、所在不明、あるいは、四国の戦線ですでに戦死していたのではないかと考えた。

この時、三男の山幸彦はまだ拠点の都城の宮丸に残っていた。ここで、邇邇芸命のあとを継いで新しい王になったので、王の都という意味で宮丸の地域を「都城」や「都島」のように「都」の文字をつけた地名にしたと推理するのである。火須勢理命の宮王丸は都になった形跡がない。

以上のことから、中広形銅矛を持って四国南部に進出した天津神の第一陣は、火須勢理命の軍勢と推理するのである。

四国南部の中広形銅矛の分布地域は火須勢理命が進出した地域を示しており、出土した銅矛は、主従関係のシンボルとして、火須勢理命に降った在地の族長たちに与えられた物であろう。

中広型銅矛の分布を見ると、四国の東岸まで到達できずに高知県の物部郷《ものべごう》や南国市のあたりで止まっている。

これは、火須勢理命の作戦が途中で挫折したことを意味している。おそらく、火須勢理命が戦い半ばで死去したためと思われる。『古事記』『日本書紀』に火須勢理命の記事がほとんど見られないのは、本拠の九州を離れ、なおかつ、当初の目的地まで到達できずに異国で没したので、はっきりした情報が残らなかったからであろう。

## ■彦火火出見命（山幸彦）

四国遠征の第二陣について考えてみよう。

彼らが、中広型ではなく広型の銅矛を持って行ったことが大きなヒントになる。

大物主神が大国主命と異なる銅鐸を使ったり、大国主命から出雲を引き継いだ建御名方神が銅剣を大量に用意したことを第二〇章で述べたが、このころから、戦乱などによって支配者がたびたび交代するので、支配者が変わったときに、前の支配者と区別がつくような新しいシンボルを傘下の族長に与えることが行われたと思われる。在地の族長は、天津神軍とか国津神軍などの組織ではなく、支配者個人と主従関係を結んだように見えるのである。

このことから推定して、四国遠征の第二陣が、それまでのシンボルを使用せずに新しい広型スタイルのものを用いるようになったのは、邇邇芸命から彦火火出見命に王が交代したことが理由と考えられる。すなわち、第一陣は邇邇芸命の時代、第二陣は彦火火出見命の時代の遠征軍と考えることができる。

都城で王位についた彦火火出見命は、火須勢理命が四国で死去して以降、主を失った彼の軍勢が、抵抗する国津神勢力を撃破することができず、四国征討作戦が途中で頓挫していることを知った。

対応策を検討した彦火火出見命は、ここで重大な決心をした。すなわち、幼い息子の鵜葺草葺不合命《うがやふきあえずのみこと》を九州に残して、兄の火須勢理命の遺志を継いで自ら四国に渡り、国津神の本拠の大和盆地まで攻め上る決意をしたのであろう。天忍穂耳命が幼い邇邇芸命を九州に残して東に出立《しゅったつ》したのと同じような状況である。

前述のように、このとき、彦火火出見命は新しい王のシンボルとして、従来より大きくて豪華な広形銅矛を用意した。四国南部から出土する広型の銅矛はこのような事情によって、彦火火出見命が持ち込んだものと考えるのである。

### ■鵜葺草葺不合命《うがやふきあえずのみこと》と西都原

彦火火出見命の息子の鵜葺草葺不合命《うがやふきあえずのみこと》について少し触れておこう。鵜葺草葺不合命《うがやふきあえずのみこと》は彦火火出見命のあとを継いで王位に就いた。ここでは、まず、彼の都について考えてみよう。

九州にはこれまで記してきた以外にもうひとつ「都」のつく地名がある。宮崎県の西都原である。前述したように、「都」のつく地名は、かつて、国王の都が置かれたところと考えられるので、西都原は、国王となった鵜葺草葺不合命《うがやふきあえずのみこと》の都であると推理するのである。

西都原には、「童子丸」という「丸」付き地名がある。「丸」付き地名には、そこの主の武将の名前とか、「王」や「宮」を含むのが普通であるが、「童子」とはそのいずれとも思えないユニークな名前である。童子とは、ただの幼子を意味するものではなく、主とするにふさわしい特別な血筋の子供であることを意味しているのだろう。

私はこれを、有力な側近たちが幼帝の鵜葺草葺不合命《うがやふきあえずのみこと》を戴いて、彦火火出見命が去った後の国土を治めていたことを示すものと思うのである。

そして、もうひとつ関連しそうな情報がある。『日本書紀』が鵜葺草葺不合命《うがやふきあえずのみこと》について「西洲《にしのくに》の宮でおかくれになった」と記していることである。西洲《にしのくに》とは、西都原一帯を指すのではないだろうか。

西都原古墳群の前方後円墳は、従来、古墳時代前期から中期の築造といわれてきたが、最近、これを遡る古い古墳の存在が指摘されている。古墳時代に入る直前の鵜葺草葺不合命《うがやふきあえずのみこと》の時代に、この地域で活躍した王族や有力者の墓である可能性が出てきたのである。

蛇足になるが、もう一つ鵜葺草葺不合命《うがやふきあえずのみこと》の生い立ちについて思うことがある。それは、鵜葺草葺不合命《うがやふきあえずのみこと》は彦火火出見命の子供ではなく、彦火火出見命の弟、すなわち、邇邇芸命の四男ではないかということである。

『古事記』では鵜葺草葺不合命《うがやふきあえずのみこと》は玉依姫と結ばれたことになっている。ところが玉依姫は、母の豊玉姫の妹なのである。年齢差が不自然に思われる。

『古事記』の系譜の中で、日向三代や初期の天皇に父子継承が異常に多いことが指摘されている。のちの天皇では、父子継承だけでなく兄弟継承がかなりの割合で現れていることからすると、もともと兄弟だったのが、伝承されるうちに親子になってしまった例が相当数あるというのである。

鵜葺草葺不合命《うがやふきあえずのみこと》の場合も、例がないわけではないが、母と妻が姉妹という不自然な関係を考えると、鵜葺草葺不合命《うがやふきあえずのみこと》と彦火火出見命が兄弟であった可能性があるのではないかと思うのである。

## 二八．天津神と新羅

### ■対馬の銅矛

天津神が西日本各地や南九州、四国に遠征していたころ、もう一つの遠征軍があったことについて記しておかなければならない。それは、対馬から朝鮮半島に向かった遠征軍のことである。

対馬からは全国の中広形銅矛の1／4が出土したといわれているほど大量の銅矛が出土する。そのため、銅矛の分布を議論する時、必ずと言っていいほど、対馬のことが取り上げられ、銅矛が出土する対馬、北部九州、四国をひとまとめにしてひとつの文化圏として語られる。

しかし、北部九州や四国で見たように、中広形や広形の銅矛は、天津神によって統治のシンボルや敵と身方の識別のために活用されたと私は考えるので、対馬に集中的に出土する状況も、この観点で検討してみたい。

対馬の下県（南の島）と上県（北の島）で銅矛の出土数を比べると、圧倒的に北側の上県の出土数が多い。また、壱岐は対馬と同じ海中の島なのに、対馬と比べると、銅矛の出土数が非常に少ない。銅矛を、異常なまでに対馬の北側に集中しなければならない事情があったのである。通説のように、島国の人々の祭祀などという曖昧なことではなく、対馬の北側に銅矛を集中させなければならないはっきりした理由を探らなくてはならない。

さて、対馬北端の比田勝港を見下ろす塔の首遺跡で、二〇代の若い女性が埋葬された箱式石棺が発見されている。ここには、広形銅矛二本、銅釧七個、管玉一個のほか八〇〇〇余のガラス小玉を納めた小壺が副葬されていた。朝鮮半島を目の前にした対馬の北端に、多くの副葬品と共にうら若い高貴な女性が埋葬されていたのである。

対馬北端の高い身分の女性と、大量の銅矛とから、私は、ここにも高天原と同じ状況が出現しているのを見るのである。すなわち、大量の銅矛は有力者が集った司令部の機能を示しており、そこから敵の方に飛び出した対馬の北端で巫女が戦勝を祈るというのは高天原の天山で天照大御神が果たした役割である。

このような状況は、天津神たちが、対馬の対岸の敵を見据えて行動を起こした結果に見える。すなわち、天津神の軍勢が対馬に集結し、ここから朝鮮半島の敵に向かって遠征軍が出発したことを推測させるのである。

## ■朝鮮半島の状況

第一四章でも述べたが、このころの朝鮮半島南部では、弁辰の狗邪韓国と、新たに北方から押し寄せてきた騎馬民族の金官伽耶国が争っていた。

狗邪韓国は女王国のなかの三〇国のひとつと考えられている。女王台与が張政を送り返して魏に朝貢した時や、そのあとの二六六年に晋に朝貢した時には、航路に特段の変化があったようすは見えないので、このころまでは、狗邪韓国は金海地方に存在していたと思われる。しかし、朝鮮半島南部の最新の発掘の成果によると、二八〇年代には、金海地方の政権が交代したと考えられるようになってきた。それまで繁栄を続けていた狗邪韓国が北方騎馬民族の金官伽耶に討ち滅ぼされたというのである。

国立釜山大学校教授の申敬澈《シンキョンチョル》氏によれば、考古学的には、金官伽耶の進出以前は、伽耶地域と慶州地域の墓制が同じであるとされる。これは、辰韓と弁辰が独自の風俗や言語を持ちながらも、相互に交流を行って墓制などの文化を共有していたことを示している。

ところが、金官伽耶が伽耶に進出してから、それまで同じだった墓制が、伽耶形と慶州形に分離し、伽耶と慶州の間に緊張関係が生まれたように見える。(申敬澈『加耶成立前後の諸問題』)

北から進出した金官伽耶に追われて、辰韓、弁辰の人々は東の慶州地方と南の狗邪韓国さらには南岸沿いに西方の地域に逃げ込んだのであろう。そして、これらの部族は同盟して金官伽耶の侵略に抵抗したと推定できるのである。

このような半島情勢を考えると、対馬の多量の銅矛は、金官伽耶と戦う狗邪韓国に加勢するために、半島に渡ろうとした天津神勢力が持ち込んだものと理解できるだろう。

狗邪韓国の故地とされる金海近くの良洞里《ヤンドンニ》古墳群から、北部九州で製作されたとされる広形銅矛や中広形銅矛が発見されている。これは、良洞里《ヤンドンニ》古墳群が半島に赴いた天津神や、同胞の狗邪韓国の人々の墓所であり、銅矛を携えて半島に渡った天津神が、彼らとともに、金官伽耶と戦ったことを示す物証と思える。

いっぽう、金海中心部の大成洞《テソンドン》古墳群では三世紀半ば過ぎから王墓が築かれ始めた。ここでは、北方系の馬具が発見されたり殉葬が確認されるなど、良洞里古墳群などには見られなかった特徴を持っている。すなわち、大成洞《テソンドン》古墳群は北方騎馬民族の金官伽耶が金海を支配して築いた王墓群であることを示している。

朝鮮半島南部の二つの民族の戦いは、北部九州の天津神をも巻き込んでいた。しかも、対馬に中広形銅矛と広形銅矛の両方が大量にあることから考えると、対馬が朝鮮南部の軍事作戦を遂行するうえで戦略的に非常に重要な地域であり、その戦いは、中広形銅矛を使用していた邇邇芸命の時代、あるいはそれ以前から、広形銅矛の彦火火出見命の時代まで長期間継続したことがわかるのである。

『魏志倭人伝』によれば、女王国の中で、対馬が唯一「大官」を置く国とされる。邇邇芸命がニキと表現された伊都国の「官」であった時に、対馬には「大官」のヒコがいた。これは、対馬は、倭国王の邇邇芸命よりも上位の王族が治めていたことを示している。

北部九州の倭国には、国王の邇邇芸命より上位の王族はいないはずなので、対馬の「大官」とは、半島を退去した狗邪韓国の王族の有力者を指している可能性がある。

さらに推理すれば、邇邇芸命を王とする倭国よりも、上位の同族の国が朝鮮半島にあって、その最後の牙城が狗邪韓国であったと言えるのではないか。つまり、天津神の本家は朝鮮半島にあった可能性も考えられるのである。

対馬は大きく二つの島に分かれているが、北側の朝鮮半島に近い島に上県郡が置かれ、南側の九州に近い島に下県郡が置かれている。

日本の国名や郷名の付け方は、上野、下野のように都に近い方から「上」「下」としたり、あるいは越前、越中、越後のように都に近いところから「前」「中」「後」とするのがルールである。ところが、対馬だけはこのルールに反し、朝鮮半島に近い方が上県郡になっているのである。

これは天津神の本来の都が狗邪韓国にあり、天津神の本拠が朝鮮半島にあったことを示しているのではないか。

## ■朝鮮半島に向かった天津神

さて、狗邪韓国と金官伽耶の戦いは前述のように長期にわたって続いたと思われるので、多くの天津神の軍勢と指揮官の王族が、対馬から狗邪韓国に渡っていったであろう。朝鮮半島に渡った天津神についての情報はあるのだろうか。

じつは、関連しそうなおもしろい情報がある。

『新撰姓氏録』右京皇別条につぎのような記述があることである。「新良貴氏《しらぎ》は彦波瀲武鵜葺草不合命《ひこ渚たけうがやふきあえずのみこと》の男である稲飯命《いなひのみこと》の後なり。これ新良国に出で、即ち国主なり。稲飯命は新羅国に出で、王は祖合す。日本記には見えず。（新良貴　彦波瀲武鵜葺草不合尊男稲飯命之後也。是出於新良国。即為国主。稲飯命出於新羅国王者祖合。日本紀不見。）」

鵜葺草葺不合命の息子で神武天皇の兄の稲飯命《いなひのみこと》が、新羅国王の祖であると記されているように見える。

荒唐無稽な話として一蹴されそうだが、朝鮮半島での中広形や広形銅矛の存在は、天津神の王族が朝鮮半島に渡った可能性を示しており、稲飯命の伝承がまったく根も葉もない話とは思えないのである。

稲飯命について、『日本書紀』では、神武東征に加わり、嵐を鎮めるために海に入水したと唐突に記されているが、『古事記』では、神武東征は神倭磐余彦命と兄の五瀬命の二人だけで計画したように描かれており、東征に稲飯命が同行した気配は全くない。

またもう一人の兄である御毛沼命《みけぬのみこと》も、『日本書紀』には神武東征に同行し熊野付近で波頭を踏んで常世の国に行ったと記されるが、『古事記』では神倭磐余彦命と行動を共にしていない。

『日本書紀』では神武の東征中に没したように描かれた皇子たちであるが、『古事記』では、稲飯命は「妣の国として海原に入りましき」、また御毛沼命《みけぬのみこと》は「波の穂を踏みて常世の国に渡りまし」と記され、行く先は記されていないが海に出て行ったように描かれている。

稲飯命たちの錯綜した記述については、少々大胆な推理だが次のように考えられるのではないか。

のちの章で詳しく触れるが、『日本書紀』は大和政権が日本列島唯一の政権であることを疑わせるような、九州勢力の勝手な活動の情報を排除する方針で編集されているように見える。

稲飯命や御毛沼命が九州から半島に渡り、大和政権と利害の異なる新羅の王族になったことは、日本列島の中に大和と別の独立した勢力の存在を認めることになり、『日本書紀』の編集方針と相容れない。しかし、この二人が軍勢とともにどこかに旅立ったことは広く知られていたので無視はできない。そのため、この二人は朝鮮半島ではなくて神武東征に従軍して海で亡くなったことにしたのではないかと推理するのである。

さまざまな記述があるので文献だけからは判断が難しいが、対馬経由で朝鮮半島に王族の誰かが渡ったとすれば、『古事記』のなかで海に出て行ったと記された稲飯命や御毛沼命《みけぬのみこと》は有力な候補だと思うのである。

広形銅矛を副葬した対馬の巫女は、稲飯命、あるいは、御毛沼命《みけぬのみこと》の凱旋を祈りながらこの地で短い生涯を閉じた妻であったかも知れない。

ところで、『古事記』『日本書紀』には、垂仁天皇のころに新羅の王子の天之日矛《あめのひぼこ》（天日槍）が来日したことが記されている。天之日矛《あめのひぼこ》の「天」は天津神の王族に冠する文字である。新羅の王子の名に「天」を冠するのは、新羅の王族に天津神の一族が入り込んでいる証拠である。

『古事記』によると、天之日矛《あめのひぼこ》は、八種の宝物を携えてきたとされる。宝物とは、ふたつの玉、波振比礼《なみふるひれ》、波切比礼《なみきるひれ》、風振比礼《かぜふるひれ》、風切比礼《かぜきるひれ》、奥津鏡《おきつかがみ》、辺津鏡《へつかがみ》であり、比礼というのは薄い肩掛け布のことで、現在でいうショールである。

『先代旧事本紀』によると、饒速日命が天降った時に、天神の御祖《みおや》は、天神の璽《しるし》である瑞宝《みずたから》十種を授けられたとされる。その内容は、息都鏡《おきつかがみ》、邊都鏡《へつかがみ》、八握剣《やつかのつるぎ》、生玉《いくたま》、死反玉《しがえしたま》、足玉《たるたま》、道反玉《みちかえしたま》、蛇比禮《へびのひれ》、蜂比禮《はちのひれ》、品物比禮《くさぐさのものひれ》である。

二人の宝物を比べると、いずれも玉、鏡、比禮などであり、饒速日命の瑞宝と、天之日矛《あめのひぼこ》の宝物とがよく似ていることに気がつくであろう。

これは、饒速日命と同類の宝物を出自の証しとして携えてきた天之日矛《あめのひぼこ》が、天津神の仲間であることを示すものであり、天津神が新羅の王族になったことを裏付けていると思うのである。

## ■『三国史記』

天津神が故国回復のために朝鮮半島に出兵したり、天津神が新羅の王族になったりしたことを裏づける海外の資料はないだろうか。

新羅、百済、高句麗の歴史を記した『三国史記』に、関連しそうな興味深い記事がある。

まず、新羅の王家の系図である（下図）。

新羅の最初の王は前五七年に即位したとされる赫居世《かくきょせい》居西干《きょせいかん》である。赫居世《かくきょせい》の姓は朴氏である。後五七年に第四代の王として昔《ソク》氏の脱解尼師今《ダッカイニシキン》が即位し、その後は朴氏と昔氏によって王位が継承されてきた。

ところが、二六二年に即位した第一三代の王の味鄒尼師今《ミスウニシキン》は金氏であり、このときから金氏が新しく新羅の王統に加わったことになる。味鄒尼師今の在位は二六二年から二八四年であり、中広形銅矛や広型銅矛が用いられていた万幡豊秋津師比売や日向三代の活躍時期と重なる。

稲飯命の伝承が伝えるように、天津神の誰かが新羅の王族に加わり、新たな王家の祖になったとすると、それは金氏の始祖の味鄒尼師今《ミスウニシキン》のことではないだろうか。

『三国史記』によると、味鄒尼師今《ミスウニシキン》は、第四代の脱解尼師今《ダッカイニシキン》の時代に、新羅の鶏林で見出された金閼智《キムアッチ》（六五年？～没年不詳）の七世の孫とされる。金閼智《キムアッチ》は脱解尼師今の太子にもなった有能な人物である。

祖先の金閼智《キムアッチ》が朝鮮半島にいたにもかかわらず、その子孫が北部九州から天津神として半島に渡り、新羅の王になることなど考えられるのであろうか。

私はその可能性はおおいにあると考える。

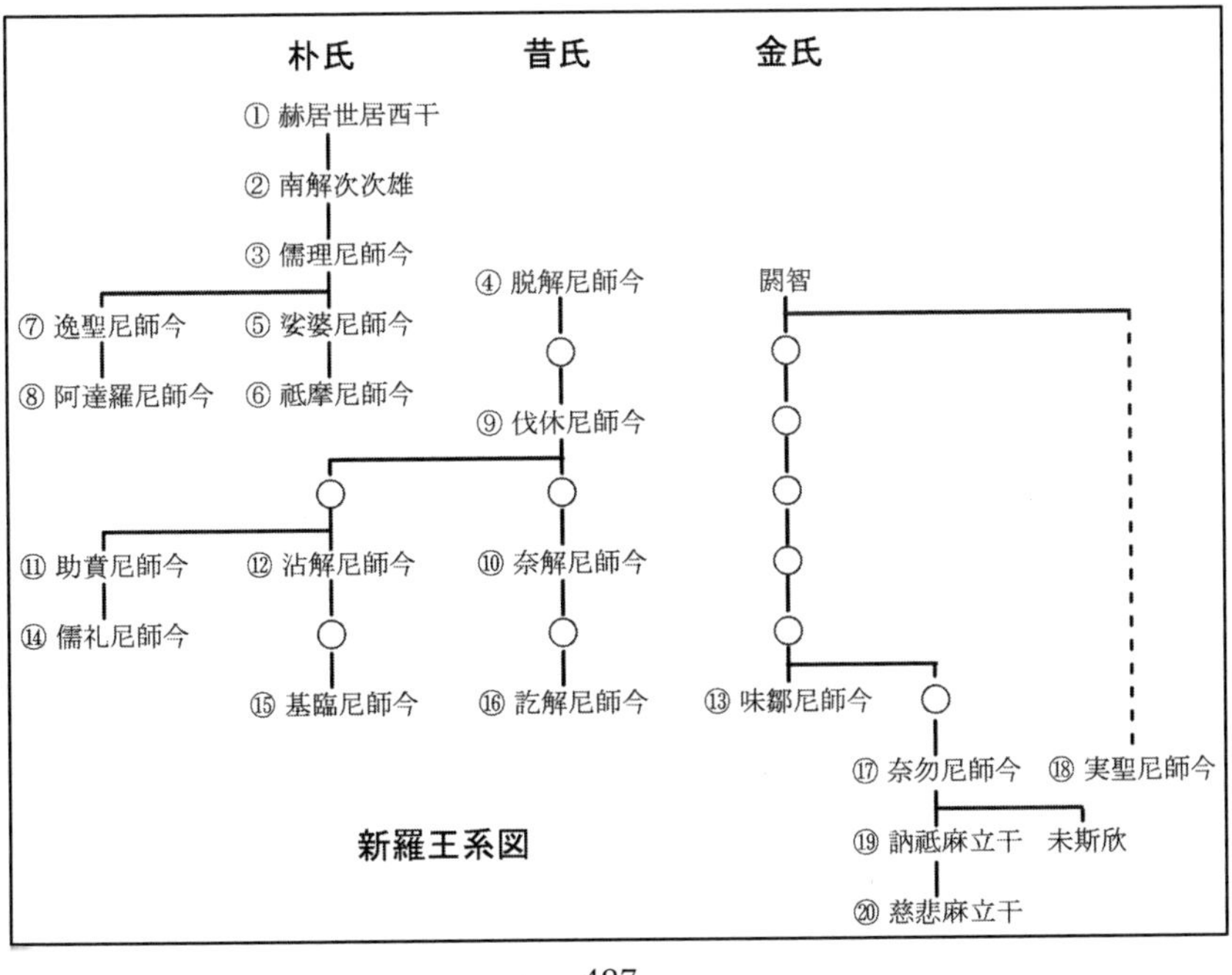


新羅王系図

次項で述べるが『新唐書』と『旧唐書』に、新羅の王族の金氏は弁韓（弁辰）の人であることが記されている。このことから、金氏の祖先である金閼智は洛東江流域に進出した弁辰の人であったと推理できる。

そうすると新羅の王について次のような可能性が出てくるのである。

『後漢書』弁辰伝に「弁辰と辰韓は雑居しており・・・」と記されるように、弁辰と、新羅の前身である辰韓とはもともと仲が良かった。そのため金閼智が弁辰人であっても、新羅の朝廷で重用されたことに不思議はない。

伊邪那岐命の一族が朝鮮半島から渡ってきた弁辰の部族であることは第六章で推理した。

このときに九州に渡ってきた伊邪那岐命の祖父の延烏郎が弁辰の金閼智の子孫だとすると、金閼智、延烏郎、伊邪那岐命が弁辰王族のひとつの家系として繋がるのである。そして、伊邪那岐命の血を受け継ぐ稲飯命やその他の天津神も、金閼智の子孫ということになる。

伊邪那岐命の血を引く天津神が、新羅の朝廷を訪れれば、金閼智の一族として歓迎されたであろう。

『三国史記』によれば、昔氏の第一二代沾解尼師今《テンカイニシキン》（生年不詳－二六一年）には、子供がいなかったため、金閼智の子孫の味鄒尼師今が王位についたとされる。

それまでも、新羅の王朝は、朴氏と昔氏が交代で王位に就いたり、王族とは無縁の金閼智を脱解尼師今の太子にしたりするなど、ひとつの血筋にこだわらず優秀な人材を登用する伝統があった。

故国の狗邪韓国を救うために出兵した天津神の王族が新羅と共に金官伽耶と戦っていた時、新羅の王が没したためその後任に推挙されたのではないか。

このように考えると天津神が新羅の王になったという話が現実的になるのである。

『三国史記』には、もうひとつ気になる話がある。竹葉軍の話である。

新羅第一四代の儒礼尼師今《ジュレイニシキン》（生年不詳－二九八年）の一四年（二九七）春正月、伊西国（慶尚北道清道郡）が侵略してきて金城を攻めた。新羅軍は総動員して防戦に努めたが、賊軍を撃退することができなかった。

突然、異様な姿の兵隊がやってきた。その数は数えきれないほどで、彼らはみな竹の葉を耳飾りにしており、新羅軍とともに賊軍を攻撃し、これを打ち破った。戦いが止むと、彼らは何処ともなく消え失せて行方がわからなくなった。人々は、竹の葉が数万枚、味鄒尼師今の陵とされる竹長陵に積み上げてあるのを見て、これが彼らの耳飾りの竹葉ではないかと疑った。このことによって、人々は、先王の味鄒尼師今が幻術による兵を用いてこの戦いを援助してくれたのだ、と思った。

味鄒尼師今のゆかりの軍勢が新羅のピンチを救ってくれたという伝承である。ここに登場する味鄒尼師今と関係のある竹葉軍というのは、天津神の軍勢ではなかったかと思うのである。

味鄒尼師今が天津神出身の王とすると、金官伽耶と戦うために半島に来ていた天津神の軍勢が新羅の加勢に加わることは十分考えられることである。

新羅の周辺を見ると、百済は再三交戦した相手で信用できない国とされているし、朝鮮半島沿岸の倭人は相変わらず辺境を犯し続けている。そして金官伽耶は敵対勢力である。新羅の近くには、北方の敵に苦しむ新羅を援助しそうな勢力は海峡を越えてきた天津神軍以外にはいなかったと思うのである。

## ■新羅王と『旧唐書』『新唐書』

弁辰人が新羅の王になったことについて、『旧唐書』や『新唐書』に興味深い記録がある。

新羅の成立の事情についていては、その前身とされる辰韓の時代から中国の史書にさまざまな記録が残っている。『後漢書』や『三国志』、『晋書』には、辰韓について次のように記している。

「辰韓は馬韓の東にあり、そこの古老の伝承では、秦の苦役を避けて韓国にやって来た昔の逃亡者で、馬韓が東界の地を彼らに割譲したのだと自称している。」

ところが、『隋書』によると、新羅は漢の時代には楽浪の地に居住していた人々で、華夏（漢族）、高句麗、百済に属す人々が雑居しているとされ、その王はもとは百済人と記される。

そして、『旧唐書』や『新唐書』になると、

「新羅國，本弁韓之苗裔也。其國在漢時樂浪之地，東及南方倶限大海，西接百濟，北鄰高麗。（旧唐書）」

「新羅、弁韓苗裔也。居漢樂浪地、横千里、縦三千里、東拒長人、東南日本、西百濟、南瀕海、北高麗。（新唐書）」と記されていて、いずれも新羅は「弁韓の苗裔」であると記述されているのである。なお、弁韓と弁辰は同義とされる。

新羅王の系図を見ると、連続してはいるが王統の交代が見られるので、実体は王位を廻る紛争や人民の移動など紆余曲折があったと思われるが、『旧唐書』や『新唐書』が編纂されたころには、「弁韓の苗裔」が新羅王になっていたと記す根拠があったのである。

これは、前述した伝承と、深く関連する情報であり、弁辰の末裔の天津神が新羅の王になったとする内容を裏づけていると思えるのである。

なお、これらの中国古文献の内容は、朴氏、昔氏、金氏の三つの王統の成立と対応しているように見える。

『後漢書』などが記す「秦の苦役を避けて韓国にやって来た昔の逃亡者」とは、前五七年に即位したとされる朴氏の赫居世居西干の先祖、『隋書』の「漢の時代には楽浪の地に居住していた人々」というのは、後五七年に第四代の王となった昔氏の脱解尼師今の先祖、『旧唐書』『新唐書』などの「弁韓の後裔」は、二六二年に即位した金氏の味鄒尼師今の伝承と考えれば話は整合するのである。

『新唐書』には、新羅について「王姓金，貴人姓朴，民無氏有名。」と記していて、弁韓の後裔とする新羅王の姓が金氏であり、朴氏が王を支える貴族の立場であったことを明記している。

## ■国津神と伽耶

新羅と天津神が強い絆で結ばれていたことを見てきたが、同じように倭国と深い関わりのあった伽耶や百済は、倭国とどのような関係にあったのだろうか。

まず、伽耶の建国の状況を文献から探ってみよう。

『新増東国輿地勝覧《しんぞうとうごくよちしょうらん》（李氏朝鮮時代の地理書）』に引用されている『釈利貞伝』によると、大伽耶の建国は伽耶山の女神「正見母主《しょうけんぼしゅ》」に外来の夷毘訶《いひか》が二人の子供を設けたことに始まる。

ひとりは、大伽耶王の悩窒朱日であり、もうひとりは、金官国王の悩窒青裔である。悩窒朱日は伊珍阿鼓王《いちんあしおう》の別名であり、悩窒青裔は首露王の別名であるという。

大伽耶の始祖について『三国史記』地理志にも「始祖伊珍阿鼓王あるいは、内珍朱智」とみえる。

いっぽう、『三国遺事』によると、金官伽耶には、天から六つの卵が降りてきて、首露王と五伽耶の王になったという伝承がある。『三国遺事』にいう五伽耶とは、安羅伽耶、古寧伽耶、大伽耶、星山伽耶、小伽耶といわれ、弁韓のほぼ全域に渡っている。

これらの伝承は、外来の男が大伽耶に侵入してきて、大伽耶の土地の女性との間に生まれた兄弟が、大伽耶の王と金官伽耶の王になったことと、首露王が金官伽耶に降った時には、五伽耶を治める体制が整っていた事を示している。

伝承から推理すると、伽耶民族は、はじめ大伽耶地方に拠点を確保し、周辺の弁辰諸国を攻略していった。南下して金海に到達したころには、五伽耶すべてを制圧し、金官伽耶を中心とした伽耶の体制が確立されていたと考えられる。

金官伽耶と大伽耶の両方が、ともに大伽耶、あるいは、意富伽耶と呼ばれる。それぞれが伽耶の中心となって大伽耶と呼ぶにふさわしい隆盛の時期があったことによるものと思われる。金官伽耶が新羅に滅ぼされた後、高霊の大伽耶が中心になって新羅に対抗したのは、このような背景によるものと思うのである。

第一四章でも述べたが、金海などの考古遺物の研究で、金官伽耶は殉葬など北方的習俗を持ち込んでおり、韓国と関連する古代種族の中で、文献に殉葬の習俗が記録されるのは扶余だけであることから、金官伽耶は北方騎馬民族の扶余族によって建国された国と推定されている。伽耶がはじめは高霊に進出し、その後、金海に到達して繁栄したとする建国の伝承は、北方から洛東江流域に進出した騎馬民族の動きと整合するもので、かなり信頼できるように思う

さて、このように、北方から進出してきた加耶によって、三世紀の後半に狗邪韓国は滅ぼされてしまう。朝鮮半島南岸地域の考古学的な調査結果もこれを裏づけている。

天津神から見ると、金官伽耶は親戚筋の狗邪韓国を滅ぼした怨敵である。しかし国津神から見ると、宿敵天津神の陣営を滅ぼした金官伽耶は、国津神の協力者である。

倭人の血を引く須佐之男命が朝鮮半島に渡って天津神攻略の相談をしたとする伝承も、史実だとすればその相手は国津神に協力的だった金官伽耶と思われるし、国生みの途中で弁辰に裏切られた倭人も、弁辰の中心勢力だった狗邪韓国を滅ぼした金官伽耶を仲間と見たであろう。

金官伽耶は一貫して国津神陣営と深く関係していたと見ることができるのである。

そして、大加羅の王子・都怒我阿羅斯等《つぬがあらしと》の伝承が伝えるように、敦賀を中心とした若狭湾の地域は伽耶の人々が進出して開拓された地域と考えられ、後に琵琶湖周辺に進出して勢力を強めた伽耶の人々は大和朝廷に深く関わる有力な部族となるのである。

## ■国津神と百済

つぎに百済と倭国の関係を見てみよう。

『三国史記』によると、百済の王族は扶余の出身とされる。

しかし、百済のある朝鮮半島西岸は、かつて倭人が大挙して南下した地域である。半島南部まで行かずに、百済の地域に留まった倭人も数多くいたと考えられる。王族は扶余人であったとしても、百済を構成する人々の中に、相当数の倭人が含まれていたと思うのである。次のようなことは百済には王族と異なる部族の人々が多数いたことを伺わせる情報である。

百済の言語について『梁書』や『魏書』は高句麗と同じと記しているが、『周書』では、百済王の姓は夫余氏であり、自ら「於羅瑕《おらか》」と称していたこと、いっぽう、民衆は「鞬吉支《けんきし》」と呼んでおり、どちらも王の意味であることを特記している。

このことから、百済は支配層と民衆とで言語が異なる二重言語国家であったとする説のあることである。

百済は倭国とたいへん緊密な関係を築いた国である。これは、百済の倭人と、倭国の国津神である倭人とが同じ部族であり、倭人の国どうしであったことが理由のひとつと思えるのである。

そして、金官伽耶が同じ扶余系と考えられていることから、伽耶と百済も近い関係にあったことになる。

つまり、百済と金官伽耶と倭国の国津神とが親密な関係にあり、新羅は倭国の天津神と密接に繋がっていた。そして、倭国内では天津神と国津神が対立し、朝鮮半島では、新羅と、百済・伽耶が反目する状態にあった。

日本列島と朝鮮半島には、天津神と新羅の連合、国津神と百済・加耶の連合という対立する二つのグループが形成され、倭国と朝鮮半島の外交関係は、この二つのグループの力関係によって大きく左右されてきた。

この時代の歴史上のさまざまな事件を理解するためには、背景にあるこのような関係を考慮することが必須なのである。

## 二九．神武東征

### ■東征の理由

のちの神武天皇である神倭磐余彦命《かむやまといわれひこ》（若御毛沼命《わかみけぬのみこと》）と彼の兄弟たちは、なぜ東征して大和に向かったのか。『古事記』『日本書紀』には「天下を治める適地」を得るというあいまいな理由が記されているのみで、大がかりな軍事作戦を展開する理由としては釈然としないものを感じるだろう。

なお、天皇という称号は天武朝の時代に現れたものといわれ、それ以前の天皇は、大王と呼ばれていたというのが通説であるが、ここでは便宜上天皇と表記する。

私がこれまで述べてきたように、神倭磐余彦命《かむやまといわれひこ》は東征をしなければならない必然性があった。その理由は、近畿地方で大物主神に率いられた国津神が勢力を拡大していたからである。

このころの日本列島を概観すると、およそつぎのような状況であったと思われる。

天津神勢力は、九州全域と南西諸島を制覇し、日本海側では、出雲から山陰、北陸、諏訪地方まで進出し、四国南部も手中に収めた。

天津神は、瀬戸内から近畿地方にも軍勢を送ったが、この地域だけは大きな誤算があった。天忍穂耳命と饒速日命が作戦途中で亡くなったことである。天忍穂耳命は、瀬戸内攻略の途中、安芸侵攻の前後に周防の防府付近で没したと思われるし、大阪湾周辺を制圧した饒速日命は大物主神と奈良盆地で決戦をする前に、奈良盆地の北西の生駒市付近で亡くなったとみられる。

このため、出雲勢力の影響を受けた部族が、中国山地や瀬戸内地域で蟠踞していたし、奈良盆地では大物主神が纏向に本拠を構え天津神に対抗して防御体制を固めていたと思われる。

さらに天津神にとって問題となったのは、饒速日命が没した後、饒速日命に従軍していた天物部の一部が大物主神側に寝返ったことである。彼らは大物主神と協力して東海地方に進出し支配地域を拡大していった。このまま大物主神に率いられた国津神たちを放置しておけば、東海から関東に支配地域を拡大し、天津神を凌駕する危険な存在になる可能性があった。

北部九州にいた天津神の総帥、高御産巣日命はこのような各地の情勢をみて、ふたたび、瀬戸内から近畿地方に軍隊を派遣せざるを得なかった。神倭磐余彦命《かむやまといわれひこ》とその兄弟たちの東征は選択の余地のない必然的な措置だったのである。

## ■東征前夜

『日本書紀』によると、神倭磐余彦命《かむやまといわれひこ》は甲寅《きのえとら》の年の一〇月五日に東征の旅に出発したと記される。

安本美典氏によると、神武天皇の活躍していたころは、まだ暦が伝わっておらず、神武天皇関係の暦の情報は『日本書紀』の編纂されたころに行われていた儀鳳暦によって、編纂時に付加されたとする。

二六〇年ごろの天孫降臨以降で、儀鳳暦によって甲寅《きのえとら》に当たる年を調べてみると二九四年になる。

古代の天皇の在位年数から推定したグラフをP97に示したが、ここでも神武天皇の在位は三世紀後半の二五〇－三〇〇年ほどの範囲内であることが示され、儀鳳暦と近い年代である。

日向の国の美々津を出航した神倭磐余彦命《かむやまといわれひこ》は、宇佐に立ち寄って、足一騰宮《あしひとつあがりのみや》で宇佐津彦と宇佐津姫の饗応を受けたとされる。

神倭磐余彦命《かむやまといわれひこ》が宇佐に立ち寄った目的は何なのだろうか。

宇佐は万幡豊秋津師比売《よろずはたとよあきつしひめ》が九州南部に進出する天津神たちの勝利を祈ったところである。出征する神倭磐余彦命《かむやまといわれひこ》もまた、巫女による祭祀をおこなって、東征の戦勝を祈ったのであろう。

そして、神倭磐余彦命《かむやまといわれひこ》は東征に際して新たなシンボルを用意した。平型銅剣である。

これまで見てきたように、このころは王が代わるとシンボルも新しいものに替えたようである。邇邇芸命は中広形銅矛、彦火火出見命は広形銅矛であった。出雲の大国主命とその子の建御名方神の場合も同じである。

遠征には、配下の武将たちにシンボルを与えて敵と身方の区別に用いたし、新たに自分に従った族長たちに与えるシンボルも用意したはずである。鵜葺草葺不合命の時代の神倭磐余彦命《かむやまといわれひこ》も、当時の慣習に従ってそれまでと違う新たなシンボルを用意して遠征に出立したと推理できるのである。

そして、平型銅剣の分布域をみると、神倭磐余彦命《かむやまといわれひこ》と兄弟たちが進軍した瀬戸内地方に集中している（次頁図）。また、大分県大分市や福岡県津屋崎町などの九州北西部からも出土している。このような分布は、宇佐に立ち寄り、遠賀川河口の岡田の宮で準備を整えてから瀬戸内を東進した神倭磐余彦命《かむやまといわれひこ》のコースと重なっている。平型銅剣は神倭磐余彦命《かむやまといわれひこ》たちが用意した新しいシンボルと考えて良いであろう。

神倭磐余彦命《かむやまといわれひこ》と兄弟は、宇佐から直接東に向かわずに、遠回りして遠賀川河口の岡田の宮に向かった。神倭磐余彦命《かむやまといわれひこ》はここでしばらく逗留し、兵士を徴発したと思われるが、十分な数の兵士を集めるのに苦労したようにみえる。

なぜなら、兵士たちは岡田の宮に近い遠賀川下流域や福岡平野からではなく、はるばる筑紫平野から集まってきたと思われるからである。

安本美典氏は北部九州と奈良盆地の地名を比較し、福岡県甘木市を中心とする地名と同じ地名がほぼ同じ位置関係で奈良盆地に多数存在することから、神武天皇の東征によって北部九州の人々が奈良盆地に移動した証拠としている。

安本氏の指摘した地名をよく見ると、筑紫平野東部の地名が大半で、嘉穂盆地と福岡平野の地名がわずかにあり、遠賀川下流域の地名はひとつもないことが分かる。すなわち、神倭磐余彦命《かむやまといわれひこ》に従ったのは、筑紫平野から集まった兵士が主力であり、福岡平野や遠賀川下流域には、動員できる兵士がわずかしかいなかったことを示している。

遠賀川下流域からの徴兵が行われなかったのは、すでに多くの兵士が饒速日命に従って東征に赴いてしまったので、ほとんど残っていなかったと考えられるし、大物主神に寝返った天物部の出身地がこの地域だったことも大きな理由と思われる。

福岡平野からは、大量の人々が南九州に移動し、さらに、この地域からは、天忍穂耳命の兄弟に従って出雲や北陸方面にもたくさんの兵士が出て行った。
このため、神倭磐余彦命《かむやまといわれひこ》軍は筑紫平野東部の人々を中心に構成せざるを得なかったと理解できる。

## ■安芸

『古事記』によると、岡田の宮を出発した神倭磐余彦命は安芸の多祁理宮《たけりのみや》（広島県安芸郡府中町）に遷ったとされる。一方、『日本書紀』では安芸の埃宮《えのみや》に遷ったと記される。

ここでまず注目するのは、神倭磐余彦命たちの東征の活動が周防の国をとばして安芸の国から始まるように記されていることである。

これは、前述したように、周防の国はすでに天忍穂耳命によって平定されていたことを裏づけるもので、神倭磐余彦命一行は周防の国を平穏に通過して、天忍穂耳命が進出できなかった安芸の国から戦いを始めたことを意味している。

つぎに、神倭磐余彦命の安芸の国での拠点として、多祁理宮《たけりのみや》と埃宮《えのみや》の二つが記されていることに注目してみよう（下図）。

神倭磐余彦命たちがこの地域で掃討しなければならなかったのは、瀬戸内海の南北両岸の平野部と中国山地の勢力である。これらの地域はかつて山陰の影響が及んだ地域であり、特に中国山地は伊邪那美命の時代から山陰の製鉄民が進出し、広島県の三次盆地には山陰地方と同じ四隅突出型墳丘墓が築かれて、山陰勢力の大きな拠点になってい

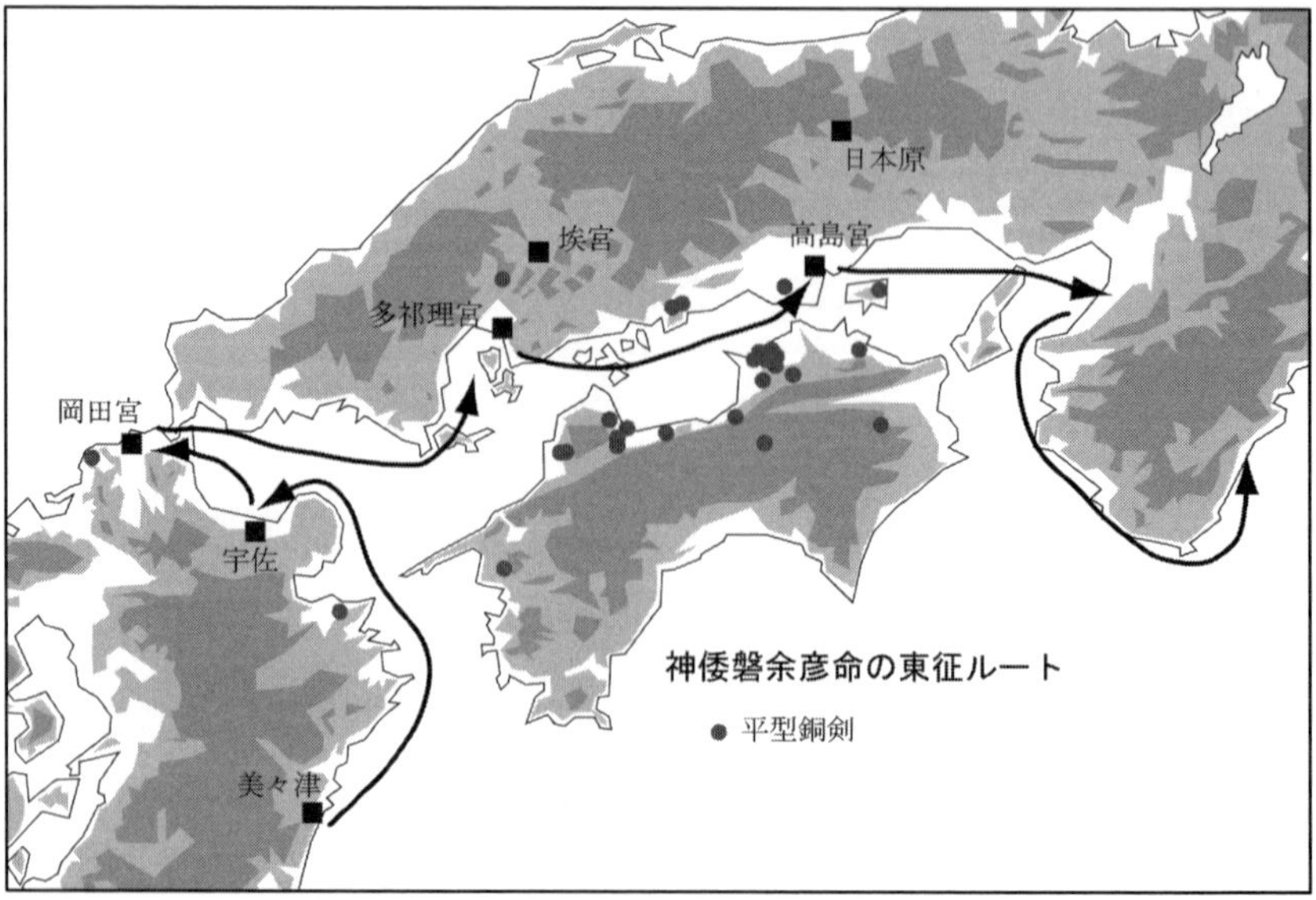

神倭磐余彦命の東征ルート

た。

神倭磐余彦命の拠点として記された埃宮と多祁理宮《たけりのみや》はこのような情勢に対応したものと思われる。埃宮は、昔の安芸の国高田郡可愛《え》村の、吉田、山手の付近とされ、中国山地の真ん中で、江の川の上流地域である。ここから川を下れば三次盆地に攻め込める位置にあることから、中国山地攻略のための基地と考えられる。また、海に近い多祁理宮《たけりのみや》は、瀬戸内海沿岸地域を攻略するための拠点と推定できるのである。

神倭磐余彦命は兄弟とともに出征しており、兄弟のそれぞれが一軍の将として瀬戸内海の両岸と中国山地の各地で奮戦したのであろう。

このような状況を考えると多祁理宮《たけりのみや》と埃宮以外にも王族の拠点となった行宮が各地にあった可能性がある。厳島神社で有名な安芸の宮島も、「宮」を含む名称なので、この時の王族の一人が拠点とした行宮《あんぐう》に因む名前かも知れない。

なお、『古事記』と『日本書紀』で、神倭磐余彦命が拠点とした場所の記述が異なることについては、部族によって保有する情報が異なっていたことが原因と思われる。

つまり、情報伝達が十分にできないこのころは、たとえば、埃宮にいた部族にとっては多祁理宮《たけりのみや》のようすはほとんど分からず、逆に、多祁理宮《たけりのみや》をベースに戦っていた部族には、埃宮の情報が伝わらないので、それぞれの部族が伝える伝承の内容が異なってくるのは当然である。

『古事記』や『日本書紀』編纂の際に、どの部族の伝承を取り上げるかによって、多祁理宮《たけりのみや》と埃宮のように、異なる内容が記されることがあるのであろう。

## ■吉備

安芸を平定した後、神倭磐余彦命たちは吉備に向かった。吉備では、『古事記』『日本書紀』のいずれも、神倭磐余彦命は高島の宮に居たと記す。

吉備も安芸と同様に山陰勢力の影響を受けた地域であった。出雲の西谷三号墳に吉備の特殊器台形土器が供えられていたが、これは、出雲の有力者の葬儀に、吉備は葬具を供献する立場にあったことを示しており、出雲と吉備が強く結びついていたことを意味している。

吉備についても、瀬戸内海沿岸だけでなく山間の盆地にも山陰から製鉄民が進出していたと思われる。津山盆地を流れる吉井川の流域は優良な砂鉄産地であり、たたら製鉄が盛んに行われていた。

津山盆地の一角に「日本原」という地名がある。これは神倭磐余彦命の軍勢が吉備の山間部攻略のために設けた軍事拠点「日の本」の名残りではないだろうか。安芸と同様に、吉備でも神倭磐余彦命たちは、海岸部と山間部の二面作戦を遂行したのであろう。海岸部では児島湾に高島の宮を設け、山間部では津山盆地に「日の本」を設置して、兄弟で手分けして山陰勢力掃討作戦を遂行したと思われるのである。

なお、吉備という名称について興味深い情報がある。

古市晃氏の著書『倭国　古代国家への道』によると、大宝二年（七〇二）の筑前国嶋郡川辺里戸籍には、筑前国志摩郡に吉備部という氏族がいたことが記録されており、また、吉備氏は肥後国の葦北国造と同族関係にあったことが「国造本紀」に記されるとのこと。

これらの情報は吉備の名称が九州起源であることを示しているように見える。

また、古市氏は同書で佐婆氏についても次のような面白い情報を提供している。

筑紫の櫃日の宮に沙婆県主の祖、内避高国避高松屋種《うつひこくにひこまつやたね》がいる（『日本書紀』神功皇后摂政前期仲哀天皇九年）。

平安時代の初めに讃岐国に居住していた佐婆部首は、祖先の紀田鳥宿禰の孫、米多臣が讃岐に移住したと述べており、紀伊系氏族との同族関係を主張していた。（続日本紀延暦十年（七九一）十二月条）

長岡京跡出土の木簡に「難波佐婆部」と記したものがあり、佐波の勢力は、北部九州から瀬戸内海西部だけでなく、瀬戸内海東端の大阪湾岸でも活躍していたことが確認されている。

つまり、九州に祖先がいた佐婆氏が、瀬戸内海を東進し難波まで移動していたことを意味する。

佐婆や吉備の名称が九州から東に移動していることは、饒速日尊や神倭磐余彦命など九州勢力の東征によって大規模な人の移動が起きたことを示しているのではないか。

■楯築墳丘墓

楯築墳丘墓は、岡山県倉敷市矢部にある双方中円形のユニークな形状の墳丘墓である。王墓山丘陵の北側に弥生時代後期に造営された墳丘墓で、直径約 43m の不整円形の主丘の北東側と南西側に方形の突出部を持つ。現在確認されている突出部両端の全長は 72m で同時期の弥生墳丘墓としては日本最大級である。

墳丘の各所から壺形土器、特殊器台・特殊壺の破片が出土しており、また、楯築遺跡の上に鎮座する楯築神社の御神体の弧帯文石（旋帯文石）は国の重要文化財に指定されている（下図）。特殊器台・特殊壺は、前述のように出雲の西谷三号墳の葬儀の際に供献されており、楯築墳丘墓の被葬者は出雲と深い関係にあった国津神であった。

また、弧帯文石の文様は、纒向遺跡出土の弧文円盤とよく似た意匠であり、纒向と共通の葬送儀礼が行われたとされていて、纒向もまた吉備と同じ儀礼を行う国津神の集落であることを示している。

弥生時代後期の吉備になぜこのような特殊な形の楯築墳丘墓が作られたのか考えてみよう。

記紀などによれば、このころの吉備の状況は、西から天津神たちの攻撃にさらされた時期である。饒速日尊が瀬戸内を通って河内に向かった時や、神倭磐余彦命の東征に対して、吉備の国津神は激しく抵抗したのであろう。

神倭磐余彦命は吉備で長期間戦わなければならなかったことが記紀に記されている。これはこの地域の国津神が強力な軍隊を擁して天津神の侵出に反撃していたことを示している。

このような時期に楯築墳丘墓が築造されたのである。

吉備の厳しい状況を考えると、巨大墳丘墓の築造の目的は、天津神の軍勢に反撃するための兵員確保のための施策だと考えられないだろうか。

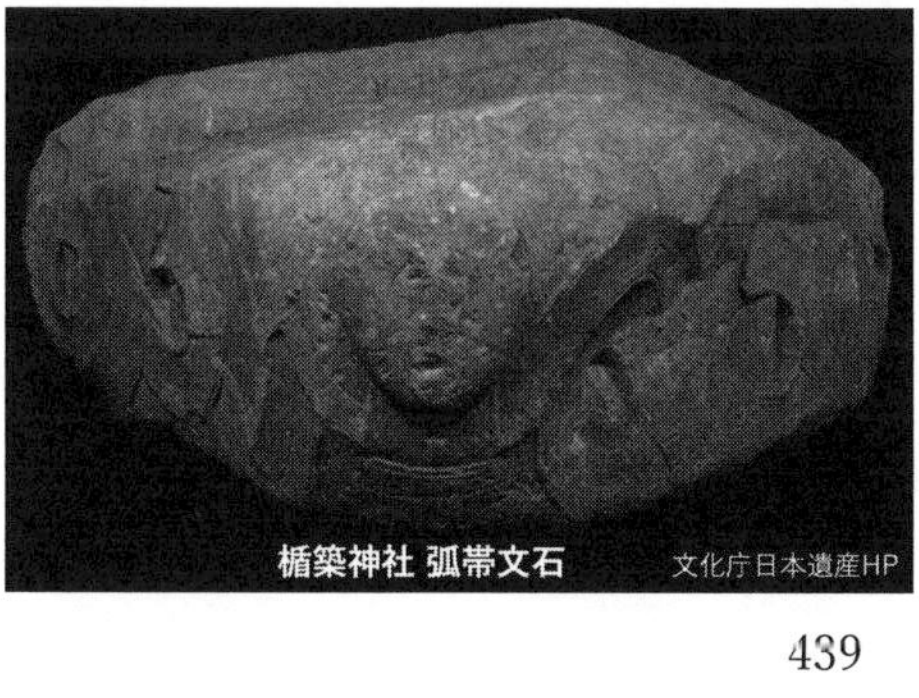

楯築神社 弧帯文石　文化庁日本遺産HP

『日本書紀』に、壬申の乱で大海人皇子が挙兵を決意した時の様子が記録されているが、その中に墳墓の築造が兵員集めの口実になった次のようなエピソードが記されている。

朴井連雄君《えのいのむらじおきみ》が大海人皇子に次のように奏上した。

「美濃を旅した時、近江朝が、美濃・尾張両国の国司に『天智天皇の山陵を造るために、あらかじめ人夫を指定しておけ』と命じておりました。ところが、それぞれに武器を持たせてあります。私の思いますのに、山陵を造るのではありますまい。これは必ず変事があるでしょう。」

つまり、近江朝が天皇の陵墓を造る名目で人夫を集め、それぞれに武器を持たせて戦いの準備をしていたのである。

また、『日本書紀』神功皇后紀の忍熊王、麛坂王の反乱伝承に次のような話がある。

忍熊王と麛坂王は、筑紫から帰還する神功皇后の船団を迎え撃つために、仲哀天皇の陵墓を明石に作るという名目で淡路島から石を運ばせた。そしてこの作業者一人一人に武器を持たせて皇后を待ち受けたと記されている。

ここでも天皇の墓を築造することが武装集団を作るための口実にされているのである。

敵の軍勢が攻めてきた時になって、急に兵士を集めようとしても難しいだろう。あらかじめ各地から要員を招集し、墳墓築造の肉体労働で身体を鍛え、軍事的な訓練をしておけば、いざとなった時にすぐに軍隊として機能させることができる。

また、戦いが終わってもすぐに解散するのではなく、完全に平和になるまでは、次の戦いに備えて引き続き墳墓築造を継続することもできる。楯築墳丘墓の築造はこのような目的で行われたと推理するのである。

記紀には、神武東征の時、吉備だけではなく安芸でも時間をかけて戦ったことが記されている。その期間は『古事記』では安芸で八年、吉備で七年、『日本書紀』では安芸で三ヶ月、吉備で三年とされる。

小野忠熙氏の『高地性集落跡の研究』によると、安芸と吉備に高地性集落が集中しており、神武東征の時にこの地域で戦いが行われた記述と整合している（次頁図）。しかしこの図をよく見ると、安芸には多数の高地性集落があって強い抵抗があったように見えるが、吉備は高地性集落がそれほど多くまとまっているようには見えない。それにも関わらず、『日本書紀』では、戦いの期間は安芸より吉備の方が長く、国津神の大きな抵抗があったように見える。なぜだろう。

これは楯築墳丘墓や、このあと述べる鯉喰《こいくい》神社墳丘墓に多くの兵士を集めた効果ではないかと思うのである。安芸のように高地性集落が多数あっても、一箇所あたりの兵員はそれほど多くないと思われるので、ひとつずつ攻撃すれば簡単に撃破できてしまう。一方吉備では、楯築に兵士を多数集結させて強力な軍勢を用意したので、攻略に長期を要したと理解できるからである。

ところで、前述の楯築神社の弧帯文石は、全面に帯状の弧を描く文様が刻まれ、正面には人の顔が造り出されている。これは、西から攻め寄せる天津神の軍勢に顔を向けて、呪術的効果によって敵を退散させるために用いられた遺物ではないだろうか。

というのは、以前の章で触れたが吉備の遺跡から大量の桃の種が出土している。津島遺跡からは2415個、上東遺跡からは纏向よりもはるかに多い9608個が出土している。纏向で出土した桃の種は、敵を退散させるための祭祀に用いられたと推理したが、吉備の桃の種も、やはり纏向と同じ目的で、西から攻め寄せる天津神の軍勢の退散を祈る祭祀に用いられたと推理されるのである。吉備の国津神に、敵を調伏《ちょうぶく》する祈りが必要な状況にあるとき、いかにも呪術的な効果を狙ったような弧帯文石は、敵の進撃を阻止するための祈りを捧げる対象であったとするのは妥当な推理であろう。纏向遺跡出土の弧文円盤も葬送儀礼ではなく、桃と同じように、敵の退散を祈る祭祀に用いられたものであろう。

興味深いことに、楯築神社の御神体とは別に、もう一つの弧帯文石が楯築墳丘墓の埋葬施設から出土している(次頁図)。この弧帯文石は多数の破片となった状態で見つかっている。一部に炭の小片が付着しているので、この場で火で焼かれ

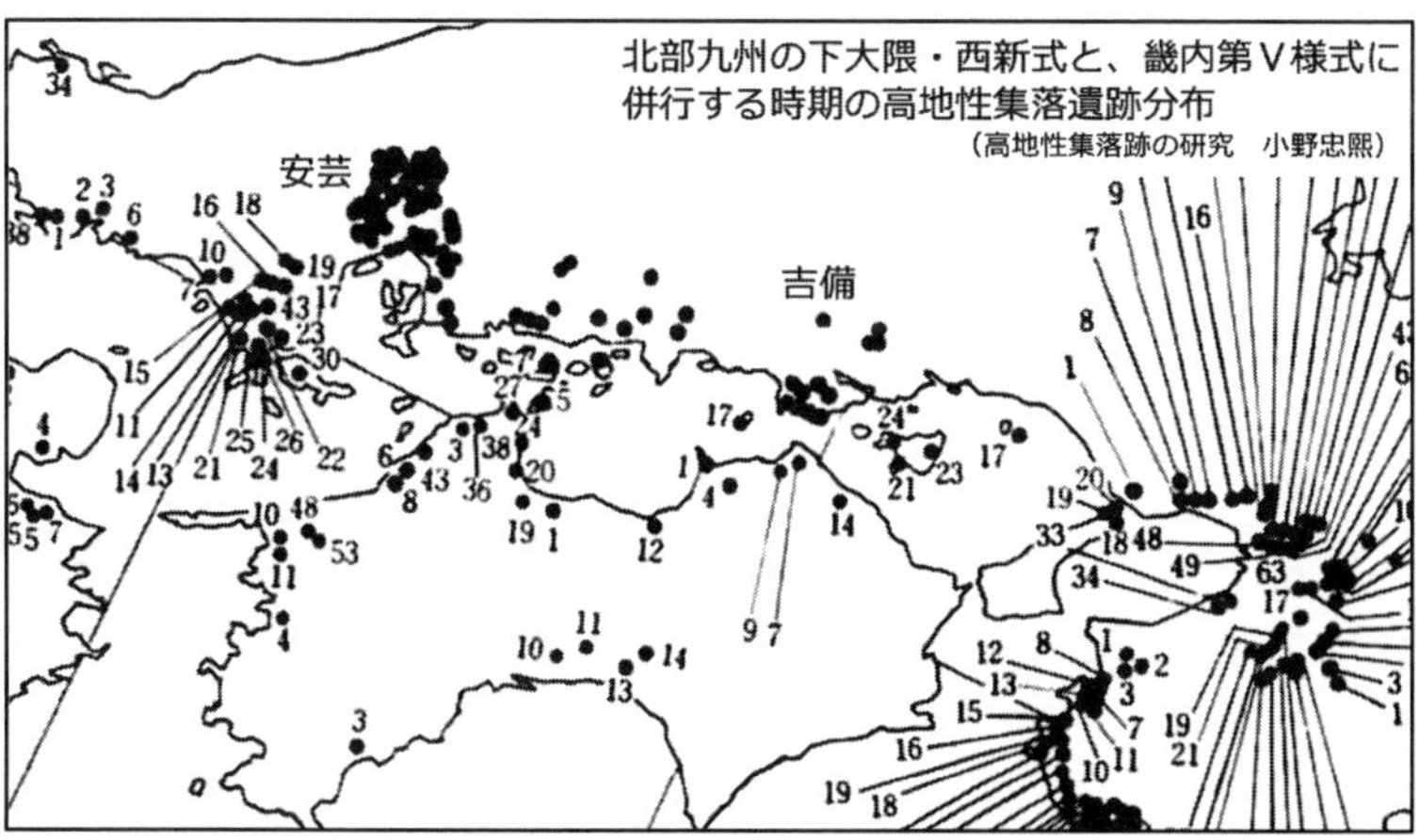

たと見られており、そのため石はもろくなって破片状に割れてしまったと推測されている。
実験では、同種の岩石に木材を焚いた炎を当て続けたところ、六時間後に岩石に縦横の亀裂が入って剥離し始めたと報告されている。楯築周辺の国津神を打ち破った天津神たちが、国津神たちの祈りの拠り所であった弧帯文石を、手間をかけてでも破壊しようとした結果に見えるのである。国津神のシンボルだった銅鐸の受難と同じように、天津神たちが、敵の精神的な拠り所となっていたシンボルを破壊し埋めてしまったのである。

弧帯文石が二個出てきたことは、この地域に饒速日尊と磐余彦の二つの軍勢が押し寄せたことと関係するように見える。

はじめに饒速日尊が吉備を通過した時は、吉備ではほとんど戦いが行われなかったと思われる。なぜなら、第十九章で触れたように、吉備は天之忍穂耳尊が討伐予定の地域であったと思われることと、あとから来た磐余彦が吉備で敵対勢力を相手にして、長期間駐留を強いられたように、無傷の強力な敵が吉備で待ち構えていたように見えるからである。

高地性集落が、明石海峡を東に超えた地域に分布している(前頁図)ことから推理すると、饒速日尊は吉備を戦わずに通過し、明石海峡の東側から、待ち構えた敵と戦いを始めたように見える。のちに磐余彦がこの地域をわずか一ヶ月で通過している。これは、饒速日尊がすでにこの地域を攻略済みであったためと理解できる。

饒速日尊が攻め寄せて来なかった吉備では、あたかも弧帯文石の霊力が敵を追い払ったように見えたので、弧帯文石は霊石として楯築神社に大切に祀られることになったのだろう。

饒速日尊の次に磐余彦がこの地域に押し寄せたときには、強力な国津神たちが待ち構えていたので、激しい戦いが行われた。磐余彦はこの戦いに長期間かけて勝利し、河内に向かったのだが、その前に磐余彦を苦しめた国津神のシンボルの弧帯文石を、徹底的に破壊したのであろう。バラバラになって埋葬施設から出てきた弧帯文石は磐余彦の仕業《しわざ》だと思うのである。

破片で見つかった弧帯文石
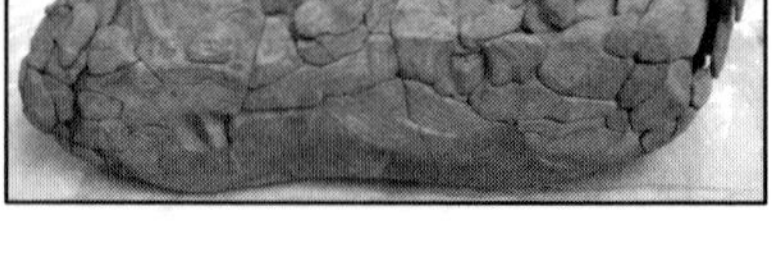

ところで楯築墳丘墓の平面図（下図）を見ると、少々気になることがある。中央の円丘に二つの突出部が接続しているが、そのうち南西の突出部が円丘の中心を向いておらず歪んでいることである。

元々の地山の地形が歪んでいるかもしれないので、明確な根拠があるわけではないが、二つの突出部は異なる時期に造られたのではないか。同時期に作るとしたらもう少しバランスに考慮ができたと思うのである。南西に延びた突出部は後から急遽追加された部分ではないか。

この地域は前述のように饒速日尊と磐余彦の二回の東征で攻撃を受けている。墳墓が兵士を集めるための施策だとすると、一度目の戦いのあと、一旦終了した工事が、二度目の攻撃に備えるため急遽再開された。工事の現場を設けて兵士を集めることが目的で、きちんとした設計図もないのでこのような形状になった、と想像してしまうのである。

さて、楯築墳丘墓の北西700mほどのところの鯉喰《こいくい》神社の下に鯉喰神社遺跡と呼ばれる弥生墳丘墓がある。この墳丘墓からは楯築墳丘墓と同じく弧帯文石や特殊器台などが出土しているが、墳丘の形は楯築とは全く異なり約40m×30mの長方形である。

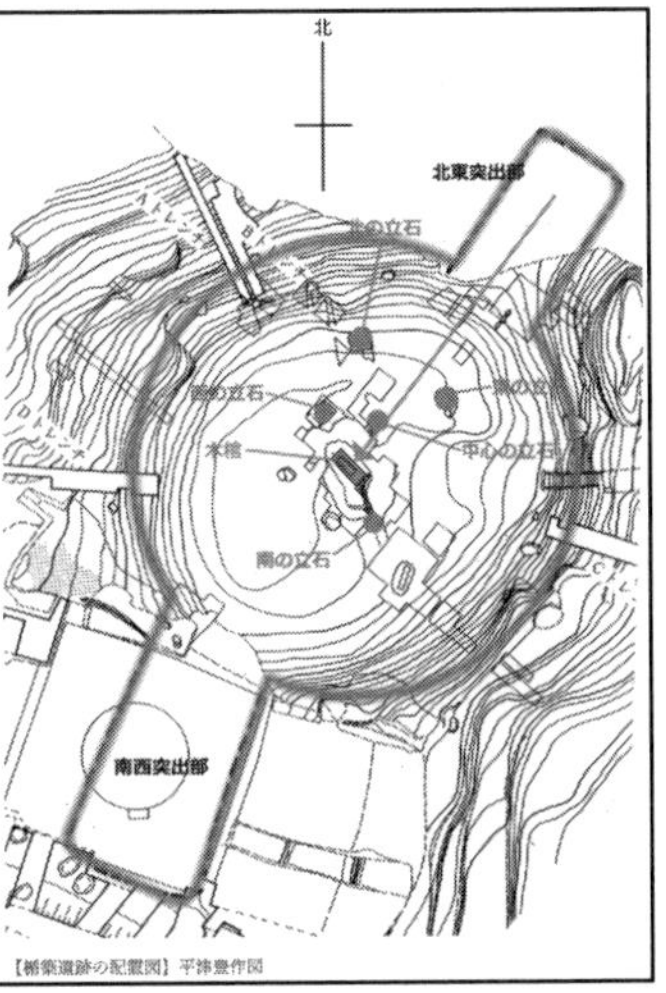

【楯築遺跡の配置図】平沸豊作図

楯築墳丘墓と同じような弧帯文石や特殊器台が出土していることから、この二つの墳丘墓はほぼ同じ時期に作られたものではないか。とすると、鯉喰神社墳丘墓も楯築墳丘墓と同じく、九州勢力の東進に対応するために、兵士を集めることを目的として造られたと考えるのである。

そして鯉喰神社墳丘墓の形が楯築とまるで違う長方形なのは、出雲勢力が加勢に来たことを示しているのではないか。出雲では四隅突出型墳丘墓や前方後方墳が数多く作られたように、方形の墳墓を作る伝統がある。また出雲の首長の葬儀に吉備から特殊器台を供献するなど出雲と吉備は強い絆で結ばれている。

九州勢力の向かう先は国津神の集まる大和である。大和は出雲から進出した大物主神が開いた国津神の拠点なので、出雲としては、九州の軍勢が東進し、大和方面に攻め込むことを防がなくてはならない。そのため出雲勢力は途中の吉備に進出し、吉備とともに、九州から来襲する天津神勢力と戦ったのであろう。鯉喰神社墳丘墓が長方形なのは、吉備に遠征して来た出雲勢力が、伝統に従って方形の墳丘墓を築造したと理解できるのである。

## ■神倭磐余彦命と彦火火出見命の軍事行動

吉備を平定したのち、神倭磐余彦命の一行は河内に向かった。『日本書紀』には吉備を出発してから、一ヶ月で河内国の日下《くさか》村に到着したと記される。

安芸や吉備の攻略に何年も要したのに比べて短期間で河内まで到着したのは、第十九章で述べたように、播磨や摂津など、河内までの経路が、すでに饒速日命が東征した時に攻略済みであったためと思われる。

その証拠は、播磨や摂津の海岸地域にいくつかの「丸」付き地名が存在することである（P271図）。これらは、最初にこの地域に現れた天津神軍である饒速日命が、砦を築きながら時間をかけて淀川河口や河内方面に進出していった痕跡と考えられるからである。

神倭磐余彦命たちの軍勢は、河内湾から上陸し、奈良盆地侵入を企てたが、待ちかまえた長髄彦《ながすねひこ》に敗れて海へ逃れ、南に向かった。

神倭磐余彦命たちが紀伊に向かったのは、彼らの軍勢だけで戦うのをあきらめて、紀伊半島西岸を攻撃していた彦火火出見命の軍勢に合流するためであった。敗戦で疲弊し、戦力が低下したのと、総大将の五瀬命が負傷したことが大きかったのであろう。

前述のように、彦火火出見命は四国南部を攻略したのち、紀伊半島西岸を盛んに攻撃している最中であった。

天津神軍は、河内から紀伊半島までの広大な地域を戦場とするよりは、紀伊半島西岸地域に兵力を集中して、紀の川をさかのぼる一点突破の作戦を実行したと思われる。河内での神倭磐余彦命の敗戦で、生駒や金剛の山並みを防塁とした奈良盆地に、河内側から攻め込むのは厳しいと判断されたことも理由であったろう紀伊半島西岸には高地性集落が密集して構築され、国津神はこの地域を一大要塞地帯としていた（P441図）。この地域に天津神の主力部隊が押し寄せることを早くから察知し、準備をしていたのであろう。

ところで『日本書紀』や『旧事本紀』には須佐之男命の子である五十猛命《いそたけるのみこと》が紀伊国に大神として祀られていたことが記されている。前後の関連がなく突然須佐之男命の息子が紀伊に現れるのは奇異な感じがしていたが、五十猛命の一族が紀の川河口の防衛や紀伊半島西岸の高地性集落の築造の指揮を取ったと考えるとこの伝承も納得できる。このような大規模な作戦を実行するためには、国津神の有力者のリーダーシップが必須と思うからである。

国津神が纏向に拠点を築き、天津神の攻撃に対応しようとしたときに、奈良盆地だけでなく紀伊半島も含めた広範囲に目配りし、壮大な防衛システムの構築を意図したように見えるのである。

紀伊半島西岸の戦いは壮絶を極めたにちがいない。『日本書紀』には、神倭磐余彦命の兄の稲飯命や三毛入野命たちが紀伊半島沿岸で没したことが記されている。何人もの王族がこの地域の国津神との戦いの中で戦死したことが核となってこのような内容に記述されたのであろう。

そして、河内で多くの将兵を失った神倭磐余彦命は、紀の川をさかのぼる主力部隊を離れて熊野に向かった。

その理由は、次のように紀伊半島東岸にも国津神が進出した形跡が多数あり、これを掃討することであった。

新宮市に注ぐ熊野川の河口近くに、熊野信仰の発祥の地として知られる神倉神社がある。ここは熊野速玉大社に祀られている熊野権現が最初に降臨した場所とされている。

神倉神社では、ゴトビキ岩（天磐盾）と呼ばれる巨大な岩が御神体とされているが、この大岩の脇の経塚の最下層から大小二十二個　の銅鐸片が発見されている。原型は高さ60cmの袈裟襷文の銅鐸で、破片は約1mの円形に散乱していた。

ゴトビキ岩の銅鐸の存在は、熊野川河口のこの地域に国津神が進出していたことを示すものである。

破壊された銅鐸は各地で発見されているが、第二〇章で述べたように、これらは国津神のシンボルであった銅鐸を天津神の軍勢が破壊したものと考えられるので、ゴトビキ岩の銅鐸は神倭磐余彦命の軍勢によって破壊された可能性がある。

また、熊野本宮大社の祭神の家都美御子大神《けつみみこのおおかみ》は、須佐之男命とされている。五十猛命や伊邪那美命という説もあるが、いずれも出雲系国津神である。新宮市の北に隣接する熊野市の井戸川河口近くには伊邪那美命を祭神として祀る花窟《はなのいわや》神社がある。伊邪那美命は出雲の国津神出身であることから、熊野市のこの地域も国津神の支配下にあったと言える。

そして、伊勢国風土記の逸文には、この地域が国津神の伊勢津彦《いせつひこ》によって支配されていたとする記述がある。

伊勢国風土記によると、神倭磐余彦命が熊野から奈良盆地に侵攻するとき、天日別命《あめのひわけ》に「天津の方（東の方向）に國がある。その國を平《ことむ》けよ」と勅命を下して標劔《みしるしのつるぎ》を与えた。天日別命《あめのひわけ》は勅命を承り、東に数百里入っていくと。その邑に伊勢津彦という神がいた。伊勢津彦は、天日別命に国土を渡すよう要求されたが、この国に長く居住していたことを理由に断っていた。しかし、天日別命が攻勢の準備を整えると、これを恐れた伊勢津彦は東方へ避退する旨を天日別命に伝えた。すると天日別命に「伊勢を去ることをどのように証明するのか」と問われたため、伊勢津彦は「強風を起こしながら波に乗って東方へ去って行く」ことを誓い、夜の内に東方へと去って行った。のちに天皇の詔によって国津神の神名を取って、伊勢国としたと記述される。

すなわち、熊野市や新宮市地域をはじめ紀伊半島の東側は国津神が支配を進めていた領域であり、神倭磐余彦命率いる天津神の軍勢が侵攻する大きな理由があったのである。また伊勢津彦の伝承に見られるように、この地域の国津神は天津神の圧力に屈して東に移動した。第二一章で述べた土器の東への移動と整合する内容である。

ところでこれは余談になるが、紀伊半島の東側に国津神が進出したことと関連しそうな面白い話がある。

南勢・志摩地域に伝わる蘇民将来《そみんしょうらい》の説話である。蘇民将来《そみんしょうらい》の伝承は京都の八坂神社をはじめとする近畿地方から関東、東北まで広く分布しているが、興味を惹かれたのは、南勢・志摩地域には「蘇民将来《そみんしょうらい》子孫家門」と書かれた注連飾りを、正月だけでなく一年中飾っておくという独特の風習があり、須佐之男命が登場する次のような物語が伝えられていることである。

「須佐之男命が、南海への旅の途中、蘇民将来《そみんしょうらい》・巨旦将来《こたんしょうらい》という名前の二人の兄弟のいる地に立ち寄り、そこで、須佐之男命は一晩泊めてくれるよう二人に頼みました。弟の巨旦はとても裕福だったのですが、断りました。兄の蘇民は貧しかったのですが、親切に須佐之男命を泊めてあげました。須佐之男命は喜び、蘇民に『今後、この地に悪い病気が流行ったときには、蘇民将来《そみんしょうらい》の子孫であると言い、茅輪《ちのわ》を腰に着けなさい。そうすれば病気を免がれるでしょう』と言って、その地を立ち去った。」

これは、国津神が紀伊半島東岸のこの地域に進出したときのことが元になった伝承に見えるのである。そして、貴人の指示に従えば厄災から免れるというのは、第二六章に記したアマビエの話とよく似ている。なお前述の伊勢国風土記には伊勢津彦の別名を出雲建子命《いずもたけこ》とする記述があり、出雲から須佐之男命がこの地に渡ってきたとする伝承と関連するかもしれない。

さて、半島の東側を掃討した神倭磐余彦命は山中の敵を攻略しながら熊野川をさかのぼり、紀の川方面で作戦を展開する彦火火出見尊の主力部隊に合流し支援するための行動を起こしたと思われる。

それを匂わせる情報がある。

熊野川を遡ると、川の名前が十津川に変わる。さらに遡って五條市に入ると天津神に因んで名付けられたと思われる天ノ川になる。神倭磐余彦命たちがこの地域で川沿いに行動したことの痕跡かもしれない。

天津神は「天」に強いこだわりがあるようだ。大阪府の枚方から奈良県の生駒に抜ける磐船街道沿いにも天野川が流れているが、この街道沿いに饒速日命を祀る磐船神社があり、天津神の饒速日命がこの地域で活動したことから、ここでも天野川と呼ばれたように見える。

熊野川の地域での神倭磐余彦命の活動について不可解な話が記紀に記されている。

熊野に上陸した磐余彦の軍勢が、毒気に当たって苦しんでいたところに、高倉下《たかくらじ》が神剣の布都御魂《ふつのみたま》を持って現れ、彼らを救った話である。

これは、苦戦する磐余彦軍を彦火火出見命の軍勢が助けた話と理解できる。紀の川をさかのぼる彦火火出見命は、孫の神倭磐余彦命が紀伊半島の裏側から攻め寄せることを知っていたので、孫のようすが気になって探らせていたと思えるのである。このとき高倉下《たかくらじ》が神剣を持って行ったのは、高倉下《たかくらじ》が神倭磐余彦命と同じ天津神の一族であることを示すシンボルとして持参したものであろう。

神倭磐余彦命は、たとえ高倉下《たかくらじ》の顔を知らなくても、この剣の持ち主が天津神の同胞であることをすぐに理解したであろう。

神倭磐余彦命と彦火火出見命が紀の川上流地域を経て奈良盆地南部に苦労して侵入したようすが、地名から読み取れる。日本地名学研究所が編纂した『大和地名大辞典』は、奈良県の小字名まで詳しく記された地名辞典である。これによると、「日ノ本」「樋ノ本」「ヒノ本」などと書いて「ひのもと」と読む地名が、奈良県に一四カ所もあり、奈良盆地南部に集中していることがわかる（下図）。

地名を読み解くと、彦火火出見命や神倭磐余彦命たちが、この地域の国津神を攻略するために、紀の川や十津川を遡り、軍事拠点「日の本」を何箇所も築きながら熾烈な戦いを繰り広げざるを得なかった状況が浮かび上がるのである。

## ■天津神の奈良盆地進出

「ひのもと」を天津神軍の軍事拠点と考えると、彦火火出見命や神倭磐余彦命たちが紀の川上流から奈良盆地へ侵入していったルートを推理できそうである。

『古事記』によると、神倭磐余彦命は、「阿陀」から「井氷鹿」、「国巣」、「宇賀志」、「宇陀」を通過して「忍坂」から「師木」に至ったとされる。これらの地名の比定にはいくつかの説があるが、「阿陀」を奈良県五條市東部、「井氷鹿」を吉野町飯貝、「国巣」を吉野町国栖と考えて、「ひのもと」の分布を加味す

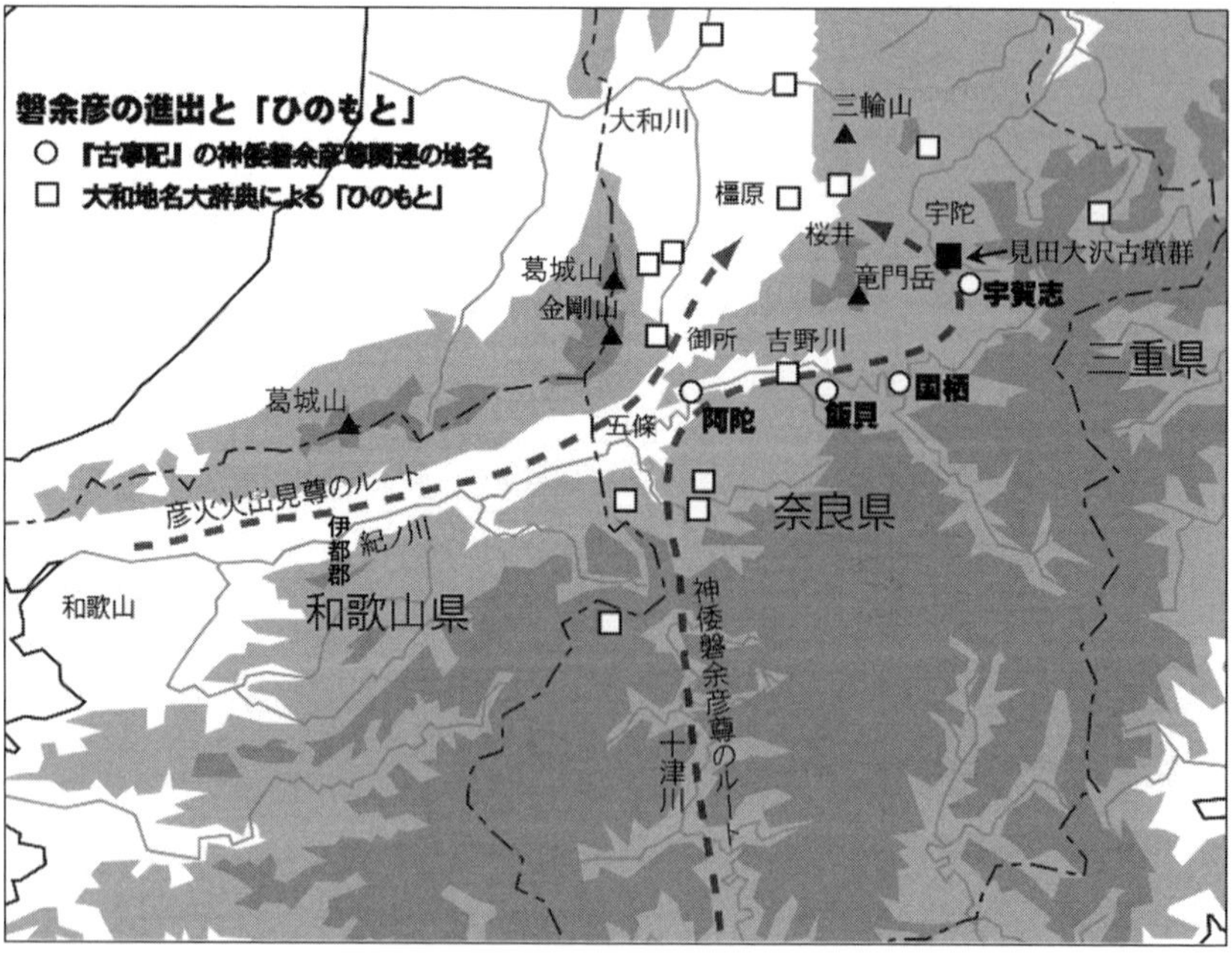

ると、神倭磐余彦命は熊野あたりから十津川をさかのぼり、五條市東部の「阿陀」に出て、竜門岳の東側をぐるっと回って桜井あたりに至る裏ルートをたどったと思える。

神倭磐余彦命がこのルートを進んだのは、この地域にも国津神が進出していたからだろう。というのは、宇賀志の北西三キロほどのところに前方後方墳一基と方墳四基からなる見田大沢古墳群があり、奈良盆地の古墳発生期の古い時代に築造されたものとされている（前頁図）。

方形の古墳は出雲系と思われるので、出雲の国津神勢力が早い時期からこの地域に進出していたことの証拠である。そのため神倭磐余彦命の討伐のターゲットになったのではないか。

そして、御所《ごせ》や葛城方面に「ひのもと」があることから推理すると、紀の川をさかのぼった彦火火出見尊は、五條市付近から北に向かい、この方面に進出したのであろう。

彦火火出見尊の進出によってこの地域が緊張状態になった様子は考古学的にも知ることができる。

奥野正雄氏は著書『邪馬台国発掘』で、弥生時代末期の奈良盆地南辺の状況を次のように記述している。少し長いが引用する。

「弥生後期に入ると、さきに述べた防衛的性格を持つ高地性集落が曽我川上流地域に集中的にあらわれる。同時に曽我川、葛城川水系の耕地化にながい間根拠地の役割を果たしてきた母集落が、次の段階に廃絶また廃絶寸前の状態におちいり、さらに盆地東南部に高地性集落が移動する、という。

曽我川、葛城川の上流域といえば、紀の川を経て大和に入る、奈良盆地の入り口にあたり、ここでの防衛的集落の出現は、さきに述べた大阪湾にそった山麓や紀伊水道東岸に集中する高地性集落の出現と無関係であるとは考えられない。

寺沢氏はこうした弥生後期の集落の消長について『〈終末は大和の各地域の母集落の廃絶〉であり〈母集落だけではなく、いわば弥生後期人の生活地点が少なからず移動を余儀なくされ〉、高地性集落も消滅するにいたり、（第一様式以来）独自の発展を示してきた大和の弥生社会は、その基盤（帰属空間）である小地域の崩壊によって終焉を迎えたとしても過言ではあるまい』と述べている。

いわば弥生後期の段階に、大和では盆地西南部に政治的緊張状態が発生し、紀の川沿いに入ってきた勢力をさえぎるかのように曽我川、葛城川上流に高地性集落が作られるが、やがて侵入勢力に圧倒されたか、あるいはその戦乱によってか、周辺の多くの母集落も廃絶してしまうといった状況が推測できるのである。

こうした一種の戦乱と荒廃のあと、奈良盆地東南の纒向の地に、おそらくこの時期最古の前方後円墳を含む遺跡群が成立するのである。」

奥野氏がここに記した紀の川から奈良盆地への入り口である曽我川上流地域の緊張は、これまでの分析で明らかなように、彦火火出見尊の侵攻によってもたらされたものである。そして次の段階の盆地東南部に高地性集落が移動したとする現象は、神倭磐余彦命の軍勢が桜井方面に現れたことによる緊張状態を示すものであろう。

最終的に盆地南部から侵入した彦火火出見尊や神倭磐余彦命が盆地内を制圧したように見える。

## ■彦火火出見尊と葛城

神倭磐余彦命は、奈良盆地を制圧したのち橿原で即位し、初代の大王(神武天皇)となった。

彦火火出見命はどうしたのであろう。

神倭磐余彦命と協力して盆地内の反抗勢力を平定したのち、齢《よわい》を重ねた彦火火出見尊は盆地の統治を孫の神倭磐余彦命に委ね、葛城や御所《ごせ》の地域で隠居したのではないかと思うのである。

その根拠は、まずこの地域が大和政権の初期から絶大な勢力を持つ葛城氏の本拠地であることである。

葛城氏が土着の部族だとすると、奈良盆地の辺縁部で、平地が少なく稲作にはそれほど適してはいない葛城山や金剛山の斜面を本拠として強勢になったとするのは理解しがたい。

紀の川を遡った彦火火出見尊が引き連れてきた大勢力がそのままこの地域に住み着き、葛城氏として神倭磐余彦命をはじめ初期の天皇の後見勢力となったとすれば、彼らが葛城で大きな力を保持していた理由が納得できる。初期の天皇のほとんどがその宮殿を葛上郡、葛下郡、高市郡などの葛城の近傍に置いているのは、初期の天皇が葛木勢力に守られていたことを示している。

そして、次のようなことから、葛城（葛木）という名前はもともと九州に起源があったと思われる。

まず、紀の川中流には「伊都郡」という九州由来らしき地域があって、その中に「かつらぎ町」があり、「かつらぎ町」の中に天津神の村を思わせる「天野村」が昭和三十年まで存在したことである。これは紀の川を遡る彦火火出見尊に従軍していた天津神の人々がこの地域に定着した痕跡のように見える。そしてその中に葛城氏が含まれていたことを示しているのだろう。この地域の北側の和泉山脈の中央に大和とは別の葛城山がある。これも葛城氏とこの地域との関連を示している。

九州を見ると、『和名類聚抄』に、肥前国三根郡に「葛城郷」があったことが記されている。また、『三代実録』貞観十五年の条には、三根郡のこの地域に「葛木一言主神」が祀られていたことが記されている。さらに現在も福岡県築城町や若宮市に「葛城神社」があることから、古い時代から葛城氏が九州各地に展開していたように見える。

全国の葛城神社の分布を調べてみた（下表）。神社は人の移動によって移動したり後の時代に分祠されたりするので、これだけで判断するのはリスクがあるが、大まかな傾向として瀬戸内や四国など天津神東征の時の移動ルートに沿って分布しているように見える。

そして、紀の川の河口付近の有田市に「葛城大明神」があり、紀の川中流には前述の伊都郡かつらぎ町があり天野村があったのである。

**全国葛城神社分布**

| 地域 | 神社名 | 住所 |
|---|---|---|
| 九州 | 葛城神社 | 鹿児島県いちき串木野市川上 |
| | 葛城神社 | 佐賀県三養基郡みやき町天建寺 |
| | 葛城神社 | 福岡県宮若市三ケ畑 |
| | 葛城神社妙見宮 | 福岡県築上郡築上町奈古 |
| 四国 | 葛城神社 | 高知県四万十市 |
| | 葛木男神社 | 高知県高知市布師田 |
| | 葛城神社 | 愛媛県上浮穴郡久万高原町二名 |
| | 葛城神社 | 愛媛県松山市浅海本谷 |
| | 葛城神社 | 愛媛県今治市大三島町宮浦 |
| | 葛城神社 | 香川県仲多度郡まんのう町買田 |
| | 葛城神社 | 香川県高松市生島町 |
| | 葛城神社 | 徳島県美馬市脇町西俣名 |
| | 葛城神社 | 徳島県鳴門市大麻町姫田森崎 |
| | 葛城神社 | 徳島県鳴門市大麻町姫田大森 |
| | 葛城神社 | 徳島県鳴門市北灘町粟田池谷 |
| | 葛城神社 | 徳島県鳴門市大麻町大谷東山谷 |
| 中国 | 葛城神社 | 広島県尾道市 |
| | 葛城神社 | 広島県福山市 |
| | 葛城神社 | 岡山県笠岡市大河 |
| 近畿 | 葛城神社 | 和歌山県橋本市柱本 |
| | 葛木大明神 | 和歌山県有田市宮崎町 |
| | 葛城神社(高龗神社) | 和歌山県紀の川市切畑 |
| | 葛木神社 | 奈良県御所市高天 |
| | 葛城一言主神社 | 奈良県御所市森脇 |
| | 葛城天神社 | 奈良県御所市櫛羅 |
| | 葛城天剣神社 | 奈良県御所市櫛羅 |
| | 葛木御歳神社 | 奈良県御所市東持田 |
| | 葛城御縣神社 | 奈良県葛城市葛木 |
| | 葛木二上神社 | 奈良県葛城市染野 |
| | 葛城神社 | 奈良県葛城市平岡 |
| | 葛木神社 | 奈良県奈良市 |
| | 西葛城神社 | 大阪府貝塚市木積 |
| | 東葛城神社 | 大阪府岸和田市 |
| | 葛城神社 | 京都府京丹波町口八田宮ノ本 |
| 関東東海 | 葛城裾花神社 | 長野県長野市広瀬 |
| | 葛木神社 | 埼玉県秩父市 |
| | 葛木神社 | 静岡県伊豆の国市 |

これらの情報を総合する

と、彦火火出見尊や磐余彦に率いられて東征した九州起源の葛城の一族が、紀の川の河口から川を遡り、現在の御所市のあたりから葛城地域に進出したと推理できるのである。

この地域が「御所《ごせ》」と呼ばれていることから、総大将の彦火火出見尊もこの地域に腰を据えたものと思われる。

「御所《ごせ》」の語源については、葛城川に五つの瀬があったから、などいくつか伝承があるようだが、「御所《ごせ》」はこの地域に存在した彦火火出見尊の宮殿にちなむ呼称に思えてならないのである。

御所《ごせ》市には高天《たかま》という地域があり、高御産巣日尊を祭神とする高天彦神社《たかまひこじんじゃ》がある。天津神の総帥である高御産巣日尊を祀っていることは、この地域が彦火火出見尊に率いられて紀の川を遡って来た天津神の集落であったことを裏付けている。

## ■物部兄弟の分裂

さて、苦難を脱して大和盆地に進出した神倭磐余彦命は、そこでもまだ敵対勢力と戦うことになる。宇陀の兄宇迦斯《えうかし》・弟宇迦斯《おとうかし》と、磯城の兄師木《えしき》・弟師木《おとしき》の兄弟たちである。

おもしろいことは、これらの兄弟はいずれも弟が神倭磐余彦命に味方し、兄が敵対するという行動を取ったことである。神倭磐余彦命が見ず知らずの外敵ならば、兄弟が力を合わせて侵入者に対抗するのが普通だと思うのだが、これは何を意味しているのだろうか。

私は、これらの兄弟が、かつて饒速日命に従って東征に赴いた天物部の一族であったことが、このような行動をとった理由のひとつであると推定する。

兄師木《えしき》と弟師木《おとしき》が天物部ではないかということは、つぎのような推理による。

兄師木《えしき》と弟師木《おとしき》は、その名前から推定して、神倭磐余彦命が奈良盆地に侵入したころの磯城の地域の族長であったと思われる。磯城の地域は、大物主神の築いた纏向の集落のお膝元であり、磯城の族長とは、大物主神勢力の中枢にいた実力者にちがいない。

『先代旧事本紀』によれば、磯城の県主の祖先を、饒速日命の七世の孫の建新川《たけにいかわ》の命とも、その兄の十市根命の子の物部の印岐美《いなきみ》の連公《むらじのきみ》ともしており、磯城の県主が饒速日命や物部氏に関連する一族であることを記している。

すなわち、兄師木《えしき》と弟師木《おとしき》は、大物主神の支配していた磯城の地域で大きな勢力になっていた物部氏に関連する勢力と考えられ、饒速日命に従って九州からやってきて、大物主神の中枢に入り込んだ天物部の人々である可能性が大きいと考えるのである。

そして、兄弟の立場が異なった理由は、大物主神の体制の中で兄弟であるが故の微妙な立場の違いが顕在化したのではないかと推測するのである。

兄弟の場合、一族を代表するのは兄の可能性が高く、兄は大物主神の体制内で弟より重要な位置を占めていたと思われ、そのため兄は現状の体制を維持する方向に動いたのだろう。

いっぽう兄よりも低くみられる弟は、兄より下位の立場を余儀なくされ、現状に不満を感じていた可能性がある。九州を出立した当初の方針通りという大義名分が立つならば、現状を打破するために磐余彦命に味方しても良いという判断に傾いた可能性がある。強いて兄弟が敵味方に離反した理由を考えれば、ここで推理したような天物部の内部対立や動揺があったのではと思うのである。

## ■神日本磐余彦火火出見天皇

ここで『日本書紀』に記される神武天皇の不思議な名前について述べておこう。

『日本書紀』は、神武天皇紀の冒頭で天皇の諱を彦火火出見と記す。また、神武天皇が橿原で即位した時の記述にも、天皇を神日本磐余彦火火出見天皇《かむやまといわれひこほほでみのすめらみこと》と記している。神日本磐余彦と彦火火出見命が合成されたような名前である。

『日本書紀』はなぜこのような名前を記しているのだろうか。

天津神の大和攻略作戦は、神倭磐余彦命と彦火火出見命の軍勢の協力によって成し遂げられた。これまで述べたように、この二つの軍勢のうち、紀の川をさかのぼった彦火火出見命の軍勢が主力部隊で、神倭磐余彦命の軍勢は、とくに、河内の戦いで敗れた後は、紀の川をさかのぼる彦火火出見命を支援し、周辺地域の敵の掃討作戦に徹したように見える。

すなわち、紀の川からの奈良盆地侵攻は、彦火火出見命を総大将として遂行された作戦であり、奈良盆地を制圧したのち、最初にこの地域の支配者となったのは彦火火出見命である可能性が高いと思うのである。

『日本書紀』によると、神倭磐余彦命が戊午の年の年末に長髄彦を打ち破ったあと、辛酉の年の正月に神武天皇として即位するまで約二年間のギャップがある。この期間は、彦火火出見命が奈良盆地の新たな支配者として、反抗する残存勢力を一掃し、天津神支配の基盤を整えた時期であると思う。

戦後の処理が終わったのち、すでに老齢となった彦火火出見命は、孫の神倭磐余彦命を天皇（大王）という特別の地位に就け、奈良盆地の統治を委ねたと想像するのである。

領国を持つ王は、次世代の王族に新しい領土獲得のチャンスを与えるのが、天津神の伝統であった。九州を出立して以来、四国、紀伊などの新しい国土を手に入れていた彦火火出見命は、天津神のこの伝統に従って、奈良盆地を神倭磐余彦命にまかせた。そして、神倭磐余彦命がここを起点にして、いまだ敵対勢力が充満している尾張や東海地方などを平定し、天津神の支配地がさらに拡大していくことを期待したのではないだろうか。

新しい世代の王族に最初の拠点を与え、彼らを新しい国土開発に向かわせるパターンは、天照大御神や須佐之男命が太宰府付近の高天原から筑紫平野の平定に向かったのとまったく同じにみえる。

神日本磐余彦火火出見命という名前の由来は、天津神の奈良盆地進出が、神倭磐余彦命と彦火火出見命の協力で行われたことと、最初の統治者が彦火火出見命であったことが理由で、彦火火出見命と神倭磐余彦命とが混同され、同一人物のように思われた可能性がある。あるいは、日本には偉大な先人の名前の一部を自分の名前に取り込む伝統がある。神倭磐余彦命が自らの名に祖父の名を取り込んだのは、その嚆矢と言えるのかもしれない。

## ■天津神と国津神の融和策

『古事記』には、神倭磐余彦命が長髄彦を倒して奈良盆地を制圧し、橿原に宮殿を造って、比売多多良伊須気余理比売《ひめたたらいすけよりひめ》を妻に迎えた話が記される。

比売多多良伊須気余理比売《ひめたたらいすけよりひめ》は、天津神の宿敵である大物主神の娘である。なお、『日本書紀』には神倭磐余彦命の妃を事代主神の娘、媛蹈鞴五十鈴媛命《ひめたたらいすずひめのみこと》としている。

倭国の主として平和な国を造るためには、天津神と国津神の対立を収拾しなければならない。神倭磐余彦命が大物主神、あるいは事代主神の娘を妻に迎えたのは、天津神と国津神の融和策の意味があったと思われる（下図）。

同じような趣旨が『日本書紀』の一書に記されている。出雲の国譲りの後、天津神に帰順した大物主神と事代主神に向かって、高御産巣日命が次のように述べる場面である。

「お前がもし国津神を妻とするなら、私はお前がなお心をゆるしていないと考える。それで、いまわが娘の三穂津姫をお前に娶《めあわ》せて妻とさせたい。八十万《やそよろず》の神たちをひきつれて、永く皇孫のために守って欲しい」

これは、天津神の総帥の高御産巣日命が、長い間戦ってきた天津神と国津神を融和させるために採用した戦後処理の大きな方針であろう。神倭磐余彦命は、すでに九州に妻がいたにもかかわらず、この大方針に従って国津神の有力者の娘を妻に迎えたように見える。

さらに、『日本書紀』によれば、第二代の綏靖天皇も、出雲の事代主神の娘の五十鈴依媛命《いすずよりひめのみこと》を妻としているし、第三代安寧天皇も、事代主神の孫の渟名底仲媛命《ぬなそこなかつひめのみこと》を妻とするなど、初期のかなりの天皇がそれまで敵対していた国津神の家系と積極的に婚姻関係を結んでいるように見えるのである。

天津神による倭国経営の基本的な方針として高御産巣日尊の融和策が徹底されていたのであろう。

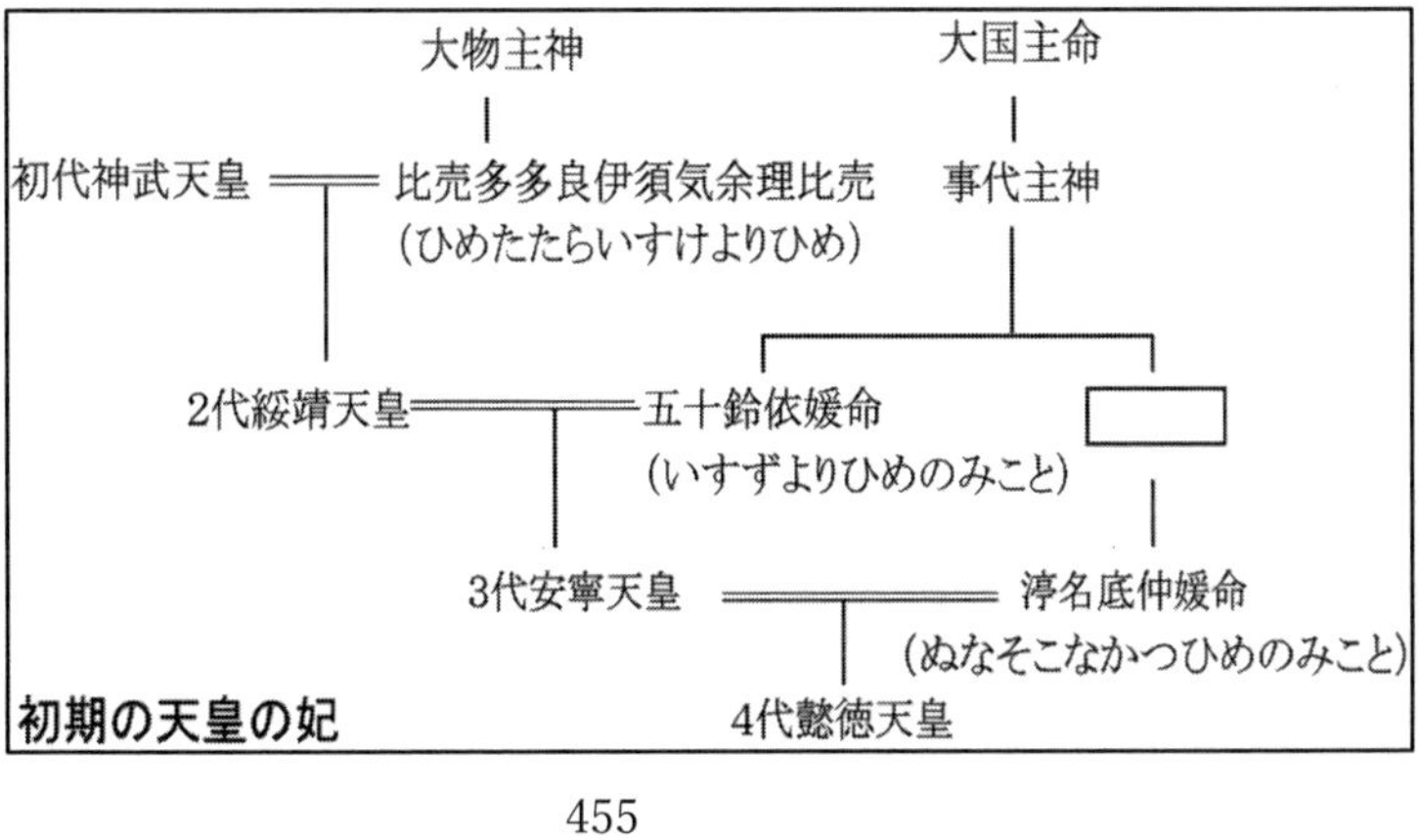

初期の天皇の妃

## ■抹殺された天皇たち

神武天皇以降の綏靖天皇、安寧天皇、懿徳天皇、孝昭天皇、孝安天皇、孝霊天皇、孝元天皇、開化天皇の八代の天皇を欠史八代といって、実在しなかった天皇とする説が盛んである。

その理由のひとつは、天皇の事績記事の欠如である。すなわち、第二代綏靖天皇から第九代開化天皇までの各天皇については、『古事記』『日本書紀』に系図的な記事（帝紀）の記載があるのみで、具体的な事績（旧辞）の記載がない。このことから、これらの天皇は実在せず、後に創作された架空のものだとする。

また、これらの天皇が後世的な名前であることや、寿命が長すぎることも理由となっている。

名前が後世的であるというのは、たとえば、「オオヤマトネコヒトフトニ」という名前の孝霊天皇をはじめ、孝元天皇、開化天皇の名前に含まれる「ヤマトネコ」という部分が、古事記が編纂された時代の持統天皇（オオヤマトネコアメノヒロノヒメ）、文武天皇（ヤマトネコトヨオオジ）、元明天皇（ヤマトネコアマツミシロトヨクニナリヒメ）の名前の中にも見られることで、初期天皇の名前が、『古事記』編纂のころの天皇の名前に因んで創作された根拠とされる（次頁表）。

安本美典氏は著書『新版卑弥呼の謎』（講談社現代新書）などで、これらの非実在説の根拠に、詳しく反論している。

たとえば、事績記事の欠如については次のように述べている（左表）。

『古事記』の記事全体をみれば、系図的な部分だけがあって、事績記事を欠いているのは、第二代綏靖天皇から第九代開化天皇だけではなく、二四代仁賢天皇や、二五代武烈天皇をはじめ、安閑、宣化、欽明、敏達、用明、崇峻、推

| | 日本書紀 | | 古事記 | |
|---|---|---|---|---|
| | 帝紀 | 旧辞 | 帝紀 | 旧辞 |
| 神武 | ○ | ○ | ○ | ○ |
| 綏靖 | ○ | ○ | ○ | × |
| 安寧 | ○ | × | ○ | × |
| 懿徳 | ○ | × | ○ | × |
| 孝昭 | ○ | × | ○ | × |
| 孝安 | ○ | × | ○ | × |
| 孝霊 | ○ | × | ○ | × |
| 孝元 | ○ | × | ○ | × |
| 開化 | ○ | × | ○ | × |
| 崇神 | ○ | ○ | ○ | ○ |
| 垂仁 | ○ | ○ | ○ | ○ |
| 景行 | ○ | ○ | ○ | ○ |
| 成務 | ○ | ○ | ○ | × |
| 仲哀 | ○ | ○ | ○ | ○ |
| 応神 | ○ | ○ | ○ | ○ |
| 仁徳 | ○ | ○ | ○ | ○ |
| 履中 | ○ | ○ | ○ | ○ |
| 反正 | ○ | × | ○ | × |
| 允恭 | ○ | ○ | ○ | ○ |
| 安康 | ○ | ○ | ○ | ○ |
| 雄略 | ○ | ○ | ○ | ○ |
| 清寧 | ○ | ○ | ○ | ○ |
| 賢崇 | ○ | ○ | ○ | ○ |
| 仁賢 | ○ | ○ | ○ | × |
| 武烈 | ○ | ○ | ○ | × |
| 継体 | ○ | ○ | ○ | ○ |
| 安閑 | ○ | ○ | ○ | × |
| 宣化 | ○ | ○ | ○ | × |
| 欽明 | ○ | ○ | ○ | × |
| 敏達 | ○ | ○ | ○ | × |
| 用明 | ○ | ○ | ○ | × |
| 崇峻 | ○ | ○ | ○ | × |
| 推古 | ○ | ○ | ○ | × |

| | | | |
|---|---|---|---|
| 1 | 神武 | 神倭伊波礼毘古命（かんやまといわれびこのみこと） | |
| 2 | 綏靖 | 神沼河耳命（かんぬなかわみみのみこと） | |
| 3 | 安寧 | 師木津日子玉手見命（しきつひこたまてみのみこと） | |
| 4 | 懿徳 | 大倭日子鉏友命（おおやまとひこすきとものみこと） | |
| 5 | 孝昭 | 御真津日子可恵志泥命（みまつひこかえしねのみこと） | |
| 6 | 孝安 | 大倭帯日子国押人命（おおやまとたらしひこくにおしひとのみこと） | |
| 7 | 孝霊 | 大倭根子日子賦斗迩命（おお**やまとねこ**ひこふとにのみこと） | |
| 8 | 孝元 | 大倭根子日子国玖琉命（おお**やまとねこ**ひこくにくるのみこと） | |
| 9 | 開化 | 若倭根子日子毘々命（わか**やまとねこ**ひこおおびびのみこと） | |
| 10 | 崇神 | 御真木入日子印恵命（みまきいりひこいにえのみこと） | |
| 11 | 垂仁 | 伊久米伊理毘古伊佐知命（いくめいりびこいさちのみこと） | |
| 12 | 景行 | 大帯日子於斯呂和気天皇（おおたらしひこおおしろわけのすめらみこと） | |
| 13 | 成務 | 若帯日子天皇（わかたらしひこのすめらみこと） | |
| 14 | 仲哀 | 帯中日子天皇（たらしなかつひこのすめらみこと） | |
| 15 | 応神 | 品陀和気命（はんだわけのみこと） | |
| 16 | 仁徳 | 大雀命（おおさざきのみこと） | |
| 17 | 履中 | 伊邪本若気王（いざほわけのみこ） | |
| 18 | 反正 | 水歯別命（みずはわけのみこと） | |
| 19 | 允恭 | 男浅津間若子宿迩王（おさつまわくごのすくねのみこ） | |
| 20 | 安康 | 穴穂御子（あなほのみこ） | |
| 21 | 雄略 | 大長谷若建命（おおはつせわかたけのみこと） | |
| 22 | 清寧 | 白髪大倭根子命（しらかのおおやまとねこのみこと） | |
| 23 | 賢崇 | 石巣別命（いわすわけのみこと） | |
| 24 | 仁賢 | 意富迩王（おおけのみこ） | |
| 25 | 武烈 | 小長谷若雀命（おはつせのわかさざきのみこと） | |
| 26 | 継体 | 袁本矛命（おほどのみこと） | |
| 27 | 安閑 | 広国押建金日王（ひろくにおしたけかなひのみこ） | |
| 28 | 宣化 | 建小広国押楯命（たけおひろくにおしたてのみこと） | |
| 29 | 欽明 | 天国押波琉岐広庭天皇（あめくにおしはるきひろにわのすめらみこと） | |
| 30 | 敏達 | 沼名倉太玉敷命（ぬなくらふとたましきのみこと） | |
| 31 | 用明 | 橘豊日王（たちばなのとよひのみこ） | |
| 32 | 崇峻 | 長谷部若雀天皇（はつせべのわかさざきのすめらみこと） | |
| 33 | 推古 | 豊御食炊屋比売命（とよみけかしきやひめのみこと） | |
| 34 | 舒明 | 息長足日広額天皇（おきながたらしひひろぬかのすめらみこと | |
| 35 | 皇極 | 天豐財重日足姫天皇（あめとよたからいかしひたらしひめのすめらみこと | |
| 36 | 孝徳 | 天命開別尊（あめみことひらかすわけのみこと ） | |
| 37 | 斉明 | 天豐財重日足姫天皇（あめとよたからいかしひたらしひめのすめらみこと | |
| 38 | 天智 | 天命開別（アメミコトヒラカスワケ） | |
| 39 | 弘文 | | |
| 40 | 天武 | 天渟中原瀛真人天皇（あまのぬなはらおきのまひとのすめらみこと） | |
| 41 | 持統 | 大倭根子天之廣野日女尊（おほ**やまとねこ**あめのひろのひめのみこと） | |
| 42 | 文武 | 倭根子豊祖父天皇（**やまとねこ**とよおおじ） | |
| 43 | 元明 | 日本根子天津御代豊国成姫天皇（やまとねこあまつみしろとよくになり） | 712古事記成立 |
| 44 | 元正 | 日本根子高瑞浄足姫天皇（**やまとねこ**たかみずきよたらし） | 720日本書紀成立 |
| 45 | 聖武 | 天璽国押開豊桜彦（あめしるしくにおしひらきとよさくらひこ）」 | |
| 46 | 孝謙 | 倭根子天皇（**やまとねこ**のすめらみこと） | |
| 47 | 淳仁 | 大炊（おおい） | |
| 48 | 称徳 | 倭根子天皇（**やまとねこ**のすめらみこと） | |
| 49 | 光仁 | 天宗高紹天皇」（あまつむねたかつぎのすめらみこと） | |
| 50 | 桓武 | 日本根子皇統弥照尊（**やまとねこ**あまつひつぎいやてりのみこと） | |
| 51 | 平城 | 日本根子天推国高彦尊（**やまとねこ**あめおしくにたかひこのみこと | |
| 52 | 嵯峨 | | |
| 53 | 淳和 | 日本根子天高譲弥遠尊（**やまとねこ**あめのたかゆずるいやとおのみこと） | |
| 54 | 仁明 | 日本根子天璽豊聡慧尊（**やまとねこ**あまつみしるしとよさとのみこと） | |

古の実在のほぼ確実な諸天皇も事績記事をまったく欠いている。」

これらの状況を見れば事績情報が存在しないことによって、系図に記録された先祖の存在を否定してしまうのは行き過ぎた判断と思える

先祖の情報は系図情報が最も重要で、事績の情報は二次的に扱われているようで脱落しやすい。

例えば、京都府宮津市の籠神社に伝わる最古の系図・海部氏系図でも、先祖の情報として系図だけは伝わったが事績の情報は無い。

埼玉県行田市の稲荷山古墳出土の鉄剣の系図を見ても、当主と思われる人名が順番に記されているだけで、事績などの情報は省かれているように見える。スペースがない時には系図情報を優先して書き残しているようだ。

すなわち事績記事を欠いていることは、天皇が実在しないとする理由にはならないのである。

また、『古事記』や『日本書紀』の成立時に、初期天皇の名前が後世の天皇の名前に因んでつけられたとする主張についても、安本氏は次のように反論する。

初期の八代の天皇の名が、後世の、七、八世紀の天皇の名と共通の部分があるとしても、初期八代の天皇の名が、七、八世紀の天皇の名をもとに創作されたものであるとのみは主張できない。逆に、七、八世紀の天皇の名のほうが、古い時代の天皇の名に因んでつけられた可能性が多分にあるからである。

天皇の名前の「ヤマトネコ」の部分に着目すると、第五〇代桓武天皇（ヤマトネコアマツヒツギイヤテラス）や、五一代平城天皇（ヤマトネコアメノオシクニタカヒコ）などの名前にも共通な「ヤマトネコ」の部分がある（前頁表）。

『古事記』や『日本書紀』の成立後に生まれた桓武天皇などの名前は、明らかに前の天皇の名前に因んでつけられたと言える。

前の天皇とのちの天皇の名前に共通部分がある時、前の天皇の名前に因んでのちの天皇の名前が付けられた例は、桓武天皇の事例のように確実に存在する。

これに対して、前の天皇の名前がのちの天皇の名前に因んで作られたとする具体例は、学者の説明のどこにも示されたこ

とがなく、たんに学者の頭の中で想定されたものにすぎない、と安本氏は述べる。

たしかに、徳川将軍や足利将軍などの名前を見れば、例えば「家康」「家光」「家綱」「綱吉」のように前の将軍の名前の一部を後の将軍が受け継ぐのは普通のことのように見える。現代でも歌舞伎役者や落語家などが先代の名跡を踏襲する例が多くあり、祖先の名前や、その一部を引き継ぐことは日本の伝統のように見える。

そして、初期の天皇の寿命が長すぎるということが理由として挙げられることもある。『日本書紀』では初期の天皇の中に百歳以上の長寿の天皇が多数存在する。これを初期の天皇が作られたもので、実在しない証拠とされるのである。

しかし、一年二倍暦と言われるような特殊な暦が用いられた可能性がある。

『魏志倭人伝』の裴松之の注に「魏略に曰く其の俗正歳四節を知らず但春耕秋収を計って年紀となす」とあることから、「春耕から秋収」で一年、「秋収から春耕」で更に一年とする解釈がある。つまり倭人伝の時代には一年を倍の二年としてカウントする暦が行われていたとするのである。具体的にどのようにカウントしていたか詳細は不明だが、次のようなことから、年齢を二倍で考えていた可能性は強いと思うのである。

『魏志倭人伝』に「其の人（倭国の人）は寿考（長生き）にして、或いは百年、或いは八、九十年なり。（其人壽考、或百年、或八、九十年）」という記述がある。

また、『後漢書』の倭の記述にも「寿考多く、百余歳に至る者、甚だ衆《おお》し（多壽考至百餘歳）」とある。

そして以前にも触れたが、福岡市の弥生時代の墓地・金隈遺跡の人骨の調査では、当時の成人の死亡年齢は四〇歳ほどである。すると、『魏志倭人伝』の寿命が八、九十年とする記述や『後漢書』の内容は、まさに二倍でカウントされているとするのが妥当である。

また、雄略天皇が没した年齢は『古事記』では一二四歳だが『日本書紀』では六二歳であり、継体天皇は『古事記』では四三歳だが、『日本書紀』では八五歳とあって『古事記』と『日本書紀』では死亡年齢がほぼ二倍違う。これは年齢を二倍でカウントする方法と普通にカウントする方法が並行して行われていた過渡期に記録された年齢情報に見える。

このようなことから古い天皇の年齢は、一年を倍の二年としてカウントする暦法によって二倍の年齢が記録されたと推理するのである。

以上のように、欠史八代の天皇たちがのちの時代に創作されたものとする根拠は、説得力に欠けている。

私は、安本氏の主張するとおり、これらの欠史八代の天皇の存在を否定する理由はないように思う。むしろ、これらの天皇は、神武天皇の大事業を引き継ぎ、奈良盆地周辺の国津神勢力の平定に尽力した実在の天皇と考える。

近畿・東海地方には、近畿式銅鐸や三遠式銅鐸を与えられて大物主神や物部氏に従属する多くの部族がいた。

神武天皇は奈良盆地を平定し、そこで初代天皇に即位したのだが、『古事記』『日本書紀』には、神武天皇自身が奈良盆地の周囲を平定した形跡は見られない。奈良盆地を平定した時の神武天皇は、周辺の地域を抵抗勢力に支配され安閑としてはいられない状態にあったと思えるのである。

その後数代の天皇たちが、銅鐸を戴いた近畿・東海地方の国津神たちを、壮絶な戦いの末に平らげたのであろう。

近畿式銅鐸の多くが破壊されて埋められていることから推定すると、近畿式銅鐸を奉じて大物主神を主と仰ぐ部族は、天津神に対して激しく抗戦したと思われる。かつて、山陰の青谷上寺地遺跡で、近畿式銅鐸を奉じて天津神に逆らった人々が惨殺されたことがあったが、同じような状況がこれらの地域でも起きていたと思われる。

天津神側でも多くの犠牲者が出たかも知れない。『古事記』に記載された、第二代から第四代の天皇の寿命が比較的短いのは、これらの天皇が戦乱で命を落としたとも考えられるのである。

## ■天津神の進出と布留式土器

第二十一章で、畿内の布留式土器の概要について触れた。

布留式土器は畿内で庄内式土器が発展したものではなく、外来勢力が持ち込んだ土器形式であることを述べた。

ここでは、畿内に布留式土器を持ち込んだ外来勢力について考えてみる。

纏向遺跡から出土する外来土器についての最近の研究では、第二七章でも述べたように阿波の土器が非常に多いことが明らかにされている。

桜井市埋文センターの橋本輝彦氏は纏向遺跡出土の外来土器について次のように述べている。

「いままで四国系土器として括っていたもののほとんどが阿波系で、讃岐が一点なら阿波は十点ぐらいです。」

また、その時期について「布留〇式段階ぐらいになると、讃岐系を阿波系が完全に凌駕してしまっている」と述べている（石野博信編『大和・纏向遺跡』）。

これらのことは、布留〇式期に、四国東部の阿波を経由して天津神が奈良盆地に進出したことを示している重要な情報と考えるのである。

奈良盆地の布留式の初期のころに、阿波を経由してきた勢力、つまり、彦火火出見命に率いられて九州から進出してきた天津神の勢力が布留式土器を奈良盆地に持ち込んだ可能性が高いのである。

明治大学名誉教授の大塚初重氏からお聞きした話だが、最近の若手研究者の調査で、代表的な布留式土器である小型丸底土器の原型が、瀬戸内と徳島にあると報告されているそうである。瀬戸内は神倭磐余彦命が東征したルートであり、徳島は彦火火出見命が進出した地域である。この報告は、神倭磐余彦命や彦火火出見命が布留式土器を九州から畿内に持ち込んだとする私の推理を裏づけるデータであり、たいへん興味をひかれる。

もうひとつ関連する情報がある。以前、鹿児島県の肝付町立歴史民俗資料館を訪れたとき、ガラスのショーケースの中に、布留式土器の指標とされる小型丸底土器が展示されていた。隣接する塚崎古墳群から出土したとのことである。

大隅半島の付け根の肝付町の地域から小型丸底土器が出土したことは、布留式土器の伝播ルートを解明する大きなヒントになる。つまり、布留式土器を使用していた人々は北部九州だけでなく南九州にも進出していた。

以前の章で彦火火出見命は都城を本拠にしたと推理した。また、神倭磐余彦命は宮崎から東征の旅に向かったとされる。彼らはまさに南九州で活躍していたのである。彼らの東征によって、南九州を経由して畿内に布留式土器が持ち込まれたとすると、さまざまなことが整合的に説明できるのである。

纏向遺跡では、三世紀末から四世紀前半の鍛冶関連資料が五カ所から出土しているが、ここで見つかった送風管（フイゴの羽口）の断面が半円筒形で、福岡県博多遺跡群の庄内式後半から布留式初頭の送風管と同型であることが判明している。

また、ここでは朝鮮半島南部の陶質土器も出土している。

このころの製鉄については近畿地方よりも九州の方がはるかに高度な技術を持っていたことから考えれば、これも三世紀末から四世紀前半に、布留式土器を携えて奈良盆地に進出した天津神が、九州の製鉄技法を持ち込んだ結果と考えられるのである。陶質土器の存在は鉄器生産に半島南部の工人が関与した可能性も想定される。

なお、半円筒形送風管は纏向の他にも、島根県の古志本郷遺跡や石川県一針B遺跡から出土している。これら山陰の遺跡も天津神の進出ルート上にあり、天津神によって九州の製鉄技術が持ち込まれたと考えれば矛盾なく説明できる。

そして、布留式土器は北部九州にも分布している。

これまでの通説では、これは畿内から九州に広がったものとされている。しかし、畿内発祥と言われていた庄内式土器も、前述したように九州から近畿に伝わったと考えたほうがさまざまなことがらの説明がついた。

古くは遠賀川土器にはじまり、庄内式土器や須恵器なども朝鮮半島の先進文化がさまざまに変化しながら日本列島を東へ伝わっていったものである。布留式土器も九州から東に伝わったとするのが理にかなっているように思うのである。

このような視点で寺沢薫氏の土器編年案(P314図)を見ると、近畿に布留式が成立する直前に九州に土師器《はじき》が出現している。布留式土器は土師器《はじ》の一種であることから、九州に発生した土師器《はじ》が近畿に伝わって布留式と呼ばれる型式を出現させたと考えて矛盾はないと思うのである。

さて、近畿地方の布留式土器の分布を見ると、まず奈良盆地で発生し、次第に周囲に広がり、東日本も含めた広域に一挙に分布域を拡大させている。土器の広がりは人の広がりである。布留式土器の広がりは、奈良盆地から急速に周辺に人が移動していく状況を示している。

このような変化は、彦火火出見命と神倭磐余彦命の軍勢が南から奈良盆地を制圧し、その後の何代かの天皇によって周辺地域が平定され、さらに、大型前方後円墳が築造される崇神天皇や景行天皇の時代に、四道将軍や日本武尊が各地に派遣されて、大和朝廷のテリトリーが急拡大する状況を反映していると考えられるのである。

河内の状況を詳しく見てみよう。

河内では、奈良盆地に布留式土器が普及した後も、庄内式土器がしばらく継続していたことが指摘されている。この理由について考えてみる。

大阪の小若江北遺跡で出土した土器は、布留式の典型的なタイプとされているが、河内では庄内河内式とそのあとに現れた小若江北式との間を明確に型式区分することができる。

しかし、奈良盆地では、小若江北式とその前の初期の布留式との間を明確には区分できない。初期の布留式土器と小若江北式との間は、器型や土器の組み合わせに連続性があり、初期の布留式土器の発展形が奈良盆地の小若江北式と見なされるからである。

河内と奈良盆地のこのような状況の違いを見ると、奈良盆地で成熟した小若江北タイプの布留式土器が、庄内河内甕が行われている河内に、あとから進出してきたように見えるのである。

これは、神倭磐余彦命や彦火火出見命がまず奈良盆地を制圧したため、布留式土器は奈良盆地に真っ先に出現してそこで成熟し、その後、初期の何代かの天皇の治世に河内をはじめ周囲の地域が平定されたことにより、河内の庄内式土器が、成熟したタイプの布留式土器に突然切り替わったことを示している。

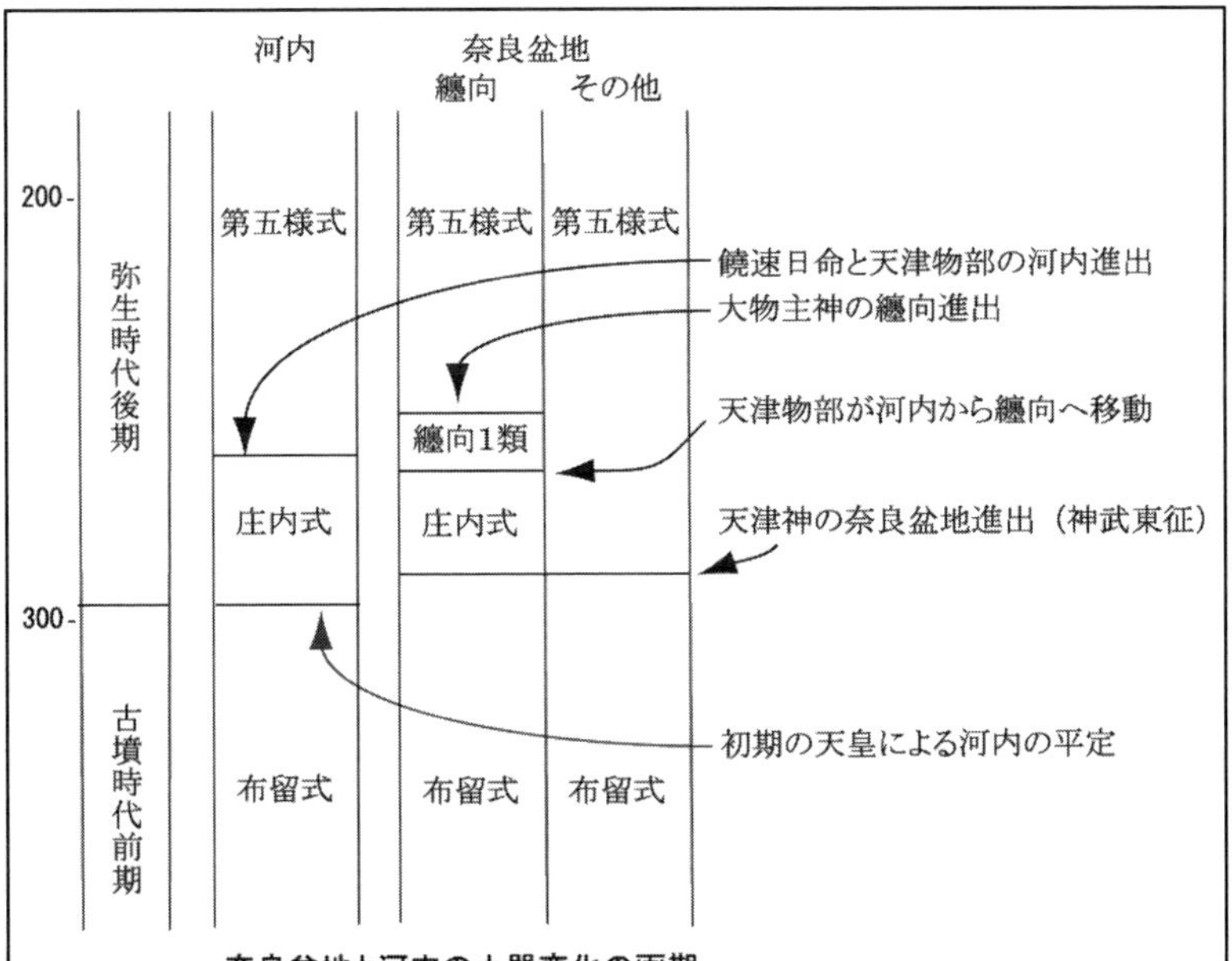

奈良盆地と河内の土器変化の画期

## 三〇．国津神の復権

### ■崇神天皇

『古事記』『日本書紀』のいずれも、天皇の歴史は、天津神勢力が奈良盆地に進出し、神倭磐余彦命が初代の神武天皇に即位したことから始まっている。天照大御神が天孫邇邇芸命《ににぎのみこと》に葦原中国を治めるように命令して以降、天孫に率いられた天津神たちが各地の国津神を平定し、ついに奈良盆地の大物主神勢力を倒して神倭磐余彦命が天皇（大王）位に就いた。したがって、神武天皇の国は、天孫に率いられた天津神が、国津神などの倭国の人々を統治する体制であり、天津神の国であった。

ところが、崇神天皇の代に至って、状況が少し変わってきた。次のような理由で、崇神天皇が天津神だけの天皇ではなくなったように見えるからである。

まず、『日本書紀』の崇神天皇紀には、代々天皇の宮殿で祀られてきた天照大御神を、皇女豊鍬入姫命《とよすきいりひめのみこと》に託して「大和」の笠縫邑《かさぬい》で祀ったと記されることに注目しよう。宮殿で祀られていた天照大御神とは、天照大御神が、天孫邇邇芸命の降臨の際に与えた八咫の鏡のことである。

天照大御神は鏡を与える時に、『古事記』では「この鏡は専ら我が御魂として、我が前を拝《いつ》くが如く斎《いつ》き奉《松》れ。」と命令している。『日本書紀』では「宝鏡と天孫は共に床を同じくし、部屋をひとつにして、つつしみ祭る鏡とせよ」と言い渡している。つまり、常に天孫の身近に置いて祀れといっているのである。

崇神天皇は、この由緒ある鏡を宮殿の外に出してしまったのである。崇神天皇は天照大御神の指示に背いたことになる。天皇自身が、自分は天孫ではなく、鏡を身近に置く必要はないといっているようにみえる。これが、崇神天皇が天津神の天皇ではなくなったとする第一の理由である。

第二の理由は大物主神を祀る祭祀を始めたことである。

『日本書紀』には、崇神天皇が、倭迹迹日百襲姫《やまとととひももそひめ》に神憑りして出現した大物主神を大田田根子《おおたたねこ》に祀らせたことが記される。大物主神は天津神が奈良盆地に進出する前にこの地域を支配していた国津神の首魁である。

神武天皇たちがようやく打ち破った大物主神を、神にまつりあげてその祭祀を行おうとする崇神天皇の企ては、崇神天皇が天津神の天皇である立場を放棄し、むしろ国津神の天皇が現れたようにさえ見えるのである。

崇神天皇はなぜこのような行動に出たのであろう。

私はこの理由を次のように考えた。

『日本書紀』には、崇神天皇の時代に百姓が逃亡したり、反逆者が現れたことが記されている。これは、神武天皇が奈良盆地を制圧して以降、代々の天皇が反抗する国津神を平定し、武力で押さえつけてきたのだが、天津神の圧政に耐えられなくなった国津神の人々が、崇神天皇のころに盛んに反抗をはじめ、多くの反逆者や逃亡者が現れたことを示すものである。

このままでは国が治まらないことを悟った崇神天皇は、一大決心をした。倭国の将来を見据えて、力で国津神を押さえ込む政策から、天津神と国津神の融和を徹底する政策に転じたのである。かつて、高御産巣日尊が、婚姻による天津神と国津神の融和策を奨励していたが、崇神天皇もまた、その延長上で新たな融和策を遂行することを決意したものと思われる。

『日本書紀』によると、崇神天皇は、天照大御神だけではなく、もともとの大和の国土の神である大国魂神についても渟名城入媛命に託して宮殿の外で祀ることにした。さらに、天神地祇(天津神・国津神)を崇拝し、八十万《やそよろず》の群神を祀ったとされ、天つ社・国つ社・神地・神戸を決めたとされる。

つまり、崇神天皇は、天津神だけでなく、国津神も在地の神も全て祀り、天津神・国津神それぞれの社《やしろ》を定め、神社の用に充てる民戸を定めたのである。天津神も国津神も

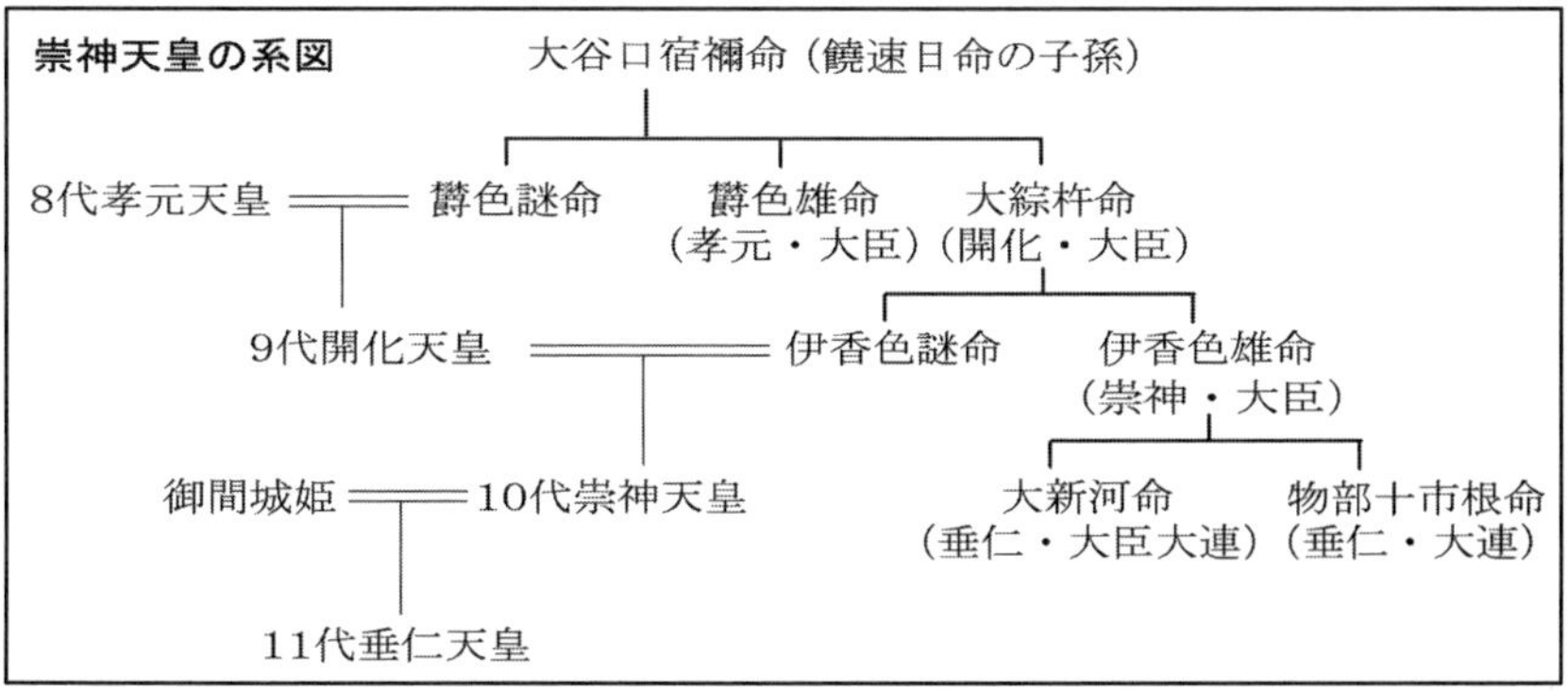

なく、八十万《やおよろず》の全ての神を等しく崇拝し、天津神の部族も国津神の部族も平等に取り扱うことを具体的な施策で示したのである。

国家の平和と安定のために、このようにして諸々の神を崇《あが》めることにより、天津神による征服王権の体制から、天津神、国津神や、もともと大和にいた土着の人々も含めた共存共栄の体制が築かれたのである。

崇神天皇が国津神を優遇したのはその生い立ちも関係するかもしれない。

崇神天皇は開化天皇を父とし伊香色謎命《いかがしこめ》を母とする。伊香色謎命《いかがしこめ》の父は物部氏の遠祖の大綜麻杵命《おおへそき》とされ、母方は物部氏の本流の家系である（前頁図）。

天皇は、幼少の頃、母方の物部氏の家で育ち、天津神の支配に甘んじる国津神の状況をよく理解していたのではないか。

そして天皇の祖父の大綜麻杵命《おおへそき》は開化天皇のもとで大臣を務め、叔父の伊香色雄命《いかがしこお》は崇神天皇の大臣となっており、国津神系の彼らが崇神天皇の政策に深く関与したと考えられるのである。

## ■初代天皇

『日本書紀』によると、崇神天皇は御肇國天皇《はつくにしらすめらみこと》と称えられ、初代天皇であったように記される。いっぽう、神武天皇も始馭天下之天皇《はつくにしらすめらみこと》と記され、不思議なことに、初代天皇が二人いたように記されている。

このことから、神武天皇は架空の人物とする議論もあるようだが、天津神と国津神の根深い対立があり、それぞれの治世の状況を考えると、双方共に初代天皇と呼ばれても不思議はないように思う。

神武天皇は、天津神にとっては紛れもない初代天皇であるが、国津神の立場から見れば、奈良盆地に侵入してきた侵略者にすぎない。武力で制圧されたためにやむなく従うことになったのである。

国津神にとっては、虐げられた国津神の権利を回復し、国津神の勢いを復活した崇神天皇こそが初代の天皇と呼ぶにふさわしいと考えたのであろう。

ところで、神武天皇も崇神天皇もその名前（漢風諡号）に「神」の文字が用いられている。歴代天皇の中ではこのほかには応神天皇の例があるだけである。これらの天皇の業績を見ると、いずれも大和で新しい体制を確立した天皇のように見える。神武天皇は出雲系の国津神が支配していた奈良盆地に天津神の政権を樹立したし、崇神天皇はここで述べたように、天津神・国津神の共存共栄の体制を築いた。応神天皇についてはのちに詳しく触れるが、伽耶系の政権を打ち立てた天皇である。漢風諡号を撰進したとされる淡海三船は歴代の天皇の事績を理解して、新しい体制の創始者を「神」の文字を用いて顕彰したのであろう。

崇神天皇が国津神の絶大な支持を得たことは、崇神天皇の墳墓を神武天皇のそれと比較しても肯けることである。

現在の神武天皇陵は江戸末期以降に大々的に整備された立派な御陵であるが、本来の神武天皇の墓所は、『古事記』が「御陵は畝傍山の北の方の白檮の尾の上にあり」と記すように畝傍山の東北の尾根上にある丸山と言うごく小規模な墳墓であった可能性が強い。江戸時代の学者、蒲生君平や本居宣長などもこの説を支持していた。

いっぽうの、崇神天皇の陵墓は、奈良盆地東部の行燈山古墳とされ、全長約240mの巨大な古墳である。

このころの奈良盆地一帯の人員構成を推定すると、天津神軍は国津神勢力を打ち破ったとはいえ、九州からはるばる遠征してきた軍勢なので、人数的にはマイノリティであったと思われる。軍事的には強勢であっても、神武天皇が没した時に、墳墓を築くために動員できる人員には限りがあった。

しかし、崇神天皇の墳墓については、奈良盆地一帯の国津神の人々も総がかりで協力したのであろう。崇神天皇以降、大規模な墳墓の築造が可能になったのはこのような背景があったと思われるのである。

国津神を取り込んだ崇神天皇の政策が功を奏して人心を掌握することができた証拠である。

なお、卑弥呼の墓ではないかと話題になる箸墓も、大人数の動員が必要なので、崇神天皇の政策変更により挙国一致体制ができた以降でなければ築造できなかったと思われ、箸墓が卑弥呼の墓である可能性はない。

ところで『日本書紀』には「箸墓は昼は人が造り、夜は神が造った（日也人作、夜也神作）」と記されている。神とは大物主神のこととすれば、昼は天津神、夜は大物主神配下の国津神が協力して作ったとも読める。

大物主神に協力した国津神について、興味深い情報がある。

箸墓の名前について、倭迹迹日百襲姫《やまとととひももそひめ》が箸で陰部をついて自殺したという伝承が由来とされているが、また、土師《はじ》氏が築造した墳墓を意味する土師《はじ》墓が訛って箸墓になったとする説もある。

土師《はじ》氏は出雲の野見宿禰を祖先とする一族である。土師《はじ》氏が箸墓築造に参画したとすると、大物主神配下の国津神の集団として、出雲の土師《はじ》氏が協力したことになり、倭迹迹日百襲姫が箸で自殺した由緒よりも、はるかに可能性のある話のように思う。

また『日本書紀』には「大坂山の石を運んで造った。山から墓に至るまで、人々が連なって手渡しにして運んだ（故運大坂山石而造、則自山至于墓、人民相踵、以手遞傳而運焉。）」と記されている。大坂山とは現在の奈良盆地西部の二上山のこととされ、実際に箸墓の後円部頂部の石槨で二上山北麓の石材が確認されている。つまりここでは『日本書紀』の記述は事実を伝えているのである。箸墓を卑弥呼の墓と主張する研究者がいるが、被葬者は倭迹迹日百襲姫と記す『日本書紀』の記述が、石材の記述と同じように事実を伝えている可能性が大きいとなぜ考えないのだろうか。

## ■新羅との断絶

『三国史記』新羅本紀に、崇神天皇の時代に従来よりも国津神寄りの政権が成立し、天津神とは距離を置くようになったことを裏づける情報がある。

新羅の第一六代、訖解尼師今《キッカイニシキン》の三六年（三四五年）に、倭国王が新羅に国書を送り、国交を断絶したという記事である。安本美典氏は、天皇一代約一〇年説などから崇神天皇の在位をおよそ三五〇年の前後と推定している。そうすると、国交断絶の三四五年というのは、ちょうど崇神天皇の時代にあたる。

『三国史記』によると、訖解尼師今《キッカイニシキン》の三年（三一二年）に、倭国王が使者を派遣して、王子の花嫁を求めてきたので、新羅の六等官の急利の娘を倭国に送ったという記録があり、このころの新羅と倭国は婚姻によって絆を強めていたことがわかる。

ところが、訖解尼師今《キッカイニシキン》三五年（三四四年）に倭国王がふたたび花嫁を求めてきたとき、新羅はそれを断った。そして、翌年、倭国王から国交断絶の国書が届いたのである。

三一二年以降、三四四年までの間に、明らかに、新羅と倭国政権の関係が急激に悪化した。

私は、この原因が崇神天皇の即位によって、倭国の政策が大きく転換したことにあると思うのである。新羅は、倭国が天津神政権である時は身内として友好関係を保ってきたが、国津神も取り込んだ挙国一致体制の政権が誕生したことにより、倭国と距離を置く外交姿勢に変化してしまったのである。

## ■武埴安彦の反乱の背景

倭国内にも、崇神天皇の国津神寄りの政治を喜ばない勢力がいた。崇神天皇の時代に大規模な反乱を起こした武埴安彦《たけはにやすひこ》たちである。

武埴安彦《たけはにやすひこ》は第八代孝元天皇の皇子で、第九代開化天皇や四道将軍の一人である大彦命とは腹違いの兄弟である。武埴安彦《たけはにやすひこ》は妻の吾田姫とともに崇神天皇に反旗を翻したが、武埴安彦《たけはにやすひこ》は山城で大彦命と彦国葺《ひこくにぶく》に鎮圧され、吾田姫は大阪で吉備津彦に敗れ去った。大彦命、彦国葺《ひこくにぶく》、吉備津彦など、このあと四道将軍として各地に赴いたそうそうたる武将が束になって武埴安彦《たけはにやすひこ》たちの鎮圧にあたったことから、武埴安彦《たけはにやすひこ》たちがいかに強勢であったか推し量れる。

崇神天皇の叔父に当たる武埴安彦《たけはにやすひこ》は、皇族のなかでも相当な実力者と思われるが、その彼が反乱を起こした理由は何なのか。私はこれについて次のように考える。

武埴安彦たちが、天津神の代表であり、崇神天皇の国津神寄りの政治によって、天津神の既得権が失われたり制限されたことに対する反発が謀反の理由だと考えられるのである。

武埴安彦の母は河内青玉繋《かわちのあおたまかけ》の娘の埴安媛《はにやすひめ》とされる。河内は、その昔、饒速日命が九州から天津神の手勢を引き連れて到着したところで、河内青玉繋は河内の天津神系の有力者の可能性がある。孝元天皇には五人の子供がいたが、そのうちの四人は、饒速日命系の欝色謎《うつしこめ》命、伊香色謎《いかがしこめ》命から生まれた子供たちであり、大臣を輩出する当時の政権の中枢の血筋であった（下図）。ひ

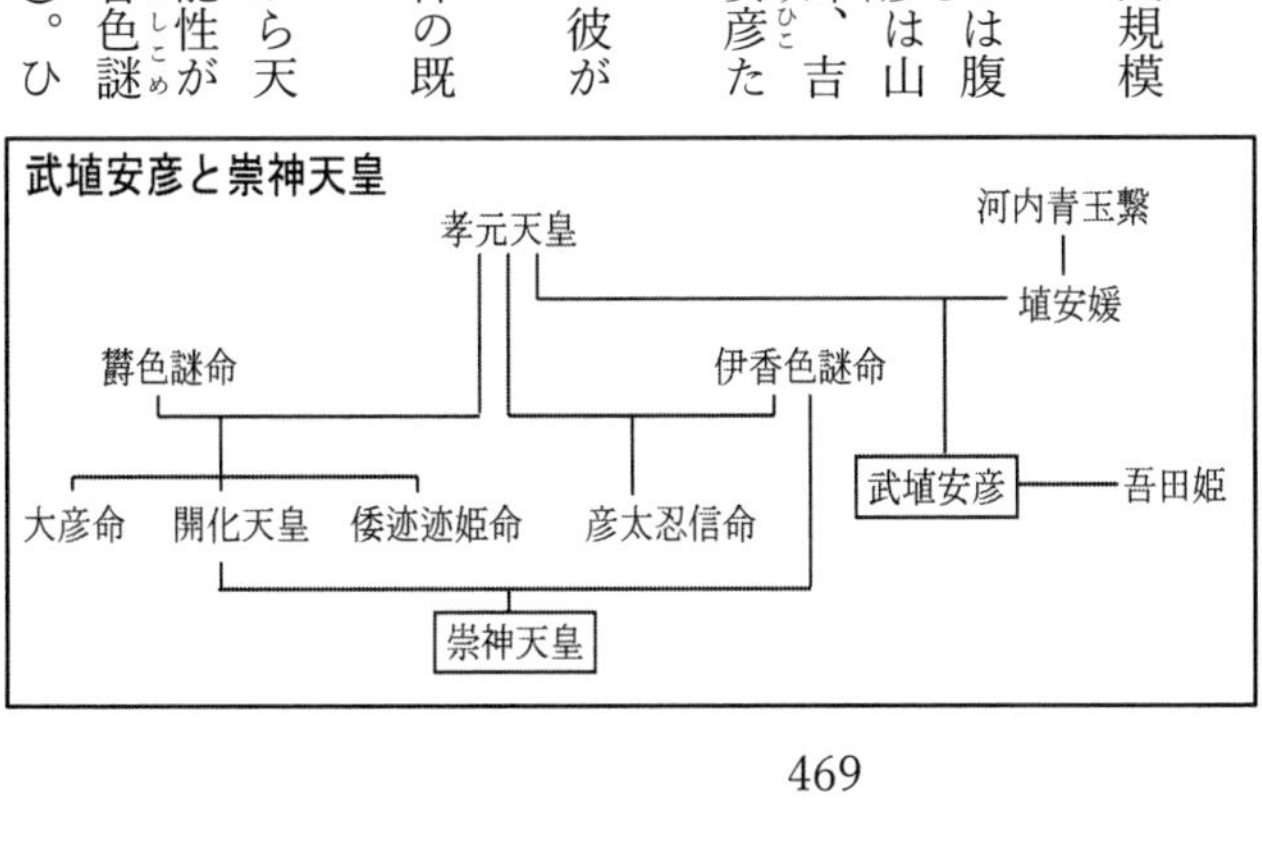

とり、武埴安彦だけが亜流の河内の豪族の子供だったのである。

武埴安彦の妻の吾田媛については、その名の吾田が鹿児島県西南部の古称であることから、阿多の隼人の本拠地の阿多地域にゆかりの女性と見られる。神倭磐余彦命は最初の妻に阿多の地域の豪族の娘を迎えており、阿多は神倭磐余彦命と深い関係にあった。このことから推定して、吾田媛は九州から神倭磐余彦命の東征に従って来た隼人族の娘と思われるのである。

このころの河内や南山城には、饒速日命や神倭磐余彦命などの天孫に従って九州から移住してきた天津神が各地に大きな勢力になっていた。

たとえば、正倉院に遺された『隼人計帳』という史料の研究で、南山城一帯に隼人の大集団が住んでいたことが明らかにされている。また、淀川の河口地域に、隼人の故郷である大隅半島と関係がありそうな大隅島という島がかつて存在したことや、淀川という名前も宮崎の大淀川に因む命名のように見えることは、天津神に従って南九州から隼人族がこれらの地域に大挙して進出したことを裏付けるものである。

崇神天皇が国津神を優遇する政治を行い始めた時に、政権中枢とはやや距離を置いた実力者であり天津神と縁の深い武埴安彦と吾田姫に、天皇の方針を改めさせ、事態を是正させるための行動をとるように、多くの天津神から期待が寄せられたと思われる。

武埴安彦が兵を挙げた時、山城や河内の天津神たちが数多く同調し、それこそ四道将軍が総掛かりで鎮圧しなければならないほどの、強大な反抗勢力にふくれあがった。その背景にはこのような事情があったと推理するのである。

## ■四道将軍

『日本書紀』には、崇神天皇の時代に、北陸、東海、吉備、丹波に四道将軍の軍勢が派遣され、反抗するものは兵をもって討ったことが記されている。これは、崇神天皇に反抗する勢力がこの地域に存在したことを意味している。

神倭磐余彦命が九州から東征して、奈良盆地で初代天皇となった時、少なくとも近畿地方以西は天皇に反対する勢力は一掃されたはずであった。また、その後数代の天皇の時代に、近畿式銅鐸や三遠式銅鐸の分布する東海地方まで平定されたと思われる。

それなのに、なぜ、崇神天皇が北陸、東海、吉備、丹波の各地に四道将軍を派遣し軍事行動を行わなければならなかったのだろうか。私は、これも崇神天皇が国津神寄りの立場で政治を行ったことと関係していると考える。

北陸、東海、吉備、丹波は、もともと国津神の支配地域だったところを天津神が奪い取った地域である。

たとえば、四隅突出型墳丘墓のある北陸は、大国主命などの山陰勢力が支配していたところを、天忍穂耳命の兄弟たちが攻め込んで占拠した場所である。

丹波は、饒速日命の子の天香語山命を戴いて天津神の軍勢が進出した地域である。天香語山命はさらに琵琶湖の東に進出して尾張氏の祖となった。東海地方とは、尾張氏の進出した地域を言うのであろう。

吉備は、山陰勢力と近い関係の国津神側の支配地だったのを、神武天皇の東征の際に、天津神が制圧し支配した地域であろう。

崇神天皇は、これらの地域でも、天津神によって強引に奪われた国津神の土地や権利をある程度復活させ、天津神に偏りすぎた状況を是正しようと試みたのではないだろうか。

崇神天皇が従来よりも国津神に肩入れする立場で国津神の勢力回復を図ったことが、既得権を守ろうとする保守派の天津神を刺激し、改革派の崇神天皇に反旗を翻したと思われるのである。武埴安彦の反乱と同根の反崇神勢力の蜂起が近畿地方だけではなく、列島各地の天津神の支配地で一斉に起きたのである。四道将軍の派遣はこれらの反天皇勢力を懐柔し鎮圧するための軍事作戦であったと考えるのである。

## ■狭穂彦の乱

天津神と国津神の争いは、四道将軍の派遣によって表面的には鎮圧されたように見える。しかし、その後も二つの勢力の確執は水面下で渦巻いていたと思われる。そのような情勢の中で勃発したのが、垂仁天皇の暗殺を企てた狭穂彦の乱である。

崇神天皇の政治を継承した第十一代垂仁天皇は、第九代開化天皇の息子の日子坐王《ひこいますおう》の娘の狭穂姫を妃に迎えた。しかし、狭穂姫は、兄の狭穂彦にそそのかされて、垂仁天皇を殺そうとした。狭穂姫は愛する夫の垂仁天皇を殺害することができず、天皇にすべてを告げてしまった。陰謀が露見した狭穂彦は天皇の軍勢に攻められて命を絶ち、狭穂姫も運命を共にしたという話である。

狭穂姫と狭穂彦の兄妹の母親は沙本之大闇見戸賣命《さほのおおくらみとめのみこと》とされる。福井県三方郡三方町にある闇見神社は、若狭国神名帳に『正五位闇見明神』と記される古い神社で、ここの祭神が沙本之大闇見戸賣命《さほのおおくらみとめのみこと》である（下図）。

『古事記』によると日子坐王《ひこいますおう》は四道将軍の一人として、丹波の国に遣わされ、反抗する玖賀耳御笠《くがみみのみかさ》を討ったと記述されている。

丹波の地方は、かつて、饒速日命の息子の天香語山命を戴いて天津神が進出した地域である。この地域には、崇神天皇の国津神優遇政策に反発する天津神の部族が多数いたと思われる。日子坐王《ひこいますおう》に討ち取られた玖賀耳御笠《くがみみのみかさ》も、このような天津神の後裔の有力者だったのだろう。

『丹後風土記』によると、玖賀耳御笠の本拠地は、舞鶴港の東側の若狭湾に面する青葉山付近とされる。若狭に攻め込んで玖賀耳御笠を討った日子坐王《ひこいますおう》は、このときにこの地域の豪族の娘沙本之大闇見戸賣《さほのおおくらみとめ》命を娶ったのであろう。

つまり、狭穂彦には母方の丹波や若狭の部族が後ろ楯になっており、しかもその勢力は、崇神天皇の政治に反抗していたと推定されるのである。

狭穂彦は、母方の天津神勢力の強力な支援を受けて、垂仁天皇を殺し、自らが天皇となって天津神中心の政治の復興を企てた。これが狭穂彦の乱と理解できるのである。

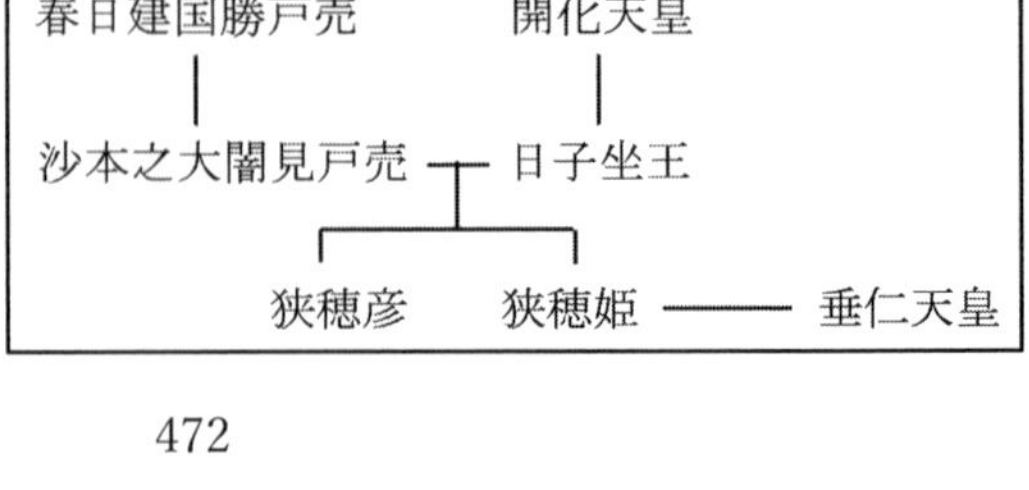


## ■奈良盆地の巨大古墳

古墳時代の前期に奈良盆地東辺に巨大な古墳が築造された。大和古墳群や柳本古墳群である。柳本古墳群の行燈山古墳（墳長242m）と渋谷向山古墳（墳長302m）は、それぞれ崇神天皇陵、景行天皇陵に比定されている。

崇神天皇の政策変更により、挙国一致体制が確立し、多くの労働力を動員して巨大な古墳を築造することが可能になったことは前述した。しかし、なぜこの時代の天皇たちはそれまで類を見ないような巨大な古墳を作ったのだろうか。

さまざまな議論があり、天皇の権威を示すためとか、他の豪族との差別化のためとか言われてきた。

都出比呂志氏の前方後円墳体制論や、松木武彦氏などの主張では、古墳は差異化するための装置であると説かれている。円墳、方墳、前方後円墳、前方後方墳などの形式、あるいは同じ形式でもその大小によって政治的地位、政治的秩序を表現し、差別化する機能が、古墳の本質的な役割だと述べる。

しかし、少し違う意図があったのではないかと私は思う。崇神天皇や景行天皇には四道将軍を派遣したり、熊襲を征伐するために軍隊が必要だった。巨大古墳の築造はそのための施策だったのではないかと考えるのである。

前章の楯築墳丘墓の項でも述べたが軍事活動を行うたびに大量の兵士を各地から招集するのは大変である。築造に長期間を要する巨大な天皇陵古墳は多くの屈強な兵士たちを長期間集めておくための有効な手段として活用されたのではないか。

行燈山古墳や渋谷向山古墳の築造に携わる労働者たちは、平時は古墳の築造にあたり、一旦ことがあれば武器を手にして大規模な軍勢として戦いに臨む。このようなシステムが効果的に機能したと思われるのである。

崇神天皇や景行天皇には随時動員できる軍隊が必要だったのである。

景行天皇は熊襲征伐のために自ら軍を率いて九州に遠征した。息子の倭建命《やまとたける》は熊襲征伐だけでなく東国の平定にも軍勢と共に赴いた。

崇神天皇の時代には、北陸・丹波・東海・山陽の各地に四道将軍の軍勢を派遣した。

四道将軍の派遣は、四方面同時進行の作戦であり、九州と東国で戦った景行天皇よりもはるかに大量の兵士が必要だったのではないか。そのため崇神天皇は、自分の墓よりも先に巨大古墳箸墓を築造した。

行燈山古墳や渋谷向山古墳は、尾根の先端の地山を利用して築造されているが、箸墓は、あえて土を積み上げる作業量が膨大になる平地に造られている。

これは、四道将軍派遣のため大量の兵士を揃えるための方策ではないかと思うのである。

箸墓は崇神天皇と同時代の倭迹迹日百襲姫の墓とされるが、天皇の親族とはいえ巫女の女性ひとりのためになぜこれほどの巨大古墳を築造したのか不思議に思っていたが、巨大古墳が兵士を確保するための施策と考えれば、箸墓築造の理由が理解できるだろう。

ところで『日本書紀』によると、この頃の天皇は亡くなってから短期間で埋葬されるケースが多い（下表）。天皇没後に造り始めた巨大古墳がこのような短期間で完成するとは思えないので、これらの天皇陵は在位中に寿陵として築造されているのである。

| 天皇 | 埋葬年と没年の差 |
|---|---|
| 崇神 | 翌年 |
| 垂仁 | 同年 |
| 景行 | 2年後 |
| 成務 | 翌年 |
| 仲哀 | 不明 |
| 神功 | 同年 |
| 応神 | 不明 |
| 仁徳 | 同年 |
| 履中 | 同年 |
| 反正 | 5年後 |
| 允恭 | 同年 |
| 安康 | 3年後 |
| 雄略 | 不明 |

これは、天皇自身が在位中に自分の墳墓を造成し、軍事に動員できる人員を常に手元に確保しておくための方策に見える。巨大古墳の築造の第一の目的は、必要な時に即軍隊を出陣させるための人員を確保する機能であり、巨大な古墳が完成した結果として付随的に差別化の効果や、権威の象徴としての意味を生じるのである。

古墳時代前期には奈良盆地北部の佐紀の地域や南東部の桜井市にも大きな古墳が築造されている（下図）。佐紀古墳群の佐紀石塚山古墳や日葉酢媛命陵古墳、桜井市の桜井茶臼山古墳やメスリ山古墳などいずれも墳長200mを超える巨大古墳である。

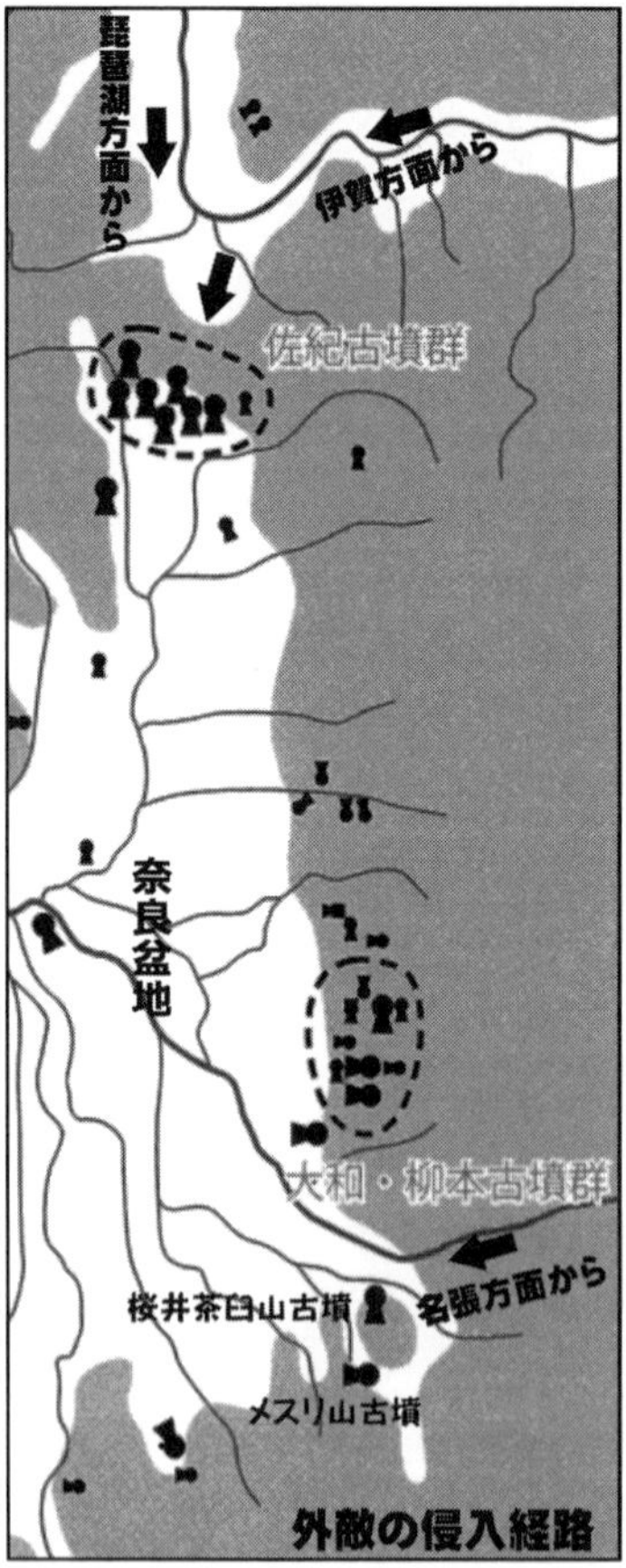


これらの古墳はその築造された位置から、奈良盆地の防御のために、盆地の入り

口に軍勢を配備することが目的と考えられ、やはり軍事的な意味を持つと推定される。メスリ山古墳から夥しい量の鉄製の武器が出土したのはその証拠である。

すなわち、神武天皇が奈良盆地に侵入して天津神政権を打ち立てた時、盆地にいた国津神たちは東へ逃亡した。彼らが再び奈良盆地奪回のために攻め込んでくるとしたら、東側から侵入してくるに違いない。

琵琶湖や山城方面から木津川沿い南下するルート、伊賀や甲賀を経由して木津川の上流から西方に進出するルート、名張や宇陀経由で桜井に進出するルートなどである。

佐紀や桜井に巨大古墳を築造する作業は、これらのルートから侵入する敵に備えるため、この地域に常時人員を配置し盆地を防衛するための施策と思えるのである。

通説のように、巨大古墳が王の権威を示すために築造されたとすると、王の個人的欲求のためにいたずらに人々を使役し苦しめることになるので、とても賢者の施策とは言えない。しかし、敵の脅威に対抗するための施策となれば、自らに降りかかる厄災を防ぐ意味でもあり、人々も納得して従っただろう。

なお古墳時代中期に河内や吉備に巨大古墳が築造されているが、その意味についてはまた別項で取り上げる。

また、この頃から築造が始まった巨大古墳の形がいわゆる前方後円型なのは何故かという議論がある。さまざまな説があるが未だ決着がついていない。

崇神天皇の時代に、国津神と天津神の融和が図られ、両者が協力して巨大な古墳の築造が可能になったことを考えると、前方後円墳の墳形も、国津神の四角い方墳と、天津神の円墳の形が融合したというのも有力な説ではないかと思う。

天理市にある全長190mの西山古墳の形態は、前方後円型とは別なアプローチで国津神と天津神の融合を表現したように見える（下図）。

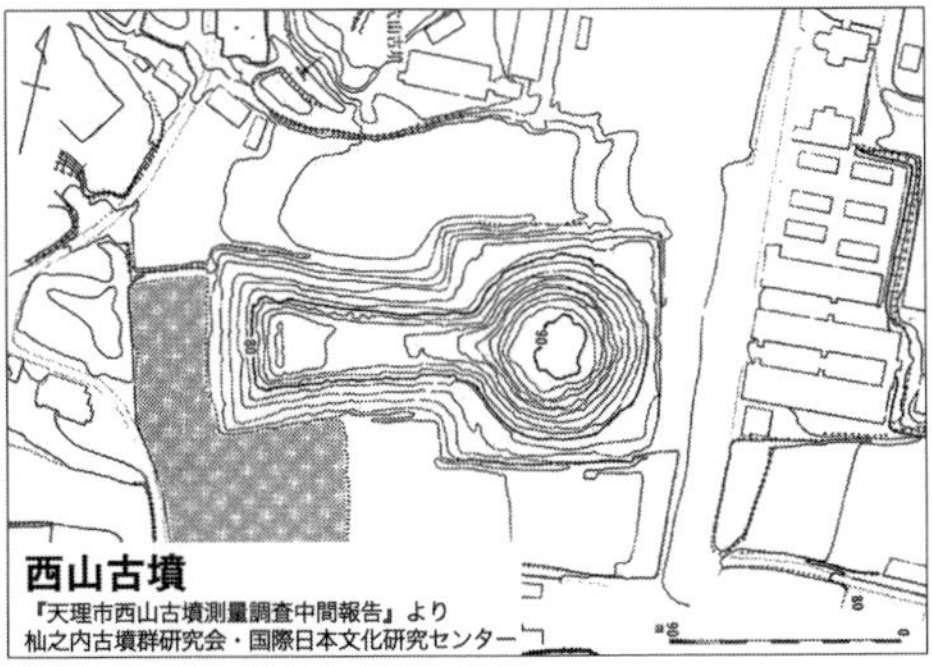

**西山古墳**
『天理市西山古墳測量調査中間報告』より
杣之内古墳群研究会・国際日本文化研究センター

西山古墳は三段で築成されており、一段目は前方後方墳の形だが、二段目からは前方後円墳になっている大変ユニークな形状の古墳である。出土した埴輪から古墳時代前期の築造とされているが、これはまさに崇神天皇の時代であり、国津神と天津神の融和の時代である。西山古墳の特殊な形が融和の機運を反映しているとしたら、同じ頃から築造が始まった前方後円墳が、四角と円の合体で出来上がった可能性は捨てがたい。

## ■崇神天皇のテリトリー

崇神天皇の時代に、大加羅国の王子の都怒我阿羅斯等《つぬがあらしと》が、越の国の気比の浦に訪ねてきた。都怒我阿羅斯等《つぬがあらしと》は、垂仁天皇の時代になっても数年間留まってから帰国したとされる。若狭湾沿岸地域を足がかりにして、周辺地域に進出しようと考えていたのであろう。

『日本書紀』はこの大加羅国の王子を任那の人と記す。大加羅国とは、狗邪韓国を滅ぼして朝鮮半島南部に進出した金官伽耶の後裔である。須佐之男命の時代から金官伽耶と国津神は交流があったことから、国津神優遇政策を推進した崇神天皇を慕って訪れてきたのかもしれない。あるいは後に詳しく述べるが、伽耶勢力の進出のために偵察に来たのかもしれない。

『日本書紀』には都怒我阿羅斯等《つぬがあらしと》に関係して興味ある内容が記されている。都怒我阿羅斯等《つぬがあらしと》が穴門（長門の古称、山口県）についた時、その国の伊都都比古《いつつひこ》が「自分はこの国の王である。自分の他に王はいない。ほかのところに勝手に行ってはならぬ」と言ったと記されていることである。

これは、崇神天皇とは別の勢力が、長門の地域を支配していたことを示している。崇神天皇は奈良盆地とその周辺を四道将軍などによって攻略し傘下におさめたが、もともと、天津神が支配していた九州や中国地方西部は、国津神優遇の政治を行う崇神天皇に反発する天津神によって引き続き領有されたままであったと見られるのである。

伊都都比古というその国の王の名前は、かつて伊都国に都を置いた天津神の子孫にふさわしい名前に見える。

神倭磐余彦命の東征のときに、九州から近畿地方に大軍を繰り出したあとも、天津神の子孫は九州や中国、四国地方をしっかりと治めていたのであろう。

吉備までは崇神天皇の勢力が優勢で、それより西の、周防、長門などは、天津神が支配していたというのが、このころの列島の勢力地図と考えられるのである。

## ■三角縁神獣鏡

従来、三角縁神獣鏡は卑弥呼が魏から与えられた百枚の鏡であり、三角縁神獣鏡を多数出土する近畿地方に邪馬台国があったとする根拠にされてきた。

しかしこれに反対する意見も多い。

例えば、魏から送られたのは百枚とされるが、すでに国内では五百枚以上の三角縁神獣鏡が発見されていることや、肝心の中国からは一枚も出土しないことなどから、これを国産の鏡だとする見解である。

三角縁神獣鏡は魏からもたらされた舶載鏡と国内で模倣製作された仿製鏡に区分けされてきた。しかし、近年、橿考研の清水康二氏による鋳型の傷の研究で、これを覆す成果が発表された。

三角縁神獣鏡の仿製鏡とされたものと舶来鏡とされたものに共通の傷が存在するというのである。つまり、仿製鏡と舶来鏡は同じ場所で制作された鏡であり、従来の区分は誤っていることが明らかになったのである。

さらに、文様の異なる鏡でも共通の傷が確認され、鏡笵（鏡の鋳型）を再利用する技法が用いられていたことが判明している。

また、工芸文化研究所所長の鈴木勉氏は著書「三角縁神獣鏡・同笵（型）鏡論の向こうに」（雄山閣）で、鏡の仕上げの技法が、出土古墳ごとにまとまっていることを明らかにした。

二〇一八年一月十八日の毎日新聞夕刊が内容を次のように簡潔にまとめている。

『三角縁神獣鏡の文様には、三角形が連続する「鋸歯文」がある。鋸歯文を拡大画像で比較すると、ヤスリや砥石で磨かれるなど、種々の異なる加工痕が残っていた。加工痕の違いは工房や工人、工具の違いを示すものという。

そこで、黒塚古墳（奈良県天理市・三十三面出土）など、三角縁神獣鏡が出土した十以上の古墳を対象に加工痕を比較した。結果は簡明。仕上げ加工痕は出土古墳ごとに見事にまとまっていた。

三角縁神獣鏡では同じ型の鏡が複数存在する。同笵（型）鏡と言い、別々の古墳からも見つかるが、同型同士でも加工痕は古墳によってさまざまだ。一方、出土古墳が同じなら、異なる型の鏡にも同じ仕上げが施されている。つまり加工痕は鏡の型ではなく、出土古墳に規定されているのだ。

鋳造の最終工程で施される仕上げのまとまり具合から導かれる事実は明らかだ。鏡の製作地は、日本列島内の出土古墳近くということになる。

その上で鈴木氏は見つかる鏡の少なさなどから、工人が各地の出土古墳近くに定住しているのではなく、大和地域に本拠を置く複数の移動型の工人集団が各地の依頼で現地に出向いて製作する「出吹《でぶ》き」を想定した。

加工痕の画像という一目瞭然の新手法で国産説を提起した鈴木氏は「（鏡の形や図像、銘文をたどる）系譜論では、製作地問題は絶対に解決しない」と、製作技術に目を向けたがらない考古学の実情に警鐘を鳴らす。』

三角縁神獣鏡が国産鏡であることは前述のように明白だと思うが、この鏡が墓に多数副葬されるのはなぜだろう。

京都府相楽郡山城町の椿井大塚山古墳は、大量の三角縁神獣鏡が出土したことで知られている。考古学者の森浩一氏や田中琢氏は、崇神天皇の時代の武埴安彦《たけはにやすひこ》の反乱に係わる舞台が椿井大塚山古墳の周辺地域であることから、この古墳は武埴安彦の墓であろうと述べる。出土した土器の年代も武埴安彦の時代と矛盾しないという。

椿井大塚山古墳が武埴安彦の墓とした時に、ここに大量の三角縁神獣鏡が副葬されていることの意味を考えてみたい。

従来、三角縁神獣鏡は、大和朝廷が各地の有力者に配布したものとされ、三角縁神獣鏡が大量に出土した椿井大塚山古墳の被葬者は、三角縁神獣鏡を配布する役目の人物とするのが有力な説であった。

しかし、椿井大塚山古墳が、崇神天皇に反抗して敗れた武埴安彦の墓だとすると、三角縁神獣鏡を副葬した意味が少し変わってくる。

三角縁神獣鏡が棺の中ではなく、その周囲に並べて置かれていることから考えると、この鏡は葬式の花輪のような葬具で、被葬者とゆかりの深い縁者が、葬儀に際して供献したものと思われるのである。

椿井大塚山古墳から大量の三角縁神獣鏡が出土したことは、崇神天皇の政策に反対して討ち死にした武埴安彦に対して、彼を支持した多くの天津神が哀悼の意を表したものと考えられるのである。

そう考えると、三角縁神獣鏡の笠松形文様や紀年銘の意味が、つぎのように天津神の権威や倭国の主としての正統性を示すものとして理解できる。

すなわち、笠松形文様は天津神の難升米が魏の朝廷から下賜された黄幢をかたどったものと言われ、天津神政権が魏に認知された正統な倭国の主であり、その後継者が倭国の王として国津神の上に立つ正統性を有していることを示すものである。

また、紀年銘鏡に記された景初三年や景初四年などの年号は、卑弥呼が魏の王朝に冊封され親魏倭王となった時期で、これも、倭国の支配者としての天津神の正統性を象徴するものである。

多数の三角縁神獣鏡が副葬されているのは、多くの天津神の同胞から鏡を供献された結果であり、被葬者が天津神グループの中の有力な人物であることを示している。

三三枚の三角縁神獣鏡を出土した纏向の黒塚古墳や、三角縁神獣鏡二六枚を含む八一枚の鏡を出土した桜井茶臼山古墳なども、武埴靖彦と同様に、天津神系の有力者の墓と推定できるのである。とくに、黒塚古墳の三角縁神獣鏡の中に椿井大塚山古墳出土のものと同笵と思われる鏡があることから、黒塚古墳は、武埴安彦と同時代の、天津神の有力者の墓所と考えられるのである。

奈良大学の水野正好氏は、近くに大海《おおかい》という地名のあるところから、黒塚古墳の被葬者として、崇神天皇の妃の尾張大海媛《おはりのおおしあまひめ》か、尾張大海媛《おはりのおおしあまひめ》の生んだ皇子と考えている。尾張氏は饒速日命やその子天香語山命を遠祖とする天津神の家系である。

また、異なった地域の古墳から同笵鏡が出土するのは、古墳の被葬者と三角縁神獣鏡を贈った天津神との間に親交があったことを示すものである。同笵鏡が広い範囲から出土するのは、通説のように大和王権の支配地域を意味するものではなく、このころの天津神の分布と交流の広さを示すものである。

武埴安彦の墓所と想定される椿井大塚山古墳から多数の三角縁神獣鏡が出土したように、三角縁神獣鏡は崇神天皇の時代ごろから盛んに用いられるようになった。これは、崇神天皇の政策によって復興してきた国津神に対して、天津神が、結束を固めて国津神と対抗しようとしたことが理由ではないかと思うのである。

天津神が天照大御神の直系の由緒正しき部族であることを三角縁神獣鏡に表現し、天津神の葬儀に際して三角縁神獣鏡を贈りあうことで、自らが天津神であることを再確認し、天津神としての帰属意識を強化していったのだろう。

同時代の古墳でも三角縁神獣鏡を出土する古墳とそうでない古墳とがある。これは、三角縁神獣鏡が天津神の有力者の葬儀の時だけ供献されたためであろう。

なお、ついでに言えば、崇神天皇陵とその近くの箸墓からは三角縁神獣鏡は出てこないと私は推理している。

崇神天皇は国津神の利益や権利を復興した天皇であるが、天津神にとっては既得権を制限されたり不利な政策を推進したありがたくない天皇であった。

また、箸墓は、崇神天皇の時代に武埴安彦の反乱を事前に察知して天皇に知らせたとされる倭迹迹日百襲姫の墓所である。国津神にとって、倭迹迹日百襲姫は、武埴安彦たちによる天津神の反乱が大事になるのを防いだ大恩人であるが、天津神から見れば、倭迹迹日百襲姫は計画を台無しにしたとんでもない人物であった。したがって、崇神天皇陵や箸墓には、天津神の功労者に送られる三角縁神獣鏡は副葬されていないはずである。いっぽう、天津神として行動した景行天皇や日本武尊の墓所には三角縁神獣鏡が副葬されている可能性は大である。

# 三一．熊襲と隼人

## ■景行天皇と熊襲

第十二代景行天皇は垂仁天皇の第三子で、母は日葉酢媛命《ひばすひめのみこと》である。日葉酢媛命《ひばすひめのみこと》の父は開化天皇の孫の丹波道主王《たんばのみちぬしのみこと》で、母は、丹波の有力者の娘と思われる丹波之河上之摩須郎女《たんばのかわかみのますのいらつめ》である。崇神天皇は国津神を優遇し、天津神の反発を受けたが、景行天皇は、天津神の天皇として行動し各地の天津神に歓迎されたように見える。

たとえば、熊襲征伐のため九州を訪れた時、天津神の拠点であった周防の佐波、日向などに抵抗なく受け入れられ、また、天津神の充満する筑紫平野を巡幸して帰途に就いた時も、和やかにこの地域を通過したことが『日本書紀』に記されている。神功皇后がこの地域の豪族を成敗して回ったのとは大違いである。

景行天皇が、天津神の支配地であった丹波の女性を母としたことで、崇神天皇以来の国津神寄りの政治路線が修正される方向に動いたと思われるのである。

『日本書紀』によると、景行天皇は、熊襲が背いて貢物を奉らなかったことを理由に、九州に出征して熊襲を征伐した。『日本書紀』には、その後、再度反抗した熊襲に対して、日本武尊《やまとたける》を討伐に向かわせた伝承が記されるが、『古事記』には景行天皇が遠征した話はなく、倭建命《やまとたける》の「熊曽」征伐だけが記されている。

景行天皇紀に登場する熊襲とはどのような人々だろうか。

『広辞苑』には、熊襲は「記紀伝説に見える九州南部の地名、またそこに居住した種族。肥後の球磨と大隅の贈於《そお》か。」と記される。現在の通説では、「クマ」を球磨川上流域の人吉市周辺の肥後国球磨郡とし、「ソ」を、大隅半島の付け根の大隅国贈於《そお》郡とする。そして、熊襲の人々が大和王権へ臣従した後は、「隼人」として仕えたとする。つまり、熊襲と隼人は同じ人々であるとしているのである。

私は、このような通説は誤りであると考えている。ここでは熊襲と隼人について私の考えを述べてみようと思う。

■景行天皇の遠征ルートと熊襲

『日本書紀』によると、熊襲征伐のため都を発《た》った景行天皇は、次のようなルートで九州を巡行した。

景行一二年九月、天忍穂耳命の故地である周防の国の佐波に立ち寄り、そこから九州に入って、土蜘蛛を平定しながら、豊前国京都郡（福岡県行橋市）に行宮を設け、さらに一〇月に豊後国の碩田《おおきた》（大分市）や直入《なおいり》に進み、一一月には日向の国に入って高屋宮に行宮を設けた。

高屋宮に六年滞在して熊襲を平定したのち、熊県《くまのあがた》（熊本県球磨郡）や葦北（同葦北郡）、八代県、高来県（長崎県諫早市）、阿蘇国（熊本県阿蘇郡）、筑後の三毛、八女、的邑《いくはのむら》（福岡県浮羽郡）を巡り、景行一九年に大和に帰った。

ここでまず注目するのは、熊襲と戦うための基地である高屋宮が、日向の国にあったことである。

高屋宮の位置については諸説があって、たとえば、西都市の黒貫寺《くろぬきでら》や、宮崎市の高屋神社などが高屋宮の跡地とされている（下図）。

いずれにしても、北から南下してきた景行天皇が、熊襲を討つための基地を日向に設けたということは、熊襲は日向の南にいたと考えられるのである。高屋宮が西都市にあったとするなら、熊襲は宮崎平野に蟠踞していた可能性があるし、高屋宮が宮崎市ならば、熊襲は大淀川の南側で天皇軍と対峙していたことになり、熊襲のテリトリーの北限をおおよそ知ることができるのである。

つぎに、通説で熊襲の「クマ」とされる熊県《くまのあがた》（熊本県球磨郡）について考えてみる。

『日本書紀』には、景行天皇が熊県《くまのあがた》（熊本県球磨郡）を訪れたと

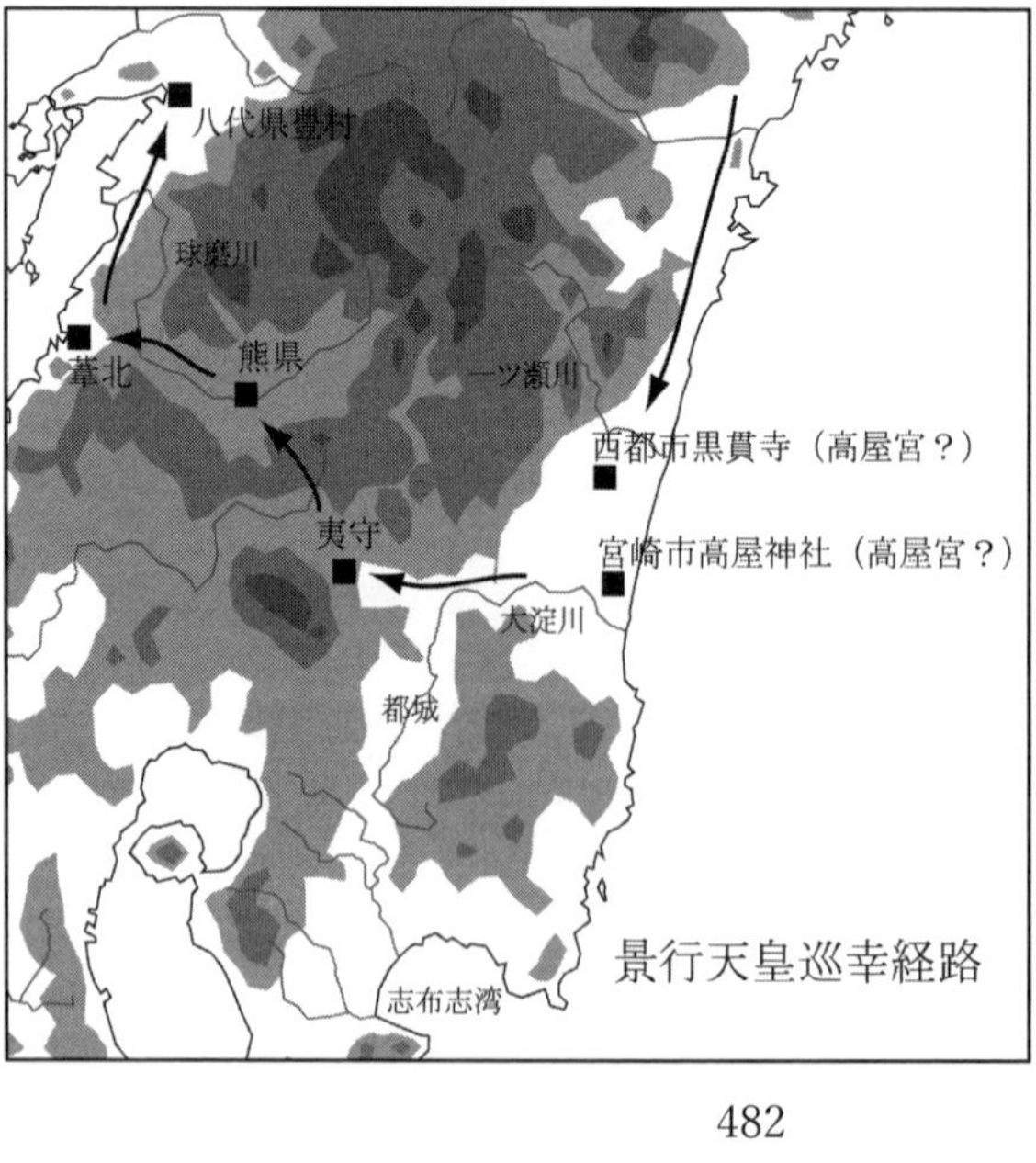

景行天皇巡幸経路

き、兄熊、弟熊の兄弟のうち、弟熊が天皇に従わないので討ったという話がある。

「ハル・バル」地名の分布を見てみると、球磨川の中流域に空白地帯のあることがわかる（P405 図）。この地域は、免田式土器という端正で特徴的な土器が出土する地域で、南九州とは異なる文化を持った人々が古い時代から住んでいたと思われる。

景行天皇に反抗した弟熊の伝承は、彼らの一部が天津神の進出に抵抗していたことを示している。そして、このことが、球磨川流域の部族が熊襲であるという通説の根拠の一つになっているのである。

しかし、土器の例でも明らかなように、考古学的に見ると、球磨川流域と贈於《そお》郡のある南九州はかなり異質であり、これらの地域を熊襲としてひとまとまりに考えることはできない。また、景行天皇紀では、熊襲を平らげた後の話として球磨郡の弟熊の話が記されているので、この地域の人々を熊襲に含めるべきではないと思う。

## ■熊襲

「ハル・バル」地名は、北部九州から天津神の人々が進出し入植した時に生まれた地名と推理した。興味深いことに、南九州を見ると、耕作が可能な地域でも「ハル・バル」地名が分布しない空白地帯がいくつか存在する。前述の球磨川中流域もその一つである。このような空白地帯には、すでに有力な先住の部族がいて天津神が進出できなかったことを示している。

これらの空白地帯のうち、熊襲に関連してとくに注目するのは、第二六章でも触れた次の二つの地域である。

一つは、志布志湾岸から曽於市に至る大隅半島の付け根の地域である。この地域は、かつての大隅国贈於《そお》郡であり、多くの研究者が指摘するように、熊襲の「ソ」にあたる地域である。

そしてもう一つは大淀川の南側の地域で、この地域にも、天津神と折り合わない先住民がいた。大淀川の北側に「丸」付き地名が多数並んでいるのは、大淀川の南側の部族が、宮崎平野に進出した天津神たちにとって、強大な敵対勢力であったことを意味している。

さて、少々話は飛ぶが、大宝元年に制定された大宝律令と、その後、部分改修された養老律令によって、駅制・伝馬制の古代の交通制度が規定された。そして、全国の官道には三〇里ごとに駅家《うまや》が設けられた。

日向の国には、一六の駅家《うまや》があるが、大淀川の南、清武川の下流地域に、駅馬五匹を備える「救麻《くま》」という駅家《うまや》があった。この地域には現在も、宮崎市大字熊野という地名で、「クマ」が残っている（下図）。

大淀川の南に天津神の敵がいたことと、大淀川の南に救麻《くま》という地名があったことから、私は、この地域が熊襲の「クマ」に相当する地域と考える。

そして、この救麻《くま》の地域と、大隅半島の付け根の贈於《そお》郡の地域にいた人々が、救麻《くま》・贈於《そお》とひとまとまりにされて熊襲と呼ばれるようになったと考えるのである。

熊襲は、何回も反乱を起こしているが、大淀川の近辺の地名からその痕跡も読み取れる。

まず、大淀川北岸には、柳丸、榎丸、金丸、宮王丸など、いくつかの「丸」付き地名が並んでいるが、その近くに、鴨ノ丸、柳ノ丸という地名がある。こ

大淀川の南の救麻

の二つは「丸」付き地名には違いないが、これまで見てきたような、王族、あるいは、砦の主の名前を彷彿とさせる地名とは異なり、少々異質なネーミングである。

これは、鴨ノ丸、柳ノ丸が、柳丸、榎丸、金丸、宮王丸などの砦が築造された時とは異なる時代に作られた砦であることを意味していると思うのである。

また、「丸」付き地名は大淀川の南側にも二つほど確認できる。宮崎市古城町《ふるじょう》の「大丸」と「西之丸」である。これらの「丸」付き地名も、砦の主を示すネーミングではなく、異なる時代のものにみえる。

この地域が古城町といわれ、近くに「山の城」という地名もあることから考えると、大きな山城や砦の一部を「大丸」とか「西之丸」と呼んだように思える。すなわち、彦火火出見命などの時代の砦よりも新しい時代の本格的な軍事施設が築かれた跡と考えられるのである。

これは、大和朝廷の軍勢が大淀川の南側に進出し、山の上に城郭を築いて、反乱をくり返す熊襲に軍事的圧力を加えた痕跡と推定されるのである。

大淀川の両岸に、異なる時代の砦の跡が確認できるのは、この地域の熊襲が、時代を超えて再三反乱を起こし、それに大和朝廷が対応したことを意味している。

火須勢理命や彦火火出見命の時代よりも後の時代のものと考えられる鴨ノ丸、柳ノ丸や、大淀川の南側の城郭は、熊襲を鎮圧した景行天皇や日本武尊の親征と関連する可能性もあると思うのである。

そして、宮崎市跡江の大淀川南岸にある生目《いきめ》古墳群には、三世紀末か四世紀前半に築造された100mを越える大きな古い古墳がある。古墳時代前期では九州最大の首長墓群とされるこれらの古墳は、熊襲鎮圧のためにこの地域に進駐した有力者たちの墓所ではないかと思うのである。

第二九章と第三〇章で、吉備の楯築墳丘墓や大和の巨大古墳の築造は兵士を長期間確保することが目的であると述べたが、生目古墳群の巨大古墳も同じ目的で築造されたのではないだろうか。熊襲との戦いを目前に控えた天津神の将軍たちが、兵士の確保や肉体的な訓練のための施策として生前に古墳を築造したのであろう。

さて、以上のように、救麻《くま》・贈於《そお》の地域で天津神に反抗した人々が熊襲と呼ばれたことを明らかにしたが、つぎに、熊襲とはどのような人たちだったのか考えてみることにしよう。

弥生時代の前期から、倭人が日本列島各地に稲作と遠賀川式土器を持って移動していったが、次のようなことは、救麻《くま》・贈於《そお》の地域に来ていたのも、そのような倭人のグループであることを示しているように思うのである。

まず、宮崎県の西都原古墳群北東の高鍋町の持田中尾遺跡で、松菊里型住居跡が発見され、初期稲作の穂摘み具である大陸系磨製石器もセットになって出土している。

また、都城の肘穴遺跡では、松菊里型住居の特徴である炉とその両側の柱穴が確認されており、都城盆地の西側の横市川近くの坂元A遺跡では、初期の水田跡が発見されている。

さらに、宮崎市の海岸近くの檍《あおき》遺跡で、遠賀川式土器である板付Ⅱ式の土器が発見されている。

宮崎平野から都城にかけて、松菊里型住居跡や遠賀川式土器、初期の水田跡などが発見されたことは、日本列島各地へ稲作を伝えた行動力豊かな倭人がこの地域にも進出し、宮崎平野にとどまらず、稲作の適地を求めて南下し、大淀川の南側の救麻《くま》や大隅半島の贈於《そお》の地域にまで進出したことを示している。

倭人は、この地域へ進出した最初の稲作民族なので、先住の縄文人とは軋轢を生じなかったと考えられ、短期間でこの地域に展開できたと思われる。

すなわち、天津神が進出する以前は、宮崎平野全域から志布志湾に至る広い地域に、先住民として倭人が暮らしていたと考えられるのである。

景行天皇の高屋宮の候補地が宮崎平野に複数あるのは、景行天皇の軍勢が宮崎平野の北辺に侵入し、拠点を次第に南に移しながら倭人を大淀川の南に追いつめていった痕跡と思えるのである。

彼らは、大淀川の北側を天津神の入植者に奪われ、そして、大隅半島地域を失い、さらには、都城盆地を彦火火出見命に奪われてしまった。その結果、救麻《くま》・贈於《そお》の狭い地域に押し込められてしまったのである。

広大な沃野を失った救麻《くま》・贈於《そお》の倭人たちは、天津神に対し復讐心を持ち続けたのであろう。時には、大淀川を越えて宮崎平野に侵入し、奪われた土地を取り戻そうとした。しかし、そのたびに大和朝廷の軍勢に鎮圧されて手痛い代償を払う羽目になったのだろう。

熊襲と呼ばれたこの地域の倭人たちが、たびたび反乱を起こした背景には、このような事情があったと推測するのである。

都城市の北西の庄内町に熊襲踊りという民俗芸能が伝承されている。

ものものしい装束、猛々しい芸態が特徴で、躍動的で力感に溢れた伝統の踊りである。日本武尊が熊襲を成敗したときに、村人達が喜んで手に鍬や竹のざるなどを持ち、叩きながら大喜びしたことが由来とされている。

古くから都城に伝わる熊襲踊りは、都城のこの地域が大淀川の南の救麻《くま》から志布志湾の曽於につながる熊襲のテリトリーであったことの痕跡のように見えるのである。

## ■隼人

つぎに、隼人について考えてみよう。

隼人とは、古代に薩摩や大隅に居住した人々といわれ、通説では、熊襲と同じ部族とされる。大和朝廷に従うようになった熊襲のことを隼人と呼んだとも言われる。しかし、私の考えでは、隼人と熊襲は別の人々である。

記紀には、阿多隼人、大隅隼人、日向隼人などの隼人が登場する。また、薩摩隼人と呼ばれる一団もあったと思われる。

南九州の「ハル・バル」地名の分布を見ると、これらの隼人に対応して、日向、阿多、大隅、薩摩の地域に「ハル・バル」地名が濃密に分布していることがわかる（次頁図）。

すなわち、隼人とは、南九州に進出してここに入植した天津神の人々のことを指すのは明らかである。

海幸彦を隼人の祖先とする『古事記』の伝承や、火須勢理命を隼人の祖とする、『日本書紀』や『新撰姓氏録』の記録も、これを裏づけている。

南九州には、天津神勢力である隼人と、天津神の進出に抵抗する熊襲などの部族がモザイクのように入り組んだ分布をしているのである。

なお、隼人や熊襲は再三、朝廷に対して反乱を起こしているが、隼人と熊襲が同時に反乱を起こしたことがない。隼人が天津神側であり、熊襲が天津神に反対する勢力すなわち国津神に近いことを考えると、反乱を起こした時のまつりごとの方向が、天津神と国津神のどちらに重きを置いたものかおよそ知ることができそうである。まつりごとに不満をつのらせた勢力が反乱を起こしていると思われるからである。

ここから、そのときの天皇が天津神と国津神のどちらに近い立場だったのかを探る有力な手がかりを得ることができると思うのである。

これまでの検討で、隼人が南九州に進出した天津神の人々であることを明らかにしたが、隼人が近畿地方に多数移住したという記録がある。

大隅隼人や阿多隼人などが古くから畿内に移住して宮中の守護を行ったというものである。山城国南部に多く定住し、大隅隼人の住んだ現在の京田辺市には「大住」の地名が残っている。また、淀川の名前も宮崎平野の大淀川からとったと言われている。

近畿地方に移住した隼人の先駆けは、南九州から神倭磐余彦命に従軍してきた人々であろう。その後、国津神の充満する奈良盆地で、天津神系の天皇や皇族を守護するために、九州から天津神の子孫の隼人を再三呼び寄せたため、近畿地方に多くの隼人が定住することになったと推定するのである。

いっぽう熊襲は、南九州に進出した天津神には反抗するものの、政権とはしがらみを持たず、隼人のように近畿地方へ進

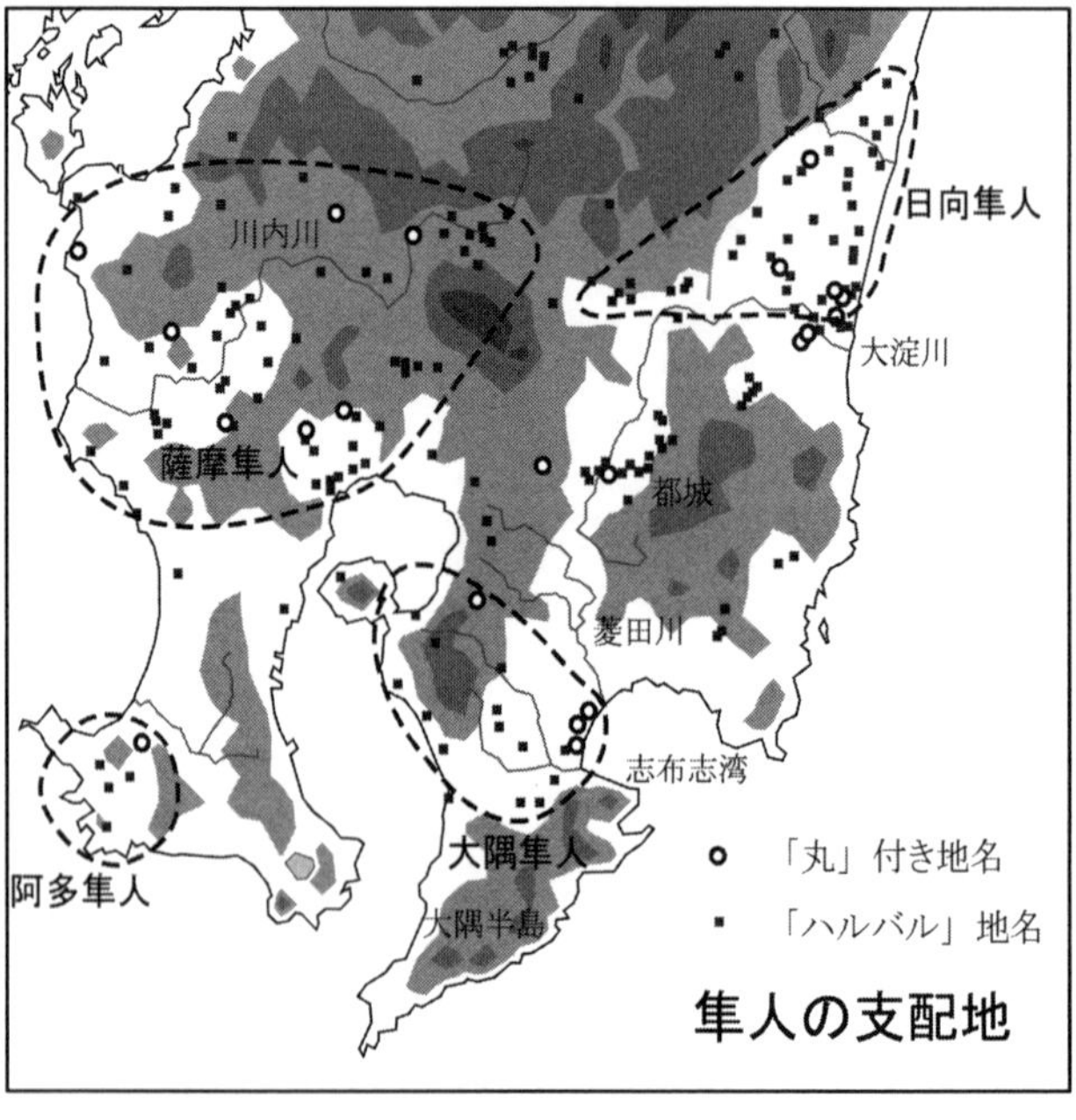

隼人の支配地

出することはなかった。

　これが、熊襲が景行天皇と日本武尊の伝承で語られる以外は、ほとんど記録されることがないのに、隼人は、平安時代初頭まで、多数の記録を残している理由である。

**■隼人の墓**

九州南部には特徴的な墓制が行われていた。東側の、宮崎平野から大隅半島北部にかけて地下式横穴墓が分布し、西側の、球磨川流域や川内川流域に地下式板石積み石室墓が分布している（下図）。

　地下式横穴墓は地面に竪坑を掘り、そこからさらに横穴を掘って埋葬施設を構築し、その中に死者を葬る墓で、地表面に古墳の墳丘のような構造物や標示物を持たない。

　地下式板石積み石室墓は、地面に円形または方形の穴を掘り、板状の石を壁面から中心に向けて持ち送り式に重ねて蓋とする石棺墓の一種で、やはり地表面に古墳の墳丘のような構造物・標示物を持たない例が多い。

　これらの墳墓の分布とハルバル地名の分布がほぼ重なることから、これらの墓は北部九州から進出してハルバル地名をもたらした天津神の墓、すなわち、隼人の墓である可能性が高い。

　私は、邇邇芸命の息子たちのテリトリーと、それぞれの墓制の分布から、東側の地下式横穴墓は、火須勢理命や山幸彦勢力

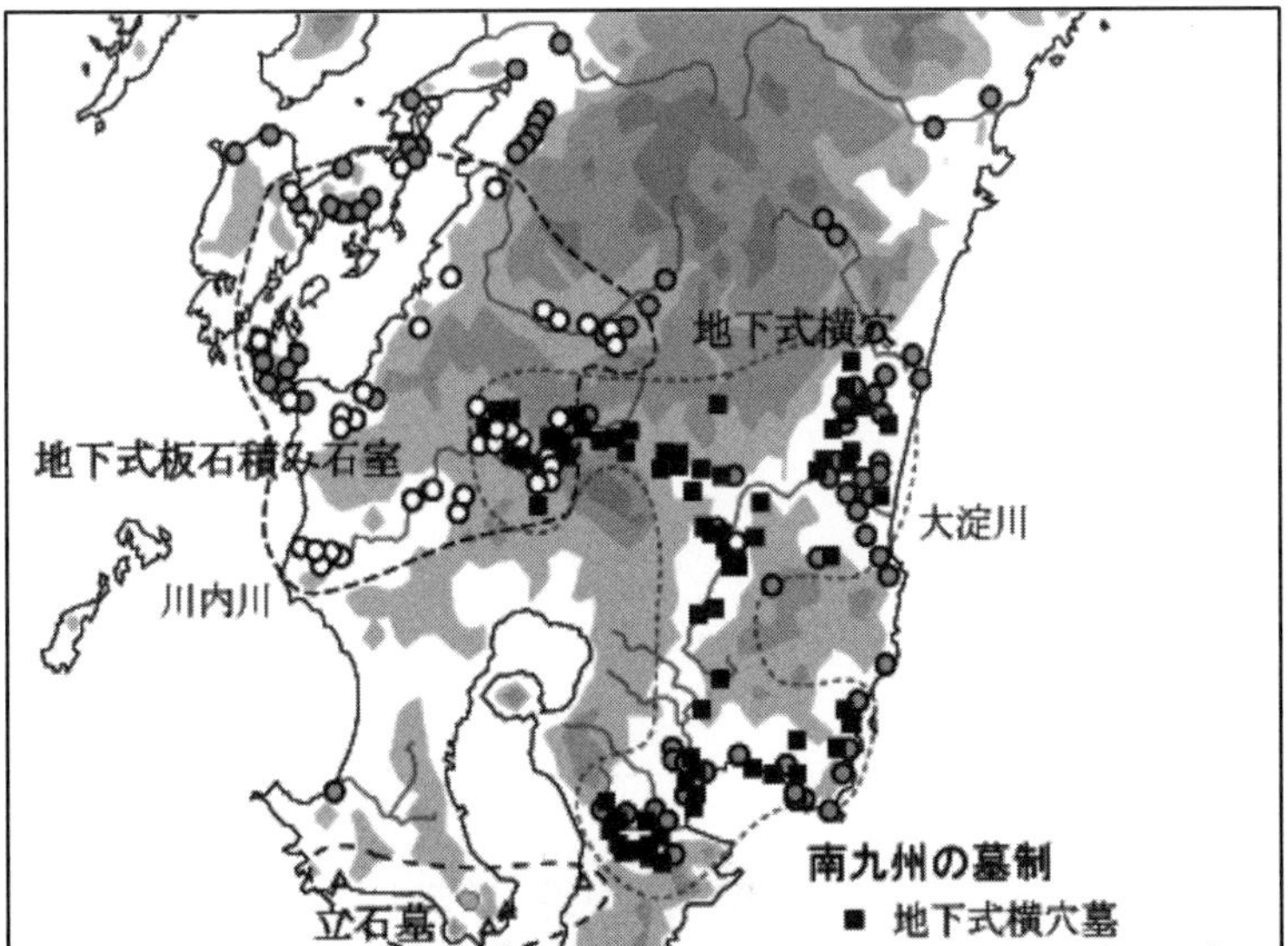

に関係する人々が残した墓、西側の地下式板石積み石室墓は、海幸彦勢力に関係する人々の墓と推定している。

地下式横穴墓や地下式板石積み石室墓の分布に関して興味深い現象がある。川内川上流域にこれらの墓制が混在している地域が存在することである。東側の地下式横穴墓が、えびの高原を越えて西側の川内川上流に進出し、山幸彦の勢力が、海幸彦のテリトリーの中に侵入したように見えるのである。

海幸・山幸伝承のなかに、竜宮から帰った山幸彦が、海幸彦をこらしめた話がある。地下式横穴墓が川内川上流域に進出した現象は、この伝承にある山幸彦と海幸彦との争いに関連するのではないだろうか。

山幸彦は何らかの理由で、海幸彦のテリトリーである川内川上流域に進出した。伝承の伝えるように、山幸彦が遠い南の島々への遠征を無理強いされた恨みがあったのかも知れない。あるいは、邇邇芸命の後継者争いであった可能性も強い。

伝承によれば、海幸彦と山幸彦が戦った結果は、山幸彦が勝利して長男の海幸彦が三男の山幸彦に仕えるということで決着したとされる。東側の山幸彦が戦いを有利に進めて西側に侵攻したため、東側の墓制が西側へ進出したように見えるのである。

墳墓は、本来なら子孫に祀ってもらうために墓の位置を示す目印として墳丘を設けたり墓標を立てたりするのが普通である。ところが九州南部のこれら二種類の墓は、地下に墓室を設けて、基本的には地上には目印となるものを設けないという普通ではない墓の形式を採用している。これはなぜだろう。

ここで一つ大胆な仮説を提示してみたい。

目印を設けなかったのは破壊されるのを回避するのが目的であったという仮説である。墳墓に墳丘や墓標などの目印があると、墳墓が破壊の目標になったのではないだろうか。

そう考えた理由のひとつは、生目《いきめ》古墳群の中に、破壊されたと思《おぼ》しき古墳の例があることである。

以前の章で、生目《いきめ》古墳群は熊襲征討にきた天津神の有力者たちの墓と分析したが、その中の生目《いきめ》九号墳の墳頂部が大きく削平されており、主体部も取り除かれていたのである（下図）。

墳頂が大きく削られた生目9号墳

直径36mの円墳、あるいは前方後円墳とされる生目《いきめ》九号墳は、古墳時代前期の四世紀前葉に築造された可能性があるとのことである。墳丘が削られた時期については、墳丘上に降り積もった火山灰の分析から十一～十三世紀より以前ということで、時間軸は十分には絞りきれないが、四世紀前葉に築造されて以降、一〇世紀ぐらいまでの間に削平が行われたようである。

いったん築造された大きな古墳を破壊する行為は、これを見聞きした天津神の人々に大きなインパクトを与えたであろう。彼らは、墳墓が破壊されないように墓室を地下深い場所に設けたり、地下式横穴を前方後円墳の周溝の外側に設けるなど、墓室を隠す工夫を行い、地上には目印となるものを置かず、位置がわからないようにして墳墓を作ったのではないか。

では、このような乱暴な行為を行なった加害者は誰か。

私は、神功皇后と、その方針を引き継いだ国津神たちではないかと思うのである。

次章で触れるが、神功皇后は四世紀末から五世紀初めに活躍した実在の人物と推定される。その伝承を見ると、神功皇后は天津神に強く敵意を抱く過激な国津神であった。

筑紫平野で、荷持田村《のとりたのふれ》（福岡県朝倉市秋月付近か）の羽白熊鷲《はしろくまわし》や山門県の田油津媛《たぶらつひめ》などを撃ったり、大和で仲哀天皇の皇子麛坂王、忍熊王を破るなど、天津神の有力者を徹底的に討ち滅ぼす行動をとっていた。南九州でも皇后の意向で、天津神の有力者が滅ぼされたり、圧力をかけられることがあったのではないか。

鹿児島県の志布志湾沿岸地域にはいくつか古墳群が存在する。神領古墳群、塚崎古墳群、岡崎古墳群などである。これらの古墳群には、前方後円墳や円墳とともに地下式横穴墓が作られていて、天津神系の隼人の墓所と判断できる。前述の生目《いきめ》古墳群も前方後円墳とともに地下式横穴墓が作られている。

ところが、南九州最大の前方後円墳である唐仁大塚古墳周辺の唐仁古墳群には地下式横穴墓が全く存在しない。隼人とは異質な人々の墓地に見えるのである。

この事実を元にして推理すると、唐仁古墳群の被葬者は、神功皇后の方針に従って隼人に圧力を加え懐柔するための活動をした国津神の有力者ではなかったかと考えるのである。唐仁大塚古墳に眠る将軍に率いられた国津神の兵士たちがこの地域の隼人たちを蹂躙したのであろう。

さて、地下式横穴墓は、古墳時代前期後半の四世紀末頃から古墳時代終末の七世紀代にかけての三〇〇年程の間に南九州東側に集中して分布している。

また、地下式板石積石室は、古墳時代前期後半の四世紀後半から古墳時代中期後半の五世紀後半頃にかけて、鹿児島県北西部からえびの・人吉盆地周辺地域を中心とする九州西側の地域に分布する。

二種類の墓の始まりは四世紀末のほぼ同時期である。この年代と神功皇后が活動した年代がほぼ一致する。神功皇后の天津神を攻撃する行動が、地下式の墳墓を作るきっかけになったように見えるのである。

地下式の墳墓がその後長期間継続して作られたのは、神功皇后やその後の伽耶系国津神の天皇の治世で、天津神は継続して国津神の圧力を受けていたことを示すものであろう。

西側の地下式板石積石室墓は五世紀後半に築造されなくなる。これはこの地域が国津神の圧力から解放され、地下に墳墓を作らなくても良い時代になったことを意味する。そして、これは第二六章で述べた装飾古墳の拡散と連動する動きに見えるのである。

すなわち、五世紀前半に八代地域で始まった装飾古墳は、天草や宇土半島へと分布域を広げ、五世紀後半にはさらに北上して熊本市の北部まで拡散する。これは九州西岸の天津神の人々が勢力を強めたことで、墳墓を地下に隠す必要がなくなり、装飾古墳という独自の墳墓の文化を拡散していく現象と理解できる。

彼らはやがて、北部九州まで勢力を拡大し、五二七年に磐井の乱を起こすまでになる。

いっぽう、地下式横穴墓が七世紀代まで継続した九州の東側は少し状況が違うようだ。西側のように早い時期に国津神の圧力から解放されることはなく、七世紀ごろまで同じ状況が継続したものと思われる。これは、かつて火須勢理命や彦火火出見命たちに率いられて東側に進出した天津神勢力が、四国や瀬戸内経由で近畿方面に移動してしまったので、この地域が手薄になり、国津神の圧力を跳ね返せなかったためと推理できる。

また、第三四章で触れるが、西都原の巨大古墳の築造によって大和政権の圧力がこの地域に浸透したことも理由であろう。

そして七二〇年、長期間国津神の圧政に耐えかねた隼人たちが、ついに大隅国国司の陽侯史麻呂《やこのふひとまろ》を殺して蜂起した。隼人の反乱と呼ばれる事件である。しかし、一年半近く抵抗した隼人であったが大伴旅人を将軍とする大和朝廷側の軍勢に鎮圧されてしまった。

## 三二、神功皇后

### ■架空の人物とする説

神功皇后は第一四代仲哀天皇の妃である。天皇と共に熊襲征伐のために九州に赴き、天皇が没したあと新羅を攻撃したとされる。

神功皇后を『古事記』『日本書紀』編纂時に創作された架空の人物とする説がある。

しかし、次のような情報から考えると、神功皇后は実在したと考えるべきではないか。

まず、風土記などの古文献を調べると、神功皇后の逸話が九州から関東までの広い範囲に民間の古い伝承として多数存在することである（次頁表）。風土記は全国を統一した大和政権が各国の状況を把握し治世に生かすために国々の事情や伝承などを編纂させたものである。記紀の編纂者が創作しただけではこのように広く民間に流布することは考えにくく、神功皇后の活動を実際に見聞きしたり関わった人が数多くいたことを示しているように思う。

また、安本美典氏は次のように述べる。「天皇一代平均在位年数を約一〇年で推定すると、神功皇后の活動期間は五世紀の初めごろになる。そうすると、神功皇后の息子である応神天皇の活躍年代は五世紀前半であり、没年は五世紀半ばごろと見て良い。これは、応神天皇陵とされる誉田御廟山古墳の築造が四五〇年前後とする考古学者の見解と整合する。」

そして、『日本書紀』の「神功皇后紀」には、「新羅の王、波沙寐錦は、微叱己知波珍干岐《みしこちはとりかんき》をもって質とした。」とあり、新羅が倭国に人質を送ってきたことが記されている。いっぽう『三国史記』の「新羅本紀」には「実聖尼師今元年（四〇二年）三月に、倭国と通好して、奈勿《ナムル》王の子、未斯欣を人質とした。」と記され、日韓の文献がほぼ同じように新羅からの人質のことを記している。

**神功皇后に関わる古文献の記録・伝承**

| |
|---|
| **古事記神功皇后記** |
| 軍を整え船を並べて渡った。船を寄せた波は新羅の国に押上って国の半ばにまで至った。ここに、新羅の国王は、恐れをなしていった。今から後は天皇の命のままに御馬甘として歳ごとに船を並べ船腹を乾かすことなく、棹舵を乾かすことなく天地とともに 止むことなくお仕えいたしましょう。 |
| **日本書紀神功皇后紀（一巻を充当して記述）** |
| 神功皇后は対馬の和邇の津から発った。・・新羅に至った。 船に従う波は遠く新羅の国の中まで満ち及んだ。新羅の王は恐れおののいてなすすべを知らなかった。 |
| **筑前国風土記宇美野の条** |
| 息長足比売の命は 新羅を伐とうとして軍を指揮した時、お腹の皇子の胎動があった。その時、2つ石をとって裾の腰のところに挟んでついに新羅を打った。 凱旋して宇美野に至った時に太子が誕生された。 |
| **筑前国風土記資珂嶋の条** |
| 糟屋の郡。資珂嶋。昔、息長足比売の尊が、 新羅にいかれた時、船が夜来てこの島に泊まった。 |
| **筑前国風土記資珂嶋・筑前国風土記大三輪神の条** |
| 息長足比売の命は新羅を打とうとして軍を整えて出発したところ、途中で、軍兵が逃げてしまった。その理由を卜占で尋ねたところ、たたる神があると言う。名を大三輪の神と言う。そこでこの神の社を立ててついに新羅を平らげた。 |
| **摂津国風土記美奴売松原の条** |
| 昔、息長足姫の天皇は、・・美奴売の神の教えに従って、命じて船を作らせた。この神の船は、ついに新羅を打った。 |
| **常陸国風土記行方郡の条** |
| 息長足姫の皇后の時、この地(田の里)に人がいた。名を古都比古と言う。三度韓国に遣わされた。 |
| **播磨国風土記揖保郡の条** |
| 宇須伎津・・・大帯日売の命が、韓国を平定しようとして、わたり出たとき、船が宇頭川の泊に宿った。 |
| **播磨国風土記讃容郡の条** |
| 中川の里。・・・ 息長帯日売の命が、韓国に渡って行った時、船が、淡路の石屋に宿った。 |
| **播磨国風土記揖保郡の条** |
| 萩原の里。息長帯日売の命が、韓国から還りのぼられるとき、その船が、この村に宿った。 |
| **肥前国風土記高来郡の条** |
| むかし、気長足姫の尊が新羅を征伐うとして出た時、船をこの郷の東北方の海につないだ。 |
| **新撰姓氏録** |
| 大矢田の宿禰は、気長足姫皇尊に従い、新羅を征伐った。<br>和気朝臣。垂仁天皇の皇子、鐸石別（ノテシワケ）命の後裔である。神功皇后が新羅を征伐し、凱って帰る。 |
| **三国史記新羅本紀** |
| 奈勿尼師今の38年（393）、倭人が来て金城を包囲して、5日も解かなかった。・・ |
| **広開土王碑文** |
| 倭人はその国境に満ち・・ |
| **日本書紀神功皇后紀** |
| 新羅の王、波沙寝錦（ハサムキン）は、微叱己知波珍干岐（ミシコチハトリカンキ）をもって質とした。 |
| **三国史記新羅本紀** |
| 実聖尼師今元年（402）、倭国と通好して奈勿王の子未斯欣（ミシキン）を人質とした。 |
| **伝承地多数** |
| 香椎宮、宇美八幡宮、宇佐神宮、裂田の溝、嬉野温泉、鎮懐石八幡宮、松峡八幡宮・・・ |

埼玉県行田市の稲荷山古墳の鉄剣に、辛亥年に雄略天皇に使えた「オワケの臣」について、祖先の大彦から「オワケの臣」に至る八代の系譜が刻まれていた。雄略天皇の時代に「オワケの臣」が八代前に遡る系譜の情報を所有しているのである。臣下が八代前までの情報を持っているのに、天皇が系譜情報を持っていないとは考えにくい。

神功皇后の夫である仲哀天皇は雄略天皇から七代前、世代ではわずか四世代前に過ぎない（下図）。

八代前までの系譜情報を保持していた「オワケの臣」の例から考えると、雄略天皇の時代には、四世代程度の系譜情報は存在していて、天皇家や有力者が保有していたと思われるので、ここに新たな人物の神功皇后を挿入できるとは思えない。神功皇后は系譜の中に元々存在していたと考えるべきである。

また、高句麗の広開土王の碑文に、倭が新羅に押し寄せたことが記されているのも、記紀に神功皇后が新羅に進出したと描かれたことと整合する。つまり神功皇后の一連の記事はある程度事実を伝えていると考えられるのである。

神功皇后については、皇后でありながら、仲哀天皇の意志に逆らって新羅遠征に出かけたことや、天皇の死に加担した疑念が持たれること、あるいは、応神天皇の出生についての巷説など、興味深い伝承が数多く文献に記されている。

ここでは神功皇后の特異な行動とその背景について探ってみたいと思う。

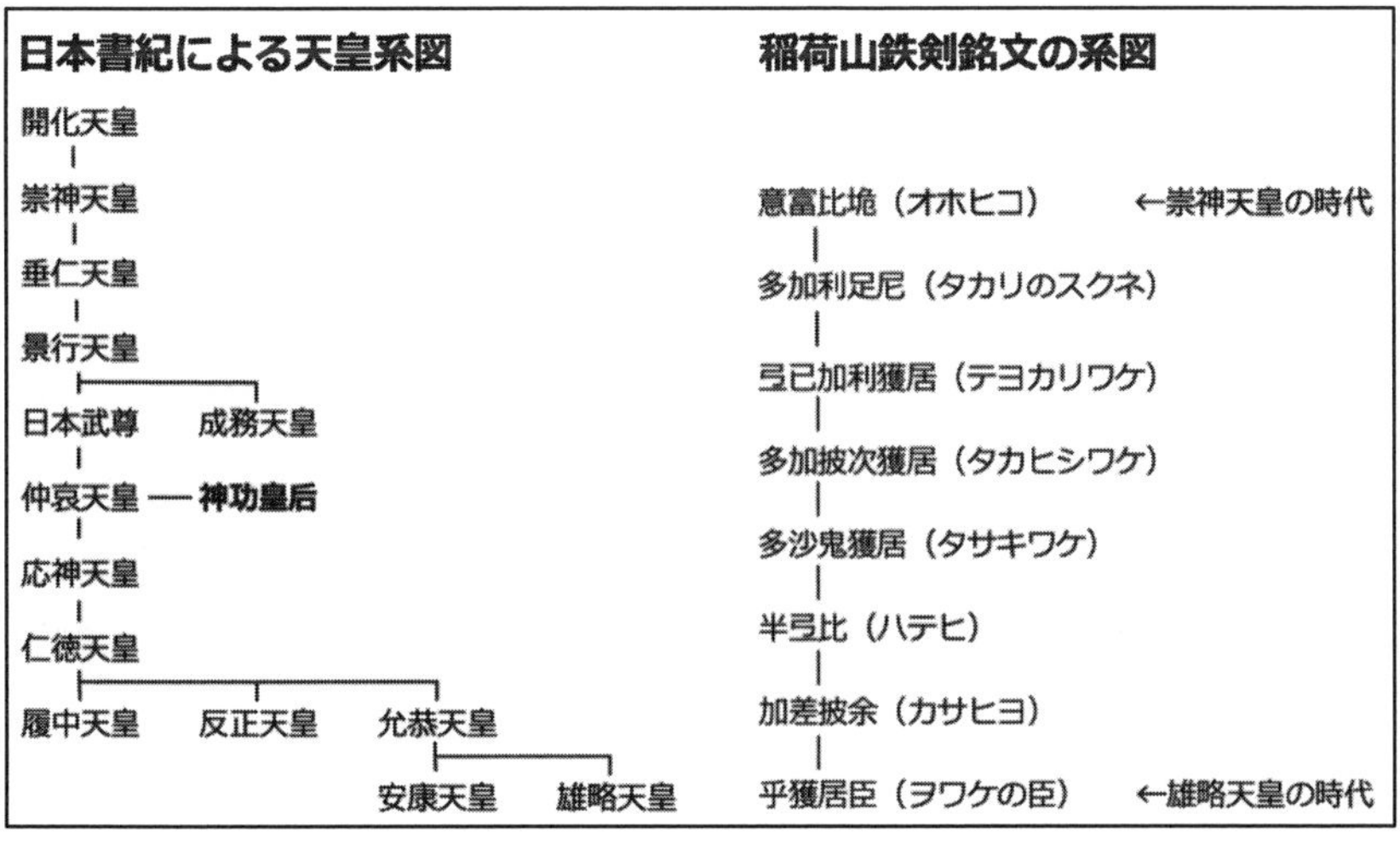

## ■仲哀天皇の政治的立場

神功皇后を語る前にその夫である仲哀天皇について考えてみる。

記紀には、仲哀天皇が叛乱を起こした熊襲を征伐するため九州に向かったことが記されている。父の日本武尊も、祖父の景行天皇も熊襲征伐を行ったので、親子三代にわたって熊襲に反乱され、遠征軍を出さなければならない状況であったことがわかる。

前章で分析したように、熊襲は国津神に近い立場であり、熊襲に反抗されたことは、景行天皇、日本武尊、仲哀天皇のまつりごとが、天津神寄りの立場で行われたことに起因すると考えられるのである。

この三代が天津神寄りであったことは、次のような伝承からも推測できる。

『古事記』に、日本武尊が出雲建《いづもたける》を討った話が記されている。また、『出雲国風土記』には、日本武尊が没した後、景行天皇が、出雲の宇夜の里に日本武尊の名前にちなんだ健部《たけるべ》を定めたことが記されている。健部《たけるべ》郷は現在の神庭《かんば》の地域であり、『出雲風土記』によれば、ここは大国主命の財宝を積み置いたという伝承のあるところである。また、大国主命のあとを継いだ建御名方神《たけみなかた》を祀る神社が集中することから、建御名方神の本拠地と思われるところでもある。

出雲建《いづもたける》の伝承は、出雲の国譲りのときに天津神に敗れた大国主命や建御名方神などの国津神の末裔が、出雲建《いづもたける》を中心に息を吹き返していたのを、日本武尊が成敗したことを意味する。そして、健部《たけるべ》郷の伝承は、国津神の復活を阻むために、景行天皇が、彼らの故地である神庭の里を直轄地にしてしまったと理解できるのである。

このようなことから、景行天皇から仲哀天皇に至る三代が、天津神の立場から熊襲や出雲の反抗勢力の鎮圧に注力していたことは疑いないと思えるのである。

ところが、『日本書紀』によると、神功皇后は神憑りして仲哀天皇の熊襲征伐に反対し、新羅を攻めることを求めたと記されている。天津神としての施策を実行しようとする仲哀天皇に対して、妻の神功皇后は不思議なことに反対の立場に立ち、国津神として行動しているように見えるのである。

## ■過激な国津神

神功皇后が天津神と対立する国津神の立場で行動したことは、次のようなことからもうかがわれる。

まず、神功皇后が新羅に赴く前に、筑紫平野の夜須や山門の豪族を攻撃したことである。『日本書紀』によると、神功皇后は仲哀天皇が亡くなったあと、荷持田村《のとりたのふれ》の羽白熊鷲《はしろくまわし》を討ったことが記される。このとき、「熊鷲を討って心安らかになった」ことから、この地域を「安《やす》」と呼んだのが夜須の地名の起源であるとする。

また、山門県の土蜘蛛田油津媛《たぶらつひめ》とその兄の夏羽を討ったことが記されている。

夜須も山門も天津神の重要な拠点であった。夜須は筑紫平野の東端部で、高天原の軍勢が筑紫平野に最初に進出してきた地域であり、平塚川添の遺跡にも近く、天津神が密集していた地域である。

また、山門はかつて天照大御神が仮宮を置いたところで、田油津媛《たぶらつひめ》は天照大御神の伝統を引き継ぐ巫女であったと思われる。ここは、狗奴国へ攻め込む須佐之男命や、南九州に向かう海幸彦などが出発点とした天津神の重要な拠点だったと思われるのである。

景行天皇が九州を巡行した際には住民と交流しながら問題なく行幸した筑紫平野で、神功皇后は、天津神の有力者を武力で倒したことになる。神功皇后が天津神と敵対する国津神の立場で行動した人物であることは間違いないと言えるであろう。

もう一つ、神功皇后が国津神として行動したエピソードを示そう。少し後の時代になるが、息子の応神天皇がまだ皇太子であったころ、彼が敦賀の旅から帰った時の酒宴で、神功皇后が酒を奉りながら次のように歌ったことが『日本書紀』に記されている。

「この御酒は私が醸したものではなく、少名毘古名神《すくなひこなのかみ》が祝福して踊り狂い醸した酒なので、すっかり飲み干して下さい」

少名毘古名神《すくなひこなのかみ》は神産巣日尊の息子で、大国主命の兄弟とされる。神功皇后は、国津神の有力者が喜んで醸したという酒を、皇太子だった応神天皇を祝福するために与えているのである。

ここからも、神功皇后が国津神であり、天津神と敵対する立場であったことがはっきりするのである。

ところで、福岡平野の東側の若杉山に鎮座する太祖宮累縁起に次のような記述がある。

「若杉山太祖権現社は、伊弉諾《いざなぎ》尊を祝い祭るところにして相殿に天照大神、八幡大神、右殿に宝満大神、聖母大神、左殿に志賀大神、住吉大神、三座七神まします伊弉諾《いざなぎ》尊は我が国土、人民を化成し給う、祖神にまします故太祖と称し奉る。太祖神社は当郡の総社にして当村の産神なり。鎮座の始めは未詳なれども神功皇后三韓征伐の御祈りありて、凱旋の後、香椎の綾杉を分かちて此の山に植え給える由は『八幡託宣集』に見えたり、いと久しき鎮座なるべし、神功皇后は遂に御社を改め造らせ給い、此の山野絶頂に西に向く宮を造らせ給う。是れ異敵降伏の御為なり。」

神功皇后が新羅から帰還した後、若杉山山頂に異敵降伏のため、社殿を西向きに改築したとする伝承に注目である。若杉山の頂上から西側を見ると目下に福岡平野が広々と展開している。つまり、神功皇后は福岡平野に充満する天津神たちを異敵として意識しているのである（下図）。

福岡平野の西側の、ちょうど若杉山太祖宮と反対側の西区に、伊邪那美《いざなみ》命（伊弉冉《いざなみ》尊）や、須佐之男命の息子である五十猛《いたける》尊を祀る飯盛神社がある。飯盛神社の由来によると「天孫降臨の時、天之太玉命、この地を定めて伊弉冉《いざなみ》大神、外、二神を祭り、国土開発むすびを給う。」とあり、本来は天孫降臨に関わる天津神が祀られていたと考えられるのだが、いつの頃か伊弉冉《いざなみ》尊や五十猛尊などの国津神が祀られている。

『古事記』によれば天孫降臨は伊弉冉《いざなみ》尊が黄泉の国へ去った後の出来事であり、邇邇芸命に従って降臨してきた天之太玉命が、敵対する国津神の伊弉冉《いざなみ》尊を祭ることは考えられない。祭神が置き換えられている。

これらの神社で祭神が国津神に置き換えられた状況は、福岡平野の東西から福岡平野の天津神を監視し威嚇しているように見える。過激な国津神として行動した神功皇后の立場がのちの時代にも引き継がれ、国津神の施政者による天津神敵視政策が取られたことの痕跡に見えるのである。

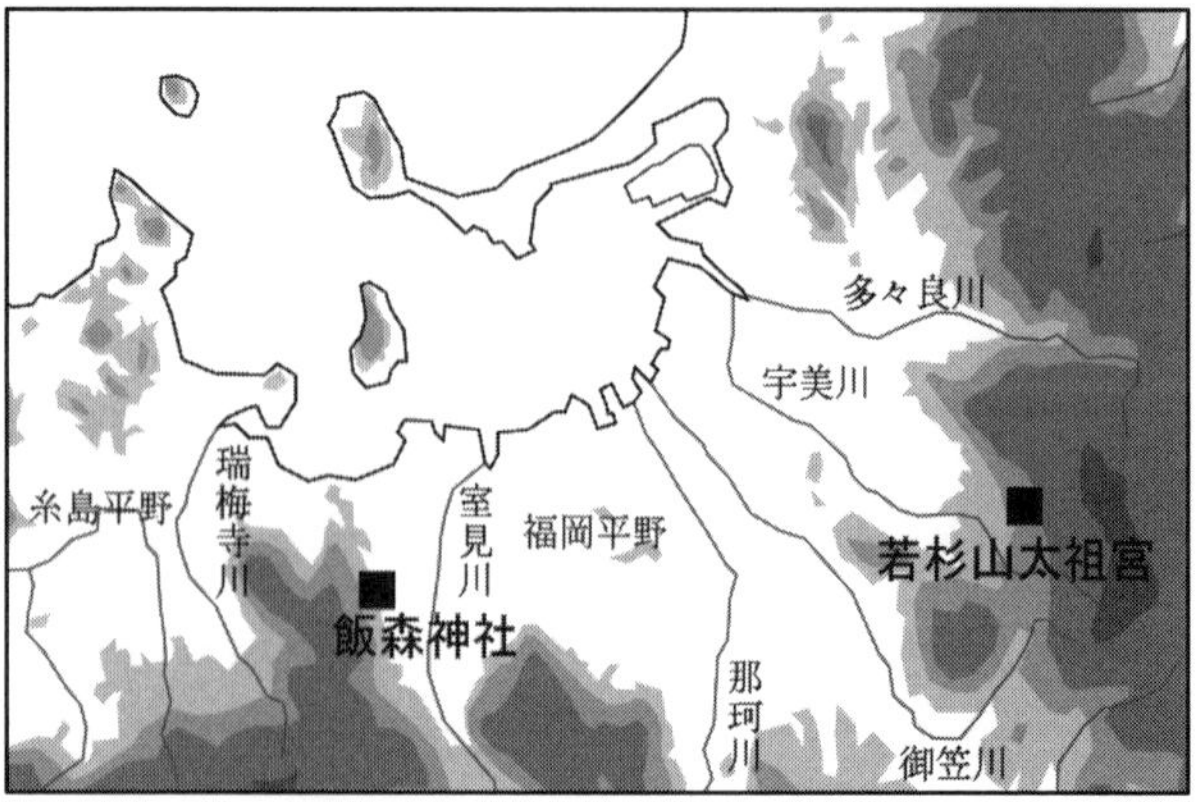

## ■神功皇后の出自と伽耶

神功皇后の父は息長宿禰王《おきながのすくねのおおきみ》で、母は葛城高額比売《かつらぎのたかぬかひめ》と記される。

『古事記』によると、父親の息長宿禰王は開化天皇の玄孫《やしゃご》とされる。つまり、息長宿禰王は、神武天皇から続く天津神の家系につながっているのである。しかし『日本書紀』には息長宿禰王と天津神を関連付ける記述はまったく存在しない。

『古事記』が記すように、息長氏あるいは息長宿禰王を天津神とするのは少々違和感がある。なぜなら娘の神功皇后が九州各地の天津神の有力者に激しい攻撃を加えた状況と馴染まないからである。伽耶と密接な関係を持って行動する神功皇后を見ると、父方の息長氏は天津神ではなく伽耶系の豪族ではないかと思わせるのである。調べてみよう。

まず、若狭湾沿岸に進出した伽耶系の人々の行動について考えてみる。次のようなことから彼らは耕地を求めて南下し、琵琶湖方面に移動していったように見える。

たとえば、若狭湾岸の小浜から琵琶湖に抜ける通称「鯖街道」の地域は、本来の土地の生産力からすると不釣り合いと思えるほど多くの古墳が築造されている。これらの古墳から陶質土器片、金銅冠、金製耳飾りなどの半島系の装飾品、轡《くつわ》の鏡板や杏葉などの馬具、鉄槍・鉄剣・鉄刀・鎧などの武具が出土している。これは鉄の武器や騎馬で武装した伽耶の人々が進出したことを示すように見える。

また、琵琶湖西岸の高島地域に伽耶系の人々が進出した痕跡がある。高島市にある上御殿遺跡から双環柄頭短剣の鋳型が出土し、日本初ということで話題になった（下図）。

双環柄頭短剣は中国北方のオルドス式銅剣によく似ている。北方騎馬民族の扶余族にルーツがあると言われる伽耶の人々が、若狭湾からこの地域に進出し、故郷の伝統的なオルドス式短剣のデザインを取り込んで製作したと思われる。

少しのちの時代だが伽耶系の王統を引き継いだ継体天皇の父親・彦主人王《ひこうしおう》の所領や墓所もこの高島の地域にある。

そして、彼らは琵琶湖の西岸だけではなく、豊かな平地が広がっている東岸にも進出したに違

双環柄頭短剣鋳型

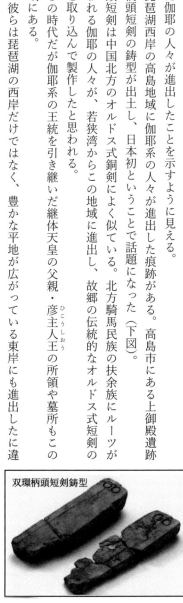

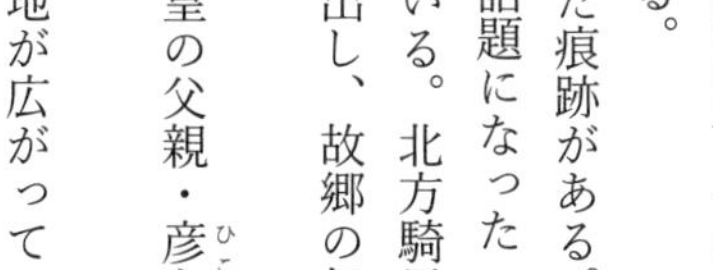

いない。

琵琶湖東岸に二つの古墳群がある（下図）。姉川下流域の坂田古墳群（四世紀末に形成）と天野川下流域の息長古墳群（五世紀末から築造）である。

北側の坂田古墳群の地域は四世紀末から五世紀にかけて隆盛であったが、五世紀末になると南側の息長古墳群の地域が勢力を伸ばしたように見える。つまり、この地域の開発は北側から始まって、次第に南側に勢力を伸ばしたように見え、若狭湾から進出した伽耶系の人々が琵琶湖東岸を南進してきたことを裏付けている。息長宿禰王の本拠の米原の地域は伽耶系の人々の南下の最前線に見えるのである。

また、次に述べるように琵琶湖の両岸を南下する伽耶勢力に対して天津神たちがいくつか対応策を講じていたように見えることも理由である。

まず一つ目の対策は、大和の天皇たちが奈良の都から琵琶湖の南岸に都を移してきた事である。

『日本書紀』によると、景行天皇は最晩年に近江の滋賀（大津市）の高穴穂宮《たかあなほのみや》に移り住んだことが記されている（下図）。次の成務天皇も高穴穂宮《たかあなほのみや》で天下を治めたことが『古事記』に記されている。仲哀天皇は即位二年後に角鹿の笥飯宮に遷都したとあるので、それまでは高穴穂宮《たかあなほのみや》にいたと思われる。高穴穂宮《たかあなほのみや》は、景行天皇以降、仲哀天皇の即位まで三代にわたって都であった。景行天皇は、なぜ最晩年に遷都を行ったのか。その後に続く天皇もなぜ都を近江の滋賀に置いたのか。

これらの天皇たちの行動は、湖北地域から南に向かって進

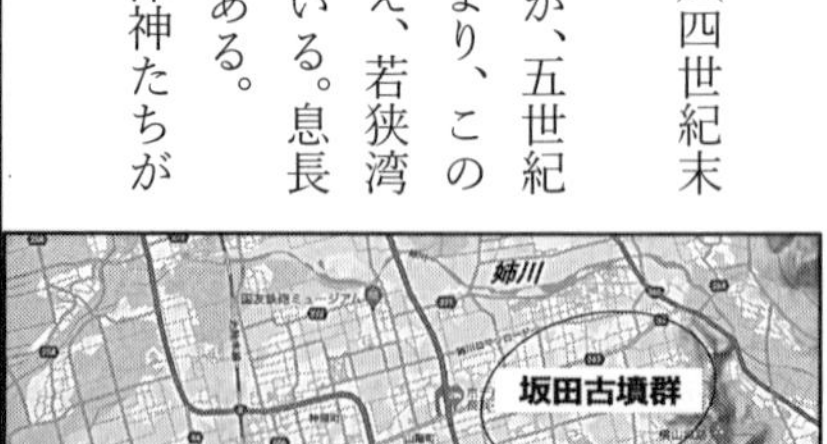

出してくる伽耶の勢力を阻止することが目的ではないかと考えるのである。

　鉄製品を潤沢に保有し、騎馬を操る彼らの進出を放置すれば、ますます領地を拡大し無視できない巨大勢力になる恐れがあった。景行天皇は、彼らの進出を阻止すべく、老齢にもかかわらず琵琶湖南部の滋賀（大津市）に進駐し、伽耶勢力の南下を防ごうとしたのではないか。成務天皇も同じ目的で滋賀の高穴穂宮《たかあなほのみや》に居したのだろう。

　そして次の施策として注目するのは、第十九章で触れた琵琶湖東岸の稲部遺跡である。稲部遺跡では弥生時代末の鍛冶工房跡が発見され、ここで鉄の武器を準備した天津神たちが、琵琶湖北部や岐阜方面に進出した事を述べたが、稲部遺跡は古墳時代初頭まで継続し、一辺十数m規模の大型の建物二棟が相次ぎ造られるなどこの地域の拠点として発展していたように見えるのである。

　彦根市文化財課の資料は、布留式土器が使用された古墳時代初頭の稲部遺跡について次のような内容を記している。

「庄内式期末から布留式期初頭のころに、方形区画と掘立柱建物が出現し、複数の溝が開削された。布留式期初頭以降になると方形区画が廃絶し、大型掘立柱建物が出現する。方形区画や大型の建物は、統率力と土木技術、建築技術をもった集団によって計画的に造営されたことがうかがわれる。」

　古墳時代初頭は畿内に大型前方後円墳が築かれた時代であり、崇神天皇や景行天皇の時代である。この時代に琵琶湖東岸に統率力を持った集団が現れ、拠点とも言える大規模な建物が出現するのは、米原地域に進出した息長氏などの伽耶勢力が目前に迫っていることに対応するために、高穴穂宮の天皇たちの指揮のもと、天津神勢力がこの地域に結集したことを示しているのではないか。

　琵琶湖西岸にも、南下する伽耶勢力に天津神勢力が対抗したことを思わせる痕跡がある。高島市と南側の大津市が接するあたりに猿田彦命を祭神とする白髭神社が鎮座していることである（前頁図）。白髭神社の社伝には近江最古の大社とある。

　猿田彦命は天孫降臨の際に邇邇芸命を先導した武人である。猿田彦命を祀る白髭神社が、彦主人王などの伽耶系の勢力が進出した高島のすぐ南に位置するのは、大津の高穴穂宮に都を移した天津神の勢力が、武人に先導されて琵琶湖の西岸を北上し高島の伽耶系の人々と対峙したことが表現されているように見えるのである。

そして三つ目の施策は仲哀天皇と息長足比売《おきながたらしひめ》(神功皇后)の結婚である。

古い時代には、例えば大国主命のような有力者が地方の有力者の娘と結婚し、生まれた子供にその地域を統治させる方法が、領地拡大策としてしばしば行われてきた。伽耶勢力の急先鋒・息長氏の女性と仲哀天皇との婚姻も、天津神が伽耶系の部族をコントロールするための施策として行われた政略結婚ではないか。

仲哀天皇が敦賀の笥飯宮に遷都したのは、一時的にせよ結婚によって伽耶勢力と天津神の対立が解消した事を示している。残念ながらその後の歴史は、仲哀天皇が排除され、天津神の目論見がうまくいかなかったことを示しているが。

以上のように、息長氏をはじめ伽耶系の人々が、琵琶湖の両岸を南下する動きに対して、天津神政権がさまざまな対抗策を講じてきたと考えると、このころの琵琶湖周辺の状況や仲哀天皇の結婚の事情が整合的に理解できるのである。

このような背景を考えると、息長宿禰王は伽耶系の有力者と推理されるので、彼を開化天皇の玄孫の天津神とする『古事記』の記述は疑わしいと考えるのである。

さて、神功皇后の母親の葛城高額比売については、『古事記』の応神天皇条で、新羅の王子の天之日矛の五世の孫とされている。

私は、神功皇后の母方の祖先が天之日矛であることにも疑問を抱いている。それは、母方の祖先が新羅の王子の天之日矛であるならば、神功皇后がその母国の新羅を攻撃することは大変考えにくいからである。また、その名前に「天」を冠した天之日矛は、第二八章で触れたように、新羅の王族に加わった天津神の血筋と推定されるので、神功皇后の国津神としての行動と矛盾するからである。これについても考えてみよう。

『日本書紀』によれば、第一〇代崇神天皇の時代に、朝鮮半島からもう一人の王子が日本列島を訪れている。大加羅国(伽耶)の王子の都怒我阿羅斯等《つぬがあらしと》である。都怒我阿羅斯等は越の笥飯《こしけひ》の浦に着いたことからそこを角鹿《つぬが》と呼んだ。現在の福井県敦賀市である。

私は、神功皇后の母方の祖先は、天之日矛ではなく都怒我阿羅斯等であると推理している。

その理由は、まず、神功皇后と敦賀が非常に深い関係にあることである。神功皇后は九州に向かう前に敦賀に滞在していた。そして、九州から都に帰還したのち、敦賀で禊ぎをするために即位前の応神天皇を派遣している。さらに、敦賀の気比神社の祭神の伊奢沙和気大神《いざさわけのおおかみ》と皇太子（応神天皇）が名前の交換をしたことが記されている。

敦賀は都怒我阿羅斯等《つぬがあらしと》とともに渡ってきた伽耶系の人々が開拓した地域である。その敦賀と神功皇后親子との強い結びつきを示す伝承が残されていることから、神功皇后の祖先は都怒我阿羅斯等と関連すると考えるのは妥当であろう。

次の理由は、『日本書紀』では天日槍の系譜が神功皇后につながっていないことである。

『日本書紀』では、天日槍の系譜を四代あとの田道間守まで記しているが、その先の情報を記していない。

天日槍の系譜が神功皇后のような実力者につながるものならば、系譜にあってもおかしくない。天日槍の系譜に神功皇后が現れないことは、関係がなかったという見方ができるのではないか。

また、『古事記』の系譜の部分を見ると、「多遅摩」が代々続く系譜の中に突然「葛城」が現れる。多遅摩とは関係のなさそうな葛城之高額比賣が強引に挿入されたように見えるのである（下図）。

『日本書紀』には、父親の息長宿禰王も母親の葛城高額比売も、天津神の家系と関係する記述は全くない。ところが『古事記』は、父親の息長宿禰王を開化天皇の玄孫とし、母親の葛城高額比売を天日槍の子孫としていずれも、出自を強引に天津神に結びつけたように見えるのである。

天津神の仲哀天皇を倒して成立した伽耶系の政権が、外来の侵略者と見られて反発を受けないように、天津神の家系の中に神功皇后の両

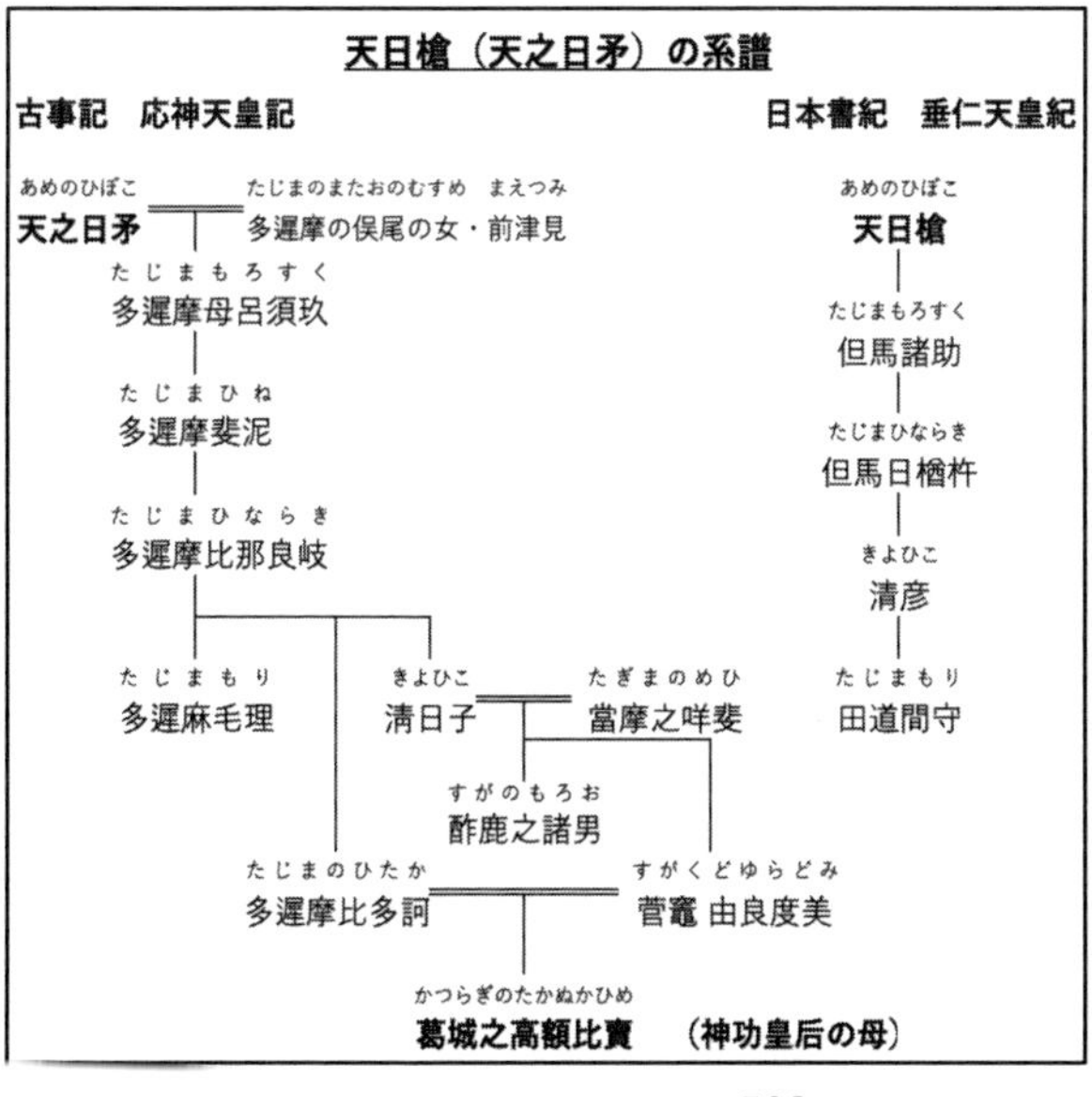

親の出自を静かに潜り込ませたのではないか。

神功皇后を天津神の家系と結びつけた記述を、稗田阿礼が見出して、『古事記』編纂の材料にしたのであろう。『古事記』は稗田阿礼と太安万侶が隠密裏に作成した記録なので、ほとんどノーチェックで『古事記』にまとめられてしまったのではないか。

いっぽうの『日本書紀』は、多くの編纂者が携わり、各豪族から提出された史料を相互に比較検討することなどにより、疑わしい記述が排除されたため、このような内容は残らなかったと考えるのである。

## ■湖西の鉄

彦主人王などの伽耶系の人びとが琵琶湖西側の高島の地域に進出したのは、鉄が理由であったかも知れない。

というのは、近江の湖西地域は古代ではまれな鉄生産地帯と考えられているからである。製鉄遺跡の分布は湖西の南端となる山科盆地北部からはじまり、比叡山麓は未確認だが、堅田から比良山麓を経て、高島の饗庭の台地、さらに若狭湾と琵琶湖を隔てる野坂山地山麓の北部域にまで達している。

遺跡の数としては琵琶湖西岸域で総数六〇ほどが確認されており、未発見を想定すれば一〇〇を下ることは無いとされている。栗原二口遺跡などこの中の一部の遺跡で、木炭などの炭素十四年代の測定により六世紀半ばから操業が開始されたことを示すデータが得られている(『古代近江の鉄生産—操業年代について—』中村、丸山)。

鉄の武器を操る伽耶の軍勢が新しい土地に進出するときには、鉄資源の確保は最重要課題である。六世紀に本格的な鉄生産が開始される前の時代に、若狭湾から侵入した伽耶の人々が琵琶湖西岸で鉄資源を発見したことが、伽耶が本格的に若狭湾から琵琶湖周辺に進出した大きな理由ではないだろうか。彦主人王やその祖先が、鉄生産地域の真ん中の高島に進出した理由も、鉄の確保が大きな理由と思えるのである。

少々話は飛んでしまうが、継体天皇が即位の後、大和に入らずに楠葉宮、筒城宮、弟国宮などの都を淀川や木津川の近くに置いたことも、この地域の鉄と関連しているかも知れない(次頁図)。

継体天皇は、即位してすぐには大和に入らなかった。応神天皇五世の孫というかなり天皇から遠い血筋の人物を天皇に担ぎ上げたので、大和には即位を快く思わない旧勢力がいたのかもしれない。政権のトップとして国を治めるために、継体天皇は何らかの施策で彼らより優位になる必要があった。

継体天皇が、川に近いこれらの地域に都をおいたのは、大和地域に縁故のない継体天皇が彼らを懐柔するための施策と思えるのである。つまり、琵琶湖方面から大和盆地や河内への交通を制御することで、湖西の鉄、あるいは伽耶から若狭湾経由で大和に運ばれてくる物資の流通をコントロールしたのではないか。これにより経済的に優位に立つだけでなく、鉄の流通も支配したとすると軍事的にも優位な立場を得ることになる。

大和や河内の勢力は、鉄をはじめさまざまな物資の入手について継体天皇の顔色を窺うようになり、次第に服従の度合いを増していったと思われる。やがて継体天皇は即位を快く思わない勢力を押さえ、大和に入って強権を発揮できるようになったのであろう。

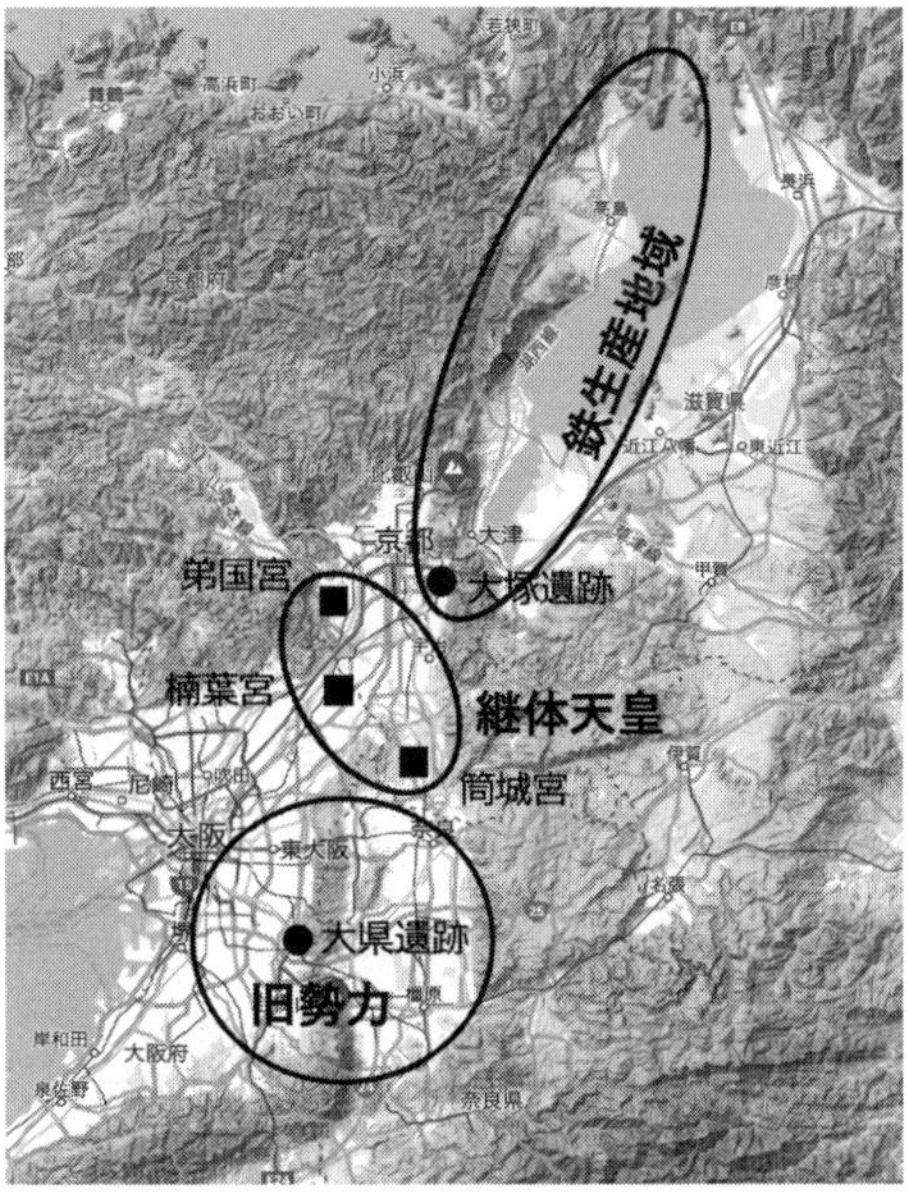


## ■新羅出兵

つぎに、神功皇后が、熊襲よりも新羅を討つべきだと仲哀天皇に訴えた理由を考えてみよう。

当時の朝鮮半島の情勢を見ると、神功皇后が新羅出兵を敢行しなければならない強い理由のあったことがうかがわれる。

新羅は、第一七代の奈勿《ナムル》王（在位三五六年～四〇二年）のもとで、高句麗に従属しながらも百済や倭へ対抗し、独力で中国（前秦）に朝貢を果たすなどして、はじめて国際的な舞台に登場した。

新羅の南に接する加耶諸国のこのころのようすを、韓国教員大学歴史教育科が著した『韓国歴史地図』の解説は次のように記している。

「これら伽耶国は、早い時期から領土問題を巡って新羅と洛東江下流地域で何回も戦ったが、常に敗れていた。こうして洛東江東岸への進出に失敗すると、伽耶は西方の百済と緊密な関係を結んで新羅を牽制した。四世紀から五世紀初めにかけて、新羅が強大化すると、伽耶は大きな打撃を受けた。しかし、高句麗が平壌に遷都すると、新羅と百済は高句麗の南下に対応しなければならなくなり、その間隙を突いた伽耶は勢力を回復することができた。(『韓国歴史地図』韓国教員大学歴史教育科著、吉田光男監訳　平凡社)」

ここで、四世紀から五世紀の初めに新羅が強大化し、伽耶に打撃を与えたとするのは、奈勿《ナムル》王の時代であり、神功皇后が新羅征伐に向かった時期と一致する。

神功皇后の真の目的は、新羅に圧迫される伽耶を救援することではないだろうか。

神功皇后が伽耶の王子の都怒我阿羅斯等《つぬがあらしと》の血を引くとしたら、祖先の国である伽耶が滅びるのを見過ごすわけにはいかない。なんとしても伽耶に援軍を送り、新羅を撃退したいと考えたであろう。仲哀天皇に、熊襲征伐をやめて新羅に軍隊を派遣するよう必死で求めたのは、このような背景によるものと思うのである。

神功皇后が天津神に反抗する国津神として行動した理由もここにあると思われる。神功皇后から見ると、天津神は、伽耶を滅ぼそうとする新羅と一蓮托生の同族であり、新羅と同様に滅ぼすべき対象であった。

しかし、仲哀天皇は新羅行きを聞き入れなかった。せっぱ詰まった神功皇后は、武内宿禰と謀って仲哀天皇を殺《あや》めたのであろう。

天皇を殺害したからにはただでは済まされない。この時に神功皇后は一大決心をしたのだろう。倭国の現政権で糾弾されるよりは、現政権を転覆させて伽耶人の国を建国する決意をしたのではないか。その後、神功皇后が各地で執拗に天津神を攻撃した背景には皇后のこのような覚悟があったと推理するのである。

『日本書紀』によると、神功皇后は望み通り新羅征伐を敢行した。

前掲の『韓国歴史地図』には「新羅と百済は高句麗の南下に対応しなければならなくなり、その間隙を突いた伽耶は勢力を回復することができた」と記述されている。現在の韓国では神功皇后の話はタブーなのでここではまったく触れていないが、神功皇后が直接新羅を攻撃したことが、伽耶の勢力を回復する上で大きな役割を果したと思うのである。

『日本書紀』には、神功皇后の軍勢は瞬く間に新羅の中枢に迫り新羅を降伏させたことが記されているが、これは、朝鮮半島南岸や洛東江下流の地理を熟知した伽耶が、支援に来てくれた神功皇后の軍勢を導いたことによる快進撃と理解できる。

ところで、広開土王碑文に、「永楽十四年（四〇四年）に、思いもよらず倭が帯方界に侵入して来た。高句麗は平壌付近で、舟を連ねて待機していて、敵の船団が接近して来るや、王旗を高く掲げて敵船に飛び込んで倭寇を潰滅、惨殺した。」という記述があり、神功皇后の軍勢が帯方郡まで攻め込んだとする見解があるが、神功皇后は新羅に圧迫される伽耶の救済が目的で出兵したので、新羅を降伏させれば目的は果たせるし、それ以上の領土的野心は持っていなかったと考える。仲哀天皇を倒したばかりの神功皇后には、はるばる帯方郡まで遠征する兵力もゆとりもなかったと思われるからである。

『日本書紀』にも、新羅が降伏したことを知って高麗（高句麗）と百済が陣の外で頭をさげて服従したことが描かれているが、神功皇后が高麗と直接戦ったことは記されていない。

従って、帯方郡まで攻め込んだ倭は、神功皇后とは直接の関係がないように思う。帯方郡には、かつての楽浪海中の倭人や、日本列島に移動する途中で半島西岸に留まった倭人たちが残っていて、彼らが神功皇后の新羅攻撃の動乱を契機に高句麗に戦いを挑み、半島西岸のかつての領地の復興を企てたのではないか。

**■筒型銅器と伽耶**

神功皇后の時代前後に筒形銅器と呼ばれる遺物がしばしば出土する。筒形銅器は槍の石突きとして用いられる筒形の銅製品だが、伽耶と倭国の関係について重要な示唆を与えてくれる。

元池田市立歴史民俗資料館館長の考古学者田中晋作氏によると、「筒形銅器は朝鮮半島東南部地域、金官加耶で生産された、もしくは同地を経由して日本列島にもたらされたもので、日本列島では出土地不詳を含め七十四本、朝鮮半島では同様に出土地不詳を含め七十二本の存在が知られている。筒形銅器は、朝鮮半島では四世紀第二四半期頃に大成洞古墳群と釜山市福泉洞古墳群の複数の古墳で副葬がはじまる。倭国では半島と同時期の古墳時代前期半ばに、大阪・広島・福岡と、離れた地域で出現する。（『考古学からみた4·5世紀のヤマト政権と伽耶』田中晋作）」

前にも述べたが『日本書紀』に「崇神天皇の時、額に角の生えた都怒我阿羅斯等《つぬがあらしと》が船で穴門から出雲国を経て笥飯浦に来着した」という記述がある。安本美典氏の年代論によると崇神天皇は四世紀中頃の古墳時代前期半ばの天皇とされる。従って、伽耶の皇子・都怒我阿羅斯等《つぬがあらしと》が来訪したのは、筒形銅器の副葬が始まったのと同じ前期半ばの時期に当たる。何か関係がありそうである。次のように推理できるのではないか。

このころの伽耶は、次第に強大化する新羅から圧力を受け、新しい土地への進出を企てていたのであろう。

都怒我阿羅斯等《つぬがあらしと》が穴門や出雲などの各地を訪れているところを見ると進出を試みる倭国の状況を探りに来たように見える。また、筒形銅器が福岡や広島など離れた地域で前期半ばに出土することから、伽耶からの入植者も特に地域を絞っていたのではなく進出できる地域を探りながら試行錯誤で各地に展開したように見える。

都怒我阿羅斯等《つぬがあらしと》が笥飯浦を最後に探索の旅を終えて帰国したのは、現在の敦賀の地域から倭

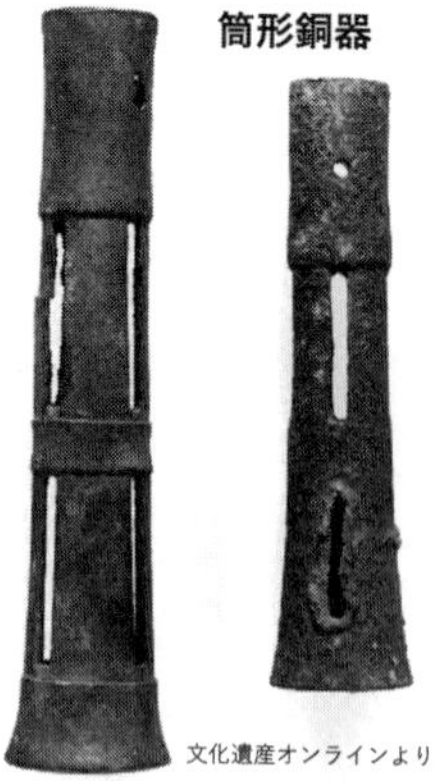


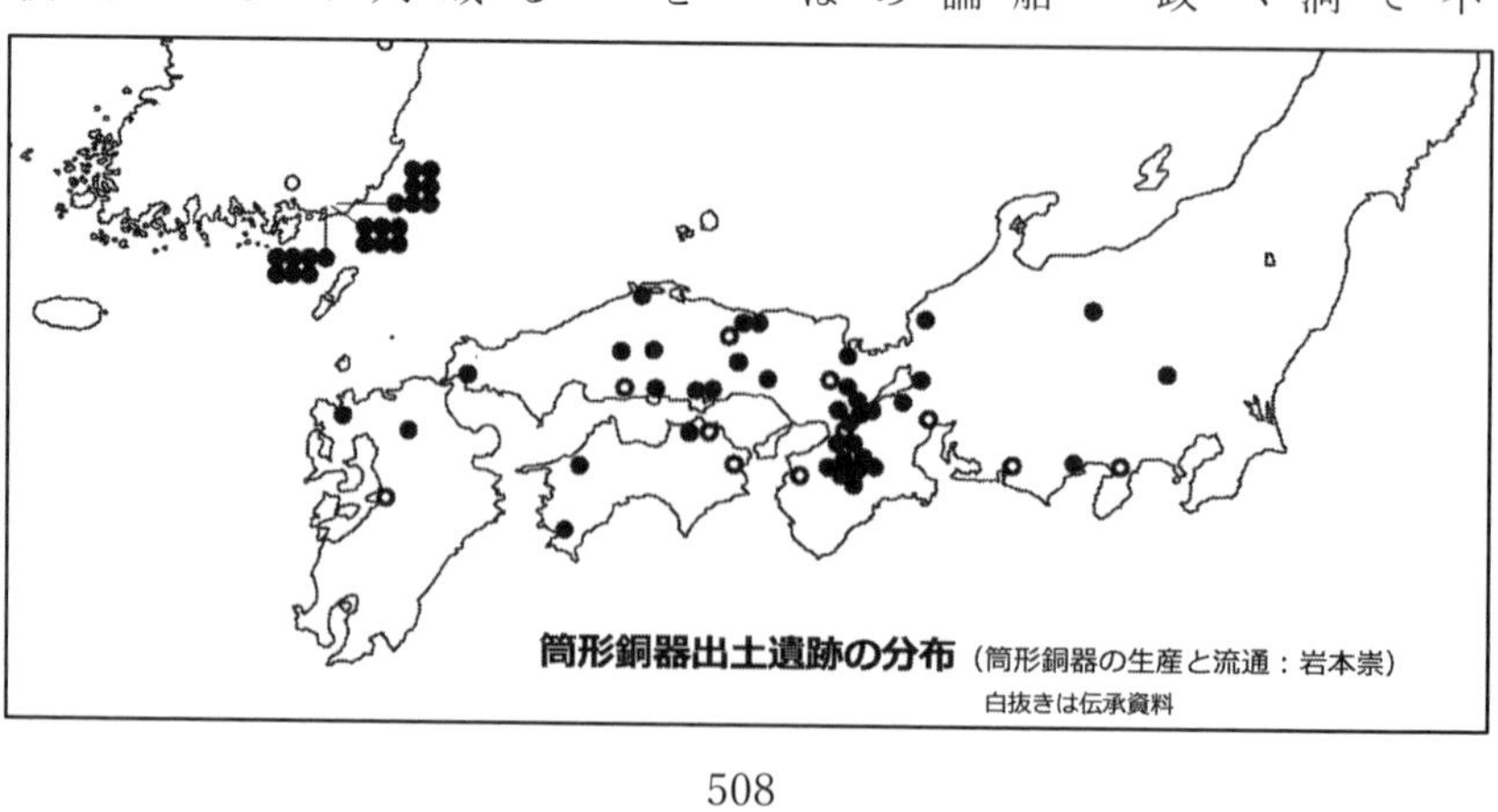

筒形銅器出土遺跡の分布（筒形銅器の生産と流通：岩本崇）
白抜きは伝承資料

国に進出できると判断したからではないか。沿岸地域に砂鉄の鉱脈（P232 図参照）が見られない若狭湾の地域は、鉄を求めて日本海沿岸に広く拡散した出雲系国津神も進出していない人気《ひとけ》のない地域だった。そして前述のように琵琶湖方面に足を伸ばせば湖西地域に潤沢な鉄資源がある。鉄の武器で戦ってきた伽耶の人々にとって鉄資源は必須である。都怒我阿羅斯等《つぬがあらしと》は、ここを倭国への本格進出の橋頭堡にできると考えたのであろう。

そして、古墳時代の前期後半になると、倭国内での筒形銅器の出土事例が急速に増加し、畿内とその周辺地域を中心に、東は埼玉県、西は熊本県まで分布が拡大する（同前掲書）。

これは神功皇后が活躍した前後のころと思われ、伽耶勢力が若狭湾から大和盆地に進出し倭国政権を奪取する時期である。そのため伽耶勢力の活動地域が畿内やその周囲と、九州勢力への対応を考えた瀬戸内の地域に絞られてきたように見えるのである。

筒形銅器は、朝鮮半島では王墓を中心に相対的に規模の大きな墳墓から出土する傾向にあるが、倭国での分布の中心の畿内では、前期後半に台頭する新興の中小規模古墳からの出土が主体とされる。しかも、彼らは刀や剣、ヤリや鉾、鉄鏃や銅鏃、さらに短甲といった多くの種類からなるバランスの取れた構成の武器を共伴していることも明らかにされている。朝鮮半島でも、筒形銅器の出現を境に大成洞古墳群や福泉洞古墳群などの副葬品の構成が、馬具を含む組成として整った武器を中心としたものに変化し、古墳被葬者が軍事的色彩を色濃くもつようになったとされる（同前掲書）。

畿内の新興の中小規模古墳の武器が充実しているのは、倭国の在来勢力との武力衝突が想定されたこの時期に、彼らが半島の武器をそのまま携えて武装集団として伽耶から倭国に送られ畿内周辺に定着したことを示している。七〇個以上の筒形銅器が倭国で出土したことは、それだけの武装集団が日本列島に侵攻したことを意味するもので、伽耶の政権が本腰を入れて倭国攻略に動いたことを示すものであろう。

ところで、筒形銅器は槍の石突きとして用いられた実用的なものだが、中には威儀具の付属品あるいは単体で副葬され、宝物のように扱われているものがある。これは、筒形銅器が、伽耶の王族から拝領したものであり、実用品の域を超えて、自らの出自が伽耶であることを示す連帯のシンボルとして扱われたことを意味している。倭国でシンボルとして活用された銅矛や銅鐸と同じように使用されたのではないか。

筒形銅器の副葬はやがて終焉を迎える。倭国では古墳時代中期前半に副葬が中断され、朝鮮半島でも五世紀第一四半期に終わってしまう。この理由については、次章で詳しく述べる。

## ■埋められた銅矛

神功皇后と銅矛・銅戈との関わりについて考えてみよう。

中広形や広形の武器型青銅器は天津神が用いた統治のシンボルである。これらの青銅器はその発見のされ方に特徴がある。考古学者の小田富士雄氏はその著『倭国を掘る』のなかで、国産銅矛について次のように述べる。

「北部九州では弥生時代中期前半から青銅器の鋳造が開始された。これまで有力者の墳墓に副葬されていた朝鮮製細形銅矛を手本として、次第に身幅や長さを拡大した国産銅矛が出現してくる。

もっとも原型に近い細形にはじまって中広形にすすみ、やがて全長八〇センチをこえる広形銅矛が生産されるようになった。細形〜中細形はまだ墳墓の副葬品として発見されることもあるが、中広形以降の国産銅矛のほとんどは墳墓以外の遺跡から単独に発見されている。

対馬から北部九州、さらには瀬戸内地方に分布する国産青銅利器の発見はおびただしい数にのぼっており、祭祀遺跡として注目され、〈武器形祭祀圏〉が設定されているほどである。

北部九州から対馬に運ばれた国産銅利器は約一二〇口に及んでおり、その大部分は祭祀の目的に使用されたものであったようである。したがって、弥生土器その他の遺物を伴って時期を明確にできる場合はきわめて稀である。そのような意味で塔ノ首三号石棺の場合は墳墓に副葬され、共伴遺物によって時期が明らかにできる点で注目されるのである。」

この小田氏の文中で注目すべきは、対馬から北部九州、さらには瀬戸内地方に分布するおびただしい数の国産青銅利器のほとんどが、墳墓以外の遺跡から、他の遺物といっしょではなく単独で発見されていることである。そして、小田氏はそれを祭祀遺跡と見ている。

中広形や広形の銅矛・銅戈・銅剣などの統治のシンボルが、墳墓や集落と離れたところに単独で埋められている状況は、銅鐸の場合と非常によく似ている。

国津神のシンボルであった銅鐸は、天津神によって、あるものは破壊され、あるものは完形で、人里離れた地中に廃棄されてしまった。とすると、対馬から北部九州、瀬戸内沿岸で発見される銅矛などの天津神のシンボルは、銅鐸とは逆に、国津神によって人里離れた地中に破棄されたのではないだろうか。

そして、私は、このようなことを実行したのは神功皇后だと考えるのである。

その理由は、まず、これまで述べてきたように神功皇后が天津神の国の転覆を企てる過激な国津神であることである。

神功皇后は行く先々で、天津神を攻撃し、そのシンボルを取り上げて二度と使えないように集落から離れた場所に埋めてしまったと考えられるのである。神功皇后は天津神に対して強い敵意を持っており、このような行動を取る動機がある。また、仲哀天皇亡きあと、倭国軍の総帥として兵士を動員し、天津神のシンボルを探索し廃棄する実行力も持っていたのである。

つぎの理由は、単独で出土する青銅器の分布域が、神功皇后の足跡とぴったり一致することである。

神功皇后は北九州で筑紫平野を巡って羽白熊鷲《はしろくまわし》や田油津媛《たぶらつひめ》を討ち、対馬経由で朝鮮半島に渡っている。そして、新羅征伐ののち瀬戸内海を東に向かって大和に帰還した。

国産青銅利器が単独で多数出土すると小田氏が指摘した、対馬から北部九州、さらに瀬戸内地方は、まさに、神功皇后が通過した地域なのである。

また、小田氏のデータでは、北部九州でも中心を外れた大分県宇佐市、豊後高田市、佐賀関町、臼杵市、熊本県北部町などの地域では、銅矛・銅戈が箱式石棺の副葬品として出土している。この現象は、これらの周辺地域まで神功皇后の軍勢が足を伸ばさなかったため、銅矛が国津神に奪われなかったことが理由と考えられ、銅矛は最後までその持ち主に保有され墳墓に副葬されたと理解できるのである。

神功皇后は各地の天津神と戦いながら大和に戻った。そして大和でも仲哀天皇の息子で正当な王位継承者である麛坂王・

忍熊王と戦って勝利し、応神天皇を天皇に就けて伽耶系の王朝を打ち立てたのである。

かつて江上波夫氏が騎馬民族征服王朝説を唱えて論議を呼んだが、騎馬民族の金官伽耶に出自を持つ神功皇后のクーデターは、新しい騎馬民族征服王朝とも言える新たな政権を成立させたのである。

この王朝は、紆余曲折はあったものの壬申の乱で再び政権が交代するまで継続した。

継体天皇の時に王朝が交代したのではないかという議論がある。子供のいなかった武烈天皇の後を継いだ継体天皇は応神天皇の五世の孫というかなり血の薄い関係だったので、血は繋がっていないのではと疑われたのである。

しかし、継体天皇やその息子の欽明天皇の行動を見ると、新羅に奪われた伽耶（任那）の地を奪還するため、兵士を派遣したり百済王を督促するなど、相当な努力をしているように見えるので、伽耶を故郷と見る伽耶系王朝の血筋は継体天皇以降もしっかりと受け継がれていると考えて良いと思うのである。継体という諡号が天皇に贈られたのは、伽耶系の天皇家の血筋が継続され、体勢が維持できたという意味が込められたのだろう。

## ■伽耶系の王朝と武内宿禰

『日本書紀』によると、神功皇后のクーデターに加担した武内宿禰は第八代孝元天皇の三世の孫の天津神であり、葛城氏、紀氏、平群氏、巨瀬氏、蘇我氏などの多くの豪族の始祖とされている実力者である。

天津神出身の彼が、天津神の仲哀天皇を倒して新たな政権を打ち立てようとする神功皇后の行動に、なぜ協力したのだろうか。

武内宿禰の行動のヒントになる情報が一つある。応神天皇九年に武内宿禰の弟の甘美内宿禰《うましうちのすくね》が、次のように天皇に讒言したことが記録されていることである。

「武内宿禰は常に天下を狙う野心があります。いま筑紫にいて密かに語っていうには『筑紫を割いて取り、三韓を自分に従わせたら、天下《くかたち》を取ることができる。』と言っているそうです。」

この時は、盟神探湯を行って武内宿禰は無実であると判定されたことで火消しに成功したようだが、応神天皇を巻き込むほどの大騒ぎになった讒言の内容と武内宿禰の行動を考え合わせると、はからずも武内宿禰の本音が甘美内宿禰《うましうちのすくね》に漏れてしまったのではないかと疑われるのである。

つまり、武内宿禰は、仲哀天皇の現政権を倒して、一旦は伽耶系の神功皇后に政権を渡しても、実力で政権を牛耳れるし、あわよくば伽耶系の政権をも倒して自ら天下を取ることまで考えていた野心家なのではないかということである。なお武内宿禰が自身の野心を漏らした時に、彼は筑紫に滞在していたが、これについて『日本書紀』は「武内宿禰を筑紫に遣わして人々を監察させた」と記している。

九州勢力はかつて神功皇后に制圧されて大和政権に服従していたが、応神天皇の時代になって、再び大和政権に反抗する動きを始めたのではないか。筑紫の人々が次章で触れるような不穏な動きを見せたため、武内宿禰は天皇の命によりこれを監視するために赴いたのであろう。

## ■葛城氏

葛城襲津彦は武内宿禰の子である。

葛城襲津彦は、神功皇后のクーデターの功労者・武内宿禰の息子として、また、仁徳天皇の皇后となった磐之媛の父親として、あるいは履中天皇・反正天皇・允恭天皇の外祖父として、豪族たちに一目置かれる大和政権の重鎮である。いっぽう、葛城襲津彦は、九州から大和に遠征して大和政権を開いた天津神の有力部族・葛城氏の当主でもある。

天津神政権の復活を画策する九州勢力と、父である竹内宿禰が支援した伽耶系の新政権の間に立って葛城襲津彦は葛藤した。その立場は苦しいものだったろう。葛城襲津彦は伽耶系の大和政権に属しながら天皇の指示に従わない行動がしばしば見られ、必ずしも天皇に従順だったようには見えないのは、彼の苦しい境遇がそうさせたものだろう。

例えば、新羅からの朝貢がなかったとして襲津彦が新羅討伐に派遣されたとき、新羅は美女二人に迎えさせて襲津彦を騙し、簡単に惑わされた襲津彦は大和政権の指示に背いて加羅を討ってしまう。

また、百済の民人《たみびと》を連れて帰化しようとした弓月君を新羅が妨害した時、天皇は弓月の民を連れ帰るため襲津彦を加羅に遣わしたが、三年経っても襲津彦は帰ってこなかった。帰国について何か懸念を感じていたのかもしれない。

　葛城襲津彦は、伽耶系の大和政権の将軍として、新羅を懲らしめるために半島に向かったのに、天津神と親しい新羅側の立場で行動しているように見える。立ち位置が定まらないのは襲津彦の苦しい立場を示しているように見えるのである。

　さて、武内宿禰の支援によって樹立された伽耶系の応神王朝は、外来の政権でありその基盤は盤石とは言い難い。応神王朝は武内宿禰や葛城氏の支援を受けて王権を維持せざるを得なかった。応神天皇から武烈天皇に至る十一代の天皇のうち、安康天皇と武烈天皇を除く九代までが、葛城氏の女性を母または妃としている。これは伽耶系の大和政権が葛城氏に支援されている状況をよく表している（下表）。

　葛城氏との結びつきによって維持してきた伽耶系の政権であったが、政権の体制が整うにつれて葛城氏を排除する動きが現れてきた。

　その理由は、一つには九州勢力との間で立ち位置の定まらない葛城氏に頼らずに、独力で伽耶系政権を維持し、強化したいとする考えが当然あったろう。そして伽耶系政権にとって深刻なのは、九州には伽耶系の大和政権を快く思わない天津神たちが蟠踞していることである。

**天皇家と葛城一族の姻戚関係**

| 代 | 天皇 | 母／妃 | 続柄 |
|---|---|---|---|
| 15 | 応神 | 葛城野伊呂売（妃） | 竹内宿禰の娘　葛城襲津彦の妹 |
| 16 | 仁徳 | 磐之媛（皇后） | 葛城襲津彦の娘 |
| 17 | 履中 | 黒媛　（夫人） | 葦田宿禰の娘 |
| 18 | 反正 | 磐之媛（母） | 葛城襲津彦の娘 |
| 19 | 允恭 | 磐之媛（母） | 葛城襲津彦の娘 |
| 20 | 安康 | | |
| 21 | 雄略 | 葛城韓媛（妃） | 円大臣の娘 |
| 22 | 清寧 | 葛城韓媛（母） | 円大臣の娘 |
| 23 | 顕宗 | 荑媛（母） | 葛城蟻臣の娘 |
| 24 | 仁賢 | 荑媛（母） | 葛城蟻臣の娘 |
| 25 | 武烈 | | |

　一旦は神功皇后に制圧されたとはいえ、九州には、次章で述べるように侮《あなど》れない実力を蓄えたままの天津神の勢力が存在しており、もしも彼らが、政権に反旗を翻し、これに葛城氏などの大和の天津神が呼応するようなことがあると、伽耶系の大和政権はたちまち崩壊する。

　伽耶系の政権が、葛城襲津彦の後を継いだ玉田の宿禰《たまだのすくね》を撃ち（允恭天皇五年）、さらに円の大臣《つぶらのおおみ》を殺害する（安康天皇三年）など、葛城の実力者を次々に滅ぼしていったのは、伽耶系の政権の強い危機感を背景とした行動に思えるのである。

なお、葛城氏や吉備氏、紀氏が半島に渡って、先進技術や鉄製品導入を主導し、実力をつけたとする見解があるが、大和から遠く離れた半島での活動なので彼らの裁量に委ねる部分はあったが、彼らは大和政権の指示により大和政権が統治する伽耶の地域に赴いたのであり、また、鉄や先進技術などは主に半島から渡来した多くの金官伽耶の人々によって直接搬入されていたと考えられるので、彼らが主導したというのは少し違うように思う。

## ■玉祖神社の祭神

神功皇后が伽耶の王族の血を引く国津神とするといくつかの謎が解ける可能性がある。

まず、第一九章で謎のまま残しておいた周防国一之宮の玉祖《たまおや》神社についての疑問である。

玉祖《たまおや》神社は防府市の佐波川のほとりに鎮座し、景行天皇や、仲哀天皇・神功皇后も立ち寄ったとされる由緒ある神社である。玉祖神社には二座の祭神を祀っていて、一座は玉造氏の祖、玉祖命《たまのおやのみこと》であるが、もう一座が延喜式の時代にすでに未詳となっているのである。

私は、第一九章で、この地域を東征に赴いた天忍穂耳命が没した土地と考え、玉祖神社に祀られた不詳の祭神は天忍穂耳命と推理した。

景行天皇が九州遠征の途中でわざわざ玉祖神社に立ち寄ったのは、邇邇芸命の臣下であった玉祖命に詣でたのではなく、天津神の始祖の天忍穂耳命がここに祀られており、祖霊に参拝して九州での戦勝を祈願することが目的であったと推理するのである。つまり、景行天皇の時代には天忍穂耳命が祭神としてここに祀られていたと考えられるのである。

玉祖神社では、天忍穂耳命の名前が、なぜ祭神から抹殺されてしまったのだろうか。これについて考えてみたい。

私は、次のような理由から、祭神の天忍穂耳命を抹殺した黒幕は、ここを訪れた神功皇后ではないかと思うのである。

まず、神功皇后が、天忍穂耳命などの天津神を敵視する国津神であることである。しかも、前述のように、筑紫平野の天津神の有力者を攻撃し、仲哀天皇の殺害に荷担するなど、かなり過激な行動をとる国津神であったと思われるのである。

天津神と対立する神功皇后にとっては、天津神の総大将であった天忍穂耳命に対しては、大きな反感を抱いていたことであろう。

玉祖神社を訪れ、ここに祭神として鎮座する天忍穂耳命を見た神功皇后は、祭神を破壊し、あるいは、墓所をあばき、天忍穂耳命への祭祀を中止させるぐらいのことはやったと推測するのである。

もう一つの理由として、玉祖神社の「占手神事《うらてしんじ》」とよばれる特殊な神事が、神功皇后の異常な行為の痕跡と思われることである。

社伝によれば、この神事は神功皇后の時代に始まり、千数百年の歳月を受け継がれてきたもので、現在は山口県指定無形民俗文化財となっている。

深夜の丑の刻に男たちが下帯一本で集まり、相撲のような所作を行う神事といわれる。

私は、このユニークな神事は、神功皇后が、天忍穂耳命を祀る氏子たちの目を盗んで深夜に土木工事を行ったことが発端だったのではないかと想像するのである。つまり、屈強な男たちが祭神をはじめ、天忍穂耳命に係わるものをすべて破壊した行動の名残ではないかと思うのである。

祭や神事などは長期にわたって氏子たちによって保持されるものである。現に「占手神事」は神功皇后以来一六〇〇年もの歳月を受け継がれてきたのである。一〇世紀に延喜式を編纂する時に祭神の記憶が失われていたことは、それよりもかなり昔に強制力を持って祭祀の禁止が行われたと考えられる。なぜなら、禁止を強制しなければ氏子は祭祀をそのまま続けるだろうし、禁止されて時間が経たなければ祭神の記憶が残るからである。延喜式の時代に祭神の記憶がすでに失われていたことは、五世紀初めに活躍した神功皇后の所業と見ることと矛盾しない。

## ■天津神の排除

玉祖神社の祭神については、神功皇后が直接行動を起こした事件と思うのだが、以下に述べるようなことから推定すると、神功皇后のこの行動に関連して、山口県の多くの神社でも祭神の破壊、すりかえが行われたのではないかと思われる状況がある。

山口県には神功皇后を祀る神社が異常に多い。

八幡神社研究などで知られる奥山芳広氏の調査によると、神功皇后を祀る神社の数は、瀬戸内海沿岸の岡山(三三社)、広島(三三社)、香川(五二社)、愛媛(三九社)と北部九州の福岡(六八社)、大分(五五社)などに多いが、山口県は他県の二倍以上の一三八社の神社が集中しており、神功皇后を祀る神社の数としては突出している(下図)。

神功皇后を祀る神社の数（奥山芳広氏による）

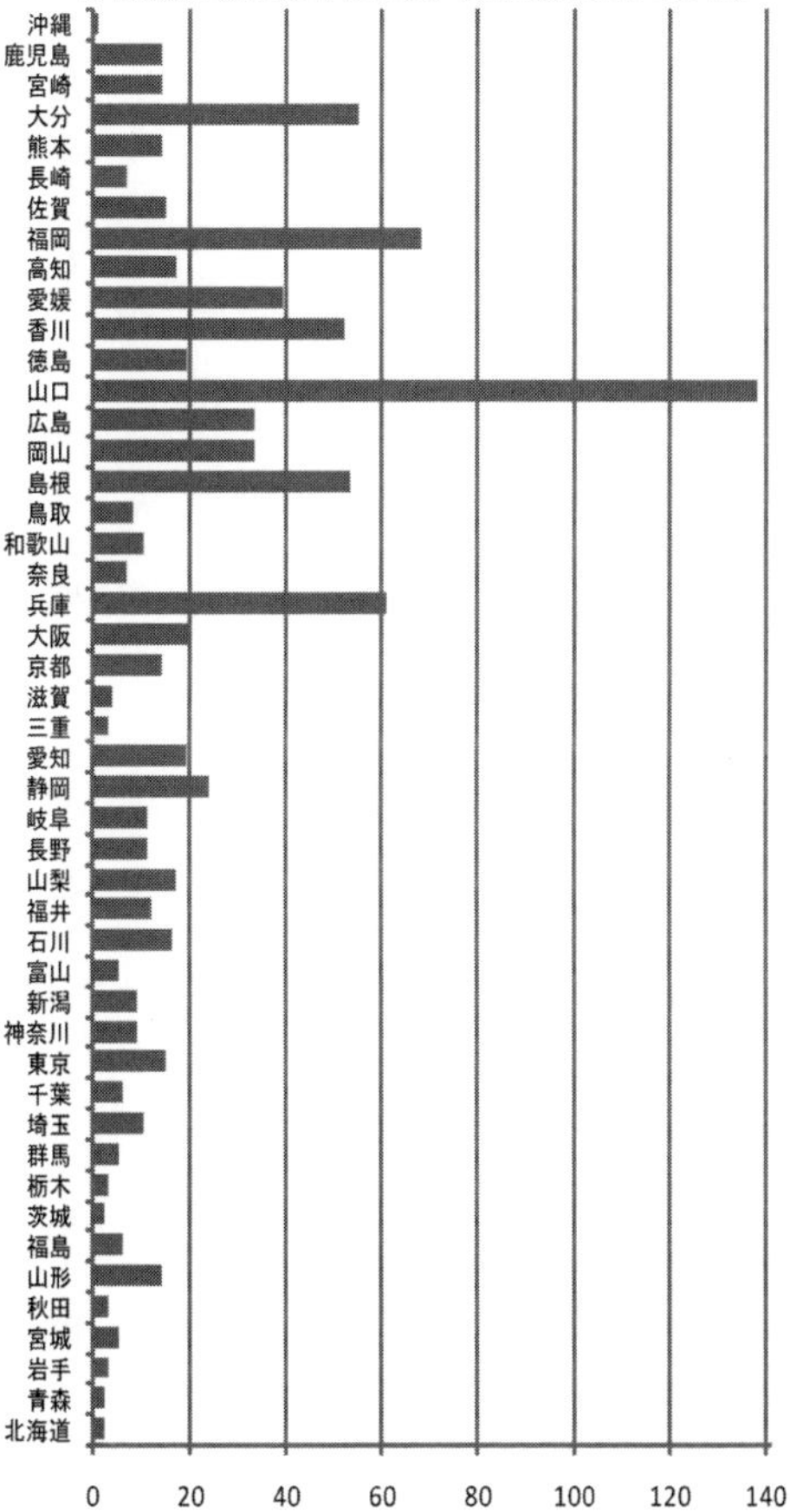


山口県は、天津神の東征の最初に攻略した地域で、これに加わった天忍穂耳命やその兄弟たちを祀る神社が多数あってしかるべき場所と考えられる。しかし、『古事記』『日本書紀』の記録からは、この地域でそれほど活躍していたとは思えない神功皇后を祀る神社がこのように多数存在するのは不自然に感じるのである。つまり、天津神の神々を排除し、神功皇后に置き換える作為があったと推定するのである。これは、必ずしもすべて神功皇后の時代に行われたことではないかもしれない。のちの時代に天津神に反発する勢力のシンボルとして神功皇后が担ぎ出され、天津神の痕跡を次々と消滅させる行動が行われたのかもしれない。

祭神の入れ替えが行われたように見える状況が他にもある。

福岡県田川郡香春町の香春岳の三つの峰と、その麓にある香春神社には、辛國息長大姫大目命《からくにおきながおおひめおおまのみこと》、忍骨命《おしほねのみこと》、豊比賣命が祀られている。これらの神々の由緒についてはさまざまな説があるが、私は、忍骨命は天忍穂耳命であり、豊比賣命はその妻であった万幡豊秋津師比売と思うのである。なぜなら、この地域は、彼らが神産巣日尊を追い出して統治した場所と考えられるからである。

そして、辛國息長大姫大目命《からくにおきながおおひめおおまのみこと》とは、『古事記』に息長帯比売《おきながたらしひめ》命と記される神功皇后のことと考えるのである。辛国とは伽羅（伽耶）のことではないか。

香春の地域では、もともとこのあたりを統治した天忍穂耳命や万幡豊秋津師比売を祀っていたと思われる。しかし、のちの時代に、伽耶系国津神の子孫が大きな勢力になった時、国津神のシンボル的存在の神功皇后を持ち込んで、天忍穂耳命や万幡豊秋津師比売の上位の神として据え、いっしょに祀るようになったと思われるのである。

さらに、宇佐神宮でも同じような天津神隠しが行われたと私は推理している。

現在、宇佐神宮には三柱の神が祀られている。一の御殿の応神天皇、中央の二の御殿の比売大神、三の御殿の神功皇后である。そして、比売大神の実体は、宗像三神の多岐津姫命、市杵嶋姫命、多岐理姫命であるとされている。

しかし、比売大神は、応神天皇や神功皇后が合祀される前からこの地域で祀られていた神で、もともとは宇佐神宮の南方の御許山《おもとやま》の山頂に降臨された神という伝承がある。今も山頂には宇佐神宮の奥宮である大元神社が鎮座している。

さて、宇佐は、万幡豊秋津師比売が仮宮を置いて南九州に進出する天津神軍の勝利を祈ったところと第二三章で推理した。

そして、『古事記』には、神倭磐余彦命が東に旅立つ時に、宇沙都比古《うさつひこ》・宇沙都比売《うさつひめ》が宇佐の足一騰宮《あしひとつあがりのみや》で神倭磐余彦命を饗応したことが記される。

『先代旧事本紀』によると宇沙都比古は高御産巣日尊の孫に当たり、宇佐の国造になった豪族である。すなわち、宇佐は高御産巣日尊一族によって統治されていた地域なのである。

天津神の南九州進攻の勝利を祈って、宇佐で軍勢を見送った万幡豊秋津師比売は、しばらくして宇佐で没したと思われる。万幡豊秋津師比売は、高御産巣日尊の娘であり、一族の宇沙都比古たちによってこの地域で鄭重に祀られていたはずである。

つまり、宇佐神宮に祀られる比売大神とは、もともとこの地域で祀られていた万幡豊秋津師比売のことであると考える。勝利を祈る女神が宇佐に鎮座するからこそ、東征に向かう神倭磐余彦命が立ち寄ったのである。

それが、やがて、国津神の応神天皇や神功皇后と合祀されることになり、万幡豊秋津師比売を拝む人は自動的に国津神も拝むことになった。

そして、ついには比売大神も宗像三神に置き換えられて、天津神の痕跡がきれいになくなってしまったのである。社伝などによると、宇佐神宮は、欽明天皇三二年（五七一年）に、大神比義《おおがのひき》が、宇佐の菱形池の附近で三才童児の姿で現れた応神天皇の託宣をきいたことが発端となって建立されたとされる。

欽明天皇は、新羅に滅ぼされた任那の再興を画策した伽耶系国津神の天皇であり、大神比義は、大神《おおみわ》神社や三輪山と関わりを持ち、各地に勢力を伸ばしていた大和の大神《おおみわ》氏と関連する国津神系の氏族と思われる。

欽明天皇の時代など国津神の勢いが盛んなときに、宇佐神宮や香春神社など、ほんらい、天津神を祀っていたものが、国津神と合祀されたり、国津神に置き換えられたりして、天津神隠しが組織的に大がかりに進行したのではないかと思うのである。

国津神政権にとって、天津神の故地である北部九州や瀬戸内などで、人々が天津神の祭祀をいつまでも継続していたのでは都合が悪かった。天津神の祀りによって人々がまとまると、国津神の政治に反対する大きな勢力になる可能性があるからである。天津神と国津神の対立を解消して政権を安定させるために、天津神隠しは必要な政策であったのだろう。

さて、宗教学者の中野幡能氏が豊の国の仏教について次のような文章を書いている。

「七世紀から八世紀に建立された寺院は、ほとんど後の豊前国で、筑前国に入っていても豊前に近い所である。もっとも古い寺は、豊前国宇佐郡（大分県）の虚空蔵寺、同上毛郡垂水廃寺といわれ、多少おくれるのではないかといわれるが、豊前国田川郡天台寺、同京都郡椿市廃寺、筑前国嘉穂郡大分廃寺（いずれも福岡県）。ここから発掘された瓦は、いずれも新羅系デザインによってできている。ハスの花をかたどる軒丸瓦、写実的な唐草文を表した軒丸瓦で、伽藍の瓦がふかれていた。これらはいずれもすぐれた新羅系仏教文化の遺物といわれる。

そこで、トヨの国に伝わった仏教は、伝来の時から、新羅系の仏教であったということができる。それに対して筑前筑紫郡大宰府の観世音寺の瓦に類似の瓦を出す寺院としては、後の豊前国宇佐郡法鏡寺、同弥勒寺、同下毛郡相原廃寺（大分県）、同京都郡上坂廃寺などであり、百済系瓦が主に使われているが、新羅系瓦をも含んでいる所もある。このことは大和から入ってきた仏教のためであった。このような状況を示すのが上にあげたような寺である。こうして、八世紀半ばをすぎると、新羅の瓦はだんだん少なくなり、百済の瓦の方が筑前・筑後・肥前の方に広がっている。」

つまり、豊前の地域は、初めは新羅と深い関係にあったのだが、八世紀半ばをすぎるとそこに大和朝廷の百済系仏教の影響が及んでいた。この地域の支配勢力の交代があったことが窺われるのである。

天津神隠しが行われたのはこのころであったと思うのである。

宇佐神宮では、応神天皇を祀る一之殿が神亀二年（七二五年）に建立され、比売大神を祀る二之殿が天平元年（七二九年）に、神功皇后を祀る三之殿が弘仁一四年（八二三年）に建立されている。香春神社の新宮は和銅二年（七〇九年）に建立されている。また、九州南部では、天津神系である隼人がたびたび叛乱を起こし、七一四年には大物旅人がこれを平定したことが記録されている。このような情報は、八世紀前後に、天津神隠しが行われた状況や、国津神の進出に対して天津神が反発したようすを示しているように見えるのである。

## ■高良大社の祭神

福岡県久留米市の高良山について神功皇后とも関係する面白い伝承がある。

高良山に祀られる高良大社は、延喜式では玉垂命《たまたれのみこと》を主祭神とする筑後一宮とされる。

高良山は別名を「高牟礼山」と称するが、高牟礼山の祭神の高木神（高御産巣日神、高牟礼神）は、現在、高良山麓の二之鳥居の脇の「高樹神社」に地主神として祀られている。

高良大社の古縁起によると、高木神は山頂におられたが、高良玉垂神《こうらたまたれのかみ》に山を貸したところ、玉垂神が神籠石を築いて結界を張って鎮座したため、山上に戻れず、山麓の現在地に鎮座しているということである。

この経緯を次のように推理してみた。

まず、『肥前国風土記』によると、景行天皇が現在の高良山の地域である高羅に行宮を置いて国内を巡行したことが記されている。

景行天皇が行宮を置いた時、天津神の祖先の高木神（高御産巣日神）をここに祀ったと思われる。

『日本書紀』には、神功皇后が新羅に遠征する前に、筑紫平野の夜須の羽白熊鷲や山門郡の田油津媛を撃ったことが記されているが、天津神を激しく攻撃してきた神功皇后は、高良山に祀られていた高木神（高御産巣日尊）を見つけて、山頂の高木神を山麓に追い出して、大和政権と関係の深い神を高良玉垂命《こうらたまたれのみこと》として祀ったのであろう。

白村江の戦いに敗れた六六三年ごろから、大和政権が各地に古代山城や神籠石を築いたが、大和政権ゆかりの高良玉垂命《こうらたまたれのみこと》を祀る高良山にも筑紫平野を取り囲む拠点の一つとして神籠石を築いたのであろう。

高良玉垂命《こうらたまたれのみこと》の正体については、武内宿禰とする説が有力と思われるが、物部氏の祖神とする説や、綿津見神あるいは景行天皇とする説もある。神功皇后に協力して伽耶系国津神のクーデータを成功させた武内宿禰は大和政権の功労者であり、高良玉垂命《こうらたまたれのみこと》としてここに祀られる十分な根拠があると思う。

葛城氏などの祖先とされる武内宿禰は、もともとは九州から畿内に進出した天津神の一族である。彼が伽耶系国津神の神功皇后の腹心として功績を挙げたことを、九州の人々は快く思っていないので、そのままの名前で祀るわけにはいかなかった。そこで、高良玉垂命《こうらたまたれのみこと》の名前を与えて、高木神を追い出した後の高良大社に祀ったのではないか。

高良大社に伝わる『高良玉垂宮神秘書』では、神功皇后の夫は高良玉垂命《こうらたまたれのみこと》とされているそうである。

以下はこのことから妄想した話だが、妙に辻褄が合う。

高良玉垂命《こうらたまたれのみこと》が武内宿禰だとすると、九州で生まれた皇子は武内宿禰と神功皇后の子供ということになる。

そして前述のように、敦賀の気比神社の祭神の伊奢沙和気《いざさわけ》大神と皇子が名前の交換をしたという奇妙な伝承がある。次章で詳しく述べるが、このとき、人間も入れ替わったのではないかと疑われるのである。

神功皇后の皇太子が貴種の仲哀天皇の子でなく武内宿禰の子であったことが、人を入れ替えた理由とも考えられる。

皇太子が武内宿禰の子であろうが仲哀天皇の子であろうが、結局は伽耶系の皇子に置き換わってしまった。伽耶の皇子は、応神天皇として、天津神とは血統上の関わりを持たない伽耶系王朝の開祖となったと考えるのである。

## 三三．倭の五王

### ■『宋書』と倭の五王

二六六年の台与の朝貢以来中国の文献に倭国が全く登場しなくなった。

天津神勢力は九州から各地を平らげ、大和に進出した。そして大和政権を打ち立てた後、崇神天皇による四道将軍の派遣、景行天皇の熊襲の平定、さらには金官伽耶勢力の進出など、天津神勢力が九州を出てから戦乱と緊張状態が続き、彼らは中国に使者を派遣するゆとりが全くなかったのであろう。

中国と交流のなかったこの期間は、倭国の動静が全くわからないので「空白の四世紀」と呼ばれている。

しかし台与の最後の朝貢から百余年を経過して再び中国の文献に倭国が登場した。

南朝の宋（四二〇～四七九）について記述した『宋書』に、倭の五王として知られた讃、珍、済、興、武の五人の倭国の王が、宋に朝貢して官位を求めたことが記されているのである。

倭の五王については様々な謎が存在する。

これらの五人の王が倭国の天皇の誰に相当するのか。また、彼らはなぜ突然に中国と交流を始めたのか。これまで多くの研究者が様々な見解を発表してきたが、今日でも結論が出ておらず謎のままである。

五王の最初の倭王讃は、仁徳天皇や応神天皇、履中天皇に比定されることが多く、最後の倭王武は、ほとんどの研究者が雄略天皇としている。

理由はこれらの天皇の活躍年代が倭の五王とほぼ同時期と考えられることと、倭王武の「武」は、雄略天皇の和風諡号「オオハツセワカタケル」の「タケル」に由来する可能性が高いとされることなどである。

しかし、倭の五王をこれら天皇に比定することについては、次に示すように、いくつか問題点が指摘されている。

まず、記紀などの日本の文献が倭の五王について全く触れていないことである。

そして、倭の五王だけでなく、宋という国も日本の古文献にはまったく現れず、宋と交流した記録がないことである。

倭の五王に関係する中国側の記録は、『宋書』だけでなく、宋に続く斉の正史『南斉書』（五三七年）、梁の正史『梁書』（六一九年）、南朝四代（宋、斉、梁、陳）の正史『南史』（六五九年）などに、二六の記事が確認できる。その年代も四一二年から五〇二年までの八九年間に及ぶ。これだけの期間と頻度で中国と交流のあった倭の五王について、日本側の文献がまったく記録していないのはおかしいという指摘である。

『日本書紀』には、新羅や百済、伽耶など海外の国々との交流についてかなりの量の記事があって、その記録をきちんと残している（左表）。中国の宋との交流があれば、特段の理由がない限りそれを記録しないはずがない。記事がないということは、宋との交流がなかったことを意味している。

**日本書紀における各国の出現頻度**

| 代 | | 百済 | 新羅 | 加羅 | 任那 | 高麗 | 呉 | 宋 | 隋 | 唐 | 大唐 |
|---|---|---|---|---|---|---|---|---|---|---|---|
| 10 | 崇神天皇 | | | | 2 | | | | | | |
| 11 | 垂仁天皇 | | 1 | 1 | 2 | | | | | | |
| 12 | 景行天皇 | | | | | | | | | | |
| 13 | 成務天皇 | | | | | | | | | | |
| 14 | 仲哀天皇 | | 2 | | | | | | | | |
| | 神功皇后 | 30 | 44 | 6 | | 1 | 注1 | | | | |
| 15 | 応神天皇 | 13 | 12 | 3 | 2 | 8 | 7 | | | | |
| 16 | 仁徳天皇 | 6 | 10 | | | 5 | 1 | | | | |
| 17 | 履中天皇 | | | | | | | | | | |
| 18 | 反正天皇 | | | | | | | | | | |
| 19 | 允恭天皇 | | 10 | | | | | | | | |
| 20 | 安康天皇 | | | | | | | | | | |
| 21 | 雄略天皇 | 25 | 18 | | 6 | 18 | 17 | | | | |
| 22 | 清寧天皇 | 3 | | | 2 | 6 | | | | | |
| 23 | 顕宗天皇 | | | | | | | | | | |
| 24 | 仁賢天皇 | | | | | | | | | | |
| 25 | 武烈天皇 | 8 | | | | | | | | | |
| 26 | 継体天皇 | 36 | 20 | 8 | 16 | 4 | | | | | |
| 27 | 安閑天皇 | 2 | 1 | | 3 | | | | | | |
| 28 | 宣化天皇 | | | | | | | | | | |
| 29 | 欽明天皇 | 101 | 94 | 16 | 133 | 35 | 1 | | | | |
| 30 | 敏達天皇 | 19 | 13 | | 9 | 15 | | | | | |
| 31 | 用明天皇 | 8 | 2 | | 4 | | | | | | |
| 32 | 崇峻天皇 | | | | | | | | | | |
| 33 | 推古天皇 | 20 | 49 | 1 | 29 | 11 | 3 | | 注2 | 12 | 10 |
| 34 | 舒明天皇 | 13 | 6 | | 1 | 3 | 1 | | | 1 | 5 |
| 35 | 皇極天皇 | 28 | 6 | | 1 | 11 | | | | | |
| 36 | 孝徳天皇 | | 22 | | 7 | 11 | 1 | | | 4 | 6 |
| 37 | 斉明天皇 | | 13 | | | 10 | 1 | | | 15 | 6 |
| 38 | 天智天皇 | 37 | 19 | | | 23 | | | | 12 | 10 |
| 39 | 弘文天皇 | | | | | | | | | | |
| 40 | 天武天皇 | 17 | 49 | | | 1 | | | | 1 | 4 |
| 41 | 持統天皇 | 14 | 38 | 2 | | 3 | | | | 4 | 6 |

注1：人名に呉の音を借用が１例

注2：高麗の使者の発言が１例

## ■呉は中国全体を指すのか

この指摘に対しては、『日本書紀』に「呉」という国が頻繁に現れ、特に、応神天皇紀と雄略天皇紀には、次頁の表のように頻繁に「呉」と交流した様子が記されているが、この「呉」が宋のことを指す、或いは「呉」は中国そのものを指す、などとして天皇が宋と交流した根拠とする主張がある。

「呉」をそのように考えて良いのだろうか。少し乱暴すぎる議論に見える。

なぜなら、南朝の宋は四二〇年から四七九年まで五九年間存在した国で、そのあと南朝の斉に代わる。

ところが日本書紀には、呉は推古天皇十七年（六〇九年）に内乱があったことが記されているので（次頁表）、四七九年に宋が消滅してから百年以上経た時代まで呉は存在していた事になる。つまり、宋と呉は存在期間の全く異なる別の国なのである。

また「呉」が中国全体を指すという根拠も見出せない。

雄略天皇十四年の条に、「呉」の人が渡ってきて住んだところを呉原《くれはら》と名付けたり、呉からの来訪者のために整備した道を呉坂《くれさか》とした話が記されている。

このとき渡ってきた人々は、自分達を呉から来たと倭国の役人に伝えたのであろう。

彼らは自分達の国の名前が別にあるのに総称である「呉」の人と自称したのであろうか。利害や成り立ちの異なる複数の国々が併存している中国で、自分達を総称の「呉」で表現することは考えにくいのである。

渡来してきた人々が呉人と自称したのは、「呉」が漠然と中国を指す総称ではなく、現実に存在する「呉」という国あるいは地域の名称があり、そこには自分達の国が「呉」であると認識していた人々がいて、彼らが来訪してきたこと示していると思うのである。

また、『日本書紀』の神功皇后六六年条や孝徳天皇の白雉元年条には、具体的な国名として「晋」がはっきりと記述されており、ここでは総称のような曖昧な名称は使われていない。故国を総称で自称する習慣などなかったのではないか。

「呉」が中国全体を指すというのは、日本書紀にたくさん出てくる「呉」が、具体的にどの地域かを示せなくて、扱いに困

# 日本書紀の呉

| | 日本書紀原文 | 現代語訳(宇治谷孟氏による) |
|---|---|---|
| 神功2年 | 熊之凝者、葛野城首之祖也。一云、多**呉**吉師之遠祖也 | 人名 |
| 応神37年 | 遣阿知使主・都加使主於**呉**、令求縫工女。爰阿知使主等、渡高麗國、欲達于**呉**。則至高麗、更不知道路、乞知道者於高麗。高麗王、乃副久禮波・久禮志二人爲導者、由是得通呉。**呉**王於是、與工女兄媛・弟媛・**呉**織・穴織四婦女。 | 阿知使主・都加使主を呉に遣わして、縫工女を求めさせた。阿知使主等は高麗國に渡って呉に行こうと思ったが。高麗に着いても道がわからない。道を知る者を高麗で求めた。高麗王は久禮波・久禮志の二人をつけて案内させたので呉に行くことができた。呉王は、縫女の兄媛・弟媛・呉織・穴織の四人を与えた。 |
| 応神41年 | 阿知使主等自**呉**至筑紫、時胸形大神有乞工女等、故以兄媛奉於胸形大神、是則今在筑紫國御使君之祖也。既而率其三婦女、以至津國及于武庫而天皇崩之、不及。卽獻于大鷦鷯尊、是女人等之後、今**呉**衣縫・蚊屋衣縫是也。 | 阿知使主が呉から筑紫についた。この時胸形大神が工女等を欲しいと言われ、兄媛を大神に奉った。是が筑紫國御使君の祖である。後の三婦女を連れて、津國に至り武庫についたときに天皇が崩御された。ついに間に合わなかったので大鷦鷯尊に奉った。この子孫が今の呉衣縫・蚊屋衣縫である。 |
| 仁徳58年 | **呉**国高麗国並朝貢 | 呉国と高麗国が朝貢した。 |
| 雄略6年 | **呉**國遣使貢獻也。 | 呉國が使いを遣わして貢獻を奉った。 |
| 雄略8年 | 遣身狭村主青・檜隈民使博德、使於**呉**國。 | 身狭村主青・檜隈民使博徳を呉國に遣わされた。 |
| 雄略10年 | 身狭村主青等、將呉所獻二鵝、到於筑紫。 | 身狭村主青等が呉の奉った二羽の鵞鳥をもって筑紫に行った |
| 雄略11年 | 有從百濟國逃化來者、自稱名曰貴信、又稱貴信**呉**國人也。磐余**呉**琴彈壃手屋形麻呂等、是其後也。 | 百濟國から逃げて来た者があった。貴信と名乗っていた。あるいは呉國の人ともいう。磐余の呉の琴彈の壃手屋形麻呂等はその子孫である。 |
| 雄略12年 | 身狭村主青與檜隈民使博德、出使于**呉** | 身狭村主青と檜隈民使博徳とを、呉に遣わされた。 |
| 雄略14年 | 身狭村主青等、共**呉**國使、將**呉**所獻手末才伎・漢織・**呉**織及衣縫兄媛・弟媛等、泊於住吉津。是月、爲**呉**客道通磯齒津路、名**呉**坂。三月、命臣連迎**呉**使、卽安置**呉**人於檜隈野、因名**呉**原。以衣縫兄媛奉大三輪神、以弟媛爲漢衣縫部也。漢織・**呉**織衣縫、是飛鳥衣縫部・伊勢衣縫之先也。夏四月甲午朔、天皇欲設**呉**人、歴問群臣曰「其共食者、誰好乎。」群臣僉曰「根使主可。」天皇、卽命根使主爲共食者、遂於石上高拔原、饗**呉**人。 | 身狭村主青等は、呉國の使いと共に、呉の献った手末の才伎、漢織、呉織と衣縫の兄媛、弟媛等を率いて、住吉の津に泊まった。是月、呉の来朝者のために道を造って磯齒津の路に通じさせた。これを呉坂と名付けた。三月、臣連に命じて呉の使を迎えさせた。その呉人を檜隈野に住まわせた。それで呉原と名付けた。衣縫兄媛を大三輪神に奉った。弟媛を漢の衣縫部とした。漢織、呉織の衣縫は、飛鳥衣縫部、伊勢衣縫の先祖である。夏四月一日、天皇は呉人をもてなそうと思われて、群臣に問われ「会食者は誰が良いだろうか」。群臣は皆「根使主が良いでしょう」と言った。天皇は根使主を任じられた。石上の高抜原で、呉人と饗宴をされた。 |
| 欽明6年 | 百濟遣中部護德菩提等、使于任那、贈**呉**財於日本府臣及諸旱岐、各有差。 | 百濟は中部護德菩提等を任那に遣わした。また呉から入手の財宝を日本府の臣と諸々の旱岐にそれぞれに応じて贈った。 |
| 推古17年 | 百濟王命以遣於**呉**國、其國有亂不得入。 | 百濟王の命で呉國に遣わされましたが、その國に騒乱があって入国できません。 |
| 推古20年年 | 仍令構須彌山形及**呉**橋於南庭。時人號其人曰路子工、亦名芝耆摩呂。百濟人味摩之、歸化。曰「學于**呉**、得伎樂儛。」則安置櫻井而集少年令習伎樂儛。 | 須彌山の形と呉風の橋を御所の庭に築く事を命じた。時の人は其人を名付けて路子工といった。またの名を芝耆摩呂といった。また百済の人味摩之が帰化した。「呉の国に学び、伎樂の儛ができます。」といった。櫻井に住まわせて、少年を集め、伎樂の儛を習わせた。 |
| 舒明即位前紀 | 氣菟能和區**呉**能 | 和歌での音の借用(読み:けつのわくこの) |
| 孝徳5年 | 褒美西海使等奉對唐國天子多得文書寶物、授小山上大使吉士長丹以少花下、賜封二百戸、賜姓爲**呉**氏。 | 西海使等が唐國天子にお目にかかり、多くの文書や寶物を得たことを褒めて、小山上大使吉士長丹に少花下を授け、二百戸の封戸を賜った。また呉氏の姓を賜った。 |
| 斉明5年 | 伊吉連博德書曰「同天皇之世、小錦下坂合部石布連・大山下津守吉祥連等二船、奉使**呉**唐之路。 | 伊吉連博徳の書に、この天皇の御世に、小錦下坂合部石布連、大山下津守吉祥連等の二隻の船が、呉と唐の航路に遣わされた。 |

った日本の研究者が、苦肉の策でそのように解釈した可能性が強い。日本から見た時の中国を呉と呼んだことにして逃げたのであろう。最近では百科事典にも「呉＝中国」とする解説が見られるが、研究者の誤った解釈が掲載されたものと思う。

またこの他にも次のように、「呉」が中国の宋あるいは中国全体を表すという見解に疑問を抱かせる理由がある。

たとえば「呉」と倭国との上下関係に関わる表現である。

『日本書紀』の仁徳五八年と雄略六年に「呉」の使者が倭国に朝貢してきたことが記録されているが、「呉」が中国だとすると、特段の理由無くしてわざわざ東の果ての東夷の国に中国のほうから朝貢の使者を送ってくるのは、倭国を上位に見ているようでとても違和感がある。この記録は、「呉」が倭国よりも下位の国であることを示すもので「呉」が中国ではないことの傍証ではないか。

また、雄略十年には呉が奉った二羽の鵞鳥を使者が筑紫まで持ってきたことが記される。中国南部の遠い国が鵞鳥を奉るというのもとても奇妙にみえる。近場の国から手土産をもらってくるような感覚なのである。

古事記にも「呉」が登場する。

『古事記』の応神天皇の条に、賢人を奉れという天皇の要請に対して、百済が、和邇吉師《わにきし》（王仁）、韓鍛《からかぬち》の卓素と共に、呉服《くれはとり》（呉の機織女）の西素という女性を献上したことが記されている。応神天皇の要請は、百済の中で調達できる人材を求めているように見えるのに、「呉」が中国だとすると百済がわざわざ中国の南朝から機織りの女性を連れてきて献上したことになる。『古事記』の記述は「呉」の機織女も含めて百済やその近隣に暮らしていた有能な人材を、百済が献上してきたと考えるべきではないか。

「呉」という国は、卑弥呼が活躍していた三世紀の三国時代には確かに存在したが、『宋書』などの中国文献で倭の五王が記録される五世紀頃には、中国には「呉」という国が存在しない。「呉」は中国の国ではなく、倭国よりも下位の国で、生きたガチョウを土産にもらう程度の近場の国で、百済の近くにある地域のように見えるのである。

以上のように、「呉」を中国全体と見る見解については問題が多い。しかし日本の文献には「呉」との交流の状況はかなり具体的に描写されており、「呉」という地域がどこかに存在していた事は確実である。

第六章で、「呉」という姓の人々が朝鮮半島南西部に多数暮らしていたことを述べた。紀元前の中国の、呉と越が戦っていた春秋時代に、「呉」から海に逃れて渡来し、九州を経て半島南岸に落ち着いた弁辰(弁韓)の人々である。三世紀に半島南岸に武力で侵出してきた金官伽耶によって移動を余儀なくされ、その多くが半島南西部に移動したと分析した。

『日本書紀』に記された「呉」というのは彼らのことを指すのではないだろうか。倭の五王が活躍した時代に、大陸から朝鮮半島の地域を広く見渡しても「呉」と関連しそうなのは半島南西部の彼らだけだと思うのである。「呉」の姓を持つ彼らは、自分たちの地域をかつての故国に因んで「呉」と呼んだのではないかと思うのである。

『日本書紀』斉明天皇五年の条に、伊吉博徳書を引用して遣唐使の航海の様子が次のように描かれている。

「この天皇の御代に、小錦下坂合部石布連・大山下津守吉祥連らの二隻の船が、呉唐之路の航路に使わされた。

この年の七月三日、難波の三津浦から船出した。八月十一日に筑紫の大津の浦(博多湾)を出た。九月十三日に百済の南の辺の島に着いた。島の名はよくわからない。十四日の午前四時ごろに二船相伴って大海に出た。以下略」

(同天皇之世、小錦下坂合部石布連・大山下津守吉祥連等二船、奉使呉唐之路。以己未年七月三日發自難波三津之浦、八月十一日發自筑紫大津之浦。九月十三日行到百濟南畔之嶋、嶋名毋分明。以十四日寅時、二船相從放出大海。)

遣唐使の一行は、百済の南の島を経由して大海に出航し唐に向かった。百済の南は呉姓の人々のテリトリーである。

この航路が「呉唐之路」と呼ばれているのは、これが、半島西南部の呉の地域を経由して唐に至る航路を意味するものであり、百済の南に呉の地域が存在したことの傍証と思うのである。

日本の文献には「呉」との交流の状況はかなり具体的に描写されており、「呉」という地域がどこかに存在していた事は確実である。そして、前述のように呉は半島南西部の栄山江流域の弁辰の人々であると推理できた。

にもかかわらず、中国が呉を国として認識していないのはなぜだろう。

呉のあった栄山江流域の社会の特徴について、歴博の高田貫太氏はその著『異形の古墳』の中で次のように述べている。

「栄山江流域社会では、中心域と小地域の間でやり取りされる政治的な文物が見当たらない。その授受や保有が、王権との政治的な関係を示す文物(倭の鏡や甲冑、新羅、百済、大伽耶の貴金属で作られたアクセサリーなど)が確認できない。

中心域と小地域の上下の関係は、柔軟でゆるやかなものだった。」

さらに次のように述べる。

「五世紀後半から六世紀前半にかけての栄山江流域社会でも、ピラミッド構造のような安定した階層構造は認めにくい。小地域を代表する現地集団（の有力者）が割拠し、その中で中心域の有力層が主導権を握っていた事は確かだ。しかし、それは社会全体を安定して統括する王権のような存在ではない。

共同体の紐帯がより強いネットワーク型の社会だった点にこそ、百済や新羅などの集権的な階層型社会とは異なる栄山江流域社会の特質がある。」

つまり栄山江流域社会では、村々がネットワークで強く結び付いてまとまった社会を構成しているが、一人の王に権力を集中し、その国王が国家を統治するような体制ではなく、したがって王の使者が中国に遣わされることもなかった。このため、中国は、王が見えないこの地域を呉国とは認識しなかったのだろう。いっぽう倭国から見ると、一つのまとまりを見せながら交流する呉の人々は、新羅や百済と同じような国とみえたのであろう。

ところで『日本書紀』では、例えば漢織《あやはとり》・呉織《くれはとり》のように呉と漢をペアにして並べて描くことがある。

漢氏についても調べてみよう。

『日本書紀』神功皇后紀に、「新羅の捕虜を漢人の祖先とした」とする記事がある。また応神紀には「倭の漢の直の先祖阿知使主がその子の都加使主、並びに十七縣の自分の友柄を率いてやってきた」と記されている。さらに、継体紀には百済が「博士段楊爾を五經博士漢高安茂《あやのこうあんも》に交代させたい」と言った記事がある。百済に漢《あや》の高安茂《こうあんも》という学者がいたのである。

『続日本紀』延暦四年六月条には、東漢氏《やまとのあやうじ》出身で下総守の坂上苅田麻呂が桓武天皇に上表した次のような記事がある。

「漢氏の祖・阿智王は後漢の霊帝の曾孫で、東方の国に聖人君子がいると聞いたので、応神天皇の時代に帯方郡から七つの姓を持つ民とともにやってきた。」

これらの漢氏の情報を総合すると、漢氏はもともと後漢の王族の子孫で、新羅や百済、帯方郡など朝鮮半島各地に広がり、その中で阿知使主が一族を引き連れて帯方郡から日本列島に渡来し東漢氏となったと理解できる。

呉姓の人々も、ルーツを辿れば中国の呉の王族太伯の末裔であり、越との戦いに敗れて九州に渡り、さらに半島に移動してきた人々である。つまり、漢氏と呉氏は、ともに中国の王族の子孫で、それぞれの事情によって故国を離れて半島に渡ってきた同じような境遇の渡来人なのである。

過去に同じような運命に翻弄され、共に半島内で中国由来の高度な文化と技術を継承していた漢氏と呉氏だからこそ、漢織《あやはとり》・呉織《くれはとり》と並べて記されているようにも思える。中国由来の高度な文化と技術は、中国王朝の遺民たちが異国の地で生き延びるための必須の要素であり、世代を超えて継承されてきたと思われるのである。

このように、呉氏は漢氏とともに半島にいた渡来人の子孫と考えられるので、呉は「宋」を表すものでも、中国全体を意味するものでもない。近畿の倭国の天皇たちは、半島の呉氏と交流していたのであり、中国南朝の宋とは交流していない。

つまり彼らは倭の五王ではないという結論になる。

このほかにも倭の五王が大和政権の天皇ではないと思わせる情報がある。倭の五王が大和政権の諸天皇だと仮定したとき、系譜関係が一致しないことである。宋書と梁書には五王の系譜を下図のように記している。倭国の天皇の系譜と合わないのである。

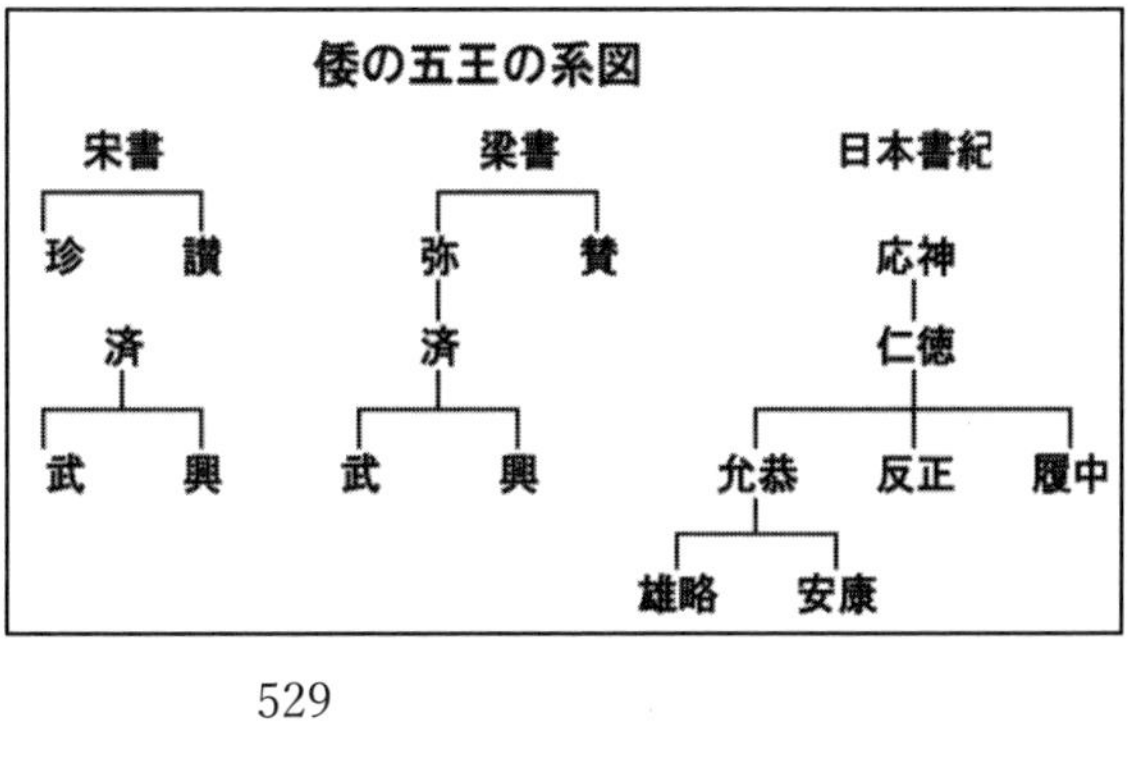


記紀の系譜にも親子関係と兄弟関係の混乱が見られることから、系譜の記録は間違いやすいとして、この違いを容認する考え方もあるが、『宋書』はほぼ同時代の編纂なので、系譜情報であっても誤ることは考えにくいとする見解もある。

## ■ワカタケル

また、多くの研究者は雄略天皇の名前の獲加多支鹵《わかたける》の「タケル」の部分を漢訳して「武」で表せるので、倭王武を雄略天皇に比定する根拠にしている。

しかし これにも疑問がある。

稲荷山古墳から出土した鉄剣や江田船山古墳出土の大刀に人名が文字で刻まれている。稲荷山古墳の鉄剣には、雄略天皇の名前とされる「獲加多支鹵《わかたける》」や、「乎獲居《おわけ》」「意富比垝《おほひこ》」など、江田船山古墳の鉄刀には「无利弖《むりて》」「伊太加《いたか》」などである。

これらはいずれも漢字の一文字でひとつの音を表している。

このころの倭国では人名は、一音を一字の漢字で書き表すのが通例のように見える。「多支鹵《たける》」を「武」のようには表現しないようである。

また、中国の例を見ると、隋書ではアマタラシヒコ（天足彦）について、姓を阿毎、字を多利思比孤と表記し、音をそのまま一音一字の漢字で表現している。

また小野妹子が中国名で蘇因高《そいんこう》と呼ばれることについて、日本大百科全書は「隋では『小妹子』を字音でいいかえ蘇因高とよんだ」としており、日本名の音を漢字で表現しているとする。

そして、以前の章でも触れたが、魏志倭人伝では、伊都国王「ニキ」はニニギノミコトの音から一部をとったもの、投馬国王「ミミ」はアメノオシホミミノミコトの音から一部をとったもの、卑弥呼の宗女「トヨ」はヨロヅハタトヨアキツシヒメの音の一部、「卑弥呼」はヒメミコまたはヒメコの音を漢字に置き換えたものと理解できるので、ここでも倭国の人名は音の置き換えで表現されているように見える。

これらのことから、倭国でも中国でも倭国人の名前を表現するときは、一音を漢字一字で置き換えるのが一般的な方法と言えそうである。

従って「武」を、獲加多支鹵《わかたける》の「タケル」部分の意味を漢訳したとする解釈は無理なのではないか。

### ■九州の勢力

倭の五王が畿内大和政権の天皇たちではないとしたら、彼らはどこの王たちなのか。

近畿地域以外の日本列島では、次に述べるようなことから、北部九州にまとまった勢力が存在したと思われる。

まず、『日本書紀』垂仁天皇紀に、大加羅国の王子・都怒我阿羅斯等《つぬがあらしと》が穴門（山口地域）に着いたとき、その国の伊都々比古《いつつひこ》が「自分はこの国の王である。自分の他に二人の王はない。他のところに勝手に行ってはならぬ」と言ったことが記されている。

伊都々比古は「伊都」という名前から推定して、伊都国から穴門まで勢力を伸ばした九州の王と思われるので、この文章は九州の地域に王を自称する勢力があった証拠である。もともと北部九州は天津神の本拠であり、饒速日尊や神武天皇が東征した後も、故国を空っぽにしたわけではなく何らかの勢力を置いていたはずである。

また、倭の五王の活躍した五世紀のすぐ後の五二七年に、九州の磐井が筑紫・肥・豊など北部九州全体を巻き込んで、大和政権に反乱を起こしている。これも九州に強大な勢力がいたことを示すものである。

さらにのちの章で説明する予定だが、隋に朝貢した倭の多利思比孤も九州の王であったと思われる。

倭の五王が大和政権の天皇たちではないと判断されることと、九州に大きな勢力がいたということから、倭の五王は九州地域の王たちであると推理できる。

九州勢力の事績を記録した文献資料が残っていないので、九州勢力が倭の五王であると積極的に資料で証明することはできない。肯定する材料も否定する材料もないのである。

ところが、倭の五王が大和政権の天皇であるとすることについては、これまで述べてきたように、記紀に全く記録がないこと、系譜情報が合わないこと、半島の呉とは交流があったが中国の宋とは全く交流がなかったことなど多数の否定材料のみが存在する。肯定材料は全くないのである。勝手な解釈を加えずに客観的情報だけで判断すれば、倭の五王＝九州勢力とする説に軍配を上げざるを得ない。

九州の勢力は、大和とは遠隔の地にあるために、建前上は大和政権の支配下にありながら、彼らに知られることなしに倭国の王として独自の外交を展開した可能性が強いのである。

この時期に倭の五王の外交が急に始まったのは、神功皇后のクーデターにより天津神の政権が奪われ、応神天皇などの伽耶系国津神の政権に変わったことが理由であろう。

生命の危険が伴う中国への渡航を決意したのにはそれなりの理由が存在した。列島の盟主の地位を伽耶系国津神に奪われた九州の天津神は、中国を後ろ盾にして政権を回復するため、大和政権を無視して中国と外交を始めたのである。

武力では、馬や鉄器を操る伽耶系の国津神に敗れた九州の勢力であったが、中国との外交では、日本列島だけでなく、朝鮮半島の国々へも力を振るう強大な国としてその地位を認められた。彼らが倭国王と名乗ったことは、大和政権の伽耶系の大王たちを倭国の王と認めず、自分達が正当な倭国の王であることを主張したものである。

なお、文献に九州勢力の事績が全く見えないことについては最終章で考察する。

## ■秦韓と慕韓

さて、倭の五王に関連してもう一つ、いつも疑問に思うことがある。

倭の王たちが叙正申請を行う際に必ず加えられている秦韓と慕韓とはどの地域のことかということである。

倭の五王は宋に対して次のような内容で、軍事権を行使できる将軍の称号の叙正を求めている。

・倭王珍の叙正申請　「使持節都督倭・百済・新羅・任那・秦韓・慕韓六国諸軍事安東大将軍倭国王」
・倭王済の叙正申請　「使持節都督倭・百済・新羅・任那・秦韓・慕韓六国諸軍事安東大将軍倭国王」
・倭王武の叙正申請　「使持節都督倭・百済・新羅・任那・加羅・秦韓・慕韓七国諸軍事安東大将軍倭国王」

申請の結果は

・倭王珍「安東将軍倭国王」
・倭王済「安東将軍倭国王」
　のちに加号して「使持節都督倭・新羅・任那・加羅・秦韓・慕韓六国諸軍事安東将軍倭国王」
・倭王武「使持節都督倭・新羅・任那・加羅・秦韓・慕韓六国諸軍事安東大将軍倭王」

宋とのやり取りの中で、百済を申請しても承認されないのは、すでに百済が独自に叙正ずみということで納得できるが、毎回申請し認可されている秦韓と慕韓は何を示すのだろう。

まず秦韓について検討してみよう。

『後漢書』辰韓伝には、以下のように辰韓＝秦韓であることが記されている。

「辰韓耆老自言秦之亡人，避苦役，適韓國，馬韓割其東界地與之。其名國為邦，弓為弧，賊為寇，行酒為行觴，相呼為徒，有似秦語，故或名之為秦韓」

（辰韓の古老は自ら秦の逃亡者で、苦役を避けて韓国に往き、馬韓は東界の地を彼らに割譲したのだと自称する。そこでは国を邦、弓を弧、賊を寇、行酒を行觴と称し、互いを徒と呼び、秦語に相似している故に、これを秦韓とも呼んでいる。）

『北史』新羅伝や『晋書』辰韓伝にも辰韓＝秦韓とする同じような記述がある。

『宋書』に記された秦韓というのは、新羅が辰韓の中から勃興したときに、辰韓の一部で新羅に組み込まれずに残った地域であるとする見解がある。確かにそう思うのだが、伽耶を脅かし、やがて半島の南岸に達するほどの勢いで成長する新羅が、旧辰韓の一部を取り込まずに残しておいたとするのは不思議な気がする。

これに関連すると思われる意味深な情報が『新唐書』にあるので見てみよう。

『新唐書』は新羅について「新羅、弁韓苗裔也。居漢樂浪地、横千里、縦三千里、東拒長人、東南日本、西百濟、南瀕海、北高麗。」と記している。この文によって新羅の金氏の王統が弁韓の子孫であることを以前に紹介したが、この文の後段に描かれている新羅の周囲のようすが興味深い。

まず、東の長人を拒《こば》むという記述があるが、長人とは新羅の東北の渤海の人々と考えられており、新羅と交流がなかったため、この後の文章で「長人者，人類長三丈，鋸牙鉤爪，黒毛覆身，不火食，噬禽獸，或搏人以食」とあるように身の丈三丈の異形の人のように描かれている。

「東拒長人」に続いて、東南に日本が在り、西に百済、北に高麗などの隣接する国があって、南は海に至ることを述べているので、この文章は、日本を除き、新羅と陸続きの地域や海岸線までについて描写しているように見える。

日本については、たしかに、新羅から東南の方向に海を越えれば日本列島がある。

日本が海の向こうにあるとする認識ならば、「南瀕海」と描いた南側と同様に、「東南瀕海（東南は海に至る）」と海岸線までの状況を書いて終わるべきである。

そう書かずに東南日本と書いたのは、新羅の東南の海岸線の内側の、蔚山や迎日湾の地域、あるいは金海や釜山の付近に「日本」と呼ばれた地域が存在したことを示しているのではないか。

それと、日本という国号は天武天皇の頃に定められたとされていて、天武天皇の治世(六七三〜六八六)は百済滅亡(六六〇年)の後なので、『新唐書』が記すような新羅の西に百済があった時期には、海の向こうの日本列島には「日本」という国は存在していなかった。すなわちここに描かれた日本は半島内部を指していると言えるのである。

北宋時代（九六〇—一一二七年）に成立した『太平広記』にも次のように『新唐書』と同じような記述がある。

「新羅國，東南與日本鄰，東與長人國接。長人身三丈，鋸牙鉤爪，不火食，逐禽獸而食之，時亦食人。」

（新羅国　東南は日本と隣し、東（北）は長人国と接す。長人の身は三丈、鋸牙鉤爪、火食せず。禽獣を逐いて之を食らう、時にまた人を食らう。）

ここでは明らかに日本が新羅に隣接しているように記されている。

つまり、新羅が五六二年に伽耶を滅ぼした後、新羅の国土が朝鮮半島南岸に達したとき、半島東南部の地域で「日本」が一定の勢力を維持していたことが、六一八年から始まる唐の時代の記述から推測されるのである。

関連すると思われるのが、神功皇后紀四十六年の次の記事である。

卓淳の王・末錦旱岐《まきんかんき》が、倭国から訪れた斯摩宿禰《しまのすくね》にいうのに、甲子の年の七月中旬、百済人の久氐《くてい》、弥州流《みつる》、莫古《まくこ》の三人がわが国にやってきて「百済王は、東のほうに日本と言う尊い国があることを聞いて、われらを遣わせてその国にいかせた。もしよく我々に道を教えて、通わせていただければ、わが王は深く君を徳とするでしょう」

百済の使者は道に迷って卓淳国に到着してしまったようだが、百済王は、半島の南東の卓淳国の方向に陸路で行けば日本という国があるという情報を持っていたように見える。航海の準備を何もせずに旅に出たところを見ると、日本を海の向こうの国だとは想定していなかったようだ。

もちろん、神功皇后の時代の列島には国としての「日本」はまだ存在しないので、この記事は『新唐書』や『太平広記』

に記された半島東南部の「日本」を指している可能性がある。

半島東南部に「日本」と呼ぶ地域があったとすると、この「日本」はどのような勢力なのだろうか。以前の章で述べたように、日本という名称が国名と定まる前の時代には、中国の呉の国から九州に渡来した人々が自分たちの領有した北部九州の地域を日本と呼んでいた。

そして、日本列島では、例えば九州から近畿地方や出雲に人々が移動した時、あるいは北部九州から南九州に人々が移動した時、元いた場所の地名を移動先に持ち込む例が多く見られることから、半島東南部の日本も、北部九州の天津神系の人々が進出した際に持ち込まれた可能性がある。

半島東南部には何回か九州から人々が渡来する波があった。最初は前五世紀ごろ初めて呉の国から渡来した人々が九州北西部を経由して稲作を持って渡って行った。

また、竹葉軍の伝承のように、敵と戦う新羅を支援するために天津神の軍勢が送られているし、次章で詳しく述べるが任那日本府にも九州の天津神の人々が参画していた。

伽耶が新羅によって滅ぼされた後、任那日本府にいた天津神は日本府あるいは日本と称して半島東南部に残った可能性がある。さらに、倭王武の上表文には、「渡りて海北を平らぐること九十五国」とあって、朝鮮半島に軍勢を送り、大掛かりな戦闘を行ったことが記録されている。前述のように倭の五王は九州の王と推理したので、九州から相当数の兵士が海を越えて半島に渡ったに違いない。

これらの人々の一部が半島東南部に残存して、出身地の日本の名前を残した可能性がある。

いずれにしても半島東南部に天津神の拠点が存在した可能性があるのである。

新羅の王族の金氏は九州の天津神とルーツを同じくすることを以前の章で述べたが、新羅が勢力を強め、伽耶に攻勢をかけて領土の拡張を企てたときも、新羅は半島東南部の同族日本へは侵攻せず、領土を保全したのであろう。これが、半島東南部に新羅とは異なる勢力が温存された理由と思うのである。

中国から見ると、かつての辰韓の地域に、新羅とは異なる人々の国があるので、その地域を新羅にならなかった辰韓と理解し、叙正の際に倭の五王の申告どおり秦韓と記したのであろう。

次に慕韓について確認してみる。

慕韓は馬韓であるとされている。

「慕」と「馬」は音韻が近く、同じ音の別字として通用しているようである。

三韓時代に馬韓には五〇余国の国があり、その中の伯済国を母体とし、漢城を中心に百済が成立した。

通説では、『宋書』の慕韓は、百済に統合されなかった馬韓と理解されている。

確かにその通りだが、これまで述べてきたように三世紀に洛東江中下流域から金官伽耶に追い出された弁辰の人々が、半島南西部の、かつての馬韓の地の南部に集まっていた。前述した呉姓の人々であり、『日本書紀』には「呉」として描かれる地域である。

次章で詳述するが、この地域の呉姓の人々は、六世紀後半には百済に吸収されてしまう。しかし倭の五王が宋に朝貢していた五世紀の頃は、この地域の呉姓の人々はまだ健在であった。宋朝はこの地域が呉と呼ばれていたことを認知していなかったので、倭の五王は叙正申請の時にこの地域を古い名称の慕韓（馬韓）と申告し、これがそのまま『宋書』に記載されたのであろう。

九州の倭の五王たちから見たら、慕韓も秦韓もさらに金氏の新羅も同じルーツの同族である。宋に対して、この地域の軍事指揮権も含めて叙正を申請する正当な理由があった。

そして、倭の五王が、大和の国津神政権と繋がりのある任那や加羅も叙正範囲に加えているのは、自分達が中国に認められた正当な倭国の政権であり、その配下となる現在の大和政権が関係する任那や加羅も自分たちの領地としたものである。

倭の五王が叙正を求めた範囲は、地域的実態を伴わない名目上のものとする意見もあるが、ここで述べてきたように、決して漠然としたものではなく要求すべき明確な根拠があった地域と考えるのである。

## ■金官伽耶の支援を仰ぐ大和政権

さて、倭の五王は大和政権の天皇たちではなく、九州の豪族勢力であることを述べてきたが、九州の五人の王が宋に朝貢したとき、彼らは自ら倭国王と称していたことに注目である。

つまり、九州の王たちは自分達こそ中国に認定された倭国の正当な王であり、前述のように大和政権の天皇たちを倭国の王とは認めていないことを意味している。

倭の五王たちは、中国王朝の威光を背景に、伽耶系の大和政権を倒し、再び倭国の王に復帰することを考えていたに違いない。捲土重来を狙う九州勢力と大和政権との間に厳しい緊張関係があったことは言うまでもない。

大和政権の天皇たちは九州勢力の攻撃に対する対応手段を考えなければならなかった。このために彼らは二つの施策を実行したように見える。

一つは金官伽耶の支援を要請することである。

古墳時代中期の河内平野に、馬具や鉄鏃などの伽耶系遺物が集中的に出土する。伽耶の人々が武器を持って大挙してこの地域に渡来したように見えるのである。

大和政権は、九州勢力の侵攻に備えて、故国である金官伽耶の軍事支援を受け、河内平野に兵員を配備して大阪湾からの攻撃に対する防御を固めたのであろう。

この頃の金官伽耶の状況について注目すべき情報がある。

金海の大成洞古墳群の発掘を推進した申敬澈《シンキョンチョル》氏が「大成洞古墳群は、五世紀初めから前葉を最後に首長墓の築造が中断し、事実上金官国が滅亡したように見える。『金海大成洞古墳群Ⅰ』（慶星大学校博物館）」と述べていることである。

『三国史記』によれば金官伽耶の滅亡は、六世紀の五三二年とされているので、五世紀初めから前葉の時期には金官伽耶はまだ滅亡してはいない。しかし、発掘に携わった専門家の目で見た時、首長墓が築造されなくなった金官伽耶は、まるで滅亡したかのように著しく衰退して見えたのであろう。

金官伽耶の馬具についても同じような情報がある。奈良文化財研究所の諫早直人氏は、著書『海を渡った騎馬文化』の中で次のように述べる。

「金官伽耶は、朝鮮半島南部の中でいち早く騎馬文化を導入し、金海地域の大成洞古墳群や良洞里古墳群、釜山地域の福泉洞古墳群からは四世紀代の騎乗用馬具が多数出土している。しかし、これら四世紀代の馬具は、大部分が轡《くつわ》のみの簡素な馬装である。五世紀前葉以降になると馬具の出土数は減少し、また、それらのわずかな馬具には、金官伽耶馬具と呼べる地域性すら認められなくなる。」

伽耶で出土する馬具が轡《くつわ》のみというのは、鏡板轡《くつわ》、杏葉《ぎょうよう》、雲珠《うず》などで馬を飾りたてる装飾性の強い騎馬文化ではなく、実用的な軍事用の騎馬文化であったことを示しているのだろう。

そして伽耶では、馬具も五世紀前葉に激減しているのである。

さらに、第三二章で筒形銅器について述べたが、筒形銅器も、朝鮮半島では五世紀第一四半期に終わってしまうし、倭国では古墳時代中期前半に副葬が中断されてしまう。

このような状況は、五世紀初めごろ、王族を含め多くの人々が武器を携えて故国の金官伽耶を離れたことを意味しており、倭国の状況を見れば、彼らの多くが倭国に渡り、河内平野に進出したと想定されるのである。

最近、河内の馬飼の里として知られる四條畷市で日本最古の馬の骨が出土して注目された。出土したのは下顎の骨でその年代が五世紀初めということなので、金官伽耶が衰退し、多くの人が渡来して来た時期とピッタリ符合する。

## 三四. 巨大古墳

### ■河内の巨大古墳の築造

さて、予測される九州勢の攻撃に対する二つ目の施策は巨大古墳を築造したことである。

河内平野には誉田御廟山古墳や大仙古墳などの巨大古墳を含む古市古墳群や百舌鳥古墳群などに多数の古墳がある。

第三〇章で古墳時代前期に奈良盆地に築造された行燈山古墳や渋谷向山古墳などの巨大古墳について述べた。そこでは巨大古墳の築造が、多数の兵士を長期間確保するという軍事的な目的を持つことを述べた。

河内の巨大古墳も、九州勢力と厳しく対立する状況の中で、兵士の確保という軍事的な意味を強く持っていると考えるべきであろう。

では軍事的な視点で巨大古墳の位置を見てみよう。

奈良盆地の中枢部から西に向かってほぼ直線上に馬見古墳群、古市古墳群、百舌鳥古墳群が並んで配置されている。これは西から攻め寄せる九州勢に対して奈良盆地防御のために三重に軍勢を配備したように見える（下図）。

大阪湾岸にある大仙古墳の威容は、瀬戸内海の最奥まで到達した敵に、攻撃を思いとどまらせるのに十分な迫力があったろう。築造中の巨大古墳の周辺には軍勢が待ち構えていることは容易に想像できたからである。

それでも九州勢が上陸を敢行した時は、百舌鳥古墳群を築造していた作業者が第一次防衛ラインの兵士となって迎撃したであろう。

そして、古市古墳群は奈良盆地の入り口を扼する位置にあって、ここに配備された人員が第二次防衛ラインの軍勢として大和川沿いに奈良盆地に

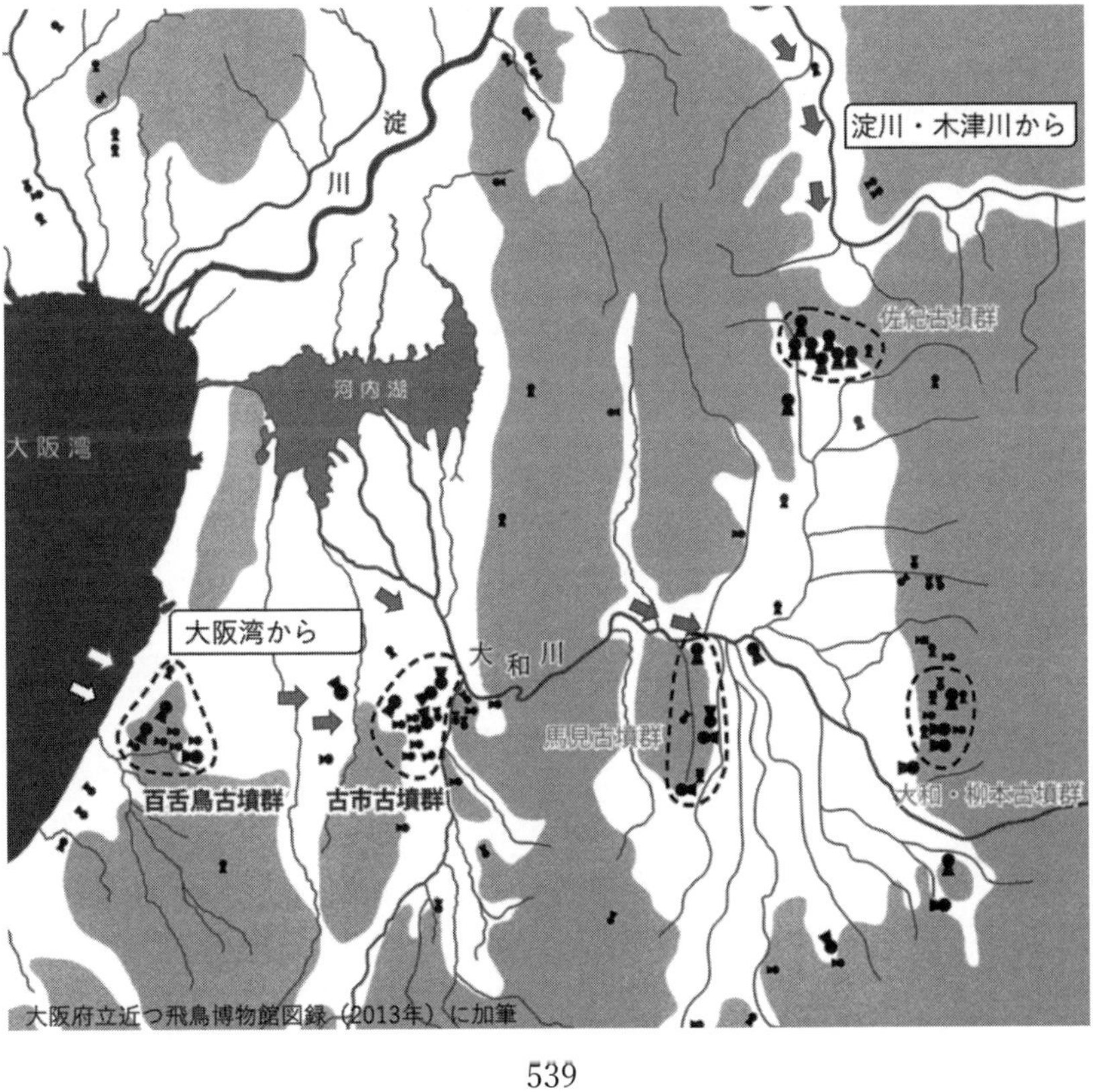


大阪府立近つ飛鳥博物館図録（2013年）に加筆

侵入しようとする敵を防御するのである。

万一、古市古墳群の防衛ラインが破られた時は、盆地の内側の馬見古墳群に配置された兵士が第三次防衛ラインの軍勢として対応するシステムのようである。

馬見古墳群は、古墳時代前期にはその南部に小規模の古墳があるだけで大和川との関連は薄いが、中期になると、古市古墳群と同期するように大和川の川べりに200m近い島の山古墳と川合大塚山古墳が築かれる。大和川から盆地に侵入する敵を考慮した配置に見えるのである。

さらに盆地の北側の佐紀にはウワナベ古墳、市庭古墳、南部には室宮山古墳など、いずれも200mを超える古墳が築造され、九州勢力が迂回してこの地域から侵入することを想定した防御ラインを構成している。

実際、古墳を築造するときに、どれほどの人員が集まったのだろうか。

大林組が、百舌鳥古墳群の大仙古墳（仁徳天皇陵）について、築造に要する時間や人員を分析したデータが『季刊大林』という冊子に掲載されている。この分析によると、大仙古墳の工事期間は約十六年、必要な人員については、工事内容によって変動するが五〇〇人から一八五〇人と見積もっている。そして『季刊大林』は「この工事のピーク時には一日に二〇〇〇人も作業していた。さらに現場で働く人びとのために、膨大な数のスキやクワなどを作る人員、さらに管理や再生産のためには、集団によるシステムも必要であり、専門技術の指導者なども含めると、ここには総勢三〇〇〇人もの人びとが常駐したと想定される。

そればかりではない。この大集団に食事なども支給されなければならない。三〇〇〇人に毎日食事を用意する『後備え』には、陵を造る直接の労働力とは別個にほぼ同数の要員が必要である。すなわち、この場所に一時に六〇〇〇人もが集中したことにも気付きたい。（『季刊大林』一九八五年刊）」と記している。

古墳の築造現場にこれほどの人員が集まっていれば、敵が来ても簡単には突破できないであろう。彼らが武器を持てば直ちに強大な迎撃軍が出現するからである
そして、武器も用意されていたのである。この頃の鉄製武器の分布について、考古学者の森浩一氏と石部正志氏は次のよ

うに述べている。

「五世紀初頭を中心にした約一世紀間に構築された畿内の大古墳のうちで、多数の鉄製武器を副葬する例は、河内の古市誉田古墳群、和泉の百舌鳥古墳群がとくに顕著である。大和では、河内・和泉ほどではないが、おなじ傾向がこの佐紀古墳群と馬見古墳群にあらわれている。」(「古墳文化の地域的特色5　畿内およびその周辺」『日本の考古学Ⅳ…古墳時代』〈上〉所収)

大和政権の天皇たちは古墳築造を名目にして人員を集めただけではなく、彼らに持たせる鉄製の武器もまた古墳近辺に大量に準備して、戦いに備えていたことが読みとれる。佐紀古墳群の大和六号墳から国内最多の九〇九本もの鉄鋌が出土して話題になったが、この地域で出土する大量の鉄鋌も武器の材料として用意されたものであろう。

古市古墳群の北側、柏原市の平野《ひらの》から大県《おおがた》地域にかけて、縄文時代から奈良時代まで続く大県遺跡がある。ここから鍛冶関連の遺構・遺物や、朝鮮半島系の馬の歯や骨が見つかっていることから、先進技術をもって朝鮮半島から渡来した人々の集落遺跡と推定されている。これまでに見つかった鉄滓は約五百キロ、鞴の羽口は一〇〇〇個という大変な量であり、ここは河内で戦う兵士へ鉄製武器を供給するための大規模な武器工場として機能したのであろう。

また、古墳を各地にバラバラに展開するのではなく百舌鳥や古市などの特定の地域に集中させたのは、これらの地域が河内平野への上陸地点と奈良盆地への侵入口であり、戦略的に重要な意味を持っていたことを示すものである。この地域で古墳群を構成し、複数の古墳を同時に築造したり、古墳を巨大にすることで長期間途切れることなしに大量の人員を確保することを可能にしたのである。

巨大古墳は天皇の権威を示すために築造したとする見解がある。大仙古墳は仁徳天皇陵とされているが、仁徳天皇は自分の権威を高めるために十六年もかけて自分の墓を作ったとするのだろうか。

仁徳天皇は民の竈から煙が昇らないことを見て民の窮乏を知り、「課税を今後三年間猶予して人民の苦しみを柔らげよう」と述べた話が伝わるほど、国の人々に対して慈悲深く細やかな配慮をしていた天皇である。

巨大古墳の築造は人々を長期間使役して苦しめることになる。仁徳天皇が自分の権威づけのために民を苦しめて巨大な自分の墓を作るとは考えられないのである。天皇の施政の考え方と大きく異なるからである。権威づけのためなら豪華な宮殿を作る方が安上がりで効果的ではないか。信長・秀吉。家康をはじめ後世の権威者たちは、巨大古墳など作っていない。

また、前章で述べたように、応神天皇から始まる伽耶系の政権は、外来勢力であるため権力の基盤が弱く、初期は葛城氏の支援を受けてどうにか政権を維持していたように見える。天皇の権威を示すためという理由で、膨大な人員を集められるほど強権を発揮できたのかも疑問である。

しかし大和政権の天皇のもとで、新たな国づくりに邁進していた人々にとって、九州から外敵が攻めてくるとなれば話は別である。戦いの準備や訓練を兼ねて古墳築造に参加することは自分に降りかかる災いに対処することでもあり、納得して作業に加わったであろう。もし天皇の権威が高まるとしたら、古墳が完成した後の二次的な効果だと考えるのである。

## ■瀬戸内の巨大古墳

河内に巨大古墳が築造されたのと同じ頃、吉備にも二つの巨大な古墳が築造されている。全長282m の作山古墳と、全長350m の造山古墳である。

被葬者については確かな資料がなく不明だが、作山古墳は応神天皇の妃の兄媛命、造山古墳は仁徳天皇に寵愛された黒媛命の墓所とする伝承がある。

いずれにしても、これらが全国屈指の巨大古墳でありながら、天皇が被葬者でないのは不思議なことである。

前述のように、巨大古墳が天皇の権威を示すとか、古墳の大きさは権力の大きさに比例すると述べる学者がいるが、吉備の状況を見ればそのような主張は誤りであることがわかる。

では、古墳の大きさは何を示しているのだろう。

巨大古墳の築造は、兵士を長期間確保することが目的ではないかと分析した。前期の行燈山古墳や渋谷向山古墳についても、中期の古市古墳群や百舌鳥古墳群も、兵士を必要とする事情があった。巨大古墳はそのための施策であり、古墳の大きさは、必要な兵員の数や期間によって決まるのであろう。

作山・造山古墳が築造されたのは、伽耶系の王権が河内に巨大古墳を築き、倭の五王たちの九州の軍勢の攻撃に備えていたころで、瀬戸内海から河内にかけて強烈な緊張感が漂っていた時期である。

この様な状況下で、瀬戸内海の途中に軍勢を置いて、第一次防衛ラインとして九州勢の進軍を防御する対応は当然の戦略であろう。吉備の作山・造山古墳の築造はこの戦略を具体化したものと考えるのである。

吉備は、兄媛命や黒媛命の故郷である。伝承では、応神天皇、仁徳天皇ともに女性に会いに吉備を訪れたとされるが、これは九州勢迎撃のための拠点作りを目的とした行幸と思われ、大和政権の指示のもとにこれらの古墳が築造された可能性が強い。大和政権は、これらの高貴な女性の墓を作るという名目で吉備に巨大古墳を作り、多くの兵士を集結させていたと推理するのである。

作山古墳や造山古墳から五キロほど海寄りに大規模な鉄器製作遺跡・窪木薬師遺跡がある。岡山県の報告書によると、この地域の鉄器製作は五世紀前半から始まり、六世紀には集落全体で鉄器制作を盛んに行う専業化集団に拡大したとされる。

この集落が生まれた五世紀前半の頃の住居跡内部から鉄鋌が発見されている。発見された鉄鋌の形状は伽耶の福泉洞第十一号墳から出土したものに酷似し、共伴した鉄鏃や初期須恵器も伽耶の地域と共通とされる。

作山古墳、造山古墳の築造とほぼ同じ時期の遺跡から出土した鉄鋌は、古墳築造の労働者に持たせる武器の材料に用意されたものではないか。

作山古墳、造山古墳の周辺には、窪木薬師遺跡をはじめ、随庵古墳（鍛冶具など）、奥ヶ谷窯跡（須恵器）、高塚遺跡（かまど住居、土器）、榊山古墳（馬形帯鉤、龍文

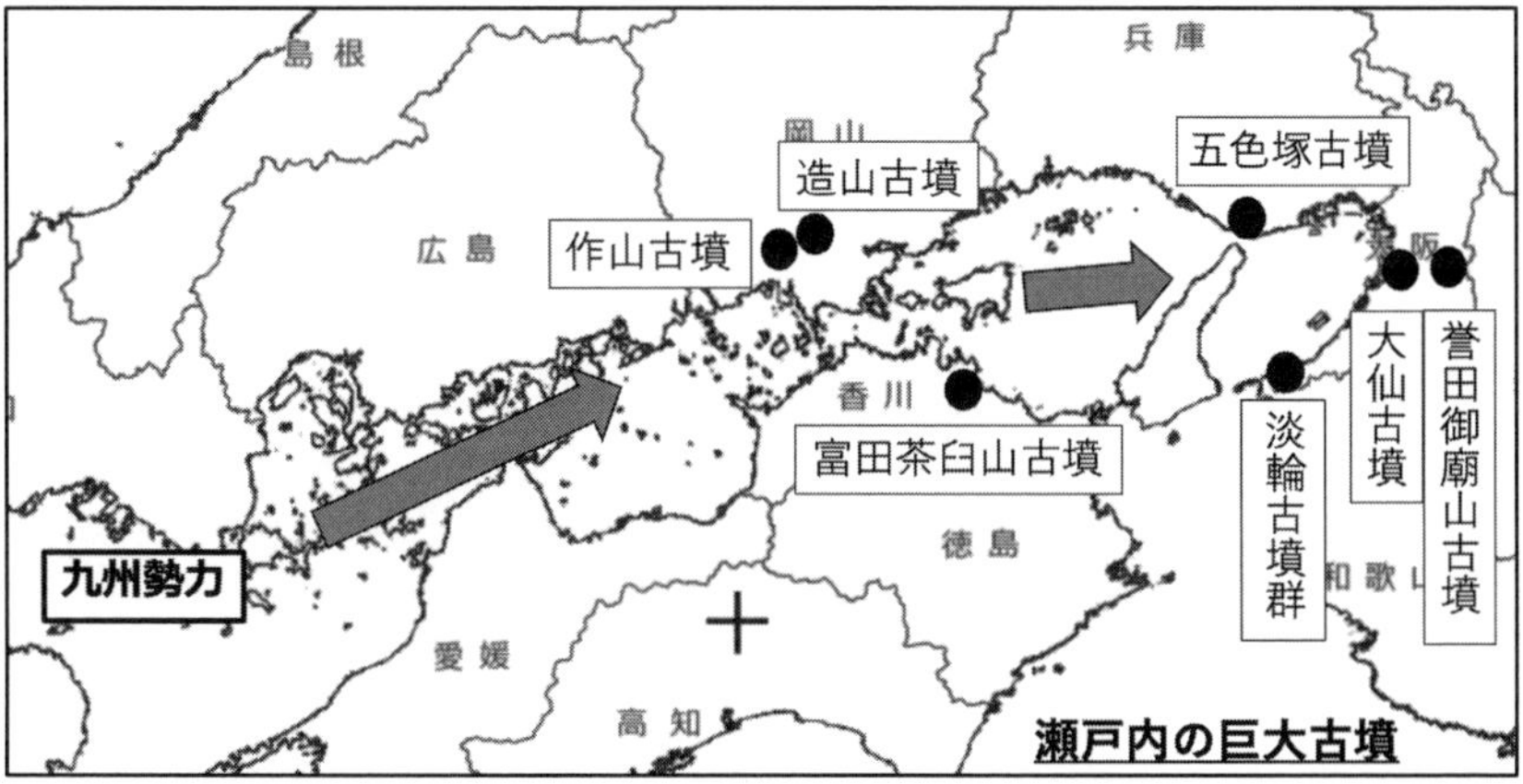

透金具）などから五世紀前半の半島系の考古資料が多数発見されている。

これらの状況は、巨大古墳の築造と同時に、大和政権が伽耶の渡来人をこの地域に送り込み、鉄の武器を製作するなど軍備を強化したことを裏付けるものである。

吉備の巨大古墳が、九州から攻め寄せる敵に対する対応策とすると、対岸の四国に築かれた巨大古墳や、明石海峡の岸辺に築造された五色塚古墳も、同じように重要な意味を持つ。

香川県さぬき市の富田茶臼山古墳は、河内や吉備の巨大古墳と同時期の古墳時代中期前半築造の前方後円墳である。

古墳時代前期のこの地域には墳長30〜60mほどの小型の前方後円墳が築かれていたが、中期初頭になって突然墳長139mの四国最大の前方後円墳・富田茶臼山古墳が現れる（下図）。しかもこの古墳は、盾形の周濠や三段築成の墳丘など畿内の古墳にみられる特長を備えることから、吉備と同様に大和政権の意図によって築造された巨大古墳と推理されるのである。

すなわち、富田茶臼山古墳は、九州から東進する敵を、瀬戸内海の途中の吉備と讃岐の間の幅の狭い海域で、吉備とともに迎え撃つ役割を担った戦略的な意味を持つ古墳と考えられるのである。

五色塚古墳

富田茶臼山古墳から二〇キロほど離れた高松市の石清尾山《いわせおやま》古墳群では筒形銅器が三点出土している。古墳時代前期の猫塚古墳からの出土であり、前期から伽耶の人々が四国のこの地域に進出していたことを示している。しかし巨大古墳の築造は河内の巨大古墳と同じ中期初頭になってからであり、この時期に巨大古墳を築造して兵員を確保しなければならない緊張感が急に高まったことを示している。

また、明石海峡の北側に聳える墳長194mの五色塚古墳（上図）も古墳時代中期初頭の築造

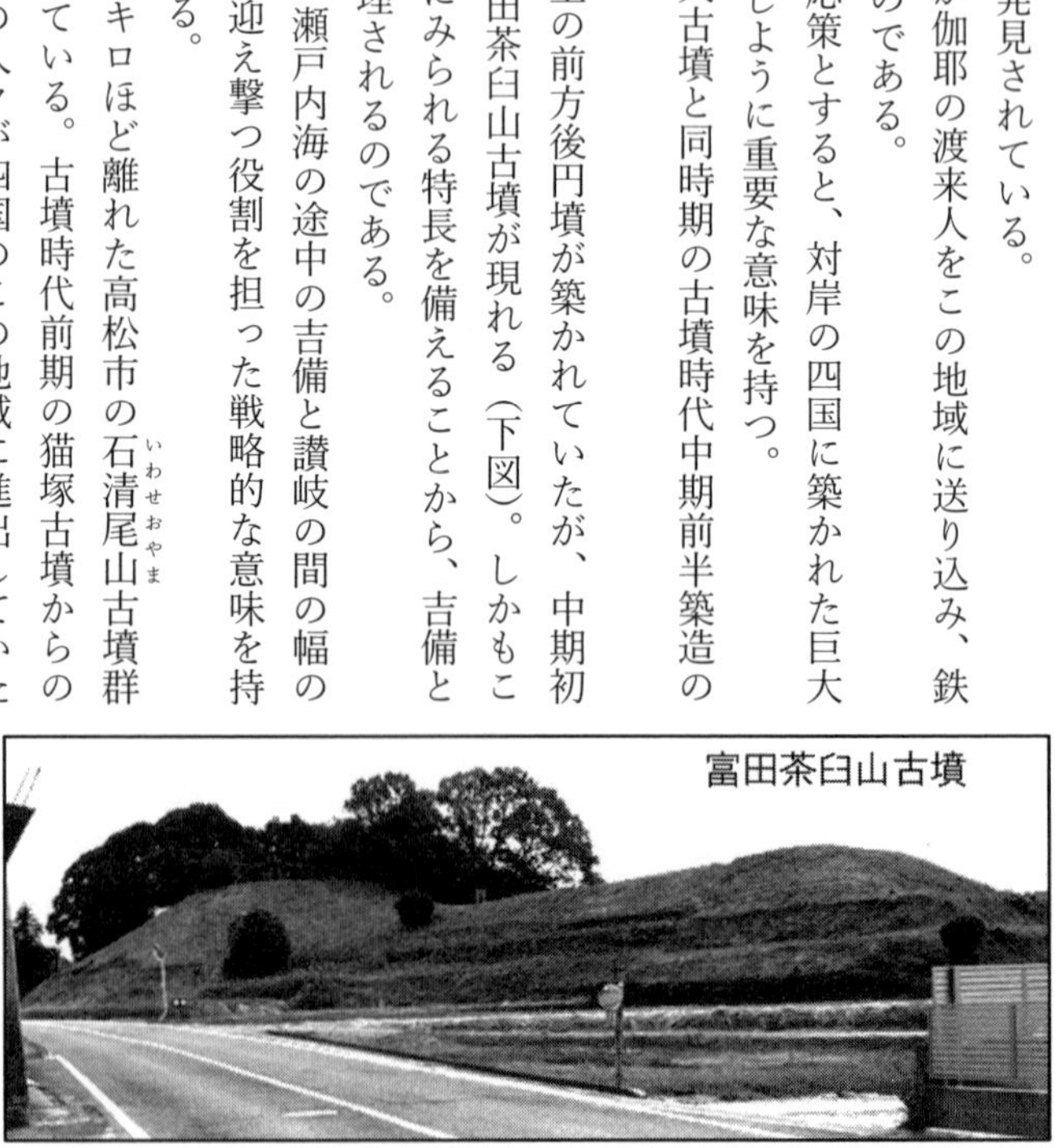
富田茶臼山古墳

とされ、河内や吉備の巨大古墳とほぼ同時期のもので、瀬戸内海が緊張に包まれた時期に造られた巨大古墳である。その立地は、九州勢の侵攻をここで遮断するという意図が明確に示されている。

この地域は明石海峡を押さえる要衝ではあるが、巨大古墳を築造できるだけの経済基盤がないとされる。したがってこの古墳も、大和政権の強い関与のもとに築造されたものとされている。

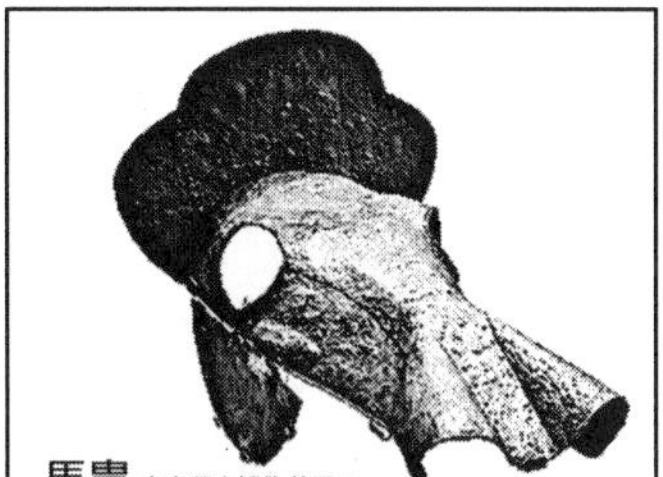
馬冑 東京国立博物館展示

ところで、紀の川の河口の北側には馬冑（上図）が出土したことで知られる全長 67m の大谷古墳がある。

大谷古墳からは馬冑の他にも、金銅製の馬具の金具、あるいは垂飾付耳飾、金銅製帯金具 衝角付冑短甲など、朝鮮半島南部の影響を強く受けた優品が多数出土している。また、朝鮮半島南部では大谷古墳出土品と同形式の馬冑が十数例発掘されていることから、大谷古墳は半島南部の伽耶系の騎馬文化がこの地域に進出したことを示すものであり、大谷古墳は騎馬軍団の有力者の墓所と思われる。

そして大谷古墳の西側に全長 86m の和歌山県内では最大規模の前方後円墳・車駕之古址《しゃかのこし》古墳がある（下図）。畿内の大王墓と同じように周濠・造り出し・段築・葺石など本格的な施設をもっているので、大和政権の関与により築造された可能性が高いとされる。ここからは半島からの渡来品と見られている金製の勾玉が出土しており、大谷古墳と同様に伽耶との関係を思わせる。

紀ノ川河口付近の古墳

大谷古墳の北側の尾根を越えて大阪湾に出るとそこは大阪府泉南郡岬町淡輪《たんのわ》地区で、淡輪《たんのわ》ニサンザイ古墳（墳長173m）、西陵古墳（墳長210m）、西小山古墳などの巨大古墳が築造された地域である。これら岬町の淡輪古墳群では円筒埴輪に淡輪技法と呼ばれる独特の製作技法が用いられているが、同様の技法が和歌山側の車駕之古址古墳などを含む木ノ本古墳群にも見られることから、これらの古墳は同じ伽耶系の勢力によって築造されたと推理できる。

この地域に伽耶系の勢力が進出したのは、瀬戸内海沿岸の各地と同様、九州勢力の侵攻に対抗するためで、外敵が淡路島と和歌山の間の紀淡海峡から大阪湾に侵入したり、紀の川経由で奈良盆地に侵入するのを防ぐためと思われる。淡路島の北側の狭い海峡を、五色塚古墳の築造によって封鎖し、南側の海峡を淡輪地域の古墳と紀ノ川河口の古墳で防御する作戦と読めるのである。

この地域では、まず淡輪の古墳群が五世紀半ばから後半の時期に築造され、南から大阪湾に侵入する敵を警戒する。そして、車駕之古址《しゃかのこし》古墳がほぼ同時期の五世紀後半に築造され、続いて、大谷古墳が五世紀後半から六世紀に築造されて、紀ノ川に侵入する敵に目を光らせていたのだろう。

河内や吉備の大古墳と比べると少し遅い築造だが、九州では倭王武などの王たちがまだまだ強い勢力を保っていた時期で、瀬戸内海は緊張感にあふれていたのである。

紀の川河口の南側には古墳総数八〇〇基を超える岩橋《いわせ》千塚古墳群がある。岩橋《いわせ》千塚古墳群は紀氏の墓所とされており、四世紀末から七世紀まで長期にわたって続いた全国有数の群集墳である。

紀の川河口の地域はもともと葛城氏と同系の紀氏のテリトリーで、そのルーツは九州から来た天津神である。九州勢力を迎え撃つにあたって、九州勢と同じ天津神系の紀氏に全面的に頼ることはできない。そのため緊張の高まった一時期に伽耶系の勢力がこの地域に進出したと推理されるのである。

大谷古墳の北東約一キロのところにある鳴滝遺跡では、大型の掘立柱建物七棟が発見され倉庫群とされている。遺跡の出土品の年代が五世紀前半に集中しており、短期間のみ使用されたようである。大谷古墳などと時期関係が微妙だが、大谷古墳の隣接地にあることから、伽耶系の勢力がこの地域に進出した時、戦いのための物資や食料を一時期ここに保管していたのではないか。同じ五世紀の前半に、豊中市の蛍池遺跡、上町台地の法円坂遺跡でも大型倉庫群が設置されていることから、大阪湾沿岸から紀の川河口まで同じような緊張に包まれていたのであろう。

以上述べたように、この頃の瀬戸内沿岸全般の古墳の配置（P543 図）を俯瞰して見ると、いずれも海の幅が狭まった海峡部に築造されており、古墳築造を名目として集めた兵士によって、海峡部の通過を企てる九州勢力を攻撃するという大和政権の防衛戦略がよくわかるのである。

## ■西都原の巨大古墳

巨大古墳に関連することをもう少し付け加えると、河内や瀬戸内に巨大古墳が築造されたのと同じ五世紀前半に、宮崎県の西都原にも巨大古墳が作られている。墳長 176m 余の男狭穂塚と女狭穂塚である。それまで 100m 以下の小型の古墳しかなかったところに突然周囲とは桁違いの巨大古墳が築造されたのである。

この意味については次のように推理できるのではないか。

九州東部や南部には、かつて彦火火出見や磐余彦などに随従して多くの天津神の人々が進出していた。隼人と言われる人々も天津神の仲間である。五世紀前半は、大和政権が北部九州の倭の五王の対応に苦労していたころである。ここで宮崎平野や鹿児島地域の天津神たちが倭の五王たちと組んで大和政権に反旗を翻すようなことがあるとこれは一大事である。大和政権は、西都原に急遽巨大古墳を築造して兵士を集め、九州の東側のこの地域の天津神に軍事的圧力をかけて押さえ込もうとしたのではないだろうか。

河内の巨大古墳築造と同じ時期に、周囲の古墳とは隔絶した大きさの巨大古墳を突然作り始めるのは吉備や讃岐で巨大古墳を築造したときと同じような状況である。しかも女狭穂塚は吉備の造山古墳と相似形だと指摘されており、列島支配を目指す伽耶系の大和政権が、この地域の天津神たちの蜂起をなんとか武力で押さえ込もうとした活動に見えるのである。

この結果、この地域では大和政権に対する反抗の芽が摘み取られ、日向南部の豪族諸県君《もろかたのきみ》の懐柔にも成功したようである。『日本書紀』には、諸県君牛諸井《もろかたのきみうしもろい》が応神天皇の政権に伺候していたことが記され、娘の髪長媛が仁徳天皇の妃になっている。

第三十一章で、九州の西側は五世紀初め頃から装飾古墳文化が立ち上がるなど、早くから自発的な動きを強め、大和政権に対抗する動きを見せているのに対して、東側は七世紀に至るまで独自の動きが見られないことを述べたが、その一つの要因として、西都原の軍事的圧力によって、この地域の天津神が大和政権に抑え込まれ、政権に取り込まれていたことがあるのであろう。

宮崎県国富町にある五世紀の中頃の六野原地下式横穴墓群八号墓で、馬が轡《くつわ》を口に装着したままの姿で墓に葬られていた。これ以降九州では、六世紀の後半まで宮崎県や熊本県を中心に馬を殉葬する例が多く見られる。これはこの地域に騎馬の文化とともに伽耶系の人々が進出し、牧を設けて馬を生産した痕跡に見えるのである。

■上野《こうずけ》の巨大古墳

伽耶系の人々が巨大古墳を築造し、騎馬の文化を持ち込んで馬の生産を行なった同じような状況が、群馬県北部にも見られる。

この地域には伽耶系の人々が進出する前の古墳時代前期から巨大古墳が築造されている。たとえば前橋天神山古墳は、墳長130m の前方後円墳で、出土した土師器などから四世紀の築造とされている。ここからは、三角縁神獣鏡二面を含む銅鏡五面、素環頭太刀一本、鉄刀六本、鉄剣十二本など、豊富な副葬品が出土しており、古墳時代前期の有力者の墓と見られる。三角縁神獣鏡が出土したことから、第二一章で述べた日本武尊たちによる天津神政権の遠征軍によって支配された地域のように見える。

ところが、古墳時代中期になると、群馬県太田市に墳長210m の東日本最大の前方後円墳である太田天神山古墳が築造される。その墳形が吉備の造山古墳や西都原の女狭穂塚と相似形との指摘があることから、伽耶系の大和政権の関与によって築造されたと見られるのである。大和政権は九州同様、天津神勢力が支配していたこの地域にも進出し軍事的圧力を加えていたのであろう。

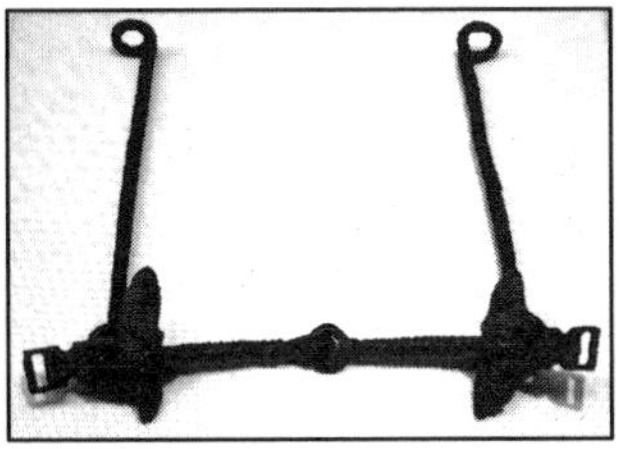

これ以降、この地域では、馬の生産に関わる遺跡や伽耶系の遺物が発見され、伽耶の影響が強く及んでいたことが窺われるのである。

例えば、高崎市の剣崎長瀞西遺跡では、伽耶地域を中心に半島南部で見られる大伽耶系の金製垂飾付耳飾が出土し（下右図）、韓式系の土器が出土している。また、土坑からは馬の遺体が出土している。

渋川市の金井東浦遺跡では、屋敷地の外に蹄跡が多数残り、五世紀後半と見られる地層からは馬の歯が三点出土し、剣菱型杏葉と呼ばれる馬の飾り金具が見つかっている。

甘楽郡の西大山遺跡では鉄製の轡《くつわ》が出土している（上右図）。「甘楽」という地名は「加羅」が由来だとする説がある。

**上野国の御牧**（延喜式による）

| 名称 | 所在地 |
|---|---|
| 利刈牧 | 北群馬郡長尾村北牧 |
| 有馬嶋牧 | 渋川市有馬 |
| 治尾牧 | 勢多郡赤城村沼尾 |
| 市代牧 | 吾妻郡中之条町市代 |
| 大塩牧 | 利根郡新治村 |
| 拝志牧 | 利根郡利根村 |
| 長野牧 | 利根郡月夜野町古馬牧 |
| 新屋牧 | 勢多郡粕川村新屋 |
| 塩山牧 | 甘楽郡下仁田町西野牧・南野牧 |

そして、延喜式によると、関東平野に注ぐ利根川の上流域には、左右馬寮が所管する公営の御牧《みまき》が多数存在する（上表、下図）。

この地域に進出した伽耶系の勢力が、乗馬の文化を持ち込むだけでなく、馬の生産にも励んでいたことを示

伽耶系の垂飾付耳飾（剣崎長瀞西遺跡）

している。

五世紀末になると利根川流域の牧を束ねる位置に二子山古墳（墳長108m）・八幡塚古墳（102m）・薬師塚古墳（100m）の三基の大型前方後円墳からなる保渡田《ほどた》古墳群が築造され、六世紀には高崎市に綿貫観音山古墳（96m）が築造されて、この地域を統治しながら大和政権の軍事力の基盤となる馬の生産に邁進した様子が見えるのである。

## ■九州と大和政権の和睦

倭王武は四七八年に宋に最後の朝貢を行った。その後五〇二年に斉、梁から叙正された記録がある。

倭王武が五〇二年まで九州の王として在位したとすると、五二七年に勃発した磐井の乱の二五年ほど前の話である。かなり近接した時期に九州の王として君臨した倭王武と磐井は無関係ではあり得ない。倭王武と磐井は九州の王者の同一の家系と推理され、倭王武は磐井の父親か祖父の可能性がある。

磐井の墓とされる岩戸山古墳の近辺には、石人山古墳、弘化谷古墳をはじめ、八女古墳群として多くの古墳がある。

石人山古墳は年代的に見て磐井の父か祖父の墓ではないかと言われている。とすると石人山古墳は倭王武の墓の可能性がある。そして、八女古墳群は倭の五王たちの墓所かもしれない。

石人山古墳の石室の前には古墳の名前の由来となった一体の武装石人の像がある。岩戸山古墳の別区と呼ばれた区画からも石人石馬と呼ばれる石製品が一〇〇点以上発見されている。

考古学者の森浩一氏は、中国には皇帝の墓に石人・石馬を並べる文化があると述べている。だとすると、これらの古墳に石人や石馬が備えられているのは、この地域の人々が中国の葬送儀礼を把握していたことを示しているのではないか。すなわち九州の倭の五王が、宋との交流によって中国の文化を吸収していたことの傍証にも見えるのである。また、倭の五王が、自分達が倭国の王であることを、中国に倣って石人・石馬によって示そうとしたようにも見える。

八女古墳群の中では、墳長135mの岩戸山古墳が最大で、石人山古墳の107mが続く。以前の章で巨大古墳の築造は兵士を確保するための施策と述べたが、これらの古墳に眠る王たちは、大和政権と戦火を交えることを想定して準備をしていたのではないだろうか。磐井の乱の時にはここに結集した兵士たちが大いに力を発揮したのであろう。

ところで『日本書紀』には、磐井は筑紫の「国造」と記されている。また、磐井は、軍勢を率いて任那へ向かう近江毛野を妨害したときに、「昔はお前とは同じ釜の飯を食った仲だ。お前などの指示には従わない。」などと言ったとされている。

これらの記述は、磐井が乱を起こす前には、大和政権の体制に組み込まれていたことを示している。

また、熊本県和水町の江田船山古墳出土の鉄剣の銘に「治天下獲□□□鹵大王世奉事典曹人名无利弖《むりて》（ワカタケル大王の時代にムリテが典曹という文書を司る役所に仕えていた。）」という銘文が刻まれている。これも、ワカタケル大王（雄略天皇）の体制の中に、九州出身の役人が仕えていたことを示している。

つまり、この頃の大和政権の支配が九州まで及んでいたことを示している。大和政権に敵対的な態度を示していた九州の五人の王たちが、倭王武の後、大和政権と和睦したように見えるのである。倭の五王に続く六番目の王が中国の王朝に朝貢しなかったのも、九州勢力のスタンスがそれまでと変わったことを示している。

和睦によって、九州の王であった磐井の一族が、大和政権から国造の官職を受け、引き続き九州の統治を行っていたのである。

巨大古墳の築造は軍事的な目的で行われたことを前述したが、この頃の天

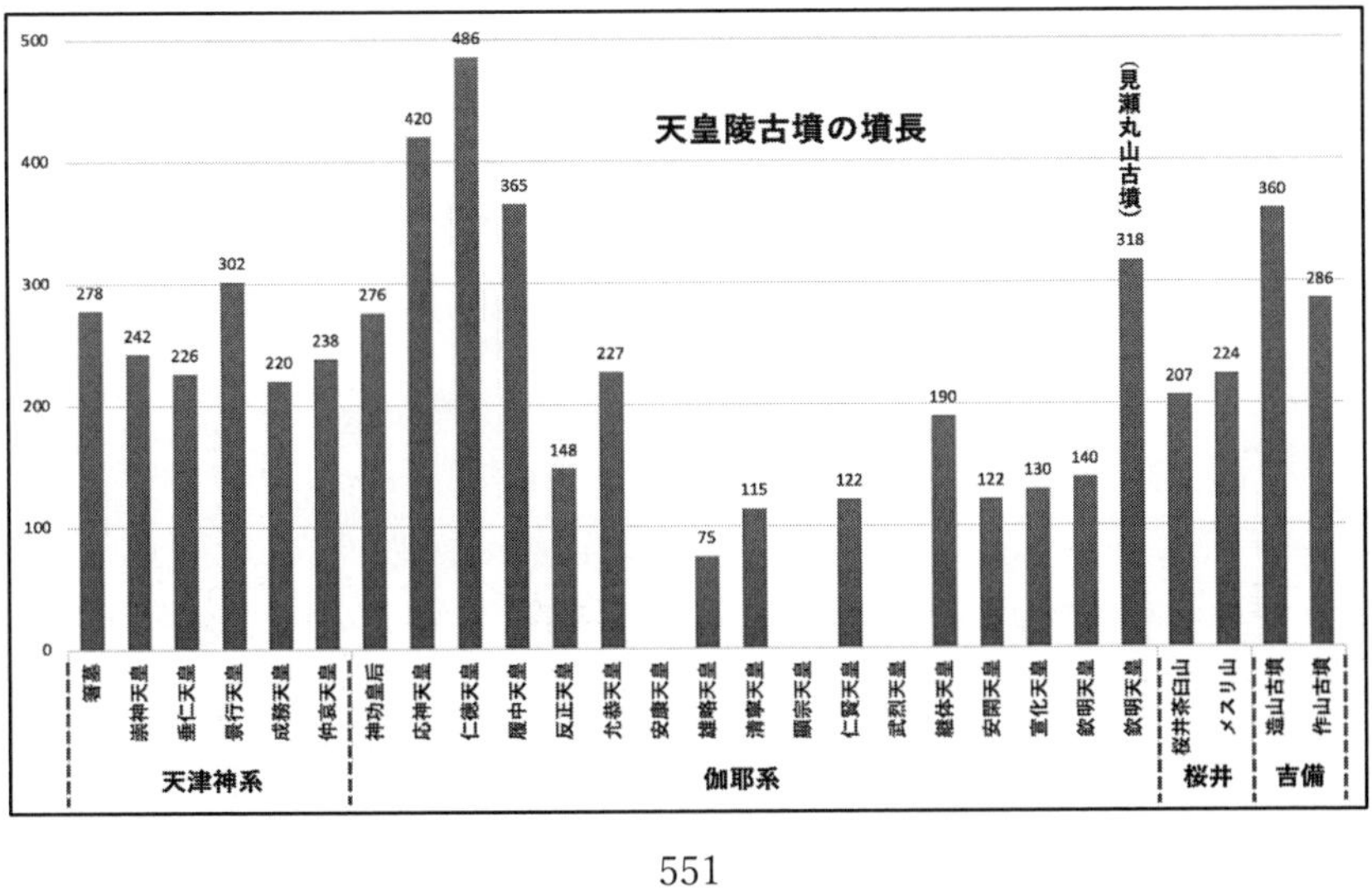

皇陵古墳の大きさを調べると興味深いことがある（前頁図）。

天皇陵の治定の正確さについてはさまざまな議論があるが、とりあえず宮内庁などの資料によって天皇陵古墳の墳長を調べてみた。

これを見ると応神天皇、仁徳天皇、履中天皇の陵墓とされる古墳は飛び抜けて巨大である。これはより多くの兵員を確保するための施策と考えられ、このころ河内平野が強度の緊張状態にあったことを示している。

同じ時期の吉備の作山・造山の巨大古墳も河内の巨大古墳に近い規模であり、九州勢に対抗するために河内の大古墳と同じ目的で築造されたことを裏付けている。

しかし反正天皇以降の陵墓はやや小ぶりになり、雄略天皇陵はかなり小型になっている。

巨大古墳の築造が緊張状態のバロメーターだとすると、九州の江田船山古墳に眠る王や、武蔵の稲荷山古墳の王が大和政権に仕えていた雄略天皇の時代は、軍事的な緊張状態が解消して戦争の危機が回避されたように見える。

吉備でも、作山・造山古墳の後は206mの両宮山古墳が作られただけで、それ以降は巨大古墳が築造されていない。讃岐でも富田茶臼山古墳の後には、20mほどの小さな古墳が現れるだけで、ここにも緊張状態は見られない。

少し後の継体天皇の時代に筑紫の磐井が反乱を起こし、再び国内が騒然とするまでは、大和政権と九州の王たちとの間の対立状態が緩和されていたことを、鉄剣の銘文と古墳のデータの両方が示しているのである。

なぜ緊張が緩和されたのか。その理由を考えてみよう。

前章で述べたように、このころ葛城氏の有力者が次々に滅ぼされている。允恭天皇の時代に葛城の玉田宿禰が殺害され、安康天皇三年には円大臣が殺されている。

また雄略天皇の時代には、葛城襲津彦の娘を母とする市辺押磐皇子《いちのへのおしはのみこ》や、その同母弟の御馬皇子《みまのみこ》が殺害され、吉備の実力者の下道臣前津谷《しもつみちのおみさきつや》を、言いがかりをつけて殺すなど、有力者を何人も抹殺している。

九州の倭の五王は政権奪回の際に葛城氏や各地の天津神を頼りにしていたのではないか。

もしも九州勢が大和への攻撃を開始した時、吉備が援軍で加勢し、大和の葛城氏が内部から天皇側を攻撃すれば、九州勢はかなり勝算のある戦いができたはずである。恐らく、天皇側はその危険に気づいていて行動を起こしたのだろう。玉田宿禰や円大臣の殺害で、大和の葛城氏の支援が期待できず、吉備の助けも望めなくなった九州勢力は、河内や瀬戸内に分厚い防御体制を敷く大和政権側を倒せる可能性は少ないと見たのであろう。政権奪還を諦めて大和政権と和睦し、その一員となる道を選んだのではないかと思うのである。

玉田宿禰や円大臣などの葛城系有力者の排除は、大和政権が九州勢力に対抗するための第三の施策とも言えるのである。

■積石塚と伽耶

少々話が飛ぶようだが、ここで積石塚と伽耶の関係について触れてみたい。

我が国の積石塚は高句麗由来と言われてきた。高句麗に多くの積石塚が存在することが大きな理由である。高句麗は六八六年に唐と戦って敗れたが、この前後に多くの人々が高句麗から列島に渡来してきた。七一六年には関東に高麗郡が設置され、初代郡司の高麗王若光の元に、東国七ヶ国（駿河、甲斐、相模、上総、下総、常陸、下野）から一七九九人の高麗人が移住してきた。

積石塚が高句麗由来とされるのは、かつて日本の積石塚が七〜八世紀の終末期古墳だとする考古学的な所見があり、文献史料にみる高句麗系渡来人の記事が年代的に付合することに基づく学説のようだ。ところが近年各地で、五世紀に作られた積石塚が発見されてきて、この学説が揺らいでいる。

長野市埋文センターの風間栄一氏によれば、長野県下の積石塚古墳の出現は中期前半に遡る。その後大室古墳群をはじめ中期中葉以降に群形成が始まり、中期後半に盛行期を迎えて、積石塚築造のピークは五世紀代のように見えるそうである。また、群馬の剣崎長瀞西遺跡や静岡浜松の二本ケ谷古墳群でも、五世紀に遡る積石塚古墳群の存在が明らかとなっている。し、高松市の石清尾山《いわせおやま》古墳群でも、四〜五世紀に積石塚古墳が築かれている。第三四章で触れたように、石清尾山《いわせおやま》では筒形銅器が三点出土しており、伽耶の人々が進出していたように見える。

これまで述べてきたように、五世紀は伽耶系の人々が大挙して渡来し、各地に巨大古墳を築造し、彼らの持ち込んだ馬の文化が列島各地に浸透していった時期である。

前述のように群馬北部では多くの牧が開設されて馬の生産を行なっていたし、長野の大室古墳群の地域は『延喜式』に記される「大室牧」があった場所とされている。また、馬匹生産地として知られる飯田市の北方西の原《きたかたにしのはら》遺跡で、五世紀後半の築造と考えられる三基の積石塚が発見されている。

このように各地の積石塚は、高句麗ではなく、伽耶系の人々が関係して築造したと思われるものが数多く見つかっている。積石塚は、五世紀に、伽耶の人々が馬の文化を普及させながら各地に進出した時に築いたものと推理するのである。

## ■伽耶人は酒に弱かった?

伽耶の人々は、政権を奪取し、反対勢力を制圧し、各地に巨大古墳を築き、牧を開設して馬を生産し、積み石塚を築いた。小規模の渡来人だけではこれほどの活動は不可能であろう。

彼らはどのくらいの規模で列島に渡来して来たのだろうか。

伽耶の人々の移動と関係するかもしれない面白い話がある。国税庁の統計情報をもとに、都道府県別に二〇歳以上の人口一人当たりのアルコール年間消費量を調べたデータがある(下表)。

滋賀県をはじめ琵琶湖隣接地域と奈良県がダントツで酒に弱いようだ。アルコールの消費量が少ないのである。琵琶湖経由で大和に進出した伽耶系の人が遺伝的に酒に弱かったことを示しているようだ。

また、岡山県や香川県など、伽耶系の人々が関与して巨大古墳を築造した地域もまた酒に弱い伽耶の人が集まっているようでアルコール消費量が少ない。

これは滋賀県や奈良県などの県単位の統計データに影響を与えるほどの大人数の人々が伽耶から渡来してきたことを意味するのではないか。

都道府県別アルコール消費量(リットル)

| | | | | | |
|---|---|---|---|---|---|
| 1 | 東京都 | 9.54 | : | : | : |
| 2 | 鹿児島県 | 9.43 | 39 | 茨城県 | 5.87 |
| 3 | 宮崎県 | 9.34 | 40 | 徳島県 | 5.85 |
| 4 | 沖縄県 | 8.75 | 41 | 香川県 | 5.81 |
| 5 | 秋田県 | 8.24 | 42 | 岡山県 | 5.72 |
| 6 | 青森県 | 8.18 | 43 | 愛知県 | 5.46 |
| 7 | 新潟県 | 8.11 | 44 | 三重県 | 5.31 |
| 8 | 岩手県 | 7.72 | 45 | 岐阜県 | 5.14 |
| 9 | 大分県 | 7.64 | 46 | 奈良県 | 4.96 |
| : | : | : | 47 | 滋賀県 | 4.94 |

全国平均　6.77リットル/年

どれほどの人数が渡来して来たのかイメージを掴むために簡単な計算をしてみる。

一人当たりのアルコール年間消費量が 6.77 リットルの村があった。そこにまったく酒を飲まない人たちが渡来してきた。すると村のアルコール平均消費量が滋賀県と同じ一人当たり 4.94 リットルになったとする。村の人口に対する渡来してきた人の割合はどのくらいなのか。

計算すると約二七%が酒に弱い渡来人ということになる。経済学者の鬼頭宏氏の推計によると、少し時代は違うが八世紀の近江の人口は約一〇万人だそうである。すると近江（滋賀）ではそのうち二万七千人が渡来人という計算になる。世代を重ねるうちに、立場の強い伽耶系の人々の方が子孫を多く残すので人口が増える傾向になるし、そもそも仮の数値による計算なので、この結果は目安に過ぎない。しかし、統計的な数値に影響が現れている滋賀県をはじめ、酒に弱い地域には、外来の伽耶の人々がかなりの規模で入り込んでいる状況を示しているように見える。金官伽耶が丸ごと移動して来たような凄まじい現象の可能性があるのではないか。

## 三五．半島の天津神と国津神

### ■任那とは何か

半島との関係を考える時、『日本書紀』に多数記録される「任那」がキーワードとなる。「任那」は普通に読むと「ニンナ」と読めるのだが、これを「ミマナ」と読むのがまず不思議である。専門家の見解を調べてみた。

言語学者の鮎貝房之進は、ミマナが朝鮮音の nim（主君、王の意）ya（国の意）の転訛であり、任那を「王の国」と解釈している。

東洋学者の白鳥庫吉は、ミマナは nimra で、王または君主をあらわす nim という語に ra という助詞が加わったものだろうと指摘する。

また、考古学者の江上波夫氏も、任那とは古代朝鮮語で「王の土地、王の国」を意味していたと述べている。

任那は『日本書紀』に二一九回記されるが、朝鮮半島の史料にはほとんど記録されず、広開土王碑文、三国史記強首伝、鳳林寺真鏡大師碑に一回ずつ現れるだけである。これが任那は日本書紀の捏造だとする根拠にされているのである。

鮎貝房之進氏は、言語学的なアプローチから古代朝鮮の地名・王号などの考証を行った優れた研究者だが、彼の話が正しいとすれば、日本の文献に数多く現れる任那は、日本から見たときの「王の土地」「王の国」であり、朝鮮半島の人々にとってはそうではなかったという理解ができる。つまり日本の王、すなわち天皇家の出自が半島南部の任那にあった、あるいはこの地域を領有していたことになるのである。

前章で、申敬澈《シンキョンチョル》氏が「大成洞古墳群は、五世紀初めから前葉を最後に首長墓の築造が中断し、事実上金官国が滅亡したように見える。『金海大成洞古墳群Ⅰ』（慶星大学校博物館）」と述べていることを紹介した。

このあとの金官伽耶の状況を考えると、五世紀初めに首長墓が築造されなくなって以降、六世紀前半の五三二年に滅亡するまで、国は存続しているが統治する首長が見えない状況が継続したことになる。誰が金官伽耶を治めていたのであろう。

これに関連して興味深い情報がある。

欽明紀や崇峻紀には「任那の官家」が度々登場するが、官家は大和政権の直轄地を意味する。つまり大和政権が任那の官家を直接統治していたことを示している。そして継体紀六年条と二三年条には、任那の官家は応神天皇の時に置かれたことが記されている。

これを裏付けるように、継体天皇の時代に任那の四県割譲が行われたとき、四県が任那の土地であるにも関わらず、百済は割譲の要求を大和政権に奏上している。またこの時、任那の哆唎《たり》国守・穂積臣押山という人物が登場する。その肩書きから見て、彼は大和政権の継体天皇に仕える官吏であり、大和政権の役人が任那の哆唎《たり》国を国守として治めていたことになる。

さらに雄略天皇紀には吉備上道臣田狭を任那の国司に任じたことが記されていて、雄略天皇の家臣が任那の国司として派遣されているのである。これらのことは、大和政権が任那を統治していることを意味している。

大和政権が任那を統治する根拠はなんだろう。

大和政権が金官伽耶を属国にして支配したという話は聞かないので、これは金官伽耶の王族が大和政権の主《あるじ》になったことを意味しているのではないか。彼らは日本列島の統治者であるとともに、大和にいながら故国である金官伽耶の統治をも行っていたと理解できるのである。

第三二章で、神功皇后のクーデターによって倭国に伽耶系の政権が誕生したことを述べたが、この時政権についた応神天皇をはじめとする代々の天皇たちは、単に伽耶系ということだけではなく、金官伽耶を治めていた伽耶の王族であった可能性が濃厚なのである。

『古事記』にこれと関連しそうな記事がある。

以前にも触れたが、敦賀の気比神社の祭神の伊奢沙和気《いざさわけ》大神と皇太子（応神天皇）が名前を交換したとする記述である。神功皇后が皇太子を大和から敦賀に送り出した時と、帰ってきた時で名前が違っていたのである。奇妙な話である。

気比神社の神と名前を交換したとされているが、実態は人間が入れ替わったのではないか。

敦賀に向かった皇太子は、仲哀天皇と神功皇后の子であり、父親は天津神系の血筋であるが、敦賀に渡来してきた伽耶の王族を神功皇后の皇太子と入れ替えて、純粋な伽耶人の血を継ぐ天皇を作り出そうとした行動がこのような奇妙な伝承になったのではないかと思うのである。

そうすると応神天皇以降の天皇は、伽耶の王族の血統であり、金官伽耶（任那）を統治する正当な権利があることになる。

金官伽耶は、高句麗の南征や新羅の攻撃の前に、半島で苦しい状況になっていた。このような状況で、大和政権から受けた倭国支援の要請は、まさに渡りに船であったかもしれない。あるいは、金官伽耶の方から積極的に倭国進出を考えたのかもしれない。

農耕民族が生活の基盤である土地に執着するのに対して、騎馬民族は、土地にあまり執着せずに移動する。北方の扶余系の騎馬民族と想定される金官伽耶も、周辺国に圧迫される半島での状況を脱して、神功皇后や応神天皇の時代に日本列島に新しく伽耶系の王朝を創り上げることに活路を見出したのではないか。

彼らが、自分たちの故郷である半島南部の伽耶を「王の国」と思い、任那と呼んでいたことに不思議はない。それが日本書紀に記されるのも当然だろう。

一方、半島の勢力は、任那の地域を自らの「王の国」と呼ぶ理由はないので当然文献にも現れない。

『日本書紀』には、新羅に滅ぼされた任那の復興は欽明天皇の時代から推古天皇に至るまで悲願として記されている。日本の天皇がこれほどまでに任那の復興に執着する理由は、任那が自分たちの母国であり先祖の土地であることが理由としか考えられない。

欽明天皇の陵墓は、宮内庁の治定では檜隈坂合陵とされているが、研究者の間では見瀬丸山古墳とする見解が優勢である。天皇陵古墳の墳長を調べてグラフにしたが（P551図）、ここでは欽明天皇陵とされる見瀬丸山古墳の墳長がそれまでの天皇と比べると異常に長い。これは、欽明天皇が軍事行動を起こすことを考えて多数の兵士を集めていたことを示しているのではないか。『日本書紀』で任那復興に並々ならぬ意欲を見せていた欽明天皇は、本気で半島に遠征することを考えていたと推理するのである。

さて、『日本書紀』や朝鮮半島の古文献に、人質（質）についての記述がある。百済や新羅から倭国へ人質がくることはあっても伽耶からは人質がこなかったようである。従来、人質は下位の国が上位の国へ送る服属の証のような理解であったが、必ずしもそうとは限らず、国どうしの友好関係を維持するための手段と理解されている。

伽耶は、六世紀半ばに滅亡するまでの間、たびたび倭国の支援を求めながらも、友好を深めるための質をなぜ倭国に送らなかったのだろうか。これもまた、伽耶は大和政権の天皇たちにとって他国ではなく、いわば実家や本家にあたる身内だったことが理由であろう。百済や新羅はあくまで他国であり、必要に応じて友好関係を深めるための人質が送られて来たが、もともと強い絆で結ばれていた実家の伽耶から人質をとる必要は全くなかったためと理解できるのである。

ところで『南斉書』蛮・東南夷伝の加羅国条には、建元元年（四七九年）に伽耶の国王の荷知《はじ》が朝貢し、輔国将軍本国王に任じられたことが記されている。（建元元年、国王荷知《はじ》使来献。詔曰、量広始登遠夷治化。加羅王荷知《はじ》款関海外、奉贄東遐。可授輔国将軍本国王。）

荷知《はじ》の統治していた所領については、いろいろ議論はあるが未だ結論はでていない。

ここに記された「本国王」とは奇妙な名称である。加羅の国王荷知《はじ》を伽耶（加羅）王ではなく「本国王」として叙正したのはなぜだろう。

これは推測だが、本家、分家と同じような意味ではないか。倭国に移動して繁栄した勢力を分家とし、分家が金官伽耶も治めているので伽耶王を兼ねている。いっぽう、伽耶に残った勢力を本家として叙正を求めたが、伽耶王として叙正すると分家勢力と混乱するので、伽耶と倭国勢力の本家あるい はルーツの意味で「本国王」を与えられたように見える。

さて、任那が伽耶のどの範囲を指すかについてはさまざまな見解がある。たとえば、任那を、伽耶全体を指す名称であるとか、金官伽耶のことを意味するなど、諸説があるので調べてみる。

まず、『日本書紀』継体二一年（五二七年）に、継体天皇は、新羅に破られた「南迦羅《ありしひのから》、喙己呑を回復して任那に合わせる」ために兵を起こし、これが磐井の乱を誘発したことが記されている。

ここに記される南伽耶《ありしひのから》は、『三国史記』列伝の金庾信条に「南加耶始祖首露」とあることから、始祖を首露とする金官伽耶であるとされている。

すると、『日本書紀』の記述は「金官伽耶（南迦羅）、喙己呑を回復して任那に合わせる」となるので、ここでは金官伽耶と任那は異なる地域を示していることになる。つまり任那＝金官伽耶とする説は成り立たない。

そして『日本書紀』の欽明天皇二三年条（五六二年）には「新羅が任那の官家を打ち滅ぼした。」という記事がある。五六二年は大伽耶が滅亡した年なので、欽明天皇の時代には大伽耶も含めてかなり広い地域を任那の官家としていたことになる。しかし前述のように国王荷知《はじ》が治めている土地があるので、伽耶の全てが任那の官家ではなく、官家以外の地域もあることを示している。

ところで新羅や百済は小国が集まって一つの国としてまとまったのに、伽耶は統一国家を作らなかったと言われる。不思議な現象だが、これは伽耶を統治する政権が倭国の大和にあったためと理解できるのではないか。

穂積臣押山が大和政権から伽耶におくられ、任那の中の哆唎《たり》国を統治したように、任那の中の各国を大和政権の役人が統治する仕組みが見える。すなわち伽耶諸国はいわば大和政権での吉備国や播磨国、河内国のような位置付けで、国司によって統治される大和政権の中の地域なのである。伽耶諸国も含めて倭国が構成されているので、伽耶だけで国々を結合して大きな国を作る必要はなかったのである。

## ■任那日本府

さてそれでは次に「任那日本府」が何を意味するのか考えてみよう。

「任那日本府」についても、その実在も含めて未だ結論が出ていない。

戦前は、「任那日本府」は、大和朝廷が朝鮮半島南部を支配するための出先機関とする説が盛んであったが、現在はこのような考え方は否定されている。

その後、伽耶地方の首長連合のことを、日本という国名ができた後世に日本府と表現したとする説や、朝鮮半島の先進的な文物を入手するため設置された会議で、倭から派遣された役人や現地の王や豪族などにより構成されたとする説などが現れた。最近では、大和朝廷とは直接の関係のない安羅在住の倭人集団で、倭国の公式な外交使節や派遣将軍とは異質な存在であり、倭国の対朝鮮外交経路からは疎外されていたという見方がある。

日本という国名が定められたのは七世紀後半の天武天皇の時代とされている。

しかし、『日本書紀』では、それよりはるか昔の、五世紀の雄略天皇や六世紀の欽明天皇の時代、すなわち、日本がまだ、倭国と呼ばれていた時代に「任那日本府」が登場する。

国名が日本になる前に、日本という名称が用いられていたのはたいへん興味深い。国名として定まる前に、日本という名称をだれが使ったのであろうか。

これまで述べてきたように、天津神たちは、天照大御神の時代から各地に進出していく際に「日の本」という拠点をいくつも設置してきた。したがって、北部九州の天津神たちが朝鮮半島に新たな拠点を設けた時、そこを、「日の本」を中国風に表記して「日本府」と呼んだ可能性が大きいと思うのである。

新羅を敵視し、伽耶の復興をもくろむ国津神政権の大和朝廷には、かつての敵対勢力の象徴である「日の本」や「日本」という名称を用いる発想は出てこない。

## ■日本府の設置の目的

では、天津神たちが、大和朝廷とは別個に、朝鮮半島に「日本府」を設けた理由はなんなのであろうか。それをこのころの国際情勢から探ってみよう。

まず、『三国史記』や『日本書紀』をみると、新羅がさかんに伽耶（任那）を攻撃していたようすが記されている。新羅の第一三代の味鄒尼師今以降、金氏は新羅の王を輩出する有力な氏族となったが、第二八章で述べたように、金氏は伽耶に滅ぼされた弁辰の王族と推定され、天津神とも強い絆で繋がっている。

新羅が伽耶を攻撃する理由は、豊かな洛東江流域への領土的な野心だけではなく、新羅王家の金氏が、かつて金官伽耶に奪われた弁辰の故地を奪回するという強い意志を持っていたことかもしれない。

いっぽうの伽耶は、三世紀末に狗邪韓国などの弁辰勢力を倒して洛東江中下流域を制圧し、金官伽耶を中心として一大勢力に成長した。

その後、日本列島にも進出した彼らは、若狭湾一帯から琵琶湖周辺に展開し勢力を拡大した。そして、神功皇后が仲哀天皇の天津神王家に対してクーデターを起こし、応神天皇が皇位に就いて伽耶系の部族が王権を奪取したのである。

日本列島内では着々と地歩を固め勢力を伸張させていった伽耶勢力であるが、朝鮮半島では故国の金官伽耶が、新羅の圧力に押されて非常に危うい状況になっていたのである。

神功皇后に始まって、継体天皇、欽明天皇から天智天皇に至る諸天皇は、伽耶を守るために新羅と対立した伽耶系の天皇である。伽耶の血を引く天皇たちにとっては、伽耶は祖先の土地であり、絶対死守しなければならない故郷であった。

しかし、強勢化する新羅の前で、伽耶は自力では新羅の攻勢に耐えられず次第に領土を奪われていった。

欽明天皇は、同盟国である百済の力によって伽耶を維持し、新羅に奪われた土地を回復させようと試みたが、期待した成果を得られず、五三二年に金官伽耶が新羅に降り、五六二年には、その後勢力を盛り返した高霊の大伽耶も新羅に降伏し、ついに伽耶は滅亡してしまった。

『日本書紀』で「日本府」がたびたび登場する欽明天皇の時代の朝鮮半島南部では、大和朝廷と百済と伽耶（任那）とが手を組んで、新羅の攻勢に対抗し、新羅に奪われた伽耶の領土を回復しようとしていた時期である。

このような情勢の中で日本府のとった行動はたいへん特徴的である。

『日本書紀』をみると、まず、雄略天皇紀八年（四六四）二月には、高麗に攻められた新羅が任那王に使いを送り、日本府の将軍を派遣するよう求めた記事がある。日本府が天津神の出先機関と考えれば、新羅が、任那ではなく、密接な関係にあった日本府に助けを求めたのは理解できることである。また、この時の指示系統を見れば日本府が任那王の配下の存在であることも確認できる。

欽明天皇紀には、百済が、新羅と通じた日本府を糾弾したことや、任那復興のために関係者を招集して会議を開こうとする百済王の計画を、あからさまに妨害する日本府の行動が再三記されている。

つまり日本府は、任那王の配下であるにもかかわらず一貫して新羅寄りの立場に立ち、反百済、反伽耶の立場を貫いているのである。

日本府のメンバーを見てみよう。

欽明天皇紀には、日本府のメンバーとして、的臣《いくはのおみ》、吉備臣、河内直と、阿賢移那斯《あけえなし》、佐魯麻都《さろまつ》などの名前が記される。このうち的臣《いくはのおみ》は、葛城襲津彦の子孫とされている天津神の一族である。吉備、河内は、ともに天津神が進出した地域なので、いずれも、天津神関連氏族の可能性がある。

なお、阿賢移那斯、佐魯麻都は、朝鮮半島の人の名前のように見える。彼らは、おそらくは、伽耶や百済に反抗するかつての弁辰人の血を引く人々と思われる。

以上のように、日本府というネーミング、新羅寄りの行動パターン、構成メンバーなどから考えると、日本府とは、半島に於ける新羅と天津神の利益代表であり、北部九州の天津神と、天津神に協力する半島人とが人員やそこそこの軍事行動ができる兵力を置いて、九州の天津神と新羅とのあいだの連絡や、新羅を攻撃して任那を復興しようとする動きをひそかに妨害する活動を行う組織と推理できるのである。

建前としては倭国あるいは任那の配下にありながら、倭国政権とは直接関係せず、倭国の外交とはまったく別個の活動をしていた日本府のメンバーについて、百済王が欽明天皇に再三帰国させるよう要請した。それにもかかわらず、天皇はまったく手が付けられなかった背景にはこのような事情があったと考えるのである。

なお、日本府を、『日本書紀』に記される「在安羅諸倭臣」とする説がある。

しかし、広開土王碑文をみると、西暦四〇〇年に、高句麗軍が歩騎五万を派遣して、倭人に占拠されていた新羅を救済し、さらに、倭人を追って任那加羅の城を攻撃していたとき、安羅人の軍勢が新羅の城を攻撃したことが記されている（追至任那加羅，従拔城，城即歸服。安羅人戍兵拔新羅城，□城。）。

これは、安羅が新羅とは対立する勢力であったことを意味しているので、安羅は、親新羅の立場をとる日本府とは別の勢力であったと判断できる。

「在安羅諸倭臣」とは、百済と協力して新羅から伽耶の土地を奪還するために、大和政権から派遣された役人たちと考えられるのである。

## ■九州の天津神

さて、このころの天津神に、大和朝廷とは別に、朝鮮半島に権益確保のための代表を送るほどの力があったのだろうか。これについて考えてみよう。

第二六章で、装飾古墳の起源が、海幸彦の本拠であった八代地方にあり、海幸彦の子孫がこれを天草や宇土半島から熊本地域・玉名地域、さらには北部九州に広げて行ったことを述べた。

装飾古墳が多く築かれた肥後や九州北部は、かつて「火の国」と呼ばれ、六世紀に継体天皇に反旗を翻した筑紫の君磐井が統治した地域である。磐井が、天津神である海幸彦の子孫ならば、新羅と密接な関係にあることも、国津神である継体天皇勢力に反発したのもうなずける。

九州の西側の八代地域を本拠とした海幸彦の子孫は、東側の火須勢理命、彦火火出見尊（山幸彦）の勢力が相次いで東に向かい、四国から近畿方面に進攻して行ったあと、手薄になった中九州、南九州で勢力を拡大し「火の国」として大勢力に成長した。

磐井の乱については、多くの専門家が研究しており、戦乱の原因についてもさまざまな見解がある。日本書紀には磐井が新羅から賄賂を受けたことで乱を起こしたと記述されているが、新羅と、天津神の磐井を結びつけたのは、呉からの渡来人という共通のルーツを持つ同族意識であったと考える。

伽耶系の天皇である継体天皇が、新羅に圧迫される故国の伽耶を救済するために、新羅への出兵を企てたが、新羅と親密な関係にあった北部九州の天津神が、それを傍観できずに出兵阻止の実力行使に出たことが原因と考えるのである。

筑紫、肥、豊にわたる広範囲の地域を基盤とした実力者の磐井であったが、継体二二年（五二八年）一一月、物部麁鹿火《もののべあからひ》によって鎮圧され、九州の天津神は大和朝廷の天皇の体制に組み込まれてしまった。

とはいえ、糟屋の屯倉を差し出すことで磐井の息子は命を奪われずに済んだように、叛乱の事後処理が比較的寛大だったように見える。そのため、北部九州の天津神勢力は、公式には大和朝廷に従属する立場であったが、実質的には、新羅を討とうとする天皇への抵抗勢力として引き続き大きな力を持ち続けていたと思われる。

磐井が制圧された後も、北部九州に油断ならない天津神勢力が存在したことは、斉明天皇の西征の際の状況からも推し量ることが出来る。

百済復興支援のために一族を引き連れて九州にむかった斉明天皇は、伊予の熟田津で二ヶ月近く滞在した。長期滞在の理由については、水軍の編成に時間がかかったとか、航海に都合の良い潮時を待っていたとか、さまざまに推測されているが、斉明天皇に対する反抗勢力が北部九州に存在したことが理由とは考えられないだろうか。現地の安全が確認できて初めて熟田津を出航し九州に向かったのではないか。

現地が危険であることを裏付けるように、九州に到着した一行は、福岡平野の真ん中とされる磐瀬の行宮に一ヶ月ほど滞在しただけで、六六一年（斉明七年）博多湾からはるか離れた筑紫平野の外れの朝倉橘広庭宮《あさくらたちばなのひろにわのみや》に逃げるように移動してしまった。

百済支援の拠点としては、ほとんど機能しない奥地に、天皇を始め中大兄皇子や大海人皇子などの朝廷の要人を集めている。彼らは、太宰府や博多など、船出する軍勢の指揮を執りやすい海の近くの地域を、なぜ拠点としなかったのであろうか（下図）。

磐井の乱の後に、糟屋の屯倉が献上されたことによって、大和政権側が福岡平野の一角を確保した。斉明天皇が滞在した磐瀬の行宮はあるいはこの地域に置かれたのかも知れない。

しかし、この地域や周辺には天津神が密集していた。天津神の主であった磐井を滅ぼしたり、同胞の新羅を攻撃しようとする大和政権に対して、彼らは大きな反感を持っていたに違いない。彼らがいつなんどき蜂起して、第二の磐井の乱を引き起こすかわからない不穏な状態にあったのであろう。

斉明天皇の一行が、福岡入りを躊躇して伊予で長期に滞在したり、博多湾沿岸での滞在を回避したのは、福岡平野の磐瀬の行宮では安心して逗留できないと思ったことが大きな理由だったのであろう。

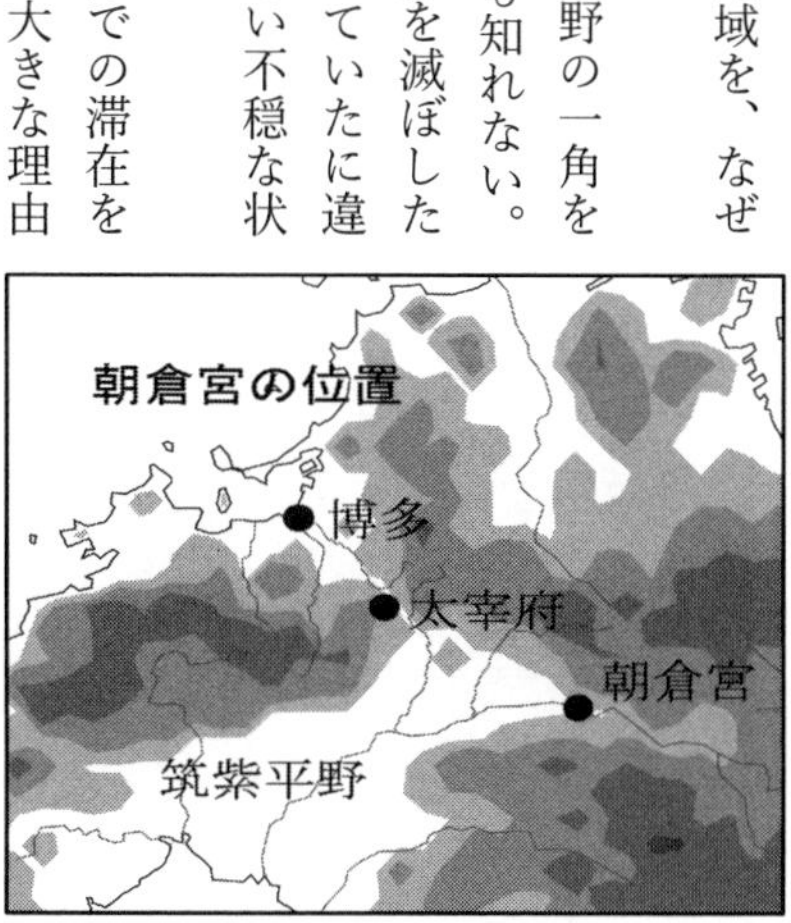


『日本書紀』には、斉明天皇の朝倉橘広庭宮で、殿舎を破壊されたり、宮中に鬼火が現れたり、多くの官人が病死するなど奇妙なことが次々と起こったことが記されている。これらの事件に、この地域の反国津神・反天皇勢力が関与したのではないかと疑われるのである。

このような状況を見ると、北部九州の天津神が引き続き並々ならぬ勢力を維持していて、大和朝廷の動きを牽制するとともに、朝鮮半島の情勢を有利に運ぶため、任那日本府との連携などのさまざまな活動をしていたと推理できるのである。

## ■百済の南進

百済は、北側からの高句麗の侵出によって、四七五年に都を漢城（ソウル）から南方の熊津に移さざるを得なかった。高句麗の圧力を回避して国の存続を図るために、南側に領地を拡張することを企てていたと思われる。いっぽう半島南岸の伽耶諸国は新羅の侵攻に苦しんでいたが、これを支援しようとする継体天皇など大和政権は、北部九州の天津神勢力の妨害のため思い通りの救援措置が取れないでいた。この時、同盟国の百済から届いたのが継体六年（五一二年）の任那四県割譲の提案であった。

『日本書紀』には、百済王が任那国の上哆唎・下哆唎・娑陀・牟婁の割譲を望んでいる旨を、哆唎の国守・穂積臣押山が奏上したことが記されている（下図）。

新羅の圧力にさらされたこれら四県は、継体天皇からの支援が十分に得られないので、百済に編入して百済の庇護を受けようとするもので、百済の南への領地拡大願望と一石二鳥になる策である。

『日本書紀』では、これら四県が任那国に属しているにも関わらず、百済が割譲の要求を大和政権に申し入れている。前章で述べたように、任那統治の実質的な権限は大和政権が握っており、国守として大和政権の穂積臣押山が派遣されていて、現地の経営に深く関わっていたのである。

そして四県割譲の翌年、大和政権は己汶と帯沙も百済に与えた。

これらの地域が具体的に半島のどの地域なのかについては研究者によって見解が分かれているが、主なものは、全羅南道全体に広がるとする学習院大学名誉教授の末松保和氏の説と、もう少し狭い範囲の麗水《よす》半島や蟾津江《せんしんこう》流域とする韓国の考古学者全栄来氏の説である（下図）。

私は、半島の南西部の全羅南道は、第六章で詳しく述べたように主に呉氏の人々の領域であって、任那国には含まれないと考えるので、百済が割譲を要請した地域は、呉氏の東側に隣接する領域とする全栄来氏の見解に賛成である。

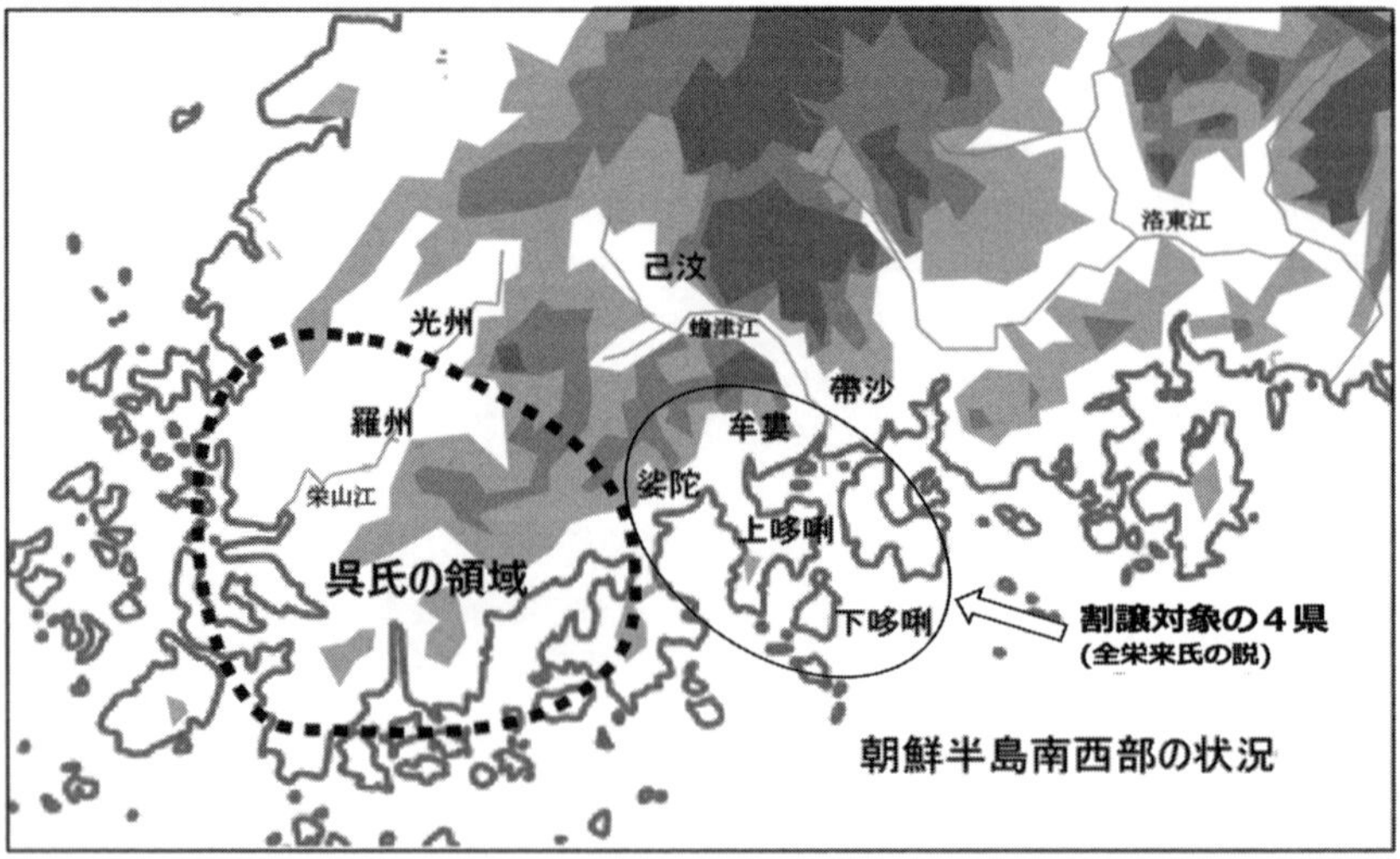

## ■栄山江流域の前方後円墳

朝鮮半島南西部の栄山江流域に前方後円墳が十三基存在することが確認されている（下図）。いずれも五世紀後半から六世紀前半までの短い期間の築造で、栄山江流域の中心である羅州地域を取り巻くように分散している。

これらの古墳と天津神との関係について考えてみよう。

古墳の被葬者については在地の首長だとする説、倭人説、倭系百済官僚説など、さまざまな説があるがいまだに解明されていない。

韓国の考古学者朴天秀氏によれば、これらの前方後円墳の石室は上から見ると長方形で平らな天井を持っていて、北部九州の横穴式石室と類似の構造であり、方形でアーチ型天井を持つ百済の石室とは異なる形式とのこと。

副葬品は、在地の羅州地域の土器や、金箔ガラス玉、馬具セットなどの百済系の要素もあるが、帯金式甲冑や装飾付捩じり環頭大刀、刃部断面三角形銀装鉄鉾など武器や武装に関連する倭系文物が多い。

これらのことから、朴天秀氏は「栄山江流域の前方後円墳の被葬者は、周防灘沿岸、佐賀平野東部、遠賀川流域、室見川流域、菊池川下流域などに出自をもつ複数の有力豪族と想定できる。」と述べる。つまり、天津神が充満する北部

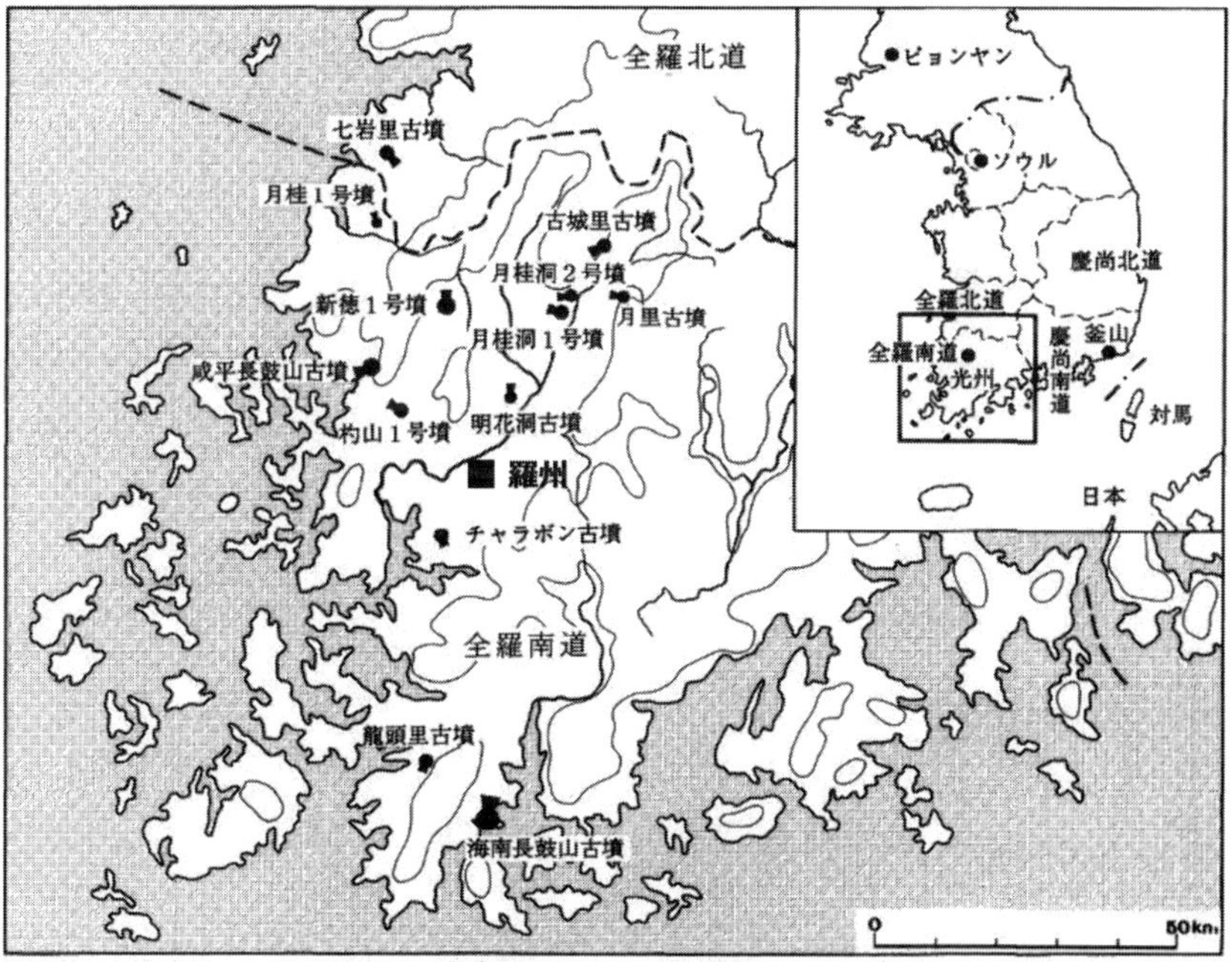


韓国の前方後円墳分布図（国立歴史民俗博物館研究報告110集）に追記

九州の豪族が築造したと考えているのである。

いっぽう、列島に持ち込まれた栄山江流域産の土器は対馬と北部九州に集中する傾向が見られ、とくに周防灘に臨む福岡県苅田町の番塚古墳、福岡市の梅林古墳では、栄山江流域産の鳥足紋土器が石室内に副葬されており、北部九州は栄山江流域と深い交流があったことがわかる。

### ■栄山江流域の墳丘墓

さて、栄山江流域には、前方後円墳と並行して、伝統的な墓制である甕棺墓や石室墓をその内部に設置する墳丘墓が存在する。

その特徴は、一つの墳丘にいくつもの棺を埋葬する多葬墳であることである。

四世紀の古墳は低い墳丘に甕棺や箱式石棺をいくつも配置しており、五世紀になると、より高く大きな墳丘に専用甕棺や木棺に加えて、箱式石棺や竪穴系横口式石室、横穴式石室などを設置している。

羅州の伏岩里三号墳のように既存の低墳丘墓に盛り土をして高塚古墳を築く場合もある。

伏岩里三号墳は韓国国立文化財研究所と全南大学校博物館によって詳しく調査が行われた。その結果、甕棺墓、石槨墓、石室墳などの四一基の多様な埋葬遺構と金銅製履、銀製冠飾、装飾太刀などの多種多様な遺物が確認された。この発掘の成果によって、栄山江流域の社会が固有の多葬の伝統を維持しつつも、石室墳または石槨墓の新しい墓制や外来文物の受容によって変化していく過程が明らかにされた。

伏岩里三号墳を時系列的に見ると、複数の甕棺を設置した低墳丘墓からはじまり、次に高く墳丘を盛り土して九州系の横穴式石室や竪穴系横穴式石室、甕棺をいくつも設置。さらに百済系横穴式石室を追加している。墓として機能するようになってから七世紀前半の最後の埋葬まで、実に約四〇〇年に渡って一つの墳丘で葬送儀礼が行われているのである。

異なる形式の棺が同じ墳丘墓に埋葬されているが、これらの人々は棺の形が違っても同族と考えて良いだろう。墓の形式は本来保守的なもので、先祖の墓の形式が代々引き継がれていくものと考えるが、ここで見られるように同族でありながら墓の形式を変えていくのはどうしたわけだろうか。

注目するのは北部九州の天津神の人々である。彼らは次のようにさまざまな事情で棺の形式を変えてきた歴史がある。

徐福が九州に渡来してきたときに、倭人の攻勢に苦しんでいた天津神（呉からの渡来人）は、徐福によって解放された。救われた天津神は、徐福がもたらした甕棺墓制を受け入れ、徐福の仲間になった。

また、伊邪那岐命の部族が弁辰から渡来してきて北部九州の覇者となったときには、彼らの箱式石棺を採用した。

彼らがこのように墓制を変えてきた極めて特異な経緯を見ると、栄山江流域の墳丘墓に、同族でありながら次々と棺の形を替えて埋葬されてきたのは九州の天津神ではないかと思わせる。

権力に翻弄されて墓制を変えてきた九州の天津神がその時その時の墓制を持って栄山江の地域に渡り、墳丘墓の中に、さまざまな形式の墳墓を設けたと考えるのである。

栄山江流域産の土器が北部九州で出土したり、栄山江の古墳に倭系の副葬品が見られることは、九州の天津神が栄山江流域と密な交流があったことを示すもので、九州の天津神が栄山江流域で、前方後円墳が築造された時期だけでなく、古い時代から在来の墳丘墓も築いた可能性が濃厚と思えるのである。

## ■呉氏の展開

九州の天津神が古い時代から栄山江流域と関係を持っていたのはなぜだろう。

第六章で、戦国時代に越と覇を競った呉の国から九州経由で渡来してきた人々が、弁辰として半島東南部で発展していたことを述べた。彼らは九州の天津神と同族であり、自ら呉という姓氏を名乗った事にも触れた。

また第六章で呉氏の分布を図に示したが（P103図）、これによると半島南西部のちょうど栄山江流域に濃い密度で分布していることがわかる。栄山江流域には古い時代から天津神の同族の呉氏が暮らしていたのである。

そして、彼らが栄山江流域に移動してきたのは、もともと洛東江中下流域で繁栄していたところに、三世紀に金官伽耶が侵入してきて追い出されてしまったことが原因である事も述べた。

中敬激氏の見解は前にも紹介したが、彼は、考古学的に見ると二八〇年ごろには金官伽耶は半島南岸まで制覇し、洛東江中下流の地域から弁辰を追い出してしまったとする。

韓国の考古学者金洛中氏のデータ（下図）によれば、栄山江流域で甕棺は三世紀後半から出現する。前述の伏岩里三号墳も墓として機能し始めたのは三世紀である。

洛東江流域を離れた弁辰人がこの地域に三世紀に現れ、同族の九州の天津神と交流したとすると、三世紀後半から現れた甕棺の出現時期などの説明がつくように思えるのである。

九州の天津神と深い関係を持ちながら築かれてきた栄山江流域の高塚古墳や前方後円墳であるが、その最終段階では、百済の影響が強くなることに注目である。

伏岩里三号墳の調査では、横穴式石室から六世紀中葉頃のものとされる銀製冠飾が出土し、百済中央の強い政治的影響が示されている。また、金洛中氏の図でも、六世紀半ばからの最後の段階は百済式石棺で幕を閉じている。

六世紀半ばから急に百済の影響が強まったのはなぜだろう。これについて次項で考えてみようと思う。

## ■百済の進出と前方後円墳

栄山江流域の前方後円墳や高塚古墳が九州の天津神と関連

栄山江流域の古墳の変遷（金洛中 案：金洛中2009）

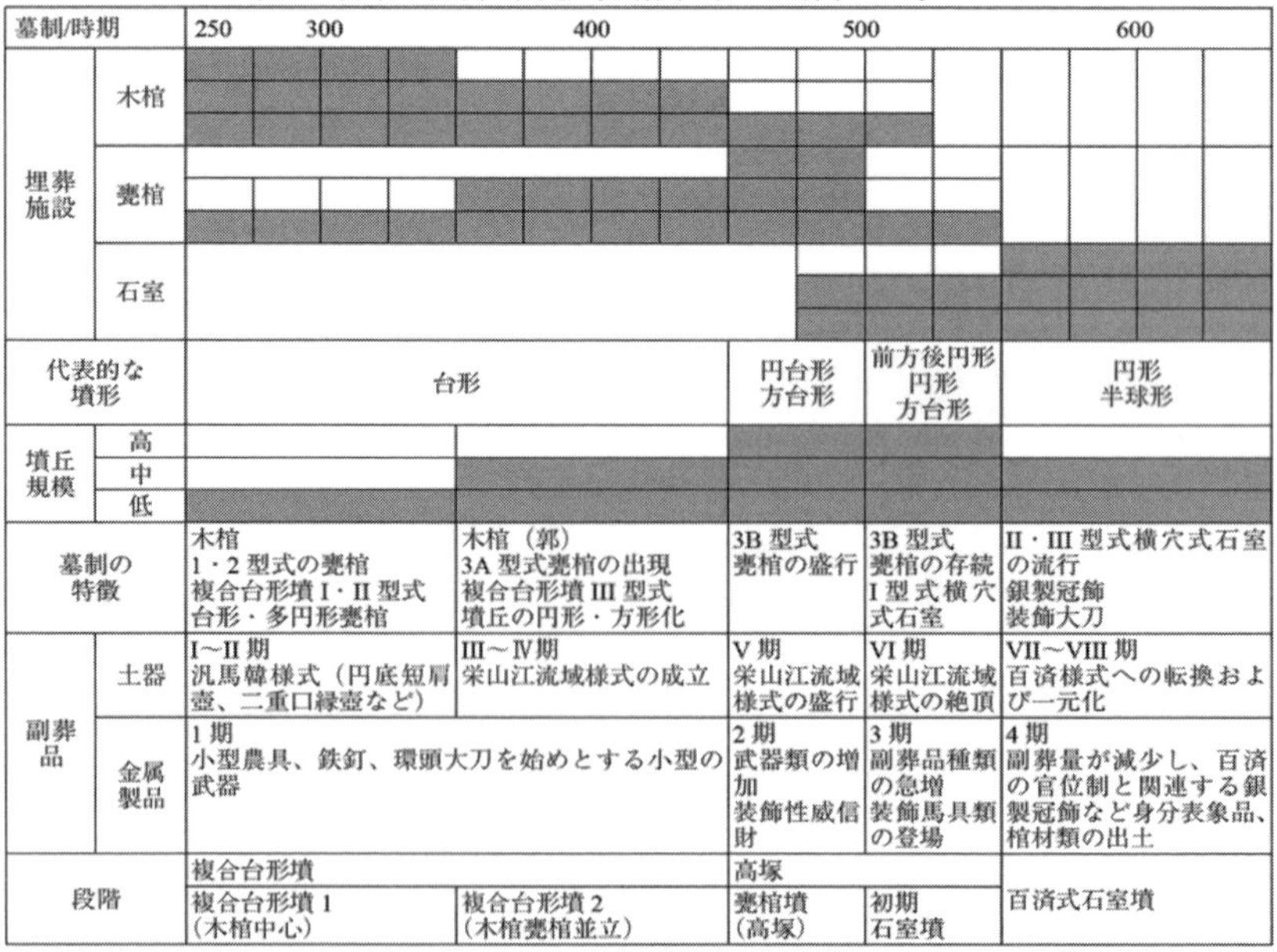


| | | | | | | |
|---|---|---|---|---|---|---|
| 墓制の特徴 | | 木棺<br>1・2型式の甕棺<br>複合台形墳I・II型式<br>台形・多円形甕棺 | 木棺（郭）<br>3A型式甕棺の出現<br>複合台形墳III型式<br>墳丘の円形・方形化 | 3B型式<br>甕棺の盛行 | 3B型式<br>甕棺の存続<br>I型式横穴式石室 | II・III型式横穴式石室の流行<br>銀製冠飾<br>装飾大刀 |
| 副葬品 | 土器 | I〜II期<br>汎馬韓様式（円底短肩壺、二重口縁壺など） | III〜IV期<br>栄山江流域様式の成立 | V期<br>栄山江流域様式の盛行 | VI期<br>栄山江流域様式の絶頂 | VII〜VIII期<br>百済様式への転換および一元化 |
| | 金属製品 | 1期<br>小型農具、鉄釘、環頭大刀を始めとする小型の武器 | | 2期<br>武器類の増加<br>装飾性威信財 | 3期<br>副葬品種類の急増<br>装飾馬具類の登場 | 4期<br>副葬量が減少し、百済の官位制と関連する銀製冠飾など身分表象品、棺材類の出土 |
| 段階 | | 複合台形墳 | | 高塚 | | 百済式石室墳 |
| | | 複合台形墳1<br>（木棺中心） | 複合台形墳2<br>（木棺甕棺並立） | 甕棺墳<br>（高塚） | 初期<br>石室墳 | |

『栄山江流域の最近の考古学的調査の成果について（金容民）』より

することを述べてきたが、彼らはなぜ一三基もの前方後円墳を五世紀末からいっせいに築き、六世紀前半までの短期間で築造をやめてしまったのだろうか。

これは、この頃の国際情勢を見ると、百済の動きや磐井の乱とも関連する現象のように見える。

第二八章で述べたように、新羅の王の金氏は、もともとは洛東江中下流の弁辰の出身であった。金官伽耶に奪われた弁辰の故地を奪回する意味もあってか、新羅は伽耶を盛んに攻撃した。これに対して、継体天皇は故国の金官伽耶を救済するために軍勢を半島に派遣しようとしていた。

前述のように、百済は、北側から高句麗に圧迫されており、国土を南側に拡張することに意欲を持っていた。大和政権の息のかかった任那の地域については、継体天皇との交渉によって、四県の割譲や己汶と帯沙の獲得に成功した。

しかし、栄山江流域は、大和朝廷とはほとんど関係のない呉氏の領域であり、この地域に進出するためには軍事的手段が必要になる。

『南斉書』百済伝に、四九〇年と四九五年に百済王が臣下のために王号と候号の叙正を南斉に要求したことが記されている。要求した王候号は「都漢王」や「面中王」「八中侯」のように地名を付したものであった。末末保和氏の地名考証によると、これらの地名は半島南西部の全羅南道に集中しているとのことである。つまりこれは、呉氏の暮らす半島南西部の栄山江地域を百済が支配下に納め、そこを臣下に統治させるという百済の意志が表明されたことになる。

百済の侵攻の気配を感じたこの地域の呉氏に緊張が走った。

百済の動静を観測し、その南進の気配を察知した呉氏は、同族の九州の天津神に支援を要請した。派遣された九州の将軍と軍勢は、呉氏の集まる羅州の周囲に展開して百済の攻撃に対する守備を固めたのであろう。この地域の住居の跡から日本列島製の須恵器が多数出土するのは多くの人が九州から移動したことの傍証である。将軍たちは、倭国の場合と同じように、兵員の確保と維持のため羅州周辺の地域で古墳築造の土木工事を一斉に始めたのであろう。

そしてついに百済軍が行動を起こした。

『三国史記』によると、四九八年に百済の東城王が耽羅への親征を企てた次のような記述がある。

「耽羅国が貢賦を納めないので、親征しようとして武珍州（全羅南道光州市）までできた。耽羅国が謝罪したので親征は中止した。」

武珍州（光州）は前方後円墳などが集中する羅州の北側に隣接する地域である。そこまで百済の王が自ら軍勢を率いて進軍してきたのである（下図）。

武珍州（光州）から耽羅に向かうには羅州を通過しなければならない。つまり、東城王のこの軍事活動は、「貢賦を納めない耽羅国を攻める」という口実を設けて、羅州地域の呉氏の国に軍隊を侵入させようとする意図を含んでいたのである。

東城王の親征が武珍州（光州）で中断されたのは、天津神の将軍達が活躍し、東城王の侵出を阻んだ結果であろう。

やがてこの将軍たちが任務を全うして現地で没した時、自ら築造した前方後円墳に葬られたと推理されるのである。

五二八年に筑紫の磐井が継体天皇に敗れ、力を失って以降、栄山江流域に派遣された将軍達は、九州の天津神の支援を十分に受けられずに力を失い、この地域は南下の圧力を増してきた百済の支配するところとなった。六世紀半ばから前方後円墳が築造されなくなり、この地域の墓の形式や副葬品に百済の影響が強く現れるのはこのためと考えるのである。

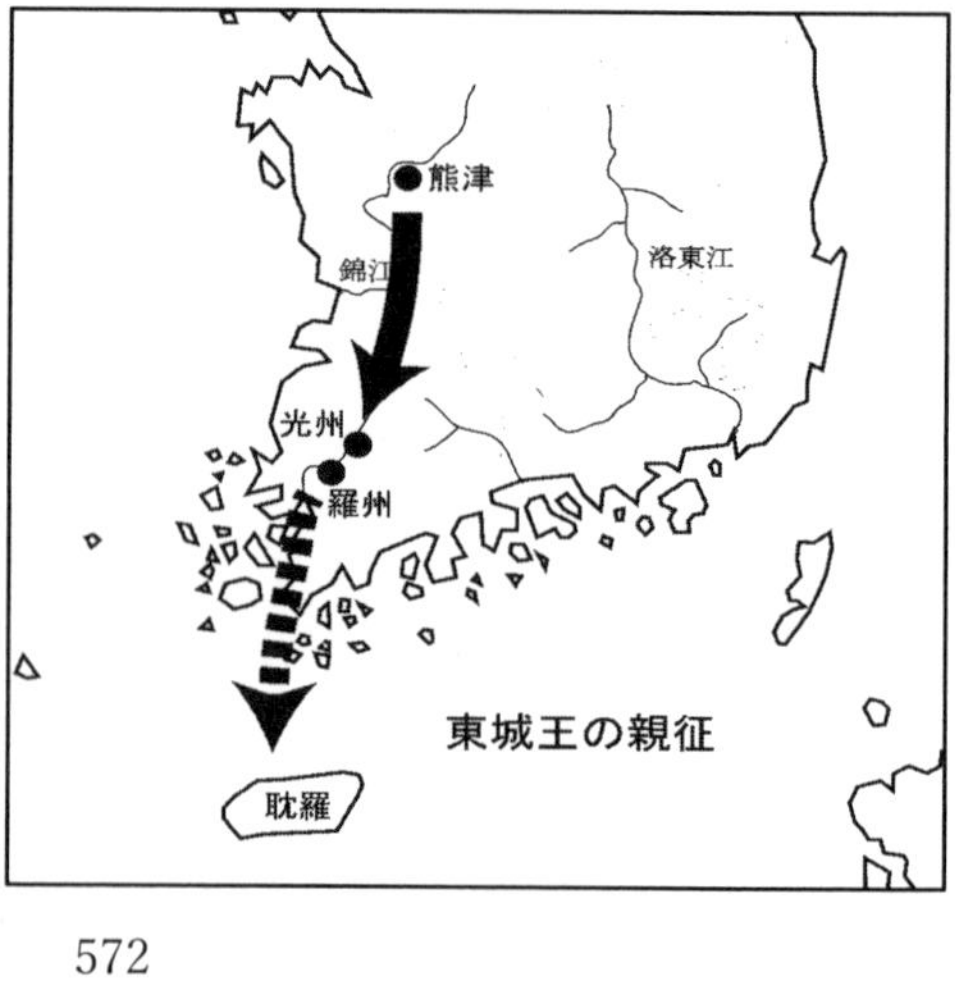

東城王の親征

## 三六．『隋書』俀国伝

### ■倭国と俀国

『隋書』東夷伝は高句麗、新羅、百済、靺鞨、琉球、倭国について記述している。

ところが不思議なことに、倭国の名称が俀国《たいこく》となっている。『隋書』には「俀国《たいこく》伝」はあるが、他の中国の正史のような「倭国伝」がないのである。

このことから、通説では「俀国《たいこく》」というのは「倭」の誤記とされている。

しかし、東夷の国とは言え「倭」「倭国」は過去の正史に何度も登場する名称である。倭国からは使者も通っている。にもかかわらず、隋帝国の正史の『隋書』で、国名をこのように堂々と誤記することなど考えられるだろうか。

これは「倭国」と「俀国《たいこく》」を意図して書き分けたとみるべきではないか。

その証拠に、『隋書』では「倭」を全て「俀」で表現しているわけではなく、「巻三帝紀第三煬帝上」には、「倭」と記された次のような文章がある。


「壬戌、百済・**倭**・赤土・迦羅舎國並遣使貢方物。（大業四年三月条）」

「己丑、**倭**國遣使貢方物。（大業六年正月条）」。


「倭」と「俀」は別の内容として書き分けられた可能性があるのである。

「倭」は古くから日本列島の住人や国の呼称として用いられてきたが、「俀」や「俀国《たいこく》」は何を意味するのだろう。

五二八年に九州で磐井の乱が鎮圧され、九州の勢力が継体天皇の大和政権に屈服した後も、北部九州では天津神が引続き大きな勢力を保っていたことを以前の章で述べたが、『隋書』の記述を詳しく検討すると、次に示すように「俀国」とは、九州に残っていた天津神勢力のことを指しているように見える。

たとえば、俀国伝には、阿蘇山があって噴火の際にはこれを異変として人々が祈祷祭祀を行ったとする記述がある。

この文章は俀国伝の中の、刑罰・行事・気候・婚姻・葬儀など俀国の風俗・習慣が描写されている部分にあるもので、阿蘇山とその噴火に驚いて神に祈る人々は明らかに俀国の風俗として描かれている。これは阿蘇山のある九州が俀国であることを明確に示している。

次に、『隋書』には、俀国の戸数が一〇万戸ほどであると記されている。

魏志倭人伝にも国々の戸数が次のように記されている。


対馬国千余戸、一大(壱岐)国三千余戸、末盧国四千余戸、伊都国千余戸、奴国二万余戸、不弥国千余戸、投馬国五万余戸、邪馬台国(女王国)七万余戸。

邪馬台国の所在地については、第二十五章で九州の宇佐付近と推理した。従って邪馬台国に至るまでのこれらの国々も九州およびその近辺にあると考える。

ただし『魏志倭人伝』に記されたこれらの諸国のうち、水行の行程のみが記されている対馬・壱岐や投馬国は九州とは陸続きではない地域と判断されるので除外すると、残りの末盧国・伊都国・奴国・不弥国・邪馬台国を合計した北部九州の総戸数は、およそ十万戸となり、俀国の戸数とほぼ同じになる。これは俀国を北部九州の国と考える有力な根拠になる。

そして、王の姓を「阿毎」、字を「多利思比孤」と記していることである。

「阿毎」は「天」であり、多くの天津神の名前の上に冠せられた文字である。これは、俀国が天津神によって治められた国であることを示している。

多利思比孤が隋に朝貢した時期は第三三代推古天皇の時代であるが、推古天皇は継体天皇や欽明天皇の血統の伽耶に所縁《ゆかり》のある天皇であり、高天原伝承に繋がる天津神の系統の天皇ではない。

また、多利思比孤は男性と思われるので女性の推古天皇とは異なる人物である。『日本書紀』を見てもこの頃、「アマタリシヒコ」という名前の天皇はいない。

多利思比孤を聖徳太子に当てる説や、第五代孝昭天皇の皇子の天足彦国押人命《あまたらしひこくにおしひと》を当てる説もあるが、聖徳太子は王ではないし、天足彦国押人命は時代が古すぎる。やはり、多利思比孤は近畿の大和政権の王ではないようだ。

ところで、『隋書』「琉球国伝」大業四年条に次のような記述があり、このころ俀国の使者が隋に滞在していたことがわかる。

「明年(大業四年), 帝復令寬慰撫之, 流求不從, 寬取其布甲而還。時俀國使來朝, 見之曰:此夷邪久國《いやく》(屋久島)人所用也。」

(翌年煬帝は、再び朱寛に命じて、琉球国へ派遣し、中国に服従させようとしたが、琉球は従わなかった。そこで朱寛は琉球の麻の鎧を奪って中国に帰った。ちょうどその時、俀国の使者が隋の朝廷に来ていて、この麻の鎧を見ると、「これは夷邪久《いやく》国の人のものだ」と言った。)

夷邪久《いやく》國とは屋久島のことなので、俀国が九州であれば、俀国の使者が屋久島の事情に通じていたことは理解できることであり、これも俀国が九州にあった傍証と言えるかもしれない。

『隋書』には「俀国の領域は、東西は徒歩五ヶ月、南北は徒歩三ヶ月、おのおの海に至る。」とある。距離感の表現には疑問が残るが、四方を海に囲まれていると理解できるので、これも九州の地理と整合する。

『旧唐書』の日本伝には「其の国境は 東西南北 各《おのおの》 数千里にして、西界・南界は咸《みな》大海に至り、東界・北界は大山有りて限りを成す」とあり、北側と東側の国境は山地と記されていて、国土を島とは認識していない。

島として記述される俀国は、明らかに『旧唐書』の日本とは異なる地域を指している。

以上述べてきたように俀国を、日本あるいは倭国とすると説明に苦しむところが多くあるが、九州の国とするとほとんど納得できるのである。

俀国は九州の国と考えるべきであろう。

この頃大和政権では冠位十二階と呼ばれる朝廷内の序列を示す身分制度が行われていた。

『隋書』俀国伝は、俀国に大和政権の冠位十二階と同じような制度があることを記録している。

『日本書紀』によれば、大和政権の冠位は、徳・仁・礼・信・義・智 をそれぞれ大と小に分けて十二階としているのに対して、俀国伝では、徳・仁・義・礼・智・信の順になっている。大和政権の制度とよく似ているが、順序が違っているのである。これはなぜだろう。

また、軍尼《くに》や伊尼翼《いなぎ》などの官職と俀国の組織についても俀国伝に記述されているが、これも、大和政権の国造や稲置の情報を不完全なまま伝えたようで、似て非なるものとなっている。

俀国の王の多利思比孤は、伽耶系の勢力に政権を奪われてはいるが、本来は自分が天津神の血筋の列島の王であると考え、中国にアピールすることを意図していたのだろう。自分が日本列島を統治する王であることを示すために、九州の制度ではなく、日本列島で広く行われている大和政権の冠位制度や組織をパクって、隋の役人に説明したのではないだろうか。その時に情報が不完全だったため、中途半端な情報として伝わってしまったのではないかと思うのである。

## ■俀国の都

『隋書』は俀国の都について次のように記述している。

「俀国は、邪靡堆に都する。すなわち、魏志いうところの邪馬臺なる者なり。」（都於邪靡堆　則魏志所謂邪馬臺者也　）

以前の章で魏志倭人伝に邪馬臺として描かれた都とは、宇佐近郊の向野郷に置かれた台与の祭壇であることを述べた。台与はここで南九州に向かう天津神の兵士たちの戦勝を祈っていたと推理したのである。

とすると、邪靡堆と記された俀国の都は宇佐付近にあった可能性がある。

『隋書』は、隋の使者として裴世清を俀国に送ったことを記しているが、裴世清が筑紫に到着してから俀国の都に向かう様子を次のように描いている。

「竹斯《つくし》から東に秦王国があり（中略）、十余国を経て、海岸に達する。竹斯国より以東は、いずれも俀に附庸している。俀王は小徳、阿輩臺を派遣し、数百人を従え儀仗を設けて、太鼓や角笛を鳴らしやって来て迎えた。十日後、また大礼の哥多毗を派遣し、二百余騎を従え、郊外で旅の疲れをねぎらった。既にこの国の都に到達した。」

この文章には、筑紫から東に向かって海岸に出るまでの描写はあるが、そこから船に乗った記述がない。瀬戸内や近畿地方に航海した気配がないのである。裴世清は、壱岐から福岡平野(竹斯国)に進み、東に向かって 俀国の中の国々を通り抜けて、周防灘や中津平野などの九州の東岸地域に出た。ここに都から徒歩や騎馬で儀仗隊が迎えに来たと読めるのである。

そして、一〇日後に再び哥多毗に率いられた二〇〇余騎が都の郊外まで迎えにきたと記される。さて、二度目の迎えが来るまでの一〇日間をどう理解するか。一〇日間同じ場所に止まっていたとするのは不自然なので、この一〇日間は都に向かって海岸地域を移動していたと考えるべきであろう。行橋や京都郡付近の海岸に出た後、一〇日間移動したとすると、宇佐や唐原地域に到達した可能性がある。この情報は宇佐付近を邪馬台国とした私の推理を裏付けるものである（次頁図）。

十日間でどのぐらい移動できるか、『魏志倭人伝』の記述を参考にして考えてみよう。

『魏志倭人伝』には伊都国から邪馬台国まで陸行一月と記されている。邪馬台国は宇佐の東側の向野郷と推理したので、伊都国から向野の邪馬台国まで陸行で一月を要したことになる。京都郡や行橋あたりの海岸地域から移動した場合、宇佐までは全行程の半分ほどの距離なので、邪馬台国の時代では半月ほどかかる行程である。
『魏志倭人伝』に「その地に牛馬なし」と記されていて、邪馬台国の時代には交通手段としての馬を用いなかったと思われる。しかし、裴世清が訪れた時代には、騎馬の儀仗兵が出迎えたように馬が活用されている。そのため邪馬台国の時代には徒歩で半月ほどかかる行程が一〇日ほどで移動できたのであろう。

なお、現在の京都郡は苅田町やみやこ町の狭い範囲だが、かつては唐原や宇佐の地域を含む広い範囲が京都郡だったのではないか。調べてみた。

神道のお祓いに関係する資料だと思うのだが中臣祓氣吹抄《なかとみのはらえいぶきしょう》という文献がある。
中臣祓氣吹抄《なかとみのはらえいぶきしょう》に記された豊前風土記の断片に次のような記述がある。

「豊前風土記にいわく　宮處郡《みやこぐん》　いにしえ　天孫ここより發ちて、日向の舊都に天降りましき。けだし、天照大神の神京なり。云々」（豊前風土記曰　宮處郡　古　天孫發於此　天降日向之舊都　蓋天照大神之神京　云々）

天孫が京都郡から日向の旧都に天下った。思うに京都郡は天照大御神の都だったのかということだが、以前の章で、邇邇芸命の次男の火須勢理命が天津神軍を率いて宇佐を出発点として宮崎平野まで進出したことを述べた。そして、宇佐では、台与（万幡豊秋津師比売）が戦勝を祈っていたことも述べた。そうすると、豊前風土記の「宮處郡《みやこぐん》　いにしえ　天孫ここより發ちて」とする記述は宇佐までを含めた周防灘沿岸の広い範囲を宮處郡と呼んでいるように見える。

『日本書紀』では、京都《みやこ》郡という名称は熊襲征伐に向かう景行天皇が行宮を置いたことが由来とされている。しかし、『日本書紀』には次のような内容で記されていて景行天皇がこの地域にいたのはわずか一ヶ月ほどに過ぎない。

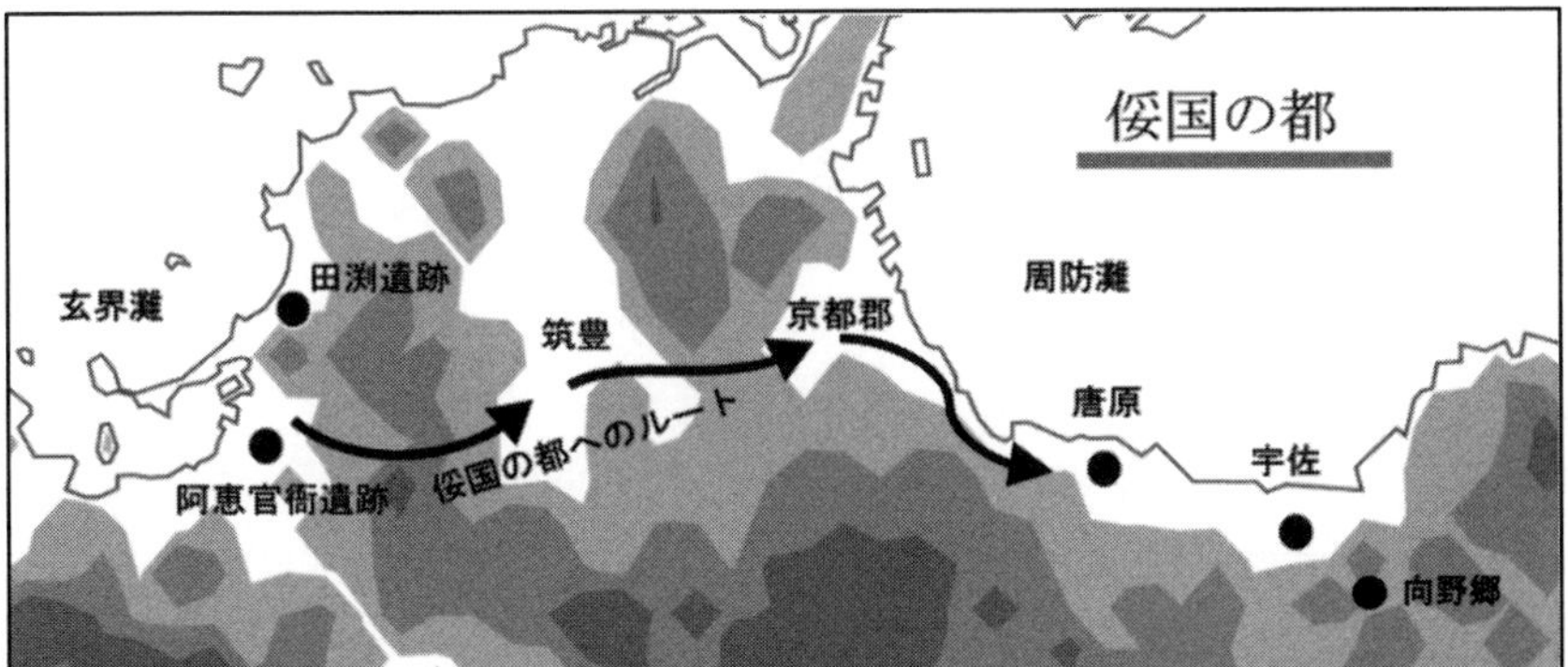

景行天皇十二年九月に天皇は周芳国娑麼（山口県）に到着。武将を派遣して九州の周防灘沿岸の賊を平らげた。そのあと筑紫に入った天皇は豊前国長峡県に仮宮を立てて休んだ。ここを名づけて京《みやこ》という。十月には国東半島の南側の碩田国《おおきた》に移動し速見村《すおう》（別府市付近）に着いた。

九月に周芳国にいた天皇は一〇月には京都郡を通り抜けて別府方面に去っているのである。

景行天皇がわずか一ヶ月ほど滞在して都と呼ばれるなら、あちこちに都ができてしまいそうである。またその後、日向国の高屋宮に六年間滞在したとされるのに、こちらは都あるいは京都などと呼ばれていないのは少々不自然である。

京都郡の名称は、ほんの一ヶ月ほどの短期間設置された景行天皇の行宮を起源とするよりも、台与の都、あるいは、一定期間、阿毎多利思比孤《あまたりしひこ》などの九州の天津神の本拠地であったことによる命名と考えるべきではないか。

九州の勢力は、五二八年の磐井の乱の敗北によって福岡平野の糟屋屯倉を大和政権に献上した。糟屋屯倉の所在地は、粕谷町の阿恵官衙遺跡や古賀市の田淵遺跡などが候補とされているが、いずれにしても博多湾や玄界灘沿岸の地域を統治するための要の位置である。

また、磐井は、物部麁鹿火《もののべあからひ》が率いる大和政権の軍勢と、筑紫三井郡（現福岡県小郡市・三井郡付近）で激しく戦って敗北したとされる。つまり、筑紫平野も大和政権側に制圧されたのである。

戦いに敗れ、福岡平野や筑紫平野など北部九州の中枢を大和側に支配された九州の勢力は、筑豊地域や京都郡《みやこ》、周防灘沿岸の中津平野に本拠を移し、大和政権の属国として支配されることになったと推理するのである。

『隋書』が「竹斯国《つくし》より以東は、いずれも俀に附庸している。」と記しているのは筑豊地域や周防灘沿岸など筑紫の東側の地域が倭国ではなく俀国のテリトリーであることを裏付けている。

多利思比孤は自分達の確保しているこれらの地域を通過して周防灘に沿って俀国の都まで裴世清《はいせいせい》を案内したのであろう。

## ■国書

『隋書』によると、大業三年に多利思比孤が朝貢した時に、「日出ずる処の天子、書を日没する処の天子に致す。恙無しや、云々（日出處天子致書日沒處天子無恙云云）」という国書を持参した。その内容が隋の煬帝を怒らせた。

煬帝が怒ったのは何故だろう。

まず、日出ずる処と日没する処の対比が礼を欠くとされる。

何度も述べてきたことだが、もともと九州の天津神は中国の呉から渡来してきた人々で、太陽が昇る扶桑の木の根元にある土地を目指して、呉の地域から東に進んで海を超えてきた。そして、たどり着いたところを、「日が昇る扶桑の木の根元の国」という意味で、日の本あるいは日本と呼んだのであろう。自分たちが「日が昇る国」にいるという認識が、国書の「日出ずる処の天子」という表現になったと考えられ、日の出が日没よりも上位だというような意識はなかったのだろう。この表現は日の出と日没の方角を示すだけで、特に礼を失することではないようである。

煬帝が怒った理由としてよく言われるのは多利思比孤が自らを天子と称したことである。中華思想では天子は天に代わって世界を治める唯一の存在とされていて、中国の皇帝を指すと考えられていた。にもかかわらず多利思比孤は大胆にも自分を天子と称した文書を持っていったのである。

そしてもう一つの理由が、多利思比孤が送った文書の形式にあるようだ。隋唐の時代には外交文書の形式がきちんと定まっていた。例えば、皇帝から周辺勢力への文書は「慰労詔書」や「論事勅書」という形式であり、周辺勢力から皇帝へは「表」という形式が定められていた。倭王武が南朝の宋に提出した上表文がその例である。

多利思比孤が煬帝に送った文書は「書を・・・に致す」と記された「致書文書」という形式のもので、同格の相手に送る文書形式であった。

煬帝は、多利思比孤が天子と称したことと、「致書文書」で煬帝と多利思比孤を同格として表現したことに対して、無礼だと怒ったのであろう。

なお、『日本書紀』には、大業三年（推古一五年）に小野妹子が大唐に遣わされた記事がある。（大禮小野臣妹子遣於大唐）これを根拠にこの国書は大和政権が届けたものだとする見解があるが、前述のように多利思比孤は明らかに九州の王であり、この国書も九州の王が送ったものと理解すべきである。

■俀国

さて次に、「俀国」について考えてみよう。『隋書』はなぜそれまでになかった「俀国」という国名を使ったのだろう。

『隋書』には俀国について次のような記述がある。

「桓霊之間其國大亂遞相攻伐歴年無主　有女子名卑彌呼能以鬼道惑衆　於是國人共立為王」

(恒霊の間に大乱があって、卑弥呼が共立された)

また、前述のように次のような記述もある。

「都於邪靡堆　則魏志所謂邪馬臺者也」(邪靡堆に都する。すなわち、魏志いうところの邪馬臺なる者なり)

これらから推測すると隋の役人は、多利思比孤が、卑弥呼の国の後裔の倭国の人であると認識していたのは明らかである。

それにもかかわらず「倭」ではなくあえて「俀」と表現したのはなぜだろうか。

『日本書紀』の記述と合わせて考えると手がかりが見えてくる。

『日本書紀』には小野妹子が隋を訪れた記録がある。通説では小野妹子が隋を訪れた際の記録が『隋書』の俀国の記述であるとされる。

しかしここで述べたように俀国は九州にある国であり、小野妹子は畿内の大和政権の使者である。したがって『隋書』に記された俀国の使者と、『日本書紀』に記された小野妹子とは別人と考えなければならない。

俀国の朝貢と大和政権の使者の往来についての概要をまとめてみたが(次頁表)、これによると、大和政権の小野妹子の朝貢の七年も前の開皇二十年(六〇〇年)に、俀国の阿毎多利思比孤《あまたりしひこ》が単独で使者を遣って朝貢しているのである。

九州の天津神たちは、磐井の乱の敗戦以降、大和政権の配下の位置に甘んじていたが、阿毎多利思比孤《あまたりしひこ》は、かつて倭の五王たちがやったように、畿内の大和政権には内密に中国と外交を行い、中国から倭国の王として認知してもらうことを画策していたのであろう。倭国は自分たち天津神の祖先が創建し開拓した国であるという思いを強く持ちその復興を夢見ていたに違いない。

阿毎多利思比孤《あまたりしひこ》の意図を知ってか知らずか、隋は、日本列島から最初に来訪した多利思比孤の国が、かつての倭の奴国であり邪馬台国であったと理解し、多利思比孤の国が、列島を統治する倭国だと思って、倭国伝作成に必要な情報を記録していったのだろう。

『隋書』俀国伝では、開皇二〇年に訪れた阿毎多利思比孤の最初の使者に対して、「上（文帝）、所司をして其の風俗を訪ねしむ」と記されていて、多利思比孤の使者から俀国の風俗を詳しく聞き取ったことが記されている。

『隋書』には、二度目の遣隋使が朝貢した大業三年の記述よりも前の部分で、阿蘇山の噴火の話や俀国の風俗習慣などを詳しく記述しているので、これらの内容は、すべてこの時に多利思比孤の使者から得た情報であろう。

そして大業三年に大和政権の小野妹子が朝貢し、多利思比孤の国とは別に大和にも国があることを知った。さらに、裴世清《はいせいせい》の列島訪問や、その後何度かの大和政権から派遣された遣隋使によって、大和の国の方が上位の正当な倭国であり、多利思比孤の国は大和政権の属国であることがわかってきた。

そこで、おそらく「倭国伝」として作成してい

| 西暦 | 中国 | 日本 | 隋書 | 日本書紀 |
|---|---|---|---|---|
| 600年 | 開皇20年 | 推古8年 | (俀国伝)**俀**国王阿毎多利思比孤が朝貢 | |
| 607年 | 大業3年 | 推古15年 | (俀国伝)**俀**国王阿毎多利思比孤が朝貢<br>「日出處天子致書日沒處天子無恙云云」 | 7月、小野妹子が朝貢 |
| 608年 | 大業4年 | 推古16年 | (帝紀第3煬帝紀：3月)壬戌、百濟・**倭**・赤土・迦羅舎國並遣使貢方物 | |
| | | | (琉球国伝)時**俀**國使來朝、見之曰「此夷邪久國人所用也 | 4月、小野妹子は裴世清を伴って帰国、煬帝の国書紛失 |
| | | | (俀国伝)裴世清を**俀**国に派遣、**俀**王は盛大に歓迎<br>(俀国伝)裴世清帰国。<br>(俀国伝)この後朝貢は途絶えた。 | 6月、裴世清難波津へ、<br>8月、倭国の都へ<br>使者の書曰く「皇帝から倭皇にご挨拶を送る」<br>返書曰く「東の天皇が謹んで西の皇帝に申し上げる」<br>9月、裴世清帰国<br>小野妹子再度朝貢 |
| 609年 | 大業5年 | 推古17年 | | 9月、小野妹子帰国 |
| 610年 | 大業6年 | 推古18年 | (帝紀第3煬帝紀：1月)<br>己丑、**倭**國遣使貢方物。 | |
| 614年 | 大業10年 | 推古22年 | | 犬上君御田鍬、矢田部造を大唐(隋)に遣わされた。 |
| 615年 | 大業11年 | 推古23年 | | 犬上君御田鍬、矢田部造 帰国 |

た多利思比孤の国の資料を「俀国伝」とし、「倭」の文字を全て「俀」に変更したのではないか。その一方、大和の倭国に関する記述には「倭」の文字をそのまま使用したものと思われる。

「俀」には、ねじける。心が素直でない。ひねくれる。という意味がある。隋の役人は、事実を語らなかった多利思比孤の対応に対してこのような印象を抱き、頭に来て、あえてネガティブな意味を持つ「俀」の文字に置き換えたのであろう。

■裴世清《はいせいせい》

次に、小野妹子の朝貢と裴世清《はいせいせい》の倭国訪問についての錯綜する記録について考えてみたい。

従来、倭国の使者と俀国の使者を同一人物として、隋書と日本書紀の整合性が議論されてきたが、別人だとすれば遥かにわかりやすいストーリーが見えてくる。

前頁の表を見れば、大業三年には、倭国の使者小野妹子と、俀国の多利思比孤の使者の両方が、隋を訪れていたことがわかる。

そして、大業四年には倭が宝物を献上したことと、俀国の使者が夷邪久《いやく》國の布甲を見たことが記録され、さらに『隋書』には裴世清《はいせいせい》を使者として俀国に送ったことが描かれ、『日本書紀』には、小野妹子が裴世清《はいせいせい》を伴って帰国したことが記されている。

つまり、大業三年から四年ごろに、隋に滞在していた俀国の使者と小野妹子が、裴世清《はいせいせい》と一緒になって日本列島に帰ってきたと考えられるのである。おそらく隋に向かう時も、小野妹子に従属する形で俀国の使者が同行し、同じ船で行ったのではないか。列島内では盟主倭国とその属国である俀国の序列は明確であったのだろう。

『隋書』には、「上（煬帝）は文林郎の裴清を俀国へ使わしむ。」と記されているが、大和政権についてはまったく触れていないので、この時はまだ俀国を正式な外交の相手と見ていたようである。裴世清《はいせいせい》はまず九州の俀国を訪れたのであろう。そして次に大和に向かったのではないか。

『隋書』俀国伝には、俀国で裴世清が盛大に歓迎されたようすが描かれているが、俀国伝の最後のところに、「皇帝の命令は全て達した。帰途につく準備をしてほしい」と裴世清から帰国を要請した記述がある。勘繰ると、次に大和へ行く予定があったので帰国を急いだようにも見える。

また、『日本書紀』には筑紫に到着した裴世清を難波吉士雄成が迎えに行ったことが描かれている。裴世清は小野妹子とともに帰国したのだから、小野妹子がそのまま難波まで同行すればいいものを、あえて別に迎えの役人を派遣したのは、裴世清が九州の俀国の都を訪問するので、小野妹子と別行動になったためと理解できるのである。

『日本書紀』によると、裴世清は四月に小野妹子とともに筑紫に到着した。そして難波に着いたのは六月十五日である。この間2カ月余で少々時間がかかりすぎのように見える。これは裴世清が俀国の都に寄り道したためではないだろうか。

そして、裴世清を遣わした理由について推理してみると、隋の役人が、同時期に訪問していた小野妹子と、多利思比孤の使者の双方から話を聞いたとき、おそらくそれぞれが倭国の代表であるような主張したのであろう。

多利思比孤の使者は、九州にいる天津神が本来の日本列島の王の一族であり、後から大和に入ってきた伽耶系の大王に国を奪われたというような主張をしたのかもしれない。いっぽうの小野妹子は、大和政権が列島の盟主として九州を含めた国土を治めていると説明をしたのであろう。隋の役人は、この時にはどちらが列島の真の統治者か判別できなかった。

そこで、裴世清を二つの国に派遣して実情を調べ、外交関係を結ぶ相手としてどちらが適当なのか判断しようと考えたのだろう。

裴世清が俀国と倭国の両方の情報を集めて隋に帰国したあとも、倭国は引き続き二回の遣隋使を送った記録(推古十八年、二二年)が残されており、隋との関係が継続したようだが、「俀国伝」には、俀国からの朝貢は途絶えてしまったと記されている(P581表)。裴世清の訪問によって、大和政権の言い分が正しかったことが判明したことによる処置であろう。

そして、多利思比孤の国について記述していた「倭国伝」は、「俀国伝」という不名誉な名前に改められてしまった。

ところで、小野妹子が隋からの帰途、煬帝からの国書を紛失したとされる。これについて考えてみる。

『日本書紀』には、大業三年に小野妹子が大和政権の使者として朝貢したことが記されているが、『隋書』には小野妹子の朝貢や国書について全く記載されていない。いっぽう多利思比孤の使者が持参した「日出處天子致書日沒處天子無恙云云」

の文書を国書としていることから、この時点では多利思比孤が倭国の王であり、小野妹子は倭国王の使者とは見られていなかった可能性がある。

小野妹子が帰国の際に隋から預かった国書は、裴世清が列島を訪問する前の、倭国と俀国の関係が不明確な時点で作成されたため、大和政権を、九州を含めた列島の支配者と認めた形になっていなかったのであろう。

列島の盟主である大和政権の使者として隋に赴いた小野妹子は、隋の国書の内容を知って、国書をそのまま大和朝廷に差し出すわけにはいかなかった。苦肉の策として、罪に問われるのを覚悟で、国書紛失を偽装したのだと思う。

通常ならば国書を紛失するなどという事はあり得ないことで、小野妹子の苦しい立場が読み取れるのである。

### ■隋の抹殺

また、『隋書』の編纂者は、裴世清の帰国後も、改めて倭国伝の作成を行わずに、俀国伝として多利思比孤の国の記録をまとめている。これは、裴世清の訪問によっても完全に疑問が解消しなかったのか、新たに倭国の情報を十分に集められなかったためかもしれない。あるいは、東の果ての東夷の国情については、改めて調査して記述するほど重要なことではないと判断された結果かもしれない。

いずれにしても、倭国伝が作成されなかったことについては、大和政権は大いに不満であったろう。俀国伝を含む隋の公式記録では、列島の盟主は大和政権ではなく俀国の阿毎多利思比孤と読めるからである。

ここには大和政権の存在そのものが見えてこないし、隋は大和政権と交渉がなかったように見えるのである。

そのため『日本書紀』でも、大和政権は隋と外交関係を持っていないことにした。

『日本書紀』では、小野妹子が訪れた隋のことを、一貫して「唐」または「大唐」と記述しているのはこのためと考える。

『日本書紀』で隋という国名が記されるのは推古天皇二六年条の、高麗の使者の「隋の煬帝が高麗を攻めた」という発言をそのまま記載した事例のみで、これ以外に隋のことは全く記載されていない。

小野妹子らによって大和政権が主体的な関わりを持った国は「唐」であって「隋」ではない。交流の相手としての「隋」

という国名はいっさい日本書紀に記述されないし、『隋書』「俀国伝」に記された内容も大和政権とは関係ないとする立場を貫いている。

『日本書紀』の編纂者は、近畿の大和政権が日本列島の盟主であることにこだわり、九州に天津神の大きな勢力が残っていて、独自の外交を行っていたことを意図的に隠そうとした節がある。九州の勝手な外交を黙認すれば、大和政権が列島全域を統治していないことになるからである。

多利思比孤の京都《みやこ》を、景行天皇の行宮の故事になぞらえて記述したり、倭の五王関係の資料が全く残っていないのも、九州の勢力を隠そうとした同じ意図が働いたのであろう。

いっぽう九州の勢力が独自の外交を進めようとしたのは、自分達こそ邪馬台国の時代からの王の血筋であり、列島の王にふさわしいという自負があったことと、倭国の王権を神功皇后によって奪われたことや、九州の王・磐井が武力によって抑え込まれてしまったことへの反発があったのだろう。

『日本書紀』編纂についての大和政権の困難な立場は理解できる。倭の五王や多利思比孤は勝手な外交を行って大和政権と異なる行動をとったが、客観的に見れば大和政権が列島を支配する中での動きであり、大和政権が列島を代表する唯一の政権であることに変わりはない。『日本書紀』編纂の際に、日本列島の中に大和政権と別の政権があると誤解されないように工夫を凝らした結果、倭の五王や多利思比孤に関わる記述を行わないという判断になったのだろう。

以上述べてきたように、多利思比孤は、『隋書』には俀国の王と記され、『日本書紀』は隋を無視し、多利思比孤についていっさい記述せず、多利思比孤は倭国の王権とは無関係な人物としたことで一件落着したかに見えた。

ところが、多利思比孤が『新唐書』日本伝に再び現れる。これはどうしたわけだろうか。

『新唐書』日本伝には日本の歴代の天皇が順に記述されている。その中で、用明天皇の別名が「目多利思比孤」であり、隋の開皇年代にはじめて中国と国交を通じたことが紹介されている。(次用明、亦日目多利思比孤、直隋開皇末、始與中國通)

「目多利思比孤」とはもちろん「阿毎多利思比孤」のことである。

倭国の歴史からいったん抹殺した多利思比孤について、大和政権側から情報提供をしたとは考えにくい。しかも誤った情報である。

これは『隋書』の内容を熟知していた唐の役人から、多利思比孤とはどの天皇のことかと質問を受けた遣唐使が苦し紛れに回答したものであろう。大和政権から派遣された遣唐使としては多利思比孤による九州勢力の独自の活動を認めるわけにいかない。そのため多利思比孤とほぼ同時代の男王である用明天皇の名前を答えたのではないだろうか。

## 三七．古代山城

### ■白村江の戦い以後

白村江の戦いとは、六六三年に、大和朝廷と百済が、唐・新羅の連合軍と白村江の河口で激突した日本の古代史上の大事件である。ここで大和朝廷の水軍は大敗を喫し、これ以降、大和朝廷は朝鮮半島での足がかりを失ってしまった。

白村江の戦いについては、多くの専門家が解説しているので、ここでは詳しくは触れないが、この敗戦以降、動きが慌ただしくなった日本列島内の動静について見てみようと思う。

『日本書紀』によると、白村江の敗戦後の天智三年（六六四年）に大宰府の近くに水城を築造したのを始め、天智四年（六六五年）には、百済人亡命貴族の助力を得て長門や、筑紫の大野および椽《きい》に城を築いた記録がある。このほかにも『日本書紀』や『続日本紀』には山城の築造や修理の記事が多数あり、このころ盛んに城が築かれたことが記録されている。

白村江の戦いと山城築造

| | | |
|---|---|---|
| 663年 | 白村江の戦い | |
| 664年 | 水城築造 | 福岡県 |
| 665年 | 大野城築城 | 福岡県 |
| | 基肄城築城 | 佐賀県 |
| | 長門城築城 | 山口県 |
| 667年 | 金田城築城 | 長崎県対馬 |
| | 屋島城築城 | 香川県 |
| | 高安城築城 | 大阪府/奈良県 |

このような古代の山城のうち『日本書紀』や『続日本紀』などに記録があり、朝鮮半島の影響が指摘されるものは朝鮮式山城とよばれ、一二城が知られている。この他に神護石あるいは神籠石とよばれる石組みの城跡が一六城あり、その構造の類似から朝鮮式山城と同じような目的で築造されたものと考えられている。

九州から西日本一帯にいくつも存在する古代山城は、白村江の敗戦直後に築かれたことから、日本列島に攻め寄せてくる唐・新羅連合軍への備えとして築造されたと言われる。

朝鮮式山城

| 城名 | 所在地 | 旧国名 | 備考 |
|---|---|---|---|
| 金田城 | 長崎県下県郡美津島町 | 対馬 | 667年築城記事（『日本書紀』） |
| 大野城 | 福岡県大野城市・宇美市 | 筑前 | 665年築城記事（『日本書紀』） |
| 基肄城 | 佐賀県三養基郡基山町 | 筑前 | 665年築城記事（『日本書紀』） |
| 鞠智城 | 熊本県山鹿市菊鹿町・菊池市木野 | 肥後 | 698年繕治記事（『続日本紀』） |
| 長門城 | 山口県下関市（推定） | 長門 | 665年築城記事（『日本書紀』） |
| 屋嶋城 | 香川県高松市屋島 | 讃岐 | 667年築城記事（『日本書紀』） |
| 高安城 | 奈良県平群町・大阪府八尾市 | 大和 | 667年築城記事（『日本書紀』） |
| 三尾城 | 滋賀県高島市（推定） | 近江 | 672年落城記事（『日本書紀』） |
| 常城 | 広島県府中市・福山市 | 備後 | 719年廃城記事（『続日本紀』） |
| 茨城 | 広島県福山市（推定） | 備後 | 719年廃城記事（『続日本紀』） |
| 稲積城 | 福島県糸島郡志摩町（推定） | 筑前 | 699年築城記事（『続日本紀』） |
| 三野城 | 福岡県福岡市博多区（推定） | 筑前 | 699年築城記事（『続日本紀』） |

神護石

| 城名 | 所在地 | 旧国名 | 備考 |
|---|---|---|---|
| 雷山城 | 福岡県前原市 | 筑前 | |
| 宮地岳城 | 福岡県筑紫野市 | 筑前 | 1999年発見 |
| 高良山城 | 福岡県久留米市 | 筑後 | |
| 女山城 | 福岡県山門郡瀬高町 | 筑後 | |
| 帯隈山城 | 佐賀県佐賀市 | 肥前 | |
| おつぼ山城 | 佐賀県武雄市 | 肥前 | |
| 杷木城 | 福岡県朝倉郡杷木町 | 筑前 | |
| 鹿毛馬城 | 福岡県嘉穂郡頴田町 | 筑前 | |
| 御所ヶ谷城 | 福岡県行橋市 | 豊前 | |
| 唐原城 | 福岡県築上郡大平村 | 豊前 | 1999年発見 |
| 石城山城 | 山口県光市 | 周防 | |
| 鬼ノ城 | 岡山県総社市 | 備中 | |
| 大廻小廻山城 | 岡山県岡山市 | 備前 | |
| 播磨城山城 | 兵庫県龍野市 | 播磨 | 1988年発見 |
| 永納山城 | 愛媛県東予市 | 伊予 | |
| 讃岐城山城 | 香川県坂出市 | 讃岐 | |

しかし古代山城の築造理由について、私は少々疑問を抱いている。半島から攻め寄せる唐・新羅連合軍への備えとするにはその配置に理解しがたい部分があるからである。そこで、ここでは古代山城について考えてみようと思う。

## ■古代山城の配置

唐や新羅への備えとしては、古代山城の配置が不自然だと思う事例をいくつか挙げてみよう。

まず、筑紫平野周辺の山城を見てみよう。筑紫平野の周辺には平野を取り囲むように七つの山城が並んでいる。おつぼ山城、帯隈山城、基肄《きい》城、宮地岳城（阿志岐城）、杷木城、高良山城、女山城、である（下図）。

不思議な配置である。有明海から来る敵に対処する目的で築造されたとするのが一般的な説明だが、この方面から来るかどうか判らない敵のためにこのような大工事を七カ所も行うのは考えにくい。これに比べると、攻め込まれる可能性が強い玄界灘沿岸や博多湾の防御がずいぶん手薄なのも奇妙である。

海から侵入してくる敵に対しては、まず、水際に防衛線を築いて防御するのが原則と思う。元寇の時も博多湾沿岸に防塁を設けて蒙古の軍勢を迎え撃っている。

有明海の水際の防御を考慮していないこの配置では、有明海から上陸する敵を防ぐ意味ではまったく役に立たないと思われる。有効な防御ができないので、敵が有明海から上陸したら、山城に逃げ込んで、筑紫平野が蹂躙されるのを、手をくわえて見ていることしかできないのである。

つぎに、熊本県の菊池川中流域にある鞠智《きくち》城について見てみよう。『続日本紀』には、六九八年に鞠智《きくち》城を修理した記事がある。従って、築城はそれ以前、おそらく大野城や基肄《きい》城と同じような時期と思われる。

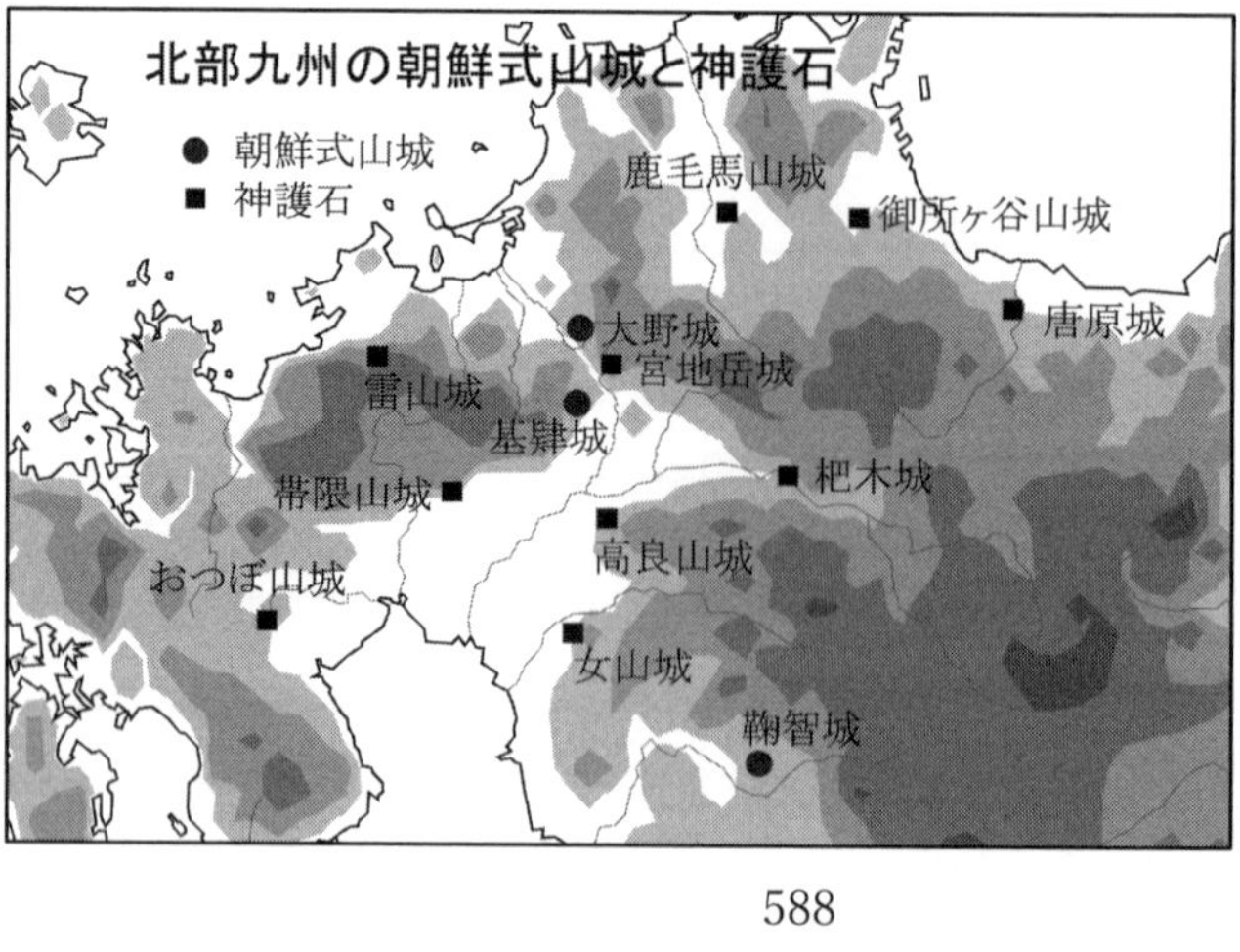

鞠智《きくち》城は、山鹿市と菊池市にまたがる山沿いの地域にあり、かなり内陸深く入り込んだ場所にある。なぜこのような奥まった場所に山城を設けたのか謎とされてきた。

その理由についてしばしば述べられるのは、鞠智《きくち》城は、大宰府や、それを守るための大野城・基肄《きい》城に武器や食糧を補給する支援基地とする説である。

しかし、この説明では、鞠智《きくち》城がこの位置にあることの必然性が見えてこない。唐や新羅が玄界灘から攻めてきたとき、直接兵を繰り出すにしても、武器や食料を送り出すにしても、遠すぎてこの位置では役に立たないと思われる。

また、はるか遠方の玄界灘沿岸での戦闘を想定しているので、鞠智《きくち》城の周辺が戦場になる可能性はほとんどないのに、支援基地をわざわざ不便な山の上に設けたのも解せないことである。

もちろん、有明海に侵入されたら、太宰府とは分断されてしまうので、鞠智《きくち》城は補給基地としてはまったく役に立たなくなってしまうのである。

そして、太宰府周辺を見ると、この狭い地域を、南北と東の三方向から基肄《きい》城、大野城、宮地岳城（阿志岐城）が取り囲んでいる（下図）。

さらに、水城、小水城も太宰府の周囲を取り囲むように構築されている。博多湾側だけでなく、南側にも基肄《きい》城を設けているのは、有明海側から筑紫平野経由で敵が攻めてくることを想定していたのだろうか。それにしては前述のように筑紫平野の防御体制はいい加減なもので首尾一貫していないように見える。

従来、このような配置については、太宰府を守るため厳重な防御態勢を構築したとされている。

しかし、いまいち釈然としないのは、当時の大和政権にとって、太宰府はそれ

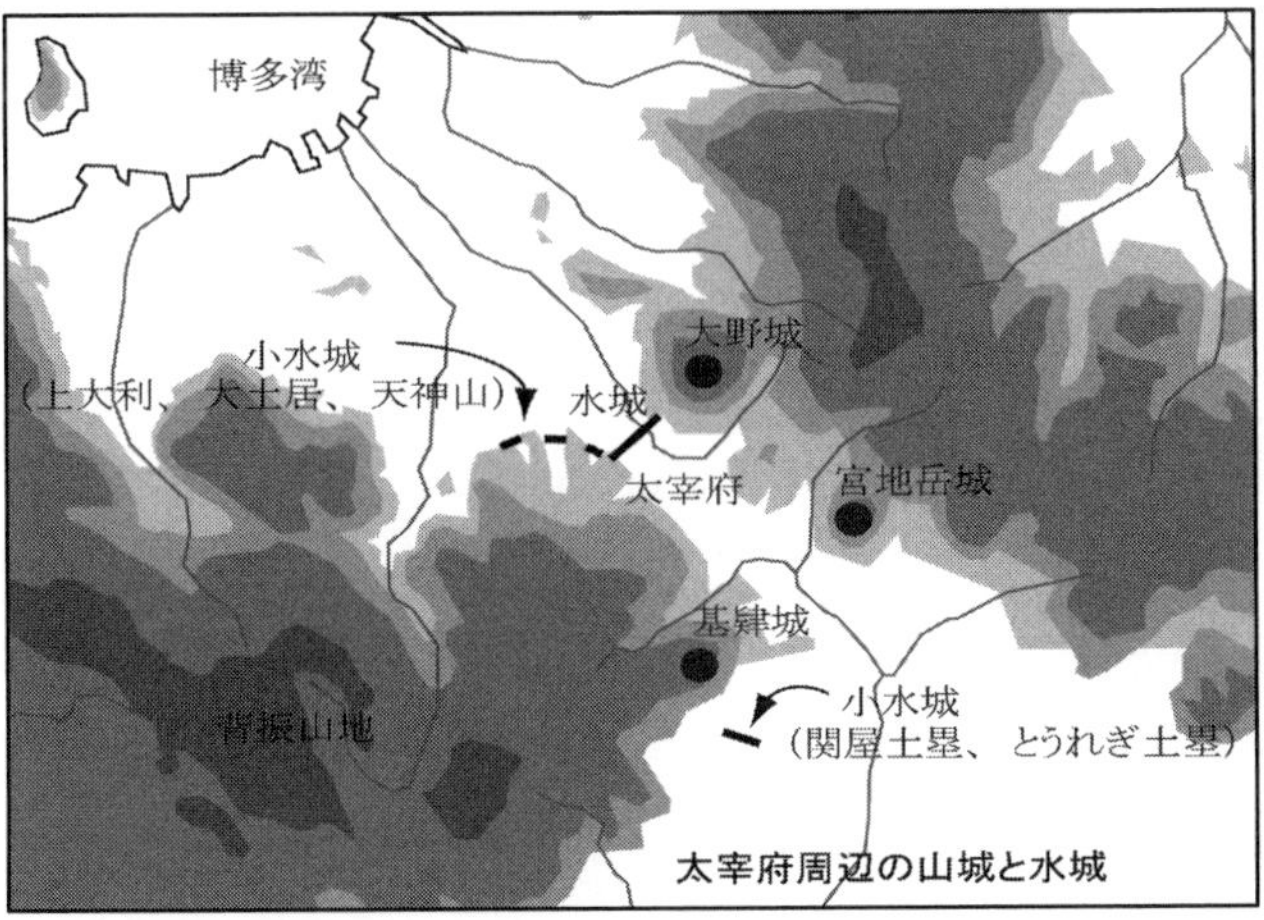

太宰府周辺の山城と水城

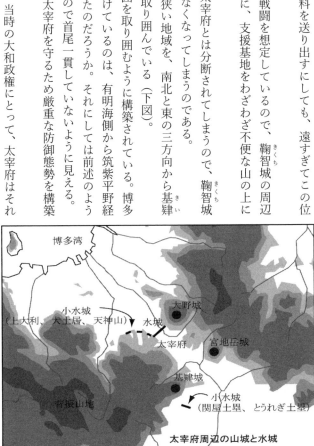

ほどまでして守らなくてはならない場所だったのかということである。

白村江の敗戦後、大和朝廷は都を琵琶湖の畔の大津に移した。一国の都でさえ緊急時には他の場所へ移してしまう。このような状況を考えると、太宰府だけは動かさずに堅固な山城で防衛するのは奇妙である。

周辺にいくつも城郭を築いて、太宰府を死守するよりも、危険が迫ったら大津の都のように太宰府の機能を別の場所に退避させるほうが理にかなっていると思うのである。

また、太宰府をこれだけ強固に防衛しているのに肝心な都方面の防衛はおざなりのように見えるのも不思議である。

敵が倭国の都や天皇を攻略しようとしたら、九州に手をかけずに、さっさと瀬戸内海に侵入し近畿方面に向かうであろう。しかし、都への通路となる瀬戸内地域には、散発的にいくつかの城を築いているだけであり、都の地である大和には高安城がひとつ、また、近江には三尾城（推定）がひとつだけである。

このような配置では都を目指して瀬戸内海を進む敵の船団に対してなんの効果もないように見えるし、都はたちまち陥落してしまう。唐や新羅の攻撃に備える山城ならば、都の周辺の地域には太宰府以上に多くの山城を築造してしかるべきである。これらの山城の配置の状況からは、山城が唐・新羅連合軍への対処とはとても思えないのである。

そしてもう一つ気になる情報がある。

明治大学大学院文学研究科特任教授であった井上和人氏の講演で伺った話だが、百済に山城が多数あるが、唐軍の侵略に対して全く防御機能を果たさず、わずか十日あまりで都が陥落してしまったそうである。倭国で山城築造を指揮した百済の亡命貴族は、山城は敵の攻撃に対して防御機能を果たさないということを知っていたはずである。そうすると、彼らが指導して各地に築いた山城は、唐・新羅連合軍を防衛するためではなく、別の目的で築造された可能性が高いことになる。

## ■山城築造の目的

山城を築造した目的が、唐・新羅連合軍への対応ではないとしたら、その目的はなんだろう。

宮地岳城を見ると、その意味が判明する。

宮地岳城は一九九九年に発見された古代山城で、当初、宮地岳の山中で見つかったことから宮地岳城と呼ばれていたが、現在は、山麓の地名をとって阿志岐城と呼ばれることがある。記紀にはまったく記録されていない。

宮地岳城（阿志岐城）を調査した筑紫野市教育委員会の報告書によると、宮地岳城では、想定される土塁線の北側１／３だけに、列石や土塁が設けられているが、それ以外の部分には土塁や列石がない（下図）。

しかも工事の途中で放棄されたのではなく、土塁のあるところでは完全に工事は完了しているそうだ。つまり宮地岳城は、外部から攻め込んでくる敵ではなくて、山城の北側にいる敵に対応するために企画され築造されたことを示している。

宮地岳西側の筑紫野市吉木・阿志岐の平野には、弥生時代から古代までの遺跡が広く分布しており、総称して御笠遺跡群（P124図参照）と呼ばれている。御笠遺跡群の最も北側の筑紫野市吉木の御笠遺跡A地点には、七世紀後半から八世紀前半ころとされる三面に庇を持つ五間×六間の立派な掘立柱建物一棟のほか、総柱の倉庫跡など九棟の建物が検出されている。米の山峠を越える街道の蘆城駅家《あしきのうまや》跡とも推定されているが、この地域が御笠遺跡群の核心部であり有力者の居館があったことを思わせる。

宮地岳の列石や土塁はこの方向を睨んで築造されているのである。

宮地岳山城の土塁線
阿志岐城跡確認調査報告書（筑紫野市教育委員会）に追記

御笠遺跡群では、邪馬台国の時代まで甕棺墓制が行われていることから、高御産巣日尊の一族が進出していた高天原であった公算が強いことを、第八章で述べた。

つまり、宮地岳城は、その北麓に展開していた高御産巣日尊の子孫の天津神の部族を敵と見て、彼らに軍事的プレッシャーをかけることを目的として造られたものと考えられるのである。そのため天津神の集落から見えない南側の工事は最初から企画されていなかった。

なお、余談になるが、この地域を吉木、阿志岐と称することについて興味深い情報がある。

『日本地名体系』によると、筑紫野市の吉木村は、元の阿志岐村の「あし」という名を忌んで「よし」と言い換え、のちに別村になったとされることである。阿志岐村は「悪しき村」の意味と捉えられていたのである。

とするとネガティブなイメージの阿志岐村は、伽耶系の大和政権から見たとき、この地域が敵対する天津神の本拠であることに因む命名ではないかと思うのである。

## ■水城

そして、太宰府北方の水城についても、敵は太宰府方面にいたと思わせる状況がある。

考古学者の田辺昭三氏は、太宰府の水城について、博多湾から敵が来ると想定すると、堤防と貯水のための場所の位置が逆になっているとつぎのように指摘する。

「(北からの敵に対する本来の姿は、)堤防があって堤防の後側、つまり自分の手前に大きなというか窪みがあって、そこに水をためる。ところがあの(水城)場合は堤防の前におおきな溝を掘ってそれを防御ラインにしているので、どうも城とは向きが違うのではないかということです。」(青木和夫、田辺昭三編『藤原鎌足とその時代』)

つまり、水城は博多湾側から攻め寄せる敵への備えではなく、太宰府側にいる敵が博多湾側の地域に押し出してくるのを防ぐために構築されたものだというのである。

現在各地で見られる典型的な中世の城郭は、敵の前面にまず濠があって、その後に土手(石垣)がある。しかし、弥生時代の代表的環濠集落吉野ヶ里では、これとは逆に、敵の前にまず土塁を造ってその手前側に深い溝を設けてある。田辺氏は古代の城を吉野ヶ里のような構造と認識しているのであろう。そうならば田辺氏の言うように、水城の向きは逆であり、敵は土塁の向こう側の大宰府側にいたことになる（下図）。

以上のように宮地岳城と水城を理解すれば、太宰府周辺の山城や水城は、大和政権に敵対するこの地域の天津神が蜂起するのを防ぐために設けられたものと判断されるのである。そして他の地域の山城も大和政権が各地の天津神の不穏な動きを封じ込める目的で築造し、天津神を包囲し、軍事的圧力をかける手段であったと推測できる。

なお、水城の西側から大野城市・春日市にかけての丘陵間の大きな谷部には、小水城と呼ばれる小規模な土塁群がある（P589図）。国の特別史跡に指定されている大土居水城跡と天神山水城跡の発掘調査では、種類の異なる土を層状につき固めながら盛土する版築技術が使われており、水城とほぼ同じ造り方をしていることが明らかになっている。

基肄《きい》城の東南側にも、関谷土塁、とうれぎ土塁などの土塁群があり、さらにその東側の前畑遺跡でも土塁が見つかっている。これらの小水城や土塁も、谷間の住人たちが、太宰府の天津神たちと呼応して周囲へ押し出してくるのを防ぐためのものであろう。

水城の土塁は粗朶《そだ》と土を交互に積み重ねる工法によって築造され、複数の層が積み重なっている。土塁の三つの層から採取した粗朶《そだ》を資料として、放射性炭素年代測定が行なわれ、各層のおよその築造年代が判明している（九州歴史資料館調査報告書「水城　下巻」水城跡出土木片・炭化材の放射性炭素年代測定）。

各層一点の測定なので今後さらに資料を増やしたいとしているが、暫定的なデータとしても大変興味深い情報が得られて

いる（下表）。

深い方を一層として、それぞれの年代と歴史上の出来事を対応させて追記すると以下のようになる。

第一層は、倭国大乱や邪馬台国の時代である。太宰府付近は呉の渡来人の天津神の本拠地であり、彼らが帥升や須佐之男命と対立したときに、この地域を防衛するために防塁を築造したのではないか。卑弥呼や邪馬台国の時代にこの地域が高天原として重要な役割を果たした痕跡に見えるのである。

第二層は、神功皇后がこの地域を席巻したのち、九州勢力と大和政権の対立が激しくなった時代である。倭の五王の時代であり磐井の乱もこの時代に含まれる。倭の五王や磐井が大和政権の九州侵略に備えて防塁を構築した可能性がある。各層ともここに防塁を築く必然性があったように見える。

最上層が本章で取り上げた六六三年の白村江の敗戦の時期の相当し、太宰府側の敵に対処するための防塁である。

**水城の各層の年代**　九州歴史資料館調査報告書「水城 下巻」から作成

| | 中央値 | 誤差範囲含む | 出来事（追記） |
|---|---|---|---|
| 1層 | AD240 | AD85-380 | 倭国大乱、須佐之男命反乱 |
| 2層 | AD430 | AD345-595 | 神功皇后侵略、倭の五王、磐井の乱 |
| 3層 | AD660 | AD600-770 | 白村江の敗戦対応 |

## ■天津神包囲網

再三述べてきたように、北部九州の天津神勢力は新羅と深い絆で結ばれていて、国津神勢力や百済、伽耶などとは対立関係にあった。

大和朝廷軍が白村江で唐・新羅連合軍に敗れた時、もちろん、唐・新羅連合軍が攻め寄せてくる懸念はあった。半島に近い対馬の金田城などはそのための備えかもしれない。

しかし、新羅と天津神の関係を考えると、大和朝廷にとっては、日本列島の天津神が新羅と呼応して蜂起することのほうが現実的な脅威だったのではないだろうか。

そう考えると、古代山城の築かれた位置の意味が明らかになる。天津神が集中し、反乱が起きそうな地域を選んで山城を築いているからである。詳しく見てみよう（下図）。

まず、山城と水城でがっちり固められた太宰府とその周辺は、天津神の本拠地であり、山城が築かれたのは、ここが大和朝廷に対する反乱の中心になる可能性が高いと見られたからであろう。

『日本書紀』に白村江の敗戦の翌年の六六四年に水城を作ったとする記事があり、山城よりも先に水城が完成している。

真っ先に水城を築造したのは、唐・新羅連合軍の進出が懸念されるので、太宰府に充満した天津神が博多の方へ侵攻してくるルートを緊急に塞ぐ必要があったためである。最悪の場合、博多地域は、北からの唐・新羅連合軍と、南からの天津神によって挟み撃ちにされる危険があった。水城の工事のために多くの屈強な作業者が大急ぎで集められた。彼らはそのまま太宰府側からの攻撃に対して博多地域を守る守備兵力となったのだろう。

七つの山城で囲まれていた筑紫平野は、天照大御神や須佐之男命の時代から天津神が進出したところで、女山城に近い山門郡には、かつて天津神の拠点があり、五二七年に反乱を起こした筑紫の磐井の勢力基盤でもある。大和朝廷にとっては油断のならない地域ということができる。

稲積城、雷山城、三野城のある玄界灘沿岸は、かつて伊邪那岐命などが支配した地域であり、やはり天津神が充満していたと思われる。

鞠智《きくち》城はどうだろう。

菊池川流域のこの地域には、須佐之男命に率いられた天津神軍が侵入し、台《うてな》遺跡のあたりには、天津神の貴人が進出した可能性があることを述べた。

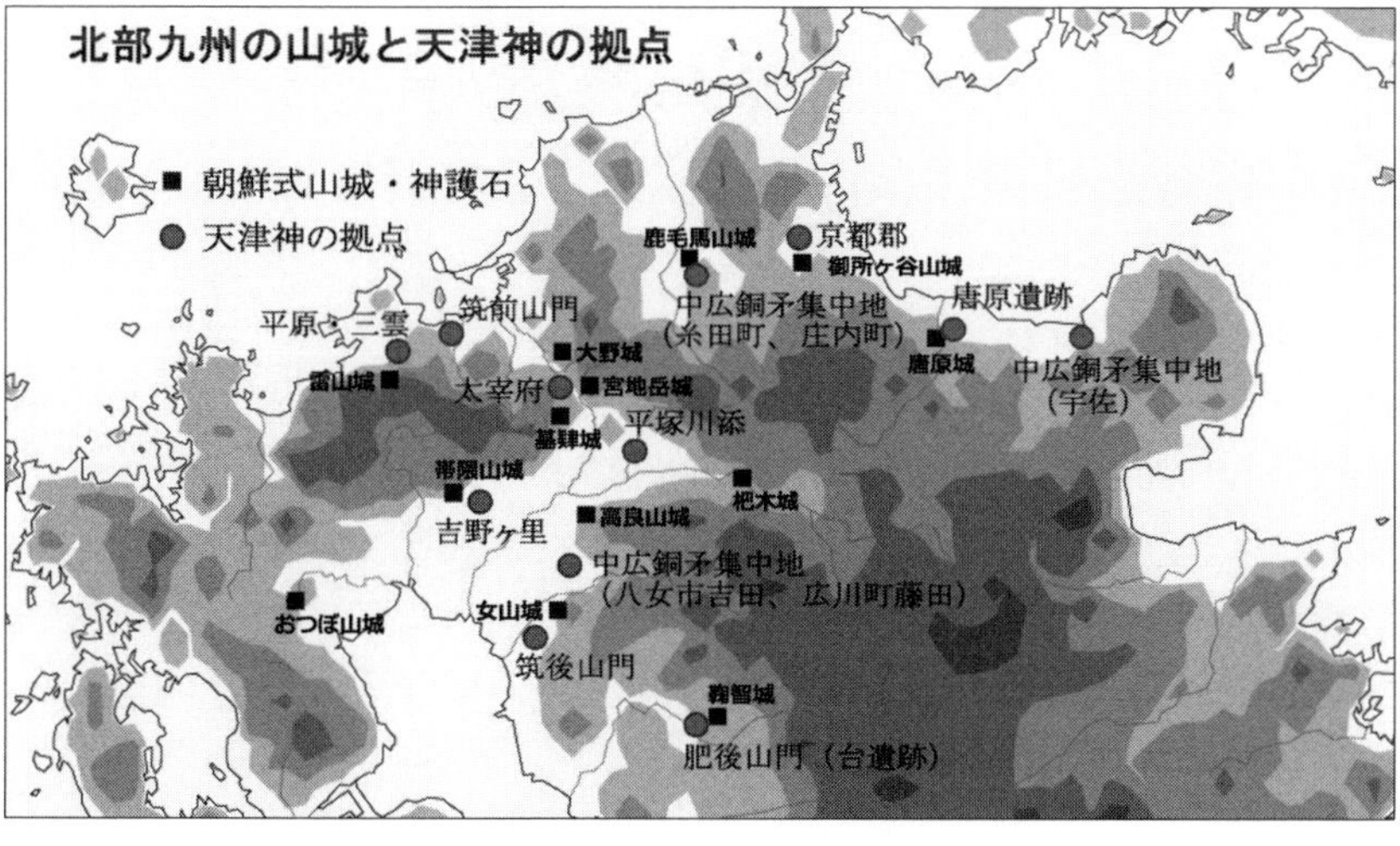

鞠智《きくち》城の眼下に広がる地域には、この時進出した天津神の後裔が多数暮らしていたのであろう。鞠智《きくち》城から彼らを見張り、不穏な動きがあればこれを鎮圧するのが鞠智《きくち》城の役目だったと思うのである。鞠智《きくち》城の南側には土塁が構築されている。天津神への威嚇あるいは攻撃された時の防御用として設置されたのだろう。

遠賀川中流の鹿毛馬《かけのうま》城は、合わせて一二本の中広型銅戈が発見された田川郡糸田町と嘉穂郡庄内町の北側一〇キロほどの場所にある。第一〇章で、中広型銅戈が集中するところは天津神の有力者が集まった拠点であると推理したが、鹿毛馬城は、糸田町付近の天津神の拠点の動向に目を光らせていたのだと思うのである。

行橋市の御所ヶ岳城や上毛町の唐原城は、行橋から宇佐にかけての天津神の支配地を監視する役目であったとみられる。この地域は隋に朝貢した阿毎多利思比孤のテリトリーであり、天津神が充満していた。

この地域の中央部に唐原城が設けられているが、近年の調査で、唐原城から二キロほど東の、築上郡大平村唐原地区で大環濠集落が発見されている。

新たに見つかった大集落は、吉野ヶ里遺跡や壱岐の原の辻遺跡に次ぐ規模とされていて、まだ一部が発掘調査されただけだが、竪穴居住群、水田跡、甕棺、石棺墓、硝子玉、鉄製品、内行花文鏡片などが出土している。唐原城はこの唐原遺跡群の大集落や、周辺に展開する多くの集落を牽制するために設けられたと考えられるのである。

北部九州の各地に山城が築かれているが、北部九州には山城の密度が薄い地域がある。福岡平野東部から宗像、遠賀川下流の地域には山城が存在しないのである。なぜだろう。

五二八年に筑紫の磐井の乱が平定された時、磐井の息子の葛子が、糟屋の屯倉を献上して命乞いをしたことが『日本書紀』記録されている。糟谷の屯倉は、粕屋町の阿恵官衙遺跡あるいは古賀市の田淵遺跡とも言われるが、いずれにしても玄界灘の海岸地域である。大和政権の直轄地となった糟屋の屯倉には大和政権の兵員が常駐し、付近に睨みを効かせていたのであろう。そのため糟屋の屯倉の周辺には山城を設けて圧力をかけなければならないほどの強力な天津神がいなかった。これがこの地域に山城がまったく存在しない理由と考えるのである。

さて次に瀬戸内海に進むと、中国・四国の沿岸に、多数の山城がある。備後には常城、茨城、備中には鬼ノ城、備前には大廻小廻《おおめぐりこめぐり》山城、播磨には播磨城山城、四国側にも、伊予の永納《えいのう》山城、讃岐の屋嶋城と讃岐城山城などである（下図）。

瀬戸内海沿岸は饒速日命や神武天皇の東征軍が侵攻した地域で、天津神に協力した部族や東征の際に残留した天津神が繁栄していた地域と思われ、これらの山城は、神武天皇のシンボルである平型銅剣の分布する天津神の支配地域をカバーしているように見える。

さて、瀬戸内海のどん詰まりで大阪湾を見下ろす高安山城はなんのための城であろうか。

高安城の足元の河内平野は、かつて饒速日命に率いられた天津神や天津物部が進出した地域である。また、饒速日命が没した鳥見にも近い。

高安城は、河内平野や奈良盆地北辺の天津神たちの動きを牽制することを任務としていたのであろう。

以上見てきたように、九州から西日本一帯に築かれた古代山城は、列島内の天津神の動きを牽制し、蜂起を防ぐために築かれたと考えると、その立地の説明が矛盾なくできるのである。

ところで、朝鮮式山城や神籠石のような古代山城についての『日本書紀』の記述について少々違和感がある。

それは、まずここで推理したような山城築造の目的が一切記されていないことである。そして、神籠石として区分けされている山城についても全く記述がない。

吉備の鬼ノ城は古代山城の中で最大規模のものとされているにもかかわらず記述がない。これだけの山城がほぼ同時進行で築造されているので国家レベルの方

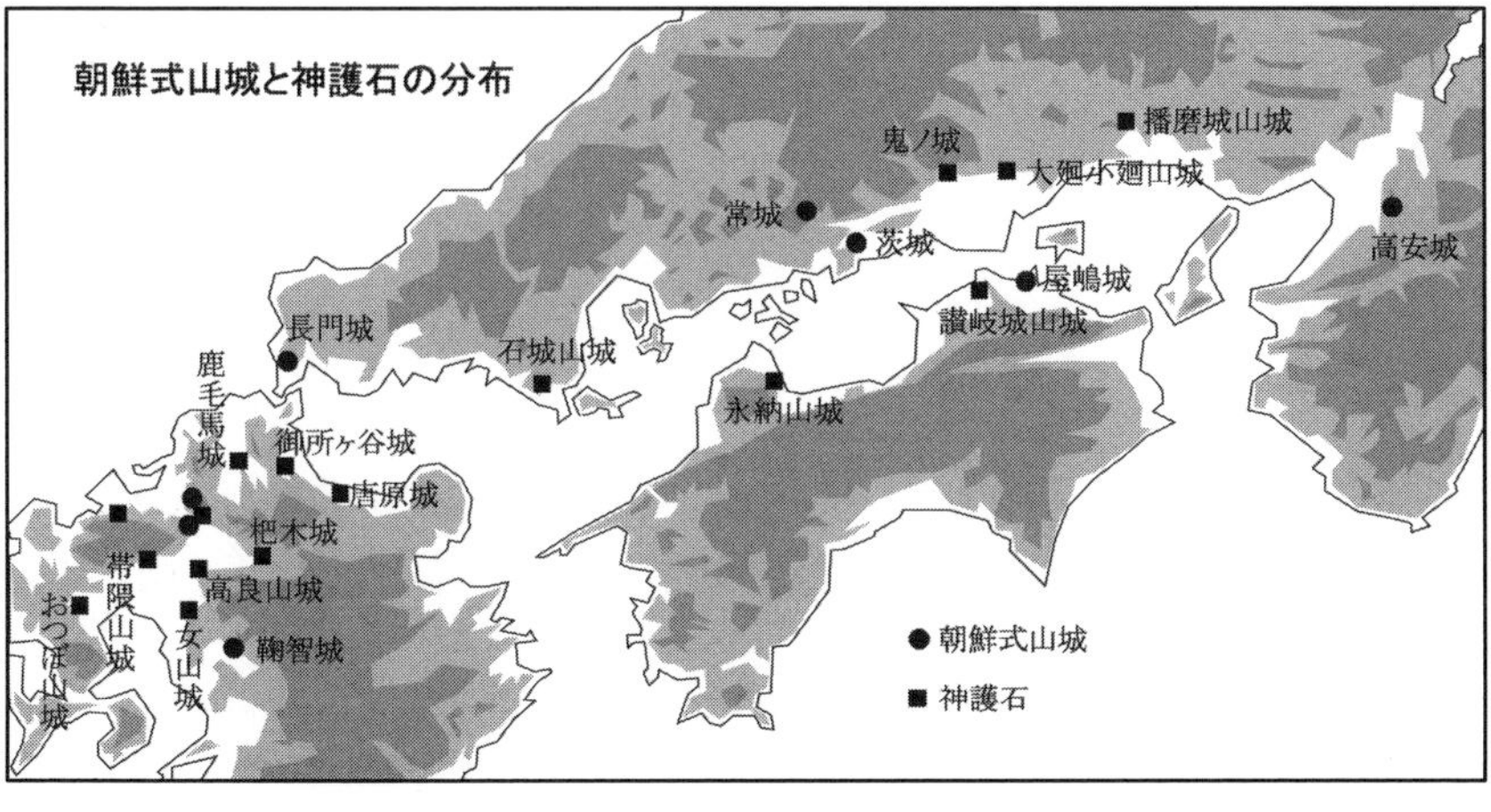

針に基づく大土木工事であったはずである。にもかかわらず記録がないのは奇妙ではないか。

思うに、これは大和政権に逆らう九州勢力の存在に触れたくなかったためではないか。

『日本書紀』は大和政権が日本列島唯一の政権であることを疑わせる情報を隠蔽したように見える。前述したように、中国の文献に登場している「倭の五王」や「多利思比孤」は日本書紀には載っていない。その理由は彼らが大和政権とは無関係に行動し、大和政権の統治が九州まで行き渡っていないことを思わせるからであろう。多利思比孤の都と推理した周防灘沿岸の京都郡の由来について、景行天皇の行宮に絡めて説明しているのも同じ方針に基づくものである。

古代山城の築造目的を伏せたり、神籠石について何も記載していないのも、大和政権と異なる勢力の存在が明らかになることを回避したのであろう。

倭国の政権を奪取した伽耶系の政権は、文献史料からも九州勢力を抹殺しようとした。九州の日本を抹殺し、九州勢力の独自の活動を抹殺したのである。

## ■山城の築造工事

古墳のような大きな土木工事は、その結果よりも工事中であることが重要な意味を持つ。

第三〇章や第三三章で述べたように、巨大古墳の築造中は多数の屈強な労働者を長期間集めておくことが可能となり、常設の軍隊の機能を果たすことになる。巨大古墳築造の第一の目的はここにあると言っても過言ではない。

築造の途中に意味があるのは朝鮮式山城や神籠石も同じである。

白村江の敗戦直後に各地に列石や土塁で囲んだ山城が築造された。大野城や基肄《きい》城、あるいは鞠智城や鬼ノ城のように城壁内部に小屋や倉庫の跡があって兵士が駐屯したことを思わせる山城もあるが、その痕跡のないものも多い。神籠石はほとんどが列石と土塁のみで兵士の存在を思わせる遺構がない。出来上がった山城に兵士が駐屯していないのである。

城の内部に兵士がいないことがわかれば、敵は全く警戒する必要がないし山城の存在の意味がない。これは山城が完成した後にはほとんど存在の意味がなく、築造途中の作業者が多数集まっている状態が重要であることを裏付けている。

六六三年に白村江で敗戦したあと、二年後の六六五年には大野城、基肄城、長門城の築城記事がある。四年後の六六七年には金田城、屋島城、高安城の築城が記されている。敗戦のあとすぐに敵が攻めてくる可能性があるのに、二年後や四年後に城が完成しても遅いのではないかという意見がある。しかし、おそらく戦いが終わった直後から各地に山城を築くという名目で多数の兵士を集め、天津神の蜂起に備えて防衛体制を整えたと理解すれば築城の意味が納得できる。

各地の山城では、天津神を城で包囲したというよりは、天津神を兵士たちで包囲していたのである。前述の宮地岳城（阿志岐城）は、その北側の御笠遺跡Ａ地点から見ると、土塁線がかなり標高の低いところに伸びている（下図）。

何かあればそこからすぐに兵士が飛び出せる構造なので、まるで地域の住民を威嚇しているように見える。累々たる列石とそれを造成する多数の兵士を見せつけて軍事的なプレッシャーをかける山城の好事例に見えるのである。

## ■太宰府の設置

大和政権の出先機関として太宰府に政庁が設置されたのは七世紀の後半といわれる。山城が築造された時期あるいはその直後に当たる。山城の築造と太宰府政庁の設置については何か関係がありそうである。私はこれを次のように推理している。

九州は遠隔地であるため、大和政権のコントロールが効かず、これまで再三にわたって九州の勢力が独自の行動で暴走するケースが繰り返されてきた。九州の倭の五王が、大和政権を無視して外交を押し進めたり、筑紫の磐井が兵士を集めて反乱を起こしたことである。

五二八年に磐井の乱が終わった時、磐井の息子の葛子が玄界灘沿岸の糟屋の屯倉を大和政権に献上した。大和政権はここ

阿志岐城跡土塁線（ＣＧ）御笠地区遺跡Ａ地点付近より
阿志岐城跡確認調査報告書
筑紫野市教育委員会を加工

に兵士を配備することによって、天津神がひしめく九州でも玄界灘沿岸は、支配地としてコントロール可能になった。しかし、それにもかかわらず京都郡や筑豊地域を実効支配していた多利思比孤は六〇〇年ごろに中国と勝手な外交を行ったのである。大和政権は天津神の密集する北部九州の内部にも拠点を置き、天津神の勝手な動きを封じる必要があった。太宰府や筑紫野の地域は古い時代から天津神の勢力の中心であり、ここに軍隊を派遣すれば、天津神の勢力を大幅に削ぐことができる。また、この地域は九州各地に交通路が開けた戦略的な要衝であり、九州の広い範囲を統治するには絶好の場所である。七世紀後半に大和政権が太宰府に新たな拠点を設けた背景にはこのような事情があったのである。

宮地岳城の西側一帯に広がる御笠遺跡群は、かつて高天原と呼ばれた天津神の本拠であり、大和政権に反抗する動きの中心だったと思われ、この地域を抑え込みたい大和政権だったが、天津神の密集するこの地域には迂闊に手を出せなかった。しかし、白村江の敗戦を契機に、不穏な動きを見せる太宰府近辺の天津神を封じ込めるために、大掛かりな土木工事で大野城、基肄城、宮地岳城を築造した。そしてこれらの山城によって天津神の動きを牽制しながら、水城方面から大和政権の軍勢を送り込んで太宰府に拠点を確保し、この地域の天津神勢力を完全に包囲してしまった。こうして九州の広域支配のための太宰府政庁が大野城の南側の山麓に設置されたのである。

太宰府は軍事・外交を主任務とする地方行政機関である。太宰府に大和政権の兵士を常駐させることによって、これ以降、九州の豪族の動きを軍事的な圧力で牽制するとともに、彼らの勝手な外交活動の封じ込めに成功した。太宰府の設置以降、九州は文字通り大和政権の支配下に置かれたのである。

## ■対立の激化

山城が各地に築造されたのは、天津神と国津神の緊張関係が頂点に達していたことを示している。

倭国王帥升がこの国を治めて以来、天津神と国津神は対立と融和をくり返してきたが、緊張関係が高まったあとには必ず融和の気運や行動が現れて、争いごとは沈静化した。

たとえば、天津神の軍勢が出雲など国津神の支配する各地へ進攻し、両者の関係が悪化したとき、天津神の総帥である高御産巣日尊は、国津神に対して天津神の女性を娶るように要請している。高御産巣日尊は、倭国の安定は天津神と国津神の協調によってしか成し遂げられないことを早くから理解し、二つのグループに対して婚姻を通じて融和するよう求めたのである。

また、神武天皇の奈良盆地制圧によって、天津神が国津神を支配する構造の倭国の統治体制が確立したが、そのいっぽうで、神武天皇以降の数代の天皇は国津神の女性を妃に迎え国津神と融和する姿勢を示している。

天津神が国津神を支配する体制から、天津神と国津神とが共存共栄する体制に変革したのは崇神天皇であった。崇神天皇は天津神の血を引く天皇ではあったが、その融和のための施策を高く評価した国津神は、喜んで崇神天皇に従ったのである。

それ以降、多少の紆余曲折はあったものの、天津神と国津神は協力して天皇を中心とした倭国を支えてきた。

しかし、新羅と伽耶、新羅と百済とのあいだで、国の存亡に関わるほど対立が激化したために、列島内部でも、新羅に肩入れする天津神と、伽耶や百済を支援する国津神の対立が、次第に尖鋭化した。

その経緯を追ってみると、まず、その先鞭をつけたのが伽耶系国津神の神功皇后によるクーデターであった。

神功皇后は、故国の金官伽耶が新羅に苦しめられているのを見て、伽耶救援の軍勢を半島に送ろうと考えた。

しかし、天津神の仲哀天皇に反対されたので、神功皇后は天皇を倒し、新羅遠征を敢行した。そして、仲哀天皇の息子の忍熊王たちを斥けて強引に応神天皇を皇位に就けてしまった。伽耶系の国津神が、天津神から皇位を簒奪したのである。

その後、継体天皇の時に、新羅討伐の軍を起こしたが、九州で大きな勢力を維持していた筑紫の磐井に阻まれてしまう事件が起きた。

筑紫の磐井は、『日本書紀』に筑紫国造と記されているように、もともとは筑紫を治める役人であったが、火（肥前国・肥後国）と豊（豊前国・豊後国）を糾合して大勢力になった。磐井側についたこれらの国々は、かつて、天照大御神や邇邇芸命の時代の天津神の領有した地域である。磐井は北部九州の天津神の後裔たちを結集したのである。

磐井の乱の本質は、北部九州の天津神の総帥磐井が、天津神と同族の新羅を撃とうとした伽耶系国津神の継体天皇の遠征軍を阻止した戦いと見ることができる。列島内で新羅勢力と伽耶勢力の戦いが行われたのである。

磐井は敗れたものの、糟屋の屯倉を献上することで磐井の子・葛子が死罪を免れるなど、戦後の処理が厳しいものではなかったため、北部九州には、天津神の大勢力が引き続き温存されていた。

欽明天皇の時代に、いよいよ伽耶が危ないという状況になって、大量の兵員を確保し伽耶に送り込んだにもかかわらず、任那日本府などの妨害によって効果的な施策が実行できず、ついに伽耶は滅んでしまった。

百済と同盟して伽耶を復活させようと企ててきた大和の国津神政権は、白村江の大敗の後、天津神の蜂起を恐れて各地に城を築き、臨戦態勢に入ったのである。

もしも、九州から瀬戸内海沿岸に幅広く分布する天津神たちが反乱を起こし、そこに新羅が攻めてきたら倭国はひとたまりもない。あるいは、実際に蜂起した天津神がいたのかも知れない。国津神は各地の山城に集めた武力によって、天津神の部族を威嚇し、押さえ込んでしまったのではないか。かつて倭国を支える同胞であった天津神と国津神は、敵どうしとなってていがみ合い、かつてない深刻な事態となったのである。

## ■山城の廃止

その後しばらくして、第四四代元正天皇の時代の養老三年（七一九年）に、備後国の茨城と常城を廃止したという記事が見える。

これは、山城が無くても国の平和を維持できる状況になったこと、すなわち、天津神と国津神との緊張関係が緩和されたことを意味しているのであろうか。

朝鮮半島では、伽耶、百済が滅びた後、半島を統一した新羅の勢いが盛んである。国津神にとって、新羅と誼《よしみ》を通じる天津神は、油断すれば新羅と組んでふたたび政権への反抗を企てる恐れのある危険な存在に見えたであろう。

とすると、白村江の敗戦を契機にして始まった天津神と国津神の深刻な亀裂は、新羅が健在な限りその後も融和することなしに形を変えてずっと継続していったのではないか。

このように考えると、天津神と国津神が融和したことが理由で山城が廃止されたとは考えにくいのである。山城の廃止は、山城に依拠しなくても天津神を押さえ込めるあらたな軍事体制が整ったことを意味するのではないか。

このころに「太宰・総領制」という広域の軍事制度が整備されたとされている。「太宰・総領制」については、まだ不明な点が多くいろいろと議論があるようだが、新たな軍事制度が機能したことで、行動に制約の多い山城に依拠した体制を廃止した可能性は大きいと思うのである。

総領（惣領）が設置されていた地域として、坂東・吉備・筑紫・伊予・周防などが知られており、「坂東」「筑紫」などの広域地名や「伊予」が讃岐国の事を扱ったり、「吉備」が播磨国の事を扱った記録もあるため、のちの大宰府のように複数の国に相当する地域を統括していたようである。坂東を除くこれらの地域には、山城が存在しており、山城に代わる新たな軍事拠点を置く場所としては整合的であり適切な選択にみえる。

また、『日本書紀』には吉備と筑紫に大宰と呼ばれる地方官が置かれており、現地の軍事権を掌握する立場にあったことが記されている。なお、太宰と総領との関係は不明な点が多くまだ議論が続いている。

もう一つ気になるのはこのころ古代の幹線道路が各地で整備されたことである。道幅は、地方では6m～12m、都の周囲では24m～42mに及ぶ広さであり、また、路線形状が直線的で、時に直線が 30km 以上にもなるという壮大な道路である（下図）。道筋は現在の高速道路のルートに似ているところが多いそうである。

何のためにこのような道路を作ったのだろう。よく言われるのは政権の権威を示すためだとする。

しかし、権威を高めるためだけの目的で人々を大動員する工事は、人々を苦しめ、政権から人心を離反させ社会が不安定化する大きな要因になる。やはり、人々も納得して作業に従事せざるを得ない逼迫した理由があったと考えねばならない。

五万堀古道：東山道の遺構
『茨城県教育財団2000年/総合流通センター整備事業地内埋蔵文化財調報告書』

この頃の社会事情を考えると、白村江の敗戦以降の、唐・新羅の侵攻や、それに呼応するかもしれない国内の天津神たちの脅威が背景にあったと考えられるのである。

このように幅が広く直線の多い道路はたんに物資の移動のためだけでなく、大量の兵員や物資を短時間で移動させるなどの軍事的な利用が目的なのではないか。武田信玄が甲斐から川中島や諏訪に通じる棒道と呼ばれた軍用の直線道路を作ったとされるが、それと同じ目的の道路ではないかと思うのである。

このような施策によって、政庁などに駐屯させた軍隊を短期間で広域に送り込める仕組みが整い、天津神が反乱を起こしたとしても、山城に頼らずに天津神を抑え込めるシステムが整備されたのであろう。

古代の幹線道路はその後百年ほどは維持されたようだが、次第に農地に転用されるなどして蚕食され、現代では全て地下に埋もれている。平時には必要のない道路だったのである。

## ■差別と鬼

山城の制度が廃されたのちも、新しい軍事システムのもとで、天津神の部族は、かたちを変えて国津神政権から監視され圧力を受け続けた。天津神たちは、警戒され、怨嗟の眼差しを受けて、国津神の支配する社会から疎外されていったように見える。

これまでは対立が起きた後には必ず融和の機運が現れたが、今回は様子が異なり、対立の関係が継続したように見える。国津神たちは、新羅が強い勢いを保っている限り、新羅と組んで反乱を起こす可能性のある天津神たちに、心を許すことができなかったのであろう。

日本の政権は、第四九代光仁天皇、第五〇代桓武天皇以降、ふたたび天智天皇直系の伽耶系国津神の血筋によって引き継がれ、そのまま現在に至っている。

国津神政権がその後も長く継続したため、押さえ込まれた天津神のなかには、その境遇から脱出するチャンスを得られず、不本意な状態を長く継続した人々が少なからずいたと思われる。天津神の多くの人々は、国津神の村人たちから敬遠され仲間外れにされたのではないか。

私は、これが現在まで続く部落差別の問題の源流ではないかと考えるのである。いわれのない差別を受けた人々は天照大御神直系の天津神の子孫であり、日本の礎を築いた人々である。発端となった新羅と伽耶の確執が遠い過去の話になった現在でも、差別の話が聞かれるのは悲しいことである。

押さえ込まれた天津神の中で、多少なりとも武力を持ち合わせたり、反抗の気概を持った人々は、国津神の社会の中で政権に反抗したり、差別する村人を襲ったりして反社会的勢力として行動した可能性がある。

私はこれらの人々が「鬼」として地域の伝承や昔話の中に描かれているのではないかと思うのである。

全国各地に鬼の伝承が多数存在するが、その由来は様々である。しかし、その中のいくつかは虐げられた天津神たちの反抗的な活動と思われるものがある。

奈良県の鬼に関連する行事を調べると、興味深い情報が見えてくる（下表）。

法隆寺や大和神社などの奈良盆地の中央に現れる鬼は、村人に災いをなす敵対的な勢力であり、退治される存在として描かれる。いっぽう、吉野の金峰山寺や天河神社など

**奈良県の主な鬼の行事**

| 行事 | 内容 | 村人と鬼の関係 |
|---|---|---|
| 興福寺の鬼追い式 | こん棒や剣を振り回して暴れる鬼を毘沙門天が退治 | 鬼は村人に災いをなす敵対的な存在 |
| 薬師寺の鬼祓い式 | 燃えさかるたいまつを持ち人々を脅かす鬼を法力で押さえ込み、無病息災を願う | 鬼は村人に災いをなす敵対的な存在 |
| 法隆寺の鬼追い式 | 燃えるたいまつを振り回し観客に投げつける鬼を毘沙門天が退散させる | 鬼は村人に災いをなす敵対的な存在 |
| 大和神社の鬼やらい式 | 赤鬼、青鬼を矛を持った天狗が追い払い、邪鬼を払って人々の幸福と平和を願う | 鬼は村人に災いをなす敵対的な存在 |
| 長谷寺のだだおし | 燃えさかるたいまつを持ち人々を脅かす鬼を法力で押さえ込み、無病息災を願う | 鬼は村人に災いをなす敵対的な存在 |
| 念仏寺の鬼はしり | 奈良の都から伝わった鬼を追い払う儀式が起源とされる。　たいまつを振りかざして暴れる鬼を調伏して住民の災厄を払う。 | 鬼は村人に災いをなす敵対的な存在<br>鬼は村人を祝福する先祖の化身という伝承もある。 |
| 吉野山の鬼歩き | 金峯山寺の開祖の役行者が法力で鬼を呪縛し、仏法を説いて弟子にした故事に基づくとされる | 鬼は村人の仲間でありヒーローである。豆まきでも「福はうち、鬼もうち」と唱える。 |
| 天河神社の鬼の宿 | 天河神社の神職は役行者に従った前鬼・後鬼の子孫とされ、節分の前夜に設けた鬼の宿に、先祖の鬼が戻ってきて宿泊するという | 鬼は身内のように扱われ、また、鬼は神として崇められている。豆まきは「鬼はうち、福はうち」と唱える。 |

の吉野川の南側に現れる鬼は、村人と親和的な身内や友達として描かれ、時には神として崇められることもある。

吉野川の北側と南側で鬼と村人の関係がこのように異なるのは何を意味するのだろうか。

紀ノ川を遡り吉野川に至る経路はかつて彦火火出見尊が進出した地域であり、吉野川とその南部は、磐余彦（神武天皇）が東征の際に、熊野川を遡って進出し地域である。したがって、この地域の村人はこの時にこの地域に入り込んで残留した人々である可能性が大きい。天ノ川や天川村などの「天」のつく名称はこの地域の住人が天津神であることの傍証であろう。

いっぽう、奈良盆地は伽耶系国津神の大和政権の支配する土地である。前述のように鬼を天津神の末裔と考えれば、吉野川の南の天津神の住む地域では仲間として歓迎され、国津神の土地である大和盆地では敵視されるのは当然であろう。

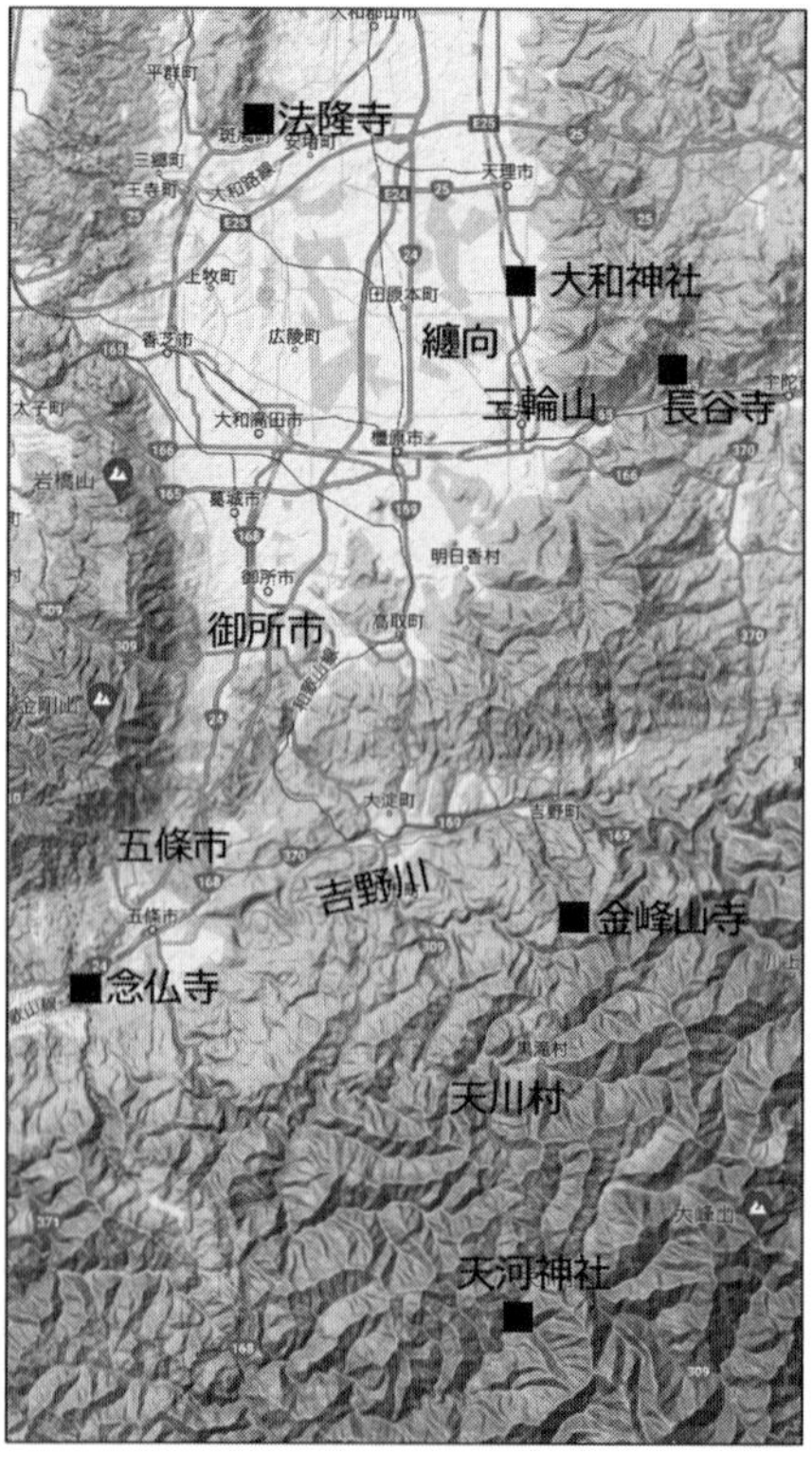


ところで、吉野川の川辺の五条市にある念仏寺は興味深い伝承を伝えている。鬼は村人に災いをなす敵対的な存在とする伝承と、村人を祝福する先祖の化身とする伝承があることである。村人と鬼の関係が正反対になっている伝承が伝わっているのはなぜだろう（前頁表）。

この地域は紀ノ川を遡って、天津神が進出した地域なので、もともとは天津神の末裔の鬼を歓迎していたと思うのだが、葛城氏が滅ぼされるなど、大和政権の力がこの地域に及んだ結果 ここでも奈良の都から伝わった鬼を追い払う儀式を強いられるようになったと考えられるのではないか。

鬼に対して親和的な吉野山や天河神社では、節分の豆まきで「福はうち、鬼はうち」などと唱え、鬼は排除すべき存在ではないことを表現している。

豆まきの際に「鬼はうち」と唱える地域が各地に存在する。そのような地域は、天津神の末裔の鬼を歓迎する天津神の集落の可能性がある。

例えば、紀伊半島の伊勢・志摩地域や京都府福知山市の大原神社では「鬼はうち」と唱えるそうである。この地域を治めた領主が九鬼氏であったため「鬼はそと」と唱えることは憚られたというのが理由だそうである。

しかし、気になるのは、伊勢・志摩地域は磐余彦（神武天皇）に率いられた天津神軍が、既に進出していた出雲の国津神を掃討した地域であり、尾鷲市や熊野市の地域に、鬼ヶ城、一鬼、鬼本、鬼本、二鬼島、七鬼の滝、八鬼山、九鬼、三鬼浦のように鬼のつく地名が多数存在することから、天津神の子孫の鬼たちがこの地域に多数暮らしていたことを示しているように見える。この地域の村人は、仲間の鬼に対して「鬼はそと」とは言えなかったのだろう。

また、福知山市は河内で饒速日尊と別れて丹後に向かう天香語山命の軍勢が進出した地域（P277 図）であり、付近には物部や日の本という地域があって、天津神進出の際に残った人々がこれらの地域の住民になったように見える。するとこの地域で暮らす人々にとっても鬼は仲間であり、排除する対象ではない。「鬼はそと」とは言えなかったのではないか。

福知山の近辺には、酒呑童子《しゅてんどうじ》で有名な大江山や陸耳御笠《くがみみのみかさ》の出没した舞鶴の青葉山など鬼の伝承が複数あるのは、この地域へ進出した天津神が、のちに苦境に陥って社会に反抗する集団になった痕跡ではないか。

鬼の起源を辿る意味で、信州安曇野で語り伝えられる八面大王の伝承も興味深い。

穂高神社の縁起によると、光仁天皇のころに八面大王（義死鬼《ぎしき》）という夷《えびす》が暴威を振るい、のちに桓武天皇の命により討ち果たされたとされる。しかし、悪人のように描かれた八面大王の評価については二つの見方がある。

坂上田村麻呂の北征の際、途上にある信濃の民に食料などを差し出すよう強いた。八面大王は、それを見かねて田村麻呂と戦った地元の英雄とする見方がある。その一方、民に迷惑をかけ、鬼と呼ばれていた悪人で、田村麻呂が北征の途上で征伐したとする見方もある。なぜこうなるのだろう。

八面大王が光仁天皇の頃に暴れたというのがヒントになる。というのは、第三八章で詳述するが光仁天皇は、天武天皇から始まった天津神政権に終止符が打たれ、再び国津神政権になった時の最初の天皇である。安曇野の安曇氏は天津神の一族なので、天津神政権と連携してこの地域を統治していたが、光仁天皇の時に政権が国津神に変わって、何らかの不都合・不利益が生じたのではないか。安曇氏の中の過激なグループが新しい国津神政権の政策に反対してさまざまな行動を起こしたことが八面大王の伝承となった可能性がありそうである。

天津神の立場で行動する八面大王は、天津神の安曇氏にとっては心強い英雄であったろう。いっぽう、諏訪湖周辺に押し込められた建御名方神の子孫の国津神からは、乱暴を働く鬼に見えたかもしれない。

## 三八．天武天皇と持統天皇

### ■壬申の乱

六七二年に起きた壬申の乱は、後の天武天皇である大海人皇子と、天智天皇の太子大友皇子との間で起こった皇位継承をめぐる日本古代史上最大の内乱である。

壬申の乱についても多くの研究者の解説があるので、ここでは詳しく述べない。しかし、壬申の乱の原因については、少々考えるところがあるのでそれについて述べようと思う。

壬申の乱の原因については、これまでいくつかの説が提唱されている。

たとえば、白村江の敗戦以降、近江への遷都や山城の築造など大規模な土木工事を矢継ぎ早に展開したため、豪族や民衆への負担が増大したことへの不満、さらに、天智天皇の急速な政治改革への不満も大きかったとされ、これらの要因が重なって乱に発展したと言われている。これが最も有力な説と言われているが、この他にも、額田王《ぬかたのおおきみ》をめぐる争いが天智・天武間の不和の遠因ではないかと推測する研究者もいる。

しかし、私は、壬申の乱の本質は、天津神たちが大海人皇子を戴いて、国津神政権を転覆させたことではないかと思うのである。もっと大きく言えば、伽耶系国津神に政権を奪われた呉の子孫の天津神勢力が、政権奪還を企てた戦いではないか。

神功皇后のクーデターによって政権を奪われて以降、伽耶系の政権が続いていた。チャンスがあれば政権を奪い返したいと行動してきた九州の天津神勢力は、倭の五王が独自に外交活動を行い、自分たちこそ倭国の王であることを中国に認めさせたし、いったんは大和政権に仕えた筑紫の磐井は、九州の天津神勢力の立場で、継体天皇の新羅派兵に反対して反乱を起こした。天足彦（阿毎多利思比孤）も自分たちが倭国の正当な政権であることを隋の王朝に伝えた。

大和政権はそのたびに軍事的圧力やさまざまな施策によって九州勢力を抑え込んできた。しかし九州勢力の再三の反抗に業を煮やした大和政権は、白村江の敗戦の混乱に乗じて、九州勢力の中心である太宰府周辺に山城を築き、彼らの動きを封じてしまった。そして政庁を設置し、ここを軍事的な拠点とすることで彼らの息の根を塞ごうとしていたのである。

九州勢力はこれに強烈に反発したのであろう。

このままでは九州勢力は押さえ込まれて永久に政権を奪回できない。九州の天津神勢力は大きな危機感を抱いたに違いない。この危機感が壬申の乱での天津神勢力のエネルギー源になったのではないか。

天津神勢力は饒速日尊、磐余彦、あるいは彦火火出見尊の東征によって、九州から瀬戸内、四国、近畿、北陸、東海などの各地に拡散している。これまでの天津神勢力の反抗は、倭の五王や筑紫の磐井、あるいは天多利思比孤など、九州の有力者によって行われてきたローカルなものであったが、壬申の乱では、政権中枢の天津神である大海人皇子が首謀者となったことで、九州だけでなく各地に分布する天津神勢力を糾合することが可能になったのである。国津神打倒のために各地の天津神が結集し、大きな勢力となって伽耶系国津神政権に戦いを挑んだのである。

## ■大海人皇子

のちの天智天皇である中大兄皇子は、近江の大津宮への遷都にあたって、大津の日吉大社に大和の三輪山から大己貴神を勧進した。日吉大社の西本宮には大己貴神が祀られ、東本宮には大山咋神《おおやまくいのかみ》が祀られている。大山咋神は山末之大主神《やますえのおおぬしのかみ》とも言われ、古事記には「須佐之男命皇子の大年神の子で近つ淡海・日枝（比叡）の山や葛野の松尾にも坐す」とあり、出雲系の国津神である。中大兄皇子は応神天皇からの伽耶系の血筋につながる天皇だが、明らかに出雲系の国津神の神々を恃みとする国津神側の天皇である。

なお、中大兄皇子の大津遷都は、唐・新羅連合軍の侵攻への対応と言われているが、前章で古代山城が各地の天津神の蜂起への対策であると分析したように、大和地域にも天津神の反乱が起きる可能性があった。遷都はこの懸念への対応と理解すべきだと思う。

では、天津神たちの不満を糾合して立ち上がった大海人皇子は天津神だったといえるのか。

これについて詳しく見てみよう。

まず、天武天皇の生い立ちについて見てみよう。

天武天皇は、大海人皇子と呼ばれていたが、「大海人《おおあま》」という名前についてつぎのような情報がある。

天武天皇が亡くなった時に、最初に、誄《しのびごと》（死者への言葉）を述べたのが、大海宿禰蒭蒲《おおしあまのすくねあらかま》という人物で、壬生《みぶ》の事を誄し奉ったとされる。

壬生《みぶ》とは皇子の養育の役目であることから、これは天武天皇が大海宿禰蒭蒲の一族の中で育てられたことを意味するものであり、大海人皇子という名前は、大海氏の乳母によって育てられたことに由来すると考えられるのである。

大海氏がどのような氏族であったのかについてはいくつかの説がある。

そのひとつは、大海氏は安曇の一族であるというものである。

大海氏は凡海《おほしあま》氏であり、安曇氏のなかに同族として安曇犬養、海犬養、八木の諸氏とともに凡海《おほしあま》氏がいることが根拠になっている。

いっぽう、歴史学者の上田正昭氏などは、大海宿禰は安曇氏系でなく、尾張氏系とみている。

『日本書紀』崇神天皇紀に、天皇の二番目の妃として尾張大海媛が記されていることや、『古事記』の崇神記には、意富阿麻《おおあま》（大海）比売を尾張連の祖と記していることなどを根拠としている。

また、壬申の乱で、安曇氏が大海人皇子に係わった形跡が見えないのに対して、尾張氏は積極的に大海人皇子に協力している。これは、天武帝の乳母をつとめた尾張の大海氏が、大海人皇子と尾張氏の仲介をしたと考えられ、大海氏が安曇氏ではなく尾張の一族であることを裏づけるものとしている。

上田氏の述べるように、大海氏が尾張氏だとすると、尾張氏の遠祖である饒速日命やその息子の天香語山命は、九州から来た天津神であり、大海氏は天津神の一族であることになる。

すなわち、大海人皇子は、その幼少の時期を、天津神の一族の中で過ごし、天津神として成長したと思われるのである。飛鳥浄御原宮で即位した天武天皇は、宗像の豪族・宗像善徳の娘尼子姫を迎えて高市皇子をもうけている。これは天皇と天津神の故地である九州との強い結びつきを示すもので、壬申の乱の際は九州勢力の強力な軍事的支援を得たのであろう。

もうひとつ、天武天皇が天津神であることを示すと思われる情報がある。

天武天皇が壬申の乱の時に、天津神の始祖である伊勢の天照大御神を遥拝し戦勝の祈願をしていることである。『日本書紀』によれば、歴代の天皇の中で、伊勢の天照大御神に祈りを捧げた記録があるのは、持統天皇と天武天皇だけである。国津神の天皇たちはまったく伊勢の天照大御神を無視して参拝をしなかった。ここに戦勝のために祈りを捧げたのは、天武天皇が天津神であることを裏づけていると思うのである。

さて、「日本」という国号は天武天皇の時代に定められたという。

これまで、西日本各地にある「日の本」が天津神の軍事進出の拠点の名称であることを述べてきた。また、「任那日本府」が朝鮮半島に置いた天津神の拠点であることも述べた。

「日本」や「日の本」というのは、天津神が進出する際の拠点のことを呼んでいた名称であり、天武天皇が国号を「日本」と定めたのは、天武天皇が天津神であることの決定的証拠のように見える。

ところで、壬申の乱（六七二）の前に行われた第四回遣唐使（六五九）の記録に興味深い記事がある。『日本書紀』に引用された伊吉連博徳書によれば、この時、唐の皇帝が「日本国の天皇は、お変わりないか」と日本国の天皇の様子を訪ねたことが記されているのである。（天子相見問訊之、日本國天皇、平安以不。）

このときの唐の皇帝が質問した「日本国」や「天皇」は何を意味するのか。

これは、かつて九州の一部でしかなかった日本が、壬申の乱の前には、唐の皇帝が認識するほどの大きな勢力となり、そこに唐の皇帝が気を配るほどの存在感の天皇がいたことを示すものであろう。

■漢風諡号

「天智天皇」や「天武天皇」という称号は、奈良時代に淡海三船《おうみのみふね》によって撰進された漢風諡号《かんふうしごう》である。

そして、天智と天武の由来は、中国の周の歴史書『周書』の次のような記述に基づくものとされている。

周王朝は、殷王朝を倒した武によって建てられた国である。殷の最後の王だった紂王《ちゅうおう》は、中国史上最も暴虐な君主だったとされる。その紂王を自殺に追い込んで倒したのが臣下の武であった。武から見れば、暴虐のかぎりをつくす紂王を倒すのは正義の行動であった。

紂王が自殺したときに身に付けていたのが、「天智玉」という宝玉だった。紂王の死後、天智玉を手に入れたのが武王である。

淡海三船は、中国の故事を援用して漢風諡号に反映したのであろう。すなわち、天智は「紂王の愛した天智玉」から名付けられ、天武は「天は武王を立てて悪しき王（紂王）を滅ぼした」ことに因んだ名前とされるのである。

淡海三船は壬申の乱の当事者である大友皇子の曾孫である。彼は、天智と天武の関係や、大友皇子が戦った壬申の乱の意味を正しく理解していたにちがいない。

その淡海三船が、天智と天武の関係を中国の紂王と武王の関係と見ていた。つまり、壬申の乱を、天皇家の兄弟による内紛ということではなく、失政を重ねた国津神の古い王朝が倒れ、天津神の新しい王朝が成立した王朝交代の事件と見ていた可能性が強いのである。

■持統天皇

国津神の天智天皇の娘であり、天津神の天武天皇の妃でもあった持統天皇について考えてみたい。

『日本書紀』には持統天皇が自分の血統を王位に就かせることに強くこだわったことが記されている。

たとえば、天武天皇が亡くなった後、姉である大田皇女の皇子・大津皇子を謀反の嫌疑をかけて殺し、自分の息子である草壁皇子を皇太子とした。

草壁皇子が即位する前に早世すると、自身が女帝として六九〇年に飛鳥浄御原宮で即位した。草壁皇子の遺児、軽皇子が一五歳になると立太子させ、すぐさま天皇位を譲った。譲位後に自らは太上天皇として天皇を後見した。

このような経緯を見ると、自分以外の血筋に天皇を渡さないという持統天皇の強い決意が感じられる。そのため、皇位確保のために手段を選ばぬ悪女とも言われた。

しかし私は、持統天皇のこの行動の背景には、天津神と国津神の確執が関わっていると推理するのである。

父と夫がいがみ合う不幸を体験した持統天皇は、再びこのような状況が起きないように、天津神の天皇と国津神の天皇の両方の血が流れる自分の直系から、後世の天皇を出すことを強く考えたのであろう。

天津神の天武天皇と国津神の持統天皇の間に生まれた草壁皇子ならば、天津神にも国津神にも偏らない天皇となって、天津神の人々も国津神の人々も、同じ天皇のもとで協力できる平和な世の中が実現できると考えたのであろう。

持統天皇は、国津神の血を受け継ぐ天皇でありながら、天照大御神へ参拝するために、反対を押し切って伊勢を訪れた。これも天津神への配慮であり、天津神と国津神の両方に視点を置いていることを具体的な行動で示したものと理解できるの

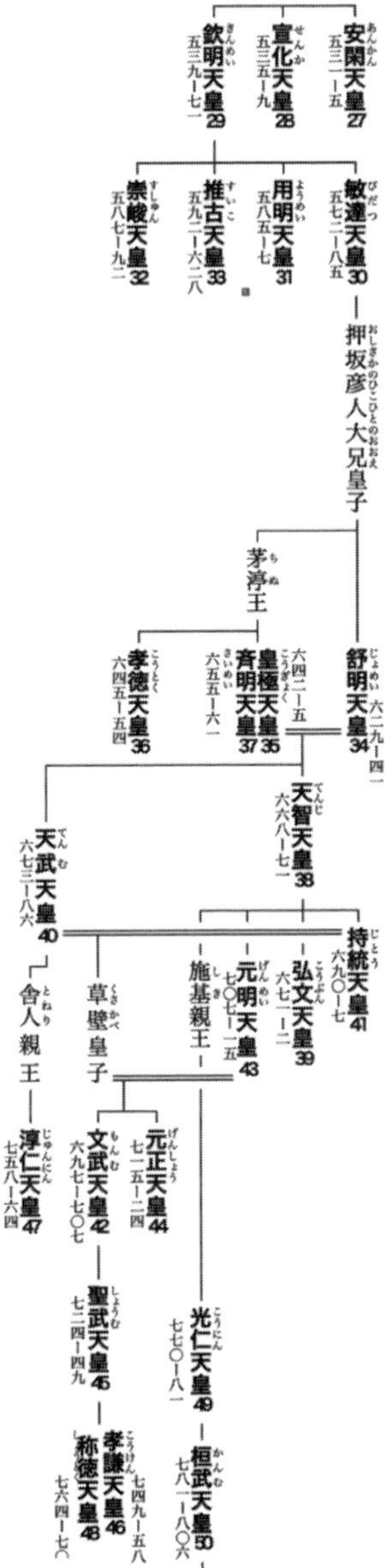

である。

ところで、元明天皇即位の際の宣命の中に「不改常典」という皇位継承に関する制度が引用され、譲位の拠り所として強調されている。「不改常典」は天智天皇が定めたものとされているが『日本書紀』には記されておらず、『続日本紀』以降の史料に、のちの天皇が言及する形で現れる。

この制度の具体的内容の記録がないので詳細は明らかでないが、皇位の兄弟相続を排して持統天皇の嫡子草壁皇子の系統が即位する場合に、その正統性を証すものとして使用されたことから推測すると、持統天皇の意志が強く働いているのではないかと思う。

前述のように、持統天皇の直系に皇位を継承させることは、国津神と天津神の争いを回避する有効な手段になる。持統天皇は、天智天皇の名を借りた「不改常典」によって自身の直系の皇位継承を周知させ、争いのない国づくりを目指したのであろう。

しかし、持統天皇の強い願いにもかかわらず、その血統は第四八代称徳天皇で途絶えてしまう。第四九代光仁天皇は天智天皇の孫に当たり、国津神系の天皇ということになる。

そして、光仁天皇と百済系渡来人の子孫である高野新笠との間に生まれた桓武天皇の家系が、天津神を排除して代々の天皇の血筋として現代まで続くのである。

京都東山三十六峰の一嶺、月輪山の麓にたたずむ泉涌寺《せんにゅうじ》は、皇室の菩提寺として知られている。泉涌寺の霊明殿には、天智天皇以降の代々の天皇の位牌がある。しかし詳しく見ると、第三八代天智天皇の位牌と第四九代光仁天皇以降の位牌はあるが、天武天皇から称徳天皇までの位牌がない。天武天皇の血を引く家系の位牌がないのである。

ここでは、天武から称徳までの天皇は、明らかに他の天皇と区別されている。寺の由来はその理由を述べていないが、天津神系の天皇が排除されていると見て間違いはない。

国津神の血筋を引くのちの時代の天皇が、泉涌寺を菩提寺に決める過程で、これらの天皇を自分たちの仲間に加えなかった。ここにも、わが国の古代には、天津神と国津神の根深い確執があったことが示されているのである。

## 三九．古文献

### ■『隋書』

日本の古代史研究のための重要な資料である『隋書』『旧唐書』『新唐書』などの中国文献について、その内容に矛盾するような記述があり読者の理解を妨げている部分がある。ここではこれまで見てきた歴史の流れを考えながら文献の内容を吟味してみようと思う。

まず、『隋書』について考えてみる。

三五章で詳しく述べたような事情によって『隋書』俀国伝には、天足彦（阿毎多利思比孤）の治めていた九州の倭国を「俀国」と記している。

『隋書』俀国伝によれば、古い時代の俀国は倭の奴国や卑弥呼の邪馬台国のあった九州の島国として描かれている（下表）。

倭人の国から天津神の国への交代の事情など、古い時代の詳しい情報は記されていないが、倭の奴国から天足彦が統治していた隋の時代まで阿蘇山のある国、すなわち一貫して九州に存在した国として描かれている。

これを仮に「九州倭国」と呼んでおく。ただし独立した国家ではなく、公式には大和を都とする「大和倭国」に従属する北部九州の集団である。

『日本書紀』は、大和政権の小野妹子を隋（大唐）

| 『隋書』俀国伝 | |
|---|---|
| 大海の中にあり　東西５月行、南北３月行 | 九州倭国 |
| 邪靡堆に都す（＝魏志の邪馬台） | |
| 古の俀の奴国 | |
| 卑弥呼共立 | |
| 魏より斉、梁に至るまで世々中国と相通ず（＝魏、晋、宋、斉、梁） | |
| 開皇20年遣使（600）、俀王の姓は阿毎氏、字は多利思比孤（第一回遣隋使） | |
| 10万戸 | |
| 阿蘇山あり | |
| 大業3年（607）遣使多利思比孤（第二回遣隋使） | |
| 大業4年（608）裴世清来訪。竹斯国より東行して海岸着。儀仗兵が出迎え | |
| その後、往来が絶えた | |

**（文中の倭をすべて俀と表記）**

| 『隋書』巻三帝紀第三　煬帝上 | |
|---|---|
| 大業4年(608) 三月辛酉、壬戌、百濟、倭、赤土、迦羅舍國並遣使貢方物。 | 大和倭国 |
| 大業6年(610)春正月癸亥朔,倭國遣使貢方物。 | |

**（文中の倭はそのまま倭と表記）**

に派遣したことを記録しているが、『隋書』の編纂者が、大和の倭国を「倭」で表し、九州の倭国を「俀」と記して区別したと考えれば、『隋書』の巻三帝紀第三には、前頁の表のように倭として記された文があり、これが大和政権の倭国を指していると理解できるし、俀国伝の内容は九州倭国の話と納得できる。第三五章で述べたように『隋書』の記述は『日本書紀』とも整合することになり、『隋書』に特に矛盾はない。

天足彦（阿毎多利思比孤）を大和政権の天皇と考えてしまうと『隋書』は謎だらけの文献になってしまうのである。

## ■『旧唐書』『新唐書』

つぎに、『旧唐書』倭国伝を見ると、その前半は『隋書』と同じく倭の奴国から始まる九州の島国として描かれ、王の姓が阿毎氏すなわち天津神の統治する国と認識されている。

しかし、後半は大和政権からの遣唐使の派遣記事で、大和の倭国のことを記述しているようにみえる。『旧唐書』倭国伝に記された唐の役人高表仁は、難波まで来訪したことが『日本書紀』にも記録されていて、倭国の事情を把握して帰国したと思われるので、『旧唐書』倭国伝の編纂者は、倭国の政権が九州から大和に移った状況を理解して、九州政権から連続した大和の倭国の記事として記述したのだろう。

『旧唐書』倭国伝には六四八年（孝徳天皇四年）に文書を新羅経由で唐に奉ったことまでが記されている。いっぽう『旧唐書』日本伝には、七〇三年に粟田真人が遣唐使として訪れたことと、それ以降のことが記録されている。つまり、『旧唐書』の編者は、六四八年までのわが国を「倭国」と認識し、七〇三年以降のわが国を「日本」と認識していたことになる。

さらに「日本国は倭国の別種である」と記す。

これは、六四八年から七〇三年までのあいだに、倭国は、別種の人々によって取っ

| 『旧唐書』倭国伝 | |
|---|---|
| 古の倭の奴国 | 九州倭国 |
| 大海の中にあり　東西5月行、南北3月行 | |
| 世々中国と通ず | |
| 王の姓は阿毎氏 | |
| 衣服の制は、すこぶる新羅に類す | |
| 貞観5年(631)、使を遣わして方物を献ず。<br>（第一回遣唐使） | 大和倭国 |
| 高表仁派遣 | |
| 貞観22年(648)に至り、また新羅に附し表を奉じた | |

て代わられ、別種の人々が日本国を建国したというように読めるのである。

この間の六七二年に、わが国の体制をゆるがした壬申の乱が勃発している。『旧唐書』の編者は、壬申の乱によって、倭国が倒れ、国津神とは別のグループの人々、すなわち、天武天皇が率いる天津神によって日本国が立てられ、ここで王朝が交代したと理解したのであろう。そのため倭国伝とは別に日本伝を書き起こしたのである。

『旧唐書』日本伝は、次のようにも記している。

「日本はもと小国だったが、倭国の地を併せたのだ」

| 『新唐書』日本伝 | |
|---|---|
| 古の倭の奴国 | 九州倭国 |
| 東西５月行、南北３月行 | |
| 王の姓は阿毎氏 | |
| 神武の時、筑紫から大和へ移る | |
| 用明は目多利思比孤ともいい、隋の開皇末に初めて中国と国交を通じた。　（注） | 大和倭国 |
| 貞観5年朝貢（631）（第一回遣唐使） | |
| 高表仁派遣(632?) | |
| 新羅に附し表を奉じた | |
| 永徽年間(650－655）の初めに、孝徳天皇が琥珀と瑪瑙を献上（第二回遣唐使） | |
| 662年蝦夷人とともに朝貢 | |
| 咸亨元年（670）朝貢（第六回遣唐使） | |
| 倭を嫌って日本と号す。日の出るところに近いから。 | 大和日本 |
| 日本は小国だったので倭に併合され、倭が日本の国名も奪った。使者が真相を語らないのでこの由来は疑わしい | |
| その国とは方数千里にして、南・西は海に尽き、東・北は大山に限られ、その外は毛人国。この話も疑わしい | |
| 開元年間はじめ、粟田真人入唐（第八回遣唐使） | |
| 天寶12年（753）、又遣使貢（第十一回遣唐使） | |
| 建中元年(780）真人興能遣使 | |
| 貞元20年（804）遣使（第十七回遣唐使）空海 | |
| 開成４年(839)遣使（第十八回遣唐使）高階真人 | |

注：小野妹子や天足彦が唐に遣使した事であろう。推古の時代であり用明が目多利思比孤（天足彦）というのは誤り。

| 『旧唐書』日本伝 | |
|---|---|
| 倭国の別種 | 大和日本 |
| 日の辺に在るを以って日本と為す | |
| あるいは云う、倭国自らその名の雅ならざるをにくみ、改めて日本となすと。 | |
| 又云う、日本は旧(もと)小国、倭国の地を併せたりと。 | |
| 使者のいうことが真実かどうか疑わしい | |
| 東西南北各々数千里あり、西界南界は咸(み)な大海に至り、東界北界は大山ありて限りをなす | |
| 長安3年（703）、其大臣朝臣真人（第七回遣唐使） | |
| 開元初（717)、又遣使来朝（第八回遣唐使） | |
| 天寶12年（753）、又遣使貢（第十一回遣唐使） | |
| 貞元20年（804）遣使（第十七回遣唐使）空海 | |
| 開成４年(839)遣使（第十八回遣唐使） | |

壬申の乱に勝利した天津神の立場からは、もともと九州や瀬戸内の一部しか確保していなかった天津神が天下を取ったのだから、そのとおりである。

この内容は、壬申の乱以前に「日本」という小さな地域が倭国の中にたしかに存在したことの証拠でもあり、小さな「日本」が、国津神の倭国政権を打倒して新たな「日本国」

## 旧唐書・新唐書の記述と日本の状況

天津神＝ 九州から来た呉系の人々
国津神＝ 天津神以外の倭人や伽耶系の人々

| 天皇 | 政権 | 国名 | 遣唐使 | |
|---|---|---|---|---|
| 神武 | 天津神 | 倭国 | | |
| ｜ | ｜ | ｜ | | |
| 仲哀 | 天津神 | 倭国 | | 神功皇后のクーデタ |
| 応神 | 国津神 | 倭国 | 1次 | |
| ｜ | ｜ | ｜ | ｜ | ⇦『旧唐書』倭国伝 ＊倭国は古の倭奴国なり |
| 天智 | 国津神 | 倭国 | 7次 | 壬申の乱 |
| 天武 | 天津神 | 日本 | 8次 | |
| ｜ | ｜ | ｜ | ｜ | ⇦『旧唐書』日本伝 ＊日本国は倭国の別種である |
| 称徳 | 天津神 | 日本 | 15次 | ＊日本はもと小国だったが倭国の地を併せた |
| 光仁 | 国津神 | 日本 | 16次 | |
| ｜ | ｜ | ｜ | ｜ | ⇦『新唐書』日本伝 ＊日本は古の倭奴なり |
| | | | 19次 | ＊日本は小国で、倭に併合された故に、その号を冒すともいう |

を作り上げたことを示している。

　面白いことに、『新唐書』の「日本伝」では、「日本は小国で、倭に併合された故に、その号を冒すともいう。」と記され、日本が倭に屈したことになっていて、日本と倭の力関係が『旧唐書』と逆になっている。

　そして、『新唐書』の編者は、「日本伝」の冒頭で「日本は、古の倭奴なり。」と記している。これも『旧唐書』倭国伝の認識とは異なっている。「日本」の政権は倭の奴国の後裔の国津神が握っていると認識しているのである。これはどのように理解すべきだろうか。

　私は、『新唐書』の記述は、壬申の乱でいったん天津神が政権を得たあと、光仁天皇や桓武天皇の時代以降、ふたたび、天智天皇の血筋の伽耶系国津神の天下になった状況を記述したものと考えた（前頁上図）。

　国津神政権は、倭国のルーツが倭の奴国にあることや、壬申の乱で成立した「日本」の

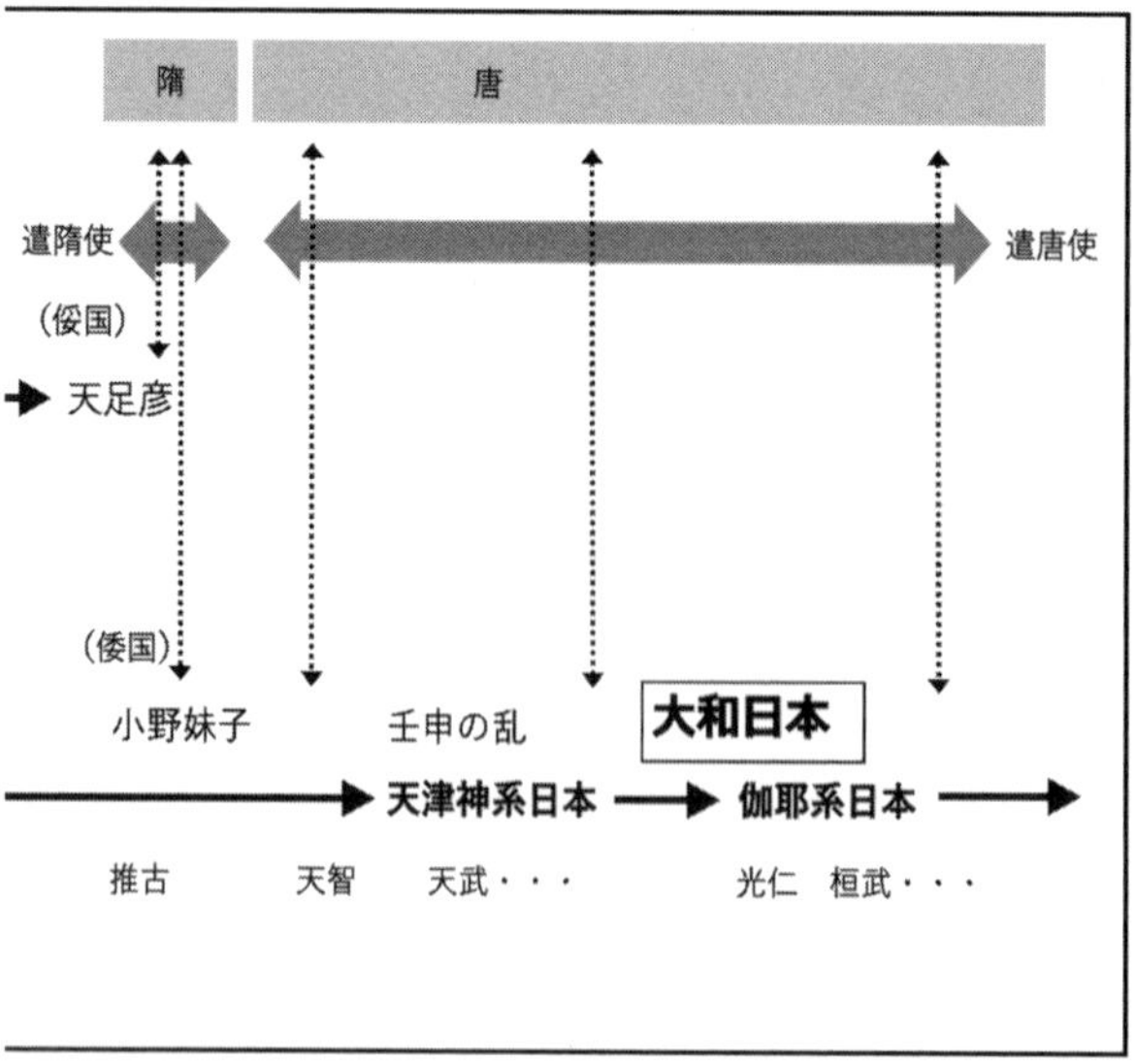

王統を取り返し、再び伽耶系国津神による新しい日本を樹立したことを唐の役人に伝えたのであろう。

このとき国津神政権が、国号を「日本」のままにした背景には、「倭国がみずからその名の雅やかでないのをにくみ、改めて日本とした」と『旧唐書』に記されたような事情があって「倭」よりも印象の良い「日本」を継続使用したのだろう。

倭国や日本の情報を唐に伝えたのは頻繁に送られた遣唐使である。壬申の乱で体制が国津神から天津神に入れ替わったが、壬申の乱の以前に伽耶系の国津神政権から七回遣唐使が送られている。そして、壬申の乱以降、光仁天皇の時代に再び体制が交代するまでに、八回の遣唐使が天津神政権から派遣され、さらに光仁天皇以降にも国津神政権から数回の遣唐使が唐に渡っている。

『旧唐書』の内容を吟味すると、『旧唐書』の倭国伝は壬申の乱以前の遣唐使から得た情報に基づくものと思われるし、『旧唐書』日本伝は天武天皇以降称徳天皇までの天津神の天皇の時代に訪れた天津神の立場の遣唐使の情報をもとにまとめられたと考えられる。

『旧唐書』は、全般的に史料不足による不備が大きかったので、新しい史料を集めてそれまでの誤りや不足を補って『新唐書』を編纂したとされている。

『新唐書』を編纂する際に、光仁天皇以降に訪問した国津神の立場の遣唐使の資料を含め、新たな資料を入手したことで、最新の状況が明ら

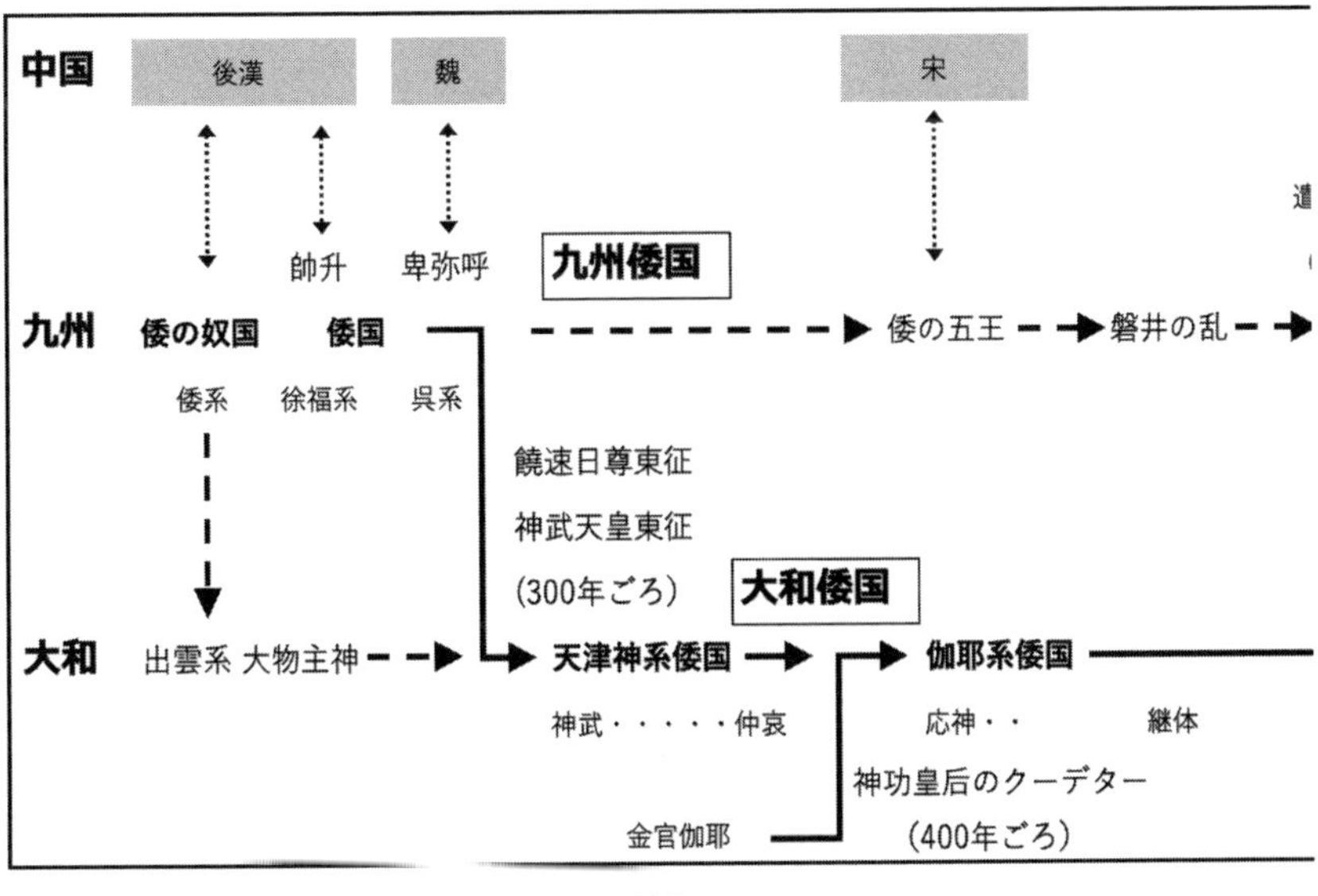

かになった。新たに神武東征や多利思比孤の話が記載されているのはこの時に入手した情報であろう。

『新唐書』の「日本伝」はこれらの情報を元に、倭の奴国の時代から壬申の乱以降まで、神武東征で政権が移動したことも含めて、九州倭国と大和倭国さらに大和の日本を連続した国として記述しているのが特徴である。

『旧唐書』『新唐書』の錯綜した記述は、倭国の政権交代と国号の成立事情や情報源を以上のように理解すれば謎は氷解するのである。

ところで、『旧唐書』『新唐書』のいずれも「使者の話は疑わしい」と記している。

国津神出身者も天津神出身者も遣唐使として唐に渡った。それぞれの立場から壬申の乱前後の情報や、その時々の国内の状況を唐の役人に伝えたため、国号の成立事情や、国土の大きさなどについて、人によって話の内容が大きく違っていたのだろう。だれの話を信用して良いのか判らなかったことが使者の話の信憑性を疑われた大きな理由と思われる。

なお話は少し逸《そ》れるが『新唐書』で一つ興味深い記述がある。

第三十六章で触れたが、「用明天皇は目多利思比孤ともいい、隋の開皇末に当たる。この時はじめて中国と国交を通じた」（用明、亦曰目多利思比孤、直隋開皇末、始與中國通。）という文章である。

もちろん、目多利思比孤（阿毎多利思比孤）は九州の俀国（倭国）の王であり、大和政権の用明天皇とは別人である。開皇末は推古天皇の時代であり、この頃に隋と交流したのは、俀国の天足彦と大和政権の小野妹子である。

注目すべきは『新唐書』のこの部分に、「この時中国とはじめて国交を通じた」と記されていることである。これをどう考えるか。

九州の倭国は、古い時代から倭国王帥升や卑弥呼が中国と往来しており、『隋書』俀国伝には「魏より斉、梁に至るまで世々中国と相通ず」と記され、『旧唐書』倭国伝にも「世々中国と通ず」と描かれていることから、九州倭国が目多利思比孤の頃にはじめて中国と交流したとするのは当たらない。

すると『新唐書』のこの文章は、大和政権が小野妹子の外交活動によってはじめて中国と交流したと述べていることになる。これは、それ以前の倭の五王が大和政権の王たちではないことを裏付ける証拠ではないかと思うのである。

## ■『古事記』

『古事記』と『日本書紀』はわが国の最古の歴史書である。

『古事記』は天武天皇の命により編纂され、和銅五年（七一二年）に完成したことがその序文に記されている。

『日本書紀』そのものには、その成立の経緯は記録されていないが、『続日本紀』養老四年（七二〇年）の条に、「一品の舎人親王は勅をうけて日本紀の編纂に従っていたが、このたびそれが完成し、紀（編年体の記録）三十巻と系図一巻を奏上した（先是一品舎人親王奉勅修日本紀 至是功成奏上 紀卅巻系圖一巻）」という記述があることから、『日本書紀』が天皇の命による公式な事業として編纂が始められ、天武天皇の皇子舎人親王によって七二〇年に完成したとされている。

ほとんど同じ時期に歴史書が二種類も編纂された理由について、さまざまな議論がある。また、これらの史書は、天皇の権威を高めるために後世に机上で創作されたものだとする説もある。

第二九章などでも、後世の作とするには根拠が薄弱であることを述べたが、私は、これらの史書は、やはり、正しい歴史を記録しておこうとする天武天皇の意図によるものと考えるのである。

『古事記』の序によると、天武天皇は、「私の聞くところによれば、諸家に伝わっている帝紀および本辞には、真実と違い、あるいは虚偽を加えたものがはなはだ多いとのことである。そうだとすると、今その誤りを改めておかないと、今後幾年もたたないうちに、その正しい趣旨は失われてしまうに違いない。」と述べて、稗田阿礼に命じて、帝皇の日継および先代の旧辞を暗唱させた。

誤りがあるならそれを修正して正しい史書を一冊作成すれば良いと思うのだが、そうせずに二種類の史書を作成した意図はどこにあるのだろうか。

私は、これらの状況は次のように理解すべきものと思うのである。

天武天皇以前には、伽耶系国津神の天皇が何代も続いていたので、天皇を出した国津神の諸家が帝紀や本辞を記述していた。その内容が天津神の伝えてきた伝承と異なることに天武天皇が気づいた。

天武天皇が特に気にしたのは、天御中主尊や高御産巣日尊から始まる天津神の祖先の情報が国津神諸家の資料には欠落していたことではないか。

『日本書紀』を見ると、本文のほかに複数の異伝が一書として記されているが、ほとんどがこの国土に最初に現れる神は、可美葦牙彦舅尊《うましあしかびひこじのみこと》か国常立神《くにのとこたちのかみ》であり、倭人の原初の神々になっている（下表）。

天御中主尊、高御産巣日尊、神産巣日尊などの天津神の始祖の神々は、一書第四に高天原にいる神々として脇役のように控えめに記されているだけであり、一書第六には具体的な伝承が見あたらない天常立尊が記されているだけである。

国津神の諸家の情報だけを頼りにして描かれる歴史には、高天原のこれらの神々は記述される可能性は少ないし、いずれ忘れ去られてしまうと天武天皇は懸念したのであろう。

天武天皇は、天津神の先祖であるこれらの神々を何らかの方法で記録に残したいと願ったのだろう。天武天皇の意向を汲んだ『古事記』では、その冒頭に高天原に成りし神としてこの三柱の神々が登場する。

これらの神々は系譜の上では国津神の始祖の神々の上に、とってつけたように載せられていて（P78図）、系譜情報としては不自然なところがある。『古事記』の記述では高御産巣日尊と天照大御神は同時代に活躍しているし、伊邪那岐命と天照大御神も同時代の神々である。したがって高御産巣日尊と伊邪那岐命もほぼ同時代に活躍したはずなのに、系図上では何世代も離れているように描かれていることである。「理屈はどうでもとにかく書き加えた感」が満載なのである。

呉系の天津神と倭人の国津神は元々ルーツが異なり、渡来の経路も異なる人々なので、それぞれの原初の神々まで辿ると異なる歴史が描かれることになる。天武天皇はそ

**原初の神々**

| 史料 | 最初の神 | 2番目の神 | 3番目の神 | 備考 |
|---|---|---|---|---|
| 日本書紀本文 | 国常立尊 | 国狭槌尊 | 豊斟渟尊 | |
| 一書第一 | 国常立尊 | 国狭槌尊 | 豊国主尊 | |
| 一書第二 | 可美葦牙彦舅尊 | 国常立尊 | 国狭槌尊 | |
| 一書第三 | 可美葦牙彦舅尊 | 国底立尊 | ― | |
| 一書第四 | 国常立尊 | 国狭槌尊 | ― | 高天原の神に言及 |
| 一書第五 | 国常立尊 | ― | ― | |
| 一書第六 | 天常立尊 | 可美葦牙彦舅尊 | ― | |
| 古事記 | 天御中主尊 | 高御産巣日尊 | 神産巣日尊 | |

れを理解し、正規の国家の源流は倭人の神々であることを認めつつ、自らの出自である天津神の歴史も非公式に『古事記』として残しておきたいと考えた。そのため、舎人という下級役人の稗田阿礼ひとりに天津神諸家の伝承を調べさせ、しかも文書に残さずひそかに暗唱させたのである。

『古事記』については、天皇の指示ではあるが『日本書紀』のように公式事業として扱われていないし、編纂作業についてなんの痕跡もない。これも非公式記録として制作されたためと理解できるのである。

和銅五年（七一二年）に稗田阿礼の記憶に基づいて太安万侶が『古事記』を完成させた時も、公《おおやけ》にされずに天津神の限られた人たちのあいだだけに、天津神天皇家の家伝として密かに流布されたと推定される。

一九七九年に奈良市此瀬町の茶畑で、太安万侶の墓碑が発見されて話題になったが、この墓碑には彼の大きな業績である『古事記』編纂についてなにも記されていない。また、太安万侶は従四位下民部卿にもなった高官で、『続日本紀』に五回も登場するが、やはり『古事記』の編纂にはまったく触れていない。

これらのことは、太安万侶自身が、『古事記』の編纂は隠密裏に行うべきものであることを理解し、一切公表しなかったことを意味するものであり、天皇の発案にもかかわらず『古事記』の公式な記録が残らなかった理由であると思うのである。

このような経緯で編纂された『古事記』は、主に天津神の氏族の伝承によって記述されたため、その内容は、この国が天御中主神から始まる天津神によって創建されたことや、高御産巣日命や天照大御神を中心とした高天原の状況、天津神の活躍のようすが詳しく記されている。

## ■『日本書紀』

いっぽう、『日本書紀』は、中国の史書に倣って編年体で編纂されていて、『古事記』とは型式の違いがあるが、内容を見ると、多くの氏族から収集した情報が併記されているなど、より、公平にまとめようとした意図が感じられる。

『日本書紀』本文では、可美葦牙彦舅尊《うましあしかびひこじのみこと》あるいは国常立尊《くにのとこたちのみこと》を最初に出現した神とし、天津神の重鎮である高御産巣日尊が現れない。このような記述は、倭人の国・奴国から始まる国津神の伝承に重点を置いたように見え、『隋書』『旧唐書』『新唐書』などに、最初に中国と国交を持った倭の奴国が、我が国のルーツであると記されていることと整合させたように見える。

『日本書紀』持統天皇紀に次のような記述があり、持統天皇が『日本書紀』の編纂に深く関わっていたように見える。

持統三年（六八九年）の条に、百官が神祇官に集合し、天神地祇《あまつかみくにつかみ》のことについて意見をのべ話し合ったという記述である。自分達の先祖の神々の天神（天津神）や地祇（国津神）について、それぞれに伝わる伝承の異同についての議論を行ったのであろう。

また、持統天皇の五年（六九一年）には、つぎの一八の氏族から先祖の墓記を上申させたという記録がある。大三輪、雀部《さざきべ》、石上、藤原、石川、巨勢、膳部、春日、上毛野、大伴、紀、平群、羽田、阿倍、佐伯、妥女、穂積、阿曇などである。

各氏族に伝わる伝承がさまざまに食い違っていたので、より詳しく確認するため多くの部族から史料を集めたのであろう。

『日本書紀』は、天武一〇年三月の詔で編纂が開始されたとされるが、持統天皇が積極的に活動をした記録が残されていることから、実質的には持統天皇が中心になって編纂作業が進行したように見える。

前述したように、持統天皇は天津神と国津神を融和させることに心を砕いていたと思われることから、持統天皇の指示によってこれらの各氏族の情報を検証し、天津神、国津神のいずれにも偏らない、より正しい歴史を記述するよう努力したのではないか。

天津神と国津神との間で、あるいは、各部族間で見解が分かれ、結論が出ない内容については、異説を併記するという方法を採った（下表）。

『日本書紀』には「一書に云く」「別

日本書紀における異説併記頻度

| 代 | | 一書云 | 別本云 | 或本云 |
|---|---|---|---|---|
| | 神代上 | 47 | | |
| | 神代下 | 16 | | |
| 1 | 神武 | | | 1 |
| 2 | 綏靖 | 2 | | |
| 3 | 安寧 | 2 | | |
| ・ | | | | |
| 10 | 崇神天皇 | 1 | | |
| 11 | 垂仁天皇 | | | |
| 12 | 景行天皇 | 1 | | |
| 13 | 成務天皇 | | | |
| ・ | | | | |
| 21 | 雄略天皇 | | 2 | 3 |
| 22 | 清寧天皇 | | | |
| 23 | 顕宗天皇 | | | 2 |
| 24 | 仁賢天皇 | | | 2 |
| 25 | 武烈天皇 | | | |
| 26 | 継体天皇 | | | 1 |
| 27 | 安閑天皇 | | | |
| 28 | 宣化天皇 | | | |
| 29 | 欽明天皇 | 3 | | |
| 30 | 敏達天皇 | | | 1 |
| 31 | 用明天皇 | | | 3 |
| 32 | 崇峻天皇 | | | 2 |
| 33 | 推古天皇 | | | |
| 34 | 舒明天皇 | | | |
| 35 | 皇極天皇 | | | 5 |
| 36 | 孝徳天皇 | | | 17 |
| 37 | 斉明天皇 | | | 14 |
| 38 | 天智天皇 | | | 9 |
| 合計 | | 72 | 2 | 60 |

本に云く」「或本に云く」の書き出しで、本文と異なる情報を併記した部分が多数存在する。異なる情報の正否について判断できなかったので、併記して残したのであろう。無理に判断して誤った情報が後世に伝わるのを防ぐための誠実な処置である。

　中国では、清の時代になるまで本文中に異説を併記した歴史書はなく、『日本書紀』のように多くの異説を併記するのは極めて異例である。

　このような前代未聞の体裁は、編纂チームが公平な記述を実現したいという強い思いで、知恵を絞った結果なのであろう。『日本書紀』に記された伝承は、単に伝承を採録したというだけでなく、持統天皇による各氏族の伝承の比較や議論によって、その是非、妥当性を確認する過程を経ており、公にその信憑性を吟味された確度の高いものである。

　たとえば P503 に天日槍の系図を示したが、『古事記』では天之日矛から神功皇后の母親の葛城之高額比賣まで続いているのに対し、『日本書紀』では、わずか四代あとの田道間守までで終わっている。

　ここでは『日本書紀』は疑わしい情報を排除したように見える。多くの氏族の墓記を相互に比較するなど編集チームのチェック機能が効果を発揮したように見えるのである。

『日本書紀』のこのような編集の経緯を考えると、ここに採録された古伝承は、後世の創作などではなく、古来より伝えられて来た伝承であることに疑いないのではないか。ただし伝承の内容そのものの信憑性については研究の対象にして吟味しなければならない。考古学的な情報や海外の資料などと共に検討する必要がある。

『日本書紀』が正史として認められ、文章《もんじょう》博士による『日本書紀』の講義が再三催されたのは、持統天皇や編纂プロジェクトの努力によって、天津神にも国津神にも納得できる内容としてまとめられたことが大きな理由であろう。

『日本書紀』の編纂メンバーは「日本」の扱いに悩みながらも、正しい歴史を記述しようと工夫を重ねていた。大和政権が日本列島全体を統治する唯一の政権だという事実を、正しく確実に表現することに心を砕いていたのである。『日本書紀』は、彼らの努力と誠意によって結晶した貴重な成果なのである。

　古代史を考えるとき、『日本書紀』は第一級の資料としてもっと評価されて良いと思う。憶測や勝手な解釈を排して、今まで以上に『日本書紀』の内容について真剣に研究しなければならないと思うのである。

## ■日本と日本書紀

『日本書紀』について不思議に思うことがある。

「日本」という名称の使われ方である。

『日本書紀』では、神話の時代から国名や人名に「日本」という言葉が使われている。

日本という国名は、天武天皇（六七三―六八六）の時代、あるいは、飛鳥浄御原令（六八九）で公式に制定されたとされている。また、新羅本紀には六七一年に倭国を日本に改めたと記され、いずれにしても七世紀後半の話である。

にもかかわらず、『日本書紀』では天武天皇よりはるかに前の時代の記述にも「日本」が多用されている。

例えば、『古事記』では神倭伊波礼毘古《かむやまといわれひこ》とされている神武天皇を『日本書紀』では神日本磐余彦《かむやまといわれひこ》と記している。また、『古事記』では大倭豊秋津嶋《おおやまととよあきつしま》とされているところを大日本豊秋津洲《おおやまととよあきつしま》とする。あるいは倭建命を日本武尊とするなど、『古事記』で「倭」の文字が用いられているところを『日本書紀』では「日本」に置き換えているように見える。

『日本書紀』が神話の時代に遡ってまで日本という表現にこだわったのは何か理由があるはずである。これについて考えてみたい。

『日本書紀』には「日本」が二一五回現れる。その内訳は、国名が八二回、奈良を示す地名が二回、人名・神名が八九回、任那日本府が三七回、『日本旧記』や『日本世紀』のような書名が五回である。

「倭」はどうか。

『日本書紀』には「倭」が一八八回現れる。内訳は、国名が七回、奈良を示す地名として九七回、人名・神名が五三回、和歌に音を借用して用いられる例などの用例が二六回、神功皇后紀で『魏志倭人伝』や『百済記』などの海外文献を引用した箇所が五回ある。

これを見ると、日本書紀では、国土全体を「日本」で表し、奈良の「ヤマト」を「倭」で表現する編纂方針が見て取れる。

『古事記』はどうだろうか。『古事記』には「日本」はまったく現れない。「倭」は六九回現れ、内訳は人名・神名が四九回、奈良を示す地名が一九回、その他が一回である。『古事記』では地名としての倭は奈良を指していて、『日本書紀』と同じ用法である。

さて、『日本書紀』神功皇后紀に『魏志倭人伝』が引用されている。中国や朝鮮半島の史書や文献も参照しながら編纂の作業を進めたようである。

『日本書紀』は我が国の正史であり公式な史書なので、海外から見られることも考慮して海外の資料と矛盾がないように海外の文献も調べたのであろう。

ところが、ここに大きな問題のあることが判明した。

それは、海外の史書や文献に、大和政権が知らないところで九州の勢力が勝手に半島や中国と交流したことが記録として残されていることである。

例えば、『宋書』に記録された倭の五王。彼らは大和政権とは関係のない九州の王たちであった。『隋書』には俀国の多利思比孤との交流の様子が記録されている。

**日本書紀の「日本」の内容**

| 国名 | 奈良 | 神・人名 | 任那 | 書名 | 合計 |
|---|---|---|---|---|---|
| 82 | 2 | 89 | 37 | 5 | 215 |
| 38% | 1% | 41% | 17% | 2% | 100% |

**日本書紀の「倭」の内容**

| 国名 | 奈良 | 神・人名 | 音の借用 | 引用 | 合計 |
|---|---|---|---|---|---|
| 7 | 97 | 53 | 26 | 5 | 188 |
| 4% | 52% | 28% | 14% | 3% | 100% |

**古事記の「倭」の内容**

| 奈良 | 神・人名 | 他 | 合計 |
|---|---|---|---|
| 19 | 49 | 1 | 69 |
| 28% | 71% | 1% | 100% |

九州の勢力は、大和政権の目が届かないところで、独自の外交を展開した。そして、垂仁天皇紀に記された九州の伊都都比古のように「自分はこの国の王である。自分のほかに二人の王はいない。他のところに勝手に行ってはならぬ。」と述べて、自分たちが列島の盟主であるように主張することもあった。

倭の五王も九州の独自の外交であり、自らを「倭国王」として宋に叙正を要求したことを見れば自分たちが日本列島の統治者であると伝えたことは明らかである。大和政権にとってこれは一大事であった。

なぜなら、大和政権は、卑弥呼の後継勢力である九州の天津神が、東遷して大和で政権を打ち立てて以降、九州も含めた日本列島の盟主であった。九州に大きな勢力がいて、時には反乱を起こすこともあったが、概ね九州は大和朝廷に従属する立場であり、九州王朝と言われるような独立した政権が大和政権と並立したことはないのである。

大和政権の制御が効かない勢力が九州に存在して、勝手に外交活動を行うことは、大和政権の列島の盟主という立場を否定することになり、大和政権はこの状態を認めるわけにはいかない。日本の正史として編纂された『日本書紀』は、大和政権が日本列島を代表する唯一の政権であることを海外にも強くアピールしなければならないのである。

正しく日本列島の歴史を記述するためには、九州に独立した勢力が存在するという誤りを訂正しなくてはならない。

しかし、既に存在する海外の文献や史書を、大和政権が思うような正しい内容に修正することは難しい。

仮に海外から伝えられた情報を『日本書紀』だけ修正しても、海外にある原本や元になる情報が見つかれば、日本書紀の修正が露見してしまう。原本まで修正するのは物理的に不可能なので、海外からの情報はそのまま記述するしかなかった。

たとえば、垂仁天皇紀に、大加羅国の王子、都怒我阿羅斯等《つぬがあらしと》が若狭の敦賀に来訪した時に、「日本の国に聖王がいると聞いてやってきた」ことが記されている。

また、神功皇后紀には、皇后に攻め込まれた新羅の王が、「東に神の国があり、日本というそうだ。聖王があって天皇という。」と述べたことが記される。

応神天皇紀には、高麗の王が朝貢した際の上表文に「高麗の王、日本国に教う」とあって、太子の菟道稚郎子が無礼な文章に怒ったことが記されている。

これらの文章の中の日本は、いずれも海外から発せられたものである。何らかの元になる情報が海外にあると思われるので、『日本書紀』の編集者は修正せずに、これらの日本をそのまま記録せざるを得なかったであろう。

『日本書紀』の編纂者は、新たに書き起こす『日本書紀』の記述によって、大和政権が日本列島を統治する唯一の政権であるという、正しい歴史を理解してもらえるよう工夫しなければならなかった。『日本書紀』の編纂者は悩んだに違いない。

その結果、彼らは『日本書紀』編纂の際に次のような三つの工夫を施したように見える。

まず、考え出した方法の第一は、かつては九州、あるいはその一部の地域を表す「日本」を、国土全体を示す国名とすることであった。そうすることによって、九州の日本と交流した海外の記録は、全て大和政権のこととして読めることになる。

そして第二は、以前は国全体の呼称でもあった「倭」を、奈良盆地の大和政権の都の名称として残したことである。こうすることによって、海外の文献に現れる「倭」も、奈良盆地の政権すなわち大和政権を表すものとしたのである。倭の五王は大和政権の王の物語となり、日本の聖王の噂を信じて訪れた半島の人々も、奈良盆地の王を慕ってきたことになる。

さらに第三の方法は「倭」や「日本」を強引に「ヤマト」と読ませたことである。

こうすることによって、神功皇后に比した卑弥呼の都である邪馬台国は、奈良の「ヤマト」を指すことになり、女王神功皇后が大和にいたことと整合させた。

日本や倭を「ヤマト」と読むことについては昔から議論がある。『日本書紀』完成からほぼ百年後、朝廷が主宰して『日本書紀』の講書が始まった。

講書の記録の中に「ヤマトという読み方は、『日本』や『倭』の文字の音や意味からは出てこない。日本や倭をヤマトと読ませるのはなぜか」という質問があったことが記録されている。

これに対して講師は「天地が分かれ、泥の状態でまだ乾かない時、人は山に住んで往来していたので足跡が多かったことから、山跡（ヤマト）と言うのだ」という苦しい回答をしている。さすがにこの答えについては、江戸時代の本居宣長も「古書に見えたることとなし」と述べ、妄説であると一蹴している。

日本や倭を強引に「ヤマト」と読ませたのだが、成立から百年ほど後の講書の時には、『魏志倭人伝』の邪馬台国に因んだ

日本書紀の編纂方針

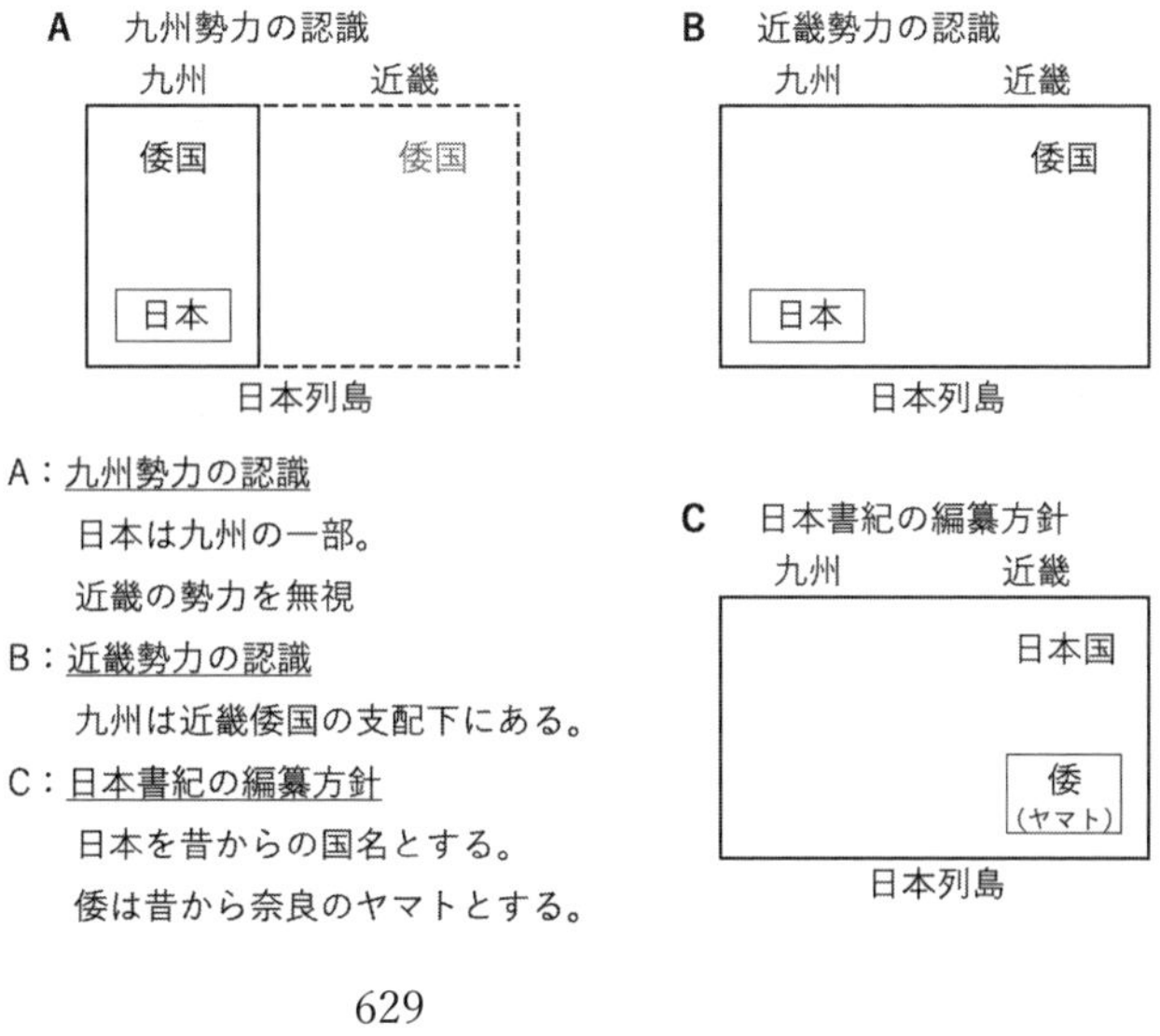

A：九州勢力の認識
日本は九州の一部。
近畿の勢力を無視
B：近畿勢力の認識
九州は近畿倭国の支配下にある。
C：日本書紀の編纂方針
日本を昔からの国名とする。
倭は昔から奈良のヤマトとする。

「ヤマト」という読み方の起源もわからなくなってしまったようだ。

また、講書の質疑の中では、九州に日本という勢力があったという認識が見られない。『日本書紀』の編纂者の工夫によって九州の独自の外交活動を隠蔽することに成功しているようである。

ただ、大和政権の小野妹子も絡んでしまう俀国の多利思比孤の外交は、『日本書紀』の記述の工夫では隠しようがなかった。そのため、前述のように隋との外交そのものを日本書紀の記述から抹殺するという荒療治を行ったのである。

また、倭の五王についても、「倭」を「大和」のこととすれば大和政権の天皇の話になるのだが、『宋書』や『晋書』に多数の独自のエピソードがあるので、『日本書紀』の内容と比較すると、さまざまな矛盾点が顕在化する。そのため、日本書紀では倭の五王に関連する内容を全て排除したのではないか。

前述のように『日本書紀』編纂時に、国名を「日本」で表すことにした。倭国と表現していたのを「日本」と記述することにしたのである。いっぽう、「日本」はもともと九州の地域の名なので、海外の資料に現れる「日本」やそれを引用した文の中には、九州を指していると思われる「日本」がある。前述の垂仁天皇紀や神功皇后紀に出てくる「日本」はその可能性がある。『日本書紀』には国全体を表す「日本」と九州を示す「日本」が混在している可能性があるので注意が必要である。

例えば、継体紀二五年条の継体天皇崩御については、次のように記述されている。

「二五年春二月、天皇は病が重くなった。七日、天皇は磐余の玉穂宮で崩御された。時に八二歳であった。冬十二月五日、藍野の陵に葬った。

ある本によると、天皇は二八年に崩御としている。それをここに二五年崩御としたのは、『百済本記』によって記事を書いたのである。

その文に言うのに、『二五年三月、進軍して安羅に至り、乞乇城《こつとくのさし》を造った。この月高麗はその王、安を弑した。また聞くところによると、日本の天皇及び皇太子・皇子皆死んでしまった』と。

これによって言うと辛亥の年は二五年にあたる。後世調べ考える人が明らかにするだろう。」

百済本記に、日本の天皇や皇子たちが二五年に皆死んでしまったという記事があるので、これを継体天皇崩御のことと考えたようだが、継体天皇には安閑天皇、宣化天皇、欽明天皇など多くの皇子があり、後を継いで国を治めているので「天皇及び皇太子・皇子皆死んでしまった」という状態ではない。明らかに大和政権の状況と矛盾しているので、ここに描かれたのは九州にあった「日本」の天皇一族の可能性を考えなければならない。

この謎は『日本書紀』の編纂者も解けなかったようで、後世の人に解決を委ねているが、二五年に崩御したのは、九州の王族たちであり、継体天皇の崩御は二八年が正しいのではないか。半島南西部の呉の領域と交流のあった九州勢力の情報は、呉に隣接する百済にも伝わりやすい。『百済本記』に九州の「日本」の王族の訃報が人づてに伝えられて記録されたとすれば筋は通ると思うのである。

また雄略天皇五年条に武寧王の生誕伝承として次のような記事がある。

百済の加須利君が弟の軍君《こにきし》に次のように告げた。「お前は日本に行って天皇に仕えよ（汝宜往日本、以事天皇。）」そして旅の途中の筑紫の加羅島《かからのしま》で、軍君《こにきし》に同行した婦人が武寧王（嶋君）を出産した（四六二年）。

加羅島《かからのしま》（加唐島）は、壱岐と呼子の間にある島なので、軍君《こにきし》は九州の唐津や糸島方面に向かっている。大和に向かうのに効率的な沖ノ島経由のルートが使われていないこと、また、この頃大和では天皇号は行われていないことなどから、ここに記される日本や天皇は、大和政権の話ではなく九州のことと思われる（下図）。

もう一つ例を挙げる。継体天皇八年の記事では、「伴跛《はへ》は城を子呑《しとん》と帯沙《たさ》に築いて、満奚《まんけい》と結び、のろし台・武器庫を設け、日本との戦いに備えた。」（伴跛《はへ》、築城於子呑・帯沙而連満奚、置烽候邸閣、以備日本。）とある。

ここに記される日本も九州勢力ではないかと思うのである。というのは、伴跛《はへ》は高霊の大伽耶あるいはそれに加担する勢力のことだとされるので、伽耶を故国とする大和政権が伴跛《はへ》と戦火を交えることは考えにくい。従って、この日本は、第三四章で述べたように半島西南部の呉の人々の救援に向かう九州の天津神軍団を指すと考えるのである。伴跛《はへ》が城を築いたとする帯沙は九州から半島南西部の呉の領域に向かう途

中にあり、九州の軍勢をここで迎え撃とうとしたのであろう（P566 図参照）。

上述のように『日本書紀』では、大和政権が日本列島唯一の統治者であることを表現するために数々の工夫を凝らして記述された。

このため、『日本書紀』を表面的に読んでいると、九州に大きな勢力が存在したことを認識できず、我が国の古代を、大和を中心とした世界としてしか把握できない弊害に陥ってしまう。これは『日本書紀』の編纂者が意図したことであり、その企ては見事に成功したのだが、九州も含めたわが国の歴史を正しく客観的に描こうとするときに大きな妨げになる。

現在も、倭の五王や天足彦を大和政権の天皇に当てはめようと、多くの専門家が大和中心主義の落とし穴の中で議論しているのを見ると、これでは何年経っても正しい歴史は描けないと感じてしまうのである。

了

# あとがき

記紀などの古伝承は作り話とされてきた。

しかし専門家の著書をいくら読んでも作り話とする根拠らしきものが見当たらない。たどり着いたのは津田左右吉の研究だった。しかし、津田は著名な研究者ではあったが、古伝承の扱い方は唖然とするものだった。自らの主観的判断で、あれは作り話これも作り話と、思いのままに切り捨てるのはとても学問と言えるものではないと感じた。

現代の多くの研究者が、津田の研究に疑問を持たずに自説の拠り所とすることに暗澹たる気持ちになった。研究者の多くが最初のボタンを掛け違えたまま暴走しているように見えたのである。何かおかしい。学問のように装ってはいるが、学問的理由とは別次元でおかしな判断がなされているのではないか。そんな疑問すら湧いてきた。

多くの専門家が、古伝承は作り話であると強く主張しているが、一方では歴史学者の坂本太郎や井上光貞らが『日本書紀』の古伝承は一級の歴史資料と評価していることも事実である。むしろ、津田左右吉の根拠不明の主張よりも、坂本らの判断の方が、納得できるし信頼できる。古代の真実を探るには、古伝承を考慮した研究が不可欠であると感じた。

根拠の見当たらない「作り話説」は、証明された事実ではなく、一つの仮説である。ならば記紀などの古伝承は古くから伝えられた伝承が採録されたものだという立場も一つの仮説である。どちらの仮説がさまざまな事象をより良く説明できるかという勝負になる。より良く説明できた仮説をとりあえず正しいとしておこうということである。

本書は後者の仮説の立場で記述したもので、これによってこれまで謎とされていた多くのことが解明できた。従来の通説よりも、より良い説明ができたと思っている。

通説とはかなり異なる内容なので、読者は違和感を覚えたかもしれない。神話の神々が生き生きと活躍するのに戸惑われたかもしれない。それでもここに描いた歴史の方が真実に近いのではないかと思っている。

古伝承には、誤りや誇張があり、必ずしも全てが正しいとは言えないので、古伝承を加味して描いた本書の内容が全て正解と言うことではないかもしれない。その判断は読者に委ねるが、少なくとも古伝承を考慮に入れて古代史を考えたとき、これまでより豊かで精緻なストーリーが描けることは感じて頂きたい。

このようなアプローチで古代史の謎にさらに挑戦する研究者が現れてほしい。そして、暴走する古代史研究者たちにブレーキをかけてほしい。

歪んだ歴史観を修正し、新しい方向に古代史の研究が進展することを大いに期待している。本書がその一助になれば幸いである。

二〇二四年七月　著者

## 附録 「丸」付き地名と「ハル・バル」地名

| 福岡県 | | | |
|---|---|---|---|
| 福岡市 | 東区 | 下原 | ｼﾓﾊﾞﾙ |
| | | 唐原 | ﾄｳﾉﾊﾙ |
| | 南区 | 塩原 | ｼｵﾊﾞﾙ |
| | | 桧原 | ﾋﾊﾞﾙ |
| | | 屋形原 | ﾔｶﾀﾊﾞﾙ |
| | 西区 | 石丸 | |
| | | 今宿上原 | ｶﾐﾉﾊﾙ |
| | | 太郎丸 | |
| | | 女原 | ﾐｮｳﾊﾞﾙ |
| | 早良区 | 次郎丸 | |
| 北九州市 | 若松区 | 童子丸 | |
| | | 乙丸 | |
| | | 宮丸 | |
| | 戸畑区 | 中原新町 | ﾅｶﾊﾞﾙ |
| | 小倉北区 | 黒原 | ｸﾛﾊﾞﾙ |
| | | 三郎丸 | |
| | 小倉南区 | 市丸 | |
| | | 道原 | ﾄﾞｳﾊﾞﾙ |
| | 八幡西区 | 上の原 | ｳｴﾉﾊﾙ |
| | | 永犬丸 | |
| | | 陣原 | ｼﾞﾝﾉﾊﾙ |
| | | 茶屋の原 | ﾁｬﾔﾉﾊﾙ |
| | | 中の原 | ﾅｶﾉﾊﾙ |
| | | 夕原 | ﾕｳﾊﾞﾙ |
| | | 力丸 | |
| 大牟田市 | 平原町 | | ﾋﾗﾊﾞﾙ |
| 久留米市 | 大善寺町夜明 | 太郎原 | ﾀﾞｲﾛﾊﾞﾙ |
| | 宮ノ陣 | 五郎丸 | |
| 直方市 | 永満寺 | 原 | ﾊﾙ |
| | 上新入 | 石丸 | |
| | | 王子丸 | |
| | 上頓野 | 藤田丸 | ﾄｳﾀﾞﾏﾙ |
| | 下境 | 原 | ﾊﾙ |
| | 下新入 | 平原 | ﾋﾗﾊﾞﾙ |
| | 頓野 | 中原 | ﾅｶﾊﾞﾙ |
| 飯塚市 | 口原 | 石丸 | |
| 田川市 | 弓削田 | 角銅原 | ｶｸﾄﾞｳﾊﾞﾙ |
| 山田市 | 下山田 | 新原 | ｼﾝﾊﾞﾙ |
| 甘木市 | 荷原 | | ｲﾅｲﾊﾞﾙ |
| | 柿原 | | ｶｷﾊﾞﾙ |
| | 金丸 | | |
| | 上秋月 | 松丸 | |
| | | 小原 | ｵﾊﾞﾙ |
| | 黒川 | 西原 | ﾆｼﾊﾞﾙ |
| | 千代丸 | | |
| | 中原 | | ﾅｶﾊﾞﾙ |
| | 福光 | 四郎丸 | |
| | 三奈木 | 宮原 | ﾐﾔﾊﾞﾙ |
| | 持丸 | | |
| | 屋形原 | | ﾔｶﾀﾊﾞﾙ |
| | | 上城原 | ｶﾐｼﾞｮｳﾊﾞﾙ |
| 大川市 | 郷原 | | ｺﾞｳﾊﾞﾙ |
| | 酒見 | 中原 | ﾅｶﾊﾞﾙ |
| | 三丸 | | |
| 行橋市 | 小犬丸 | | |
| | 下崎 | 鳥井原 | ﾄﾘｲﾊﾞﾙ |
| | 福原 | | ﾌｸﾊﾞﾙ |
| | 福丸 | | |
| 豊前市 | 市丸 | | |



| | | | |
|---|---|---|---|
| | 川内 | 山田町平原 | ﾋﾗﾊﾞﾙ |
| | 小犬丸 | | |
| | 下河内 | 合河町合原 | ｺﾞｳﾊﾞﾙ |
| | 四郎丸 | | |
| 筑紫野市 | 塔原 | | ﾄｳﾉﾊﾙ |
| | 石崎 | 中原団地 | ﾅｶﾊﾞﾙ |
| | 原 | | ﾊﾙ |
| | 武蔵 | 中原団地 | ﾅｶﾊﾞﾙ |
| | 柚須原 | | ﾕｽﾊﾞﾙ |
| 春日市 | 春日原 | | ｶｽｶﾞﾊﾞﾙ |
| 大野城市 | 白木原 | | ｼﾗｷﾊﾞﾙ |
| 宗像市 | 王丸 | | |
| | 三郎丸 | | |
| | 石丸 | | |
| | 武丸 | | |
| | 吉留 | 松丸 | |
| | 野坂 | 次郎丸 | |
| 遠賀町 | 別府 | 千代丸 | |
| 前原市 | 前原 | | ﾏｴﾊﾞﾙ |
| | 王丸 | | |
| | 川原 | | ｶﾜﾊﾞﾙ |
| 古賀市 | 川原 | | ｶﾜﾊﾞﾙ |
| | 新原 | | ｼﾝﾊﾞﾙ |
| 那珂川町 | 五郎丸 | | |
| | 中原 | | ﾅｶﾊﾞﾙ |
| | | 向原 | ﾑｶﾊﾞﾙ |
| 宇美町 | 桜原 | | ｻｸﾗﾊﾞﾙ |
| | 宇美 | 上の原 | ｳｴﾉﾊﾙ |
| | | 三原 | ｻﾝﾊﾞﾙ |
| | | 神武原 | ｺｳﾀｹﾊﾞﾙ |
| | | 仲の原 | ﾅｶﾉﾊﾙ |
| 須恵町 | 新原 | | ｼﾝﾊﾞﾙ |
| 新宮町 | 上府 | 太郎丸 | |
| 粕屋町 | 長者原 | | ﾁｮｳｼﾞｬﾊﾞﾙ |
| | | 仲の原 | ﾅｶﾉﾊﾙ |
| | 仲原 | | ﾅｶﾊﾞﾙ |
| | | 十原 | ｼﾞｭｳﾊﾞﾙ |
| 福間町 | 津丸 | | |
| 宮田町 | 四郎丸 | | |
| 若宮町 | 金丸 | | |
| | 黒丸 | | |
| | 力丸 | | |
| | 福丸 | | |
| | 湯原 | | ﾕﾊﾙ |
| | 磯光 | 薬師丸 | |
| 桂川町 | 九郎丸 | | |
| 穂波町 | 太郎丸 | | |
| 庄内町 | 綱分 | 安丸 | |
| 杷木町 | 星丸 | | |
| 三輪町 | 高田 | 小原 | ｺﾊﾞﾙ |
| 夜須町 | 中牟田 | 下原 | ｼﾓﾊﾞﾙ |
| 小石原村 | 小石原 | 南の原 | ﾐﾅﾐﾉﾊﾙ |
| 志摩町 | 小金丸 | | |
| 田主丸町 | | | |
| | 上原 | | ｶﾐﾊﾙ |
| 浮羽町 | 朝田 | 原 | ﾊﾙ |
| | 小塩 | 原 | ﾊﾙ |
| | 田篭 | 注連原 | ｼﾒﾊﾞﾙ |
| | 古川 | 糸丸 | |

| | | | |
|---|---|---|---|
| | 三春 | 原 | ﾊﾙ |
| | 山北 | 大野原 | ｵｵﾉﾊﾞﾙ |
| | | 北原 | ｷﾀﾊﾞﾙ |
| 北野町 | 乙丸 | | |
| | 十郎丸 | | |
| | 仁王丸 | | |
| 大刀洗町 | 西原 | | ﾆｼﾊﾞﾙ |
| 城島町 | 四郎丸 | | |
| | 六町原 | | ﾛｸﾁｮｳﾊﾞﾙ |
| 三潴町 | 壱町原 | | ｲｯﾁｮｳﾊﾞﾙ |
| 黒木町 | 大渕 | 城之原 | ｼﾞｮｳﾉﾊﾙ |
| | | 吹原 | ﾌｹﾊﾞﾙ |
| | 本分 | 中原 | ﾅｶﾊﾞﾙ |
| 山川町 | 甲田 | 中原村 | ﾅｶﾊﾞﾙ |
| 高田町 | 江浦町 | 二ノ丸 | |
| | 原 | | ﾊﾙ |
| | | 元原 | ﾓﾄﾊﾞﾙ |
| | | 唐川原 | ｶﾗｺﾊﾞﾙ |
| 香春町 | 中津原 | | ﾅｶﾂﾊﾞﾙ |
| 添田町 | 添田 | 伊原 | ｲﾊﾞﾙ |
| 金田町 | 金田 | 平原 | ﾋﾗﾊﾞﾙ |
| | 神崎 | 福丸 | |
| 糸田町 | 原 | | ﾊﾙ |
| 川崎町 | 池尻 | 上原 | ｶﾝﾊﾞﾙ |
| 方城町 | 伊方 | 中原 | ﾅｶﾊﾞﾙ |
| 大任町 | 今任原 | | ｲﾏﾄｳﾊﾞﾙ |
| | | 柿原団地 | ｶｷﾊﾞﾙ |
| | 大行事 | 柿原 | ｶｷﾊﾞﾙ |
| | | 下伊原 | ｼﾓｲﾊﾞﾙ |
| | | 東伊原 | ﾋｶﾞｼｲﾊﾞﾙ |
| 赤村 | 赤 | 柚須原 | ﾕｽﾊﾞﾙ |
| 苅田町 | 南原 | | ﾐﾅﾐﾊﾞﾙ |
| | 与原 | | ﾖﾊﾞﾙ |
| 勝山町 | 宮原 | | ﾐﾔﾊﾞﾙ |
| 豊津町 | 上原 | | ｶﾝﾊﾞﾙ |
| | 下原 | | ｼﾓﾊﾞﾙ |
| | 節丸 | | |
| 椎田町 | 岩丸 | | |
| 吉富町 | 小犬丸 | | |
| 築城町 | 櫟原 | | ｲﾁｷﾞﾊﾞﾙ |
| | 松丸 | | |
| 大平村 | 上唐原 | | ｶﾐﾄｳﾊﾞﾙ |
| | | 薬丸 | |
| | 下唐原 | | ｼﾓﾄｳﾊﾞﾙ |
| | | 桑ノ原 | ｶﾉﾊﾞﾙ |
| | 土佐井 | 福丸 | |
| | 西友枝 | 原 | ﾊﾙ |
| | 東上 | 大地原 | ﾀﾞｲｼﾞﾊﾞﾙ |

| 佐賀県 | | | |
|---|---|---|---|
| 佐賀市 | 鬼丸町 | | |
| | 嘉瀬町 | 中原 | ﾅｶﾊﾞﾙ |
| | 金立町 | 薬師丸 | |
| | 与賀町 | 川原小路 | ｶﾜﾊﾞﾙ |
| 唐津市 | 中原 | | ﾅｶﾊﾞﾙ |
| | 原 | | ﾊﾙ |
| 鳥栖市 | 原町 | | ﾊﾙ |
| 多久市 | 北多久町小侍 | 山犬原 | ﾔﾏｲﾇﾊﾞﾙ |
| | | 莇原 | ｱｻﾞﾐﾊﾞﾙ |
| | | 中の原 | ﾅｶﾉﾊﾙ |
| | | 東原 | ﾋｶﾞｼﾊﾞﾙ |



| | | | |
|---|---|---|---|
| | 北多久町多久原 | | ﾀｸﾊﾞﾙ |
| | | 両の原 | ﾘｮｳﾉﾊﾙ |
| | | 多久原 | ﾀｸﾊﾞﾙ |
| | 多久町 | 東の原 | ﾋｶﾞｼﾉﾊﾙ |
| | | 西の原 | ﾆｼﾉﾊﾙ |
| | 南多久町下多久 | 笹原 | ｻｻﾊﾞﾙ |
| | 南多久町長尾 | 平原 | ﾋﾗﾊﾞﾙ |
| 伊万里市 | 大川町川原 | | ｶﾜﾊﾞﾙ |
| | 松浦町桃ノ川 | 上原 | ｳﾜﾊﾞﾙ |
| | 南波多町 | 大川原 | ｵｵｶﾜﾊﾞﾙ |
| 武雄市 | 武内町真手野 | 柚ノ木原 | ﾕﾉｷﾊﾞﾙ |
| | 橘町大日 | 小野原 | ｵﾉﾊﾞﾙ |
| | 若木町本部 | 原 | ﾊﾙ |
| | | 百堂原 | ﾋｬｸﾄﾞｳﾊﾞﾙ |
| 鹿島市 | 高津原 | 高津原 | ﾀｶﾂﾊﾞﾙ |
| | 中村 | 乙丸 | |
| | 森 | 土井丸 | |
| 大和町 | 梅野 | 井手原 | ｲﾃﾞﾉﾊﾙ |
| | 久池井 | 北原 | ｷﾀﾊﾞﾙ |
| | 八反原 | | ﾊｯﾀﾊﾞﾙ |
| 富士町 | 鎌原 | | ｶﾏﾊﾞﾙ |
| | | 湯の原 | ﾕﾉﾊﾞﾙ |
| | 下熊川 | 中の原 | ﾅｶﾉﾊﾞﾙ |
| 神埼町 | 城原 | | ｼﾞｮｳﾊﾞﾙ |
| | 竹 | 柏原 | ｶｼﾜﾊﾞﾙ |
| | 鶴 | 右原 | ﾐｷﾞﾊﾞﾙ |
| 千代田町 | 境原 | | ｻｶｲﾊﾞﾙ |
| 三瀬村 | 三瀬 | 今原 | ｲﾏﾊﾞﾙ |
| 基山町 | 小倉 | 上原 | ｳｴﾊﾞﾙ |
| | 園部 | 柿の原 | ｶｷﾉﾊﾙ |
| | | 金丸 | |
| | 長野 | 長ノ原 | ﾅｶﾞﾉﾊﾙ |
| | 宮浦 | 向平原 | ﾑｶｲﾋﾗﾊﾞﾙ |
| 中原町 | | | ﾅｶﾊﾞﾙ |
| | 箕原 | | ﾐﾉﾊﾞﾙ |
| 三根町 | 天建寺 | 持丸 | |
| 上峰町 | 堤 | 屋形原 | ﾔｶﾀﾊﾞﾙ |
| 小城町 | 畑田 | 平原 | ﾋﾗﾊﾞﾙ |
| | | 鷺ノ原 | ｻｷﾞﾉﾊﾙ |
| | | 黒原 | ｸﾛﾊﾞﾙ |
| | 晴気 | 黒原 | ｸﾛﾊﾞﾙ |
| 浜玉町 | 平原 | | ﾋﾗﾊﾞﾙ |
| 七山村 | 池原 | | ｲｹﾊﾞﾙ |
| | | 桑原 | ｸﾜﾊﾞﾙ |
| | | 中原 | ﾅｶﾊﾞﾙ |
| | 藤川 | 野井原 | ﾉｲﾊﾞﾙ |
| 有田町 | 西部 | 南原 | ﾅﾝﾊﾞﾙ |
| 西有田町 | 曲川 | 楠木原 | ｸｽﾉｷﾊﾞﾙ |
| | | 舞原団地 | ﾏｲﾊﾞﾙ |
| 白石町 | 遠江 | 太原 | ﾀｲﾊﾞﾙ |

| 大分県 | | | |
|---|---|---|---|
| 大分市 | 久原北 | | ｸﾊﾞﾙｷﾀ |
| | 角子原 | | ﾂﾉｺﾞﾊﾞﾙ |
| | 向原沖 | | ﾑｶｲﾊﾞﾙｵｷ |
| | 賀来 | 桑原 | ｸﾜﾊﾞﾙ |
| | 金谷迫 | 机帳原 | ｷﾁｮｳﾊﾞﾙ |
| | 上戸次 | 川原 | ｶﾜﾊﾞﾙ |
| | 久原 | | ｸﾊﾞﾙ |
| | 小池原 | | ｺｲｹﾊﾞﾙ |
| | 下徳丸 | | |
| | 下判田 | 宮の原 | ﾐﾔﾉﾊﾙ |

| | | | |
|---|---|---|---|
| 野津原町 | | | ノツハル |
| | 今市 | 石合原 | イサイバル |
| | 入蔵 | 日方羽原 | ヒカタハバル |
| | 竹谷 | 矢の原 | ヤノハル |
| | 辻原 | | ツジハル |
| | 荷尾杵 | 尾原 | オバル |
| | | 杵ヶ原 | キネガハル |
| | 野津原 | | ノヅハル |
| 挟間町 | 向原 | | ムカイノハル |
| 庄内町 | 阿蘇野 | 高津原 | コウヅバル |
| | 大竜 | 仲ノ原 | ナカノハル |
| | | 塚ノ原 | ツカノハル |
| | | 染原 | ソメバル |
| | 柿原 | | カキハル |
| | 北大津留 | 平原 | ヒラバル |
| | | 川原 | カワバル |
| | 庄内原 | | ショウナイハル |
| | 龍原 | | タツハル |
| | | 上ノ原 | ウエノハル |
| | 直野内山 | 牧ノ原 | マキノハル |
| | 西大津留 | 石原 | イシバル |
| | 西長宝 | 臼杵原 | ウスキバル |
| | | 下原 | シタハル |
| | 畑田 | 猪ノ原 | イノバル |
| | 渕 | 大原 | オオバル |
| | | 高津原 | コウズバル |
| 湯布院町 | 川上 | 乙丸 | |
| 佐賀関町 | 神崎 | 中ノ原 | ナカノハル |
| 弥生町 | 井崎 | 石丸 | |
| | 床木 | 平原 | ヒラバル |
| 本匠村 | 小川 | 屋敷ノ原 | ヤシキノハル |
| | | 番ノ原 | バンノハル |
| | 山部 | 平原 | ヒラバル |
| 宇目町 | 大平 | 大原 | オオハル |
| | 南田原 | | ミナミタバル |
| | | 田原 | タバル |
| 野津町 | 烏嶽 | 牧原 | マキバル |
| | 老松 | 花原 | ハナバル |
| | 垣河内 | 遠久原 | トオクバル |
| | 亀甲 | 才原 | サイバル |
| | 清水原 | | ソウズバル |
| | 千塚 | 福原 | フクバル |
| | 西畑 | 尾原 | オバル |
| | 原 | | ハル |
| | 東谷 | 椎原 | シイバル |
| | 都原 | | ミヤコバル |
| | | 池原 | イケバル |
| | | 生野原 | ショウノハル |
| | 宮原 | | ミヤバル |
| | 山頭 | 持丸 | |
| 三重町 | 芦刈 | 三重原 | ミエバル |
| | 市場 | 市原 | イチバル |
| | 西泉 | 西原 | ニシバル |
| | 久田 | 久原 | クバル |
| 清川村 | 雨堤 | 原 | ハル |
| | 三玉 | 中ノ原 | ナカノハル |
| | 六種 | 石原 | イシバル |
| | | 小原 | オハル |
| 緒方町 | 小宛 | 牧原 | マキバル |
| | 小原 | | オハル |
| | 上冬原 | | カミフユバル |
| | 木野 | 石原 | イシバル |



| | | | |
|---|---|---|---|
| | | 中の原 | ナカノハル |
| | 城原 | | ジョウバル |
| | 杉原 | | スギバル |
| | 千歳 | 東原 | ヒガシバル |
| | 高崎 | 机帳原 | キチョウバル |
| | 駄原 | | ダノハル |
| | 田原 | | タバル |
| | 旦野原 | | ダンノハル |
| | 角子原 | | ツノコバル |
| | 日吉原 | | ヒヨシバル |
| | 丸亀 | 上徳丸 | |
| | 光吉 | 小原 | コバル |
| | 横尾 | 岡原 | オカバル |
| | 横瀬 | 田原住宅 | タバルジュウタ |
| | 吉野原 | | ヨシノハル |
| | 永興 | 庄の原 | ショウノハル |
| 別府市 | 上原町 | | カミハルチョウ |
| | 内成 | 古賀の原 | コガノハル |
| | | 太郎丸 | |
| | 別府 | 野口原 | ノグチバル |
| | 南立石 | 乙原 | オトバル |
| 中津市 | 北原 | | キタバル |
| | 中原 | | ナカバル |
| 日田市 | 花月 | 秋原町 | アキバルマチ |
| 佐伯市 | 鶴望 | 王子丸 | |
| | 長谷 | 川原 | カワバル |
| 臼杵市 | 佐志生 | 桑原 | カバル |
| | 左津留 | 尾崎原 | オザキバル |
| | 藤河内 | 平原 | ヒラバル |
| | 吉小野 | 川原 | カワバル |
| 津久見市 | 上青江 | 鬼丸 | |
| | 津久見 | 原 | ハル |
| 竹田市 | 太田 | 太田原 | オオタバル |
| | 城原 | | キバル |
| | | 木原 | モクバル |
| | 九重野 | 田原 | タバル |
| | 神原 | | コウバル |
| | 中角 | 辻原 | ツジバル |
| | 入田 | 矢原 | ヤバル |
| | 拝田原 | | ハイタバル |
| | 飛田川 | 田原 | タバル |
| 豊後高田市 | 小田原 | 原 | ハル |
| | 佐野 | 矢原 | ヤバル |
| 杵築市 | 南杵築 | 中の原 | ナカノハル |
| | 八坂 | 熊丸 | |
| 宇佐市 | 大塚 | 大原 | オバル |
| | 金丸 | | |
| | 上拝田 | 公原 | コウバル |
| | 上矢部 | 宮原 | ミヤバル |
| | 川部 | 川部原 | カベバル |
| | 中原 | | ナカハル |
| | 山本 | 原 | ハル |
| 大田村 | 石丸 | | |
| 国東町 | 治郎丸 | | |
| | 原 | | ハル |
| 安岐町 | 下原 | | シモバル |
| | 下山口 | 三郎丸 | |
| | 山浦 | 小瀬原 | コセバル |
| | 山口 | 原 | ハル |
| 日出町 | 大神 | 小出原 | コイデハル |
| | 川崎 | 平原 | ヒラバル |
| 山香町 | 野原 | | ノハル |

| | | | |
|---|---|---|---|
| 院内町 | 小稲 | 平原 | ﾋﾗﾊﾞﾙ |
| | 高並 | 永原 | ﾅｶﾞﾊﾙ |
| | 平原 | | ﾋﾗﾊﾞﾙ |
| | 宮原 | | ﾐﾔﾊﾞﾙ |
| 安心院町 | 有徳原 | | ｳｯﾄｸﾊﾞﾙ |
| | 五郎丸 | | |
| | 新原 | | ﾆｲﾊﾞﾙ |
| | 原 | | ﾊﾙ |
| | 六郎丸 | | |

| 熊本県 | | | |
|---|---|---|---|
| 熊本市 | 西原 | | ﾆｼﾊﾞﾙ |
| | 小山町 | 中原 | ﾅｶﾊﾞﾙ |
| | 楠野町 | 楠原 | ｸｽﾊﾞﾙ |
| 人吉市 | 合ノ原町 | | ｺﾞｳﾉﾊﾙ |
| 荒尾市 | 西原町 | | ﾆｼﾊﾞﾙ |
| | 原万田 | 西原 | ﾆｼﾊﾞﾙ |
| 水俣市 | 薄原 | | ｽｽﾊﾞﾙ |
| 玉名市 | 秋丸 | | |
| | 下 | 秋丸 | |
| | 寺田 | 吉丸 | |
| | 三ツ川 | 原 | ﾊﾞﾙ |
| | 宮原 | 宮原町 | ﾐﾔﾊﾞﾙ |
| 山鹿市 | 小原 | | ｺﾊﾞﾙ |
| | 久原 | | ｸﾊﾞﾙ |
| 菊池市 | 下河原 | | ｼﾓｶﾜﾊﾙ |
| | | 中原 | ﾅｶﾊﾞﾙ |
| | 野間口 | 東原 | ﾋｶﾞｼﾊﾞﾙ |
| | 原 | | ﾊﾙ |
| | | 板井原 | ｲﾀｲﾊﾞﾙ |
| | 米原 | | ﾖﾅﾊﾞﾙ |
| | 隅府 | 北原 | ｷﾀﾊﾞﾙ |
| 富合町 | 平原 | | ﾋﾗﾊﾞﾙ |
| 砥用町 | 安部 | 口の原 | ｸﾁﾉﾊﾙ |
| | 石野 | 志道原 | ｼﾄﾞﾝﾊﾞﾙ |
| | 甲佐平 | 竹ノ原 | ﾀｹﾉﾊﾙ |
| | 名越谷 | 古閑原 | ｺｶﾞﾉﾊﾙ |
| | 三和 | 中原 | ﾅｶﾊﾞﾙ |
| 岱明町 | 大野下 | 中尾丸 | |
| 玉東町 | 上白木 | 太郎丸 | |
| | 白木 | 次郎丸 | |
| | | 栗地原 | ｵﾁﾊﾞﾙ |
| | 原倉 | 西原 | ﾆｼﾊﾞﾙ |
| | 二俣 | 中原 | ﾅｶﾊﾞﾙ |
| 菊水町 | 江田 | 皆行原 | ｶｲｺｳﾊﾞﾙ |
| | 榎原 | | ｴﾉｷﾊﾞﾙ |
| | 瀬川 | 北原 | ｷﾀﾊﾞﾙ |
| | | 鶯原 | ｳｸﾞｲｽﾊﾞﾙ |
| | | 中原 | ﾅｶﾊﾞﾙ |
| | 久井原 | | ﾋｻｲﾊﾞﾙ |
| | 前原 | | ﾏｴﾊﾞﾙ |
| 三加和町 | 板楠 | 小原 | ｺﾊﾞﾙ |
| | 岩 | 乙丸 | |
| | | 永の原 | ﾅｶﾞﾉﾊﾙ |
| | 大田黒 | 乙丸 | |
| | | 小次郎丸 | |
| | 上板楠 | 迫丸 | |
| | 上和仁 | 石丸 | |
| | 中和仁 | 鬼丸 | |
| | 野田 | 九郎丸 | |
| | | 平原 | ﾋﾗﾊﾞﾙ |



| | | | |
|---|---|---|---|
| | 越生 | 平原 | ﾋﾗﾊﾞﾙ |
| | 軸丸 | | |
| | 寺原 | | ﾃﾗﾊﾞﾙ |
| | 天神 | 桑原 | ｶﾊﾞﾙ |
| | 冬原 | | ﾌﾕﾊﾞﾙ |
| 朝地町 | 梨小 | 梨原 | ﾅｼﾊﾙ |
| 大野町 | 安藤 | 貫原 | ﾇｷﾊﾙ |
| | 後田 | 牧原東 | ﾏｷﾊﾞﾙﾋｶﾞｼ |
| | 大原 | | ｵｵﾊﾙ |
| | | 小原 | ｺﾊﾞﾙ |
| | 北園 | 向原 | ﾑｺｳﾊﾞﾙ |
| | 桑原 | | ｸﾜﾊﾞﾙ |
| | 中原 | | ﾅｶﾊﾞﾙ |
| | 夏足 | 原 | ﾊﾙ |
| | 宮迫 | 宮原 | ﾐﾔﾊﾞﾙ |
| | 屋原 | | ﾔﾊﾞﾙ |
| | | 代ノ原 | ﾀﾞｲﾉﾊﾙ |
| 千歳村 | 石田 | 五郎丸 | |
| | 長峰 | 原 | ﾊﾙ |
| | | 下ノ原 | ｼﾓﾉﾊﾙ |
| | 船田 | 原 | ﾊﾙ |
| | 前田 | 原 | ﾊﾙ |
| 犬飼町 | 久原 | | ｸﾊﾞﾙ |
| | 高津原 | | ｺｳﾂﾞﾊﾞﾙ |
| | 田原 | 原 | ﾊﾙ |
| 荻町 | 恵良原 | | ｴﾗﾊﾞﾙ |
| | | 原 | ﾊﾙ |
| | 柏原 | | ｶｼﾜﾊﾞﾙ |
| | | 鳩原 | ﾊﾄﾝﾊﾞﾙ |
| | | 向原 | ﾑｺｳﾊﾙ |
| | | 上原 | ｳｴﾝﾊﾙ |
| | | 北原 | ｷﾀﾊﾞﾙ |
| | | 天神原 | ﾃﾝｼﾞﾝﾊﾞﾙ |
| | 木下 | 平原 | ﾋﾗﾊﾞﾙ |
| | 桑木 | 下原 | ｼﾓﾊﾞﾙ |
| | 新藤 | 下原 | ｼﾓﾊﾞﾙ |
| | 馬場 | 浅井原 | ｱｻｲﾊﾞﾙ |
| | | 谷尻原 | ﾀﾝｼﾞﾘﾊﾞﾙ |
| | 馬背野 | 下原 | ｼﾓﾝﾊﾙ |
| | 政所 | 前原 | ﾏｴﾊﾞﾙ |
| 久住町 | 仏原 | | ﾌﾞﾂﾊﾞﾙ |
| 直入町 | 上田北 | 石原 | ｲｼﾉﾊﾙ |
| | | 神ノ原 | ｶﾐﾉﾊﾙ |
| | 長湯 | 原 | ﾊﾙ |
| 九重町 | 町田 | 栗原 | ｸﾘﾊﾞﾙ |
| | | 地蔵原 | ｼﾞｿﾞｳﾊﾞﾙ |
| 前津江村 | 赤石 | 川原 | ｺｳﾊﾞﾙ |
| | 柚木 | 志谷原 | ｼﾔﾊﾙ |
| | | 仁田原 | ﾆﾀﾊﾞﾙ |
| 上津江村 | 上野田 | 小川原 | ｵｶﾞﾜﾊﾞﾙ |
| | 川原 | | ｶﾜﾊﾞﾙ |
| 大山町 | 西大山 | 田来原 | ﾀﾗｲﾊﾞﾙ |
| 天瀬町 | 馬原 | | ﾏﾊﾞﾙ |
| 耶馬渓町 | 大野 | 平原 | ﾋﾗﾊﾞﾙ |
| | 金吉 | 上ノ原 | ｳｴﾉﾊﾙ |
| | | 和泉原 | ﾜｾﾝﾊﾞﾙ |
| | | 梶ヶ原 | ｶｼﾞｶﾞﾊﾙ |
| | 川原口 | 小屋原 | ｺﾔﾉﾊﾙ |
| | | 相原 | ｱｲﾉﾊﾙ |
| | 戸原 | | ﾄﾊﾞﾙ |
| 山国町 | 草本 | 上ノ原 | ｳｴﾉﾊﾙ |
| | 中摩 | 犬王丸 | |

| | | | |
|---|---|---|---|
| | 平野 | 中原 | ナカバル |
| | 和仁 | 太郎丸 | |
| 南関町 | 相谷 | 向原 | ムカイバル |
| | 上坂下 | 小次郎丸 | |
| | | 次郎丸 | |
| | 肥猪 | 太郎丸 | |
| | | 塚原 | ツカバル |
| | | 向原 | ムカイバル |
| | 小原 | | コバル |
| | | 徳丸 | |
| | 下坂下 | 中原 | ナカバル |
| | 関下 | 八重丸 | |
| | | 金丸 | |
| | 関東 | 前原笛鹿 | マエバルフエロ |
| | 関外目 | 築井原 | ツクイバル |
| | 豊水 | 三郎丸 | |
| | | 安ノ原 | アンノハル |
| | | 向原 | ムカイバル |
| | 長山 | 長山小原 | ナガヤマコバ |
| | 細永 | 乙丸 | |
| | 四ツ原 | 田原 | タバル |
| | | 柿原 | カキバル |
| | | 上南田原 | カミミナミタバル |
| 長洲町 | 清源寺 | 平原 | ヒラバル |
| 鹿北町 | 芋生 | 桑原 | クワバル |
| | 岩野 | 柿原 | カキバル |
| | | 福原 | フクバル |
| | 四丁 | 堂原 | ドウバル |
| | 多久 | 原 | ハル |
| | | 金原 | カナバル |
| 菊鹿町 | 上内田 | 三井原 | ミイバル |
| | | 年原 | トシノハル |
| | | 佐原 | サバル |
| | 五郎丸 | | |
| | | 桑原 | クワバル |
| | 長 | 川原 | カワバル |
| | 宮原 | | ミヤノハル |
| | 山内 | 郷の原 | ゴウノハル |
| | 米原 | | ヨナバル |
| 鹿本町 | 石渕 | 上石渕次郎丸 | |
| | 下分田 | 作丸 | |
| | 庄 | 太郎丸 | |
| | 高橋 | 八郎丸 | |
| | 津袋 | 平原 | ヒラバル |
| | 御宇田 | 陣内八郎丸 | |
| | | 次郎丸 | |
| 鹿央町 | 岩原 | | イワバル |
| | | 春間郷原 | ハルマゴウバ |
| | 広 | 下原 | シモバル |
| | | 水原 | ミズハル |
| 植木町 | 今藤 | 神丸 | カンマル |
| | | 次郎丸 | |
| | 内 | 乙丸 | |
| | 亀甲 | 中原 | ナカバル |
| | | 太郎丸 | |
| | 清水 | 北原 | キタバル |
| | | 駄の原 | ダノハル |
| | 轟 | 埋原 | ウツバル |
| | 豊岡 | 迎原 | ムカエバル |
| | | 田原 | タバル |
| | 平原 | | ヒラバル |
| | 宮原 | | ミヤバル |



| | | | |
|---|---|---|---|
| | 山本 | 楠原 | クスバル |
| | | 西の原 | ニシノハル |
| | | 向原 | ムカイバル |
| 七城町 | 林原 | | ハヤシバル |
| 旭志村 | 小原 | | オバル |
| | 弁利 | 楠原 | クスバル |
| 菊陽町 | 原水 | 古閑原 | コガバル |
| 西合志町 | 木原野 | | キバルノ |
| 阿蘇町 | 蔵原 | | クラバル |
| | 南宮原 | | ミナミミヤバル |
| | 役犬原 | | ヤクイヌバル |
| 南小国町 | 赤馬場 | 黒原 | クロバル |
| | 中原 | | ナカバル |
| | | 地蔵原 | ジゾウノハル |
| | | 矢田原 | ヤタバル |
| | 満願寺 | 田ノ原 | タノハル |
| | | 小原 | コバル |
| 小国町 | 上田 | 小原田 | オハルダ |
| | | 原 | ハル |
| | | 名原 | ナバル |
| | 黒渕 | 神原 | カミノハル |
| | | 室原 | ムロバル |
| | 下城 | 秋原 | アキバル |
| | | 田原 | タバル |
| | 宮原 | 切原 | キリバル |
| | | 倉原 | クラバル |
| 産山村 | 山鹿 | 杖木原 | ツエキバル |
| 蘇陽町 | 塩出迫 | 塩原 | シオバル |
| | 東竹原 | | ヒガシタケバル |
| | | 野原 | ノバル |
| | | 竹原 | タケバル |
| | 柳井原 | | ヤナイバル |
| | 柳 | 猿丸 | |
| 高森町 | 上色見 | 東中原 | ナカバル |
| | | 西中原 | ナカバル |
| | | 前原 | マエバル |
| | 草部 | 宮原 | ミヤバル |
| | | 灰原 | ハイバル |
| | 色見 | 小倉原 | オグラバル |
| | 菅山 | 栃原 | トチバル |
| | 芹口 | 男原 | オトコバル |
| | 津留 | 栃原 | トチバル |
| | 永野原 | | ナガノハル |
| 久木野村 | 河陰 | 中原 | ナカバル |
| | 久石 | 御陣桑原 | ゴジンクワバル |
| | | 麦原 | ムギノハル |
| 御船町 | 上野 | 古閑原 | コガノハル |
| | 木倉 | 宗心原 | ソウシンハル |
| | 田代 | 牧ノ原 | マキノハル |
| 益城町 | 小池 | 下原 | シモバル |
| | 田原 | | タバル |
| 甲佐町 | 麻生原 | | アソバル |
| | 上早川 | 小原 | コバル |
| | 坂谷 | 堂の原 | ドウノハル |
| | 田口 | 田原 | タバル |
| | 西原 | | ニシハル |
| 矢部町 | 市原 | | イチバル |
| | 男成 | 稲生原 | イノバル |
| | 下名連石 | 柿原 | カキバル |
| | 野尻 | 椎原 | シイバル |
| 清和村 | 市の原 | | イチノハル |
| | 井無田 | 井無田原 | イムタバル |

| | | | |
|---|---|---|---|
| | 郷野原 | 本郷野原 | ﾎﾝｺﾞｳﾉﾊﾙ |
| | | 井良の原 | ｲﾗﾉﾊﾙ |
| | 須原 | | ｽﾊﾞﾙ |
| | 貫原 | | ﾆｷﾊﾙ |
| | 仏原 | | ﾎﾄｹﾊﾞﾙ |
| 坂本村 | 田上 | 石丸 | |
| 千丁町 | 吉王丸 | | |
| 竜北町 | 高塚 | 堺丸 | |
| 東陽村 | 北 | 西原 | ﾆｼﾊﾞﾙ |
| 泉村 | 柿迫 | 糸原 | ｲﾄﾊﾞﾙ |
| | 椎原 | | ｼｲﾊﾞﾙ |
| 芦北町 | 上原 | | ｳｴﾊﾞﾙ |
| | 吉尾 | 市居原 | ｲﾁｲﾊﾞﾙ |
| 上村 | 上 | 神殿原 | ｺｳﾄﾞﾝﾊﾞﾙ |
| 岡原村 | | | ｵｶﾊﾙﾑﾗ |
| | 宮原 | | ﾐﾔﾊﾙ |
| 多良木町 | 久米 | 前原 | ﾏｴﾊﾞﾙ |
| | | 小田原 | ｵﾀﾞﾊﾞﾙ |
| | 黒肥地 | 茂原 | ﾓﾊﾞﾙ |
| | | 獺原 | ｳｿﾝﾊﾞﾙ |
| | | 小原 | ｺﾊﾞﾙ |
| | 多良木 | 中原 | ﾅｶﾊﾞﾙ |
| | | 上ノ原 | ｳｴﾉﾊﾙ |
| | | 平原 | ﾋﾗﾊﾞﾙ |
| | 槻木 | 湯原 | ﾕﾉﾊﾙ |
| 須恵村 | 湯ノ原 | | ﾕﾉﾊﾙ |
| | 諏訪原 | | ｽﾜﾉﾊﾙ |
| 大矢野町 | 上 | 中の丸 | |
| | 登立 | 四郎丸 | |
| 松島町 | 合津 | 合ノ丸 | |
| | 内野河内 | 太原船倉 | ﾀｲﾊﾞﾙﾌﾅｸ |
| 苓北町 | 志岐 | 西原 | ﾆｼﾊﾞﾙ |

| | | | |
|---|---|---|---|
| 宮崎県 | | | |
| 宮崎市 | 糸原 | | ｲﾄﾊﾞﾙ |
| | 柏原 | | ｶｼﾊﾞﾙ |
| | 前原町 | | ﾏｴﾊﾞﾙ |
| | 柳丸町 | | |
| | 稗原町 | | ﾋｴﾊﾞﾙ |
| | 阿波岐原町 | 江田原 | ｴﾀﾊﾞﾙ |
| | | 鳥居原 | ﾄﾘｲﾊﾞﾙ |
| | 大島町 | 平原 | ﾋﾗﾊﾞﾙ |
| | | 北ノ原 | ｷﾀﾉﾊﾙ |
| | 大塚町 | 笹原 | ｻｻﾊﾞﾙ |
| | | 西ノ原 | ﾆｼﾉﾊﾙ |
| | | 原 | ﾊﾙ |
| | 下北方町 | 塚原 | ﾂｶﾊﾞﾙ |
| | 新別府町 | 江田原 | ｴﾀﾞﾊﾞﾙ |
| | 花ヶ島町 | 笹原 | ｻｻﾊﾞﾙ |
| | | 大原 | ｵｵﾊﾙ |
| | 村角町 | 北原 | ｷﾀﾊﾞﾙ |
| | | 東原 | ﾋｶﾞｼﾊﾞﾙ |
| | | 大原 | ｵｵﾊﾙ |
| | 吉村町 | 江田原 | ｴﾀﾞﾊﾞﾙ |
| | | 北原 | ｷﾀﾊﾞﾙ |
| | | 中原 | ﾅｶﾊﾞﾙ |
| | | 稗原 | ﾋｴﾊﾞﾙ |
| | | 別府原 | ﾍﾞｯﾌﾟﾊﾞﾙ |
| | | 沖ノ原 | ｵｷﾉﾊﾙ |
| | 山崎町 | 上ノ原 | ｶﾐﾉﾊﾙ |
| | | 下ノ原 | ｼﾓﾉﾊﾙ |
| | 池内町 | 金丸 | ｶﾈﾏﾙ |



| | | | |
|---|---|---|---|
| | 花ヶ島町 | 鴨ノ丸 | ｶﾓﾉﾏﾙ |
| | | 柳ノ丸 | ﾔﾅｷﾞﾉﾏﾙ |
| | 古城町 | 大丸 | ｵｵﾏﾙ |
| | | 西之丸 | ﾆｼﾉﾏﾙ |
| | 村角町 | 八反丸 | ﾊｯﾀﾝﾏﾙ |
| 都城市 | 菖蒲原町 | | ｱﾔﾒﾊﾞﾙ |
| | 久保原町 | | ｸﾎﾞﾊﾞﾙ |
| | 宮丸町 | | |
| | 志比田町 | 平原 | ﾋﾗﾊﾞﾙ |
| | 蓑原町 | | ﾐﾉﾊﾞﾙ |
| | 都原町 | | ﾐﾔｺﾊﾞﾙ |
| | 安久町 | 高野原 | ｺｳﾉﾊﾞﾙ |
| 延岡市 | 平原町 | | ﾋﾗﾊﾞﾙ |
| 日南市 | 楠原 | | ｸｽﾊﾞﾙ |
| | 星倉 | 向原 | ﾑｺｳﾊﾞﾙ |
| 日向市 | 大王町 | | |
| 串間市 | 大平 | 揚原 | ｱｹﾞﾊﾞﾙ |
| | | 中原 | ﾅｶﾊﾞﾙ |
| | 都井 | 宮原 | ﾐﾔﾊﾞﾙ |
| | 奈留 | 平原 | ﾋﾗﾊﾞﾙ |
| 西都市 | 上三財 | 元地原 | ﾓﾄﾁﾊﾞﾙ |
| | 下三財 | 前原 | ﾏｴﾊﾞﾙ |
| | 銀鏡 | 茗ケ原 | ﾐｮｳｶﾞﾊﾞﾙ |
| | | 上原 | ｶﾐﾊﾞﾙ |
| | 茶臼原 | | ﾁｬｳｽﾊﾞﾙ |
| | 童子丸 | | |
| | 中尾 | 奥原 | ｵｸﾊﾞﾙ |
| | 南方 | 椎原 | ｼｲﾊﾞﾙ |
| | 三納 | 笠原 | ｶｻﾊﾞﾙ |
| | 三宅 | 寺原 | ﾃﾗﾊﾞﾙ |
| えびの市 | 今西 | 永田原 | ﾅｶﾞﾀﾊﾞﾙ |
| | 上江 | 前の原 | ﾏｴﾉﾊﾙ |
| | | 上ノ原 | ｳｴﾉﾊﾙ |
| | 榎田 | 牧之原 | ﾏｷﾉﾊﾙ |
| | 大河平 | 久保原 | ｸﾎﾞﾊﾞﾙ |
| | | 柿木原 | ｶｷﾉｷﾊﾞﾙ |
| | 坂元 | 中の丸 | |
| | | 西の原 | ﾆｼﾉﾊﾙ |
| | | 六本原 | ﾛｯﾎﾟﾝﾊﾞﾙ |
| | 末永 | 中ノ原 | ﾅｶﾉﾊﾙ |
| | | 鳥居原 | ﾄﾘｲﾊﾞﾙ |
| | 永山 | 大溝原 | ｵｵﾐｿﾞﾊﾞﾙ |
| | 原田 | 楢原 | ﾅﾗﾊﾞﾙ |
| | | 小原 | ｺﾊﾞﾙ |
| | | 西神社原 | ﾆｼｼﾞﾝｼﾞｬﾊﾞﾙ |
| | | 西元地原 | ﾆｼﾓﾄｼﾞﾊﾞﾙ |
| | | 観音原 | ｶﾝﾉﾝﾊﾞﾙ |
| | 前田 | 小岡丸 | |
| 田野町 | 甲 | 築地原 | ﾂｷｼﾞﾊﾞﾙ |
| | | 楠原 | ｸｽﾊﾞﾙ |
| | | 中原 | ﾅｶﾊﾞﾙ |
| | | 明神原 | ﾐｮｳｼﾞﾝﾊﾞﾙ |
| | 乙 | 中原 | ﾅｶﾊﾞﾙ |
| | | 明神原 | ﾐｮｳｼﾞﾝﾊﾞﾙ |
| | | 仮屋原 | ｶﾘﾔﾊﾞﾙ |
| 佐土原町 | 上田島 | 仲間原 | ﾁｭｳｹﾞﾝﾊﾞﾙ |
| | 下田島 | 原 | ﾊﾙ |
| | 下那珂 | 片瀬原 | ｶﾀｾﾊﾞﾙ |
| | | 尾原 | ｵﾊﾞﾙ |
| | 東上那珂 | 江原 | ｴﾊﾞﾙ |
| 三股町 | 樺山 | 山王原 | ｻﾝﾉｳﾊﾞﾙ |
| | | 東原 | ﾋｶﾞｼﾊﾞﾙ |

| | | | |
|---|---|---|---|
| 諸塚村 | 家代 | 黒葛原 | ﾂﾂﾞﾗﾉﾊﾙ |
| | | 塚原 | ﾂｶﾊﾞﾙ |
| 椎葉村 | 大河内 | 合戦原 | ｶｯｾﾝﾊﾞﾙ |
| | 下福良 | 桑ノ木原 | ｸﾜﾉｷﾊﾞﾙ |
| | | 間柏原 | ﾏｶﾔﾊﾞﾙ |
| | | 椎原 | ｼｲﾊﾞﾙ |
| | 松尾 | 小原 | ｺﾊﾞﾙ |

| | | | |
|---|---|---|---|
| 鹿児島県 | | | |
| 鹿児島市 | 紫原 | | ﾑﾗｻｷﾊﾞﾙ |
| 川内市 | 田海町 | 別府原 | ﾍﾞｯﾌﾟﾊﾞﾙ |
| | 永利町 | 山田小原 | ﾔﾏﾀﾞｺﾊﾞﾙ |
| | 平佐町 | 草原 | ｸｻﾊﾞﾙ |
| | | 権現原 | ｺﾞﾝｹﾞﾝﾊﾞﾙ |
| | 水引町 | 椎原 | ｼｲﾊﾞﾙ |
| | 宮崎町 | 宮崎原 | ﾐﾔｻﾞｷﾊﾞﾙ |
| | 百次町 | 百次小原 | ﾓﾓﾂｷﾞｺﾊﾞﾙ |
| 鹿屋市 | 旭原 | | ｱｻﾋﾊﾞﾙ |
| | 小野原町 | | ｵﾉﾊﾞﾙ |
| | 下高隈町 | 柚木原 | ﾕﾉｷﾊﾞﾙ |
| | 永小原町 | | ﾅｶﾞｵﾊﾞﾙ |
| | 根木原町 | | ﾈｷﾞﾊﾞﾙ |
| | 東原町 | | ﾋｶﾞｼﾊﾙ |
| 串木野市 | 大原町 | | ｵｵﾊﾙ |
| | 羽島 | 河原 | ｺﾊﾙ |
| 阿久根市 | 大丸町 | | |
| | 鶴川内 | 尾原 | ｵﾊﾙ |
| | 脇本 | 上原 | ｳﾜﾊﾞﾙ |
| 名瀬市 | 崎原 | | ｻｷﾊﾞﾙ |
| 出水市 | 上大川内 | 原 | ﾊﾙ |
| | 上鯖淵 | 太田原 | ｵｵﾀﾊﾞﾙ |
| | 汐見町 | 田原 | ﾀﾊﾞﾙ |
| | 武本 | 小原上 | ｵﾊﾞﾙｳｴ |
| 大口市 | 針持 | 田原 | ﾀﾊﾞﾙ |
| | 目丸 | | |
| | 山野 | 平原 | ﾋﾗﾊﾞﾙ |
| 加世田市 | 武田 | 郷之丸 | |
| | 津貫 | 小原 | ｵﾊﾞﾙ |
| 国分市 | 川内 | 仁田原 | ﾆﾀﾊﾞﾙ |
| | 清水 | 弟子丸 | |
| 垂水市 | 柊原 | | ｸﾇｷﾞﾊﾞﾙ |
| | 田神 | 大野原 | ｵｵﾉﾊﾞﾙ |
| 吉田町 | 本庄 | 梅ヶ丸 | |
| 桜島町 | 赤生原 | | ｱｺｳﾊﾞﾙ |
| 大浦町 | 原 | | ﾊﾙ |
| 坊津町 | 泊 | 平原 | ﾋﾗﾊﾞﾙ |
| 市来町 | 大里 | 平佐原 | ﾋﾗｻﾊﾞﾙ |
| 日吉町 | 日置 | 浜の丸 | |
| 入来町 | 浦の名 | 蒲生原 | ｶﾓﾊﾞﾙ |
| | | 原 | ﾊﾙ |
| | 副田 | 辻原 | ﾂｼﾞﾊﾞﾙ |
| 東郷町 | 南瀬 | 向江原 | ﾑｶｴﾊﾙ |
| | | 城ヶ原 | ｼﾞｮｳｶﾞﾊﾙ |
| 宮之城町 | 久富木 | 北原 | ｷﾀﾊﾙ |
| | 白男川 | 梁原 | ﾔﾅﾊﾞﾙ |
| | 虎居 | 轟原 | ﾄﾄﾞﾛｷﾊﾞﾙ |
| | 広瀬 | 仮屋原 | ｶﾘﾔﾊﾞﾙ |
| 鶴田町 | 柏原 | | ｶｼﾜﾊﾞﾙ |
| | | 京塚原 | ｷｮｳﾂﾞｶﾊﾞﾙ |
| | 神子 | 湯田原 | ﾕﾀﾊﾞﾙ |
| | 紫尾 | 仁田原 | ﾆﾀﾊﾞﾙ |



| | | | |
|---|---|---|---|
| | | 塚原 | ﾂｶﾊﾞﾙ |
| | 中原 | | ﾅｶﾊﾞﾙ |
| | 花見原 | | ﾊﾅﾐﾊﾞﾙ |
| | 餅原 | | ﾓﾁﾊﾞﾙ |
| 山之口町 | 富吉 | 中原 | ﾅｶﾊﾞﾙ |
| | | 桑原 | ｸﾜﾉﾊﾙ |
| | 花木 | 西向原 | ﾆｼﾑｺｳﾊﾞﾙ |
| | 山之口 | 田原 | ﾀﾊﾞﾙ |
| 高城町 | 大井手 | 高城原 | ﾀｶｼﾞｮｳﾊﾞﾙ |
| | 四家 | 中原 | ﾅｶﾊﾞﾙ |
| 高原町 | | | ﾀｶﾊﾙ |
| 野尻町 | 紙屋 | 漆野原 | ｳﾙｼﾉﾊﾞﾙ |
| | | 城原 | ｼﾞｮｳﾊﾞﾙ |
| | | 上ノ原 | ｳｴﾉﾊﾙ |
| | 東麓 | 陣原 | ｼﾞﾝﾊﾞﾙ |
| | | 大塚原 | ｵｵﾂｶﾊﾞﾙ |
| | | 鵜戸原 | ｳﾄﾊﾞﾙ |
| | | 牟田原 | ﾑﾀﾊﾞﾙ |
| | | 本城原 | ﾎﾝｼﾞｮｳﾊﾞﾙ |
| | 三ケ野山 | 西原 | ﾆｼﾊﾞﾙ |
| 須木村 | 中原 | | ﾅｶﾊﾞﾙ |
| 高岡町 | 五町 | 二反ノ原 | ﾆﾀﾝﾉﾊﾙ |
| 国富町 | 三名 | 牧原 | ﾏｷﾊﾞﾙ |
| | 塚原 | | ﾂｶﾊﾞﾙ |
| | 深年 | 高田原 | ｺｳﾀﾞﾊﾞﾙ |
| | 本庄 | 大田原 | ｵｵﾀﾊﾞﾙ |
| | | 仮屋原 | ｶﾘﾔﾊﾞﾙ |
| | 宮王丸 | | |
| 綾町 | 入野 | 宮原 | ﾐﾔﾊﾞﾙ |
| 高鍋町 | 上江 | 平原 | ﾋﾗﾊﾞﾙ |
| | 南高鍋 | 水谷原 | ﾐｽﾞﾔﾊﾙ |
| | 持田 | 切原 | ｷﾘﾊﾞﾙ |
| 新富町 | 新田 | 新田原 | ﾆｭｳﾀﾊﾞﾙ |
| | | 塚原 | ﾂｶﾊﾞﾙ |
| | | 祇園原 | ｷﾞｵﾝﾊﾞﾙ |
| | | 三財原 | ｻﾝｻﾞｲﾊﾞﾙ |
| 木城町 | 川原 | | ｶﾜﾊﾞﾙ |
| | 椎木 | 中原 | ﾅｶﾊﾞﾙ |
| | 中之又 | 屋敷原 | ﾔｼｷﾊﾞﾙ |
| 川南町 | 川南 | 西光原 | ｻｲｺｳﾊﾞﾙ |
| | | 下原 | ｼﾓﾊﾞﾙ |
| | | 椎原 | ｼｲﾊﾞﾙ |
| | | 新耕原 | ｼﾝｺｳﾊﾞﾙ |
| | | 八方原 | ﾔｶﾀﾊﾞﾙ |
| | 平田 | 東原 | ﾋｶﾞｼﾊﾞﾙ |
| 門川町 | 川内 | 大内原 | ｵｵｳﾁﾊﾞﾙ |
| 東郷町 | 八重原迫野内 | | ﾊｴﾊﾞﾙｻｺﾉ |
| 南郷村 | 上渡川 | 塚の原 | ﾂｶﾉﾊﾙ |
| | 鬼神野 | 川原 | ｶﾜﾊﾞﾙ |
| | 神門 | 田の原 | ﾀﾉﾊﾙ |
| | 水清谷 | 小原 | ｺﾊﾞﾙ |
| | | 猪の原 | ｲﾉﾊﾙ |
| | | 下田の原 | ｼﾓﾀﾉﾊﾙ |
| 西郷村 | 小原 | | ｵﾊﾞﾙ |
| | 田代 | 上野原 | ｳｴﾉﾊﾙ |
| 北郷村 | 宇納間 | 小原 | ｺﾊﾞﾙ |
| | | 中原 | ﾅｶﾊﾞﾙ |
| | | 池ノ原 | ｲｹﾉﾊﾙ |
| | 黒木 | 板ケ原 | ｲﾀｶﾞﾊﾙ |
| | 入下 | 神ノ原 | ｶﾐﾉﾊﾙ |
| | | 下ノ原 | ｼﾀﾉﾊﾙ |
| 北方町 | 菅原 | | ｽｹﾞﾊﾞﾙ |

| | | | |
|---|---|---|---|
| 薩摩町 | 中津川 | 尾原 | ｵﾊﾞﾙ |
| 祁答院町 | 蘭牟田 | 中原 | ﾅｶﾊﾞﾙ |
| | 上手 | 楠原 | ｸｽﾊﾞﾙ |
| 菱刈町 | 川北 | 猶原 | ﾅｵﾊﾞﾙ |
| | | 小原 | ｺﾊﾞﾙ |
| | | 中原 | ﾅｶﾊﾞﾙ |
| 加治木町 | 木田 | 岩原東 | ｲﾜﾊﾞﾙ |
| | 小山田 | 市木原 | ｲﾁｷﾊﾞﾙ |
| | 反土 | 吉原 | ﾖｼﾊﾞﾙ |
| | 西別府 | 永原 | ﾅｶﾞﾊﾙ |
| | 辺川 | 鶴原 | ﾂﾙﾊﾞﾙ |
| 姶良町 | 西餅田 | 俵原 | ﾀﾜﾗﾊﾞﾙ |
| | 東餅田 | 錦原 | ﾆｼｷﾊﾞﾙ |
| | 平松 | 白金原 | ｼﾗｶﾈﾊﾞﾙ |
| | 宮島町 | 東原 | ﾋｶﾞｼﾊﾞﾙ |
| | 脇元 | 白金原 | ｼﾗｶﾈﾊﾞﾙ |
| 蒲生町 | 下久徳 | 三池原 | ﾐｲｹﾊﾞﾙ |
| | 米丸 | | |
| | | 平原 | ﾋﾗﾊﾞﾙ |
| 横川町 | 下ノ | 小原 | ｺﾊﾞﾙ |
| 栗野町 | 田尾原 | | ﾀｵﾊﾞﾙ |
| 吉松町 | 鶴丸 | | |
| 牧園町 | 宿窪田 | 田原 | ﾀﾊﾞﾙ |
| | | 上原 | ｳｴﾊﾙ |
| | | 芦谷原 | ｱｼﾀﾆﾊﾙ |
| | | 川津原 | ｶﾜﾂﾊﾙ |
| | 高千穂 | 寺原 | ﾃﾗﾊﾞﾙ |
| | 持松 | 中原 | ﾅｶﾊﾙ |
| 福山町 | 福沢 | 新原 | ﾆｲﾊﾞﾙ |
| | 福山 | 花建原 | ﾊﾅﾀﾃﾊﾞﾙ |
| 輝北町 | 上百引 | 歌丸 | |
| 財部町 | 北俣 | 金丸 | |
| 末吉町 | 岩崎 | 宮原 | ﾐﾔﾊﾞﾙ |
| 大崎町 | 益丸 | | |
| | 横瀬 | 大丸 | |
| 串良町 | 小原 | | ｵﾊﾞﾙ |
| 東串良町 | 川東 | 大丸 | |
| | 新川西 | 大野原 | ｵｵﾉﾊﾞﾙ |
| | | 湊原 | ﾐﾅﾄﾊﾞﾙ |
| 内之浦町 | 南方 | 宮原 | ﾐﾔﾊﾞﾙ |
| 高山町 | 後田 | 中原 | ﾅｶﾊﾞﾙ |
| | 野崎 | 上原 | ｳｴﾊﾞﾙ |
| 吾平町 | 上名 | 東原 | ﾋｶﾞｼﾊﾞﾙ |



| | | | |
|---|---|---|---|
| 中国地方 | | | |
| 鳥取県 | 八頭郡八東町 | 徳丸 | |
| 広島県 | 呉市 | 広徳丸町 | |
| 広島県 | 福山市 | 三之丸町 | |
| 広島県 | 府中市 | 三郎丸町 | |
| 広島県 | 東広島市 | 西条土与丸 | |
| 広島県 | 東広島市 | 西条町土与丸 | |
| 広島県 | 御調郡御調町 | 三郎丸 | |
| 広島県 | 世羅郡世羅町 | 京丸 | |
| 広島県 | 世羅郡世羅町 | 三郎丸 | |
| 広島県 | 芦品郡新市町 | 金丸 | |
| 広島県 | 甲奴郡甲奴町 | 太郎丸 | |

| | | | |
|---|---|---|---|
| 四国地方 | | | |
| 徳島県 | 阿南市大井町 | 丈ケ丸 | |
| | 阿南市椿町 | 五郎丸 | |
| | 阿南市長生町 | 次郎丸 | |
| | 阿南市福井町 | 大丸 | |
| | 阿波市土成町宮川 | 射場ヶ丸 | |
| | 阿波市土成町吉田 | 椎ヶ丸 | |
| | 神山町上分 | 坂丸 | |
| | 小松島市坂野町 | 太郎丸 | |
| | 徳島市大原町 | 千代ヶ丸 | |
| | 徳島市八多町 | 中ノ丸 | |
| | 那賀町大戸 | 北津丸 | |
| | | 中津丸 | |
| | 那賀町西納 | 戸丸 | |
| | 那賀町平谷 | 花丸 | |
| | 鳴門市北灘町 | 鳥ケ丸 | |
| | 美波町山河内 | 明丸 | |
| | 美馬市木屋平 | 今丸 | |
| | 美馬市脇町 | 国見丸 | |
| | | 小丸 | |
| | 三好市池田町大利 | 寿丸 | |
| | 吉野川市美郷 | 奥丸 | |
| | | 矢ノ丸 | |
| 香川県 | 高松市 | 西の丸町 | |
| 愛媛県 | 松前町 | 徳丸 | |
| | 松野町 | 松丸 | |
| 高知県 | 安芸市 | 矢ノ丸 | |
| | 香美市香北町 | 太郎丸 | |
| | 土佐山田町平山 | 岡田丸 | |
| | 香美市物部町 | 安丸 | |
| | 高知市 | 海老ノ丸 | |
| | 高知市 | 三ノ丸 | |
| | | 南ノ丸町 | |
| | 四万十町 | 秋丸 | |
| | | 上秋丸 | |
| | 土佐市 | 太郎丸 | |
| | 仁淀川町 | 岩丸 | |
| | | 出丸 | |
| | 檮原町 | 文丸 | |

| | | | |
|---|---|---|---|
| 近畿地方 | | | |
| 三重県 | 度会郡玉城町 | 田丸 | |
| 滋賀県 | 大津市 | 本丸町 | |
| 滋賀県 | 甲賀郡水口町 | 本丸 | |
| 滋賀県 | 東浅井郡浅井町 | 力丸 | |
| 京都府 | 京都市上京区 | 烏丸町 | |
| 京都府 | 京都市上京区 | 新白水丸町 | |
| 京都府 | 京都市上京区 | 田丸町 | |
| 京都府 | 京都市上京区 | 天秤丸町 | |

| | | | |
|---|---|---|---|
| 京都府 | 京都市上京区 | 菱丸町 | |
| 京都府 | 京都市左京区 | 一乗寺北大丸町 | |
| 京都府 | 京都市左京区 | 一乗寺南大丸町 | |
| 京都府 | 京都市左京区 | 修学院烏丸町 | |
| 京都府 | 京都市中京区 | 末丸町 | |
| 京都府 | 京都市下京区 | 烏丸 | |
| 京都府 | 京都市下京区 | 五条烏丸町 | |
| 京都府 | 京都市南区 | 東九条烏丸町 | |
| 京都府 | 京都市南区 | 東九条北烏丸町 | |
| 京都府 | 京都市南区 | 東九条南烏丸町 | |
| 京都府 | 京都市右京区 | 梅津徳丸町 | |
| 京都府 | 京都市右京区 | 西京極西大丸町 | |
| 京都府 | 京都市右京区 | 西京極東大丸町 | |
| 京都府 | 京都市伏見区 | 向島二ノ丸町 | |
| 京都府 | 京都市伏見区 | 向島本丸町 | |
| 京都府 | 京都市伏見区 | 向島丸町 | |
| 京都府 | 亀岡市 | 内丸町 | |
| 京都府 | 中郡峰山町 | 石丸 | |
| 大阪府 | 高槻市 | 出丸町 | |
| 大阪府 | 泉佐野市 | 土丸 | |
| 大阪府 | 箕面市 | 石丸 | |
| 兵庫県 | 神戸市長田区 | 大丸町 | |
| 兵庫県 | 神戸市長田区 | 西丸山町 | |
| 兵庫県 | 神戸市長田区 | 東丸山町 | |
| 兵庫県 | 神戸市垂水区 | 上高丸 | |
| 兵庫県 | 神戸市垂水区 | 高丸 | |
| 兵庫県 | 明石市 | 上ノ丸 | |
| 兵庫県 | 明石市 | 東人丸町 | |
| 兵庫県 | 明石市 | 人丸町 | |
| 兵庫県 | 明石市 | 上ノ丸 | |
| 兵庫県 | 明石市 | 東人丸町 | |
| 兵庫県 | 明石市 | 人丸町 | |
| 兵庫県 | 伊丹市鴻池 | 乙丸 | |
| 兵庫県 | 龍野市揖西町 | 小犬丸 | |
| 兵庫県 | 宝塚市 | 仁川高丸 | |
| 兵庫県 | 三木市 | 上の丸町 | |
| 兵庫県 | 城崎郡竹野町 | 小丸 | |
| 兵庫県 | 三原郡緑町 | 堂丸 | |
| 兵庫県 | 猪名川町南田 | 藤ヶ丸 | |
| 兵庫県 | 南あわじ市 | 大丸 | |
| 和歌山県 | 和歌山市 | 次郎丸 | |
| 和歌山県 | 和歌山市 | 鈴丸丁 | |

| 中部地方 | | | |
|---|---|---|---|
| 新潟県 | 長岡市 | 四郎丸町 | |
| 新潟県 | 新発田市 | 虎丸 | |
| 新潟県 | 新井市 | 上平丸 | |
| 新潟県 | 新井市 | 下平丸 | |
| 新潟県 | 北蒲原郡笹神 | 次郎丸 | |
| 新潟県 | 南魚沼郡塩沢 | 五郎丸 | |
| 新潟県 | 南魚沼郡塩沢 | 三郎丸 | |
| 新潟県 | 中魚沼郡津南 | 外丸 | |
| 新潟県 | 刈羽郡小国町 | 太郎丸 | |
| 新潟県 | 東頸城郡松代 | 小屋丸 | |
| 新潟県 | 岩船郡関川村 | 金丸 | |
| 新潟県 | 佐渡郡真野町 | 金丸 | |
| 富山県 | 富山市 | 太郎丸 | |
| 富山県 | 富山市 | 本丸 | |
| 富山県 | 富山市 | 水橋五郎丸 | |
| 富山県 | 富山市 | 針原新町 | ハリパル |
| 富山県 | 高岡市 | 石丸 | |



| | | | |
|---|---|---|---|
| 富山県 | 高岡市 | 本丸町 | |
| 富山県 | 新湊市 | 二の丸町 | |
| 富山県 | 魚津市 | 六郎丸 | |
| 富山県 | 砺波市 | 石丸 | |
| 富山県 | 砺波市 | 五郎丸 | |
| 富山県 | 砺波市 | 三郎丸 | |
| 富山県 | 砺波市 | 太郎丸 | |
| 富山県 | 砺波市 | 東石丸 | |
| 富山県 | 砺波市 | 宮丸 | |
| 富山県 | 小矢部市 | 石王丸 | |
| 富山県 | 小矢部市 | 五郎丸 | |
| 富山県 | 中新川郡立山町 | 五郎丸 | |
| 富山県 | 射水郡小杉町 | 本丸町 | |
| 富山県 | 東礪波郡城端町 | 次郎丸 | |
| 富山県 | 東礪波郡城端町 | 出丸 | |
| 富山県 | 西礪波郡福岡町 | 赤丸 | |
| 石川県 | 金沢市 | 乙丸町 | |
| 石川県 | 金沢市 | 額乙丸町 | |
| 石川県 | 金沢市 | 米丸町 | |
| 石川県 | 小松市 | 犬丸町 | |
| 石川県 | 小松市 | 坊丸町 | |
| 石川県 | 珠洲市 | 宝立町南黒丸 | |
| 石川県 | 珠洲市 | 若山町上黒丸 | |
| 石川県 | 加賀市 | 水田丸町 | |
| 石川県 | 羽咋市 | 金丸出町 | |
| 石川県 | 松任市 | 乙丸町 | |
| 石川県 | 松任市 | 徳丸町 | |
| 石川県 | 松任市 | 坊丸町 | |
| 石川県 | 松任市 | 宮丸町 | |
| 石川県 | 能美郡辰口町 | 来丸 | |
| 石川県 | 鹿島郡鹿西町 | 金丸 | |
| 石川県 | 鹿島郡鹿西町 | 徳丸 | |
| 石川県 | 珠洲郡内浦町 | 白丸 | |
| 福井県 | 福井市 | 黒丸城町 | |
| 福井県 | 福井市 | 黒丸町 | |
| 福井県 | 福井市 | 三郎丸 | |
| 福井県 | 福井市 | 三郎丸町 | |
| 福井県 | 福井市 | 次郎丸町 | |
| 福井県 | 武生市 | 四郎丸町 | |
| 福井県 | 大野市 | 松丸 | |
| 福井県 | 勝山市 | 野向町聖丸 | |
| 福井県 | 鯖江市 | 五郎丸町 | |
| 福井県 | 坂井郡三国町 | 石丸 | |
| 福井県 | 坂井郡金津町 | 次郎丸 | |
| 福井県 | 坂井郡丸岡町 | 四郎丸 | |
| 福井県 | 坂井郡春江町 | 西太郎丸 | |
| 福井県 | 坂井郡春江町 | 東太郎丸 | |
| 福井県 | 丹生郡織田町 | 大王丸 | |
| 山梨県 | 北巨摩郡長坂町 | 中丸 | |
| 長野県 | 上田市 | 二の丸 | |
| 岐阜県 | 岐阜市 | 加納西丸町 | |
| 岐阜県 | 岐阜市 | 加納二之丸 | |
| 岐阜県 | 岐阜市 | 加納東丸町 | |
| 岐阜県 | 岐阜市 | 加納丸之内 | |
| 岐阜県 | 岐阜市 | 太郎丸 | |
| 岐阜県 | 岐阜市 | 又丸 | |
| 岐阜県 | 大垣市 | 古知丸 | |
| 岐阜県 | 羽島市 | 正木町坂丸 | |
| 岐阜県 | 益田郡馬瀬村 | 名丸 | |
| 岐阜県 | 大野郡荘川村 | 牛丸 | |
| 岐阜県 | 大野郡荘川村 | 猿丸 | |

| | | | |
|---|---|---|---|
| 静岡県 | 清水市 | 二の丸町 | |
| 静岡県 | 富士市 | 中丸 | |
| 静岡県 | 御殿場市 | 中丸 | |
| 静岡県 | 周智郡春野町 | 小俣京丸 | |

| 関東地方 | | | |
|---|---|---|---|
| 栃木県 | 大田原市 | 北金丸 | |
| 栃木県 | 大田原市 | 南金丸 | |
| 栃木県 | 下都賀郡壬生 | 本丸 | |
| 群馬県 | 前橋市 | 金丸町 | |
| 群馬県 | 前橋市 | 徳丸町 | |
| 群馬県 | 前橋市 | 房丸町 | |
| 群馬県 | 前橋市 | 力丸町 | |
| 群馬県 | 勢多郡大胡町 | 金丸 | |
| 埼玉県 | 行田市 | 本丸 | |
| 埼玉県 | 岩槻市 | 本丸 | |
| 埼玉県 | 北本市 | 北中丸 | |
| 埼玉県 | 北本市 | 中丸 | |
| 埼玉県 | 上福岡市 | 中丸 | |
| 埼玉県 | さいたま市 | 笹丸 | |
| 埼玉県 | さいたま市 | 南中丸 | |
| 埼玉県 | 比企郡嵐山町 | 太郎丸 | |
| 埼玉県 | 比企郡川島町 | 出丸下郷 | |
| 埼玉県 | 比企郡川島町 | 出丸中郷 | |
| 埼玉県 | 比企郡川島町 | 出丸本 | |
| 千葉県 | 八千代市 | 麦丸 | |
| 千葉県 | 八街市 | 雁丸 | |
| 千葉県 | 長生郡長柄町 | 千代丸 | |
| 千葉県 | 長生郡長柄町 | 力丸 | |
| 千葉県 | 夷隅郡夷隅町 | 松丸 | |
| 東京都 | 板橋区 | 徳丸 | |
| 東京都 | 板橋区 | 中丸町 | |
| 東京都 | 稲城市 | 大丸 | |
| 東京都 | 西多摩郡奥多 | 白丸 | |
| 神奈川県 | 横浜市神奈川 | 中丸 | |
| 神奈川県 | 横浜市中区 | 竹之丸 | |
| 神奈川県 | 横浜市中区 | 西竹之丸 | |
| 神奈川県 | 横浜市都筑区 | 大丸 | |



| 東北地方 | | | |
|---|---|---|---|
| 青森県 | 八戸市 | 内丸 | |
| 岩手県 | 盛岡市 | 内丸 | |
| 宮城県 | 仙台市若林区 | 四郎丸 | |
| 宮城県 | 仙台市太白区 | 四郎丸 | |
| 宮城県 | 栗原郡栗駒町 | 渡丸 | |
| 宮城県 | 栗原郡栗駒町 | 内鰐丸 | |
| 宮城県 | 登米郡南方町 | 鰐丸 | |
| 宮城県 | 本吉郡本吉町 | 九多丸 | |
| 秋田県 | 秋田市 | 千秋北の丸 | |
| 秋田県 | 大館市 | 三の丸 | |
| 秋田県 | 由利郡象潟町 | 二の丸 | |
| 山形県 | 長井市 | 歌丸 | |
| 福島県 | 郡山市 | 虎丸町 | |
| 福島県 | 白河市 | 西小丸山 | |
| 福島県 | 白河市 | 東小丸山 | |
| 福島県 | 安達郡本宮町 | 太郎丸 | |
| 福島県 | 大沼郡会津高田町 | 橋丸 | |
| 福島県 | 大沼郡昭和村 | 喰丸 | |
| 福島県 | 西白河郡矢吹町 | 中丸 | |
| 福島県 | 双葉郡浪江町 | 小丸 | |

# 参考文献


六一書房編『佐賀県史上巻』
家根祥多「弥生時代のはじまり」『季刊考古学』19号
井上秀雄『東アジア民族史1』
大林組『季刊大林』
門脇禎二『葛城と古代国家』
中村俊夫／丸山竜平　『古代近江の鉄生産─操業年代について─』
西谷正『古代日本と朝鮮半島の交流史』
藤尾慎一郎「九州の甕棺」『国立歴史民俗博物館研究報告21集』
安田初雄「古代における日本の放牧に関する歴史地理的考察」『福島大学学芸学部論集10号』
安本美典『邪馬台国と出雲神話』
安本美典『邪馬台国への道』
安本美典『新版卑弥呼の謎』
安本美典『日本神話一二〇の謎』
奥野正男『邪馬台国はここだ』
奥野正男『邪馬台国発掘』
奥野正男『鉄の古代史』
岡村秀典『三角縁神獣鏡の世界』
灰塚照明「明治前期全国村名小字調査書」『邪馬台国徹底論争第二巻』
橿原考古学研究所　『ホケノ山古墳の研究』2008

橿原考古学研究所　『ホケノ山古墳調査概報』2001
橿原考古学研究所　『箸墓周辺の調査』
関川尚功　「庄内式土器について」『季刊邪馬台国』四三号
韓国教員大学歴史教育科　『韓国歴史地図』
吉村武彦　「歴史学から見た古墳時代」『前方後円墳』
橋口達也　『甕棺と弥生時代年代論』
橋本輝彦　『三世紀の纒向遺跡』
窪田蔵郎　『鉄から読む日本の歴史』
古市晃　『倭国　古代国家への道』
高知県教育委員会編　『埋文こうち』第一一号
高知県教育委員会編　『埋文こうち』第八号
高田貫太　『異形の古墳』
高田貫太　『海の向こうから見た倭国』
高木正文　『肥後における装飾古墳の展開』
佐原真／金関恕編　『銅鐸から描く弥生時代』
坂本太郎　『日本書紀』の材料について『坂本太郎著作集第二巻』
坂靖　『倭国の古代学』
崎谷満　『新・日本列島史（DNA・考古・言語の学際研究が示す新・日本列島史）』
寺沢薫　「青銅器埋納の意義」『季刊考古学二七号』
寺沢薫　『王権誕生』
寺沢薫　『卑弥呼とヤマト王権』

小田富士雄『倭国を掘る』
小野忠凞『高地性集落跡の研究』
新人物往来社編『日本史総覧』
森浩一／石部正志「古墳文化の地域的特色5 畿内およびその周辺」『日本の考古学Ⅳ…古墳時代』
森浩一／石野博信『銅鐸』
森博嗣『科学的とはどういう意味か』
申敬澈『加耶成立前後の諸問題』
申敬澈『金海大成洞古墳群Ⅰ』
水野祐『出雲神話』
西村歩「土師器の編年③近畿」『古墳時代の考古学一』
青木和夫、田辺昭三『藤原鎌足とその時代』
石村智『よみがえる古代の港』
石野博信「大和・纒向遺跡と邪馬台国」季刊『東アジアの古代文化』一二九号
石野博信『邪馬台国の考古学』
石野博信『大和・纒向遺跡』
千歳村教育委員会『高添台地の遺跡』
川越哲志『弥生時代鉄器総覧』
村上恭通「古墳時代の鉄器生産と社会構造」『国際シンポジウム「東アジアから見た日本古代国家の起源」資料集』
村上恭通『肥後・阿蘇地域における弥生時代後期鉄器の諸問題』
村上恭通『倭人と鉄の考古学』
谷川健一『地名の古代史・九州篇』

中村大介　『支石墓に見る日韓交流』
長崎新聞社編　『倭人伝を掘る』
津田左右吉『古事記及び日本書紀の研究』
津田左右吉『神代史の研究』
田中晋作『考古学からみた4・5世紀のヤマト政権と伽耶』
日本地名学研究所　『大和地名大辞典』
福島一夫『女首長に後事を託す』
豊後大野市教育委員会　『高添遺跡』
明石雅夫「大和6号墳出土の鉄鋌の素材製錬法について」『たたら研究』四三号
明石雅夫「大和6号墳出土鉄テイの素材は直接法による鉄」『古代の風』2004
毛昭晰「浙江省における支石墓の型式及び朝鮮半島の支石墓との比較」『考古学ジャーナル四二四』
鷲﨑弘朋『邪馬台国の位置と日本国家の起源』
崔鍾圭『三韓考古学研究』一九九四
諫早直人『海を渡った騎馬文化』

# 古代日本の謎を解く

2024年11月30日　初版　第一刷発行
著者　　山本 廣一
発行者　谷村 勇輔
発行所　ブイツーソリューション
〒466-0848 名古屋市昭和区長戸町 4-40
電話　052-799-7391
ＦＡＸ　052-799-7984
発売元　星雲社（共同出版社・流通責任出版社）
〒112-0005 東京都文京区水道 1-3-30
電話　03-3868-3275
ＦＡＸ　03-3868-6588
印刷所　モリモト印刷
万一、落丁乱丁のある場合は送料当社負担でお取替えいたします。
小社宛にお送りください。
定価はカバーに表示してあります。

　ISBN 978-4-434-34620-0